谈民族和社会

（增订版）

费孝通 著　张荣华 编

学苑出版社

图书在版编目（CIP）数据

费孝通谈民族和社会 / 费孝通著；张荣华编 . —
增订本 . —北京：学苑出版社，2019.9
　　ISBN 978-7-5077-5804-7

　　Ⅰ.①费… Ⅱ.①费… ②张… Ⅲ.①民族学—文集
②社会学—文集 Ⅳ.① C95-53 ② C91-53

　　中国版本图书馆CIP数据核字（2019）第191934号

出 版 人：孟　白
责任编辑：陈　佳
出版发行：学苑出版社
社　　　址：北京市丰台区南方庄 2 号院 1 号楼
邮政编码：100079
网　　　址：www.book001.com
电子信箱：xueyuanpress@163.com
联系电话：010-67601101（营销部）、010-67603091（总编室）
经　　销：新华书店
印 刷 厂：北京通州皇家印刷厂
开本尺寸：710×1000　　　1/16
印　　张：77.5　彩插 14
字　　数：1260 千字
版　　次：2019 年 11 月北京第 1 版
印　　次：2019 年 11 月北京第 1 次印刷
定　　价：380.00 元（全 2 册）

费孝通的母亲杨纫兰在江苏省吴江县同里住宅门前与长子费振东、女儿费达生、次子费青、三子费霍、四子费孝通合影（1911年）。母亲怀中所抱的是8个月大的费孝通。

费孝通自幼喜爱写作，14岁时在《少年》杂志上发表了第一篇文章。学生时代的费孝通，一直是编辑出版校刊的积极参与者，在东吴大学，他是东吴大学学生会秘书、校刊通讯秘书。图为费孝通（左四）与校刊同事们合影。

费孝通与王同惠结婚照。

费孝通为王同惠所写的悼亡言志诗。

心伤难复愈 人天隔几许
圣堂山下盟 多经暴风雨
坎坷羊肠道 虎豹何所惧
九州历遍 尘垢难聚
石碑埋又立 荣辱任来去
白鹤当羽翼 影落日偎远墟

1936年暑期费孝通应姐姐费达生之邀回江苏省吴江县开弦弓村休养。图为费孝通和开弦弓村的孩子合影。

费孝通拍摄的1936年的开弦弓村。远处有烟囱的地方,正是开弦弓村生丝精制运销合作社所在地。

1948年中国社会学会华北分会第九届年会与会者合影,前排左四为费孝通。(张祖道摄影)

1950年7月费孝通被任命为中央民族访问团副团长,到贵州少数民族地区宣传党的民族政策,以此为契机,费孝通重新开始了对少数民族问题的研究。组图为费孝通在贵州。

1957年4月费孝通重访江村(开弦弓村)。组图为费孝通抵达江村后和乡亲们一起讨论、研究时的情景。

五七干校期间，费孝通"学了怎样砌砖"，又"在棉田里劳动了有一年多"，还负责分发过报纸邮件，"最后到食堂里做伙夫"。图为费孝通在伙房切菜。

1975年"文革"结束前夕，费孝通获准接待外国学者。

1979年费孝通随中国社会科学院代表团出国考察。图为代表团成员与美国哥伦比亚大学校方合影（左五为费孝通）。

1980年中国社会科学院社会学研究所成立，费孝通出任所长。图为费孝通与社会学研究所工作人员合影。

1981年10月,费孝通三访江村。从此,费孝通把江村作为研究我国农村经济发展的一个"标本",每年回访,进行了长时期的跟踪调查。图为费孝通等人乘船去开弦弓村。

费孝通向日本东京大学中根千枝教授介绍开弦弓村农家情况。

费孝通与民盟中央智力支边小组的同志在内蒙古草原调研。

费孝通在新疆考察。

组图为费孝通与少数民族同胞在一起。

1990年代费孝通在河北省沧州市门店乡后董景村农民家考察。

1991年费孝通在河北省广宗县大东村农民家考察。

年逾八旬的费孝通,在吴江市庙港乡领导同志陪同下,乘小船到太湖里查看养蟹状况。

编者说明

费孝通（1910—2005），江苏吴江人，著名社会学家、人类学家、民族学家、社会活动家，被誉为中国社会学和人类学的奠基人之一。

费老的学术成果，集中于二十世纪三四十年代及八十年代后两个阶段。他在三四十年代发表了《江村经济》《生育制度》《乡土中国》等一系列经典学术著作；八十年代重返学界及社会工作舞台，开启"第二次学术生命"，费老说："既然我还活着，也就不舍得把日子再白白糟蹋掉。所以又重操旧业，到农村里、到城镇去观察，去思考。""行行重行行"，费老马不停蹄地开展社会调研，前瞻性地提出了中国乡镇企业和小城镇发展、边区与少数民族地区发展、城乡关系、区域发展等一系列问题及解决方案，并形成了具有鲜明特点和深刻内涵的文化观。费老这一时期在经济、文化等领域的学术观点，是"老本行"基础上的进一步延展与升华。费老曾经说过："概括我个人的学术工作，从领域上讲做了两篇文章，一是农村，一是民族。从方法和层次上看，一是以微型调查为基础，逐步进入宏观格局的探索，一是从解决温饱问题到实现小康的经济发展过程中，注意到有关的社会制度和心理及思想状态的变动，即从生态领域进入心态领域的研究。"

费老一生著述颇丰，为了便于读者全面、系统地了解他在社会学、民族学和人类学领域的研究方向、方法、成果及建树，我们特编选整理出版《费孝通谈民族和社会》一书。

本书共分五编：收录费老 1933—2003 年间发表的社会学、民族学和人类学代表性学术文章共 126 篇，按文章主题将其分为"民族研究意义及方法""民族历史与发展""社会学及学科建设""社会研究及调查"四编，各编文章按写作发表时间排序；另将其代表性民族志作品《花蓝瑶社会组织》，以及《桂行通讯》《关于追悼同惠的通讯》二文作为"个案研究"单列成编。本书的整理出版，对于研究费孝通的学术思想及范式，厘清中国社会学、民族学及人类学价值的发展脉络，建立对中国社会和民族的"文化自觉"，具有基础性的作用，进而对于研究、践行当今社会的可持续性发展及传统文化、少数民族文化的传承与保护等议题，更具有借鉴意义。

本次整理、出版《费孝通谈民族和社会》，以《费孝通文集》1—16 卷（群言出版社，1999—2004 年）为底本，在此基础上，将文章可查、可确认的发表场合和出处一一作了补录。关于文章中一些与现行标准或体例不符的字词及标点问题，我们也遵循费老当年的意愿，"凡不属于显而易见排印上的错失，一律存旧"（《文集前记》，1999 年）。

由于我们的知识水平及编辑业务水平所限，疏漏或错误在所难免，敬希广大读者批评指正。

目录

（上册）

第一编　民族研究意义及方法

- 003　分析中华民族人种成分的方法和尝试
- 007　对于宪法草案有关民族问题基本规定的一些体会
- 022　关于民族识别问题的意见
- 026　关于黔西民族识别工作的参考意见
- 032　关于建立中央民族博物馆的意见
- 039　开展少数民族地区和与少数民族历史有关的地区的考古工作
- 049　开展少数民族地区调查研究工作
- 053　中国民族学当前的任务
- 077　关于对待民族民间文艺遗产的一些意见
- 082　关于我国民族的识别问题
- 101　关于继续开展民族识别调查研究的建议
- 104　关于编写《中国少数民族自治地方概况》的一些意见
- 112　怎样开展民族研究工作
- 121　民族社会学调查的尝试

133	◎	为什么要开展民族学研究
136	◎	谈民族调查工作的微型研究
138	◎	深入进行民族调查
145	◎	抓紧民族问题五种丛书的出版
150	◎	民族调查工作不能脱离实际
155	◎	中华民族研究的新探索
159	◎	简述我的民族研究经历和思考

第二编　民族历史与发展

175	◎	发展为少数民族服务的文艺工作
185	◎	贵州少数民族情况及民族工作
202	◎	兄弟民族在贵州
241	◎	关于广西壮族历史的初步推考
251	◎	自由平等的民族大家庭的大宪章
254	◎	中华人民共和国宪法草案保障了各民族发展自己的语言文字的自由
261	◎	对中国少数民族社会改革的一些体会
276	◎	中国的现代化与少数民族的发展
287	◎	我国是统一的多民族的国家
298	◎	民族区域自治的优越性
304	◎	支持六江流域民族的综合调查
310	◎	切实提高少数民族经济和文化
316	◎	关于民族地区经济与文化发展上的几个问题
323	◎	社会主义现代化建设中的民族问题
332	◎	《盘村瑶族》序
343	◎	《瑶族风情歌》序

- 348 ◎ 西部经济发展和各民族共同繁荣
- 354 ◎ 潘光旦先生关于畲族历史问题的设想
- 358 ◎ 开发甘南的意义和建议
- 365 ◎ 甘南篇
- 382 ◎ 瑶山调查五十年
- 389 ◎ 谈"民族"
- 392 ◎ 谈缩小差距
- 395 ◎ 对民族工作的一些看法和意见
- 402 ◎ 发挥民族优势　开拓民族经济
- 406 ◎ 少数民族地区发展战略
- 413 ◎ 临夏行
- 422 ◎ 民族区域自治和少数民族的发展
- 426 ◎ 话说呼伦贝尔森林
- 435 ◎ 中华民族的多元一体格局
- 464 ◎ 南岭行
- 471 ◎ 甘肃行
- 483 ◎ 凉山行
- 493 ◎ 武陵行
- 507 ◎ 边区民族社会经济发展思考
- 521 ◎ 对民族地区发展的思考
- 528 ◎ 中央民族访问团追记
- 533 ◎ 创建一个和而不同的全球社会
- 543 ◎ 民族生存与发展

（下册）

第三编　社会学及学科建设

553 ◎ 中国社会学的长成
　　　　——为《日本社会学会年报》写

561 ◎ 为社会学说几句话

565 ◎ 社会学的对象和内容决定于它的任务

569 ◎ 为社会学再说几句话

576 ◎ 迈向人民的人类学

586 ◎ 社会学和企业管理

596 ◎ 与医学心理学者谈社会学

606 ◎ 四个现代化与社会学

616 ◎ 从事社会学五十年
　　　　——答《中国青年报》问

620 ◎ 略谈社会学
　　　　——对《中国青年报》读者的回答

632 ◎ 社会学讲些什么

638 ◎ 建立面向中国实际的人民社会学
　　　　——从三访"江村"说起

647 ◎ 谈社会学的建设问题

653 ◎ 社会学系的培养目标问题

656 ◎ 建立我国社会学的一些意见

664 ◎ 从实际出发规划社会学学科建设

675 ◎ 开展社会学研究

682 ◎ 谈社会学教材建设

689 ◎ 开展对城市住宅问题社会学的研究

691 ◎ 从三访"江村"谈什么是社会学

696 ◎ 社会学学科建设与规划

701 ◎ 再谈社会学学科建设与规划

706 ◎ 重建社会学的又一阶段

713 ◎ 同社会学界朋友们的谈话

718 ◎ 社会学的历史使命

723 ◎ 成长中的中国社会学

727 ◎ 人的研究在中国
　　　　——个人的经历

735 ◎ 关于人类学在中国

741 ◎ 略谈中国社会学

755 ◎ 从人类学是一门交叉的学科谈起

759 ◎ 社会发展与社会学

765 ◎ 中国文化与新世纪的社会学人类学
　　　　——费孝通、李亦园对话录

782 ◎ 重建社会学与人类学的回顾和体会

806 ◎ 谈谈社会学的教材建设

811 ◎ 人类学与 21 世纪

821 ◎ 继往开来，建设 21 世纪中国的社会学

825 ◎ 试谈扩展社会学的传统界限

第四编　社会研究及调查

849 ◎ 社会研究的程序

855 ◎ 论社会组织

862 ◎ 体质研究和社会选择

867	◎	社会研究中的价值问题
869	◎	社会研究能有用么
871	◎	伦市寄言
885	◎	理论与实地社会研究
889	◎	显微镜下切片素描
891	◎	亦谈社会调查
897	◎	真知识和假知识
		——一个社会科学工作人员的自白
902	◎	二十年来之中国社区研究
904	◎	农村调查的体会
916	◎	怎样去了解中国社会
923	◎	关于社会学的几个问题
932	◎	谈谈我是怎样搞调查的
939	◎	怎样进行社会学调查
951	◎	再谈怎样进行社会学调查
959	◎	要从根本上懂得社会
965	◎	怎样找问题
975	◎	天津千户户卷调查
		——迈开社会学研究的新的一步
979	◎	社会调查自白
1038	◎	谈社会调查
1042	◎	我从事社会学的经历
1046	◎	四年思路回顾
1074	◎	对"美好社会"的思考
1079	◎	个人·群体·社会
		——一生学术历程的自我思考

1097 ◎ 农村、小城镇、区域发展
　　　　——我的社区研究历程的再回顾
1114 ◎ 小城镇研究十年反思
1123 ◎ 深入社会　深入生活

第五编　个案研究

1131 ◎ 花蓝瑶社会组织

1185 ◎ 附录1　桂行通讯
1227 ◎ 附录2　关于追悼同惠的通讯

第一编

民族研究意义及方法

分析中华民族人种成分的方法和尝试

中华民族，若是指现在版图之内的人民而言，是由各种体质上、文化上不同的成分所构成的。它是一个极复杂的丛体，经过悠久的历史中种种分化同化的作用，造成了这丛体现有的局面。分化同化的作用永远没有息止的在推进，它的结果表现在各种历史的事实和目前的民族问题中。政治的现象只是这巨流表面上的一些浪花罢了。这在体质上、语言上、民俗上的各成分间的分合、盛衰、兴替、代谢和突变才是中国民族的根本的事实，需要我们切实明了和把握住的。

要研究这巨流中各成分的分合、盛衰、兴替、代谢、突变等作用，势必先明了各成分的情形。所谓成分就是指构成这丛体的单位。在体质上有人种，在语言上有方言，在民俗上有各种不同的文化丛。这三者其实是一部分人群的三方面的表现，但是研究时所用的方法却不同。本文只就体质方面来说明分析人种的方法和尝试。

我们这里所谓人种并不是指半政治性的，好像汉、满、蒙、回、藏等种族而言，虽则这些种族在体质上，显然是不属于同一人种。亦不是指各人的籍贯，好像江苏人、广东人而言。人种乃是从生物学观点来区别的人类的单位，所以是属于人类学的范围。

人类学者根据人体测量的方法，用准确的数量来描写一人体各重要部分的形态，体高、臂长、腿长、面宽、头宽等等。可根据各部长度以求体形指数，好像面宽除头宽以得头形指数。从这形态的数字上断定这人所属的种类。

在断定个人所属的种类之前，势必先求得各种类的标准形式。我们如何决定这些形式呢？

根据遗传学的原理，我们知道一切生物个体的性质是授原于其胚胎细胞。

胚胎细胞是由父母双方的生殖细胞所构成，因之子女能遗传父母的体质，亦因之子女的体质除胚胎细胞中发生突变外，逃不出他父母所具体质的特性。但是同一祖先传下的后裔，在体质上不是尽同的，这同种各个体间的差别就是生物变异。在一群同种的人中说，各个人变异的分布，因为它是出于机会率的作用，所以常合于常态曲线。因之，若是有一组被研究的人，有充足的数目，而他们各特质的分布不合常态曲线，我们就可以疑心这一组人中是包含着不同人种的分子在内。但是各人种的标准形式间的差量时常不及同种的变异程度，所以我们很难用一种体形特质，好像体高或头形，来决定人种区别。

各人种在各个别的体形特质上虽则相差不一定很大，但是由整个体形论，各特质的搭配方式，却有很清楚的不同。譬如，甲乙两种躯体都很高，但头形却可以不同，于是根据头形和身高的关系，我们可以把他们分开了。甚至二者在体高及头形上俱极相似，但是鼻形不同凹，我们又可根据鼻形和体高、头形的关系来分析他们了。这样说来，我们所谓人种分析，其实就是在寻求一人民中各种体形特质的搭配方式罢了。或者有人要问，这样分法，用两个特质就可至少得到四个种类，用六个特质就可得到46种，人体上特质极多，人种的数目将要多得了不得了。但事实上却并不如此。我们并不是从算学出发来抽象地计算人类可能有各种的体形，而是从事实上出发来检视各人的异同。有了一群相似的人，然后用各种体形特质，描述这一群人，只要事实上，人类的体质形态，不是千奇百怪，在分析时，自然不会遇到千变万化的体形。

为什么各个人间体质上的异同，不受机会率的捉弄，造成各色各种，应有尽有的搭配方式呢？原因是在各人种间的混杂不是漫无限制的。地理上的阻隔，使不同的人种不易接触，接触之后还有社会制度的限制，不易通婚。有了混杂尚要受社会公共好恶的限制，不易繁殖。甚至各个人择配的心理作用等等，都很有效的限制人种的自由混杂。人种的混杂既有限制，同种的人既保持相同的形式，于是我们可以不必发愁在分析人种会遇到千变万化的体质搭配了。

关于中华民族人种的分析，至今还是处在极幼稚的时期。只有沿海一部分的人民，曾经俄人史禄国教授的研究，我们约略可以知道一二。但就是这一部分的人民，人种的结构已经很复杂了。其中最重要的人种有六，我们可以把它们的特性大略介绍一下：

A类　这一类的人躯体颇高（175公分），长头（指数75），阔鼻（指数100），高额（指数80），宽颚，鼻形直或凹，长腿，长面（指数90），耳小，耳垂常不发达。

A_1类　这类和A类颇相似，只有鼻子较狭。此或系A类的原始形式，自从A类迁居海滨区域之后，鼻形发生突变而成。这两类人民分布在华北一带。是河北、山东的基本人种。安徽和浙江不很多，江苏和广东极少。

B类　这一类的人躯体较矮（159至162公分之间），圆头（指数84至90），阔鼻（指数100以上），高额（指数82），面宽中度，颧阔，鼻形直或凸，腿短，耳大，耳垂常不发达。此类人种分布区域极广，是华东及高丽的基本人种。华北、广东较少。但沿中国海一带以及日本都有此类人民，就是满洲及通古斯中亦然。但是华西、西北以及中亚细亚一带则不常见。此类或者是极古之东亚土著人种。

T类　这一类人躯体矮小（155公分），长头（指数75），长鼻（指数75），低额（指数60），面短，颚小，颧宽，头大而高，臂腿俱长，鼻直，耳小，耳垂发达。此类分布由北向南逐渐递减。华东有之，但以安徽及江苏为界，再往南就不多见了。此类在中国并不占重要地位，是通古斯的基本人种。据史教授的研究，通古斯本系黄河及长江一带的土著，后来受其他人种的压迫，逐渐向北方迁移，一直到黑龙江流域，繁殖于西伯利亚。

△类　这类的人躯体颇高（169公分），圆头（指数85以上），长鼻（指数75），低额（指数60），宽颚，宽颧而且突出，面短，头低，长臂，鼻形凸，耳小而圆，耳垂常发达。这类的分布情形和T类相似，但在华东较T类为众。浙江颇少，广东更不易见。这是满洲人和蒙古人的基本人种，在湖北、湖南一带亦多。

E类　关于这类的详细研究还没有发表。大概的情形如下：肤色颇深，头长，体短，腿长，鼻阔，眼圆，发曲。其分布多见于华南。

关于各类详细的叙述，可以参考：S. M. Shirokogoroff：*Anthropology of Northern China*，1923；*Anthropology of Eastern China and Kwangtung Province*，1925。

若我们国境之内所有的人民，都能加以研究，所有人种的类别一定要比上述的多出好多倍。其分布的情形一定更为复杂。各处的调查都完毕之后，我们才能明了中华民族的结构。在这结构中，我们才能明了现在种种的民族问题。但是国人中有谁在这方面努力工作呢？讨论民族问题的人是如此之多，但谁注意于科学的研究呢？人类分析只是民族研究的一个先决的条件罢了。其他如语言、民俗等等，不是同样的尚是留着没有详细的研究么？我们只愿意凡是已经觉悟空口谈民族问题是没有用处的人，能转过身来，留意到这些基本的问题上去。

1934年10月17日

对于宪法草案有关民族问题基本规定的一些体会

一、统一的多民族国家

中华人民共和国是统一的多民族的国家。这是宪法草案在总纲中对于我们国家的民族结构的一条基本规定。一方面指出我们不是单一民族国家，而是多民族国家；一方面又指出这多民族所构成的国家不是分裂的而是统一的。

在我们国家的领土上居住着许多民族，不是几个民族，而是几十个民族。从我们现在已有的历史知识来说，最迟在 50 万年前我国的土地上已经住着原始人类；1 万年左右进入新石器时代，各地方所发现的古代器物，已表现出有不同的类型，同时也表现出这些不同类型的器物相互的交流和影响。在最早的文字记载中，已可以看到当时聚族而居的人们组成着不同的集团，而且有不同的名称。历史记载中不断出现关于这些集团的流动、交战和混合。我们现在对于中国各民族的历史和他们在历史时期中相互的关系还没有足够的系统知识。但是我国的土地上历来就住着许多语言不同，文化有别，各有其心理特征的民族集团是可以肯定的。我们的中华人民共和国是在这个多民族的历史基础上建立起来的。

国民党反动派曾经企图否认过这个事实，把我们国内的许多民族说成是许多"宗族"或支派。他们这种违反历史的理论是想替他们的大民族主义作辩护，目的是在加深对少数民族的剥削和压迫，进而想消灭各少数民族。这是反动的理论，和事实不符合的。

多民族国家里各民族相互关系是国家生活中的重要部分。我们过去几千年的历史记载中也足够说明民族关系的复杂和严重。自从社会上产生了阶级，一直到阶级消灭，在这一段时期中，民族关系具有两个矛盾的方面：一方面是各民族人民之间经济和文化的交流，相互吸收先进的经验，来丰富自己的生活，在经济上日渐形成相互依赖和贸迁有无的亲密关系。这是促成每一个民族发展的重要因素；而且也是各族人民建立起兄弟般友谊的基础。另一方面，是各民族的剥削阶级，除了对本民族人民进行剥削外，总是要向其他民族扩张他们剥削的范围，他们要采取各种手段，包括战争，去征服其他民族。这样引起了被侵略的民族人民的反抗，而且也发生了各民族统治阶级间的矛盾。各民族的统治阶级利用这些矛盾，歪曲成民族矛盾，燃烧起民族主义的狂热，隐蔽民族内部的阶级矛盾，破坏各民族人民间的团结，更利用本民族人民的力量去进行各民族统治阶级间的斗争。当然，各民族统治阶级的策略，并不是一贯顺利的。各民族内部的阶级矛盾的存在，被压迫的人民，在进行斗争中，同样是常常联合各民族的人民，向共同敌人进攻的，因而加强了各民族人民间的团结。但是剥削阶级的统治存在一天，他们对于民族间的挑拨和离间也一直不会停止，民族间的隔阂和歧视也不会根本消灭。民族关系的根本改变必须要到剥削阶级的统治被消灭后才能实现。工人阶级所领导的国家的形成，民族之间才不会再有压迫，民族平等的时代才能开始。斯大林说："资本主义的存在，没有民族的压迫，是不可思议的；同样，社会主义的存在，没有被压迫民族的解放，没有民族的自由，也是不可思议的。"①

我国的历史证实了马克思列宁主义的真理。在我们过去几千年中，各民族用自己辛勤的劳动发展了生产，创造了各民族的历史和文化，对我们伟大祖国的缔造都有重要的贡献。各民族经济上的合作，文化上的交流，和多次共同抵抗外来的侵略，特别是在中国共产党领导下的民族民主革命运动中，已经长期地亲密地结合在一起。这是我们这个包括着许多民族的国家获得统一的历史基础。

二、自由平等的民族大家庭

我们这个统一的多民族国家是建立在自由平等的民族关系之上的，因此我们的国家是一个自由平等的民族大家庭。我们各民族能团结成这样一个自由平等的民族大家庭，是由于我们是一个以工人阶级为领导的、以工农联盟为基础

---

① 斯大林：《马克思主义与民族、殖民地问题》，人民出版社1953年版，第139页。

的人民民主国家。工人阶级是以自己的劳动来创造自己的生活的，他们不对任何人进行剥削，而且反对剥削，要消灭剥削的。因此，他们是国际主义的实行者，对各民族的人民只有互助合作的关系，不会发生侵略压迫的关系。我们中国人民在工人阶级先锋队中国共产党领导下，取得了人民革命的伟大胜利，才有可能结束历史上曾长期存在的民族压迫的制度。我们宪法草案总纲的第一条是保证民族平等的最基本的条文。

我们的宪法的特点之一，和苏联的宪法相同的，就是具有深刻的国际主义性质。民族一律平等是我们宪法所持的出发点。这个出发点，正如斯大林论苏联宪法草案所说的："是认为一切民族和种族，不管它们过去和现在状况如何，不管它们强弱怎样，都应在社会所有一切经济生活、社会生活、国家生活及文化生活方面，享有同等的权利。"[①]

民族平等关系在我们新中国已经建立起来了。但是我们必须承认这种关系还是一种新建立的关系，在时间上说，还是比较短的。在这种平等关系建立之前有着长时期民族压迫的历史，历代的反动统治者进行大民族主义和地方民族主义的宣传，挑拨各民族人民间的感情，造成仇恨和隔阂。这些反动思想的残余，不是在短时期内可以完全肃清的。宪法草案在序言中着重提出了反对大民族主义和地方民族主义的原则，那是完全有必要的。

大民族主义和地方民族主义是什么呢？1951年在中央人民政府民族事务委员会扩大会议上，李维汉主任委员曾经作了说明。他说："大民族主义残余，首先是大汉族主义残余（此外还有在一个地区内占有多数民族地位的某些少数民族中的大民族主义残余）的特点为：歧视或轻视少数民族，忽视或蔑视少数民族的民族特点和民族形式。由此产生政策上的急性病，冒险主义；作风上的强迫命令，包办代替。"地方民族主义就是狭隘民族主义。共同纲领曾经用狭隘民族主义这个名词，宪法草案采用了国际通用的名词，地方民族主义，二者的实质是相同的。地方民族主义的"特点是：保守与排外，看不见祖国的伟大和进步事物，看不见本民族的前途，安于现状，故步自封，阻碍自己民族的前进"[②]。

[①]《列宁主义问题》，莫斯科中文版，第682页。
[②]《民族政策文献汇编》，人民出版社1953年版，第93页。

克服这些反动思想的残余，主要是加强爱国主义和国际主义相结合的教育。在过去几年中，许多民族地区的汉族干部带头批判了大汉族主义思想，批判了独断专行、包办代替的作风，很快地感动了少数民族干部，他们也随着批判了保守排外的地方民族主义思想，加强了民族团结。这种自我教育和自我改造的方法事实证明是有很好的效果的。

我们不应当忽视，帝国主义还存在，蒋介石匪帮还没有完全消灭，各民族内部也还可能有帝国主义和蒋匪帮的爪牙。这些各民族人民的公敌处心积虑，要破坏我们民族间的团结。为了保卫我们这个自由平等的大家庭，我们必须提高警惕。宪法草案规定了，"禁止对任何民族的歧视和压迫，禁止破坏各民族团结的行为"。这是保卫我们民族大家庭必要的措施。

三、发展语言文字的自由

在封建阶级或是资产阶级所统治的国家里，被他们所征服的民族不但被视为劣等民族，在政治上、社会上得不到平等的地位，而且使用自己民族的语言文字的自由都没有。被压迫的民族人民在公开场合下说自己民族的语言会遭到禁止和侮辱。他们如果有文字的话也不能得到公开的使用，更谈不到用自己民族的语言文字来印刷出版和教育自己的人民。他们和统治民族交际的时候，必须用统治民族的语言文字；在学校里必须学习统治民族的语言文字；在法庭上更是必须用统治民族的语言文字。通过种种强制的手段，统治民族压迫被统治民族的人民放弃自己的语言文字，同化于统治民族，因为这样，统治民族的统治阶级才能更方便于对被统治者进行剥削。语言文字是人们交际的工具。一个民族丧失了使用和发展自己语言文字的自由，无疑的会阻碍他们社会的发展。所以剥夺了一个民族发展语言文字的自由是民族压迫制度中极为残酷的一项措施。

语言文字是一个民族的特征，它有巨大的稳固性和对强迫同化的极大的抵抗性。斯大林说："土耳其的同化主义者，曾在几百年中努力伤害、破坏和消灭巴尔干各族人民的语言……可是巴尔干各族人民的语言还是坚持下来和活下来了。"① 我国历史上各个被压迫民族的情况也大多如此。除了极少数的例外，

---

① 斯大林：《马克思主义与语言学问题》，人民出版社1953年版，第24页。

我国的少数民族经过了长期的同化主义者的压迫,到现在还是都坚持了自己民族的语言。但是低估了同化主义者对各少数民族语言文字的伤害和破坏也是不对的。少数民族不但在语言的发展上受到了限制,而且,更重要的,很多丧失了创立文字的条件。大体的估计,到现在为止,有自己的语言而没有通用文字的少数民族人口占全部少数民族人口的一半以上。这是阻碍各少数民族社会发展的很严重的条件。为了实现民族平等和帮助各民族发展起来,克服这种不利的条件也成了我们民族工作急迫的任务。

在我们的民族政策中,少数民族发展语言文字的自由,一直是占着重要地位的。共同纲领第五十三条有明文的规定。1951年2月5日政务院关于民族事务的几项决定中,更具体的规定:"帮助尚无文字的民族创立文字,帮助文字不完备的民族逐渐充实其文字。"①1951年12月中央民族事务委员会李维汉主任委员,在《有关民族政策的若干问题》的报告中说:"有一个迫切的问题,即帮助尚无文字而有独立语言的民族创造文字的问题。希望同志们提出意见,供中央考虑此项问题的参考。"②1954年3月政务院批准了关于帮助尚无文字的各民族创立文字问题的报告,并责成中国科学院语言研究所和中央民族事务委员会经过审慎研究,拟订计划和订出在一两个民族中创立文字的具体方案,开始先在一两个民族中逐步试行。帮助没有文字的少数民族创立文字的工作已将进入试行的阶段了。

各民族都有发展自己语言文字的自由包括各民族都有使用自己语言文字的权利。这种权利在我们新中国是有充分保障的。

1951年11月全国民族教育会议上教育部马叙伦部长报告说:"关于少数民族教育中的语文问题,会议规定凡有现行通用文字的民族如蒙古、朝鲜、藏族、维吾尔、哈萨克等,小学和中学的各科课程必须用本民族语文教学。有独立语言而尚无文字或文字不完全的民族,一面着手创立文字和改革文字;一面得按自愿原则,采用汉族语文或本民族所习用的语文进行教学。"③

1952年8月中央人民政府颁布的《中华人民共和国民族区域自治实施纲

---

① 《民族政策文献汇编》,人民出版社1953年版,第14页。
② 《民族政策文献汇编》,人民出版社1953年版,第91页。
③ 《民族政策文献汇编》,人民出版社1953年版,第73页。

要》，有更明确的规定：各民族自治区自治机关可以采用一种在其自治区内通用的民族文字，为行使职权的主要工具；并且可以采用各民族自己的语言文字，来发展各民族的文化教育事业。①

不在民族自治区内居住的少数民族人民在使用自己的民族语言文字的权利上同样受到保障。1952 年 2 月政务院通过的关于地方民族民主联合政府实施办法的决定中，规定了"各民族代表在人民代表会议及人民代表会议的协商委员会或常务委员会上，有使用本民族语言、文字的权利"。政务院通过的关于保障一切散居的少数民族成分享有民族平等权利的决定中，规定了"凡散居的少数民族成分，有其本民族语言、文字者，得在法庭上以本民族语言、文字进行诉辩"。

宪法草案第七十一条规定了民族自治地方的自治机关在执行职务的时候，使用当地民族通用的一种或者几种语言文字。第七十七条规定了各民族公民都有用本民族语言文字进行诉讼的权利。这些都是保障民族语言文字的使用权的规定。

四、保持或者改革风俗习惯和宗教信仰的自由

反动阶级的同化主义者不但在语言文字上对少数民族采取伤害、破坏和消灭的政策，对于少数民族的风俗习惯和宗教信仰也是横加干涉的，常常要求被征服的民族人民放弃他们的风俗习惯和宗教信仰，同化于统治民族。国民党反动派统治时代，在贵州曾强制苗人剪发改装，派了军队在街子上撕去苗家妇女的裙子，加以侮辱。历史上也有很多统治阶级强制被征服的民族改变原有的宗教信仰，对异教徒进行迫害。这些都是民族压迫制度的具体表现，和我们民族平等政策不相容的。

一个民族的风俗习惯和宗教信仰中有许多是和其他民族不同的，因此富于民族形式和民族感情。在受到其他民族的干涉的时候，被压迫民族常常起来坚决的反抗，因此而发生大规模屠杀的惨剧，在各国的历史上也是常见的。

当然，没有一个民族的风俗习惯和宗教信仰是一成不变的。和生活不相适

---

① 《民族政策文献汇编》，人民出版社 1953 年版，第 166—167 页，第 15 条和第 16 条。

应的风俗习惯和宗教信仰是不断的被改革的，新的风俗习惯和宗教信仰也是不断的在发生的。而且历史事实也告诉我们，一个民族时常会接受其他民族的风俗习惯和宗教信仰。但是改革和影响必须是出于本民族人民的自愿。如果这些改革和影响是由其他民族强制的，立刻会产生反抗，而且加强了对原有风俗习惯和宗教信仰的民族感情，坚决地要保持了，即使这些风俗习惯和宗教信仰已经和本民族的生活不相适应。

为了民族的进步和为了民族间的团结，各民族的风俗习惯和宗教信仰的保持或改革必须由本民族人民自己来决定，其他民族是不可以干涉的。宪法草案规定了各民族都有保持或者改革自己的风俗习惯和宗教信仰的自由，一方面是体现了民族平等的原则，另一方面也保障了民族间的团结。

五、国家建设和社会主义改造

宪法草案反映了广大人民建设社会主义社会的共同愿望。通过和平的道路消灭剥削和贫困，建成繁荣幸福的社会主义社会是我们国家各民族共同的道路。总纲第四条明确规定了："中华人民共和国依靠国家机关和社会力量，通过社会主义工业化和社会主义改造，保证逐步消灭剥削制度，建立社会主义社会。"这是一条不可动摇的原则，也是各民族发展成为社会主义民族的保证。

同时，我们必须充分注意到我们国内各少数民族的社会发展是不平衡的。有些发展得比较快的，像内蒙古自治区已经在进行社会主义建设，大规模的社会主义工业正在建立中，又像桂西壮族自治区已经完成了土地改革，消灭了封建制度，正在进行对农业的社会主义改造；但是也有些发展得比较慢的，现在还实行着封建制度或奴隶制度，甚至在偏僻地区可能还有原始公社的残余。这种不平衡的情况是不足为奇的。历代反动统治者对各少数民族进行残酷的压迫和剥削，他们在发展上受到阻碍，以致停滞和落后了。但并不是说，今后一定赶不上其他民族了。内蒙古自治区的建设提供了一个有力的榜样，过去比较落后的蒙古族，现在已经跻于先进民族的行列了。但是由于当前这种不平衡情况的存在，各民族在走上社会主义社会这个总道路上，所采取的方法、步骤和速度都不应当强求一致的。所以宪法草案序言中有这样的规定："国家在经济建设和文化建设的过程中将照顾各民族的需要，而在社会主义改造的问题上将充分注意各民族发展的特点。"

怎样去提高少数民族社会的生产力的问题，一定要照顾当地人民的需要。有些少数民族居住在山地，他们可以靠山吃山，发展土特产等经济作物或是培植森林。但是过去却有些这种地区因为缺乏粮食，提倡农业，烧山开荒，得不偿失。又有些少数民族地区可以发展农业的，而现在缺乏耕种技术和农具，他们不知道积肥，甚至没有铁器。这些地区的经济建设，主要问题是供应比较进步的农具和介绍先进的农业知识。过去一两年来贵州和广西在这方面的工作上已取得成绩。这些例子说明在少数民族地区的经济建设应当切实的根据当地条件来进行。

少数民族的建设事业中，文化建设在一定的意义上，是经济建设的先决条件。他们地方的经济建设事业主要是国家建设计划的一部分，在资金、设备等各方面可以由国家负担，但是少数民族地区进行建设一定要有少数民族自己的干部参加，而培养这些干部就是重要的文化建设事业。少数民族人民大众文化水平的提高，知识分子的培养，以及新闻出版事业的建立和开展，都是当前各少数民族急迫的要求，我们不能想像一个没有文字的民族能够进入社会主义社会的。宪法草案序言中特别提出少数民族的文化建设是切合于少数民族发展的需要的。

社会生产力的发展必然会提出生产关系改造的问题。周总理1951年在中国人民政治协商会议全国委员会会议上明确指出："各民族内部的适当改革，是各民族发展进步、逐渐跻于先进民族水平所必须经历的过程。但这种改革必须适合其本民族当前发展阶段的特点，必须根据其本民族大多数人民的意志，并采取妥善步骤，依靠其本民族干部去进行。"1952年颁布的《中华人民共和国民族区域自治实施纲要》，用立法手续肯定了这个原则，第三十一条规定："上级人民政府应足够地估计各民族自治区当前发展阶段的特点和具体情况，使自己的指示、命令既符合于中国人民政治协商会议共同纲领的总道路，又适合此种特点和具体情况。"各地经验证明，凡是依据上述规定的原则办事的，都获得了应有的成绩，并受到少数民族人民的拥护。相反的，凡是忽视这个原则，错误地搬用汉族地区社会改革的一套办法，就会引起少数民族人民的不满，甚至招致混乱和损失。宪法草案肯定了这个原则，总结了这个经验，是我们民族工作必须遵循的基本方针。

我们国内各民族都是向着建立社会主义社会的目标前进的，但是所采取的具体步骤，具体方法则将照顾到各民族的具体情况，这样才能保证在社会主义改造问题上充分注意各民族发展的特点，同时也保证我们自由平等的民族大家庭的团结将继续加强。

六、实行民族的区域自治

民族的区域自治是毛主席运用马克思列宁主义解决中国民族问题的基本政策。民族区域自治政策的推行，使有一定聚居地方的各少数民族在中央和有关上级的国家机关的统一领导下，实现他们在管理本民族事务上当家做主的权利，各自从他们的当前发展阶段逐步地进入国家过渡时期的总轨道，从而为他们的发展和进步开辟了广阔的道路。

截至1953年3月，在全国范围内已建立起来的相当于县级及县级以上的民族自治地方47个。其中，包括建立最早，规模最大的内蒙古自治区；规模较大的桂西壮族自治区，西康省藏族自治区，湘西苗族自治区，海南黎族、苗族自治区，西康省凉山彝族自治区，云南省西双版纳傣族自治区，吉林省延边朝鲜族自治区，青海省玉树藏族自治区，四川省藏族自治区等。全国各地建立民族自治地方的工作，还在继续进行，从1953年3月到现在又有许多新的自治区成立了。

全国各地的实践证明了，并且还在证明，民族区域自治制度的优越性。民族区域自治实行后，普遍而显著的效果是：增强了各民族人民的爱国主义、积极性和自动精神；加强了民族间和各民族内部的团结，密切自治机关同人民之间的联系，而且促进了各少数民族政治、经济、文化的发展。民族区域自治确是解决我国民族问题的钥匙。宪法草案总结并提高了这项经验，在第三条中规定："各少数民族聚居的地方实行区域自治。"

我们中国国内各民族在长期的历史时代里一直是处在一个国家范围之内的，各民族在近百年共同受帝国主义的侵略，使各民族的命运更是密切不可分离地联系在一起，近30年来中国共产党领导的人民革命运动，更使各民族人民逐渐地结合起来。人民革命的胜利已使我们各民族团结成为一个自由平等的民族大家庭。今后我国经济和文化的建设，必须结合各民族的需要，统一地计划，共同地努力。在保卫我们这个民族大家庭，反对帝国主义和反对各民族内部的人民公敌上，各民族更需要团结一致。这种种历史发展和社会经济的具体条件，使我们各民族都衷心情愿地成为中华人民共和国不可分离的部分。

实行民族区域自治的地方都是统一的国家的一部分，有别于联邦制国家的各个单位，所以在宪法草案第三条的结尾加以明确的规定："各民族自治地方都是中华人民共和国不可分离的部分。"

七、民族自治地方和民族乡

宪法草案第三条规定："各少数民族聚居的地方实行区域自治。"有人问：少数民族聚居地方是什么意义呢？区域自治又是什么意义呢？

少数民族聚居的地方是指这样一种地方，就是在这个区域范围内，有一定数量的某一个民族的居民共同生活着。这些居民之间还要有一定的社会联系和或多或少的自己的社会构成。

少数民族聚居的地方这个概念是就同一民族人民居住关系来说的，并不是就不同民族人民之间的居住关系来说的。某一民族的聚居地方之内可以只有它这个民族的居民，而没有其他民族的居民。但是不一定是这样，因为某一民族的聚居的地方并不排斥有其他民族的居民在内。因此还有两种情况：一是甲民族的聚居地方之内有乙民族的人居住，这些乙民族的居民人数较少但也构成自己的聚居地方，就是甲民族的聚居地方包含着乙民族的聚居地方，也就是乙民族的聚居地方成为甲民族聚居地方的一部分。二是住在一个地方的甲乙两个民族，人数大致相当，并且交错聚居，不容易明确划出界线，所以这种地方既是甲民族的聚居地方，又是乙民族的聚居地方。以上两种情况，就甲或乙民族本身来说，他们是聚居的，就甲和乙两个民族的相互关系来说，他们是杂居的。因此，聚居和杂居的两个概念并不是互相排斥的。

由于民族聚居地方有上述的三种不同的情况，以聚居地方为基础所建立的民族自治地方大体上也可以有三种不同的类型：一、由一个少数民族聚居地方为基础而建立的民族自治地方（例如川北平武藏族自治区）；二、由一个大的少数民族聚居地方，其中包含了小的其他少数民族聚居地方为基础而建立的民族自治地方（例如内蒙古自治区）；三、由几个或多个少数民族聚居地方为基础联合建立的民族自治地方（例如广西龙胜地方侗、壮、苗、瑶、伶各族的联合自治区）。

少数民族聚居地方大小不一，有的区域可以很大，有的区域可以很小。大的如蒙族聚居的内蒙古地方，这些地方的区域可以大过一般的省区。有的区域比较小，最小的甚至只有几十或几百户人家构成的村落。

各民族聚居区大小不一致，因此所成立的民族自治地方也有大有小。大小不等的民族自治地方的行政地位也不能相等：有些相当于省，有些相当于县，但也有些比省小，而又包括几个相当于县的行政区域。还有些比县为小的，相当于乡。在过去这许多不同行政地位的民族自治地方都一律称为民族自治区，在名称上并不标明它们不同的行政地位。

总结了过去的经验，宪法草案在这方面作了新的、也是更恰当的规定，就是在第五十三条中提出了自治区、自治州、自治县三种行政区域的名称。自治区是直接由中央领导的民族自治地方；自治州是由自治区或省领导的民族自治地方而本身可以分为若干县、自治县或市；自治县是由自治省、自治州，或省领导的民族自治地方，也是规模最小的民族自治地方。较县为小的民族聚居地方不再设立民族自治机关，不称民族自治地方，而称民族乡。

民族自治地方和其他地方比较：自治区相当于省，但实际上自治区的区域可以比一般的省为大。自治州相当于一个或几个专区，包括几个县，但是专区是省的代行机关，并非行政系统上的一级，不设国家权力的地方机关，而自治州是一级行政区域，设立自治机关的。自治县相当于县。从县到省，一般是两级，而民族自治地方可以是三级。

这许多大小不一，情况不同的民族聚居的地方在实行民族区域自治时，不但所采取的方式不同，在自治的程度上也不可能一致。苏联的经验提供了有力的榜样。斯大林说："苏维埃自治并不是一种停滞不前、一成不变的东西，它允许自己的发展采取各式各样的形式与程度。""苏维埃自治的这种伸缩性，是它的主要优点之一，因为这种伸缩性可以包括俄国处在文化经济发展各种不同阶段上的各式各样的边疆。"[①]

我国各少数民族聚居地方实行的民族区域自治在程度上差别虽则没有苏

---

① 斯大林：《马克思主义与民族、殖民地问题》，人民出版社1953年版，第124页。

联那样大，但是同样是有相当的伸缩性的。在《民族区域自治实施纲要》第二十四条规定："以上列举的自治权利，原则上适用于一切民族自治区。其适用的规模，与各民族自治区的行政地位相适应。"宪法草案区别民族自治地方和民族乡，明确了不同程度的区域自治。

实行民族区域自治的地方的国家机关在民族干部、民族语言文字和民族形式这些主要问题上表现他们的自治权利。当地国家机关是以实行区域自治的民族的人员为主要成分组成的，当地国家机关的具体形式，依照实行区域自治的民族大多数人民及与人民有联系的领袖人物的志愿。当地的国家机关行使职权的时候，采用当地通行的民族语文为主要工具。当地国家机关在工作中要注意运用民族形式。这些适合民族特点的具体措施是一切实行区域自治的少数民族都具有的自治权，不论聚居地方的大小都能行使的自治权。

较大的少数民族聚居地方实行区域自治的时候，有条件在他们民族自治地方内进行适应于他们规模的地方性的经济和文化建设事业，可以按法律规定的权限在财政、保卫等方面享受一定的自治权利，以便他们能更充分地按民族特点发展起来。这些自治权利都必须有一定规模的民族自治地方才能行使，较小的少数民族聚居地方实行区域自治，事实上不可能享受这些自治权利。比如只有几百户人家的聚居地方，全部的税收有时也不够维持一个小学校，更不需要公安部队的组织，所以即使名义上有这些自治权利也是行使不了的。

宪法草案根据这种事实，总结了过去几年实行区域自治的经验，把民族乡和民族自治地方加以区别。由于区域小，人口少，不能行使那些必须要有一定规模才能享受的自治权利，所以没有设立自治机关的必要。但是这并不是说比较小的少数民族聚居地方没有实行民族区域自治的权利了。宪法草案第三条规定的基本原则是不加条件的。事实上民族乡也并不同于一般的乡，因为按宪法草案第六十条的规定：民族乡的人民代表大会按照法律规定的权限，可以采取适合民族特点的具体措施。这些具体措施就包括民族干部、民族语言文字和民族形式等各方面的民族化。民族乡和民族自治地方间的区别是区域自治的形式和程度上的区别，就是民族乡不称民族自治地方，不设立自治机关，没有财政、保卫、制定自治条例和单行条例的自治权利罢了。

宪法草案第五十三条规定自治区、自治州、自治县都是民族自治地方；并且以专节规定民族自治地方的自治机关。宪法草案第六十七条关于自治机关的组织规定了原则性和灵活性结合的关系。自治机关的组织的基本原则是和其他地方国家机关基本上相同的，就是《民族区域自治实施纲要》第十一条所规定的民主集中制和人民代表大会制的基本原则。但是各民族自治地方可以采取各种适合于具体情况的民族形式。这些形式可以按照实行区域自治的民族大多数人民的意愿规定。宪法草案第六十八条和第七十一条规定了民族自治机关在民族干部和民族语言文字各方面所享有的自治权利；第七十条规定了在财政、保卫、制定自治条例和单行条例各方面所享有的自治权利，就是民族自治地方的自治机关可以按照法律规定的权限管理本地方的财政，按照国家军事制度组织本地方的公安部队，并且可以按照当地民族的政治、经济、文化的特点，制定自治条例和单行条例，报请全国人民代表大会常务委员会批准。这三种自治权利是民族乡所没有的。

八、多民族杂居地方和散居的少数民族成分

凡是在一个区域之内，居住着不同民族，这地方就是多民族杂居的地方。以全国范围来说，我们是多民族国家，也就是有多个民族杂居在我们国家的领土之内。从一省、一县来说，情况也是这样的。杂居在一个区域内的少数民族如果它本身是聚居在一个地方的，他们的聚居地方实行区域自治，成立民族自治地方或民族乡。这些聚居地方只是整个区域的一部分，民族自治地方或民族乡也只是这个行政区域中的一级地方政权。在领导这些民族自治地方或民族乡的民族杂居区域的国家机关中少数民族的地位是怎样的呢？过去在1952年政务院曾通过在这些民族杂居地方实行地方民族民主联合政府的办法，就是依据共同纲领第五十一条规定"凡各民族杂居的地方及民族自治区内，各民族在当地政权机关中均应有相当名额的代表"，建立各民族有代表参加的地方政权。当时因为民族区域自治还在开始推行，为了保障少数民族政治上的平等权利，规定民族杂居地方少数民族参加地方政权的权利是有必要的。但是现在全国人民代表大会及地方各级人民代表大会选举法已经公布了，根据这个选举法在多民族杂居的地方，所产生出来的权力机关必然是有适当少数民族代表参加，实质上必然是民族民主联合政府，所以这个专称已经可以不必特别提出来了。

按选举法规定，全国人民代表大会的少数民族代表名额是150人，并规

定除了这个固定数目之外，如仍有少数民族选民当选为全国人民代表大会代表者，不计入150人名额之内。全国各少数民族人口数，约占全国人口总数的1/14，而全国人民代表大会的少数民族代表人数，预计实际上会接近代表总数的1/7。这是对少数民族合理的照顾。同样的精神也适用于地方各级人民代表大会。地方各级人民代表大会，凡境内有少数民族聚居区者，每一聚居的少数民族均应有代表出席，而且人口较少的少数民族也应当在名额上受到照顾。这些规定基本上解决了民族杂居地方少数民族政治上平等权利的问题。

少数民族人民有些散居在汉族地区的。他们大多居住在城市和集镇。他们曾经在反动统治下长期地忍受着民族的压迫和歧视，有的过去曾经不得不隐瞒自己的民族出身，改变自己的民族成分，遮盖自己的民族特点，以求生存。政务院在1952年曾通过保障一切散居的少数民族成分享有民族平等权利的决定。这个决定受到散居的少数民族成分热烈的拥护。

民族压迫制度已经消灭的今天，散居的少数民族成分有时还发生被歧视的情况，主要是由于大民族主义思想的残余，忽视民族特点，对于少数民族的风俗习惯、宗教信仰尊重不够。宪法草案对于大民族主义在序言中即加以反对，并且在总纲第三条规定了"禁止对任何民族的歧视和压迫"。"各民族……都有保持或者改革自己的风俗习惯和宗教信仰的自由。"在公民的基本权利和义务一章中，第八十八条规定了"中华人民共和国公民有宗教信仰的自由"。这些条文都是在实质上保障了散居的少数民族成分的民族平等权利。宪法草案的第五十八条更明确规定了"地方各级人民代表大会在本行政区域内……保障少数民族的平等权利"。这个规定包括了对散居的少数民族成分平等权利的保障。

我们的宪法草案对少数民族享受民族平等的保障真是面面俱到、无微不至了。不论是聚居的、杂居的和散居的少数民族人民已经不可能再受到歧视和压迫，民族压迫制度永远不可能再在我们的国家中出现了。

九、为实现过渡时期党在民族问题方面的任务而奋斗

四年多以来，中国共产党正确地执行了在过渡时期民族问题方面的总任务。这就是：巩固祖国的统一和各民族的团结，共同来建设祖国的大家庭；在统一的祖国大家庭内，保障各民族一切权利方面的平等，实行民族区域自治，在建设祖国的共同事业中，逐步地发展各民族的政治、经济和文化，逐步地消灭历史上遗留下来的各民族间事实上的不平等，使落后民族得以跻于先进民族的行列，逐步过渡到社会主义社会。

宪法草案已经肯定了和明确了我们各民族在中国共产党领导下向社会主义社会前进的道路。各民族人民必然将更加亲密的团结起来，以实现我们国家在过渡时期总任务的决心来热烈欢迎我们宪法草案的公布。

1954 年 9 月 3 日

原载《新建设》1954 年第 9 期。

关于民族识别问题的意见

在《关于黔西民族识别工作的参考意见》一文中，我谈到在这次普选中自报的民族名称有 400 多个，其中有些是有问题的。我也列出了发生问题的各种情况。下面再就这些问题谈一些我的意见。

一

这 400 多个自报名称的民族单位，我们可以肯定地说，有一部分是可以在自愿基础上归并的。他们和外界隔绝久了，历史不明白，听人家怎样称他们也就怎样称，自报了少数民族，这种民族名称不能视做是一种民族自觉性质的。比如云南有些养蜜蜂的汉人报称"蜜蜂族"，种甘蔗的汉人报称"蔗园族"。这些人的语言和附近汉人的方言有区别，以为是民族区别，但是知道了是广东话，从广东搬来的，他们也就自认是汉人了。

同样的，有些曾经隔断了一个时间的若干同一少数民族的单位，曾被别人用不同名称相称，他们本民族语的自称基本相同，但却用了他们习惯用的汉名报成了不同民族单位。他们一旦见了面，谈话大家懂，讲起历史来又相同，风俗习惯差不多，兄弟重相逢，成为一家人，那是大家乐意的。比如云南红河一带的哈尼人，原本是有许多独立的单位，现在已经合在一起。

交通方便，接触多了，历史搞清楚了，这类情况是会发生的。

但是不能从此得出这样的结论，就是凡是历史上来源相同，语言相通，风俗习惯相近的民族单位都会融合起来，更不能说都应当融合起来。苏联的俄罗斯、乌克兰、白俄罗斯原是东斯拉夫的三个部落，语言也是一个系统，但是发展成了三个单独的民族。苏联也有若干民族集团，实际上的民族特点已经很少，但是依旧保持着它们的民族名称。

我们只能说在这些特征上具有的共同性或相似性的单位有可能在发展过程中融合成为一个民族。如果这样融合对于人民是有利的，那些可能性是值得我们注意和加以利用的。

应当强调：民族名称是不能强加于人的，不能由别人代替来改变的，不能用行政命令根据任何客观标准来合并若干民族，或是拆散成若干民族。民族是历史形成的，也是在历史过程中变动的，离开了人民的自愿，强制加以改变是反人民的。

我们从客观分析中可以得出某种可能，某种倾向，或是某种改变对人民有利；但是要实现这些可能，这些改变，必须通过自愿的行动。我们可以为实现这些可能而工作，但是不能包办代替。

我们进行民族识别并不是代替各民族来决定应当不应当成为少数民族，或是应当不应当承认为单独民族。我们的工作是在从民族特征的各方面加以研究，提供材料和分析，帮助已经提出民族名称的单位自己来考虑是否要认为是少数民族或是否要单独成为一个民族。这些问题答案是要各族人民自己来做的，这是他们的权利。任何民族单位在自愿基础上任何时候都是可以合并或分开，只要不离开这大家庭。

民族识别工作对于各族人民自己作出这类决定时是有帮助的，因为各民族还没有完全脱离过去反动统治所制造的孤立和隔离的状态，它们没有机会充分知道自己的历史，没有机会和其他单位充分往来，因此，它们还没有充分的条件来作出对自己有利的决定。我们在这些方面具体地帮助它们是应当的和受欢迎的。如果我们在这件工作上采取命令主义和包办代替的作风就会引起各族人民的反感，把好事做坏。

二

应当提出：少数民族一共不过 3500 万人，搞成 400 多个单位，对少数民族的发展是否有利呢？我想是不利的。其中有很多是人数很少地区很小的民族单位，它们能不能发展成为社会主义民族呢？我想是有很大困难的。比如一个几千人的小集团，如果要发展自己的文字，就得办报纸，翻译各种书籍，需要很多人，哪里来这样多人呢？再说发展经济，如果整个民族的人还不够办一个较大的集体农场或者较大的工厂，他们要成为一个单独的社会主义民族就很难想像了。如果他们在语言上原来和另一单位相同，地区又相联，风俗习惯又相近，为了发展，融合成为一体，当然是有利的。这一点我们可以肯定。在实行区域自治时，已经注意到民族发展的物质基础，所以有联合自治这种方式，即使民族不同的人在一个地区中也最好联合起来。如果在民族特征上基本没有很大区别的单位融合为一体也是应该鼓励的。

如果我们对于有可能融合成为一体的民族单位而这种融合又是对人民有利的，不做工作，不促成其自愿，不使他们明白有融合的条件和融合后的利益，那一样是不正确的。

怎样去做工作呢？我想首先是根据斯大林所提出的四个特征对各民族单位进行研究，研究时应当注意它们过去的历史，并且和其他民族比较，求出它们之间的异同。

我们现在自报的民族单位虽则很多，但是结合四个特征来研究，是能归纳出几个大的系统的，每一个系统中各个单位的差别可以通过具体分析加以确定。这种科学的研究和实际政治是相结合的，因为它提供了可能融合成为一体的那些民族单位的范围，作为我们实际工作的参考。

这种调查研究工作需要相当长的时间，而且必须有各少数民族自己人参加。调查研究的结果也应当交给少数民族自己去审查，作为他们自己决定是否系少数民族，或者是否要单独成为一个民族时的参考资料。

三

总结以上的意见：

（一）我们并不能依现在自报民族名称的单位一律认为可以成为单独的民族。

（二）已经自报了名称的单位中有些会合并或分开，但是必须是自愿的，不能用行政命令强制和包办代替的。

（三）各民族人民都有权利决定自己是否系少数民族，是否要单独成为一个民族，他们也都有权利在任何时候改变他们的决定。别的民族和政府都不能加以干涉和强制。

（四）有条件合并的单位（从民族特征上研究可以得出是否有条件合并）如果自愿合并，对于他们的发展是有利，尤其是那些人数很少，地区很小，在发展上受到限制的单位利于和较大的单位合并，或合并成较大的单位。这一点也应当肯定的。

（五）现在那种分散的现象有一部分是由于过去民族压迫时代的分裂和同化政策所造成的。各单位的人民明白了他们的历史，接触了和他们在民族特征上相同的单位，在经济发展中看到了合并的利益，他们是会自愿合并的。我们应当做工作来促成其自愿合并。

（六）民族识别工作就是用历史唯物论的观点方法来研究各自报的民族单位，从民族四大特征上说明它们的特点和它们同其他单位异同的程度及异同的历史原因。这种科学知识可以帮助各单位的人民自己来决定是否系少数民族，和是否要单独成为一个民族，还是和其他单位合并成为一个民族。

1954 年 11 月

关于黔西民族识别工作的参考意见

一

民族压迫制度消灭后,获得了平等的少数民族纷纷公开他们民族身份,要求把他们的民族名称列入民族大家庭的行列。这次普选中自报的民族名称据称有400多。这400多个自报了民族名称的单位是否都能认为是单独的民族呢?其中有些是有问题的。

发生问题的有下列各种情况:

(一)有些汉人迁居到了少数民族地区,保留汉族的特点,但是不知道自己是汉人,以附近少数民族称他们的名称作为自己的民族名称,报上来之后,被列入少数民族行列中。例如云南和广西的"蔗园人"。

(二)迁居到少数民族地区去的汉人,前后有若干批,时代不同。早去的汉人,曾经长期和内地隔绝,受了少数民族的影响,和后去的汉人,在语言、风俗习惯上有一定的区别,并且受到后去的汉人的歧视,不把他们看做汉人,因而他们自认和汉人有区别,解放后,要求成为少数民族。"过去民族压迫时被当做少数民族,现在少数民族受到照顾时又不被当做少数民族了",心里不服。例如广西的"六甲人"。他们是否可以认为少数民族?

(三)有些少数民族在民族压迫时代曾经不愿表明和汉人有区别,又有一部分上层受反动统治的利用统治过当地的其他少数民族,在这些被他们统治的少数民族看来他们是和汉人一起的。解放后,有关的其他民族不愿意承认他们是少数民族。例如湘西"土家"。他们是否要认为少数民族?

(四)历史上,有些民族曾经被打散,各自迁移。在迁移过程中,有些又和汉人发生结合,受到很深的影响,改变了语言,民族特点已不显著,经济上和汉人已分不开，但是受到歧视，居住上不和汉人相混，心理上和汉人有隔阂，自认为和汉人不同的少数民族。例如福建、浙江等省的"畲民"。他们是否可以认为是少数民族？

（五）原系一个少数民族，但是迁移到不同地区的各部分，基本上保留着相同的语言、风俗习惯、历史传说，但是长期隔离，互不往来，经济上没有联系。他们被其他民族用了不同的名称相称（虽则他们的自称基本上是相同的），报了不同的民族名称。例如云南"阿细人"、"撒尼人"都是彝人的系统，是否要分别成为单独民族？

（六）有些不同民族成分的集团进入了同一的或相邻的地区，被别族用同一名称相称，也就认为是一个民族，但是语言、风俗习惯上还是有区别的。例如"瑶人"。他们是否可以承认是一个民族？

（七）有些民族不在一个地区的各部分，分别受到不同民族的影响，因此各部分对于自己系单独民族还是系另一民族的一部分这一问题意见不一致。例如东北的达呼尔人。他们是否可以承认是单独的民族？

上面所列举的各种情况归纳起来是两类的问题：

1. 他们是汉人还是少数民族？
2. 他们是单独民族还是其他民族的一部分？

研究这些问题就是民族识别工作。

二

我们是根据历史唯物论来研究民族识别问题的，只有深入领会斯大林关于民族问题的理论，我们才能实事求是地解决我们所要研究的问题。进行民族识别时首先要从理论上明白"民族"的意义。斯大林在《马克思主义和民族问题》中给民族的定义是这样的："民族是历史上形成的一个有共同语言，有共同地域，有共同经济生活以及有表现于共同文化上的共同心理状态的稳定的人们共同体。"又说，"必须着重指出，把上述种种特征中任何一种特征单独拿出来，都不足以作出一个民族的定义，而且，只要这些特征中缺少一种特征，民族就不成其为民族了"。

在《民族问题与列宁主义》中，斯大林说：

世界上有各种各样的民族，有一些民族，是在资本主义上升时代发展起来的，当时资产阶级在打破封建主义和封建割据的时候，把民族集合为一体并使它团结起来，这就是所谓"近代"民族。

　　在资本主义以前的时期是没有而且也不能有民族的，因为当时还没有民族市场，还没有民族的经济中心，也没有民族的文化中心，因而还没有那些消减某个民族经济的分散状态和把这个民族历来彼此隔绝的各个部分联结为一个民族整体的因素。

　　当然，民族的要素——语言、地域、共同的文化等等——都不是从天上掉下来的，而是还在资本主义以前的时期逐渐地创造出来的。但这些要素当时是处在萌芽状态中，更多也不过是将来在某些有利条件下可以形成为民族的一种潜在力，这种潜在力只有在资本主义上升并具备有民族市场、经济中心和文化中心的时期才变成了现实。

斯大林又说：

　　但是世界上也还有另一种民族。这就是新式民族，即苏维埃民族，这些民族是在俄国资本主义被推翻之后，在资产阶级及其民族主义政党被消灭以后，在苏维埃制度确立以后，在旧式民族即资产阶级民族基础上发展和形成的。

　　工人阶级及其国际主义的政党，是团结和领导这些新式民族的力量，为了消灭资本主义残余和胜利地建设社会主义而在民族内部建立工人阶级和劳动农民的联盟，为了各个民族及少数民族的平等权利和自由发展而消灭民族压迫的残余；为了确立各民族间的友谊和确立国际主义而消灭民族主义的残余；在反对侵略及侵略战争的政策的斗争中，在反对帝国主义的斗争中，一切被压迫的和没有平等权利的民族结成统一战线——这就是这些民族的精神面貌和社会政治面貌。

　　这种民族应该评定为社会主义民族。

三

学习了斯大林民族问题的理论,结合到我们当前的民族识别工作,我们首先应当注意不要简单地从任何一个民族要素——语言、地域、共同文化等等——来断定某一种人是汉人或不是汉人,断定他们应当成为一个民族或应当分成若干民族。

是不是讲同样话的人就是一个民族呢?马克思主义对这个问题的回答不是这样的,不是说讲同样话的人就都是一个民族。马克思主义认为,讲同样语言的人,可能是各个不同的部族或民族。美国人和英国人讲的是一种语言,但不是一个民族;挪威人和丹麦人讲的是同样语言也是两个民族。我们国内汉人和回人讲同样的话但不是一个民族。但是无论如何一个民族讲两样语言是不可能的。斯大林告诉我们,共同语言这个民族特征是指一个民族的人必须是说一种语言,虽则他们在方言上,在一定时期内还可以是不同的。

仅仅有了共同区域也不能就说是一个民族。斯拉夫族在最古的时候就生活在同样的区域上,但那时并没有形成俄罗斯民族。把这些人们组成一个民族必须有一种强大的力量才行。这种力量就只是经济力量。但并不是任何一种经济都能够起这样作用,只有资本主义经济或社会主义经济才能起这样作用。在人类社会发展的历史上最初能使人们成为民族的经济是资本主义经济,所以民族的形成首先是资产阶级民族。生活在各个不同地方的人们,通过各个地方的市场,组成全国统一的市场,把生活在一个土地上的人联系起来,这种联系就必须有统一的语言。因而不同的方言在一起慢慢发展,出现了一个比较普遍的语言,形成为统一的民族语言。

识别工作中也有强调风俗习惯和宗教信仰的。我们首先要说明风俗习惯和宗教信仰并不是民族特征,但是和表现为自己特殊文化的心理素质有关。我们的体会是这样,一个民族共同心理状态是表现在他们共同文化上的,因此我们可以看到各个民族的文化有他们不同的风格,最显著的是他们的艺术。各民族的文学、歌舞、建筑都是具有民族风格的。我们可以一望而知这是维吾尔的舞蹈,不是苗族的舞蹈。风俗习惯和宗教信仰的具体表现也受着民族风格的影响。但是风俗习惯和宗教信仰是常常在民族间传布的。如果我们挑选某些风俗习惯和宗教信仰上的相同或相异来作为民族识别的标准，那就会出错误。风俗习惯和宗教信仰是应该详细调查的。因为他们可以提供历史的线索，而且一般人常常强调某些和其他人不同的风俗习惯和宗教信仰来表示自己一种人，和别种人不同，那是民族共同心理的表现。我们不能忽视的。

四

我们进行识别工作必须从民族要素出发来研究。但是应当注意斯大林告诉我们在资本主义以前的时期，民族还没有形成，这些要素还处在萌芽状态中。我们现在要进行研究的对象，事实上都没有进入资本主义时期的，它们并不是"近代"民族。我们如果以"近代"民族的特征去要求它们，或是采用"近代"世族的特征去衡量它们，那就不切实际了，文不对题了。

资本主义时期之前的人们共同体并不具备民族的特征，所以在科学上也用不同的名词来称它们。在原始共产主义时期，人们形成的共同体是氏族、部落；在原始公社制度向着奴隶社会，向着封建社会过渡时，各个不同部落联合成为一个部族。

一个部族已经具有萌芽状态中的共同语言、共同地域和表现为特殊文化的共同心理素质。这三个特点在封建社会时就已经存在了，所以部族已经具有形成民族的因素，资本主义经济把它们利用起来，形成了民族；社会主义经济也可以把没有经过资本主义社会的部族所具有形成民族的因素利用和发展起来，使它形成为统一的民族。资本主义经济或社会主义经济提供了形成民族的主要因素，共同经济的联系。

我们国内的许多少数民族很多还没有发生资本主义，有些还是氏族和部落，有些还是部族，但不论它们现在是部落或是部族都不必经过形成资产阶级民族，直接发展成社会主义民族。现在它们还没有形成社会主义民族，正在过渡时期，所以我们必须着重分析它们的生产力和生产关系，了解它们现在社会发展的特点。

人类是从氏族、部落，逐步发展成为部族，再发展成为民族的。它们的区别是生产力发展阶段的不同。

在人类的发展最古的时代，没有阶级社会以前，人们共同体是氏族、部落。当时是原始公社时期，人们的关系是血统的亲属关系，是很闭塞的，各不相通的关系，基层组织是氏族。部落是当时血统比较近的氏族所组成的，部落就是氏族的联合。

原始社会向前发展，产生了私有制，有了对抗的阶级，出现了国家，一个阶级对另一个阶级实行暴力的统治，氏族发生混合，人们的联系不再限制在血统的亲属中了。部落的管理制度丧失了，部落各自孤立存在的状态也消失了。这时的社会是奴隶社会或封建社会，这时的人们共同体是部族。

我们国内的少数民族既然很多是属于部落或部族的性质，或是开始从奴隶社会或封建社会解放出来，向社会主义民族过渡，所以我们必须从语言、地域和表现特殊文化的共同心理素质三个方面去研究它已经具备形成民族的因素，同时要从它生产力和生产关系发展的历史过程中去肯定它现在的特点，注意社会主义经济怎样在形成社会主义民族的过程中发生作用。

附带的说明：我们说有些少数民族还是属于部落或部族的性质，只是从分析它们所形成的人们共同体的性质，分析它们生产力和生产关系发展特点而说的，决不是否认它们成为民族大家庭的一个成员，否认它们是一个"民族"的意思。任何少数民族不论他们的生产力怎样落后，在民族大家庭中，一样享有和任何其他民族相同的权利。在政治地位上大家是平等的。我们要分析的是它们发展的特点。使我们在帮助它们进一步发展时采取和它们的特点相适应的措施，这是我们的宪法所规定的。

在实际政治生活中，我们对于各少数民族不必用部落或部族等名词来加以区别，这种区别对民族团结是并没有利益的。

1954 年

关于建立中央民族博物馆的意见

文化部通知我来参加这次全国博物馆工作会议并要我对发展民族博物馆的问题作一次发言。我是极愿意的。并不是因为我对于民族博物馆有什么经验，而是因为作为一个民族教育工作者和科学工作者，我自觉有这个责任，向各位博物馆工作的同志们提出一些要求和意见。这次工作会议是一个最好机会。我不应当放弃这个机会。

我想提出的要求，各位早就可以预想得到的，就是大力发展我国的民族博物馆。在我国博物馆事业中，这一方面的工作不容讳言是很不够的。在我国，历史博物馆虽则也还不能适应当前人民的需要，但是不能说没有基础和没有成绩。至于民族博物馆，尽管解放后在若干地方有了开始，总的说来还是极薄弱，甚至还可以说是空白点。最明显的事实，在我们新中国的人民首都至今还没有一个民族博物馆。很多国际友人只能在中央民族学院极为简陋和狭小的几间民族文物陈列室里看到一些很不完整的各民族的文物。我每次招待他们参观时，心里总是很别扭，因为这一些简陋的东西，远远地不能表示出我国各族丰富多彩的文化和生活。我每次都要委婉曲折地说明这一点，免得引起外宾们从这里得出不能符合事实的印象。同时，我自然也不可能不向自己说：为什么我们甘于简陋，难道我们的国家没有力量建立一个赶得上国际水平的民族博物馆么？决不是的。那么，为什么呢？我想首先应当责备自己，看到了有此需要和有此可能的人，叫喊得还不够响，宣传得不够广；同时，博物馆工作者在这方面也还存在着一些认识上和方法上的问题，出的力量因此也不够。结果，我们耽误了国家的一项重要的工作。我如果不在这次会议上提出这个问题，我自己会觉得过不去的，请允许我花费这次大会的一些宝贵时间，对于发展民族博物馆的问题说几句话。

民族博物馆究竟具有什么任务？做些什么工作？怎样做法？这些都是基本问题，我想在这些问题上提出一些意见，供各位参考。

一

我在准备这次发言时，一上来在题目上就打住了。首先是个名称问题。同一个内容的博物馆有的称民族博物馆，有的称民俗博物馆，有的称人类学博物馆，也许还可以称人文学博物馆。名称当然不应当看得很重要的，但是也因为名称不明确，引起了工作范围问题。因此，我还不能不先谈谈名称。

把名称搞得混乱的不是我们，而是19世纪以来的欧洲人。当资本主义在欧洲开始发展时，在现代民族的形成过程中，民族自觉的一种表现就是人们开始意识到了自己民族在文化和生活上的特点。这种意识也促进了文化、生活的民族形式的发展。比如在发展民族文学时注意到了民间口头文学的优良传统。民间艺术和风俗习惯等文化和生活上的特点都受到了同样的注意：他们开始研究这些特点，并且搜集了许多能表现这些特点的实物资料，保管、陈列，发生了这类性质的博物馆，他们称这些研究为民俗学。

资本主义的发展引起了欧洲各国的海外扩张。欧洲人接触到了海外的各种各样和他们的文化、生活不同的人。由于好奇或由于实际的目的，要和他们做生意，要征服他们，要剥削他们，许多资本主义国家的人开始注意、研究各地人民的文化和生活。但是资产阶级的民族主义是否认民族平等的。这些人瞧不起种族上文化上和他们不同的人。民族歧视使他们觉得这方面的研究工作不应该也称为民俗学。称什么呢？在英国大多称人类学。人类学原是以研究原始人类遗骸为对象的学科，他们觉得那些经济发展比较落后的人，在文化上和原始人一样，所以研究这些人的文化、生活也不妨归到人类学的范围里去。欧洲大陆上，大多用民族学来别于民俗学。这种科学上的传统正反映了资产阶级民族主义的偏见。

十月革命后苏联消灭了民族压迫，实现了民族平等，原有民俗学和民族学不合理的界限自然没有立足的余地了。这两门学科的内容有了变化。民族学是一门历史科学，主要是用直接观察方法来研究世界各民族的文化特点和生活特点，考察这些特点的历史变化和发展，考察各族的起源、分布和各族的历史文化关系。民俗学主要是研究各族民间的口头文学。当然各族民间的口头文学也是各族文化特点的一部分，所以民俗学实际上是民族学的一个部门。人类学是一门生物科学，研究人类的各种体质类型在时间和空间上的变化。

在我们中国过去这些学科的名称用得更混乱。因为各人分别从各国翻译这些名词过来，不但各有师承，而且翻译时又各从其便，并不一致。现在我们却不能不确定每一个学科的范围，研究对象，和其他学科的划分。我希望这次科学规划工作能解决这个问题。我个人的意见，我们决不应走资本主义国家的道路，把研究自己民族的文化、生活称作民俗学，把研究其他民族的文化、生活称作民族学，因此，我也不同意以搜集、研究、展出汉族人民文化、生活的博物馆称民俗博物馆，而把搜集、研究、展出少数民族文化、生活的博物馆称民族博物馆。我认为不如都称民族博物馆。当然，这是还应当讨论的问题。

名称毕竟并不是重要的，只要大家能同意一个名称也就可以了。我也并不设想很多博物馆的牌子上写着民族二字。我想主要的还是在各地的地志博物馆里应当有反映这地方人民现代的和当前的文化和生活的部分。如果这地方是多民族的聚居区，就应当注意反映各族的文化和生活，如果是单一民族的地区那就反映这个民族的文化和生活。这里应当提出，我们不应当把"民族"的概念局限于少数民族。汉族人民的文化和生活必须受到同样的重视。现在似乎有一种倾向，博物馆工作者对少数民族文物已经有了一定的重视，但是却忽略了汉族，认为在汉族地区就没有必要去注意人民的文化和生活的材料了，那是不对的。

另外，我想在各大城市和省级以上的地志博物馆里是否应当考虑开辟一个介绍中国民族大家庭的部分，用来增进各族人民间的了解和团结。在民族自治州、区的博物馆里也应该注意这个工作，特别不应当忽视汉族人民文化、生活的介绍。

在全国范围内，成立一个反映各族（包括汉族）人民文化、生活和他们向社会主义前进的综合性博物馆是迫切需要的。这个博物馆挂上中央民族博物馆的牌子是相宜的。

二

对于各民族人民现代的文化和生活的文物搜集，我们博物馆工作者注意得是不够的，以致有人这样说，现在的文物一定要毁灭得差不多了，等后代的考古工作者去发现了，才有资格进博物馆。这种说法固然过分了些，但是重视古代而忽视现代的成见不能说不是相当普遍。博物馆和古董铺的区别还没有很明确。这种现象并不完全由于博物馆工作者思想上不重视现代的文物，主要还可能是由于有几个具体问题没有很好地解决。

比如，有人说处理历史上的遗物比较容易，数量少，只要搞清楚了年代、地点，就有地方可以安放。而反映现代人民的文化、生活那就困难了。我们不能把所有的东西都搬进博物馆里来。有人出题目，规定了范围，我们就好办，比如革命文物展览，或是年画展览，我们会搞，至于一般的文化、生活展览怎样搞法呢？又比如，少数民族文物的陈列，开始时倒也容易，有什么就陈列什么，后来东西多了，也发生了陈列什么的问题。批评也来了，为什么把这个摆出来，为什么没有把那个摆出来。开始时东西都是些各少数民族送来的礼品，登记登记就算了，后来要自己去搜集了，搜集些什么的问题经常解决不了。而且各人有各人的主意，搜集回来的什么都有。我有一次在贵州贞丰的街上买了两个陶罐，一双草鞋型皮鞋，送给了文物陈列室，别人问我为什么搜这些东西，我想了一下只能说，怪好看和别致的。好看和别致难道是搜集的标准么？当然不是。又比如，去年在都匀停了一晚，去逛街子，街子有一种翻挠，是当地还在应用的一种简单的农具。同去的朋友说，这种农具在中原古代也有，但早就不用了。很难得在这里看到。我就建议，买一个带回去。可是支持我的人不多，原因是太笨重了，运输很麻烦，而且看上去很简单。所以有人说，还不如回去要木匠做一个就得了。又比如，有人说云南洱海里的船和昆明的不同，很可能从这个特点上了解民家人（即今白族——编者注）的来源。但是我们能不能考虑运一只船到北京来呢？

这些都是实际问题，也就是民族博物馆的对象和方法问题。对于这些问题我并没有成熟的答案，只能提出一些意见。

我想民族博物馆搜集、研究和展出些什么应当决定于它的任务。总的说，它是一个科学研究和文化教育机关，当前的任务是在发展社会主义内容和民族形式相结合的文化。具体些说，它是通过系统的搜集、研究和展出，反映各民族文化、生活和社会性质的实物，或实物的复制模型、照片、影片等来表现一个民族在社会发展中社会性质和民族形式相结合的规律和前进的方向，来鼓舞、推动各族人民向社会主义迈进。

让我说明一下社会性质和民族形式。社会性质是指一个社会发展到了哪个阶段，原始社会、奴隶社会、封建社会、资本主义社会、社会主义社会等。这是人类社会发展的共同规律。各民族在每一个社会发展阶段上具体的生活形式是不一定相同的，各有各的特点，从语言、衣食住行，以至文学艺术等，各民族都有他们自己所熟习和爱好的民族形式，所以可以是百花齐放的。民族形式也是变化的，也是适应着社会性质在变化，但是这种变化是推陈出新的，在民族形式的特点上有着它继续性的发展。各民族间又不断交流，起着相互丰富的作用。

现在我们各民族都在迅速地向社会主义迈进，在社会性质上正在起着空前的变化。我们应当及时地把反映这个变化过程的实物搜集起来，整理好，展览出来，教育我们这一代和以后的人。这个变化是多方面的，人民的文化、生活都在起变化。我们所搜集的实物也应当是多方面的。当然我们不可能把一切东西都搜集到博物馆里来，所以要在各方面选择那些表现力最强的，最典型的，最有代表性的实物。那就是要能在这些实物中看得很清楚我们展览出来的目的性，目的性明确也是为了教育效果强。

比如我们陈列服装，不应当等于一种古装或时装展览，单纯从好看或新鲜出发来挑选，而应当从服装上看出过去社会的阶级性，看出劳动人民的服装怎样和生产活动相结合，剥削阶级怎样把服装作为权威的象征作为炫耀社会地位的工具等等。更从这些服装上看出劳动人民从纺织剪裁刺绣等手工艺上所表现出各民族艺术的特点。不但如此，我们还应当结合着社会各阶段中各民族在服装上的变化。这样，我们不单是看到了一些不同的服装，而是看到了表现一定社会性质、民族形式的文化和生活与它们的变化了。

从这个例子就可以看到我们做民族博物馆工作的人不能完全像做历史博物馆工作的人一样，他们在搜集材料时多少是被动的，因为他们不可能要什么实物就掘出什么实物来，而我们却可以主动地去搜集，因为我们所要的材料是大量存在的，可以由我们去挑选的。由于我们可以主动地去搜集，所以在搜集时必须有很明确的目的性，对于我们所要表现的文化、生活必须有充分的研究，才能做出正确的设计。没有计划的搜集也不可能有计划的展览。结果就成了一堆不能说明任何问题的乱东西，不可能成为一个博物馆。

让我再说一遍，民族博物馆的关键问题不是在缺乏材料，而是在选择材料。选择材料首先是明确我们的目的，我们的目的是在反映一定民族的人民在一定历史条件下通过他们的民族形式所表现在一定社会发展阶段上的文化和生活。只有深入研究具体的文化和生活才能做出正确的设计，根据计划去搜集材料和进行展览，收到所要求的教育效果，完成民族博物馆的任务。

三

我并不是一个民族博物馆的工作者，在具体的技术问题上，我没有经验，不可能对各位有多大帮助。但作为一个民族学的学生，我还有一些要求想提出来说说。

首先是希望各位能重视汉族人民文化和生活的变化。这个变化规律是极大的，速度是极高的。我们可以设想在几个五年计划之后，全国人民的生活面貌将要大大的改变了。我们旧有的文化和生活中有些一定要抛弃的了，有些将是我们发展新文化和新生活的基础。我们作为民族博物馆工作者有责任要把那些将要被抛弃的东西作为历史性的文物有选择地保存下来，因为它们将是说明我们社会大变革的证件，具有极大的历史价值。

我记得我小时候还跟我祖母一起纺过纱织过布，我母亲的嫁妆里还有一部织布机。可是现在早已不在了，我的孩子连纺车和木织机都没有见过。纺车和木织机作为生产工具那是一定会抛弃的，我们也不会对它们还有什么留恋，但是民族博物馆里却应当有着各个时期的纺车和织布机，要很好地记下什么地方，什么时候，什么一种人在用这种工具进行生产。这会是中国经济发展史中宝贵的实物资料。

以农具来说吧。全国农业合作化了，农民会用形式差不多的马拉犁、双铧犁以及拖拉机来进行生产。我们在贵州都匀所看见的翻挠一类的简单工具很快就会失传了。如果我们不及时地搜集起来，将来的历史学家要研究农业技术发展史时就会批评我们了。

纺车也好，织布机也好，翻挠也好，它们的意义不只是给我们技术发展史提供实物例证，而是我们不久以前人民生活的一个构成部分，我们只有从这许多实物中才能了解当时的人是怎样生活和为什么这样生活的。

上次我参加考古工作会议，听到考古工作者在当前建设事业急速发展中忙着抢救地下的文物，我很有感触，因为我似乎到现在还没有听见有人提出抢救地面上的文物的叫喊。我想在座的各位博物馆工作者是值得考虑一下，最好不要等文物埋在地下之后才发现它们的价值。要抢救的话，在没有埋入地下之前抢救也比较少费些事。

第二，旧的东西却不全是纺车、翻挠那一类东西，还有一些东西，在我们社会主义社会里大有发展前途的。那就是历代劳动人民所积累的知识和创造的艺术。忽视中医和地方剧种的批判，应当给我们足够的教训。在我们悠久的文化传统里有些被埋没的宝贝。博物馆工作者是否有责任来发掘和宣扬这些优良的传统呢？我记得去年《新观察》上曾发表过一篇从一幅古画上发现桥梁建筑的宝贵经验是一个例子。前几天我们学校的语文实习队寄给我两张侗族古代建筑的照片，又使我想起这几年来建筑学家多少次提到这个民族在建筑上的成就，而一直没有听到有人注意这件事。如果有一个民族博物馆有系统的展览一次各族的建筑，我想一定会对我们现在的建筑工程有很大的帮助。关于建筑上的民族形式问题，自从大屋顶被批判后，就没有听到过在这方面提出建设性的意见来了。正确地对待建筑上的民族形式问题要求我们深入地研究我国各民族的建筑经验。无可怀疑，一定有适用于当前条件而形式上优美的形式可以从原有经验上推陈出新创造出来的。

其他方面也是一样的，我觉得民族博物馆的前途实在是广阔的。

第三，也是最后，我想提一提关于少数民族的博物馆工作。我已经说过，在我们首都至今还没有一个全国性的民族博物馆，这件事是和当前我国民族工作的发展完全不相称的。自从中华人民共和国建立以来，国内各民族在中国共产党领导下，已经成了一个史无前例的亲密的民族大家庭。各少数民族获得了民族平等，真正在政治、经济、文化等方面飞跃起来。这是具有世界意义的大事，也是反殖民主义最好的武器。没有一个被压迫民族的人民不深刻地受到中国共产党的民族政策的感动。我经常接待外宾，参观民族学院，因此体会也特别深。但是我们却还没有一个中央的民族博物馆，这是多么令人遗憾的事！

1956年2月

本文系作者在全国博物馆和地志博物馆工作会议上的发言。

开展少数民族地区和与少数民族历史有关的地区的考古工作

今天我在这里发言的目的是想向各位研究考古学的朋友们提出一些请求，请求各位对中国民族问题的研究多多帮助。

首先应当声明，我对于考古学这门科学是个门外汉，在中国民族问题的研究的队伍里也还是一个小学生。下面讲到考古学的时候，必然有许多幼稚的话，讲到民族问题的研究工作时，也必然有许多外行话，请多原谅。

由于我对这两门科学都没有很好的研究，说不出多少理论来，所以只能从我自己这几年来遇到的许多具体问题来谈谈，提出一些问题和意见，供各位参考。

总的说来，我体会到我们在中国民族问题研究工作上已经发生了很多问题，必须兄弟科学——考古学的帮助，才有解决的希望。同时我也想告诉各位，考古学上已有的成就，已经给我们很大的帮助。因此，为了今后工作的开展，希望得到更多的帮助。我想，也许现在已经到了我们两门科学更密切合作的时候了。为了向科学进军，赶上国际学术水平，这种合作是必要的。

1951年，我参加了中央访问团到广西去访问各兄弟民族，遇到了一个具体问题，就是广西600多万的壮人是不是少数民族的问题。我参加了对这个问题的讨论。根据斯大林民族理论，从语言、地域、经济生活和表现于共同文化上的共同心理状态等四个特征，肯定了壮人是一个少数民族。但是壮族这个稳定的人们共同体是怎样在历史上形成的呢？这个问题一直在我的心上。

我在访问中知道，壮人被称为土人，他们的语言被称为土话，意思是他们比现在广西的其他人更早在这个地区居住。他们在这地区已经有比较长的历史。我查了一些历史书，这地区早期的居民被称为百越（百粤）；这地区也称西越，以别于沿海的东越；西越又作西瓯或骆越。越、瓯、骆是否是指这种人呢？从时间上及地域上看是很可能的。而被称为越的人在春秋战国和秦汉时代分布在长江以南整个沿海地区。如果这些人被同一名称所指称是由于他们具有相同的特点，则广西早期居民和沿海的居民由于他们同样地被称为越人，可以推测他们可能是属于同一系统的人。是不是那时从浙江到广西这一个地区居住着许多在语言和文化上相近的部落或部族？是不是这些部落或部族在不同时期大多已融合在汉族之中，而现在只有最西的一部分还保持着原来的特点？

我曾请教过语言学的朋友，他们告诉我说：壮语是属侗傣语族，侗傣语族的民族现在还有湖南、贵州边区的侗人，贵州的布依人，云南的沙人、侬人（均属壮族——编者注）和傣人。越南、泰国和缅甸都有说这个语系话的人。而且说：如果分析广东、福建的汉语方言，也有些特点是和壮语接近的。这些说同一系统的语言的人，在历史上是有一定关系的。所以中国南部沿海地区曾经住过一种具有相同或相近的特点的人是可以设想的，这种人和现在的壮人可能是属于一个系统的。

由于想了解壮人的历史，提出了沿海地区民族沿革的问题。

研究这些历史问题首先遇到的困难是我们现在还没有壮人自己的文字史料。汉文史籍中有关这地区早期居民的记载，数量并不多。而且所用的族名并不一定很严格。因此我们还是很难确定说汉文中所称的越人都是一种人，都具有相同或相似的语言和文化的特点。汉文史料中虽则有沿海越人在不同时期被汉人征服的记载，但是这只指汉人统治了这些越人，至于这些越人后来怎样变化，却没有交代。语言的研究，特别是这些地方古代语言的分析，甚至包括古代地名的分析，固然给我们很大的启发，但是至多提出了一些历史关系的线索，并不能说明历史发展的具体情况。因为这些缘故，我们很多的设想无法进一步肯定下来。在这里，我们需要考古学的帮助了。

但是，过去考古学者对于长江以南的地区似乎是不大注意的。解放后，华东的考古工作有了开展，不但在江苏、浙江、福建都发现了新石器时代的遗址，而且已经有很多材料可以看出沿海地区古代文化的不同系统。我不必在这里多提关于这地区考古学上的成就，你们比我知道得更多。我想，你们一定能想像，当我读到这些考古报告时，怎样联系上老是在我心上的问题。当然，有些考古学的朋友对于这种联系是会觉得还过早，还不成熟，但是在我，只要能解决我心上的问题，什么材料都是宝贵的。

对我特别有启发的是印纹硬陶文化的分布区，正和汉文史料中所指的越人的活动地区相合。印纹硬陶可能是以福建为中心而向北发展到太湖周围。这种印纹硬陶据说曾在广东南海的南越文王的墓中发现过，而且可能由新石器时代晚期一直延续到汉代，甚至更晚。这样看来从新石器时代到汉代，在浙江、福建、广东沿海是有一种具有共同文化特点的人居住的了，而这种人很可能就是越人。

可惜的是我们在广西时，并没有注意壮人是否有自己制造的陶器，他们用的陶器和印纹硬陶有没有关系。我们也不熟悉广西地区的考古材料。所以从陶器上我们还不能建立起壮人和古代越人的历史联系。据说最近在广西省来宾县罗梅乡的一个新石器时代遗址中，发现夹砂红色绳纹陶片，那是值得注意的线索。

但是在石器方面却已有一些不完整的线索。在浙江已发现一种被称为戉器的石器，我在杭州博物馆看到过这种石器。这种石器似乎是有肩石斧的一种。有人曾提出这种器物的形式和越人的名称有关的意见。我觉得这种意见是值得注意的。不知道各位是否已注意到，中南民族学院在海南岛调查时，收集了一批石器，其中有很多是有肩石斧。我们去年去贵州调查时，在贵州博物馆筹备处看到一件在盘县找来的有肩石斧。盘县是在盘江流域，在地理上是和广西壮人地区衔接的。去年广西平果、上林等县已发现了有肩石斧。

我问过几位考古学的朋友，他们告诉我说，在中原地区还很少发现过有肩石斧。这种石斧主要是在东南沿海地区发现的。如果这种石斧属于印纹硬陶文化系统的一个特点，则这个文化系统有可能要包括广西在内。壮人和越人的关系也可以有更清楚的线索。现在我这样说还是太早一些。我这样说出不成熟的话，目的是在想请求考古学的朋友在这些地区早些开展工作。最近裴文中先生告诉我，他们在广西已经找到新石器时代遗址，所以我想关于这个问题不久可以有更多的材料了。

当然，长江以南民族沿革问题还不是这样简单。那是因为在不同时期有不同的人，从各方面进入了这个地区。原在这地区居住的人，有些和外来的人融合了，丧失了他们原来的特点；有些没有和外来的人融合，但是受到外来的人的影响，起了一定的变化；有些却还保留着原有的特点，或特点的一部分。他们在历史过程中都有变化，都有流动。因此，情况是复杂的。

现在在民族历史上比较困难的问题之一，就是苗人和瑶人的来历问题。在这个问题上存在着不同的意见。大体说来，有下面这几种：1.苗人、瑶人原来是中原的居民，受到西方来的人的压力，逐步退到长江流域，又受到从中原南下的人的压力，苗人西走进入湘西和贵州的山区。2.中原早期被称为三苗的人和现在的苗人无关。中原早期的三苗去西北，并未南下。苗人、瑶人原来就是长江南部的土著，甚至可能是从南方来的。3.苗人、瑶人原是长江流域的土著，东到福建的沿海地区。他们曾经有一部分北上，但是受到阻力，又退回了，或有一部分迁去他处。4.苗人和瑶人并不是一种人，来历不同，而是后来有了接触，在语言上起了变化，变得相近了。

这些说法都有可能。现在材料很难肯定谁是谁非。意见的分歧说明了我们对于苗人、瑶人的语言、文化还需要进一步分析，特别是需要地下的发掘。而安徽南部、湖北、江西这个地区，似乎又是一个考古学的空白点，比华东沿海地区更不如。

提出了苗人、瑶人历史的问题，我们对考古学想提出更进一步的要求。我们不但希望考古学者对古代的历史能提出材料，还希望他们能注意到每一个时期，特别是没有文字的民族的地区比较近代的文化遗物；不但希望他们对这些地区交通要道上汉人的坟墓进行发掘，更希望他们对交通点线以外的文化遗址做系统的研究。如果江南的考古工作局限于汉墓的发掘那是不全面的，也因此可以引起对这地区民族历史的不正确的看法，夸大了这些时代汉人在这些地区的地位。

以长江以南的历史来说，汉人进入这个地区固然很早，但是大规模的移民并不是太遥远的古代。秦汉时代汉人的势力已经越过长江，甚至到达海边，但主要还是在点和线上，广大的面，还是这地区的土著所占据的。南北朝和唐宋又是一个汉人的扩张和南移的重要时期，从点线扩张到面，但是比较偏僻的山区，汉人还是没有进去的。至于云南、贵州的山区，事实上要到元明时代汉人才有大批移入。因此，我们有理由可以设想考古学者在这些地区的偏僻之处，比较近代的遗址中，会发现和汉人不同的文化系统。而这些发现正是我们研究民族历史的人所要的材料。

提到了汉代的移民和其他民族的关系，不妨再在这问题上谈一谈。我去年曾到贵州去参加黔西地区的民族调查工作。主要的问题是有一种说汉语的人报了少数民族。他们究竟属于哪一民族，要我们去研究。研究的初步结果认为他们是明初从长江迁移去的汉人，并且在语言、文化等特征上并没有发生重要的变化。但是同时我们又调查到这地区的另外一些人，现在称蔡家、龙家，他们很可能是更早从长江中游去的移民，而且很可能是和汉人或汉人的祖先有关的。我们指出这可能性是因为他们所保存的语言还有一些特点可能和古汉语相接近。这些材料现在正在研究中，还不能作出肯定的结论。

由于我们接触到了这些不同时期的中原移民，我们对于西南的民族沿革问题又多了一些启发。可以设想，从很早的时期开始，中原的汉人或汉人的祖先就已经进入西南的山区。这些移民有些离开了中原，和当地各种人接触，在语言、文化、心理上起了变化，现在已经有别于汉人了。

如果我们得到考古学者的帮助，能看到这些人在不同时期所有的遗物，这些人的来历和历史上的变化，应当是可以确定的。而这方面的工作现在还没有开始。所以我们对于这些少数民族的来历和历史还不能说出比较肯定的话。

让我在这里再举一些例子。

云南是民族情况比较最复杂的地区。从语言的情况说，除了汉语之外，基本上主要是藏缅语和侗傣语两个系统，靠西边境还有猛吉蔑语系，零星还有苗瑶语系。现在一般的看法，汉人、苗人、瑶人可以说是后来进去的之外，其他三个语系的人究竟谁先谁后，还是意见不同的。

按现在比较为多数人所接受的看法说，侗傣语系的人可能是这地区较早的土著，藏缅语系的人，主要是彝人和那些和彝人很接近的傈僳人和么些人（现为纳西族——编者注）等可能是从西北迁入的。从语言上看，彝语和藏语接近，可能是很早在西北分开的两支。从体质上看，彝人也和南方许多土著不同，他们比较高大，近于藏人和北方的土著。但是他们究竟什么时候进入西南地区的？他们早期的文化和古代羌人有什么关系？他们在西南地区是怎样流动和发展的？这些问题现在还不清楚。再说，侗傣语系的人是不是这地区的土著？是不是也有可能是由东或由南进入的人，而原来居住在这地方的人却是现在已经挤在西面边境上的那些猛吉蔑语系的如崩龙人（现称德昂族——编者注）、卡瓦人（现为佤族——编者注）等的祖先呢？

抗日战争时期，大理一带曾发掘到一些汉代的陶片，据说这种陶片徐甘肃省外，他处没有见过。这是值得注意的。

从汉文史籍的记载，汉代大理一带住着一些部落，称昆明人。三国时代，云南东部被大姓爨氏所统一，在他的统治之下有乌蛮、白蛮两种人。大理的西南还有一种哀牢人。唐时以大理的洱海地区为中心的许多部落合成南诏，宋时成立大理国，亡于元。昆明人、爨氏、乌蛮、白蛮、哀牢人、南诏、大理国——这些名称所指的人民和统治者，究竟和现在云南的许多民族有什么关系，还是没有搞清楚。我们认为单靠现有汉文史料，问题可能是会得不到结论的。只有系统地发掘地下的遗物配合了汉文史料，才能使我们的研究推进一步。

以上我所讲的主要还是有关某些地区的民族沿革上的问题，也就是要研究某一地区在不同历史时代是哪种或哪几种人居住的问题。这种研究必然会发现一个地区的居民是常常有变化的。在一个时期是这种人，在另一个时期是那种人。于是我们又不能不追问，为什么有这些变化？这里要我们研究：这些人所形成的共同体怎样发展，怎样和其他的共同体合并和融合，或是怎样消灭？这里要我们研究：这些人在各个时期社会经济的性质，他们所形成的共同体的性质，是原始社会时期的氏族、部落、部落联盟，还是奴隶社会时期的部族，还是封建时期的部族，还是资本主义时期的民族？各种人的共同体都按照社会发展规律在变化，但是由于它们之间发展不平衡，发展较快的和发展较慢的，就是先进的和落后的，它们之间在不同时期，不同条件下发生接触，引起各个共同体具体发展过程上的特点。而这些特点也正是民族问题研究工作中的重要问题。在进行这方面研究时，我们还是要依靠考古学的帮助。

让我举一个例子来说明考古学在这方面可以给我们的帮助。

我们知道，现在四川大小凉山的彝族的经济中还具有明显的奴隶制度的成分。在历史上彝族曾经有过奴隶制度这个阶段是可以确定的。但是现在大小凉山的彝族并没有一个统一的权力组织，而且在这个地区也并不像曾经有过一个统一的局面。从经济和政治的现有状况来看，使我觉得这个地区不像是彝族发展奴隶制度的中心，很可能是边缘上的残余形式。

我们去年在贵州西部调查时注意到这地区的历史，并且从彝文翻译出来的材料看，这地区却曾是彝族发展的一个中心。据彝文材料所保持这地区统治者的世系，一代一代地可以推到三国时代。简单地说，当时有一部分彝人和蜀国合作，从云南东部向贵州西部发展，逐步征服了原在这地区的"革僚"，到唐代在现在贵州织金地方消灭了"革僚"的最后一个统治者。唐武宗会昌元年（841）封彝人的领袖做罗甸王。那时从曲靖以东到贵阳以西已经统一在彝人统治之下。

罗甸王国是什么社会性质呢？我们注意到当地传说这地区的早期居民，现称仡佬，大概就是史籍所写的"革僚"，很早就以铸铜著名，现在这地方的苗人造芦笙（一种乐器）时需要铜片，还要去挖掘仡佬坟。仡佬铸铜和一般传说西南铜鼓是"僚人"所造是符合的，而且滇东、黔西是我们铜矿特别丰富的地区，所以这地区很早发展铜器也是有可能的。又据传说仡佬在苗人进入贵州前已知道耕种水稻。因此，我们推想，在彝人进入这个地区之前，仡佬人已经有相当高的文化，当时可能已经是奴隶社会的初期，而彝人就是在这个基础上发展了统治这些人的奴隶国家。这个统治民族自己并没有掌握生产技术，包括铜器制造，后来丧失了统治权力，退守边缘山区后，生产力停顿，甚至倒退，是可以理解的。

上面所说的还只是一种设想。我们没有对仡佬的文化遗址进行发掘。究竟仡佬的文化发展到什么阶段，还不能肯定。但是在西南各民族的历史研究中，仡佬人的地位值得我们注意是可以肯定的了。

仡佬如果很早就发展了铜器文化，如果和西南几省以及印度支那半岛所发现的铜鼓有关，我们又不能不问他们和壮、傣这些侗傣语系民族的历史关系了。为此，我们去年初步研究了仡佬的语言。很多地方的仡佬已经丧失了他们自己原有的语言，说了和他们一起住的那些民族的语言了。但是在贵州西部却还有少数保留着自己的语言，初步分析，可以肯定是一种独立语言。究属哪个系统，还不容易得出结论，和侗傣语系的关系并不显著。因此，又提出了新的问题，也是比较更复杂的问题。

汉文史料中记载，曾经问过和"汉孰大"的夜郎究竟是哪一种人？是不是仡佬？那时这种人所居住的范围有多大？发展到了什么社会阶段？

更值得注意的是，西南地区的铜器文化是什么时代开始的？和中原铜器文化的关系怎样？考古学的朋友们是不是可以帮助我们答复这些问题呢？

同志们，时间不允许我更多地提出在我们民族问题研究工作中存在着的许多问题。我在上面所提出的只限于我个人这几年所参加的研究工作的范围，而且也是比较突出的一部分问题。至于中原和北方的问题还没有提到，这些地区有关民族历史的问题自然更多。但是，就从我已经提到的问题来说，我想，至少可以得到这样一个结论，为了推进民族历史研究工作，我们实在是很急迫地要求考古学的帮助和合作了。

我是考古学的门外汉，所以不敢从考古学方面来设想，和民族学合作起来是不是对考古学上的许多问题的研究也有帮助。但是，作为一个普通人来想，这种帮助也不可能没有的。各位从地下发掘出许多历史上遗留下来的文化器物。这些东西一定是当时人所创造的和使用的。这些东西本身不会行动，也一定是靠了人才从这个地方搬到那个地方的。离开了人，这些东西的意义也不会清楚的。而人是在团体中生活的，文化是人的集体生活的产物。人们共同生活的团体又按着不同的社会生产力而构成不同的社会生产关系，所以人们共同体的性质各个时期是不同的。它是从原始人群、氏族、部落、部落联盟、部族一直发展到现代民族。不同性质的人们共同体之间的关系又是不同的。一个地区的社会经济的发展，受到这地区每一个时期所有的人们共同体之间的具体关系的影响。因此，如果不注意到这些关系，一个地区的人的社会经济发展的具体历史是不容易了解的。

民族历史研究就在说明一定地区内人们共同体的发展和变化的具体过程。因此，我想，这方面的研究结果，甚至提出的问题，对于历史科学的各个部门都是有密切关系的，都是有帮助的，甚至可以说，在一定意义上是必要的。考古学应当不是例外。

比如，考古学在黄河流域地区已经做了很多工作，从古代遗物中看到了几个文化系统的分布、交替和影响。如果这些材料有一天能和文字材料、传说、语言，甚至人类体型等材料结合起来，不是可以更好地说明这地区的历史么？

过去，我国的考古学者似乎不太注意地下发掘出来的东西是古代的哪种人的遗物。有些考古学者甚至不很愿意和古代历史记载相联系起来。我是不很同意这种态度的，因为这样就限制了发挥考古学在解决历史问题上的作用。但是我想这种倾向如果过去的确存在的话，也得怪民族学者没有能提供可靠的材料。现在民族学虽则还没有发展，但今后应当可以在这方面成为考古学有力的助手。

不但如此，人类的文化不可能全部在地下保留下来的。不但使用这些东西的人的社会关系不容易直接从这些保留得下的东西上看出来，而且就是物质的东西也有一部分不容易在地下保留的。使用石器的木柄，装置陶器的竹篮等等都是例子。因此这些部分保留下来的遗物的使用方法，有时从遗物本身不能得到说明。但是从民族学研究中却可以找到活生生的事例，或带有启发性的事例。比如台湾高山族所用的小口大陶罐和彩陶文化中的大陶罐形态极相似，这种陶罐的取携使用的方法，在高山族人民的日常生活中还可以看得到，对于研究彩陶文化提供了具有一定启发作用的资料。这一类的例子我相信考古学的朋友们是熟知的，所以不多说了。

考古学和民族学原来都是历史科学的构成部分。在许多不能单靠文字材料来解决的历史问题上都需要这些科学所提供的材料来研究的。我在上面所提出的关于我们国内少数民族的历史问题，大多属于这一类的问题，所以，必须我们这两门科学很好地结合起来。

苏联许多少数民族的历史，就是根据考古工作所发掘出来的文化遗物中所得到的材料写成的。我们也应当这样做。

作为一个民族工作者，我有责任告诉各位，自从人民革命胜利，国内各民族得到了平等、自由，又在党和政府的领导下，各少数民族在政治、经济、文化教育各方面的建设事业飞跃地发展，现在已经纷纷提出要求编写各民族的历史，要求在中国通史中包括各民族的历史，要求明确各民族在创造祖国文化中所做的贡献和所处的地位。而且在各民族的社会主义改造中，如宪法所规定的，必须充分注意各民族发展的特点，而各民族发展的特点又必须从他们各自历史发展的规律中去了解。因此，少数民族历史研究已是当前的一项重要的任务。当前这方面的工作和国家的需要是不相适应的。加强考古学、语言学、人类学和民族学的密切合作是不应当再拖延了。

在这次考古工作会议上，是不是允许我作出这样的建议：在今后定出研究工作规划时，希望重视少数民族地区和与少数民族历史有关的地区的工作，而且这项工作应当和民族学、语言学、人类学一起密切配合，最好能做出一定区域内综合性的历史研究规划。我也想建议以贵州或云南等地区为范围，甚至可以再小些，作一次综合性历史研究的试验。

我今天只是从我个人这几年在参加民族问题研究工作中得到的一些体会，

提出向考古学请求帮助的愿望。如果能引起各位朋友们的考虑，我将是十分感激的。至于我在上面所说的许多话中，有错误和不妥当的地方，请各位朋友原谅和指正。

1956 年 2 月

本文系作者在全国考古工作会议上的讲话。载《考古通讯》1956 年第 3 期。

开展少数民族地区调查研究工作

最近全国人民代表大会民族委员会组织科学研究工作人员，到少数民族地区进行各民族社会历史情况的调查研究工作，要求在4年到7年内，基本弄清楚各主要少数民族的社会经济结构，调查各民族的社会生产力、社会所有制和阶级情况，尽可能收集历史发展资料和特殊的风俗习惯，进而对各民族历史做系统的研究。这是一件令人兴奋的事。我除了抢先报名参加外，想对这项工作的意义说几句话。

这项调查研究工作是符合于当前民族工作的要求的。这几年来，民族工作和其他工作一样，都正在迅速地发展。不仅基本上已经贯彻了区域自治的政策，而且在很多少数民族地区胜利地进行了民主改革和社会主义改造。各少数民族在各方面的建设事业上突飞猛进，已经大大地改变了他们过去的面貌。

走向社会主义是各民族人民的共同要求，但是如宪法序言中所规定的，在社会主义改造的问题上，将充分注意各民族发展的特点。什么是发展的特点呢？由于各少数民族所经历的发展过程不平衡，所以到现在它们的社会性质还有所不同，各有各的特点：有些还有相当的原始社会的残余，阶级分化还不显著；有些已经进入奴隶社会或是初期封建社会；有些已经是很发达的封建社会，而且有了资本主义的萌芽。这些是他们向社会主义过渡的基础。基础既不相同，过渡的方式、方法和步骤当然不可能是一样的。宪法序言中的规定是完全正确的。我们的民族政策能正确地解决我国国内的民族问题，就因为每一个措施都是从各民族的实际出发，是马克思列宁主义和我国具体情况相结合的运用。在过去，共产党和人民政府一直是注意少数民族社会历史的调查研究的，这是我们的民族政策能够胜利贯彻执行的保证之一。今后，民族工作更要深入，各民族的发展更要迅速；因此对于各民族发展特点的了解，也必须更深刻和更全面。发动科学工作者密切配合起来进行这项研究工作，是具有重大的现实意义的。

要分析研究一个民族的社会性质，首先是要调查清楚他们当前的社会经济结构和阶级情况；要进一步说明他们发展的特点，又必须了解他们是从什么历史道路上走过来的。现在我国各少数民族都正在迅速发展；它们的社会性质、人民的文化和生活都在迅速改变中。这是一件极可喜的事。我们都欢迎这种改变。但是这样迅速的改变也发生了一个问题，就是如果我们不及时地把它们原来的社会面貌记录下来，过一个时期，我们就很可能不容易再正确了解它们所经过的那段悠久的历史；至少时过境迁，原来的社会面貌被人遗忘之后，再去追溯，就会发生许多困难了。这段历史弄不清楚，有很多发展的特点也就不容易理解了。领导上在这个时候号召科学工作者进行这项研究工作是及时的。过去，进行这样规模的调查研究工作，还缺乏必需的条件，现在再不动手，就可能太迟了。

弄清楚各民族的历史、发展的道路和特点，不仅是民族工作深入一步所必需，而且已经成为各民族人民共同的要求。应当看到，我国的各少数民族，在共产党的领导下摆脱了民族压迫的枷锁，正在大踏步地向社会主义前进。它们将成为社会主义民族。在社会主义民族的形成过程中，我们很清楚地可以看到各民族人民的民族意识的发展。这里也必然会发生对自己民族历史的强烈的感情，他们要求明白本民族是怎样在历史上走过来的，他们不再满足于神话似的传说，而要求科学的历史的证实。

不仅如此，我们的祖国是各民族人民共同缔造的，共同缔造祖国的历史，正是我们民族大家庭血肉相关，不可分割的基础。各民族在大家庭中得到了平等地位以后，各族人民就会要求明确他们在祖国历史上的地位。这是我们国家的新形势向历史学者提出的要求，而当前历史学者都还没有能很好地满足这个要求。这种要求随着民族大家庭的发展而日益增加，也是无疑的，历史学者只有欢迎这种要求，因为这也正是他们为人民服务的光荣机会。

历史学者要完成这个任务却并不简单。过去的历史学者习惯于从书本上去找资料，后来注意到了地下遗留的文物，和考古学者结合起来。但是在进行各少数民族的历史研究时，不仅要充分利用书本上的资料，而这些书本却又必须包括各民族自己用本民族文字写成的文献，不仅要充分利用地下遗留的文物，而这些文物又是绝大部分还没有发掘出来。只有这些还不够，那是因为有不少民族现在还没有文字，即使有文字的也不一定很发达，而且不一定有许多历史的记载，古代文物的遗留也不一定很丰富。因此，少数民族的历史研究必须注意充分利用各民族人民的口头传说，保留在语言词汇、风俗习惯和社会制度中的许多历史残余。历史学者必须和语言学者、民族学者密切合作，从实地调查中才能获得这些材料。

这次各民族社会历史情况的调查研究，采取了综合调查的方法，调查组将包括历史、民族、语言、考古、艺术等学科的研究工作人员，因而解决了历史学者在研究少数民族历史中的困难，很多历史学者踊跃参加这次调查研究，是可以理解的。

也可以设想，如果我们这项调查研究工作能做得好，可以丰富我们对历史唯物主义的知识，为这门学科提供具体资料。大家知道，我们现在学习历史唯物主义的时候，关于社会发展史的部分，基本上是利用外国的教材，关于原始社会多根据摩尔根在北美调查的资料，关于奴隶社会不是举希腊、罗马的例子，就是罗列殷墟不完整的资料。这些固然是重要的教材，但是我们不应当忘记，我们还有丰富的、活生生的材料没有加以利用。我国各民族社会发展不平衡，保留下来了许多不同发展阶段的现实材料。这些活的材料不仅可以使我们听起来更熟悉、更易接受，而且是更重要的。因为我们还可以进行现场的观察，在很多过去所不易解决的问题上，我们还有希望在实际调查中，搜集更完整和更全面的资料。

我们知道，在相同的发展阶段上的各民族社会，它们的性质虽则基本上具有共同特点，但是它们具体的面貌却各有各的特点，比如西藏藏族的封建社会和汉族的封建社会，在形式上就有显著的区别。如果我们只从外国的教材中去学习社会发展的过程，固然可以了解一般的规律，但是对于我国各民族具体发展过程和他们的特点，还是不容易理解的。因此我们还须对我国各民族社会发展的具体过程和特点，进行研究，这项研究的结果，可以大大丰富我们对历史唯物主义的知识。

在这方面，有许多极有意义的问题等待着我们去研究，我国各少数民族都向社会主义过渡，但是由于它们原来的社会性质不同，所以过渡的方式不一样，它们当前发生的问题也有不同。比如还具有原始社会性质的鄂伦春族，他们原有的平均分配的原则和社会主义的按劳取酬的原则存在着矛盾，而这种矛盾并不存在于那些从奴隶社会或封建社会向社会主义过渡的民族里。我们如果能把各民族过渡时期的具体情况确实详尽地记录下来，就是极可宝贵的资料，也是人类历史稀有的资料。

再说，在我国各民族历史上，由于和汉族封建社会相接触，曾经发生过跨越若干阶段的发展过程。比如，有人认为傣族是从原始公社直接过渡到封建社会的，没有经过奴隶社会这一个阶段。也有人认为这种情况还可能发生在别的民族的历史里，好像维吾尔、蒙古等族都是这样的。这些固然还不是结论，但是足以提示我们应当进一步去研究汉族封建社会对各民族发展上的影响，这项研究无疑地可以丰富我们对人类社会发展的理论。

最后应当提到的是：这种和实际密切结合、为社会主义建设服务的科学研究计划，正符合当前知识分子的要求。当前，知识分子迫切要求的是得到能用他们的专长为人民服务的机会，只有国家的需要和知识分子的专长恰当地结合起来，才能真正地发挥知识分子的积极性和创造性，才能充分地把他们的力量用在国家的事业中去。少数民族社会历史调查研究正是这样的一个例子。在这个计划中，可以吸收许多学科的知识分子，有组织地发挥他们的专长，来为国家的民族工作服务。

中国知识分子的思想改造事实上已进入了一个新的阶段，那就是要通过各自的专业去学习，运用从书本上学来的马克思列宁主义理论，通过理论和实际的结合锻炼他们的立场、观点和方法。自然科学有他们的实验室，在实验室里理论和实际结合了起来，社会科学的实验室就是活生生的人类社会。社会调查是他们的理论和实际结合的场合。为了提高我国社会科学的水平，为了社会科学工作者进一步的思想改造，大规模地开展社会调查是有必要的。因此，少数民族的社会历史调查是一个值得我们鼓舞的开始。

1956 年 7 月

本文系作者在第一届全国人大常委会民族委员会召开的关于开展对少数民族地区社会历史调查研究座谈会上的讲话。载《民族工作资料月报》1956 年第 7 期。

中国民族学当前的任务

引言

中华人民共和国是一个历史悠久的统一的多民族国家。全国有几十个民族，人数最多的是汉族，约有5.65亿人，占总数94%，其他各族共约有3500万人，这3500万人包括几十个少数民族。其中具有百万以上人口的有10个：蒙古、回、藏、维吾尔、苗、彝、壮、布依、朝鲜、满。这些民族和其他20个民族都已经有代表出席全国人民代表大会。另外还有许多人口较少的民族在各级地方的人民代表大会中有他们的代表。

少数民族的人口虽然比较少，但是他们所居住的地区却很广，估计要占全国土地的60%左右。汉族大体是住在平原上，住在黄河、长江、珠江等流域，而少数民族大多住在高原、山地和边疆地区。

国内各民族，包括汉族和各少数民族在内，用自己辛勤的劳动发展了生产，创造了各民族的历史和文化，对我们伟大祖国的缔造都有重要的贡献。

各民族经过长期的接触，发展了经济上的合作和文化上的交流；并多次共同抵抗外来的侵略。近百年间，帝国主义势力的侵入中国，使各民族的命运密切不可分离地联系起来了，特别是近30年来中国共产党领导的民族民主革命运动，更使各民族人民逐渐地结合起来了。

在我国各民族的长期发展中，汉族占全国人口90%以上，军事、政治、经济和文化的发展都走在其他兄弟民族的前面，在全国生活中起着领导的作用；对祖国的形成，尤其对中华人民共和国的创立，起着决定和先进的作用；对于今后各兄弟民族的发展，将有重大的帮助。

但在很长的历史时期中，因为存在着民族压迫制度，各民族的地位是不平等的。自帝国主义侵略中国以来，中国的统治阶级特别是以蒋介石为首的国民党反动统治集团，同时残酷地压迫、剥削汉族人民和国内各少数民族的人民，成为各民族人民的共同敌人。

在毛主席和中国共产党领导下，从汉族人民发展和壮大起来的，并有许多少数民族人民参加了的人民大革命和人民解放战争，已在两年前打倒了这个共同的敌人，使大陆上的汉族和各少数民族都获得解放。

1949年10月1日宣告成立的中华人民共和国，是工人阶级领导的人民民主专政的国家，因此成为我国各民族人民友好合作的大家庭。我国民族关系从此根本地改变了，从民族压迫时代改变为民族平等时代。民族问题方面的任务因此发生了根本的变化，即已不是要帮助各少数民族从民族压迫制度下争取解放，而是要帮助他们彻底实现民族平等……①

因此，我国向社会主义过渡时期在民族问题方面的任务是：巩固祖国的统一和各民族的团结，共同来建设祖国的大家庭；在统一的祖国大家庭内，保障各民族一切权利方面的平等，实行民族区域自治；在建设祖国的共同事业中，逐步地发展各民族的政治、经济和文化，逐步地消灭历史上遗留下来的各民族间事实上的不平等，使落后民族得以跻于先进民族的行列，逐步过渡到社会主义社会。

中华人民共和国建立以后，在中国共产党领导下，我国的民族工作，在实践中获得了重要的成就和丰富的经验，同时也从实践中提出了许多需要民族学者进行研究的问题。这些问题也就是当前民族学的任务，其中重要的有下列四项：

一、关于少数民族族别问题的研究；

二、关于少数民族的社会性质的研究；

三、关于少数民族文化和生活的研究；

---

① 李维汉：《有关民族政策的若干问题》，《民族政策文献汇编》，人民出版社1953年版，第81—82页。

四、关于少数民族宗教信仰的研究。

我们将就这四方面的研究工作提出一些体会和意见。

一、关于少数民族族别问题的研究

解放前由于国民党大汉族主义实行民族压迫和歧视的政策，故意抹煞少数民族的存在，认为他们只是汉族的支系或是一些"具有不同生活习惯的人"。但这种主观上的企图改变不了事实，只能加深了民族的仇视和隔阂。

解放后，国内各民族人民在中国共产党领导下获得了民族平等，永远废除了民族压迫制度，出现了一个亲密团结的民族大家庭。有许多过去被压迫的少数民族到这时才敢公开他们的民族成分，提出自己的族名，作为民族大家庭里光荣的一员。这是我们民族政策的胜利。只有在实行了民族平等的国家里，少数民族才会有这种恢复本来面貌的要求。因此随着民族政策的贯彻，逐渐涌现出了很多过去一般人很少听到过的族名。1954年普选中，自报的民族名称据称有几百个。这几百个名称的提出是不是表示我们中国有几百个少数民族呢？这是应当提出来考虑的问题。

自报的族名并不一定能作为族别的根据，因为个人意识到所属的共同体并不一定和实际相符合。这种情形在近代民族中还是存在的。[①] 我国少数民族很多还是处在前资本主义时期，当然更可能是这样。有些不同的部落在一定历史条件下发展成为一个部族，而在一定时间里各部落还保持着原有的名称。有些部族在一定条件下分裂成若干部族，但是在名称上可能还没有变化。而且在前资本主义时期，人们还有地域观念、乡土观念和宗族观念，这些观念又可能掩盖了他们共同体的意识。因此我们不能简单地只以民族名称作为族别的根据。

人们共同体是客观存在的事物，是长期历史所形成的产物，而且它们是在历史过程中变化的。在一定地域上，一定时期里，存在着哪些人们共同体，是一个必须就具体情况，按人们共同体的特征进行具体分析的问题。这就是族别问题的研究。

---

① 普·伊·库什涅尔：《民族自觉是确定民族成分的标志》，《民族问题译丛》，1955年第1期，第117页。

在这个问题上,解放以来我们已经发现了下列各种情况:

一、若干原来是不同的共同体、部落或部族,已经形成了或正在形成一个少数民族,但是还各自保留了原来的名称,因而发生了它们是一个民族还是几个民族的问题。

二、原是一个少数民族,分散迁移到各不同地区,长期隔离,互不往来,经济上没有联系,但基本上仍保留着共同的语言、习俗、历史传说。它们被其他民族用了不同的名称相称(但是有些自称仍基本相同),因而报了不同的民族名称。

三、历史上有些民族曾经被打散。在迁移过程中,有些又和汉人发生结合,受到很深的影响,改变了语言,民族特点已不显著,经济上和汉人已分不开,但是受到歧视,居住上和汉人还有不同程度的分离,所谓"大散小聚",心理上和汉人有隔阂,自认为和汉人不同的少数民族。

四、有些民族在历史上曾经占统治地位,分散居住在中国各地,后来丧失了这个地位,受到歧视,改变了语言等民族特点,隐瞒了民族成分,但是依然保持了民族意识。

五、有些不同民族成分的集团进入了同一的或相邻的地区,被别族用同一名称相称,也就认为是一个民族,但语言、习俗却有区别。

六、一个民族和另一个民族语言接近,历史上关系密切,但由于历史条件的改变,后来发展了自己的特点,以致本民族内部对于自己是单独成为一个民族还是另一民族的一部分,意见不一致。

七、有些少数民族在民族压迫时代曾经不愿表明和汉人有区别,又有一部分上层受汉族反动统治阶级的利用统治过当地其他少数民族,在这些被他们统治过的少数民族看来,他们是和汉人一起的。解放后,他们要求公开民族身分,作为一个少数民族,但是有关的其他民族不愿意承认他们是少数民族。

八、迁居到少数民族地区的汉人,前后有若干批,时代不同。早去的汉人曾经长期和内地的汉人隔绝,有的甚至受了少数民族的影响,和后去的汉人,在语言、风俗习惯上有一定的区别,因而他们自认和汉人有区别,解放后要求成为少数民族。

九、有些汉人迁居到了少数民族地区,保留汉族的特点,但是不明确自己是不是汉人,以附近少数民族称他们的名称作为自己的民族名称,而被视为少数民族。

上面所列举的情况归纳起来可以分为两类的问题：

一、它们是不是一个单独的民族单位，还是若干不同的民族单位，或是其他民族的一部分？

二、它们是不是汉族的一部分？

我们曾经根据不同的具体情况，对这些问题进行过一些研究。有些已经得出初步结论，提供有关民族和政府作参考。也有些经过反复调查，还没有得出结论的。我们在这里不能一一列举了。

对于上述各种情况进行族别问题研究时，我们必须注意到这样一个事实，就是我国少数民族（特别是发生族别问题的那些单位）的社会性质在进行社会主义改造以前有许多还是前资本主义形态，或是还在资本主义萌芽时期的形态，它们还没有发展成为近代民族。我们因此不能简单地用近代民族的特征来作为族别的标志。但是前资本主义时期的人们共同体、氏族、部落、部族等，具有什么特征呢？对于这个问题在苏联也正在研究。[①] 我们在这方面的探讨还是一种尝试性质，在这里只能提出一些体会。

在我们的研究工作中曾经发生过一些我们现在认为不正确的看法：

一、企图仅以一些特殊的风俗习惯作为族别的根据。不同的人们共同体是可以有不同的风俗习惯的，但是在同一的人们共同体中，即使是近代民族，也可以有不同的风俗习惯的存在，所以这种根据是靠不住的。

二、企图仅以语言作为区别人们共同体的惟一的标志。共同语言是近代民族的重要特征，但是并不是说不同的人们共同体必须有不同的语言。事实上有些不同的近代民族在语言上是相同的。因此把说同一语言的人都归在一个共同体中是没有根据的。

三、企图以族源来解决族别问题，认为如果能证明一个集团在历史上曾经是某族的一部分，就可以确定这个集团的民族成分了。这种看法忽视了人们共同体在历史过程中的变化，事实上有不少近代民族是从同一个部族中分出

[①] 斯·斯·德米特里耶夫：《俄罗斯民族的形成》，见《论资产阶级民族的形成》，第1辑，中央民族学院研究部1956年版，第5页。斯·彼卡尔奇克：《论波兰部族的形成与发展》，见《民族问题译丛》，1955年第4期，第67—69页。阿·伊柯札钦科：《古罗斯部族是俄罗斯族、乌克兰族和白俄罗斯族的共同族源》，同上，第29页。

来的。

这些不正确的看法都是由于没有掌握部落、部族等人们共同体的特征。部落、部族的特征是什么呢？我们认为它们的特征就是近代民族特征的萌芽状态。斯大林说过："民族（指近代民族——作者）的要素——语言、地域、共同的文化等等——都不是从天上掉下来的，而是还在资本主义以前的时期逐渐地创造出来的。但这些要素当时是处在萌芽状态中，至多也不过是将来在某些有利条件下可以形成为民族的一种潜在力。这种潜在力只有在资本主义上升并具备有民族市场、经济中心和文化中心的时期才变成了现实。"[1]这是说由于人们社会经济生活的发展，促进了他们的语言、地域、心理素质等等的发展，使他们共同体的性质起了变化。因此，部落、部族等特征就是近代民族特征的萌芽状态，也就是语言、地域、经济联系、心理素质上所存在的一定程度的共同性。离开了这些共同性去考察是不可能正确地进行前资本主义时期人们共同体的族别问题研究的。

必须指出，这四个民族特征的萌芽在不同阶段上发展程度不是平衡的，由于我们对于这个问题研究得还不够深入，现在还没有充分根据来指出他们发展的规律是怎样，但是我们对这个问题也有如下一些体会和意见。

一、在我们的研究中，我们见到一定程度的共同语言在部族中已经具备。但是这并不是指同一部族的人都听得懂大家的话，在部族中方言的分歧可以很显著。比如苗族方言的差别就很大。这些差别可能是表示原来说同一语言的人由于缺乏经常的接触，长期隔离，各自发展了他们地方性的特点，或是表示原来说不同语言的部落形成了一个部族，发生了共同语言，但还保存一定的区别。

在这里应当提出另一种值得注意的情况，就是在云南景颇族中却存在着不同的语言：景颇语和载佤语。这两种话都属于藏缅语族，但前者属景颇语支，而后者属缅语支。[2]据说在缅甸的景颇族还有说其他话的。这些语言上的差别已经超过了方言的差别。于是发生了一个问题，现在的景颇族是不是一个共同

---

[1] 斯大林：《民族问题与列宁主义》，见《马克思主义与民族、殖民地问题》，人民出版社1953年版，第345页。

[2] 罗常培、傅懋勣：《国内少数民族语言文字的概况》，中华书局1954年版，第30页。

体呢？有人提出否定的意见，因为如果说人们共同体必须有共同语言，他们怎能说是一个共同体呢？但是如果我们结合了对这些人的社会性质的研究来考察这个问题，我们感觉到这样的结论是过早了。我们已经知道景颇族现在还保留着相当程度的原始社会的形态。他们现在所形成的人们共同体可能还没有达到部族的阶段，就是说还具有一定的部落联盟的性质。我们对于部落联盟是否必须已具备共同语言这一点还不十分清楚，所以我们不应当用部族的特征来衡量这种人们共同体。必须进一步从其他方面去考察它们是否已存在了一定的共同性，以及这种共同性的基础是什么？当然，关于景颇族的语言也是应当进一步加以分析：景颇语和载佤语的差别程度究竟怎样？是否能认为是方言的区别？它们之间是否正在形成部族共同语？这样的研究才能丰富我们对于人们共同体发展规律的知识。

二、共同地域是指历史上一个共同体的基本群众在这一地域上的稳定居留。一般说来，人们共同体稳定居留的地域在近代民族形成之前就存在的，虽则在这一地域内的居民中间还没有发达的经济联系，没有固定的和公认的民族经济中心和文化中心，① 但是由于缺乏经济和文化的中心，前资本主义时期的人们共同体是否必须具有相连接的聚居区也成了值得考虑的问题。在我国少数民族中有些曾因不同的历史原因，发生过迁徙和流亡，在地域上形成了不相连接的部分，但是依旧保持一定的社会联系和显著的共同心理，因此不能认为地域上的分散即是人们共同体的分裂。回族、苗族就是这样的例子。又如贵州的仡佬，分散在广阔地区，和其他民族杂居已经有相当长的时期，但是他们内部却至今有着密切的联系，甚至远及百来里之外的同族。我们不能因为仡佬缺乏长期稳定的聚居区而否认他们是一个共同体。

三、近代民族的形成由于共同经济的出现，但是并不是说在前资本主义时期的人们共同体没有经济联系，② 只是说这时期的经济联系没有近代民族那样密切。部族内部经济联系能发展到什么程度还是一个值得研究的问题。汉族的封建社会，特别是在后期，并不像欧洲封建社会具有那样的分散和割据的特

---

① 斯·斯·德米特里耶夫：《俄罗斯民族的形成》，《论资产阶级民族的形成》第 1 辑，中央民族学院研究部 1956 年版，第 4—5 页。

② 斯·斯·德米特里耶夫：《俄罗斯民族的形成》，《论资产阶级民族的形成》第 1 辑，中央民族学院研究部 1956 年版，第 4—5 页。

点。这已经引起历史学家对于汉族作为一个民族共同体是什么时候形成的问题的争论。

同时我们还可以注意，前资本主义时期在一个地区内不同民族成分的经济联系和这种联系对共同体的稳定性的影响。在和汉族聚居区邻近的地区就有这一种情况，就是汉人住在少数民族地区的市镇上，掌握了这地区商品的集散，并占有了这地区大部分土地，这样把这地区不同民族成分的人联系在一个共同的经济结构中。这种情况虽则已有相当长的时期，但是不同民族成分的人在语言、心理上依旧保持着他们自己的特点，并没有形成一个共同体。这是值得研究的问题。

四、共同心理素质这个特征并不像其他特征那样容易捉摸。我们对于这个特征的体会也是不够的，以致有人认为特殊的风俗习惯就是表现共同心理状态的文化特点。我们觉得共同心理素质既然可以称作"民族性格"，[①]那就必须是贯穿在人们生活、文化各方面的一种共同的风格。虽则我们要明确的说出某一民族的风格是怎样还有困难，我们在和不同民族的人民接触中却不可能不感觉到他们之间存在着不同的风格。比如，我们不会把维吾尔族的舞蹈误作苗族的舞蹈，或是觉得藏族的音乐和朝鲜族的音乐毫无区别。如果这些风格就是共同体的共同心理素质，这种特征在前资本主义的共同体就很显著的了。因此，我们在研究前资本主义时期人们共同体的族别问题时应当充分注意这个特征，不但要在文化和生活中去了解一个共同体所特具的风格，而且要考察这种风格是怎样形成，怎样变化，以及与其他共同体在这方面的关系和区别是怎样的。

我们在族别问题研究上的工作做得还不够深入，但是已接触到前资本主义时期和资本主义萌芽时期人们共同体的特征问题。我们体会到不可能在语言、地域、经济联系和心理素质等方面之外去找到一个简单的标志来解决族别问题，同时也不应当用近代民族的标准来要求于前资本主义时期和资本主义萌芽时期的人们共同体。我们只有就具体问题进行具体分析，就是就具体的人，按他们社会经济已经发展到的阶段，从语言、地域、经济联系和心理素质发展的情况，去看他们所形成的共同体和这个共同体在历史上的变化。根据我们初步的认识，在人们共同体的发展过程中，各个特征的发展是不平衡的，而且由于

---

① 斯大林：《马克思主义和民族问题》，人民出版社 1953 年版，第 18 页。

复杂的历史条件，有时若干特征的萌芽被遏制而得不到发展的机会，因此任何一个或几个特征上表现了显著的共同性就值得我们的注意。

应当指出，我们进行的族别问题的研究并不是代替各族人民来决定应不应当承认为少数民族或应不应当成为单独民族。民族名称是不能强加于人或由别人来改变的，我们的工作只是在从共同体的形成上来加以研究，提供材料和分析，以便帮助已经提出民族名称的单位，通过协商，自己来考虑是否要认为是少数民族或是否要单独成为一个民族。这些问题的答案是要各族人民自己来做的，这是他们的权利。同时必须承认，族别问题研究对于各族人民自己作出这类决定是有帮助的，因为各民族现在还没有完全脱离过去反动统治所制造而遗留下来的孤立、隔阂状态。他们还没有机会充分知道自己的历史，还没有机会和其他单位充分往来。因此，他们还缺乏充分的条件来作出对自己的族别问题的正确决定。各族人民是需要，而且也欢迎民族学者在这个问题上为他们服务的。

二、关于少数民族社会性质的研究

关于各少数民族社会性质的研究是我国民族学当前的重要任务，也是今后一段时期的中心工作。目前各少数民族正在或即将进行社会主义改造，而在社会主义改造的问题上，如《中华人民共和国宪法》序言中所规定的，将充分注意各民族发展的特点。各民族社会性质的研究的目的就在明确它们发展上的特点，因此，这项研究是和当前民族工作密切相结合的。

这项研究也将丰富我们对于社会发展史的知识，充实历史唯物主义的内容。而且现在我们所有社会发展史的教材大多依靠翻译，如原始社会引用摩尔根的调查，奴隶社会举希腊、罗马为例等。这些材料固然极为重要，但是对于我国的一般读者是比较生疏的，因此限制了这门科学知识的传播。事实上我国在这方面却有着丰富的材料。我们少数民族在进行民主改革和社会主义改造以前，许多还没有进入资本主义阶段，所以还在不同程度上保持前资本主义时期各种社会形态的面貌或残余。对于各少数民族社会性质的调查就将为我们记录和搜集有关各种社会形态的材料，这些也正是社会发展史的生动教材。

必须指出，由于各少数民族正在迅速地进行社会主义改造，我们如果不及时把它们在改造之前的面貌记录下来，很快就会丧失直接观察的机会了。因此，这项研究也应该看成是一项急迫的任务。

现在我们可以根据已经有的，但不够系统和深入的材料，举例说一下我国少数民族在进行民主改革和社会主义改造以前存在着哪些不同的社会形态：

一、带有原始社会形态的类型。东北兴安岭森林中的鄂伦春人是这种形态的一个例子。他们主要依靠狩猎为生，生产工具很简单。很早以前，他们用自制的弓箭进行狩猎。约在1920年以后，大量使用了各种枪支。在季节性围猎的间隙，他们也进行捕鱼。生活游移不定。

他们的生产关系基本上是土地氏族公有，共同劳动，平均分配。他们的渔场和猎场只许自己氏族的人使用。他们人人参加劳动。迄今仍保持着集体劳动的习惯，每次出猎都是三五人或七八人自愿组成临时小组。这种习惯还带着比较浓厚的原始性质。他们最主要的目的，并不是为了提高与发展生产，而是由于人多了，深入密林后可以互相照顾，免被野兽伤害。他们男女之间也保持着自然的分工，男子专司狩猎，妇女从事家务劳动。

猎获物的分配基本上实行平均分配的制度。打猎完毕，参加的人每人都分得一份。那些鳏寡孤独和困难户，也都分得一些兽皮和肉类以维持生活。

他们的财产基本上都属于氏族公有，但是作为基本生产工具的枪支、马匹、猎犬以及房屋已归各家族私有；实际上，个人或家族的用具和储藏的东西，遇有需要亦可为其他家族使用。

随着枪支的应用，生产力提高了，生产品有了剩余；又与农业社会相接触，产生商业，鄂伦春的原始氏族社会开始逐渐发生变化。在和外族进行交换中，兽皮成了重要的商品，于是也逐渐成了私有财产。现在他们猎得野兽以后，兽肉还是大家平均分食，但是兽皮却属于猎获者所私有。氏族内部发生了贫富之分。贫富的标志是占有马匹的多寡。应该指出，尽管鄂伦春人已经出现了贫富之分，但是阶级分化还不明显，他们并不利用私有的马匹、枪支、猎犬或兽皮来剥削别人。

在氏族或部落内部，他们一般都还保持着民主决定问题的习惯。每有重大问题，照例都由氏族或部落首领邀请老年人和有关人员共同研究解决。在婚姻上，他们实行氏族外婚制。

除了鄂伦春族以外，云南的佤族、海南岛的黎族和台湾的高山族也多少保留着一些原始社会的形态。如佤族的狩猎还保持集体劳动、平均分配的原则。佤族地区土地还属全部落公有，有的还以部落为单位集体生产。同一部落的人共同在一块土地上耕种，在收获时按各家所出劳动力计算分配。又如黎族的"合亩制"和高山族的"蕃社"，组成内部的共同劳动、平均分配的制度，也都具有这样的性质。

二、带有奴隶制度的形态。大家熟知的是彝族具有较显著的奴隶制度的形态。但是，彝族的社会发展也是不平衡的，不同地区就具有不同的社会性质。云南、贵州的彝族地区早已进入封建社会的阶段，而四川大凉山中心地区的彝族社会迄今仍带有显著的奴隶制的特点。

大凉山中心地区的彝族人经营初期农业，部分耕种水田，还有以畜牧为副业；也有纺织、铁工、建筑等手工业。这些手工业还没有完全从农业中分离出来。分工与交换不发达，市场与商人阶级还没有形成。

这个地区的彝族有黑彝和白彝之别，大体说来，黑彝是奴隶主，白彝是奴隶，他们主要的区别是阶级的区分。在大凉山黑彝占彝族人口的极其少数，但他们占有大部分可耕地和牛羊牲畜，以及生产工具和房屋；同时占有可以买卖的奴隶。他们有权杀戮奴隶。他们几乎完全不从事生产劳动，主要靠剥削奴隶的剩余劳动，收地租，放高利贷为生。他们轻视劳动，认为劳动是可耻的。

白彝占大凉山彝族人口的绝大多数。依据他们在生产中所处的地位，可以分为三个阶层："噶示噶洛"——即"锅庄娃子"，单身的奴隶，完全属于主人所有，使用主人的生产工具和资料，被迫进行生产劳动和家务劳动。他们得到主人的信任以后，可以结婚成家，这就成了"安家娃子"。"安家娃子"从主人处可以租到一小块土地，按期交纳地租。他们不能随意迁移，必须在主人家住处的一旁另筑小屋居住，以备主人的随时召唤。这些娃子给主人一定身价可以获得较大的人身自由，对自己的财产具有完全的所有权，对其子女也具有亲权，这就成了"曲诺"。

"曲诺"仍须依附原来的主人以求得保护，否则仍有被别人掳为奴隶的危险。所以严格说来，他们并没有完全的人身自由。但是"曲诺"和"安家"却又都可以占有奴隶，奴隶的奴隶又可以占有奴隶，甚至有"七道娃子"之说。

尽管白彝阶层的分化很复杂，但是，黑彝和白彝的界限却是十分严格的。如严禁黑白彝通婚，黑彝可以出卖、转让、掠夺、屠杀、刑罚白彝。黑彝在任何情况下都不改变他们的社会地位。白彝中的三个阶层在一定条件下可以互相升降，但白彝在任何情况下都不能上升为黑彝。彝族内部的阶级矛盾是很明显的。奴隶们对奴隶主的反抗、毁坏生产工具、逃亡的事情是经常发生的；但是由于白彝内部存在不同的阶层，利益有差别，而且因为地域阻隔，很难形成统一的力量。由于奴隶主轻视劳动，并强迫奴隶劳动，加以血族复仇的事连绵不绝，以及解放以前残酷的民族压迫，彝族的社会生产力是很低的。这些是彝族社会长期贫困、落后的主要原因。

除了大凉山中心地区的彝族以外，云南西部江心坡及胡康河谷、迈里开江以西的萨纳山地的景颇族也有蓄奴制，但不像彝族奴隶制那样显著和普遍。蓄奴者多系山官，奴隶多系抢来或转卖的幼童。奴隶长大了，他们的主人为他们婚嫁，他们所生的子女仍是奴隶。但奴隶可以赎身，奴隶主与奴隶同样劳动，生活差异也不很大，这可能还是在奴隶社会初期的情形。

三、封建社会的各种形态。属于这一类型的少数民族为数较多，而且还各有各的特点，现分别举例如下：

（一）新疆维吾尔族

新疆的维吾尔族在土改以前就具备了封建时期的若干不同发展阶段。南部的墨玉县维吾尔族的统治阶级被称为"和加"（贵族之意），他们占有大量土地。他们把土地分为两部分：一部分是自有庄园，依靠农奴的无偿劳役来耕作，另一部分是给予农奴的份地。农奴需要承担一系列的无偿劳役，这是最主要的剥削方式，代表着封建初期的形态。"和加"可以夺取农奴财产，自立法庭和监狱，可以对农奴任意刑讯以至拷打致死；也可把他们变卖转让。农奴被剥夺了人身的自由。他们在人身的隶属性上具有程度上的不同，所以也可分出不同的阶层。

以上的那种封建初期的农奴制在维吾尔族的农村中还是比较少的，比较多的是无偿劳役和对分制同时并存的剥削方式。这种剥削方式又有多种多样，地主阶级看哪样有利，就采取哪种方式。这些剥削方式都是属于封建社会中期的形态。

城区附近的一些农村，如喀什、阿克苏附近的农村，由于这些地区商品经济比较发达，剥削方式主要是高额的实物地租和雇佣劳动。地主阶级也经营一些城乡间的商业。这是封建后期的一种形态，在维吾尔族社会中还不很发达。

（二）云南西双版纳的傣族

据现在的调查，傣族过去的封建制度是在原始公社的废墟上建立起来的。在封建领主经济中，依旧保存了原始公社的形式。他们的封建领主（土司）窃取了村社所有权。形式上存在着几种土地所有制——村公有、领主所有、农民私有，但占统治地位的只是一种所有制，就是封建领主所有制。村社平分土地的陈规，已变成平均分配对封建领主的负担——封建剥削的依据，村社变成领主剥削农奴劳役的劳动编组，村社变成了负担单位。农村公社已完全变质，原有的公社议事会也仅存形式，原始民主的内容已不存在了。这很显然是原始农村公社在发展过程中，被封建王朝加上了一套封建统治的制度——土司制度，从而使原始农村公社变成了封建领主统治下的农村公社了。他们的社会形式在一定程度上还保存了原始的公社，但是实质上已是封建社会了。

（三）西藏地方的藏族

西藏藏族封建社会的特点就是政教合一制度。在这种制度下政治和宗教密切结合起来，维护巩固它的封建的社会经济基础。西藏全境的土地绝大部分都属于喇嘛寺院、贵族和地方政府。寺院拥有大量的土地，贵族有自己的庄园，参加地方政府工作的官员都有一定的封建采邑。农民与牧民是被剥削的阶级，他们要为寺院、贵族和地方政府承担一系列的义务，包括租税和无偿劳役。

除了上述的三种类型的封建形态以外，还有许多少数民族地区是同过去汉族地区封建性质相差不多，他们也是受着封建官吏和地主们的压迫和剥削，如贵州及其以东的比较接近汉人或与汉人杂居的少数民族地区，在历史上虽然也有过土司的封建统治，但大多在清代即已改土归流，建立了流官的统治。他们的社会性质与附近汉族农村相差不多，不过少数民族的人民所受到的压迫剥削更加多一层，因为除了地主的剥削外，还加上大民族主义封建王朝的压迫剥削。

从上面简略介绍中，我们可以看到我国少数民族在社会性质的问题上存在着下面这些特点：

一、我国少数民族社会发展是不平衡的。除了那些大体和汉族的社会性质相同的民族外，许多在进行民主改革和社会主义改造以前还处于前资本主义时期或资本主义萌芽时期的社会发展阶段。其中有一些还保持相当浓厚的原始公社的残余，有不少基本上还是奴隶社会和初期封建社会。

二、各少数民族的社会性质是复杂的。我们很难找到某一个社会发展阶段的典型例子。常常在一个社会中存在着多种社会经济成分。比如以有人认为是奴隶社会的大凉山中心区的彝族来说，黑彝的身分并不是单纯的奴隶主，他们同时可能具有封建主的性质，因为他们在蓄奴以外，又出租土地，以赋役和实物地租的形式占有土地承租者的剩余劳动。白彝中的"安家娃子"的阶级地位也是值得深入分析的，因为有人说他们已经开始从奴隶身分向农奴过渡。"曲诺"的性质更是复杂，因为他们可以占有土地和蓄奴，进行剥削，但同时并没有摆脱奴隶的身分。各少数民族的社会性质固然是复杂的，但在多种经济成分中，有些是旧的残余，有些是新的萌芽，有些是当时占主要地位的成分，这些都是可以也应当区别出来的。

三、同一少数民族中还可以发生显著的地域上的差异。这种差异程度有时可以很大，甚至属于不同的社会发展阶段。彝族在大凉山中心地区，奴隶经济成分占着主要的地位，但是在边区封建经济成分已经很显著；贵州、云南的彝族已有相当长的时期发展了封建主义，有些甚至已超过了初期封建的形态。新疆维吾尔族在不同地区就有封建初期、中期、晚期三种形态。黎族的中心地区还实行着具有原始共耕经济的"合亩制"，但是外围靠近汉族的地区已经是封建性的个体小农经济了。

四、在相同的社会发展阶段上的各族，他们的社会性质虽则基本上具有共同特点，但是在形式上还是各有各的特点。以封建社会来说，上面所举的例子就可以看到各民族所有的特点是很显著的。新疆维吾尔"和加"的庄园、西藏的政教合一制、傣族的土司等所采取的剥削方式都不是一样的。各种形式的比较研究可以大大丰富我们对于社会形态学说的知识。

五、少数民族在社会发展的历史过程中并不都是循序渐进的，就是说，不一定都是经过原始到奴隶、到封建这些阶段的。跨越阶段的飞跃过渡的情形在历史上也发生过，比如傣族社会，以现有材料来看，就是直接从原始社会过渡到封建社会，中间越过了奴隶社会这个阶段。有人认为蒙古族、维吾尔族和满族也可能曾发生过类似情况。发生这种情况的历史条件是复杂的。但这种情况也提示了我们应当特别注意各少数民族在历史上和汉族的关系，因为这种情况常常是比较落后的共同体和比较先进的汉族相接触的结果。

六、在多民族杂居的地区还发生一种情况，就是不同民族成分虽则已经进入了同一的阶级结构中，但是各自还保存了不同社会性质的特点。比如贵州西部过去有些苗族受着彝族的统治和剥削，彝族当时已经是奴隶社会或初期封建社会，但是那些被统治的苗族却在一定程度上还保留原始公社的残余。在汉族封建势力进入少数民族地区对少数民族进行统治和剥削的过程中也可能发生过这种情况。

七、中华人民共和国成立以来，各少数民族，不论它原来的社会是什么性质，在先进民族的帮助下，跨越了若干社会发展的阶段，一致地向社会主义社会过渡，因此引起了一系列的重要变化。它们所经过的变化也是各有各的特点。比如上面所述的鄂伦春族正在从他们原始社会的基础进行社会主义改造，发展狩猎合作社。他们遇到的矛盾和奴隶社会或封建社会在改造中所遇到的矛盾是不同的。他们在实行按劳分配的原则时就和原有平均分配的原则相抵触，因此，在改造的措施上不能不采取特有的方式。这些也是我们研究社会性质时所应当注意的问题。

在对少数民族进行社会性质的分析时，应当注意上述的这些特点。

关于少数民族社会性质的研究并不是现在才开始的。在民族工作的实践中不可能不经常注意各民族发展上的特点。中国共产党在老解放区已经开始了这方面的研究，中华人民共和国成立后更有了发展。过去民族学者也搜集过一些有关这个问题的资料。但是过去占有的资料还不够全面和深入，研究工作也大多不够系统，我们对各少数民族的社会性质虽则有一些初步的认识，但是还很不充分。因此，我们应当重视这项研究，作为今后一段时期的民族学研究的中心工作。

在进行这项研究工作时，我们应当注意避免以下几种可能的偏向：

一、过去民族学者在少数民族中进行社会调查时，往往缺乏明确的要求，调查者单凭个人兴趣或是没有目的地记录一些零星见闻，忽略搜集有关社会性质的关键性的材料。即使注意到了这些问题，也很少深入调查和反复核对，以致在进一步分析时常常感到材料不够了。这是调查工作缺乏理论指导的结果。

二、也有些民族学者在没有充分占有事实材料以前，急于想对某些民族的社会性质作出结论。他们往往用一些经典著作上的引语来代替深入的观察，满足于挑选一些零星的例子来证明一般规律的正确性。这种教条主义对于我们的研究工作并无一点好处。我们必须实事求是，理论与实际相结合，通过逐步深入的系统调查研究，才能对各少数民族社会性质得到正确的认识。

三、由于各少数民族社会性质的复杂性，它们常常具有不同性质的经济成分，它们又有很显著的地域上的差异等等，研究工作者如果主观上具有成见，很容易被片面的或局部的事实所迷惑，而作出不正确的结论。因此在进行这项研究工作时应当特别着重全面深入搜集有关材料，以反复调查的方法来校核从已有材料中得出的结论，草率和急躁的偏向是必须克服的。

三、关于少数民族文化和生活的研究

我国的少数民族正处在巨大和迅速变革的时期，从不同社会性质的基础出发向社会主义过渡。这个变革不仅是生产方式的改变，从原始的或是分裂成敌对阶级的社会改变成没有剥削的社会，而且是极广泛和深刻的文化和生活各方面的改变。各少数民族的人民都将在这个伟大的过渡时期发展成具有高度文化和现代生活的人。各民族的新文化和新生活并不是离开了他们原有的文化和生活，凭空创造或全部向别民族输入的，而必然是从原有民族文化的基础上发展起来的。这是一个推陈出新的过程；是一个一方面发展本民族的优良传统，一方面和陈旧的和有害的旧文化旧生活进行斗争的生长过程；也是一个社会主义内容和民族形式创造性的结合的过程。民族学者的任务就是研究这个过程和帮助各民族人民促进这个过程。这就是关于各少数民族文化和生活的研究。这项研究有三个方面：

一、民族学者对各民族人民的文化和生活的研究首先应当着重观察各民族人民在党和政府领导下所创造的新事物；注意这些新文化和新生活是怎样发生的，怎样为群众所接受的，怎样满足群众的需要。这是这项研究的第一个、也是最重要的方面。

二、这些新文化和新生活既然是在原有的民族传统的基础上发展起来，和与衰亡的旧的文化、生活斗争中长成的，我们也必须对各民族原有的文化、生活有充分的认识。必须指出，对于各族旧有文化和生活的研究是为了更好地理解各族人民当前文化和生活中存在的矛盾和更正确地估计新文化和新生活的意义，这和资产阶级学者的猎奇和搜集古董的观点毫无相同之处。

要正确地了解各民族人民原有的文化和生活在社会主义改造中的变化，我

们必须区别哪些是应当发展的民族传统，哪些是发展新文化、新生活的障碍。这个要求就引导我们去分析文化、生活和社会经济基础的关系。在原有的文化和生活中，有些部分是直接服务于剥削阶级的，有些部分是劳动人民创造出来服务于自己的，也有些部分是不属于社会上层建筑的。这些不同性质的部分在社会主义改造中有些是应该消灭的，有些是可以利用的，有些是必须发展的。这是这项研究的第二个方面。

三、社会主义的文化是通过各民族人民所喜闻乐见的民族形式来发展的。这是和资产阶级的世界主义根本不同之处。一个民族的文化和生活是这个民族长期历史的产物，是这个民族劳动人民智慧的积累；由于历史条件不同，各民族劳动人民创造了他们文化和生活上的特点。而且各民族的人民从小在这种具有特殊形式的生活中长成，养成了他们对自己民族形式的感情，同时也成了他们继续发展他们的文化和生活的基础。在这个意义上，各民族的文化和生活具有历史的继承性。当然民族形式也是不断变化的，但是这种变化的规律却不同于社会性质变化的规律。深刻地研究各民族文化和生活所具有的民族形式和它变化的规律，是这项研究的第三个方面。

我国少数民族的社会主义改造是这几年才开始的，民族学者对这个重大历史事件的注意还很不够。但是这个变化是很迅速的，所以如果不及时研究这个过程，将来必然会成为一个不可弥补的遗憾。因此我们必须在这个时候把这项研究提出来作为今后民族学研究的一项重要任务。

我们对于各少数民族的文化和生活虽则还缺乏足够的注意和系统的研究，但是在这方面我们也积累了一些零星的资料。从这些资料中我们可以看到各民族原有的文化和生活是多种多样的，极为复杂的。同时，也可以看到各民族人民都有他们独到的创造，使他们的文化和生活丰富多彩。我们在这里不能对国内少数民族文化和生活作综合的介绍，但是愿意对在进行这些方面的研究时应当注意的问题提出一些初步意见。

一、我们不妨先从物质文化说起。物质文化包括生产工具和生活用具。生产工具是劳动资料的主要部分，生产工具的改进，促进生产力的发展，从而促进社会经济的发展。所以不同社会发展阶段使用不同的生产工具。我国各少数民族社会发展不平衡，他们所用的生产工具有的是很简单和原始的，也有比较发达的。又由于我国幅员广大，地理条件多种多样，各地方人民所从事的生产也有不同，不但有农、牧、渔、猎之别，而且即便都从事农业，还有平原和山区的差异。因此增加了他们所用生产工具的多样性。对于生产工具的研究，首先应当注意它们的发展水平，从应用一定工具所收获的生产量来决定它是落后的还是先进的。落后的工具被先进的工具所代替是社会发展过程中的一般现象。民族学者不仅要注意这一般现象，还应当细致地观察新工具代替旧工具的速度和存在的问题等等，而且还要注意有些在主要生产活动中被代替了的旧工具却保留在工艺和园艺的活动里，或是在宗教和社会的仪式里，甚至成为竞技和游艺的用具。

联系着生产工具，我们还应当注意各民族的生产知识和技术，特别是长期在一定地域里所积累的特殊知识和技术。这些都是极可宝贵的，而且是经济发展的基础。社会主义社会的建立将给各民族发展它们特别适宜于当地的生产事业的充分机会。比如西南山区的药材具有极高的经济价值，而少数民族在搜集和培养这些药材上却具有专门的知识和技术。

生活用具是应当联系着衣、食、住、行，养生、送死等各方面生活内容来研究的。它们都具有民族的特点，且不提在这方面各民族人民所加工的艺术，只从原料和形式上来说也各有各的创造和习惯。各式各样的民族服装是我们所熟习的，也成了普遍辨别民族的简单标志。各民族在饮食上也有差别，而且从小所养成的饮食习惯并不是很容易改变的。在城市发展中，民族食堂的设立已成了一个现实的需要。房屋建筑和交通工具的形式也是如此。在生活用具上所表现的民族特点，固然和各民族的生产情况有关，比如牧区民族穿皮革和毛织品，吃肉类、乳品，住蒙古包，骑马、拉大轮车，西南山区民族穿麻织品，吃糯米，住竹建的楼房，背运货品等，都是明显的例子。但是深入研究它们所有的形式，比如在同样地理条件下生活的各民族，有的好白，有的尚黑，有的又喜欢蓝色、红色，这种种形式上的特点却不是从生产情况简单地能加以说明的，我们必须结合这些民族的历史来进行研究。各民族在生活用具上所有的特点，并不都会因社会性质的改变而起根本的变化，他们很可以带着许多这类特点进入社会主义社会。

二、人们的社会生活，就是有关人与人关系的风俗习惯等。这方面的研究，首先应当注意那些和社会性质有密切联系的情况，就是说不论什么民族，在一定的发展阶段上都会发生同样的情况。比如在原始社会里，血缘关系是社会关系的基本纽带，环绕着决定亲属关系的生活节日上常常有许多繁缛的仪式活动。这些都是某一社会发展阶段的共同的特点。但是某一社会发展阶段的共同特点又可以在不同程度上，以残余形式保留在其后的各阶段中，而且可以在旧的形式中发展了新的内容。这些情况不但可以迷惑社会性质的分析，也使社会生活的研究更为复杂。

在阶级社会里人们社会生活表现的共同特点就是阶级的区别。这种区别可以很大，甚至形成了"两种文化"。所以在研究这种社会时，首先要注意这个特点。过去有人常常把某一民族的统治阶级的生活方式作为这一民族的特点，那是错误的。

研究阶级社会各阶级的社会生活时还应当注意剥削阶级对劳动人民的影响。剥削阶级的生活方式在阶级社会里是处于统治地位，剥削阶级还要利用他们的权力来推行有利于他们的种种风俗习惯。比如歧视妇女，甚至如缠脚等一类的风俗显然是对劳动人民不利的，但是由于剥削阶级的提倡和推行，在劳动人民中也有通行的。因此社会生活的阶级性的分析并不是简单的。

在劳动人民中，他们的社会生活大多密切地和他们的生产活动相结合。比如节令的性质就常是生产活动的动员和收获的庆祝，庙会、跳场等群众忙集会常和贸易活动和青年男女的择配活动结合在一起。这些社会活动固然在生产中起着一定的积极作用，但是在生产技术的改造过程中，那些联系于落后技术的风俗习惯也可以起阻碍改造的消极作用。在有关养生送死的许多风俗习惯中同样应当注意这种情况。劳动人民的许多生活经验常被固定在风俗习惯里，当这些风俗习惯形成的时候可以有积极的作用，但是生活条件改变了，这些风俗习惯却成了维护落后方式的力量，那就成了进步的阻碍。比如有许多禁忌虽则是有一定的卫生价值的，但是也可以成为传播科学知识的阻碍。更重要的是有些风俗习惯在当前对生产的发展很不利，甚至影响到民族的发展。因此，我们对于劳动人民的风俗习惯也必须加以批判地接受，不应当一律称作民族特点而要求保存和发展。民族学者的调查研究就可以帮助各民族人民重新估计他们的风俗习惯。

三、艺术和文学是各民族文化和生活的重要部分。不论社会发展到什么阶段，没有一个民族不在这方面有它独特的创造。有些人认为生产落后的民族是没有艺术和文学的，那是和事实不符的。在我国的少数民族中，有些在经济上还是落后的，但同样有可贵的艺术品。比如台湾的高山族经济上还相当原始，但是他们浮雕的图腾版却具有很高的艺术水平，他们所编织的贝衣，已有很长的历史，同样是极美的工艺品。大凉山的彝族所用的餐具和马鞍上绘着精美的色彩和花纹；苗族和壮族的竹器，即使是很简单的鱼篓，在艺术上都有很高的评价。各少数民族的文学作品也是如此。各族人民都有丰富的口头创作。云南撒尼（彝族的支系——编者注）的长诗《阿诗玛》一经记录和翻译了出来，已经赢得全国文艺界的推崇。至于文字发达的民族，文学的遗产保留得更多了。蒙古族的《格斯尔的故事》和藏族的《米拉日巴的一生》都是已经为大家所知道的例子。音乐舞蹈等方面的情况也是如此。这些劳动人民所创造的、为劳动人民所爱好的历代保留下来的艺术和文学，不但是各民族宝贵的遗产，而且是我们民族大家庭值得骄傲的共同财富。

各民族艺术上的创造提供了美术、文学、音乐和舞蹈多方面丰富的研究资料，这些资料对于民族学者同样是极可贵的。民族学者一方面应当以这些作品所反映的生活内容来丰富自己对这些民族各时期社会生活的认识，比如《阿诗玛》的长诗就生动地反映了青年男女的爱情和当时阶级社会的矛盾，使我们对撒尼的社会性质有了亲切的体会；另一方面民族学者还应当从这些民族的历史条件来了解它们艺术风格的形成和变化，比如黔东苗族的音乐和舞蹈表现出沉重、抑制、内向和细致的风格，这种风格可能是和他们长期缺乏自己的政权、被压迫和被分散的历史分不开的。解放后，从他们歌颂毛主席等曲子上所流露出来的兴奋、感激和舒畅的声调也正反映了他们从生死关头获得新生的情绪。又比如蒙古族的音乐在历史上曾经发生过长短调的变化，而这种变化提示了当时社会上可能发生的重大变革。各民族艺术和文学的作品也常常使我们看到各民族间文化交流的证据，比如藏族在唐代和汉族的密切关系还反映在他们现在的音乐、舞蹈上。我们在这里所举的例子由于缺乏研究可能是不正确的，但是可以提示我们民族学者在这方面的研究工作是有着广阔园地的。

关于少数民族艺术文学的研究，对于各民族的发展有着重大的意义。我国的各少数民族都处于正在形成为社会主义民族的阶段。艺术和文学在发展社会主义民族共同心理这个特征上起着重要的作用，同时，社会主义民族的形成也给了各民族人民发展民族艺术和文学创造了最好的条件。可以预见在他们形成社会主义民族的时期里必然会有伟大的作品出现。

四、关于少数民族宗教信仰的研究

少数民族宗教信仰的研究作为当前民族学的一项任务提出，是因为宗教信仰不但在历史上，而且在当前，在许多少数民族人们生活中和民族关系上占有重要的地位。宗教信仰是人类在一定时期中的历史产物，与人们的自然斗争和阶级斗争有着密切的关系，民族学者把宗教信仰作为一种社会现实来分析，着重在了解它对人们生活所起的作用和它的变化。宗教不是民族的特征，那就是说宗教的变化和人们共同体的形成和变化并没有绝对的关系。历史上有着很多例子，一个民族从信仰一种宗教转变到信仰另一种宗教，或是同一民族中存在着不同的宗教，这些都不影响到共同体的稳定和完整。但是宗教信仰在文化和生活上所起的作用却可以是很严重的，有些民族的人从生到死在一切重要的社会节目上，都充满了宗教的仪式，有些民族的宗教和政治密切结合起来，成为统治机构中不可分的部分。藏族就是这样的一个例子。而且有些民族之间由于宗教信仰的不同，往往引起复杂的民族关系，成为民族问题的一部分。对于这些民族的宗教信仰的研究是特别重要的。

我国少数民族的宗教信仰是多种多样的，大体上可以归纳为下列几类：

一、图腾信仰：如高山族的派宛部崇拜神蛇，认为和他们的祖先有关。他们的雕刻、绘画以及生活用具上的装饰常用这种图腾作主题。瑶族中有龙犬的传说和崇拜仪式，也可能是这种信仰的残余。

二、萨满信仰：在东北地区和内蒙古自治区的赫哲、鄂伦春、达斡尔以及通古斯和索伦等族中流行这种信仰，巫师称萨满，群众认为他们具有一种超自然的能力，能知祸福和能驱鬼治病。

三、多神信仰：在西南、中南等地区许多少数民族中流行，内容并不是一样的，他们相信各种东西会成仙作怪，还有许多善神恶鬼。各族有自己的巫师，如彝族的"毕摩"、"苏臬"，纳西族的"多巴"，黎族的"道公"和"娘母"，苗、瑶等族的"鬼师"，佤族的"莫巴"等。

四、喇嘛教：是大乘佛教与西藏原有的宗教结合而发展成的。现在主要流行在藏、蒙古、土（青海）、裕固等族中。喇嘛教有各个教派，如苯派（黑教）、宁莫派（红教）、萨迦派（花教）、噶举派（白教）、格鲁派（黄教），目前以黄教

最为盛行，寺院和信徒最多。黄教有名的六大寺：西藏的哲蚌、色拉、噶丹、扎什伦布，青海的塔尔，甘肃的拉卜楞。每寺喇嘛人数都超过 1000 人，有的达五六千人。

五、小乘佛教：主要流行在云南傣族和部分佤族中，寺院称缅寺，男子在少年时入寺学经，几年后还俗娶妻。

六、伊斯兰教：有回、维吾尔、哈萨克、柯尔克孜、保安等 10 个民族信仰伊斯兰教。总数有 800 万人以上。

七、基督教、天主教、东正教：都是西方传入的，近百年来和帝国主义的侵略阴谋有密切关系。基督教的势力主要在西南地区，如苗、佤、傈僳、拉祜、景颇等族都有一部分信徒。

民族学者对于上列这些少数民族宗教信仰可以说还没有进行系统的深入研究。但根据我们的初步认识，在进行这项研究时下列几点是值得注意的：

一、宗教意识和民族意识的结合是值得注意的第一点。最显著的例子是回族和伊斯兰教的关系。在回族人民意识上一般觉得伊斯兰教是他们这个共同体的共同信仰。这种共同信仰被认为和回族之成为一个共同体似乎是分不开的。当然，这并不是说宗教已经成为人们共同体的特征，而是说，共同信仰已经成为反映共同心理素质的文化特点。宗教意识和民族意识就是这样密切地结合了起来。宗教意识和民族意识在别的民族并不都是结合得这样密切的。比如苗族和他们的多神信仰就不是这样。苗族人民虽则大多具有这种信仰，但是并不意识到这是他们这个共同体的共同信仰。而且各地苗族也可以吸收其他民族传入的不同的神作为他们的供奉对象，甚至有部分信奉了基督教。这些信仰上的差异并不影响他们都相互承认是属于同一的共同体。这就是说宗教意识和民族意识并没有结合在一起。各民族在这个问题上情况是不一致的，二者的结合程度也不同。

二、宗教和政治的结合是值得注意的第二点。在我国少数民族中在这个问题上最突出的是西藏藏族的政教合一制。这个制度曾经维护和巩固了他们的封建社会经济基础。至于这个制度的具体内容，我们现在还研究得不够。比如寺院在政治和经济上有着什么地位和作用？通过广泛吸收各阶级的人成为喇嘛，寺院怎样和群众密切联系？这些都还是值得深入了解的问题。在我国历史上还有一个突出的问题，就是过去的民族运动和农民运动常常和宗教发生密切关系,不但少数民族过去反抗压迫的运动很多以卫教为口号,就是包括汉族在内的农民运动也很少不打出宗教的旗帜。宗教的口号和旗帜能在群众中发生动员的作用,这也说明了宗教和政治的关系决不是很简单的。宗教固然常服务于统治阶级,但有时对群众运动也有一定作用。特别是民族关系上,宗教所起的作用更是不应当低估。这些都是必须结合具体历史条件进行研究的问题。

三、宗教和帝国主义侵略的结合是应当提出来注意的第三点。派遣和利用传教士作为侵略先锋是帝国主义者惯用的策略。不但在中国历史上可以看到,在世界各殖民地也可以看到。事实告诉我们,在我国很多少数民族地区,特别是西南,从边疆到内地,从清代后期到解放前夕,帝国主义者所建立的教会拥有很大的势力,曾经成为事实上的独立王国,而且通过小恩小惠深入一部分少数民族群众的人心,在我们的领土内插入了侵略的据点。解放后这些帝国主义的特务是被驱逐了,但是这段历史所发生的影响还不可能在短期间完全消灭。我们对这段历史的研究在一定程度上还具有现实的意义。

五、几点说明

最后应当附带说明:

一、我们在这里所提出的是当前民族工作提给民族学的四项任务。这些任务都是属于我国少数民族研究的范围。并不应当引起这样的误会,以为民族学是一门研究少数民族的学科。把少数民族和汉族分开作为两门学科的研究对象是没有根据的。西方资产阶级学者由于民族主义的偏见,歧视殖民地的各民族,曾经把所谓"文明人"的研究划在民族学或社会人类学范围之外,这是错误的。我们肯定民族学的研究对象是包括一切民族在内的,在中国的范围里,不但要研究少数民族,也要研究汉族。

二、民族学的研究范围也并不限于我们在书中所提出的四个问题。比如族源问题就是一个例子。我们没有在这里特别提出来并不意味着这些问题可以不必进行研究。我们的意思只是说上面所提出的问题比较重要,而且和当前民族工作有着比较更为密切的关系,所以应该作为重点来进行。但是凡有条件进行研究的其他问题当然都是可以研究的,而且对于民族学的贡献一样是很重要的。

三、民族学在中国还可以说是一门比较新的学科，因此还有许多人对于这门学科的名称、内容和方法有不同的意见。我们在这里不想从定义、学科分类上进行讨论。为了避免各种讨论成为学究式的辩论，我们认为最好从这门科学所进行的研究工作的本身来说明它的内容，而且只有在研究工作的发展中，一门学科的性质和范围才能逐步明确起来。一门学科的发展，我们认为，并不依靠开始时把范围划清，界碑树好，而是依靠密切结合实际生活所提出具体的问题来进行自己的研究工作。实际生活是丰富的、变化的，一门学科能从这个丰富和变化的泉源出发，它的工作也会是活泼的、常新的。我们是从这种认识出发来为中国民族学提出它的任务的。

1956 年 8 月

本文是作者和林耀华同志共同撰写，初载《人民日报》，后由民族出版社于 1957 年出版单行本。

关于对待民族民间文艺遗产的一些意见

我们从事少数民族文学工作的人，明确发掘与整理民族民间文艺的目的性是一个很重要的问题，我们的目的首先是要帮助少数民族形成它们自己的民族形式和社会主义内容相结合的文化，帮助它们形成社会主义民族。我们现在帮助若干少数民族创造文字，还不过是一个先决条件，大家都知道文字是根据语言来创造的，这个工作当然很重要，但是文学是语言的艺术，通过文学艺术，一个民族的语言才能发展起来，趋于规范化，形成现代民族语言。所以文学艺术在社会主义民族的形成中将起很大的作用。培养少数民族的文艺工作者是我们当前很迫切的任务。其次，我们之所以必须发掘民族民间文学遗产和培养少数民族作家，也就是为了要表现出我们祖国多民族大家庭的特点。我们现在有很好的条件来进行各民族间的文化交流，互相学习，以丰富各民族的文化。以上两点是今天我们做民族文学工作的主要目的。

如何来发展少数民族的文学艺术呢？我认为，主要是以少数民族自己的东西为基础，否则，吸收和交流都将落空，所以必须注意各民族自己的特点和民族形式。一般说来，在经济上，在生产方式上，各民族有先进与落后的区别，但在艺术上不尽如此，以民族的大小来衡量民族文化传统的先进与落后是不恰当的。在文学艺术上各民族都有其各自的特点和所长，就是说有其各自的民族形式。这种民族特点和民族形式，应该加以很好的发扬。在这方面，我希望我们的艺术家在介绍和设计少数民族用品的时候，要考虑到少数民族所喜爱的具有民族风格的图案，并且希望更多地产生通过本民族的形式来表现歌颂党和毛主席的乐曲，不如此，某些民族的艺术就有丧失民族形式的危险。

关于发展民族文学艺术工作中的主体和重点这个问题，我认为，主体应该放在少数民族身上，首先是让它们自己有伟大的作品出现。这就需要汉族文艺工作者各方面的帮助和做艰苦的努力。过去汉族的文艺工作者做了一些工作，取得了成绩，但我们不能满足于这个成绩。我们可以肯定，少数民族存在优良的文学艺术传统，既然存在，就要发展，事实上现在正在发展变化。有些民族虽然没有文字，但也有口头创作。这些东西要在社会主义文化建设中起很大作用。在这里，我想提出一个当前最迫切的重大问题——抢救民族民间文学遗产问题，不仅要抢救有文字记载的东西，还要抢救口头上流传下来的东西。我是一个热心肠的人，刚才听一个同志说近来又死了一个懂得很多的老艺人，我很着急，这是少数民族的损失，也是我们祖国的损失，因为民间文学艺术必然是人传人的，我们要珍贵少数民族的艺术人才。有一次，我们去听一个民间艺人弹洋琴，有的人欣赏洋琴的本身，有的人感到乐曲好听把谱记了下来，而我看最主要是这个弹琴者可贵，他们在那样的艰苦情况下保留并继承了民间的艺术作品，如果我们现在不去关心和爱护他们，如果将来老艺人有个三长两短，以后怎么办呢？岂不会从此失传了吗？因此，抢救少数民族艺术人才是一项刻不容缓要做的事。

　　有些同志反映，有的少数民族对本民族的东西存在着某种顾虑，这一点都不奇怪。少数民族有它们自己的优良的文学艺术传统，这一点必须首先肯定，但是也应该承认它们的文学艺术有精粹，也有糟粕，而且它们在历史上没有很好的条件发展，所以有些东西也不一定完全都是好的，但我们汉族文艺工作者和汉族干部都不能因此而加以轻视。今天有些少数民族老艺人不愿唱讲自己民族古老的传说，就是怕汉族干部不要听，怕被人说成落后，说成封建迷信，并不是他们自己真的不喜欢，而是忍痛不唱不讲的。民族民间文艺中虽然存在着宗教和封建、迷信问题，但我们如果对宗教采取粗暴的态度，就要犯很大的错误。其实，有些传说作品中虽然有神有佛，但也把自己民族的思想感情和愿望放了进去，也有不少人民的东西是通过宗教故事表现出来的。我们今天要建设少数民族的社会主义文化，决不排斥这些东西，我们要真正支持它们，尊重它们多少年来所创造的文学艺术遗产，我们如果对人民性的菁华和封建性的糟粕一时辨别不清，那么首先保存下来再说（必要时可以录音），如果我们不喜欢这些东西，不鼓励它们，那么很难发掘宝贵的东西出来。首先要让"百花"放起来，我们应该有这种气魄，从各方面（首先是政治上、理论上）支持它们。这里，我顺便讲一件事情，就是我们某些汉族文艺干部对少数民族艺人的尊重是不够的,往往向他们伸手要了些东西以后,就把他们丢在一边了,盗了宝就丢了山,这种做法是错误的。其实所谓发掘工作并没有这么简单,并且很可能会引起反感。所以我们首先要把少数民族的文学艺术遗产保留下来,继承下来。如果不这样做,我们的后辈将来也会抱怨我们的。我们要认真地研究,如何具体地培养和帮助少数民族文艺工作者,不能错误地对他们抱着"使用"观点。这任务很重大,是继往开来的工作,希望作协昆明分会和《边疆文艺》编辑部早点搞出计划来,包括如何抢救民族文艺遗产问题。

我们汉族从事少数民族文学工作的同志们,除了抢救遗产和培养少数民族文艺干部以外,还有把少数民族的文学艺术作品整理介绍出来与汉族文化作交流的任务。为了做好这一工作,汉族文艺干部必须具备一些基本条件,其中最主要是要学会一二种少数民族的语言和文字。文学是语言的艺术,不懂少数民族的文字和语言,在做翻译工作时不免会闹笑话。搞少数民族工作的同志应该在一个或两个民族的文学艺术上下些苦工夫,使自己成为这一方面的专家。一个人的精力是有限的,不可能同时对每一个民族做全面的研究,所以这就需要大家分头去做。一个人钻进一个民族或两个民族中去是完全可以做到的。我们有了这些专家,就可以在具体工作上解决不少问题。但就是在整理介绍的工作上,还要重视依靠其本民族的干部,发挥他们的积极性,取得他们热情的支持和帮助。

我们做搜集整理工作时不要挑选,不要怕麻烦。翻译作品也要多种多样,不怕多,越全面越好。我们民族民间文学特点之一是口口相传,也是口头文学,它的变化很多,历代传述的人,加进他们自己这一代的东西进去,所以必定有所增减。但这种增减也是符合他们本民族的思想感情的,因而这是非常复杂而微妙的变化。我们要进行细致的分析研究,实事求是地去体会一个民族在不同时代的不同的思想感情。文学艺术离开思想感情是不行的,这是一个十分艰苦的斗争和锻炼过程,也是很有意思的事情。这就要求我们对某一个民族的历史和社会生活熟悉,决不能只靠记录下来完事,应该以历史主义的态度来对待,要善于利用近代社会科学的成果,通晓一个民族的发展规律和特点,生动地反映出他们不同历史阶段的不同的思想感情。这样,我们的工作会提得高,成绩也会更大些。

关于整理和介绍少数民族文学艺术的问题,我想强调说:切忌把汉族的东西"走私夹带"进去。整理和介绍首先要忠实，但要达到这个标准事实上是不容易的。就是主观上要这样做，如果对一个少数民族的文艺没有深入的研究，体会不够，整理时必然会漏掉许多重要的东西，或是歪曲许多真实的感情，那也就谈不到忠实地介绍了。最容易犯的毛病是在没有占有和掌握充分的材料之前，急于要进行整理和介绍的工作。有些音乐家连全部曲子都没有记完就走了，有些作家连一个故事的情节都没有弄清楚就离开了。回来之后，关了门，进行整理和介绍工作，不可避免地会遇到材料不完整的困难，那时候就会凭想像来杜撰一下了，结果就把自己民族的东西，走私夹带了过去。这几年来，这种例子可以说是不少的，现在强调一下，整理和介绍少数民族文艺必须先进行全面搜集，深入研究，慎重处理的要求是有必要的。

我主张在收集少数民族文学作品的原始材料时，必须是用少数民族自己的文字记录下来，没有文字的民族，直接用记录符号记录下来。但是其他民族的读者看不懂这些东西，于是要翻译。在翻译时怎样保持各民族原有的风格是一件细致的工作。文学作品故事的内容，叙述的方法各民族都有它们的特点，这些方面如果擅自修改是极不妥当的。比如原是一个悲剧，翻译的人为了考虑到另一民族的读者不一定喜欢这种结局，而装上一个喜剧的尾巴，那是不当的，可以说是一种粗暴的行为；又比如有些少数民族喜欢用对问的体裁来发展一个故事的主题，而翻译的人却觉得不合自己的口味，硬把它改成叙事体，那就不容易传达出原来的那种风格了；又比如有些少数民族的作品中采用韵文体裁，它们通过强烈的节奏来表达丰富的感情内容，如果翻译的人把韵都取消了，也就抹煞了它一部分的风格了。

在翻译的时候，如果不能不改动，也应当做到不乱改或少改为是。老舍同志在有关兄弟民族文学的报告中提出不随便添补的问题是值得注意的。这当然不是说必须一字一字的对译。各民族语法不同，硬是一字一字对译，读者是看不懂的。他的意思是要我们忠实于原有的民族风格。这一点是很重要的，特别是针对某些整理者擅自改动的坏现象而提出这个要求是及时的。今后我们对翻译工作的要求严格一些是有好处的。

最后我要说明一点，我是一个研究民族学的人，不是一个文学家，所以关于文艺上的问题是外行，很多看法是不一定正确的。但是作为一个民族学者，我想要求介绍少数民族文艺的朋友们能忠实于原作品，因为民族学者要根据这些作品来研究各民族的生活文化,如果介绍得不忠实,那不是会上当么?我们历史上有个孔子,据说他把古代民间的诗歌删去了很多,以致有些反映当时人民生活的作品没有流传下来;汉代又有个刘歆,把一些伪造的东西掺入了古书里去,害得清代很多学者费了大劲去进行考证。我们不希望现在整理和介绍少数民族文艺的同志中有孔子和刘歆这类人。这类人是很对不住后代的。

1956 年 9 月 20 日

关于我国民族的识别问题

我们中国是个多民族的国家，但是究竟有哪些民族，一共有多少民族，却是个不容易答复的问题。解放前，国民党政府根本否认我国是个多民族国家，连孙中山先生提出的"五族共和"都被抹煞，他们把那些历来公认的许多民族都说成是汉族的宗支，这是赤裸裸的大汉族主义，目的是在压迫和消灭国内的少数民族。

解放后，在中国共产党领导下，中华人民共和国国内实现了民族平等。长期被压迫的许多少数民族纷纷要求承认他们的民族成分，提出自己的族名。这是党的民族政策的胜利，是少数民族自觉的表现。到1953年，汇总登记的民族名称据称有400多个。这400多个自报的民族名称是否都是单一的民族呢？在这个民族名单上有许多是某些民族居住区的地名，有许多是某些民族内部分支的名称，有许多是同一民族的自称和他称，还有许多是不同的汉语译名。因此，要答复我国有哪些民族和有多少民族的问题，就得对这个民族名单进行一番甄别。我们称这项工作为民族识别，这是一项科学研究工作。

一

解放以来，我们的党和政府十分重视民族识别工作。因为，要认真落实党的民族政策，有必要搞清楚我国有哪些民族。比如，在各级权力机关里要体现民族平等，就得决定在各级人民代表大会里，哪些民族应出多少代表；在实行民族区域自治建立民族自治地方时，就得搞清楚这些地方是哪些民族的聚居区。从1953年起，为了进一步开展民族工作，民族识别被提到了日程上，由中央及地方的民族事务机关组织了科研队伍，对新提出民族名称的单位，通过调查研究，进行识别。

民族识别的初步调查研究，要求能基本上划清哪些要识别的单位是汉族的一部分，哪些是少数民族，如果是少数民族，他们是单一民族还是某一民族的一部分。

当时需要进行识别的有下列这些情况：

一、有些汉人迁居到了少数民族地区，保留着汉族的特点，但是并不知道自己是汉人，而以当地其他人称他们的名称作为自己的民族名称，报了上来，被列入少数民族行列中。例如云南的蔗园、广东的疍民等。

二、迁居到少数民族地区去的汉人，前后有若干批。早去的汉人曾经长期和内地隔绝，和后去的汉人，在语言、风俗习惯上有一定的区别，并且受到后去的汉人的歧视，因而自认和当地汉人有区别，解放后，有人要求承认是少数民族。例如贵州的穿青、广西的六甲等。

三、有些少数民族在民族压迫时代曾经不愿表明和汉人有区别，其中又有一部分民族上层受反动统治阶级的利用，统治过当地的其他少数民族。在被他们统治过的少数民族看来，他们是和汉人一样的，解放后不愿意承认他们是少数民族。例如湖南西部的土家等。

四、历史上，有些少数民族曾经被分散，各自迁移。在迁移过程中，有些又和汉人接触，受到较深的影响，改变了语言，本民族的特点已不显著。经济上和汉人已分不开，但是受到歧视，居住上不和汉人相混，自认是少数民族。例如福建、浙江等省的畲民等。

五、原来同是一个民族的各部分，迁移到了不同地区，基本上保持相同的语言、风俗习惯、历史传统，但长期隔离，又被其他民族用了不同的名称相称，报了不同的民族名称。例如广西的布壮，云南的布沙、布依等。

六、有些民族分布在不同地区，各部分分别接受了邻近民族的生活和文化特点。但仍保持共同的语言，并被别族用同一名称相称。如四川、云南旧称的"西番"等。

七、有些民族集团分散在很广的地区，形成许多不相联结的聚居区，在语言、文化等方面都既有相似处又有较大的差别，长期以来被其他民族用同一名称相称，又自认是同一民族，如苗人等。

八、有些民族内部对于该族是单一民族还是另一民族的一部分的问题有不同意见。如东北的达斡尔等。

上述这种复杂情况表明了我国民族情况的特点:

首先是历史长,渊源久。远的且不说,自从秦代建立了统一的多民族的国家以来,各民族在相互接触、交流中经历着兴衰、消长、流动、分合的复杂过程。满族的巨大变化是我们这几代人亲自看到的现实。故宫和颐和园匾额上的满文,现今满族的游客中已很少有人能认识了。尽管满族的民族特征发生了这样大的变化,绝大多数依然很坚决地自认是满族。解放初期自报满族的人全国有240万,比起满族进关时人口增加了几十倍。翻开历史,许多曾经盛极一时的民族,比如匈奴人、契丹人,很久以来连遗裔的着落都不清楚了。历史长,变化多,源流复杂,没有清理,许多疑难情况也就不易理解。

另一特点是幅员广大,民族众多。由于交流掺杂,你去我来,加上各区地形的特点,我国各民族分别形成了万花筒式的大大小小的聚居区,相互交叉穿插地分布在千山万水间。内蒙古、新疆那一片大草原,西通中亚细亚,历来是骑马民族奔驰的广场。草原东端兴起过多少震动过世界的民族,其后裔至今还远布东欧。长江、黄河流域这片广阔平原上,原来众多的民族集团在几千年里逐渐融合成为一个称过华族、后来又称为汉族的民族,像滚雪球那样越滚越大,已成了世界上人数最多的民族,它是长时期内许多民族混血形成的,青藏高原上历史悠久的藏族,高踞世界屋脊,习惯于高原气候,遍布这超过祖国1/4的土地上。它也包罗了许多来源不同的民族成分,有些已经同化于藏族,也有些迄今在下定程度上还保持一些原有的特点,而在这个地区边缘居住的藏族也曾不断被融入其他民族之中。民族情况最复杂的是我国西南角的云贵高原,这里高山深谷,纵横地分隔成为一块块、一层层不同民族的聚居区。过去,有些偏僻之区颇像陶渊明所描写的桃花源,那里的居民可以世世代代"不知有汉,无论魏晋"地过着多少与世隔绝的生活。上面提到的解放初期400多个登记的名称中,云南省就占了260多个。单位众多,支系复杂,莫过于此。

第三个特点是各民族社会经济发展不平衡,解放初期可以说是一部活着的社会发展史。我国各族人民长期在封建统治下,近百年又在三座大山的压迫下,社会发展受到阻碍。我国的少数民族中资本主义因素一般是很不发达的。绝大多数基本上处于前资本主义社会。解放初期仍滞留在初期封建的农奴制社会的有400万人,还是奴隶社会的有100万人,大约还有60万人阶级分化尚不明显，不同程度地保留着原始公社所有制。我们的政策是民族不分大小，一律平等。我们所用"民族"一词历来不仅适用于发展水平不同的民族集团，而且适用于历史上不同时期的民族集团，这是一个涵义广泛的名词。这一点和欧洲各国的传统是不同的。在欧洲各国，"民族"这个概念形成于资本主义上升期，西欧民族国家的建立是欧洲近代史的特点。在东欧多民族国家里也存在着民族集团间发展不平衡的情况，因而在接受西欧的"民族"这个概念时不得不用另外一些名词来指称前资本主义的民族集团，如称原始社会的民族集团为"氏族"、"部落"，称奴隶制及封建制社会的民族集团为"部族"等等。由于我国和欧洲各国历史不同，民族一词的传统涵义也有区别，我在这里提到这一点是要避免因中西文翻译而引起理论上不必要的混乱。我在这里所说的民族是按照我国自己的传统用法来说的。

面对中国民族情况的这些特点，用马列主义理论结合我国社会的实际，从1953年起到1957年初，对需要识别的各民族单位进行了实地调查。经过本民族代表人物及群众的同意，明确了11个少数民族的民族成分；其后又陆续明确了9个少数民族的民族成分，其中有一个民族是1979年才予以确认的，就是基诺族。到目前为止，加上蒙、回、藏等历来被公认的民族，经中央公布的，包括汉族在内，一共有56个民族。但是民族识别工作并没有结束，因为（1）台湾及西藏东南部珞渝和察隅等一部分地区的少数民族尚有待将来实地调查后才能识别；（2）一些解放初期已经提出的民族名称，如云南的苦聪人等，至今还没有作出识别的结论；（3）对过去决定的族别还有需要重新审定的如四川的"平武藏人"等。而且，还应当看到，民族这种人们共同体是历史的产物。虽然有它的稳定性，但也在历史过程中不断发展、变化；有些互相融合了，有些又发生了分化。所以民族这张名单不可能永远固定不变，民族识别工作也将继续下去。

二

为了说明怎样进行民族识别，我在下面举两个具体例子：第一个例子是识别汉族还是少数民族。第二个例子是识别是单一的民族还是其他民族的一部分。

先说第一个例子，贵州穿青人是不是汉族的识别经过。

1950年中央派遣访问团到贵州，接触到的自报的民族单位有30多个，其中大约有10多个在语言和生活方式上和汉人基本相同，但受到当地汉人歧视，不愿和汉族合为一族，要求以少数民族待遇。其中人数最多的是居住在贵州西北部的穿青人，约有20多万，其他大多在两三万人上下，也有只有几千人的。为了解决他们是不是汉人的问题，1955年进行了实地调查。

穿青人要求被认为少数民族的理由是：他们过去有一种和当地汉人不同的语言，称"老辈子话"；他们基本上都住在乡间，形成一大片村子，有自己的聚居区；他们有不同于当地汉人的信仰和风俗习惯的特点；他们妇女穿大袖滚花上衣，梳三把头，不裹脚，出嫁不坐轿。这些都和当地汉人不同。当地汉人称他们叫"穿青"，他们称当地汉人叫"穿蓝"，解放前青蓝对立，青受歧视。解放后，穿蓝都登记是汉族，穿青就不愿意登记汉族，怕吃亏。承认是少数民族可以受政府照顾，不会再受穿蓝的气。但是当地各少数民族并不称他们作"穿青"，而在称汉人的名称前加上形容词，翻译出来是"穷汉人"、"当里民的汉人"等。

初听来，穿青人在语言、地域、经济生活、心理素质这几方面似乎都有特点，可能有构成一个单一民族的条件。

我们的识别工作首先从语言入手。穿青人都说贵州通行的汉语，只有少数人会说"老辈子话"。分析"老辈子话"的结果，它完全是汉语，并没有其他民族语言的痕迹，但它和贵州通行的汉语确有区别，是一种方言。这种方言又不是从贵州通行的汉语演变来的，而和早期江西、湖北、湖南通行的汉语方言有渊源。看来，穿青人并不是在贵州学会这种方言，而可能是进入贵州时就说这种方言的，到了五六十年前才普遍学会现在贵州通行的汉语方言。

语言分析并不能得出穿青人是汉族一部分的结论，因为使用汉语并不一定是汉族。尽管如此，但语言分析毕竟提供了穿青人来历的线索，他们是早期从贵州以东诸邻省进入的移民，这是和地方志书、穿青人的家谱、墓地的碑记、文物上的记录、民间的传说相符合的。

要弄清穿青人是否已经形成单一民族，还必须研究他们在这地区的历史。

明初（1381）朱元璋派遣军队南征元朝在云南的残余势力，经过贵州，随后即在贵州的许多据点屯田驻军。从那时起就有许多从内地迁入贵州的移民，其中有一部分是从江西强迫随军服役而来的汉人。他们形成了一个具有地方性特点的移民集团，聚居在今贵州的清镇一带，正是当时彝族聚居的水西地区的边缘，也是汉人势力的前线。随军服役的人在明代称"民家"，有别于有军籍的"军家"。军家配给土地，而民家须向彝族讨地，当佃户，受剥削。他们的社会身分低。但是因为在汉人军队的左近，并没有淹没在彝族的势力之下；又因他们在经济文化上比当地彝族为先进，也没有被彝族同化，保持了原有的民族特点。明末，彝族土司势力削弱后，他们向西深入水西腹地现织金、纳雍地方。清初改土归流，政治上汉族取得了这地方的统治权，移入的人更多，形成了汉族移民的聚居区。

和这批移民同时或以后，不断有许多外来的汉人。其中有做官的或经商的，在这地区落籍，大多住在城市和街场，因此，在这地区有来路不同的两部分汉人，各有其不同的地方性特点。早期移民的集团的人后被称为穿青，后来的其他汉人被称为穿蓝。后者住在城街，政治经济地位较优，看不起曾是彝族佃客，僻居乡间、从事农作的穿青人。

穿蓝、穿青在早期和彝族土司及改土归流后的残余土目势力作斗争时是联合的，青蓝矛盾不突出。在随后发展起来的封建经济中，蓝占优势。咸同年代农民运动中有穿青人的农民领袖，而地主阵营中却以穿蓝为主。清末民初，国内民族市场形成，破坏了这地区割据性经济，现代商业势力开始进入，而这新兴经济的领导势力几乎完全被穿蓝所独占，和外界缺乏联系的穿青人受到排斥。在地方经济中，人数较少，力量较弱的穿青地主不甘心在新兴的经济形势中被压倒和淘汰，青蓝上层之间发生了显著的矛盾。穿青上层利用移民集团内部传统的乡土感情，和穿青农民对日益加深的剥削和压迫的反抗情绪，以反对受歧视为口号，鼓动起青蓝斗争。从那时起到解放止这一段时间中，穿青聚居区的各街场上曾不断发生过大小规模的局部械斗。青蓝伤了感情，产生了隔阂。

但是这地区的经济发展和国内民族市场的联系日趋密切，穿青人在生活各方面也密切和其他汉人发生联系。他们传统的地方性特点逐渐消失，近五六十年来，在语言、服饰、风俗上已和其他族人趋于一致。青蓝界限在交通发达地区，即聚居区的边缘，已经模糊，甚至消失。但在聚居区的腹地，尤其是偏僻山区，青蓝在政治、经济上差距显著，穿青人还是受到歧视。这时期的变化表明了包括青蓝双方在内的汉族在资本主义发展中进一步的统一化，反过来也表明了穿青人原是汉族的一部分。

这次调查所了解的历史事实证明：穿青人原是汉人中的一部分，自从进入贵州之后并没有和汉族隔离，并没有独立发展为一个民族。他们所提出的特点是汉族内部早期地方性的特点，青蓝矛盾是在汉族内部地方性差别的基础上在特定的历史条件下产生的矛盾。这些差别和矛盾在汉族向现代民族发展过程中已在逐步消失。

所以，我们认为穿青是汉人，是汉族中的一部分，并不是少数民族，但是为了加强地方上青蓝两部分汉人的团结，必须在政治、经济上对穿青人适当照顾，帮助他们更快地发展起来，逐步缩小青蓝的差距，从根本上消除青蓝在心理上的隔阂。

第二个例子是东北达斡尔族是不是单一民族的识别经过。

达斡尔族 1953 年约有 5 万人，主要分布在黑龙江省嫩江及其支流的两岸，少数分布在呼伦贝尔盟，还有 1000 多人在新疆塔城。

达斡尔人的族别问题很早就引起注意，而且有争论。争论的主题是：达斡尔人是不是蒙古人？早年一般多采用族源来决定族别，所以族别的争论也集中在族源问题上。

我们对有关达斡尔人族源的各家说法都进行了分析，但认为都没有可以作出定论的充分根据。从这场争论所提出的资料中，只能看到达斡尔人在历史上同黑龙江地区先后出现过的属于蒙古语族的和属于通古斯—满语族的许多古代民族都发生过关系。但从有可靠的记载以来的 450 年中，他们主要接触的民族是些属于通古斯—满语族的索伦人（今称鄂温克人）和满人等。

尽管如此，现在达斡尔人所使用的语言却是蒙古语族的一支，它和现今的蒙古语是有区别的，语言学者认为它是一种独立的语言。从语言来推测，达斡尔人的祖先可能是古蒙古人的一部分，也可能是另一种人在某一时期接受了古蒙古语的，这个族源问题不妨留着继续研究。和我们当前民族识别有关的是这些曾经说蒙古语的达斡尔人是怎样走上发展独立语言的道路的。

大约在 16 世纪初，有一部分达斡尔人聚居在黑龙江东边的支流精奇里江畔。17 世纪初最集中的聚居区还是在精奇里江中游以下，黑龙江自漠河县对岸以东的区域。明末清初，石勒克河向西南以至尼布楚一带还有达斡尔人，俄国对这地区的历史名称"达呼里亚"反映了这一史实。这时，达斡尔聚居区的东方是说通古斯—满语的各族，西方和布里雅特蒙古人为邻。帝俄势力从西伯利亚向东扩张。1643年到1646年探查黑龙江的侦察队在精奇里江流域遇到了达斡尔人。达斡尔人跟帝俄的侵略者进行了40多年的斗争，直到1689年《尼布楚条约》签订才告一段落。在反抗帝俄侵略的斗争中，达斡尔人索伦人一起被迫放弃了在黑龙江以北的原聚居区——一方面也由于清军采取坚壁清野的战略——南迁到嫩江西岸。300年前发生的这次迁移对达斡尔民族的形成是很重要的。嫩江聚居区的西南在明末清初是科尔沁部蒙古人的势力范围。他们同达斡尔人并不友好。达斡尔人南迁嫩江流域以后，清朝政府为了增加本区的兵力和军粮供应，把达斡尔人（和索伦人）编入八旗，强迫他们"披甲驻防"。他们和蒙古族分属不同的行政系统，关系更形疏远了。

这段历史说明，不论达斡尔人和蒙古人在族源上是否相同，至少在有史料可考的450年中达斡尔人是生活在和蒙古族分开的聚居区里，关系是疏远的。和他们密切相处的是说通古斯—满语的索伦人，在政治上控制他们的主要是说通古斯—满语的满人。这种历史条件使他们一方面分离于蒙古族，在语言上已产生了独立的特点，而另一方面尽管处在讲通古斯—满语的各民族的包围之中，却并没有同化于周围的民族。

从达斡尔人的历史分析，可以认为他们经过这段历史已形成一个单一的民族。但是为什么在东北的达斡尔人中出现达斡尔是蒙古族一部分的论调呢？这也应当从历史过程中去理解。清代，达斡尔人被编入八旗后，部分上层紧密依附于满族统治集团，又由于他们在八旗中文化较高，不少人取得了显赫的地位。辛亥革命后，这些达斡尔人失去了政治支持，在大汉族主义的压迫下自己又找不到出路，于是在民国初年开始有达蒙结合运动，不少关于达斡尔人是蒙古族的论调就是这时出现的。日伪时期，日本帝国主义为进一步入侵蒙古做准备，拉拢这些达斡尔人上层，并在群众中散布种种论调，其影响一直到解放后还没有完全消失。这次民族识别工作对达斡尔人的历史比较全面地、系统地进行了一番分析研究，在统一达斡尔人对自己民族的正确认识上起了积极作用。达斡尔是一个单一民族的结论得到了达斡尔人广大人民的同意，它的族别问题得到了圆满解决。

我举出上面两个具体例子来说明在我国复杂的民族情况里怎样进行民族识

别的方法,也就是怎样运用马列主义的历史唯物主义观点对具体情况进行具体分析。

三

在开始进行民族识别工作时,我们曾反复学习了马克思列宁主义有关民族问题的理论,特别着重学习了斯大林著名的有关民族的定义:"民族是人们在历史上形成的一个有共同语言、共同地域、共同经济生活以及表现于共同文化上的共同心理素质的稳定的共同体。"① 我们认为这是对资本主义时期形成的西方民族的科学总结,应当作为我们进行民族识别的研究工作的指导思想。怎样运用这个理论来研究我国具体的民族情况是我们做好民族识别的关键。

我国曾经长期处在封建社会,直到解放前还是一个半殖民地半封建的国家,各民族的社会经济发展极不平衡,除少数几个民族已经初步具有资本主义因素之外,有许多民族还是处在前资本主义阶段,所以它们不具备近代民族的四个要素。但同时我们必须承认近代民族是历史的产物,它的特征也是从历史中发展出来的,前资本主义时期的民族共同体必然在不同程度上存在着这些要素的萌芽。正如斯大林所说的:"当然,民族的要素——语言、地域、文化共同性等等——不是从天上掉下来的,而是还在资本主义以前的时期逐渐形成的。但是这些要素当时还处在萌芽状态,至多也不过是将来在一定的有利条件下使民族有可能形成的一种潜在因素。这种潜在因素只有在资本主义上升并有了民族市场、经济中心和文化中心的时期才变成了现实。"② 因此,在我国民族识别工作中既不能搬用资本主义时期所形成的民族特征来作为识别标准,又不应该不把这些特征作为研究的入门指导。

我们在上述的两个例子里从语言这个要素入手而取得了重要的线索。但是我们并没有把语言作为孤立的识别标准,单独根据语言系属来决定他们的族别。我们并没有因为穿青人说汉语就说他们是汉人,而进一步追问他们尽管在历史上是从邻省进入贵州的移民,在几百年里是否已与其他汉人隔离而形成了

---

① 斯大林:《马克思主义和民族问题》,《斯大林全集》第 2 卷,第 294 页。
② 斯大林:《民族问题与列宁主义》,《斯大林全集》第 11 卷,第 289 页。

单独的民族。说同一语言的人分别形成不同民族的例子在世界上是很多的。我们并没有因达斡尔人曾经说蒙古语而认为他们是蒙古人的一部分，也不是仅仅根据他们所说的蒙古语族的语言是一种独立语言而得出他们是单一民族的结论。因为我们认为语言是变动的。说两种不同语言的人可以融合成一个民族，在融合过程中这一个民族可以存在着正在变动中的两种语言。所以我们既需要依靠语言分析但又不能单独依靠语言分析来识别民族。

我们在上述两个例子中都重视民族地区这个要素——民族聚居区的位置和他们同相邻民族的关系。中国民族情况的一个特点就是流动大、分布广；而且常常以大小聚居区交叉杂处。包括汉族聚居区在内，全国县一级的行政单位有70%，其居民包括两个及两个以上民族。因此，在民族识别中对于共同地域方面的研究不能单独从某一民族着眼，而应以某一民族所在地区为范围，进行各民族间关系的历史分析，正如我们在上面两个例子里所做的那样。这里也就牵连到共同经济生活这个要素。在这方面中国民族情况更为复杂。人口众多的汉族散布在全国各地，各少数民族聚居区里几乎都有汉族居民，在那些经济较不发达的民族地区，汉族居民又常是这地区经济的主要联系者。以汉族居民为主的城镇常是这地区的经济中心，这些地区又包括若干不同的民族聚居区在内。看来紧密联系的共同经济生活正是形成近代民族的一个重要动力，在前资本主义时期所形成的民族共同体，这个因素是相对地不发达的。现在我国各民族正在社会主义道路上前进，在民族平等的条件下相互合作，共同地区的经济联系这个要素在今后民族发展上会起什么样的作用，正是值得我们注意研究的课题。

"表现于共同文化上的共同心理素质"，这个民族要素在民族识别工作上是十分重要的。但是必须承认我们对这个特征的理解还不够深刻和全面，因而在我们的工作中也出现过追求各民族的风俗习惯、社会生活方式、宗教仪式上的所谓"特点"，脱离了该民族人民附着于这些"特点"上的民族意识和它们发展的历史条件，简单地把它们用来作为识别的标准，这种做法是不妥当的。

我们认为首先要认清这个要素的核心是民族的共同心理素质。用一句比较容易理解的话来说，是同一民族的人感觉到大家是同属于一个人们共同体的自己人的这种心理。这种心理是客观存在的，而且我们每个人是可以用自己的经验体会到的。这个特征可能比其他的特征在形成和维持民族这个人们共同体上更见得重要。我们在上面已提到过满族的变化。就在我们这几代人中，绝大多数的满人在语言、生活方式上都和汉人相同了，但是依旧认为自己不是汉人而是满人。还可以提到我们在贵州和广西访问时见到的仡佬族。有很多迹象表明他们的祖先曾经是这个地方分布很广的一个相当重要的民族，但是以贵州境内来说，现在他们是人口稀少，居住分散，大多几家几户地居住在一起，混杂在其他民族的聚居区里。他们一般都已分别接受当地民族的语言和生活方式，一眼很难看出他们的民族特点。尽管这样，他们还是自己说是仡佬人，别人也说他们是仡佬人；不同地方的仡佬人见了面还是感觉是同一民族的自己人。类似的例子，程度上有所不同的，还有畲族。畲族长期与汉族杂居，通用汉语汉文，文化生活也深受汉族影响，但是共同的心理维系着他们成为不同于汉族的一个共同体。更值得提到的是分布在整个云贵高原，甚至到东南亚各国的苗族。各地苗族说着不同方言，住在不相连结，甚至相距千里的村里，但是自觉是一个民族的心理十分显著。解放前，特别在清末，苗族起义时，鹅毛信所到之处，千里赴义的苗民经常有几万人，甚至十几万人，共同心理素质在构成民族共同体上的重要性是十分清楚的。

　　一个民族的共同心理，在不同时间、不同场合，可以有深浅强弱的不同。为了要加强团结，一个民族总是要设法巩固其共同心理。它总是要强调一些有别于其他民族的风俗习惯、生活方式上的特点，赋予强烈的感情，把它升华为代表这民族的标志；还常常把从长期共同生活中创造出来的喜闻乐见的风格，加以渲染宣扬，提高成为民族形式，并且进行艺术加工，使人一望而知这是某某民族的东西，也就是所谓民族风格。这些其实都是民族共同心理的表现，并且起着维持和巩固其成为一体的作用。我们认为，这就是上面所引斯大林的民族定义中关于这个要素上所说"表现于共同文化上"这几个字的意义。

　　我们的政策一贯强调尊重各民族的风俗习惯，就是因为有许多风俗习惯是被用来表现一个民族的共同心理的。不尊重这些风俗习惯就会被认为是对这些民族的不尊重，影响民族间的团结。风俗习惯和生活方式的改革由本民族自己进行也就不会发生影响民族间的团结问题了。必须指出，一般的风俗习惯不仅不一定牵涉民族的共同心理，而且是常有变动的，我们汉族的妇女时行过满族的旗袍，也时行过俄式的布拉吉，这些显然和民族共同心理素质无关，这些决不能用来作为民族识别的标准。

总之，民族识别这项科学研究工作必须在马列主义理论指导下，结合具体情况，实事求是，对民族要素的各方面综合起来进行历史的分析，摆事实、讲道理，才能有助于各民族人民解决他们究竟属于哪个民族的问题。

四

由于这20多年在党的领导下，许多民族科学工作者的努力，在民族识别的科研工作上已经做出了一定的成绩，并取得了一定的经验。除了下面要提出的一些遗留的问题外，我国民族大家庭的构成基本上是搞清楚了的，各民族的广大人民对此是接受和满意的。

当前我国民族识别工作上的遗留问题，如上所述，包括三个部分：（1）台湾和西藏东南部尚没有条件进行实地调查的地区的少数民族。（2）一些尚未作出结论的识别问题。（3）一些已经识别过而需要重新审定的问题。除第一部分外，所牵涉的人数并不多，总数不过几万人，占少数民族总人口的百分比是很小的。自从粉碎"四人帮"以来，党的民族政策的光辉又照到了少数民族地区，这些至今民族成分不明的少数民族人民纷纷要求早日解决他们的问题。

现在已经提出要求识别的有：四川"平武藏人"；西藏自治区东南部察隅县的僜人及南部定结县及定日县的夏尔巴人；云南省红河哈尼族彝族自治州的苦聪人，以及还有这一带不大为外边人知道的本人、空格、三达、阿克、布夏、布果、岔满、等角、卡志、巴加、结多等人。

此外，在这20多年的民族调查中还发现了一些值得注意的有关民族识别的问题。比如新疆有一些"语言孤岛"，即保持着与周围居民语言不同的民族集团。如和田自称"艾依努"的人，他们操两种语言，他们内部说的语言可能是东伊朗语支中的一种古代语言。还有，阿尔泰地区说图瓦语的"乌梁海人"以及阿克陶县被柯尔克孜人称为"奥依塔克勒克"的人，过去曾被归入维吾尔族，后改属柯尔克孜族，老年人自己称过土尔克曼人，而语言近维吾尔语，又不同于苏联的土库曼人。又比如四川阿坝和甘孜地区的嘉戎"藏族"，他们的语言在结构上和藏语不同而接近于羌语、普米语，有"藏缅语言桥梁"之称；四川木里地区的"藏族"和云南宁蒗一带的普米族原本是一族，语言与藏语不同，近于羌语、嘉戎语。跨居四川盐源和云南宁蒗两县之泸沽湖两岸自称"纳西"的少数民族，在四川的现被称为蒙古族，在云南的现被称为纳西族，比邻而居，鸡犬相闻，成了两个民族。又比如海南岛自称为"苗族"的人，语言、生活方式不同于其他地区的苗族，而相同于广西自称"金门"的瑶族。由于我国幅员广大，民族众多，这类问题在我们对全国民族情况了解逐步深入的过程中必然会陆续发现的，也正是促进我们调查研究工作的有益课题。

下面我们简单地介绍几个遗留问题作为例子。

一、关于"平武藏人"。在川甘边境，大熊猫的故乡周围，四川平武及甘肃文县境内居住着一种称为"平武藏人"或"白马藏族"的少数民族有几千人。解放前受当地番官、土司、头人的奴役。1935年，红军长征经过该地；尔后，惨遭国民党的屠杀，仅存500余口，隐族埋名，依附于松潘藏族大部落，和附近的其他一些少数民族一起被称为"西番"。解放后，1951年原川北行署派民族工作队访问该地，听该地区的上层说，这部分少数民族也是藏人，因此暂定名为藏族。1964年，国庆15周年该族的尼苏同志受到毛主席接见，毛主席问她是哪个民族，她激动得说不出话来，别人代答："是四川白马藏族。"大型彩色纪录片《光辉的节日》有她两个特写镜头。喜讯传遍了尼苏的故乡，欢欣鼓舞之余，对这个族名却发生了怀疑，因为从祖辈传下来的史实和现实情况都说明他们既不同于阿坝州的藏族，又有别于茂汶的羌族。据最近调查，他们自称"贝"，语言和藏语之间的差别超过了藏语各方言之间的差别，在语法范畴及表达语法范畴的手段上有类似于羌、普米等语的地方。他们的宗教信仰也较原始，崇拜日月山川、土坡岩石，而无主神，虽部分地区有喇嘛教的渗透，但不成体系。

从这些事实上不难看到，"平武藏人"在历史上并非藏族的可能性是存在的，但是他们原来究竟是什么民族呢？有些历史学者根据这地区的历史记载认为有可能是古代氐族的后裔。但是魏晋之后的史料缺乏有关这地区氐族的记载，几百年的空白还不易填补。

要解决这个问题需要扩大研究面，把北自甘肃，南到西藏西南的察隅、珞渝这一带地区全面联系起来，分析研究靠近藏族地区这个走廊的历史、地理、语言并和已经陆续暴露出来的民族识别问题结合起来。这个走廊正是汉藏、彝藏接触的边界，在不同历史时期出现过政治上拉锯的局面。而正是这个走廊在历史上是被称为羌、氐、戎等名称的民族活动的地区，并且出现过大小不等、久暂不同的地方政权。现在这个走廊东部已是汉族的聚居区，西部是藏族的聚居区。但是就是在这些藏族聚居区里发现了许多"藏人"所说的语言和现代西藏藏语不完全相同的现象。四川西北部的嘉戎藏语和现代拉萨藏语存在着显著的区别。嘉戎地区向南，在这走廊中有迹象表明还存在着被某一通用语言所淹没而并没有完全消亡的基层语言。这类语言在家庭等亲密的群体里还在使用。中央民族学院曾有一位教授，贡嘎活佛，他的家乡在康定木雅乡，今属沙德区，藏语称该地为 mmyak。这地方的人对外一般使用藏语，但在家里还讲一种和藏语不同的土话。这种土话至今未经语言学者深入研究。从这地方的藏语地名上看，值得注意的是它和藏语称西夏的主体民族党项羌的名称相同的，也就是《新唐书·党项传》所说的"弭药"，古音 mjeiak，而党项羌的发祥地有人认为就在今甘孜藏族自治州境内的金沙江与大金川之间。《新唐书》上有："地乃入吐番，其处者皆为吐番役属，更号弭药。"① 那是说，原来住在这地方的党项人一部分北迁后，留下的一部分受到了吐番的统治。现在还保持在这地区的那种"土话"是否和党项羌古语有关系是个值得研究的问题。

　　从康定向东，在岷江上游是有如孤岛般存在着的，现在已被承认是单一民族的羌族。再向东在涪江上游和嘉陵江上游就是有人要求重新审定族别的"平武藏人"。从康定向南往西，在雅砻江和金沙江之间还有一种过去和"平武藏人"一样被称作"西番"的少数民族。解放后，他们在四川境内的被称为藏族，而在云南境内的则被称为普米族。事实上，四川境内的这部分藏族所说的语言不同于藏语而同于云南的普米语，而普米语又接近于羌语和嘉戎语。从这里向西，越澜沧江到怒江，有现在已承认是单一民族的怒族，但是怒族人说着不同的语言，其中一部分和其西的独龙语相通，都接近于其南的景颇语。景颇语和羌语现在是被认为与彝语平行的藏缅语族中的两个语支。它们之间的历史关系是需要进一步研究的。从怒江西岸越过独龙河和其间的山脉就是居住着需要识别的察隅的僜人。

　　我们以康定为中心向东和向南大体上划出了一条走廊。把这走廊中一向存在着的语言和历史上的疑难问题，一旦串联起来，有点像下围棋，一子相联，全盘皆活。这条走廊正处在彝藏之间，沉积着许多现在还活着的历史遗留，应

---

①《新唐书》第 221 卷上。

当是历史与语言科学的一个宝贵的园地。

二、关于察隅的"僜人"。从怒江往西,越过伯舒拉岭就是西藏自治区东南角的察隅地区。这里住着大约有一两万人的一种少数民族,解放以来被称为"僜人",他们究竟属于哪个民族,一直是个悬案。

察隅地区正处在非法的麦克马洪线的东端,所以僜人的聚居区只有一部分在 1950 年获得了解放。在察隅县范围之内,1976 年的统计共有僜人 977 人,组成七个生产队,分属四个人民公社。这些公社除了这七个生产队外,都是藏族生产队。

被称为僜人的人中又分两部分,各有自己的语言和名称,而且据说是从不同地区进入察隅的。一部分自称达让,另一部分自称格曼。印度阿萨姆人称前者为"迪加罗"(digaru),称后者为"米佐"(midzu)。英语统称他们(还包括丹巴江的义都人)作"米什米"(mishmi)。据他们的传说达让是从察隅之西丹巴江的义都人中分出来的,到这地方已有 7 至 11 代。格曼进入较迟,来自缅甸,约 9 代;在今察隅县内的格曼人少于达让人,成 1∶3。他们分别使用两种不同的语言,但都与云南的独龙语、景颇语接近,达让人和格曼人则各有自己的语言,但是由于长期杂居,除大家都会说藏语外,格曼人已学会达让话,而且有些格曼儿童已不说格曼语。这两个集团在语言上正在统一起来。

还值得提到的就是据传说察隅地区原来还有一种称为"冋"的人,他们生产先进,所筑的梯田,遗迹尚在,大约在六代前被藏族打败,部分迁走,部分已藏化。这种人究竟属于什么民族现在还不清楚。另外还有一种人,藏族称他们"扎",他们的语言据说是格曼语加藏语,尚未经语言学者的鉴定,有可能是格曼语的底子杂有藏语。他们的语言现在被说成是土话,表示与藏语不同。他们不信喇嘛教,不和藏人通婚,有送鬼的习俗,但怕受歧视,自认是藏人,或是"讲土话的藏人",一共有五个村子,约 700 多人。这种"讲土话的藏人"提示了在更早的时候已有能说和独龙语相近的语言的人,可能就是早期的格曼人,居住在这个地区。

这个地区原本和怒江流域只有一山之隔,而且早在唐代,樊绰的《蛮书》里已提到过有条从云南向西的通道。现在正需要我们识别的居住在察隅和珞渝的许多民族,有可能就是早年从这条通道进入这些地区的说着和今独龙语相近语言的人的后裔。珞渝各民族集团的语言据初步了解不属藏语支而与景颇语支相近。如果联系到上述甘南、川西的一些近于羌语和独龙语的民族集团来看，这一条夹在藏彝之间的走廊，其南端可能一直绕到察隅和珞渝。上面提出族别问题的"平武藏人"和这里所说的"僜人"，可能就是在这走廊中在历史上存在着某种联系，受到藏族、彝族等不同程度的影响的两个民族集团的余留。它们共同向我们民族研究工作者提出了一个新的课题，我们应当进一步搞清楚这整个走廊的民族演变过程。

三、关于云南红河的"苦聪人"。云南是我国民族情况最复杂的地区：单位众多、支系复杂，自称、他称尤其混乱，据1972年《云南少数民族族别称谓简介》确定的21个少数民族的自称有138个，他称有157个。此外还有几十个名称没有经过族别调查，或暂时不能确定族别，共约3万余人，暂称为"人"而不称为"族"。已经在报纸上露面的有"苦聪人"等。

被称为"苦聪人"的少数民族分布在礼社江—元江及把边江—墨江之间的哀牢山区。北从镇源之东、新平之西，南到绿春和靠近中越边境的金平，更向西南到西双版纳的勐腊。金平、绿春、勐腊的苦聪人聚居在深山丛林中，生产较为原始，1971年约有3600人。在北部新平、镇源一带的也有两三千人，生产水平与邻近的彝族、哈尼族相似，过去也被称为"苦聪罗罗"，所以大多已归入彝族之中，不再强调是苦聪人。现在提出族别要求的是金平、勐腊一带生活比较原始的苦聪人。

"苦聪"是汉人对这部分少数民族的称呼。他们之中一部分自称"拉祜"，又分拉祜西（汉称黄拉祜），及拉祜普（汉称白拉祜），另一部分自称"郭抽"（汉称黑拉祜）。

1954年云南民族识别研究总结在墨江哈尼族识别小结的附注中有这样一条："苦聪有两种：（1）自称'郭错'，据说近哈尼，（2）自称'拉父'，据说近'拉祜'，因材料不足尚待进一步研究。"1955年云南民族识别研究组第二阶段工作报告中把"苦聪"列入了哈尼族系统，并说新平县的苦聪人"不能成为单一民族，他们都是哈尼族的支系"，主要根据是调查组向新平县需要识别的五个单位各收集了837个词，与当地哈尼语作了比较，在610个词中与"苦聪"话相同相近的有363个，占59.51%。

这个结论是不够全面的。第一没有答复1954年调查时提出的两种苦聪人的区别问题，第二没有说明为什么自称"拉祜"的人不归入拉祜族而并入哈尼族。1961年云南大学历史研究所调查了金平县的苦聪人，得出了不同的结论。据1977年的修改稿："苦聪人分成黄、白、黑三种。黄、白苦聪人都自称拉祜。经过对其语言初步的调查，似属澜沧拉祜语的一个方言。黑苦聪人自称'哥搓'，其语言亦与拉祜语近似，因此苦聪人似属尚停留在林中的拉祜族的较原始部落。但无论过去和现在都有人主张苦聪人属于哈尼族的一个支系。"

最近云南民族学院语文系的研究报告中说："黑苦聪与黄苦聪二者语言无大差异，彼此可以互相通话。在语音、语法、词汇方面有着明显的彝语支语言的基本特点……"又从苦聪语与澜沧县拉祜语的比较得出结论："在基本词汇方面有50%完全相同，30%相近似，完全不同的只有20%；语法方面基本一致，语音方面略有差异。所以金平县苦聪语可以认为属于汉藏语系，藏缅语族，彝语支拉祜语的一个方言。"

在苦聪人族别问题上意见的分歧，可能是由于苦聪人本身客观存在的复杂性。"苦聪"这个族名原是汉族对他们的称呼，他们的自称就不一致。最早说苦聪人中一部分近于哈尼，另一部分近于拉祜，这是值得注意的。问题是在自称"郭抽"的那一部分和自称"拉祜"的那一部分存在着什么区别和有什么联系，把他们合并为"苦聪"有什么根据。还应当看到拉祜人本来存在着不同分支，各分支之间方言的区别相当大。据西方语言学者对靠近我国边界的泰国北部拉祜人的调查，这地区的黄拉祜和黑拉祜方言不同，不能互相通话。苦聪人中的"郭抽"汉称是黑拉祜。所以即使"郭抽"和黄拉祜语言有差别，这种差别也可能是方言的区别。于是引出了拉祜语和哈尼语的区别和联系的问题来了。有人反映云南同一语支的各民族之间语言上的差距可能小于各民族内部方言的差距。这本来是不足为奇的。首先是民族识别并不是单纯地以语言为依据，即以语言本身而言，也不能以其表面形态上的差距决定其亲属关系。语言的谱系分类主要还是要根据语言的历史分析。

拉祜语和哈尼语的分支问题，其实只是彝语支各语言的谱系分类中的一个问题。在云南的民族识别工作中最困难的莫过于彝语支各族的区别。从族名来说，据上引1972年的《简介》，彝语支各族的自称有64个，他称有88个，现在归并成彝、哈尼、傈僳、拉祜、纳西等族。至于他们怎样分离成各单一民族的历史过程，以及包括在这些被认定是单一民族里的许多各有名称的集团之间，在语言上及历史上存在着什么关系——这些都还是需要进一步研究的问题。

至于苦聪人是不是一个单一民族的问题，我们不能只根据语言这个特征来决定。这一点在上面所列举的两个识别例子中已经说明过。苦聪人中那些曾在不同民族的土司下被统治过，社会经济发展又不平衡的各部分间有可能发生分化，部分同化于其他民族，部分又与其他民族结合而形成新的共同体。这些问题只有对这地区作深入全面的历史发展过程的分析才能解决。

民族识别是一项为具体民族工作服务的科研工作。它为决定某些民族集团能否认定为单一民族提供客观依据。但是具体的决定还必须尊重本民族的意愿和照顾到该民族发展上的利益和各民族之间的团结。

在族别问题上，民族的意愿就是指一个民族对于自己究竟是不是汉族或少数民族，是不是一个单一民族的主观愿望的表现。我们在对民族识别作出决定时必须尊重本民族的意愿，主要是从政策方面考虑的。根据民族平等政策，族别问题的解决不能由其他人包办代替，更不能有任何强迫或是勉强，必须最后取决于本民族人民的意愿。但是，由于历史上反动统治长期的民族压迫、歧视造成的各民族的孤立和一个民族中各部分之间的隔阂，加上一些民族的广大群众还没有掌握对本民族历史及语言的科学知识，使得有些民族人民缺乏充分条件正确地表达民族意愿。在这种情况下，我们一方面必须坚持自愿原则，一方面必须耐心地帮助有关各民族人民及其有代表性人物正确认识他们的历史发展过程，以便他们对自己的族别问题做出正确的决定。根据我们的经验，在进行民族识别的科研工作时应当尽量吸收本民族的代表人物参加，密切联系本民族群众，充分和他们商量和研究，把科研工作和群众性的教育结合起来。

我们已经指出，民族这个人们共同体是在历史过程中形成、变化、消亡的，各民族一直处在分化融合的过程中。当前我们急需处理的一些民族识别上的遗留问题，大多是些"分而未化，融而未合"的疑难问题。在研究方法上必须着重于分析这个比较复杂的分化融合过程，在最后作出族别的决定时尤须考虑到这项决定对这些集团的发展前途是否有利，对于周围各民族的团结是否有利。同时还应当照顾到对类似情况的其他集团会引起的反应。所以，有关各族人民的族别问题，必须严肃认真地实事求是地对待。

总的说来，自从解放以来，在党的领导下，我国在民族方面的科学研究是有成绩的。它的特点是密切地与民族工作的实际需要相结合，在马列主义理论的指导下，运用历史唯物主义的观点与中国具体实际相结合。民族识别的研究不过是其中的一个项目。我国在这方面的科学工作者一面工作，一面学习，正在处理前人所没有处理过的问题。尽管出现过许多错误和缺点，我们的方向是明确的，我们是在以科学工作为人民的革命事业服务。

1978 年 9 月

本文系作者在全国政协民族组会议上的发言。载《中国社会科学》1980 年第 1 期。

作者附言：本文是根据 1978 年 9 月在全国政协民族组会议上的发言改写的。在准备这次发言时，中央民族学院和中国社会科学院民族研究所许多同志，提供了资料和意见。

关于继续开展民族识别调查研究的建议

解放初期,历史上长期被压迫的许多少数民族,在获得民族平等后,纷纷公开它们的民族成分,提出了它们习惯上使用的名称,作为自己的族名。1953年汇总这样登记下来的族名达400多个。经过中央及地方的民族事务机关组织科研队伍,对除历来被公认的35个少数民族之外新提出的族名进行了识别。到1957年明确了11个民族的族别,后来又陆续明确了8个民族的族别,经国务院认定的少数民族总共已有54个。我国少数民族的族别问题实际上得到基本解决。还存在着疑难问题尚待继续识别的已为数不多。但在"文化大革命"期间,由于林彪、"四人帮"的破坏,该项工作陷于停顿,而且在报刊上出现过若干未经认定的族名,在族别问题上造下一定程度的混乱。现在"四人帮"业已粉碎,在以华主席为首的党中央亲切关怀下,民族工作正在恢复和发展,特此提出继续开展民族识别的建议,以供采择。

当前民族识别工作上的余留问题包括下列三个部分:一、台湾省及西藏自治区东南部印占区的少数民族尚未解放,它们的族别尚待今后进行实地调查;二、一些曾经调查过而尚未作出结论的族别问题,有待继续调查研究;三、一些民族的族别虽已有了结论但由于不同原因发生了疑问,有待重新审定。除第一部分外,所牵涉的少数民族人数不多,总共不过几万人,但是有些情况比较复杂。

现在已经提出要求识别的,据我们所知,有下列这些:一、四川省平武县的"白马藏族";二、西藏自治区东南部察隅县的"僜人";三、西藏自治区南部定结县及定日县的"夏尔巴人";四、云南省红河哈尼族彝族自治州的"苦聪人";五、云南省西双版纳傣族自治州的"基诺人";六、云南省南部及西部边区的"本人""空格人""三达人""阿克人""布夏人""布果人""岔满人"等角人""卡老人""巴加人""结多人"等。

目前尚未提出识别要求，而事实上存在着值得进行调查研究其族别的有下列这些：一、新疆和田县有自称"艾依努"的人，他们的语言和周围居民不同，可能是波斯语或古和田语；二、新疆阿尔泰地区有"乌梁海人"，说图瓦语；三、新疆阿克陶县有被柯尔克孜人称做"奥依塔克勒克"的人，过去曾被归入维吾尔族，后改属柯尔克孜族，自己称过土库曼人，而语言近维吾尔语，又不同于苏联的土库曼人；四、四川省阿坝和甘孜地区的"嘉戎藏族"，他们的语言在结构上和藏语不同而接近于羌语及景颇语；五、四川省木里地区的"藏族"和云南省宁蒗县一带"普朱族"，它们原系一族，语言与藏族不同，而近于羌语、嘉戎语；六、跨居四川省盐原和云南省宁蒗两县泸沽湖附近自称"纳西"的人，现在四川的被称为蒙古族，在云南的被称为纳西族，成了不同的民族；七、广东省海南岛的苗族，在语言和生活方式上不同于其他地区的苗族，而相同于广西省的一部分瑶族，西方学者有对他们的族别提出疑问。

根据以上情况特提出下列建议：

一、对已经提出的识别问题早日进行处理，争取在明年上半年解决一批问题，凡应予认定的民族，呈报中央作出决定，使这些获得认定的民族能参加庆祝国庆30周年纪念的行列；

二、建议在国家民委领导下制定有关省、区（主要是四川、云南、西藏）分工协作解决民族识别余留问题的具体计划，并调集各有关民族科研机关及有关民族学院的科研人员组成调查研究工作组，到各省、区，在党委领导下，进行实地调查，于明年第二季度提出报告，为有关民族事务机关提出具体解决方案的科学依据；

三、建议委托有关民族研究机关协作提出进行以川、滇、黔三省为中心的西南民族历史、考古、语言、社会综合调查的计划，在两年内对该地区民族情况进行一次比较全面的和深入的调查，对这地区的民族识别工作复查一遍，建议派出调查研究组去新疆及广东海南岛了解该地区有关民族识别的问题；

四、为将来解放台湾及西藏的印占区后进行民族识别工作做好准备，建议委托有关民族研究机关早日收集有关台湾及西藏印占区少数民族的外文资料，加以翻译、整理，印出汇编，以备研究之用；

五、发扬党的实事求是及群众路线的优良传统，责成地方民族事务机关充分反映群众意见，凡对过去族别的认定有疑问的都可以提出，交调查研究工作组进行调查研究，提供解答这些疑问的依据，同时应请宣传工作机关注意，凡未经认定的族名，不要在公开报刊任意发表，以免造成混乱，影响民族团结，为民族工作增加困难。

以上建议谨请审核。

1978年

关于编写《中国少数民族自治地方概况》的一些意见

编写《中国少数民族自治地方概况》(以下简称《概况》)有不少问题要讨论,我只提出其中的三个来说说:一是为什么要编写《概况》?二是写些什么?三是谁来写?

为什么要编写《概况》?这是个根本问题,首先应当有明确的认识。这个问题其实在决定编"五种丛书"时已经明确,但是经过这两年的实践,在新形势下我们应该再讨论一下,以便我们可以写得更好些。

在这里不妨回顾一下解放后我们在开展民族研究方面的经验教训。首先我认为必须肯定解放后 30 年里我们在民族研究上曾投入过不少人力和物力,是有收获的。我们积累了不少关于我国少数民族各方面的知识。30 年前不知道的事情,现在已经成了中国人民的常识。比如说,过去我们连中国有哪些民族都不清楚,现在我们至少已经知道 50 多个民族的大体情况了。这些知识是得来非易的,是包括今天在座的同志们在内的许许多多科学工作者辛辛苦苦、爬山涉水去调查来的。过去我们在民族研究上组织这样大的队伍,有计划地进行了这样广泛的工作,许多外国朋友也承认是史无前例的。这表明我们的党是一贯重视民族研究的。

在过去这 30 年的后期民族研究工作也发生过一些曲折,十年浩劫中当然更不用说了。这些曲折我认为应当好好总结,牢记教训,以便轻装前进。在座的同志们很多一定会记得,自从 50 年代后期起,对"三套丛书"翻来覆去地修改了多少次,把很多人的精力都消耗在"紧跟"上。当时就有许多人说,越改越没有人要看了。我也有这种感觉。改好了还是改坏了,书都在,将来自会有定论。但是明显的是,民族研究的重点不再放在实地调查研究上了。此风一开，我认为偏离了正道。

粉碎"四人帮"以后，情况发生了根本变化。所以在两年前提出了编印"五种丛书"的任务。我的理解是要把我们民族研究的成果清理一下。搞清旧账，好开步向前。我们不能再在老资料里翻腾了。在这两年里，"五种丛书"进展得很好，已在陆续出版。

昨天大家听了江平同志的报告，明白了当前的新形势提出新的要求，在民族工作上展开了新的前景。我们的问题是民族研究怎样赶上去，配合民族工作的新任务向前走。因之，我们要再讨论一下编写《概况》的目的。

密切配合民族工作进行调查研究是我们过去民族研究的优良传统。回想起建国初年，中央派遣访问团到少数民族地区去宣传政策和了解情况，许多民族研究工作者参加了这个队伍，搜集了一批实地调查的资料，初步了解了各民族的基本情况，为各少数民族参与人民政权及在少数民族聚居区建立民族区域自治提供了事实依据。全国各少数民族的语言调查为各少数民族改革和创造文字打下了基础。随后由人大常委会主持的少数民族社会历史调查，着重研究各少数民族的社会性质，也是配合当时少数民族地区的社会改革进行的。这一系列民族研究工作所以能取得可喜的成绩，主要的一个原因，是密切和民族工作相配合，坚持了理论和实际相结合的原则。

为此，我们在编写《概况》时应当首先考虑当前民族工作的新任务。过去的十年浩劫给了我们极沉痛的教训，党在解决民族问题上的基本政策，实行民族区域自治，受到了抵制和破坏，以致损害民族大家庭的友爱团结，阻碍了各少数民族经济文化的发展。当务之急就在认真落实民族区域自治，要在党的领导下，各民族人民当家做主，发扬各民族自治地方的优势，发展经济、文化，缩小和消灭历史所造成的差距，实现各民族事实上的平等，加速我国的社会主义现代化建设。要完成这项民族工作上的迫切任务，需要民族研究工作者的参预。调查研究是现代化建设的先行官。民族研究工作者应该担负起这个责任。

两年前，开始考虑在"五种丛书"里列入《概况》这一种时，从我自己来说，还没有想到今天提出的任务。我记得那时主要是想到怎样把各民族自治地方解放以来在政治、经济、文化等方面的成绩写下来，作为建国30周年纪念的献礼。现在看来这个目标已经不够了。我们是否可以在新形势之下把原来的想法推进一步？如果说其他几种丛书主要是在"清理旧账"，《概况》这一种是否可以先走一步，用向前看的精神，对当前的主要情况，结合落实民族区域自治政策和促进民族地区现代化建设的新任务，进行一番调查？

也许在这里我得说明一下，民族研究的范围是非常广阔的，而且凡是对少数民族或是对少数民族地区进行的科学研究都是有价值的，也就是说，对少数民族的发展都可能起积极作用的。我提出为当前民族工作密切配合的调查工作只是民族研究中的一部分，并不排斥其他方面的民族研究。特别是由于过去民族研究工作的领导上存在着机关作风，常用行政命令办事，在一定程度上挫伤过研究工作人员的积极性，目前还有点心有余悸，这是可以理解的。为了提高科研人员的积极性和创造性，以行政命令指定研究课题的方法是不相宜的。我今天是就编写《概况》这个范围来讲的？在明确编写《概况》的目的性上我想提出与当前民族工作密切结合的建议。同时我也相信我所设想的结合方式和发挥科研工作者的积极性和创造性并不矛盾。因此接下去，我想讲一讲调查些什么和怎样进行调查的问题。

前年秋末我曾到广西去参加自治区建立20周年纪念，顺道去访问了我在40多年前调查过的大瑶山。大瑶山现在已建成了金秀瑶族自治县。我在短短的几天访问中得到不少启发。我认识到要发展大瑶山的经济、文化，必须理解这个地区和这些民族的特点，才能发扬优势，赶上其他地区和其他民族。

过去我们对民族特点的理解是很片面的，甚至用它来指一些独特的风俗习惯。民族特点是一个民族从历史过程中形成的适应其具体的物质和社会条件的特点。广西的大瑶山是一大片高山所构成的区域。这个地区有它地理上的特点，峰峦层叠，山险水激，和被称为甲天下的桂林式的山水是不同的。这里的地势易守难攻，因而历来成为受到种种压迫不能在平原上谋生的人们逃避和求生之地。

大瑶山里的居民分成不少集团，各有名称。除了散居的汉人和壮人之外都称瑶人。瑶人中有茶山瑶、花蓝瑶、坳瑶、盘瑶、山子瑶等。在前年的访问期间我了解到这些集团的语言并不相同。初步了解，茶山瑶近侗语、花蓝瑶近苗语、坳瑶近山外的瑶语，但和盘瑶在语言上还是有区别。这种情况使人猜测，它们是来源不同的集团，都是由山外被迫进山的移民。而且很可能由于进山的时间和入移的方式不同，因而有山主瑶和山子瑶（或称过山瑶）的区别。山主瑶占有土地而山子瑶则租山而生。这些居民倚靠这险恶的地势，才能生存下来。明代王阳明镇压广西瑶族主要的战场就在这大瑶山的东南大藤峡。即以明代算起这山区的居民被包围孤立已经几百年。他们在山区，政治上形成了一套共同防御和维持秩序的组织。他们中那些经营小块水田谋生的山主集团还实行计划生育，自动限制人口，与此相适应的有他们独特的婚丧礼俗和社会结构。至于经营刀耕火种的山子集团则分散在大山坡，常常迁徙流动，另有一套生活方式。这些是这山区的地理和历史等因素所形成的民族特点。

民族压迫制度的消灭根本上改变了这山区居民的处境。过去是凭险自守，需要隔绝，结果是长期处于低下的生产水平，在艰苦的自然条件下，过了至少有几百年。现在已经在民族大家庭里得到平等的地位，已经具备了经济、文化赶上其他民族的条件，过去的孤立状态必须改变，需要开放和山外交通。但是这个转变是要通过一系列联系到各方面的改造，而又必须从原有的特点出发，对这些特点进行调查研究，掌握它们的来龙去脉，在转变中发生的问题，把实际的情况条理分明地摆出来，就能帮助领导上采取适当的措施，促进当地民族现代化建设。

比如我在前年访问中见到十年浩劫中，曾经不顾山区的具体情况，强制推行过以粮为纲，粮食自给的行政命令，以致大片森林遭到破坏，大量劳力消耗在山坡的瘠地上种庄稼，挤掉了山区的特产。不仅人民生活日益贫困，附近平地水源干涸，农业受灾，整个生态平衡被破坏，而且由于自治县划界时没有充分考虑新情况的需要，没有强调山区和平地的经济交流，把原来山区贸易所依靠的集散点划在界外，加上山区公路建设困难，自治地方得不到发展经济的具体条件，反而受到县界的束缚，有点像"划地为牢"。这些是没有从山区的民族特点出发考虑问题的结果，也是从反面说明民族地区的社会主义建设必须以调查研究为先行的道理。

前年我从大瑶山访问回来就有再去深入调查的愿望。今年得到民委的支持，中央民族学院已把广西大瑶山的社会历史调查列入计划，并且已经派出先遣工作人员前去开始工作。这样的调查如果取得结果不就可以编写出一本金秀瑶族自治县概况么？

怎样发扬少数民族的优势来促进我们中国的现代化是当前的民族研究工作者的重要课题。这是一个内容十分丰富的课题。从大瑶山这个小天地放眼全国，我们也可以看到一个十分值得深思的特点。当前全国人口中汉族占94%,

少数民族一共只占6%。汉族怎么会形成这样大的比例呢？许多原因之中有一条就是汉族掌握了种庄稼的先进农业技术。在几千年里东亚这片大陆上凡是适宜种植谷物的土地都被他们占有了。他们真不愧是神农氏的子孙，精耕细作，使这块土地能历久不竭，创造了人类文化的优先范例。而且在这几千年里，他们把凡是接受这种精耕细作的农业文化的人逐步同化在汉族里面。当然有些接受这种文化的人并没有同化成汉族，但是在数量上是并不多的。至于那些不适宜于发展庄稼的地区，汉族大多是视若不见的。这些地区至今大多是少数民族聚居区。地区面积尽管大，但是在简单的生产技术下，生产力很难提高。精耕细作的农业生产和不是这种方式的生产形成了经济、文化的差距，也成了汉族和许多其他少数民族的差距之一。

工业的发展将改变这种传统特点。 汉族过去所以发展成先进民族的这种小农经济和农业文化已经成了它在前进道路上的包袱。传统的精耕细作的农业生产方式把大量人口捆在土地上。至今有80%的人口在农村里向土地讨生活。每个人要消耗大量谷物作粮食，淀粉是汉族的主要营养来源，甚至蛋白质的来源还是依靠吃粮食的猪和鸡鸭提供。汉族要发展工业，提高他们的生活，必须从手脚胼胝的农业劳作中解放出来，其中一个渠道就是转过来向少数民族的牧业求援。

习惯于这种农业文化的汉族，大多目中无牧。他们把可以放牧的草原认为是荒地。他们不大懂得，牧草可以直接通过牲畜变成蛋白质，而蛋白质在营养价值上优于淀粉。许多汉人到了内蒙古，不去学习蒙古人进行牧业，而一心一意要开荒种地。在这种土质和气候上开的"荒"是极不经济的，结果破坏了牧场，引进了风沙，损害了附近的农田。和大瑶山里砍伐森林来种庄稼一样，破坏生态平衡，得不偿失。

如果我们汉人要想从传统的小农经济中解放出来，就得承认许多少数民族在牧业上的先进和潜力。应当千方百计地发扬少数民族在这方面的优势，把占有全国土地面积一半以上的地区开发利用起来，我们国家的经济才有更雄厚的物质基础。即以牧业一项而论，如果能像澳大利亚和南美一些国家那样在少数民族地区大大发展，我们就可以用牛羊肉食代替谷物粮食的一部分，重新安排汉族地区的农业，使它向经济作物发展，生产工业原料。放眼全局，少数民族的优势正是解决汉族经济发展的手段。从这个方向设想我们国家广阔的前景，处处都在指点我们必须开展民族地区的调查研究。而这些也正是我们所要编写的《概况》的具体内容。

关于我心目中所设想的这种"概况"写些什么的问题，我就说到这里。接着再提一提谁来编写的问题。

在这个谁来编写《概况》的问题上我很同意谷苞同志的主张，就是要以本民族干部为主，并且要在编写的过程中培养出一批少数民族的社会科学研究人员。

以本民族干部为主的方针也就是实现民族化的具体表现。为什么以本民族干部来编写为好呢？这里存在着一个民族感情的问题。民族感情是历史形成的客观存在。我常常说，我对少数民族很有感情。我对少数民族经济上、文化上所遇到的困难确是很同情，很愿意尽力帮助他们。但是我没有经历过少数民族所受过的民族压迫和民族歧视，我也没有在少数民族地区通过实际参预体验过他们各方面的生活。我对他们的友谊和同情并不等于感受到他们的感受。上面我提到汉族看到草原不感觉到这是生产的基地，而看做是荒地的这一类情形，我自己也是不免的。那是因为汉族世世代代没有以放牧为生的经验。这是个民族感情问题。

有人提到许多少数民族对汉族的一些京剧有反感，因为他们看到京剧中有些少数民族的脸谱，联想到过去所受民族歧视的痛苦；而汉族的观众很少在看戏时会产生这种感觉的。也有人提到郭老所写的《蔡文姬》不受少数民族观众的欢迎。他们不会体会到郭老在这出戏里所表达他多年流浪在国外的爱国思乡的心情，而想到的却是曹操破坏了一个异族通婚的家庭。把这些触及民族感情的事说明了，我是能理解的；但是在日常生活中，我并不会像少数民族那样作出这类的反应，原因是在我是汉族。

应当指出，不能体会别人的民族感情，和大民族主义还是不同的，但有联系。如果我们不承认民族感情，而在其他民族对一件事作出不同于我们自己的反应时，就指责他们不好、落后，以至扣上"地方民族主义"等等帽子，这就是大民族主义了。我们并不否认民族之间存在着先进和落后的差别，但是以自己民族的方式作为衡量发展的标准，而且强加于其他民族，不论其用心如何，都属于大民族主义的范畴。大民族主义必然会引起其他民族的反感和抗拒，阻碍民族间互相交流和促进。

探讨一个民族的特点，深入体悉这个民族的民族感情是必要的，所以编写《概况》必须以本民族干部为主。在这个前提下，其他民族干部的参加是有益的。由于目前中国的许多少数民族，文化还不够发达，缺乏能独立进行科研的本民族干部，在编写《概况》时还需要其他民族干部的协助，甚至指导。而且，不同民族干部共同研究一个问题也可以避免民族偏见。所以以本民族干部为主结合其他民族干部一起编写，既贯彻了本民族当家做主的原则，又照顾到兄弟民族间友爱合作的精神。这样组织起来的编写队伍可能是比较好的。

按上面这种要求来编写《概况》，应当承认并不是件简单和容易的事。这不是一项行政任务，而是一项科研项目。它要实事求是地说明一个民族地区的基本情况和它的特点，形成这些情况和特点的历史因素和地理条件，以及它们在现代化过程中可能发生的积极和消极的作用。这项调查工作需要一定的历史学、民族学和社会学的知识。如果目前某一个民族还没有能做这种科研工作的人，那就不妨先由汉族干部开始，在工作中培养出成为这项工作主体的本民族干部。这样也就因为开展这项工作而培养了人才。在培养过程中，中央民族学院可以考虑设立短期的专修班，帮助这些民族干部补习必要的课程。

编写《概况》这件事，各民族自治地方应当认为是自己的重要工作，自己负起责任，加强领导。这就和过去50年代的民族研究工作有所不同了。那时候的民族研究工作主要是由中央倡议和组织的，地方处于协助和参与的地位。经过了这几十年，各地的民族聚居区的自治地方已经建立了起来，许多民族的知识分子已经有了成长，由各民族自治地方主动地组织力量、培养干部，开展民族研究已经具备了条件。所以，实现以本民族干部为主的编写方针是符合目前的形势的。同时，现在国家民委抓这"五种丛书"，提供各地方所需要的经济上和人才上的协助，也是必要的。发挥中央和地方两方面的积极性，这件事也就好办了。

当然我们还得看到当前各民族的发展是不平衡的。各自治地方大小也不一致，所以不能在规模和水平上强求一律。各民族自治地方可以根据自己的条件，在国家民委的推动下，早日开始编写《概况》的工作。不妨看得长远一些，不能在较短时期里写出初稿的，也可以多给些时间。在各地编写期间，国家民委可以组织各种经验交流、学术讨论，使各地可以取长补短，共同提高。只要不脱离实地调查，多修改几次稿子是有好处的。修改的过程也就是深入和补充的过程，这和过去"三套丛书"的闭门修改是不同的。

以上是我个人想到的有关编写《概况》的一些不成熟的意见，仅供同志们参考、讨论。

1980 年 12 月

本文系作者在国家民委召开的"五种丛书"编写会议小组讨论会上的发言。载《中央民族大学学报》(哲学社会科学版)1981 年第 1 期。

怎样开展民族研究工作

到广西来已经好几次了，30年前我随中央访问团到广西，那时还刚开始建立民族区域自治地方。这一次，是为参加龙胜各族自治县成立30周年庆祝活动而来的，像是回到自己的家乡一样，感到很高兴。

民族区域自治是解决我们中国民族问题的一把钥匙。解放前，已经在内蒙古成立了自治区，还在若干回族聚居的地方成立了小规模的区域自治。解放后，在全国少数民族聚居区实行区域自治政策，开始成立自治县的是广西的龙胜。龙胜是一个多民族聚居的地方，而且五个民族人口都相当，称什么民族的自治县呢？经过研究，结果成立了各族联合自治县，这是世界上没有过的创举。

今天我想跟大家谈谈怎样开展民族研究工作的问题。

回忆建国初期，我们对我国各民族的情况知道得很少，甚至有多少民族也不清楚。中华民族是怎样形成的，大家也不大问。作为一个民族工作者，不应当只看见自己的民族，对自己的民族当然应该知道，但只了解自己的民族还不够，还要了解其他民族。在民族学院里需要有一个空气，大家要努力了解包括汉族在内的各民族的历史和关系。这样，我们进行民族工作就可以有比较好的基础。大家对民族工作的积极性也可以提高。我们应自觉地明白为什么要干民族工作。它对国家，对民族的发展有什么意义？这些道理明白之后，劲头就来了。我已71岁了，可是还在拼命地干，这是为什么？还不是因为我们认识到民族工作的意义，可以保证我们国家真正繁荣富强？民族工作要是搞不好，就会出问题。《中国共产党中央委员会关于建国以来党的若干历史问题的决议》中特别指出：“要在全党大大加强对马克思主义理论的研究，对中外历史和现状的研究，对各门社会科学和自然科学的研究”，这句话据说是在《决议》通过前几分钟，中央书记处加上去的。我们听了很高兴，在《决议》上定下这一条，意义就非常重大。

要加强对社会科学和自然科学的研究，要加强对中国国情的研究。国情就包括我们各民族的情况，这是基本的也是很重要的国情。老实说要我一下子把50多个民族族名都背出来，是很困难的。年纪大的，记忆力差了，而年轻的也不一定能一下子都说出来。中国民族情况是很复杂的，全国这么大，几千年的文明史不是一下能搞清楚的。所以民族工作要做得好，必须要掌握民族的情况；要掌握民族情况，不下一番工夫是做不到的。如果情况不明，搞民族工作即使有一片好心也没有用。

我们问自己，搞了多年民族工作，能够讲出多少东西来？老实说，我能讲的确实不多。怎么办，要大大加强调查研究。《决议》里用"加强"这两个字不是偶然的。我们现在对少数民族和汉族的很多问题还搞不清楚，情况还不掌握，科学根据很少。这不能怪某个人，是历史造成的。我们中国历史上关于少数民族的情况记载不多。要一下子了解清楚各民族的历史当然不容易。但各民族当前的情况我们要去调查研究，还是比较容易了解的。

我们党有一个很好的传统，历来主张办事要调查研究，毛主席说不调查就没有发言权。在民族方面，早在延安时期，延安民族学院就开始进行调查。曾写了好几本有科学价值、科学水平较高的西北回族情况和历史研究的书，做了榜样。当时条件很差，到底还是写出了调查报告，充分表现了我们党有优良的传统。全国一解放，我们参加了中央访问团，1950年还有土匪的时候，我们就到西南去访问了。我带一个分团到贵州。1951年，又到了广西。那时西林、隆林还是土匪出入的地方，我们身边带着枪才感到安全。没有公路，骑马要走7天。才走了两天，我的马就死了。各个中央访问团，走遍了中南、西南、西北和东北，一面访问，一面调查，使我们初步了解各民族的基本情况。可是，在民族识别上问题很多，全国究竟有多少个民族还是数不上来。到现在我们还不能说很清楚，可是大致上差不多了。

我们是从事科学研究的。科学研究就是正确反映客观的情况，对自然的研究就是自然科学，对人类社会的研究就是社会科学。反映民族过去的和现在的社会情况就是民族学的任务。

1950—1952年，中央访问团到各地访问，不仅调查了少数民族的社会历史情况，还调查了各民族的语言。开展少数民族语言的调查研究，30年前就已经提出来了。中央民族学院一开始就抓少数民族语言问题。那是因为，语言不通，民族工作是很难开展的。我那时参加访问团到各地去，不懂少数民族语言。有些少数民族没有文字，只有口语，要交谈只好找翻译。通过翻译做民族工作不是好办法。要做好民族工作必须学会少数民族语言。所以中央民族学院开办了语文系，培养少数民族语言的教师和研究人员。我们先请会说本族语言的少数民族同志，又请懂得语言科学的人，要他们一起工作，把少数民族的语言，一个一个词，一句一句话，用注音符号写出来。然后研究各种语言的文法，编成课本。中央民族学院曾开设过二十几个民族语言班。为什么这样做，我们是主张民族平等的。民族平等不能空讲。每个民族都有权利使用自己民族的语言，才能说得上民族平等，我们在宪法里就规定了这一条。在开人民代表大会的时候，如果只用汉语，有些少数民族代表不懂，他们就不能行使人民代表的职权，所以必须负责给他们翻译。我们中央民族学院就负责提供翻译，这样为研究少数民族语言搞出了一个基础。

　　参加民族情况和民族语言的调查工作是非常辛苦的。这不是普通的工作，要靠两条腿跑。我在大瑶山调查时就出过事的，大家都知道。我们访问团也有一些同志为民族工作牺牲了的。当时搞调查工作，心中是很清楚的，是为了使我们党能够结合中国的实际情况制定政策。毛主席的伟大就在于能够把马克思主义与中国实际情况结合。1949年，我刚到民委，领导同志对我说：我们不能搞苏联那套联邦制，要深入调查研究，这是毛主席的决定。我们必须面向事实，实事求是。后来有一段时期，正确的民族政策受到了破坏，直到粉碎了"四人帮"，才得到拨乱反正。党的十一届六中全会的《决议》就是一个伟大的历史文件，它把马克思主义同中国的实际结合起来，是我们几十年来没有过的。这次六中全会解决了不少实际重大问题，对我们的民族研究工作同样起着指导性的作用。

　　今后民族研究工作怎么搞？我们不能关在房子里头写书。要解决我们国家的实际问题，通过工作的发展，推动我国科学的前进。我们的政策是依靠科学的认识，决不能再像"四人帮"那样搞形而上学，搞唯心主义。马克思主义是根据事实说话的，实践是检验真理的标准。科学就是反映客观存在的事实，认识客观事态的实际变化，必须在不断发生变化的实际中去观察研究，从实事求是中得出理论。离开实地调查就不可能有科学的知识。1956年、1957年人大常委会为了全面了解少数民族的社会历史的发展以便少数民族进行自己的社会改革，组织了一次少数民族社会历史调查。比如，四川凉山的奴隶制和云南边境的那些比较更原始的社会制度，都是经过这次实地调查才搞清楚的。现在我们能对这些民族过去的情况讲得比较清楚些，那是花了很大力量才得来的成果。这些调查材料，不论水平如何，是十分可贵的，保存了好多年，套数不多，动乱时期受到了严重损失。广西的情况我不清楚，据说贵州是一车一车地拉出去烧，差不多烧完了。大家辛辛苦苦下去调查来的结果，他们拿到手一下子哗啦哗啦地都烧了。粉碎"四人帮"后，国家民委决定，没有烧的调查资料，我们赶紧要保存下来，用上它，物尽其能。这是编辑四种丛书的由来。我们要抢救这些材料。把过去的调查材料整理出来，要赶快把它印出来。将来让子孙看一看，我们那个时代是个什么水平。这样才能使我们的子孙搞得比我们更好些。我们有什么就应该拿出什么来，不要放在抽屉里。现在《中国少数民族》这本书已经印出来了，民族语言也出了好几本。广西的瑶族、壮族简史出来了没有？大家要努力。我们要把过去的东西整理出来，拿出来给群众看。这些知识是大家的，谁也不能独占。这些材料中固然还有很多不对的地方，这不要紧，要说清楚，知识是一点一点地积累起来的。这些材料积累了我们这一代人的能力和智慧。前几个月，我们开了一次会，决定这些原始材料，好的都要重印，不要再加工，内容绝对不要动，文字上尽可能保持它原来的风格，赶紧把它搞出来。关于"资料汇编"这一套，广西还没有搞出来，我们希望早一点动手，因为搞了出来，才可能在这个基础上逐步提高，精益求精。我们不能老是让人家、让子孙从头开始。每个想研究民族的人都要重新调查那怎么行？我们应该高兴地看到后来居上，一代比一代高明。

我们的党还有一个很好的传统，就是理论联系实际。但是近20年来，这个传统没有很好地发扬。我们研究的问题应该在民族工作中提出来，不应该由哪一个人凭空想像出来。曾经有一段时间，大家怕出毛病，怕人家抓辫子，所以越搞越古，越搞越原始，讨论问题越来越空，离开实际生活，离开民族工作越来越远了。有很多重要的问题现在没有人去研究。主要是理论联系实际这个精神没有贯彻好。我们研究工作的目的就是及时了解各个少数民族的情况。把我们的聪明才智集中起来，解决这些问题。我们一定要老老实实，实事求是，忠实于事实。切不要打听行情。有一位同志去搞民族识别工作时，找我说，你看这个问题领导上是怎样认识？我说，领导上知道了答案还要你去调查干什么？因为不知道才要你去调查。这个风气，实在坏得很，那是欺骗领导，蒙蔽领导。我们过去有些社会调查是不科学的。现在我们要提倡科学的调查研究，那就是实事求是的马列主义方法。作为一个科学家应该不怕戴帽子，假如我问心无愧，确实是实事求是，戴上的帽子不对头，将来还是会摘下来的。自己看不见不要紧，子孙会看见的。要有这个气魄，才是真正的科学工作者。

当前少数民族的主要问题在哪里呢？两年来，我常常在想这个问题。我们中华民族在经济上、科技上落后了。这是几百年来世界历史发展的结果，最近几十年差距更扩大了。第二次世界大战之后，世界上对于自然的认识有了新的发展。认识了客观世界，可以掌握它为我们所用，这是我们的力量。对于客观世界不认识，不能掌握它，这是很危险的。中国在科学和技术上现在是落后于先进国家了，我们一定要赶上去，这就是现代化。在国内，我们各个民族之间也有差距，这是历史造成的。少数民族的知识分子比较少。在向四化进军中，各民族之间差距到底有多少？差距在扩大呢还是在缩小？差距扩大了会有什么后果？这两年我一直在思考这些问题。

民族学院的任务是培养少数民族干部。目的也就是在缩小民族间在经济上和文化上的差距。我们大家要加倍努力，在目前这种状态下，不努力不行，我们一定要有志气。

我到澳大利亚去访问时，从澳大利亚的民族问题，想到了中国自己的情况。澳大利亚的民族问题就发生在当前土著民族和现代民族的差距太大。其实这不只是澳大利亚特有的问题，而是当前世界各国普遍存在的问题。中国各民族间同样存在差距，只是程度有所不同。假如没有共产党，不是在我们社会主义国家，没有我们党的民族政策，我国少数民族的前途是十分危险的。这一点我们的少数民族是很清楚的。如果现在仍是国民党统治，不用几十年少数民族就不能活了。澳大利亚在第二次世界大战之后，对少数民族政策有了改变。他们认识到如果继续过去那种生活，他们的土著民族很快要死完了，所以采取了所谓"保护政策"。那就是从政府收入中拨一些钱来改善少数民族生活，帮助他们发展教育、文化。但是只靠别人的救济，土著民族还是发展不起来的。作为一个民族，要靠它自己的力量才能发展起来。我们的民族区域自治政策，就是要保证少数民族的发展。国家在少数民族地区也花了不少钱，但是同澳大利亚实行的民族救济政策出发点是不同的。我们的民族区域自治是由先进民族在政治上和经济上帮助少数民族创造一个发展的条件，由少数民族用自己的力量、智慧赶上先进的水平。少数民族在经济上要自主自立，政治上要自治自理，再加上先进民族的帮助，他们就可以很快发展起来了。而澳大利亚采取的方法，只是由先进民族出钱出力帮助那些少数民族的个人维持生存，免于灭亡，这是维持不了一个民族的生存的，更谈不上发展了。

要做好民族工作并不是很容易的。我们固然必须帮助少数民族发展经济文化，但是不能离开了实际去强加于人。我过去听说西藏高原种小麦长得很好，我真高兴，认为是一项很大的科学成就。后来经过调查清楚了。西藏人吃的是青稞，好像我们吃米面一样。他们拿青稞给汉人吃，汉人吃不下。我们说馒头和米饭好吃，可是他们说馒头米饭不好吃，比不上青稞。所以我们要人家种小麦，人家不高兴。这是生活习惯不同。要西藏的藏族积极地种小麦是不可能的。我们要他们推广小麦，怎能不产生反感呢？因此，我们党所制定的政策必须符合少数民族特点，从少数民族实际出发。他们喜欢吃什么就满足他们的要求。做少数民族工作不能劈硬木头，不能搞大民族主义。你硬要搬我们这一套进去就得罪人家。各个民族有自己习惯的生活方式，我们必须予以尊重。要善于设身处地体会各民族的感情。

我们要发展少数民族经济和文化，缩小各民族间的差距，既要积极，但不能急躁；既要帮助，但不能包办。要把民族工作做好，首先是要充分了解情况，那就是实事求是地进行调查研究。过去我们调查研究不够，今后必须端正研究工作态度。对广西，我是很有感情的。我研究民族问题就是从广西开始的。现在我很高兴地看到解放后在这片土地上各少数民族欣欣向荣的一片大好形势。广西壮族自治区成立20周年我来了，今年龙胜各族自治县成立30周年我又来了。我在广西逗留的时间太短，说不上调查研究。真正研究民族问题，必须到群众中去，和群众交谈，了解他们的感情，他们的问题。研究工作不能只靠书本，更不要以抄书代替研究。书是有用的，人家写出来的东西，学一学可以，但比不上你深入实际，亲自看见的东西你才能识别真假，光看人家写的怎么分辨真假呢？不要迷信书本。要读书，要理论，但更要实际，要用自己头脑分析问题。相信群众，同他们商量。我认为我们的同学当中并不缺乏能到实际生活中去进行研究的人,希望学院多呼吁一下,让年轻人多下去跑一跑。

最后讲一讲社会学、民族学、民族研究、人类学等学科的关系问题。这些学科有什么异同?我认为任何一个学科的形成都有一个具体的历史过程,不是由哪个人先想好一张蓝图,画出来的。上面所说的这些学科,也不是在中国开创的,而是从西方输入的,过程比较复杂。所以不了解一门学科在国内的发展同国外的发展,是很难把它的来龙去脉搞清楚的。让我先讲社会学。在我国的大学里开设社会学课程大概是20年代开始的。内容主要是讲外国的,又主要是美国的社会。当时在大学里讲的社会学大多不是根据中国的实际情况来讲的,所以说并没有联系中国的社会实际。1930年我开始读社会学的课程,当时我很不满意。因为课堂上所学的并不能帮助我解决中国的许多社会问题,比如我们所处的时代同父辈所处的时代有什么差别,为什么有这些差别;今后会怎样发展等等。学了社会学而不能解决这些问题,怎能使人满意呢?所以有些学生提出了社会学要研究中国国情的要求,社会学要本国化。现在回想起当时我们所提出的这种要求可以说是符合当时历史条件的。在帝国主义统治世界的时代,学术界也是被他们所垄断的。在当时要求社会学中国化实际上也是反对帝国主义运动的一部分。这几年我到国外去访问,了解到第二次世界大战后,加拿大、澳大利亚、印度、南斯拉夫、法国、西德等第二世界和第三世界的国家都提出了社会科学本国化的要求,要求用自己的社会科学解决本国的实际问题。美国是个霸权主义国家,它给第二世界和第三世界很大压力,引起被压迫者的反抗。这点在美国不太容易看出来,但到加拿大的西部一看,就可以看到。那里有几个新发展起来的省,工业发展很快,农业基本上是现代化的,种小麦、收麦子都是用机械。他们有矿藏、油田,产生了一批民族资本。它们和霸权主义的矛盾就明显了。就在这些地方有人提出要社会学加拿大化的要求,要把加拿大社会上的实际问题作为他们社会学的研究课题。

我到澳大利亚时说我们正在搞社会学,要办社会学系,请他们把社会学的教材给我看看。他们给了我一本《澳大利亚社会》。他们说,这是因为要通过澳大利亚社会的实际来讲,也就是我上面所说的社会学本国化的例子。我们在中国讲社会学,有一条总的原则,就是马克思主义的理论和中国的社会实际相结合,也就是在马列主义、毛泽东思想指导下,建立我们结合中国实际为社会主义建设服务的中国社会学。

现在世界上科技事业大发展,电子计算机已经在各个领域中广泛使用,中国人在科技的发展中也做出了重要贡献。中国人在国外的科技界里有成千上万的人。在美国,各国移民中平均文化水平最高的是华人。中国的历史悠久,外国是比不上的。我们要有志气发展民族文化,闯入世界经济和文化领域。对于国外的先进的学术成就,我们要引进。国外先进的学术成就应该翻译过来。在研究方法和技术上,很多是值得向他们学习的,有些是必须学会的,不学会我们就会吃亏。解放初,中国曾经不要社会学了,理由也说不清,大学里原有的社会学系也撤销了。到1956年,中国的社会学家中有些人提出中国为什么不搞社会学研究的问题,当时党内也有不同意见。"文化大革命"的10年,社会学这门学科是个重灾区。直到粉碎了"四人帮",拨乱反正后,社会科学院才决定重新再搞社会学,现在已经有了社会学会,并且在一些大学里开始授课,还要成立社会学系。当然,现在我们所建立的社会学和解放前在各大学里讲的社会学是有本质上的不同的。

人类学的来历和社会学不同,它是在英国帝国主义统治世界各殖民地时产生的,当时英国的一些科学家接触到世界上各种不同民族,他们对人类的由来和文化的发展发生了兴趣。人类学就是这样从广泛的对原始民族的研究中发展起来的。人类学的内容也逐步丰富起来,包括考古、语言、体质、民俗、社会和文化等方面。后来这些方面都独立自成为专门的学科,但是依旧保持着密切的关系。在有些国家它们还是作为人类学的一部分而存在的。中国对人类学的研究是比较晚的。我们是从研究少数民族开始的。解放后,由于民族工作的需要,我们对少数民族的研究有了很大的开展,主要是偏重于语言和社会历史。并没有对这些研究称作人类学,而称作民族学。但是也还有人认为民族学只能指对少数民族社会的研究,不能包括语言和历史。如果要包括这些方面在内,只能说是民族研究。由于对这些学科的名称还没有一致的意见,所以常常引起名称上的争论。我总是认为学科的名称和内容是在一定历史条件下形成的,能有统一的认识当然是好些,一时不能统一也不必强求一致。但要明确自己用这些学科的名称时指的是什么内容。望文不能生义。社会学、人类学、民族学各有它们传统的领域,但都有交叉部分。我们只能就事论事,很难用是否"合理"来衡量。比如我们所通用的"民族学"却不包括汉族的研究在内,顾名思义当然是不合理的。但是如果民族学一方面要包括考古、历史、语言、体质、民俗、社会、文化各方面的研究，一方面又要包括所有的民族，那就和"人类学"等同了。在中国，目前的民族学实际上是指对少数民族的研究，甚至只指对少数民族当前的社会情况的研究，如果是如此，那也就和"民族社会学"等同了。在学科的名称和内容上我看还是容许百家争鸣的好。我们的精力也是集中使用在研究实际的问题为好。耗费在名称上恐怕是得不偿失的。

1981 年 8 月 25 日

本文系作者在广西民族学院座谈会上的讲话。载《广西民族学院学报》1983 年第 1 期。

民族社会学调查的尝试

今天我想同大家研究一下,我们的瑶族调查下一步怎么搞,想征求大家的意见,商量商量。这两年已有三个同志去瑶山调查了几个月,我也跑了两趟。我们有了点新的看法,对一些问题比较清楚了一些,可以提出来谈一谈。

首先我们可以回想一下。中央民族学院搞民族研究工作,到现在已经30多年了,在座的许多同志都是老兵了。以前都是年轻力壮的,现在是中年或老年了。一转眼,我们这一代人就要过去了。总的说来,我们这一代确是走了很大一步。首先应该肯定这点。我们可以说是从无到有,从很局部很局部,零零星星的,一直到全面的、全国性的调查。这在全世界是少有的,值得自豪的事情。可是我们今后的30年应该怎么走?我们要为后辈开点路子。昨天看了一下这本《中国少数民族》。外边很重视这本书,这么厚。有了这么一本,人家就能知道中国少数民族究竟怎么样,这是好的一面。在开始决定编写这本书时,我就说不管它好不好,我们要把我们已经达到的水平摆出来。好的大家肯定,不好的也不要紧,留着和今后的比较,今后更好了就是进步。一切事不能求全,不可能一步登天。实际上做了的工作摆出来看看有好处。

现在我们要再回头想一想,毛主席、周总理早年叫我们做的是什么呢?就是要我们到少数民族地区去实地调查。在座的同志们很多都参加了。那时要充分准备好了再下去,已经来不及了。说老实话,我们在社会调查研究这门学问上训练是很不够的。回想当年抗战年代,兵荒马乱,怎能安心学习?我在西南联大时,学生们也整天搞运动,比较优秀的学生搞地下革命活动。那时要读书,书也很少。解放后,我们为新中国带来了多少遗产呢?我们对中国社会认识得太少了,我们没有多少调查资料,资产阶级没有做,所以还得我们自己来做。我们在50年代就是这样冒冒失失地上阵到少数民族地区去搞调查的,到现在已有30年了。那时的精神的确不错，劲头很大，访问团到处跑。但是我们的理论的确不多。我们搞来了一大堆资料。《中国少数民族》这本书有点成就的话，归根到底是50年代很多同志一起打下的基础。我们必须从旧的好的基础上再进一步，不要脱离我们原来好的东西，就是要下乡，要接触少数民族，要实地调查。我们不能满足于《中国少数民族》这本书的水平，在这个基础上我们应当可以再进一步。大家想一想，怎么把它搞深一点。

我想大家不会反对：我们要恢复早年社会调查的这个传统。这是党的优良传统，是毛主席一向提倡的传统。毛主席伟大的贡献还不是在他把马列主义引进到中国来，结合中国实际创造了最新的马列主义——毛泽东思想。毛主席熟悉中国农民的力量，他从小在农民里边生活。他能提高到理论进行阶级分析，处理中国农民问题，动员中国农民的力量，把三座大山推倒，这是过去马克思没有想到，列宁也没有想到的。毛主席实事求是，调查研究中国情况，发展了马克思主义。我们要学的不是学人家的结论，结论是历史范畴里边的东西，我们要学习处理事情的方法。要开创一个新的局面，我们要有点气魄。中国也要出马克思嘛。不能说人类历史上只能有一个马克思。我们已经在马克思主义基础上发展出毛泽东思想，我们却不能停止在毛泽东思想上。决议对这个问题就说清楚了，我们还要发展。怎么发展？不是靠空想，而是靠深入实际，实事求是地看中国的变化。当前的中国是人类历史上的一个大实验，特别在民族范围里边，这个实验多大呀。这里有着多少宝贵的东西，看我们自己去拿不拿。如果我们不拿的话，人家要指责我们：你们这些人在干什么？后代人会说，这么好的机会你们不记录下来，不分析出来，还要叫我们来考据。我总是要说，大家应当想到这一点，到60岁的人不能不想到这一点。我们到80岁也只有20年了，不要辜负这20年。我们必须自己动手进行调查。发号施令，那很容易，但是不行，这不是创立一个新局面的精神。我们必须要自己动手去实验，自己下去调查。

我们下去调查什么呢？我们过去有个经验，我们的民族调查要适合具体的民族工作的要求。参加民族识别的同志们都知道。当时这个问题不能不搞，因为开人民代表大会要有各民族的代表出席。我们中国究竟有哪些民族，各个民族各有多少人？这些问题必须搞清楚。当时为了要帮助少数民族创制文字，为了要培养翻译人员。所以在中央民族学院办了语文系，开了很多语文班，研究少数民族语言。当时我们是从具体工作需要出发来干的。这里面出了一些偏向，大家有很多意见。但并不是说在理论联系实际，知识为人民服务的原则上出了问题。这些原则还是对的。后来做得不对的，正如许多人所说的那样，是用行政方法来对待研究工作。做完了就完事，写完报告就不再去研究了，就放下了。我们跟着行政需要在那儿跑，跑得很急很忙，但就是没有法子提高。这是领导研究工作的人要负的责任，后来当然更厉害了。今天不去说它了。

我们应当看到，现在我们的民族工作更复杂了，需要更多的知识。要搞区域自治，光凭几条纲要已经不够。少数民族地区的土地、草地怎么办？森林怎么办？其他资源怎么办？牵涉的问题很多。目前正在开会研究。研究这些问题就必须了解具体情况，这就要深入调查。

让我讲一个具体的例子，就是大瑶山。解放以前它是长期不受汉族统治的地区。但是在经济上它并不是完全孤立的。大瑶山的山势很险。我1935年进去时，一天只能走一个村子。由于险要，以前汉族统治势力进不去。在大瑶山的附近有个地方叫大藤峡，明朝的统治者和瑶族在这里打了100年的仗。在历史上，汉族进入广西有两条路线，一条是从桂林下去，后来形成了一个桂林官话区；一条从广东进去，后来形成了一个白话区。这两条路线，就在大藤峡一带碰头。在明代之前，这一带可能都是瑶族聚居区，隔住了南下的汉族同西上的汉族。到明朝这时候汉族就开始要打通这地区，所以和当地的瑶族打了100年。这场战斗，瑶族失败了。很多不同的集团，在不同的时间退到这大瑶山里，依靠险要的地势，生存了下来。在大瑶山里，聚集了许多不同来路的人，至今还有五个名称不同的集团。

这些聚居在大瑶山的集团都称为瑶族。他们抗拒住汉族或壮族的统治，在政治上维持了自主的局面。直到这个世纪的40年代国民党的广西地方势力，利用现代武器和大瑶山里瑶族集团之间的矛盾打了进去，至少在名义上建立了对瑶族的统治机构。1949年全国快要解放时，国民党想在里面搞据点，有一部分反动军队开进大瑶山。他们在山里无恶不作，引起了瑶族人民的反抗，造成了解放的条件。当地瑶族和我们解放军结合起来，把国民党军队消灭在山里面。

在国民党统治时期，大瑶山在行政上划分给六个县去统治。解放后，我们首先把这个瑶族聚居地区联合起来，成立一个行政单位。这在原则上是对的。

山里边的居民都承认是瑶族，而且原来就有维持山内社会秩序和抵抗外族入侵的统一的政治组织叫大石牌。尽管他们的来源不同，语言有别，可是他们在共同命运中，结合成了一个民族共同体瑶族。

为了贯彻民族区域自治政策，1952年大瑶山的瑶族聚居区成立了自治地方，即今金秀瑶族自治县。这个自治地方的区域怎么划呢？由于当时对民族区域自治还缺乏经验，所以只看到政治上的平等团结，而没有充分注意到享受自治权利的民族的发展前途。金秀瑶族自治县就以山为界，界线沿山脚划定。这种沿山脚划界的办法现在看来是很成问题的。这里牵涉到我们的认识问题。为什么要实行民族区域自治的政策呢？实现民族平等固然是这个政策的最终目的，但是要使各民族真正能达到政治上的平等地位，还必须有事实上平等的基础。要使各民族在经济上达到平等的地位，就有待于帮助不发达的民族发展起来。民族区域自治首先应当提供各民族发展的物质基础，一个自治的地方。

金秀瑶族自治县的问题就在于按山脚划界的行政区域和经济区域不相符合，因而发生种种经济发展上的困难。大瑶山是桂江和柳江之间的一个山区，山区周围是平地。山区的中心是海拔1900多公尺的圣堂山，从这中心有若干条河作放射形地流向平地，分别汇合在桂江和柳江。由于这种地形，山内交通很困难。人们只有沿着河流向外走，通到山外。山内原本没有市集，市集都在山脚之外的平原地方。金秀的土产要运到邻县的市集上去出卖，再从这些市集购买消费品，所以在金秀县内收不到多少商业上的税款。这就影响了这个县的财政。金秀自治县入不敷出，年年要靠上级津贴过日子。金秀是个宜林的山区，历来粮食不能自给。他们用木材和林区副产品到山外换取粮食。后来搞以粮为纲，自己出产粮食，但是依旧不够，还得靠上级补助统销粮，成了一个"三靠"县。这一切困难的基本原因是在它的行政区域不符合经济区域。

提到民族自治地方的区划问题，我们可以回想起成立广西壮族自治区时的一段历史。广西实行民族区域自治时，最早成立的是桂西壮族自治区。他们在广西西部穷山区，搞了一个壮族自治地方。周总理说：不行，这样搞下去，就是划地为牢，这个民族是发展不起来的，必须以原来属于广西的这个地域为基础成立壮族自治区，尽管汉族人数超过了壮族。那时有很多人反对，经过说服，讲道理，大家才同意。从这个事例，我们可以知道，民族区域自治的目的不是民族分割，而是民族团结，要帮助少数民族发展。这对汉族、对每个民族都有好处。所以我们应当根据发展的条件来划定自治地方的区域。周总理总结了过去一段时间实行民族区域自治的经验才作出广西壮族自治区区划的决定。现在回想起来,在1952年成立金秀瑶族自治县时,我们的确还没有明白这个道理。而现在呢?我们必须重新考虑金秀的县界了。

关于大瑶山的瑶族让我再讲一点。假使我们带着教条的脑筋去看,就会发生一个问题,就是大瑶山的瑶族中各个集团的语言不同,算不算一个瑶族。有人会用简单的办法来加以解释,说他们是方言不同。这是我们过去采取过的方法。什么叫语言不同?什么叫方言不同?从来没有好好讲明白过。我们应当实事求是地对待这个问题。现在看来,花蓝瑶讲的话近于苗语,茶山瑶讲的话近于侗语,盘瑶讲的话属于瑶语。往历史上看,这是能明白的。我上面已经讲过,这些集团是在不同时期,不同的地方进入这个大瑶山的。他们保留着一些原来的语言是很自然的。所以我们不能脱离历史来研究这些问题。但是既然这些集团都说自己是瑶族,而且他们还有共同的维持山内社会秩序和抵抗山外侵入的社会组织,不能不承认他们是一个民族共同体。我们不应当用条条框框去硬扣在活生生的事实上。但是我们要研究为什么他们会形成一个瑶族,而这个共同体同时为什么还能容许各部分有不同的个性?这样一问,我们对民族问题的研究也就深入了,大瑶山也就为我们提供了研究这些问题的一个实验室了。

大瑶山里的具体情况给我很大的启发。我想到过许多问题:什么叫瑶族?瑶族的分布怎样?为什么贵州很少瑶族?为什么一到广西,苗族就很少了,而且只在北部靠贵州那一条边上?这里似乎可以划出一条界线,北面是苗,南面是瑶。可是一到东头却既不是苗,又不是瑶,而是畲了。其故何也?这里有个历史的解释么?我于是想到潘光旦先生的那一套设想来了。有一个时候我们常在一起讨论这套设想,后来我讲给郭沫若先生听,他也觉得很有意思,认为可以进一步研究。潘先生的设想是苗、瑶、畲这三个民族在历史上有过密切的关系,可能是早年从淮水流域向南迁徙的中原移民。在这里让我插一句,这种设想是要我们从历史上去找这三个民族的关系,并不是简单的"同源论",更不是要把三个民族画等号。

潘先生从族名和地名的联系,从民间信仰和传说的研究构成一种设想。他曾说,我们可以从徐、舒、畲一系的地名和族名中推想出一条民族迁移的路线,很可能春秋战国时代的东夷中靠西南的一支的族名就是徐。他们生活在淮河和黄河之间,现在还留下徐州这个地名。这时期的文献中也看得到这地区的人称作舒。潘先生更从瑶、畲的盘瓠传说联系到徐偃王的记载,认为瑶族中的过山榜有它的历史背景,只是后来加以"神话化"罢了。这一批人,后来向长江流域移动进入南岭山脉的那一部分可能就是瑶;而从南岭山脉向东,向江西、福建、浙江的山区里和汉族结合的那一部分可能就是畲。另外有一部分曾定居在洞庭湖一带,后来进入湘西和贵州的可能就是苗。

我现在只能凭记忆来讲潘先生的设想,这里有研究畲族的同志可能也听见潘先生讲过这个设想。我认为这个设想给了我们进一步研究这问题的线索。这种设想的重要性就是为我们提出一个宏观的整体观点。过去我们的民族研究很多是以现有的民族单位为范围的。《中国少数民族》这本书的体例就是如此。这当然有它的好处。但是在研究工作上已经遇到它的局限性。因此,这几年里有人提出要研究各民族历史上的联系。如果再进一步就是要把中华民族看成一个整体,研究它怎样形成的过程和它的结构和变化了。

潘先生的设想指出了我们中国各族人民在历史上是不断流动的,而这些流动有它总的趋势。在有文字记载的历史时期里,总的说来是北方民族的南下或西进,中原民族的向南移动,沿海民族的入海和南北分移,向南移的又向西越出现在的国境。这一盘棋如果看清楚了,我们现在各少数民族的关系也就容易说明了。

宏观的研究还得和微型的研究相结合。中华民族又分又合的历史过程不可能作具体的观察,许多关键性的问题只能通过文字记录、遗留的文物,以及现有的风俗、习惯、传说、信仰等去推考,但是如果从微型的具体实况来观察各民族间又分又合的关系,那就可以丰富我们对中华民族形成和变化过程的理解,充实我们对民族问题的理论认识了。从这个角度来看,大瑶山提供了研究这个问题的一个园地。

苗、瑶、畲提供了山区民族的一种类型。壮族就和它们不同,它既是一个小民族,又是一个大民族。对于汉族来说,它是个小民族;对于苗、瑶来说,它是个大民族。这是它的特点。这个特点决定了当前民族工作中一些很有意思的问题。再说西边从甘肃南下到云南西陲的这个走廊。历史上彝族属系的不同集团曾在这里建立过一个或几个强大的政治势力。他们正处在汉藏之间。这几个大民族在这地区你来我去,我去你来地搞了几千年。来回的历史流动,都在不同程度上留下了冲积的沉砂。所以,我在前年曾经指出过,这是一个极值得研究的地区。但是我们对彝族至今还没有个全面的认识。一谈到彝族就是凉山奴隶制。要知道这只是彝族的一小部分,而且是历史的残余部分。实际上彝族的各部分发展很不平衡,许多部分早已超过奴隶制阶段了。现在已经认定的云南地方的一些少数民族,我想不少是和彝族极为密切的。为什么分成这些民族也是要进一步研究。

我这样说是为了要指出过去的民族研究是按民族的单位孤立起来,分别地一个一个研究,在方法上固然有其长处,但是也有它的局限性。今后似乎要进一步和宏观的研究配合起来。最近听说西南几省的民族研究工作者联合起来一起攻关,要把藏汉之间的走廊地区进行一次调查,那是很好的。我希望云贵高原也不妨作为一个单位来进行一次综合调查。我们现在广西大瑶山进行的调查,其实是另一个地区,即南岭山脉这个走廊的综合调查的起点。

关于宏观的民族研究让我再多说几句。我在清华研究院结业时写了两篇论文,其中之一是《朝鲜半岛人种类型的分析》,这是体质人类学的研究。我发现这个地区有较多的圆头、身高平均在1.6米以下的B类型,B类型是现在我国南方沿海诸省的主要居民。从历史上看这种类型的人可能是早期的东亚沿海居民。现在华北居住主要的A类型,可能是后来从西部进入华北而把B类型挤开,一部分越海去朝鲜半岛、日本及其他岛屿;一部分就向南,迁到江、浙,甚至粤、桂。这是说,在那一股从淮河流域南下的移民之中,可能有一部分是和这种类型的人有关的。再说,晋时淝水之战,谢安故作镇静,听到胜利的消息,心情激动,倒穿木屐。这个故事我们都熟悉,试问,这种木屐文化现在哪里去了?日本人现在却还在穿木屐。

从宏观的研究来说,中华民族所在的地域至少可以大体分成北部草原地区、东北角的高山森林区、西南角的青藏高原、藏彝走廊,然后云贵高原,南岭走廊,沿海地区和中原地区。这是全国这个棋盘的格局。我们必须从这个棋盘上的演变来看各个民族的过去和现在的情况,进行微型的调查。

回到《中国少数民族》这本书,成绩我已肯定,如果要说它不足的地方,就是缺乏宏观的总结,也不够微型的调查,两头都差。今后我们就得两头一起抓,既要有宏观的研究,还要进行切实的微型调查。现在我想讲一讲"微型"的研究。微型研究就是在一定的地方,在少数人可以直接观察的范围内,同当地人民结合起来,对这地方的居民的社会生活进行全面的研究。这种微型研究是过去社会人类学常用的方法。我们也做过这种研究,比如我的《江村经济》、《禄村农田》等都是例子。但是在少数民族社会调查中还不多,而且也不够"微",也没有能体现"型"的特点。"微"是指深入到生活的实际,而不是泛泛地一般化的叙述,要做到有地点、有时间、有人、有行为,这样才能说是"直接的观察"。"型"是指把一个麻雀作为一个类型的代表,解剖得清清楚楚,五脏六腑,如何搭配,如何活动,全面说明;而且要把这个麻雀的特点讲出来,它和别的麻雀有何不同,为何不同等等。这样的"微型"研究是民族研究的基础,通过比较不同的"型",就能逐步形成全面的宏观的认识。

微型研究主要是要研究者亲身到要研究的社会中去调查,不能满足于发几张表格去填写的方法。他要如毛主席所说的,和被研究者交朋友,体验他们的生活,观察他们的生活,听他们发表的意见,拜他们为师。真正的在社会生活中的人才知道他所生活于其中的社会。他们才是研究社会者所依靠的对象,才是研究资料的来源。在殖民地上,在资本主义社会里,研究者和被研究者之间一直存在着利益的不同,所以研究工作存在着很严重的局限性。只有在社会主义社会里这种矛盾才能解决,这是我们社会主义的优越性,因为研究者和被研究者在社会主义社会里利益是一致的。社会调查是用科学的方法帮助人自觉的过程,就是帮助人自己能明白自己的社会生活的道理。在这个前提之下,我们可以发展我们真正微型的实地调查。要进行实地调查,必须有一定的科学训练。我们要观察实际的活动,正确地把观察到的事物记录下来,要定性,又要定量,这些研究的资料必须提高到科学水平上。每一个数目字,每一件事情都要说明是从哪里来的。如果是我自己看见的,自己要负责任。如果是用人家所说的,要说明是谁说的。一切数目字都要有出处。文章必须自己写才能写得好,这也是一个作者的道德问题。我认为我们在过去的一段时间里,确实滋长了一种坏风气,就是做领导研究工作的人利用这个地位,指派别人代笔。我们这个研究所,当时还叫研究室,有个师傅当了领导,就这样干过,要几个笔杆子替他写文章。有时候也有人在别人写的文章前加一个自己的名字。这种风气我认为是不好的。

我们做导师,指导别人做研究工作,是叫我们帮助年轻人学会怎样做研究,怎样写文章。我们要求有助手,助手是帮助我们做具体的工作,不是请他们来代自己出成品。美国大学里有些教授就利用研究生和助理为他工作，那是资本主义的剥削关系，我们不应传染这种恶疾。做指导工作，既不应当掠夺别人的成果，也不应当硬要别人接受自己的意见。导师的责任是在把自己的想法告诉受指导者，至于受指导者是否接受这种想法，那是不能强制的。导师也不应当替受指导者去写论文，那是没有好处的，因为这样做并不能培养人，受指导者一旦离开导师就寸步难行了。跟导师做论文的人就得有自立的精神，自己要有创造性才行。

我为了要推进民族研究，有责任把自己的看法提出来。今天把有关瑶族的一个宏观的设想提出来就是为了这个目的。可是你们接受不接受，那是你们的事。谁听了得到启发，向这方面攻关，得到的成绩应当归功于他，他也可以在文章中实事求是地提到他这种研究是受到谁的影响。在这样的风气之下，研究工作者的积极性就出来了，责任性也出来了。也许可以说这是研究工作的责任制。我希望能逐步树立起这个风气。

现在让我讲一讲我们计划中的大瑶山调查的经过。

1978年夏天我去参加庆祝广西壮族自治区成立20周年时到大瑶山走了一趟，产生了再去瑶山调查的念头。既然我在1935年去调查过，不妨利用这个基础进一步深入研究。我初步考察了一下，想到很多值得研究的问题。第一个是上面已说过的瑶族的形成问题。各个民族的形成可能有不同的过程。在这里很清楚，不同语言、不同来源的人，大家认为自己是瑶族，而且组织成了一个共同体，互相合作，有了共同意识，可是它里面还容许不同的个性存在。从这个实例里面可以看出一些规律来，不仅适用于金秀的瑶族，也可能适用于中华民族。

第二个值得研究的是少数民族从孤立到合作，从关闭到开放的过程。这是当前少数民族共同的经历。过去因为民族不平等，汉族压力太大，少数民族不得不以关闭为主；现在民族平等了，少数民族要发展，必须与先进的汉族合作。这个弯子怎么转？这里不可避免地会出现很多问题。我们实行民族区域自治，也就是要解决这个问题。各民族在这个从关闭到开放、从对抗到合作的过程中发生的问题也不可能一致。我们应当找出各种模式。我想，瑶族这个民族有它的特点，可以作为一个类型来进行研究。

过去我们从50多个少数民族的共同之处着眼，我们的工作也常常有一般化的倾向。这几年的具体工作里面已经发现"一刀切"是会犯错误的,所以现在已注意要区别不同的类型。有的是林区,有的是牧区,有的经济上相当发展,有的却还是很落后。不区别对待,就不容易做好工作。但是怎么样分类?这就需要我们深入研究了。

瑶族这个类型有它的特点:历史上曾经是一个很大的民族,后来在具体的历史条件下,打散了,在山区里流动,进行游耕经济、依靠险要与外界阻断以自存,结果是闭塞和落后。这种民族自己没有文字,它的文化怎么发展?这就要具体分析。为了一个民族的发展前途,不应安于被照顾,美洲的印第安人是前车之鉴:美国和加拿大现在确是花不少钱把印第安人养了起来,可是越养问题越大,精神状态都失常了。一个人要有自己的志气,民族也要有个志气。我们要提倡并创造条件使各少数民族靠自己的力量发展起来。但是他们底子薄,需要先进民族的帮助,既要帮助又要自力更生,这又是个要研究的问题。

民族工作要根据各民族的特点进行。我们做民族研究工作的人就有责任根据各民族的具体情况进行分类。分类就是要掌握个性和共性。我们要从各民族的历史形成的具体条件、发展的前途来区别不同的少数民族。这种研究才能适应今后的民族工作,使得民族工作改变一刀切或放任自流,而逐步地做到因族制宜,按实际的具体情况区别对待。我在上面提到的瑶族可以代表一种山区民族的类型。这个类型可能包括苗、瑶、畲等民族。以这个类型来说,它们有许多共同之处,这些共同之处又和其他民族有所不同。对整个中华民族来说,它们可以说属于同一类型,因为它们具有共同的特点,但是在它们之间还有它们各自的个性,相互不同。这种分析是我所说的宏观和微型相结合的研究。

我们这次调查研究,不准备大规模搞。过去一来就搞大规模的研究组织。我们现在没有这个条件。我们搞小的,小的可以搞得扎实一点。而且,这是个试验,就是搞不好,损失也不会大。所以我们先请中央民院出一位研究人员去开展这项工作,花两年时间,开个头,试一试。同时我想一定要和广西民院拉上关系,将来这个地区的民族研究主要是要广西去搞的,所以又请广西民族学院出一个人参加。我还希望有一个当地的瑶族同志,能帮助我们建立关系,为研究工作创造好的条件。这样组成一个三人的队伍。他们先是了解金秀自治县总的面貌,包括五个民族集团的情况。从全面一般的了解中,发现了上面讲到的金秀自治县的区划问题。1981年第二次去调查时,他们提出集中一点,搞微型研究。我很赞成。他们挑选了一个盘瑶的村寨。当时我并不明白盘瑶在瑶族里边的地位。后来看他们的调查,才想到盘瑶可能是瑶族的主干,就是说,在历史上这一股由淮河流域南下的移民,开始时可能就是盘瑶的先民,他们在移动中,一路吸收其他的集团,形成现在的瑶族。

盘瑶在经济上也表现了瑶族过去的共同特点,就是经营刀耕火种的山地农业,他们不断流动,也可以称作"游耕"。他们没有长期固定的村寨,不能定居下来,不断迁移,前锋一直达到泰国。但是解放以后情况有了变化,游耕已逐步向定居转变,这对瑶族是个重要的历史性的转变。因之挑定盘瑶村寨进行微型研究,我觉得很好。同时我建议他们从这基点入手,能做多少做多少,不要希望一步登天。我们要承认水平不高,要下决心在实际工作里边锻炼,能有一点成就就肯定一点。他们在一个村子里住下,做了两个多月的实地调查。

金秀自治县的瑶族一共有五个集团,盘瑶只是其中之一。盘瑶里边我只调查了一个村子。通过对这一个村子的调查,我们有了一个底子。这个底子至少比以前的调查要深一些了,可是他们不能代表整个盘瑶。我们还得以此为基础,去看看其他的盘瑶村寨,有什么不同的地方。盘瑶散居各地,从广东一直到云南。我们打算跟着这条线找几个点进行调查,看看他们有什么差别,这些差别是怎么形成的。我们也打算与此同时,对金秀瑶山的其他四个瑶族集团进行调查,其中有两个同盘瑶相近:一个是坳瑶,另一个是山子瑶。他们的经济条件基本相同,语言相近。可是为什么有不同的名称呢?是不是由于他们不同时间进山,来路不同?我们还要分别地进行了解。此外还有两个集团:一个是花蓝瑶,一个是茶山瑶。花蓝瑶是王同惠在1935年调查过的,现在再调查一下看看有什么变化。另一个比较重要的是茶山瑶。茶山瑶在这个地区的瑶族中地位最高,势力最大,我们还要去人调查。我们将先从微型调查入手,然后综合五个集团的材料进行研究,看看他们是怎样形成一个共同体的。这样才能把金秀的调查初步搞个段落。以上是我的设想。我愿意从头到尾帮助同志们完成这个调查研究。我自己年纪大了,跑不动了,要我自己去实地调查是做不到了。

总的说来,瑶族的研究,我们已走了一步。第二步要分两个方向前进。一是以盘瑶村寨的微型研究为基础,按盘瑶的分布,追踪前进,搞清瑶族的主流；一是在金秀研究其他四个瑶族集团，特别要以茶山瑶为重点，搞清楚他们之间是怎样合成一个共同体的。我的任务是为这个研究创造实现的条件，并尽我的能力指导这项研究。我希望已经投身到这个研究计划里去的同志们继续坚持下去，我还希望有其他同志参加。

1981 年 12 月 7 日

本文系作者在中央民族学院民族研究所座谈会上的讲话。载《中央民族学院学报》1982 年第 2 期。

为什么要开展民族学研究

胡耀邦同志在庆祝中国共产党成立 60 周年大会上的讲话中说:"我们大家对现实中国的国情,对建设社会主义的客观规律,不是已经懂得很多,而是懂得太少了。"这里说的中国是包括着我们国内所有 50 多个民族都在内的。在这许多民族中,我们懂得特别少的是我国的少数民族。为了实现社会主义现代化,我们必须大力加强对中国国情的研究,而其中对少数民族历史和情况的研究更是当务之急。

我们的国家很早就是个统一的多民族国家。但是解放前,我们国家里的各民族并不是平等的。在封建王朝的民族压迫制度下,少数民族一般被视作"化外之民",甚至得不到人的待遇。即使在承认"五族共和"的民国时期,少数民族还是低人一等。国民党反动派当权时,竟然公开否认少数民族有自己的民族身分。因之,根本谈不到民族研究。

中国共产党在马克思主义的指导下,一开始就提出民族平等团结的纲领。在北上抗日的长征中,在和少数民族的接触中,逐渐了解了他们的风俗习惯、宗教信仰和相应的社会制度,制定和执行了党的民族政策,受到了各族人民的热烈欢迎和支持。尽管当时累积的知识还是零星的、不全面的,但是,应当说是民族研究的开始。

新中国成立后,我国各民族获得了平等的地位。我们党把马列主义民族理论同我国的国情相结合,制定了在少数民族聚居的地方实行民族区域自治的政策。这时,我们就感到对少数民族的知识远远不能适应形势发展的需要了。在解放初期,我们对少数民族的情况确实懂得很少。即以我们这些做民族工作的干部来说,也说不出我们这个民族大家庭究竟有多少成员,搞不清楚哪些地方聚居着哪些民族。至于各民族的经济、政治、文化等情况了解得更不深入了。

总之，没有调查研究既无法制定、完善党的民族政策，也无法执行政策，进行民族工作。

解放后不久，中央人民政府就派出中央访问团，除了到民族地区宣传民族政策外，还进行民族调查研究，了解各民族地区的基本情况。汇集了访问团在各地的调查资料，我们才开始对我们民族情况有了比较全面的认识，使我们在召开第一届全国人民代表大会时，全国各主要的少数民族都取得了应有的代表权，在我们的国家体制上正确反映了平等团结的民族大家庭的实质。

与此同时，为了促进各民族文化教育的发展，改革和创制少数民族文字的工作提到了日程上。在各访问团的民族调查的基础上，专门设立了少数民族语言文字指导机构，派出有语言训练的研究人员，进行了一次全国性的少数民族语言调查，开始了有计划的民族研究工作，不仅为各民族文字的改革及创制打下了基础，也为后来其他方面的民族研究开辟了道路。

当全国进行社会主义改造的时候，为了使各少数民族能按他们的具体情况，向社会主义这个共同目标迈进，我们对各少数民族的历史发展过程必须有更深入的认识。为此，于1956年全国人大常委会组织了少数民族社会历史调查组，对全国各地的少数民族进行一次比较普遍的实地调查，搜集了大量的调查资料，并在实践中培养了大批民族研究工作的人才，为后来各级民族研究机关的设立创造了条件。

回顾我国民族研究工作的这段历史，至少可以答复为什么要开展民族学研究的问题了。我们之所以研究少数民族，最根本的原因是在建立和巩固我们这个平等、团结、友爱、合作的社会主义民族大家庭。我们的民族工作需要民族研究；我们开展民族研究是为了要做好民族工作。也就是说，我们是理论与实际相结合的，知识为社会主义革命和建设服务的。

今后的民族研究工作我认为还是应当发扬这种精神。当前民族工作的主要任务是发展社会主义的民族关系，加强民族团结，切实帮助少数民族地区发展经济文化，培养和提拔少数民族干部。民族研究工作必须从这些主要任务出发，进行实地的调查和理论的阐发。

在发展社会主义的民族关系方面，就需要民族研究工作者正确地阐述历史上的民族关系，并区别于当前民族关系已基本上是各族劳动人民之间的关系的新情况，在新情况下出现的人民内部矛盾，则需要我们实事求是地进行调查研究，提供正确处理的依据，以达到加强民族团结的目的。当前特别重要的是要促进少数民族地区的经济和文化的发展。现在我国各族人民已经取得平等的权利，但是要实现这种权利还有待于在经济和文化上能实现事实上的平等。在经济和文化上我国各族由于历史的原因至今还是不平衡的，有些民族之间的差距也是相当大的。要把我们的国家建设成为现代化的、高度民主、高度文明的社会主义强国，必须逐步缩短以至消灭各民族之间的差距。因此，当前的民族研究工作必须密切配合这项任务，发动各项学科进行综合调查研究，使少数民族地区的社会主义建设能有计划的发展起来。在少数民族地区的经济文化发展中，少数民族的文化教育工作是决定性的关键所在。没有少数民族自己的民族干部，少数民族地区是发展不起来的。怎样根据各民族的特点来培养政治、经济、文化建设中必需的民族干部是一项重要的研究课题，其中包括语言文字改革和创制，根据实际需要发展有关的科技教育，因地制宜地建立各族的教育体制等等。

我们的民族研究是以马列主义、毛泽东思想为指导的。这是必须坚持的原则。我们必须密切结合我们的民族实际去推进关于民族研究的理论工作。正如胡耀邦同志在庆祝中国共产党成立 60 周年大会上的讲话中说的，"马克思主义的理论是我们革命者的行动指南，而决不是要人们去生吞活剥的僵死教条。一切忠于马列主义的革命者，有责任不使它同社会生活隔绝，停滞不前、僵化枯萎，而必须以新鲜的革命经验丰富它，使它保持旺盛的生命力"。在民族学研究的园地里，我们有责任把马列主义、毛泽东思想推向前进。我们中华民族有这样悠久的历史，我们这个民族大家庭有这样众多的民族成员，拥有这样广大的土地和这样优秀的人民，在建立现代化的社会主义强国的过程中，必然有前人没有遇到过的问题，各族人民在中国共产党的领导下，同心同德，百折不挠地解决这些问题所取得的经验，必然会丰富马列主义、毛泽东思想关于民族问题的理论，为世界上各族人民提供宝贵的借鉴，这是我们为什么要开展民族学研究的远大目标。

1982 年 3 月

原载《民族团结》1982 年第 3 期。

谈民族调查工作的微型研究

社会调查，是党的优良传统。我们的民族调查，要适合具体的民族工作的要求，深入实际，实事求是地看中国的变化。宏观的研究和微型的研究，需要很好结合起来。中华民族又分又合的历史过程不可能作具体的观察，许多关键性的问题，只能通过文字记录、遗留的文物，以及现有的风俗、习惯、传说和信仰等去推考，但是如果从微型的具体实况来观察各民族间又分又合的关系，那就可以丰富我们对中华民族的形成和变化过程的理解，充实我们对民族问题的理论认识了。

过去的民族研究，是按民族的单位，孤立起来一个一个的研究，在方法上虽然有其长处，但是也有它的局限性。今后需要和宏观的研究配合起来，既要有宏观的研究，还要进行切实的微型调查。

从宏观研究来说，中华民族所在的地域，至少可以大体分成北部草原地区、东北角的高山森林区、西南角的青藏高原、藏彝走廊，然后是云贵高原，南岭走廊，沿海地区和中原地区。这是全国这个棋盘的格局。我们必须从这个棋盘上的演变来看各个民族的过去和现在的情况，进行微型的调查。

微型研究，就是在一定的地方，在少数人可以直接观察的范围内，同当地人民结合起来，对该地区居民的社会生活进行全面的研究。这种微型研究，是过去社会人类学常用的方法，但在少数民族社会调查中还使用得不多，而且也不够"微"，也没有很好体现"型"的特点。"微"是指深入到生活的实际，而不是泛泛的一般化的叙述，要做到有地点、有时间、有人、有行为，这样才能说是直接的观察。"型"是指把一个麻雀作为一个类型的代表，解剖得清清楚楚，五脏六腑，如何搭配，如何活动，全面加以说明，而且讲出特点，它和别的麻雀有何不同，为何不同等等。这样的微型研究，是民族研究的基础，通过比较不同的"型",就能逐步形成全面的宏观的认识。

微型研究主要是要研究者亲身到要研究的社会中去调查,不能满足于发几张表格去填写的方法,要和被研究者交朋友,体验他们的生活,观察他们的生活,听他们发表的意见,拜他们为师。在资本主义世界,研究者和被研究者之间,存在着利益的不同,所以研究工作存在着很严重的局限性。只有在社会主义社会里,这种矛盾才能解决,这是我们社会主义的优越性。因为,研究者和被研究者,在社会主义社会里,利益是一致的。社会调查是用科学的方法帮助人自觉的过程,就是帮助人自己能明白自己的社会生活的道理。在这个前提之下,我们可以发展我们真正微型的实地调查,正确地把观察到的事物记下来,要定性,又要定量,每一个数目字,每一件事情,都要说明是从哪里来的,同时对这些研究的资料,必须提高到一定的科学水平上。

我们民族工作要根据各民族的特点进行。我们做民族研究工作的人,有责任根据各民族的具体情况进行分类。分类就是要掌握个性和共性。我们要从各民族的历史形成的具体条件、发展的前途,来区别不同的少数民族。这种研究才能适应今后的民族工作,使得民族工作改变一刀切或放任自流,而逐步做到因族制宜,按实际的具体情况区别对待。

1982 年 4 月

原载《民族文化》1982 年第 4 期。

深入进行民族调查

今天，在座的好多是少数民族同志，有西藏的藏族，新疆的维吾尔族，东北的朝鲜族，北方的蒙古族和南方的壮族、苗族、土家族等。大家希望我讲一讲。我就谈谈如何深入开展民族调查的问题。

首先，我们回顾一下 30 多年来所搞的民族调查工作。我是 1950 年到贵州的，从那年开始就搞民族调查。在这以前，什么叫少数民族，我们也不大清楚。通过中央访问团的几次调查，搜集到不少资料，了解了有些什么民族，但是还不全，不很清楚。后来，中央组织了几次调查。1956 年，全国人大常委组织一次规模较大的少数民族社会历史调查（包括全国少数民族语言调查在内），加上解放前红军经过少数民族地区也调查了一些基本情况，所以，我们手头有了一大批资料。总之，过去 30 年的民族调查工作，我们国家是花了钱花了力的，各个民族都出过力。我们搞了不少资料，数量很大。可是，这一大批资料很多都不在了，在"四人帮"横行时损失了。据我所知，贵州烧得很厉害，一卡车一卡车的资料拉去烧掉了，别的地方也损失了不少。这样，现在剩下的材料就很宝贵了。正是因为这个教训，所以在三中全会之后，国家民委就提出来，要抓紧时间把过去的材料整理出来，要编五种丛书，供大家使用。现在已经印出来不少了。你们中南也有任务吧？赶紧把这个工作做完，因为我们还要再走一步。

下一步怎么走？我考虑了这个问题，我们不能停留在以前的水平上。最近，我到了昆明、成都，也同他们谈了这个问题，谈得很好。他们说，过去我们一个省一个省地搞，一个民族一个民族地搞。而中国少数民族有它的特点，就是相互关系深得很，分都分不开。这话说得很好。以壮族来说，壮族同汉族就很难分嘛。我 1951 年到广西，壮族就说"我们是汉族"。这是为什么？因为长期以来，在大汉族主义之下，民族意识受到压制；另一方面，的确壮族同汉族分不大清楚，长期以来接受了相同的文化。至于其他民族也一样，只是程度不同而已。譬如，广西龙胜的侗族与壮族就很相近，互相通婚，有血缘关系。因而民族与民族之间分开来研究，很难把情况真正了解清楚。所以，我主张最好是按历史形成的民族地区来进行研究。

我们在前几年还提出一个民族识别问题，因为现在有好多人对他们的民族成分提出疑问，要求识别。如四川省西北部平武、松潘一带，有一支白马藏族，过去对外都称藏族。据说，这个称呼是这样来的：解放初，他们选派了一位代表上北京，是个老大娘。毛主席接见代表们，问她是什么族？毛主席一问，老大娘很紧张，话也说不上来，旁人就替她说，是藏族。毛主席又问："是不是藏族？"她说："是，是。"她自己什么族也不清楚，真的搞不清楚。后来，一部电影上有这个民族，称作藏族。他们就说，我们不是藏族，我们同他们不一样，语言不同，服饰不同，也不信喇嘛教，怎么说我们是藏族？过了这么30多年了，他们有了自己的知识分子，现在提出民族识别的要求。这些人究竟是藏族的一部分，还是另外一个民族？如果是另外一个民族，又是什么族？这样的情况，有几十个，要求我们来识别。我们就把要求识别的民族排排队，看一下，发现他们大多是夹在几个大民族中间。譬如，上述的白马藏族就是夹在藏族、彝族、汉族这三者中间的一个族。你说它是藏族，又不完全是，你说不是，它又很多地方像藏族。藏族说它是藏族，嘉戎也是藏族，它同嘉戎很近。我们应当从历史上来看这些人的所有经历。民族固然是个稳定的人们共同体，但也是在变化的，不是一成不变的。民族有个形成过程，不断变化的过程。

我现在是汉族，这不成问题，但我的祖宗是谁？人家说我不像汉族，汗毛这么多，胡子这么多，体型也不对。我就去查书；我是吴江人，吴江在江苏太湖的东边，再往东就是大海，吴江就在太湖与大海之间。从前日本海盗——倭寇就是在这一带上岸的，一直打到了吴江。明朝大将戚继光在这里抵抗倭寇。兵不够怎么办？他从广西、湖广调来很多俍兵、土兵参战，在王江泾这个地方把倭寇打败了，是历史有名的一个战役。王江泾现在还在，就在我家乡附近，仗打完了，这批人呢？书上没有记载。这批人中很多人大概没有回去。以前打完仗就不管了，哪像现在这样，还有复员、转业啦！日本人也回不去了，逃不走了。我小的时候，常摇船到一个叫黄天荡的地方去玩，那是个湖区、水乡。那里很多人的风俗习惯同苏州城里不一样：鞋不同，穿绣花鞋，衣服也不同，男的穿裙子，叫"战裙"，打仗穿的裙子。这里的妇女，夏天可以不穿上衣。我没有去了解他们是不是还保留着自己的语言，也没有去了解他们的传说，所以不知道他们的来历。这些人很可能是当时留下来的人。那么，我同他们有什么关系？这就不清楚了，很可能原来是少数民族，后来变成汉人的。

像上面所谈的情况，到处都有，特别是在各民族交错的地方。以前不是藏族的，现在变成了藏族，现在是藏族的，若干年后也可能不是藏族。所以，我感到白马藏族所在的地区，正是一条民族接触的地带，这个地带是夹在汉族、藏族、彝族三者的中间。你们藏族曾经打到过长安，现在的西安，北面到新疆。我们不能只看到现在，只有历史才能说明问题。说明为什么有个白马藏族，为什么它像藏族，又不像藏族。一会儿又说是羌族，现在在它的南面就有一个茂汶羌族自治县。那么，羌族同藏族是什么关系？同彝族又是什么关系？从这些情况可以看出我们这个民族大家庭的复杂性了。

我们过去30年的调查研究没有讲到这个问题；你们可能也知道这种情况，但是不具体。因为那时就是一个民族一个民族地研究，写它的历史，不是从一个整体、从中华民族这个整体来看，各民族间的往来变动，怎样影响它们的形成、合并和分化。有时两个民族碰在一起，融合在一起了，但有些却合而未融，又好像融合了，又好像没有融合，融合的程序可以不同。这方面我们都没有研究，不是从历史唯物主义的观点，从动的、变化的观点来看问题，什么原因这样变，什么原因那样变，我们过去都没有很好的研究。在我们研究白马藏族的识别问题时，听说在贡噶活佛的老家，甘孜北面的一个乡，那里的人，出来讲藏话，回家讲另一种话，别人听不懂。我们调查组去调查，说的确是藏语，但他们在家里却不讲藏语。这种情况据说并不少，出来讲一种话，回家讲另一种话。很可能他们以前都是讲现在家里讲的那种话，后来同藏族接触，接受了藏族的语言，但保留了它过去的一部分东西。如果我们能调查清楚他们在家里讲的是哪一个民族的话，就知道他们原来是什么人了。这个研究方法有点像考古学里所用的地层定期法。过去的文化也可以一层一层地沉积在现在的生活中的。

上面所讲的那个地带就是我所说的历史形成的民族地区，我也曾称它作藏彝走廊，包括从甘肃到喜马拉雅山南坡的洛瑜地区。洛瑜地区的民族构成，外国人搞不清楚。这里发现有水田技术很高的阿帕达尼人。他们从哪里来的呢？我从照片上看，他们头上也有一个髻，同彝族的"英雄髻"很相似。语言我们还不清楚，没有材料作比较研究。再下去到缅甸北部、印度东北部的那加地区。这一带都是这一相似类型的民族，看来都是这条走廊里的民族，都在藏族和彝族之间的地区里。

藏族是以拉萨为中心，慢慢扩大的。嘉戎话同拉萨话就不一样。这同汉族一样，汉族也是很多原来不同的成分聚起来的，有几个中心。力量小的时候也会被人家拉过去，来来去去，特别是边上的，这里面就有好多很有意义的历史留下来的东西了。我们就是要把这些现象作为一个整体来看，从历史上看下来，从他们现在的语言、体质、文物、社会结构、风俗习惯、神话、传说等等，综合起来，进行考察。假如我们能把这条走廊都描写出来，可以解决很多问题，诸如民族的形成、接触、融合、变化等。我是在1979年提出这个问题的。现在，四川、昆明的同志们准备开始研究这些问题了。西藏也参加了。调查的地区称作六江流域，就是长江上游的金沙江等六条江；从甘肃下来，一直到云南怒江、西藏的洛瑜地区。这就不是一个省，而是几个省几个自治地方联合调查。这个计划，领导上很支持，说很好。但是不是那么容易，还要做很多工作，今年开始做起。我这次到成都、昆明，他们第一批工作同志就要出发了，先下去看看，尝试一下。明年有点基础了，大家再来一起讨论。我有个设想，明年不妨办一次学习班，把民族调查的基本知识大家来学一下，包括考古、历史、语言、社会等基本知识都要知道一点。学习班里少数民族、汉族都要有，民族调查一定要有本民族同志参加。以上讲的，是西南的那一条走廊。

另外一条是中南的走廊。我们正在广西金秀研究瑶族，这个地方的瑶族很有意思，同在这个大瑶山里的瑶族说不同的话，有些说的是侗话、苗话，但他们都讲他们是瑶族，而且有一个共同的组织——大石牌。他们的语言不同，就说明他们曾经是不同的集团。历史上不知什么时候一批侗族跑到山里来了，不同时候又有一批苗族进来了，都在这个山里，他们联合起来共同守卫这个山区，以求生存，经过长期的合作形成为一个民族，都叫瑶族。那么，瑶族中有没有一个主体瑶族？有没有原来就是瑶族的人呢？我看可能是有的。很久以前有一支瑶族，从什么地方跑到南岭山脉。他们同苗族一定有很深的关系。因为苗族同瑶族的语言基本上是一样的，属于一个语族；但是苗和瑶什么时候分开的呢？现在还搞不清楚。分开后，在地域分布上有一条界线很清楚，贵州没有瑶族，这话不知对不对？广西的苗族都分布在北部和贵州接壤的边上，往南就没有了，只有瑶族了。为什么明明是讲苗语的人却叫瑶族呢？南丹的白裤瑶究竟讲什么语言？同苗族有什么关系？我很想知道。苗族里面也很复杂。你们壮族一样，里边也很复杂。每个民族都是这样。怎么分开来？怎么合起来？分到什么程度，合到什么程度？再者什么叫民族？民族怎样形成的？汉族怎样形成的？过去我们脑筋很死，不够解放，好像民族死得很，就几条。几个条条一套，套不上就没有办法了。这不是一个实事求是的态度，不是历史唯物主义的观点。历史观点，实事求是的态度，就要看变化，从现在正在发生的一个巨大变化里，看出民族将来会变得怎样。这样的研究现在还刚刚有点萌芽。有些人想到需要这样搞了，不能满足过去那一套了。不是过去做错了，而是现在要升级了，一年级升二年级了。二年级的功课怎么样，至少可以看出来，不要局限在一个民族一个民族，不要局限在一个省一个省，不要局限在一个学科，要联合起来。要从实际出发来看我们研究民族问题的地区应当包括哪些地方。要各个学科合作来解决一个问题。要求越来越高了。可是我们一个人不可能什么都懂，要各个学科合作，考古、语言、历史、体质人类学以及我们的社会学，综合起来研究解决这些有关中华民族的形成问题。这样，我们也许可以比过去认识得更清楚一点，可以更清楚我们各民族之间的关系。

我这次到西南地区，同云南和四川的民族研究工作者谈了这个问题。本来我想花点时间在中南也鼓吹一下，广西、湖南、广东这几个省区能不能把南岭山脉这一条走廊上的苗、瑶、畲、壮、侗、水、布依等民族，即苗瑶语族和壮傣语族这两大集团的关系都搞出来。这里各种民族有其特点。山区民族就同傣语系各族不一样，今后发展的前景也不同。他们是住在山里边的，所谓"无山没有瑶"，山上边都有瑶族。可是瑶族同瑶族又不一样，情况很复杂，必须深入调查研究。

西北地区还有一条走廊，从甘肃沿"丝绸之路"到新疆。在这条走廊里，分布着土族、撒拉族、东乡族、保安族、裕固族等等，他们是夹在汉族、藏族、蒙古族、回族中间。有的信喇嘛教，有的信伊斯兰教；有的讲藏语，有的讲蒙古语，有的讲突厥语，也是很复杂的，不容易处理。有些民族讲两种语言。上述几个复杂地区：一条西北走廊，一条藏、彝走廊，一条南岭走廊，还有一个地区包括东北几省。倘若这样来看，中华民族差不多就有一个全面的概念了。所以，我在一篇文章中提出来，我们需要一个宏观的、全面的、整体的观念，看中国民族大家庭里的各个成分在历史上是怎样运动的。

今天，我同你们吹一吹风，以四川人的说法，叫摆摆龙门阵，希望你们把自己的眼光扩大一些。上面所讲的这些，也就是民族社会学。民族社会学就是对少数民族社会的调查研究。在调查研究中，以前是一般的，看见什么记什么，像写新闻报道一样，现在应该提高一步，有点计量的，有点比例的，有点数目的，准确一点。你们这次至少学到了这一点，处理资料不能没有数目，要有一个轻重、多少，要有一个比例。以前，我们喜欢把几个突出事例讲一讲，结果搞出了片面性和扩大化。但是，点面怎样结合？点面结合要说明局部在全体中的地位，最好用数量表示出来，这样就比较准确一点，更能反映实际。譬如，我们今天在这里开会的人属于 10 个民族，这样说还不够，还应该说汉族有 8 个，藏族有 3 个，苗族有 1 个……还有一个蒙古族同志，她的父亲还是汉族。这就是有数量了，情况反映准确了。

去年，我到广西龙胜各族自治县去了一趟。我发现，壮族、侗族与苗族、瑶族的距离越来越大了，建设四化，怎样缩小少数民族与汉族的差距，这是一个问题。现在，必须赶紧从文化教育上面去抓。以前，在民族压迫时代，少数民族与汉族疏远才能生存，例如瑶族住到山里去了。他们固然生存下来了，但是关在高山上，经济文化就落后了。现在民族平等了，但原有的这种思想一下子还转不过来。民族之间还有隔阂，有距离，加上"四人帮"又捣乱一下，有些地方隔阂更深了。解放初期，50 年代，我们的民族关系的确是好的。正因为有 50 年代的党的民族政策和民族团结，"四人帮"搞得这样，大家还没有离心，还是团结在一起，甘苦与共，我们中国的各民族是离不开的。我刚才讲了很多，说明历史上就是一个离不开的局面。可是，过去的历史很复杂，在民族压迫制度之下，少数民族很困难，又离不开，又不敢同汉族在一起。所以，距离很大，隔阂很深。现在不同了，要转过来，要进步必须同步前进；要现代化就得一起现代化。民族之间一定要加强联系。现在很清楚，离开汉族，离开这个比较先进的民族，少数民族就要落后，就没有出路。搞四化建设汉族也离不开少数民族。所以，我们要做民族团结工作。这次宪法上有一条很重要，提出各民族间要有一个通用语言。当然这一条有个前提，就是首先要保证少数民族有使用和发展本民族语言、文字的自由。在这个前提下，才能有一个通用语言，否则少数民族就不容易接受。有了个通用语言对少数民族经济文化的发展大大有利。不妨想一想，每个少数民族都要把所有用汉文写的书都翻译过去，事实上是做不到的。现在我们汉族已感到，翻译是一个大问题，外国很多先进的东西翻译不过来。所以，我们各民族要有一个通用语言，从语言上讲，它是汉族语言；但在汉族语言中，它又是普通话。搞现代化，要有知识，知识要有一个媒介，要通过文字，以汉语为通用语言有利于缩小差距，共同发展，少数民族和汉族就像十指一样离不开的。离不开并不是同化，各族还得有发展个性的自由，各个民族各有它的特点。这是个辩证关系。我们现在就要想办法，在现代化过程中不能扩大民族间经济文化上的差距，要缩小差距，这个问题很大。上次我到新疆去，新疆的同志大家都同意：汉人不能走，汉人离开了，马上出现问题，中学里教员不够了，数学没有人教了，孩子们怎么办？各民族就是离不开。这是双方面的，少数民族要欢迎汉族，汉族要为少数民族服务。也就是说，不能分开。

今天晚上，我有机会和少数民族同志们见面，十分高兴，但是时间不多，就讲到这里吧。

1982 年 5 月 27 日

本文系作者在武汉华中工学院社会学研究班及中南民族学院部分少数民族学员座谈会上讲话。

抓紧民族问题五种丛书的出版

同志们在编写民族问题五种丛书方面做了许多工作。过去李维汉同志讲过，我们50年代、60年代到民族地区进行社会历史调查所得到的这批材料很重要，要抢救这批材料。现在看，越来越感到这批材料重要。回想起来，我们同志们在这方面的工作是有成绩的。这批材料，是人类的共同财富，不仅我们中国人需要知道，外国人也需要知道。我们同志们经过调查得到了这批材料，是对国家做出了贡献。让我们后代也能利用。对这批材料，我们先把它整理出来再说，要快一点。我们是刚刚起步，水平不高，这也不要紧，不怕起步低，就怕进步慢。我们先把这些东西弄清楚了，就可以往下走了。我们得走紧把这五套丛书写好。首先是一本概括的总论《中国少数民族》，现在已经出版了，我认为把我们所知道的东西都概括到里面去了。书里边可能有很多缺点，不少不正确的地方也不要紧，将来让人家去批评、修改嘛！这是个不容易的事情，在国内国外起了很大的影响。我到日本去，他们提出要翻译，马寅同志同他们谈了。他们还同我商量，愿意把五套丛书全部包下来翻译。我想到我们的水平还不那么高，感到还需要再研究一下。先把这一本翻出来再说，这本书不过代表我们现在已有的水平，今后还得提高。可是至少从这本书里，对我国的少数民族可以看到一个全面的轮廓。多多少少可以看到一些各少数民族的情况，比30年前一笔糊涂账好多了。

第二是语言方面。我们在这方面的基础比较好，抓民族语言是有成绩的。少数民族语言的研究从无到有，是不容易的。过去，周总理对这项工作抓得很紧。要民族学院在短期内开办少数民族语文系。50年代初期，民族学院所开的少数民族语文课有十几种。30年来，已经培养了不少人才。所以有条件把各民族语言简志比较快的编写出来。

第三是民族史。解放初期,民族学院要开民族史的课,没有人讲,我去讲了一年,那时水平是很低的。现在比当时提高了,已经可以为各民族写专史。知识必须要积累、要传播、要交流,不能停顿。先把已有的知识整理出来,把这一笔账弄清楚。关于各民族的历史到现在为止,已完成了原定计划的一半了,再加把劲就差不多了。当然问题还不少。但只要我们准备采取修改的态度,经过大家商量,如果还有不同的意见也可以写上。我们研究少数民族历史时所用的资料,还是以汉文为主,加一点传说。考古方面发掘的出土文物资料利用得还不多。许多少数民族文字资料还没有整理,许多文物还放在仓库里,可能要坏了,这些事情我们必须想办法。不然,很多人花的心血、花的功夫,国家花的钱,会白白浪费的。研究少数民族历史,不能只靠汉文资料,民族文字的资料十分重要,这方面我们做得很不够。

关于研究少数民族历史我还有一个意见,想提出来请大家讨论。过去我们搞民族史大多是一个一个民族地整理,我看不如一个地区一个地区的搞。因为少数民族在历史上一向不是孤立的。如果把一个一个民族的历史分开来讲,就不免要重复。事实上要写50多本民族专史很困难。为什么呢?因为好多民族在发展过程中是密切结合的,互相离不开的。现在我们讲少数民族离不开汉族,汉族离不开少数民族,并不是从今天开始的,从前各民族就大家离不开。当然相互离不开不是说没有矛盾。有矛盾这个不成问题,甚至还打过仗,可是大家却离不开。所以一个一个民族来写很难写。如果要分几部分来写,还是以地区为单位比较好。所以我一听六江流域调查的建议,就表示支持。这是一个新的方向。在研究一个个民族历史的基础上面,我们要完成几个大区的民族史。民族地区是历史上形成的,不是我们自己划的。我国境内几个地区可以分得出来,大体上有西藏、西北、东北同西南等地区。云贵高原就是一片,各民族交叉杂处,你没有办法分。你硬要分,就越分越乱。我们不妨从六江流域作为一个地区开始作综合研究。南岭走廊也是一个地区。按地区去研究民族历史的方法,不是哪一个人想出来的,很多人在工作里面感到困难,才找到这条路子的。西北是一条走廊,其中有许多民族,有些民族有两种语言。这并不奇怪,因为这些民族来来去去,分分合合,在一定条件之下,不同来源的人融合成一个民族,但还各自保留着原有的语言。我们不要把民族看死了,在中国这样长的历史里,民族变化多端,你变成了我,我变成了你,我中有你,你中有我，而且有些合而未化，还保留了很多原来的东西。相见时说一种话，回到家里又讲另一套话，一个人可以说几种语言。以西方的现代民族的特征，来套中国民族，就要出毛病。我记得我们一开始做民族工作的时候，周总理同李维汉同志都叮嘱我们，不要硬套苏联的模式。他们搞联邦，我们搞区域自治。我们不能搞联邦制，不能套苏联模式。这不是说他们不对，他们是对的，那是由于他们的情况和我们不同。他们现代资本主义的发展比我们早，所以我们机械地向人家抄袭的话，困难得很，不好办。

民族究竟是什么意思？也要根据各国情况来说。在中国，我们对发展水平不同的少数民族都称作民族，不去分民族、部族、部落。那样分可不得了！这个很清楚，如果我们说这个是部落，那个是民族，有什么反映啊！所以我们要站得高一点，要看到整个中华民族的变化，要看这许多民族在整个中国历史上的变化。中华民族是一个不可分割的整体。中华民族这个整体又是许多相互不能分离的民族组成。组成部分之间关系密切，有分有合，有分而未断，合而未化，情况复杂。这个变化过程正是我们要研究的民族历史。我们第一步是把每个民族搞清楚，然后再一个地区一个地区地把这地区各民族的关系搞清楚，最后要把整个中华民族形成过程搞清楚。目前有些民族讲的是同一种语言，但是不承认是同一的民族。如把他们说成是同一个民族，他们不同意。他们对自己的民族有感情，这不完全是由于各民族有自己的特点，而是某种历史条件形成而遗留下来的。我们要把历史搞清楚，为什么有这种心理状态，这是一种长期形成的客观存在。把历史原因搞清楚了，这种心理状态也就会改变了。这样的研究，对我们民族团结会发生重要的作用。许多民族没有文字，人们不知道自己真实的历史，只有一些传说，而传说又常是由于某种历史原因形成和传播的。我们的少数民族有许多是由于过去民族压迫所打乱打散的，长期分开后成了不同的集体。如果能重新团结起来，不是对今后的发展更有利么？

五种丛书里还有一种是民族《自治地方概况》。听说有人觉得《概况》不好写，所以比其他几种进度较慢。在我看来，这一种比起其他几种更重要，因为这是直接为少数民族地区的发展服务的，要写好《概况》，我认为主要是要抓住物质文明和精神文明两个方面，也就是经济和文化。可以先从经济入手。我们要开发民族地区，要让少数民族富起来，首先要摸清楚他们的资源。少数民族地区到处都是宝，少数民族人民有许多经验。我们应帮助他们把经验科学地总结出来，为他们创造发展的条件。让我举个例子，我这几年去广西大瑶山访问过好几次，1982年我去庆祝金秀瑶族自治县成立20周年纪念，纪念会上他们大放爆竹，使我惊异。一问才知道他们这几年收入大增，有了钱，过节时就买爆竹放，甚至通宵不停。钱哪里来的呢？他们说现在八角、灵香草很值钱。这些都是瑶山原来就有的土特产，这几年引进了科学培植的方法，大丰收，所以有些村发了财。从这件事上我就想到少数民族地区的资源是十分丰富的。只要和科学知识结合起来，经济就可以大发展。可是现在很多宝大家不知道，需要我们调查，写《概况》不就是很好的开始么？开发少数民族地区的资源需要科学知识。许多少数民族由于历史原因文化不发达。所以需要有人帮助他们。发展经济，要有文化，要请老师，这就需要比较先进的民族去支援。写《概况》，我看更不能一个一个民族分开来说，必须从地区入手，而且要着重当地的民族关系。过去有人把少数民族工作看做是少数民族的工作，这个我看是不对的。民族矛盾的主导方面是汉族，汉族人多。汉族如果不讲民族政策，不理解民族问题，要搞好民族关系，发展少数民族地区，就不太可能。我们的研究工作，必须注意到这一点。我们不要把一个民族孤立起来看待，而要把民族关系，特别是汉族同少数民族的关系，列到我们研究的范围里去。这个话，我已说了两年，这是我的想法，不一定对，希望大家多想一想。

开发民族地区的资源，发展少数民族地区的经济，光靠少数民族自己来搞，在时间上太慢，所以必须各族共同合作。可是这里碰到很多难题，民族关系是其中之一。做得不好，会出很多矛盾；做得好，会大大促进少数民族的现代化。在这方面，我们既有好的经验，也有失败的教训。目前来说，许多少数民族由于受到过去盲目移民带来的损失，对外面进去的汉人不大欢迎，这是完全可以理解的。其实，凡是帮助少数民族发展的人，是一定会受欢迎的。1983年，我到黑龙江去研究人口流动问题。东北是个好地方。现在是1亿人，其中是三三开，解放时是3000万，自然增加3000多万，30年中移入3000多万。移入的多是强劳动力，对开发东北出了很大的力量。但是失败的教训也不少。有一些被称为"盲流"的，到处乱窜，扰乱治安。可是很多地方，特别是森林地区，这种人已成为一批不可缺少的劳动力，如果能安置得妥当，也可以发挥他们的作用。我们要开发少数民族地区，必须研究这一类的问题，就是怎样取得先进民族的智力、劳力、财力的支援，要使少数民族发展成现代民族。少数民族地区有丰富的自然资源,但是在智力资源上相对地说是比较薄弱的。我们要帮助少数民族地区建立自己的智力资源。通过实践,采用多种方法,使得汉族已有的知识,比较高的技术,能引进到少数民族中去。要做到这些,就要调查。我们的调查,不能离开两条红线:一条是民族团结,你离不开我,我离不开你;第二条是要发展、要现代化。少数民族怎么现代化?这个问题不能再拖了。要引进最新的技术知识来开发少数民族地区,可我们的基础较差,因此任务更大。我们必须团结进步,必须有知识的基础。认清这个目标,那就大有可为了。

1984 年 3 月

本文系作者在国家民委召开的民族问题五种丛书工作会议上的讲话。

民族调查工作不能脱离实际

我自己对五种丛书①的编纂工作出力很少。这五种丛书搞了6年，这是在三十几年工作的基础上的总结，真正踏实地搜集资料是在前25年。建国后，中国有多少个民族，我们都不清楚。毛主席在他的文章中列举了中国少数民族的名称，最后用了"等等"两个字。这"等等"二字给我们出了个问题。对这个问题我们搞了30年，现在大有进步，心里有了点数。如果有人问我们，我们连老底都不知道，每个民族是什么来历也不知道，怎样交待得过去。现在每个民族都至少可以讲上几句话。这是个很大的收获。

回想起来，我们为此花费了很多劳动。不仅是脑力，还有体力，搞调查要爬山呀！我在广西访问时就骑死了一匹马。经过很多人多年的大量劳动取得今天的成果，是值得安慰的。对我个人而言，也可以自慰，总算为党、为国家做了一些事。我们应该善始善终，把五种丛书的工作搞完。

我们为什么能取得今天这样的成果？我想有以下几点：

第一是党中央的重视。50年代，毛主席关心，周总理亲自抓，还有李维汉同志领导着我们干。1950年就组织了民族地区的访问团，大抓民族工作。当时宣传民族平等、团结是件大事情。因为过去历史上民族是不平等的，也不那么团结。中华人民共和国成立，一开始就在民族平等团结上做工作，用力量。当时搞这个工作是很受重视的，上面抓得紧，在很短的时间里做了很多重要的事。访问团把党的政策宣传到千家万户，落实到千家万户，使少数民族听到党中央的声音，听到民族团结平等的政策，一级一级地做下去，搞登门

---

① 五种丛书是：《中国少数民族》《少数民族社会历史调查资料丛书》《民族语言丛书》《民族简史简志丛书》《少数民族自治地方概况》。

拜访。

那时少数民族叫我们是"新汉人",改变了对汉人的看法。有的少数民族同胞说你们的祖宗对我们做了坏事,现在来向我们道歉了。我们有的同志想不开,说我们不是来道歉,做坏事的是封建统治者,我们不是。总理说,人家这么看你的,就是你的祖宗嘛!何况我们还继承了好多祖宗的思想。访问团的工作对民族团结起了很大作用。

粉碎"四人帮"以后,李维汉同志有一段讲话很好,他说:有一个现实问题可以研究研究。我们国家被林彪、"四人帮"推上了崩溃的边缘。但是它终究没有崩溃下去。为何没有崩溃下去?这个问题要回答。我们的兄弟民族大都居住在国境线上,所有这些民族在十年动乱中都被林彪、江青反革命集团整得很厉害,死了很多人。这样全国规模的镇压和摧残,在我国历史上在封建暴君的统治下也少有过。历史上许多少数民族为了反抗残酷的民族压迫,常常举行武装暴动。但十年动乱中整得这样厉害,却没有发生大规模的骚乱,也没有大批外流。内蒙古自治区整了几十万人的所谓"新内人党",他们不但没有暴动,据说也没有外逃。怎么回答这个问题?国家没有崩溃,人民特别是国境少数民族没有造反,是什么原因?我认为,主要的原因在于以往几十年间,由于马列主义、毛泽东思想武装起来的中国共产党和它的革命政策与革命行动,在各民族人民群众特别是老一辈的人民群众中,生长了牢不可拔的根底,成为抵制林、江反革命集团侵袭的基石和砥柱。就是靠了这些基石和砥柱,国家没有崩溃,人民没有造反。正是由于我们搞了多年的民族团结工作,各族人民才能真正做到了雷打不散,事实上证明了我们50年代所做的民族工作是有效的。

我记得刚刚成立中央民族学院的时候,有些学生不愿戴民院的校徽,怕人家说自己是少数民族,被瞧不起。现在不同了,民院的校徽戴出去,连买东西人家都招呼得好一些。说明民族平等的政策深入人心,这是个显著变化,我们确实建立起了一个人人平等的民族大家庭。

大家都参加了宣传党的民族团结平等政策的工作。我们的民族工作,是在这一指导思想下进行的,毛主席、周总理和李维汉同志都亲自抓过。当年组织访问团,宣传党的民族政策,我们这些人都下去跑,参加访问团的人也有献出了生命的。我们搞调查需要什么样的人?我看还得要有"一不怕苦、二不怕死"的精神的人。

中央民院办语文系时我们规定学生都要下去在少数民族中生活一年，没有一个不下去。只有到实地去调查，和群众接触，向群众学习，我们才有知识。要形成这样的风气。过去我们这样做了，出了成果，现在还应该把这一条坚持下去。

第二点，我们从事的研究工作不是脱离实际的，不是自己脑子里想搞什么就搞什么。50年代我们的调查目的很清楚，为制定宪法，搞选举。我们国家有多少民族？有多少人口？这是很具体的问题，我们搞民族识别不是空的。解放初，政协开会时，有的代表报藏族，有的报番族，有的藏族同志给毛主席写信说番族、藏族是一回事，应统一称藏族。我们政协会一开始就遇到民族识别问题。民族识别是我们当时必须做的事情。后来搞民主改革，也要根据实际情况制定政策，哪一个民族发展到什么阶段，这首先要搞清楚，不能主观主义办事。人大开会时，彭真同志找我们，提出组织少数民族社会历史调查。对于宪法中写进去的尊重少数民族语言文字这一条，周总理就考虑了好久。帮助某些没有文字的民族创造文字，要有一套发音的符号，基本上既适用于所有的少数民族，也适用于汉族。利用这套符号来为没有文字的少数民族创制文字，既可发展他们各自的语言文字，也便于他们学习汉语。我们各民族之间必须要加强精神文明的流通，语言文字是一种必要的工具，所以周总理是十分重视少数民族语言文字工作的。

我们的调查研究紧紧地围绕着党和国家贯彻民族政策、开展民族工作的需要来进行。不是凭哪一个人自己的个人爱好，不是为了成名成家。文章人人都可以写，但写文章时也得问一问：究竟对少数民族的进步和发展有什么好处？我们早期的调查，思想上清楚，目的明确，没有什么干扰。当时调查人员的知识水平不是很高，但研究方向、思想品质是好的。这种好传统，被"四人帮"给糟蹋了。我们是为党和国家制定政策提供实际材料和科学依据的，必须实事求是，真正的马列主义是讲实际的。在相当长一段时间里，不正的学风影响很多人。有的青年怕了，躲远了，去搞一些不切实际的小东西，那也要花费时间，在一些无关紧要的问题上争论不休。我们国家的少数民族的现状怎样？实际生活怎样？便需要我们去调查研究。研究工作者的精力应当用到刀口上去。

去年，我跑了一趟甘南，去了一趟海南。海南岛的少数民族至少有1/3还没有解决温饱问题。广西、贵州、江西、湖北、四川的喀斯特地带共有5000

万人口，其中少数民族人口 2000 万，由于土地贫瘠，发展农业生产的客观条件十分不利，至今温饱问题尚未解决，那里客观不利因素太大，我们已建议列入"七五"规划中的重点扶持对象。我们在海南岛，串了好几个村子，有些地方的生活条件仍与 50 年代我们见到的情况没有什么变化。三块石头支一个灶，一根竹竿顶个箱子用，吃的是一锅稀饭。我到过一家，女主人去世了，一个男人带一帮孩子，只存一口袋米。我问他吃完这点米怎么过？他自己也不知道。这种情况真叫人看不过去，我们搞少数民族工作的，心里想到这些没有？

甘南那里有条白龙江，过去群众唱歌称颂是条清水河。现在两岸的树砍得差不多了，只砍不种，白龙江成了黄龙江。本来是很好的地方，现在成了很差的地方。这种情况没人讲。

少数民族怎样发展是个大问题，目前的趋势是汉族与少数民族的差距越来越大，这个问题我讲了一年。我在东南沿海地区访问，很高兴，农民生活的确好起来了。但一看到少数民族地区一根竹竿当箱子的情景，心里就过不去。我们好不容易搞出来一个平等团结的大家庭，怎么能让差距越来越大呢？列宁讲过落后的民族在先进民族帮助下可以超越历史的发展进入社会主义。这我们做到了。但生产力的落后状况，不是很快就能解决的。要有帮助，但帮助也要有个过程，现在是帮助不够。去年开会时就提到，现在不是缩小差距的问题，而是不要拉大差距的问题。第一步是不要落下。第二步是缩小差距。

我们要多下去了解情况。政策是清楚的，但具体怎么个做法，要下去了解情况。我在海南岛看见几个小姑娘，很聪明，一问没有一个进过学校。在甘南的一个制革厂见到一个藏族姑娘当了工人，就不一样，很有本领。在甘南，小学校没有藏族教师。说汉语，孩子听不懂。要培养懂藏语的小学教员，可没这种培养的地方。我们现在搞了学位，培养硕士、博士，是应该的，但是不要忘记少数民族地区还缺乏合适的小学教员。不要说当了博士、硕士，甚至中学毕业的人有很多就不回去了。这是人才上的"水土流失"，知识流失比水土流失为害更严重。少数民族学生考上大学就不回去了，不能怪他个人。我们的政策没有搞好，这是个大问题。

一些少数民族地区还在搞封闭经济，怎样才能进入开放的商品经济？现在是"人往高处走"。越是文化发达的中心地区，越往里进入。不只少数民族地区这样，汉族地区也有类似情况。知识人才往港澳跑，往美国跑。我们要采取有力措施，稳定少数民族地区的知识力量，要想点办法。少数民族地区需要什么样的人才，要做到心中有数。

在现在的形势下，少数民族地区需要什么样的人才？我到包头南边一个小城看过。那里都是浙江人在做服务行业，一年要汇几十万元回浙江去。现在有不少问题值得引起我们注意。不注意不得了。不要忘记前车之鉴，北美印第安人，澳大利亚土人都是前车之鉴。我们国家是绝不允许出现这种情形的。大家要想办法，适应新的任务。我们的研究人员是否想到这些问题？我们要注意眼前现实的问题。没有什么好怕的。现实问题到处都存在，要研究。不是我们哪一个人聪明，只要肯下去、肯看，就能抓住问题。我们做民族工作的人是否看到了少数民族地区存在的现实问题？普通的汉族人对此不注意。我们要宣传好党的民族政策，让更多的人都知道我国是一个多民族的国家，是历史造成了各民族间的差距，这种差距对少数民族不好，对汉族也不好。要做工作，要缩小这种差距。

我们搞五种丛书，有了一个队伍，我们在民族工作方面培养起了一批力量，大家要有责任感。我们这代人怎样尽到自己的责任，就是要把50年代的精神，把一不怕苦二不怕死的精神传下去。我们老的要交班，怎么个交法，新的要接班，怎么个接法？我们要把自己好的经验告诉新一代，也把自己做错的事告诉新一代，让他们不再做。搞民族工作，不能麻木，要有责任心，要有牺牲精神。经过大家共同努力，积少成多，搞了五种丛书，出了这么多的书。下一步怎么走？大家要动动脑筋，把工作做好，再搞一套新的五种丛书，为少数民族现代化服务的丛书。

1986 年 1 月 25 日

本文系作者在国家民委召开的民族问题五种丛书工作会议上的讲话。

中华民族研究的新探索

感谢国家民委组织这次学术研讨会来评论和发挥我前年在香港中文大学所作的 Tanner 演讲——《中华民族的多元一体格局》。这是对我的鼓励和督促。

在进行讨论之前请容许我把发表那次演讲的动机和经过表白一下。

1933 年我从燕京大学社会学系毕业后，由于受美国芝加哥大学社会学派的影响，接受了应用人类学方法来研究人类社会的主张，考入了清华大学研究院专攻人类学课程。所谓人类学方法就是指当时在英、美盛行的对人们集体生活所形成的具体社区进行实地观察和分析的研究方法。社区这个名词，最初就是由当时燕京大学社会学系的学生们提出来用以翻译英文 community 这个名词的。芝加哥学派创始人 Park 教授用 community 这个名词的意义和我们通常翻译为社会 society 一词是有区别的。社会是泛指人和人在经营共同生存时所发生的关系，而社区则是指人们在一定地域里经营集体生活的共同体。这个共同体是在一定时间和一定空间内由一定的人口进行集体生活时有一定社会组织的具体人群，例如村落、乡镇、城市、民族、国家等等都是不同层次的人们共同体，也就是所谓社区。

在研究人们集体生活时提出社区这个概念，就是要使我们能体会到种种社会关系间的相互依存，把人们的集体生活作为一个整体来看待。这种观点在人类学中被称作功能观点。最著名的先导就是 Malinowski。他最初把这种观点应用于研究大海洋里和外界相当隔绝的岛民。Park 教授把这种研究方法推广到高度现代化城市芝加哥，形成了芝加哥学派的社会学。这个学派的社会学在我看来已经把人类学和社会学打通了。它们之间如果还存在着一定区别的话，那是在以不同层次和性质的社区为研究对象。人类学是研究与研究者本人不同民族的不发达社区，社会学是研究研究者自己的发达社区。芝加哥学派社会学和功能学派人类学传到中国，最初以燕京大学社会学系为中心汇合了起来，由中国人自己来研究国内不同层次不同民族的社区。这是被西方学者称作中国学派社会学的特点。

我的学术生涯是在这个特定的历史条件下开始的，所以我对国内的少数民族、农村、小城镇以及城市里工厂的研究都采取同一的观点和方法，把它们看成不同层次和不同性质的社区，进行亲自的观察和分析。正因为这个缘故，在我的研究工作中社会学研究和民族学研究是一脉相通的，甚至认为毋需加以分科的。但是在近40年来中国的学术界一般还是以两种学科来处理，对此我在这里似乎应当加一点申说。

自从新中国成立后，我们国家否定了民族歧视和民族压迫，主张实行民族平等。但是历史上形成的许多民族各有其民族特点和民族意识，而且社会经济的发展又不平衡，为了实现民族平等，国家有许多工作要做。要进行这些工作，制定相应的政策，又必须对存在的情况以及形成当前情况的历史过程有足够的知识。这种需要向学术工作者提出了新的研究任务，要求他们对当时了解得很不够的各少数民族的社会历史进行科学研究。这项工作当时即称作民族研究。我在1950年就参加这项工作，并于1956年到1957年参预组织了全国的少数民族社会历史调查。

民族研究这个名称就是这样开始的。这项研究事实上并不包含对汉族的研究。理论上原是说不过去的。但是在我国汉族长期以来一直占人数最多，经济文化最发达，关于它的社会历史情况已经有现存的各学科在研究。少数民族的社会历史却一向被忽视。所以解放后迫切需要的是了解少数民族的社会历史，由此而产生的民族研究实际上成为不包括汉族在内的少数民族研究。后来民族研究又被称为民族学。这是中国民族研究和民族学产生和发展的历史背景。

这样历史背景里产生和发展出来的民族研究和民族学有它的长处和短处。长处是突出对中国少数民族的研究对象，对当时的民族工作是适应的。比如说，1950年配合中央访问团所进行的关于少数民族的调查，帮助了国家规定民族成分的工作；1957年开始的全国少数民族社会历史调查，为当时正在进行中的少数民族社会主义改造提供了政策上的科学根据。民族学的实用性是极为明显的。而且也因此而使这门学科取得了学术界的重视和国家的承认。

把民族研究和民族学的对象限于少数民族自有它的缺点。缺点在于把应当包括在民族这个整体概念中的局部过分突出，甚至从整体中割裂了出来。中国民族研究限于少数民族，势必不容易看到这些少数民族在中华民族整体中的地位，以及它们和汉族的关系。而且如果对这些少数民族分开来个别加以研究，甚至对各民族间的关系也不易掌握。民族学这个学科也同样受到局限。从严格理论上来说是中国少数民族的研究只能是民族学范围内的一个部分，而不能在二者之间画等号。

人们的知识，甚至较有系统的学科知识，无不和当时的历史需要相结合的。过去40年中我们在民族研究或民族学的名义下积累了相当多的知识和形成了许多有益的概念，这是必须肯定的，而且将成为今后发展这方面知识的基础。但是由于上述的局限性所引起的缺点也应当及时自觉加以改进。怎样改进和提高是我过去相当长时间以来耿耿于怀的问题。

我明白要从中华民族整体出发来研究这个民族的形成和发展的历史规律决不是一件轻而易举的事。由于我自己的知识容量过小，思维宽度有限，要为民族研究或民族学推前一步，总觉得心有余而力不足。我记得1953年我在中央民族学院负教务上的责任时，为了要为学生提供有关中国各民族的基本情况，曾四处求人讲授，最后只能自己担任，利用有限的历史资料和中央访问团的调查资料，编出了一本讲义。在编写时就深切体会到中国的各少数民族在族源上，在发展中都是密切相关联的。我们这个中华民族就是由这密切相关的各部分，在复杂的历史过程中结合成的。但是怎样以这个过程为纲，把中华民族这个民族实体讲清楚，我没有把握。这门功课我只试讲了一年就停止了。但是我的愿望并没有熄灭。

时间过得很快。一转眼就过去了有30多年。我自己个人的经历也发生了许多变化，以致长期不能专心于学术工作，更不能集中力量去编写这本讲义。前年我接到香港中文大学的邀请担任1989年Tanner国际学术讲座的讲员。这是一项荣誉。我很想利用这个机会，把这一生中的一些学术成果提到国际上去讨论。这时又想到了中华民族形成的问题。我自思年近八十，来日无几，如果错失时机，不能把这个课题向国际学术界提出来，对人对己都将造成不可补偿的遗憾。因之，我抛去暴露自己浅陋的顾虑，利用这年在烟台暑休的时间，一口气把我在这问题上所有的知识整理成章。我曾把草稿分送多位热心于民族研究的朋友，请他们帮助我修正和补充。帮助我的许多朋友，我不再一一提名道谢了。有些朋友今天也在座。我从朋友的反应中得到了鼓励。同时这篇讲稿也起到了抛砖引玉的作用，得到了许多比我年轻的一代学者热烈的评论和补充，还有许多朋友为我指出了该讲稿中所引用史实的谬误。国家民委鼓励这种学风，同意召开这次国际性的研讨会，我再一次表示感谢。感谢的不仅是对我个人学术工作的支持，而是对这篇演讲所表现的那种勇于探索精神的支持。

最后，我想说，这个探索是初步的尝试，中华民族不仅有它辉煌的过去，还必然有它更辉煌的未来。我们回顾过去的目的是在为创造未来做准备。我们民族的祖祖辈辈在东亚这片大陆上形成了这一优秀的民族是付出过无数代价的。为了前进，为了在今后年代中能使我们中华民族继续成为世界上的一个优秀民族，为人类的不断发展做出贡献，我们的任务比祖祖辈辈更为艰巨，也更为伟大。所以我希望这个尝试性的演说能把我们的眼光导向未来，更自觉地为中华民族做出贡献。

1990年5月17日

本文系作者在国家民委民族问题研究中心召开的以中华民族多元一体格局为主题的学术讨论会上的发言。载《北京大学学报》（哲学社会科学版）1990年第4期。

简述我的民族研究经历和思考

一

1930年我转学燕京大学师从吴文藻老师学习社会学。在他的指导和影响下，认识到要科学地认识中国社会，吸收西方人类学实地调查的方法和着重现实的分析是一条比较踏实可行的路子，因此我在1933年升入清华大学研究院师从史禄国老师学习人类学。我在清华学习的两年，主要是学体质人类学。1936年秋季我接着去伦敦经济政治学院师从马林诺斯基老师学习社会人类学，1938年在抗日战争期间返国。到达云南后即在内地进行农村调查，按马老师的功能观点和实地调查方法实行吴老师所提倡的"社区研究"，一直到1949年新中国成立。在这以前1935年在清华研究院结业后，接受史禄国老师的建议去到少数民族地区实习一年。因而到广西大瑶山实地调查瑶族的体质和社会组织。这次实习可说是我民族研究的初次尝试。1936年利用夏季回家乡休养的机会又在家乡江苏吴江的"江村"进行了一次为期近两个月的农村实地调查。

也许在这里我应当加一点说明，吴文藻老师所提倡的"社区研究"，用学科名称说实际上是社会学和人类学的结合。社区是指人们在一定地区内经营共同生活的群体。它可以是人数较少，经济较简单，文化较低的原始族群，也可以是人数较多，经济和文化较发达的农村、集镇和城市。在这种观点下，社区研究可以包括我1935年的广西瑶族调查，1936年的家乡江村农村调查和后来1939年开始的云南内地农村调查。在这些不同的社区里所研究的对象和所用的研究方法是相同的。社区研究可说是贯串在我这一生学术工作中的主线。社区研究这个名称、采用的研究方法和观点与中国传统的学科分类不完全一致，是否能为学术界接受是可以讨论的。为了避免学科名称上的争论，我今天采取以研究对象为区别把"社区研究"分成两个方面，一是民族研究，一是农村研究，以及后来的城乡研究。在今天这个讨论会上我将限于略述我所从事的民族研究这一方面。

二

以我一生的学术经历来说，不同时期曾有不同的重点，有时是民族研究，有时是城乡研究。从个人选择研究对象来看，不仅决定于个人的兴趣，个人所处的客观条件也很重要。以我本人说，1936年我在LSE学习时，我的导师建议我以江村调查的资料为依据写出我的博士论文，即后来出版的 *Peasant Life in China*，后来在云南的研究工作就偏于农村研究，一直到抗战结束。1949年新中国成立，我的研究工作重点转向了民族研究。现在回想起来，这次转向主要是由于当时客观形势的改变，请允许我在这里多说几句。

新中国的成立在我国历史上是件空前的大事，全国社会结构起了重大变化，其中之一是民族关系的大转变，从不平等的关系转变为平等关系。中国是个多民族国家，民族间的关系十分复杂，但是几千年来基本上没有变的是民族间不平等的关系，不是这个民族压倒那个民族，就是那个民族压倒这个民族。在这段历史里中国在政治上有过多次改朝换代，占统治地位的民族也变过多少次，但民族压迫民族的关系并没有改变。直到这个世纪的初年，封建王朝覆灭进入了民国时代，才开始由孙中山先生为代表推行了五族共和的主张。又经过了几乎半个世纪中华人民共和国建立后方出现各民族一律平等的事实，并在国家的宪法上做出了规定。从此我国各民族间的相互关系出现了一个新的民族平等的时代，现在已又经过了近半个世纪了。今天回想起我们中国这个民族关系的根本变化，如果针对当前世界上民族战争至今未息的形势来看，不能不承认民族平等是件有关人类共同命运的根本大事。在一个和平大同的世界里，民族平等是决不能少的条件。这个条件在我们中国首先实现，在人类历史上是应当大书特书的。

为实现民族平等，我们必须建立新的制度，在政治体制上我们要有一个有各族代表共同参加的最高权力机关，即人民代表大会。但是在开国初期我们还不清楚中国究竟有多少民族，它们叫什么名称和各有多少人口。

为了摸清楚有关各民族的基本情况，建立不久的中央人民政府于1950年到1952年间派出了若干"中央访问团"分别到各大行政区去遍访各地的少数民族（汉族以外的民族因为人口都较少，所以普通称作少数民族），除了宣传民族平等的基本政策外，中央访问团的任务就是要亲自拜访各地的少数民族，摸清楚它的民族名称（包括自称和他称）、人数、语言和简单的历史，以及他们在文化上的特点（包括风俗习惯）。由于我本人学过人类学，所以政府派我参加中央访问团。这对我说是个千载难逢的机会，首先是我在政治上积极拥护民族平等的根本政策，愿意为此出力，同时我觉得采用直接访问的方法去了解各民族情况，就是我素来提倡的社区研究。因之我积极地接受了这项任务。我在1950年和1951年先后参加西南及中南访问团，并负责领导贵州和广西两个省的实地访问工作。这两年可说是我进行民族研究真正的开始。

在访问团的工作中，我有机会翻山越岭，穿林涉水，深入到贵州和广西两省分布在各处的少数民族的村寨中去，和群众亲切联欢和交谈。在和众多的少数民族直接接触中，我才深切体会到民族是一个客观普遍存在的"人们共同体"，是代代相传，具有亲切认同感的群体。同一民族的人们具有强烈的休戚相关、荣辱与共的一体感。由于他们有共同的语言和经常生活在一起，形成了守望相助，患难与共的亲切的社会关系网络。总而言之，我理解到了民族不是个空洞的概念而是个实实在在的社会实体。同属于一个民族的人们的认同感和一体感是这个社会实体在人们意识上的反映即一般我们所说的民族意识。民族意识具体表现在不仅对自己所属的民族有个名称（自称），而且别的民族也常用不同的名称相称（他称）。一般说，我们所接触的少数民族群众都知道自己属于哪个民族。为了答复中国有哪些民族的问题，我们认为首先可以从各地少数民族自报的民族名称入手。

1953年全国第一次人口普查中，自报登记的民族名称全国总共有400多个。分析这张自报族称的名单发现其中有不少问题。有些自报是少数民族的实际上却是汉族，由于不同原因自认为或被认为是一个民族而且有一定的名称，例如广西的"六甲人"，湖南的"哇乡人"等。有些是某一少数民族的一部分，由于不同原因，被分成若干民族而且各有不同的族称，例如云南的"阿细"、"撒尼"、"阿哲"、"普拉"等都是彝族的分支。因之，我们不能直接根据自报的族名来决定他们是不是一个民族。我们必须对这些自报的族名逐一进行甄别。这是一项比较复杂的工作，我们称之为民族识别工作，从1953年开始起直到1982年告一段落，一共有30多年。经过我们识别之后还要和当地有关民族群众协商取得同意后，才由中央分批审定和公布。1954年确认了38个少数民族，1965年确认了15个少数民族，1982年又确认两个少数民族，至此一共确认了55个少数民族。加以汉族，中国这个多民族国家一共有56个民族。这些民族的正式名称，按名从主人的原则，还要经过协商才予以正式确认。民族识别工作并没有结束，因为还有极少数族群的识别没有定论，这些疑案还要进一步研究才能做出决定。

三

  民族识别工作牵涉到怎样才可以认定是一个民族的理论问题。我在上面已说过，从我在民族地区实地和少数民族接触中体会到民族不是一个由人们出于某种需要凭空虚构的概念，而是客观存在的，是许多人在世世代代集体生活中形成，在人们的社会生活上发生重要作用的社会实体。对于民族的形成，所具的特征进行说明是属于民族理论的范围，所以民族理论是民族识别的依据和标准。在解放初我们可以用做参考的民族理论是当时从苏联传入的。当时苏联流行的民族定义，简单地说就是"人们在历史上形成的一个有共同语言、共同领域、共同经济生活以及表现于共同文化上的共同心理素质的稳定的共同体"。这个定义是根据欧洲资本主义上升时期所形成的民族总结出来的。这里所提出的"在历史上形成"这个限词，就说明定义里提到的四个特征只适用于历史上一定时期的民族，而我们明白我国的少数民族在解放初期大多还处于前资本主义时期，所以这个定义中提出的四个特征在我们的民族识别工作中只能起参考的作用，而不应当生套硬搬。同时我们也应当承认从苏联引进的理论确曾引导我们从这个定义所提出的共同语言、共同地域、共同经济生活、共同文化的心理素质等方面去观察中国各少数民族的实际情况，因而启发我们有关民族理论的一系列思考，从而看到中国民族的特色。

  先说有关"共同语言"这个特征。我已说过，我们所观察到的事实是，聚居在一起的少数民族是用相同的语言交谈的，没有共同的语言也就不可能进行日常的共同生活。同时我们也看到他们的语言和其他民族的语言不同，汉人和不同民族的人不能直接用各自的语言通话。这是说各民族有各自的语言，不同的民族没有共同语言，要互相理解必须通过翻译。这一点是容易明白的。但是自认为是同一民族的人，如果来自不同地方，我们发现他们之间也有并不一定能直接通话的，就是说他们之间语言也有差别。这是在我们汉族中也常常可以遇到的情况。比如，我们苏州人初次碰到福建人或广东人，就通不了话，这是因为各地的方言不同。方言学起来并不难，因为这不过是各地居民口音不同，在语言的文法结构上和所用的字汇上基本是相同的。这里就发生了"共同语言"共同到什么程度的问题。这问题牵涉到语言学的专门知识。在语言学里按语言的差异程度分出语系、语族和语支。同一语支里还要分地区间的变异，就是方言。不掌握这门专门知识的人，单凭听觉不易分清差异到什么程度应该说是不同语系、语族、语支或不同方言。在进行民族识别工作时，这方面的问题我们只有依靠语言学专家。幸亏我们的民族研究早就注意到少数民族的语言调查，所以当我们进行民族识别工作时，已有足够的少数民族语言资料提供我们参考。

从语言角度审核上述的民族名称自报名单，可以发现这张名单中有两种情况，一是所报不同的民族有不少语言是相同或相近的，另一种是所报同一民族中包含着不同语言。第一种情况比如广西的"布壮"、"布越"、"布雅依"、"布衣"、"布土"、"布雄"、"布侬"等等讲的都是侗傣语系的语言，经过说这些话的人相互对话之后都同意他们所说的话是出于同一母语，所以自愿合并到壮族这个民族中去。第二种情况比如我30年代调查过的广西大瑶山的瑶族，大瑶山里就有三种不同的语言，第一种是属苗瑶语族瑶语支的勉语（盘瑶），第二种是属苗瑶语族苗语支的布努语（花蓝瑶），第三种是属壮侗语系侗水语支的拉加语（茶山瑶）。这些说不同语言的人虽各有自称，但都一致认同于瑶族。我们根据自愿的原则认定他们都是瑶族的一部分。瑶族在其他地方还有许多不同自称的群体，一起都称为瑶族。

这里应当说明的是我们并不把上述"定义"所提到的特征孤立起来对待，而认为必须和其他特征结合在一起，特别要考虑这些合并在一起的自报单位间的历史上的渊源关系，因为中国历史的一个特点是长时期中不同民族在不断的流动中有的被分散了，有的被孤立了，也有的在相互接触中融合了。在分分合合中形成了当前各族交杂分布在广大地域上的格局。我们这时要进行识别，必须采取历史观点和自愿原则。同时要承认这个复杂的情况，并不能用行政手段加以定论，所以凡是一时不易解决的事例，宁可存疑待决，不作武断。

至于"共同地域"的特征，我们在识别工作的实践中提出了"民族聚居区"的概念加以补充和修正。我们承认同一民族的人倾向于居住在同一的地区，但是不应把"同一地区"和"共同地域"等同起来，因为同一地区里可以有不同民族的人共同聚居在内。这个现象在中国特别突出，我们称这为"大杂居、小聚居"。据1982年人口普查的资料：聚居在全国民族自治地方的少数民族人口只占少数民族总人口的74.5%，约有1/4的少数民族人口杂居或散居在全国各地。总之中国各民族的居住形态并不是区划齐整，界限分明的，而是互相插花、交错杂居的，这是中国各民族间长期交叉流动和相互交往的结果。尽管如此，从民族人口分布上来看，同一民族聚居的倾向还是很明显的，尽管聚居区有大小，同一民族的聚居区可以分散在各处，甚至并不联接。在一个民族的聚居区内还可以有不同民族聚居或散居在内。

我们根据中国这个特点提出"民族聚居区"的概念，不仅在理论上有它结合实际的重要意义，而且在一定国家怎样处理民族关系上体现了民族平等的原则。我认为西方民族理论中把"共同地域"作为民族特征和政治观念中把国家和领土密切结合在一起是分不开的。正因为这种概念，使民族要和国家结合成为民族国家，进而要求国家领土的完整，这不就成了当前西方民族纠纷连绵不断、民族战争至今未息的一个原因？和西方的民族理论和民族关系相对照，我觉得我们以"民族聚居区"的概念代替民族定义中的"共同地域"为特征的认识是值得令人深思的。

我愿意在这里特别提出的是这个新的概念已经写进我们中华人民共和国的宪法，总纲第四条规定"各少数民族聚居的地方实行区域自治"。根据这条规定我们中国的少数民族都享受到自治的权利，同时所建立的自治地方内不排斥其他民族杂居在一起，甚至一个区域如果有若干人数相当的少数民族共同聚居在内，可以建立多民族联合的自治地方，同一少数民族可以有不相联接的好几个自治地方。

接着可以就上引前苏联流行的民族定义中的第三个特征"共同经济生活"提出一点意见。我们经过结合中国实际情况加以检讨后，也认为这是不符合我们国情的。我已说过前苏联流行的民族定义是总结欧洲资本主义上升时期的情况。当资本主义上升时期在欧洲确曾出现过建立民族共同的统一市场的趋势,而实际所形成的是一个超越国界的殖民主义市场,暂且不论这个包括殖民地在内的民族国家市场是否能说是现代民族的特征,即以西方现代民族来说一个民族内人民的经济生活能否说是"共同"也是一个问题。这个"共同经济生活"显然包含着许多不共同的层次,或说是阶级,甚至有人说是两个民族的矛盾共处。无论如何,我们不能照搬"共同经济生活"来作为中国少数民族的特征。一般说,中国少数民族在解放时大多是处于前资本主义的小农场耕种和草场放牧的经济状态。至多我们大体上可以说中国少数民族在解放前只有相同或相似的(而不是共同的)经济生活。

在中国少数民族经济生活方面可以提出来注意的是它们之间,特别和汉族之间的密切关系。历史上汉族凭借其在经济和文化上比较国内其他各族为先进的优势,已经长期深入到其他民族聚居的区域,建立了沟通各民族的经济渠道。汉族聚居的商业据点分散在几乎所有的少数民族聚居区里遍布全国,构成了巨大的经济流通网络,起着汉族吸收和传播各族物质和精神文化的作用,逐年累月地把各族捆成一个高层次的共同体,这就是我在下面将要提出的中华民族。

最后让我们说一下关于"共同文化特点的共同心理素质"。这也许是在前苏联流行的民族定义中最重要的一个特征。但正是这个特征我们最不容易捉摸。以我个人来说,至今还是没有甚解。有一段时间我们笼统把它看成是少数民族所有的那些特殊的风俗习惯,而且常被他们视作超俗的、不允许触犯的、带有神圣性质的象征。这种理解固然容易观察,但又似乎和上述定义中的意义还有点出入。

在捉摸这个特征的意义时,我特别注意到心理素质这几个字,想从人们心理方面去看民族意识是怎样形成的。这个思路就引导我在理论上进一步探索。在探索过程中我回想到早年在社会学里学到的 in-group 或 we-group 一词。in-group 或 we-group 就是指我们把周围所接触到的各种人一分为二,一是自家人,二是陌生人,简单说是把人己之别用来区别不同的群体,而且用不同的感情和态度来对待这两种群体。凡是和自己同属一个群体的,即是自家人,相互之间痛痒相关,休戚与共。自家人的认同意识就发生了共同的运命感和共同的荣辱感。in-group 或 we-group 不就是"认同意识"所产生的么?民族不就是一种 in-group 或 we-group 么?从这条思路上,我找到了民族这个群体的心理素质。认为所谓民族心理素质其实就是民族认同意识。民族认同意识并不是空洞的东西，我们每个人可以通过自己的反省中体会民族认同意识是什么；因为当今之世每个人都有自己所属的民族，都有民族意识。

以上是我结合民族实际对民族理论的一些思考。民族实际是因地因时而变化的，我们对民族的认识也应当根据实际的变化而不断发展。中国的现实给了我们学习民族理论的好机会。

四

在这几年民族研究实践中，我对我国在民族这一方面的特点有了一点认识，同时也体会到民族是在人们共同生活经历中形成的，也是在历史运动中变化的，要理解当前的任何民族决不能离开它的历史和社会的发展过程。现况调查必须和历史研究相结合。在学科上说就是社会学或人类学必须和历史学相结合。看来不仅是我个人的体会，也是当时从事民族研究的学者以及领导上的共同认识。

1956年第一届全国人民代表大会常务委员会决定组织一个科研队伍对中国务少数民族进行一次全面的社会历史调查。参预这项调查研究的工作人员前后总共超过1700人，分别在不同地区的少数民族中进行实地调查，并反复分组分批进行研究讨论。从1957年开始，60年代中期告一段落，一直到改革开放的初期1991年才结束。调查结果由国家民族事务委员会出版"五种丛书"，除一本综合性的概况介绍外，包括少数民族的志、史、语言的专刊和实地调查资料的汇编，全书共计403册，8000万字，这项大规模的民族研究工作历时30多个年头，其中虽则因"文化大革命"的干扰停顿过10多年，从其成果来说，应当说是我国民族研究的空前创举。

这次中国少数民族社会历史调查我只参加了开始的一段，负责筹备、组织和开始时在云南省的实地调查。1957年我被召回京，不久就受到政治上反右斗争扩大化的影响，被迫停止社会调查工作。1966年开始的"文化大革命"时期，我的正常社会生活都受到冲击，直到1980年才公开改正我的政治地位和恢复我正常的社会生活。从此我获得了学术上的第二次生命，到目前已有16年。合计起来，若从1935年瑶族调查作为我学术生命的开始，至今已超过60

年，其中由于政治原因丢掉了 23 年，真正把时间主要花在学术工作上的至目前为止约 30 多年。我在第二次生命中，尽力想一天当两天用，把丢掉的时间捞回来，这个愿望固然不坏，能否实现，还得看天命。

在我得到学术上的第二次生命时，正值中国进入改革开放时期，国民经济有了突飞猛进的发展。社会各方面发生着巨大的变化。我身逢盛世，使我的学术工作又发生了一次新的定向。起初我还打算用我这第二次生命继续把民族研究做下去。但在 1981 年为了去伦敦接受赫胥黎奖章，我听从老师 Raymond Frith 教授的建议，准备利用这机会向校友们讲一点我家乡农村解放后的情况，因此我又回到家乡的农村做了一次短期的访问。这次访问中我深深受到当时农村发展热浪的刺激，促使我决心追随这个历史性转变的大潮流，把研究重点转移到农村社区研究，接着上升到小城镇研究，直到最近又上升了一步，对经济区域的形成和中心城市的勃兴发生了研究兴趣。因此在最近这 10 多年中民族研究多少被挤掉了一些，虽则我心里对民族研究旧情未衰，恋恋不舍，有机会还常到少数民族地区去拜访我的老朋友。

当我参加中国少数民族社会历史调查时，我心里怀着一系列问题有待研究。这些问题一直挂在心上，我虽则 1957 年以后已无缘在实地调查中寻求答案，但并没有在思想中抹去。困惑我的主要问题是汉族对少数民族社会历史发展发生过什么作用和怎样去看待包含汉族和国内所有少数民族在内的"中华民族"。在我开始参加民族研究的那一段时间里，我们一提民族工作就是指有关少数民族事务的工作，所以很自然地民族研究也等于是少数民族研究，并不包括汉族研究。回想起来这种不言而喻的看法是在中央访问团时期已经形成了。中央访问团的实际任务就是向少数民族讲清楚在新中国他们已有当家做主的权利，即宣传民族平等的政策。因之访问团只访问少数民族，并不访问汉族。这样的任务决定了工作的程序也以一个一个少数民族为对象分别进行访问。在我们组织少数民族社会历史调查时，也是同样安排，最后还是以一个少数民族为单位编写出各族的历史，55 个少数民族各有一本简史，共 55 册。初看来这种体例倒也是顺理成章的，深入推考一下，使我想到了这种分民族写历史的体例固然有它的好处和方便的地方，但是产生了我上述的困惑。

我的困惑出于中国的特点，就是事实上少数民族是离不开汉族的。如果撇开汉族，以任何少数民族为中心来编写它的历史很难周全。困惑我的问题，在编写"民族简史"时成了执笔的人的难题。因之在60年代初期有许多学者提出了要着重研究"民族关系"的倡议。着重"民族关系"当然泛指一个民族和其他民族接触和影响而言，但对我国的少数民族来说主要是和汉族的关系。这个倡议反映了历史研究不宜从一个个民族为单位入手。着重写民族关系固然是对当时编写各民族史时的一种有益的倡议，用以补救分族写志的缺点，但并没有解决我思想上的困惑。

我不是专攻历史学的人，但对过去以汉族为中心的观点写成的中国的历史一直有反感。怎样能跳出这个观点来写中国历史呢？说起这个问题，在我从中央访问团回来后参预筹备中央民族学院的工作时已经有所自觉和考虑。当时我建议聘请一批历史学家、语言学家、民族学家来民院执教，并推动民族研究。这个建议得到领导上的同意，而且确是向这方面走出了一步。不久我又建议在课程里应当有一门综合性地介绍各民族历史的基础课时，却找不到愿意承担讲课的人，因为许多历史学专家，并没有讲授这门课的准备，过去确是从来没人从民族的角度有系统地讲过中国通史。最后我无可奈何只有自己上台试讲了。这个课程只讲了一个学期，写下了一本讲义，最后还是不能不知难而退，没有继续下去。这本讲义并没有外传，束之高阁，因而在"文革"期间得以保留了下来。

1989年夏我到威海暑休，当时已年近80岁。出于我对民族研究的留恋，老问题又涌上心头。我带了这本幸存的讲义，打算利用这近一个月的余暇，重新把这20多年里的思考结合这本讲义，整理出一篇文章来，这时我正接到Tanner讲座之约到香港中文大学作一次学术讲演。我打算就用这篇文章作讲稿。这篇文章的题目是《中华民族的多元一体格局》，在这篇文章中我初步走出了郁积多年在民族研究上的困惑，也提出了一些值得继续探索的观点。

这篇讲话的主要论点第一是：中华民族是包括中国境内56个民族的民族实体，并不是把56个民族加在一起的总称，因为这些加在一起的56个民族已结合成相互依存的、统一而不能分割的整体，在这个民族实体里所有归属的成分都已具有高一层次的民族认同意识，即共休戚、共存亡、共荣辱、共命运的感情和道义。这个论点我引申为民族认同意识的多层次论。多元一体格局中，56个民族是基层，中华民族是高层。

第二个论点是形成多元一体格局有个从分散的多元结合成一体的过程，在这过程中必须有一个起凝聚作用的核心。汉族就是多元基层中的一元，由于它发挥凝聚作用把多元结合成一体，这一体不再是汉族而成了中华民族，一个高层次认同的民族。

第三个论点是高层次的认同并不一定取代或排斥低层次的认同，不同层次可以并存不悖，甚至在不同层次的认同基础上可以各自发展原有的特点，形成多语言、多文化的整体。所以高层次的民族可说实质上是个既一体又多元的复合体，其间存在着相对立的内部矛盾，是差异的一致，通过消长变化以适应于多变不息的内外条件，而获得这共同体的生存和发展。

这几个论点是我从研究中国民族的现状和历史的实践中得到的。也可以说，经过了多年探索和思考得到的一些不够全面的认识。在这种认识里中华民族、汉族和少数民族都各得其所，分属于不同层次的认同体，尽管我们在语言中都用民族同一个名词，但它可以指不同层次的实体。汉族和55个少数民族同属于一个层次，他们互相结合而成中华民族。中华民族是56个民族的多元形成的一体，高一层次认同的民族实体。如果把具有多元一体格局的中华民族的形成过程如实地摆清楚也就是一部从民族观点描述的中国通史了，也可以说就是我在民族研究领域中悬想已久而至今没有能力完成的一个目标。

五

我总觉得一个人的思想观念是在接触实际中酝酿和形成的，理论离不开实践。我这篇"多元一体格局"的根子可以追溯到1935年广西大瑶山的实地调查。同时我觉得只有实践也是不够的，还须从已有的理论中得到启发和指引。我在大瑶山的实践中能看到民族认同的层次，再联系上中华民族的形成，其间实践固然重要，但潜伏在我头脑里的史禄国老师的Ethnos论应当说是个促成剂。

在上面讲到民族语言时我已提到我在1935年在大瑶山的瑶人中已看到有说不同语言的集团：说瑶语的盘瑶（自称勉）、说苗语的花蓝瑶（自称炯奈）、说侗语的茶山瑶（自称拉加）等。1978年重访瑶山时，瑶族简史的记载结合了我在当地的查询，使我对这地区瑶族的历史有了一些初步认识。据说在14世纪以前，瑶的先人早就生活在南岭山脉一带。从用汉文记载的史料来看，这地区的民族斗争自明代就日益激烈。到15世纪末明王朝曾调兵遣将对当地土著民族发动了一次著名的战役，战争就发生在今金秀瑶山附近的大藤峡这一带。当时的土著民族，主要是瑶族，他们从此被赶入山区，形成了"无山不成瑶"的局面。30年代我所调查的花蓝瑶就在今金秀瑶山，当时称大瑶山。金秀瑶山里现在的瑶族居民是不同时期从山外迁入的。这些从不同地区迁入这个山区的人，都是在山外站不住脚的土著民族，进山之后这许多人凭险恶的山势，得以生存下来。他们为了生存不得不团结起来，建立起一个共同遵守的秩序，即维持至解放时的石牌组织。对内和平合作，对外同仇敌忾，形成了一体。山外的人称他们为瑶人，他们也自称是瑶人，成为一个具有民族认同意识的共同体。在我的心目中，也成了一个多元一体的雏形。

后来我和各地的少数民族接触多了，对各少数民族的历史知识也多了些，又联系上汉族本身感觉到由多元形成一个很像是民族这个共同体形成的普遍过程。再进一步看到当前我们所认同的"中华民族"也并不例外，于是在我思想里逐渐形成了解决我在上节里所提到的民族研究里的困惑的一条思路。50年代初我在民族学院试讲民族历史概论时，就用这个初步形成的思路写下了一本试用性的讲义，1988年写出了《中华民族的多元一体格局》为题的Tanner讲座的讲稿了。这是我思想上的一次探索，提出了一些值得反复论证的初步理论性的意见，还没有到成熟的阶段。

1990年国家民委召开一次学术讨论会，评议我这篇讲稿。不少学者专家分别根据自己的研究成果，用从其他少数民族的历史资料引证多元一体这种格局。大家共同承认这是一个新观点、新体系和新探索。这次讨论会的论文后来编成《中华民族研究新探索》一书，1991年出版。

重读我这篇讲稿，我觉得理论上值得进一步论证的是以民族认同意识为民族这个人们共同体的主要特征，进而引申到民族认同意识的多层次性。为了追溯我自己这个思路的渊源，我首先想到的是初学社会学时学到的we-group或in-group的概念。W. G. Sumner在他的名著 Folkways 一书里指出了人们行为规范存在着两重性，对自己所属团体内部的同情和对外界团体的怀疑和仇恨，也就是具有我们老话所说"非我族类，其心必异"的成见。前者他称作in-group，后者称作out-group，即团体有内外之别。后来又有人用we-group来称in-group，意思是凡属in-group的人相互间认为是自家人，用"我们"这个认同的词来相称，所以可以说是个认同的群体，我觉得民族就是属于we-group或in-group的一类。所以我把民族认同意识作为民族这种群体的心理特征。

我又想起初学人类学时读过史禄国老师的一本名称 *Ethnos* 的小册子，那还是在 1934 年。后来史老师又把这本小册子收入他的巨著 *Psycho-mental Complex of Tungus*（1936）作为一章。Ethnos 这个拉丁字很不容易翻译，它多少和我们所说的民族有密切关系，但是直译为民族似乎还有点问题，尤其是在史老师的理论里，Ethnos 包含着一大套丰富的含义。Ethnos 在史老师的看法里是一个形成 Ethnic Unit 的过程。Ethnic Unit 是人们组成群体的单位，其成员具有相似的文化，说相同的语言，相信是出于同一祖先，在心理上有同属一个群体的意识，而且实行内婚。从这个定义来看 Ethnic Unit 可说是相当于我们所说的"民族"。但是 Ethnos 是一个形成民族的过程，一个个民族只是这个历史过程在一定时间空间的场合里呈现的一种人们共同体。史老师研究的对象是这过程的本身，我至今没有找到一个恰当的汉文翻译。Ethnos 是一个形成民族的过程，也可以说正是我想从"多元一体"的动态中去认识中国大地上几千年来，一代代的人们聚合和分散形成各个民族的历史。能不能说我在这篇文章里所写的正是史老师用来启发我的这个难于翻译的 Ethnos 呢？

如果我联系了史老师的 Ethnos 论来看我这篇"多元一体论"，就可以看出我这个学生对老师的理论并没有学到家，我只从中国境内各民族在历史上的分合处着眼，粗枝大叶地勾画出了一个前后变化的轮廓，一张简易的示意草图，并没深入史老师在 Ethnos 理论中指出的在这分合历史过程中各个民族单位是怎样分、怎样合和为什么分、为什么合的道理。现在重读史老师的著作发觉这是由于我并没有抓住他在 Ethnos 论中提出的，一直在民族单位中起作用的凝聚力和离心力的概念。更没有注意到从民族单位之间相互冲击的场合中发生和引起的有关单位本身的变化。这些变化事实上就表现为民族的兴衰存亡和分裂融合的历史。

回顾我民族研究的经历，已有 30 多年没有深入少数民族中去实地调查研究了。像上面提出的那些问题，看来我今生已难于亲自去研究了，因此我只有指望年轻一代有人愿意接下去继续我在这方面的探索。这正是我建议北大社会学人类学研究所把民族凝聚力这个问题列入他们今后研究课题的原因。

1996 年 8 月 20 日于北京北太平庄

原载《北京大学学报》（哲学社会科学版）1997 年第 2 期。

第二编
民族历史与发展

发展为少数民族服务的文艺工作

在访问西南各少数民族的工作中，我们深切体会到文艺工作是宣传民族政策最有效的方法。少数民族和我们语言不同，很多还没有自己的文字，所以讲话和文字宣传都有困难，而文艺工作却可以从形象和感情上把我们的政策交代给少数民族的群众。而且少数民族大多是极爱好文艺活动的，尤其是歌舞是他们日常生活中不可缺少的一部分，所以通过他们熟习的形式很容易接受我们的意思。

但是，我们也必须承认各地文艺工作者对于这项工作做得是不够的，为了民族工作必须很快地展开，所以我想向文艺工作者发出呼吁，并根据半年来在贵州少数民族中工作的体会，对于怎样发展为少数民族服务的文艺工作这个问题提出几点来讨论讨论，虽则我自己对于文艺工作是个外行。

如果我们承认各地文艺工作者对于为少数民族服务的工作做得是不够的话，我们首先得分析一下造成这个情况的原因何在。基本上说，这是因为我们各地文艺工作者面向人民大众，决心以文艺来为他们服务，大部还没有太长的历史。过去在顽固的封建势力之下，文艺工作者服务的对象并不是人民大众，而是封建地主和官僚资产阶级。在那个时代自然谈不到为少数民族的人民大众去服务了。少数民族中绝大多数是农民，即使有小量的地主，他们也养不起一辈汉族的文艺工作者去为他们服务。过去这种文艺工作者如果注意到少数民族，也只是想搜集一些怪癖的题材去满足封建地主和少数资产阶级的好奇心，或者甚至用作宣传大民族主义的材料，决不是为少数民族服务的。这就说明了：只有把立场问题搞清楚之后，文艺工作者确立了为人民服务的观点之后，才能谈得到发展为少数民族服务的文艺工作。

但是当我们一般的文艺工作者已经接受了文艺是应当为人民服务的思想

之后，服务于少数民族的文艺工作是不是就会很顺利的发展起来呢？我觉得其间还有困难需要我们克服的。有些文艺工作者可能认为我们不必特别提出为少数民族服务的口号，只要我们的文艺的确是为劳动人民服务，自然可以推行到少数民族中去的。为什么我认为这种思想是可能存在的呢？那是因为我们在其他民族工作上已经发现这种忽视民族区别的作风。而且这种作风也已经成了民族工作的障碍。在发展为少数民族服务的文艺工作时，因之也可能会碰着这种障碍的。具体的说：就是可能有人认为汉族人民所接受的文艺，加以必要的翻译，必然能为少数民族所接受，而且必然会发生同样的效果，因之，不必特别提出为少数民族服务的文艺。我们所需要的只是把我们已有的文艺作品，推到少数民族地区去，就可以为少数民族服务了。

这种不承认民族区别的思想是不正确的。民族的区别是客观存在的事实，不但语言文字不相同，而且经济基础，社会形态，以及民族感情都有区别。这些区别是由于不同的历史条件所造成的。所以主观上抹煞这种区别是不正确的。

客观存在着的民族区别为什么会有人不承认它呢？为什么我们主观上会不能反映这个客观存在的事实呢？歪曲和遮盖一个事实必然有其社会的原因。让我们在这方面分析一下。我们所谓不承认民族区别，并不是真的认为在人类中没有不同语言文字，经济基础，社会形态及民族感情所构成的不同集团，而是不肯承认其他民族的平等存在，不肯承认民族区别的合法性罢了。只承认自己的民族是惟一合法的，从而认为是高尚的，优秀的；凡是不同于自己的民族就成了非法的，下等的，不应当存在的了。这种思想就是大民族主义。

这种思想怎么会发生的呢？几千年来的封建统治者对于我们境内各少数民族一直是进行侵害的。过去的一部历史充满着大民族侵害小民族，小民族反抗大民族的记载。封建统治者侵害小民族是为了要扩大他们剥削的范围，使更多的劳动人民为他们所奴役。大民族主义是用来支持他们侵害小民族行为的思想，它的作用就在离间各民族的劳动人民，使他们可以利用大民族的人民去为他们的目的服务。

蒋介石继承了历代封建帝王及军阀的反动统治，在他的《中国之命运》中就公开的宣传大民族主义，否认中国是一个多民族的国家，提出中华民族是一个的口号。这就是要剥夺中国境内各少数民族合法的存在和平等的权利，使他可以进行对少数民族残酷的剥削。

不承认民族区别的合法性，引起的不是民族的团结，不是加强各民族友爱合作，相反的，是引起民族之间的仇恨和隔阂。小民族受到了大民族的侵害和压迫必然要发生反抗，反抗遭到更大的压迫和屠杀，小民族虽则一时可以被屈服，但是仇恨是永久的。以贵州说，少数民族的反抗在历史上没有断过："三十年一次小反，六十年一次大反。"在少数民族地区现在还遗留着无数英雄故事和反抗的故迹。同时，我们和少数民族同胞稍一接触，就可以明白，对汉族的隔阂是历史性的，对汉族的怀疑和不信任，至今还是存在着，于是在少数民族中发生了狭隘民族主义。这种狭隘民族主义是小民族反抗大民族主义的产物，所以基本上是由大民族主义所引起的。不承认民族区别的合法性，结果就是这部惨痛的民族冲突的历史。所以，这种思想不但不正确，而且是有害的。因之，我们要为少数民族服务，首先要承认民族区别，决不应当忽视民族特点。

我已经说过所谓不承认民族区别其实只是不承认民族区别的合法性罢了。歧视小民族，认为小民族是不文明的，是野蛮的。这样自然不值得我们去向他们学习了。在发展为少数民族服务的文艺工作时，因之也可能碰着第二个困难，就是把少数民族看成是没有文艺的。我们要以文艺去服务于他们，只有把我们这一套搬去。因之发生了有如西洋传教士那一种作风。自己高高在上，用着教训的口吻，恩赐的态度来"服务"于少数民族。口口声声是教育他们，拯救他们；凡是遇到群众不接受"教育"或"拯救"时，就会发生"不识好人心"、"不受抬举"的心理。进而"为了他们好"强制要人接受，犯了我们切忌的命令主义。当然，在文艺工作中不致像在其他工作中一般产生严重的结果，佢是我们可以预料的，就是这样做法，也永远不可能达到为少数民族服务的目的。

我们怎样以文艺工作去服务于少数民族呢？这就是为少数民族服务的文艺的内容和形式问题。让我们先谈一谈内容问题。为少数民族服务的文艺工作者的任务首先是通过文艺工作来宣传我们的民族政策。主要是团结各民族，尤其是消除少数民族在过去历史中所遗留下来对汉族的仇恨。其次是要启发少数民族的觉悟，在自觉自愿的基础上进行有利于各民族的团结和发展的社会改革。

民族团结工作有两方面：一方面是向汉族的群众进行反对大民族主义的宣传，另一方面是向少数民族宣传我们新民主主义各民族平等、友爱、互助的政策。这样也就会逐渐的消灭存在于少数民族中的狭隘民族主义。向大民族主义作斗争，也就是向狭隘民族主义作斗争，因为狭隘民族主义的根源就是大民族主义。

过去为封建统治服务的文艺工作者曾经通过了他们的文艺活动，把少数民族描写成不文明的野蛮人。现在我们必须消灭这种坏影响。把少数民族的许多美德，实事求是的介绍给各民族的群众。少数民族是具有许多美德的。比如苗族同胞的爱劳动和爱民族就给我极深的印象。除了极少数已经汉化了的地主外，苗族同胞普遍的从事劳动，不脱离生产，都是做"活路"的。

有一天傍晚，我在黄平郊外眺望：对面山坡底下出现了一个妇女和一个孩子挑柴回家。远远望去，那矫健的阔步，轻捷的动作，好像毫不费劲的依着曲折的山径，那么快的越过了山顶。我好像听得她很骄傲的向我说："在你是高山，在我是平地。"是的，我领会了，如果没有这爱劳动的美德，我们的苗胞哪里还会在这样长，这样重的压迫下屹立至今呢？他们民族小，抵抗不住残暴的侵略者，他们只有上山，就是这个妇女这个孩子所表现的阔步，保存了他们的民族。在山上，一片荒坡，他们又靠了一双手，把这贫瘠的石山开成良田。我们听到可泣可歌的故事太多了。有一个被汉人地主苛刻剥削的苗胞，偷偷地每天晚上，在黑暗里爬上山开荒。他沉痛的为我叙述了怎样因为过分的疲乏半夜里昏倒在田里；但是他很骄傲的说：最后还是开出了一片良田。后来地主又逼他"投庄"，他想走，可舍不得这块田。他哭了。这样能劳动，爱劳动的人民永远是值得我们尊敬的。

他们热爱自己的民族。他们虽则弱小，但是永远不肯投降。在炉山县的凯里，一次座谈会上，有一位60多岁的苗胞，因为太激动了，站起来唱了一节《反歌》。这《反歌》是叙述咸丰、同治年间18年的反抗民族侵略战争的故事：苗族的领袖被满清的军队捉住了，用酷刑逼他屈服，把头盖骨削去，加油点了灯。问他："要不要反了？"他很从容的答复："压迫我们一天，我们就反抗一天。"这《反歌》过去只在隆重的仪式里歌唱，是一种民族教育。那天晚上，在洋溢着民族团结的空气中，他引声高歌，表示民族压迫已经结束，从此是一家人了。他的歌声还没有完，在座的许多苗族老年人，低头哭了起来。全场肃静，我深刻体会到热爱民族的高贵感情。

发扬少数民族的美德，使我们能在感情上确立平等的观念。在这基础上才能更痛彻的觉悟到过去压迫弱小民族的大民族主义的丑恶和罪过。大民族主义者的手段是先歪曲事实，把小民族说成了禽兽，使大民族里的人民丧失对其他民族中被压迫人民的阶级感情。因之，我们也得从恢复对兄弟民族亲切的友爱，才能揭破大民族主义的阴谋。

少数民族仇视和怀疑汉族有着极长的历史根源，决不是一番话、一夕谈可以改变过来的。少数民族同胞告诉我们，他们从小父母就用"客家来了"来唬吓孩子。"石头不能做枕头，汉人不能做朋友。"这种历史的教训在过去是有事实作基础的。我们做民族工作的人，必须深切的体会这种感情，而且应当同情他们。也就是因为有着这种感情上的隔阂，所以我们要在民族团结上做工作。破除民族间感情上的隔阂是一切民族工作的前提。在这个工作上，文艺工作者有很多服务的机会。通过文艺的活动，我们可以把新的亲切的感情传达给少数民族，其效果比了讲话和说理可以更大。这是我们这次访问的经验。当我们访问团的同志化装了与苗族妇女上台唱苗歌和跳苗舞时，苗族的观众立刻表示了无限的兴奋。在民族团结舞中，我们有各民族的舞蹈。有一次台下一位苗胞看见台上跳苗舞的同志没有戴项圈，她立刻摘下自己的银链，要我们送上台去加在那位同志的项上。她这样做，是因为她感觉到台上的同志代表着自己，一定要以自己最美的装束出现在民族的行列里。每次我们向苗族妇女借衣服来化装时，她们一定要亲自来替我们的同志装扮。还有一次，在湾水，苗胞送了一顶凤冠给我们，我们由一位穿了苗服的同志去接受，当众把凤冠戴在头上，台下的苗胞群众乐得直鼓掌。后来向我们表示，我们真是一家人，平等了。这许多事实给我们很大的启发，就是通过文艺来表示民族平等的感情，比我们在台上喊一千遍口号，效果大得多。这不但说明了文艺工作是宣传民族政策的有效工具，而且也说明了我们为少数民族服务的文艺工作必须要受政策的指导。

我们对于文艺工作者的要求，不但要通过文艺工作去破除民族仇恨和隔阂，促进团结，建立友爱合作的感情，而且还希望能启发少数民族的觉悟，使他们能自觉自愿的进行社会改革。但是要做这件工作时，必须有充分的理论武装，不然，就不但不能收效，而且可以引起相反的结果。

我们的中华人民共和国是一个多民族所组成的大家庭。这大家庭中的兄弟民族，由于过去历史上大民族残酷的压迫和剥削小民族的结果，在政治、经济、文化、教育各方面造下了极不平衡的情况。我们这个大家庭要好好的建设起来,要从农业国变为工业国,要从半封建半殖民地的社会,经过新民主主义的阶段,进入社会主义的社会,绝不能坐视我们少数民族的兄弟们长期的滞留在半原始性的社会阶段上。局部的建设,局部的发展是不应当,也是不可能的。所以,少数民族的社会必须在汉族人民的帮助下很快的发展起来。我们要帮助少数民族的,也就在帮他们创造使他们可以很快发展的条件。要社会发展必须进行适当的社会改革,这是肯定的。但是怎样去帮助他们,却不是个简单的问题。我们在访问工作中一路上遇到许多干部同志和少数民族中的积极分子问我们:为什么中央所颁布的许多有关社会改革的法令,总是拖着一条"本法不适用于少数民族地区"的规定。我们也遇到不少少数民族同胞要求我们请中央人民政府下令禁止这样,禁止那样。当我们说有关少数民族社会制度及风俗习惯的事我们不能干涉时,也有质问我们这是不是要少数民族永远这样落后?我们怎样答复呢?谈到为少数民族服务的文艺工作,这问题也存在的。既然负有帮助少数民族发展其社会的任务,在文艺的内容里,对于社会改革应当取什么态度呢?

在帮助少数民族进行社会改革的工作上,我们很容易遇到两种不正确的思想:第一种是发生在汉族的干部里的包办代替的思想,第二种是发生在少数民族积极分子中的急于改革的思想。少数民族的社会各方面的落后是事实。在少数民族地区工作的干部,如果带着大民族主义思想的残余,就很可能不考虑民族区别,把适合于汉族社会所进行的改革,不加区别的搬到少数民族地区中去。"提他们一把","良药苦口","等他们觉悟不知道要什么时候哩"。——他们觉得只要自己的动机好,为少数民族人民大众谋利益,就可以了。于是想借政府的权力,包办代替的进行社会改革。少数民族中的积极分子看到自己民族的落后,心里很难过,也很焦急,"恨不得一天之内就追上汉人"。有一次我们向一位在政府里工作的少数民族同胞问他自己民族的情况。他半吞半吐的很不好意思启口。"太落后了。"接着,是要求政府帮助少数民族把那些难于出口的"坏风俗"下令禁止。他很不满意于我们主张宗教信仰的自由,因为"一自由,少数民族的迷信就没法取消了"。这两种思想是和我们的民族政策相抵触的。我们认为少数民族的社会改革一定要在自觉自愿的基础上由本民族自己来进行。所以,在共同纲领中规定了各少数民族均有"保持或改革其风俗习惯及宗教信仰的自由"。为什么呢?是不是要少数民族停止在落后的水平上呢?当然不是的。相反的，这才是帮助少数民族发展的必要条件。首先我们要明白，少数民族并不是一个，而是有许多。各个少数民族的社会性质并不是一样的。因之，各民族在同一时间，所需要的社会改革是不相同的。如果我们不从具体情况出发，一律根据我们自己的需要用政治权力推行一致的改革，就容易与少数民族的群众脱离，使群众和执行改革的政府对立起来，引起民族隔阂，反而阻碍了少数民族社会的发展。所以，包办代替的命令主义在民族工作中引起的错误，可以比在其他工作中更为严重。

但是，我们是不是袖手旁观，等待少数民族社会自己发展起来呢？又不然。我们是要加以帮助的，帮助他们觉悟起来。我们必须根据他们已有觉悟的程度，启发他们提高和巩固。比如，他们的人民大众受着封建的压迫，我们就得善于启发他们的阶级觉悟；他们实行着早婚制度的地区，我们就要善于向他们传播生理发育的常识。通过文艺工作，我们是有很多事情可做的。

在一定的少数民族中进行一定的启发工作，必须根据具体情况出发，依该少数民族社会发展的阶段，并且在加强民族团结的总方针下进行。这并不是件简单的工作，因为，如果我们犯了教条主义，不顾情况，生硬的依我们主观的愿望强制少数民族"吃药"，必然会违反民族团结的总方针。比如说：我们到一个尚是神权统治的少数民族中去，一开始就宣传无神论，那必然会犯错误的。当然，马列主义者是不承认有神的。无神论本身是科学的。我们也相信社会继续发展下去，有神论是会消灭的。但是，在这个时候，在那种少数民族中，以汉族的文艺工作者的身分，去宣传无神论，所得到的结果，不是帮助他们社会的发展，而是引起民族纠纷，反而阻碍了他们社会的发展，也就是对该少数民族人民大众有损害的行为。但是，我们对此是不是袖手旁观呢？不然，我们应当在他们自愿接受的条件下，输入科学，如医药卫生，帮助他们解决疾病的痛苦；输入生产技术，帮助他们发展经济；这样才能创造改革神权社会性质的条件。社会改革是性急不得的，但是又必须依具体情况加以启发和酝酿的。文艺工作的任务就在进行适合于一定社会条件的启发和酝酿工作，只有这样才能真正有效的服务于少数民族。

因之，一个要为少数民族服务的文艺工作者，必须能掌握民族政策，熟悉所要服务的少数民族的社会情况，在马列主义理论的指导之下进行工作，所以必须克服轻视政治学习的错误思想。

为少数民族服务的文艺形式必须是民族性的，就是必须通过少数民族自己所熟悉的形式去表现的。我们不应当停留在"我们表演给你们看"的阶段上，而是要以"从少数民族中来回到少数民族中去"的原则来帮助少数民族发展他们自己的文艺活动。因之，为少数民族服务的文艺，基本上，必须是少数民族形式的。我们汉族的文艺工作者要能帮助少数民族发展这种文艺，首先必须向少数民族学习，这是"从少数民族中来"的一部分，然后经过加工和提高，重又"回到少数民族中去"。

一个民族的文艺形式，基本上决定于它的经济基础和社会形态。因之，各个少数民族所有的文艺是不一定相同的。以贵州说，苗族和仲家（布依）族的文艺形式就有区别。在仲家族里我看到了玩龙灯、踩高跷、跳狮子、地戏等活动，他们的乐器和歌曲也有很多是吸收汉族的。但是在苗族里，主要的却不是这些。

苗族主要的文艺活动是人人皆唱，人人皆跳的歌和舞。他们的文艺活动也更密切地结合着他们的生活。一个不会唱歌，不会跳舞的人，在他们社会里有如我们不会说话的哑巴和不会走路的跛子，不可能在社会里得到健全生活的。唱歌和跳舞是男女讲恋爱时必需的工具。他们的青年们以歌舞来认识异性，选择配偶。这种活动就叫"摇马郎"。所以如果不会唱歌，不会跳舞，就不容易得到满意的爱人。他们在社交的场合中也不能没有歌舞。欢迎和欢送客人就得唱歌，喝酒又得唱歌。凡在节日的群众集会上，各村男女盛装歌舞，互相竞赛。在田间劳动，在路上挑担，到处有歌可唱。因之，很多人一提到苗族，就很容易联想起他们的歌舞来。

这种文艺是配合着他们爱好劳动的生活。人人劳动，人人歌舞。男女都劳动，男女也比较平等，保持着男女社交自由和婚姻自由，和我们封建性极强的旧社会刚相对照。在我们的封建社会中，男女受着礼教的束缚，授受不亲，自然不可能发生以歌舞来接触异性的方式。在一部分封建势力比较强的仲家族中，一方面发生了媒妁之言的早婚制度，另一方面却还没有放弃一定限度内的自由社交，以歌唱来结识异性的"赶表"；结果引起了种种纠纷、抢亲及械斗等破坏社会团结的行为。这是一个很好的例子，说明了社会形态和文艺形式是密切结合着的。

苗族那种群众性的文艺活动，缺乏固定的形式。因为人人皆唱，人人皆舞,同一调子,各人可以各唱,形式上很难标准化。他们的歌唱又是富于语言性的,要唱什么就可以唱什么。真是"即景生情,即情生词"。歌词大多是临时编的。比如,在一次招待会上,一位苗族妇女,举起酒盅要我喝酒,毫不思索的唱:"团长你翻山越岭来此地,不为金来不为银,为的是我们苗家要翻身,山高来水长比不得你的恩。"(译意)我是不能喝酒的,只是端在嘴上"意思意思",可是她却不放松,接着就唱:"满满斟了一杯酒,端给团长表心情,团长样样都很好,就是喝酒不像个团长。"(译意)她们就是这样可以一直依着情况的发展往下唱,唱起马郎歌来可以唱一天。调子是一个,内容却一直在发展。

从形式上去看苗族的歌舞是很简单的,因为它还保持着原始性,配合于用简单工具劳动的农业经济阶段。原始的形式虽则简单,但是因为密切的配合着生活,其内容是丰富和生动的,正如毛主席所说的:"人民生活中本来存在着文学艺术的矿藏,这是自然形态的东西,是粗糙的东西,但也是最生动,最丰富,最基本的东西,它们使一切加工形态的文学艺术相形见绌,它们是一切加工形态的文学艺术的取之不尽,用之不竭的惟一的源泉。"

苗族的文艺还接近于自然形态,只是粗糙加工的原始形态。他们还没有发生演员和观众的区别,大家是演员,大家是观众。在一个广场上,可以围上许多小圈子,跳舞的人停下来就站着看别人跳,看一忽,有兴致,加入队伍就可以跳。我们看见过他们的"跳场",此起彼伏,一群群,一团团,无始无终,要停就停,要跳就跳。这和我们舞台上有组织的表演完全不同。因之,要把苗族歌舞搬上舞台就很困难。他们的歌舞,一旦脱离了活生生的现实生活,留下来的只剩了很简单的形式,观众也就难于体会到他们文艺的特点了。

这里发生了一个问题,我们是否要通过这种简单的文艺形式去服务于少数民族呢?有一种意见认为原有的形式过于简单,要发展为少数民族服务的文艺,必须介绍比较复杂的形式。比如,在这种群众性的歌舞中,主要是抒情的,很少表现情节的能力,所以苗族至今还没有发生戏剧。他们没有文字,所以也没有小说。他们虽则有史诗,好像我上面提到的《反歌》,但是并不普遍。这样简单的形式是不容易表现比较复杂的生活内容的,所以必须把新形式介绍进去。这个意见是有理由的。但是要提高他们的文艺形式却并不是搬运我们这一套进去就可以为他们所接受的。现在大部分少数民族的人民还是经营着自给自足的农业经济,但是剥削和压迫他们的反动统治一旦打倒,靠他们的劳动,生活必然会富足起来。生活随即复杂，那些原始性的文艺形式也就会满足不了他们的要求了。我们帮助他们在这方面发展起来是很应当的。但是新的形式却必须从他们原有的基础上提高起来，从他们原有基础中优良的一面发展起来。而不是放弃旧的，全盘接受新的。我们必须承认他们原有基础中有着很可宝贵的成分。比如苗族文艺的普及及群众性，那正是我们自己文艺所缺乏的。苗族不必经过我们汉族过去所走的那一段弯路，就可以从原有基础上提高起来。从原有基础上去提高也许比我们自己文艺的改造更容易见效。这正和他们的经济发展一样。他们曾长期被汉族封建势力所统治，大部分人民成了汉族地主的佃户，但也因之本民族中封建势力不易壮大，在民族性格上保持了爱好劳动，合作互助，男女平等，婚姻自由等美德。汉族封建势力打垮之后，他们这些美德也正是他们经济迅速向前发展的优良基础。

因之，我们要帮助少数民族发展他们的文艺，必然先得向他们原有的文艺学习，也就是说，要"回到少数民族中去"，必先"从少数民族中来"。

我们可以相信，少数民族的经济发展了，必然会不满足于他们原有文艺的形式，必然会要求提高的。我们必须根据他们自身的要求，把他们所需要的介绍给他们，以减少他们发展上的困难。这才是"帮助"而不是"给人药吃"。我们并不是要他们汉化了才算是"提高"。我们也可以相信，从他们原有基础上提高起来的文艺，决不会完全相同于我们汉族的文艺。他们要在他们的文艺里表现他们的民族性格。我们应该欢迎每一个少数民族，蓬蓬勃勃的发展其民族文艺，这样才使我们这个多民族的大家庭的文化内容更为丰富，更为结实。

1951 年 4 月 8 日改写

原载《新建设》1951 年第 3 期。

贵州少数民族情况及民族工作

贵州是一个多民族杂居、各民族社会经济地位不平衡的地区。以现有人口来说，汉族占多数，约占60%～70%；除汉族外其他少数民族种类还没有准确数目，据已经知道的，自认为独自构成民族单位的，有27种。其中以苗、仲（布依）、彝、回四族比较众多。这许多民族基本上是杂居的，它们共同居住在一个地区之内，政治及经济密切联系。少数民族聚居程度最高的县区，如台江、雷山，仍有5%以上的汉族居住在内。纯粹由单一民族聚居的情况要到乡村级区域才能看到。由于杂居的情况，各民族并不能构成独立的政治及经济单位，但在共同的政治及经济单位中，各民族一般说是处于不同的地位。基本上占统治地位的是汉族。同一民族在不同地区所处政治及经济地位又不完全相同，因之形成了复杂的民族关系。这种复杂的和不平衡的情况有其历史的造因。

从全国范围看，贵州是少数民族与汉族接触的边缘。汉族在历史上从中原向边区扩张，少数民族依靠这多山的自然条件，奋斗反抗，部分地保存至今。但又因各民族反抗的强弱，各地区自然条件的不同，封建统治阶级的统治、帝国主义的侵略及其影响亦发生不平衡的情况。有些民族在某些地区在不同程度上尚保存其前封建主义的原始社会性质。但一般说，由于长期受汉族政治及经济上的影响，贵州少数民族的社会密切联系于汉族的社会，是整个贵州社会经济的一部分，因之，基本上也已进入半封建半殖民地的阶段。但是少数民族社会由于长期的民族压迫，经济落后，还有其和汉族社会不相同的特点。

在少数民族地区的封建主义主要是以民族形式出现的：汉族封建地主压迫少数民族农民的生产关系。因之，阶级矛盾采取了民族矛盾的形式。统治阶级又利用民族矛盾造成民族仇恨和隔阂，破坏了民族间阶级团结，便于他们对少数民族农民进行残酷的剥削、压迫和屠杀。民族和阶级间又引起了错综复杂的关系。

今天我们要在这复杂和不平衡的民族情况下进行革命工作，建立人民政权，对于这种情况必须有充分的了解。因之，了解情况也是我们访问团的任务之一。但是，我们十分惭愧，这个任务我们并没有很好地完成。我们能力的不足和时间的限制，不但所得到的材料是局部和片面的，而且一定有很多是不正确的；我们的分析又是肤浅的，而且一定有很多是错误的。所以以下所提供的材料只能作参考罢了。

一

从历史上去看贵州各少数民族发展的经过是了解现有社会经济不平衡的民族情况所必需的准备。但是由于大汉族主义有意识地抹煞和歪曲各民族历史事实，我们在短时间之内，甚至只想求得一个大体的轮廓也很困难。这里我们只能简单地一述，里面错误是不免的。

贵州现有各民族中最早在这地区生活的可能是仡佬和木佬等。有人认为佬族就是古书上的僚族，在早期是西南的土著民族。但历经外来民族的压迫，现在所存已很少，零星分布各地，大都已汉化。

现在贵州的主要少数民族是苗、仲、彝、回四族。其历史来源、语言、风俗、习惯上都有不同。苗族一般认为发源于中原，属苗瑶语族，受汉族压迫从东部入黔，最初居住于乌江及清水江流域。汉族又从北面侵入，苗族被迫后退，现仅保留了湘黔边区（松桃一带）及以台江、雷山为中心的苗岭山脉地区。在这个区域里苗族人口现还占70%～80%。由于汉族封建统治不断进攻，苗族首当其冲。在战争中，队伍的流动及人口的流徙，使他们零星地分散到各地，西至威宁，南到盘江（甚至到云南）都有少数苗族杂居在其他民族间，总人口约180万到200万。

仲家（亦称水户等）及侗家、水家、僮家等族均属侗台语族，可能是来源相同的，从湘桂边区进入黔境。侗、水、僮（壮）族居住于黔东南边区（侗族中心在黎平，水家中心在荔波），仲家族移居盘江流域，以册亨、望谟一带为中心，总人数约有160万到190万。贵州彝族和大小凉山的彝族相同，属藏缅语族，居住于黔西北，现属毕节专区一带，总人数10万左右。回族入黔较晚，大多在清末从云南因杜文秀起义失败后而移入的，分散于黔西南及西北主要交通线的城镇及其附近，人口尚无确数。

汉族的封建统治者从蜀汉时起已经进入黔省，历代帝王都到这边区来用兵。早期进入的军队很多就驻扎在各军事据点，称作军屯，经长期的接触，有完全同化于当地少数民族的，亦有部分同化，形成许多零星分散的"汉裔民族"（如堡子、凤头鸡、南京人、穿青、里民子等）。汉族大规模移民从四川南下，占领黔北。乌江以北，鸭池河以东，现在已经很少有少数民族。汉族更不断地借政治和商业的优势，深入各少数民族区域，作点线的占领，凡是商业中心的"街头"，已差不多都有汉族居住。

这个历史造成了贵州这个多民族杂居地区。以县单位来说，现在已经没有单一少数民族聚居的区域了，甚至一乡、一寨中都可以有好几个民族杂居在一起。这是贵州民族情况的一个重要特点。

二

由于汉族深入各少数民族原住区域，在政治经济上占有统治地位，除了极少数地区，少数民族在政治经济上已失去其独立性，成为整个贵州社会的一部分。基本上是半封建半殖民地的社会性质。但是在这个社会中所处的地位，却因为历史和地理条件的不同，各民族还是各有其特点。在社会发展上，各地区的各民族并不平衡。这是贵州民族情况的另一重要特点。兹就各民族主要特点分别简述如下：

一、苗族由于其所占地区的位置，首当汉族的压力，历代受到大规模的屠杀，清水江畔"三十年一次小反，六十年一次大反"，即使雷公山的腹地，亦有民族战争的遗迹。民族战争的结果，总的来说，是汉族在政治及经济上对苗族的深入控制，直接由汉人来统治，这和其他少数民族是不同的。这地区苗汉经济关系的历史是：汉族用武力占领了土地，大多用苗族来耕种，进行残酷的封建剥削。苗族靠他们的劳动逐渐恢复他们的经济力量，汉族地主荒淫奢侈，逐渐出卖土地给苗族，苗族势力重又下山，于是和汉族在政治上发生冲突，引起民族战争，再度被迫上山，一上一下，形成周期性的反抗斗争，苗族势力，愈缩愈小。

在上述的情况下，苗族发生了如下的特点：(1)苗族一般地区的封建势力不易成长，地主少，土地分散，愈向边缘，汉族地主集中的土地愈多（黄平东坡苗汉杂居区，苗族现已占有全乡土地63%强。而苗族内部土地占有：地富4%，中农42%，贫农26%）。在腹地聚居区，阶级分化较强（据未证实材料，丹寨苗族土地占有：地主28%，富农27%，中农28%，贫农15%）。(2)苗族受到强大的民族压力，内部团结强，互助多。但是因失去政治权力，缺乏较大的领袖人物。(3)爱好劳动，即使是地富，一般也不脱离劳动，属半地主式富农。租佃关系，以亲友为多，剥削较汉族地主轻（一般平分）。生活俭朴，力求自给自足。很少经商，经济落后。(4)屡经残暴的打击，常有举家逃亡，到高坡去开垦，所以在其他民族居住区内，多零星租地生活的苗族佃户，分布地区很广，生活穷苦。他们不但受汉族压迫，同时也受当地其他少数民族压迫。(5)民族感情浓，民族性的风俗习惯，大部分保留。妇女穿着原有的服装，苗语普遍通行，强烈反对国民党剪发改装的同化政策。歌舞发达，男女比较平等，恋爱比较自由，封建势力小。

二、仲家居住于盘江流域，离汉族势力的中心区较远，北面又隔着苗族，所以和汉族的冲突，没有苗汉之间那样尖锐。汉族封建帝王，对仲族的统治，采取"以夷制夷"的手段，以仲族人为土司。他们的经济基础破坏得少，在长期的农业经济基础上，发展了封建主义，有了较大和较多的地主。在民族冲突中，这个阶级为了其本身利益，曾向汉民族投降和妥协，保持了肥沃水田的占有。他们更吸收了因战争和民族压迫而逃亡来的苗族，做他们的佃户，供其剥削。发生了"苗家占山头，仲家占水头"的俗语。在这种情况下，仲族有如下的特点：(1)经济比较发达，生活比较富裕。已有部分地区发展了家庭和作坊工业及小商业。本族有大地主，对本族农民的租佃剥削与汉人一样（一般是四六分，并有其他超经济剥削），阶级分化较强。(2)地主阶级向汉族统治者投降及妥协，形成了"封建买办"性的上层。他们依靠汉族统治者维持其阶级利益，对本族及他族农民进行剥削及敲诈。(3)这些"封建买办"权力的来源是汉族统治者。汉族统治阶级中的矛盾，也影响了仲族的上层，发生宗派。宗派斗争，成为仲族社会中突出的现象。民族内部缺乏团结，加上了汉族统治者利用其内部矛盾，煽动挑拨，致仲家地区经常发生械斗及仇杀。(4)仲族本身封建主义比较发达，又因政治上附属于汉族统治者，所以文化上也倒向汉族。有些地区的仲族，已丧失其原有的语言，妇女也很多改了装，风俗习惯也受到很强的汉族影响，对国民党的同化政策，反抗不强。上层分子有否认自己是仲族的。（5）汉族封建性的风俗习惯被吸收到仲族里，和原有的民族传统发生矛盾，如父母代订婚姻和自由恋爱（赶表）的矛盾，增加了社会纠纷。（6）压迫及歧视苗族及其他较小民族，仲家和苗族及其他小民族之间存在着阶级性的民族隔阂。

三、贵州西北部原是以大小凉山为中心的彝族区域的一部分。但是因为和汉族接境，所以很早就遭到吞并，在元明时代，当地的统治阶级受汉族统治者加封为土司，但其对内的政治及经济的统治依旧保存，可能还保留着原来的奴隶制度（土地由土司所独占，农奴无人身自由）。汉族的封建势力，逐步侵入，尤其是改土归流以后，原来的奴隶制度已经变质（部分土地流入市场，剥削关系以租佃名义出现），逐步让位给封建主义（新兴地主阶级的发生）。但是这地区所兴起的封建主义，也受着奴隶制度的影响，还带着初期封建形态（如大量无偿劳动的剥削及佃户部分缺乏人身自由）。从地域上看：毕节以东，原属水西土司区，封建主义已经确立，与汉族地区相似，地主也大部分是汉人；但毕节以西，原属乌撒土司区，则尚属初期封建及带有奴隶制度的残余，新兴地主以黑彝为多。所以这个区域的社会性质，是很不平衡的，正处在变迁的过程中。其特点如下：（1）彝族的统治阶级（即奴隶主）是黑彝，从其他民族掠来的人民成为奴隶，统称白彝。土司制度时代，黑彝中有势力的被加封为土司，土司之下有管事的土目，主要的是黑彝，亦有极少数汉人，统称为"官家"。这区域中又有其他民族陆续移入，没有沦为奴隶，仍保存其民族作为官家的佃户，如苗、仲、汉裔及汉族农民。所以这地区握有政治及经济实权的，曾是少数民族（官家）。汉族统治者，名义上虽则很早就统治了这区域，但是实际统治权的转移，是经过很长时期逐渐进行的，直到抗日战争时期，国民党在水西区域，才把最后的土目势力兼并。到解放时，我们才把乌撒区土目势力击溃，政权才归于各族人民。（2）在土司及后来土目统治时代，在汉族统治者的放任及煽动之下，兼并甚烈，新兴地主出现后，土目和地主之间，地主与地主之间（又有黑彝与汉族地主之别），都发生过长久的武装斗争，有类于大小凉山"打冤家"，所以仇杀事件是不断的。（3）这区域的农民，包括着若干民族，受到的压迫和剥削，较贵州其他区域更重，而且带着"半奴隶制度"的性质，官家可以"加押"为名，随意搜刮农民的财富，甚至早年有用"人租"的名义剥削农民的人身自由。在"土皇帝"式的统治下,农民的生活和农奴相差不多。在封建地主手下当佃户,除了地租的剥削外,还受到大量的无偿劳动的剥削,这是受了奴隶制度影响的结果。农民所受的压迫和剥削虽则这样重,但是因为"官家"统治的悠久,镇压力大,统治者对农民的分化,加大了民族间的分裂(同是被压迫阶级的白彝和苗族不团结),大规模的农民暴动并没有发生。

四、回族在贵州大多分散在黔西南及西北主要交通线上的城镇里,也有一部分散居在农村,回族社会经济的特点是:(1)基本上以小商业经济为主,部分小手工和小农经济。住在城市里的回族,多数从事小商业经营,如安顺贵阳的回族,少数经济力薄弱的做小贩和出卖劳动力为生。部分在农村中的回族,如威宁平坝等地,则多数为农民,尤以中贫农较多。由于受汉族影响深,内部阶级分化深,在个别地方如贞丰、兴仁有大封建地主兼官僚资本家的,而一般群众的职业的多样性,又非其他民族所能比。(2)回族基本上已接受汉族文化,住在城镇里的回族,文化程度较其他民族高,如以知识分子在其本民族人口数中所占比例来看,比汉族还高,一般都用汉语汉文,伊斯兰经文仅用于宗教仪式。(3)一般的宗教信仰的联系与遵从较其他民族为强,通常都自称"回教",主持宗教仪式的阿訇(教主),在回族群众当中有相当的影响。

五、其他较小的少数民族,我们接触得不多。"汉裔民族"基本上是说汉语的,服装也是汉族的古装,但部分的受到当地的少数民族的同化,大多住在原来军事据点、堡或屯,经济上亦与汉族同。仡兜人有认为是苗族,尚有氏族组织的残余,除聚居区有少数小地主外,多属佃户,在多种民族压迫下,生活甚苦。仡佬系土著民族,大多汉化,经济地位极低,文化亦落后。木佬、土佬只有零星杂居于其他民族中,此种土著民族,已濒于消亡。

三

汉族的封建统治者向贵州少数民族地区渗透有很长的历史,蜀汉南征已是很大规模的军事行为,民族战争在这块土地上一直要到解放才告结束。近代最大的战争是清代雍正、乾隆、嘉庆时三大战役及咸丰、同治的18年战争。国民党统治时期在黔东苗族区还进行过大屠杀。血迹斑斑,至今还残留着劫后的创痍。千百年来的民族战争史主要是封建统治者用武力来掠夺少数民族土地,利用少数民族及汉族人民大众的劳动，进行剥削，又以残酷的政治压迫，维持其统治，他们的手段是这样：用武力征服了少数民族，占领其土地，分封或出卖给汉族（亦有少数民族中的败类）成为当地的地主。这些地主把土地出租给各民族的农民，进行剥削。他们更借政治势力，霸占少数民族的土地，逼其把新开辟的土地向他们"投庄"，又通过敲诈及高利贷迫使少数民族出卖土地、耕牛及其他财产。对少数民族的地主阶级，除了勾结利用来作"封建买办"外，也进行兼并，最突出的是历代官僚敲诈土目，兼并土地的事实（黔西土目禄氏，被周西成、吴鼎昌搞得家破人亡，成为有名的"禄产事件"）。所以少数民族中的地主阶级必须依附汉族的当权派才能维持其地位。经过了这样长期的经济侵略，少数民族的社会经济和汉族的社会经济是分不开的。他们是同处于一个经济制度下，分居于剥削者和被剥削者的地位，构成基本上是封建主义的社会。

帝国主义侵略中国，贵州少数民族也受到了影响。帝国主义直接的政治侵略还限于初期的教会活动，留在下节讨论。其经济侵略可从两方面来看：1.扩大市场；2.掠夺原料。少数民族在长期封建剥削之下，滞留在自给经济阶段。他们的日用品除了盐巴外几乎全赖自给，因为受到高度剥削，生活贫困，购买力极微。在这种情况下，不能成为帝国主义的商品市场。但是少数民族并不因此而和帝国主义经济侵略绝缘。他们受到的剥削主要是土产品的掠夺，尤其在国民党统治时代较为深重。帝国主义对贵州少数民族的经济侵略是通过官僚资本主义而进行的。贵州土产品，如烤烟、桐油、五棓子、木材是农村的产物，而少数民族在农业人口中占有多数，所以是土产品的主要供给者。贵州土产输出最高时产量总值几达贵州经济产物总值的一半。此外还有大量鸦片及每年10万头牛马的外销，这些产品都被官僚资本主义所垄断。垄断的手段一部分是封建性的，比如鸦片，强迫农民种植，作实物地租征收。也有一部分是通过高利贷的方式，借给资本，贱价收货，或是用一般的不等价交换的方式，进行剥削。官僚资本主义的剥削和一般资本主义剥削不同，因为它是具有封建性的，所以现代工业原料的生产对于少数民族经济并没有发生提高的作用。比如1940年到1948年烤烟的生产增加到35万市担。农产商品化的趋势是很显著的，但是对于农村经济，尤其是少数民族经济，却并没有引起显著的影响，那是因为农民并没有因此增加购买力，从农产商品化中得到的货币还抵不过在这时期国民党用征兵派款所加予农民，特别是对少数民族的敲诈勒索。国民党反动统治经济剥削和政治敲诈双管齐下，把农产商品化的经济利益全部掠夺过去。从少数民族本身的生活来看，还是维持着千百年来的自给经济，自己消费的大部来源于自己生产的经济，而且由于剥削加重，已由"自给自足"而进入"自给不足"的境地。

国民党的官僚资本主义采取同化政策来达到扩大市场的目的。在本质上属于资本主义民族政策的范畴。但是在半封建半殖民地的社会中并没有太大效果，不但纸面上"一保一校"的计划没有实现，而且剪发改装也只成为另一项敲诈的借口，进一步增加了民族仇恨。

四

帝国主义不但通过反动统治对少数民族进行半殖民地性质的经济侵略，而且在四五十年前就以传教为名进入少数民族地区（以黔西北为主）。他们以少数民族为其传教的主要对象，前后在少数民族区建立教堂的有天主教（并掌土地权）、内地会、循道会及安息会，其中以内地及循道两会势力最大，曾拥有少数民族教徒万人以上。他们通过开学校、创造苗文、办医院等对于少数民族有实际利益的手段，传布麻痹阶级反抗的教义。痛苦无告的少数民族初次得到文教的帮助及"平等"、"博爱"等口惠，尤其是传教士对他们生活上所表现的体贴，使他们很容易接受宣传，受其麻醉，至今少数民族对教会还是有好感的。但是由于教会并不是真为少数民族服务，不可能满足少数民族政治经济的基本要求，又由于英帝在第一次世界大战后势力的削弱，教会逐渐萎缩，少数民族对宗教信仰亦日渐冷淡。到解放前，教会势力在少数民族区域已经衰落。现在少数民族区的教会已经大体上走上了自治、自传、自养的步骤。

五

从过去的历史看，很清楚地说明了这是一部汉族反动统治阶级对少数民族剥削和压迫的历史。又因为汉族反动统治阶级用大民族主义来分裂汉族及少数民族的被压迫阶级，在汉族中，通过宣传和教育，培养了歧视少数民族的错误意识。在日常接触中，少数民族备受无理的侮辱，因之少数民族普遍的仇视汉族，认为"石头不可做枕头，汉人不可做朋友"，这样滋生了狭隘民族主义，民族间的隔阂是具有历史性的。

汉族反动统治阶级，从封建帝王到蒋介石的国民党，是各民族人民大众的共同敌人，也就是离间我们兄弟民族，使我们互相歧视、分裂的罪人。如果没有共产党，没有解放军，不把反动统治阶级摧毁，贵州人民得不到解放，这种恶劣的民族关系也不会改变，少数民族受到的压迫也不会解除。

贵州省的解放是贵州各民族共同的解放，把压迫各民族人民大众的共同敌人打倒了。这样，民族关系才起了基本的变化，由民族侵略压迫变为民族平等团结。民族平等团结是代表人民利益的中国共产党的基本政策。18 年前红军北上抗日经过贵州，已经在少数民族地区执行了这政策，提出了"少数民族要自由要平等"的口号，启发了贵州少数民族的觉悟，获得了他们热烈的拥护。红军虽则离开了这地区，但是红军留下的恩情却一直在少数民族中口口相传，即在反动统治压迫下，群众偷偷去祭奠红军墓，和掩护留下的同志们。这段历史为后来解放少数民族地区开辟了道路。少数民族在盼望红军再来的热情下，保证了解放过程中友爱互助的民族关系。进入贵州的人民解放军严格执行民族政策，绝对尊重各民族风俗习惯，不借粮，不住少数民族的房屋，帮助劳动，送针线，赠盐巴，处处和兄弟一般。少数民族欢欣鼓舞，爱戴支援我们的军队，其积极及亲切的感情甚至有超过汉族的。

我们人民政府于接管初期对少数民族的旧人员一律留用，嗣后对少数民族区域征收公粮及禁用银元等均予以适当照顾；少数民族同胞到政府里来的常常受到款待，各种群众集会上少数民族代表上台发言，做主席，挂红条（代表证）。少数民族欢欣鼓舞，"我们从此翻身了"。他们积极支援，带头交粮，对人民政府热诚拥护。一些知识分子也激发了他们的政治要求，积极支持人民政府的工作。但一部分上层分子因受国民党特务的宣传，还抱着观望等待的态度，徘徊歧途，对我们的民族政策不甚了解，对政府也不太信任。

我们的敌人国民党在撤退前即计划利用民族隔阂，盘踞边区，进行反抗，对少数民族散布谣言，并起用一小撮少数民族败类，提出"苗夷独立共和国"的欺骗口号。我们虽对少数民族的上层及知识分子加以争取，但可能落后了一步，以致在匪风高涨中，苗族少数地主和仲彝两族大部地主及个别知识分子叛变了人民，而且威胁少数民族农民从匪，给贵州清匪斗争中增加了一个民族因素。

匪乱是激烈的阶级斗争，是贵州封建势力反人民的最后武装挣扎。这个斗争卷入了少数民族。贵州这个民族杂居的地区，革命和反革命都不可能分别民族而进行的。封建地主阶级较强的少数民族，经过了这次匪乱，基本上把这最顽恶的一层削去了（例如关岭仲族上层知识分子，有的曾坚决叛乱，赫章、威宁的土目亦几乎全部叛变，现在死的死，逃的逃，坐牢的坐牢）。所以少数民族的社会性质在清匪中亦起了重大的变化，为社会改革创造了有利的条件。

在剿匪中，我们曾争取了一部分非当权派的力量回来，而且，由于仲彝社会本身的宗派斗争，有一部分被当权派压迫的少数土目及地主，在解放前夕就倒向我们，参加了游击及剿匪。对我们始终支持及坚持反匪的却是广大少数民族的农民，尤其是苗族，有许多英雄故事流传着他们可歌可泣的斗争。在剿匪中涌现出许多少数民族的积极分子，提高了阶级觉悟，为后来社会改革开辟了道路。

六

我们的干部在进军大西南之前经过学习，对民族政策是有认识的，为少数民族服务的观点是坚定的，对民族问题是小心谨慎的，因之，在我们入黔之后，民族关系能搞得很好，在民族工作上有显著的成绩。但是由于多数干部来自外省从没有接触过少数民族，加上我们对少数民族情况缺乏正确的了解，受过大汉族主义错误的宣传，我们干部中有的存在着好奇的心理。到达贵州遇到各少数民族，特别是苗族，热情的欢迎，更发生好感，尤其在匪乱中，少数民族多方掩护我们干部，积极协助我们清剿，所以很多人反映："少数民族比汉族好"，"到少数民族家里就放心"，"少数民族工作容易做"。这种思想情况极有利于我们建立友爱团结的民族关系。但也因之发生忽视民族特点和不注意民族关系的偏向。又因为感情上去接受少数民族，对复杂的民族情况容易忽视作深入的分析。比如仲彝两族因封建势力较强，当匪的多，秩序没有安定时，由于传统宗派斗争，农民有顾虑，部分的同胞对我们不像苗族那样热情，我们干部中有的发生了"这族好，那族差"的歧视思想，而忽略了基本群众的一致性。

在反封建运动的初期，干部中忽视民族特点，认为少数民族和汉族并无区别的思想是相当普遍的。这是由于解放进军及剿匪工作中民族关系良好，没有发生问题，因而产生的麻痹作用。在少数民族地区开展工作时或多或少地发生了一般化的作风，由于民族工作经验的不足因而也产生搬用了汉人地区老一套的工作方法。当我们反封建运动逐渐展开，在清匪、组织农协会、评产量等具体工作上，民族关系复杂的地区，这种作风和工作方法或多或少地引起了民族纠纷。

漠视民族关系的复杂性及民族隔阂的历史性，当工作深入时是可能引起民族纠纷的。这里可以有两种偏向，一种是低估民族关系，一般化地推动工作；一种是高估民族关系，缩手缩脚，以致事态扩大。在贵州过去一年中曾发生了两个带有民族性的武装冲突事件，可以引为例子：一是兴仁专区安龙县的龙广事件，在清匪中忽视原来存在着汉仲间的仇恨，仲族民兵以清匪为掩护，对汉族农民进行报复，被损害的村寨有13个之多。一是毕节专区大定县的方家坪事件，仡佬族受巫师的欺骗，利用群众的政治要求，称帝骗财，政府没有及时开导和制止，以致又被匪特利用，演成武装暴动。

以贵州过去一年的民族工作来说，由于领导上的小心谨慎，坚决执行缓进和稳步的方针，虽则部分干部思想上尚有上述的偏向，均能及时纠正，进行教育和提高，使民族关系日见团结，民族工作也是日有进步，基本上正确执行了民族政策，获得显著的成绩。

七

贵州民族工作，在过去半年中，最主要的问题是社会改革的问题。我们到各地去访问，少数民族最关心的问题就是："目前在少数民族中是否实行社会改革？是否与汉人中的社会改革应有不同？"在全省少数民族座谈会中讨论得最热烈的也是这个问题。

去年9月贵州省人民政府委员会第一次全体会议所通过的"今后工作任务"中规定："现在汉人地区实行的减租、退押、反霸等法令，不适用于少数民族地区。"也就是说："决定少数民族暂不实行社会改革。"因为那时少数民族中社会改革的群众条件和干部条件一般尚未成熟，人民政府对少数民族情况尚十分生疏，本省少数民族繁多的地区当时尚为股匪所盘踞。在那样的情况下，决定暂不实行社会改革，是正确的。"

但是贵州是一个多民族杂居的地区，而且在少数民族区域中有大量土地集中在汉人地主手上。因之，"少数民族地区"这个名词所指的内容是不够明确的，实际在杂居区成了"可以减汉族地主的租，而不能减少数民族地主的租"。所以实际的界限不是地区，而是民族。少数民族可以向汉族地主进行反封建运动，这是完全应该和必要的，所以我们也必须一起发动各民族群众，一起组织农会，一起宣传反封建的意义。结果，政治觉悟提高了的少数民族群众也就不容易接受"不减少数民族地主的租"的决定了。他们说："政府为什么照顾少数民族的地主，而不照顾农民呢？""这不是不平等吗？"干部在思想上也有搞不通的。有些地区坚持了"少数民族暂不进行社会改革"的政策，引起了一部分少数民族的不满；有些地区松了袋口，一般化的搞起反封建运动来了。

事实上，像贵州大部分地区那样民族杂居的情况下，要以民族界限来分别进行和不进行社会改革是有困难的。但是如果不重视民族区别而一般化的进行相同的社会改革同样是会引起纠纷的。所以问题是在怎样能有区别（不是分别）有联系（不是一般化）的在这种杂居区进行社会改革。

贵州经过了这段经验，已充分体会到"不考虑少数民族的要求是不对的"。同时，由于剿匪的胜利，民族政策的宣传，和汉人地区群众反封建斗争的展开，贵州省在过去四五个月内少数民族情况已发生了较大的变化，考虑进行社会改革的条件业已部分成熟。所以经过了全省少数民族座谈会的讨论，闭会时提出了"关于贵州少数民族社会改革问题的初步意见"，又经贵州省人民政府第八次行政会议通过及西南军政委员会批准，成了决定。这个决定的主要精神就是承认民族区别，在一定条件下，可以进行部分的社会改革，方法上也不必相同于汉人地区，应当照顾少数民族的具体情况。这是民族工作上的重大进步。

这个决定中值得我们注意的：第一，就是把自觉自愿的群众原则具体化了，规定了经过少数民族代表会议举手通过的程序，这是很重要的，因为少数民族中很可能有少数积极分子用个人的意见作为群众的意见，在语言隔阂之下，我们很难捉摸到真正广大少数民族群众的觉悟程度。包括各阶层的代表会议可以正确的反映群众意见，也是教育和发动群众的最好机构。

第二，是把干部条件也具体化了，规定了成立区域自治及联合政权的形式。过去我们一提到干部条件，少数民族就觉得我们有意为难的样子。"要有多少干部才算是足够这条件呢？"干部条件事实上是指社会改革的事宜应由少数民族自己的干部来领导，而不是由汉族干部包办命令。所以基本问题不是在干部的数量，而是在政权的性质。区域自治或联合政权就保证不致发生汉族干部包办命令的事了。

第三，贵州各个少数民族的社会经济基础是不平衡的：有的区域，像黔东的苗族本族地主比较少，而且本族地主对佃户的剥削也比较汉人地主轻，地主中也有很多是劳动的，所以对于减本族地主的租子，一般说不像其他地区积极要求。但是在黔西南的仲家区域，尤其是兴仁区，少数民族地主比较多，也比较大，而且很多土地是依靠汉族统治势力霸占来的，对本族佃户剥削也重。这地区的少数民族农民不但迫切要求减租而且要求反霸。在这样社会经济不平衡的情况下，要各族一样实行相同的社会改革显然是不妥当的。因之在实行当中应该允许例外。

第四，在少数民族中实行减租，方法上也应该和汉人区不同。少数民族的地主在过去必须依附汉族统治者才能得到权势。现在不但反动统治者已经打倒，汉族里的封建势力也已经削弱，所以少数民族里的地主已经失去了依傍，地位已经动摇。而且少数民族地主在过去也受到民族的压迫，就是汉族地主利用民族区别去兼并少数民族地主的土地，由于在民族关系中的特殊处境，少数民族中的地主阶级常带有民族感情的。因之，如果我们对他们能善于进行动员、劝说，动员他们开明和自觉自动地进行减租是有可能的。这个自上而下的方法结合了自下而上的方法可以增加各民族内部的团结。尤其是在有宗派斗争的民族中，这个方法也比较妥当，可以免去许多纠纷。

从上述各方面来看，贵州省对于少数民族社会改革问题所取的方针，不但符合了西南军政委员会的指示，而且是切合于具体情况的，因之也获得了少数民族的拥护。

在这个多民族杂居及不平衡的社会经济条件下，贵州省各级政府谨慎地执行了中央的民族政策，团结了少数民族和维护了少数民族利益，在过去一年中已有很大的成绩。少数民族同胞的政治觉悟已有显著的提高，他们对人民政府已产生了一种衷诚的拥护和爱戴心理。在民族工作的推动中，由于客观形势的发展，亦发生了相当的困难，这些困难是前进中的困难，经领导上及时的注意及各级政府的努力，有的已经克服，有的也将要克服，贵州省的民族工作已经推进了一步。

八

我们在分析贵州少数民族社会性质时已经指出，各民族的情况虽则不平衡，但基本上是半封建半殖民地及带有部分前封建的残余。因之，反封建的需要客观上是严重地存在着的。而且少数民族地区封建主义是具有民族形式的，就是主要的阶级矛盾发生在民族之间，大量土地由汉族占有、剥削少数民族的生产关系。因之，少数民族农民一般说容易觉悟，反封建的要求是可能很激烈的。这一事实在过去半年中已经获得证明。已经有了阶级觉悟的少数民族农民，不但要求减租、反霸，而且更普遍地要求土改。我们得到很多地区相同的反映："租可以不减，地不可不分。""今年要求减租是怕土改落后。"据说："兴仁县一个自然村的苗民已经全部搬下山来居住，等着分配土地；威宁有几十年没有下过山的苗民，也到人民政府请求下山分田。"这是因为少数民族在历史上受到压迫，退入了高山和坏地，尤其苗族是如此。他们怕土改落后了，就会分不到好地，所以基本上，要求土改就是要求下山。我们已听到"不清算历史，少数民族不能真正得到平等"的反映。讨论到土改时，曾有很多少数民族主张必须在较大区域的范围内打乱重分，也就是说，他们不愿再住在山头上，耕种坏地了。少数民族对土地的要求是带有民族翻身的要求，所以决不应当看成一个普通的问题。

在原则上我们自应依据自觉自愿的群众条件及参加政权的干部条件来决定少数民族的土改问题。同时我们却必须预先看到：土改的要求很可能比减租的要求更为迫切和普遍。如果在社会改革的条件，特别是成立区域自治或联合政府的条件没有成熟时，在杂居区域内，少数民族很可能会不同意汉人先土改，少数民族后土改的办法，因为事实上很难预先留下土地给少数民族的。少数民族在土改上一旦落后就会分不到好地，那是他们最关心的。因之要防止这种情况只有加速创造条件，就是凡是决定要进行土改的民族杂居区域，先成立区域自治或联合政权，这样我们才不致被动和落在形势发展的后面。

在分配土地时，民族关系必须要事先予以适当的注意。在反封建运动初期，发动农民，组织农协，以及后来的评产量中，都已经发生了若干因为忽视民族关系而引起的纠纷。这段经验教训是应当接受的。因为在分配土地时，纠纷可能更大。如果我们对于现在还存在着的大民族主义和狭隘民族主义不从速加以消除，在土改时都可能表现在具体的争执里，甚至引起民族间的纠纷。进行民族团结教育的主要场合是在各民族都有代表参加的会议上，以及更具体的在联合政权中。这也说明了，没有民族联合政权，各族不能进行充分协商，在民族杂居区中进行土改是会遇到困难的，而贵州基本上就是一个民族杂居的地区。所以最好先建立区域自治和联合政权，实行社会改革就能很好地进行土改。

民族工作发展到目前，主要的关键已集中到政权问题，就是成立区域自治或联合政权。因此，我们要"更认真地建立民族自治区人民政府和民族联合形式的人民政府"。这不但是少数民族最普遍和最基本的要求，是我们共同纲领中所明白规定的政策，而且也是今后各项民族工作推进的环节。我们在三次训练班中都讲述民族平等的意义，但是一般的反应是："毛主席给我们平等是十分感激的，但是这是不是长久的呢？"甚至有人说："毛主席过去之后，我们还能平等么？"种种都表示他们认为：人民政府是好政府，但还不是自己的政府。我们在炉山凯里区协助试办区域自治，当我们把这意图宣布后，苗族各阶层是一致欢迎，如说"真的民族平等了，毛主席怎样说就怎样做"。农民反映："成立苗家政府，自己管自己事，真是苗家翻身了，民族平等了。""成立区域自治可跟汉人一样减租土改了。"这与过去曾宣传减租条件有关，因之对建立区域自治将来可以一齐土改更鼓励了这一要求。他们认为区域自治政府成立了，"都懂得自己的话，事情好办"，"苗家自己的人懂得自己的事。"

在开始试办区域自治的时候，我们发现干部思想上是有困难的。主要的症结是在把区域自治和杂居区的反封建运动分裂开来看，认为这是民族工作，和当前反封建任务不是一回事。因之，有些觉得任务已经重，还要搞这个，多了一层负担。在民族杂居区，政权工作是社会改革的基础，组织了联合政权或建立了区域自治，对反封建工作是有便利的。两者必须结合起来，如果一旦分开，就会发生互相抵触的感觉了。

在这个问题上，我们深切感觉到提高民族杂居区干部民族政策的思想是进一步深入开展民族工作的关键。我们得到汉族干部的反映中有："区域自治不是闹分家么？""独立思想要不得，会使少数民族跟不上时代。"基本上对少数民族自治的能力有怀疑，这是带着大民族主义的影响的。民族平等是少数民族应有的权利；所以参加政权，自己管理自己，并不是能力问题，而是权利问题。我们也得到反映，汉族干部对少数民族区域自治或联合政权的意见，在原则上承认，但强调干部不够。当然，我们首先承认经受几千年的压迫，从来没有参加过政权经验的少数民族同胞，在政治觉悟及文化水平上一般说是比较低落。如果我们用了汉族干部的标准来衡量少数民族干部，就会觉得不够了，而且可以有很长的时期不会感觉到够的。这种看法本身是不正确的，我们所提出的干部条件并不是说要有和汉族干部一样的干部，而是指能为少数民族办事的人，得到少数民族拥护的人。如果这些少数民族干部对政策不太了解，或文化程度较低，我们有责任帮助他们；而且我们必须相信，他们是有能力在实际工作中学习和提高，也只有负了实际的责任，才能真的培养成有才有德的干部。

关于少数民族干部的培养，贵州省领导上很早就重视了，9月省政府委员会第一次会议的报告中即以培养少数民族干部为民族工作的中心任务。据不完全统计，1950年内已培养了包括各阶层的少数民族干部700余人（指脱离生产的干部而言）。但是由于工作的开展，现有干部在量和质双方都已经感到不够。

培养干部的方式有两种，一种是开办训练班和民族学院，一种是在工作岗位上培养，尤其是在农协中提拔有成绩的干部参加政府。按贵州现有的计划，在省级训练的干部每年可以有1000人，暂以知识分子为主要对象。并在六个少数民族较多的专区训练干部，每年可有3000人。所以在1951年度可以增加少数民族干部十倍左右，农民积极分子的培养，由各地农会计划进行，充实各地基层干部。

在贵州培养少数民族干部条件是不坏的。首先是贵州少数民族中通汉文上过小学及小学以上的少数民族知识分子较多，黄平一县据我们调查，这类知识分子就超过2000人。他们的文化程度一般说是较汉人差。但是个别的来比较却并不都比汉人差。贵州少数民族和汉人接触久，所以懂汉语汉文比较普遍，这使我们进行训练干部时比较方便。在我们所办三期训练班中，由于语文发生的阻碍不大。

但是这些过去受过较长学校教育的知识分子却大多是中农以上出身的。由于过去歧视少数民族，所以学校里出来之后常常不易得到就业机会，回乡经营农业。在重视劳动的苗族里，有很多知识分子现在还在种田，但也有的人在国民党时代当了反动统治者的爪牙，土匪扰乱时参加了反叛。这些知识分子或因阶级关系，或因当匪自新的关系，不能加入农协，心里很惶恐，情绪很不安定。如果我们要从知识分子中去培养干部，还得注意做好工作。

农民干部的提拔在贵州比较方便，因为群众大部分已经发动，而且组织了起来。少数民族很多已当了农协主席和委员，表现极好，这是今后少数民族干部主要培养的来源。

培养干部的主要工作，我们想，是在工作岗位上进行教育。所以培养干部也应当包括使用和提高干部思想能力的问题，也就是汉族干部怎样帮助少数民族干部的问题。在联合政权中，各民族干部要日常相处，共同处理具体事务，而生活习惯不相同，革命经验又不相等，因之要能互相尊重，团结友爱的互求进步，更好地为人民服务，还必须要有耐心，能体会民族感情，不能有大民族主义和狭隘民族主义。这并不是简单的事，从现有的实际情况看来，我们这方面还得好好努一把力，我们的干部还需要有系统的进行民族政策的学习，这也是今后民族工作的关键之一。

最后我必须声明，以上所讲的只是根据我们三分团同志共同搜集的材料，各方面都是不够的，不但是局部的，而且有不正确的地方。所提出的问题，还没有经过本团充分研究，有错误的地方，当由我个人负责，请诸位同志多多指正。

1951 年 4 月

本文系作者任中央访问团副团长、贵州分团团长时所写的调查报告。

兄弟民族在贵州

一、千山万水访兄弟

毛泽东的旗帜插到什么地方,什么地方就是欢跃,就是幸福,就是光明。我们真是荣幸,有机会在这面旗帜的光辉下,爬过了山,涉过了水,握着了我们民族大家庭里千万个兄弟姊妹的手。从他们兴奋鼓舞的脸,感激动人的泪,欢欣忘情的跳跃,日以继夜的歌唱里,我们更深刻的认识到,尽管语言不同,服装有别,尽管相隔着千山万水,尽管几千年来受尽了敌人的挑拨离间,甚至曾经流血残杀,但是只要把平等团结的民族政策,明白交代清楚,千万群众只有一个呼声:"毛主席万岁!"我们在响彻山谷,震荡回复的欢呼中,也总是好像听见了在天安门前毛主席的声音:"同志们万岁!"声声相应,心心相印,脉脉相通。那一种伟大的场合,消融了累积凝固已久的民族隔阂和仇恨,扭转了历史,展开了民族友爱合作的新页。

我们的祖国真是伟大,真是一个大家庭。虽则现在我们还不知道一共有多少民族,总数可能在 100 以上,汉族之外各民族的人口可能要占总数的 1/10,所分布地域也可能到全国 2/3。这决不是偶然的:我们是拥有最悠久历史的国家。东亚大陆上无数具有自己发展历史的民族,经过几千年来的分合交流,汇成今天这一个统一的中华人民共和国——人类历史稀有的伟业!

但是,在中华人民共和国成立之前,这个民族大家庭中却没有过过一天和睦的日子。现在拥有 9/10 人口的汉族很早就发展了封建主义。封建统治者不但对本族农民进行剥削和压迫,对于兄弟民族更是残暴:屠杀和奴役,写满全部历史。并且为了便于对兄弟民族的剥削和劫掠,他们更制造出各种光怪离奇的传说,把已经被迫退入边区山地的兄弟民族同胞们描写成低能和野蛮,非但宣传"非我族类,其心必异",而且用了各式各样带有侮辱性的称号,加上犬旁,在汉族的群众中培养歧视兄弟民族的感情,使汉族的群众不关心兄弟民族被压迫的痛苦。这个反动统治借此可以更肆无忌惮的对兄弟民族进行野蛮的、非人道的掠夺。

汉族的封建统治者对兄弟民族的压迫是利用了民族的名义来进行的,因之,被压迫的兄弟民族也常常受其愚弄,认为所有汉族都不是好人。"石头不能做枕头,汉人不能做朋友。"——这句话很普遍流行在云贵两省的兄弟民族中。"毛主席是苗家,红军是红苗。"我们初听到这种说法时,还不很明白他们的意思,经过说明,他们接下去是半信半疑的惊叹:"汉人中也会有爱护我们苗家的么?"这时我们才明白了过去这段历史所造下的民族隔阂实在是不小。

中国人民的解放在民族关系上起了根本的变化。汉族中的反动统治阶级被打倒了。这也就是说压在兄弟民族身上的石头被搬下来了。靠劳动生产来丰富自己生活的人民大众是不必也不会去剥削别人,因而也不会容许政治上对其他民族的劳动人民加以压迫的。民族间的友爱合作在社会本质上起了变化之后才有可能。中国人民的解放使我们中华人民共和国境内各民族从此可以一律平等,实行团结互助了。

汉族反动统治者的被打倒主要是出于汉族人民的力量。虽则在革命事业中有着很多兄弟民族同胞的参加,但是广大的兄弟民族群众,由于长期的被压迫和处于偏僻的地区,并不能构成解放运动中的主力,革命的经验较少;而且又因为历史性民族隔阂的存在,在短时期内不容易很快的认识到民族关系上已经发生本质上的变化。但是如果兄弟民族同胞在感情上不能深刻的反映出这个变化,如果民族隔阂依然存在,共同纲领中所规定的民族工作在推行时也必然会碰到阻碍。因之,在这种情况下,我们急迫需要把民族平等团结的政策,深入的宣传到兄弟民族的人民大众中去。中央访问团出发到各兄弟民族区域进行访问的基本任务就是这个。

去年7月我参加了中央访问团第三分团,派到贵州去进行工作。在贵州一共工作了六个半月。这六个半月在我个人来说实在是上了一堂内容十分丰富的民族课。我深切体会到了理论必须联系实际,只是这一点也已经足够说"不虚此行"了。但是民族情况的复杂，加上了时间的短促，这次工作只能说是学习的开端，所得到的了解不但很浅，而且也必然是片面的。很多朋友要我写一些介绍贵州兄弟民族的情况，我一方面承认这是我的责任，我应当把我们已经知道的关于贵州兄弟民族的情况告诉许多没有机会直接去访问的朋友们，但另一方面我却很踌躇，生怕我认识不够，甚至有错误。最后我虽则勉强答应了，但是必须先声明这只是抛砖引玉的用意。

我们首先遇到的困难就是由于民族隔阂所引起的民族隔膜。我自己对于贵州民族情况，在访问之前可说是一无所知。我在行前曾向到过贵州的朋友们请教过。有一位朋友听说我要去贵州访问苗族同胞，很关心的叮嘱我："千万不要吃苗家的东西；更要提防她们碰你的身体。"他说，"因为苗家是会放蛊的，受了毒就回不来。"这种完全没有事实根据的传说会使我这位朋友这样认真的叮嘱我，只说明了一件事实：就是过去反动统治者生怕兄弟民族接近了，团结起来反抗他，不惜千方百计造出种种谣言来离间阻挠。也正因为受到了这类阻挠，以致过去我们对于兄弟民族的情况实在太不了解了。

譬如说："贵州有哪些民族？"这一个最基本的问题罢。一直到现在我们还是不能正确的答复。在访问前，我只知道贵州有苗族，后来才知道贵州苗族只占兄弟民族人口总数的一半左右。我们到了贵阳和许多朋友谈话，普通总是说：贵州兄弟民族有苗、彝、回三种，后来才知道包括在"彝族"中的就有许多自认为自成民族的单位。到现在我们可以列举的民族名称已经在 30 个以上。当我们更进一步的了解，这个问题也更为复杂：自认是一个民族的人，在不同的地区可以有不同的名称，甲地通用的名称在乙地却可以认为是带有侮辱性的。这种现象必须从历史的背景去了解，而历史材料却又常常是很难得到的。

再以最基本的人口数量问题来说：我们最初去查伪内政部的统计，贵州兄弟民族仅 120 万人，占全人口的 11% 强。后来和若干兄弟民族的同胞讨论这问题，他们给我们的估计是占全省人口的 60%～70%，在 600 万人以上。各族人数估计差额最大的相差有十倍。

这些事实告诉我们：我们对于各兄弟民族实际情况知道得实在太少，甚至可以说太不了解了。因之，我们还得"从头学起"。直接访问是"从头学起"最好的方法。民族之间的相互了解是打破民族隔阂的必要前提。这六个半月的访问工作只做到了"知所不知"，时间太短了是我们访问团同志们共同的感觉。

所以这只能算是学习的开始。

　　基本上,贵州是一个多民族的杂居地区。依我们的估计,汉族占多数,约占 60%～70%。兄弟民族是少数,总数在 400 万人左右。民族种类还没有正确数目,据已经知道的名称在 30 种以上。其中以苗、仲(有的地区称土家、水户等,本族语称"布依")、侗、水、彝和回人数较多。这许多民族基本上是杂居的。他们共同居住在一个地区之内。以县单位来说,现在已经没有单一兄弟民族聚居的区域。聚居程度最高的县区,如台江、雷山,仍有 5% 左右的汉族居住在内。纯粹由单一兄弟民族聚居的情况要到乡村级区域里才能看到。这种情况和西南靠边疆的区域不同,那是因为从全国范围来看,贵州是兄弟民族地区和汉族地区接触的边缘地带。汉族在历史上从中原向边区扩张,兄弟民族逐步向边区移动,依靠贵州这多山的自然条件,才部分的站住了脚,保存到今天。但是汉族的势力不断伸张,深入内地,占领了点线,在这区域的政治及经济上握有统治的权力。这样,形成了贵州多民族杂居、汉族统治的基本情况。

　　贵州各民族虽则基本上是杂居的,但是那几个主要的民族在分布上还是各有其中心的地区。以全省范围来说:黔北,乌江以北已很少兄弟民族。黔东,清水江流域及苗岭山脉是以苗族为主,中心地区在台江、雷山一带,在这个中心地区,苗族人口现在还占 80% 左右。黔南,东部是侗家(以黎平为中心)、水家(以荔波为中心)的分布地区,靠近广西的地带还有僮(壮)家(中心在广西),西部盘江流域主要是仲家的分布区,以册亨、望谟为中心。黔西,从毕节向西,原是彝族的地区,人口并不占多数,但是在过去是居统治地位的。贵州的回族大多是清末从云南因杜文秀起义失败后移入的,分散在黔西南主要交通线的城镇及其附近。

　　由于贵州是兄弟民族和汉族接触的内缘,所以在历史上民族战争特别频繁,其中尤其是苗族首当其冲。在战争中,队伍的流动和人口的流徙,使各民族在大部分地区相互混杂,甚至一村一寨之中可以有好几个民族。分散最广的是苗族,除了上述中心区外,不但零星的分散在贵州各地,而且深入云南和缅甸。

　　此外还有许多人口比较少的小民族。这些小民族又可以分为两类:一类是比上述各兄弟民族更早在贵州居住的民族,也可能是西南的土著民族,如佯佬[①]、土佬、木佬等。他们经长期和多重的民族压迫,现在所存已经很少了,但分布地区却很广,也很零星。一类是早年入侵的汉族军队,很多就驻扎在各军事据点,称作军屯;他们回不了家乡,有许多娶了兄弟民族的妇女,就在这山国里成家立业,经长期同化,后来移入的汉族就不认他们作汉族了。因之,现在一般把他们列入了"少数民族"中。这些"民族"各地有不同的名称,如堡子、南京人、穿青、里民子等等。

贵州的兄弟民族既是这样多,分布又这样广,我们在六个半月的时间中,并不能遍访各地各族;只能有重点的进行工作,黔东一路以镇远为止,黔南一路以贞丰为止,黔西一路以威宁为止。每路都挑了一县由一部分同志作比较深入的访问,对苗、仲、彝三个主要兄弟民族进行了初步的调查研究。其他如侗家、水家、僮家等民族都没有机会去访问。因之,我们对于贵州兄弟民族的情况的了解是不够全面的。在以下几篇介绍贵州兄弟民族情况的短文中,只希望能引起读者们对于民族问题的关切,和对民族工作的重视罢了。

二、血泪话当初

山愈上愈陡,路愈走愈滑,我下了马加入了步行的队伍。香炉山下,破庙栏边,喘着气,坐了下来。一位小同志却愈走愈有劲。看见我这情景,笑着说:

"我有了个体会了。"

"什么体会?"

"兄弟民族就在爬山竞赛中获得生存的。汉族的反动统治就像你一样,爬到这里,气喘了,不再过去了。山里边也就成了兄弟民族的生存空间。你不相信,再往里爬,准是我们兄弟民族住的地方。"

"还有体会没有了?"

"有,"小同志高兴地继续说,"我早发现了个规律:老是坐汽车,就不会停在兄弟民族的村寨里。向山里走,走到脚上起了泡,包你住到他们家里。"

"你喜欢爬山么?"

"爬爬也有趣,但是我愈走愈想起家乡,回去走在平原上一定会更觉得舒

---

① 佯佬系仡佬。——编者

服。山，看看是美的，不平凡；整天要上上下下才不是好玩哩。"小同志在我旁边坐了下来，摸摸下面的石头，体会又来了："你看，这里全是些石块块，苞谷（玉蜀黍）长得这样瘦，真是亏他们的，石缝里还要下种。哪里能和我们家乡比。"

等了一忽，他忽然想起了一个问题："团长，他们说他们的祖先就住在我们家乡，我们还是他们的老乡哩。你说这是真的么？"

说来也真是惭愧，像我这样在大学里教书的人，对于刚才那位小同志所提出的问题，实在答不上来。我从小学到大学上过不少历史课，除了隐约还记得"三苗"、"三危"这几个字之外，关于西南许多兄弟民族的历史简直什么也说不出来。好像自从上古以后，这些民族就在"历史"上被取消了。谁还想得到在这"历史"之外，几千年来在这广阔地区上，几百几千万人，在用血和泪写下了一部那位小同志所说的"爬山竞赛"的惨痛历史呢？

快过年的时候，我们的队伍在毕节工作，有位同志在书店里买到了《学习》3卷1期。大家抢着要看范文澜先生的《中华民族的发展》。那位小同志也特别高兴，这里有着他的答案："东夷族最先开发了沿海地区，苗族、瑶族最先开发了长江、珠江和闽江流域……彝族和西南各族最先开发了西南地区。""苗族曾在湖北、湖南、江西地区建立一个大国。彝族中哀牢族曾在云南建立南诏国。"

从现在贵州兄弟民族分布的情形看还可以见到一些符合这历史过程的线索来。苗族的中心区在清水江流域，但是在东北的松桃一带还有苗族区，而且和湘西的苗族区相连，过去很可能是和清水江流域连成一块，早年从湖南来的。贵州苗族区中心可能就在乌江流域。后来汉族的势力从四川南下，又从湖南西进，把他们冲成两段。乌江以北现在已很少兄弟民族，只在遵义山里还有苗族几千人。

贵州的苗族分布最广，黔东、黔西和黔南都可以见到他们。但是除黔东的苗族中心区，和在西南兴仁区一部分外，他们凡是和其他兄弟民族杂居的地方大多是住在"高坡"上，就是在很高的山上的。俗话说"苗家住山头，仲家住水头，客家（汉人）住街头"，就是指这个情况。苗族零零星星的，几家、几十家，就这样散居在中心区以外各地，一直到云南和缅甸。这些大都是从原来的中心区流亡出来的。在解放前国民党的残酷统治下，为了逃避拉兵，这种向高山上的迁移运动，一直没有断过。苗族从中原到西南从平地到高山移动的历史趋向是比较清楚的。

有问题的是现在一般俗称"夷族"的仲家、水家、侗家、僮家。它们和历史记载上的"东夷族"有什么关系却不易肯定。名称上的相同并不是有力的证据。但是从他们语言系统上说，和苗族是不同的。苗族所说的话和瑶族相通，同属苗瑶语系；而"夷族"所说的，不论仲、水、侗、僮，均属侗台语系，也就是普通所谓"泰语系"。说泰语系话的，除了贵州的"夷族"外，还有许多民族：广西的僮族，云南的泰族、僰族（俗称摆夷）等，以及东南亚的泰族。从整个分布情况来看他们是亚洲东南沿海区的民族。因之使我们有这样一种猜测：这些民族有可能是从东亚大陆沿海受了汉族的压力而向南搬来的。如果我们进一步从他们风俗习惯及传说中去研究，还可能得到更多的启发。

彝族的历史比较"苗"、"夷"的传说更可靠些，因为彝族在过去有较完整的政治组织，有上层的统治人物，有些还有家谱。他们是开发西南的老民族。彝族现在的中心是在川、康、滇、黔接界处的大小凉山。贵州的西部（乌江上游的鸭池河以西毕节专区一带）只是彝族的边区。在元明时代，这地区的彝族被封建帝王并入了他的统治范围，当地的统治阶级被封为土司。汉族的封建势力逐步侵入，到了满清中叶，改土归流。民国的军阀时代又进行兼并，国民党继承大汉族主义，再加压迫。以贵州来说，到现在只在赫章、威宁那个在地图上凸出的角上还有10万左右的彝人。

这样说来，贵州现在人数较多的"苗"和"夷"两个兄弟民族都是从外面迁移来的。汉族的入黔还在他们之后。在他们之前，这个地区除了西部的彝族可能是土著之外，是哪种人居住的呢？愈往远推，我们的知识也愈少。我们在贵州所接触到的民族中，有一些小民族，零星的散居在各地，有若干现象暗示他们可能是原来的西南土著民族。比如僚（原用仡）佬就是一例。现在贵州大学所在地的"花溪"，在抗战前还称作"花僚佬"，但是现在这地方一个僚佬族的同胞都没有了，除了汉人外，只有仲家和苗家，原有的地名却还纪念着本地原有的居民。又如仲家聚居的扁担山（在镇宁、郎岱、关岭接界处）附近还有一个僚佬的寨子。他们有一种称"吃新"的风俗，就是新谷成熟后，他们有权利可以在仲家所种的田里，沿田岸采谷一筐回家祭祖。这也可能是表示他们的祖先原是这地方主人的意思。僚佬族散布很广，在湖南和云南都有他们的人，但是很零星，已经濒于灭亡了。有人认为"佬"族就是古书上所记载西南民族的"僚族"。在贵州除了僆佬外，还有土佬、木佬，但是他们是否和僆佬相通，我们不敢肯定。

贵州是个多山地区，多山的自然条件使弱小民族得以保存。像水浪一样，一次又一次从多方面来的移民，积聚在这交通不便的山旮旯里。年代久了，同一民族的人，各自发展他们的方言、服装和风俗习惯，又形成各个分族，好像苗族中有青苗、红苗、白苗等等。泰语系的民族已经分化到各自成"家"，不再认为同族了。

我们说"苗"、"夷"都是外边来的，都是从肥沃的平原迁移到这山国里来的，而且有许多又从小盆地里迁到了山顶上的，统而言之是从好地方搬到坏地方的。如果不是出于不得已，他们怎会走上这条路？谈起这当初的事，兄弟民族的伤心话是说不完的。

在黄平县城附近有一个古迹，名称就叫"杀人洞"。这里有个传说：在咸丰年间，满清的皇帝派了兵到黄平，召集苗人来听圣旨。各处来的苗人都要上这一个山坡。清兵就埋伏在坡后，来一个杀一个。杀了就把尸首丢在一个山窝里。这个山窝底下有一个洞，流出一股水。人的血染红了这股水，慢慢的流到山坡外。后来的苗人看见了水里淌着血，知道不妙，回身就走，把村寨里留下的妇女孩子都集合了，逃到十几里之外一个绝壁上的山洞里，上下都得用绳子吊，这样才逃出虎口。后来的苗家都是这洞里的妇女传下来的——我们云看过这个杀人洞。这个传说虽则不一定完全是事实，但是咸丰年间，满清的封建帝王屠杀兄弟民族却是有记载的历史。

《贵州通志》上的记载摘要如下：咸丰四年（1854年）官府勒缴金银、粮米。苗族张秀眉等起义于清江、台拱（即现在的台江）、丹江、八寨（即现在的丹寨）等处，与太平军取得联系，石达开组织苗汉联军，统一指挥，兵力直达黔东、黔南。清廷利用田兴恕以苗制苗。同治时，苗族领袖严大五、巴大肚进兵各地，虽获局部胜利，但由于川楚清兵纷纷涌入，清兵大量诱降和收买苗族上层，同治十一年（1872年）斗争失败，余众退入雷公山。咸丰战役中苗族死亡的数目没有估计。但是其他几次战役却还可以找到一些数字。雍正四年（1726年）牛皮大箐（即雷公山）之役，被张广泗所屠杀的苗族："斩首万余级，苗人饿死四十余万。"据《圣武记》此役"共毁除千有二百二十四寨，赦免三百八十八寨，阵斩万有七千六百有奇，俘两万五千有奇，获铳炮四万六千五百有奇，刀矛弓弩标甲十四万八千有奇，宥其半俘，收其叛产，设九卫，屯田养兵戍之"。

其他兄弟民族的遭遇也是类似的。嘉庆二年（1797年）的盘江暴动是当时被称为"濮民"主动（可能就是现在的仲家），志书载："大军攻阿俸贼，千余匿八角洞，火熟之，悉毙。""俘馘以万计。""党洞西当文两贼巢，斩级千，俘两千六百，烧毙万余。"

对兄弟民族的屠杀是历代帝王一贯的压迫手段，在史书上记下来的只是其中比较规模大的战役，而且也是很简略的。兄弟民族自己却是铭心刻骨的记着这些仇恨。在炉山凯里的一个晚上，我们举行了一个座谈会。会快结束时有一位60多岁的苗家老人站起来唱了一支歌。他的音调深沉激动，愈唱情绪也愈高，全场肃静，很多在座的苗家老人，跟着流眼泪。我座旁的苗胞告诉我：这是《反歌》。《反歌》的内容是叙述苗族领袖怎样起义，怎样鼓励群众，怎样进军，后来怎样失败。最后是他们的领袖被汉官捉住了，逼他投降，把他的头颅打开，灌了油，烧，问他苗族今后反不反了。他说："汉人欺侮我们一天，我们就反一天。"——这《反歌》从来不唱给汉人听的，只是老年人在一定场合下用来教育青年的。这晚上，这位老者破了例，因为他说：从此苗汉是一家人了，汉人不会再欺侮苗家，苗家也不会再造反了。所以他可以把这《反歌》唱给毛主席派来的人听了。他最后还唱了一段歌颂毛主席的歌，可惜我不懂苗话，没法记下来。

这段血泪斑斑的历史，究竟谁应当负责呢？也就是说：谁压迫了兄弟民族？谁是兄弟民族的敌人？在座谈会里经过了大家的诉苦，这个问题总是要提出来的。很普遍的答复是汉族压迫了兄弟民族。但是有人就怀疑了："毛主席也是汉人怎么不压迫我们，还要帮助我们呢？"这样，这问题就谈开了。于是有人往下想了："为什么汉人要压迫我们少数民族呢？压迫了有什么好处呢？"——"当然有，把我们的田占了，牛也抢了，要我们的钱。"——"谁占了我们的田？谁在享福？客家（汉人）的乾人（穷人）没有得到什么好处，得到好处的还不是那些做官的和那些地主？"——"那些做官的和那些地主没有兵就霸占不了我们的田,他们养了兵来镇我们,杀我们,把我们赶走了,土地变成他们的了。"——"是呀!我们开荒,开熟了,这些家伙又来了,说地是他们的,不上租就不许种,派了枪兵来吓我们。"——"国民党就是这些做官的和这些地主们的,拉我们兵,派我们款。客家的乾人还不是和我们苗家一样苦?"——敌友就这样逐步分出来了。

  压迫和屠杀兄弟民族并不是为了他们语言说得不同,或是服装不同,而是为了封建帝王所代表的地主阶级要扩大他们的剥削对象,用武力去劫夺兄弟民族的土地,强迫他们劳动。屠杀压迫是为了具体的经济利益。汉族的农民在压迫和屠杀兄弟民族这一件事中是得不到利益的,不但没有利益而且还受到损害。封建帝王和地主阶级自己并没有上战线去和"蛮夷"拼命。上战线去拼命的还是汉族的农民,拿钱出来养这些兵的又是汉族的农民。这些士兵,在这气候不同,疾病蔓延的"蛮荒"地区进军,死亡是很容易的。战争完了,兄弟民族被屠杀了,汉族出征的农民也死的死,伤的伤了,没有死伤的长期被派驻在堡屯(军事据点)上,有很多就同化在兄弟民族中,有很多就成了我在前面所提到的被各民族所遗弃的人物。农民还是农民。但是那些做官的却立了"功",赏了土地,成了地主,剥削了兄弟民族的农民,拿出一部分去报酬代表他们利益的帝王。这些才是兄弟民族的敌人,也就是要向这血泪斑斑的历史负责的冤头债主。

  汉族的人民在这里完全没有责任么?那也不然。我们的祖先和我们中间有很多人在过去不但不同情兄弟民族的灾难,不坚决反对自己的反动统治者去进行那种野蛮的行动,甚至还歧视兄弟民族,开口"苗子",闭口"猓猡"地侮辱他们。这些都是因为阶级觉悟不够,受了反动统治的麻醉和欺骗的结果。我们要明白,"广大的中国疆域,"正如范文澜先生所说的,"不是哪一个民族所能独立开发出来的,她是许多已经消失了的和现时正在发展的各民族合力开发,经数千年的艰苦斗争,才逐步建立起这个伟大的中国来。""中华各族的劳动者既然是中国的创造者,中国当然是属于他们的,他们当然是中国历史真正的主人翁。"过去大汉族主义把共同创造祖国的兄弟民族排斥在同胞之外,加以歧视和侮辱,是完全错误的。凡是犯这个错误的就也应当负责的。

  现在造成这部血泪斑斑的历史的主犯已经打倒,因而国内的民族关系发生了根本变化;从民族间压迫和被压迫的关系,转变成了平等互助的关系了。和中华人民共和国一起开始的新的民族史已经在我们眼前展开，幸福和光明已代替了过去的灾难和黑暗。让我们为它变得更美满而努力罢。

三、劳动的苗家

苗岭山脉的北面，流着一条清水江，是沅江的上游。清水江从它的水色得的名：碧绿的一股水，蜿蜒曲折，奔流在万山丛中。从黄平的重安江和麻江的下司场往西，都可以通航浅底尖头的小驳船。从这里离开公路进去，就可到苗族聚居的区域。贵州第一个成立民族自治区的凯里就在这清水江畔。在地图上，把炉山、台江、雷山、丹寨四个县城作为四点，用铅笔画成一个四方形，这个四方形就是贵州苗族的中心区，里面的山地大部住着苗家，虽则商业中心的市镇上，照例是住着汉人。从全区人口数量上说，苗族要占80%左右。在这中心区四周是苗、汉及其他民族的杂居区，所占百分比不等。此外零星的苗家寨子或少数居民，分散在其他民族的聚居区内，范围很广，不限于贵州。贵州苗族总人口在200万左右。在数量及历史上看，苗族是西南的一个重要的少数民族。

我们在苗区访问了40天，从龙里起到镇远止，其中又在黄平和炉山离开公路线，深入苗族聚居的湾水、谷陇、凯里等地区。一路上看到：凡是山坳里，山水能灌溉得到的地方，一层层地筑着梯田；山坡上凡是土比较厚的地方，一片片种着苞谷。山地有高低，山坡有阴阳，作物成熟得有迟早。我们经过时稻田有一部分已经收割，一部分正在收割，还有一部分没有熟。正在收割的田里，就可以看到成群的苗家男女忙着工作。苗家的男子，和汉人在表面上已不容易分辨，但是妇女在服装上却还充分保持她们的民族形式：头上扎着帕子，两袖和衣襟上绣着花边的上衣，下面是百裥长裙，赤着脚。从头帕到长裙都是深紫色——这是被称为"长裙黑苗"的装束。

这里必须插一段说明：贵州苗族内部又有很多名称，主要分：黑、白、红、青、花五种。这些名称是根据他们妇女服色来区别的。黑苗穿的是一种深紫色的衣服，远望去是黑黝黝的，所以称黑苗。他们分布在黔东一带。白苗妇女的裙子上有一圈是白色的，分布在黔中。红苗在黔东北松桃一带，我们没有去。青苗穿青布衣裙，在贵阳附近。花苗的男女都披着绣着花纹的衣肩，在黔西的赫章、威宁一带。各种苗中还有分别：比如凯里附近的舟溪也是黑苗，但穿短裙，裙子刚过膝，下腿另有绑腿，称作"短裙"。在龙里一带还有些苗家妇女背上挂着贝壳作装饰，称作"海肥苗"；有些头上梳个髻子，称作"纠纠苗"。此外又有以他们住处称呼的，如"高坡苗"。像这类名称很多，这是山岭阻隔，经济分割，互不往来，各地方的苗家住久了，发展了各自的特点，在风俗习惯和方言上有了若干区别。但是所有的区别并没有掩盖他们基本上共同的民族特点。

一般的说，苗家妇女的服装还很少受汉族的影响，我们只在贵阳和镇远遇到过穿汉装的苗家妇女。苗家妇女服装上最明显的特点是穿裙子，而汉人却穿裤子。在国民党反动统治时代，在场坝上（市集上）常常发生"挑裙子"的侮辱行为。杨森在贵州当政时又推行剪发改装的同化政策。派了兵在街上守着，看见苗家妇女就强迫把她们头发剪短，把裙子剪破，还要敲一笔"改装费"。这样把苗家妇女吓得不敢上街。妇女怕改装，男子怕拉兵。那一个黑暗时期，街上很少看到苗家，城乡就这样被隔离了。

苗家妇女对她们的服装特别宝贵，因为这是她们从小一针一线长期劳动的结果。普通都是自己种了棉花，纺了纱，织了布，染了色，绣了花，费了多少年的精力才完成的（不出棉花的地方就种麻。一丝丝的抽成线，织成麻布）——劳动的苗家妇女很少是穿不上衣服的，普通都有一套绣了花的衣服。她们从七八岁起就学会绣花了。我们常看见这些女娃娃靠在母亲脚边，坐在矮凳上一针针的绣着花纹。她们"反面绣花正面看"，既不打样，又不画线，任手绣去，整齐美丽，真使我们不容易相信是"儿童手工"。她们这样努力，几年后有了漂亮的衣裙，就可以穿了自己的"作品"在"马郎坡"上和青年男子唱歌谈情。手工巧，花样新，是得到情人夸奖的主题。每逢节日有群众集会时，盛装起来，排着队"公开展览"她们的艺术品。哪一个村子里出了个手工巧的姑娘，名声远播，一村都觉得光荣。别村的青年男子慕名的都要来马郎坡上结识这"绣花英雄"，她们可以从此挑选她们最合意的郎君。

苗家妇女这样重视她们的服装，而蒋介石杨森这些反动魔王却偏偏不准各民族保存她们自己的风俗习惯，这是她们最痛恨的。我们宣传了"尊重各民族风俗习惯"的政策，而且根据共同纲领说明了保持或改革风俗习惯是各民族的自由后，苗家妇女特别高兴，纷纷向我们控诉杨森逼她们剪发改装的压迫。我们把丝线送给她们时说,"你们绣花绣得好,我们特地从北京带了丝线来送给你们,望你们绣出更美的花来"。她们感激得两手颤动地说:"毛主席真体贴我们,毛主席想得真周到。"我在施秉和贞丰时,曾到各村子里挨户访问。临走时把针线拿出来塞在苗家妇女的手里。她们总是急急忙忙到房里去,找出块花袖子或是花条条,一定要我带回去给毛主席,说:"毛主席喜欢我们的绣花。"在群众大会上,这类的礼物收到得真不少。有一次在凯里欢乐会上,苗家妇女围着我们女同志们的手风琴唱歌,唱得高兴,就把花条条结在女同志们身上,个个都挂满了一身。这是妇女们最亲密的礼物,往常是只送给情人的。

一到苗族区,最深的印象就是劳动。我常和同志们说:要学习劳动观点的,最好到这里来上一课。苗家妇女不但从劳动里自己解决穿的问题,更提高到了艺术的水平,而且也参加耕种,和男子们一起,从劳动里来解决吃的问题。在苗族中,很少找得到吃闲饭的人,就是孩子也往往参加劳动。我有一天在施秉桥头散步,就遇着好几个还不满10岁的男孩子,各自挑着一挑柴,从山上下来,好正经,活像个成年人。我挡住了他们,说笑一会儿,自己试一试这挑柴,分量真是不轻。在凯里,也遇着过一个孩子背了一袋米上山,我们有一位同志向他说:"我来替你背吧!"上了山,拍拍肩头,呼了一口气,"看不出这孩子能背这样重。"——他们从小就在锻炼。只要看他们的一双脚,在乱石山路上,在冰雪里,大踏步的前进,普通连草鞋都不穿。

苗家男女普遍的劳动,就是有土地的,甚至有多余土地出租的,也不脱离劳动,因之,除了个别的地主外,至多是半地主式富农。比如黄平的谷陇区4100户,占人口95%的苗族,没有地主,仅有半地主式富农10户和富农50户,中农占大多数并占土地的大部分。又如该县黄飘乡蒙加寨,中贫农占全部土地的2/3。苗族农民大多数是自耕农兼少量土地租入者,所租入的土地大多属汉人地主。

苗族内部的租佃关系和汉苗之间的租佃关系在剥削程度上也有区别。苗族内部平常都是活租制,只有很少是定租制,一般没有押金。租额一般是平分,极少数有在分租前抽10%上粮。除了帮地主少量的无偿劳动外,并没有其他残酷的超经济剥削。因为普遍劳动,有土地的人,不出租自己也可以耕种,所以常有因照顾无地亲友而出租土地的情况。黄平县东坡乡吴姓地主,13个佃户中就有 6 个是亲戚。

苗族内部地主阶级不多，是一个重要特点。这个特点怎样形成的呢？在这里我们得重复提一提他们的历史了。苗族所处的地位正在和汉族接触的边缘。历代封建帝王向西南少数民族侵略的根据地是四川和湖南。而苗族正首当其冲。封建帝王的侵略目的是夺取土地，所谓开疆辟土。对于比较远的区域还可以羁縻一下，"以夷制夷"的间接加以统治，满足于"岁岁来朝，年年进贡"。但是对于靠近其中心区域的地带却不然，最彻底的是把少数民族杀完、赶完，占领其已经开辟了的土地，租给本族的农民，进行剥削。如果劳动力不够，就要利用少数民族农民的劳动力，并在政治上加以直接统治。苗族过去几千年碰着的就是这两种手段。他们在平原地区遭屠杀"征剿"，退入了贵州的山地。但是汉族封建势力还是跟着进来，占领军事根据地的堡和屯，更依着经济力的伸张，控制了点和线。凡是军事势力所达得到的地方，派了汉官，占有了原来是苗族开垦出来的土地，又把土地出租给苗族农民，进行残酷的剥削，租额高至四六分以上（地主得六，佃户得四），又有送礼、送新及极苛刻的无偿劳动。苗家男女不甘受这样剥削的就逃到山上去开垦。山地开熟了，汉族地主又出来硬说这山是他的，非认租不成。他们有势力，汉官就是这批人，一不对劲就捉进衙门里去，死了也没有人敢说话。于是不得不"投庄认主"。

汉族地主倚仗势力霸占田地，靠剥削过日子，不劳动，生活也必然逐渐腐化。而苗家农民克勤克俭，虽则在重重剥削和压迫之下，部分的还能劳动发家。日子久了，苗家的经济力逐渐上升。腐化了的汉族地主把土地卖给了上升的苗家。苗家势力也一步步下了山。在苗族聚居的边缘地区就可以看得出这现象来：黄平的东坡乡苗家现在已占有全乡土地的 63%，清朝雍正年间，这里的土地全为汉族统治者所有。在《黄平州志》上记载着雍正五年"乱苗平"的结果："苗田之上者，尽属军屯；余之田皆山头地角，水易湿而旱易干。"该乡十里桥的老虎坳寨周围 1000 多挑田在 20 年前还是上下井湾汉人周家所有，现在除了 20 多挑外，全属苗家的了。据我们调查，该乡汉人地主在过去几十年中保有土地不出卖的只有黄姓一家。汉人地主的衰落和苗家农民的上升是很显然的趋势。这是很容易理解的：劳动者上升，不劳动者没落。

但是民族压迫阻碍了这趋势的发展下去。当苗家农民经济势力上升到一定程度，有力量来反抗当地汉族封建势力的压迫时，提出了政治要求，也就发生了武装起义。当地的封建势力就用"平苗乱"的口实动用官兵来"征剿"。经过一度战争后，苗族又被屠杀，土地又被霸占。这样构成了苗族经济在封建中国历史上不断遭受破坏以至恢复成长的循环过程。贵州流行着一句话："苗族三十年一次小反，六十年一次大反。"这周期性的民族战争是有其经济基础的。

苗家的生产工具和汉族并没有什么差别。他们在利用畜力这一点还超过当地汉族农民。普通的农家都养牛，而且有养好几头的。他们重视畜力的经济价值已反映到他们的文化和宗教生活里。在苗族中普遍通行"牛打架"（斗牛）的集体娱乐。为了欢迎我们访问团，他们曾在不同的地方举行过好几次大规模的"牛打架"。打胜的牛要挂红，也是一村的光荣。人死的时候，他们的风俗是一定要杀头牛，在死后的世界里好有牛来替死者背罪。这也是反映着在活人世界里利用畜力代替人力劳动的事实。在宗教仪式中用牛是很普通的。

但是为什么在苗族中地主这样少？这里我们看到了民族界线了。从经济结构的整体来看，这个区域已进入了封建主义的阶段，但是因为汉族封建势力罩住了苗族，汉人地主有着政治权力（就是军队、衙门和监狱）压迫着苗族，使苗族本身不易生长出地主阶级。这好像中国在强大帝国主义的经济政治势力下资本主义不易生长是一样的。从民族的范围来说，苗族本身封建势力是薄弱的，但并不是说苗族的经济没有进入封建主义阶段。苗族经济是贵州经济的构成部分，只是这部分是封建社会中被压迫的一部分。汉族的封建势力是这个经济的统治势力，所以民族关系在这方面说就是阶级关系。汉族封建统治者有两只手，一只手压在汉族农民身上，一只手压在兄弟民族身上。汉族农民和兄弟民族农民虽被同一个敌人压着，但是因为民族的隔阂，和经济上的分离，在过去他们并没有充分认识到共同的利害，一直要到民族隔阂消灭之后，他们才容易觉悟，发生阶级友爱的关系，这种友爱关系是民族平等的基础。这也说明了过去民族的斗争本质上就是阶级斗争。很明显的，只有把压在兄弟民族身上的这个汉族封建统治消灭了，民族的仇恨才能消灭，民族的友爱团结才能实现。

由于汉族封建势力的侵入，阻遏了苗族本身封建势力的生长，苗族社会上层结构的文化方面也就不像汉族那样的到处受到封建主义的束缚。在封建社会中，劳动是被贱视的，但是苗家却热爱劳动。又由于热爱劳动，他们群众性的文艺活动得到了丰富的泉源。苗族的特点是爱唱歌，爱跳舞。这种健康的文艺活动只有在和劳动密切结合的条件下才有可能。

一提到苗家,谁也不会不联想到他们美丽的服装,活跃的舞蹈,动人的歌唱。"到处是歌声"决不是一句过分的话。我有一次被一位苗家妇女硬邀去吃饭。刚坐下,歌声就开始了。主人唱了一曲,客人就得喝一杯。客人唱了一曲,主人也得喝一杯。唱来唱去,一直唱到席散——这是酒歌。送客出门,又得唱别歌。在路上走,唱山歌。在马郎坡上,唱情歌。歌的种类说不完。他们并不像我们,学会了《东方红》就只会唱《东方红》,而是即景生情,即情生词。一个调子临时填词,用来代替谈话。因之,一唱可以唱上半天,一天,甚至几天,几晚。

他们的唱歌和社交是分不开的,一个不会唱歌的人在苗族里会失去他社会活动的能力,好比我们的哑巴。我在上面已经提到过几次"马郎坡",这是青年男女公开自由社交的草坪。每个村子有一片山坡作这个用处。青年男女公开自由社交的活动称作"摇马郎"。农闲时节,青年男子成群结队的,从一村到一村去"摇马郎"。他们到了一个村子就在马郎坡上嘘嘘作声,该村的少女(没有结婚的)盛装出迎。双方开始唱歌。在唱歌里谈起爱情来。一次又一次,一年又一年,双方情意相投了,就可以谈婚事。双方的父母在原则上是不能干涉的。这种婚姻制度曾被"礼教熏心"的汉人视作"野蛮"的表示,实际正表示了他们文化中封建主义的薄弱,还保存着男女自由婚姻的制度。在这种婚姻制度中,一个不会唱歌的人也就很难找到如意的配偶。因之,人人会唱并不是件难于理解的事了。

每当在歌舞热闹的集会上,我面对着活泼可爱的苗家群众,发现了自己这一身封建气息。我要唱,不入调;要舞,又动不起来:像是一个嗓子被棉花塞住,手脚被绳子捆住的囚犯。我感觉到痛苦。一个曾贱视劳动的人,应得的惩罚。人是喜欢活的,我们团里的同志们在和苗家兄弟们接触中一致的感觉到自己不够"活"。感谢苗家兄弟启发了我们:"只有劳动,才有生命。"

苗家在几千年的民族压迫下奋斗以求生存。他们在求生存的斗争中获得了主要的经验,用最简单的一句话来说:劳动就是生命。如果不是靠这法宝,在荒山上开出良田来,在石山上长出粮食来,今天哪里还会有苗家?我们充分的相信,就凭这法宝,劳动的苗族,一旦得到了平等,有自由去发展他们已经有着很好基础的经济和文化时,他们必然会在我们这大家族中放出异彩,丰富我们全国人民的生活。

劳动是可贵的，苗家是可爱的。

四、仲家，团结起来

当我写下这题目，笔就停住了。"仲家"这个名称是不是妥当呢？让我先就这个问题说一说。关于兄弟民族的名称，我们一般是用过去汉族对各民族的称呼，可以说是各族的"汉名"。这些汉名并不很正确的，因为一个汉名中可能包括好几个民族，一个民族在各地又可能有几个不同的汉名。过去汉人忽视各族的分别，常用一个名字来指一切自己民族以外的人，好比"洋人"就是一例。贵州日常用语中的"苗"字有时就是这类的笼统称呼。《黔苗图说》里列举82种苗族，包括了贵州所有的兄弟民族。汉人和贵州的兄弟民族接触复杂了，有了区别的需要，于是又发生了一种两分法："非苗即夷。"苗族以外的兄弟民族都称"夷"族。这样一分之后，苗族是划出来了，而其他各兄弟民族的汉名却依旧是一篇糊涂账，因为被包括在"夷"族之内的有着好几个自己认为是不同的民族。

"夷"这个汉名是历史上早就用了的旧字，如"东夷"、"西南夷"等等，原来也是一个笼统的名称。滇、康一带俗称"倮㑩"的民族也用这个汉名。后来因为这个字在过去常和"狄"字相联，又在大民族主义下联系上了轻视的感情，所以他们改写为"彝"。贵州本来包括在"夷"族内的俗称"倮㑩"的民族跟着得到了新的汉名。可是贵州被包括在"夷"族中的其他民族称什么好呢？

彝族划分出去后，剩下来的那些曾包括在"夷"族里的人在不同地区里，还有不同的地方性的汉名：贵阳一带称仲家，贵定一带称土家，兴仁一带称水户，荔波一带有两种，一种本地，一种水家；黎平称侗家，靠近广西边境的称僮家。这许多名称所指的人所说的话却都属侗台语系。因之他们在历史上可能是出于同一民族的。但是现在侗家、水家和僮家各自认为是独立的民族了，而仲家、土家、水户、本地等却都自称 Pu-yi，认为是一个民族。这些自称 Pu-yi 的人在贵州一共约有 160 万左右，分布在盘江流域，是贵州的一个重要民族，但是却缺乏一个统称的汉名。我在这里称他们作"仲家"，显然是不太妥当的，因为原来这名称并不包括全部 Pu-yi，而且这字以往曾用犬旁，还留着一些兄弟民族不喜欢的感情，所以最好还是用他们自称的名字。如果汉字拉丁亿了，问题也就简单了，用 Pu-yi 就成；但是现在我们还得找两个汉字来译音。我们又不敢轻易杜撰，只有希望将来他们自己能在代表会上通过决定。在还没有公认的汉名前，暂时依旧有的用法称作"仲家"，这是不得已。

仲家的中心区在靠近广西的边境，册亨、望谟，我们没有去，我们只访问了贵阳到贞丰这一条路线。在镇宁、郎岱、关岭交界处的仲家聚居区——扁担山，曾做了短期的重点了解。说起扁担山，传说就多了。在过去好像是"化外之区"，进去了就不太容易出来。军阀时代军队进去都会吃亏，杨森打进了扁担山引以为是一件大事。这是反动统治时代的情况。解放后情况也变了。我们访问团进去时曾受到空前热烈的欢迎，群众大会的人数超过了 1 万，歌舞了几天。

扁担山是仲家分布区域靠边的一个聚居区，虽则在各方面可能比较突出一些，但是也能代表仲家这个民族的特点。一般来说，仲家并不像苗家那样被打击得"老鸦无松桩，苗家无地方"。他们并没有四处逃亡，而在一处就站住一处，占有水田，不上高山。他们还守得住一个地方，脚头还是能立得定。这是由于仲家历史上的遭遇比苗家好一些。在地理分布上看，仲家是在贵州的西南部；他们的东北住着苗族，再过去才是湖南和四川。如果汉族封建势力向贵州的扩张主要是从湖南和四川来的话，仲家还有着个缓冲，要等苗族挡了一阵之后才到仲家地区。咸丰年间苗族起义，有一支军队退入兴仁的仲家区，得以保存；到现在该区还有他们的后裔，除了头帕外，妇女的衣饰和黄平、炉山的苗族一模一样。他们在该区也种水田，和仲家经济地位相同。从此可以看到这地区过去所受汉族封建统治势力武装的压力是较轻的。

在这个较安定的环境和较肥沃的水田基础上，仲家不但大部保有其土地，而且他们的农业经济中也发生了封建主义。本族有了地主阶级，土地也比较地更为集中。据我们的调查，仲家聚居的镇宁星拱乡凹子寨人口中 13% 的地主富农，占有土地 65%；阁老乡僙佬坟人口 27% 的地主富农，占有土地 70%。晴隆县是兄弟民族占 60% 的杂居区，全县仲家地主在 30 市石以上的约有 70 家，而彝族地主只有 1 或 2 家，苗族则全是中贫农。靠近仲家中心区的贞丰，兄弟民族人口占 70%，仲家地主有 86 户，富农 689 户；苗族地主只有 7 户，富农 122 户。在个别地区仲家地主数目甚至超过汉人，如镇宁五区本寨十一保汉人地主富农 30 户，仲家地主富农 108 户；马场乡第八保，汉人 60 户中，1 户地主，4 户富农，而仲家 70 户中就有 4 户地主，50 户富农。

仲家社会中阶级分化的程度很明显的比苗族为高。不但如此，苗家少数地主及半地主式富农对本族农民的剥削比较轻，而仲家却不然。本民族内部的租佃关系与其他民族间的租佃关系并无差异，甚至有人反映："自己人更凶。"仲家租佃剥削一般是四六（地主得六成，佃户得四成）或平分，也有三七，甚至高到二八分的。名义上是平分的，实际上常要农民先代地主上粮，所以还是四六分。此外更有各种超经济剥削：如"佃牛讨猪"（替地主无偿喂牛和养猪），送礼也要规定在契约上，最为严重的是无偿劳动，"随传随到"。郎岱有人租种了两斗种子的田，一年帮地主做工多至 100 天。因之，地主往往把土地零星出租，多几门佃户，使他们可以靠无偿劳动来耕种大片不出租的土地。农忙时佃户还得"先主后私"，把地主地上的工作做齐了再种自己租来的地——是劳役地租的性质。

仲家地主阶级的发生在过去民族关系上起了一定的作用。这个阶级为了自己的剥削利益，对于外来的压力是不愿反抗的。如果他们坚持民族立场，要进行反抗就必须发动他们所剥削的农民站起来。农民一旦站起来了，他们的剥削地位就站不稳了。而且如果反抗失败了，他们的土地也就会被汉族的封建统治者夺去。民族战争中胜败都对他们无利。对他们最有利的莫如妥协。妥协后，汉族封建统治者对他们的需索还可以转嫁到本族农民身上去。

仲家中有了这一种人物，汉族封建统治者在他武力不足彻底控制时，也就利用他们对仲家进行间接剥削和间接统治了。间接统治对于汉族封建统治者也比较方便，如果像在苗区一般直接统治，就会面对富有反抗性的农民，"小反大反"不断发生。间接统治的区域里这种反抗就不多。但同时封建统治者对于他们利用的工具并不是很放心的。他们之间虽则互相利用来各自保持其剥削利益，但是矛盾是存在的，你多了就是我少。所以封建统治者又得施展伎俩，分化仲家的内部，用甲制乙，用乙制甲。由于上述种种原因，仲家社会里发生了两种突出的现象：一是仲家上层和汉族封建统治者的联系，一是宗派斗争。

仲家的上层倚靠汉族封建统治者维持其阶级利益，他们压迫本族内部的权力是外来的。一个仲家地主如果不附着汉族封建集团中的当权派，不但地位站不稳，甚至财产都保不住。在国民党的统治下，仲家上层就有很多参加这个反动集团，伪国大的贵州少数民族代表也出在仲家。去年反动势力武装暴动，仲家的上层有一部分当了匪。正因为如此，我们发动了群众，清剿土匪之后，那一部分仲家人民的公敌也大多已经肃清，使仲家社会本质上起了变化。

宗派斗争在仲家是一个严重的问题。我们所访问的各县都有这种情况，不但上层，就是农民和孩子都分着派别。宗派斗争基本上是汉族封建统治者对兄弟民族"分而治之"的手段所造成的。形成的经过简单说来是如此：汉族封建统治者利用该族上层作统治的工具，凡是被利用的人在当地就有了权势，他可以包庇一部分人和欺压另一部分人。具体说，比如国民党要拉兵派款，命令仲家的乡保长去执行，乡保长可以决定拉谁和派谁。仲家的老百姓想免于被拉被派就得投靠乡保长求其庇护。乡保长得到了这些人的好处，把兵款拉派到另外那些人头上。另外那些人就得想法去找其他有势力的人来庇护，甚至出钱帮助他去活动，争夺乡保长。国民党受了贿赂，换了乡保长。新的乡保长一上任就向另外那一派拉兵派款。这样轮流报复，双方愈来愈仇恨，成了势不两立的宗派。

在这里很清楚可以看到：引起宗派斗争主要的原因是在汉族封建统治者所加予这民族的剥削和压迫。不团结起来反抗这压力，灾难是脱不了的。但是他们却这样东推西推，分裂成了宗派，得到利益的是当乡保长的上层和国民党封建统治者；人民大众在宗派斗争中毫无好处，而且更多了一层剥削。不但如此，宗派斗争分裂了民族，团结受到阻碍，使封建统治者坐得更稳。这是多令人痛心的事！

我们在镇宁把这道理讲给了仲家同胞们听，他们很感动的说："国民党就是要挑拨我们闹不团结，只有共产党才真是要我们好，我们不团结，就不能翻身。"

还有一个造成仲家内部不团结的原因是他们的婚姻制度。他们的婚姻制度一方面已出现了封建性的包办方式，但是另一方面他们的风俗里却仍保存着男女恋爱的自由。这两方面是矛盾的，因之常常引起纠纷，加强了宗派分裂。

现在仲家男女的婚姻都是由父母包办的。儿女还没有成年时，经过媒妁之言，履行订婚、纳八字那一套汉族在封建时代所熟悉的手续。但是结婚之后，女的却并不住到男家去，还是留在女家，叫做"坐家"。经过一个时期，男家请人设法乘女方不备，用一个"甲壳"戴在她的头上。戴上了"甲壳"，女的才住到男家去，夫妇才同居。女的一般总是想尽方法逃避和抵抗这个"甲壳"，所以多少要经过强制作用才戴得上去，有些不愿意的，甚至闹到自杀的程度。为什么她们不愿意就范呢？那是因为仲家的风俗中还保留着和苗家"摇马郎"相近的"赶表"。在赶场（如华北的赶集）时，青年男女（不论已否订婚，以及"坐家"中的新姑娘），排着一小队一小队的互相找对象。对象找定了，通过第三者的传达：双方同意后，就溜出场坝，到山坡田间去唱歌谈情。仲家的"赶表"没有苗家的"摇马郎"那样公开。"摇马郎"并不与婚姻制度相矛盾，而是进入婚姻关系的过程。"赶表"却不然，青年男女很早都是已订了婚的，而"赶表"的对象又不是未婚的夫妻，如果因"赶表"而发生了爱情就会引起婚姻的纠纷。所以女方的父兄丈夫都不准妇女去"赶表"，但是青年人却不肯放弃这自由恋爱的机会。女的结了婚，千方百计设法延长"坐家"，男的有了心爱的对象，而对方又是已订了婚或结了婚的，只有进行"抢婚"。据镇宁仲家自己的估计，由抢婚造成婚姻事实的占婚姻总数 10% ~ 12%。访问团在扁担山的时期中，曾遇到过两次因"赶表"而发生冲突的事件。我们也知道有一个抢婚事件牵涉了五个村子，引起长期的纠纷。

仲家的同胞们对这种婚姻制度很多认为是必须改革的。现在封建主义的影响已经逐步在消灭中，怎样去改革这种引起民族内部不团结的制度的意见也容易取得一致了。

仲家是个勇敢、不甘屈服的民族。汉族的封建统治者对它硬干不成，却采取了分化的恶劣手段。仲家虽则在表面上还保持了一部分土地，还保持了一部分政权，而实际上人民大众受到重重剥削，生活和其他被压迫的兄弟民族一样痛苦，一样悲惨。现在汉族封建统治者已经打倒，挑拨离间和分裂兄弟民族的主犯已经消灭，仲家内部必然会团结起来了。

仲家同胞们，团结起来！让我们为你们光明的前途而欢呼！

五、乌撒的余留

长江上游的金沙江，直贯西康，滚滚南下，过了大雪山和玉龙山脉，转向东流，又曲向东北，形成一个大弯折；到四川的宜宾才汇合了岷江，奔流东去。这一段万马奔腾的巨川，划开了西康、云南、四川三省边界。这大弯折北岸的凉山里住着彝族。凉山腹地的彝族，一直没有被封建帝王所征服过；但是，汉族封建势力对他们的压力却也从来没有撤退过，而且曾像尖刀一样从中心插入这大弯折的地区，开出一条从西昌到会理的走廊。走廊以东是四川的雷马屏峨区（包括雷波、马边、屏山、峨边），走廊以西是云南的华永宁区（包括华坪、永胜、宁蒗）。雷马屏峨只是东区彝族的一个中心；从这中心一直向东南展开，经云南的永善、昭通，到贵州的威宁、赫章、毕节。这个地区里，彝族人口有150万左右，但是在贵州的彝族只有约10万人，所以这只是彝族区域的一个小角，已经不占重要地位。

但是在历史上，现在已成为彝族边区的这一个小角，过去是相当重要的。川南、云、贵、康南一带在宋代是乌蒙王的封地。明代分为东川、乌撒、乌蒙、芒部、禄肇、水西等部。明太祖进军这区域时曾告诉部下说：这区的"诸夷种类皆出于罗维，厥后子姓蕃衍，各立疆场，乃异其名"。经过战争，被征服的"即用原官授之"，成为土司。在现在贵州毕节专区境内（当时属四川）的彝族土司主要有三：永宁（扯勒）土司，从四川叙永到毕节北部；水西土司，包括黔西、大定，及乌撒土司，从毕节西部到威宁。这三个土司和川滇的乌蒙、沾益土司"境土相连，复以世戚亲厚"。"无事则互起争端，有事则相救援。"他们形成了当时彝族的一个重要根据地（引语俱见《明史·四川土司列传》）。

贵州的这几个彝族土司实力比较雄厚，乌撒土司"富盛甲诸部"；永宁土司在明末曾占重庆，围成都；水西女土司奢香曾见过朱元璋，并修筑道路，沟通黔滇。但是因为他们太靠近四川，又是处在入滇要道上，所以从明末到清康熙，逐一的改土归流，彝族在这区的统治势力被打击或消灭了。永宁和水西区彝族所余人口已很稀少，到现在只有乌撒区还有一部分余留。

我们从贵阳，渡过鸭池河西进，正是顺着彝族后退的路线，一路上看到毕节以东和毕节以西这两个相当于原有水西和乌撒地区在社会经济上表现出很显著的区别。这个区别也表现了这地区社会经济发展过程的两个时期。水西区受汉族影响深，已经和内地汉人区相同，而乌撒区却还保留着初期封建的残余。我想分两篇来介绍彝族社会发展的过程。

贵州的彝族在历史上有一个相当长的土司时期。水西彝族据说在蜀汉时已经内附，其他各部分，除了凉山中心区外，陆续受汉族帝王的加封，到明代都立为土司，一直到明末和清代才一个个改土归流。土司制度究竟是什么意思呢？简单的说，是封建帝王在少数民族区域利用世袭的官员来统治少数民族的政治制度。这些官员主要是少数民族原有的统治阶级，但亦有是征服该区的汉人。

在历史上有许多民族在不同时期曾向中国的封建帝王称臣纳贡；好大喜功的帝王也常常对这些藩邦加封一定的称号。这些却并不能都说是土司。严格的说，土司制度要到明代才有一定的章法，应用于西南各少数民族。土司制度主要是利用各民族原有的政治基础，进行统治和剥削。《明史》上说得很清楚："分别司郡州县，额以赋役，听我驱调……其道在于羁縻彼大姓，相擅世积威约，而必假我爵禄，宠之名号，乃易为统摄，故奔走惟命。"土司的名称很多，如宣慰司、宣抚司、招讨司、安抚司、长官司等。他们都直接隶属于帝王，这样把少数民族原有的政治体系分裂，使他们不能统一起来；再用种种手段，唆使其摩擦，使他们不能团结起来；更调用他们的兵，互相战争，使他们相互仇恨起来。各个土司对帝王都有称臣纳贡的义务。好像水西土司在一定时期要进贡多少马匹。至于各民族本身的社会形态，封建帝王是不管的，所以这个制度只是在政治上把少数民族降为附属的被统治地位，在经济上加一重剥削。因之，土司制度本身并不能说明它社会经济的内容。它只是在原有社会经济基础加上一层和封建帝王的政治和经济的关系罢了。

但是土司制度对于少数民族社会发展却有一定的影响。这个制度使少数民族中原有的统治阶级得到了一个靠山。一方面整个民族受到了压迫，而另一方面该族的统治者靠了帝王的加封，也就是支持、巩固了他们对其本民族人民的统治和剥削的地位。因之，被剥削的少数民族人民大众的枷锁不但更多一层，而且更牢固一度，使该民族社会发展多了一个阻碍，也就成为少数民族社会经济停滞的原因之一。

土司制度是封建帝王剥削和压迫少数民族的第一步，这一步还承认各民族自己原有的政权，间接加以统治。当一个帝国的武力式微时，天高皇帝远，鞭长莫及，少数民族还能保持其政治上的半独立性，但是封建帝王的民族压迫政策并不会停留在土司制度的阶段。当其控制边区的武力足够时，间接统治变为直接统治,也就是历史上所称的"改土归流"——土是指土官,流是指流官,就是随时可以调动的汉官。改土归流是从承认民族区别而变为否定民族区别,也就是消灭少数民族,进行同化政策的开始。民族压迫更深一层。

贵州彝族的三个大土司中的永宁土司在明末时为了被调兵出征,发生反抗,失败之后,官职被废;彝族人民被屠杀的屠杀,逃亡的逃亡,叙永一带的土地也就放弃了。奢氏后裔,改姓余、杨、禄,有一部分寄居在水西土司境内。

水西和乌撒两土司最初是被吴三桂奏请废除,后来吴三桂反抗清廷,他们就起来报复,有了"功",清廷又恢复了他们的官职,但是解除了他们的实权。到康熙三十七年,借口无嗣承袭,再令废止。到现在已有280多年了。

土司制度的废止,改土归流,更进一步破坏了彝族原来比较完整的政治组织,封建帝王在名义上直接统治了这个地区的彝族。但是这个政治上的变动在社会经济上所引起一系列的变动却是逐渐的。过去近300年的历史,在这个地区,正是彝族原有社会形态交替给封建形态的过程,到解放之前还没有结束。

改土归流的前后贵州彝族社会形态是怎样的呢?现在我们还不能肯定的答复这问题。在威宁我们曾和若干黑彝的知识分子开过调查会,又和现存土目的后人讨论过这个问题。我们从他们得到的了解可以简单说一说:

黑彝原是这地区的统治阶级,在他们的统治下有白彝以及其他民族,包括汉族的农民。彝族中的黑白彝,相互不通婚。土地都属黑彝,白彝和其他民族原来是没有土地的。黑彝中势力强大的被封为土司,他们是主要的土地所有者。土司被废止后,土司的土地分属于土目(土司的属官),亦称"官家"。土目原来的数目很多,以水西土司区来说就有48"则溪",120"裼衣",1200"掖所"。土目主要是黑彝,也有极少数当通译的汉人。

现在的黑彝并不全是"官家"。"官家"的数目已经不多。据说这是由于土目间斗争残杀,兼并和绝嗣的结果。最初土目间土地并不买卖的,但是如果把哪个土目的后人都杀绝了,胜利的一方就可以占领其土地。汉官不但不禁止这种行为,而且从中煽动。因之,在威宁一带,土目间的战争在解放前还不断发生。在这有类于"春秋"时代群雄割据的天下,每个土皇帝式的大土目自己有武装,有工事。在"衙门"附近周围住着他亲信的"白彝",这些属户有当兵出力的义务，儿女中有被土目看中的可以调到衙门里来服役，土目女儿出嫁还可以把她们陪嫁。此外是许多"佃户"，种他土地的各族农民，除了一定租额外，随时可以派款。甚至每年有种种一定的纳献。这些土目实际上是继承了土司的统治者，在偏僻山区里是生杀予夺的专制君王。这类官家解放前在威宁的边区上还有，但是解放后他们大都当了匪，现在死的死，逃的逃，我们已经没有机会去实地调查了。

从现在保留着的官家经济，我们希望还可能看到土司时代的一般情况。所以我们派出了一个小组到毕节北部川滇黔交界处作了一次重点调查。这个被调查的典型村，大部分土地还是属于土目后人的官家。就是在一家所有的土地上还可以实行着多种不同的土地关系。分析起来，有些是有类于封建庄园制的性质，有些是已和汉人地区通行的封建租佃制一般。我们可以先说一说那种比较早期的形式。

在这里我们看到的那种早期的形式在当地称作"粮户地"，又称"大顶"、"安约"等。这是永佃性的：农民世世代代做官家的"粮户"，官家对他们有广泛的权利。粮户地的租额比较轻，只是产量的 1/10 到 1/5，称作"官粮谷子"。主要剥削不在这"官粮"上，而是以加押为名义的献纳，称"大顶"或"顶银"。凡官家有婚丧事故，承袭换主，或是粮户死绝了，家族上门管业，都要"加顶"。此外还有一种剥削名目叫"份租"，一定土地上附加的物租，如"鸡份"、"猪份"、"羊份"等，现在都折银交纳。交租外，粮户还要无偿劳动，叫"办官差"，如喂牲口、修房子、帮活路、抬滑竿。"随唤随到"，不到就要被打，甚至打死。

这些名目如"租"、"押"、"顶"等等都是后来安上去的，从它们的本质上看是土司时代的残余，它们实际是握有政治权力的"官家"对人民征收的田赋（所谓官粮）、摊派（所谓加押）、税款（所谓份租）及徭役（所谓办官差）。官家对粮户是统治者对被统治者的关系。在封建政治下，地租和税收本质上是一个东西，这里是很明显的。官家对粮户最主要的剥削是无偿劳动，他们自己经营的土地是由粮户来劳动的（这种情形在该村已不多，因为官家自己经营的土地已很少）。粮户所得到的一份土地其实并不是"出租"给他们，所以称"官粮"而不称"地租"；这只是利用土地把"粮户"们束缚起来，以保证官家有足够的劳动力。但是"粮户"并不是奴隶，因为已经不是官家买卖的对象。官家之间可以争夺土地，夺得了土地，也就夺得了粮户，人是从地不从主的。这是以劳役地租为主的封建初期庄园制的性质。

在威宁现在的黑彝地主（并非官家）也保留着类似的土地制度。我们曾和当地的若干地主家庭出身的黑彝知识分子讨论过这问题。他们告诉我们他们家里的情形：他们的父母部分劳动，主要劳动者是"帮工"。"帮工"是白彝，也有其他民族。帮工的全家，男女老少都住在他们家里，和他们父母在一起吃饭。另外给帮工一块土地叫"私房"，这块土地上的出产属于他们。"私房"地较小的，有些还给一定的衣服。有几家"帮工"已经帮了几代了，"帮工"的儿女长大了还是"帮工"。有几家黑彝租土地的目的，也有把土地出租给别人。但是黑彝不做"帮工"，穷苦的可以住到亲戚家去，以客人的身份从事劳动——这种以"私房"来剥削劳动的情形在威宁还相当多。

我们又找白彝来谈。他告诉我们一件事：有一家黑彝的"私房"逃了（他称"帮工"作"私房"），怪他的岳父出的主意，敲去了1斗5升苞谷和300块小洋。我就问他："'私房'能不能辞退不干？"他的答复是："全家跑几百里才捉不回来。捉回来就会打死。"

"私房"和"粮户"性质基本上是相同的。他们没有支配自己劳动力的权利，地主可以任意打骂，甚至处死他们，但并不是可以自由买卖的财产。他们多少有一些属于自己的生产工具，和可以自己经营的小块土地，但是并没有完全的自己的经济，吃和穿都可以部分的由地主供给。这种初期封建主义可能是贵州彝族进入土司时代已经发展到的社会阶段。

说到这里还有两个问题：一是初期封建之前彝族的社会形态是怎样的？二是改土归流，彝族和汉族的封建主义接触后发生了些什么变化？这两个问题我想留到下一篇再讨论了。

六、一章活的社会发展史

我们在贵州彝族区的访问工作，在时间上说是最局促了，只有20多天；但是路程最长，情况最复杂。这一路工作，对我个人来说，却是一次最大的学习。解放后，我曾在清华上大课，讲社会发展史，最苦是缺乏我们自己本国的材料。我们固然可以从历史上引用一些，但是讲来听来都觉得不够亲切，没有感性的知识。这次去访问彝族，我们才读了一部分活的社会发展史。当然，第一章"原始共产主义"已经没有了，第四章"资本主义"也可以不必再写。在贵州彝族里读到的主要是"封建制度"那一章。再往西，进入大小凉山还可以读到"奴隶占有制度"的半章。可惜我们的访问工作是依省界分工的，所以我自己并没有进入大小凉山，关于这地区的情况是间接从一二分团同志们那里听来的。

当我们翻读这部分活的社会发展史时，心里是很痛苦的。我们常想：为什么在我们同胞中还有这部分兄弟到现在还停留在我们几千年前已经走过的阶段上呢？

回想当年，唐、宋时代，彝族在西南还是个统治民族（南诏大蒙国及后来的大理国的统治者据一部分史学家的意见是彝族，但亦有不同意的），川、康、滇、黔边境又有相当强盛的彝族部落；但是经过元、明、清三代封建帝王的压迫结果，现在只在封锁状态下的凉山里保留着惟一没有被征服的彝族部分。就在这被封锁的山里，我们见到了还在利用奴隶劳动的制度。凉山彝族一直到解放之前，山内外戒备森严，往来不易。如果过去他们不和山外尽可能的隔绝，他们也不可能不像其他地区的彝族一般逐渐衰亡了。在这荒凉的山区里，他们的社会又怎能发展起来呢？因之，我们必须认清，民族压迫，和不断的冲突、劫掠和屠杀是彝族社会停滞的一个重要原因。现在民族压迫消灭了，彝族社会可以容易顺利的发展起来了，而且在民族平等和汉族的帮助之下，发展的速率也一定能很快的。

凉山彝族现在是半奴隶半封建的社会。他们分为黑彝和白彝两种，也是两个阶级。黑彝是统治阶级，白彝是被统治阶级，在被统治阶级中还有娃子与非娃子之别。非娃子就直称白彝或百姓。娃子又分两种，一是普通娃子称百姓娃子，一是家娃子。家娃子才是完全的奴隶。

统治阶级的黑彝占有土地，不参加主要劳动，专搞政治和军事。被统治的白彝是生产劳动者。非娃子的白彝有些地区可以向黑彝买少量土地。黑白彝的阶级起源有这样一种说法：彝族在晋代分东爨西爨两部分。隋唐时东爨称南诏（诏即部落），又称蒙舍诏，或乌蛮；西爨有五诏称白蛮。乌蛮从事游牧，白蛮从事农业。后来游牧的彝人征服了农业的彝人，把战争的俘虏作为奴隶。乌蛮现称黑彝，白蛮现称白彝。

这种说法认为彝族先有黑白彝之别，后来本族间发生战争，被俘的沦为奴隶。但当时这个区域原是多民族接触的地方，民族间的战争也有俘虏，这些俘虏也成了黑彝的奴隶，成为白彝。直到解放前，黑彝经常向其他民族抢人来当娃子。

初从别的民族里抢来的奴隶，心里是不服的，如果要剥削他们的劳动，就得加以强迫和监视。所以他们得住在主人家里，在监视下听着主人的命令做工，叫作"家娃子"。家娃子服役年代久了，表现忠实可靠，由主人为他们婚配，分出去住，给他一小片土地去自己经营，成了"百姓娃子"。百姓娃子积了银子可以向主人赎身，成为"百姓"，也就是非娃子的普通白彝。

凉山彝族社会中的奴隶占有部分就指利用娃子的劳动来生产的经济。家娃子的人身直接由主人占有，担负家庭及农业劳动，劳动果实完全归主人所有，他们的生活由主人供给，完全是奴隶的性质。百姓娃子和家娃子不同的是在他们向主人领有一块土地，一份牲畜和工具，成了家，有了自己的经济，通过劳役和实物地租的方式被主人剥削，从这一方面说，他们已进入了初期封建，但是他们并没有脱离奴隶身份。他们和家娃子一般可以被主人任意出卖，打死了并不赔偿银子，不算一回事，而且他们所生的子女仍须送给黑彝当家娃子，也可以出卖。这两种娃子都是主人的财产，随时可以变成银子来使用的。百姓娃子是娃子转成百姓的过渡身份，也代表奴隶占有制发展到封建制度的过渡阶段。百姓娃子有了自己的经济，在生产上比家娃子要积极些，而且主人也不必加以监督，因之，在经济上说是提高了一步。事实上，黑彝进行剥削也主要采用这种较高的方式。据一分团同志在一个区域的典型调查，百姓娃子和家娃子的比例是 10∶1.5 左右。

再进一步就是非娃子的白彝了。一个娃子大约须出 300 两银子给主人才能赎身成为白彝。这个价格是相当高的，决不是一个娃子一生所能累积起来的，所以常常要经过几代的努力才有希望。百姓和娃子的不同是在获得了人身的自由；劳役地租较轻，住得远的平时不常被地主叫来使唤；而且可以私有土地和买娃子来使用；如果被黑彝打死也可以要求赔款。他们对地主所交的实物地租及摊派献纳则和百姓娃子相同。他们和地主的生产关系已是封建性质了。但是在凉山中，这封建性的土地关系在数量上，以我们已知道的地区说，比例较小，只占娃子的1/4。这个区域中娃子较多的原因可能是靠近汉人区，抢娃子比较容易。在腹地，据未证实的材料，娃子较少。因之，我们可以见到民族间的冲突的确影响了彝族社会的发展，因为如果民族间冲突消灭了，娃子的来源断绝了，娃子逐渐成为百姓；奴隶占有制也就可以从减少到消灭了。

凉山彝族是以百姓娃子为主要生产者，所以他们的社会是从奴隶占有制进入初期封建制度的过渡形态。贵州乌撒区（威宁、赫章）的彝族，西部是以劳役地租方式为主，东部是以实物地租方式为主；水西区（大定、黔西）的彝族大多已成了汉人地主的佃户，缴纳实物地租，但是仍有较重无偿劳动的剥削。在发展过程上看，这几个地区的变化是很相衔接的；但是历史上，乌撒及水西土司区的彝族早年曾否有过类似于凉山彝族的奴隶占有制，据现有材料看还不能作断。

凉山在明代属建昌卫。建昌卫在隋唐时为巂州，"至德初，没于土番。贞元中收复。懿宗时为蒙诏所据，改建昌府，以乌白二蛮实之。元至元间置建昌路，又立啰啰斯宣慰司以统之"（见《明史·四川土司列传》）。因之，当彝族强盛时，这里还是边区，是从土番手上夺来之后才移民进去的。后来南诏灭亡，川、滇、黔的彝族土司区也式微了，凉山才成为彝族的中心。凉山彝族奴隶占有制是保存着原来社会形态，抑是因经常民族战争获得了俘虏之后才发生的制度，现在还很难作结论。以贵州彝族来说，我们还没有看到或听到过"抢娃子"的遗迹。即使早年曾有过奴隶占有制，很久就已经进入封建初期的阶段。所以在贵州彝族中主要的发展过程是封建制度本身的变化。

贵州最西的威宁，西北边境靠着云南的彝良和昭通，有10多个乡，土地大部分在土目手上。这是贵州土目势力占优势的地区。在这个地区里还保存着初期封建的庄园制。威宁靠东的部分主要是黑彝地主的势力。除了少数回民外，其他民族很少有土地的。向东到赫章，土目势力已经式微，握有土地的主要是黑彝地主，但汉族地主已开始抬头，因之在解放前，这地区是彝汉两族地主斗争仇杀的场合。毕节除了北部边区还有土目势力外，大部分已是汉族地主的势力，大定和黔西土目已近于消灭，那里的彝族已不分黑白，大多已成汉族地主的佃户。从鸭池河向西，很清楚地看到汉族势力伸张的方向和深度。

初期封建的破坏主要是由于土地流到了市场上来。在官家手上的土地依传统是不出卖的。所以过去土司想兼并别家的土地只有谋害对方，绝嗣了去承继；或是出兵去抢。土司之间争产夺地的记载在史书上也很多的。几千官家，到解放前只余几十个，兼并之烈，可以想见。但是土地如果只在土司中夺来夺去，在社会形态上还是变不了什么的。土地离开官家的手主要是在改土归流，彝族失去了政权之后。彝族官家没有了政权的保障，汉官的手就伸进来了。

汉官利用政治势力强迫彝族官家出卖土地的典型例子是继续了15年的"禄产案"。20多年前水西土司区还有一个大土目禄雅山。他家经过了长期的兼并，成了当地最大的地主。那时军阀周西成在贵州当政，看中了这个土目的财产，就利用当地汉人地主和禄氏的斗争，把他父子拘到贵阳。据说禄氏为了赎身，曾用了大帮驴马，背了银子上贵阳。后来禄雅山在狱内自杀，判决禄氏土地充公，以地价1/3变卖；仅汉人地主李氏一家，即买了三四个乡的土地，黔西一县，周西成收集地价大洋40万元。周死了，毛光翔执政，又强迫佃户出款买地，出了款，地还是拿不到。这样在不同的军阀手上敲诈了五六次。到吴匪鼎昌当政才全部变卖出去。经过这个"禄产案"，水西区的官家也被搞完了。

类似于禄产案的事情过去是常常发生的。因之有一位官家的后人曾向我们说：土官哪里当得，在汉官手下能保全性命已经不差了。边区的官家实际上是用武力把他们的土地保存下来的。汉族反动统治阶级和彝族官家间的争夺土地是民族间武装斗争的主要原因，也是造成民族仇恨的来源。

另一种原因使官家出卖土地的是出于官家自身的腐化。土目间不断的仇杀，毁坏财产，破坏生产；又得经常警备，需要武器，甚至有设立小型兵工厂的，费用浩大。再加上商品输入，引诱骄纵惯的官家养成奢侈的生活。鸦片风行后，又多了一项嗜好。他们固然常用摊派来剥削农奴，但这是有限的；生产力这样低，又不出产大量商品作物的农民，哪里来银子和货币供给土目们的挥霍呢？结果官家只有出卖土地了。

土地流入市场，发生了非官家的地主。在乌撒区培养出了一批新兴的黑彝地主（在赫章也有少数白彝地主），有一部分还部分采用劳役地租方式。在水西区汉人势力大，土地也就流入了汉人地主手上。汉人地主得到了土地，用他们所熟习的封建方式来剥削农民，就是以实物地租为主的方式。地租以平分为最低限度。这地区的汉人地主受到当地彝族通行劳役地租的影响，在分租外常常增加额外的剥削和无偿劳动。这个影响一直要达到黔西南一带，无偿劳动成了农民惨重的担负。

　　实物地租的剥削比劳役地租提高了一步，对农民说，租额比较的有了个规定，不致随时来要钱要东西，没有一点保障；无偿劳动也比较少了些，而且在必要时还可以退租，他们可以比较自由地经营自己的土地和手工业。对地主说，固定的租额加多了，自己可以完全脱离农业经营，甚至住到市镇里去；又因为可以自由拔佃，挑换更能被剥削的佃户。由于这些缘故，官家的土地上也逐渐采用实物地租来代替劳役地租。我在前文所提到川、滇、黔边界那个村子里，同一官家土地上有着不同的土地制度。原来在土司时代传下来的农奴还是照旧交"官粮"和"办官差"，但是后来的农民却不再做"粮户"了。他们是"见种平分"，并在定租时交定额押金，称"小顶"。有些官家还要佃户替他交"皇粮"（粮赋），称"倒印"。大体上和汉人地区的封建地主的剥削是相同的，只是在无偿劳动上比较多，那是受了传统制度的影响。

　　威宁的黑彝地主，在前文已提到的，也是部分的保留着称"私房"的劳役地租。但同时，同一家也有把土地出租，收取实物地租。因之，乌撒区彝族土地制度到解放之前还是从初期封建的劳役地租形式提高到实物地租形式的过渡形态。在水西区劳役地租已经少见而以实物地租为主要形式了。但不论哪一区，我们还没有发现货币地租。这个地区农产品还是以粮食为主，而且因交通不发达，运输困难，所以农产商品化的程度很低，货币地租在这种情况下是不易发生的，这也说明了这地区资本主义生产还不发达。

　　社会是向着幸福和光明发展的，一个社会停顿在较原始的社会阶段上就说明了这地区的人民是停留在困苦的境地里。毕节专区是贵州最贫困的地区，其中尤以威宁、赫章为甚。我们去年12月去访问时，正逢严寒，一路冰凌，真是"水晶世界玻璃路"。这个在贵州范围内地势最高，天气最冷的地区，却正是花纱布匹最缺的地区。在城市街头看到完全光身子的孩子是不足为奇的。我们开会放电影，会场上还有光身披些蓑衣的男女。冬天主要的粮食是洋芋。他们整天烤着火，饿了就烤几个洋芋当一顿饭吃。威宁七个来开会的苗族代表中没有一个有足够一年吃的粮食，人人要亏一两个月；有一半每年要淡食几个月。草海附近一区10个保中，因为遭了水淹，只有1/5的人家有粮食够吃到来春，2/5那时已经没有粮食了。生产低，剥削重，生活苦——是这地区人民大众（不论哪个民族）的一般现象。

过去反动统治者最初用土司制度对这地区各兄弟民族的人民进行双重剥削；改土归流之后，又煽动官家火拼兼并，连年战争，民无宁日。赫章彝汉地主的武装斗争继续了五六年，死亡在 5000 以上，间接被害的还不在其内。彝族和其他民族的人民有不少是在各族上层的斗争中被屠杀、被赶跑的。到现在，水西区彝族已接近消灭，乌撒区也日见式微。如果没有中国共产党领导人民推翻了反动统治者，更在解放后清剿了当地的土匪，贵州彝族的前途也只有继续走上消灭的道路。现在各民族都得到了解放，而这地区兄弟民族的翻身，成果最大。解放后，劳役地租和任意摊派，事实上已经大部分取消了。反动的土目当了匪的已经肃清，开明的正在自动进行减租。在民族压迫下，彝族社会停滞了几百年，现在这压迫已经消除，该是彝族奋发飞跃前进的时候了。

七、少数中的少数

这是我介绍贵州兄弟民族情况的最后一篇。在前面四篇中我只讲了一些关于苗、仲、彝三族的情况。这三族人数比较多，余下的除了水家、侗家各有 20 万人，回族有 10 万左右（各种估计的数字相差极大）以外，其他一共不过十几万人；但是名称却有很多，据我们所知道的已超过 30 种。每一种人有的不过几千，有的不过一两万。说他们是民族，似乎很勉强，但不是民族，又是什么？他们不但自己觉得和其他集团不同，别人也不把他们看成同族。他们零零星星的分布在各地，即使是名称相同，还可能语言不通。因之，一谈到这些小民族，情况也就复杂了。

这一幅复杂的民族画面并不是不能理解的。贵州这个山区在很早的时候，苗、仲等民族移入之前，就有人住着。他们的社会发展很可能处于比当时外来的民族还要低级些的阶段。汉族在中原向南扩张，把原在平原地区的苗、仲等民族向山里赶。他们进入贵州，把原在山区的人挤得乱跑。汉族跟着进来，再一挤。你推我，我推你，站得住的推开了别人，站不住的又得往更深的山里跑。于是不同的民族在分布上就夹杂了起来。同一民族分散了，很久不相往来，各自发展它的特点，话也不通了，名称也变了，也就不再相认了。不同民族混在一起，交流、通婚又可以合成一个集团。经过了分散、打乱、交杂等等过程，民族情况愈来愈复杂。

这许多小民族大体上可以分出两大类：一类是早就居住在贵州的古老民族；一类是各民族（包括汉族）的混合民族，现在被他们父母民族所遗弃了的。

这些小民族有他们共同的特点：就是如果不加以照顾和帮助，他们会走上由衰而亡的道路了。他们人数少，又零星杂居在其他民族占多数的区域里，谁都可以欺侮他们，所受到的民族压迫是多重的。比如黄平的僿兜就常受苗家的气。有一次座谈会上苗族同胞曾自己检讨大民族主义，因为苗族对僿兜也加以歧视和压迫的。在多重压迫下，他们生活特别穷困，在安顺的座谈会上邀来了一位僿佬代表，披上一件不知哪里借来的长袍，裤子都没有，冷得直发抖。小民族的同胞们一般没有土地，给其他民族的地主当佃户，受着严重的剥削。没有土地又租不着土地的，只能出卖苦力；黄平、安顺等市镇上挑水的很多是这样的小民族的妇女。经济压迫下没有机会学文化，他们的文化程度也很低，尤其是那些跑到了高坡上偏僻地方居住的，怕被人欺侮，不敢外出，在贫瘠的山地上终年劳动，过着原始的生活。他们分散得很零星，又互不往来，因之语言也分歧。杂居在其他民族中的，因为经济上依赖其他民族，自己的语言也逐步丧失了，有些甚至已经不再能说原有的语言了。我们想了解僿佬的语言，要找个能说这话的人已经很困难，很多人说祖上还会说，老年人还记得，现在年轻人不说这话了。

这些在衰亡中的小民族是民族压迫的牺牲者，我们必须照顾和帮助他们。至于那些被父母民族遗弃的小集团，比如南京人、里毛子等等，原是汉族和其他兄弟民族混合的结果，没有理由看成是许多新的民族的。他们大多说汉语，穿汉装，并没有民族的特点。他们现在被认为是"少数民族"的原因是在过去汉族不认他们是子孙，加以歧视和压迫。汉族同胞对他们应当及早负责认领还族。至于那些古老的民族，受苦最长最深，受了伤，要他们自力更生是有很大困难的。他们人数既少，有些躲在山顶上过着非人的生活，在民族友爱互助的原则下，我们不应当坐视不理的。各民族应当联合起来具体的给他们帮助，恢复他们和各民族平等的生活机会。

我们在贵州知道了有这一类小民族之后，曾特别注意他们，在黄平时派出了一组专程下乡去访问僿佬。但是我们在这方面所做的工作还是很有限的。那些零星杂居在其他民族区的小民族同胞，常常住在很偏僻的山地里，甚至被人遗忘了的。他们也不常出来，因之我们和他们见面的机会不多；就是出来参加了我们召集的各种集会，交谈上也有很多困难。安顺座谈会上那位僚佬代表，上了台，一句话也没有说，足足哭了几分钟。因此，我们对他们的情况了解得很不够。僚兜在小民族中还算是比较人数多的，而且在黄平还有个小小的聚居区，我们可以先说说他们的情况。

黄平和炉山一带的僚兜（旧用"狫"，后改"仡"，又改"僚"）共约5000多人，分散在各地；但在黄平枫香寨有100多家聚居在一起，再加上附近黄飘乡的僚兜，这个地区有25个寨子，分属两乡。四围是苗家，在每个乡里都是少数，受人欺侮。他们的经济情况比苗家更穷困。绝大多数是汉人或苗家的佃户。生活最好的一家，九口人也只有百多挑地。

僚兜社会的特点是在他们还保留着氏族制度。但是这种制度并不是原始公社性质，因为他们不但已有私有财产，而且租地耕种，已经进入封建社会，只是他们本族的社会组织却还是依据血缘关系，由族长来统治。这个聚居区总的领袖是他们的总族长。在他之下有个副总族长。各寨有族长，再下还有房长。这是一个血缘组织。他们掌握家法：包括继承、婚姻和祭祀。

僚兜的婚姻和周围的苗家不同，称作"背带亲"。小孩生下几个月或几年，父母就要替他们找对象，把婚订了。有的甚至指腹为婚，儿女没有下地，他们的终身大事已经被决定了。男的到20岁，女的到16岁左右才结婚。同时，僚兜的青年男女也和苗家一般可以"摇马郎"，自由社交和谈恋爱。这可能是受了苗家的影响，不是原有的风俗，因为这是和家长权力的制度不合的，事实上也时常因之引起婚姻纠纷。族长们用权力来维护家长决定的婚姻关系，如果要离婚，主动提出的那一方要赔偿对方43两银子。生活很穷困的僚兜怎样拿得出这笔钱来呢？所以等于不准离婚。我们遇到僚兜的青年，常常向我们提出改革这种父母包办婚姻的要求。

僚兜的宗教是祖先崇拜，也就是用来支持家长权力的意识形态。在总族长的下面有一个宗教机构：教主、鼓主、鬼师和乐师。教主掌握家谱，鼓主供奉神鼓，鬼师占卜吉凶和治病，乐师管理六笙和舞蹈。神鼓是一个木鼓，保存在总族长家里。人死了，要请教主举行仪式，把死者的灵魂导入神鼓，所以神鼓是祖先的祠堂，也是祖先崇拜的象征。教主能背诵族里的家谱，肯定每一个人在血缘组织中的身分。人死了，他的名字记入这个口头传记的家谱里。

每年春冬两季他们要举行"跳鼓舞"的典礼，打牛大祭三天，对象是葬在鼓里的祖先。举行典礼时要跳舞作乐，所以称之为跳鼓葬（在贵州苗族中也通行一种盛大的集会，每过一定年数，要举行"吃牯脏"。届时要打牛、跳舞。"吃牯脏"的起源已经不知道，这个名称是只指集会中要打牛吃牛肉和内脏，显然不是这仪式的主题所在。我们在僙兜中见到了"跳鼓舞"的仪式，不免联想起"吃牯脏"来，很可能原意是"鼓葬"，后来讹传成了"牯脏"。是否苗族在原来居住这地方的老民族中传得了这种风俗，我们在这里不敢作断语）。"跳鼓葬"是祖先崇拜的宗教仪式，是氏族制度中的一个构成部分，因为家长权力是要上层结构的意识形态去维护它的。

黄平的僙兜现在说的话已经多和苗家相同，因之有人认为他们是属于苗瑶语系，并且认为是苗族的一部分。但是我们知道一个人数太少，生活上要依赖于一个较大民族的弱小民族，他们的语言很容易受到较大民族的影响，所以从语言上来确定他们的民族来源是有困难的。另有一部分历史学家的看法：僙兜是僚族的后代。僚族是早年在西南的一个重要民族。旧书用"獠"字，这"獠"字的意义是打猎，可能因为这个民族是打猎而得义。广韵上"獠"字有两种读法：知卯切 tsau 和卢皓切 lao。从 tsau 音转成 tou，就是"兜"（同样的转音例如：缀——掇，者——都）。族名发音时可能原来就联上仡（读作革），所以现称僙兜。从 lao 音转成 lou，写成"佬"。现在贵州和其他地方还有佬族，也联上仡，现称僙佬。"僙佬"一词在宋代书籍上已经见到（朱辅《溪蛮丛笑》），明代的书上又有称"犵獠"（罗曰聚：《咸宾录》及田汝成《行边记闻》）。清代的书上有把"狇"、"獠"通用（《大清一统志》）。其他史书上还有"犵狑"、"犵獠"、"犵獩"、"犵獿"等写法。原来这些族名是先有音，后有字的，不同的人在不同时代写成不同的汉名是很可能的。这些可能就是一个民族，都是以革音开始，联上"獠"的不同读法。

僙兜究竟是和苗族相近还是和僙佬相近这个问题现在还不易得出结论来。他们自己是坚决不承认是苗族的，因为苗族常常欺侮僙兜，他们之间也有着民族的隔阂。但是他们和僙佬即使是同出于僚族，现在语言已不相通，很多风俗习惯也联不上了。要等将来研究更深入了，这个问题才能得到解决。

僙兜这个名称除了炉山、黄平这一带外，别处很少听到，但僙佬却分布得很广，湘西、贵州、广西和云南都有。以贵州说，据已经知道有僙佬的地方，包括黔东的黄平、炉山，黔西南的普定、郎岱、安顺、镇宁、关岭；黔西的大定、织金。零星分布的区域还要广。这样广又这样散的分布情况就说明了这是个比较古老的民族。苗家和仲家大都承认僙佬比他们早。有些地方，如镇宁扁担山，贵筑的花溪，还传说这些地方原来是僙佬的，镇宁现在还实行"吃新"的风俗。关于这些我在第二篇里已经提过了。

僙佬的情况一般比僙兜更穷困。我们所见到的僙佬大多已丧失了他们的民族特点。他们过去在重重压迫下日趋于消灭。在大定方家坪据说还有几个僙佬的村子，在解放后曾发生过受骗称帝的事件。他们文化低落，地方闭塞，生活痛苦，所以很容易被落后及反动势力所利用。这说明了我们对于这些处于水深火热中的小兄弟们是必须特别注意而加以帮助的。

僙佬的祖先是旧书上所称的僚族，这说法比较是可靠的。僚族在西南曾占有过重要地位。一说他们是起源于川陕边境，在纪元前5世纪时南迁，汉代已到贵州和广西，唐代在云南也有关于他们的记载。宋代西南各省，从湖南一直到海边都有他们的踪迹。宋以后川中僚族大减，但是元代马可波罗所记的秃剌蛮在黔西还有着很多的市镇，商业发达，很富足（秃剌蛮 Toloman 一说即仡佬。T 和 C 通，C 和 K 通，即 Kolo，而且《元史》载"土僚"在昭通之东，叙府之南，就是马可·波罗见到秃剌蛮的地方）。元之后，史籍上有关僚族的记载就少了，大概已经走上了被打被逐的下坡路，逐渐消亡下去了。现在贵州僙佬总数不过几千人，而且大多被其他民族同化了。我们想找几个僙佬来学习他们的语言都已很困难。但是历史材料中还保留着一些有关僙佬的特殊风俗，最突出的是披袍、凿牙、崖葬、铜鼓、坐月等。

披袍是指他们特有的服装，亦称桶裙或僙佬裙："裙幅两头缝断，自足而入。"（《溪蛮丛笑》）"衣长仅尺余，上披以袍。袍方而阔，洞其中，从头笼下，前短后长，左右无袖。"（《贵州通志》）它的形式有些像我们的运动衣，从头上套下去的。但是他们现在已没有这种袍了。有人认为蜡花是他们创始的。蜡染是一种印花布，先用蜡在布上画了花纹，然后染色，把蜡洗去，留下白花。现在僙兜中蜡花布是用得很普遍的。

凿牙是指他们把门牙打去，这是一种仪式，仪式的意义所传不同，有的说是成年礼，有的说是婚礼，也有的说是用来伴葬父母的。在僙佬中还有一支称"打牙僚佬"。但是我们所见到的僚佬并不缺齿。

崖葬是人死了,"殓以棺而不葬,置岩穴间,或临大河,不施蔽盖"(《贵州通志》)。要经过一个时期才把尸骨捡起,埋在石砌的坟里。这种风俗也已经丧失。有些老年人据说还记得听说过有这风俗。很多尸骨葬在一起的情形,现在还有遗迹可见,称"僚佬坟"。

特别值得我们注意的是关于铜鼓的风俗。铜鼓是现在贵州苗、仲等族很重视的一种乐器。在他们欢迎我们访问团大会上常打铜鼓跳舞。他们把铜鼓吊在三杈木上,一面用木槌打鼓,另一面不住的用木桶摇动,使鼓里的空气更复杂的流转,声音荡漾,更觉得洪亮。但是这些铜鼓却并不是苗家或仲家自己铸成的,都是挖地时在土里挖出来的。从四川一直到广西,各地出土的铜鼓为数很多,因之曾引起考古学家、人类学家的注意。一般的传说是诸葛亮南征时留下的,又有说是马援所铸。那是因为后人在土里发掘得了铜鼓,不知来历,不相信兄弟民族有铸造这富于艺术的铜器的能力,又要夸大汉族的武功,因之附会成这种说法。其实,这样笨重的铜鼓,直径有一二尺,高又近尺,重二三十斤,对于山地里行军是不适宜的。何况汉族并无此铜鼓,马援、诸葛亮没有理由创造这种不适用的"军用品"到山区里去打仗的。

《汉书·马援传》注引《广州记》有:"岭南二十余郡,'俚''僚'炼铜为鼓……其俗尊有鼓者,号为都老,群情推服。"这段史料很有启发作用。着先是说铜鼓是"俚"、"僚"所创造的。但是为什么僚族要铸鼓呢?我们可以推测的是先有木鼓,木鼓在社会生活里具有突出的重要性,才结合铸铜的知识,制造铜鼓。铜鼓的规模以及它花纹的细致和考究,在生产力没有太高的时代,决不是私人的玩具,也不太可能像现在苗、仲单是用做伴舞的乐器。最容易想像的,它是结合了当时权力的祭器。所以"尊有鼓者"和有鼓者又有特别的称号的记载是值得我们注意的。我们在其他书上还读到:"南蛮酋首之家,皆有此鼓也。"(《太平广记》)"黔南言溪峒夷僚疾病,击铜鼓沙锣以祈神鬼。"(《宋史》)汉族征服了僚族就要强迫他们缴出铜鼓:"南征夷僚……所获不可胜计,献大铜鼓。"(《陈书》)"克寨六十余……得诸葛铜鼓九十三。阿大泣曰:鼓声宏者为上,可易千牛;次者七八百。得鼓二三,便可僭号称王。击鼓山岭,群蛮毕集,今已矣。"(《明史》)

读了这些史料,读者如果结合了上一节关于僚兜氏族制度及神鼓的叙述,可能会和我们一样把铜鼓的起源联上现在还看得到的风俗了。算是一种推想和猜测也可以:"僚"族曾以神鼓的宗教信仰来支持他们族长(都老)的权力,神鼓因之成了宗族的象征。有了铸铜的知识时,造出铜鼓。在战争中,敌人要缴他们的铜鼓,表示屈服,所以他们在失败时,人走了,铜鼓就埋在地下。后来其他民族占了这地方,铜鼓被掘了出来,不知道有什么用,只成为普通的兵器了。我们这猜测如果能被今后的研究证实的话,可以从此了解到仡佬族的祖先不但地域分布得很广,他们的社会形态很早已发展到氏族组织。再和我在前面所叙述的彝族社会形态联起来,那部社会发展史更为完整了一些。

在研究仡佬早年的社会形态时,坐月的风俗也是值得注意的。坐月也称产公,在人类学里称couvade。"广西太平府,僚妇生子,经三日,便澡身于溪河。其夫乃拥衾抱子,坐于寝榻。卧起饮食,皆须其妇扶持之。稍不卫护,生疾,一如孕妇。名曰产公,而妻反无所苦。"(《子不语》)这一种风俗在世界各处已发现不少。据一部分人类学家的意见,这是母系社会转变为父系社会过渡期间发生的风俗。这风俗的意义是做父亲的用了这象征性分娩的行为来否定母亲和子女的系统,确立自己和子女的系统。这种风俗因之和氏族社会有密切关联的。将来史料更多,加上他们的传说和其他风俗,可能见到他们早期更原始的社会的遗留。

关于仡佬的历史现在还不免多属猜测性质。我把这些似乎很牵强的推想都写了下来,目的只在指出这里有很多问题是值得研究的。

八、后记

以上七篇对于贵州兄弟民族情况的介绍是我从贵州访问归来后写成的,3月中旬起,拉拉牵牵,断断续续的写到6月中旬止。如果没有《新观察》的编者按时的催稿,连这几篇也不一定能写成。在我著作生活中,这几篇是写得最仓促,也是最不畅达了,为的是经常被其他工作打断,没有一篇是一气写成的。这是件很苦的事。

但是另一方面,这几篇得到朋友们的帮助却最多。首先,大部分材料是从访问团同志们那里得来的,写成了又经常得到许多同志的批评和指正。在编辑这本小册时又有许多同志替我画图和整理照片。如果要分别举出姓名来道谢,就得把访问团第三分团全体的名单印出来了。这本小册其实是由我执笔的集体创作，只是因为其中有许多意见，尤其是有关历史部分，是我个人的，而且恐怕还是有问题的，所以应当由我个人来负责。

这七篇只是我原定计划中的前一部分，接着我本来打算再分开专题如政权建设、贸易、教育、文艺等来谈谈在贵州所见到的若干有关兄弟民族政治、经济、文教建设的问题。但是刚写完这七篇，又准备去中南继续访问工作，只能停笔，先把这一部分编出来，其他的留下等将来再说。

这七篇曾在《新观察》连续发表过，但是有不少错字，有些是原稿上就错的，也有些是排错的。还有一些地方，发表后我觉得应当修正的。在编辑时都曾校订了一遍。

由于我实在没有足够时间充分考核材料和考虑问题，这七篇中难免会有错误。我诚恳的希望读者，特别是兄弟民族的读者，多多批评，使我们对贵州兄弟民族的情况能有更正确的了解。

我参加访问团八个月的工作是十分愉快的，不但和贵州兄弟民族同胞们结下了深厚的友谊，和贵州各地工作同志们间也树下了不会遗忘的亲密感情。至于访问团的同志们，我们已成了手足一般，只要一想起他们，就会使我奋发，使我对工作更有信心和勇气。让我把这本小册献给他们，作为半年多共同工作的纪念。

1951年6月16日于中央民族学院

原载《新观察》1951年第6—12期，后由生活·读书·新知三联书店于1951年11月结集出版。

关于广西壮族历史的初步推考

广西有一种人自称为土人，或本地人，分布很广，除了东南角靠近广东的10多个县外，没有一个县没有土人。从桂林到南宁的铁路线以西，土人在乡村中占主要地位，百色专区境内，土人占人口总数80%左右。以广西全省说约有600万土人，占全省人口1/3。他们说土话，土话是广西通行的语言之一，在西部是民间的主要语言。会说土话的并不只土人，许多被称为客人的外来汉人也学会了这种话。土话又称壮语，依语言学的分类，和汉语同属汉藏语系，但是并不属于同一语族。壮语是黔台语族台语支中的一个分支。这是说壮语并不是汉语的一个方言，在文法结构及发音上都有相当重要的区别。说土话的土人中有部分承认是壮人，如桂北地区，特别是边地，如龙胜、三江一带和苗、瑶、侗杂居同被视作少数民族的地区。在土人占多数，社会地位较高，又有苗、瑶等人杂居地区，土人不承认自己和苗、瑶同属少数民族，而认为是"说壮语的汉人"。

广西的土人用他们的土话自称"布越伊"（Puyuei）或"布依"（Pu-yi）。"布"在壮语中是"人"的意思，布越伊即越伊人。他们又有若干支系：柳州一带自称"布壮"，龙胜一带自称"布叶伊"（亦称浑叶伊 hun-yiei），百色专区都安一带自称"布依"，田阳一带自称"布纳"，西隆一带自称"布友伊"。

这些自称"布越伊"的人虽则有一部分自己说是汉人，但是和外面去的汉人是承认有区别的；外面去的汉人称作客人或客家。因之，事实上我们可以认为布越伊是一个民族集团，至于最好用什么名称，还是问题。因为他们所说的话，一般常称作壮话，所以我们在此姑称为壮族。

壮族是中国南方的一个人数较多的少数民族，但关于这个民族的历史却知道得不多。我想提出一些材料和意见，希望对民族史有研究的同志们能多给我们些帮助，使我们对这个民族有更进一步的了解。

一

壮族自称"越伊"人，使我们联想到古代东南沿海的"于越"人。广西的壮族可能就是这古代民族余留到现在的一部分。

自称"于越"的民族，在有历史记载之前已经定居于东南沿海一带；最北到达浙江。"越在蛮夷，少康之后，地远国小。春秋之初，未通上国。国史既微，略无世系，故纪年称为于粤子。"① 据当时的传说："禹周行天下，还归大越，登茅山，以朝四方群臣，封有功，爵有得，崩而葬焉。至少康，恐禹迹宗庙祭祀之绝，乃封其庶子于越，号曰无余。"② "少康其少子号曰于越，越国之称始此。"③ "无余都会稽山南故越城是也。"④《竹书纪年》所称"于粤子"是指一种人，民族的名称。《吴越春秋》所称"于越"是指地名，传说中禹所葬的地方，茅山，据裴骃《集解》："禹冢在山阴县会稽山上，会稽山本名苗山。"⑤ 会稽在今浙江北部。《会稽记》所称"於越"是该民族的始祖名。合起来说明浙江北部在当时住着一种於越人。古书上，越和粤一直是通用的，因为都是用汉字来记音，当时为了要更近于该民族自己的发音，所以还带一"於"音。"於越"和"越伊"发音是很相近的。

到纪元前5世纪末，这个民族的势力渐长，和他们北面的汉族发生战争，纪元前4世纪初，在勾践的领导下战胜了吴国，自己称王，他们的势力一直达到淮河流域。"当是时，越兵横行于江淮东，诸侯毕贺，号称霸王。"⑥ 大约有200年，被楚国所击败。"越以此散，诸族子孙争立，或为王，或为君，滨于江南海上。服朝於楚，后七世至闽君摇，佐诸侯平秦。汉高祖复以摇为越王，以奉越后。东越闽君皆其后也。"

秦末汉初，纪元前二三世纪，越族分布在今浙江、江西、福建、广东、广西和安南一带。在地理上，这地带是在南岭山脉之南和之东。南岭山脉西起四川、云南交界处，东经贵州，又沿湖南、江西南境，复东北延至绍兴、宁波一带，划分长江和粤江两大流域。川岳连绵，交通阻隔，汉族兵力是在纪元前

---

①②③④⑤⑥ 见《史记》。

200多年时才开始越过这山脉。秦始皇"又使尉佗逾五岭攻百越"①。汉初，五岭山脉以北，今湖南、江西，当时长沙国境内还是"其半蛮夷"②。这个山脉，在江西和广东交界处称大庾，最西称越岭，都可能是以当时居住的族名来称呼的。其中的都庞，据郦道元注，作"部龙"③，与现今"布依"音近，可能亦有联系。

五岭之东南几全系越地：福建一带是闽粤和东粤。"闽粤王无诸及粤东海王摇，其先皆粤王勾践之后也。秦并天下废为君长，以其地为闽中郡（前221年），及诸侯畔秦，无诸、摇率粤归番阳令吴芮，所谓番君者也。"——"番"音Pu指越族言，可能与今称"布"有关——"无诸、摇帅粤人佐汉……五年复立无诸为闽粤王，王闽中故地……孝惠三年……立摇为东海王，都东瓯，世号曰东瓯王"。后来闽粤和东瓯战，东瓯求救于汉，"汉兵未至，闽粤引兵去，东粤（粤与瓯通）请举国徙中国，乃悉与众处江淮之间"（约前143年）。闽粤又去打南粤，内部生变，汉立无诸孙繇君丑为粤繇王。纪元前110年汉又发兵，把东粤和闽粤的人"徙处江淮之间，东粤地遂虚"。④

广东的越族在秦末汉初，在汉人赵佗的领导下建立了南粤国，纪元前195年汉朝承认了这一事实。那时南粤的都城称番禺（亦有以此普称该地区）。"颜师古注：番音普安反，禺音隅。"⑤Pu-yu和壮族自称相同。其地称越。南粤之西是西瓯，"颜师古注：西瓯即骆越也。宋祁注：瓯於口反，骆越种也"⑥。当在广西越南一带，和福建的东粤都称瓯，地隔几千里而自称相同。这许多同属越族的部落被总称为百粤。"百"可能亦系译音，是Pu-yueh。百粤之地一直要包括现在广西百色专区的田阳。"田州古百粤地。"⑦ 广西在汉代即置郁林郡，左江亦称郁江，也就是现在壮族聚居的中心区。现在的南宁旧称邕。郁和邕的音均与"越"、"伊"相近。

纪元前1世纪汉灭南粤，广西越族的苍梧王跟着降了汉，越南的瓯骆40余万人也降了，到此，越族在政治上受到了汉族封建帝王的统治。但是越族人

---

① 见《史记》。
② 《前汉书》，第95卷。
③ 《水经注》，第39卷。
④⑤⑥ 《汉书》，第95卷。
⑦ 《明史》，第318卷。

口较多的地方,汉族封建统治势力压迫下,反抗不断发生。后汉初年,交趾越族在征氏姊妹的领导下,占领了岭外 60 余城,公元 43 年汉光武遣马援远征,越族失败,"援所过辄为郡县治城郭,寰渠灌溉,以利其民。条奏越律与汉律驳者十余事。与越人申明旧制以约束之。自后骆越奉行马将军故事"①。可见该地人民还称越族。

汉以后,在中国境内,官方已经很少把越族看成"蛮夷"。《唐书》所载"南蛮"列传中川、黔、桂一带主要是"獠"。但在西南有一个称附国的是汉西南夷的后代,其东部有嘉良夷,其南有簿缘夷。②簿缘夷与现在壮族自称相同。在桂西有一种被称为"西原蛮"的,他们分黄、韦、周、侬等姓。这几个姓到现在还是壮族的大姓。这几姓在 8 世纪中曾称王,合起来有 20 万人,占地数千里。③到宋代,郁江上游的"广源州蛮"侬智高在 11 世纪建立南天国,曾从广西出击,一直到广州,宋派狄青出征,侬氏败,走大理国。现在广西西部靠近云南地区的壮人自称"布侬",系"布伊"的一支。云南西部和广西龙川一带有侬人,自称侬智高之后。

壮人这个名称在正史上要到《元史》才见,但是宋代笔记中已有,如,范成大《桂海虞衡志》:"庆远南丹溪洞之人呼曰獞。"朱辅《溪蛮丛笑》:"五溪蛮皆槃瓠种也。聚落区分,名亦随异。今有五:曰苗、曰瑶、曰獠、曰獞、曰犵狫,风声习气,大抵相似。"《元史》称"撞"。《兵志》:"广西两江道宣慰司都元帅撞兵屯田。成宗大德二年(1298 年)黄圣许叛,逃之交趾,遗弃水田五百四十五顷七亩,部民有吕瑛者,言募牧、兰等处及融、庆溪洞徭撞民丁于上浪、忠州诸处,开屯耕种。"④《林兴祖传》:"至正八年(1348 年)特旨迁为道州路总管,行至城外,撞贼已迫其后,相去仅二十里。"⑤这样看来,"撞人"是在湖南南部和广西北部。广西南部的土人不包括在"撞人"中,如势力较大的韦氏,即称韦番。推想当时自称"布越伊"的人还没有统一的汉名,而根据他们所接受的汉姓或支派的自称来分别称呼。我们现在调查柳州一带的土人自称

---

① 《后汉书》,第 54 卷。
② 《唐书》,第 222 卷下。
③ 《唐书》,第 222 卷下。
④ 《元史》,第 100 卷。
⑤ 《元史》,第 192 卷。

"布壮",当时的"撞",可能就是指这种人。但是到了明代,"獞"和"猺"并举为广西民族的总称了;如《明史·广西土司列传》一开始就说:"广西猺、獞居多。盘万岭之中,当三江之险,六十三山倚为巢穴,三十六源踞其腹心。其散布于桂林、柳州、庆远、平乐诸郡县者,所在蔓衍;而田州、泗城之属尤称强悍,种类滋繁,莫可枚举。蛮势之众,与滇为埒。"① 在当时的记载中,"洞"和"獞"常常混同不分的,主要是黄、韦、覃、岑等姓。这些姓还是现在广西土人中的大姓。

我们在这里所抄录的史料并不是全面的,但是已足够说明现在广西自称"布越伊"的人,在这地区已有很长的历史,是当地的土著民族。这民族在2000年前分布地区比现在更广,主要在南岭山脉之南,沿海伸张到浙江北部。在2000多年中,沿海地区的越族没有退走的,已融合在汉民族里面。这个民族和汉民族的关系是很深的,而且是组成现在汉民族的一部分。但是他们中间还有一部分仍旧保持他们民族的语言,而且还用相当于早年自称的族名来称呼自己的民族,虽则也已经有一部分现在自认为是"说壮话的汉族"了。

二

这个民族自称为"布越伊"是什么意义呢?一般广西的壮人已不能答复这问题,我们在龙胜龙脊村工作时,王辅世同志搜集到该地壮族叙述民族来历的酒歌中有两句:

Kung Rin Kung Pu Yiei(一公为壮公)

公　一　公　壮

Yiei Na Kau Pion Nguan(耙田到日中)

耙　田　到　半　日

第一句的 Pu Yiei 是指壮人,第二句的 Yiei 是指耙,一种耕田的农具。两字念起来前者是降调"叶伊",后者是平调"耶伊"。现在壮人虽则不知道"叶伊"的意义,但"叶伊"和"耶伊"音同而调稍异,可能原是一字。歌中尚有 Pu 字在"叶伊"前,而现在该地壮人已自称"Hun Yiei"(可能系受自称 Gum 的侗

---

①《明史·广西土司列传》,第 317 卷。

族的影响）。Pu Yiei 可能是较古的称呼。所以 Pu Yiei 可以译耙人，即是用耙来耕地的人。

我们回到北京，把这个意义报告给很多同志们听。清华大学陈梦家教授根据他考古学的研究在他给我们的信上提出下面的意见：

"承告广西壮族自称为 Yiei，以为是'于越'的对音；又据龙胜县龙脊村壮族叙史酒歌中，'于越'是'耙'地之'耙'。查纪元前3世纪的《竹书纪年》称越王为'於粤子'，纪元前4世纪的《左传》以及较早的《春秋经》称'于越'或'越'。越国所铸的剑（纪元前四五世纪）上的汉文作'戉'。商代铜器中的戉作品等的形状是从石器的囟发展而来的。铜器的戉是兵器，是从农具锄地用的石器变来的。吴越很古以铸剑名，这些民族之用青铜，至迟在春秋之世。"

以上所述，说明石制农器之戉如何变为青铜制兵器之戉，又说明越国之越本应作戉。这样也许可以助证壮族自称的"於越伊"与"于越"在古壮歌中的"耙"义相联系。我们还需寻找其它的例证来证明壮族与越族的关系。这种假定建立在一个尚不很确定的基础上，即是我国东南沿海（包括江、浙、闽、粤、桂一带）当新石器时代，曾经有一种土著民族。这种民族就其汉化了的一部而言，就是历史上的越族，就其在现在尚保持其民族特点者而言，或许即是今日的壮族。

龙胜壮族称耙为"耶伊"，从而推测壮族自称"布叶伊"是指用耙耕田的人。这种推测并不只是因为声音相同，而且是合于他们的经济特点，因为壮族一般都是以水稻为主要作物的。他们傍水而居，有些地方因之称他们作"水户"，原因是在他们种水稻。就是靠山很近的壮族，也并不上坡去发展杂粮，除非实在不得已才经营旱地。这个特点可以用来区别于苗、瑶。不但广西的壮族具此特点，和壮族属于同一语系的贵州仲家和云南傣（僰）族也是如此。更使我们觉得有意义的是云南傣族自称 Tai，而 Tai 的意义也是"犁"[1]，和龙胜壮族自称"耶伊"相同。我们因此想到，"壮"、"仲"等音可能从"种"音得来的。

水稻起源地一般认为是东南亚，但是究系哪个民族的发明，还没有定论。我们且不说越族有可能是水稻发明者。但是在我们中国说，早年越族所居住的地区也正是我们很早就种植水稻的地区。《越绝书》："摇城，稻田三百顷，在

---

[1] 江应梁：《摆彝的生活文化》，第266页。

邑东南，肥饶水绝。"①《史记》所引《地理志》：会稽山"上有禹井、禹祠，相传以为下有群鸟耘田者也。"②所指耘田者是否系水稻固不敢断言，但是种植水稻的民族，对于水的需要一定特别大；历史上把越族称作禹之后，很可能是说禹是这个民族所崇拜的神话人物。会稽山上还有象征着这"水利之神"的坟和祠堂。

另一个可能发明或在中国传播水稻的民族是苗族。但是我们在贵州曾得到一些材料说明，进入贵州的一部分苗族早年并不知道种水田的。炉山的苗族还记得一种传说，当他们到这个地方时，这地方住着木佬（佬系僚，亦属台语系民族），苗族把木佬赶走后，不会种田，没有办法，不得不用了70个苗人去换7个木佬来教他们种田。直到现在种稻时一定要等木佬下了种，苗人才下种。另外有一个村子请来了两家木佬，每家苗人都要出谷子给他们，指导大家种水稻，解放之后还是这样。这些材料固然并不能概括一切苗族，但也是值得注意的事实。现在苗族在贵州和广西虽则也种水稻，但大都是以种杂粮为主，因为他们大都住在山地。

三

从语言方面来看，这个问题也有一些材料表示现在的壮族和曾经居住在东南沿海一带的古代居民是有渊源的（以下所引的主要根据罗常培先生在中央民族事务委员会所做《关于国内各民族语言问题的报告》）。

壮语是汉藏语系黔台语族（以前称侗台语族）台族支的一个分支。这个分支中包括广西的壮族，贵州的仲家以及仡佬、土佬、木佬等，云南南部的沙人，广东海南岛北部几县的黎族。这种语言的特征之一是有声调，而且匹声各依声母的清浊分阴阳，成为八声。汉语的趋向是浊音的清音化，但吴语和湘语还保持着浊音。壮语的特征之二是元音的长短分做不同的音位。这在汉语中只有粤语有此现象。壮语的特征之三是有韵尾辅音，汉语中只有粤语、闽语有此现象，瑶语亦同。这些事实表示吴、湘、粤、闽的几种汉语方言中还保留着壮语的影响。这影响可能说明在这些早年曾为越族所居住的地区，有一部分越人

①② 见《史记》。

已和汉族融合，但仍部分保留了原来民族的语言特征，特别是发音的习惯。同时也助证了现在的壮族和古代曾居住在东南沿海诸省的越族在语言上是相同的。

四

语言系统相同的人并不一定属于一个民族，同一语系的人可以因历史条件形成不同的民族。但是从语言的同异上也可以追溯到各民族在历史上的关系来。

和广西壮族同属一个语言分支的贵州仲家，自称"布伊"Pu-Yi，和壮族相同，而且壮和仲在发音上差别也很小。比较可靠的史料也说明，仲家是从广西进入贵州的。《贵州通志》："狆家五代时楚王马殷（930年）自邕管迁来。"《明史》："狆贼乃粤西猺獞，流入黔中，自贵阳抵滇，人以三万计，砦以千四百七十计，分即为民，合即为盗。"①在地理分布上，黔仲和桂壮到现在还是连接的。仲家的中心是在贵州的罗甸、册亨、𦂅𦂅，即黔南盘江流域；隔江就是广西的西隆，我们曾去访问过。西隆的土人亦自称"布伊"，风俗习惯大体也相同。贵州仲家和广西壮族一般是傍水靠山而居，过去的地位是在汉族之下，苗、瑶之上，他们的社会经济形态也相同。只是因为交通不便，来往少了，有了不同的汉名，成了两个民族单位。将来交通方便之后，他们很可能会合在一起的。

仡佬、土佬、木佬现在人数都已经很少，散居在湘、黔、桂、滇一带。我在介绍贵州少数民族情况时曾称他们为"少数中的少数"。佬在古书上作"獠"。上面我们已提到，唐史关于"南蛮"的记载多称"獠"。当时僚族分布在川、黔、桂一带。我曾推测他们是铜鼓的制造者。这种铜鼓分布极广，南方一直到安南。据上面所提到的越国很早就有铸铜的知识，而且以铸剑得名。《后汉书·马援传》记着他远征交趾时："得骆越铜鼓，乃铸为马式。"又引《广州记》，"援到交趾，立铜柱为汉之极界也。"他搜集了越兵的武器来铸成铜柱。僚和越是有联系的。《新唐书·褚遂良传》："帝大怒，命引去。武氏从幄后呼曰：'何不扑杀此獠！'"②遂良是杭州钱塘人，而称他为"獠"，可能当时是可以用"獠"

---

① 《明史·张鹤鸣传》，第257卷。
② 《新唐书·褚遂良传》，第105卷。

来称"越"的。

　　台语支除壮语外，还有一个分支是台语。大部分在国境以外：阿含语曾流行于阿萨密，现在已将消灭；坎地和掸语（㑌语或摆彝语）流行于缅甸和云南西部；暹语和牢语流行于泰国和越南；吕语流行于云南南部；泰、侬、土等语流行于越南、广西南部和云南南部。这个系统的民族是中南亚的主要居民。我们在西南滇、桂国境上住着的也大多是这个语系的民族。广西龙州区的侬人、偏人，云南的傣人和㑌人都自称 Tai。他们也都是种植水稻的民族。在地理分布上看得出一个形势，就是他们环绕着云南的东、西、南三个方面，形成一个大的凹字。这凹字中间的缺口住着彝语系民族，其分布从西康往南一直到达云南和越南的边境。这个系统的民族曾经在隋唐时建立过相当强大的南诏国。他西北面挡住了藏语系民族，东面挡住了壮语系民族。但在西部与南部却被台语系民族所挡住了。

　　和壮语同属黔台语族的黔水语支包括湘、桂、黔接界处的侗族和贵州南部的水家、莫家、㐲僙等。水家自称"布水"，和壮族可能是很近的，因为在贵州、广西都有一部分仲、壮族被称为水户。侗族人数较多，三省合起来要在50万以上，这个民族就住在这三省接界处，并没有散居到其他地方去。在史书上称"洞"，常和僮相通用或联用。侗自称 Gum，Gum 在壮语中是"江"的意思。黔字古音就是 Gum，广东人还有这样读法。贵州称黔，广西的左江也称过黔江，现在还有黔江。他们可能是古代越族的一支，早先就住在黔南、桂北和湘西一带。但是为什么称"洞"呢？"洞"并不是普通的山洞，而是围在四面山峰中的一片较平的地，比一般所谓"盆地"要小一些，写作"峒"字比较恰当。这种地形在湘、桂、黔边区最普通，所以很可能是指住在这种山峒一带的人。这一带是森林地带，著名的榕江就在这地区里。侗族社会经济形态和壮族相似，也是傍水靠山而居，除种水稻外就以水运为生，特别是以放木排为专长。他们文化颇高，尤其是建筑很发达，有宫殿式的桥梁和鼓楼。

　　最后可以讲一讲史书上常和壮相并提的瑶。瑶在语言上是属苗瑶语族，同属汉藏语系。瑶族的问题比较复杂，因为同称为瑶的许多部族，在语言、风俗习惯上可以有很多的差别。有些说着和汉族古语相似的语言，也有说着和壮语相似的语言。这是由于瑶族很分散，大多居住在高山上，四围都是其他民族，而且他们的传说中都记载着长期的流动、迁移，所以受到其他民族的影响很深。另一方面汉人对于很多住在粤、湘、桂一带山顶上的少数民族，不加辨别统称为瑶，于是被称为瑶族的人中间很可能有着原来不同的民族成分了。由于苗族与瑶族语言相近，一般可认为他们之间的关系比较密切。苗族与瑶族在现在分布上表现不同的情况是：苗族还有比较大的聚居区，一在湘黔边境，一在贵州东南雷公山区。在这两个聚居区内，有着比较肥沃的水田，生活水平较高。瑶族分散在湘南、粤北和广西各地，一般都住高山，最大的聚居区不过两三万人，而且区内也常被高山分割，往来不便。他们以种杂粮为主，生活最苦。

苗、瑶的历史我们知道得很少。在上面叙述古代越族的历史时，有几处接触到了苗、瑶。古代传说中的会稽山原名苗山，又作茅山。这个传说可能是指越族曾和苗族在这一带冲突过，越族得胜了，改变苗山的名称来纪念这战功，而把这战功记在他们民族传说中的英雄禹的身上。如果这个推测是事实，则当时苗族已在长江下游，被越族挡住了他们东向的路线。

另外值得我们注意的是"闽越"这个名称。闽古音是门，man。苗族至今自称为 mon。粤东海王摇称东瓯，而现在的瑶族自称 Yiu，似乎又相近。汉立粤䍧王，䍧音摇。这些和瑶族是否有关是值得推考的。苗族与瑶族在早期可能是相同的。但是后来迁移路线不同，经过长期的分隔各自不同了。瑶族西移的路线大概是依南岭山脉，因为走的是山路，所以人口比较分散，力量单薄，不能把当地原有的民族赶走。只能在山上开荒，因此得到过山瑶的名称。而另一方面。苗族西走的路线是经过比较肥沃的地区，从湖南进入贵州，使他们还能保持比较大的集团，而且有足够力量把原在黔东南的僚族赶走，而占据其地。

瑶族和古代的越族及近代的壮族一直靠得很近。越族和壮族大体上在南岭山脉之南，南岭山脉正是瑶族的地区，所以他们常相接触，瑶壮因之常常并提。

1951 年 12 月 12 日

原载《新建设》1952 年第 1 期。

自由平等的民族大家庭的大宪章

自从中华人民共和国成立以来，我国各民族已经团结成为一个自由平等的民族大家庭。这是中国人民在中国共产党领导下所取得的人民革命的成果之一，也是实现国家在过渡时期的总任务的重要条件之一。我们的宪法草案正确地总结了我们国家在民族关系上所获得的胜利，巩固了这些成果，将使我国各民族的团结，继续加强，牢不可破。

我们的国家是一个多民族的国家，在我们国家的领土上居住着几十个民族的人民。各民族的人民在悠久的历史时代中，共同创造了我们伟大祖国的文化；更在协力同心抵抗共同敌人的事业里，密切联系成为不可分离的部分，在很长的时期里，构成了我们这个统一的国家。

也就在这个很长的历史时间中，封建帝王以及最后的国民党反动派，执行民族压迫政策；特别是从帝国主义侵略中国以来，各少数民族所受到的剥削和压迫，更是残酷。反动统治阶级又在各民族间进行挑拨离间，宣传大民族主义并助长地方民族主义，以致过去各民族的关系是恶劣的，地位是不平等的。

人民革命的胜利根本改变了民族关系，结束了民族压迫制度，进入了民族平等的时代。为什么民族关系会发生这种根本变化呢？那是因为人民民主国家是以工人阶级为领导的，工人阶级是根本反对一切奴役制而忠实于实现国际主义思想的；那是因为人民民主国家的一切权力是属于人民的，各民族人民都是国家的主人。

消灭了民族压迫制度的国家里，各民族是一律平等的，没有优劣，不分高下，每个民族的地位都是一样的。这许多地位平等的民族是在友爱互助，反对共同敌人的基础上建立起了真正兄弟般合作的关系，自愿地团结成为一个统一的国家。这种国家的坚固性，正如斯大林所指出的，是世界上任何一洲的任何一个单民族国家都比不上的。

在我们这个统一的国家之内的许多民族,不但是平等的,而且是自由的。各民族都有他们的语言文字,风俗习惯,宗教信仰。由于历史的原因,在政治、经济、文化各方面各民族都有他们的特点。在各民族发展过程中,各民族人民都有运用他们喜闻乐见的民族形式的自由,各民族人民也都有决定他们向社会主义社会前进的具体步骤的自由。各民族人民对于建立繁荣幸福的社会的愿望是一样的,在实现这个意愿的过程中,一方面是需要各民族人民间的友爱互助,另一方面也必须尊重各民族人民自己的意志,决不能由其他民族加以强制或代替。这样,这个民族大家庭对于每一个民族都是温暖的,缺不得的,离不开的。自由平等的民族关系保证了多民族国家的统一。

民族区域自治是在统一的多民族国家中体现自由平等的民族关系的政策,也就是中国共产党运用马克思列宁主义解决我国民族问题的基本政策。我们建国以来,少数民族聚居的地方陆续实行区域自治,取得了辉煌的成绩,受到广大少数民族人民的热烈拥护。现在宪法草案中,不但规定了各少数民族聚居的地方实行区域自治的原则,而且在国家机构一章中有民族自治地方的自治机关的专节,把几年来民族区域自治实施的经验肯定了下来。

民族自治地方的少数民族人民享受着一定的自治权,使他们能按照他们民族的政治、经济和文化特点来决定他们民族内部的事情。但同时,国家对于各少数民族还要帮助他们发展政治、经济、文化的建设事业。这样保证了少数民族的平等权利不受侵犯,同时也保证了少数民族可以得到国家的帮助,迅速地发展起来,跻于先进民族的行列。

不在民族自治地方之内生活的少数民族人民,不论是聚居的、杂居的、散居的,他们的平等权利将同样受到宪法的保障。宪法草案在地方各级人民代表大会的职权中有保障少数民族的平等权利的规定;在各民族公民进行诉讼时有用本民族语言文字的权利的规定;在公民的选举权中有不分民族的规定。而且,中华人民共和国公民在法律上一律平等的基本原则也就是民族平等权利的最基本的保障。

我们的宪法草案是为建设社会主义而奋斗的过渡时期的宪法。它将保证我们各民族都要逐步地先后通过和平的道路建设成为社会主义民族,也就是繁荣幸福的民族。各民族发展是不平衡的,现在他们的社会性质还有一定的区别,我们的宪法草案充分注意到各民族发展的特点,作出了最妥善的规定,保证了民族团结和民族发展,使各民族人民都欢欣鼓舞地迎接我们共同的光明灿烂的前途。

我们的宪法草案,在伟大的苏联的榜样下,贯彻了民族平等互助的精神,这是马克思列宁主义关于民族问题理论的胜利,这是中国共产党、毛主席的民族政策的胜利。让我们为自由平等的民族大家庭牢不可破的团结而欢呼;让我们为保证贯彻宪法草案所指示的精神而努力。

1954 年 7 月 2 日

中华人民共和国宪法草案保障了各民族发展自己的语言文字的自由

在我们中华人民共和国这个自由平等的民族大家庭里，各族都有发展自己的语言文字的自由。这是民族平等的具体表现。当我们新中国成立的时候，就把这个原则规定在共同纲领里，现在又在宪法草案中加以肯定了。

各民族发展自己的语言文字的自由，只有在社会主义和人民民主主义的国家才能实现。在封建阶级和资产阶级统治的国家中，被压迫的民族是享受不到这种自由的。封建阶级和资产阶级是大民族主义者，为了便于他们的统治和剥削，他们不愿其他民族的人民说本民族的话，用本民族的文字，而要采取各种方法强制其他民族的人民使用统治阶级所习惯的民族语言文字。这就是他们所执行的同化政策。当然，这种违反人民利益和志愿的政策是很少能贯彻的。不但中国的历史上是如此，数千年大民族主义的同化政策并没有把被统治的民族的语言消灭掉，世界上其他国家的情况也是如此，土耳其的同化主义者，曾在几百年中努力伤害、破坏和消灭巴尔干各族人民的语言，可是巴尔干各族人民的语言还是坚持下来和活下来了。同化主义者这种民族压迫政策对各被压迫民族语言文字的损害却是很严重的。他们剥夺了这些民族发展语言文字的条件，比如禁止这些民族在公开场合下使用自己民族的文字。结果常常使没有文字的民族丧失了创造文字的条件，甚至可以使已经有了简单文字的民族，丧失原有的文字，或是只能在和实际生活较远的范围中，如符箓、经典等，保留原有简单的文字。语言文字发展的自由是被剥夺了。

被剥夺了发展语言文字自由的民族，生活各方面的发展都受到了限制。语言是人们在社会中交际的工具，是为全社会服务的。斯大林这样清楚明确的指示我们说："语言之替社会服务，乃是作为人们交际的工具，作为社会中交流思想的工具，作为使人们相互了解并使人们在其一切活动范围中调整其共同工作的工具，这一切活动范围包括生产的领域，也包括经济关系的领域，包括政治的领域，也包括文化的领域，包括社会生活，也包括日常生活。"这样重要的交际工具一旦受到限制，必然影响到生活的各方面。因此剥夺一个民族发展他们自己语言文字的自由是一项极残酷的民族压迫政策。

剥削阶级的统治被打倒，民族压迫制度被消灭，各民族人民在国际主义的工人阶级领导下，掌握了国家权力，无疑的，大民族主义的同化政策将永远被埋葬，被唾弃了。各民族发展自己的语言文字的自由得到了保障。我们在共同纲领，在宪法草案中把这个人民革命的成果巩固了起来，确实是各民族人民的共同愿望。

当我们为各民族人民获得自由平等而欢呼的时候，也不容我们忽视过去长期民族压迫所造下的事实，就是我们国内很多少数民族至今还没有文字或者还没有通用的文字。不但如此，许多少数民族由于长期缺乏本民族的政治经济的中心，统一的民族语言缺乏发展的条件，至今还是方言分歧。依不完全的估计，全国少数民族人口约 4000 万人，而还没有文字或没有通用文字的民族人口约有 1800 万到 2400 万人。这些没有文字或没有通用文字的人又有很多不同的语言和方言。

对于现在还没有文字或是虽有文字而这些文字还不通用的民族，要享受发展语言文字的自由，最基本的条件还得创造，就是必须先创立文字，才能谈得到发展。

社会主义和人民民主主义的国家，决不会满足于空谈民族平等的权利的，宪法中所规定的权利是要认真的创造物质条件，使人民真正地能享受到这些权利的。我们的宪法草案已充分表现了这种精神。宪法草案中既规定了各民族都有发展自己的语言文字的自由，必然要创造具体条件来使各民族人民能享受这种自由的权利：对于没有文字的民族首先是要创立文字。

我们的党和政府很早就提出帮助没有文字的民族创立文字的问题，并且确定了向这方面进行工作的方针和任务。1951 年 2 月中央人民政府政务院关于民族事务的几项决定中曾规定："帮助尚无文字的民族创立文字，帮助文字不完备的民族逐渐充实其文字。"同年 11 月政务院文化教育委员会成立了少数民族语言文字研究指导委员会。这个委员会的任务就是："指导并组织有关机关、团体及个人进行少数民族语文的调查、研究及文字的创制、改革和充实等工作。"同年12月李维汉主任委员在中央民族事务委员会扩大会议上报告说:"有一个迫切的问题,即帮助尚无文字而有独立语言的民族创造文字的问题,希望同志们提出意见,供中央考虑此项问题的参考。"

在党和政府的号召和支持下,各方面对于帮助没有文字的民族创立文字的工作,开始准备和尝试,而且在过去几年中已经取得了一定成绩。比如中国科学院语言研究所对各少数民族语言情况已进行了广泛的调查,又协助了西康彝族试行推广拼音文字;又比如中央民族学院在中国科学院语言研究所协助下,编出了用记音符号拼音的40多种少数民族语文课本,其中有30多种已经用来教学,有400多大学程度的学生在学习各种少数民族语文,培养他们将来可以参加各民族文化建设的工作。各民族人士也有自动地研究自己的语言,提出了创立文字的方案的。这项工作,我们已有基础,可以向前更迈进一步了。今年5月20日政务院批准了"中央人民政府政务院文化教育委员会民族语言文字研究指导委员会及中央人民政府民族事务委员会关于帮助尚无文字的民族创立文字问题的报告",并责成中国科学院语言研究所等单位审慎研究,然后拟订计划和订出在一两个民族中创立文字的具体方案,先行试办,并继续了解情况,及时总结经验,在事实证明这些办法确实可行,而且其他条件也比较成熟时,逐渐地在别的民族中进行。这个决定的公布已经获得了广大少数民族人民的热烈拥护。

帮助各民族发展语言文字的政策,没有疑问的,是完全正确的。但是由于过去大民族主义的残余影响,还有一部分人对这个政策,在思想上存在着或多或少的怀疑。他们认为现在还没有文字的少数民族不必再去创立和自己语言相适应的文字了,学会了汉文就解决了文字问题,而且通过汉文可以更方便的接受进步的知识。他们认为少数民族语言简单,如果根据他们的语言创立文字,反而阻碍他们接受进步的知识。这些主张的动机固然不是要压迫少数民族,和过去大民族主义有一定的区别,但是实际上还是在阻碍少数民族享受发展自己语言文字的自由。

首先我们应当认识绝大多数的少数民族所有的语言是和汉语不同的,而且语言是有巨大的稳固性和对强迫同化的极大的抵抗性。如果我们不帮助还没有文字的民族创立和他们语言相适应的文字,就等于要求这民族的人民必须学会别一个民族的语言才能得到使用文字的工具,这样使这个民族在发展他们文化和其他生活过程中,处于不平等的地位,而且增加了事实上的困难。我们过去的历史已经充分证明了这一个事实。我们不否认的确有一部分少数民族的人学会汉语汉文,而且能很纯熟的掌握这个工具,甚至通过汉文表现了他们艺术的才能。但是这是少数。这少数人在获得文字工具上付出了很高的代价,而且他们用汉文所创造的文化成品并不能成为自己民族的人民的公共财富,因为他自己民族的大多数人是不懂得他所写出的文字的。至于大多数的少数民族人民大众,由于没有自己的文字,就埋没在文盲的汪洋大海中。解放后,少数民族在政治上翻了身,经济上有了改善,文化要求日益高涨,没有文字的民族的人民大众切身感受到没有文字的痛苦了。广西的壮族儿童,在学校里念书,只有汉文课本,老师要用壮语来教汉文,而壮语的文法结构和基本词汇和汉语是不同的。孩子们在小学中,不但要多费两年才能达到汉人的小学程度,而且很多用汉字写出来的句子,汉人很难领会。更痛苦的是这些地方的瑶族学生,他们在小学里是听老师用壮语教汉文。试问能有多少具有语言天才的儿童能在这种条件下掌握文字的工具?

那些主张少数民族人民大众普遍学会汉语再有权利掌握文字工具的人,不论他们用心如何,实际上是要用汉语的语言代替其他民族的语言,那是不合民族平等的原则的,也是做不到的。为了少数民族人民学习进步知识的方便,决不是要求每个少数民族的人民学习汉文,而是创立和他们语言相适应的文字,通过他们的文字把进步的知识介绍给他们。

有些人把创立文字看成一件极困难的事,那是由于他们一想到文字就想到汉族的方块字。要像汉字一般创立各民族的方块字的确是很困难的。但是我们的语言科学已经发展到这样的程度,可以把一种语言分析出若干基本的音和调,再用符号来表示这种音和调,这些记音的符号连串起来就可以拼出不同的字和词。新的拼音文字的创立并不是十分困难的了。一个会说这种语言的人,学会了这些用符号拼写出来的文字就可以把口语写出来。一般说,这是几个月的时间内就可以学会的本领。因此,把创立文字看做极困难的事是不符合事实的。

当然,创立一个民族的拼音文字也不是很简单的。主要的困难还不是在分析音调,而是在一个还没有形成民族语言的民族中,方言分歧,选择哪一种方言来拼音作为这种民族的文字却需要深入的调查研究。比如在中央民族学院里14种民族的语言已经有了30多种课本。把创立文字看成极简单的事也是不符合事实的。政务院作出审慎研究的方针是完全正确的。

有些人认为少数民族学会汉文对他们接受进步知识有方便，这对于一个一个人说是对的。少数民族创立自己的文字和学汉文这两件事并不是矛盾的。少数民族的人民自己愿意学习汉文，我们不但不反对，而且要给他们帮助。但是这并不能成为不必创立少数民族自己的文字的理由。如果不创立少数民族自己的文字，那就等于强制少数民族学司汉文了；也就是剥夺了少数民族发展自己语言文字的自由。少数民族有了自己的文字再学习汉文，汉文不但不代替他们的文字，而且可以帮助他们自己文字的发展。

有些人认为最后少数民族语言文字是会消灭的，所以不如早些接受汉族的语言文字。这种想法是错误的。斯大林已经做出科学的结论，他指示我们："社会主义在世界范围内胜利以后的时代里，世界帝国主义将不复存在，剥削阶级将被推翻，对民族和殖民地的压迫将被消灭，民族的孤立和互不信任将被民族的互相信任和接近所代替，民族权利的平等将被实现，压制和同化语言的政策将被取消，各民族间的合作将建立，而各民族的语言将有在合作方式下互相丰富起来的可能。不用说，在这些条件下根本就谈不到一些语言的被压制和失败与另一些语言的胜利。在这里我们将遇到的不是两种语言——其中一种遭受失败而另一种成为斗争中的胜利者，而是好几百种民族语言——这些语言由于各个民族在经济、政治和文化方面的长期合作便首先分出最丰富的单一的区域性的语言，然后区域性的语言才融合为一个共同的国际语言，这种语言当然既不会是德语，也不会是俄语，更不会是英语，而是吸收了各民族语言和各区域语言精华的新语言。"从这个科学的结论中得不出我国各少数民族语言会被汉语所代替的结论，相反的，只有各民族自由地发展自己的语言文字，坚决的消灭压制和同化语言的政策，才会出现各民族共同的语言。

反对或怀疑帮助尚无文字的民族创立文字的政策是没有任何站得住的理由的。

我们也必须承认，我国少数民族语言文字的情况是复杂的，因此，在实施创立文字的政策时，必须结合具体情况。有些民族比较聚居，而且已经有占据绝对优势的方言，他们可以按这种方言创立文字。也有些民族分布在不同的地区，而且方言分歧，那就需要先试用一定的记音符号记录他们不同的方言，然后根据他们语言发展情况，创立一种或几种文字。有些不同的民族，语言上是基本相同的，他们可以先制定一种文字，如果其他语言相同的民族采用这种文字有方便，就可以不必另行制定文字；如果不方便，还是可以另制文字。有些民族大多数人已经熟悉另一个已经有文字的民族的语言，又没有另造文字的要求，就可以使用这一个民族的文字，不必另造文字。有些民族人口过少，虽则有自己的语言，自愿使用另一民族的语言文字，也可以不另造文字。这许多不同的具体情况，在各民族自愿的基础上，采取不同的方法来解决文字问题是切合实际的办法。

帮助没有文字的民族创立文字只是实现各民族发展自己的语言文字的自由的一项基本措施。有语言文字的民族还要逐步发展起来，丰富他们的词汇，并使用他们的语言文字来进行文化教育工作。

在我们国家，各民族使用自己语言文字的自由是有保障的。1951年11月全国民族教育会议上，教育部马叙伦部长报告说："关于少数民族教育中的语文问题，会议规定凡有现行通用文字的民族如蒙古、朝鲜、藏族、维吾尔、哈萨克等，小学和中学的各科课程必须用本民族语文教学。有独立语言而尚无文字或文字尚不完全的民族，一面着手创立文字和改革文字；一面得按自愿原则，采用汉族语文或本民族所习用的语文进行教学。"1952年8月中央人民政府颁布的《中华人民共和国民族区域自治实施纲要》，更用立法手续肯定了这个原则。各民族自治区的自治机关采用自治区内通行的民族文字为行使职权的主要工具，而且要采用各民族自己的语言文字来发展各民族的文化教育事业。1952年2月政务院《关于地方民族民主联合政府实施办法的决定》规定了：各民族代表在人民代表会议及人民代表会议的协商委员会或常务委员会上，有使用本民族语言文字的权利，各级人民政府行使职权时，应尽可能使用当地各民族的文字。同月，政务院《关于保障一切散居的少数民族成分享有民族平等权利的决定》又规定：凡散居的少数民族成分，有其本民族语言文字者，得在法庭上以本民族语言文字进行诉辩。宪法草案第七十七条又规定："各民族公民都有用本民族语言文字进行诉讼的权利。"这些都是保障我们国内各民族有使用自己民族语言文字的自由。

我们的党和政府一贯地执行着民族平等的政策，有步骤、有计划地帮助没有文字的民族创立文字,帮助已有文字的民族发展他们的文字,贯彻各民族都有发展自己的语言文字的自由。各少数民族光明幸福的前途是有保障的,那是因为我们的国家是以工人阶级为领导的人民民主国家。如果没有中国共产党的领导,没有人民革命的胜利,这一切都是不可能实现的。我们各民族人民必须珍惜这个革命的成果,尽我们一切力量,遵循宪法草案所规定的道路,来实现民族平等,为实现各民族都有发展自己的语言文字的自由而努力。

1954 年 8 月 21 日

对中国少数民族社会改革的一些体会

我们这一代人,特别是生长在亚洲的这一代人,正经历着人类历史上一次最激烈和最巨大的社会文化变革。旧的在消逝,新的在成长。我们从幼到老,在这亲身经历的变革中,取得我们对人生的体验,对历史的理解。

以我自己来说,出生还不到周岁,中华帝国被中华民国所代替了。在小学里我最初从画报上看到欧战中初次出现的飞机和坦克的相片,其后不久我从兄长们在五四运动中上街游行的小纸旗上,学到了"民主"和"科学"这些新名词。从中学到大学,我的学生时代有哪几年没有以激动的心情,在街头游行,在队伍里高呼口号?又有哪几年没有因军阀的混战、列强的侵略而不能安心学习?但是现在回想起来,在我前40年的岁月中尽管社会这样地动荡,社会文化的变革只是当时广大人民所追求的目标,真正社会文化的深刻变革还是近30年的事。我的前半生所经历的主要是在排除我们中国人民进行社会文化变革的种种内外的阻力,创造新中国诞生的条件。1949年中华人民共和国的成立标志着全中国社会文化根本性的变革的开始。我们祖国大陆,摆脱了半封建半殖民地的旧社会,走上了创建社会主义社会的大道。在这道路上中国人民开始了翻天覆地的大变革,到明年整整30年了。我自己也快进入我们老话中所说的"古稀"的年龄——70岁了。经过近30年的大变革,这个古老的形容词也失去了它的意义。现在的中国,70岁的人不仅不"稀少",而且正在和黑发的青年们比干劲,他们的精神面貌已用不上这"古"字了。但无论怎样,近70年的经历是很宝贵的。人类历史上,有哪一代的祖先曾经获得过像我们这样身历迅猛巨变的机会?

我们在这个急骤变革的世界里,生活上和思想上有时当然不免会感到难于适应,但是这些经历确使我们积累了不少可贵的经验教训,我个人能身历其境实在感到幸运。如果把中国近30年的经验加以科学地总结,我相信,不仅对今后中国本身的改革和建设,而且对其他国家和民族的改革和建设,都可能发生有益的作用,那是因为我们中国是这个激烈变革中的世界的一个不可分割的有机部分。我相信,今天来自亚洲各地的朋友们都曾经在自己的国土上经历过各种不同的社会文化变革,都关心和研究过这个过程,有丰富的经验,有深刻的体会。尽管我们的社会制度不同,我们在这个共同的时代里从实践中取得的某些经验,给了我们共同的语言和共同的感情。今天我们聚坐一堂,交流我们各自的体会,互相学习,共同提高,确是一个值得我们大家珍惜的机会。我们中国的社会科学工作者正在继续总结中国社会文化变革的历史经验。各位朋友的宝贵经验都是我们值得重视的"他山之石"。

这次讨论会所提出的主题是,在这个变革着的世界中,社会文化的发展选择什么道路的问题,这个问题涉及的领域和方面是很广泛的。我今天只能就我个人所经历到的范围,谈谈其中很小的一个方面——我对中国少数民族社会改革的一些体会。

我这样限制我今天所要谈的范围,首先是因为近30年来,即从新中国诞生以来,我主要的工作是在有关我国少数民族的研究方面;其次是因为如果从社会变革的深度和速度来说,也许没有任何地方的社会能和近30年的中国少数民族相比的。中国少数民族在近30年走过了一条,也许会引起来自亚洲各民族的朋友们广泛注意的道路。

中国是一个统一的多民族国家,这是说,中国是一个由多民族结合而成的统一的国家。我们中国现在一共有50多个民族,汉族是其中人数最多的一个,约占全国人口的94%。其他50多个民族人口都比较少,其中最大的也只有1000万人,就是主要聚居在广西的壮族;最小的还不到1000人,就是居住在东北边境黑龙江一带的赫哲族。因为这些民族相对地说人数较少,所以一般统称为少数民族。

中国的许多民族都有悠久的历史,从古代时起,他们的祖先就在我国这块广大的土地上劳动、生息、繁殖子子孙孙。在历史的长河中他们不仅各自创造和发展了自己的各具特点的社会文化,而且通过交流、融合、分化、相互依存和相互促进,共同缔造了一个包括各民族在内的整体——中华民族。尽管四五千年中在中国历史上出现的各民族有兴亡、有消长,有些民族消失了,被同化于其他民族中，有些民族融合了，又不断有些新的民族形成、壮大了，但各民族所凝聚成的这一个整体——中华民族，却绵延持续，保持了我国文明的连续性和推陈出新的创造性。它源远流长，在世界上实为仅有。这个由各兄弟民族所结合成的整体，在历史上曾经历过多少次严重的考验，外来的打击，内在的分裂，但由于各族人民之间的血肉相连，休戚相关，统一始终是中国历史的主流与总趋势，每次分裂之后都形成更巩固的统一。这也是在人类历史上突出的事实。

我在谈到中国少数民族社会文化变革时，首先着重提出他们所共同形成的整体——中华民族，那是因为我深切体会到，中国各少数民族历史上一切重大的变革都是和这整体的变革不能分离的，他们的变革都是这整体变革中的一部分。局部的变革一方面是在整体变革的总流中进行，受着总流的促进和制约，而另一方面它作为整体的一部分也总是保持着它特殊的个性。

就以近30年的变革来说，各少数民族各自的变革是以中国全国各族人民在中国共产党领导下共同摆脱了帝国主义、封建主义、官僚资本主义的反动统治，建立了人民的中国的共同事业为出发点的。如果中国各族人民不是共同努力实现国家的独立、民族的解放、人民的革命，近30年来各民族这样巨大的社会文化改革是不可想像的。

不仅如此，中国各族人民得到解放以后，各民族的社会改革也都是在中国共产党统一领导下进行的，而且国家对少数民族地区经济建设上的投资在比例上高于其他地区；在财政上又予以巨额补助以发展教育、卫生事业，并根据需要在人力物力上提供支援，如派遣大批干部和技术人员帮助发展工农业生产和交通运输事业。没有国家的特殊照顾和支援，社会经济比较后进的民族能迅速地发展起来，改变他们原来的贫穷落后面貌，是不可想像的。

因此，在进一步分析中国各少数民族社会文化变革之前，有必要指出他们都是中华民族整体的组成部分。在分析他们的社会改革的内因和外因时，必须注意到内外的相对性，就是说，就少数民族对中华民族整体来说，前者是内因，后者是外因，但就中国对世界各国来说，由各民族共同组成的整体——中华民族的共同性和各组成部分之间的相互关系，又属于这整体的内因。

中华民族的整体是由汉族及50多个少数民族共同组成的，各个组成部分都存在着它的个性，也就是对整体而言的局部性和特殊性。各民族的个性从各方面表示出来，它们可以有不同的语言，生活上不同的民族形式，艺术上不同的民族风格和心理上不同的民族素质——近来有些民族学者用"民族的性质"这个名词来概括这些现象。各民族的"民族的性质"是在它的历史中形成、发展和消亡的，它具有其自身的运动规律。另一方面，各民族的社会经济的发展不平衡，在生产力上有高低的差别，所形成的社会经济形态有先进和落后的不同。一般说来，人类社会在这方面的发展是有普遍规律的，从原始社会发展到存在着不同阶级的社会，再发展到消灭了剥削和阶级的社会，今天我要谈的社会改革就是这一方面的变革，也就是各民族生产力、生产关系及社会上层建筑的变革。具体地说，在不同社会发展阶段上的中国各少数民族是怎样进行社会改革而进入社会主义社会的问题。至于"民族的性质"方面的问题将不在这里讨论。

在这里，我还要进一步限制我提出讨论的重点，就是着重于我国社会改革中少数民族所存在的特殊性，和怎样由于他们在中华民族这个整体中的特殊性得到充分承认，发挥了各少数民族本身的内在因素的作用，而实现了少数民族的社会改革，共同走上社会主义道路。这个变革的过程在理论上充分体现了整体与局部、共性与个性、普遍性与特殊性又矛盾又统一的辩证关系。在这里我们将看到中华民族的解放和中国共产党的民族政策为各少数民族提供了变革的基本条件，但是这种条件只开辟了变革的道路和指明了前进的方向。少数民族必须用自己的腿走上这条道路，向这个方向迈步前进。变革的动力发生于各民族自己的社会内部，变革过程所采取的步骤和方式要依据各民族的具体情况，由各民族人民自己来决定。这就是说，整体的共同事业是依靠各部分内在的创造性来完成的。

在一个像中国这样的多民族国家，不承认各民族的个性和特殊情况，千篇一律地使用在某些个民族中行之有效的办法作为公式，到处硬套，强加于其他各族人民，不尊重他们的风俗习惯、民族感情，尤其是他们的意愿，不是耐心的在他们自愿的基础上进行改革，尽管社会改革确是符合各族人民共同利益的，也会把本来可以做得好的事弄得很糟，这就是我们所反对的大民族主义的一种表现。另一种情况，如果某些部分强调它的特殊性，不去利于整体已具备的共同条件而故步自封，消极等待，甚至拒绝变革，企图保持和整体根本不能适应的社会政治制度，结果必然会损害整体和局部的共同利益，造成本民族的损失，这就是我们所反对的地方民族主义的一种表现。大民族主义和地方民族主义都不利于各民族的社会改革。

我要在这里特别着重提出的是各民族不论人口多少，不论文化水平高低，它的社会改革必须由本民族的人民自觉自愿地通过自己的努力来实现，而且是能够由本民族人民自己来实现的。我们坚信每个民族的人民，不论什么种族，都具备认识世界和改造世界的能力。当然，人的知识不是头脑里固有的东西，而是从总结实践的、接触外在世界的经验中获得的。只要一个民族内在的能动性和创造力能够得到发挥，这个民族就能利用所具备的条件扫除他们提高文化和改革社会的种种阻力。以当前发展中的世界来说，就是要扫除强权的控制、欺压和本民族内部的阶级压迫，以及极端贫困落后的状态。各民族之所以能够达到这个目的，是因为各民族的人民不仅具有内在的社会文化发展的创造力，而且具有接受以人类世界整体来说，已经为人类所获得的知识和技术的能力。在这里我们也可以看到，一个民族一旦觉醒，奋发图强，内在的创造力发挥了出来，并同实际正确地结合，那就没有任何力量能够长期阻挡他们达到，并列于世界先进民族行列的目的。我们中国的少数民族就是见证。

我们中国各民族都已经通过本民族人民的力量扫除了种种障碍，获得了迅速的发展。就是在解放前还处于相当原始状态的那些已濒于灭亡边缘的少数民族，也已经跨越若干历史发展阶段而进入社会主义社会。在这里，我们也能看到，社会文化发展的前提是扫除外来的内在的压迫，和扫除束缚生产力的种种枷锁，包括原有的那些落后的生产关系和上层建筑。人的认识能力是无限的，学习的能力是无限的，创造和掌握生产技术的能力和改造世界的能力也是无限的。人类总有一天能够建立足以满足每一个人不断增长的物质和文化的需要的社会。这就是我们这一代人已经能够看到的人类社会的前景，而且已经是人们能够相信其必然实现的前景。我们今天聚集了关心世界，特别是亚洲，社会文化发展的学者们在一起讨论怎样来促进这个前景的早日实现。这次讨论会的召开，本身就是件令人鼓舞的事，我希望我们的讨论会将有利于亚洲各族人民社会文化的向前迈进。

现在让我接着在下面谈一谈中国少数民族所具有的特殊性的一个方面，就是他们在社会经济发展上的不平衡性。概括地说来，在解放前，中国少数民族中大约有30多个民族，3000万人，保持着封建地主经济，其中有些民族也在不同程度上有一些资本主义的因素。这些民族大多与汉族接近，而且很多与汉族杂居，受到汉族的影响较深，而汉族是个人类历史上保存着为时最久最发达的封建社会记录的民族。和汉族一起包括在中华民族的整体中的各少数民族，绝大多数发展了封建制度，正说明了整体与局部之间的相互依存的关系。但同样值得注意的还有另一方面，就是尽管这些少数民族长期和汉族密切相处，它们即使已经进入了封建社会，在发展上还是和汉族有一定的差别，而且在形式上也还保持他们和汉族不相一致的特点。不仅如此，解放前，还约有400万人口的少数民族保存着早期的封建社会制度，即封建农奴制，还有约100万人口的少数民族保存着奴隶制度，和大约60万人口的少数民族还保存着原始公社的残余。

解放前长期历史所造成中国少数民族社会经济发展的不平衡，一方面表现出了构成中华民族这个整体的各个组成部分所具有的特殊性，而另一方面却也提供了它们要求改革的一致性。不论是封建社会或是奴隶社会，甚至还保存着原始公社残余的社会，在当前人类历史发展上都属于经济落后的社会。而这些落后的社会制度正是中国各族人民文化停滞、生活贫困的根本原因。要摆脱贫困落后的面貌，在这个世界上不再受人欺侮、挨打，必须进行彻底的社会改革。这是中华民族共同的要求，共同的目标。

为了具体地了解解放前中国少数民族的情况，在这里进一步简单地把上述各种社会形态举例作一说明，也许是有必要的。

如上所述，中国少数民族绝大多数，约有3000万人，在解放前停留在封建社会，他们是壮、回、维吾尔等民族。封建制度就是地主占有大量土地，分给农民耕种，通过地租形式剥削农民。以广西壮族地区的农村为例，占人口3%～4%的地主占有耕地面积的60%，占人口绝大多数的农民占有土地很少，甚至根本没有。这些少地和无地的农民为了生存向地主租地耕种，每年交纳全部产品的1/3，以至2/3给地主作为地租。此外，地主还利用农民生活的贫困进行高利贷剥削，利息高至200%、300%、400%。

中国有些少数民族，如藏族，还处于封建社会的早期阶段——封建农奴制。这种制度的特点是农民被迫按照封建主的规定，以奴役性条件从封建主那里领得一块份地，世代使用，从此农民被终身束缚在土地上，对封建主处于人身依附的地位，成为农奴。封建主可任意惩罚、没收其财产，迫使农奴提供无偿劳役，缴纳高额实物或货币地租。

解放前西藏的封建农奴制极为黑暗。当时西藏的藏族基本上分为两大阶级，一小撮封建领主：僧侣、贵族和地方政府官员都是西藏的大农奴主，统称为"三大领主"，占人口的2%，而掌握着西藏地区全部政权、土地和大部分牲畜，广大农牧民阶级连一寸土地也没有，大部分牧民都没有自己的牲畜。

西藏的农奴主要由差巴和堆穷两部分人组成。差巴是藏语"支差人"的意思，他们虽占有少量的牲畜和农具，领种一份差地，但要无偿地为官家、贵族和寺庙支应各种劳役。他们的社会地位较堆穷为高，但同样没有人身自由。堆穷是藏语"小户"的意思，他们没有差地，大多数几乎不占有农具和牲畜。许多来源于破产、逃亡或分家的差巴，他们终日为领主支应极为繁重的劳役。另外还有被称作囊生的家奴，他们没有任何生产资料，人身完全为农奴主占有，农奴主完全有权将他们买卖、赠送或陪嫁，甚至任意鞭打和杀害，他们是西藏社会最低的阶层。他们的子女长大后还是农奴主的囊生，世世代代没有翻身的日子。

比西藏藏族的封建农奴制更为落后的，是解放前四川、云南两省交界处的凉山彝族的奴隶制。这地区大约有100万人口，奴隶制是以奴隶主占有生产资料和生产者（奴隶）为基础的社会制度。奴隶是会说话的工具。

解放前，凉山彝族有四个严格的等级：黑彝、曲诺、阿加（安家）、呷西（锅庄）。黑彝是世袭的奴隶主统治阶级，占人口的7%，整个凉山地区的土地是属于他们的，他们可以任意买卖或处死奴隶，那时1匹马可以换10个奴隶。曲诺是被统治等级中的最高等级，他们的人身隶属于奴隶主，不能任意迁出主子的辖区，每年都要为奴隶主服一定日子的无偿劳役，但可以占有少量土地和其他生产资料，少数曲诺也拥有少数奴隶。

阿加是已被主子婚配成家的奴隶，大部分时间为主子服劳役，一般居住在主子宅旁，以便随时使唤，没有迁徙的自由。但阿加中也有少数已占有极少量土地和工具，个别阿加还占有奴隶。

呷西是奴隶中最低的一个等级，他们是奴隶主锅庄旁边的家奴，他们是没有成家的单身男女，每天从早到晚为奴隶主劳动，和猪狗一样，为了防止他们逃跑，晚上临睡前还要被穿上几十斤重的木鞋，锁上铁链。年老丧失劳动力时，就被投入深谷，或在野外的深坑里用乱石活埋。

中国在解放前还有一部分少数民族保存着原始公社制度的残余，他们主要是分布在云南边疆地区的独龙、怒、佤、傈僳、布朗、景颇、崩龙等族，此外还有居住在黑龙江一带的鄂伦春、鄂温克和赫哲族，以及聚居在广东省海南岛的部分黎族。基本上属于这一类型的一共大约有60万人。

原始公社制是发生在生产力极低的条件下，人们只能靠集体劳动才能获得有限的生活资料，除了维持生活外，没有剩余，也没有剥削。上述这些少数民族事实上已有一些刀耕火种的简单的农业，所以已进入了原始公社解体的末期，在不同程度上还保留着原始公社的残余。

例如在云南西北角上的独龙族，在解放前，以刀耕火种的农业为主，而采集和渔猎仍占一定比重。从事农业的生产工具，基本上还是用竹、木、石制成；铁质工具数量少、质量低。主要生产工具的"恰卡"是小木锄，尖端镶上一道长约3公分的铁边。砍刀和铁斧大多从外地传入，为数不多。农业生产技术落后，粮食产量极低。解放前，一年的收成最多够4至8个月的吃用，所以可以说一年中有大约一半的食物还是依靠采集、渔猎等原始方式得来的。

在生产力刚刚从原始水平提高起来的过程中，他们一方面还保留着家族公有共耕的轮歇的"火山地"，约占耕地面积的50%到70%；另一方面也出现了由若干户结合在一起集体耕种的半固定的耕地，约占耕地面积25%到45%，和在各户房前宅后那种为各户长期占用而独自经营的小块园地，约占耕地面积的4%到7%。土地私有制的出现和发展产生了贫富的分化，也就出现了剥削现象，在这里很清楚地可观察到社会的阶级分化和它的发展，为研究社会发展史的人提供了生动的资料。生活在这种原始状态中的人们是极度贫苦的。尽管在这里人吃人的剥削制度还不严重，这种落后状态并不是田园诗人所颂扬的理想生活，而是离开人类野蛮时代还不太远的生活。

看到了上面这一段关于中国少数民族社会经济情况的叙述，人们很自然地会发生为什么这些少数民族发展会如此缓滞的问题。除了各民族本身的特殊条件之外，重要的原因还在于他们受到中华民族整体的共同条件的制约。解放前的中国各族人民在共同劳动中缔造的统一的国家，在很长的时期中，是被实行民族压迫政策的统治阶级所统治的。历代统治着全国各族人民的帝王、军阀和国民党政府，为了他们本身的利益，对这些少数民族采取过严重地阻碍他们发展的反动措施。

单从生产工具这一项来说，就存在着很多统治者强加于一些少数民族的限制的例子。比如，1830年，清朝的统治者派军队镇压傈僳族人民起义时，曾把傈僳族人民日常生活、生产所用的铁质器具一律没收。1912年，北洋军阀又下令搜缴当地铁质农具，防止他们用来制作武器造反。这就大大破坏和阻碍了傈僳族的社会生产发展的可能性。再以上面所提到的凉山彝族来说，根据史书记载，早在宋代，这地区的边缘已出现封建经济的萌芽。到了清代，不仅这地区的边缘，甚至凉山腹地昭觉已出现定期的市集。但是历代王朝对凉山地区三令五申地实行封锁政策，扼杀社会经济的发展；另一方面又扶植奴隶主，进行军火买卖，搜刮彝族的财富。一次又一次地挑动彝族内部的械斗，互相残杀。生产力受到严重破坏，他们的社会怎能得到发展呢？

藏族的历史也是这样。曾经一度是中国境内的一个强盛的民族，自从元代的统治集团大力扶持了喇嘛教，明清两代统治集团沿袭这同一方针，藏族的人口就受到严重的影响，在过去的几百年内，不仅没有增长，相反地日益下降。至于历代皇朝有意识地支持当地各民族的上层，来维护他们的既得利益，巩固这些民族落后的社会制度，用各种残暴的手段镇压各族人民要求进步的革命行动，那是史不绝书的事实，在这里不必列举了。

正是因为阻碍各族人民发展的反动势力是各族人民的共同敌人，这也就成了激发各族人民团结斗争争取解放的巨大能量。

中国各族人民的解放为各民族实行根本性的社会大变革创造了必要和有效的条件。"只有社会主义能够救中国"是各族人民共同经验的总结，这是说，中国的社会改革的总道路，进行民主改革和社会主义改造，是各族人民一致的愿望和决心。但是怎样进行社会改革，由谁来实行社会改革，必须由各族人民自己来决定和自己来执行。少数民族必须进行社会改革、走社会主义道路和各民族的社会改革必须根据具体情况由各民族人民自己来进行，这两条原则正显示了整体和局部、共性和个性的辩证关系。局部始终是受着整体的促进和制约，而整体的统一却始终建立在承认局部的特殊性上。

我们在上面已经叙述过中国各民族各自具有他们的特点，在社会发展上是不平衡的。从不同的出发点大家要达到共同的目标，各民族所走的道路也就不能完全一致。社会改革是一项群众性的运动。各民族的广大人民切身感受到原有社会制度所给他们的痛苦是要求社会改革的根本动力，但是要使他们的这种要求能组织成一股实现改变社会制度的力量，还需要群众的觉悟，明确认识到他们痛苦的社会根源，有决心组织起来去克服和战胜阻碍社会改革的种种阻力——这是一切社会改革必需的开始步骤。这也就是说社会改革必须由各族人民自己决定和自己进行。而且社会改革本身是一场斗争，因为社会中存在着从旧制度中得到特殊利益的一部分人，他们的社会地位使他们要维护那种对他们有利的社会制度。在我们上述的奴隶制和封建制里，奴隶主和封建地主离开了那种社会制度就不能剥削别人的劳动。他们必然要想尽一切办法阻碍社会改革，违反社会上众多成员的根本的和长远的利益，双方的矛盾激化，这就是阶级斗争。只有旧制度里被剥削的劳动人民觉悟后，团结和组织起来，通过斗争才能废除旧制度，建立新制度——就是我们经常说的革命。任何民族的社会改革都不能由别人包办代替。外来的力量不论出于什么动机，强加于别人的社会改革即使一时实现了，也不会在群众里生根，改革的结果也会得而复失。在人类历史上这种例子是很多的。所以我们从这里得出一条原理：少数民族的社会改革必须由少数民族自己来进行。

整体对局部创造条件的社会改革的条件是重要的，而且是积极的；但是条件毕竟是外因，外因必须通过内因起作用。社会改革是要按具体情况由各族人民自己进行。各族社会改革的内在因素具体说来包括下列这些：群众要求改革的觉悟，群众具有战胜阻碍改革势力的实力，和群众中产生的有领导和组织能力的本民族干部。

在奴隶制下的奴隶和在封建制下的农奴和农民身受的痛苦是每个奴隶、农奴、农民都明白的，不愿承受的。但是每个实行这些制度的社会里那些既得利益的阶级也必然会制造出一套麻痹奴隶、农奴、农民思想意识的理论、学说，和一套镇压奴隶、农奴、农民反抗的法律和武力，使得奴隶、农奴、农民们不去反抗或不敢反抗，用以来维持这个制度，也就是维持他们的利益。我们所说的群众觉悟就是群众自行解除旧制度强加于被剥削人民的思想枷锁。我们指出群众起来斗争必须具有实力，就是要使阻碍改革的力量不能用强力来镇压群众行动。培养和教育本民族干部就是要使来自本民族劳动人民，和群众有血肉般联系，通晓本民族语言，熟悉本民族情况的优秀分子，能从各民族的实际出发，把道理讲给群众听，帮助群众组织起来，全心全意地为本民族人民大众服务。中国各少数民族的社会改革就是通过这个群众路线而取得胜利的。

中国各少数民族社会改革过程取得的一条经验，就是如果这些内在的条件不具备就不能进行社会改革，有一条成熟了而其他条件不成熟，也不能进行社会改革。西藏是1951年和平解放的，但是到1959年才开始对它旧的封建农奴制进行改革；大小凉山彝族奴隶制也是在1956年开始改革的，而这地区在1950年也已经解放了。这些都是出于改革条件不具备的原因。从解放到改革这一段时间里，并不是消极等待，而是采取了种种措施促使内因的不断成熟。

我自己在1950年至1951年参加了中央人民政府派遣到少数民族地区去的访问团，到过贵州和广西。我们访问团深入少数民族地区进行家访，告诉他们在新中国里各民族一律平等，各民族人民都是国家的主人，各民族自己的事要由自己来办。事实上我们确是这样做了。我们把粮食送到缺粮户，医生上门去为他们治病，我们尊重他们的风俗习惯，我们在生活实践上处处平等相处，交朋友，结感情。我们帮助他们建立区域自治，请他们的代表到北京来和到其他地方去参观访问。我们开办了民族学院。我自己从访问少数民族地区回来，就在中央民族学院工作，参预培养各民族干部的工作。为了了解各民族的语言和社会历史，我们又组织了大规模的科学研究队伍，到各少数民族地区去调查研究。我自己去过贵州和云南。上面所叙述的少数民族的各种社会形态就是经过很多人参加的科学调查研究的结果。这一切都促进了民族间友好团结、相互了解。少数民族中要求社会改革的因素迅速成熟。由于我亲身参加过这项工作，我深深感觉到科学研究是能为少数民族的进步贡献出力量的，我一直以此自慰。我们作为社会科学工作者并没有权利只作为历史的旁观者，而应当参预创造历史的事业。

经过深入的工作，各族人民在自觉的基础上，在不同时间，采取不同的具体方式、方法和步骤，进行了社会改革。总的说来，那些在解放前，封建地主土地所有制居于主导地位的少数民族地区，如壮族、朝鲜族、回族等的改革方法基本上和汉族地区大致相同。改革的时间也大致和汉族地区同时进行。

在一部分保持着封建农奴制度和奴隶制经济的少数民族地区，如藏族、傣族和部分彝族地区，则在不断提高群众觉悟，充分发动群众的基础上，对农奴主和奴隶主采取和平协商的方法实行民主改革，在改革的时间上都迟于汉族地区。

那些保留原始公社残余较多的少数民族地区，改变其贫穷落后的面貌所采取的大体步骤是培养先进分子，团结一切劳动人民和与群众有联系的民族领袖人物，大力发展生产，通过互助合作，过渡到社会主义。

在社会经济比较落后的少数民族地区的社会改革也有相同的一面，就是主要采取和平协商的方法来改革旧的社会制度。这是一种比较缓和地进行社会改革的办法。这种方式的特点是在对少数民族旧制度中的剥削阶级采取赎买的方法，使他们在政治上得到妥善安排，生活上得到适当照顾，他们由此在新社会中可以不依赖剥削而过着和过去旧社会相当水平的生活；同时劳动人民是很通情达理的，只要上层愿意接受新制度，也就不再对他们作激烈的斗争，对他们过去对劳动人民所做过的恶事，会实行宽大处理。这种和平协商之所以可能也是由于整体对局部的促进和制约。中国的少数民族社会经济一般比较落后，人数也较少。中华民族这个整体有力量对为数不多的少数民族剥削阶级实行赎买的政策。而且这样做也可以使本来不太发达的少数民族经济在改革时避免遭受可能的破坏和损失。这对少数民族劳动人民也是有利的。

当然，以较为缓和的方式，通过和平协商，是否能够实现社会改革，主要是决定于少数民族中的剥削阶级的态度。总的说来，接受这种方式而实现社会改革的地区是占绝对多数，但是也有极少数顽固的农奴主和奴隶主拒绝这种方式，而且进行过局部的和短期的顽固抵抗。西藏的少数大农奴主和四川凉山彝族的部分奴隶主就是如此。西藏1959年的叛乱平息后，广大的农奴翻身当了主人。凡是没有参加叛乱的农奴主都得到政治上的安排和生活上的安置，他们中绝大部分已改造成为自食其力的劳动者，他们的生活也比过去更为富裕和愉快。

在废除旧社会的剥削制度的胜利基础上，各少数民族的劳动人民，和汉族人民一样走上了社会主义的道路。走社会主义道路就是要防止新的剥削制度的发生。生产资料私有制的存在必然会导致贫富的分化，发生新的剥削，使广大的劳动者重新陷入被剥削和被压迫的社会制度中去。

中国各少数民族没有例外地在废除了旧的社会制度后通过互助合作，逐步实现对农业、牧业和手工业的社会主义改造，把小生产者的个体私有制改造为社会主义的集体所有制，社会主义改造的实现，标志着我国民族地区社会改革告一段落，为实现四个现代化创造了必要的条件。

中国少数民族地区社会改革的实现，使中国各少数民族的社会面貌发生了翻天覆地的巨大变化。这种伟大的社会改革，范围之广泛，变动之深刻、彻底，在我国各民族的历史上都是从来没有过的，也是人类历史上所罕见的。它不仅消灭了千百年来人压迫人、人剥削人的各种旧制度，使被压迫被剥削的少数民族劳动人民翻身得解放，真正成了社会的主人，而且使处于前资本主义发展阶段的少数民族，超越一个或几个社会历史发展阶段，直接跨入社会主义社会，实现了历史发展的大飞跃。

社会改革的胜利，促进了社会生产力的大解放，使中国各少数民族进入了共同发展和繁荣的新时期。少数民族地区的生产一年比一年发展，经济一年比一年繁荣。过去那种落后的耕作方法逐渐为先进的科学种田所代替，粮食产量大幅度上升。以西藏为例，1974年已经实现了历史上从来没有过的粮食自给，在世界屋脊上的高寒地区播种了小麦，获得高产丰收；粮食总产量比社会改革前的1958年增长了一倍半。广大牧区逐步实现了定居放牧，改变逐水草而居的落后状态，畜牧业生产成倍增长。以内蒙古自治区为例，1976年底牲畜总头数达2000多万头，比解放初期增长了三倍多。少数民族地区的工业，从无到有、从小到大地迅速发展起来，大中小型厂矿企业分布在祖国的万里边疆，有些少数民族地区正在逐步建设成为我国重要的工业基地。过去连一根火柴都要输入的西藏地区，到1975年已有新建的大中工矿企业达250多个。在原来渺无人烟、满目荒凉的地方，建立起许多新兴的城市，过去那种一穷二白的落后状况已经一去不复返了。少数民族的工人阶级队伍迅速成长、壮大。四通八达的交通、邮电网的建立结束了过去交通闭塞、与世隔绝的历史，大大沟通了内地与边疆以及各少数民族地区之间的往来。随着工农业生产的发展，少数民族地区的文化教育卫生事业也蓬勃发展起来。中、小学遍布城乡山寨，各民族自治区都办起了高等院校，即是那些偏僻的深山里的少数民族也有了本民族的第一代大学生。少数民族地区的县、社、队各级医疗卫生机构的普遍建立，为各民族人民防病治病，使他们的健康水平大大提高。过去那种缺医少药、有病无处医的状况得到了基本改变。各少数民族的人口正在增长。以西藏自治区为例，目前人口已达到163万，比1959年增加了44万。随着工农业生产的日益发展，少数民族人民的生活水平一年比一年提高。过去悲惨的情景已经成了历史的陈迹，一去不复返了。总之，中国少数民族经过了社会改革，走上了社会主义道路，已为进一步实现四个现代化，进入世界上先进民族的行列奠定了基础。

中国少数民族在这近30年短短时期中的巨大变革是我亲身目击的历史。我最早作为一个人类学的学生到广西瑶族地区去进行实地调查是在1935年。那时就是像我这样一个常被说成是个善于想像的青年，也没有梦想到生活那样贫困，在社会上备受歧视，连下山都不敢的少数民族，会有今天这样扬眉吐气的日子。而这一切已经是人类历史上不可磨灭的事实。这样巨大的变动，也许会像强烈的光线一样，使没有习惯于它的肉眼，对此会感到眩晕。但是我们不妨闭目想一想，其中必然存在着许多值得怀着善意、渴望人类进步的人们反复推敲的经验。我也许因为身在其中，有如我们的古诗所说居住在庐山中的人不易认得庐山的真面目，对这个巨大变革的历史意义还不容易全部领会，对其中所包含的科学上的规律还不容易充分地阐明。今天我只能就我所见到的和所体会到的一些事实和想法提出来向在座的各位学者请教。

我也希望我这个发言在一定程度上回答了这次讨论会的主题：在这个变动着的世界中，各民族的社会文化的发展应该选择什么道路的问题。我在这里简单地叙述了我对中国少数民族社会改革的一些体会。这是我个人从自己亲自参加工作中得来的一点体会。当然，正由于是个人的体会，我所反映的情况和所得到的理解必然是有局限性的，是不全面、不完整的。但是我确实体会到一个民族，不论人口多少，不论文化水平的高低，只要能摆脱了遏制他们发挥内在智力创造性的一切束缚，依靠本民族广大人民的觉悟和从而产生出来的巨大力量，完全可以由自己来利用已经存在的条件，和创造尚未具备的条件，用自己的力量来改革阻碍他们发展的社会制度，改变他们的社会性质，走上自己选择的发展道路。由于我从实践中获得了这些体会，我对人类的前景充满着信心：觉醒了的世界上各民族的人民有力量克服阻碍着人类前进的一切困难，创造一个各民族人民可以得到平等的，不受压迫的，不受剥削的世界。我经常感到有机会生在这个已经能看到这样一个世界即将实现的历史时刻是一件莫大的幸运。我愿意和在座的朋友们一样能以曾为创造这个世界大厦添过一块砖瓦而感到自慰。

最后,让我对邀请我到这里来参加讨论会的主人们表示我的感谢。

1978 年 11 月

本文系作者在联合国大学日本京都东亚学者学术讨论会上的发言。载《民族与社会》,人民出版社 1981 年版。

中国的现代化与少数民族的发展

感谢麦吉尔大学邀请我到加拿大来作柯明斯演讲,使我有机会和久已思慕的加拿大朋友们会晤。我不仅认为这是我个人的荣幸,更重要的是,这是中加两国人民友谊的表现。加拿大是中国人民家喻户晓的友邦。白求恩大夫亲自以他的生命所树立的国际主义的光辉榜样,已把我们两国人民的感情深深地融合在一起。这是我们进一步为了加深相互了解而进行学术交流的可靠基础。我今天能向加拿大朋友们报告一些我们中国人民自从获得解放以来,在社会科学特别是在民族研究方面所取得的成果,提出一些我个人的体会,向朋友们请教,我实在感到衷心的愉快。

在座的朋友们一定都知道,我国人民已经下定决心要在本世纪内,把我们的国家建设成一个社会主义现代化的强国,我们要在工业、农业、国防、科技等方面努力赶上世界的先进水平。这是一项艰巨的伟大任务。作为一个社会科学工作者,有责任把自己的力量投入这个事业,在自己的学术领域里开展对我国的现代化能有所贡献的研究。我是学社会人类学和社会学的,多年来研究我国少数民族的社会,在我的一生中亲眼看到少数民族社会的巨大变化。今天我想就中国的现代化与少数民族的发展这个问题,介绍一些基本情况和我个人的体会。

我们中国人民在这个时候能够把"四个现代化"作为我们今后相当长的时期里全国各族人民共同奋斗的目标,是因为我们不仅有此需要,而且已创造了可能实现的条件,这些条件过去是不具备的。

中国在人类历史上原是一个在经济、文化上先进的古国,但是近代几百年里,世界上有些国家的民族首先是在科学技术上,随着在工农业生产上,赶过了我们。接着利用我们在国防上的落后,把我们置于殖民地、半殖民地的地位。在重重压迫下,中国人民过着屈辱的生活,当然谈不上科学技术的发展。经过100多年和国内的封建统治者、国外的帝国主义的斗争,中国人民终于在30年前取得了胜利。中华人民共和国的诞生,使我们这古老的国家获得了新生,以平等、独立的地位屹立在这个世界上。我们经过了广泛的和根本的社会改革,确立了社会主义的制度。当我们刚刚具备了向现代化进军的条件时,又遭遇到种种阻力,集中表现在几年之前才被粉碎的"四人帮"的反动逆流。历史上出现了一度曲折。中国人民扭转了这次逆流,鼓足干劲,正在迈开大步,走上现代化的道路。我们万众一心,大家明白,如果不在较短时期内在工业、农业、国防、科技上赶上世界先进水平,我们这个国家,我们中华民族已获得的独立和自主是难于保持的,更没有可能为人类的和平和进步做出更大的贡献。为中国的现代化做出贡献,已成为中国人民一致的愿望。

我们国家的现代化是一项艰巨的、创造性的事业。100多年前,封建王朝也曾想通过购买洋枪洋炮来武装自己,采办机器来齐矿办厂,但是这些并没有使中国现代化。我们也看到当前世界上也有些国家把现代化误解为"西化",在引进西方先进技术来发展生产的同时,丧失了国家的独立和主权或引起了社会的失调和腐化,以致广大人民面临的不是繁荣和幸福,而是痛苦和失望。历史的教训,当前的借鉴,使我们深切体会到,中国的现代化必须是从中国广大人民利益出发,根据中国当前的历史条件,结合中国社会的特点的中国式的社会主义现代化。

我今天就是想从民族这个角度来讲述中国的特点,在现代化过程里存在着的问题,并对这些问题提出我个人的分析和看法。

考虑到在座的朋友们不一定都熟悉我们中国的民族情况,我想,有必要作一些简单的介绍。

首先应当说明的是:中国是个多民族的国家。我们这个从公元前200多年就已经建立起来的统一的国家,存在着许多具有包括语言在内的共同文化特点的、自认为是出于共同来源并且同属一个共同体的民族。这些民族的先人在远古时代早就生息在我们祖国的这一片大地上。近年来考古工作者已能证实,我国境内存在着最早的原始人的残骸,以及各地区存在着不同类型的文化遗址。

这些都说明我国现在这些民族有着悠久的历史。但是我们对这些历史的知识很少，甚至对当前各民族的知识也还不多。这主要是由于在过去我国的统治阶级执行民族压迫政策，民族研究是个禁区；认真地对我国各民族的历史和社会进行科学的调查研究是从新中国诞生之后才开始的。所以我们所积累的知识还不够丰富。我们这个多民族国家究竟有多少民族，至今还在继续研究之中，到目前为止，可以确认的民族一共有56个，其中有一个是今年5月才正式确定的。

我国的50多个民族在人口数量上差距很大。其中有一个民族人口特别多，它就是汉族，在当前全国9亿多人口中，约占94%。其他55个民族的人数加在一起只占6%。因此这55个民族被统称作少数民族，各个少数民族的人口又是有多有少。其中人口最多的是壮族，现在已超过1000万人。人口最少的是赫哲族，现在还不到1000人。

55个少数民族中，人口在100万以上的有13个；在10万人以上，不到100万人的有15个；不到1万人的有10个。这些数字可以说明中国的民族有大有小，而且大小悬殊，但是尽管如此，现在我们已做到：民族不论大小，一律平等。比如说，在国家最高权力机关的全国人民代表大会里，不到1000人的赫哲族也有代表，他们有权和其他民族一起管理我们统一的国家。

少数民族人口虽少，居住的地区却很广，约占全国土地面积的50%～60%。人数多的汉族主要聚居在我国东部的广大平原上，沿着陆地边疆，特别是北部和西部的高原、山区、沙漠、草地几乎都是少数民族聚居的地方。这种民族分布有它的历史根源。汉族的先人很早兴起于黄河流域，他们以当时先进的农业和手工业发展了经济和文化，逐步向广大平原扩张，并深入到凡是适宜于农耕的地区，并不断和当地居民相融合，形成了当前世界上人数最多的民族。如从族源来说，它也可能是血统最杂的一个民族。

当然，这并不是说，凡是汉族所扩及的地区，原来在这些地方居住的民族都被吸收成为汉族了。事实并不如此，即在目前，汉族聚居的地区里还是有少数民族杂居在内。许多少数民族大大小小的聚居区，星罗棋布地分散在主要是汉族居住的地区里。另一方面就是在高原和边区的少数民族的聚居区里，还是有许多汉人杂居在内。所以，我们很不容易画出一张详细的中国民族分布地图。各族大小聚居区里都是你中有我，我中有你，穿插地互相重叠和交错，我们只能大体上说某些民族大多住在哪些地方。总的说来，主要是汉族聚居的省、市行政区内有 70% 的县里住有两个或两个以上的民族，这些地区一共有 1000 万居民是少数民族成分。少数民族的聚居区只有新疆和西藏两个自治区里汉族是占少数。以上可以说明中国各民族在居住上是怎样密切地交织在一起的。

从地理上看，凡是适宜于发展农业的地区大部分已成为主要是汉族聚居的地方。那些在农业经济上被视为荒瘠贫乏的高原、山坡、草地、森林，至今还主要是少数民族居住的地方。在以农业为主的时代，可以说是汉族把好地方占了，以致少数民族经济发展不了，但是现在情况改变了。少数民族地区正是地下矿藏最丰富的地方，广阔的草原正是最优良的天然牧场，亚热带的山区是橡胶等重要经济作物的产区，甚至高寒山顶上也生长着名贵的药材和珍禽异兽；秀丽的风景正是吸引世界各地游客的胜地。这几千年来被人们所轻视的半壁江山，正是为今后现代化大发展准备下的大好基地。我们常说中国地大物博、人口众多。实际前半句是指少数民族说的，后半句是指汉族说的。这两个半句加在一起，互补长短才构成中国现代化的有利条件。

少数民族人口少、资源多之外，还有一个重要特点，一般说来，由于历史的原因，社会、经济和文化发展较慢，因而在我们中国的民族间存在着社会发展上的差距。

解放后不久，我参加中央访问团到西南的少数民族地区进行调查。当时我就注意到各民族社会发展的水平很不平衡。解放前，一般情况是少数民族人民所受的剥削和压迫比较重，所居住的地区土地比较贫瘠，所以他们的生活比汉族的劳动人民更为穷困。不仅已经进入封建地主经济的那些少数民族在经济、文化上一般都落后于汉族，而且还有一些民族当时在不同程度上还停留在比较落后的社会发展阶段。解放初期，大约有 400 万人口的地区，包括西藏的藏族、云南的傣族、新疆一部分维吾尔族还保持封建农奴制度。大约有 100 万人口的地区，主要是四川凉山的彝族，还保持奴隶占有制度。此外，还有大约 60 万人口的地区，如以游猎为生的鄂温克、鄂伦春等族，和以刀耕火种的农业为生的独龙、怒、佤等云南边区的民族，还保持一定程度的原始公社制度的残余。这些还保持比较落后的社会制度的少数民族人口总数约 600 万，占少数民族总人口的 15%。

这个特点说明了不仅中国整个经济和科技落后于世界的先进水平，而且国内的少数民族还落后于我国汉族已经达到的水平。因之，在现代化的道路上，我们要消灭或者缩短两个差距：一个是我国和其他先进国家之间的差距；一个是国内各民族之间的差距。这两个差距是互相关联的，我们要赶上国际先进水平，必须要发展少数民族的经济、文化；要发展少数民族的经济、文化，又有赖于提高全国的经济、文化。用现在在我们国内流行的一句话说："现代化需要少数民族，少数民族需要现代化。"

自从新中国诞生以来，为了实现民族平等，我们在消灭或缩小各民族社会发展的差距方面，已经做了不少工作，其中最根本的是各民族的社会改革。社会改革就是改革各自原有的落后的社会制度。当时，各民族人民的共同敌人帝国主义和国民党的反动统治虽则已经推翻，但是各民族内部原有的各种剥削制度并没有废除，这些还是各民族进一步发展的障碍，所以各民族改革那些旧制度，共同走上社会主义道路是消灭或缩小各民族间经济文化上的差距的一项根本措施。但是社会改革却必须由各民族人民自己按他们社会发展的特点来进行。适用于汉族的办法就不一定适合于存在着前封建社会特点的民族。中国各族人民都要走社会主义道路，但是要各自用自己的腿走。

我们敬爱的周恩来总理早在1951年就指出："各民族内部的适当改革，是各民族发展进步、逐渐跻于先进民族水平所必须经历的过程。但这种改革必须适合其本民族当前发展阶段的特点，必须根据其本民族大多数人民的意志，并采取妥善步骤，依靠其本民族干部去进行。"我们各民族的社会改革就是根据这个原则进行的。

在不具备这些条件时，即在本民族人民还没有自觉地要求社会改革，本民族还没有自己来执行改革的干部的时候，别的民族不能去越俎代庖，包办代替。我们宁可等待，在等待的时候，努力去创造条件。事实上，西藏在1951年已经和平解放，而当时该地的藏族还实行封建农奴制度，这种落后的社会制度一直等到1959年才由藏族人民自己废除。在实行奴隶占有制的凉山彝族的情况也是如此，这地区1950年已经解放，到1957年才进行社会改革，废除奴隶制度。

这条历史经验是十分重要的，在有关各族人民内部的事务上，必须严格承认民族这一条界限。民族是个具有相当稳定性的人们共同体，它的产生和消亡有它自身的规律，不由人们随意兴废的。毛泽东同志曾说过：首先是阶级消亡，而后是国家消亡，而后是民族消亡，全世界都是如此。这是说，从历史上看，阶级和国家消亡之后，还有民族和民族差别的存在。

在当前现代化的过程中，我们也必须牢记这条经验，应当清醒地区别民族间社会经济发展水平上的差距和民族特点上的差别。我们要消灭的是发展水平上的差距，而不是民族特点上的差别。民族特点的差别固然也会发生变化，但决不应当和社会经济的发展混为一谈。在进行各民族的社会改革时，我们着重提出要根据本民族的特点和由本民族干部来进行；在少数民族地区实现现代化的过程中，必须有当地各民族人民参加。我们中国式的社会主义现代化既不允许由外国人来包办，也不应当由某一个民族来包办。这是有别于当前有一些国家所进行的"西化"，也有别于某一些国家在现代化口号下，在国内实行大民族主义的"一体化"。

现代化和"西化"曾经引起过混淆。现代化是指利用人类现代所掌握的先进科学技术来促进生产，提高这个社会的生产力，从而促进其社会、文化的发展。从近代人类历史看来，这些现代先进科学技术主要是西方世界的人民所开始创造的。他们对人类做出的贡献是不应磨灭的。同时必须承认，知识是人类共同的财富，我们所说的现代化实质就是要使人类的先进知识为全世界的广大人民服务。但是，历史是曲折的，西方国家的人民的发明创造却被西方国家少数人所垄断，用来为少数人服务，甚至有些西方国家还用来称霸世界，威胁世界和平，把在近代科学技术发展上显示出来的人类的伟大创造力引入歧途，使人类面临毁灭的危险。

由于历史原因，在科学技术及经济文化上没有充分发展条件的大多数国家，就是所谓发展中的国家，正面对着一个现实的矛盾：他们需要现代化，而得到的却是被西方国家的控制和奴役；他们要拒绝西化，却又怎样摆脱其落后状态？我们中国是个发展中的国家，我们属于第三世界。中国人民就是要用自己的实践，闯出一条我们称它作中国式社会主义现代化的道路；充分利用先进科学技术来发展我们独立自主的社会主义经济，实现一个人类知识为人民服务的世界。

我们充分估计到，在一个多民族国家内，由于存在着上述的两个差距，有可能出现在企图缩小国与国之间的差距的过程中，不是缩小而是扩大了国内民族与民族之间的差距。当前就有这种国家，某些民族利用其在国内的先进地位，垄断科学技术知识，进入其他民族地区来发展其经济。这些地区的现代化工业和农业是建立起来了，但是原来居住在这些地区的民族却被排斥于这些新兴的事业，或者被剥夺充分地和平等地参加这些新兴事业的权利。结果不但经济受益上出现民族差距，而且在不同民族间也出现了城乡、工农、体力劳动和脑力劳动上的差别。这就是在现代化过程中产生的新的民族不平等，导致新的民族问题。这是我们中国实现现代化道路上的前车之鉴，决不能重蹈这个覆辙。

以上是说明为什么我们中国的现代化必须走自己的道路，在中国式的现代化的道路上必须充分注意到民族这个因素，力求在现代化的过程中缩小、消灭各民族间经济、文化的差距。

在社会主义革命和建设中充分注意民族的因素原是新中国的优良传统。新中国诞生后不久，我们贯彻民族区域自治的政策，在少数民族聚居区建立民族自治地方，保障了各民族广大人民群众参预国家大事，决定民族内部事务的政治权利。少数民族聚居的地方，按其区域的大小分别成立区、州、县等级的自治地方。各自治地方的自治机关都是中央及各级政府领导下的地方政府。他们享有宪法和法律所规定的自治权利，包括决定自治机关的具体形式，采取通用的民族文字为行使职权的主要工具，培养和使用民族干部，管理财政，发展经济文教，及制定适合于本地方的单行法规等。迄今，全国相当于县一级以上的少数民族聚居的地方，基本上已实行了民族区域自治，已有5个相当省级的自治区，29个相当于地区一级的自治州和70多个相当县一级的自治县。民族区域自治的实现保证了各少数民族在他们聚居的地方，按照本民族大多数人的意志，进行适合于本民族、本地区的特点的改革和建设。上面我讲到少数民族社会改革时，已指出各民族曾采取了不同方法和在不同时期进行他们自己的社会改革，这些决定大多是通过他们各自的自治机关做出的。在社会建设上也是如此，不仅由上级政府规划的建设要照顾到各民族地区人民的利益，而且各自治机关可以在总的规划下，提出适合本地区的建设项目。这些基本原则当然适用于今后现代化的建设事业。

我们还应当注意到上面所提到的少数民族地区的特点，它不仅是地区辽阔，而且资源丰富，必然是今后现代化的发展基地。怎样根据他们的特点来进行发展是一个现代化事业中的重要问题。

在"四人帮"破坏我国国民经济中有一条值得牢记的反面教训，那就是抹煞少数民族地区的特点，强制推行不适合于当地情况的经济措施，结果招致生产下降、生活贫困。我在1978年12月重访广西的金秀瑶山。那是我1935年开始社会人类学调查的地方。在40多年里，这山区瑶族的社会经济有了巨大的变化，真是"换了人间"。我今天不在这里多加叙述，要想提到的是近年来所受到"四人帮"的破坏。这里是一个茂密的林区，不仅出产大量木材，而且依靠森林，积蓄水土，四季不断的水流，灌溉了邻近七县的水田。"四人帮"不顾这山区的特点，强制执行粮食自给的命令，迫使山区居民无计划地砍伐林木，在荒瘠的山坡上种粮食作物，消耗了大量劳力，而收获很少，甚至还吃不饱。结果森林遭到破坏，水土流失，附近平地涝旱成灾。解放后20来年所取得的成就被这批害人虫所摧残，人民的损失是严重的。从这个教训里使我们更清醒地看到了按照少数民族地区的特点来进行建设的重要性。"四人帮"被粉碎后，金秀瑶山也回到了正确的路线。在我去访问之前，一个较大的水电站已经投产，它就是利用当地的地理特点，山缘水流的落差，开发能源，不仅使山里的居民有电灯照明，而且推动了邻近各县工厂里的机器。这固然是一个小地方的例子，但其他地方也发生这种情形，东北大兴安岭的森林的破坏，影响了呼伦贝尔草原牧区的生产。所以充分发挥少数民族地区的特点，注意当地的生态条件，来进行建设是促进我国现代化的一个重要原则。

考虑到怎样迅速开发我国少数民族地区的丰富资源的问题，我们不能不看到当前我国民族间在经济、文化方面还存在着事实上的不平等，就是说，许多少数民族在这些方面还处于落后状态。很明显的是，如果不迅速改变这种状态，不是少数民族拖了我们国家现代化的后腿，就是容易发生由汉族来包办，造成扩大民族间差距的后果。这二者都是要不得的，所以只有迅速发展少数民族的经济文化才是正道。

回顾我在上面介绍中国民族概况时曾指出，在中国有一个人口众多、经济文化比其他民族为先进的汉族。在建立起了友爱合作的民族大家庭的新中国，这个人口众多比较先进的汉族的存在，正是各少数民族迅速发展的有利条件。对汉族来说，对少数民族的无私援助不仅是义不容辞，责无旁贷，而且已是自身发展所必须承担的任务。

在新中国，民族之间先进帮后进，手拉手的向前走，是行之有效的好经验。如果不是这样，许多少数民族不可能在短短十几年里，废除落后的封建地主经济制、封建农奴制、奴隶制和原始公社制的残余，跨越一个或几个历史发展阶段和汉族及那些社会经济结构与汉族大体相同的少数民族一道过渡到社会主义。在这过程中汉族对少数民族在经济、政治、文化上的帮助是起着重要作用的。

我国的经济从整个说来并不是繁荣富裕的，但是对我国的少数民族在财政上一贯是采取多给少取的方针。为了发展少数民族的经济和文化教育，国家给予种种物质上的补助和规定种种特殊的照顾，一般较优于汉族。更重要的是汉族的干部、工人、教员、医生深入少数民族地区去为少数民族人民服务。我在金秀瑶山的访问期间，曾亲自和那些长期在山区工作的汉族及壮族干部谈话，许多现在在自治机关里的瑶族领导干部就是这些汉族和壮族干部一手培养起来的。那些到少数民族地区去服务的其他民族干部，都有培养当地民族干部的任务，有些甚至规定要有了当地民族干部的接班人才能回到本乡工作。

北京、上海等大城市分别承担遣派工人、教员和医生到少数民族地区去服务的任务，派出的工人、教员和医生有责任培养当地民族的接班人。大城市的工厂、学校和医院在少数民族地区建立对口机关，扶助他们能由本民族人员独立经营和活动。西藏的许多工厂就是这样建立起来的。

汉族把帮助少数民族发展作为自己应尽的义务，一方面体现了受到社会主义教育的人们为人民服务的自觉的精神，在进行这种精神的教育中，白求恩大夫是中国人民敬爱的教师；另一方面由于他们认识到少数民族的发展是和我们祖国的安全和繁荣密切相关的，帮助少数民族也就是帮助自己。这种事实在现代化的过程里更容易认识清楚。离开幅员广大、资源丰富的少数民族地区，人口众多的汉族挤在有限的耕地上是没有远大的经济前途的。少数民族也很容易明白没有汉族兄弟们的先进知识、技术和劳动力，要开发他们居住地区的资源也是不可能的。所以在中国现代化的过程中，汉族需要少数民族，少数民族也需要汉族。周恩来总理曾总结这个道理成一句话："合则双利，分则两害。"中国的现代化在客观需要上把已经团结在一起的中华各民族更进一步地结合了起来。

在前进的道路上，困难是不会少的。我们把中国现代化的道路称作新的长征。这说明我们对于这条道路上的困难是有充分估计的，同时也充分表现了我们具备克服这重重困难的决心。

最后让我谈一谈少数民族发展上存在的问题。

看来少数民族在现代化过程中最严重的困难是在怎样迅速提高他们科学文化水平的问题。不具备相当科学文化知识就学不会现代生产技能，也就谈不到参加现代工业和农业。要提高少数民族的科学文化水平，先进的汉族固然要出力帮助，但主要还是要靠少数民族广大人民自己的努力，而他们原有的文化水平，对他们能否迅速提高也是重要的条件。

我国少数民族除了少数在文化水平上和汉族不相上下，如回族、满族、壮族、朝鲜族等之外，绝大多数是比较落后的。在解放前只有17个少数民族有自己的民族文字，其中能作为一般交际工具的尤属少数。没有文字的少数民族只能通过学习其他民族的文字来获取文化，所以他们本民族的知识分子是很少的。解放后，为了实现民族平等，宪法规定各民族有使用本民族语言文字的自由，并由语言学者提出了一个供各民族采用的共同的拉丁化拼音字母方案。依据这个方案，任何民族的人都可以用这些字母拼写自己的语言。但是由于各民族一般都有方言的差别，这样拼写出来的并不是一个民族通用的文字。经过语言学者的调查研究和本民族的努力，解放后有10个民族创造了新的文字，但是其中有些民族的新文字还未能为群众所通用。现在还有一半以上的少数民族有自己的民族语言而没有自己的民族文字。这些大多是人数较少的民族，总的说来占少数民族中的少数，但是有语无文的问题不解决，这些民族要提高他们的文化是极为困难的。

为了迅速提高少数民族科学文化水平，对少数民族语言问题必须加强研究工作，并且应当总结过去30年来的经验教训，找出一条发展少数民族语言文字有效的道路，从当前的具体情况出发，在已经有文字的民族中，必须大力通过其本民族文字作为提高民族文化的工具，在使用中改革和提高民族文字，使其能承担促进现代化的工具，在发展本民族的语言文字的同时，还有需要创造在自愿基础上学习其他先进民族语言的条件。至于那些没有文字的民族，在创造本民族文字的同时，更有必要利用其他邻近民族的语言为提高水平的渠道。在现代世界里交通工具的现代化使得不同民族人民之间的往来日益频繁，语言的差异已成为一个社会生活的障碍，而目前比较普遍的解决办法，似乎不是向形成一个世界统一语言的道路发展，而是出现越来越多能说多种语言的人。这种情况对我们处理国内民族语言问题时是有启发的。我们能够一方面坚持宪法所规定的各民族人民有使用本民族语言文字的自由，一方面加强各民族学习其他民族的语言文字，以加速各族人民科学文化水平的提高。

中国少数民族地区的现代化建设提出了许多急需解决的问题，上面所提到的语言问题不过是其中的一个。为了要更好更快地解决这些问题，我们这些负有研究少数民族历史社会责任的科学工作者深切感到自己的任务重大，而现有的知识远远落后于国家和人民向我们提出的要求。我们在决心加倍努力进行科学研究工作的同时，衷心希望能有机会向国外的先进的科研工作者学习，并得到他们的协助。我抱有这样的希望来到白求恩大夫的故乡，我相信我这个希望是一定会得到满足的。

1979 年 10 月

本文系作者在加拿大麦吉尔大学所作的柯明思演讲。载《民族与社会》，人民出版社 1981 年版。

我国是统一的多民族的国家

"占人类总数 1/4 的中国人从此站起来了。"这是 29 年前,中华人民共和国诞生时,伟大领袖毛主席的庄严宣告。就在这一刻,围绕他四周,来自祖国各民族的代表,用着各自的语言,发出一致的欢呼,震荡着祖国大地。

这是史无前例的。祖国 50 多个民族,平等团结,手携手,肩并肩,在中国共产党的领导下,共同踏上了光芒万丈的社会主义大道,为我国 5000 多年的伟大历史揭开了崭新的一章。

从中华人民共和国成立的那一天起,中国各民族开始结成为友爱合作的大家庭。

一

祖国山河,美丽富饶。我国各族人民的祖先,从远古的时代起,已经劳动、生息、繁殖在这块广大的土地上。他们在生活实践中有所创造发明,开发了他们所居住的地方。他们在长期的相互往来中,互通有无,相互促进,发展了文化。历来出土的古代文物具体地保留着各族交流、相互影响的史迹。这充分说明了我们今天所继承的灿烂文化是我国各族世世代代勤劳勇敢的人民共同的成就。我国各民族人民对此都做出了他们的贡献,不是任何哪一个民族单独的创造。

我们这些唇齿相依、休戚相关的各族人民一直患难与共,同仇敌忾地反抗压迫他们的敌人。有文字记载可稽的,早在公元 1000 多年前,推翻当时奴隶主统治的商王朝的武装斗争中,就有各族人民的参加,当时记载下来的族名,还有些和现有的民族的名称相近。

在这个经济、政治、文化的共同基础上,在公元前 200 多年,秦始皇完成了建立中央集权的统一国家的历史任务。我国各民族从此共同生活在统一的国家里，增强了团结，促进了发展，这是适应历史潮流，符合各族人民利益的伟大创业。民族的团结，国家的统一，一直是我们祖国历史的主流。

我们应当看到：我们这个多民族统一的祖国，当初还存在着时代的局限性。它是形成在我国主要地区进入封建社会的初期。当时建立的是一个新兴的封建地主阶级统治的国家。当封建地主阶级在历史上转化为反动的、落后的、腐朽的阶级时，它就利用这统一的国家作为压迫各民族人民的工具，出现了危害人民利益的一面。他们害怕各族人民联合起来反对他们，因而挑拨各族人民的关系，制造民族歧视和民族隔阂，破坏民族团结。

被统治的各民族在社会发展过程中先后产生本族的剥削阶级，他们和中央王朝存在着勾结、依附和对抗、争夺的关系。他们经常利用民族的名义为他们自己的阶级利益服务。各族剥削阶级间的争权夺利引起民族间的对立和战争，在我国历史上出现过间断和暂时的分裂时期，破坏过国家的统一。这是我国历史上暂时的、间断的逆流。

在过去漫长的岁月里，不论哪一个民族的剥削阶级占有了统治全国或地方的政权，总是对异族实行民族压迫政策，带来了各族人民痛苦的遭遇，人数较少的被压迫民族受难更深。许多受到武力的摧残，被迫迁移，流散四方；许多被孤立在荒僻的边区；许多甚至被强制同化，亡种灭族。历史上民族的变化是很大的。

近百年来，我国各族人民又遭受到帝国主义侵略。万恶的帝国主义侵占我国的领土，掠夺了许多兄弟民族的家园；他们挑拨我国民族关系，勾结民族败类，搞分裂，闹独立。真是："长夜难明赤县天，百年魔怪舞翩跹，人民五亿不团圆。"

缔造了统一祖国的各族人民是经得住历史的考验的。他们对国内外敌人的剥削压迫和分裂阴谋的答复就是加强团结，坚决反抗。即以近百年来说，每一次大小规模的反帝反封建的革命斗争总是各族人民共同进行的。太平天国的革命运动就是在多民族杂居地区发动，一直有各民族人民参加，并且得到西南、西北各民族地区革命运动的配合。在新民主主义革命时期，中国共产党领导的红军北上抗日，通过少数民族地区。毛主席英明的民族政策为这些地区的广大少数民族人民带来了民族平等的光辉。他们全力支持过境的红军，纷纷派遣自己的子弟踊跃参军。革命的种子深深地播进了少数民族人民的心上。

各族人民经过了长期的不屈不挠的斗争，终于推翻了三座大山，获得了胜利。从此这个统一多民族的国家成了一个友爱合作的大家庭。毛主席指出："国家的统一，人民的团结，国内各民族的团结，这是我们事业必定要胜利的基本保证。"

几千年来，反动统治阶级所制造的民族隔阂，在革命烈火前，像冰块一样地消融了。马克思、恩格斯早在《共产党宣言》里指出："人对人的剥削一消灭，民族对民族的剥削就会随之而消灭。民族内部的阶级对抗一消失，民族之间的敌对关系就会随之消失。"我国的革命实践证明了这伟大的真理。只有推翻了剥削人民、压迫人民的剥削阶级的统治，才能真正地实现民族平等。民族平等的实现使民族间的友爱和合作代替了隔阂和仇视。

令人难忘的是当解放之初民族平等的信息传到各民族地区时所激起的那种欢欣鼓舞的气象。中华人民共和国成立后，毛主席派遣了访问团深入各民族地区宣传党的民族政策。各族人民奔走相告，越高岭、涉深溪，扶老携幼，争迎毛主席派来访问的人。他们紧紧拥抱在一起，用热泪代替了语言。民族大家庭的深情厚谊洋溢五湖四海。

二

我们祖国的兄弟民族终于团聚了，但是由于长期被反动统治阶级分隔离散，相见之下，竟有很多互不相识。当时有谁能说得清我们祖国有多少民族，他们叫什么名称？

我们祖国的许多民族都有悠久的历史。它们都是在长期历史过程中形成和发展的，分别在语言、地域、经济和心理素质上表现出一定的共同性。它们都存在着发展上的特点。各民族的人民又各自具有他们的民族意识。

当然，由于迁移、流散和阻隔，有些民族被分割在不相联接的地区，在语言上发展了不同的方言和口音；又由于与其他民族交错杂居，受到不同的影响；在经济上又与不同民族在不同程度上结合在一起；这许多历史因素使得有些民族在其共同性上出现了比较复杂的情况。所以在确定我们民族大家庭的成员时，有些要经过一个识别的过程。至今有个别人数较少的民族集团是单一民族还是某一民族的一部分的问题，还没有结论。现在已经肯定了的，除了汉族之外，共有54个民族①。

我国各民族的人口，多少不等，相差很大。人口最多的民族是汉族，不仅比任何其他一族为多，而且比所有其他各族都加在一起还要多。他们占全国人口的94%，其他54个民族一起只占6%。因此，我们统称这54个民族为少数民族。这些少数民族在人口上还是相差很大的。其中人数最多的是壮族，现在约有1000万人，其中人数很少的鄂伦春族，约有2000多人，又如赫哲族约有1000人。

54个少数民族中人数超过100万的有10个，它们是蒙古、回、藏、维吾尔、苗、彝、壮、布依、朝鲜、满等族。其他都不到100万人，其中超过10万人的有18个，它们是侗、瑶、白、土家、哈萨克、哈尼、傣、黎、傈僳、佤、畲、高山、东乡、纳西、拉祜、水、景颇、珞巴等族。有26个民族人数不到10万人；其中在1万人以上的有16个，它们是柯尔克孜、土、达斡尔、仫佬、羌、布朗、撒拉、毛南、仡佬、锡伯、阿昌、塔吉克、怒、乌孜别克、普米、门巴等族。人数不到1万的是俄罗斯、鄂温克、崩龙、保安、裕固、京、塔塔尔、独龙、鄂伦春、赫哲。

少数民族人民解放前所遭受内外敌人的压迫和剥削极为残酷和严重，人口下降。远的不提，30年代反动军阀在甘肃屠杀回族，在广西屠杀苗族和瑶族等；40年代国民党反动政府在内蒙古伊克昭盟屠杀蒙族；在新疆镇压维、哈等少数民族，受害的都是成千上万。日本帝国主义入侵我国，在东北对赫哲族的屠杀，对鄂温克族搞灭绝人性的细菌试验，使得这些民族几乎绝灭。西藏的藏族人民在野蛮的农奴主统治下，100年间人口减少了1/5。其他少数民族的情况类似。解放后，废除了民族压迫制度，进行了社会主义革命和建设，才根本上扭转了少数民族人口下降的趋势。据估计，目前壮族人口已超过1000万。以人数最少的赫哲族说，已从解放时的三四百人增加到1000多人。

我国各民族有大有小，而且大小悬殊，但是不论大小，一律平等，都要团结。毛主席教导我们："我们要和各民族讲团结，不论大的民族，小的民族都要团结。例如鄂伦春族还不到2000人，我们也要和他们团结。"

---

① 其时，基诺族在少数民族中尚未被认定。——编者

三

少数民族人口虽少,但是它们的聚居区所占的面积很广,约占全国总面积的 50% 到 60%。汉族几乎全国各地都有,但主要集中居住在我国东半部的平原地区,少数民族则主要分布在我国西半部,少数在沿海岛屿及内地。

我国亘长的边境,绝大部分是少数民族聚居的地方。东部的台湾有高山族,南部的海南岛有黎族和苗族。东北的图们江流域有朝鲜族,乌苏里江流域有赫哲族,黑龙江流域有鄂温克族和鄂伦春族。内蒙古有蒙古族。新疆边境有哈萨克族、维吾尔族、柯尔克孜族等。西藏有藏族、门巴族、珞巴族。云南边境有傈僳族、独龙族、景颇族、佤族、傣族、彝族等。广西边境有壮族、京族等。这些都是住在国防冲要地区的民族,他们世世代代开发了我国的边疆,并捍卫了我们祖国的安全。

由于长期的人口流动,各民族人民相互渗透,形成了十分复杂的分布格局。一般说来是各民族以大小聚居区交错共处在一起,很难用明确的界线划出各族的地区。我们所说的"民族聚居区"并不是指只有某一个民族居住的地方,只是指某一个民族比较集中居住的地方。在任何民族聚居区都有其他民族杂居在内,甚至在人数上其他民族也不一定是少数。当前我国所有的省和民族自治区没有一个不是包括若干民族的居民,在县市一级大约有 70% 也是这样。因此一个较大的某一民族聚居区里可以包括若干较小的其他民族聚居区,而这些较小的民族聚居区里又常常住着许多其他民族的居民。

举个例子:维吾尔族有 390 万人比较集中居住在新疆地区,所以我们说新疆是维吾尔族聚居区。但是新疆一共有 653 万人,包括了 13 个民族,其中维吾尔约占 61%。其他这些民族在新疆分别有它们比较集中居住的地方,如哈萨克族就有 43 万人住在伊犁地区形成了一个聚居区,另外在其东还有木垒和巴里坤两个较小的聚居区。而且在甘肃和青海还有一些哈萨克人。这个例子说明,由于历史上各民族的流动和互相渗透,一个民族可以分散在不同地区,互不联接,形成若干大小不同的聚居区。

在汉族聚居的地区同样星罗棋布地分散有许多少数民族的聚居区,而且还有许多少数民族居民几家几户、几家几寨地散居在汉族居民中间;经过很长的时间，他们还是保持他们的民族特点。东南沿海的浙江、福建、广东以及其西的江西、安徽等省的山区的畲族就是一个例子。又如蒙族和满族早年它们的统治阶级曾一度统治过全中国，因而有大量人口移居全国各地，至今分散杂居在这些地方。回族又由于特殊的历史原因，除了比较集中居住在西北宁夏地区外，分布极为广泛，全国各大城市，包括新疆、西藏在内几乎都有回族的居民。

西南横断山脉地区，民族杂居的情况更为复杂。在不同时期，由不同方向移入这高山深谷的地形中的不同民族，分别保持他们所居住的地域，甚至长期孤立，各自发展其特点。云南一省现在有 22 个民族。

也应当提到，汉族在很早的古代就大量迁移到少数民族聚居的地方。早在战国时代汉人已移入东北地区，在云南汉人已建立了地方政权；秦汉时代已有大量汉人定居在今新疆、云南的边境地区。他们和当地各族人民共同发展了当地的经济、文化。经过 1000 多年的生息繁殖，以及不断有汉人的继续移入，很多少数民族地区的汉族已在当地人口中占了相当大的比例。

这是我国各民族分布的概况，小聚居、大杂居是它的特点。各民族的大小聚居区犬牙交错，插花共处，交织成不可分割的整体。

四

我国各民族在这样悠久的历史中，这样交叉杂居的共处下，相互间密切地往来接触，又共同生活在统一的国家里，他们之间的融合是必然发生的。历史上的许多古代民族现在已经不复存在，不能认为他们的后裔都已绝灭，大多是已和其他民族相融合，或以新的民族的名义出现在历史上了。

不论在历史上发生过多少变化，值得我们注意的是尽管经过这么多的变化，而至今我国还有这样多的民族，各自还保持着一定的民族特点。

最容易使人注意到的是在语言上所反映出来的民族特点。一般说来，同一个民族的人所操的语言基本上是相同的，当然相同的语言可以有不同的方言，方言之间的差别在程度上也有不同。不同的民族大多具有不同的语言，但是也有一些不同的民族说相同的或相近的语言。

根据语言学的分析，我国少数民族语言大多数属汉满藏语系，约占少数民族人口的 74%，主要分布在中南和西南；其次属阿尔泰语系，约占 21%，主要分布在西北和东北；个别属南亚语系和印欧语系。有少数如回、满、畲等族现在都已用汉语作为自己民族的通用语言。

由于过去少数民族地区交通不便和聚居区的分散，同一民族语言常有多种方言的区别，而且有些民族，如苗族，各方言之间的区别相当大，甚至不易通话。由于各民族杂居在一个地区，他们很多能使用邻近民族的语言。例如和汉族接触较多的民族，通常能使用汉语。在新疆，许多少数民族能使用维吾尔语。

解放前有蒙古、藏、维吾尔、朝鲜、哈萨克等 10 个民族有通行的文字。有些民族如彝族、纳西族、水族保有一些不为群众通用的古老文字。解放后党和国家先后帮助 13 个民族创造了或改革了文字。

解放前，国民党反动政府实行民族压迫，对少数民族采取强迫同化政策，强迫少数民族说汉语，用汉文；不承认用少数民族文字书写的文件具有法律效力，甚至在公开场合说少数民族语言，也要受到侮辱。

解放后，少数民族获得了民族平等。宪法规定各民族都有使用和发展自己的语言文字的自由。在少数民族聚居的地方，政府机关使用当地通用的语文行使职权。在少数民族地区的汉族干部要学习少数民族语言。

在一个多民族的国家里，还存在着多种民族语言和文字的情况下，这些民族的语言文字受到应有的尊重是实行民族平等的重要表现。在一个国家内各民族共同语言的形成，必须在各民族语言文字受到尊重和各民族人民有使用本民族语言文字的充分自由的前提下，在长期历史发展中取得的。至于少数民族人民为了生活上和学习上的需要自愿学习汉文汉语或其他民族的语言文字，都应当给以积极支持和帮助。

由于历史原因，各少数民族中存在着不同的宗教信仰、风俗习惯。

流行在少数民族中的宗教信仰有：回、维吾尔、哈萨克等族的伊斯兰教；藏、蒙等族的喇嘛教；傣、布朗等族的小乘佛教，还有许多民族有种种自然崇拜和祖先崇拜，以及对鬼神的迷信。帝国主义在文化侵略中又在一些民族中传入了基督教和天主教。

这些宗教信仰在少数民族中具有一定的群众性，一般说来是思想认识问题。但是在解放前，这些宗教信仰总是为剥削阶级所利用成为他们剥削和压迫劳动人民的工具，甚至成为他们政治权力的基础。有些民族的人民在反动统治下被强迫接受某种宗教，没有不信仰宗教或信仰其他宗教的自由，例如藏族人民被强迫信仰喇嘛教，要遣送自己的子弟到寺庙当喇嘛，终身不得还俗。这种情况是不能允许其继续存在的。

我们必须把人民群众的宗教信仰和封建统治阶级利用宗教形式对人民的压迫剥削制度区别开来。对于人民群众的宗教信仰，少数民族人民和我国其他的公民一样，享有信仰和不信仰的自由，同时也都有宣传无神论的自由。

各民族的风俗习惯存在着差异，而且在民族杂居地区，这种差异也容易引起隔阂。过去反动统治阶级一贯利用这些来挑拨民族关系。为了加强民族团结，在风俗习惯上，各族人民应当采取相互尊重的态度。

少数民族中间也存在着某些和比较落后的生产方式相适应的风俗习惯，阻碍社会的进步。有些民族由于过去缺医少药，发生了种种禁忌；有些民族把男女不平等的社会关系凝化在风俗习惯里，甚至成为婚姻制度的一部分。这些都是应该改革的，但是主要是要采取说服教育的方法，由本民族人民自己来进行，不能强迫命令，所以宪法规定了各民族都有保持或者改革自己的风俗习惯的自由。

五

我国各民族是长期在统一的国家里相互学习、相互帮助中发展起来的。人口较多，经济、文化比较先进的汉族，对各少数民族的社会发展，曾经起着重要的推动作用。这是我们历史的、主流；也是我们民族大家庭里民族关系的主要方面。由于各民族人民间的互助合作，大部分少数民族的社会发展基本上相同于或接近于汉族。在中华人民共和国成立时，我国少数民族中大约已有30多个民族，合计将近3000万人，约占少数民族人口的85%，已经和汉族一样进入了封建地主经济的社会发展阶段，其中有些民族并有了不同程度的资本主义经济因素。

另一方面，由于历代统治阶级的压迫和剥削，在民族之间常采取民族压迫的形式，各被统治的少数民族的剥削阶级，又总是勾结和依附历代王朝的统治者及其后的军阀和国民党反动派，维持他们对本民族人民的残酷压迫和剥削，并顽固地维护其落后的剥削方式，所以重重压迫下的少数民族人民，在解放前苦难深重，生活穷困，社会发展受到阻碍，经济一般比较落后。

因此，不仅已经进入封建地主经济的那些少数民族在经济水平上一般落后于汉族，而且还有一些民族在不同程度上在解放前依然停留在比较落后的发展阶段。解放初期，大约有400万人口的地区，包括西藏的藏族、云南的傣族等，还保持封建农奴制度，大约有100万人口的地区，主要是四川凉山的彝族，还保持奴隶占有制度；此外还有约60万人口的地区，如以游猎为生的鄂温克、鄂伦春等族，和以农业为主的独龙、怒、佤等西南边区的民族，还保持一定程度的原始公社制度的残余。但是完全处于阶级没有分化的原始社会的情况，至今还没有发现。这些还保持比较落后的社会制度的少数民族人口总数不超过600万，占少数民族总人口的15%。所以把所有的中国少数民族都说成是原始和落后是不符合事实的，这是过去反动统治阶级为了推行大汉族主义而捏造的谬论。

应当承认的是我国少数民族在社会发展上存在着不平衡的事实。

只有社会主义能救中国，这是各族人民一致的信念，各民族共同建设社会主义祖国，少数民族地区和汉族地区一样必须进行社会改革，包括民主改革和社会主义改造。

我国少数民族地区社会发展虽然不平衡，但是各民族内部都存在着阶级对立。阶级问题不解决，剥削制度不消灭，民族问题也不可能得到最后的解决。毛主席针对少数民族地区的情况曾指出，"社会制度的改革必须实行"。同时，在少数民族地区的社会改革问题上又必须注意到各民族由于发展不平衡而发生的特点。毛主席又说，要"团结起来，按照各民族不同地区的不同情况进行工作"。社会改革的过程必须照顾各民族当前发展阶段的特点，这是完全必要的。列宁说："一切民族都将走到社会主义，这是不可避免的，但是一切民族的走法却不完全一样。"

周总理在1951年根据马克思主义的原理和毛主席的教导，对少数民族内部社会改革问题曾作出了原则性的指示："各民族内部的适当改革，是各民族发展进步，逐渐跻于先进民族水平所必须经历的过程。但这种改革必须适合其本民族当前发展阶段的特点，必须根据其本民族大多数人民的意志，并采取妥善步骤，依靠其本民族干部去进行。"

我国各少数民族地区，除台湾省的高山族地区外，在中国共产党的领导下，按照毛主席所指示的道路，先后进行了社会改革，现在民主改革和社会主义改造已经完成。

六

各少数民族地区社会改革的胜利完成是在各族人民当家做主的基础上取得的。深受阶级压迫痛苦的各少数民族的广大人民群众是迫切要求社会改革的，但只有广大人民群众获得了管理国家和各民族本身事务的政治权利，他们的愿望才能实现。各少数民族聚居的地方实行区域自治，保障了各民族广大人民群众参预国家大事，决定民族内部事务的政治权利，实现了民族平等，促进了民族团结，充分发挥了少数民族人民进行社会主义革命和建设的积极性。

民族区域自治是毛主席运用马克思列宁主义解决中国民族问题的基本政策之一。它是在中华人民共和国统一的国家内，在中国共产党领导下，在少数民族聚居的地方建立的，实行人民代表大会制和民主集中制，并享有由法律规定的自治权利的地方政治制度。它是我国无产阶级专政制度的一个组成部分。

民族聚居的地方按其区域的大小分别成立区、州、县等级的自治地方。各自治地方都是中华人民共和国不可分割的部分。各地方按宪法规定设立各级自治机关，在中央及各级政府领导下，按照该地方大多数人民的意志，管理本民族自己的事务，实现少数民族当家做主的权利。

实行民族区域自治的地方的少数民族享有法律规定的自治权利，如决定自治机关的具体形式，采取通用的民族文字为行使职权的主要工具，培养和使用民族干部，管理财政，发展经济、文教事业，及制定适合于本地方的单行法规等。

迄今，全国已建立了相当于省一级的自治区5个，它们是：内蒙古自治区（1947年），新疆维吾尔自治区（1955年），广西壮族自治区（1958年），宁夏回族自治区（1958年），西藏自治区（1956年开始筹备，1965年正式成立）；相当于专区一级的自治州29个，相当于县一级的自治县69个。我国所有相当于县一级以上的少数民族聚居的地方，都已经实行了民族区域自治。

有些较小的少数民族聚居区，分散在汉族人口占绝大多数的地区里，而这些地区较小不便于成立一级政府的，为保障这些少数民族人民的平等的政治权利，在包括这些少数民族人民的行政区域的地方政权机关，均有各民族的代表参加，对人口特别少的民族都有适当的照顾。这样就体现了各民族人民享有平等的政治权利，共同管理国家事务的原则，并使各少数民族所具的特殊情况得到应有的重视。

七

祖祖辈辈受苦受难的广大少数民族人民，翻身做了我们各民族共同的祖国的主人之后，在短短的时间里，逐步改变了原有的面貌。深山老林，荒漠僻壤，现在已是层层梯田，牛羊遍野。不断地在创造出前所未见的奇迹。

少数民族地区经济发展具有优越的条件：有党的领导，有社会主义的制度，有勤苦耐劳的人民，有比较先进的兄弟民族的帮助，有广阔富饶的资源。实践证明，蕴藏在群众之中的伟大的创造力，在社会主义革命和社会主义建设的高潮里一次一次的推动着我国少数，民族跻于先进民族的行列。

举例来说：西藏过去在封建农奴制度的反动统治下，不仅没有现代工业，手工业也很落后。解放后，经过民主改革特别是"无产阶级文化大革命"运动，西藏地方工业从无到有、从小到大地蓬勃发展起来，几万名过去的农奴已成为西藏第一代掌握现代化机器的产业工人。现在全区已经建立电力、燃料、化工、机械等几百个中小型厂矿，其中70%是"文化大革命"中建立和发展起来的。1973年全区工业总产值比"文化大革命"前的1965年增长2.8倍；煤、电、水泥、农业机械等主要产品的产量，分别提高了一倍到几倍，许多如呢绒、毛毯、皮革等产品，不仅可以自给自足，而且有些已可以支援兄弟省市。

内蒙古的钢铁工业，新疆的石油工业都已成了我国社会主义建设的重要基地。已经建成的成昆铁路，穿过崇山峻岭的西南少数民族地区，使千年险道成了经济动脉。这一切都生动地证明了毛主席的论断："社会主义不仅从旧社会解放了劳动者和生产资料，也解放了旧社会所无法利用的广大的自然界。"

千百万少数民族人民在这短短的29年里，在社会主义的大道上做出了无数的英雄事迹，不是笔墨所能写得尽的。2000年来各族人民所创建的我们这个统一的多民族国家，正在焕发出美妙的青春。在我国历史上这仅仅是新的一章的开始。

1979 年

民族区域自治的优越性

去年秋末我去加拿大访问了一个半月,回来后有机会重新学习敬爱的周总理1957年在青岛民族工作座谈会上的讲话。联系到我在国外看到的一些北美少数民族的情况,越来越觉得我国在少数民族聚居的地方实行民族区域自治,确是"史无前例的创举"。它体现了社会主义制度的优越性,正如周总理所指出的:"这种民族区域自治,是民族自治与区域自治的正确结合,是经济因素与政治因素的正确结合,不仅使聚居的民族能够享受到自治权利,而且使杂居的民族能够享受到自治权利。"

我的这种体会是出于把北美印第安人保留地同我们的民族区域自治的对比。我过去一直确认民族区域自治是我国共产党解决我国民族问题的一条行之有效的基本政策,这是我从过去30年来民族工作实践里得到的正面教育。这次出国访问看到了和我国不同制度的国家怎样处理它们民族问题的情况,对比之下我们社会主义制度的优越性也就更突出了。所以我想介绍一些北美印第安人保留地的情况,也许对学习周总理的讲话可以有点帮助的。

当然,我先得声明,我这次访问加拿大的时间很短,并没有条件去研究他们的民族问题,只在讲学之余,抽空去参观了两个印第安人的保留地:一个在曼尼托巴省的温尼伯市附近,一个在萨斯喀彻温省的里贾纳市附近。走马看花,很难深入,这里所说的只是我初步的观感罢了。

印第安人是加拿大的少数民族,人数究竟有多少,并没有个确数。据1975年按法定条件登记为印第安人的一共有28万多人,占全国人口总数的1.3%。他们大部分分散居住在全国各省2200多个保留地里。保留地大小不一,一般是相当小的,我去参观的两个都只有几十户人家。

"印第安"是欧洲人移入美洲时对早就居住在这地方的土著居民的统称,

一直沿用至今。其实他们的民族成分相当复杂，即以加拿大的印第安人来说就有九种不同的语言。据说美洲的印第安人是早期从亚洲移去的，最早大概是2万5000到3万年前从西伯利亚，经过今白令海峡进入美洲的。从人种上说确实是和我们同属蒙古利亚种，他们的面貌体形、头发肤色都和我们中国人相近。有些加拿大华侨朋友告诉我，他们常被误作印第安人。

当17世纪初欧洲人开始移入加拿大时，印第安人是这片广阔土地的主人，人数和目前相差不远，也在25万人上下。但是近400年里却遭逢巨变，几至消亡，现在还不能说已经看到光明。我们要了解他们目前的处境，不能不说一点过去的历史。

加拿大地处美洲北部，其南界主要是沿纬度49°，相当于我国东北内蒙古海拉尔一线。地理条件有相似之处，林海雪原里过去盛产皮毛丰美的野兽。印第安人千万年来一直到近几百年主要以狩猎为生。最初吸引白种人到今加拿大地区来的，就是这种在欧洲市场上能卖高价的皮毛。印第安人历来是不受奴役的硬汉，白人要这些打猎能手手上的皮毛，只能用商品同他们交换。商品中最受他们欢迎的是能扩大和提高他们狩猎的枪支弹药。但是这种"生产工具"一到了他们手上，他们赖以生存的野兽却很快就消减了。白人皮毛商为了开辟货源，越来越深入北美腹地，而这些地方的印第安人的传统经济却日益被破坏，以致无法维持。

欧洲移民源源不断地移入北美北部，最初占主要地位的皮毛贸易随着货源的消竭而衰落了。继之而兴的是淘金采矿、伐木取材，那就是开始由白种人自己动手来开发这地方的自然资源了。加上了白人比较先进的农业和工业的发展，白人要得到的主要已不是印第安人手上的皮毛而是他们所占有的土地了。白人吞并印第安人土地的主要方法是和印第安人签订不平等条约：强迫或诱骗那些经济沦入绝境发生了严重饥荒的印第安人，把土地所有权交给当时白人的统治者英国国王，由英国国王保证给原来住在这土地上的印第安人有一定的居留地和定额的年金。这就是所说的"保留地"。这种保留地制度由东部开始随着白人移殖而逐步向西，一块一块土地在不同年份，分别用条约形式从印第安人手上抢夺过来；印第安人一批批被圈进保留地。

我去访问的两个保留地都是在加拿大中部，这些保留地是在大约100年前，东西横贯大陆的太平洋铁路兴建时才建立的。现在这些保留地里的印第安人还记得他们的祖辈是从铁路南面被迫集中到离铁路线大约有几十公里的这片荒瘠的洼地里来的。他们说，那时白人怕我们袭击铁路所以不让我们住在老地方。

我见到的这两个保留地确是离市较远、土地贫瘠，什么庄稼都不长，连菜园都见不到。我坐在车里穿行过这个保留地，路旁稀稀落落，一座座小小的木板住宅，不相邻接，不成村落。这些房屋外边看去并不破烂，同车的朋友告诉我，这是政府造给印第安人住的，水电俱全。引起我特别注意的是几乎每家门前都停放着汽车甚至不止一辆。我的朋友解释说，这些汽车不少是废品。那些卖旧汽车的商人习惯于欺侮印第安人，把快要报废的旧车贱价卖给他们，用不了多久就坏了。他们又修理不起，就停在屋旁作摆饰。

我到过一个退休的头人的家里做客，参观了他的住宅，固然不能和城里的中上人家相比，但是基本上是"现代化"了的，卧室、客厅、厨房、卫生间一应俱全，电话、电视、电气冰箱也不缺少。他家的汽车并不是废品。我没有去看那些普通人家的情况，但据说从物质方面来说，保留地的印第安人家的确并不是破烂的贫民窟，那是因为这些年来加拿大政府是按条约规定保证了他们的衣食住的基本生活，是可以达到不饥不寒的最低生活水平的。我没有问出究竟他们一年按条约能收入多少，看来主要的问题似乎不是在这里。

我跟这位退休的头人谈话时，他总是唉声叹气。我说：你们的生活不是都能过得去么？有什么困难呢？他摇了摇头，自言自语似地说：这是个失去了希望的地方呀！经他解释之后我才有一点明白。原来整个保留地没有一项可以称得上生产的事业。既不种地，又没有工厂或作坊。据说还有一些印第安人懂得打猎和捕鱼，但也不是为了生产。我问他，为什么不办一些小工厂，即使发展一些手工业也好。他还是摇头，慢吞吞地说："不行，一无资本，二无人懂得经营，三无市场。"看来还有一条，就是四无此种想法。

那么呆在保留地里干什么呢？陪同我去参观的朋友接口说，问题就在这里！他说：不劳动，不生产，靠救济过日子，日子是难过的。当前保留地里最突出的问题是酗酒。喝醉了就闹事，倒不是闹什么大事，就是些打架、凶杀之类的事，自杀的也不少。总之，保留地是块死气沉沉的绝地。

那位退休的头人似乎不愿意在像我这个远方来客面前说这些丧气的话，于是捧出了一幅不久前在他过生日那天照的相片给我看。这张相片上前后三排，老小男女济济一堂。他特别介绍相片上的三对中年夫妇，原来是他的三个女儿和女婿。这三个女婿全是东欧来的移民，在城里做工。按法定的条例，这些嫁给白人的姑奶奶和她的儿女都不再算是印第安人了。加拿大话里有一个专门的名词指这种混血，叫"妹第"。他们不能再享受政府给的"条约年金"了，也就脱离了保留地，回不来了。

这老头的"合家欢"里的儿孙没有几个是在保留地里生活的。印第安人按"条约"有受教育的权利，所以可以免费上学。近年来，政府又把办学权下放给保留地。印第安人的儿童可以学自己的民族语文。但是在保留地里没有生产事业，那也就很少有就业机会。学校里毕业出来只有在城市里找工作。他们也就进入了和白人"平等"竞争的世界，结果当然是不会"平等"的。在这激烈竞争的筛子里留下的印第安人为数不多。我见过当教授的印第安人，但究竟是凤毛麟角，在白人为主的社会里混得下去的印第安人，大多是一些非技术工和一些低等的服务员。混不下去的，如果还保留着法定条约权利的话，只有回保留地一条路。这样看来，保留地事实上成了个失业收容所，而且一进这收容所就很少机会再回到外边的大社会里去了。从这个角度去看这些保留地就容易理解为什么保留地里的印第安人尽管在物质生活上还不能说是流离失所、穷困悲惨，而他们的精神面貌却是如此颓废忧郁、死气沉沉了。

我自从参观了这两个保留地之后，心里总是牵挂着一些问题，因为我觉得这样下去，北美这地方的印第安人终究是会消亡的。加拿大很多开明的朋友也像我一样忧心忡忡。他们说：白人移居北美，把原来的居民最后赶到保留地里去之后，尽管每年拨款养他们但是这不是个永久的办法，眼看印第安人在消亡下去。他们也说加拿大社会上种族歧视并不像美国这样厉害，特别是70年代加拿大的联邦政府和各省的地方政府很重视印第安人的民族问题。各级政府通过了种种立法扩大在保留地上的印第安人的自治权利，比如保留地里学校交给印第安人自己管理，其他的行政事业也有很多已由印第安人自己选出的头人来管理了。据说联邦政府拨给各保留地的行政费用1976年已超过1亿加元。此外还拨了1亿4000万加元作为印第安人经济发展基金，以贷款方式来改进保留地的经济状态。这些办法是不是能改变印第安人的命运呢？这却很难说。

我在里贾纳见到萨斯喀彻温省政府负责民族工作的人时也谈到这个问题，他们很诚恳地表示要学习我国民族工作的经验。过去历史上的账可以不再去算,现在加拿大的人民和政府似乎都愿意帮助印第安人能发展起来。而且有些人也已看到了现有的保留地制度必须要加以改造。但是关键问题是在哪里呢?

我对于加拿大现有的保留地制度并没有研究,如果以我所参观到的情况来说,至少过去建立这制度时这是一种"划地为牢"的办法,把印第安人集中到一个不具备经济发展条件的地区里,使他们过着无法从事生产的生活,尽管给他们生存的物质条件,结果还是难于生存下去。在这种保留地制度之下,是谈不上"自治"的。现在加拿大的印第安人在法律上并没有不平等的规定,在社会上也并没有显著的歧视。在保留地内印第安人可以管理自己的行政事务。从表面上看,不能说他们没有相当多的"民族自治权利"。但是事实上,他们所居住的区域并不具备自力更生,发展经济的物质条件;他们的历史又使他们在文化上比较落后,要他们在大社会里和白人"自由竞争",他们必然处于劣势。所以尽管加拿大政府继续执行"条约义务",每年花费大笔款子在"印第安人事务"上,尽管每年通过一些立法表示重视印第安人的问题,加拿大的印第安人的保留地依然是他们的"绝地",他们在加拿大的大社会里事实上并没有平等的地位。

说到这里,我们重新学习周总理为民族区域自治所指出的两个"正确结合",就不难看到保留地制度的症结所在了。保留地之所以成为印第安人的"绝地",首先就在于把他们按民族划区,只有法定的印第安人才能居住在保留地里。民族与区域这样的结合是不正确的;其次在于近年来尽管允许印第安人管理保留地上自己民族的事务,当家做主,但是这个家却是个不毛之地,除了讨乞别人的施舍之外是无法生活下去的。政治与经济这样的结合也是不正确的。要改变这种"绝地"成为"生路",看来有必要纠正这两个"不正确的结合"。

我回想起在我国实行民族区域自治之初,我们革命前辈就一再强调,在划定自治地方的区域时必须首先着眼于自治民族的发展前途。民族自治地方是自治民族现代化的物质基地。我们都记得1957年成立广西壮族自治区时的大辩论。辩论的主题实际上就是怎样才能实现上面所提出的"两个正确结合"。周总理指出:如果壮族自治地方只限于壮族聚居的桂西地区,"壮族自治区就很孤立了,不利于发展经济"。后来决定成立广西壮族自治区,把原来属于广西省的区域全部划入壮族的自治地方,因此广西壮族自治区才成了一个民族合作的自治区，一个有发展前途的自治区了。

把正反两种具体例子对比起来，看清楚什么是正确的和什么是不正确的，我们才能对民族区域自治的政策体会得更深入一些。民族区域自治确是史无前例的创举，但是要充分实现这种制度的社会主义优越性，还有待我们不懈的努力。

1980 年

支持六江流域民族的综合调查

今天我很高兴和老朋友们见面,想把我个人对于民族研究的一些考虑和大家谈一谈。

党的十一届三中全会以后,我有一个打算,想回到民族研究工作岗位上来,大家也知道,以前没有这个条件。后来我进了中国社会科学院民族研究所,提出了一个今后的工作计划。1978年在全国政协民族组召开的一次会议上,我讲了民族识别问题。1950年中央访问团到贵州,当时贵州有一些人,又像汉人又不像汉人,他们说自己是少数民族,而他们讲的语言还是汉语。这些人曾经被称作"汉裔民族"。汇报到中央,中央说这个名字不能成立,汉族就是汉族,少数民族就是少数民族,不能叫"汉裔民族"。比如贵州有些人叫"穿青人",穿青衣服的人,有十几万人,要求承认是少数民族。能不能承认这些人是一个少数民族呢?承认一个民族必须要有一定的根据,我们不能随意说哪些人是少数民族就是少数民族。

1954年民委派我们到贵州研究民族识别问题,搞了半年,通过调查研究,我们从历史上搞清了这些人的经历。大体上说,最早大规模进入西南的汉人是在汉代从四川下来的。那时贵州汉人为数较少,而且政治上是处于少数民族统治之下。到了明朝,明太祖调兵进云南打梁王,有大批搞运输后勤的百姓随军同行,通过贵州进入云南,在贵州建立了一系列军站。自此大批汉人从江西、湖南等地进入贵州,住在彝族统治区的边缘。这一大批人随着彝族统治势力的萎缩逐步向北移动,到了水城、黔西一带。这一批人曾经同彝族有不同程度的接触,有的接受彝族的统治和影响深一些,有的少一些,于是这个地区就出现了很多不同的名称,如"南京人"等等,其中人数最多的是"穿青"。看来,"穿青"是没有受到彝族统治的一批汉人。后来又有一批汉人进来。这两批汉人说话口音不一样，风俗习惯、妇女装饰也有不同。先后移入贵州的几批汉人之间，社会和经济地位不同。有些集团受到歧视，解放后，要求承认为少数民族。

我们把所了解的情况写了报告，认为他们是汉人的一部分，而不是少数民族。我们虽然搞清了他们的来历和变化，但有一个问题始终没得到解决，这就是他们在历史上所受的歧视。这个歧视不是民族性质的，应该逐步采取措施，消灭这个由于经济发展不平衡而引起的地方性差距。大概到现在还存在这个差距，所以还有人提出"穿青"是不是少数民族的问题。

在这段工作过程中，我们学到很多东西，民族固然有它的稳定性，这也是相对而言的，但决不是一成不变的。它因历史的条件有分化、有融合。民族是不断变动的，民族的形成有它的历史规律。在历史长河里，我们中国境内的各民族曾经起过不断的变化，其中变化最大的是汉族，它融合了很多不同的人进去，现在还没有人把汉族的形成过程搞清楚。我们要把中国民族史看成是一个发展的，不断变动的构成。我当时有研究这个问题的想法，但1957年后我不能出来搞实地调查了，只能看看书了。

解放以后，从中央访问团去各地收集资料，一直到1956年人大常委会组织调查组对各少数民族社会历史进行调查，在这一阶段，回想起来，我们是一个一个民族进行调查研究的。因为民族调查要适应当时具体民族工作的需要，当时的需要首先是要弄清楚我们中华人民共和国有多少民族？各个民族有多少人？我们国家的最高权力机关必须包括各民族在内。因此我们的研究是从各个民族出发，按民族为单位进行调查的。搞的是一个一个民族的历史，一个一个民族的调查。这种方法虽然出于当时的实际需要，有它的长处，但也产生了很多问题。

中央访问团是以大区为单位进行访问的，开始到西南，我自己到了贵州。贵州当时有一个民族叫"仲家"，他们不要"仲家"这个名称，改称布依。他们说的是壮语。中央先承认了布依是一个民族。后来中央访问团访问中南地区到了广西，又承认广西壮族是一个少数民族。布依族和壮族，承认有先后，成了两个民族。我并不是说壮族和布依族是一个民族，但是成为两个民族的理由还是应当研究的。

后来我到了云南，看了中央访问团的材料，我想到了一个问题：为什么一些民族如哈尼族，各方面都很接近彝族，但却是和彝族分开成了两个民族？为什么很多划在彝族支系的撒尼、阿细不是一个单一民族，而哈尼是一个民族？这就提出了很多需要我们研究的问题。我再说一遍，我的意思不是说划错了，而是说要进一步研究民族是怎么形成的。重要的是我们不要把已划定的一个民族作为孤立的单位去研究，要把它放在大的范围里看它是如何发展变化的。云南的彝族是一个很值得细细研究的对象，一提到彝族，人家就讲凉山奴隶制，这是对的。凉山奴隶制很突出，需要研究，但用它来代表彝族是否恰当呢？要知道这只是彝族的一小部分，而且是历史的残余部分。彝族本身发展很不平衡，这是历史条件造成的，我们要对彝族进行全面的研究，获得一个全面的认识。

我们过去搞的民族调查以及所达到的水平，已反映在《中国少数民族》一书中，成绩是很大的。一切知识在发展，我们有不足的地方，但不是错，而是不完备、不完善，这是我们初期摸索出来的成果。可是我们不能停留在这个水平上。1978年那次讲话我提出民族研究要提高一步，怎样才能提高呢？我觉得今后需要进行宏观的研究，用全面的整体的观点研究各民族历史上的联系，研究中华民族形成的过程及其发展变化，研究我国这个多民族大家庭几千年里各民族来来去去不断流动的状态和趋势，不要仅局限于现在的五十几个民族的分别研究。今后中国的民族还是要变的，不会永远是这样的，变化的方向是什么呢？社会主义民族之间关系是怎样的呢？这些问题都需要我们进一步研究。

我们做民族工作要找共同点，历史上总的说来，少数民族绝大部分是处于被压迫地位，汉族人多，他们人少，这是共同点。但具体做民族工作一刀切就不行。如我们创造文字，就碰过钉子，赫哲族不到1000人，怎么创造？全部人去办小学、编课本、搞印刷还不够。创造文字要有一定的基础和条件，对赫哲族发展语言文字的办法不能像藏族一样。少数民族有使用和发展他们语言文字的自由，使用这个权利要有一定的实际条件。有的民族如维吾尔族、藏族的文字有长期的历史，维吾尔族文字曾一度想改用拉丁字母，但是群众中有很大阻力，阿拉伯字母还是在通行。彝族也试用过拉丁字母，他们不愿意，没有通行。彝族文字方案为什么几次反复？这说明我们还没有摸出语言文字发展的规律。在汉族中要因地制宜，各个少数民族发展不一样，更要因地制宜、因族制宜。任何一个民族都有自己的特点，我们过去的调查研究没有抓住一个民族的特点，根据特点来分类，根据历史条件来分类，这样才能看出特点，才能在一个总政策之下区别对待各个民族的不同情况。过去我们研究工作没有跟上去，因此在很多问题上，碰到了许多困难。

根据我们30年来的经验，需要重新考虑民族研究下一步怎么搞。现在中国西南民族研究学会组织六个省、区的有关同志对岷江、大渡河、怒江、澜沧江、雅砻江、金沙江这六江流域的民族进行考察，这是很好的。好就好在，第一条它打破了行政上的界线，第二条它打破了学科的界线，进行综合研究。

大家知道，我国民族有个很重要的特点就是相互掺杂得厉害，孤立地看一个民族历史不容易看得出它的特点。大家不是反映很多民族的简史很难写吗？主要是重复，就是那么几条材料，这个民族也写，那个民族也写；还有写进入社会主义的过程时，也是一般化的罗列一些情况，这些也是相同的。所以有人说看了一本就不要再看第二本了，没有写出各民族的特点。因为有一段时间，我们只抓住了共同点，可是没有抓住各民族的特点，有共同才有区别，有区别才有共同，我们在研究工作上不能说没有缺点。

我再讲讲各个学科之间的关系。学科也是历史形成的，是在近代发展中逐步分化出来的。自然界的现象错综复杂、浑然一体，各种因素互相联系、互相影响。人们要去认识它，对各个因素需要采取特定的方法，所以有分门别类的各种学科。但是一个具体问题的发生，却包括着多种因素，一个学科的人只有研究其中一些因素。写论文，各科可以各自去写，但是解决具体问题却不是任何一个学科所能单独胜任的。如社会犯罪问题，单靠公安局抓人不行，要综合治理。人口问题也是这样，单靠人口学也不行，为什么中国人口这么多？以后人口发展趋势怎么样？人口老化怎么影响到一个家庭？这些就是要依靠各种学科一起研究了。所以具体的人口问题也要综合治理。1935年我在瑶族地区调查，他们这个地方控制生育搞得好，一对夫妻只生两个孩子。他们有很多土办法，可以避孕。这些土法我们不懂，没有调查出来，要有懂得医学知识的人去研究，那就很有用处了。

每个学科都有一套专门的技术、资料和方法，通过学习与训练才能掌握这套本领。经过学习，就掌握了这方面的学识，可以成为一个专家，可以写论文，把这个学科提高，在学术上做出贡献。但是要用科学知识来解决具体问题，还需要多学科配合进行综合研究。

1956年我曾经到洱海地区跑了一圈，带了三本书，一本是《白国因由》，一本是《南诏野史》，一本是《蛮书》，这三本书是我的指南，带到下面去实地对照，看当时六诏的形势，寻访它们的遗址，想摸出个考古的方案。在凤仪找到了一个"金銮宝刹"，里面有很多经书、雕刻。其中有用白族文字写的遗卷。但要对这地区进行实地研究还得把搞历史的、搞考古的人找来，一起进行。我从那次旅行回来，到北京在朋友中提出一个考古、历史、社会的联合调查计划，受到了他们的支持，但是后来由于反右斗争开始了，这个计划也吹了。

这次我听说你们要搞六江流域的综合调查，我真是十分高兴。民族研究一定要把考古、历史、语言、社会调查结合起来，搞综合研究要有一套合作的办法和合作的组织，这方面我们才开始，没经验，有很多困难，怎么办？不要怕，这是必须走的一条道路。我说你们计划很好，一是跨省，二是跨学科，打破了过去老框框。照这样做，看来民族研究就可以提高一步，我支持这个想法，我们年纪大的可能看不到成果了，但这不要紧。这条路必须要走，要促进它。为什么呢？不是为了别的，是为了促进科学的发展。走这个道路的主要困难，是在于我们自己还缺乏专长，缺乏必要的训练，搞科学研究的队伍，不能有人在里面混，吃大锅饭，大家要有所贡献。由于过去的历史条件有些年轻人没有得到必要的训练，要有自知之明，不足的赶快补上。现在有条件了，以前我们出去做社会调查要自己掏腰包，现在领导支持，人民给你钱，要利用这个优越条件，推动我们的学科。要看到我们现在的力量还不足以承担这个艰巨的任务，所以一定要认真补课，要知识更新。现代知识更新得很快，自然科学不到10年就要重新学过，我们老的要学，年轻人更要下苦功追上去。因此，我建议六江流域调查计划要把人的培养、队伍的建设放在首位。先不要求拿出很多的成果，首先要把年轻人培养起来。可以办一些短期的训练班、研究班，系统地学一些基本知识，为以后工作打下基础。这是一个新的方向，我看是有前途的，目前我们的力量虽然还不够完成这么一个大的计划，可是我们要做，通过实践把人才培养出来。领导上要帮助他们，我们年老的愿意支持，凡是我们有力量帮助的，我们一定尽力。我们应当给年轻人指出方向，给他工作条件，我们还得做思想工作，提高他们做人的志气，这是我们的责任。叫我们上山下乡是不行了，只能坐着车子去看看年轻的工作者做得怎样。我们老的有老的经验，年老的有年老的贡献。可是主力是年轻人。把培养人、培养队伍作为我们今后这段工作的主要内容,那我们的工作就扎实了。我们不要求一个虚名,不要人家拍手,不要搞得热闹,要扎实地工作。现在的名声比我们实在做的已经超过得很多了。我们必须脚踏实地去做,慢一点不要紧,不要急躁,不要踏空。

1982 年 4 月 29 日

本文系作者在昆明西南民族研究学会座谈会上的发言。载《民族学报》1982 年第 4 辑。

切实提高少数民族经济和文化

现在我国各民族在法律上是完全平等了。是不是在事实上都实现了平等呢？还不能这样说。现在我们各民族在经济文化等方面还有很大的差距。在经济上，一般说来，很多少数民族还比较落后。这不能怪少数民族自己，是历史上民族压迫所造成的结果。在文化上，很多少数民族过去没有机会受到现代教育，有的甚至还没有文字，掌握现代知识很困难。从社会经济发展上来讲，刚解放时，少数民族中有60万左右的人还处于原始社会状态，有100万人还处于奴隶社会，发展是不平衡的。人口数量上差别也很大，最小的少数民族还不到1000人，最大的是壮族，当时约800万人。同是少数民族，相差甚大。但是这些民族都有一个共同的特点，就是过去都没有享受到民族平等的权利。解放后我们就从这点入手做工作，首先使得各个少数民族在政治上享受平等权利。现在我国各民族不论大小，在法律上确实是一律平等的。

为了疏通民族关系，促进民族团结，中华人民共和国成立后不久，1950年中央就派出了访问团，到各少数民族地区进行访问。我当时随中央访问团到过西南少数民族地区访问。那时，周恩来总理，李维汉同志特别关心民族工作。访问团出发之前，周总理亲自几次找我们谈话，说你们这次出去，要准备受到"冷遇"，要首先向少数民族赔礼。有人说，我们没有压迫少数民族，这是汉族统治阶级搞的。可是总理说，人家看见我们是汉族，还区分不开谁是统治阶级，如果你不赔礼怎么能解除隔阂！总理还说，假如和少数民族发生什么矛盾，要多问自己，不要怪少数民族，首先得自我批评。汉族人多，少数民族人少，经济不发达，在祖国大家庭里就得给予照顾。党在少数民族地区贯彻民族平等的政策，多年来在各方面做了大量的工作，才奠定了基础，因而在中国这么大的国土上出现了从来没有过的民族大团结、国家大统一的局面。

最近李维汉同志几次很激动地说：我们的民族政策是完全正确的，从十年动乱中也可以看出来。虽然"四人帮"破坏了民族政策，做了很多对不起少数民族的事情，可是没有一个少数民族抱怨我们这个民族大家庭，没有一个民族地方要脱离中华人民共和国，包括西藏、新疆和内蒙古。大家明白破坏民族团结、国家统一的是"四人帮"。在十年浩劫中，汉族人民与少数民族人民同样受到了灾难，大家患难与共，肝胆相照，经受住了考验。如果没有早年的民族政策，没有早年各族干部的努力，就不可能经受住这样的严重考验，也就不会有今天。

为了建立民族平等的中华人民共和国，实现各民族政治上的平等，很多先烈牺牲了宝贵的生命，包括各民族的先烈。所以民族平等得来不易，只有进入社会主义时期才有可能。现在我们不仅要在法律上讲平等，而且要进一步做到各民族在事实上的平等。这工作很繁重，也很艰巨。如果在事实上各民族之间还存在着很大的差距，就不能说我们已建立了一个真正的社会主义强国，就不能说我们已是高度文明、高度民主的国家，因为少数民族是我们中华人民共和国的一部分。

国家要进行四化建设，必须各族人民共同合作。汉族离不开少数民族，少数民族离不开汉族，这个问题现在越来越清楚了。我到瑶山去过好几次。广西金秀瑶族自治县的高山上，住了很多瑶族同胞。人们常说"无山没有瑶"，为什么瑶族都跑到山区去了呢？长期的历史上，汉族统治阶级压迫瑶族。汉人进入广西，瑶族被迫往山上跑。一到山里，由于山险，汉人的统治势力进不去。那时少数民族是靠躲开汉人的统治才生存下来的，苦得很。现在局面完全改变了，要发展则要合起来，而不是分开来。过去是分了才能生活，因为合在一起就受欺侮、受压迫，活不好，甚至活不下去。这是民族不平等的结果。这段历史造成少数民族的一种心理：离开汉人越远越好。现在民族平等了，过去那种情况根本改变了，少数民族再保持这种心理状态就不行了，对少数民族不利，对汉族同样不利。

我们国民经济的发展要依靠各民族的大团结。我们国家的存在、强盛也要依靠各族人民的大团结。我们说"汉族离不开少数民族，少数民族离不开汉族"，不是一句空口号，是目前的形势所决定的。胡耀邦同志前年就亲自到西藏视察工作，中央领导同志一个个地区研究当地的民族情况，制定具体的措施，要把早年毛主席、周总理制定的民族政策落实下来。我们现在有很多事情要做，总的一条是逐步实现各民族之间的事实上的平等。所以三中全会以后，提出党的民族工作的总方针是，坚定不移地关心、帮助各少数民族的政治、经济和文化的全面发展，沿着社会主义道路不断前进，逐步实现各民族事实上的平等。这就是民族工作的总方针。

去年我到广西龙胜各族自治县，这是50年代中央访问团帮助成立的一个县一级的民族自治地方。去年是建立自治县的30周年。这个县的特点是各族人民联合自治，包括侗、壮、瑶、苗、汉等五个民族。我发现侗、壮族生活很不错，比以前好多了，可是高山上的苗族同侗、壮族差别却很显著。以前虽然苗族比侗、壮族差一点，但不明显，现在壮、侗族跑到前面去了，差距拉大了。苗区公路不通，很闭塞，经济和文化都比较落后。政府照顾少数民族，送化肥给他们，他们把化肥当作以前习惯用的草木灰来使用，把庄稼烧死了。以后又送去了小发电机，里面有根保险丝老是断，他们嫌麻烦，用铁丝来代替，结果一下子把机器烧坏了，他们不知道保险丝的作用。我们听起来就会说他们缺少常识，但谁去教他们呢？我们决不应当笑苗族落后，这只是说明接受先进的生产技术，也需要有一定的文化知识。由于文化上的不平衡，经济上的差距也难于缩小。我想这个道理也可以引用到其他方面。所以我们要现代化，就必须提高生产，提高文化。

由于历史的原因，少数民族的经济和文化发展很不平衡，现在要赶紧迫上去，任务还很艰巨。这就要靠先进民族的帮助了，不但供应化肥、机器，还要教会怎样使用。在现代化过程中，要使得各民族之间的差距不是越来越大，而是越来越小。这方面我们还需要做很多的基本工作。

有人问，用汉族来代替少数民族开发少数民族地区的资源，行不行呢？不行，因为这样会影响民族关系和民族团结。有的地区开发资源，不让少数民族参加，少数民族意见很大。在广西龙胜就有这样一个厂，生产滑石粉，很细，可以出口，年产量也很高，可是我一打听这个厂里竟没有少数民族职工，当地少数民族意见就很大。这样做是不对的。我们要教育汉族干部按政策办事，在少数民族地区开办工厂企业，必须有一定比例的少数民族工人、技术干部。这应当在法律上有明文的规定，而且比例要逐渐增大。资源开发所得到的收入，应当同少数民族地区政府分成，以提高当地少数民族的生活水平，促进他们的文化教育事业和福利事业。这样做才有利于我们开发占一半以上的辽阔国土的资源。

另一方面，我们必须提高少数民族的文化技术水平。我讲个故事：我在龙胜吃饭时，喝到一种猕猴桃酒。据科学家考察，猕猴桃原产我国，营养价值很高。新西兰引去之后，就大加培植，加工成各种产品大量出口。龙胜县的高山上就出产猕猴桃，有很多好品种，也建立了酿造猕猴桃酒的工厂，收购猕猴桃。当地居民上山去收猕猴桃，把树藤都砍掉了，许多好的品种受到损失。现在要抢救猕猴桃资源，同时要抓紧人工培植猕猴桃。关键是要使山上的苗族了解猕猴桃的好处，保护它，发展它，用它来发展山区的经济。而且要进行人工培植，这就需要有一定的文化技术知识。

我们在少数民族地区利用当地的优势，发展经济，可以办的事很多。这次我到云南，碰到一位老朋友，以前中央访问团的秘书长陈可大同志。他看到了我在《新观察》上发表的一篇文章《故乡养兔》，大为高兴，因为我们想到一处去了。我为什么写这篇文章呢？我年初回到家乡——江苏太湖区，看到那里的农民养长毛兔，一只兔子身上的毛每月可收入1元钱，一年可收入十几元。一家养上10只兔子，农民的收入就可提高了。陈可大同志在云南就主张养兔子，搞活少数民族经济，而且做了不少工作。我们一致的想法是，提高少数民族经济，不要空谈，要想点具体办法，要符合少数民族的实际，能做的赶紧做，多出点主意。我国的少数民族地区有的是草，有的是人工，大搞养兔不是一条值得提倡的生财之道么？要经常想到怎样使少数民族富裕起来这个问题。

国家帮助少数民族发展经济，这是应当的，可是少数民族自己，千万不能有依赖思想，认为伸手要东西就行了。这是有教训的。我去参观过美国的印第安人和澳大利亚的土著民族。美洲和澳洲本来都是他们的世界，后来白种人去了，把他们的土地占了，剩下的人也不多了。现在政府拿出钱来养活他们。他们中间有不少人拿到钱就花，就喝酒，死亡率越来越高，这是个大问题。满族的历史也是个反面教材。满族曾统治过全国，清朝皇帝要优待满族八旗子弟，给他们钱，养活他们。八旗子弟后来很多成了懒汉，没用的人。满族所受的损失不小。所以一个民族自己要有志气，才能自立于民族之林。要靠自己，在人家帮助之下，想尽一切办法自己站起来，逐步做到自力更生。

这次四川省民委开会，强调要把经济搞上去，这是抓住了最基本的问题。

发展少数民族地区的经济，我们不能离开汉族，汉族有经验，可以帮助，这个帮助不是给几个钱，是要教本领。要接受别人的先进技术经验，我们就必须提高文化，要有一定的文化水平，这个就比较困难一些，有很多关要冲破。

第一个关是文字问题、语言问题。我国宪法规定各民族有发展、使用本民族语言文字的自由，可是我国还有30多个民族没有文字。解放以来，国家帮助少数民族创造和改革文字，做了大量的工作。创造文字也有很多困难。一个1000多人的民族也要创造文字，这是不大可能的。有些民族分散很广，方言都不同，你要创造文字先得要有一个共同语言，要发展共同语言没有一个经济文化政治中心也是不行的，这个问题怎么解决？30年来少数民族的文字问题还不能说已经解决了。可是少数民族不能等到有了共同语言再创造通用文字，有了文字再发展文化。所以实际上很多少数民族知识分子在自愿的基础上学了汉语、汉文。

现在世界上整个情况来看是个多种语言的世界。一个人要学会好几种语言，靠一种语言已经不行。比如我可以讲一点英语，我一个人出国到处可以跑，不是方便得多么？所以不要把掌握共同的通用语言同发展自己的民族语言对立起来。我们必须要尊重各民族使用本民族语言文字的权利，而且要帮助他们发展本民族的语言文字，同时我们也必须要有共同的交流知识的工具。每一本汉文的书都要翻译成少数民族文字是不大可能的。《红楼梦》有几种民族文字翻译出来了？曹雪芹是满族，他用汉文写了《红楼梦》，但是要翻译成其他文字很不容易。如果不懂汉文，我们中国这个共同的文化财富就不能欣赏了。老舍是满族，他写的北京话是顶标准的。所以我们必须要掌握一些通用文字，不但懂汉字，还得懂一两种外文，才可以接触到世界先进的知识。我认为各个少数民族除了发展、使用自己的语言文字之外，还应当提倡学习中国通用的汉文。当然，在少数民族地区工作的汉族干部和其他民族干部，都应当努力学习和掌握当地通用的少数民族语文，以便于工作，这是国家已有规定的。

如何培养少数民族自己的知识分子，这是一个重要的问题。由于历史上的原因，各少数民族的知识分子数量少，底子薄。中华人民共和国成立不久，就通过了创办中央民族学院的条例，这是周总理亲自主持的。他说，假如在各个民族中不培养一批共产主义的干部，各民族的工作就很难做，因此，办了各级民族学院。我们的工作做得不够好，特别是后来，"四人帮"横行时几乎停办了。可是，尽管如此，各级民院为各民族培养干部还是起了很显著的作用的。现在的很多干部都曾经在各级民院学习过。根据我国情况，民族教育在一个相当长的时期内还需要汉族教师、干部来帮助。这是历史造成的现实，必须承认。离开了比较先进的民族的帮助，少数民族发展文化技术更困难。

现在民族地区的教育还存在着不少的问题。我上个月到新疆去就遇到一个问题：怎么能叫汉族干部安心在边疆工作？怎么能使大学教师安心在新疆教书？据了解，新疆各大学的200多名教授里只有20多名是少数民族。这20多名中大部分还是最近提升的，早期只有两名。假如90%的汉族教授一离开，新疆各大学就会开不出课了。如果不许汉族教师走，关起门来，采取"口袋"政策，这一次虽然套住了，以后别人就不来了。所以我看还得从解决他们的实际问题入手。当然不光是待遇问题，还有个精神生活问题，要使得他们真正同少数民族有感情，有了感情就会愿意在少数民族地区工作，就会觉得少数民族好，愿意同他们在一起。要使人们爱少数民族，少数民族本身也有许多工作要做，我想这是可以做得到的。

在少数民族地区，扫除文盲是一项重要的任务。有自己民族文字的，要去普及它；没有自己民族文字的，一时又造不出来的，那就可以学汉语汉文。要实事求是。一个国家总不能有太多的文盲，文盲充斥的社会不能搞现代化，也不可能建成社会主义的强国。

我感到如何帮助少数民族提高文化，这也是我们民族工作的一个基本问题。现在的条件很好，三中全会以来，各地一年比一年更加重视民族工作。我们做民族工作的同志责任很大，思想还要解放一点，要看到几个带根本性的问题，采取有效措施，切实帮助少数民族提高经济和文化。各民族要加强互相学习、交流，改变过去的落后面貌。我们的少数民族不仅要赶上现在汉族的水平，还得赶上世界水平。

1982 年 5 月

本文系作者在四川省民委第二次全委扩大会上的讲话。载《民族团结》1982 年第 8 期。

关于民族地区经济与文化发展上的几个问题

很早就想到内蒙古来看看，今天如愿以偿。借此机会，谈谈我30多年来从事民族工作的一点体会，主要是谈谈在四个现代化过程中，少数民族地区经济与文化发展上的几个问题。

先说32年。和几千年几万年比起来，32年是很短的，可是在这32年里，我们中华民族却经历了一个翻天覆地的变化。很多年轻的同志也许不记得，有的根本没看到旧中国的情况。我们这些人是亲身经历过的，那时的民族关系是很糟的。大家知道，在我们中国这块土地上出现人类已有100万年以上的历史，进入文明时代也有5000年了。在这漫长的历史时期里，由于自然的和社会的各种原因，形成了各个民族和向心力很强的中华民族大家庭。长期以来各族人民间和平共事，共同创造了我们中华民族灿烂的文化和高度的物质文明，使我们长期以来处于人类发展的中心地带。这是很值得我们骄傲，很值得我们自豪，也很值得我们珍惜的。可是，由于我们在这几千年中长期处于奴隶制度、封建制度之下，各个兄弟民族之间却一直没有得到过民族平等。近100多年来，随着我国沦为殖民地和半殖民地，各民族又尝受了帝国主义的压迫，更加没有民族平等可言。只是在32年前，各民族人民在共产党的领导下推倒了三座大山，建立了新中国，才第一次真正享受到民族平等的权利。在中国这么辽阔的土地上和占世界1/4的人口，实现了民族平等，这是一件了不起的大事。这个成就震惊了世界，使我们在解决民族问题上走到了世界的前面，因而为一切被压迫的民族和人民所瞩目。

民族问题是一个十分复杂的社会问题，民族压迫制度是同人剥削人的制度联结在一起的。只要有人剥削人的制度存在，民族压迫就消灭不了。这是一切存在剥削制度的国家不能解决民族问题的根本原因。就科学技术来说，一些西方国家称得上是很进步了，但由于社会制度所使然，在他们那里还是一些民族压迫另一些民族。例如在美国，很古以来在这块土地上生息发展的印第安人，现在却被安置在"保护地"里，被当作"展览馆"里的人而排斥在现代社会之外。他们到中国来访问，很有感触，说天下人能得到民族平等的，在他们想来简直不可能。可是在中国却实现了。民族之间从不平等到平等的变化，是一个带根本性的变化。我们已经享受到民族平等权利的年轻人，也许不觉得这个权利的可贵，可是我们这些过来人却深知这些权利来之不易。

新《宪法修正草案》提出的民族平等、团结、互助，是我们新型的社会主义民族关系的基本点。我们实现它是碰到过很多困难，走过曲折道路的。我对北方民族不熟悉，对南方的民族熟悉一些。拿我调查过的第一个地区——广西大瑶山来说吧，那里一共有两万多瑶族人民，他们走向民族平等就很不容易。在历史上，他们曾广泛的分布在广西东部，广东西部，湖南南部这一大片地方，但由于长期的封建压迫和民族压迫，他们逐渐被赶到山里去了。特别是在明朝，经过了100年的征战，死了很多人之后，他们都退到了瑶山里。几百年来，依靠险要的山势，防止了外人的进入，避开了封建统治势力，但由于长期同外界隔绝，十分闭塞，他们的经济文化也就发展不起来。这样，就使他们造成了一个很强的心理状态：对外面所不熟悉的一切人都有怀疑。解放以后，这种历史形成的心理状态同我们马克思列宁主义的民族平等的社会条件完全不能适应了，但他们还是怕。

1950年我们中央访问团第一次去访问时，周总理多次对我讲，你们下去要准备人家冷待，坐冷板凳，先不要想人家会热烈欢迎。如果遇到什么矛盾或什么不对的地方，不管怎样，要先做自我批评后再说。这是同一个长期历史形成的民族隔阂作面对面的斗争，情况很复杂，不能光说我们不对就完了，还要以心换心，要以真正的诚恳的态度和亲切的感情对待少数民族，平等待人。只有这样，才能使人家改变这长期以来形成的疑惧心理。当时有些年轻的同志想不通，说我们没有压迫过少数民族，那是统治阶级干的啊！总理说，对呀，你没有，可人家不这么看哪。人家没学马列主义，怎么知道阶级呢？

周总理的话的确是金玉之言。我们去了以后，开始的确有些人不敢见我们，我们就学习解放军的办法，不得到他们的同意不进房子。过了一段以后，他们看到这批汉人不同了，就说这是毛主席派来的新汉人，新汉人是好的。又经过许多深入的艰苦细致的工作以后，学习内蒙古自治区的经验，才到了搞区域自治阶段。所以说，在这32年里，我们是在党的领导下，为真正的民族平等，为实现新的民族关系，做了大量工作的。正是通过这些工作，奠定了我们民族大团结的基础。

可是不幸，中间出了林彪、"四人帮"这股逆流，他们搞反革命活动，猖狂地破坏民族团结，给各族人民造成灾难，也伤害了很多少数民族同胞。我们内蒙古自治区是重灾区，蒙古族同胞受的伤害很重。但就是在这种困难的情况下，各民族人民仍然心向祖国，心向北京，没有要脱离祖国大家庭的。有些外国人希望我们在民族问题上出问题，可是他们的希望落空了。李维汉同志在一次会议上讲得很生动，他说回头看一看，没有我们解放后这一段深入的民族工作，不可能有今天。事实的确是这样。我们党的民族政策，社会主义平等的民族关系，已深入人心。大家都知道，只有在社会主义的新中国，才能真正享受到民族平等的权利，在存在着剥削制度的外国是不可能做到这一点的。

但是，我们现在的平等，只达到了法律上的民族平等，只是解决民族问题的第一步。实现了这个平等后，在很多地方还存在着差距，存在着经济、文化发展上的不平衡。第二步就应解决这个不平衡的问题。大家知道，刚解放时，我国各民族的发展情况很不相同，在客观上构成了一部活动的社会发展史，每一个社会阶段的发展形态都有。当时，同汉族接近的人数也有较多的少数民族已进入了封建社会（但只讲封建制度一项，也有世界各国所没有的多种形式）。处在奴隶社会的（主要在四川凉山一带）还有100来万人。阶级还没有清楚的划分，保留了很多原始社会痕迹的（主要在西南西北和东北的边区）有60万人。这对于我们搞科学研究，当然很有意义，可是对于我们的实际工作，却造成了很大困难。我们不可能用一个办法，解决这么多社会性质不同的民族问题，最初主要是抓各民族的共同问题。那就是各少数民族过去都是被压迫的，一般讲生产都是落后的。所以第一步就必须解决这个共性的问题，让各少数民族首先都取得平等的权利。有了这个法律上的平等权利，就规定了一切压迫其他民族的行为都是非法的，国家就要干预、惩罚。法律上的平等，很重要，没有这一条做基础，其他的都谈不到。可是光有这一条还不够，还要接着搞第二步，解决事实上的不平等。假如我们做不到事实上的平等，法律上的平等也不能真正体现出来。因此，把历史上造成的经济、文化各方面发展不平衡的状态改变过来,缩小各民族在这些方面的差距,是我们当前民族工作最重要的一个方向和方针。

和四个现代化联系起来,更可进一步看到这个任务的重要。我们讲四个现代化,是要缩小与世界先进水平的差距,进而赶上世界先进水平。靠什么呢?靠党的领导和各族人民的努力。可是回头一看,我们各民族之间,在经济文化上的差距还很大,这个不解决怎么行呢?这里我讲一些我在广西龙胜各族自治县所看到的事。这个自治县成立已30年了,那里有数量相互差不多的四个民族。苗族住在山上,壮族、侗族靠水。从全县的经济数字看,30年发展得很不错,可是山下的壮族、侗族发展快,山上的苗族没有跟上去。过去大家一起穷,现在距离拉开了。苗族觉得山下面是一个不熟悉的世界,但他们又不肯出来。公路不通,仍然很闭塞。我们要帮助苗族,送去了化肥,但他们不懂得如何使用,一下子放很多,结果把苗烧死了。送上小水利发电机(因那里的流水落差很大),他们嫌保险丝老是要断,用铁丝代替,结果机器也弄坏了。这不能怪苗族,因为文化跟不上嘛。这就充分说明,发展经济和发展文化,是紧密地联系在一起的,文化知识上不去,要掌握新技术也十分困难。发展文化,发展经济,有很多工作要做,但最基本的一点是要培养人,开发人的智力资源。这是比搞物质建设更困难,更费力的工作,但又必须切实地帮助少数民族兄弟抓好。

帮助少数民族缩小经济、文化上的差距,是巩固和发展社会主义民族关系的一项极重要的工作。如果不能在四个现代化过程中逐步缩小各民族经济文化上的差距,有的民族走得很快,有的民族落在后面,那落在后面的就会对走在前面的"看不惯",甚至产生"怕吃亏"的心理,引起感情上的疏远和不满。这类问题,当然一般不要把它引到民族问题上去,但必须看到,如果弄得不好,它也会引起新的民族隔阂和矛盾,甚至影响到民族团结。我们的国家幅员辽阔,边境线很长,在边疆一带,居住的都是少数民族。在民族地区做好民族工作,发展民族的经济和文化,巩固边防,这些任务都是联在一起的。少数民族地区的经济、文化发展不起来,对于巩固边防也很不利。汉族同志一定要看到,我们这个统一的国家,要靠兄弟民族首当其冲来保卫;生产的飞跃,要靠各兄弟民族一起来努力,国家的富强,要靠各兄弟民族共同做贡献。不要只看到现在是汉族帮助了少数民族,同时也要看到,少数民族也在许多方面帮助了汉族。就拿要改变汉族目前的食物构成这一点来说吧，光靠汉族地区就不行。汉族多数居住在平原地区，搞的主要是农业，而且农业里边主要是粮食。我们靠这个发展了中华民族的文化基础，可是搞现代化光靠这个就不行了。食品结构以粮为主，占用的地和人都很多。10亿人口，8亿人搞粮食，很不利于工业化和现代化。要改变这种情况，就要靠少数民族地区发展畜牧业，这就要少数民族帮助汉族了。内蒙古自治区有10多亿亩草地，发展畜牧业的条件很不错，可以带头在这方面做出贡献。如果内蒙古的10多亿亩草地能达到像澳大利亚那样的精牧，那国家的经济面貌就可以有一个很大的变化，汉族就可以松一口气了。全国可牧草原的总亩数比农业地区的总亩数还多，如果都能发挥自己的特长，不是走汉族地区的道路，而是走适合自己地区特点的路子，发展是大有前途的。汉族同志不应光看到少数民族落后，还要看到他们有可能发展，同时要满腔热情地帮助促进这个发展。

从各少数民族地区的特点出发，大力发展民族地区的经济和文化事业，还必须看到，在这些特点方面，各民族地区是不一样的，各有自己的优势。比如大瑶山就出产一种很值钱的香草，过去瑶族妇女头上戴的银器饰品，主要是靠它换来的。龙胜出产一种猕猴桃，是水果里边营养价值最高的一种，新西兰引了去之后，现已大量出口。对于这些好东西，现在我们培植利用得很不够。如果能把这些珍贵的资源保护好，学会人工培植，那就可以出产很多东西，各少数民族群众的经济也可以很快地发展起来了。喜马拉雅山有一种香菇，很好吃。澳大利亚悉尼大学的一位中国人拿去后，研究出了一种人工培育的方法，立体长，产量增加了十倍，而且方法简单，家家户户都能搞。我们如果一家人一年搞100斤，就可收入170元。还有一种长毛兔，也很值钱。家里养10只兔子，就能收入120块钱。这种兔子肉可以吃，毛可以纺织，皮可以出卖，屎是养鱼最好的饲料，全身都有用，许多少数民族地区都可以饲养。所以，少数民族需要的不是我们说大话，而是需要我们实实在在地、一件一件地帮助他们把事情办好。真正能帮助他们找到发展生产的门路，并且教会他们怎样做。当然，帮助少数民族发展经济，搞好多种经营，一定要从这些地区的特点出发，并且要进行计划指导，不要有盲目性。否则，产多了销不出去，反过来也会挫伤积极性的。

少数民族的经济发展了，跟着而来的问题是有钱怎么花。最近《人民日报》有几篇文章说，不能光讲怎样指导生产，还要讲怎样指导消费。消费已是社会主义经济的重要组成部分。对少数民族，同样也有一个指导他们花钱的问题。不然，有的人就可能走邪路。因为他们过去闭塞，安排生活的经验不丰富，光教生财之道不行，还要教会用财之道。从这个意义上说，民族工作开始时不难做，只要有一片好心，满腔热情和同情，平等待人，就会取得信任。可是接下去第二步的工作就更具体，更要硬功夫了。需要我们更耐心，更细致，要扎实地做工作，找出每一个少数民族在每一种不同情况下都能够得到发展的条件和办法。这样的事前人还没有做过，也确实存在着许多具体问题。我们应该不怕困难，以积极的态度研究解决。

至于少数民族自己，则应该有这样一种思想，要自力更生，不能老是靠照顾过日子。民族之间的差距，是历史造成的，作为汉族，要努力尽自己的力量帮助少数民族；作为少数民族，则不要依赖人家。依赖对自己民族的发展并不利。在这方面，我们的满族兄弟是有教训的。满族进关之前是强盛的，人口有几百万。但进关之后靠别人养活过上了优裕的生活，民族反而衰弱了，所以，一个民族不能怕艰苦，要能自己站起来，只有懂得自力更生，才能更好地体会到人家帮助的好处，才能更好地接受和运用这种帮助。

无论是少数民族还是汉族，都是靠我们民族大家庭的团结互助，才能有今天。所以，说汉族离不开少数民族，少数民族离不开汉族，这绝不是空话，而是实际。没有汉族的帮助，少数民族地区发展不起来；没有少数民族支持，祖国的边疆就难以巩固，汉族地区也难以更好地发展。大家是一家人。一家人也难免有点小矛盾，但这是兄弟之间的矛盾，没有什么了不起。只要大家互谅互让，都为实现社会主义的四个现代化这个共同目标努力，小的矛盾是好解决的。

要为共同的目标一致努力，就有一个语言文字问题。语言文字不同怎么办？这也不能用狭隘的眼光去看，而要把眼光放远。我们要发展各民族的语言文字，这在宪法里有明确的规定，一点不能含糊。可是，也要看到语言、文字是交流思想、掌握知识的工具，还应该从更有利于掌握知识的角度来对待它，不要让民族感情来干扰。各民族都有发展自己语言文字的权利，这没有问题，但是一些人数很少过去就没文字的民族，再从头造文字就不见得对发展有利。有的少数民族只有一千几百人，怎么搞文字啊？大家都去搞文字就没有饭吃了，反而不如从兄弟民族那里借用文字更有利于自己的发展。为了掌握现代化知识，现在我们还要学外文，谁也不会说你学外文是背弃了祖国的文化。各民族互相学习对方的语言、文字，也是同样的道理。当然，少数民族比汉族还多了一个义务，一个负担，就是要掌握现代化知识光靠自己的文字还不够，还需要学会掌握汉语文这个工具。在少数民族地区工作的汉族同志，要把少数民族地区的工作搞好，就要密切联系少数民族干部和群众，学习少数民族的语文。这件事似乎难，其实不难。新疆的锡伯族，掌握语言的本领就很大，许多民族的语言他们都会讲。大瑶山里的瑶族，也是汉语、壮语、侗语都会讲。各民族的语言很多都属于汉藏语系，差别不是太大，学汉语要比学外语容易得多。这样说，不是不尊重少数民族的语言文字权利，而是说在尊重的前提下，还需要掌握一个大家都能够通用的共同工具，以利于互相交流，共同发展。就一个地区讲，也有地方性的共同的语言工具，也需要掌握。如新疆的各民族一般都会讲维吾尔语，这就是大家都掌握了共同通用的工具。对待这个问题，我们应冷静地实事求是地为各民族的发展着想，不要牵涉尊重不尊重民族情绪在里边。

总之，经过30多年来与各民族的接触，我深感各民族都有自己的特点，也有各不相同的具体问题需要解决。从解决他们共同性的问题进入到解决具体的特殊性的问题，任务是更艰巨了。在这方面有许多问题尚待研究，解决的方法也不可能是一样的。但是只要我们大家在党的领导下共同努力，可以相信，不管哪个民族的具体性、特殊性的问题，都是可以解决的。

1982年7月

本文系作者在呼和浩特的讲话。载《中国少数民族》1982年第11期。

社会主义现代化建设中的民族问题

一

新宪法序言一开头就交待了一句重要的话："中国各族人民共同创造了光辉灿烂的文化，具有光荣的革命传统。"这句话里，"各族"，即"多民族"；"共同创造"，就是说，各民族一起创造了一个光辉灿烂的文化。一是"多"，一是"一"，我们的国家是在多民族的基础上，建立了一个统一国家。民族问题就是发生在"多"和"一"的矛盾中。

我们的祖国作为一个统一的国家由来已久。早在春秋战国时代，所谓夷华之分只是文化和风俗之别，可以交流转换，用现代的概念说是族别而非国别。其后秦始皇建立了大一统的行政制度，就是以原有的一致性为基础的。历代统治阶级争夺政权，目标总是在"得天下"，也就是统一的局面。所以，地方割据固然常见，而分裂出去自立永久性的独立王国的则很少有。我们东亚这一块大陆和西欧相比，在这方面大不相同。西欧至今统一的局面还没有形成，甚至所谓"共同体"也不牢固，而我国统一的主流是没有断过的。所以，在我国民族问题上的"一"和"多"的矛盾，一直是个内部矛盾，是在统一局面里怎样正确处理各民族之间的关系问题。

回顾一下历史，在中华人民共和国成立之前，我国各民族之间存在着一些民族压迫另一些民族的现象。这种民族压迫制度在历史上已有几千年之久，哪个民族一当权，就要对外族不容分说地压一压。直到中华人民共和国成立后，这个制度才被消灭。在中国共产党的领导下，创造了一个各民族一律平等的国家。

在中国历史上当权的时间最长的是汉族，汉族人数也最多，所以说到民族压迫主要是汉族的统治阶级压迫其他民族。但是，其他民族的统治阶级也当过权，元朝的皇帝是蒙古族，清朝的皇帝是满族，他们也压迫过汉族。从科学的立场来看，不能说哪一个民族压迫哪一个民族，因为各民族人民之间是没有根本利害冲突的。民族压迫制度的根源是阶级压迫，是一个民族的统治阶级以民族的名义来压迫另一民族，而且主要是压迫另一民族的人民，因为各民族的统治阶级间虽有矛盾的一面，但也存在着互相利用的一面，而各民族的统治阶级和人民间的阶级矛盾是不能调和的。新中国成立后，经过了一个时期，通过各种方式的社会改革，终于在全国范围内消灭了剥削阶级，民族压迫制度才从根本上予以摧毁，新的平等、团结、互助的社会主义的民族关系才得以建立。

民族压迫制度的摧毁，并不意味着过去民族压迫所遗下的民族隔阂会立即烟消云散。各族人民不可能不受过去统治阶级离间民族关系的影响，大民族的人欺侮小民族的人，小民族的人不信任大民族的人等等。所以，民族压迫的根源固然是阶级矛盾，但在民族压迫制度下，压迫其他民族人民的也不只是统治阶级，而且统治阶级总是利用他自己民族的人去执行民族压迫政策。因此，在民族压迫时代，各民族人民间也产生过隔阂甚至仇恨。

记得建国不久，中央人民政府成立了访问团，到各少数民族地区去宣传民族政策。要我们去时首先向少数民族人民道个歉，赔个不是。当时，我们还都很年轻，认为自己没有压迫过少数民族，这是统治阶级搞的坏事，不用我们去赔礼。当时周总理讲：你们学习过马列主义，懂得这个道理，但少数民族没学过马列主义呀！他们看到汉人，也弄不清是什么阶级。而且压迫别族的民族统治者，在自己民族中散播大民族主义的思想，有大民族主义思想的人也会欺侮、压迫少数民族的。于是，我们遵照周总理的指示，向少数民族人民道了歉。我们对他们说："过去汉人对不起你们，从现在起我们平等了。"这样一说，少数民族人民对我们的感情确实改变了。他们说我们是新汉人，压迫他们的是老汉人，新汉人和他们平等。

在解放前，存在着消灭民族压迫制度的问题，现在进入了民族平等时期，大民族压迫小民族的问题已经不存在了。我国从制定共同纲领开始，历次宪法都清清楚楚地规定了各民族一律平等。我们的确也是这样做的，全国人民代表大会有各少数民族代表参加，共同管理国家大事，这就是在政治上体现了平等的原则。"平等、团结和共同繁荣"的基本原则中第一个概念就是"平等"，民族压迫制度已经消灭了，但各民族之间事实上是否真正平等？是否有相等的条件来行使平等权利？这还是一个问题。

我们的民族政策首先是抓少数民族共同的一面，就是废除民族压迫制度。接着"多"的问题就出现了。各民族之间存在多种多样的差别。我们的国家虽说解放了，但各民族在社会经济方面发展的不平衡不是一天就能全部解决的。解放前，汉族的社会制度是封建主义加少量的资本主义，而西藏实行的是农奴制度，四川凉山的彝族是奴隶制度，云南边境到海南岛还有部分原始社会的痕迹。总的说来，约在60万少数民族人口中还留有原始社会的残余，有100万人还实行奴隶制度，生活在封建初期的农奴制中的人有200万～300万。真是一部活的社会发展史。所以，毛泽东同志、彭真同志都讲过，我们完全有条件用自己中国现实的资料来讲社会发展史。直到现在有些少数民族地区还是十分原始的，各地区少数民族经济发展十分不平衡。这就给我们提出一个现代化过程中的差距问题。我们不仅有个国内外的差距，还有一个国内各民族间的差距。这两个差距又是密切地相联结的。怎样缩短、消灭民族间的差距是现代化过程中的民族问题。

二

我们要实现四化，就是要赶上世界先进水平，现在还存在相当大的差距，所以必须迎头赶上。我们的国民收入明显地比发达国家少得多，到本世纪末也不过达到小康水平，还低于目前发达国家的水平。要使我国工农业总产值翻两番，就要一靠政策，二靠科学。政策方面我们还正在调整、摸索。靠科学就是利用知识，利用智力资源，不能"关门称王"。这次搞人口普查，查出我国共有文盲、半文盲2.3亿人，约占全国总人口的1/5多。我们的智力资源很贫乏，要承认这个差距。要搞四化，先是缩短差距，然后才能消灭差距，进一步超过人家。我们讲"德、智、体"全面发展。现在，关于"德"，我们正在抓政治思想教育；"体"，很多项目已经超过世界先进水平，有些还得了金牌；"智"，和发达国家比，却有很大差距，特别近20年来，这个差距更拉大了。

聂荣臻同志曾讲过：50年代初，我们向科学进军，差距虽然已经有了，但还不很显著，后来我们走了弯路，倒退了。人家60年代到70年代里搞了个科学技术革命,进入原子时代,可是中国在这些年里却搞了个"文化大革命",知识分子都成了"臭老九",智力资源遭到破坏。国内外的差距拉得更大了。缩短和消灭差距,是我们这一代人要努力做到的事情。

再看看我们国内的差距也很大,各民族之间都有差距,这个差距甚至大于我们同发达国家水平的差距。如果国内的差距不缩短和消灭,就拉了社会主义建设的后腿,而且还可能产生新的民族矛盾。讲一点我所知道的具体事例,我国第一个成立县一级区域自治的是广西龙胜各族自治县,它是由侗、壮、苗、瑶四个民族组成。在党的十一届三中全会后,重申了党的民族政策,侗、壮族发展较快,但是苗、瑶族在山上,不肯下山,还过着早期闭塞的生活。他们缺乏文化知识,不能接受先进的技术和工具,结果,他们和侗、壮族的差距拉开了,发生了新的民族问题。所以要讲真正的民族平等,就不能光靠一条法律,要做很多的工作,要缩短和消灭差距。随着社会的不断发展,这个问题也就更进一步提出来了,否则就会给实现社会主义现代化造成内部矛盾。这个矛盾在一定的条件下还可能激化。这是一个不可轻视的问题。

在民族团结的问题上,我们的确比以前团结了。我曾四次去广西瑶山,党的十一届三中全会后我去过三次,看到很多问题,使我很受启发。从这个少数民族地区的情况,也可以推想到很多少数民族地区的情况。这个地区发生一个新的大转变,这个转变是:从同汉族隔离才能生存变成了同汉族结合才能发展。广西瑶山是广西中部靠东的一片山区,最高海拔1900米,居民分布在海拔600~800米上下。从历史上看,广西东部原来可能是瑶族聚集的地方。自从秦朝开始,汉人分别从桂林向南和从广东向西,逆江而上,两路进入瑶族地区,到明朝两批汉人差不多碰上了,瑶族夹在中间。于是,就打了100年的仗。后来,王守仁就在太平天国起义的金田附近的大藤峡把瑶族打败,瑶族被迫进山,靠着险要的山势维持生存,进行生产。这里的山势确是十分险要,山外的人不容易进去,瑶族就是靠同汉族隔离才能生存下来的。

解放后,贯彻了党的民族平等政策,他们同汉人有了接触,进行了交流、合作,才使他们繁荣起来。这个变化十分不易,少数民族对汉族心理状态是从历史上形成的,要使少数民族精神文明,从封闭模式转变成开放模式,不是那么容易的。要让他们感到同汉人结合了才能发展,就要做很多工作。

我国民族大团结局面的形成,也是出于在帝国主义压迫之下,各民族合作才能共同求得生存。我们各族人民如不团结起来，就不能抵抗帝国主义。现在要进行社会主义现代化建设，也只有大家团结一致，才能得到共同繁荣。所以，我们各族人民必须在心理上来一个从封闭到开放的转变。在思想方面真正认识到，少数民族不能离开汉人，汉人也不能离开少数民族。这就需要改变在长期的民族压迫制度下，造成了少数民族的那种封闭心理状态。

上面我已说过，我们的国家是一个长期统一的国家，就是说，我们这个统一的国家历史悠久。总的来讲，就是我们这个统一体是有保障的，是经过考验的。最近的考验是在这十年内乱时期。李维汉同志曾讲过，在十年内乱中少数民族受到很大委屈，可是没有一个少数民族在这段时期要求脱离我们的大家庭。"四人帮"迫害少数民族，有的地方甚至比国民党还厉害。内蒙古有几十万人被打成"内人党"，扣上反革命的帽子，许多民族干部遭到迫害，有的甚至被迫害致死，但却没有一个少数民族脱离我们的大家庭。这是因为早期正确贯彻了党的民族政策，有不少汉族同志艰苦工作，有的甚至牺牲了自己的生命，到少数民族地区沟通了与少数民族的关系。少数民族认为这些人是新汉人。汉人中虽然出了坏人，欺负了少数民族，但少数民族始终没有忘记共产党。因此，我们可以说我国的民族团结又经过了一次重大的考验。

但是，少数民族和汉人之间真正感到是一家人了吗？还不能这样说。因为，以前有一段民族压迫的历史。说老实话，我们汉人还不大理解少数民族遭受民族压迫的痛苦。在少数民族中，有很多人是在民族压迫中长大的，他们对汉人的心理状态并不那么容易改变。要使他们从一个关闭的心理状态转变到开放的心理状态，那要有一个过程，而在这个过程中又受到"四人帮"的干扰，所以，我们不能轻易地说，现在民族之间已经很团结了，而应当还要做很多工作。谁来做这些工作呢？主要是我们汉族。

汉族是个大民族，文化、经济都比较发达，所以比较容易发生大汉族主义。要加强民族团结，首先要克服大汉族主义。新宪法序言里讲："中华人民共和国是全国各族人民共同缔造的统一的多民族国家。平等、团结、互助的社会主义民族关系已经确立，并将继续加强。在维护民族团结的斗争中，要反对大民族主义，主要是大汉族主义，也要反对地方民族主义。"从理论上讲已经很清楚了，可是实际上往往出现一些奇怪的现象。党中央几次三番要大家加强学习民族政策，但是，一般却以为民族政策只是少数民族应该学，汉族可学可不学，而且大多不去学，似乎汉族和民族问题无关似的，不必了解民族政策。事实上，民族间的矛盾大多就出在汉族不注意民族政策。

我在广西龙胜各族自治县参观了一个滑石粉厂，这个厂很赚钱，可是一个少数民族职工都没有。不少少数民族地区的工厂，宁可到外地去招汉人，也不要本地的少数民族，认为少数民族笨，讲话别人不懂。这些情形使我想起了江青就讲过：少数民族的语言和外国话一样，多讨厌"乌鲁木齐"这个地名用四个字多麻烦，应改两个字。这些是最露骨的大汉族主义，现在大家已经知道是极端错误的了。但是，在实际工作中却还有它的影响。

我们汉人不大容易体会少数民族的感情。比如说，京剧里扮演少数民族的角色，面谱被画得乌七八糟，少数民族当然感到不舒服。这种民族感情，我们汉人毫不在乎。再如《蔡文姬》一剧，郭老写这个剧本，本来是表达了文姬归汉的感情，但少数民族看了很有意见，他们认为这是破坏了他们同汉族的婚姻。当然不能说郭老有大汉族主义，但是就没料到会出现这样的效果。我在民族研究所曾担任过副所长，我也有责任。这个研究所专门研究少数民族，对汉族的形成和发展根本无人过问，好像汉族不需要研究了。要研究民族关系，却只研究民族地区的少数民族，不研究汉族，甚至说汉族研究不属于民族研究的范围。

毛主席讲过：汉族是"长时期内许多民族混血形成的"。以我自己来说，不知道我的祖宗究竟是哪一族，很可能不是汉族。明朝时，日本人侵略我的家乡吴江县，戚继光大战倭寇，用的兵是苗族和壮族。后来这批人中免不了有很多留在这个地区变成了汉人。我说不定就是这些人的后代。所以，汉族是怎样形成的，也要好好研究。中国各民族的形成，也都是有合有分，分分合合逐渐变化来的。它们是在中国历史条件下形成的各个集团。中国的民族是在中国经济的发展里出现的，所以具有中国的特色。为什么我们的研究要跟在人家后面跑呢？为什么一讲民族研究就只讲少数民族，不讲汉族呢？现在我们的社会主义现代化建设事业正在开创新局面，就更要讲团结。谁团结谁呀？有些少数民族地区的汉人多于少数民族，只研究少数民族，怎么能搞清楚当前的民族问题呢？

我最近到内蒙古去了10天。人家告诉我，在十年内乱的年代里，有600多万汉人流入内蒙古，占内蒙古人口的1/3。这些汉人进去时没有组织，没有纪律，三三两两地独立行动，到处挖掘发菜、香菇等土特产，破坏了牧场。大批汉人到少数民族地区去，有好处还是有坏处？怎样让他们成为建设力量？这些问题都没人去研究。还有些研究民族问题的学者认为：这不是他们要研究的问题，因为这些人是汉人。这能不能说也是大民族主义的表现呢？

事实上，引起民族矛盾的主要是大民族。大民族主义不大容易改变，彭真同志讲得很好："汉族同志在警惕和克服大汉族主义方面，应当高度自觉和经常注意。"这句话给我们做民族工作的同志敲起了警钟，我们汉族对自己这个民族怎样形成的，在世界上处于什么地位，在国内处于什么地位，起什么作用，漫不经心。少数民族有多少？知道的人不多。我们同少数民族接触不多，就是同少数民族接触的同志，到边区去，还是有看不起少数民族的。我做民族工作已经30年了，常说对少数民族有感情，愿意为他们服务，可是在某些方面还表现出大民族主义。为什么要团结少数民族？没有他们也不要紧嘛！我们汉人也照样可以活得很好。这种态度非常不好。这是因为我们没有明白社会主义现代化建设要靠少数民族一起来做才行的道理。

从大处着眼，汉族主要居住在农业发达的地方，知道种粮食，搞多种经营。最近我到内地去旅行，发现他们副食很少。这样的食品结构把我国有限的可耕地大部分被粮食作物占住了，这是很不经济的。这种状况看来非改不可。要讲求营养，提高副食，降低主食。讲高蛋白，就要有大量的牛、羊肉，利用草地生产，少数民族的牧区就可以大大发挥经济效用，变成一个"澳大利亚"。现在也不能埋头专搞农业，要发展工业了。要发展工矿，汉族地区找矿难，少数民族地区矿藏很多。以新疆地区来说，丰富的资源一旦开发，吸收几千万人不成问题。可是，现在还不能大批地去，去了的还有在闹要回内地的，因为存在民族隔阂，汉人不能很好地同少数民族相处。汉族在中国占多数，经济比较发达。但是只占半个中国的土地。少数民族地区辽阔，而且有丰富的资源。我们到本世纪末，经济上要翻两番，必须利用这一半的土地。少数民族和我们的差距很大，要缩短和消灭这个差距，必须做到政策和科学这两条：

一是汉族要懂民族政策，不要乱搞，得罪人。得罪了少数民族会闹事，天下不安。要和他们搞好团结，培养和教育他们和我们一道搞社会主义现代化建设。

二是要发展经济，缩短差距，关键在智力支边，使少数民族地区的科学文化水平提高起来。

怎样才能提高呢？现在问题还不少。在开国第二年，周总理就提出成立中央民族学院，目的是要培养大量的有共产主义觉悟的少数民族干部，提高他们的科学、文化水平，使少数民族改变面貌。这就是智力支边，是通过培养少数民族的知识分子来提高少数民族的科学文化，用来开发少数民族地区的资源。在50年代，到新疆去了许多支边的同志，当时条件很艰苦，后来大家忘记了他们，没人接济他们了，陆续回来的人不少，形成"一江春水向东流"，"孔雀东南飞"。汉人去支边的先锋队，没人支援，孤军作战是不成的。我们这次组织学者到新疆去讲学影响很好，首先是50年代支边的老同志们感到，关内的同志们没有忘记他们。这对他们是个鼓舞。

少数民族也的确需要文化，要使他们的经济发展起来并不难。我1981年上瑶山，他们的生活还不太好；1982年去就不同了，春节时他们放一个通宵的鞭炮，说明有钱了。他们是怎样富起来的呢？举一个事例来说明，瑶山是出大料（八角）的地方，"文化大革命"时"割资本主义尾巴"，不让搞副业，要把八角树都砍了。有一个生产队偷偷保存了他们的八角林，这几年他们出产的大料使他们发了财。瑶山还有一种灵香草，比较贵重，但是容易受虫害，一死就是一大片。广西农学院一位教师进山去考察，用科学方法治好了这种病害，去年这种草获得大丰收。这说明自然科学一进去，什么都能变黄金。只要稍微用些脑筋，制定出计划，经济就能发展起来。科学变"财神"的话并不是假的。所以，我们一定要搞智力支边，可以巩固边防，促进四化，进一步团结少数民族。

缩短和消灭民族间的差距，是当前最主要的民族问题。这项工作搞起来并不那么容易，50多个少数民族，一个民族有一个民族的特点，我们的研究工作没能跟上去。要知道各民族都有其特点、优势和困难。有的民族连文字都没有，人数也很少，如果等着他们创造了文字再搞知识，要拖到哪一年？怎么办？我们怎样帮他们把教育搞上去？这些都是具体问题，都需要研究。采取什么方法支援他们？这是我们知识分子要考虑的问题。现在不要光讲空话，要做些实际的工作。我们民盟提出了带头智力支援边疆，这是件好事。我们在新疆又了解到，汉族同志安不下心的最大问题是孩子教育不好，中、小学教育很差。如果要使汉族同志安定下来，首先要把中、小学办好。汉人安心边疆工作就会把少数民族地区的科学文化事业带动起来。所以，我们准备动员一批民盟的中、小学教师，其中有些是十分有经验的退休老教师去新疆支援，做一些真正对祖国有贡献的事情。

发展教育和科学文化事业是四化建设的关键，要发展我们"平等、团结、互助"的社会主义民族关系，就要很好发挥我们知识分子的作用。我们民盟是知识分子的政党，优势就是人才较多，应该发挥这种优势为四化服务。今后，我们要把它用到农村和边疆去。

我们计划搞学术座谈，给一切自己有研究成就的学者提供讲台。我相信中国人并不比别人差，要创造条件，新的局面要有新的气氛，在知识分子中要搞出这种气氛，使大家一起向科学进军。

我们要帮助少数民族地区，把文化普遍提高起来，缩短和消灭少数民族和汉族在科学、教育方面的差距，这个问题解决了，其他方面都不难办，民族问题也就容易解决了。

1983 年 1 月

本文系作者在民盟中央学习新宪法讲座上的讲话。

《盘村瑶族》序

胡起望、范宏贵两位同志所写的《盘村瑶族》即将出版，因为这个研究是出于我的倡议，所以他们要我在书前写几句话，说明这项研究的目的和意义。实际上我想说的话已经在1981年12月7日中央民族学院民族研究所举行的一次座谈会上讲过。这篇讲话的记录曾以《民族社会学调查的尝试》为题发表在《中央民族学院学报》（1982年第1期），后来收入《从事社会学50年》这本集子里（1983年天津人民出版社出版）。另外范宏贵同志也在《广西民族学院学报》（1983年第1期）发表过一篇《在大瑶山进行微型研究的体会》，叙述了大瑶山的基本情况和这项研究的主题。这篇序言实际上不过是这两篇文章的重复和引申。

先说一说我为什么倡议在广西大瑶山，即今广西壮族自治区金秀瑶族自治县，进行社会调查。1935年我在清华大学研究院毕业后，接受导师史禄国教授的意见，在出国留学之前，先到国内少数民族地区进行一次实地调查。当年秋季我偕同前妻王同惠一同进入广西大瑶山。我们的分工是：我主要测量瑶山居民的体质，前妻做社会调查。该年12月16日，我们在从花蓝瑶地区转移到坳瑶地区的旅途上迷失道路。我不慎误踏猎人设下的陷阱，腿背受伤。前妻下山呼援，天黑路险，溺水丧生。后来我虽获救出山，这次调查却并未完成。我在养伤期间把前妻所遗材料略作整理，编成《花蓝瑶社会组织》，而我的体质测量资料后来全部遗失在昆明。因此，我一直遗憾在心，觉得是一件此生没有还清的欠账。1978年我应邀去参加庆祝广西壮族自治区成立20周年，返途上我去访问了一别43年的大瑶山。当地的瑶族同胞还记得我，而且听说当年接待过我们的老朋友还有不少在世。他们的热情，鼓励了我想继续在瑶山进行上次没有完成的调查。这是我做出大瑶山社会调查倡议的来由。

我这次访问为时虽短却得到不少新的启发,提出不少问题:首先是瑶族是怎样形成的,其次是瑶族这一类山区民族有什么特点,第三是它们的发展方向是什么,第四是我们怎样下手去研究这许多方面的问题。在这里不妨把我个人的想法说一说。

瑶族是一个有悠久历史的民族,在汉文的记载中南北朝时期就有"莫徭"之称,这个民族称谓亦见于唐代大诗人杜甫和刘禹锡的诗中。瑶族更早的先人在汉文记载中一般认为是被包括在蛮人一类里。按已有的文字记载看来,从秦汉时起长江中游南部山区从湖南到广东都是他们聚居的地方。过去研究瑶族历史的学者对他们的来源和迁移路线都有过值得称道的研究。但是以我自己来说,过去心目中总是把瑶族看成是一个具有某些民族特点的集团,子子孙孙一代代地传下来的;他们在某一个时代聚居在某些地方,有时分散,有时聚合;他们的社会经济发生过某些变化。这样构成了一部瑶族的历史。由于这种看法,我总是想从史料中去追寻瑶族的来源,多少是认为有一条线贯彻始终,不论这条线的某一段中这种人曾被人称过什么名称。这种看法并不能说是错误的,因为我们可以设想,人总是一代代传下来的,现在还存在的民族总是有个源流可查考的。但是我从广西大瑶山的瑶族形成的具体过程中却看出了上述观点未免过于简单了些,因而也会妨碍我们对民族历史的研究深入下去。

大瑶山里的情况是这样:自己认为是瑶族的人有五种不同的自称。汉人也用了五个名称分别称呼他们作:茶山瑶、花蓝瑶、坳瑶、盘瑶和山子瑶。他们的汉名除了坳瑶外都不是自称的音译,比如茶山瑶自称是"拉加",花蓝瑶自称是"炯奈",盘瑶自称是"勉",山子瑶自称是"金迪门",坳瑶则自称"坳标"。如果问他们是不是瑶人,他们没有否认的。可是在他们的自称中都不加上个瑶字,不说"拉加瑶"或"炯奈瑶"等,而承认拉加和炯奈等都是瑶。瑶这个族名很可能是汉人称他们的名字,他们也用它来指这五个不同自称的人所形成的共同体。

我30年代初到大瑶山时,由于缺乏语言学的训练,没有从语言学的角度来研究这五种不同自称的人的关系,而简单地把他们看成是大瑶山瑶族的五个支系。所谓支系意思是一个根本上分出来的枝条。这次我和学过语言学的同志们一起去调查,他们熟悉过去这几年语言学者对于这五种不同自称的人所说的语言所作的研究。根据这些研究我才知道居住在大瑶山里的瑶族在语言上并不是统一的，而可以分为勉语、布努语、拉加语三种。它们虽然都属汉藏语系，但不能说是一个语言的不同方言。勉语属苗瑶语族瑶语支；布努语属苗瑶语族苗语支，接近苗语；拉加语属壮侗语族侗水语支，接近侗语和壮语。换一句话说，茶山瑶的话近侗水语，盘瑶、山子瑶和坳瑶近瑶语，花蓝瑶语近苗语。

从语言上暴露出了这五种不同自称的人可能有不同的来源，或者说，他们很可能原来不是一个民族的人，进入了这个山区之后才形成现在大瑶山的瑶族。他们不是出于一个根本的枝条，而是不同支流汇合而成的一条河。如果称他们是"支系"，只是支流的意思。我觉得不如避开支系这种说法，而称他们作不同的集团。大瑶山的瑶族就是由这些集团凝聚而成的一个民族共同体。

据这五个集团自己的传说，他们迁入大瑶山的路线也不相同。茶山瑶是从广东经广西梧州取道藤县、平南进山的，但也有说是从湖南取道浔州、贵县象州入山的。花蓝瑶是从贵州经柳州、象州入山的。盘瑶是在湖南被打散后进广西入山。山子瑶从广东进广西由平南入山。坳瑶从贵州进广西经百色、南宁，然后入山。这些传说表明现在居住在大瑶山里的瑶族来自四面八方。入山的时间上也有先后。至于谁先谁后他们还有不同意见。从盘瑶、山子瑶没有土地的事实来说，可以设想是出于他们入山时山里的可耕地已经有人占据的原因，占有土地的茶山瑶、花蓝瑶和坳瑶应当比没有土地的盘瑶和山子瑶早入山区。但是盘瑶却认为他们先进山，但由于游耕所以没有占有土地权。姑且不论这种说法是否符合于历史事实，在入山先后问题上各集团是各持己见的。

这些集团是不相混同的，比如，茶山瑶不能变为花蓝瑶。但是从各集团的姓氏来看既有不同于别的集团的姓，也有相同于别的集团的姓。都有槃瓠传说和说瑶语的盘瑶和山子瑶，有六个大姓：盘、黄、赵、冯、李、邓是相同的，但是还有许多姓是相互间不相同的。比如盘瑶的包、周、胡、唐、雷，在山子瑶中就没有；山子瑶的蒋、卢、陈、谭、覃、郑、莫、冼、刘在盘瑶中就没有。说瑶语的坳瑶中有盘、越两姓但没有其他四姓。说侗语的茶山瑶里却有姓莫、刘的人。花蓝瑶中有姓冯的。各个集团都有别的集团所没有的姓，比如茶山瑶的陶、金、龚、田、龙，盘瑶的唐、雷，山子瑶的卢、陈、谭、覃、郑、冼，坳瑶的罗、苏，花蓝瑶的侯、相。如果假定同姓之间有相同来源的话，各集团间在历史上可能也是有互相渗透的部分。

本书有关盘村瑶族世系关系的叙述中可以看到，他们一方面极重视姓的世代延续,而另一方面却又实行双系并行,兄弟姊妹间可以分别从父姓或母姓,形成特有的复杂体系。从具体例子里还可以看到他们吸收汉人归族,至于是否也有吸收其他集团的成分,我还不清楚。总之,不仅在血统上看,就是在族系上看,大瑶山的瑶族这个共同体并不是一成不变,单系纯种的血缘团体。其他民族共同体也有类似的情形,因此,我们必须从具体历史过程中去认识每个民族形成的过程。

就大瑶山瑶族的形成来看,我们不能简单地用语言一致的标准来进行民族识别。我们不能说大瑶山的瑶族不是一个民族的共同体,尽管它是由五个来源不同集团所组成,而且还说着分属三种语支的五种语言。于是这里产生了一个值得在理论上探讨的问题:什么是形成一个民族的凝聚力?一个民族的共同体中能承担多大在语言、风俗习惯、经济方式等方面的差别?民族共同意识是怎样产生的,它又怎样起变化的?为什么一个原本聚居在一起的民族能长期被分隔在不同地区而仍然保持其民族共同意识?依然保持其成为一个民族共同体?一个民族又怎样能在不同条件下吸收其他民族成分,不断壮大自己的共同体?又怎样会使原有的民族成分被吸收到其他民族中去?这些问题将为我们今后的民族研究开辟出广阔的园地。

放眼我国境内的民族,从上述这些问题看去,在这几千年里的确呈现着一幅规模宏大,成分复杂,有来有去,有分有合的历史长卷。我们对这个历史过程的知识实在太少,以致我们对这样一个有长期文字记录,又是当前世界上人口最多的汉族怎样形成的过程都说不清楚,至于对当前 50 多个民族怎样结合成为不可分离的中华民族这个共同体,我们也只见到它的结果,而还没有理解它凝聚的过程。这不能不使我想到我们这些肩负着研究中国民族的责任的人面对着怎样艰巨的任务了。我从广西大瑶山里的瑶族——他们只是分布在国内外各地的瑶族的一小部分——的历史经过,从而想到中华民族的形成,因为我意识到从这微型的研究里确是接触到了贯穿在各民族历史中具有一般性的规律。怎样把实际的观察和分析,提炼出我们各民族形成的规律,形成具有中国特点的理论,也许是我们这一代研究民族的学者必须认真对待的任务。

那么我们在广西大瑶山的瑶族中看到了怎样一个历史过程呢?从现有不充分的资料来说,在明代以前,即 14 世纪以前,瑶族在南岭山脉一带,跨湖南、广东、广西三省的聚居区和现在相比幅员较广,人口较众。他们对当时采取民族压迫政策的封建王朝的反抗在汉文史书中的记载可以远溯到宋代，斗争的中心地区却一代代由北向南，由较开阔的丘陵地带向险恶的山岭移动，表明了瑶族在1000多年里逐步被分散在高寒山区的过程。最后一次大规模的斗争是在明代发生于广西大瑶山附近的大藤峡，当时的统治者发动了几十万军队，在近100年中先后三次对瑶民进行大屠杀。瑶族人民受到极大的摧残。经过了这场斗争大约从15世纪后叶起，瑶族放弃平地，分散聚居在高山区，形成"无山不成瑶"的局面。

有人认为瑶族这个族名出于"莫徭"，而"莫徭"就是免于徭役的意思。瑶族自己的传说和现在还有保存的"过山榜"都说他们祖先有开垦山地的特权，而没有向王朝纳税服役的义务。用现在的语言来说是不受历代王朝的统治的人。有人根据"过山榜"和其他传说猜测：在春秋战国时代瑶族的祖先有可能曾聚居在淮水流域。到了秦汉之后，已退居南岭山脉的一带，即今湖南、广东、广西地区。到明代之后凡是要坚持不受封建统治、不纳赋税传统的瑶族就只有以险峻的山岭为屏障，聚居在高山区，靠山吃山地自力谋生了。从整个瑶族说，由于分散在具体条件不同的地区，他们的经济发展是很不平衡的。有一大部分居住在自然条件较优地区的瑶族占有的可耕地较多，可以进行定居农耕，早期就在土司制度下，接受了王朝的统治。其中有一部分瑶族有可能已逐渐被吸收到汉族里去了。像广西大瑶山那样的瑶族是属于坚持不受统治的那一部分瑶族。

另一方面，受到封建王朝压迫的少数民族在华南地区不仅是瑶族。和瑶族相近的苗族看来也遭到过和瑶族相似的命运。此外还有侗族、水族等历来都是聚居在南岭山脉附近的侗壮语系的民族。他们定居在湘、黔、桂边区的时期可能还早于苗瑶。他们也同样和统治势力进行过长期的斗争。其中也有一部分溃散、流动到不同的山区以求自保的。广西大瑶山的地势和位置正是容纳附近各族流散成分的安全场所。这个山区处于柳江、桂江和浔江形成的三角地区的中心，在海拔较低的平原中突起的一个山区，方圆几百里，最高山岭海拔1900多公尺。山势陡峻，落差极大，易守难攻。实际上，这座山给了入山的瑶族近500年的安全，山外压迫他们的势力直到这个世纪的40年代才武装侵入，但最后还是被解放军消灭在山里。

这段历史说明了不同来源的民族集团在共同敌人的威胁下，为了生存必须团结一致，形成一股自卫的力量。这种凝聚力使他们形成了一个共同体，接受共同的名称。他们在语言上、风俗习惯上的区别并不成为离异的因素,因而得以长期共同生存下来。尽管在婚姻上还是各自实行族内婚制,他们共守石牌的法规维持山内的安定,结成密切的联盟,有难共当,确保团结。30年代我初上瑶山时,对他们路不拾遗的社会秩序印象极深,曾说过陶渊明的《桃花源记》并非虚构。但是当我们再进一步了解各集团间的关系,也就看到了他们之间还是存在着矛盾。这种矛盾性质上是集团间的剥削关系,就是这五个集团又可以分为山主和山子两类。当地语言中也做出这种区别,前者称长毛瑶,包括茶山瑶、花蓝瑶和坳瑶,后者称过山瑶包括山子瑶和盘瑶。山区的土地包括水流和飞鸟走兽的所有权都属于长毛瑶,过山瑶得向长毛瑶租种土地,而且要服役。但是这种集团间剥削关系在长期间里并没有引起瑶山内部的分裂,可以说那是由于当时的主要矛盾是山内外的民族矛盾,而不是山内的集团间的阶级矛盾。最后国民党反动武装势力侵入山内,多少还是利用了山内集团间的矛盾而得逞的。由于山内集团间的矛盾,各集团经济的发展是不平衡的。占有瑶山土地所有权的长毛瑶,利用山沟里的平地种植水稻。他们的农作技术和山外的汉族和壮族并无高低之别,所产的稻谷质量很高。没有土地所有权的山子瑶和盘瑶,只能租用山坡上的土地,进行简单的刀耕火种的农业。他们在一块山坡上种了几年,由于地力衰退,就得迁移到另一块山坡上去。他们不可能长期定居在一地,而且山坡上种的玉米和早稻产量低,一大片山坡只能养活一两家人,所以他们又不能很多人家聚居在一起构成村落。大瑶山里还实行一种种树还租的剥削制度,就是过山瑶租了山坡后要替山主种树。在树苗的间隙处种粮食自给。四五年后,树苗长大了,不能烧草作肥,只能搬走,把成活的树当实物地租交给山主。这样就加速了他们的移动。所以本书作者把盘瑶的耕作制度称作"游耕",暗示有一点类似牧业中的"游牧"。这个概念是否恰当还可以研究,至少应理解为耕地常常流动的农业。

由于历代封建王朝实行民族压迫制度,使得许多少数民族迁移到深山中去,凭险自保,远离汉族才是安全。这种处境使他们在经济上停滞落后,在文化上闭塞保守。新中国成立后,民族压迫制度被消灭了,民族间的不平等关系改变成为平等的关系。新中国是一个社会主义性质的国家,人剥削人的制度宣告结束。在大瑶山里不仅瑶族和其他民族得到了平等地位,瑶族内部集团间的剥削关系也被废除,从此不再存在山主和山子的区别了。这些社会性质上和民族关系上的根本变化为各少数民族开辟了一条社会经济迅速发展起来赶上世界先进水平，成为现代化民族的道路。他们怎样走上这条道路，在发展中发生了些什么问题，正是我们当前民族研究的主要课题。

要研究上述这些课题，我们必须从具体出发，就是按各民族的具体情况来观察、分析他们怎样走上和怎样走着社会主义革命和建设的道路。由于我们的许多民族一方面具有他们的共性，另一方面也各有其个性；所以我们认为必须从"解剖麻雀"入手，树立类型，进行比较，明确特点，发现共性。以大瑶山的瑶族来说，它在宏观世界里的地位只是作为中华民族大家庭一个组成部分的瑶族中的一部分。瑶族一共大约有120多万人，分布在六个省（区）的130多个县里，其中居住在广西的占总数的67%，约80万人。居住在广西大瑶山的瑶族只有3万多人，在全部瑶族中只占2.5%。但是有3万人形成一个聚居区，在瑶族中是不多见的。有瑶族居住的县瑶族人口平均不到一万，而且一般是分散居住在各山，并不能形成一个较大的联接在一起的聚居区。我们要解剖一个瑶族聚居区，广西大瑶山是个比较好的对象。但是这只是一个"麻雀"，固然具有瑶族的共性，但也有它不同于其他瑶族聚居区的特点。从研究方法上讲，它只能作为瑶族研究的开始。至于这个聚居区在瑶族中有多少代表性，或是说哪些是瑶族的共性，还得在其他瑶族聚居区进行比较研究之后才能做出答案。

就大瑶山这个范围来看，还存在着五个不同的集团。这些集团固然都承认自己是瑶族，而且有共同的一方面，但是他们还是各自有特点的，不但语言有别，经济发展不同，社会习惯也有差别。因此，我们要解剖麻雀，还得一个集团一个集团的进行。1935年前妻王同惠调查过花蓝瑶，原本就想一个一个集团地继续调查下去，后来因为发生了事故没有完成。这次我有机会再上瑶山，还是想采取这个办法。但是先调查哪个集团呢？

这次从盘瑶入手进行具体的微型调查是本书的作者决定的。除了考虑到具体的条件外，他们认为在这五个集团中有三个是说瑶语的，其中又以盘瑶人数最多。如果着眼于整个瑶族联系到广西大瑶山之外的瑶族来看，在这山里的盘瑶可能作为研究整个瑶族的一个突破口。我自己在30年代访问过盘瑶。那时他们还没有形成村落的聚居点，只有两三家人住在一起。我在盘瑶家里住过几天，测量过他们的人体，在《花蓝瑶社会组织》里有一张当时所摄的相片，但印象不深，听了本书作者的意见，我认为这样设想是可取的。盘村的瑶族可能和其他地方的瑶族具有更多的共同点。所以从大瑶山的盘瑶调查可以引导我们向山外发展，去研究其他地方的瑶族。换一句话说，盘瑶可能是瑶族的基本成分，就是很早从淮水流域，逐步南徙，后来退入山区，进行刀耕火种的游耕的所谓"过山瑶"。说他们是基本成分是因为在他们游动的过程中，不断吸收其他民族游散的成分，构成各地瑶族共同体。这种设想是否符合事实，还得在今后各地瑶族进行比较的调查才能作答。作为开展研究的一种设想是可以成立的，因为这种设想并不是凭主观的想像，而是综合了对大瑶山的初步了解和对其他地区的概况而形成的。但是设想还只是设想，不是经过客观事实充分证明的定论。

广西大瑶山的盘瑶据1979年的人口统计有1.7万多人，占大瑶山全部瑶族人口的1/3弱，他们居住得很分散。解放后他们获得了土地所有权，而且已有部分水田，开始定居，在较高的经济水平上，较多的人家能聚集在一起居住而形成了村落。"盘村"是指盘瑶的村落，在他们的历史上是一种新生事物，是发展过程上的里程碑。我同意本书作者把"从游耕到定居"作为他们研究的第一根线索。

游耕不只是指"刀耕火种"的农业技术，也不只是指几年一迁移的不定居的生活。它是一个从生产力到生产关系、意识形态综合性的概念，一种社会经济模式。我认为通过微型调查，对这种模式进行系统性的研究，可以得到可取的科学成果。当然，现在大瑶山的盘瑶已经定居了下来，我们已不能直接观察到实在的游耕模式，对于这种模式的直接观察还得谋求其他研究的机会。但是在大瑶山的盘瑶的现实生活中还可以观察到从游耕到定居的过程。这个过程我相信不只发生在大瑶山的盘瑶中，也发生在山子瑶中，而且还在大瑶山之外的瑶族及其他民族中发生。解剖这个"麻雀"，可以增加我们对于经历着或经历过同一过程的那些民族的认识，而这种认识也将使我们明白怎样可以帮助这些民族更好更快地在社会主义道路上向前迈进。

本书作者提出的另一个主题是从封闭到开放的过程。这个过程包含的内容更为丰富，而且更广泛的适用于其他少数民族，虽则程度上可以有所不同。这个过程发生于民族压迫制度被消灭后，中国国内各民族间的关系从不平等改变成为平等的重要历史事实。过去在民族不平等，少数民族受压迫和歧视的时代，凡是封建统治势力进不去的少数民族地区一概是被封锁的。甚至少数民族日用必需的盐、茶都有时列为禁运品，更不用说生产工具和武器了。这对少数民族社会经济的发展极端不利。造成了至今还不能很快克服的各民族间事实上的不平等。统治阶级的封锁政策在少数民族中也产生了封闭心理。他们的历史经验使他们认识到离开压迫他们的民族越远越安全，因而，对族外的人和事都抱着疏远和怀疑的态度。民族隔阂是长期历史的产物。现在民族平等了，封锁政策已经彻底摧毁，为民族互助政策所代替了。民族互助在现阶段主要是先进的汉族对后进的少数民族在物质上和智力上的支援。这就需要汉族克服大汉族主义，少数民族改变固步自封的思想。过去被民族压迫制度所封锁的大门要大大地打开。这就是从封闭到开放的过程。民族之间经济和文化上的交流是各民族共同繁荣的关键。在社会主义建设的前进中，越来越明白地显示出少数民族离不得汉族，汉族离不得少数民族。具体分析这个历史过程，取得应有的经验教训，对今后各民族的发展是十分重要的。

我原本打算自己亲自参加大瑶山的社会调查。曾在1979、1981、1982年三次访问金秀。但是在实践中发现自己已不是40多年前的青年人了。在这样的山区里做实地调查需要一定的体质条件，而我已经在蹉跎岁月里丧失了这些条件。出门就要爬山的地形和我的体力和体重发生了难于克服的矛盾。有一次我到离开我所住的招待所不远的一位朋友家里去吃饭，不到100公尺的山坡，我在路上歇三次才爬上去。不料在吃饭时一阵大雨，返途上石路滑得我无法下脚，只能由两个大汉挟着提下坡来，看来不服老是不行了。当然，我心中一直放不下的这一笔欠账，今生很难有亲自偿还的希望了。假如我投身到这项调查工作中去，我又不能满足于听汇报和座谈的。社会调查关键是在有丰富的感性知识，在有行为有感情的实际生活中去观察、去发现问题、去分析研究。我现在已缺乏在瑶山里参预当地居民生活实践的条件，这也就丧失了我作为一个名符其实的调查者的资格。这对我本人来说不能不是件憾事。但是使我高兴的是具备在瑶山里进行实地调查的本书两位作者响应我的倡议，在1980年至1982年的三年里三上瑶山，不仅对大瑶山的情况进行了初步的全面了解，而且选择了盘村进行了"解剖麻雀"的微型研究，取得了初步的成果。

科学研究是人们对客观世界的认识过程。它必然是一个由粗及细，由浅入深的过程，也是个由局部、片面到全面、完整的过程。我们不能对一个初学者做出过高的要求，我认为只要树立了实事求是的科学态度，具备了锲而不舍、绝不自满的精神,做一分工作,就是在学术大路上前进一步。人类对客观世界的认识是没有止境的。多一分符合实际的知识,也增加一分控制客观世界的力量。人类社会就是这样一步步发展起来的,是知识的不断积累和更新,是人的主观世界对客观世界不断的认识和控制。本书的两位作者为了增加我们对瑶族的认识,这三年里付出了大量劳动,不仅是脑力劳动,也包含着艰苦的体力劳动。不说别的,从金秀去盘村就得翻过一座高山,一般人要花几个小时,对我来说已是不可逾越的自然阻碍。我相信他们的劳动是有收获的,这本书就是他们收获的证明。

也许应当在这篇序文里说明一下,我对这项研究除了倡议之外,并没有出过多大的力量。我不愿意脱离实际地妄作主张,影响实地观察者的思路,甚至挫伤他们的主动性和创造性。学术工作是复杂细致的脑力劳动,我们作为老一辈的先驱者对下一代的长成固然具有辅导的责任,但是必须认识到这种脑力劳动贵在自觉和创造。拔苗助长,包办代替都是犯忌的。当然,我在和大瑶山居民有限的接触中和在听本书作者向我叙述他们所见所闻所想的过程中,我也有我的思想活动。我受到启发,发现问题,做出设想。这些我都毫无保留地告诉本书的作者以及对这问题有兴趣的人。如果我的思想活动对他们发生过影响,那是出于他们主动的吸收,而且是经过他们的消化和改造的。应当老实说,我也从他们的工作中得到很大的收益。他们在做我想做而已做不到的事。我通过他们的工作学习到很多知识。比如我在上边已说过,30年代我根本没有想到过大瑶山里瑶族的五个集团有不同的语言。这一点新知识的确使我发生了一系列的问题,而且使我对中国各民族形成过程有了新的探索。这三年,我确是紧紧跟着本书两位作者的工作在学习。同时,我还得说,正因为我一直很注意尊重调查者的主动性,所以这本书里所表达的看法,有些和我的看法不完全相同的。换一句话说,假如我自己做这项调查,我所得到的结果,也不会完全和这本书一样的。我尽管不断地向他们提供意见,但是并没有自己动笔去修改过他们的原稿,我希望能看到中年的研究工作者能自己站立起来向科学进军。

这本《盘村瑶族》只是我倡议的瑶族研究的一个开始。我希望这项研究能继续进行下去。今后发展的一个方向是继续在大瑶山里一个集团一个集团地进行"解剖麻雀"的微型调查。已经调查过的花蓝瑶和盘瑶还应当深入下去,没有这样调查过的茶山瑶、坳瑶和山子瑶更需要有人去调查。为了全面了解大瑶山的社会，决不能忘记，这座山里除了瑶族还有其他的民族，如壮族和汉族。我最近越来越感觉到在民族地区做社会调查不应当只调查少数民族，因为在民族地区的汉族常常对这地区的发展起着重要的作用。少数民族的社会不能离开他们和汉族的关系而存在的。要研究民族地区的社会也不能不注意研究当地的民族关系，特别与汉族的关系，希望今后做民族研究的人能考虑我的这种体会。

瑶族研究的另一个发展方向，如我上面已提到的，是走出去研究大瑶山之外的盘瑶。只有从比较研究中才能检验我们从研究大瑶山盘瑶所得到的一些设想是否正确。比如我曾设想，盘瑶可能是从中原南移进入南岭山脉，然后又有部分更向西南移动，甚至移出国界的这些瑶族的主干。在他们的移动中不断吸收着从其他民族分散出来的游离成分，而形成今天的瑶族。这个设想还没得到证实。要证实或否定这个设想只有扩大研究的范围到各地去观察和分析。

如果再进一步，那就可以提出瑶族和跟它相当接近的苗族和畲族有什么关系的问题。这并不只是个历史上的渊源问题，而是对相类似的山居民族进行比较研究。他们之间有什么相同之处，有什么不同之处？他们在发展过程中有相互学习的必要。

在研究工作的方法上说从按民族的单位分别地一个一个研究已经出现了它的局限性，因而我曾主张今后这类研究应当和宏观的研究结合起来，就是以地区为研究对象进行综合调查。我在支持西南六江流域的民族调查时曾说过广西大瑶山的调查可能是另一个地区的综合调查的开始。这个地区就是南岭山脉的民族走廊。

向前看，我们有着丰富的研究园地，有着急迫的研究任务，现在需要的是赶快培养出新一代民族研究工作者。在研究的问题和研究的方法上尽可能百花齐放，不拘一格。在研究成果上也应当是百家争鸣，相互促进。在研究队伍里老、中、青三代人各有其用武之地。一切努力都向着一个目标，就是我们祖国民族大家庭在社会主义大道上的共同繁荣富强。

让我借《盘村瑶族》书前的篇幅，表达我对民族研究工作的深切期待。

1983年6月30日

《瑶族风情歌》序

如果有人问我，我对西南少数民族最忘不掉的印象是什么？我不假思索的答案将是：我好像进入了诗歌之乡。我常常对熟悉的瑶、苗、侗、壮等西南少数民族青年们说，你们都是些天生的诗人。我见到本书的著者之一莫义明总是要半正经半开玩笑地称他作天才歌手。中央民族学院里许多老朋友，如刘保元等，在我的印象中，都是出口成诗，不需苦吟的歌手。

我到过贵州、广西的少数民族家里去做客，记忆中也是到处是诗歌，我刚上门，主人拉住我的手，就唱起迎客诗来了。坐下进餐时，端起大碗的酒，一面唱着歌，一面向你嘴里灌，说这是酒歌。我印象这样深也许是出于我既不会饮酒，又不会唱歌，是个干巴巴的汉族书生。我和这些少数民族朋友在这方面差距太大了，以致我的印象也未免会有点夸大。一个丧失了声韵细胞的人对这种似乎有点炙手的风情，产生一种又惊又羡的反应而失去冷静的衡量是不足为怪的，正像一个没有喝酒习惯的人初次尝到了佳酿一般，难免醉醺醺地进入超现实的幻境。

把这些少数民族地区称作诗歌之乡，即使夸大一些也无妨，也许这样反而可突出他们的特点，反衬出我们这些汉族书生苍白、干瘪的面貌。诗歌本是一种人与人之间感情交流的信息系统。深邃的情谊要求细腻深切的传达，一般的语言显得不够了，发生了艺术。语言不足，调以声韵而为诗词；吟诵不足加以音乐而为歌曲。从平凡的水平提高到了美的境界。艺术使人情深处的感觉得以交流，密切了人与人的契洽，加强了社会的团结。这是健全的精神文明所不会缺少的内容。在这一点上说，我一向认为像我这样没有音乐修养的汉族书生是个精神上的残缺者。我希望我在汉族中是个例外，不然，我们就得老实承认汉族不如其他少数民族了。无论在汉族中像我这种人是不是普遍，我想在提倡美育的号召下,汉族应当多向少数民族学习,学习他们怎样把艺术和日常生活结合起来,诗歌舞蹈成为人人皆能的普通生活习惯。

从向西南少数民族学习生活与艺术相结合的角度看去,《瑶族风情歌》就有它特殊的意义了。过去汉文文献中也有介绍瑶族民间诗歌的著作,但大多是出于汉族文人之笔,如清代李调元所辑的《粤风》,近人陈志良所辑的《广西特种部族歌谣集》等。他们都用七言体裁来翻译瑶族的诗歌。我们不知道这些是瑶族原有的诗体,还是用汉体来翻译的结果。瑶族诗歌中无疑也有七言诗体,但也不易断言,这是他们原有的体裁,还是受汉诗的影响。看来其中至少有一大部分是用汉诗形式来改写瑶族的诗歌的。其所以如此的原因是出于这些译者都不是瑶族本族的人。要用汉语来翻译瑶族诗歌,而不失去瑶族诗歌的本色,看来还是由瑶族人自己来做这项工作为宜。《瑶族风情歌》证明了我这种设想。

这本书的编者都是解放后培养出来的瑶族知识分子。他们从小在瑶族中生活,是诗歌之乡中滋长出来的花朵。他们在解放后开办的民族院校里学习了汉文,都能直接用汉文进行文艺创作。他们为了发掘本民族的民间文艺,深入群众,直接向瑶族歌手搜集,录音笔记,加以整理。这些歌词都是用瑶语口头传授的,对本书编者来说原是乡音,所以对歌词所表达的感情,他们能深切洞彻,体会共鸣。他们用已掌握和熟练的汉语翻译出来给懂得汉语文的读者欣赏。我虽不懂瑶语,但只从汉文翻译来说,不仅字字珠玉般地闪烁着心灵的光彩,同时也闻得到浓郁的瑶族特点的乡土气息。我认为他们把翻译作为再创造的文艺工作是颇为成功的。作为一个关切少数民族文化发展的教育工作者,我感到安慰的是从这本书里看到了少数民族新的一代知识分子的成长。瑶族里拥有本书编者那样的文艺人才,不仅应当为瑶族庆贺,更应当为这30多年党的民族政策的胜利而欢呼。

从《瑶族风情歌》里收集的瑶族民间诗歌,我们可以看到它们怎样和生活密切地结合在一起。这集子里的每一首诗歌都和瑶族人民从诞生、成长、恋爱、婚姻、养儿育女,到终没的生活息息相关,如实地反映了有关的习俗。因此,我们除了欣赏他们在这些生活关节上的感情怎样用文艺来表达的优美技巧,还可以从而看到他们许多特有的习俗,为我们提供了研究瑶族社会和文化的丰富资料。

举例来说:婚礼歌里的《说亲词》和《娶亲词》,反映了自称"布努"的瑶族在婚姻上的习俗。"布努"瑶族的男女青年恋爱成熟后，男方托人做媒，征得女方父母同意之后，请本宗族一位有名望的男歌手称作"布商"的做代表，到女家说亲。女方也请本宗族的一名歌手称作"耶把"的为代表出面接待，商讨婚约、聘礼和婚期等事。"布商"与"耶把"在协商过程中，互相对诵的歌词就是《说亲词》。这些歌词主要内容是男方向女方表示求婚，女方表示同意。但是在对歌时，"耶把"往往故意为难对方，试考对方的智力、知识和艺术水平，而使得平凡的事务性的谈判变成一场艺术的表演，邀取亲友的赞赏，使社会生活更为优美和丰富。

《娶亲词》是举行婚礼时所唱的歌，在表面上是一种仪式性的祝词，加强婚礼的活跃气氛。但是还应该看到，代表男方唱《娶亲词》的布商，正通过这个演唱的节目，承担了巩固新婚夫妇婚姻关系的责任。婚后如果男女两家之间发生争执，他就有调解的责任。比如女方受到虐待，就可以找布商责问，布商有权主持公道，干涉夫妇间不正当的关系。所以《娶亲词》是一篇训嘱，表达了新婚夫妇应当遵守的社会规范。它也就成为婚约的社会认可。

《送女歌》和《迎孙歌》反映了布努瑶族特有的生育制度。按他们的习俗，男女婚后，女方不就住到男家去，叫做不落夫家。逢年逢节，男家的婆婆要来女家接媳妇回男家，过了节女方又返回娘家居住。农忙时节，男方到女家帮工，夫妻同居，到快生孩子时，女方家长请一位歌手，在后门设席供祭家神，这位歌手唱的就是《送女歌》。歌后，由女婿闭着眼睛剪断拦门的红、白、青三根彩索，带着妻子跨过一碗清水和一盏灯火，从后门出去，并随身携带简单工具和生活必需品，到野外山洞里暂住。一般要住120天，他们就在山洞里生下孩子。到期男方家长到山洞把他们接回男家。回家那天要请一位歌手在门前祭神唱《迎孙歌》。唱完歌，歌手把一个蒸笼搁在大门中央，由歌手把孩子从一端递过去，男方的家长从另一端接进家堂。

布努瑶族也称背篓瑶，居住在广西都安一带。我没有到过这地方，上面所说的习俗是听本书编者讲给我的。据说解放后这种习俗已经改革了，但是这些歌却还有人会唱，本书编者记录下来，得以保存。我听到了这些说明，回头看歌词，见到《送女歌》里充满了父母怎样期望成了家的儿子能独立生活的深厚感情。独立生活必须有一个实践的阶段，在布努瑶里，在新婚夫妇快要有孩子时，就得离开父母去山洞里过一段靠自己过活的日子。《送女歌》一开始就把这风俗的主题讲明白:"龙送鱼下海,凤送鹰上天,离爹牵手去,别娘牵手返。"为父母的人鼓励下一代要"是鹰就飞千里远,是龙就闯千重浪"。生活的能力要在锻炼里成长,所以"亲手种的米最香,亲手种的蔗最甜。呃——去吧!是鹏展翅飞万里,是蜂把花枝攀"。通过劳动,"大地送来粮,高山献出棉"。结论是"人靠勤劳人才富,鸟靠翅膀飞上天"。这是一首富于教育意义的诗篇,道出了他们这种习俗的真实意义。

诵读这首诗歌时,我也体会到研究民俗的人,如果不从实际生活中去体会民俗的意义,就很容易满足于书斋里的推想,把活生生的富有教育意义的习俗,归入原始社会遗留的"痕迹"。住山洞确是带着一点原始味道,但是在生产力十分低下的条件下,还能有其他的办法么?值得我们注意的是从歌词中所表达的那种对下一代严格训练的要求,这是维持一个社会常青不衰所必要的精神。它不是"痕迹",而是我们现代社会还应当学习和发扬的模范。我感谢本书的编者为我们保留了这些耐人深思的瑶族风情。我相信民族研究工作者一定会珍惜这些宝贵的资料。

本书编者指望我为读者补充一些有关瑶族的民族历史和情况,以便对本书所收集的诗歌提出一些背景的资料。很惭愧,我有限的知识实在使我感到力不从心。我在这里所能做的不过是对本书中所提到的一些有不同自称的瑶族加一些注释。

瑶族和其他一些民族一样内部有自称不同的集团。本书里所提到的布努瑶、瑙格劳瑶、拉加瑶就是瑶族中自称不同的集团,他们分布在哪些地区,我现在还说不清。据我所知道的说,广西都安有自称"布努"的瑶族,汉人称他们作背篓瑶。广西南丹有自称"瑙格劳"的瑶族,汉人称他们作白裤瑶。广西金秀有自称"拉加"的瑶族,汉人称他们作茶山瑶。此外,在金秀还有自称"勉"的盘瑶、自称"金迪门"的山子瑶和自称"坳标"的坳瑶。尽管总的说来这些自称不同的集团所说的语言都属同一语系,即汉藏语系,他们的语言并不是一致的。简单地说,自称"勉"和"金迪门"的瑶族说的话属苗瑶语族的瑶语支;自称"瑙格劳"和"布努"的瑶族说的话属苗瑶语族的苗语支;自称"拉加"的瑶族说的话属壮侗语族的侗水语支。从语言上看来,瑶族可能是由不同成分组成的,各自有其来源。至于他们怎样形成一个民族的历史过程,我还不清楚。

本书所收集的诗歌都是来自广西的瑶族。瑶族在我国境内大约拥有 124 万人口，其中 67% 住在广西。以全国的瑶族说，包括自称"勉"和"金迪门"在内的说瑶语的人约占 1/2，包括自称"布努"和"瑙格劳"在内的说苗语的人约占 2/5，有少数是包括自称"拉加"在内说侗水语的人，还有一些瑶族已只会说汉语。在海南岛还有许多说瑶语的人自认是苗族。其他地方的苗族是否有类似的情形，我们还不清楚。看来，苗瑶之间的历史关系是很复杂的。

从社会经济水平来看瑶族内部也很不平衡。大部分靠近汉区居住在自然条件较好的湘、粤、桂边区，都以农业为主，兼营林业；耕种方法、生产关系和生活水平基本上与当地汉、壮族相近。但是在湖南江华、广西龙胜和金秀、广东连南等高山区的瑶族则以林业为主，兼营农副业。他们过去长期被孤立在交通不便的地区，文化比较闭塞，生活水平一般较低。最穷困的是居住在广西都安、南丹一带和十万大山中心区及云南边疆的石山区的瑶族。石山是指土层极薄的山，石头暴露在地面上，土地贫瘠，耕作困难，所以至今还有采用'刀耕火种"的耕作方法；生产力低使他们还保留不少原始的生产关系。本书所搜集的诗歌大部分是来自最穷苦的瑶族中，即背篓瑶和白裤瑶。金秀的茶山瑶是属于上述的第二类中种水田的集团。在大瑶山里他们的处境比较优裕。

至于这些瑶族中的各种社会制度和风俗习惯，我知道得不多，这方面的研究还刚刚开始。我不能多说了。如上所述，瑶族的民间文学正是为我们研究他们的社会经济提供了丰富的资料。我更希望瑶族本民族的知识分子也能参与社会历史调查的科学工作，对他们所搜集的民间诗歌能进一步分析。他们一定能像在文艺工作上做出的成绩一样，推动民族社会历史研究向纵深发展。

1983 年 7 月 3 日

西部经济发展和各民族共同繁荣

这几年，我多次在东部地区调查社会经济迅速发展的情况，使我不能不联想到西部地区，因为我认为如果西部地区不同样迅速发展起来，东西之间的差距势必扩大，对全国的四化事业会带来不利的影响。从去年起，我曾带着这个问题进入西北地区。

我国西部地区是我国许多少数民族聚居的地方，其中还包括我国五个大的民族自治区。在这样的地区讲经济发展当然不能不考虑到民族这个重要方面。

从民族的角度提出问题，很不容易用概括的词句，因为不同民族存在着不同的特点。一概而论就容易顾此失彼。比如讲一个地方居民从事哪种生产活动来取得生活资料的经济结构时，就会看到西部各民族在这方面很不一致，有以农业为主的回族，也有以牧业为主的哈萨克族。在同一民族里，由于地区不同，也可以从事不同的生产事业，藏族里就有牧区的藏人和农区的藏人之别。在我们初步考虑西部地区经济发展问题时，我们不能不略去许多细节，而从各民族大体上相同的方面着眼。

讨论少数民族地区的经济问题，还应当注意到民族杂居的情况，在我国少数民族中单独由某一个民族居住的地区并不多。由于历史上长期的人口流动，我国各民族常常互相渗透，混杂居住，形成一股以"小聚居、大杂居"来形容的形态。因此，我们不能孤立地去看少数民族的经济，而必须把它们放进复杂的民族关系中去考察。具体地说，大多数少数民族聚居区里都居住着汉人，而且许多地方汉人还占多数。因此，少数民族地区所存在的经济问题和今后经济的发展都和当地杂居和邻居的汉人有密切的联系，从宏观上说，各少数民族的经济更离不开汉族。所以在探讨今后这些地区的经济发展时，必须着重注意全国的和当地的民族关系，特别是少数民族和汉族的关系。

我国多数少数民族聚居在西部地区，这并不是偶然的，而是长期民族流动的结果，同时也反映了经济差距的由来，笼统说：擅长于农业，特别是种植业的汉族，在相当早的时候就开辟了东南水利较好的平原和丘陵地带，取得了以农立国时代的经济优势，其他许多民族分别住在相对来说不宜于发展农业的西南和西北的山区和草原地带，他们中许多至今还维持着传统的牧业、林业和较为原始的农业，人口较少，在经济上处于相对的劣势。

在我国进入社会主义时期之前，这种形势加上了民族压迫和歧视，对少数民族的经济发展是极为不利的。而且由于各民族从事生产活动的不同，也引起种种矛盾。例如内蒙古历史上就存在的农牧矛盾。汉族由于人口增殖，农村衰落，曾有大量流入内蒙古不宜于种植的草原，进行广种薄收，随种随丢的粗放农业，严重地破坏了原来在草原上生活的蒙古族牧区的生产资料，早年曾是汉族发祥地的西北黄土高原的水土流失与由内地移民的进入而引起的人口增长也是有密切关系的。生态平衡的破坏造成了西部各族人民共同的贫穷状态。

解放以来，民族关系有了根本的改变，民族平等、团结和共同繁荣已成为根本国策，去年颁布的"民族区域自治法"更以法律形式肯定了这个原则，而且提出了各少数民族自力更生的同时享受国家对他们社会主义建设进行帮助的权利。这是西部地区历史上的一个重大转折点。现在的问题是怎样贯彻这项基本国策，怎样改变历史所遗留下来的民族间事实上的不平等，开展西部中国在经济上文化上大发展的新局面。

过去使少数民族的经济发展处于劣势的自然条件在经济上的意义，现在已开始改变。在农业时代西部各族处于不宜种植的地区，可说是造成经济落后的原因。现在我国已开始步入工业化的时代。在这个时代西部的自然条件的劣势已转变为优势，因为这个少数民族聚居区已是矿产和能源特别丰富的地区，而这些正是工业化所不能缺少的资源，所以在工业时代少数民族地区已取得了经济发展的自然条件。

要发展西部地区经济必须充分发挥这种优势，这就要求我们改变传统的经济结构，结束盲目扩大农业地区的历史，一方面因地制宜恢复林业、牧业，一方面要大力发展工矿业。要实行这个方针，首先是在恢复自然生态平衡，制止水土流失所引起的经济上的恶性循环，就是要种草种树，退农回牧。这对于有牧业传统的少数民族是十分欢迎的，但是对杂居在少数民族地区务农的汉人该怎么处置呢？这是一个现实的问题。

我去年曾在赤峰对这个问题进行调查，看到过去农牧矛盾是在一定的农牧业的生产水平上发生的，那就是一方面是自然牧业，一方面是粗放农业。如果农、牧两方都在技术上提高一步，牧业方面改变单纯靠天然牧场来放牧而能部分地以饲养来补充，就是用种草或精饲料来喂牲畜；农业方面能改变低产粮食的种植，腾出土地来种植精饲料为牧业服务，这样，农、牧就不仅不再矛盾，而且互相结合了起来，这是改变农民和牧民关系的根本办法，相应地民族关系也可由矛盾转向团结。

当然，这里还有个粮食供应问题，这样做不是会降低西部地区粮食产量了么？其实，西部干旱地区农业原本是发展不起来的，粮食不可能指望自给。"以粮为纲"的做法只会促进生态的失调。所以粮食问题应从另外的渠道去解决：第一是要从宏观经济着眼，加强全国性的区域分工，由内地供应西部必要的粮食，由西部供应内地肉食和工业原料，实行互通有无。第二比较更根本的就是汉人要学习当地少数民族采取适应当地条件的食品结构，就是减少粮食消费量而增加肉食和乳品。这固然一时会受到习惯的阻力，但从营养上说是一项进步的措施。

西部当务之急是种草种树，恢复生态平衡，发展林、牧业，但还应当看得远一些。我看我们必须承认西部经济开发不可能单靠林、牧业的发展，更重要的是有赖于工业的兴起。西部有丰富的矿产和能源已经是公认的事。以开采矿藏为先导，随之以加工、制造、外销，这才是西部发展的大道。

解放后，已经注意到利用西部的矿藏来发展经济的方针，包头钢铁基地的建立就是一个例子。但是到目前为止，建设这些大企业只做到了为内地提供建设的原材料。包头所产的钢铁绝大部分不是留在本地区，用来发展加工、制造等多种多样的企业，而是运到内地去的。这种做法实际是和民族区域自治法的精神不相符合的，民族区域自治法第六十二条规定："国家在民族自治地方开发资源，进行建设的时候，应当照顾民族自治地方的利益，作出有利于民族自治地方经济建设的安排，照顾少数民族的生产和生活。"

在兴建包钢的时候，中央曾提出"全市支援包钢，包钢带动全市"的口号，这就要求包钢建成之后，在包头全市发生带动工业化的作用，但事实上，包钢是包钢，包头是包头，这两张皮一直没有很好地贴在一起，使人惊异的是包头工业所需的钢铁原材料还得由外地运进。少数民族地区其他所谓重点项目的建设，可能基本上是和包钢一样的，这不能不引起我们的注意。

如果我们肯定少数民族地区发展必须走工业化的道路，接着就应当问：谁来发展西部的工业？这个问题的提出也就是要明确少数民族在西部经济发展中的地位，根据民族平等、团结、共同繁荣的国策，我们必须反对在西部经济建设中不充分吸收少数民族参与的做法。

少数民族地区的发展必须是少数民族的发展。这是我们社会主义国家的特点。在帝国主义时代，一些发达国家以威胁利诱向不发达国家掠夺资源，把当地民族只看成是开发的工具，榨取他们的劳力进行残酷剥削。他们把一个地区的经济发展，和当地民族的发展割裂了。最极端的例子是北美和澳大利亚。当前美、澳两国都是工业发达的国家，但是原来居住在这两大洲的民族却都在这个所谓"开发"过程中被逐步淘汰了。现在这两个国家对原有民族的残余固然采取了救济政策，几乎每个人都可以拿到一笔生活津贴，但是他们至今被排除在当地社会发展之外，以致丧失了生活的意志，日趋于死亡。他们是西方殖民主义的牺牲者，我们必须引为鉴戒。

我们所走的是民族共同繁荣的道路。在这道路上少数民族地区的发展必须包括当地少数民族的发展。正因为这样，我们在讨论西部地区经济发展时，不能一刻忘记这是个少数民族的聚居区。当然，要贯彻我们民族政策的基本方针，确是有许多问题需要研究解决。

由于历史原因，我国少数民族的经济和文化水平都比较落后，这是不容否认的。长期处于被压迫和歧视地位，使得社会经济发展受到严重限制，而且也因此养成了封闭自给的传统，在接受外来知识上存在着种种阻力。所以要完全依赖少数民族自己去发展少数民族的现代工业是不现实的。因为这个缘故，民族区域自治法一再强调国家对少数民族地区建设上的帮助。也是因为这个缘故，近年来，各方面都提出支援边区的倡议。这是说少数民族地区的建设必须获得汉族的支援。

汉族对少数民族的支援存在着有利条件，首先是现在各少数民族杂居区里已经有大量的汉族杂居在内，如果采取适宜的措施，已在少数民族地区居住的汉族可以成为带动少数民族发展的有效力量。更重要的是在经济文化比较发达的汉族地区，现在已经在智力、财力、劳力等方面有力量支援少数民族地区。

现在迫切需要的是东西互助的具体安排。

汉族对少数民族的支援是多方面的，以发扬少数民族传统优势的牧业和土特产的培植来说，在品种的改良，技术的提高，以及加工工业的发展，都需要现代知识，这些知识还需要从区外引进。工业的建设更不能缺少技术和经营上的帮助，因为现代工业在少数民族中可以说是没有底子的。这些都是需要汉族支援的项目。

支援不是代替，支援目的是在使少数民族地区经济发展，才能用自己的腿走路。怎样能培养出一大批办得好工业的少数民族人才呢？除了提高少数民族一般的文化水平之外，还得实事求是地、手把手地把少数民族扶起来。比较切实可行的办法是在民族杂居地区首先建立以汉族为主的企业，在这些企业里有意识地吸收大量少数民族人员，在实践中把他们培养成现代工人，然后有计划地以这些工人为骨干把工业扩散到少数民族聚居的地方；建立起一批在技术和经营都不脱离母体的由少数民族自己的力量来办理的小型企业。这就是我们在包头倡议的，当地的重点企业应当利用现代化的工业设备，培养少数民族工人。这些工人不应当只看成是本企业的工人，而要看到他们是少数民族工业发展的种子。重点企业有力量可以扩散技术和工人到少数民族地区去，建立起以重点企业为中心的小型工业群落。要做到这一点，重点企业的领导思想必须明确地认识到他们有发展少数民族经济的责任。

接受汉族的支援，在少数民族意识上也必须克服一定的阻力。我说过，由于历史的原因，少数民族过去的生活养成了封闭和自给的意识，对不习惯的外来的新事物存在着怀疑和抗拒的态度。刚刚获得平等地位的少数民族自然会产生热爱民族的心理，这是可喜的，这种感情也容易寄托在一些传统的生活习惯上，成为改革和开放的阻力。少数民族成员必须看到一个民族不发展起来，不现代化，光靠民族感情在这个世界上是站不住的。热爱民族的感情必须与改革和开放相结合，那就会主动地去寻找和接受一切有利于本民族发展的支援；我们也必须看到意识形态上的改革是需要条件和时间的，最有效的方法是通过实例。在少数民族中有一个地方有效地进行了技术改革，就会不胫而走，带动一片。支援少数民族经济发展切忌空谈，而要实干。

我在广西大瑶山看到有一位科技人员，找到了治疗灵香草的蜡烛病的方法，不到一年就在山里推广开了。这几年大大提高了这山区少数民族的收入。

古人说:"治大国如烹小鲜。"那就是说,办大事要有耐心地从小处入手。在少数民族里进行改革,更应当如此。要从实从小,才能见效。

少数民族经济发展有赖于汉族的支援,杂居在少数民族地区的汉族居民经济生活的提高,实际上也有赖于少数民族经济的发展。这些杂居在区内的汉人大多住在城里或镇上,而少数民族居民则大多散居四乡。因此,这些地方的民族关系实际上是城乡关系。城是乡的中心,乡是城的基础,双方是分离不得的。在这个意义上,更使我们觉得西部地区的经济发展决不能忽视这个地区广大的少数民族同胞。

为此我提议:西部地区经济发展一定要符合各民族共同繁荣的要求。

1985年6月

原载《群言》1985年第8期。

潘光旦先生关于畲族历史问题的设想

1981年12月,我在中央民族学院民族研究所的座谈会上,讲过潘先生对苗、瑶、畲民族关系的一段设想。这段设想的酝酿,始于潘先生和我一起在1952年调来中央民族学院之后和1957年之前的一段时期。

座谈会上,凭我的记忆总括了潘先生的这段设想,即"我们可以从徐、舒、畲一系列的地名和族名中推想出一条民族迁移的路线。很可能在春秋战国时代的东夷中靠西南的一支的族名就是徐。他们生活在淮河和黄河之间,现在还留下徐州这个地名。从这一时期的文献中也可看到这块地区被居民称作舒。潘先生从瑶、畲的槃瓠传说联系到徐偃王的记载,认为瑶族中的过山榜有它的历史背景,只是后来加以神话化罢了。这一批人,后来向长江流域移动,进入南岭山脉的那一部分可能就是瑶,而从南岭山脉向东,在江西、福建、浙江的山区里和汉族结合的那一部分可能是畲,另外有一部分曾定居在洞庭湖一带,后来进入湘西和贵州的可能就是苗"。

这篇讲话发表后,曾引起了不少关心东南一带少数民族问题的朋友们的注意。我感到不太放心,因为这段设想全凭我的记忆复述的,所以一直有意找潘先生的著作校核一下。

施联朱同志送来了1955年中央民族学院研究部出版的《中国民族问题研究集刊》第4辑,其中有潘先生所写的《湘西北的"土家"与古代巴人》一文。我又读了一遍,其中对苗、瑶、畲的历史有几段话,不妨抄录如下:

> 辰沅以北,亦即洞庭湖以西……两千余年以来,各民族成分的部位或分布情况基本上没有变动;拿这两千多年的首尾比较着看,瑶族是更向南方移动了,部分进入了广西,与瑶族有密切关系的苗族则向北进展了些,

越过了辰沅以北。

长江中游沿岸，特别是南岸，在六朝隋唐年间称为"莫徭"的一个族类，在周秦以降中原族类历次向南伸进的压力之下，退却了，分散了；南下的一群成了今日的瑶人，在过程中省去了一个"莫"字音，其中很早就进入东南的一支后来称畲瑶，或单称畲；向西与西南移动的一群成为今日的苗人，过程中把"莫徭"的两字音切成"苗"的一字音；其少数留在原地而夹居在汉人中间的取得了"猫"姓，声音改变的过程和"苗"一样……我们是倾向于承认远古的三苗与今日的苗人，乃至瑶人与畲民，是有源流关系的。这样一个带有总结性的初步看法，姑且借此机会提出，将来研究苗瑶由来的问题时，可作参考之用。

潘先生后来曾否把苗瑶和畲族的由来写成了专论，现在已无法确定了。我凭记忆听说的他的那段设想，似乎比1955年发表的文章更进了一些。我仿佛记得60年代初，潘先生和我曾一起到过罗源、福安等地访问畲族。他对畲族的传说信仰特别感兴趣，因为这种信仰可以从地方志的材料看出它的分布，并推测它的传播路线。如果潘先生的确没有把这个设想写成文章，或是写成了文章无处发表，而在动乱中遗失了，那只有等待后人去补足了。

我在这里想特别提一下的，就是潘先生对于我国各民族历史的研究，一向不主张孤立地研究某一民族的历史。他在研究了土家和古代的巴人之后，在上述那篇文章里明确地说：

我们也不能忘记，历史上绝大部分的巴人，今日湘西北"土家"人的一部分祖先也不例外，在发展的过程中，变成了各种不同程度的汉人，终于与汉人完全一样，成了汉族的组成部分……因此，这种历史研究又必须与汉族，乃至全部中华人民的大共同体，是如何形成的这样一个总问题密切地结合起来进行，至少第一步也应该不断地互相参照着进行，才有希望把头绪整理出来，孤立地搞是绝对不行的。在祖国漫长的几千年的历史里，这样一个族类之间接触、交流与融合的过程是从没有间断过地进行着、发展着，我们现在还在这过程之中，从人文学的方面来看，也不妨说，这过程就是祖国的历史。

我在那次座谈会上称这种是宏观的历史研究。四年过去了，这类的文章我还是很少看见。今天我重读潘先生那篇力作，感慨很深。包括我在内，自叹远远不如前辈。现在，仅就我从这段设想中得出的关于民族研究的一些不成熟意见阐述如下。

正如潘先生所说的，我们祖国的历史是一部许多具有不同民族特点的人们接触、交流、融合的过程。这个过程从没有间断过，而且还在发展着。我们对汉族的形成虽则至今还没有科学的说明，但是它之所以能成为当今世界人数最多的一个民族，绝不可能是单纯靠汉族的祖先自然繁殖的结果，它是在中国历史发展过程中不断吸收原来不属于汉族的人们而壮大起来的。其他的民族实际上也多是由原来不相认同的人们逐步融合而成的。融合是一方面，另一方面也有分化。在不断又合又分的过程中出现了我国现有的民族结构。

从这一点认识出发，我们今后的研究工作就可以从宏观和微观两个方面发展。从宏观方面发展就是拾起中华民族形成过程这个课题进行研究。中华民族是一个民族实体，因为他具有与世界上其他民族不同的特点，而且具有共同的民族意识。他是由许多互相不能分离的民族单位组成的。他是历史的产物，所以我们有责任把这个人们共同体的形成做出科学的论证。

研究各民族的形成过程就是向微观方面发展的研究工作。我们在广西大瑶山的研究就属于这个性质。我并没预料到在广西大瑶山的微观研究会在理论上和宏观上与中华民族的研究是统一的。那就是说，在一个民族实体中可以存在若干在语言、生活方式上各具特点的组成部分。广西大瑶山里的瑶族包括了茶山、花蓝、坳、盘、山子等5种瑶人。他们尽管各有各的语言和生活方式，但是都具有瑶人的共同意识。这是和我们中华民族包括着许多不同民族成分相一致的。

我初步的想法，这并不是个别的现象，如果我们对各民族进行细致的深入的微观研究，很可能会在许多现在所承认的民族单位里发现同一情形。它们都是由许多不同的民族成分逐步融合而成的，而且各成分融合的程度又可以不同。理论应当从观察实际的过程中形成，这是我对于今后的民族研究工作者的希望。

提高到理论上来考虑这个问题，也有助于我们提高民族研究的水平。我觉得过去多少年来把各个民族孤立起来研究的时期可以结束了，因为这已不适应当前我国新形势的发展。民族领域里当前主要的问题是怎样实现各民族事实上的平等。事实上的平等必须通过发展经济来实现，对外开放、对内搞活的方针同样适用于民族的范围内。由于历史原因，我国各民族的发展水平是不相等的，有些先进，有些落后。凡是经济文化比较落后的民族必须向先进民族开放，吸收先进的技术和先进的文化，决不能维持过去的封闭状态，特别是由于封闭状态所形成的精神上的自我中心和排斥外来的成见。各民族共同繁荣有待于共同走现代化的道路。在这共同道路上，我们固然必须从各民族的特点出发，而且保持民族形式；但是共同的东西必然会日益增加，在这个意义上就是加深了中华民族内部的融合。在这融合过程中一方面要防止大民族主义，另一方面，也要防止地方民族主义，我们正面临这种挑战。我相信，我们各民族一定能过好这一关。民族研究工作者也有责任在这方面出一份力量，通过科学的论证，向各民族讲清楚这个道理，使各族人民自觉地走上现代化开放的道路。

从回忆起潘先生对畲族历史问题的设想，引起了许多不成熟的想法，提供民族研究者思考。

1985年6月

载《畲族研究论文集》，民族出版社1987年版。

开发甘南的意义和建议

这次到甘南来，短短三天，学到了不少东西，现在讲讲我的体会。

我搞了多年的研究工作，对少数民族也有过一些接触，多数是去西南一带，对西北的少数民族我接触很少。只是最近几年到新疆、内蒙古搞了些调查研究。这次下决心到甘肃来拜访拜访少数民族地区。对少数民族我知道得不多，对藏族知道得更少。藏族是个有300多万人的大民族，在国家中处于很重要的地位。我去访问西藏自治区看来是没有希望了，这次来到甘南藏族自治州，对我来说是很难忘的，也是很愉快的。

来甘南州以后，我想到一个以前没有想到的问题，就是甘南在甘肃、在全国所处的地位，有什么特点，重要性在什么地方。你们谈到甘南州每年给西藏提供150万斤酥油时，我就意识到这个问题的重要性。从这件事我想到了许多问题。在封建社会里，统治阶级对藏族采取了控制，甚至于是消灭的政策。清王朝表面上联蒙联藏，实际上是控制、削弱这两个民族，如把蒙古民族给搞衰落下去，对西藏周围的100多万藏族，采取包围、封锁的办法，不让它发展。现在我们对少数民族采取支持、帮助、发展的政策，如何发展藏族？总而言之，是现代化。要使藏族现代化，先得发展藏族同汉族接近的地区。这些地区容易接受新知识，容易搞现代化。也可以说是反弹琵琶，西藏的现代化可从外围着手。

人们一讲到藏族，就想到拉萨。拉萨在政治上、经济上是一个很重要的地方，可实际上同汉族接近的、接触多的还是你们这个藏族自治州。我们可以设想从西藏周围的几个藏族自治州入手，建立西藏现代化的战略。这几个州是在甘肃、青海、四川。

这次来甘南，看到了甘南州的地位。甘南州有个拉卜楞寺院，它在藏族文化上的地位就很高。现在要建设现代化，它也可以作为一个中心，作为发展和建设藏族现代化的突破门。所以花力量进行甘南州的发展和建设，不仅是为了甘南州的 20 多万藏族群众，也是为了西藏自治区的 100 万藏族群众。可以设想，把你们这个州建成一个藏族现代化建设的发动机、根据地。甘南州对西藏的建设所起的作用，是其他地区不能比的，今后西藏经济、文化的发展可以从这儿流进去。你们每年有 150 万斤酥油进到西藏，对这件事不能只看作是酥油，而应该看到这是一股经济的力量，文化的力量。

你们这条通往西藏的路，我以前没有想过。当然坐飞机可以去西藏，但这只能是少数人，而广大藏族群众到西藏去这条路是一条现存的通道。我们必须充分利用这条通道，要从酥油扩大到各个方面。现在你们除了酥油还有挂面、啤酒、日用百货等运往西藏，有 302 部汽车跑运输。目前西藏的酥油价格靠甘南的酥油来调剂，以前我没有听到有人说到过这件事。我觉得这件事很重要。发展甘南是发展藏族地区的重要的门户，这一点是我来甘南后才有的一个看法。

从这一点出发，可以看到许多问题，第一点是甘南的地位，它的政治经济地位和作用。甘南州不是自治区，而是甘肃省的一个自治州，甘南要发展，局限性很大。不像内蒙古、西藏是自治区，地位不一样，人们一提到藏族，就想到西藏，往往想不到甘南，这就是它的局限性。甘南藏族自治州在甘肃省和在全国民族工作中的地位应重新加以考虑。西藏现代化问题，是关系祖国四化建设的大事。所以在甘南这个窗口上得花较多的力量，要有一套具体的规划、措施。这不光是为了甘南，更重要的是为了西藏，为了整个藏族地区的发展着想。

在体制上、地位上，在自治权方面，在甘南州要贯彻民族区域自治法，就要下放权力。对这方面的问题还得进一步研究。在一个省内，自治州的地位应当不同于其他非民族地区。我在临夏州、甘南州都听到有这个话，自治州形同虚设，空有其名。空有其名是不符合我们整个国家政策的。要落实我们的民族政策，实施贯彻民族区域自治法，就得把许多具体的权力规定下来，要清楚职权。昨天我讲到森林法，森林法中有一条是民族自治地方可以制定变通或者补充规定，这已经开了口子，现在是你们如何去用它。民族区域自治法也有一条，你们可以经营本地区的资源开发，怎么经营，就要拿出具体的办法。根据宪法和民族区域自治法，认真拟定一套条例，就是在少数民族地区的森林应该怎么办。这个特殊的条例是有法律基础的，是符合法律的，内容则应实事求是，因地制宜。总的来说，发展这个地区，用这个地区来带动西藏，要加重发展甘南藏族自治州的分量，就要加强对它的帮助。这是我来甘南几天一直考虑的问题。

甘南的优势在什么地方？我来甘南前去定西看了看，定西的面貌与这儿不同。定西是一片黄颜色，黄土高原的面貌很清楚，水土流失很严重。植被草木都稀薄。坐汽车从兰州到甘南来，黄色不多，多是绿色，有草有树，可是这儿的草、树都在退化，在破坏。三年停止破坏的这个宗旨在这里也是适用的。树的破坏我听到了，白龙江林业局这些年伐了不少树，木材是拿到了，在国家建设中起到了作用，可这个地方却受了很大的损失，不能让它的损失继续下去。在甘南，种草种树应有它不同于其他地区的意义。昨天我看了看这儿的草，草长得很低。我前年到内蒙古看到的草原比这里的好。这儿的草是"浅草没蹄"不是风吹草低见牛羊。当然这儿也有更好的草原，明天再去看一下。对这样一个草原，如何使它恢复起来，在这方面还没听到很多具体措施。内蒙古赤峰做了不少工作，草从这么低长到那么高，我写一篇文章叫《赤峰篇》，在《内蒙古日报》上发表了，以后给你们寄几份参考。如何恢复草原对你们是很重要的。

我所说的甘南两大优势，草原和森林，看来问题还没有解决好。林业有个政策问题还没有解决，林区 16 万多藏族群众有劲使不上，看着林木越来越少。这是一个人为的事情，应该想个办法出来。对这个问题我不太熟悉，但办法总归是有的。草原退化怎么办？你们讲牧区比林区富。林区人均收入只有 40 多元、60 多元、80 多元，牧区有二三百元，玛曲去年人均收入 396 元，相差是很大的。玛曲富不光是地利好，还有一个人的问题，应在这方面再了解一下。草原退化问题这是看见了的，你们这儿是草原退化，还没有到沙化，和内蒙古不同。内蒙古是治沙的问题，你们这儿是如何增加草量、改善草质的问题，即量和质的提高问题。这方面有什么经验、措施，再给我们讲一讲。昨天听说草场承包问题还没有完全解决，作为一种经济形式要有人管，没有人管是不行的。还要有一套适应这个地区的承包办法。甘南州的自然生态平衡破坏的不太严重，但草原退化、森林破坏是一定要解决的。

在这里问了几户牧民，都有 30 多只羊，20 多头牛，一两匹马，可以解决温饱，大家很高兴，放放羊，唱唱歌。刚巧碰到藏族群众的香浪节，群众很热闹。这儿生活不错，空气又好，我很羡慕这里的田园生活，可这种田园生活在当今的社会里是很难维持下去的，应该说落后的帽子还没有摘掉。我们不能满足于 30 只羊，20 头牛，骑着马儿到处走的小牧经济生活。这同内地原来说的"二十亩地一头牛，老婆孩子热炕头"的小农经济是一样的。这不是目标，目标是现代化。是搞现代化，就要搞商品化，经济越提高就越要商品化。现在小农小牧经济的时代已经过去了，但要打破它，也是很困难的。我个人从感情上是喜欢陶渊明诗中说的田园生活的，可是现在世界变了，变成一个商品交换的经济，在生产力迅速发展的时代，维持一种快乐的田园生活是不可能的。到甘南来的这一路，没有什么小集镇，这就是商品交换少的原因。临夏州比你们稍好一点，临夏地少人多，商品交换就好一些。你们这儿商品经济也开始了，看到了用马拉车跑运输，一天赚 10 多元钱。你们这儿集镇很少，汽车跑一天到一个县城才有一个小镇。在江苏，走 10 分钟、20 分钟就是一个镇。这儿集镇少，是商品经济不发达的一种表现。

你们甘南的两大优势，草原和畜产品原来都上缴，变成了原料供应地，怎么能商品化，最后只能达到现在这种生活，不到小康水平，是一个低级的自给自足经济。每年输出一些原料，换回些油盐酱醋、衣物，在这样一个交换中，是永远打不开局面的。畜牧业已经承包了，原料在群众手中，可以搞加工，先搞家庭加工业。你们生产酥油的方式一半是手工，一半是奶油分离机，是半机械化；再由半机械化向机械化发展。有 300 多部汽车跑西藏，这中间有汉族，也有藏族。这些藏族群众已经掌握了机器，是不简单的。你们州里有一半的牧民群众到过拉萨，这很好，因为要搞现代化，就要流动，一动就会发生变化。但人要和商品一起流动，为朝拜而流动变不出现代化的。

藏族群众能掌握汽车，说明他们有一定的文化知识，没有文化是不行的，这些就是有用之才。昨天见了多禾大队的支部书记，他识藏文，原来当过喇嘛。我想为什么不可以利用喇嘛庙来进行教育，不要怕它嘛！宗教也会变的。对宗教我们自己有迷信，认为宗教是鸦片烟，我们就怕它了。其实，你不用怕，宗教有它积极的一面。为什么我们不可以利用？这就要看我们的本领了。北京的回民，不敢买清真罐头，信不过。这次在临夏，我建议他们建立一个清真食品厂，生产真正的清真罐头，屠宰可以请阿訇来念经，生产出的罐头还可以运往阿拉伯国家。这就可以利用宗教，使它变成经济因素。这是很重要的，因为现在人们还有宗教信仰，等到他们的生活提高了，迷信也就没有了。我们不排除宗教的用处。

现在讲一下工业，搞现代化没有工业不行。在这儿工业怎么办？你们有的是资源、矿产，现在开放了，如何发展，要有个长远的观点。搞工业、矿产比较复杂，靠甘南现有的智力基础是不够的，这要靠外面的力量。昨天看了毛革厂，从南京、上海、兰州请了三个技师。一年来几趟，不在甘南时每月发200元工资，在甘南时每月500元工资，这是个很好的经验。一年花点钱，但得到的东西很多，一是提供信息，如生产什么样式的服装，否则样式不对，就没有人要。二是提供新的技术和制革材料。我们要用东部的脑子来发展西部的经济，简单地说，用人家的脑袋自己发财。这脑袋不在这里，守株待兔不行，谁到甘南来啊，一听海拔3000米高度，心就慌了。要花一切力量去引进，要宣传。现在也有自然流进的，在马路边修鞋的，是浙江人，有20多个，在这里一天少则挣四五元，多则挣十几元，平均每天可以挣八九元，大约算了一下，这20多个修鞋的，一年就挣你们4万元，你们的毛革厂全年的利润才8万元。修鞋的把4万元拿走了，这是一个新情况，叫劳务输出。你们可以算一下，一年几十万元就这样出去了，可以到邮局查一下汇款就知道了。

我们要改变甘南的传统的自给经济，就要做工作。要有商品经济意识，要把封建的传统改变过来。这虽困难，但是必须做的工作。现在已经在起变化了，可以调查一下，总结一下。浙江人来这儿修鞋是很苦的，可愿意待在这里，这叫利之所在，艰苦不怕。所以我们要用商品化经济来改变自给自足的小牧经济，要把发展经济同群众的实际利益结合起来。现在总的发展方向是很清楚的，开放、改革、走现代化道路。毛革厂是1980年从夏河分出来的，这叫细胞分裂法，也叫母鸡下蛋。这样去发展，将是很快的，现在有困难，市场问题，原料问题。我们的政府、我们的领导应该注意这个问题，要帮助，要做好服务工作。

我们搞支边已经几年了，这对发展民族地区大有作用。同外边挂钩，不是乞求。我有东西跟你们交换，有利益，可以搞联营、联办、补偿贸易等办法。我们不要一想就办个大工厂，要积少成多。藏族是很聪明的，昨天在毛革厂看见一个藏族姑娘搞裁剪，很不错。所以要以藏族为主办小型企业。可以到外面去跑一跑，看一看，学一学。省里的领导也应该帮助、支持你们。在这里千万要注意一个问题，以前民族工作最大的问题是认为少数民族落后、穷苦，我们要帮助他们，要去救济他们。这不行，越救济越不行。关键在于要帮助少数民族自己发展起来。最近，耀邦同志讲，对西藏我们不能输血，要造血。对少数民族不能输血，更不能抽血，你们这儿的林业局是在抽血，这是不行的。少数民族不能光伸手要钱，认为只有上面给钱才能办好事。一切事业，首先要靠自己，江苏也是这样开始的。有了钱不要铺张浪费，要好好用，要办工厂，一个厂一个厂地搞起来，叫它们细胞分裂，几年也就起来了。江苏才5年，现在一派繁荣。在这件事上要认真地咬紧牙根搞下去。

最后讲一下人才问题。你们这里在人才问题上教训是很大的。靠外边不容易，来了就要走。现在不靠外边的帮助还不行，但真正的力量要靠里边长出来。那么怎么办？今天早上听了教育问题的汇报，我认为对什么是人才要有认识，不要依葫芦画瓢。你现在需要什么有用之才，就培养什么人，不要图名，要图实。比如要养兔子，要兽医，要一套设备。我的家乡养兔子，兔毛产量全国第一，全拿到国际市场，后来国际市场跌价了，一跌价就不得了，家家杀兔子吃。我说跌价跌得好，要懂得自己搞加工业，不做殖民地，不光卖原料，于是搞起兔毛毛织厂。自己站住了脚。现在江苏已是亿元乡，20亿元的县。这不是很难的，是可以达到的。但是要从小处做起。你们有的是资源，有吃苦耐劳的藏族群众，还怕发展不起来么？

搞教育也是如此，要抓基本知识的教育，小学教育要普及。现在很难，没有好教师。搞好教育要有人，光房子好不行。在甘南第一要懂藏语，把知识能传达到藏族群众中去。要搞出一套藏语的系统教育。当然学习汉语是必要的，不能搞封闭，搞封闭只有自己吃亏，但真正要普及教育要靠藏语。要培养一大批真正为藏族人服务的教师。我想应抓一抓师范教育。你们现在有个师专，可以把师专扩大，质量提高，同外地的师专学院联办，请外面的教师来讲课。情愿拿钱去搞代培，培养好了，人家还不一定情愿回来，还不如请外面的教师来这里代课，培养的人才不是多一些嘛！我回去后可以做宣传，请省里支持一下。我知道西北师院的师资力量是很强的。请他们来帮助，待遇可以好一些，发挥知识分子、教师的作用。这也是帮助民族自治州发展的一个基础措施。请他们来把你们的师范教育办好，培养一批不往外地跑的当地的教师。甘南还应培养一批能用藏文藏语教中学的教师，向西藏输血，支援西藏。这是我的设想，请你们研究一下，看能不能实现。

关于技术引进问题，民盟可以考虑。你们提出具体项目，我可以发动民主党派来帮助你们。北京帮助定西搞了 21 个项目，定西的杏子很多，北京、天津来了几个专家看了，建议他们搞一个果脯厂。定西自己搞了个计划，要 21 万元，专家们看了只要 8 万元，今年 8 月上马，9 月投产，春节前投放市场，8 万元全部可以赚回来。所以你们要搞几个引进项目，我来给你们搭桥。我们是藏族自治州，藏族要发展、要提高，是会有人来帮助的。人们是愿意帮助民族地区的。不要自己先心虚，说我是少数民族，怎么落后。而要说我要发展，请你来帮助，给你利益，不要你的东西。提出项目，我们可以组织专家组来，叫他们来具体帮助你们。

来甘南时间短，但学到了不少东西。你们在这里责任很大，要看到自己不仅是藏族，而且是藏族现代化的先锋。要想到藏族是中华民族大家庭里的重要成员，藏族地区现代化是我们国家现代化的重要组成部分。而藏族地区的现代化要从你们这儿先走一步，用你们来带动西藏的现代化。所以，为了整个中华民族，为了党的事业，要一辈子做下去，干到底。

1985 年 8 月 16 日

甘南篇

一、上高原访藏族

　　一个人大概总是会有一些想要做而事实上又不大可能做得到的事。在我来说，上西藏就是这样的事。1956 年，陈老总率领中央代表团去西藏，我当时还年轻，未过半百，而且又报上了名。但临行前却让医生给否决了，没有去成。我心里一直憋着一口气：不能上西藏，见不到藏族的实际社会生活，怎配得上说是个研究中国民族问题的人？时间过得真快，一瞬间已近 30 年，我亦老矣。年过 70 还要向医生乞求为我上西藏开绿灯，该认为不太有自知之明了吧。但是上高原，访藏族之心，我却并没有死。

　　1984 年我伴随民盟一批专家去甘肃，在考察定西种草种树时，听说从兰州坐一天汽车就可以到甘南。甘南是高原又是藏区，已建立自治州，称甘南藏族自治州。于是又打动了我上高原、访藏族之心。1985 年我再一次跟这批专家去定西，回到兰州，就同他们分道扬镳，单独南行了。西藏去不成，甘南不妨试一试。

　　西藏是世界屋脊，海拔平均 4500 米，拉萨市区据说不到 4000 米。甘南在青藏高原的东北隅，是它的边缘，和西北黄土高原相接，在长江和黄河的分水岭上，海拔在 3000 米上下。4000 米我高攀不上，3000 米也许还有我的份。我说服了接待我的主人，在保证"有反应，即回头"的条件下，取得试一试的机会。沿途还有医生同车，每天要检查血压三次。

　　1985 年 8 月 13 日一早，我从兰州启程。同去定西考察的专家临行时还在汽车旁一再叮嘱：少说话，少活动，少劳累。为慎重起见，一天的路程分两天走，中途在临夏打尖休息，住一晚。临夏海拔 1986 米，离兰州 160 公里，刚逢有一段公路正在修整，车行近 4 小时。

第二天从临夏启程去甘南州首府合作。合作是个地方，藏语原名是 ju:ou 意思是羚羊出没的草滩，音近汉语"作"字，好事者取民族团结之义，加上了个"合"字，这样的地名和青海的互助土族自治县，无独有偶。

合作海拔 3000 米。比临夏高 1000 多米。行程 107 公里。地势逐步上升，很少陡坡，对新客威胁不大。我闭目静坐，一任车座颠簸，时而瞌睡，时而清醒，不知不觉中竟被提升了千米。

海拔高，空气稀薄，氧分低，所以不习惯高原生活的人，突然被提升会有头痛、憋气的反应，心脏弱的人更会心跳加速，难受，晚上不易入睡。说来确实出于意料之外，我这次在合作 3 天，在夏河 3 天，又几次越 3000 米上限到草原家访，活动频繁而体检正常，除了每过几分钟，自然地深呼吸一次外，没有发生什么高原的特殊反应。

18 日从甘南归来，所见所闻的记录比较杂散，不宜成文，因用杂文体裁写"甘南篇"。

二、陇西走廊南端的民族

我这次从兰州去甘南是沿洮河，靠着陇西黄土高原西部边缘南下的。到合作就跨入了青藏高原的东界。紧接青藏高原的这一缕黄土地区出现了一条成分复杂、犬牙交错的民族地带，不妨称之为陇西走廊。在现有的分省地图上，这条走廊正是甘、青两省接壤地区，往南延伸便到云贵高原的六江流域。这里是对民族研究工作者具有吸引力的地区。

我对西北各民族很不熟悉，过去只限于一些书本知识。书本上告诉我，在青海和甘肃接壤的地区居住着一系列的小民族。这些民族不但人数少，而且只在这地方有。其中不满 1 万人的就有撒拉族、保安族和裕固族。较大的土族不到 1.5 万人，东乡族不到 3 万人。为什么有这么多小民族挤在这个陇西走廊的南端呢？

这次路经临夏回族自治州，虽则只住了一个晚上，也没有下乡访问，但从言传口说中听到了许多富有启发的提示。临夏本身是个少数民族自治的地方——回族自治州，而在它境内却还包含了两个自治县：一个是东乡自治县，另一个是多民族联合自治地方,即积石山保安族东乡族撒拉族自治县。这是一个少见的多民族聚居的地方。

从临夏到甘南的路上,汽车越爬越高,沿途我看到四围变化的景象,便开始体会到地形对民族分布的制约作用。海拔超过3000米之后,体质上不具备一些特有适应能力的人是住不长的,而且自然地理条件使高原上的生态环境与平原地带不同。这里一般不宜耕种;如要耕种,不长稻麦,只长青稞,但广阔的草原却适宜放牧。这些地方对于习惯农业生活的民族是不具有吸引力的。所以青藏高原长期以来几乎成了藏族所独占的生息之地。

当然,我不是说其他民族不能上高原或没有上高原的人,何况人的体质是有适应能力的。但是看来历史上许多来源不同的民族一上青藏高原,就会逐步接受已在这个地区创造了适应这个地方的生活习惯的藏族文化,而和藏族相融合。这段历史现在还没有被人发掘出来。但是我们知道不同地区的藏族自称不同:有自称"兑巴"、"藏巴"、"卫巴"、"康巴";"巴"是藏语,译成汉语是人。在西藏北部、四川西北部、甘肃南部、青海地区的藏族却自称"安多娃"。安多语和藏语及康语有区别,前者没有声调,而后者有声调。这些事实表明藏族也和汉族一样,是个在历史过程中融合于许多不同成分的民族统一体。

那些上了高原的民族,很可能还留下一些人在靠近高原的黄土地区,或是有些外来民族移动到高原脚下就停住了。这样,高原的外围地区,如陇西走廊,就会存在一些保留了自己原有面貌的民族集团了。

现在居住在这走廊里的各个民族的人,大多还说得清他们祖先并不是本地人,而是从别的地方迁来的移民。从历史记载来看,汉族进入甘肃的时代很早,甚至早在秦、汉之前。但是,现在在洮河流域的汉人却很多还是明代移民的子孙。我去甘肃前从朋友处借到一本顾颉刚先生写的《西北考察日记》。这本日记是抗战初期1937年4月至1938年1月间写的。日记里有一段话说:洮河流域一带的汉人都说祖先来自南京、徐州、凤阳三地,乃"明初戡乱来此,遂占田为土著"。许多人家如宋姓、李姓等都有家谱,记录着可以追溯到明代封过官的祖先。看来明代曾在这一带用过兵,中原的军队带进了一批移民,扩大了汉人在甘肃分布的范围。

至于这个地区的回族,一般都认为:13世纪蒙古军队征服了中亚,回戈东征时把中亚信伊斯兰教的各族人民编为"探马赤军"签发东来,称"回回"。后来其中相当重要的一部分就在甘肃河州一带"屯聚牧养",蕃衍至今。临夏一带的回族就是其中的一部分。

同回族前后移入黄河两岸的还有驻扎在这军事要地的蒙古军队和其他中亚移民集团。他们的后裔形成了目前居住在这个地区的一些小民族。土族就是蒙古军队和曾经统治过这地方的吐谷浑的后裔霍尔人相混杂而成,至今说蒙古语。东乡族和保安族都是信奉了伊斯兰教的蒙古人的后裔,说蒙古语。撒拉族说突厥语,是另一群中亚的移民,信伊斯兰教。

至于这些外来移民进入之前住在这地区的究竟是什么民族?我现在还说不清。这次访问甘南时,听到当地藏族说,他们的祖先曾经在洮河流域居住过,后来回族进入才退居高原。这种传说是否有根据,我也不能判断。但联系我上面所说的话,可以设想,原来有一些居住在青藏高原外围的民族,在某一个时期,由于某些原因移上了高原逐渐为藏族所吸收,成为现在居住在青藏高原北部的藏族,即自称为"安多娃"的藏人。这只是一种设想,是否符合历史事实,还待进一步研究。

包含在一个较大的少数民族聚居区里的某些民族小岛有它们的特点。这种"少数中的少数"在民族工作上很容易被忽视。这个问题在现代化发展过程中更为突出。由于人少,他们必然要和其他较大民族紧密协作才能开展自己的物质和精神建设。而在这种协作中既能贯彻开放和改革的方针进行现代化建设,又要维持民族平等的地位,发扬民族特点,确是个必须重视的问题。

三、藏族现代化的跳板

甘南在甘肃的西南角上,西接青海,南通四川,占甘肃省总面积的 1/10,约 4.5 万平方公里。地方不小,但偏居于偏僻省份的偏僻地区,历来不太为人所注意。我本人对它也只有耳闻,多少有一点过高难攀之感。直到这次亲身到了这里,才发现地势不算过高,在现有交通设备下,离甘肃中心兰州也不算远,当天就能到达,而且在促进藏族现代化的工作上有它特殊重要的地位。

甘南是甘肃省内藏族聚居的地方,所以成立了藏族自治州。甘南藏族人口 24.7 万,占甘南全部人口的 46%。在甘肃省总人口中虽然只占 1.9%,但在整个藏族 382 万人中却占 6%,而且相当于西藏藏族的 1/10。甘南的藏族重要性不仅在其人口比重上,而且还在于它地处藏、汉接触的前哨。它有条件成为藏族现代化的跳板。

我们一提到藏族,一般就容易想到居住在西藏自治区境内的藏族。其实西藏自治区里的藏族只有174万多人,不到全部藏族的一半。有一半以上的藏族住在自治区以外的青藏高原上,分别建立了10个自治州(其中一个是和其他民族联合自治的)和2个自治县。这些自治州、县分布在甘肃、青海、四川、云南等省。甘南藏族自治州就是其中之一。

为什么各地建立起行政上不相隶属的同一民族的自治地方呢?这要回溯一下藏族的历史。在公元10世纪到12世纪期间,青藏高原分布着相互独立的许多藏族的部落,是一个分裂割据的局面。这时候甘肃中部和青海西部的藏族有些却已受中央王朝的册封,并发展了汉、藏之间的茶马贸易。元代结束了藏族的分裂局面,使其统一在中央王朝的统治之下。为了适应当时具体情况,设立了3个行政区域,平行地直属中央领导。现在的青海和甘肃的藏族属于一个单位。这里采取了土司制度,分别册封当地上层,受中央王朝管辖。明、清两代这些地区均沿袭这种行政区划,西藏地区则实行着和甘、青、川各地藏族不同的行政体制。清朝末年到民国初年改土归流,取消了土司制度,西藏地区之外都实行了和内地一般的行政设置。各省区内的藏族早于西藏地区得到解放,先后在50年代按原来的行政区划成立了自治地方。嗣后西藏地区和平解放,1965年西藏自治区才宣告成立。

这段历史告诉我们,藏族和汉族人民之间的接触最早是发生在青藏高原的东北部,也就是现在的甘青地区。我在这里提出这个历史背景是因为它还有现实的意义。藏族要现代化必须和其他民族一样走开放和改革的道路。开放要有具体渠道。熟门熟路,甘南藏族聚居区的历史地位就值得我们重视了。

从地理上说,甘南离拉萨航空距离1400多公里,地形图上看去更使人吃惊;要翻越多座重山峻岭,其中唐古拉山海拔6000米,真是比上青天更难。但是出于我意料之外,听说甘南藏族竟有一半人到过拉萨,玛曲县的藏族去拉萨是人均1.8次。现在经常来往于甘南和拉萨搞运输的私人汽车有302辆,车上固然可以搭些人,但进藏的人并不都是坐汽车去的。他们和祖祖辈辈一样靠步行和骑马。

曾在拉卜楞寺住过多年的李安宅先生在他所著的《拉卜楞》一书中提到:

从拉卜楞寺到拉萨共 28 个马站,就是说骑马要走 28 天,步行得好几个月。这样艰苦的路程对甘南藏族来说却并非畏途,这种勇气一般说来和他们的宗教信仰是分不开的,但是信仰后面却还有经济的动力。我已说过,在七八百年前甘南已经是汉藏茶马互市的中心。藏族生活上离不开茶叶,所以很早这个商品就成了汉藏接触的媒介。甘南也成了汉藏物质和精神文明流通的渠道。

甘南入藏的商道至今还是畅通的。上面所说 302 辆卡车主要是运输商品入藏的。其中单是酥油一项去年一共运出了 75 万公斤。这不是个小数目,试问在没有卡车运输的时代,要多少人、多少马才运得完?我们还听说,近来甘南运去的塑料底布鞋,在尼泊尔是项热门货。今天拉萨的自由市场据说基本上是由甘南藏族所控制的,拉萨市仅坐商中就有二三百人是从甘南去的。各种日用品都有出售,其中啤酒是重点。从西藏带回来的有不少从印度进口的手表、呢料,甚至西服。在拉卜楞,我们就看到有人穿印度制造的西装。

如果现代化和商品化是不可分离的话,甘南藏族已经在藏族地区起着商品流通的作用,为现代化开了门。我们看到合作市内有许多运输用的马拉板车,一问很多是藏族,不少原是住在郊区的牧民。他们这几年发现运输业容易致富,就投入了这个行业。这不是件小事,藏族牧民开始变了。

少数民族的现代化必须由少数民族的人自己来搞。藏族的现代化就得在藏族聚居区里由藏族人民自己接受新的科学技术开始。从历史上看和从这次我访问的印象来说,甘南大有条件可以作为藏族现代化的一个起点。也就是说,我们可以集中一点力量,帮助这个地区的藏族在现代化建设上先走一步。

四、白龙江话林业

开发少数民族地区必须从发挥它的自然优势着手,以甘南来说,就是林和牧。先说林。

我这次去甘肃,先是重访定西。从定西回兰州,通过兰州经临夏去甘南。车出兰州,进入洮河流域,心神为之一畅。那是因为我已被光秃秃的黄土高原憋了一个星期的气。尽管说定西这几年种草种树大有成绩,但荒山面积太大,种上草、种上树的还不过是集镇附近的一些山头。沿公路看去,被急流冲刷成的条条深沟,把黄土割裂成为无数大大小小的丘壑,这些黄土丘壑像是剥光了皮，赤裸裸地撅起背脊，伏在大地上的大爬虫，看上去令人恶心难受。坐飞机去过兰州的人，谁也忘不了从机场到市区路上所见到寸草不生的一片荒山。想到这曾经孕育我中华民族文化的摇篮，现在被糟蹋到如此地步，怎能让人心平气和呢？！

一进临夏境内，景色焕然一新。四周山色，虽说不上郁郁葱葱，但满山浅绿宜人。我不禁回头和同伴们说，哪一天全甘肃都能装扮得这样就好了。山坡上有草、有灌木，偶而还看得到一些范围不大的密林。平地上的村庄都有绿树为屏，公路两旁的穿天杨已粗壮成材。大田里的玉米长势正旺，割下的小麦，一垛一垛地排列成行。我好似刚从黄土堆里钻出来，看到这一派丰收景象，真觉得换了一个世界。向导见我露出欢愉的情绪，也笑了，但是接着他便说：假如你能早来20年，到甘南白龙江去看看，不知会高兴成啥样了。

白龙江藏名舟曲，东西横贯甘南南境，主要在迭部和舟曲两县境内，系嘉陵江的支流。甘南南部的岷迭山脉（海拔4920米），是洮河和白龙江的分水岭。洮河流入黄河，白龙江通过嘉陵江流入长江，属我国的两大水系。这两条河的两岸往昔同是甘南的富庶之区。

白龙江流域是我国重要的林区，盛产云杉、冷杉，面积220万公顷，木材蓄积量1.56亿立方米。这地区分属甘、川两省，但海拔都是三四千米，居民以藏族为主。1958年实现公社化，森林全部收归国有。1966年建立了直属于林业部的白龙江林管局。1972年下放到省，由川、甘分管。

自从林管局成立之后的20年里，林区的变化是很大的，向导所说白龙江媚人景象指的是20年前的事。据藏族人士告诉我，这个林区实际上并不同于东北的自然林区，绝大部分原来都属部落村寨所有。林区里住着16万多居民，90%是藏族。他们历代以林为生，这片森林同时也就受到居民的保护和栽培，因而能经久不衰，保持了山清水秀、熊猫出没的胜地美景。以林为生的藏民生活向来优于甘南的牧民和农民。但是，这20年里却颠倒过来了，林区居民已退居末位。甘南在甘肃原来是个偏僻的不发达地区，1984年全省人均收入是189元，甘南是156元，林区舟曲只有83元，最穷是40元。20年来的变化和林管局的经营大有关系。

看来林管局并不是依靠当地藏族来经营白龙江林业的。在这20年里，这里已从东北和四川移进了一万几千名林业工人，加上他们的家属现在已超过三万多人。据说林场和原来林区的藏民不同，对这个丰茂的林区除吸取经济收入外别无感情。砍伐很积极，栽培则无心。想一想，一万几千工人整天用现代化工具在这林区里砍伐木材，像是用剃刀刮胡子那样，怎能不很快地把白龙江两岸的山坡一片片地刮得精光？！林线后退，生态破坏。被撇在一旁的藏民，对这片有着深厚情感的森林，现在只剩下保护的义务，而没有染指的权利了。他们只能在高寒山坡上种青稞度日，日子当然越过越穷。

据统计，现在和 50 年代比较，森林面积已缩小了 1/3，木材蓄积量已少了 1/4。完全是过量砍伐造成的。因而白龙江的含沙量增加了 60%，流量减少了约 8%，生态平衡已遭破坏，白龙江成了"黄龙江"，这些变化使甘南白龙江流域水旱受灾面积达 60 万亩，仅舟曲岩石滑坡就有 260 处。上游犹如此，对长江中下游的影响不言而喻了。

把破坏森林的责任全算在林管局的账上是不公道的。应该说，这主要是那个时代过"左"的政策造成的恶果。在少数民族地区这样对待当地资源，明明是违反民族区域自治原则的。1980 年有了一些改正，村寨附近的林木大约百分之四点三的面积已划给藏族群众作为护村林，归群众自己管理，其他的还是由国家、州、县企业来经营，情况并没有根本扭转。问题不是在林场所有权上，而是在林木的经营权上。群众得不到直接利益，很难使他们对森林起保护作用。市场上买不到木材，在急切的需要下，就会纷纷到林场来自行砍伐。所谓乱砍滥伐的现象当然也就挡不住了。看来要使白龙江变成名副其实的白龙江，还得从经济体制上贯彻各民族共同繁荣的政策入手。这件需要下决心进行改革的事，在这"天高皇帝远"的地区，更需要有人替他们反映情况，说说话。

五、河源草甸的牧业

说过林，该说牧了。

甘南西部和青海接壤的边区，包括夏河、碌曲和玛曲 3 个县，地属青藏高原的边缘，海拔都在 3000 至 4000 米之间。这里是九曲黄河的第一曲，恰把玛曲县绕了个大半周。玛曲就是黄河的藏名。黄河的两条支流——大夏河和洮河都在这里起源。这里水源充沛，多开阔滩地。河谷宽广，形成一片片微有起伏的平岗。气候高寒湿润，适于长草，被称为亚高山草甸，是理想的优良牧场。

甘南全州有草原3700多万亩，平均每亩产草165公斤，是甘南的一大资源。主要牧区就在上述三县。

这三个县坐落在高寒地区，常冬无夏，6月里会下雪，而且阴晴变化无常，忽而晴空万里，忽而大雨倾盆。我到夏河草场赴宴，算是好天气，虽遇到两场雨，不算大，也没有冰雹，大家说我福大。这里没有无霜期可言。除了一些谷地外，显然不宜于种植其他农作物；农作物中也只有青稞适应这片土地。但是，青稞播下20公斤种子，也不一定能收到100公斤粮食。甘南全州在1949年只有25万亩粮田，后来强调粮食自给，毁草种粮，最多时达110万亩，总产量不过1亿公斤。现在政策对了头，已退耕还草70万亩，1984年共收850万公斤。看来，农业在这里是搞不好的，要发挥当地优势，只有发展牧业。

我们打算到牧业的重点县——碌曲和玛曲去访问，但是主人怕我吃不消，竭力劝阻，所以只能在夏河参观了牧场。车子离开市郊不远就是开阔的草地。空气清新，使人胸襟为之一敞。正值草花盛开之季，阵阵香风，令人心醉。

车子停下来休息时，我一阵高兴，弯腰摘了满手的草花，有白、有紫、有黄，十分欣赏。不料主人却指着这些草花对向导说："这片草地怎么退化到这样地步，你看满地是这样的花。"原来开花的不是好草，有不少还是毒草，牛羊不吃。草场退化是当前甘南牧业的一个严重问题。

当地主人支起了3个帐篷，就在帐篷里设宴招待我们。大家边吃边谈，使我了解到当前牧业发展上遇到的一些困难，草场退化据说主要是由于多年畜量超载。超载是指一片草地上负担的牲畜太多了，好草被吃掉，来不及长，毒草则蔓生，草场逐渐变质退化。

据统计，全州牲畜头数已有好几年超过了90万头。按每个羊单位需7亩草地计算（1头牛合9个羊单位）现有草地面积实际上已超载20万头。牛羊多而草少，结果越吃越不够。发展牧业不能只看存栏的牲畜头数，牲畜多不一定好。这是个牧业效益问题，在商品化之前牧民是看不到这个道理的。

有效地利用草地必须从自给牧业转变为商品牧业。也就是说，养了牲畜不是为自己食用，而是准备出卖，换得货币来购买消费品，从甘南来看，这种转变还刚刚开始。过去这几十年来，藏族牧民已过上了没有剥削的太平日子。我在合作镇通过翻译和藏民谈话，发现他们对当前生活充满着满足的乐观态度。一家人养两三头牛，三四十只羊，骑在马上扬鞭驰骋，真是其乐陶陶。当地民谚：“三十只羊，两头牛，骑上马，满山游。”当然在这种精神世界里讲求发展商品牧业是有困难的。

比如说要讲求效益，就得讲究畜群结构，多养那些强壮年轻的母畜，幼畜出生率就可以提高。及时出卖，以减轻草地负担。同样一片草地，同样定量的饲料，回收的价值就大得多了。这应当是很容易明白的道理，但是在自给牧业中就难以做到。牧民们只看谁家牛羊多就算谁家富，牛羊群里壮大的牲畜多就算养得好。而这种传统的标准恰恰与牧业效益相反。效益重在出栏率，畜群结构重在生育期的母畜所占比重，要牧民从传统意识中转变过来，还得加强工作。

然而，现实却在教育牧民。草地超载，秋天牛羊吃不饱，抓不到膘，到冬天就容易死亡。这点牧民是清楚的。但是怎么办呢？近来甘南出现了一种新的办法，就是在严冬降临之前，就把畜群赶到北面的临夏去出售。关于临夏，我在前面已说过，是回民自治区。回民以务农为本，但各家各户都要养几只牛羊供自家食用。他们不从事放牧，而习惯于舍饲，各家各户把少数牛羊养在棚圈里，用饲料喂它们。这样到了冬天，既不怕寒冷的气候，也不愁饲料缺乏，因为这个地区种的是玉米，有大量的精饲料。他们在初冬从甘南牧民那里买回牛羊，舍饲一冬，长得肥肥的，过年上市，就可获得高利。这可说是商品牧业的开始。

我觉得这种区域间和民族间在牧业上的协作，是很值得有计划地推广的。这种协作可以使放牧和舍饲结合起来。甘南牧区闹牲畜超载，如果冬季把大批牛羊及时赶到临夏农区去催肥，不是可以减少目前畜群过冬大量死亡的情况发生么？看来发展牧业也需采用农牧协作的办法。这个办法会促进牧业的商品化。商品化使得牧民明白牧业效益的意义，而接受改良草地，防止退化的措施。不仅如此，这个办法也会在经济上把两个自治州结合起来，加强民族团结。这不是一举两得的好事么？

六、培养人才第一

按上两节所谈到的关于林牧的情况来看，把甘南建成藏族现代化的跳板是不是空想呢？我看不能这么说，但得承认，要实现这个设想确是要费一番工夫。甘南要在藏族现代化上先走一步，就得恢复林牧业和发展工业。发展工业一要原材料，二要能源，三要技术，四要资金。我说的不是空想，是因为甘南在原材料和能源上底子好，得天独厚；我说还得费一番工夫是因为技术和资金两不足。

得天独厚的资源主要是指森林和牧场。现在情况诚然不那么好，森林还在破坏，草场还在退化。但是情况一明，扭转局面决心就大，领导上确实是在为改变恶性循环、朝着平衡生态的方向努力，并采取了一些有效措施。金饭碗毕竟还是金饭碗嘛。

说到能源，甘南不用愁。它有两条江，即白龙江和洮河。它们分别是长江和黄河的上游，水势湍急，落差很大，大可发电。据估计可以利用的水力资源有2400万千瓦。现在只开发了20万千瓦，还不到1%，可谓潜力巨大。

技术和资金不足是甘南发展工业的最大困难。技术要人去掌握。从目前情况来看，能够或已经掌握现代工业技术的人在少数民族中确是不多的，甘南也不例外。要迅速发展甘南的工业，第一位重要的是必须抓紧人才的培养和引进。培养人才之关键又在于教育。说到这里我们不妨了解一下甘南的教育情况。

民族地区办现代学校教育可不简单，民族间语言不同。如果缺少会说本民族语言的教师，上课时学生听不懂老师说的话，教学实际上是无法进行的。甘南在1974年前就碰到了这个困难。甘南人口几乎一半是藏族，但是连小学都找不到合格的藏族老师。请了汉族老师来，学生不懂汉话，教室里秩序很难维持。据说有一位老师在教学生念书时，学生乱闹，他大声喝了声"不要吵"，全堂顿时齐声跟着说"不要吵"，还以为是在念课文。这样的课堂自然吸引不住学生，学生到课率很低。有些家长索性不让孩子上学，入学率因之也很低。

1974年以后，情况好些，少数小学里对藏族学生用藏语上课了。目前这个问题据说基本上已经解决了。但是教师质量不高，小学的入学率还不过64%。我没有得到分民族的统计，说不出在入学率上藏、汉的比例。

这里的中学，除了民族中学外，其余都用汉语上课。之所以可以请汉族老师，是因为藏族学生已经学会汉语，语言上没有隔阂了。但是要到外地去请老师上高原来执教又很不容易。尽管已经采取优惠政策，在甘南工作的干部一律有高原津贴。现在一个小学教师每月的工资可以有100元，中学教师150元。可是这点优惠吸引力并不大，甚至留不住人。从1979年到1985年这7年里，省里分配到甘南来的师资名额为 193 人，实际报到的只有 157 人，同期调走的教师为 96 人，结果实增仅 61 人，平均每年不到 10 人。分配来的是新手，调走的大多数是老教师。可想而知，在这种情况下，要保证教学质量是很困难的。根据当地教育机关的统计，目前各中学共有教师 1400 人，缺额达 469 人，竟占 1/3。

另一方面，1977 年恢复高考以来，从甘南录取的大专院校新生共 605 人，每年约 75 人，这些学生毕业之后回来的极少。甘南不仅教育战线上人才流动出现出超，其他战线上同样发生人才外流的情况，主要是外地干部要求回原籍工作。

当地人才要当地培养最为可靠，这是这几年的一条经验教训。甘南教育战线已有打算。他们准备设立一所培养本地中小学教师的师范学院。这所学院的师资又从哪里去请来呢？这又回到老问题上了。但是，现在他们已经摸到教师的心理，要把他们调到高原来是困难的。有句话说："上珠穆朗玛峰不怕，因为下得来，去甘南可不成，一去回不来。"因此，他们想出了个办法，这个学院筹划着要同兰州师范学院联办。教学部分由兰师负责，拨出一部分兰师的教师来甘南担任教课，每周、每月来回，半年、一年轮换都行，经费由甘南担负。

联办学校是一个提高民族地区教育的新构思，在甘南这样离开城市不远的民族地区是具有可行条件的。我想各地民族学院是否可以考虑采纳这种创见，灵活机动地发挥民族教育师资的作用，在民族地区就地培养本民族的工作干部。当然这种设想能否实现，还有待于甘肃省当局和兰师是否有决心、肯出力把甘南迅速发展起来。

甘南藏族的现代化可能是整个藏族现代化的先行者，而走上这条道路的第一步是培养人才，教育要先行。要办好教育，师资的培养又是第一位的。我对甘南师院的创建寄托厚望。

七、外助自立建设工业

我们花了一个上午和甘南领导同志讨论教育和人才问题，会上空气并不那么令人舒畅。虽则我们找到了联办师院的设想，但目前人才似乎还在流失。甘南是不是真的吸引不了人、又留不住人呢？

饭后，和我一起去的同志说皮鞋跟脱落，走不成路了。一打听，市中心街头就有修理皮鞋的摊子。我午休起来一看，那位同志的鞋跟竟然已经修好了。他兴冲冲对我说："谁说人们不敢上甘南，街上有的是内地来的手艺人。"接着他讲了以下的情况：

修鞋的是一位女工，浙江诸暨人，在这里设摊修鞋已经两年了。同她一起来的有20人，都是修鞋的。她和另外一个同伴合租一间房，月租14元，每天收入多则十几元，少则六七元，一年净收入可以达2000来元。家里有个孩子由婆婆带，每年回家一次，家里的田地请别人种。

从外地到甘南来做活的人并不只是修皮鞋，更多的是做成衣的，干木活的，理发的，等等。做成衣的南方叫裁缝师傅，他们在甘南有的只替人裁剪款式时兴的衣服，有的来料缝衣，还有的是备好各种花色的衣料，供顾客选择。顾客可以不费事就做成一件合身合意的衣裳，因此很受人欢迎。这些从内地来的手艺人有摆摊子的，有租房开铺营业的，有的还挂招牌。木匠大多是流动的，由顾客提供膳宿，承做各种家具，一家完工，再走一家，似乎没有空闲的日子，收入比修鞋的要多得多。最艰苦的要算养蜜蜂的人。他们以同乡关系结成一个小帮，搭火车，包卡车，到这遍地是花的草原上来放蜂采蜜。在公路上我们常常看到放蜂的帐篷。我曾经下车访问过他们。他们操着四川口音告诉我，他们每年结伙来草原，住四五个月，回家时可以净收2000多元，兼制蜂乳的人收入就更多了。采蜂的每人一个帐篷，食宿都在里面，基本上是各自经营，风风雨雨，生活十分艰苦。

这种流动的手艺工人，现在在边区各地都会碰到。1985年我去赤峰，深入到小镇上去，就见浙江人挂牌的成衣铺。后来我在包头、伊克昭也见到这样的手艺工人。真想不到这次上高原，又遇到他们。他们分别来自浙江、江苏、四川等省，总数不好估计。从本乡来说，他们是劳动输出的一部分。我以前曾说过江苏省劳动输出大约有1万人，但只指地方集体单位同其他地方订立合同的建筑工人，并不包括这些单干的流动手艺工人。

这些流动手艺工人是以自己的劳力为边区居民服务的，所以受到边区居民的欢迎。边区城镇服务行业不发达，穿了皮鞋甓了跟没人修。有这些手艺工人前来不是正中下怀么？这些外地手艺工人一方面是由于当前的户口规定不能落户,另一方面还有离乡不离井的习惯,所以他们有较大的流动性。通过这些流动手艺工人的手,边区每年要汇出大笔资金。我在伊克昭盟东胜市得悉,通过当地邮局每年汇到浙江去的小宗汇款总数达40万元。以每人汇去2000元计,50个人就是10万元。东胜这个镇上的流动手艺工人不下200人。如果以此类推,整个边区通过这个渠道外流资金必然数以亿计。

从表面上看,这可以说是边区的资金流失。但事实上,这些外地工人把手艺送上门来,比向外地购买时兴服装、家具等消费品,还是便宜些。归根到底,边区自己的工业还不发达,手艺工人还没培养起来,第三产业尚未发展,资金外流是挡不住的。目前边区经济的实况只能用原材料到内地去换工业品,入不抵出,就要靠中央补贴。这决不是长远之计,可说是一种输血的办法。

变输血为造血,就应改补贴为投资,帮助边区发展工业。工业发展了,西北自己就有钱维持自己的行政机构,而且可以积累资金,自己发展工业了。这才是造血,也可以叫作外助自立。

当前边区技术力量不足怎样发展工业呢?看来得在人才上采取造血措施。上一节所说联办学校的意义就在这里。学校教育是基础工作,但远水救不了近火。当务之急是要引进一些手艺工人和工厂里的技工和工程师。手艺工人虽然已经来了,但是属流动性质。变流动为固定,首先是使那些愿意落户的人落下户来。更重要的是引进他们的手艺,培养一批本地工人。撒种出芽,落地生根。

我们那天下午参观了合作市的毛革厂。接待我们的是该厂负责人,一个藏族转业军人。这个厂原是夏河皮革厂的一个毛皮车间,1980年独立建厂,当年投产。现在已有职工286人,其中158人是汉族,73人是藏族,还有回族、满族,是个多民族的工人队伍。1985年产值达174万元,利润8.7万元;一年定制皮夹克2万件,远销东北。厂里甚至想向国外"伸伸腿",已经和美商联系出口兔毛皮加工品和土拨鼠皮毛套。我参观这个厂,看到这番情景很激动,这是甘南工业化的种子,生机勃勃,充满活力。

我问起他们的技术状况。他们告诉我起先是从夏河制革厂里传下来的。这是我曾说过的乡镇工业细胞分裂法的例子。这位藏族转业军人,就在夏河厂里结识了三个南京同行,建立了联系。一个是南京皮革研究所的,一个是南京虹光皮革厂的,一个是南京黎明皮革厂的。靠这三个人,合作市的毛革厂得到了传递信息的渠道和技术支援。他们每年来甘南几次,带来制革所需的机械和化学药剂。1985年这个厂为东北制造的皮夹克就是他们穿针引线的。这也是我曾说过的超距辐射。南京的技术能力可以直接辐射到甘南，不必经过中间梯度媒介。

我又问：南京人为什么愿意帮忙呢？他们说：一是有交情，二是靠优惠待遇，三是不要求他们长期住到高原上来。他们还在南京供职，每年来几次就行了。但是，到甘南来的时间，工资加倍。

群众是聪明的，他们在实践中创造了符合当时当地具体情况的行之有效的办法。上述三条，我看也适用于其他民族地区。这是一条兴办新厂、吸引技术的道路。交情一条可以扩大一些，超出个人之间的关系，代之以支边的各种渠道。

我们对甘南人才外流的担忧，至少已看到了解决的办法。也就是说，"造血"有门了。如果能推广毛革厂的经验，最近几年甘南的小型企业就能搞出个底子来。更值得提出的是，在这里我们看到了少数民族工人队伍的形成。正是这支队伍在把甘南建设成藏族现代化的跳板。如果把这个实例和白龙江林区那种撇开当地藏民而去移入汉人来开采的情况相对照，何去何从，不是极为明白了么？

八、访拉卜楞寺

甘南行的最后一站是夏河拉卜楞寺。拉卜楞寺是甘青地区喇嘛教的圣地，每天有从各方来的藏族善男信女到这里朝拜。他们绕着寺院打转，口中念念有词，有些甚至每步一叩，四肢舒直，五体投地。拉卜楞寺自从开放以来又成了各国旅游者的胜地，他们手持相机，东跑西窜，寻觅新鲜镜头。

我去拉卜楞寺既非朝圣，又非猎奇，也许可说是还愿，偿还我很久以来的宿愿。人类学这门学科里最难念的一课应当说是宗教。一个无神论者怎样去认识另一个民族的宗教精神世界呢？耳闻不如眼见，我总想有个机会亲自访问一个藏族地区的喇嘛教寺院。这次既然到了甘南，怎能不去久已闻名的拉卜楞寺呢？8月16日午休后，我们从合作启程去拉卡楞寺的所在地夏河，行程只有70公里，但因正在修筑公路，傍晚才到达。

车子在曲折的山岗里走了半天，夕阳西下时刻，接近夏河，眼前豁然开朗。遥望山谷里一片人烟稠密之区，平顶土屋中矗立着不少寺院的金顶。公路穿过市区，一座座宏大的庙宇，闪过眼前。夏河市容别具一格，和临夏、合作迥然不同。直到此时，我们才真正感到身入藏区。

拉卜楞寺初建于清康熙四十七年（1708年），正是《平定朔漠方略》编成的一年。这一年可说是清朝统一版图的鼎盛时期。其时与清皇室联盟的青海和硕特蒙古前首旗黄河南亲王创议在他的势力范围内的甘青地区建寺，一方面迎合清廷"兴黄教即所以安众蒙古"的政策，一方面用宗教巩固他的地方势力，他物色到了本地出生、正在拉萨"留学"的嘉木样大师，迎他返籍选择扎希奇谷地建筑这个寺院。最早称扎希奇寺，后来因为嘉木样的名声大振，就用他住所专称拉卜楞作为一般习用的寺名，而且在拉卜楞寺的势力扩大的过程中又被用成该寺控制地区的地名。

该寺创始人嘉木样一世，从他的传记来看，是一个好学深思，在神学上颇有造诣的喇嘛教徒。他矢志要在他的家乡建立一个可以和拉萨匹敌的喇嘛教佛学中心。拉卜楞寺不只是一般祀奉神明的寺院，而主要是个喇嘛教的高等学府。从嘉木样一世起，拉卜楞寺在230年中不断发展，陆续建立了6个学院，不但在神学上，而且在天文、历算、医药、艺术等学科上都有专业设置，在保持和发扬藏族文化上起了很重要的作用。

拉卜楞寺作为一个高等学府，它的主干部分是嘉木样一世创业时（1710年）建立的闻思学院。在这里进行喇嘛教经典的基本训练，因而也是藏族文学的研究中心。学习时间最长，课程也多。解放前在学院学习的经常有3000喇嘛。其次是续部下学院，也是嘉木样一世1715年建立的，可称之为神学院。第三是时轮学院，1763年嘉木样二世所建，可称之为艺术学院，学习宗教舞蹈和音乐。第四是医药学院，1784年嘉木样二世所建。第五是喜金刚学院，可称之为历算学院，1881年嘉木样四世所建，学习天文和算法。第六是续部上学院，是与续部下学院性质相同的神学院，1939年嘉木样五世所建。在这五个专科学院里学习的喇嘛为数较少，最盛时也不过百余人。

作为一个高等学府，该寺有严格的学制、课程、班级、考试和学位。无论什么人都可以入学，但必须拜一个在寺的有学问的喇嘛为师。一个老师只收少数学生，负责指导他们参加各学院各班级的日常功课学习。学生的生活都得自理，对寺院或老师不交学费，但要为老师服役。师徒之间存在着亲密的关系，听来他们确有尊师爱徒的好传统。寺内所有喇嘛都是由自己家庭供养的,只在有人来寺布施时才能吃到"大锅饭"。每个学院的公共厨房里都有个大锅,可以煮几百人的斋食。普通喇嘛生活清苦俭朴,当然寺庙本身过去拥有巨大的财产,因为许多信徒甘心情愿地把一生劳动的积累,一下子都施舍给寺庙,自己再去过乞讨的生活。

这座藏族的高等学府在群众眼里只是一般的大寺庙。在这里进香朝拜,做功德,祈求来世的幸福。我这个世俗者的心里实在有说不尽的感叹。这是一种社会制度,一个人生出来就在这种制度里成长,把这种制度的一切思想和行为规范视作当然,封锁在这笼子里过一生。他们那种忠厚虔诚的性格只应引起人们的尊敬,但是他们所得到现世的报答却是艰苦和悲惨,那又怎能使我心安呢?

我这次到拉卜楞寺作客被视为嘉木样大师的上宾。承蒙他和我同起同坐、同车出游,我对他的热情真是不胜感激。出行时,所遇到的藏民无一不毕恭毕敬地低着头,鞠着躬,摊开双手,站立在路旁。车子一停,他们就一拥而上,把头伸过来,意思是要求我们摩顶,有人甚至用头冲撞我们的汽车,这些行为,完全是他们内心世界一片虔诚的自发流露。我对他们真是感愧交加。他们是值得尊敬的人,因为他们是有理想的人,没有理想怎能这么虔诚?但是他们自小从社会接受的理想又给他们带来了什么呢?如果一个无神论者也可以用祈祷来表达他的心愿,我很想祈求他们所信奉的神明能允许他们在现世预支他们后世应得的报应。

我参观拉卜楞寺的藏书院和医药学院时,听到闻思学院1985年失火的事件。当我看到这么多珍贵的经书重屋叠架地堆积在黑黝黝的经堂里,想的却是这样一大批藏族文物的安全保障。与其受灾之后动用大笔款项去重建,实在不如赶紧采取一些防卫措施。亡羊补牢,未为迟也。

我是18日离开拉卜楞寺返回兰州的。朝发夕至,乘对草原印象犹新。在车上口吟一绝:朝辞甘南古寺前,千寻高原早入秋。草香醇处如容醉,牛羊同群不羡仙。

1985年8月

瑶山调查五十年

我自1935年偕同前妻王同惠初访广西大瑶山以来，已经过去了整整半个世纪。这50年来，我从一个学习人类学的学生到带领几个中年学者三访瑶山，今昔对照，感慨良深。旧地重游，所见变化之大，可以说是换了人间。

瑶族在旧中国是一个被歧视的少数民族，在很早的年代里就被撵入了南岭山脉的高寒山区。据说，他们的祖先在两千多年前的秦汉时代还定居在长江中游的洞庭湖一带的平原上，但是这个具有强烈反抗压迫传统的民族，拒绝反动统治者强加于他们的徭役，宁愿进入深山老林，靠双手开辟自己的家园，保卫自主的生活。有人以最早见于汉文《梁书》里的"莫徭"（不服徭役的意思），作为这个说法的佐证——尽管史学家对此不尽同意，但是瑶族不断受到历代反动统治者所实行的民族压迫政策的摧残而被撵入高寒山区，确是事实。

广西东部的大瑶山，处于柳江和桂江之间大约有2300多平方公里的高山区，海拔最高达1900多公尺。四围是平原或丘陵地带，山区边缘皆为几百公尺的陡坡悬崖。1935年我在清华大学研究院毕业后，接受导师史禄国教授的意见，在出国留学之前，先到国内少数民族地区进行一次实地调查。当年秋季我偕同前妻王同惠一同进入广西大瑶山。我们的分工是：我主要测量瑶山居民的体质，她做社会调查。

当时的大瑶山里，老林密箐，羊肠小径，野草蔓生，道路不辨。我们从10月18日开始进入瑶山工作，到12月16日从花蓝瑶地区转移到坳瑶地区的旅途中迷失了方向。我不慎误踏猎人设下的陷阱，腿背受伤，王同惠下山呼援，天黑路险，溺水丧生。二人同行，一死一伤。后来我虽获救出山，这次调查却并未完成。我在养伤期间把前妻所遗材料略作整理，编成《花蓝瑶社会组织》，而我的体质测量资料后来全部遗失在昆明。因此，我一直遗憾在心，觉得是一件此生不能还清的欠账。

新中国成立后，世世代代居住在被蔑视为化外之区的大瑶山里受尽民族压迫的瑶族人民，于1952年建立了金秀瑶族自治县。这是中国各族人民在中国共产党领导下获得解放后，最早实行民族区域自治的地方之一。瑶族人民再也不受民族压迫之苦，获得了当家做主的民族平等权利。

1979年10月，我趁参加祝贺广西壮族自治区成立20周年之便，重访了阔别43年的大瑶山。这里是我重新进行民族实地调查的起点，也是日夜令人魂梦神牵之处。当时虽然经过十年动乱，在林粮矛盾中，森林生态遭到破坏，但正在落实"以林为主"的政策，瑶山充满了希望。随着生产责任制的落实，瑶族人民张开了发展科学技术和开展山区林副土特产这双翅膀，向着民族繁荣、山区兴旺飞翔。

此后，我又带了几位中年瑶族研究者二上瑶山，在那里进一步了解了大瑶山瑶族的情况，支持那些比我年轻的学者深入山村，从宏观和微观两方面进行研究，并期望从这种研究中，能对我们整个中国民族大家庭，尤其是对研究全世界人口最大的民族——汉族的形成问题有所启发。

瑶族分布得既广又散，他们内部在语言、社会组织、风俗习惯、宗教信仰，甚至服装上都存在着显著的区别。根据这些区别，人们用各种不同的名称来称呼他们。其名称在全国多至几十种。如广西都安有自称"布努"的瑶族，汉族人称他们作"背篓瑶"；广西南丹有自称"瑙格劳"的瑶族，汉人称他们作"白裤瑶"，仅广西大瑶山的瑶族就有五种不同的自称，汉族人也用了五个名称分别称呼他们，即：茶山瑶、花蓝瑶、坳瑶、盘瑶和山子瑶。他们的汉名除了坳瑶外都不是自称的音译，比如茶山瑶自称是"拉加"，花蓝瑶自称是"炯奈"，盘瑶自称是"勉"，山子瑶自称是"金迪门"，坳瑶则自称"坳标"。他们尽管有不同的自称与服饰，语言也各不相同，但是都共同承认是一个民族——瑶族。而在他们的自称中却都不加"瑶"字，不说"拉加瑶"、"炯奈瑶"等，却承认"拉加"、"炯奈"都是瑶。由此可见，瑶这个族名很可能是汉人对他们的称谓，在大瑶山，也是对这五个不同自称的人所形成的共同体的称谓。

30年代我初到大瑶山时，由于缺乏语言学的训练，没有从语言学的角度来研究这五种不同自称的人们的关系，而简单地把他们看成是大瑶山瑶族的五个支系。所谓"支系"的意思是从一个根本上分出来的枝条。80年代我和学过语言学的同志们一起去调查,他们熟悉过去几年来语言学者对于这五种不同自称的瑶人的语言所作的研究。根据这些研究我才知道居住在大瑶山里的瑶族在语言上并不是统一的,而可以分成勉语、布努语、拉加语三种。它们虽然都属汉藏语系,但不能说是一个语言的不同方言。勉语属苗瑶语族瑶语支;布努语属苗瑶语族苗语支,接近苗语;拉加语属壮侗语族侗水语支,接近侗语和壮语。换一句话说,茶山瑶的话近侗、壮语;盘瑶、山子瑶和坳瑶的话属瑶语;花蓝瑶的话接近苗语。

这些瑶族集团之间的关系在过去也是相当复杂的。在大瑶山的这五种不同自称的瑶民中,茶山瑶、坳瑶、花蓝瑶分别占有一部分山岭,包括土地、森林、飞鸟和河水,所以他们又统称为山主瑶,或又因为他们的男子过去都留长发,在头顶上梳一个发髻,所以又有"长毛瑶"之称。这三个集团的瑶民住在沿河较平的坝子里,以耕种水稻为主,因此他们可以世世代代定居在一个地方,用土木结构建筑经久的房屋,聚居成比较密集的村寨。而每个村寨大多有十几户人家。盘瑶和山子瑶则不占有瑶山里的土地,他们在过去只能向早已定居在这里的山主瑶,讨山地经营以刀耕火种为主的原始农业。每年须向山主瑶交租和服劳役。在刀耕火种的农业中,他们每过几年就要抛荒另开新地,不能定居,必须经常迁徙,所以,只能住在简陋的竹棚里。因此这两个集团的瑶族被统称为山子瑶或过山瑶,表示他们既没有土地又是居住不定的瑶民。过山瑶在严重的剥削下,生活贫困。我初访瑶山时,曾在冷冲住过他们的竹棚,晚上寒风透过竹墙缝寒气袭人。而很多家庭难得有一床完整的棉被,成人连衣裤都不全,他们吃的也是苞米和野菜。

从语言上看,这五种不同自称的瑶人可能有不同的来源。或者说,他们很可能原来不是一个民族的人,进入大瑶山之后,在这个封闭的环境里,共同忍受着封建王朝的民族压迫。共同的命运、密切的经济关系,使他们凝聚成为一个民族共同体。根据对全国瑶族的研究,我们知道讲拉加话的茶山瑶,只在大瑶山所独有,他们人数不多,在全国瑶族总人口中所占比例很小。讲布努话的花蓝瑶,他们的语言和都安等地的讲布努话的背篓瑶等比较接近,属于苗语支,虽然有一定数量的人口,但在全国瑶族总人口中所占的比例并不是最大。而讲瑶语的盘瑶、山子瑶和坳瑶,他们与其他各地讲瑶语支语言的盘古瑶、顶板瑶、八排瑶等相近,也有共同起源于槃瓠的民族起源传说,他们的话属于瑶语支，其人口总数在全国瑶族总人口中所占比重是最大的。由此可以知道，讲瑶语的盘瑶等集团，很可能是瑶族中的基本成分，如同汇入大河的各条支流一样，他们是瑶族这条大河中的主流，是其中源远流长的一支。说他们是基本成分，是因为他们在游动过程中，不断吸收了其他游散的民族成分，构成其瑶族共同体。

大瑶山瑶族五个集团迁入瑶山的时间和路线，也是各不相同的。从盘瑶、山子瑶没有土地的事实来说，可以设想当他们迁入大瑶山时，山里的可耕地已经有人占据，而占有土地的茶山瑶、花蓝瑶和坳瑶应当比没有土地的盘瑶和山子瑶早入山区。但盘瑶的传说却与此相反，他们认为自己是先进入瑶山的集团，只是由于游耕生活才没有牢固地占有山地。由此可见，在入山先后的问题上，各集团是各持己见的。从入山路线看，可以说是来自四面八方。据说茶山瑶是从广东经广西梧州，取道藤县、平南进山的，但也有说是从湖南取道浔州、贵县、象州入山的。盘瑶是在湖南被打散后进广西入山的。山子瑶是从广东进广西由平南入山。坳瑶从贵州进广西，经百色、南宁然后入山。

这些在不同时间、由不同路线进入大瑶山的各瑶族集团，他们彼此是不相混同的。但从姓氏来看，其中既有不同于别集团的姓，也有相同于别集团的姓，如都有槃瓠传说并讲瑶语的盘瑶和山子瑶，有盘、黄、赵、冯、李、邓六个相同的大姓，但也有许多相互不同的姓。像盘瑶的包、周、胡、唐、雷，在山子瑶中没有；山子瑶的蒋、卢、陈、谭、覃、郑、莫、冼、刘，在盘瑶中没有。同讲瑶语的坳瑶中有盘、赵二姓，没有其他四姓。而说壮、侗语的茶山瑶里却有莫、刘二姓。花蓝瑶中有冯姓。各个集团又都有别的集团所没有的姓，比如茶山瑶的陶、金、龚、田、龙；盘瑶的唐、雷；山子瑶的卢、陈、谭、覃、郑、冼；坳瑶的罗、苏；花蓝瑶的侯、相等。如果同姓之间有相同来源的话，则各集团之间在历史上就可能有相互渗透的部分。

值得指出的是，大瑶山在明代基本上属于大藤峡的范围，从15世纪初到16世纪30年代，这里曾爆发过延续100多年的反抗斗争。据《明史纪事本末》载："中产瑶人，蓝、胡、侯、盘四姓为渠魁。"明朝统治者曾调动几十万军队，先后三次对瑶民进行屠杀。使四大姓的瑶民，死的死、逃的逃，有的隐姓埋名难于查找。但是这四大姓中的盘姓，在现在的盘瑶、山子瑶、坳瑶中却普遍存在，蓝、胡、侯三姓在花蓝瑶中也还存在。30年代我初入瑶山的第一站花蓝瑶的王桑村，就是一个胡姓村落；后来在六巷住在一个叫蓝济君的花蓝瑶家里。明代大藤峡瑶民的四大姓，在现今大瑶山的一些瑶族集团中还能见到，由此表明，早在明代，这里说瑶语的盘瑶和说苗语的花蓝瑶都已经被统称为瑶族了。在长达四五百年的时间里，说不同语言的集团，陆续进入瑶山，由于共同的利益，团结起来保卫这个山区，汉人就把他们统称为瑶族，终于形成了现代的讲不同语言、有不同服饰、在习俗上也有一定差异的，由几个集团形成的叫做瑶族的统一体。为此，我们不能简单地用语言一致的标准来进行民族识别。但我们也不能说大瑶山的瑶族不是一个民族的共同体，尽管它是由五个来源不同的集团所组成，而且还讲着分属三种语支的五种语言。于是这里便产生了诸多值得在理论上进一步探讨的问题；即什么是形成一个民族的凝聚力？民族共同意识是怎样产生的，它又是怎样起变化的？一个民族的共同体在语言、风俗习惯、经济方式等方面能承担多大的差别？为什么一个原本聚居在一起的民族能长期被分隔在不同地区而仍然保持其共同意识？依然保持其成为一个民族共同体？一个民族又怎样能在不同条件下吸收其他民族成分，不断壮大自己的共同体？又怎样会使原有的民族成分被吸收到其他民族中去？这些问题的提出将为我们今后的民族研究工作开辟出广阔的园地。

从宏观来说，中华民族在几千年来，的确呈现着一幅规模宏大、成分复杂、既有融合、又有分化的历史长卷。中国各民族所在的地域，大体可以分成北部草原地区、东北角的高山森林区、西南角的青藏高原，曾被拉铁摩尔所称的"内部边疆"，即我所说的藏彝走廊，然后是云贵高原、南岭走廊、沿海地区和岛屿及中原地区。这是全国这个棋盘的格局，我们必须从这个棋盘上的演变来看各民族的过去和现在。从我国有文字记载的历史时期来看，各族人民流动的总趋势是北方民族的南下或西进，中原民族的向南，沿海民族的入海或南北分移，向南移的又向西越出现在的国境。我国人口最多的民族——汉族就是在这种迁徙变动中，逐渐融合许多古代民族而逐渐形成的。从金、元时代逐渐把中原地区的人称为汉人以来，汉作为民族名称使用了至少已有1000年的历史（在此以前，曾被称作"唐人"）。但是这个包括了历史上的许多民族成分的汉族，究竟是在怎样的情况下、由多少集团凝聚而成的具体经过和具体情况，我们却不甚了然。要对这10亿人口的来龙去脉作一个详细的调查，是一件很不容易的事情。

对中华民族又分又合的历史过程,我们不可能作具体的观察,许多关键性问题只能通过文字记录、遗留的文物,以及现存的风俗、习惯、信仰等去推考。但是如果从微型的具体实况来观察各民族间又分又合的关系,那就可以丰富我们对中华民族形成和变化过程的理解,充实我们对民族问题的理论认识。从大瑶山瑶族的研究中,是不是也可以得到启发,从中找出一些规律性的东西来。从这个角度看,大瑶山是研究这个问题的一个良好园地。我们今后的民族研究,既要有微型的调查,也要有宏观的总结。宏观和微观又是相对而言的。就大瑶山一个地区来说,它在当地是一个宏观的研究,而瑶山中一个村寨、一个集团的调查则是它的微型研究。而对整个瑶族或汉族,或中华民族来说,这是一个更大程度的宏观研究,而大瑶山地区的研究就成为它的局部,是一个更大的宏观研究中的微型调查。

关于微型研究,过去我曾经作过一些。30年代时初访瑶山的成果《花蓝瑶社会组织》,以及后来的《江村经济》、《禄村农田》等都是例子。但是总的来说,在民族研究中这种微型的研究做得还很不够。我曾经在中央民族学院民族研究所的一次报告中说过:"'微'是指深入到生活的实际,而不是泛泛地、一般化地叙述,要做到有地点、有时间、有人、有行为、有感情、有思想,这样才能说是'直接的观察'。'型'是把一个'麻雀'作为一个类型的代表,解剖得清清楚楚,五脏六腑,如何活动作全面说明;而且要把这个'麻雀'的特点讲出来,它和别的'麻雀'有何不同、为何不同等等。这样的'微型'研究是民族研究的基础,通过比较不同的'型',就能逐步形成全面的宏观的认识。"通过对大瑶山瑶族的调查研究,我想汉族也一定有一个自己的基本成分,也就是原来居住在中原地区,以黄河为自己的摇篮所哺育出来的那些人,也就是所谓"黄帝"的子孙。但是在漫长的历史里,它不仅包容了"炎帝"的子孙在内,而且还在一个长期封闭的封建国度里,又吸收了附近高原、山区、草原、沙漠上的各个集团或其中的一部分,也羼入了不少古代的少数民族,终于形成为一个复杂的民族共同体、一个人口众多的泱泱大族。正如周恩来总理1957年8月4日在青岛民族工作座谈会上所说的一样:"我国历史的发展,使我们的民族大家庭形成许多民族杂居的状态。由于我国各民族交叉的时代很多,互相影响就很多,甚至于互相同化也很多。汉族所以人数这样多,就是因为它吸收了别的民族。"这是我从事大瑶山瑶族调查研究以来所提供的一个看法。当然还有许多工作需要大家来做。其中包括我在前面提出的，要开展从北部草原地区、东北角高山森林地区……直到沿海地区、中原地区等等地区的宏观与微型相结合的深入调查研究，然后在这样的基础上、在更大的宏观角度上予以分析和总结。科学的发展和客观实际的要求，将迟早会使我们走上这一步。目前我国西南地区已开展了六江流域的调查，贵州地区开展了六山六水的调查，都是一些很好的开端。

这50年中，从我们只有两个青年人跋涉于荒山野岭，初访大瑶山以来，到现在已形成一支相当广大的队伍。从国内到国外，从亚洲到欧美，都有不少学者从事着瑶族的调查研究。我们知道，全世界各地的瑶族的祖先，都是从中国迁出去的，直到今天，瑶族人口的大多数也居住在中国境内，因此说，我们对瑶族的调查研究负有更大的任务。我们欢迎各国学者之间的文化交流、共同协作、增进友谊。也希望能从近年来的大瑶山调查开始，发展成为以南岭山脉的民族走廊为主的综合性调查。这里面有作为山居民族的瑶族的各方面问题；有瑶族和跟他接近的苗族与畲族的关系问题，这并不仅仅是历史上的渊源问题，也是对相类似的山居民族的比较问题。包括了苗、瑶、畲族与壮族、侗族、布依族以及土家族等在历史上的关系问题，它们之间的互相影响与有什么差异的问题，以及长期历史上汉族在这个地区的作用问题，汉族与上述各少数民族之间的关系问题等等。南岭山脉的民族走廊研究好了，不仅有助于上述各民族历史的研究，而且也可以大大丰富中国通史的内容，有助于我们对当前各民族情况的深刻了解。

50年在人类历史上只不过是短暂的一瞬，在瑶山研究方面，我们走过了艰难曲折的坎坷路程。我期望在未来的50年里，瑶族研究有一个新的更大的发展，并相信他们的路程也许会比我们坦荡一些，但是永远不要忘记在攀登科学高峰时，仍然需要那种勇敢的不畏艰辛的刻苦精神。

1986年5月

本文系作者在香港召开的第一届瑶族研究国际研讨会上的论文。

谈"民族"

什么是民族？在我国，"民族"这个概念似乎一直没搞得很清楚。50年代，我听毛主席说过："这个问题要搞搞清楚。"可惜未能展开讨论，涉及到民族的一系列问题也就无法深入探讨。

我们常说的中华民族，就用了"民族"这个词。同时又说中华民族包括汉族、满族、蒙古族、回族等56个民族。民族中包括民族，在概念上就不太清楚。在西方这样的说法，据我所知是没有的。这表明在我国的民族和西方所谓的民族存在着不完全相同的涵义。

中华民族里包括56个民族，这张民族名单先是根据毛主席在《中国革命和中国共产党》一文中列举的10个民族为基础，加上建国初中央访问团提出的一批补充名单，后来又陆续增加而成的。整理这个民族名单的工作被称为"民族识别"工作。到现在许多一直报汉族的人还在要求改变民族成分，还有一些集体要求被承认为"民族"，部分原因就在于我们对民族这个概念至今没搞清楚。

我认为，这个问题一定要从我国的实际出发去研究。现在被承认的"民族"并不是像西方民族那样在资本主义上升时期形成的，因而我们不能直接用资本主义上升时期的民族概念去认识我国的民族实体。所以，我国的民族事实上与斯大林提出的民族定义不可能完全相合。可是过去却总是想套用"民族四要素"，也没有人敢进一步去作历史分析，于是含含糊糊地混到目前。

我个人的看法，要搞清楚民族这个概念完善民族识别工作，首先要从汉族的形成出发。中国的汉族实际上是长期由原有语言、文化不同的共同体逐步混合而成的。毛主席在《论十大关系》里提到过，"汉族人口多，也是长时期内许多民族混血形成的"。它是像"滚雪球"那样滚出来的。比如历史上汉代匈奴人在我国北方人数很多，以后一部分去了欧洲，一部分留下来，其中不少人变成了汉族。又如羌族，在宋代建立过西夏，现在只有几万人在四川边境，大多数人哪里去了呢？

看来我国在春秋时期已经出现了一个经济和文化较为发达的中心，被当时人称之为"中国"。在这中心四周存在着许许多多经济文化上和中心有着差距的所谓"夷人"。"夷"字本身并不带有歧视或侮辱的意义。在这经济文化中心的人，并不划界自限，对外排斥。这条界线是按周围地区人民的经济、文化的发展而变动的。韩愈在《原道》一文中曾说："孔子之作春秋也，诸侯用夷礼则夷之，进于中国则中国之。"这里所谓"中国"，其实就是后来所说的"汉族"的核心。到了秦汉之际，"车同轨，书同文"，从这中心向四周辐射的经济文化力量日益加强，包括在"汉族"之内的地域和人数也日益扩大。汉族实际上是一个由许多来源不同的炎黄子孙共同混合而成的复合体，从种族上说是很复杂的混血体。

这个混合的过程也是复杂的。其中固然不能排除强制的同化，但我想主要是出于自愿的融合。前边引的韩愈那句话，就说出当时这片大陆上居住的人可以在夷夏之间作出主动的选择。我认为这一点很重要，因为它表现了我们中国各族人民之间相互对待的基本态度。这种基本态度和西方的种族歧视相对照就更容易看得明白。欧洲大陆上的许多民族，至今还是各自为政，形成不了一个名副其实的共同体。

以目前的情况来看，几乎所有的少数民族聚居区里都有汉族杂居在内。这在世界上也是少见的。这些进入其他民族聚居区的汉族基本上都是和平相处的，而且有不少吸收进了少数民族。事实上，我国的各民族你中有我，我中有你，难分难解。在少数民族地区的汉人，除了耕种土地外，不少是经商从事贸易的，从开店设仓到肩挑叫卖都有。少数民族地区的商品流通很大部分就靠他们的服务。在经济上汉族和各少数民族已经深深地联结在一起，你离不开我，我离不开你。所以把中国的各民族看成是有各自的经济中心，形成了经济实体是不符合事实的。

这里还应当补充说明一点：过去历史上历代封建王朝都采取过民族压迫的政策，而且不论哪个民族的统治阶级当权，都是如此。这当然也影响各民族之间的关系。一方面使各民族的发展很不平衡，另一方面也造成了民族的不平等。这些都是事实。我上面所说的话，是从各族人民这方面来说的。封建王朝对民族压迫政策所引起的后果，我们固然应当重视，但不能不看到各族人民之间和平共处互相混杂的一面。

以上是就汉族的形成而说的。至于其他各民族的形成过程，我认为也是很复杂的。我在别处已说过藏族和瑶族等也都包括着语言不同的成分，很可能也表明不同成分互相混合的结果。这些问题都值得我们深入研究。

"中华民族"我认为作为一个概念来说，这是近代各族人民共同抵抗帝国主义侵略中形成的。清末民初孙中山先生提倡的"五族共和"，实际反映了长期以来形成的共同实体的存在。但是后来有人用这个概念来否定我国各少数民族的民族实体，把它们说成是汉族的"分支"，那是不符合历史事实的。相反地，我认为汉族是吸收了各族人民融合一体而成的。

综合以上的意见，我认为在民族这个概念上是否可以设想分为三个层次：第一就是"中华民族"；第二是汉、藏、蒙、回等56个民族；第三是这56个民族中有些民族还包含着若干具有一定特点的集团，如藏族中的康巴人、安多人，苗族中的红苗、青苗等等。目前，提出要求民族识别的大多是这一层次的集团。

怎样对待这类民族识别的要求呢？我认为首先要尊重历史。如果历史上确是一个民族实体，那是应当承认的。如果原是一个民族的一部分，由于历史上有一段时期的隔绝，或其他原因，和其他部分发生了一定差别，为了这部分的发展，还是回归原来的民族比较好。至于有些不同的民族经过一段时期的混杂，但尚有融而未合之处，那就不必走回头路，而应鼓励他们进一步融合，对他们的发展更有利。总之，要充分照顾到历史的事实，更重要的是要看到未来的发展。

对于这些经济文化长期得不到发展的小集体，和少数民族享受同样的优惠是应当的和合理的。但不能因为需要优惠而认为应是单一的民族。因之，对第三层次的集团民族识别应特别慎重。

现在，我们已经进入各族经济文化的大发展时期，我建议在民族调查研究和理论探讨上要重整旗鼓，改弦更张，解放思想，大胆探索，迅速组织各方面力量，继续开展工作。

1986年6月

原载《中国民族》1986年第6期。

谈缩小差距

随着经济文化建设的发展，这几年汉族与少数民族之间的差距总的说来不是在逐步缩小，而是在不断拉大。这个问题引起了许多人的关注。

这个问题大家都已感觉到了。汉族温饱问题多数已经过关，一半人已经开始富起来，1/3比较富了。可是少数民族在贫困线下的比例比汉族大得多。这种局面，不能不引起我们的重视。中华民族的振兴，中国的富强，社会主义四化的成功，没有边疆和少数民族地区的开发和建设是不可想像的。各民族共同繁荣是我们的目的，如果我们现在忽视这个问题，"七五"期间不去研究解决好这个问题，到了"八五"，工作难度可就大了。我们采取什么政策来解决这一问题呢？我建议：组织综合性的科研队伍进行分区调查，找出重点问题，在"七五"期间认真研究一些解决的办法。

对少数民族实行优惠政策是必要的，但如果只是给补助，养成了靠补助过活的心理是危险的。当前，树立民族自信心，靠自己站起来的气氛不够。一些地方，包括干部在内有伸手要钱的习惯。这实际上害了自己。多年来有些少数民族地区有了进步和变化，但不能说很普遍，和汉族比起来发展较慢。历史是不留情的，发展进步的会生存下去，不争气的最后就有被淘汰的可能。所以，少数民族一定要有自信、自强、自爱之心。

一般地说，少数民族容易满足于比较简单低下的生活水平。解放后消灭了剥削和压迫，关上门过自己的田园生活，精神状态是宁静、自足的。这甚至引起西方一些人的羡慕。但这是低水平经济文化的反映。事实很清楚，依赖思想、满足现状和封闭的生活方式，限制了少数民族的经济文化发展，这么下去差距会越拉越大。经济文化上的差距终究会变成政治矛盾，到那时就不好办了。我们必须重视经济文化差距所产生的心理状态。自满自足必然会引起保守现状、抗拒外来影响的心理。而封闭和拒外，实际上保护了落后。少数民族不能划地为牢，自甘落后。这些话虽然不好听，但良药苦口，不得不说。总的目的很清楚，是希望少数民族发展起来，把差距减小乃至消灭，实现真正的平等。

少数民族要发展，不能封闭，要赶快开放，维持现状是不行的。对待这个问题，我们要有紧迫感，但又不能操之过急。民族地区的发展必须是少数民族的发展。建国30多年了，少数民族要"三十而立"，要同汉族更密切地结合，在一定外力的支援下，因地制宜地走自立发展的路。

少数民族要改革、求进步，需要有外来的动力，不帮一下起不来，但帮多了，又会产生依赖现象。必须使外力内化，变外力为内在动力，才真正有利于少数民族的发展。

那么，应该采取哪些措施呢？首先要从经济入手。国家还是要花些钱的，但如何花，怎样花得恰当，就需要认真研究了。中国的整个发展和富强要依赖少数民族地区内的资源。民族地区地上地下资源都很丰富，但过去这两方面优势都没发挥。在这一点上，林业部、地质部有责任。有些部门对凡涉及少数民族问题，不是看得太简单，就是觉得太麻烦，甚至无视少数民族的问题，在做地区规划时没有注意到这个地区还有少数民族。这说明他们的干部没有很好学习民族政策。现在，管少数民族事务的好像只有民委，而少数民族自己又不好替自己说话。只让少数民族搞民族工作，确有他们的不便之处。

我们为了国家的发展要支援边疆、少数民族地区，要有远大的眼光，要为子孙后代打算。东部发达地区要把资金、技术输送到少数民族地区，兴办企业。具体方式方法要适应少数民族地区的情况，要像50年代初期一样组织力量深入少数民族地区做调查研究，同时，要带着技术下乡，有针对性地进行具体的帮助。我有几项具体建议：

第一，开发民族地区的资源要给少数民族一定比例的留成。他们可以用这些资源与沿海地区换取技术，这样双方都有利。这就是我们所说的加强横向联系和协作。对东西部的关系，可以概括为"以西资东，以东支西，互惠互利，共同繁荣"16个字。

第二，民族地区要继续吸收汉族人口，但必须是少数民族欢迎的人。所谓受欢迎的，就是指对他们有利的人才和劳力。在民族地区兴办大型企业时，首先要充分利用当地人力,同时可以有部分移民进入。特别是技术人员和技工,让他们来帮助培养当地人才。通过少数民族内在的要求,从外入内,化外为内。我们要遵循客观规律去改变现状,因势利导,不能靠行政命令。因此各部委都应进行民族政策教育,自觉地去做化外为内的工作。

第三,少数民族一般都不会搞流通,很需要一个有效的为他们服务的流通机构。这一条很关键。要制定具体政策,帮助少数民族地区发展商品经济。

第四,要有计划地在少数民族地区投资兴建一批拥有现代化工业企业的城市,但不应是过去那种封闭性企业。这些企业和城市应该成为地方经济发展的"发动机",带动起一个地区经济的发展。国家企业带动地方企业,地方企业支持国家企业,通过民族地区的工业中心,带动整个地区工业化。这样做对国家企业、地方企业和民族地区的群众都是有利的。

第五,对少数民族的政策也不能一刀切,要有区别,要分析可行性。譬如文字问题,一些没有文字的、人口又很少的民族,似可不必再创制文字。直接利用全国通用的汉文或当地通用的兄弟民族的文字,更有利其发展。又如文化水平较高的朝鲜族,则主要应抓地方工业和乡村工业。各个民族都有自己的特点,要分别对待,政策上也要有区别。

第六,社会主义时期,民族总是存在的,但是各民族的共同性也在不断增多。随着经济文化的发展,各民族将来的方向大体上会是:大民族与周围小民族在经济上形成一个个地区性协作体,在全国形成若干大小不同的区域,大小民族间互相有靠有帮,都不会是各自孤立的。特别是在同一经济区域内的各民族,联系会更加密切,共同性将会增多。我们现在就应看到这个大趋势。

1986 年 6 月

原载《民族团结》1986 年第 7 期。

对民族工作的一些看法和意见

这几年我跑了一些民族地区，老在想少数民族究竟如何才能发展起来？沿海地区这些年发展很快，真正起步都是在80年代，有的地方用了6年，有的地方用了10年。这样看，少数民族的发展，只要政策对头，真正搞起来，5至10年也可见效。今年七八月份，我第二次到甘肃临夏，感到那里变化很大，但与沿海一带的发展相比，还有较大差距。这些差距表面上看是经济差距，但是如果不重视，任其发展下去就会成为政治问题。我们要善于发现问题，真正做好这方面的工作。我从事民族工作几十年了，可以说，建国开始就搞这一工作。当时的民族问题与现在的问题重点有所不同。当时是民族平等的问题，反对压迫制度和歧视。现在性质转变了，主要是经济问题，要使各个少数民族都发展起来。随着民族压迫问题的解决，有些人在思想里认为少数民族问题已经解决了，不再存在了。因此，我看目前对少数民族有个忽视的问题，即普遍对少数民族不够重视。具体说，在发展少数民族地区经济时，往往忽视了当地少数民族本身的发展。这问题从表面上看好像已经不存在民族压迫和歧视，但这种不重视少数民族如何发展的思想，搞不好会引发严重的后果。如50年代开发海南岛时，因为那时社会主义阵营发展工业急需橡胶，斯大林就对我们说，你们有一个海岛可以种橡胶，就这样在海南岛种起橡胶树。但当时开发海南岛没有重视岛上的少数民族，没有教会当地的少数民族种橡胶，而只靠外面的人进去种植，这便出现了国营农场与黎族农村的矛盾。国营农场建得很好，有房子，有场地，而农村里的黎族同胞还住茅草房。当时发展海南岛时，我们没有强调把发展黎族、苗族的经济文化考虑进来，而这一点又很重要。再如，内蒙古包头市现在有100多万人口，但蒙古族人口比例占多少？外地人把大工业引进去，地区是发展了，但吸收当地的少数民族很少，使得当地少数民族在工业人口结构中比例不适当。更重要的是包头这样一个工业城市，长期以来没有成为带动内蒙古地区工业化的中心。还有一些民族地区，在发展国家经济的名义下，把少数民族赖以生存的树林都砍光了，使这些地区的农牧经济蒙受严重的损害。少数民族的生活当然就上不去了。所以我认为，发展少数民族地区必须同时考虑当地少数民族的发展。开发边疆，光依靠外来人发展是不够的，还必须包括当地的少数民族，必须将当地少数民族吸收进去。要把地区的发展同当地少数民族的发展结合起来，利用外来的知识和人才，把当地少数民族的经济、文化带起来。

对贫困落后的少数民族地区采取照顾、扶持的政策，是好的。周总理讲过，我们是欠少数民族债的，要还债。但有些同志说，这债不是我们欠的，是封建地主阶级欠的。我记得总理接着说，少数民族并不像我们这样看这个问题。所以我们要从少数民族思想实际出发，解开民族隔阂的结。总理是从无产阶级和全民族利益的高度讲这话的。解放后，人民政府为了达到各民族共同富裕和发展，采取了对少数民族照顾、扶持的政策，这是完全应该和正确的。但如果只是看到少数民族落后，出于同情而照顾、救济、补贴，像可怜小弟弟那样，并且成为我们民族工作的一项主要工作，便大有问题了。少数民族有困难，加以救济，本身没有什么不对，可是从长远的效果来看，如果这种做法使他们养成一种依赖照顾、救济的心理，就不好了。在实际工作中，我们也不能单纯用照顾来体现发展少数民族的政策。我们的政策应该是使广大少数民族真正能站起来，自力更生发展自己。为了达到这个目的才在一定时期内采取照顾和扶持的手段。美国、加拿大、澳大利亚等国对他们的少数民族是给了不少钱的，每人平均几千美金，而且还造了房子，结果少数民族丧失了为自身生存和发展奋斗自强的意志，不少人就拿了救济金去喝酒，混日子过活。这种性质的照顾，不是我们社会主义的政策，不能学。救济和照顾的目的是为了发展他们本身的优势，增强少数民族自力更生的能力。为了达到这个目的就需要很好地研究各个民族的优势和特点。

说起民族特点，过去只讲什么服装、歌舞、习俗，然而一个民族为什么能够生存发展下来，他们有什么特殊能力和素质，却很少有人注意。各民族的特长和素质，是在漫长的历史过程中形成的，是各民族所特有的。上面说的民族文化特点我们注意到了，但经济特点、产业特点，现在还没有人很好地研究。50年代，我随中央访问团到广西，看到苗族、瑶族都住在山上。有人说这是因为过去被统治阶级压迫才上山的，现在消灭了民族压迫，就应当请他们下来。当时有些地方真的把少数民族从山上请下来，但后来他们又都回到山里了。主要原因是当时我们思想上没有注意到少数民族的优势和特长，更不懂得必须根据各民族的特有条件，帮助他们走自己的发展道路。苗族、瑶族都有发展山区的特点，当时为什么不让他们在山上发展山林经济呢？所以造成了政策上的偏差。这几年对少数民族的照顾、扶持政策是不是养成了一些少数民族的依赖心理。现在民族地区的一些干部，眼睛总是向上，要钱，要照顾，而不下力气研究自己如何发展，如何自力更生。有这种思想的人还不少，其中包括一些从事民族工作的领导干部。用这种思想来干民族工作，我认为是有问题的，恐怕在思想上要改一改。可以请从事民族工作的汉族和少数民族干部一起讨论讨论，这样下去对少数民族的发展到底有没有好处？

我这次到临夏，学到了许多新知识。临夏的回族不光戴白帽，他们还会做生意，有商品经济头脑。回族为什么会分布在全国并集中聚居在宁夏、青海和临夏这片地区生存发展，这不是偶然的，是有历史渊源的。从临夏的地理位置来说它处于农区和牧区之间，是农、牧区商品交换的中心，在历史上称作"茶马互市"。青藏高原上的牧民可以用马、毛皮和肉、乳制品，在这里换取他们所需要的农区生产的茶和粮食。这一历史根源形成了回族善于经商的特长。回族的来源大体上有两种说法：一是早期从海道进入中国的信仰伊斯兰教的人，他们聚居在沿海的泉州、杭州和扬州等城市。二是忽必烈回征华南时，从中亚西亚集合了当地的商人和工匠组成后勤部队带进来的。这部分军队是信仰伊斯兰教，称回回军，后来就驻扎在甘肃、青海一带，屯垦定居。这一带正处于农区与牧区之间，是"茶马互市"的重要商业地区河州。临夏就是过去的河州。它的西部是藏族、蒙古族、土族聚居的青藏高原区，东部是以汉族为主聚居的平原地带，河州介于中间，地理条件决定了这里的回族既能习惯和藏族为主的高原民族交往，进行经商贸易，又能和东部地区的汉族和睦相处，互通有无。生息环境决定了他们可以起到农、牧区各民族之间经济文化联系的媒介和纽带。他们以信仰伊斯兰宗教作为自己民族凝聚力的支柱，在汉、藏两大民族的相邻地带，求得生存和发展。回族种田可能不如汉人,但经商搞贸易比汉人强。这是在长期的历史活动中自然形成的。解放以后,商品交换都由国营、合作商业包揽了,回族的日子就不大好过了。现在一放松,一搞商品经济,回族又活跃了,又可以发挥他们的传统特长了。现在临夏做生意的有1万多人。主要是往返拉萨搞运输。

我从临夏回族到青藏地区从事贸易活动这件事,想到了青藏高原如何开发的问题。要把那里的藏族发展起来,必须要从发展商品经济入手。光靠自然经济是不行的。但是有谁愿意把商品送上青藏高原呢?千百年来汉人很少愿意去,藏族自己又不习惯于经商。这次我看到那么多回族那么积极地上高原经商,我心里豁然开朗。回族在开发青藏高原上可以出大力。发展青藏高原固然要重视藏族,发挥他们的农牧业和矿产资源的优势,但是他们现在还是封闭型的经济,还是以自给经济为主的观念在从事牧业生产。只有用商品去打开封闭的大门,才可改变青藏高原的经济面貌。这就要依靠善于经商的回族来做这件事了。我们应当放手让回族上青藏高原去做生意,把藏族喜爱的日用品和牧业的生产用品送到高原上去,换取他们的畜产品,使藏族群众知道这些畜产品可以换取他们所需要和喜欢的东西。由此使他们重视发展这些畜产品。促使他们发展商品经济的意识。回族善于搞贸易是历史培养出来的,是客观存在,我们要发挥其长,用以开发青藏高原。

我有个设想,在临夏和青海的海东地区,以回族为主,加上藏族、汉族和其他少数民族,建立一个发展青藏高原商品经济的基地,专门供应青藏高原各种商品,并把青藏高原的畜产品运出去,与外面进行交换。这样就可以把青藏高原的经济搞活了。一部分商品可以从东部各省买来,然后卖到青藏高原去。还可以逐步在这基地上发展适合本地区的工业,自己生产了商品,销到西部去。这叫"东引西进"。向东面引资金、引技术,向西面开辟市场、购取原料,并且"以商带工",逐步把这商品经济基地的工业带起来。这样西北的经济面貌可以较快的得到改变。

民委的工作,有许多事情要做。其中民族区域自治问题要切实重视。现在民族地区普遍反映他们没有自治特点,与其他地区没有什么区别。民族区域自治法及各种有关政策、条例都有了,但民族地区却没有感到与其他地区有什么不同,这就是问题。习仲勋同志在全国民委主任(扩大)会议上的讲话中也谈到,要重视这个问题。民族地区各州、县需要什么权力才能发展?我们能给什么权力？现在还不大清楚，还需要好好研究，需要具体化。例如，做生意需要有流动资金，但银根紧缩，银行不贷款，影响了民族地区的发展。这类事要在自治条例里有比较明确、具体的规定。当然，不是什么权力都要下放到民族地区，而是只给必要的权力。所制定的条例要适用于这个自治地方，真正促进当地的少数民族发展起来。还有民族自治州、县的横向联系也要重视。有些事情，一个自治州或一个自治县做不到的，可搞横向联系，民委要给予帮助，做牵线工作。对民族地区的乡镇企业和真正的农牧民企业家，也要帮助和扶持。搞活民族地区的经济需要资金，是不是这可以与国外伊斯兰海湾国家财团联系。这些伊斯兰财团的贷款，利息要的不多，这一点我们可以利用。据说，伊斯兰国际商业信贷银行这个财团是以帮助第三世界为主的，总部设在伦敦，工作人员许多是孟加拉、巴基斯坦人，在北京也设有办事处。据了解，他们是愿意与我们合作的。我们要建立联系，争取利用这笔钱。当然，这里面有许多政策性问题，需要我们搞出一套发展规划，拿出办法来，还要培养大批人才。这些都是我的想法，希望民委能着手进行这方面的工作。

还有几个具体问题，我也谈点意见。一是民族识别问题。我主张这类问题粗线条解决，不要搞得太细，不要回头看，要向前看，看这项工作是否有利于少数民族的经济发展。民族的形成与发展是很复杂的，如果回头清算的话，可以没完没了。我们汉族可以说是杂拌，是几千年来多种民族融合而成的，有的融合早，有的融合晚。比如贵州的"穿青"人等，原是汉人迁移去的。对这类情况，李维汉同志有一个原则：过去算是汉族的就不要再改成少数民族了。当时有一种说法，称这类人为汉裔民族。后来，李维汉同志说这名称不能成立，既然是汉族的后裔，也就是汉族嘛。但是现在确有些早期移入少数民族地区的汉人要求承认是少数民族。这类问题如何解决呢？我是主张釜底抽薪，即发展经济。经济发展了曾经被孤立和封闭的移民集团比较快的可以和祖先认同了，也就不会有什么改变民族成分的要求了。民族形成是复杂的，不能简单化或"一刀切"。过去提出的识别标准，有的也不很科学，所以不能太认真。

二是语言问题。要尊重少数民族有使用自己语言的权利，同时又要鼓励他们学汉语，这是开放的需要。推广普通话，这对经济发展和商品交流有好处。我们提倡推广普通话，与台湾搞的国语化有本质区别。因为我们是以发展各民族自己的语言为前提的。汉族学习少数民族语言不容易，少数民族学汉语也一样，要创造学习条件，加强民族交流和团结。

三是文物问题。彭真同志过去讲，要把少数民族历史上遗留下来的东西保存下来。现在少数民族发展很快，要抢救他们的文物。一个人总要知道自己是从哪来的，要寻根。根子都是比较原始的，这没什么丢人。抢救民族文物，把其风俗习惯及文化遗产记录下来，写成各民族的社会文化发展史。文物学是博物馆学的一个方面。文物收集很多，如保护不好，还不如不收集，这是一门学问。我们是个多民族的国家，过去周总理一直这样讲，我们要从小学生起就进行民族教育，让娃娃们从小就知道我国有多少民族。为什么建民族宫？就是为了体现我们是个多民族国家。现在民族宫的性质有些改变了，没有原来建宫时的意识，搞成招待所、旅馆了。我不反对民族宫要力求经费自给，这是可以从民族文物的路子上想办法，而不应当从出租房屋上打算。另外，不要放弃建设中国民族博物馆，我希望民委研究这个问题。因筹建"民博"在国务院已挂上号了，在国外也都知名了。"民博"一下子搞不起来，可以慢慢来。可先在各地方发展，待经济条件好了，再搞个像样的博物馆。

四是民族教育的改革问题，办民院要有自己的民族特点。过去办民院都是照搬汉族院校办法，看来有问题，要研究。最初办民院是为党培养政治干部，起了很大作用。现在对干部的要求提高了，要懂经济、懂管理的。过去那一套课程已经不适用了。目前怎样搞好民族地区师范教育是个大问题。民族地区需要大量师资。我认为民族学院要抓这个重点。我曾主张在甘南搞一个藏族师范学院，因为甘肃的师资力量相当强。如果能和甘肃师范学院合作，建立一个藏族师资培养中心是有条件的。我希望民委能注意这个建议。

发展少数民族地区的经济需要人才，但不一定要很高级的人才，而是需要大批、有实用技术的人才。我看需要请些专业能人、中级技术人员下去。甘南有个乡镇皮革厂，请了上海的三名技术工人，一下子把厂子搞活了。此外，还要利用先进省、市的技术力量，为民族地区服务。我们要帮助做这个工作。当前东部发达地区有不少技术工人向内地流动，我称为微血管流动，见效快。比如海南岛黎族地区恐怕要到广州等地请技工，以解决适合当地经济发展的问题，光靠大学生是不够的。

最后是研究工作问题。调查研究要能解决问题，要有针对性，为现实服务，不要搞成学究式的。要注意培养二三十岁的年轻干部，不然年纪大了，下去也深入不了。

1986 年 12 月 24 日

本文系作者与中央统战部、国家民委同志的谈话记录。

发挥民族优势　开拓民族经济

这几年我跑了一些民族地区，老在想少数民族究竟如何才能发展起来？沿海地区这些年发展很快，真正起步都是在80年代，有的地方用了6年，有的地方用了10年。这样看，少数民族的发展，只要政策对头，真正搞起来，这个世纪末也可见效。去年七八月份，我第二次到甘肃临夏，感到那里变化很大，但与沿海一带相比，还有较大差距。这些差距表面上看是经济差距，如果不重视，任其发展下去就会成为民族问题。我们要善于发现问题，真正做好这方面的工作。

我从事民族工作几十年了，可以说，建国开始就搞这一工作。当时的民族问题与现在的问题重点有所不同，当时是民族平等的问题，反对民族压迫和歧视。现在重点转变了，主要是经济问题，要使各个少数民族都发展起来。随着民族压迫问题的解决，有些人的思想里认为少数民族的问题已经解决了，不再存在了。因此，目前有个忽视少数民族的问题，即普遍对少数民族不重视。具体说，在发展少数民族地区经济时，往往忽视当地少数民族的发展。这问题从表面上看不存在压迫和歧视，但这种不重视少数民族如何发展的思想，搞不好会发生严重的后果。

50年代开发海南岛是一个例子。当时社会主义阵营发展工业急需橡胶，而我们有一个海岛可以产橡胶，所以对海南岛进行开发，但是没有重视这岛上的少数民族，没让少数民族人民学会种橡胶，而只靠外面的人进去种橡胶，这便出现了国营农场与黎族、苗族农村的矛盾。国营农场像个样子，有房子、有场地，而黎族、苗族的农村还是茅草房。发展海南岛时，没有强调把发展黎族、苗族的经济文化考虑进来，引起后来一系列的问题。

再如，内蒙古包头市现在有100多万人口，但蒙古族人口的比例却很少，外地人把大工业引进去，地区是发展了，但由于没有注意吸引更多的当地少数民族，以致当地少数民族参预当地工业的程度至今很低。更重要的是包头这样的工业城市长期以来没有成为带动内蒙古地区工业化的中心。还有一些民族地区，甚至在发展国家经济的名义下，把少数民族赖以生活的树林都砍光了，使这些地区的农牧经济蒙受严重的损害。少数民族的生活当然就上不去了。所以我考虑，发展少数民族地区必须包括当地少数民族的发展。开发边疆，光依靠外来人发展不行，还必须包括当地的少数民族，必须将当地少数民族吸收进去。要把地区的发展同当地少数民族的发展结合起来，利用外来的知识和人才，把当地少数民族的经济、文化带起来。

解放后，我们人民政府为了各民族的共同富裕和发展，采取了对少数民族照顾、扶持政策，这是完全应该和正确的。但如果只是看到少数民族落后，出于同情而照顾、救济、补贴他们，并且成为我们民族工作的一项主要工作，便大有问题了。少数民族有困难，加以救济，本身没有什么不对，可是从长远的效果来看，如果使他们养成一种依赖照顾、救济的心理，就不好了。我们应当帮助广大少数民族真正能自己站起来，自力更生发展自己。为了达到这个目的才在一定时期内采取照顾和扶持的手段。美国、加拿大、澳大利亚等国现在对他们的少数民族是给了不少钱的，每人平均几千美金，而且还造了房子给他们住，结果少数民族丧失了为自身生存和发展奋斗自强的意志，不少人就拿了救济金去喝酒，混日子过活。这种性质的照顾，不是我们社会主义的政策，不能学。对少数民族救济和照顾的目的应当是发展他们本身的优势，增强少数民族自力更生的能力。

说起民族特点，过去只讲什么服装、歌舞、习俗，而一个民族为何能生存发展下来，他们有什么特殊能力和素质，却很少有人去注意。各民族的特长和素质，这是历史形成的。这些特点是他们发展过程中可以凭借的优势。

50年代，我随中央访问团到过贵州、广西，看到苗族、瑶族都住在山上。有人说这是因为被压迫上山的，现在消灭了民族压迫，就应当请他们下来。当时确曾有些地方把山居的少数民族请下来了，但后来又上山了。苗族、瑶族都有发展山区的特点，汉族不如他们。那么，当时为什么不让他们在山上发展山林经济呢？主要原因是当时我们思想上不注意少数民族的优势和特长，更不懂得必须根据各民族的特有条件，帮助他们走自己的发展道路。所以造成了政策上的偏差。

我这次到临夏,接触了一些实际,临夏的回族不光戴白帽,他们还会做生意,有商品经济头脑。回族为什么会分布在全国并集中聚居在宁夏、青海和临夏这片地区生存发展,这不是偶然的,是有历史渊源的。以临夏来说,地理位置上处于农区与牧区之间,使它能发挥善于经商的特点,在农牧区之间从事商品交换。农牧区商品交换,在历史上称作"茶马贸易"。青藏高原的马、毛皮与牧区的肉、乳制品,可以到农区去换取牧民所需要的茶和粮食。回族善于经商的特长有其历史的根源。他们住在农区与牧区之间,发挥了他们原有的经商传统,在"茶马贸易"的重要商业地区河州一带,得到发展的条件。临夏就是过去的河州。它的西部是藏族、蒙古族、土族聚居的青藏高原区,东部是汉族聚居为主的平原地带,河州介于中间,地理条件决定了这里的回族既能习惯和藏族为主的高原民族交往,进行经商贸易,又能和东部地区的汉族和睦相处,互通有无。生息环境决定了他们可以起到农牧区各民族之间经济文化联系的媒介和纽带。他们以信仰伊斯兰宗教作为自己民族凝聚力的支柱,在汉、藏两大民族的相邻地带,求得生存和发展,养成了经商的特长和保持了传统的商品经济概念。回族种田可能不如汉人,但经商搞贸易比汉人强。这是在长期的历史活动中自然形成的。解放以后,商品交换都由国营、合作商业包揽了,回族的日子就不大好过了。现在一放松,一搞商品经济,回族又活跃了,又可以发挥他们的传统特长了。现在临夏做生意的有1万多人。主要是活动在青藏高原,直达拉萨。

我看到了临夏回族到青藏地区从事贸易活动,因而想到了青藏高原如何开发的问题。要把那里的藏族发展起来,必须要从发展商品经济入手。一任自然经济维持下去是不行的。但是有谁愿意把商品送上青藏高原呢?千百年来汉人很少愿意去,藏族自己又不习惯于经商。这次我看到那么多回族积极地上高原经商,我心里豁然开朗。回族在开发青藏高原上可以出大力。发展青藏高原固然要重视藏族,发挥他们的农牧业和矿产资源的优势,但是他们现在还是封闭型的经济,还是以自给经济为主的观念在从事牧业生产。只有用商品去打开封闭的大门,才可改变青藏高原的经济面貌。这就要依靠善于经商的回族来做这件事了。我们应当放手让回族上青藏高原去做生意,把藏族所喜好的日用品和牧业的生产用品送到高原上去,换取他们的畜产品,使藏族群众知道这些畜产品可以换取他们所需要和喜欢的东西。由此使他们重视发展这些畜产品。这就是发展了商品经济。回族搞贸易是历史的培养，是客观存在，我们要发挥其长，以开发青藏高原。

我有个设想，在临夏和青海的海东地区，以回族为主，加上藏族、汉族和其他少数民族，建立一个发展青藏高原商品经济的基地，专门供应青藏高原各种商品，并把青藏高原的畜产品运出来，与外面等价交换。这样就可以把青藏高原的经济搞活了。商品的一部分可以从东部各省买来，卖到青藏高原上去，还可以逐步在这基地上发展适合本地区的工业，自己生产了商品，销到西部去。这叫"东引西进"。向东面引资金、引技术，向西面开辟市场，购取原料，并且"以商带工"，逐步把这商品经济基地的工业带起来。这样西北的经济面貌可以较快地得到改变。

1987 年 4 月 11 日

原载于《经济日报》。

少数民族地区发展战略

近几年,我到一些地区做了些调查。

农村,近期发展得很快。江苏南部有些地方已经翻两番了。苏南,从80年代始,人均收入100元,到现在600元。这7年中,增加500～600元,有的还超过了1000元。农村发展这么快,说明我们的政策对头了。

上月,我到了比较落后的、不发达的地区,是焦裕禄同志生前所在的河南黄泛区。那个地方过去很苦,人均收入不到50元。现在面貌完全改变过来了。

过去一些贫困的地区这三年脱贫了,现在还不能说富,但温饱问题已得到解决。

少数民族地区又怎么样?

前年,我去海南岛。在公路附近的村子里看了一看。这里还很穷:三块石头一个灶、一根竹竿一块板。衣服都挂在竹竿上,没有箱子,一块板是睡觉的。我到了一家,只有这么一锅米,已经吃得差不多了。我说:"你还有米没有?"他说:"没有了。"我说:"你吃完了怎么办呢?"他说:"我不知道!"在这个自治州里,的确还有穷到这个样子的黎族。至于到深山里边去,那生活就更苦了。民委有一个搜集文物的工作组,翻了几座山,到比较偏僻的地方去访问,回来说:"还没有到过这么苦的地方。"就是说,还有相当大的一部分少数民族地区,温饱问题没有解决。现在全国一共大约有6000万人,一年一个人的收入低于120元、400斤粮。这些是贫困线下的人。其中少数民族占多数。

现在,汉族地区和少数民族地区之间还存在着经济上的差距。这个差距是扩大呢,还是在缩小?如果一方面发展得很快,而另一方面停在那里不动,或发展很慢,这个差距就会越来越大了。以前大家都穷,现在一部分人摆脱贫困了,抛掉了贫困帽子,发展起来了,另一部分地区没有发展起来,或者改变得很少，这里就出现了一个差距。这个差距是当前摆在我们民族工作者面前的一个问题。经济的差距必然会影响民族关系，导致政治问题，这是逃避不了的。假定这个差距延续下去，那么我很担心，所以我想提出这样一个问题，我们应当如何帮助少数民族发展起来？这是今天要谈的主要问题。

我自己参加民族工作总算有三十几年了。50年代初领导上给我两年机会，参加访问团，到少数民族地区去调查、去体会。当时是什么问题？是民族平等问题，是改变历史上民族压迫的问题，是实现民族团结的问题。我们当时去讲：现在我们平等了！不要怕汉人了。我们的访问团有文工团，还带着米、布。到了贵州毕节，那天晚上，我们给从没看见过电影的少数民族放电影。在漫山遍野的人中，很多人没有穿裤子。我们团里的人对我说："怎么办呢？"我说："赶快把我们拿来的布做裤子。来一个没有裤子的就送一条。"少数民族感动得流眼泪。民族团结，以心换心！这在当时并不容易啊！当时周总理说："你们不管怎么样，先向少数民族赔个不是。"但很多青年同志说，又不是我们欺负了少数民族，赔什么不是呀？总理说："少数民族看见汉人就怕，历史上造成的这种心理必须要改变过来。"没有几年，少数民族的地位在社会上有了明显的变化。从不平等、民族压迫，变到民族平等友好，中华民族团结成了一家人。

但是，有一个问题还没有解决，我们曾叫它作"事实上的不平等"。在社会上各族人民的地位一样了，没有高低之分，民族也没有优劣之别。可是，各民族虽有相同的发展机会，但发展的速度差距很大。因为，历史造成的起点不同，发展所需要的条件不同，所以各民族之间，在生活上边、经济上边、在精神文明各个方面都存在差距。现在的问题是，假如我们不做工作，那差距只会越来越大。那会出现什么结果？这一点大家还考虑得不够，还不够警惕，还满足于现状。汉族想，还有什么呀？我们不欺负少数民族了，我们很尊重他们啊！有人说，少数民族生活苦，我们拿点钱给他们就行了。我过去也是这样想过，看他们没裤子穿，就做裤子给他们；看他们没饭吃，我们送米、送粮。当时这样做是对的，使我们建立了感情。可是现在光靠这个不行！少数民族问题不是一个救济问题，而是一个发展问题。不是我们去养活少数民族，而是要让他们自己能站得起来。我这次到了甘肃，自己反思：人家都说我对少数民族很有感情，究竟是什么感情？说穿了，还是觉得他们很可怜，我要帮帮他们的忙啊！这个感情现在看来还很不够，不能解决问题。但是，汉族当中还有很多像我这样的人。

在过去的30多年里，我们在民族工作上花的钱并不算少。可是少数民族是不是经过了30年，真正能在经济上自己发展了呢？还不能说这个话。三中全会以来，我们提出来，我们国家的工作重点要放到经济建设上去，但这个重点的转移，在少数民族工作上还没有清楚地表现出来。这一转移，使汉族农村发展起来了，希望很大，可是少数民族地区仍然没有变，或者变化不大，而且老百姓变得更少。民族地区的招待所变得大了，漂亮了，可是，这些招待所不是靠自己劳动所得生产出来的东西，是人家送来的！自己怎么样啊？现在还有三块石头一个灶、一根竹竿一块板。这个问题是当前民族工作的一个中心问题，这个问题不解决不行，讲团结不能老是送东西，这不是办法！

前年我到了甘南，去年我到了临夏，特别是去年这一次对我的教育很大。临夏是回族自治州。我前年去了一趟，去年又去了一趟，亲眼看到在这一年里变化很大。我在公路上，停车访问了七八户人家。他们都是在80年代中发起来的，以前很苦。临夏地少人多，要讲种田，回族种不过汉人，要做买卖，没有机会，所以生活很苦。可是三中全会之后，到1982年包产到户，农业体制改革，实行责任制，经济搞活了。他们可以外出找工作挣钱，一年一人可以挣两三千块钱，有了钱就可以做买卖了。做买卖没有资金是不行的。有一家用羊皮加工成袍子，然后到四川、青海的藏区出卖，20块钱的本钱，到那儿可以卖100块钱，跑一趟可以赚几千块钱回来。其他有的人家制皮革用品，做皮帽子等，这样使一批人富裕了起来。我看到这些情景，联想到许多问题：为什么这个地方能发展起来？为什么回族能够在这个地方住下来？繁衍成为这样一个相当大的聚居区？我想到了这个地方在历史上原来就是个茶马交易的地方。"茶"是什么呢？牧区需要喝茶呀！茶就是农区的产品，代表农。农区需要什么呢？需要马，过去马是种田用的动力。农牧之间这个来往谁在那儿流通啊？主要是住在这个地区的这一批回民。回族能在这个地区住下来和发展起来，就是因为这个地方是天然的商业地区，是农牧商品交流的地方。回族历史上就是一个会做生意的民族，丝绸之路通过临夏。这次我到河南去碰到一个历史学家，他说，当时在丝绸之路上跑来跑去的是信伊斯兰教的中东、中亚细亚、阿拉伯的商人。后来成吉思汗打到了中亚细亚，他不杀知识分子、不杀商人、不杀工匠。因为他要用这些人组成蒙古远征军的后勤部队。蒙古军队回兵打南宋时就把这个部队带进了中国，称探马赤军，也叫回回军。一部分就驻扎在甘青走廊里，他们的后代就是这些地方的回族。他们善于经商，所以在农牧贸易地区繁衍壮大了。

我们整天讲民族特点，讲心理素质，讲了有30多年了，这回我才有了些认识。我看心理素质是从长期的经济生活中长出来的东西。回族有个特点，经过几百年一直保留至今，这就是他们善于经商的本领。我这次到河南去访问民权县。他们带我去参观，我说我要看看乡村企业，我看到的企业几乎全是回族搞的，我说你们是不是有意安排的？他们说没有。又说回族在这个地区一共有两万多人，他们的年收入平均比汉人高100元。为什么？他们说：回族对当前的政策反应比汉人快。让我讲一个具体的例子：我去看了个冷库，投资24万元，还买了一辆冷藏汽车，就是回族搞的企业。因为回族人要吃阿訇念经杀的鸡、宰的羊，所以他们把经阿訇杀的鸡、宰的羊放在冷库里，然后开车送到上海，卖给上海的清真食堂。从民权到上海要三天的时间。然后从上海带东西回来。我说：你钱从哪来的呀？他说：我们凑了二十几个人，一个人拿出1万元。我说1万元能拿出来么？他说1万元现在对我们来说算什么呀！这个同汉族农民想法就不同，他们对当前搞活经济的政策反应很快。什么东西使他们反应得这样快？政策一来，他们就立刻想出了这一套办法，这就是心理素质。我们过去讲心理素质，只看见他们跳舞，只看见他们穿的衣服，没看到他们生活中的动力啊！这样一看，我看到了各个民族都有他们的特点。蒙古族跑马放牧，大草原上他是王。这是多少年积下来的。他们歌声的宽广，就反映了这个放牧的特点。过去我们讲了这么多年心理素质，没联系实际，所以抓不住要害。这么一讲，大家说："对呀！"回族为什么会做生意呢？他们是由于历史形成的。我们民族史讲了很久，没有联系现在，没有用处。如果联系了起来就可以解释当前的问题，看到发展的前途。

我到了甘南，我上了草地。牧区的草越来越差了，现在草地在衰退，不是欣欣向荣，而是越长越坏了。牲口越吃，草地越坏。牧区的牧民是不管的。他家里养的牛舍不得杀，老牛同他们有了感情不能杀了。牧区富不富，不是看有多少牲口，而是要看牲畜结构怎么样，牧业的效益怎么样。畜群的经济价值怎么样。强壮的母畜的经济价值高，在畜群里应占较高的比例。把不生育的老牛养着是不合算的。畜群老化，是因畜牧业没有进入商品经济，使草场超载，日益退化，我在内蒙古和甘南都看到了这个问题。所以牧业必须走商品化的路子，使得养羊、养牛，不是为了自己吃，而是用来卖出去，挣钱来改善生活，促进生产。

我们在甘肃会宁县有一个脱贫试点。我到那儿去访问，他们高兴得很，说："你们做了好事，我们这个村子里面生活好了。"有人对我说："你看，我这房里就有1万斤粮食。"我说："1万斤粮食你吃得完吗？"他说："三年吃不完。"我说："你怎么办呢？"他说："没想。"我说："你是不是卖掉2/3去搞副业呢？"他说："这不成了卖粮食丢人哪！"这个思想很典型。这就是自然经济养成的头脑。在汉族农民里是根深蒂固的。

在临夏，我们现在已有一支搞商品流通的队伍活动在青藏高原，从甘肃、青海，一直到拉萨。现在牧民要喝啤酒，就把牛羊肉拿出来了。为了要求增加生活用品，牧民要多养经济价值高的牲畜了。这就促进了商品经济，也就是发展这个地区生产的一个突破口。这个流通队伍需要引导和帮助。怎么帮助他们呢？很简单的一条，就是有方向的贷款。做买卖要钱去买东西，钱从哪里来呢？自己的钱不够就得借贷，政府不借贷，就有人出来放高利贷。一个集一个集地算，比方你这个集借我50元钱，下个集就要还我80元钱，利息很高。有人说：我们可以出来搞一个"便民银行"，这就需要我们国家或集体插手进去，去推动它、促进它。今年我又去访问临夏，知道人民银行已经带头办了一个金融公司，专门给上青藏高原做商品流通的人低利贷款。

我提出一个建议：甘肃的临夏和青海的海东，组成一个发展民族经济协作区。这个地区历来是一个茶马交易的中心，这有它一定的地理经济的原因。现在我们可以好好经营这个地方，用它来促进西藏高原的经济发展。怎么促进西藏高原的经济发展呢？主要是发展牧业，并必须使之商品化。这个基地可以建成青藏高原工业品的供应站。我前年去的时候这里还没有一个大的商店，今年我去，在市中心出现了一个五层楼的大百货商店，参观后我又学到了不少东西。第一条，知道了钱是从哪儿来的。它整整花了1000万元，全部是用集资的方法取得。凡是到这个百货商店里开一个门市部、占一个柜台的，都要投一份资金。第二条，知道了房子是请江苏、浙江的技工盖的。他们就是这样引进了东部发达地区的技工来进行建设的。我还参观了一条街，差不多全是卖西藏的东西：衣服、氆氇等等。我说："这些东西将来你自己制造一下好不好啊？有市场就可以有工业嘛！"他说："我不会制造呀！"我说："你请人啊！你就请江苏、浙江的技工来嘛！"前年我就提出了 16 个字："以东支西、以西资东、互利互惠、共同繁荣。"就是东部用技术、用资金去支持西部。西部有的是原料。现在江苏、浙江要发展，原料不够了。西部可以用原料向东部去换技术、换资金，大家都有好处，不是说谁占谁的便宜，是共同繁荣。

我已经 70 多岁了，要做些实际的事情。我到家乡请人去帮助临夏办工业了。大概有人已经看到在前门原来的火车站，有一个门市部专门卖皮鞋。这个皮鞋厂是一个农民搞起来的，现在他有 20 个小厂，在上海、在江南一带。他到北京来开门市部让我去剪彩。我说我的目的不是来剪彩，我是让你到甘肃去。甘肃有的是皮呀！我说："你的原料怎么样？"他说："原料很困难。"他说："我就是想要解决原料问题。"我说："好哇！你去临夏帮他们办一个皮革厂吧！保证你的原料供应，双方有利。"

前天我家乡的县委书记来看我。他说："毛纺厂发展得很快。可是买来的羊毛很脏，要洗，洗后与原来的重量相差一半，有一半是脏东西。"我说："你为什么不在临夏搞一个洗毛厂啊？""对呀！"他说，"那我就把厂子搬到那儿去！"这些就是我怎样去搭桥引线的例子。

少数民族怎么发展工业，要千方百计地想办法。我们要帮他们想办法。办成了一个厂就能带动一批，如办一个葡萄酒厂，那么，生产瓶子的、生产盖子的，很多小厂，就出来了。

我们做了 30 多年民族工作，出了很多书，这个不错，可是现在要兑现，要体现在少数民族生活上，要使他们的生活水平提高起来。

我们要扭转对民族工作的看法。一个人的脑筋要灵活一点。在少数民族地区不知有多少宝贝。如：我随访问团去广西时，过桥时桥断了，我从马背摔下去了，腰不行了。后来把我弄到一个村子里面去，一个当地的医生到山上去找了些草给我一敷，第二天我就可以动了。于是我马上就给卫生部写信，请他们注意少数民族的传统医药。

我们为少数民族服务，要真的做点好事，提高他们的生产力。这是小平同志经常教导我们的。少数民族走社会主义道路是有决心的，可是他们的生产力不够高，所以我们要向这个方向去努力。

我们用已有的知识可以帮助少数民族，我们今天不要好高骛远。真的想一想一生有什么贡献，要在少数民族事业上做些事情，对得起人民，对得起党。

我今天是开个头。归结几句话：现在是需要我们再好好想一下的时候了，因为形势改变了，不能再照以前的轨道把车开下去了。现在党和国家工作重心已经转移！要搞经济建设，提高生产力。生产力不提高，社会主义怎么能来？在少数民族地区发展生产力，不是容易的事情，这里有大文章，做好了很有意思。我们看准了，就要上，并要克服很多困难。我们少数民族的发展现在还有很多问题，我们应该深入实际，认真加以研究，努力帮助解决。

1987 年 5 月 18 日

本文系作者在中央民族学院干部座谈会上的发言。

临夏行

过去两年里我曾到甘肃省临夏回族自治州访问过两次。第一次是1985年8月，访问甘南藏族自治州时，往返路上都在临夏停过，听到了一些有关这地方的情况。第二次是1986年8月，先去定西，再到临夏住了一周。时间短，还是走马看花，了解不深。但现场观察总有一些印象和想法。早想写篇访问记，一拖已过半年。今天追记可能还没有完全过时。

一

临夏回族自治州在兰州之南，甘南之北，东接定西，西连青海的海东。黄河自西过境北上，地处青藏高原与黄土高原之间的过渡地带。从经济上看，正是介于青藏牧区和内地农区之间的一条走廊上。我在《甘南行》里称它作"陇西走廊"。这条走廊沿着甘青两省边界，北起祁连山，南下四川，接上横断山脉的六江流域。民族成分颇为复杂。临夏处于这走廊的中段和古代丝绸之路的交叉点上。它是个回族聚居区。总人口145万，其中回族有51.6万人，占该州人口的35%。如果加上同样信仰伊斯兰教的东乡族和保安族，总数略大于汉族。临夏回族自治州建立于1956年，州内包括积石山保安族、东乡族、撒拉族自治县，及另一东乡族自治县。

我初访临夏时，刚从荒秃的黄土高原进入洮河流域，精神为之一爽。四周山岗已染上淡淡的一层绿色，路旁农田里长着丰茂的庄稼。当时我心里想，这地方农民不至于太贫困了吧。这次在州内转了一圈，才知道该州脱贫还只有3年。1983年人均收入不到100元，1985年才提高到226元。为什么呢？原来这个地方也是吃了人多地少的亏。全州耕地只有220多万亩，人口1950年约

70万，1985年增长到了145万，人均耕地从约三亩半减少到了一亩七分。粮食产量又不高。70年代以来，老是在亩产300斤上下摆动。人均粮食相应下降，50年代到过600斤，1985年却只有420多斤。

临夏要靠农业致富看来很不容易。靠工业一时还困难。1985年全州的工业产值，包括个体专业户在内，按1980年不变价格计算，约7700万元，为农业产值的1/3。农大于工，八二开。人均工业产值在甘肃各州中为数最低，仅33元。这样说来，这几年里怎样脱掉贫困帽子的呢？

当地居民给我的答复是：临夏居民大约一半是信仰伊斯兰教的少数民族，其中回族约50万人。他们善于经商，农业搞不过汉人，在以粮食为纲的时期，吃了苦头。所以他们对农业体制改革最积极。临夏是甘肃最早落实责任制的一个州。这倒并不是因为农民承包了土地提高了农民的积极性，而是因为农村里的劳动力从此可以自由流动了。这几年里大批劳动力从农业里解放了出来，有的外出劳动，有的搞远距离贩运，一下子把农村经济搞活了，生活很快得到了提高。

劳务输出看来是贫困地区脱贫效益最快的路子。因为这种致富措施不需要本钱，吃苦耐劳又是中国各族农民的最大优势。临夏输出的劳动力大多是到青海、西藏、新疆、宁夏等地去承包建筑。其次是到黄河上游去淘金。搞建筑的小工每月可以有100元的收入，淘金的每天可以到手10元到15元。还有不少是到各城市去串门走户的工匠。这些人得来的钱养家活口之外，还可以有些积蓄。出门惯了，熟悉了外地的门路，结交了朋友，不少人就搞贩运。贩运所得又刺激了家庭手工业的发展。一些家庭开始制造商品运到别处去卖。这几年，不少个体专业户或家庭小企业发了财，造了新房子，改变着这一带的农村面貌。

我在广河县城关镇拱北村访问时，走进了一所新盖的楼房。楼旁的边房里，贮满了一屋子的皮毛，气味很大。这家主人是个20多岁的回族青年，名叫杨麻尼。他家原来很穷，靠贩运蔬菜过活。1979年听人说四川藏区的人们需要穿毛皮袍子，肯出价钱。他就在街上买了一些羊皮，缝了几件袍子，一路打听，换了几次车，到了甘孜。一下车就被人围住，争着要买。一件皮袍成本不到20元，在那里可以卖到上百元。从此，他家里的妇女一有空就缝皮袍子。他跑单帮往来售货，4年来已走遍甘孜各地。现在新房子也盖起了，一个小小的家庭皮袍作坊也很像个样子了。

我一连走了好多家小作坊，几乎全是这样起家的。这使我想起了温州行。和温州相比，临夏的家庭手工业规模和水平还差几个档次，主要是缺少专业市场，还是停留在各家各户各自小本经营的阶段。

我曾问当前临夏在外地搞劳务和经商的人数。据估计，全州 50 万个农村劳动力中外出的约 16 万多人，占 33%。其中从事建筑的有 6 万人，在陕西、宁夏、青海、西藏、新疆、内蒙古等地承包建筑房屋、桥梁、堤坝、公路、铁路等；从事淘金、采矿、伐木的约有 3 万人；经商的有 5 万人，大宗商品是茶叶和皮毛。拉萨有 2000 多人，已形成了有 600 多家商店的一条街。广州、北京、南京、西宁、拉萨、乌鲁木齐都有临夏人开的穆斯林饭馆，共有 118 处。这些饭馆也是他们提供信息的中心。另外零星外出，三五成群，搞收购、修理等业务的，约 2 万多人。临夏外出劳动力之多居甘肃各地区之冠。其中大多数是回族，当地汉人也跟着多起来了。看来就是靠这批人把临夏人均收入的水平提高起来的。

二

临夏是回族在甘肃的一个重要聚居区。回族善于经商可以说是他们的民族特点。如果要问个为什么，那就得从回族的历史和分布上去找答案。回族的先人是中亚各地信伊斯兰教的人。他们很早就从丝绸之路进入中国内地，海运通航后又有不少来到我国沿海诸港口，定居下来，繁衍生息，当时被称为蕃客，至今广州、泉州、杭州、扬州、长安等地均有他们遗下的墓地。

回回这个名称最早见于北宋的文献，但到元代才通行。公元 13 世纪初叶，蒙古军队大举西征，横扫中亚各地。一路把所征服的各城市中的工匠、商人和文人编入后勤队伍，为远征军服务。据述撒马尔罕城陷落后被征的工匠即达 3 万多人。当蒙古军队回师灭宋，统一中国时，这支被称为"探马赤军"的伊斯兰教信徒的队伍随着进入中国，在各军事重镇"屯聚牧养"，定居下来。其后即和早来的蕃客混合，并不断吸收汉人形成了各地大小的回族聚居区。这段历史说明了回族善于工艺和经商是有悠久传统的。

甘肃临夏和青海的海东这个地区在唐宋时称河州，正处在上述陇西走廊和古丝绸之路的交叉点上。从民族方面看正处在藏汉两大民族之间。藏族一向在青藏高原上经营牧业。在历史上虽曾多次扩张到平原地区,但是很少能适应低海拔地区生活,久住下来。汉族自古以农为本,擅长精耕细作,尽管有些汉人上了高原而且生存下来,但为数不多,更说不上大规模的移民。汉藏两族杂居的情况比较少。这条陇西走廊可以说是汉藏两族的分界,也是农牧两大经济区的桥梁。

这两大民族和两大经济区并不是相互封锁和隔绝的。农牧之间经常互通有无,彼此依赖。这种经济上的往来在史书上称为"茶马互市"。茶是牧民生活必需品,并用以泛指其他农产品和生活用品。马是农区所必需的畜力,而且是重要的军用品,当然也包括其他如羊毛、牛皮等牧业产品。"茶马互市"是农牧贸易的简称。这条陇西走廊为农牧贸易提供了便利的场所。河州原是欧亚交通要道,丝绸之路的商站,从历史和地理背景就不难看到这地方在商品流通上的重要地位。明代就在这里设立了管理农牧贸易的行政机构"茶马司"。

明代挑选建立内陆商埠的河州正是元初以来已形成的回族聚居区。即使撇开这地方由于回族经营了近百年在事实上已成为农牧贸易的中心不说,也可以设想河州经济地理上的地位原来就具有十分适合于回族发展的条件,建立"茶马司"之后更便于他们进行商品流通活动,因而巩固了这个民族聚居区。

以上这段历史回顾,给我深刻的启发,结合当前形势,似乎在眼前展开了一幅重兴"茶马互市"和重开"丝绸之路"的前景。

三

自从前年访问甘南藏族自治州以来,我心里老是惦记着怎样开发青藏高原广大牧区的问题。现在这高原上的牧民基本上还是在自然经济里过日子。饲养牲畜主要是为了自己的食用。他们衣食住行的日用必需品大多取自牧业产品。自给自足,和外界往来很少。他们用畜群的大小来衡量贫富,以致较大的畜群里老弱牛羊占了多数,增加了草地载畜的负担,一遇风雪,大批死亡。因为商品经济的程度太低,谈不上科学牧业。这是藏族牧民长久以来摆脱不了贫困的经济根源。

怎样改变这种自然牧业为商品牧业呢?怎样使牧民为了出卖牲畜去换取

消费品和生产资料而经营牧业呢？这一条改变青藏高原经济面貌的必由之路并不是短期里可以走得通的。最初的一步，我认为必须有人把提高牧民生活所需的用品送上高原去换取牧业产品。也就是说要在流通上找出个突破口。看来只有商品的力量才能逐步打开封闭性的牧业大门，使其改变成开放性的牧业。治贫致富有赖于牧业的改革，改革则有赖于开放，开放主要就是让商品流邅。这样说是容易的，但不应忘记藏族牧民是居住在3000米上下的高原和交通十分不便这一事实。商品自己不会走动，要有人去运输，还要有人去出售。这支流通队伍在哪里呢？藏族牧民还很少有商品意识，汉人又大多不习惯上高原去活动。我曾为此发愁。这次访问临夏，却见到了这支队伍事实上已经形成，而且正在活动。这支队伍主要就是我在上节里所谈到的历史上形成的，生长在陇西走廊里的回族。

访问期间，我在广河窦家巷乡卫家村见到一家靠沟通甘藏贸易而发迹的回民。他名叫马达吾，35岁左右，全家18口，三世同堂，兄弟四人没有分家，但都已成亲，父母健在。1978年开始加工皮衣，销往四川、青海等藏区。1981年积了钱，买一辆卡车，贩运小百货上西藏，回程从拉萨运回羊毛、皮子和尼泊尔的呢料，摸出了一条经商之道。在拉萨和西藏的一个汽车队联办了一个门市部，后来又自立商店，有2人常住拉萨，接着添置了一辆卡车，每周有车往返一次，可收入1万元。去年在临夏县城里开了一个门市部，家里盖了一座三层楼的住宅。他从1982年开始和同村的马继业合伙经营，先带一户，逐步扩大，现在已有70多人参加甘藏之间的流通活动。全村只有42户，所以这村子里家家都有人上西藏做买卖。

据说这几年来像马达吾一样起家的人不少。确数不明。一般估计全州6万个出外经商的人中大部分是在藏区活动。有人告诉我，现在拉萨的临夏坐商大约有600多家2000人，他们所开的铺子已形成一条街。他们在亚东有个站头，通过藏人和尼泊尔人做买卖。现在临夏街上可以见到穿尼泊尔运来的西装的人。看来，在过去不到10年里甘藏之间的农牧贸易已经在民间自发地恢复了。现在临夏的民间卡车有1000多辆，1985年据说由卡车贩运的销售总额约2亿4千万元。4吨的卡车往返拉萨一次，可以获利3000到4000元。

目前甘藏间的商品流通可能主要是靠这一支民间的自发队伍。他们还没有引起应有的注意和扶持。举例来说，商业活动需要资金。这些白手起家的企业家，一般是靠个体户劳动输出积累的资金开始营业的。要达到马达吾的经营规模至少要五六年。他们最感困难的是缺乏流动资金，现在唯一的办法是向私人借贷。利息很高，而且多是以市集周期计算，负担很重。1984年在临夏出现过一个称为"便民银行"的民间金融组织，周转金只有5万元。当时很受这些跑高原的商贩所欢迎。但是不久这个"银行"由于不符合国家规定而被取缔。我同这些搞商品流通的个体户谈起这事，他们还迷惑不解，因为事实上是帮了放高利贷的人而让搞流通的人吃亏。从大处看，也就是限制了这个正在发展中的流通渠道。"便民银行"违法固然应予取缔，国家银行是否也可以做一些"便民"的事呢？

如果我们认为要促进青藏高原的经济发展必须推动农牧贸易，那么我们应当对这支民间自发的流通队伍加以扶助和培养，不仅在提供流动资金上可以做些"便民"之事，流动过程中许多环节上都有"便民"之事可做。比如货源供应、仓库设备、交通设施、运输工具、市场信息以至各种保险，处处可以为这些搞流通的个体户服务。更重要的我认为是如果一开始就以国家或集体的力量为这些积极性很高的个体商贩提供服务，我们就可以通过服务使他们不越出社会主义的大道运行。

四

处在农牧中间地带的陇西走廊，应当自觉地抓住经济地理授予它的特殊地位，来发展自己的优势。上面只提到了作为农牧间互通有无的流动媒介，我还看到农牧结合的具体实例。

在临夏拜家村我们访问了一位阿訇。他有个儿子，28岁，很精干，会驾驶卡车，从当司机开始，现在已买了车，自己搞贩运，上个月才从拉萨回来。去年这位阿訇出了个主意，从甘南买进架子牛55头，在家宅边办起了一个饲育场。经过一冬把这些牛育肥后，屠宰了，由他的儿子把牛肉运到拉萨去出卖。本地1斤牛肉只有2元，在拉萨却可卖4.5元。贩运一次净收1万多元。这位阿訇兴冲冲地带领我们去参观他的饲育场，有100只牛买来不久，准备育肥后赶上古尔邦节出售。他说，只是牛奶一项，每月可收入350元。这几年里这位阿訇已成了一个面团团的农民企业家了。

这种从草原上买了"架子畜"到农区育肥是这地方的老传统，称作"养站牛"。在草地上放牧的牛或羊到了秋天骨架已经长成，肉层还没有肥厚，需要大量吃草的时候，由于已经超载的草地，供应不足，缺乏营养，到了冬天就有许多在冰天雪地里死去。牧民想出了一个办法，在冬天来临前，把牛羊赶到农区卖给当地的农民。农民有饲料，在冬天可在自己家里喂牛羊，使他们继续长膘，称作育肥。架子畜育肥是农牧结合的一个方式，既充分利用了草地来放牧，又利用农田长饲料进行舍饲。放牧和舍饲相衔接，实际上是初级产品和再加工相结合，双方都可以取得较大的经济效益。我前年在赤峰访问半农半牧区时，曾提出过这种意见，主张在这类地区发展为牧业服务的农业，除了必要的粮食作物外，尽量发展饲料作物。粮食作物和饲料作物并不互相排斥，麦子和玉米可以衔接成两季作物。想不到这次在临夏访问到了具体的实例。而且听说，在临夏这种经营"养站牛"的人家正在增加，那是因为这几年临夏的农民手上有了钱，能出去买架子畜了。采购架子畜的地区也正在扩大，从附近的甘南、海东扩展到了川北、海西，甚至内蒙、西藏；销售的地区也同样扩大，远到银川、西安和拉萨。原因是现在有了现代运输工具。临夏千辆卡车在改变经济面貌上起着重要作用。

养架子畜育肥是商品牧业的一种方式，是促进牧业发展一个值得重视的信息。

五

如果在临夏市上走一圈确会得到一派兴旺的印象。同样的，如果到传统皮毛中心的三甲集去赶一次场，那种车水马龙热闹拥挤的景象，令人直觉地感到这个地区的经济正在苏醒，前途宽广。现在可以清楚地看出，近几年来这个地方经济转机的关键是在一个商字。经商是这个地区的老根子，这个根子，在当前政策的雨露下，正在茁壮成长。但是如果进一步去观察他们所从事贸易的商品，却可以发现其中绝大多数并非本地特产，还没有突破近千年来"茶马互市"的老框框。主要商品还是农区来的茶叶和牧区来的皮毛。换一句话说，现在临夏是在以贩运为主的传统经济模式里取得复苏的，刚刚开始有了一些贩运和生产相结合的苗头。临夏要再前进一步，我认为必须注意使这些苗头发展起来，简单地说就是"以商带工"。

我在上边已经说过，临夏的工业底子是很薄弱的。但这几年中却出现了一大批户办和联户办的家庭企业，为数在1万以上，大多是我上面所说过的那种皮毛加工成皮袍一类的家庭小企业。业主既管企业，又参加劳动，还要从事贩运。劳动力来自家庭成员，全家老小人人动手。

我们在从临夏市经广河回兰州的路上，参观了七八个比较大的家庭企业，有少数是联户办的，并雇用了一些工人：计有拖车厂、皮革厂、化工厂、翻砂厂、圆钉厂、食品厂、啤酒厂等。其中规模最大的有工人20多人，但资金总额没有一个超过20万元。厂房都是住宅的一部分，或在院落中搭了个工棚。据统计全州户办和联户办的企业1985年的总产值大约有7000万元，所以这还只能说是尚在初级阶段的一些可喜的苗头。

怎样才能把这苗头培育成长呢？我根据在温州所看到的情形来说，主要一条就是这种加工业必须与流通结合起来，工要联上商，也就是说，要掌握市场上需要什么，就制造什么。

临夏商品的市场在哪里呢？答案是很清楚的，现在是在西边，主要是青藏高原。我在临夏市上逛过一条街，几乎所有的商品全是出售藏族的生活用品，从妇女围在腰下的氆氇到代替念经的转轮，种类繁多，几乎像是置身于藏族文物馆里。我没有调查这些商品是在哪里制造的，看来大宗还是从别地贩来。

像临夏这样一个没有工业底子的地区，怎样从简单的手工业发展出较为现代一些的工业呢？这不是轻而易举的事。主要的困难，一是没有资金，二是没有技术。

论资金，向上看确有困难，国家投资希望不大是事实。能不能向下看呢？不妨先看看现在这1万户家庭小企业的资金是从哪里来的。大体上说，最初是来自劳务输出，接着是来自贩运。目前那近千辆的卡车每天都带回来可观的利润。这些钱分散在千家万户。问题是怎样能把民间分散的资金集中起来。

我在临夏市访问时，市中心新建的民族市场正接近完工，我前往参观。这市场规模不小，是座有7200平方米建筑面积的5层大楼。在临夏是最高的大厦了，造价240万元。这笔资金就是采取了民间合股集资的办法得手的。每股2500元，有150户入股。股东有在大楼里租设面柜的优先权。这座大楼全部启用后，商品总值约1000万元，全将由民间集资。我参观后觉得如果能发动群众，临夏要办小型现代工业，资金不会是个过不去的难关。

技术哪里来？这使我回想起前年在甘南看到的皮革厂。我在《甘南行》里已经提到过，这个厂是由三个南京来的技术工人帮助建立起来的，现在这3个师傅已经回去，但是这个厂还是从他们那里得到信息和技术的支援。这个事例启发了我，为临夏提出"东引西进"的方针。从东部发达地区引进技术，在本地发展加工工业，向西开辟市场，为牧区服务。

现在"横向联系"这个名词已经不胫而走，确是这几年群众创造的一条发展较不发达地区有效的战略概念。横向联系的概念改变了过去想开发西北眼睛总是盯住国家投资的观念。现在看到资源丰富的西北地区如果能为东部工业保证原料供应，就能从对方取得技术支援。而且认为许多原料的初级加工可以在原地进行，把一批工业移到边区。这种内移的工业如果能和内地乡镇企业挂上钩，就能在内地培养出大批现代技工，边区工业也就生了根。

"东引西进"在目前向西固然还只能进到青藏高原，但是如果临夏这个地区工业果真能发展起来，西方的市场还可以大大地扩张。我们不要忘记了历史上的丝绸之路。这条陆路上的国际商道就从长安通过包括现在临夏和海东的河州向西延伸的。更值得我们注意的是这个商道经过许多伊斯兰教徒的聚居区。也许正因为这个原因这个商道上的临夏在伊斯兰教世界里被称为东方麦加，至今科威特和临夏还有民间的联系。这许多伊斯兰地区和国家正是一个待开发的市场。举例来说，如果临夏的食品工业能以青藏高原的牧业为基础得到发展，它就具有在伊斯兰世界市场上的特殊地位。这个前景我们应当及早看到，成为促进我们加紧建设临夏地区的动力。这是重开丝绸之路的一个重要措施，希望我们不致坐失良机。

1987年6月

民族区域自治和少数民族的发展

中国的民族区域自治,是毛主席、周总理和李维汉同志等,经过了很深入的研究,为解决中国民族问题作出的一个基本政策。我们要建设有中国特色的社会主义,这就是个开头。毛主席亲自同我讲过,别的我们可以学苏联,这个我们不学。指的是苏联搞联邦制,我们搞区域自治。中国2000年来是个统一的国家,中国人民正在这么一个大统一的观念下形成了中华民族。这个历史事实渗透到我们每一个人的血里,不会改变。我们不搞联邦,联邦是欧洲民族从他们的特点里边产生出来的。我们的区域自治解决了一个基本问题:在我们统一的国家里具有不同特点的各民族,怎样互助合作共同繁荣起来。

民族究竟是怎么一回事,我一直在想这个问题。我体会,毛主席当时说要民族区域自治,而不要直接去抄袭西方联邦制的办法,那是因为我们的历史和欧洲不同。欧洲形成的民族叫 Nation,Nation 和国家是联结在一起的,各民族要各自成主权国家,叫 Nation-State。因此直到现在欧洲各民族不能形成一个统一的国家。中国不是这样。中国从秦始皇以来一直是个统一的国家,统一国家里的各民族有如大家庭里的兄弟。民族大家庭是象征性的说法,表明这个统一体是由不同成分兄弟般地组成的。由于这个原因,我们有包括各民族在内的中华民族这个概念。我还不能说清楚中国语言里"民族"这个词的确切含义,但是经常感觉到套用西方的民族的概念确有许多困难。斯大林关于民族的四条标准,用到我们这里来就难于结合实际。我们希望理论界应当积极地从中国的历史过程里去理解中国民族的性质。离开了中国历史和现实也就难于理解了。在统一国家里可以有不同的民族,但必须承认各民族有他们的特殊性——这就是民族区域自治的出发点,承认统一之下的特殊。建国初我参加中央访问团到贵州和广西。在贵州凯里成立了解放后第一个苗族自治地方。在广西龙胜看到在一个县的境内还有好多民族，根据我国多层次的统一体的特点，作出了"多民族联合自治"的建议，成立了龙胜各族自治县。在实践中我认识到充分承认统一体内各个成分的特点，是加强各成分间的团结和凝聚力的必要条件。

在执行这一民族政策过程中，在30多年里我们在民族工作上取得了很多成绩。第一是平等，第二是团结。少数民族在政治上得到了平等，在社会上受到尊重和友爱。汉族和少数民族平等相处，觉得很自然。这同西方常见的民族歧视根本不同。在加拿大的蒙特利尔，即便是在文化相当高的社会层里，英、法两个民族之间还是互相歧视，法语区和英语区双方彼此都不愿用对方的语言通话。至于美国白人对有色人种的歧视和压迫就更不用说了。这些情形在中国确实是看不到的。

平等、团结，我们基本已经做到了。现在的问题是共同繁荣的问题，共同繁荣这篇文章不好做。一讲少数民族，好像所有的少数民族都差不多，实际上，不同的少数民族发展水平各不相同。有不到一万人的鄂伦春族，有上千万人的壮族，差别大得很。讲平等时，我们不论大小，可是一到共同繁荣上，就得承认差别。

讲民族差别就不大容易。各个民族历史上的遭遇有相同的地方，也有不同的地方。有得过天下称帝为王的，有一直被人统治的；有的住在高原，有的住在草原；有的以农为主，有的以牧为主。我们对各个民族的特点认识远远落后于实际。要讲共同繁荣就不能不接触这个问题了。经济发展是要根据具体情况采取具体措施来实现的。只是划阶段、定性质恐怕解决不了共同繁荣的问题。

在今后我国的经济发展过程中，基础不同的地方，差距不可能没有，有个先富后富的问题。有的少数民族可以发展得快些，而大多数少数民族发展速度比较慢。有快有慢，差距就会拉大。过去民族间的差距可以说是平面的，就是这里高，那里低，分在两处。今后情况会发生变化。在同一块地方不同民族出现贫富上的差距，可以说是立体的。海南岛的差距就是立体化的一个例子：一边是高楼大厦，一边是用椰子叶搭的棚子，遥遥相望，扶贫又一时扶不起来。青海有那么大的盐矿，由什么人去搞，是否可以交给当地的藏族去发展？如果向外地引进人力和技术，也会发生现在海南岛的立体差距。当然我们可以规定一条，在少数民族地区搞企业必须吸收百分之几的少数民族。我在呼伦贝尔看到伊敏煤矿，他们依法办事，从当地的鄂温克族招了两百多牧民为工人。但是不久这些人又都离开了煤矿。他们觉得在草地上放牧比到地下去挖煤要好。要请这些习惯于牧业生活的人去挖煤，要有一段时间适应。我还记得，当初我带访问团到苗族地区，曾请一些苗族下山来，但后来这些苗族又回到高山上去了。苗族适应高山，高山也需要人去发展，为什么不能发挥他们的特点去发展山上的经济呢？

我讲这些，就是说要具体分析如何发挥各民族特点，让他们自己发展起来。几十年来，国家对少数民族地区的补贴很不少。这些钱拿到少数民族地区，是否都用于发展生产力？我看，是发展了一点，但主要的不在那儿。各地方的招待所都很漂亮，少数民族很好客，这个心情可以理解，但是钱从哪儿来？商品经济不发展，怎么促进生产？

总之，归结到一点，过去我们对少数民族的认识不足，少数民族自己对自己认识也不足。认识落后于实际，落后于形势的要求。

民族区域自治法很完整地体现了党的民族政策，是总结了过去的经验得来的结果。但是有了法不等于就成了事实。要在实际工作中发生作用，不然就是空文。我访问满洲里时，当地同志告诉我边境那边苏联人要买这边的土豆和大白菜，但是上边不批准。我说，自治法上不是规定你们有权可以进行边境贸易的么？这是说：不是无法可依，而是不知道法上有这一内容，不知道自己有权。也不知道怎样去行使这些自治权。如果上级不准，可以依法请求有关部门裁决，直至向法院起诉。大概肯这样做的干部还不多。现在是婆婆多，媳妇难当，所以，有法不行。

我们必须大力发展少数民族的经济以实现共同繁荣。民族区域自治法是发展的依据，而且可以说要发展就必须用自治法来保障各民族应有的权利。越发展，自治法的用处也越大。但是我们不能要求各地少数民族都懂得怎样使用自治法来保护自己的权利，所以要有一个咨询机构使少数民族懂得按照自治法各个自治地方能做些什么事。比如满洲里能不能搞边境贸易，这地方的自治机关在外贸上能享受多少自主权，对这类问题咨询机构就可以作出符合法律规定的答复。如果上级政府不予批准，这个机构就得替少数民族自治地方去打官司，为他撑腰。这个咨询机构，不仅要受理人家的询问，还要登门服务。

这次我到青海访问，一路宣传要使用自治法的权利，青海的副书记对我说，这回我懂了，自治法是我们的一个财源。这话说对了。自治法可以成为财源,可是要你自己去动用它啊!少数民族实在需要一个法律咨询机构为他们服务。这个机构谁去设立呢?我想人大民族委员会责无旁贷。光坐下来开会讨论原则,没什么用处,抓他几件实际事例,通报给各少数民族地区,少数民族看到了样子,就懂得怎样落实自治法了。各地照样去办,那就真正能贯彻民族区域自治法了。

1987 年 12 月 7 日

原载《群言》1987 年第 12 期。

话说呼伦贝尔森林

有人描述内蒙古自治区的经济结构大体上是"东林、西铁、南农、北牧"八个字。东林，指的是北部呼伦贝尔盟大兴安岭的森林。我想去见识见识林区经济，于去年8月访问了呼伦贝尔盟（简称"呼盟"）。

"呼盟"过去与现在的人

呼盟幅员辽阔，有25万平方公里（比江、浙两省合在一起还要大），东靠黑龙江，西北隔江和苏联相望，西南是蒙古人民共和国。以纵贯南北的大兴安岭为主轴，全盟可分三部：中部是山岭林区，西部是草原牧区，东部是河谷农区，已发现的煤矿在西部。

西部草原有呼伦和贝尔两个湖泊，相联为盟名。两湖地区水土丰美。经考古学证实早在1万年前已有人类生息其地，称这时的人为扎赉诺尔人。然而曾在这草原上居住过，而且在这里发育成长的民族却是不少的。许多虽都成了历史的陈迹，如东胡、匈奴、鲜卑、室韦等，但其后人和当前国内各民族联系尚待考证。我这次曾到大兴安岭里的阿里河镇附近去游览嘎仙洞。洞巨而深，可容千人。洞口有一碑记载北魏在华北建国后，遣使到此祭祀其先祖。我以前不知道，这个以雕塑和书法碑刻著名于史的拓跋王朝，原来是兴安岭森林里猎民的后人。触景生思：看来我国历史上南下建国的北方民族中，可能有不少是走过鲜卑老路的。他们从森林里狩猎开始，下山到草原上放牧，壮大后驱骑南下，入驻农区，然后在中原的文化大熔炉里化成其他民族的一部分。

在两湖地区兴起的民族至今还有人居住在这里的只有蒙古这个民族。成吉思汗就是在这片草原上团结了许多部落，从而形成蒙古族。但是据历史记载，现在居住在呼盟的蒙古族则是在18世纪30年代迁入的。当时清朝政府为了防御帝俄继续入侵，调兵驻扎在呼盟草原，又移民实边，引进了蒙古牧民。调入的士兵中除蒙古族外还有鄂温克、达斡尔等族，总数约7千人，加上后来进入的家属和牧民大约3万多人，他们的后裔在这片草原上繁衍生息，形成了今天呼盟民族分布的基本格局。

兴安岭林区早年就有以狩猎为主的居民，上述鲜卑族的先人就是一证。17世纪初期，帝俄开始侵入黑龙江北岸的广大地区，原在该地区居住的达斡尔、鄂温克、鄂伦春等族人被迫越江南迁，一部分进入了兴安岭林区。现在还在林区居住的是鄂伦春族，人数已不多了。

目前呼盟人口中占多数的还有汉族。清朝末年东北地区对汉人开禁之后，闯关东的移民数量很大，但很少进入呼盟这个偏僻的山区和草原。1903年东清铁路修通，才使大量移民迁入成为可能。铁路西头有俄国人移入，近十几年来这些俄国人几乎全部遣返。铁路东头不断有汉人移入，主要居住在沿线的城镇里。我们没有掌握人口逐年增长的数字，只了解到1949年呼盟解放时总人口约31万。原有3万多人经过1947年的自然增长可达10万人。那么可推算出，在铁路修通后到解放前夕这段时间大概移入了20万人。可是，据1984年的统计，呼盟人口已达239万，如果其中原有人口的自然增长以60万人估计的话，那么在解放后的35年里约移入了180万人之多。

由盟外移入的汉人至今仍然只有很少一部分从事牧业。五十年代我初次访问呼盟曾在海拉尔草原上了解到一些情况。那时给我留下的印象是，这里从事牧业的几乎都是蒙古族和鄂温克族。当时还是游牧性质，畜群按节气在草场间流动，人跟着牲畜逐水草而居，几乎都住在可以移动的蒙古包里。过去草场都有一定的归属，由部落所有，汉人是插不进去的。至今呼盟西部牧区里的汉人仍然集中在市镇和矿区。所以在西部草原上汉族是少数。以新巴尔虎左右两旗为例，蒙古族人口分别占74%和68%。

大批移民进入呼盟的一个原因是林区开发和矿业发展。1945年冬在呼盟开始建立国家林业机关，其间机构的名称改变过多次，现称林业管理局，所属各局、场、厂、站、队形成一个行政系统，称林业系统。这个系统的职工和家属初期约4万人，1984年已增至55万人，占当时全盟人口的23.8%。1958年后呼盟煤炭工业有较大发展。1984年这个系统的职工和家属估计已有5万人。

呼盟的农业原来是不发达的。早期的居民中只有达斡尔族经营一些农业。多在嫩江河谷一带，当前大部分耕地是解放后外地移民开垦的。60年代内地农村凋敝，大量农民移入呼盟东部各族。这些移民都是个体自发流动的，被人称为盲流，实际人数很难统计。一直到80年代才逐渐减少，1984年呼盟农业人口约80万。

严重隐患与青山长在

大兴安岭是我国东北重要的林业宝地，仅就呼盟范围而言，林区就有1200万公顷，占全盟土地面积的48%，占全国森林面积的1/10。1984年估计林木总蓄积量8.8亿立方米，占全国总量的9.5%。到1986年止累计提供木材1亿立方米，现在每年可提供360万立方米。至于森林里可开发的其他资源就无法估计了。从宏观上看，其经济价值更值得重视。我认为，这片大森林是我国整个东北部生态系统中的主要环节。我们进入山区就注意到公路两侧山坡暴露的土层很薄，大多不到1/3米，土层下面就是碎石。这样薄的土层如果没有林木覆盖，很容易被雨水冲蚀成为现在西北所常见的光秃秃的山头。我们现在就靠这片林海保护住了大兴安岭的土层，吸住流水，为东北的河流提供水源，灌溉我国最富饶的东北粮仓。怎样利用和保持大兴安岭这个大森林，是关系国民经济全局的大事。在这里我们有必要回溯一下痛心的历史，以便从中吸取教训。

本世纪初清朝在帝俄强迫下同意修筑从呼盟的满洲里起穿过我国东北境内到海参崴的东清铁路。应该说修建铁路当时对发展经济是有利的，但是这条铁路毕竟是为帝俄掠夺我国东北资源服务的。首先遭到破坏的是沿线的林木。筑路时要就地取材，大肆砍伐。当时俄国人的住宅也是大量用木材构筑的，甚至墙壁都是用完整的巨大木材垒成的。这种房屋现在在满洲里等城市里还能看到。帝俄利用这条铁路将木材不断地输出，以致沿线原有的森林几乎完全砍光。我们现在坐在火车里已完全看不到、也想不到这里曾经是丰美的林区。30年代到40年代，日本侵略军占领及伪满统治时期，森林被肆无忌惮地进行了大规模的掠夺性采伐。这两次大破坏估计损失木材达1.5亿立方米，几及占全部蓄积量的1/6。

1946年起呼盟的林业才开始由国家管理。1953年林业管理系统改由林业部领导，并规定了"采伐与更新并举"的方针。从此，掠夺性的采伐得到扭转，并且开始进行了有计划的采育。这里首先修建起林区铁路，以便利木材的运输和人员的交通，然后组织林业工人进入林区作业。同时，林区成立了队和站，建立起工作人员的工作和生活据点。随着铁路的延伸，这里不断建立起新的林场，采伐也逐步深入。我们这次访问就是坐正规的火车直到额尔古纳左旗的满归镇——呼盟林区铁路最北的一站，已接近边界。也就是说呼盟林区南北的运输主轴现在已经修成，木材就是通过这条铁路不断从森林运到外地。据说，为了开辟新林区，铁路线还计划继续延伸。其实到1984年止，沿铁路线已有124个林场，296个小工队，星罗棋布于呼盟的林区里。

周恩来总理生前曾提出要做到"青山长在，持续利用"，林业资源的开发必须有长期打算，有伐有育。如果只伐不育，青山变成荒山，林业资源就遭破坏。呼盟森林在解放前的两次大破坏就是只伐不育造成的。再说，呼盟地处高寒山区，树木长势缓慢。俗话说："十年树木，百年树人"，在这里树木如树人，一棵树要长一百年才能成材，所以更需要做到采伐数量和树木生长周期相配合，即使有伐有育，也必须控制在和总蓄积量的一定比例之下。

呼盟林业资源在国家实行管理之后是否能做到不再受到破坏呢？单就国家林业系统的采伐和培育的比例来看，呼盟林业并没有真正做到"采伐与更新并举"的方针。据介绍，1976年到1984年8年里采伐量超过生长量达80%。有大片已采伐过的林场没有进行次生材的培育。

国家伐多于育的数目是可以查得到的。无法计算的是非计划内的采伐。100万的林区居民，生活上所需要的木材，实际上都是就地砍伐的。最大一项消耗是日常需要的燃料。高寒山区室内取暖的时期又长，家家户户门前成堆的烧柴都是用成材的树木劈成的。我们这些外地来访问的人看了真是心痛。平时木材的消耗还有可说，盲流大量进入林区的时期里，为了建屋和偷运，损失的木材更无法估计。而这样被砍伐光的林区根本谈不到培育新林。呼盟大兴安岭的森林正在不断破坏和消蚀之中。看来这已是难于否认的事实。对于我国东北宏观经济中的这个严重隐患，不能不引起足够的警惕啊！

行政上的双重结构与多种经营

我们这次访问特别注意了林业管理体制问题。

林区在有计划采伐之前原本没有基层地方行政设置。现有的行政管理制度和设置是在林业开发的过程中逐步建立起来的。进入林区伐木和运输的工人由林业系统的基层单位——队和站负责管理，同时由于森林里荒无人烟，职工的生活必须由林业系统自身经营。因此林业系统不得不担负起经营，管理职工和家属的各种社会需要的职能。从孩子出生到老人死亡所需的教育、就业、婚嫁、退休、疾病、娱乐以至丧葬等一切社会职能都得由林管局统筹。换一句话说，林业系统既包了林，又包了人。由企业性质开始，终于成了一个"大家庭"，而且"大家庭"的成员越来越多。50年代招来的职工，到80年代，都已子孙满堂了。林业系统也跟着扩张，除建立起队、站、厂、场、局上下各级的组织外，还有种种专门机构。1984年牙克石林业管理局所属单位共44个，其中17个局（公司）、7个厂（局），所属林场124个，小工队296个。另外还有20个事业单位，包括林业研究所，各级学校（233所）、医院（24所）、防疫站、森林警察（1000多人）、公安部队（1000多人）、物资局、文工团、日报社、宾馆等等。这个庞大的系统到1984年已有职工13万人，加上他们的家属和不在编的工人据估计有50多万。50年代总共不过4万人，30多年里增加了8倍。这个"大家庭"是个基本上"不求人"的自给自足、独立封闭的社会单位。真可谓企业办社会的典型。

林业系统是我国实行计划经济时期里建成的国营企业。这个企业全部由国家投资，按国家规定下达的计划采伐木材，所采木材全部由国家调拨，属一类物资，价格由国家规定，没有计划外的合法销售渠道。同时，它又是一种专业企业，只有为国家提供木材的任务，不兼行其他"分外"的生产。它的收入除按规定的价格向国家支取木材售价外，所得利润还要按成上交，亏空由国家补贴。国家规定的木材价格一般偏低，影响林业管理机关的收入。但支出方面却由于企业办社会，人口越多支出也越大。在这样的体制下，林业管理机关不得不紧缩育林投资和加速木材的采伐。这不能不认为是采伐率超过育林率的根本原因。但是林业系统供养这一大群嗷嗷待哺的人，不多砍些木材又怎能维持这支庞大队伍的生活呢？！

企业办社会加重了企业的负担，其它国营企业也有这种情况。但是，林业还有其特殊情况，依法说林管局能管的只有林业系统里的人。但住在林区的却还有林管局管不到的其他居民，他们是在林业开发过程中移入林区的各业人员和他们的家属，为数往往超过林业系统的人员。林业局是无法包下这整个社会的。呼盟全部人口中林业系统只占 1/5，在林区里比例虽高一些，但还是占少数。林业系统之外的人是由盟旗这个地方行政系统管理的。因此在林区里存在两套并行的行政系统。这两个系统却又不能都完全划地而治，因为两个系统的人多混杂和交叉居住，甚至一家人分属两个系统。这种状况引起行政上的复杂性是可以想象得到的。

我曾向双方领导谈起这件事，他们都说现在双方很讲交情，问题不大，就是说，大家是靠人情而不是靠制度来解决问题的。人情碰着实际利益时就不易生效了。据说地方上曾提出愿供煤给林业系统作居民的燃料，把省下来的木材作价给地方派用处。这本是合理的建议，用木材当柴烧实在可惜，但是至今没有成议。今后地方和林业两个系统都要发展多种经营，在林区资源的分配上双系行政之间的矛盾也就更难免了。

在林区开发之初，由林业系统代行地方行政的职能是难免的。在一个时期里出现行政上的双重结构也是可理解的。这应当看成是过渡阶段，企业办社会原本是不可取的体制。企业的利润用来维持社会福利，削弱了自身的积累和活力。何况企业不能包社会全体，企业所包的和包不下的两部分居民之间的矛盾滋长起来必然会损害企业的正常进行。现在由于企业系统之外的居民得不到木材和燃料，已经引起严重的偷伐和滥伐，前几年所谓"盲流"问题一时闹得很紧张。

目前林业系统急于要解决的问题是自身收支平衡，以保证伐育并重。现在已经实行的办法是改变单一经济为多种经营。林业系统技术力量是相当雄厚的，只要政策开放，允许他们利用科技知识进行多种经营，满地的财宝都会加倍增值。

但是，如果不解决行政上的双重结构，在开发林区资源的过程中难免互相牵掣，互相扯皮。行政上的统一领导问题迟早会提出来的。两者怎样合而为一呢？一个办法是由林业系统统一林区的管理，不但管现在林业系统的人，也管在林区住的居民，就是政企合一。据说黑龙江伊春的林管局就是这样办的。地方行政领导由林管局的领导兼任，林区的地方行政费用由林区自给。据说伊春林管局在地方行政上，每年要花费8000多万元，影响了企业本身的发展。再说，这种体制事实上是把林区划成行政特区，直属林业系统，对省一级的经济发展也是不利的。看来并不是一个可取的方案。

另一个可行的办法是林业企业化，行政归地方去管理。理论上讲是个较好的办法，但是结合林区开发的特点这个办法也有它的困难。我们曾就林区的学校能否由地方统一管理的问题和双方一起研究过。林方愿意继续承担一定数额的教育经费，作为对地方的补贴，但对于保证教学质量却不放心；地方则顾虑自己无力负担学校的发展。双方的这些顾虑一是出于两个系统的人员来源不同，文化不齐，对教育的要求不一致。林业系统里有大量技术人员和工人，而一般居民则是各地来的农民。更重要的是地方在经济上不如林方。林方想卸的包袱地方没有接过来的实力。所以要实行政企分开，还得从提高林区的经济着手。在现有的水平上是难于做到的。

改善林区经济状况，最根本的一条办法是开放多种经营，发展多种多样的小企业，个体、集体、全民一齐上。以小企业来保护大企业，使森林资源能持续利用，青山长在。从呼盟的实际出发，看来目前必须由林方采取主动，在技术上、资金上协助当地居民兴办各种小企业，而且要开放林区资源，在规定的范围和条件下，使全体居民，包括林业职工的家属，都能投入到利用林区资源的生产事业里去。这样才能人尽其力，物尽其用。林区这块宝地可以比较快地使居民富裕起来。地方的财政雄厚了，林管局才有条件从办社会里脱身出来，专心一致去发展林业。

鄂伦春人的前途

最后我还应当提到的是原来在大兴安岭里居住的鄂伦春人。他们是我国人数最少的民族之一，1978年共3200人，现在为4000人，有一半居住在呼盟的兴安岭林区。1951年成立了鄂伦春自治旗，当时全旗只有778人，其中4人不是鄂伦春族。1986年该旗的鄂伦春人增加到1672人，超过一倍，但是该旗的总人口已达29万人。相对来说，鄂伦春人只占全旗人口的0.6%。这里林区铁路已经修通，镇集已经形成。鄂伦春人的生活也起了很大的变化。

鄂伦春人什么时候进入兴安岭林区，我们还不清楚，至少其中有一部分是17世纪帝俄侵占黑龙江北岸时渡江而来的，现在隔江还有他们同族的人。这个民族原本是森林里的居民，衣食住行都取自于森林资源。森林里多野生动植物，他们以狩猎和采集得到食物，以白桦的枝杆和树皮搭成尖顶的小棚称"仙人柱"，用兽皮作衣穿。他们饲养驯鹿，供驱使和运输。多少世纪以来他们就过着这种自给自足的生活。森林以外的世界的变化，打破了他们封闭的安定生活。最早就因为外地的人看中了他们猎得的毛皮，清朝政府强迫他们进贡貂皮。帝俄的哥萨克亡命的商人冒险进入林区欺骗和掠夺毛皮，最后实行武力侵略，占领我们的国土。森林里的猎民为了提供贡品和商品引进了火枪，林区的生态平衡开始被破坏。但森林尚无恙，他们的生活来源还有保证。主要的也是根本的变化开始于这片广阔的自然森林变成了供应外地的林业资源。树木砍了，他们的生活也就不能不变了。因此发生了鄂伦春这样以林为生的民族怎样生存和发展的问题。

我们访问了林区的鄂伦春族自治旗。自治旗所在地阿里河完全是个新建的小镇。我们见到的是一排排崭新的住宅、学校、商店、医院、银行、电影院。"桦皮做房地当炕"的日子已经看不见了。在额尔古纳旗的奥鲁古雅猎民乡的一个小型博物馆里，我们初次看到"仙人柱"和"四不像"。"四不像"就是驯鹿，博物馆里陈列着一具装饰得很美的标本。在远处的密林里是否还有过着传统生活的鄂伦春人呢？我们不知道。眼前见到的这个小镇和林区其他的小镇基本是一个样子。如果说有区别的话，这里更整齐更中看些。据记载，国家对这个自治旗从1951年至1978年的建设投资累计达1.1亿元。

按照民族政策，这里十分注意培养鄂伦春族的干部。据说现在已吸收为国家干部和职工的，就是在国家编制里的人数约占全部呼盟鄂伦春人口的1/3。学生从小学起就有补助金，不是干部和职工的成年人可以领取护林费。鄂伦春族同胞的基本生活是有保证的。但是据介绍，四个猎乡共200户中却有120家贫困户，也就是说这些人生活还没有超过年收入120元和粮食400斤的贫困线。这个情形不能不引起我思考了许多问题，其中最严肃的问题是，一个民族假如脱离了生产，会不会成为无根之木、无源之水呢？

我一向认为，一个民族，不论大小，要发展和繁荣起来，必须有个坚实的经济基础。一个民族要在发展中保持其民族特点，那就必须利用其民族特具的优势来发展其经济。不然的话，这个民族难免要衰亡或失去其原有特点而名存实亡。如果用这样的认识来看现在鄂伦春族的情况，我不能不为他们的前途担心。在社会主义制度下，一个几千人的民族，国家是供养得起的。但是怎样使鄂伦春人作为一个民族发展和繁荣起来还要多加思考。

在森林里以狩猎为生的时代，对鄂伦春人来说是一去不复返了。但世世代代生活在森林中所养成的特点，也就是其他民族不具备的优势，如果能加以发扬和提高，促使经济实力增强，鄂伦春族的前途就是光明的。我看他们的优势就在熟悉怎样利用森林资源的这点上。在正确的林业政策下，森林是能持续存在的。鄂伦春民族的用武之地应当是常在的，需要提高的是利用森林资源的手段，从原始狩猎到科学利用。

我们知道，解放后国家就帮助鄂伦春族建立养鹿场，自治旗曾有3个养鹿场。鹿全身是宝，即以鹿茸一项就可以使家家户户富起来。养鹿原是鄂伦春人的传统特长，如加以扶助，养鹿业应当、而且可以发展起来。但出于我意料之外的是，自治旗的几个养鹿场据说已经关闭了，有些领导同志说驯鹿由于长期近亲繁殖，已经退化。总之，我认为鄂伦春人应集中力量奠定本民族的经济基础，我们的政策也应从这方面去多考虑。当前这里的产业结构对这个民族的发展是不利的。近一半的人家还没有富起来，就足以说明这点。

最后我愿意再一次强调，大兴安岭林业的发展，必须考虑到林区经济的全面开发，而在开发林区资源的过程中决不应忘记了原来居住在森林里的鄂伦春民族。我们不仅要保证青山长在，还应保证各民族的共同繁荣。

1988年4月

中华民族的多元一体格局

我想以这次香港中文大学邀请我发表 Tanner 讲演的机会，提出我多年来常在探索中的关于中华民族多元一体格局的问题向各位学者请教。请容许我坦率地说我对这个格局的认识是不够成熟的，所以这篇讲演只能说是我对这问题研究的起点，并没有构成一个完整的见解。

为了避免对一些根本概念作冗长的说明，我将把中华民族这个词用来指现在中国疆域里具有民族认同的 11 亿人民。它所包括的 50 多个民族单位是多元，中华民族是一体，它们虽则都称"民族"，但层次不同。我用国家疆域来做中华民族的范围并不是很恰当的，因为国家和民族是两个不同的又有联系的概念。我这样划定是出于方便和避免牵涉到现实的政治争论。同时从宏观上看，这两个范围基本上或大体上可以说是一致的。

中华民族作为一个自觉的民族实体，是近百年来中国和西方列强对抗中出现的，但作为一个自在的民族实体则是几千年的历史过程所形成的。我这篇论文将回溯中华民族多元一体格局的形成过程。它的主流是由许许多多分散孤立存在的民族单位，经过接触、混杂、联结和融合，同时也有分裂和消亡，形成一个你来我去、我来你去，我中有你、你中有我，而又各具个性的多元统一体。这也许是世界各地民族形成的共同过程。中华民族这个多元一体格局的形成还有它的特色：在相当早的时期，距今 3000 年前，在黄河中游出现了一个由若干民族集团汇集和逐步融合的核心，被称为华夏，像滚雪球一般地越滚越大，把周围的异族吸收进入了这个核心。它在拥有黄河和长江中下游的东亚平原之后，被其他民族称为汉族。汉族继续不断吸收其他民族的成分而日益壮大，而且渗入了其他民族的聚居区，构成起着凝聚和联系作用的网络，奠定了以这个疆域内许多民族联合成的不可分割的统一体的基础，成为一个自在的民族实体，经过民族自觉而称为中华民族。

这是一幅丰富多彩的历史长卷，有时空两个坐标，用文字来叙述时有时难于兼顾，所以在地域上不免有顾此失彼、方位错乱，时间上不免有前后交差、顺序倒置的缺点。让这篇论文作为我在这个学术领域里的一次大胆的尝试吧。

一、中华民族的生存空间

任何民族的生息繁殖都有其具体的生存空间。中华民族的家园坐落在亚洲东部，西起帕米尔高原，东到太平洋西岸诸岛，北有广漠，东南是海，西南是山的这一片广阔的大陆上。这片大陆四周有自然屏障，内部有结构完整的体系，形成一个地理单元。这个地区在古代居民的概念里是人类得以生息的、惟一的一块土地，因而称之为天下，又以为四面环海所以称四海之内。这种概念固然已经过时，但是不会过时的却是这一片地理上自成单元的土地一直是中华民族的生存空间。

民族格局似乎总是反映着地理的生态结构，中华民族不是例外。他们所聚居的这片大地是一块从西向东倾侧的斜坡，高度逐级下降。西部是海拔4000米以上的号称世界屋脊的青藏高原，东接横断山脉，地势下降到海拔1000～2000米的云贵高原、黄土高原和内蒙古高原，其间有塔里木及四川等盆地。再往东是海拔千米以下的丘陵地带和海拔200米以下的平原。

东西落差如此显著的三级梯阶，南北跨度又达30个纬度，温度和湿度的差距自然形成了不同的生态环境，给人文发展以严峻的桎梏和丰润的机会。中华民族就是在这个自然框架里形成的。

二、多元的起源

生存在这片土地上的人最早的情况是怎样的？这个问题涉及到了中华民族的来源。任何民族都有一套关于民族来源的说法，而这套说法又常是用来支持民族认同的感情，因而和历史上存在的客观事实可以出现差错。关于中华民族的起源过去长期存在着多元论和一元论、本土说和外来说的争论，直到本世纪50年代，特别是70年代以来，由于中国考古学的发展，我们才有条件对中华民族的早期历史作出比较科学的认识。

在中华大地上已陆续发现了人类从直立人（猿人）、早期智人（古人）、晚期智人（新人）各进化阶段的人体化石，可以建立较完整的序列。说明了中国这片大陆应是人类起源的中心之一。

这些时代的人体化石又分布极广，年代最早的元谋人（距今约170万年）是在云南发现的。其他猿人的化石已在陕西蓝田县、北京周口店、湖北郧县及郧西县、安徽和县有所发现。生活在10万～4万年以前的古人化石，已在陕西大荔县、山西襄汾县丁村、山西阳高县许家窑、辽宁营口金牛山、湖北长阳县、安徽巢县及广东曲江县马坝等处发现。生活在距今4万～1万年以前的新人化石已在北京周口店山顶洞、山西朔县峙峪、内蒙古乌审旗、辽宁建平县、吉林延边州安图县、黑龙江哈尔滨市、广西柳江县、贵州兴义县、云南丽江县、台湾台南县左镇有所发现。我列举这许多地名目的是要指出在人类进入文化初期，中华大地上北到黑龙江，西南到云南，东到台湾都已有早期人类的活动，他们并留下了石器。很难想像在这种原始时代，分居在四面八方的人是出于同一来源，而且可以肯定的是，这些长期分隔在各地的人群必须各自发展他们的文化以适应如此不同的自然环境。这些实物证据可以否定有关中华民族起源的一元论和外来说，而肯定多元论和本土说。

即使以上的论断还不够有说服力的话，考古学上有关新石器时代的丰富资料更有力地表明中华大地上当时已出现地方性的多种文化区。如果我们认为同一民族集团的人大体上总得有一定的文化上的一致性，那么我们可以推定早在公元前6000年前，中华大地上已存在了分别聚居在不同地区的许多集团。新石器时期各地不同的文化区可以作为我们认识中华民族多元一体格局的起点。

三、新石器文化多元交融和汇集

近年来，我国各省区发现新石器文化遗址总共有7000多处，年代从公元前6000年起延续到公元前2000年。根据考古学界的整理和研究，对各地文化区的内涵、演进、交融和汇集，已有比较明确的轮廓；尽管有不少专题还有争论。我在这里不可能详细介绍这方面的研究成果，只能就中原地区的有关资料择要一述。

新石器时期黄河中游和下游存在东西相对的两个文化区：

黄河中游新石器文化的序列是前仰韶文化（前6000—前5400年）—仰韶文化（前5000—前3000年）—河南龙山文化（前2900—前2000年）。继河南龙山文化的可能是夏文化。因仰韶文化以彩绘陶器著名，曾被称为彩陶文化。仰韶文化分布以渭、汾、洛诸黄河支流域的中原地区为中心，北达长城沿线，南抵湖北西北部，东至河南东部，西达甘青接壤地区。但在河南龙山文化兴起前它在黄河中游地区已经衰落了。

黄河下游则另有一序列的文化和黄河中游的文化不同。它们是青莲岗文化（前5400—前4000年）—大汶口文化（前4300—前2500年）—山东龙山文化（前2500—前2000年）—岳石文化（前1900—前1500年）。继岳石文化的可能是商文化。龙山文化以光亮黑陶著名，曾被称为黑陶文化。

公元前3000年当仰韶文化在黄河中游地区突然衰落时，黄河下游的文化即向西扩张，继仰韶文化出现的是河南龙山文化。虽则考古学者认为河南和山东的龙山文化具有地区性的区别，但中游地区在文化上受到下游文化的汇聚和交融是明显的。

长江中下游在新石器时代同样存在着相对的两个文化区。长江下游的文化区是以太湖平原为中心，南达杭州湾，西至苏皖接壤地区。其文化序列大体是河姆渡文化（前5000—前4400年）—马家浜·崧泽文化（前4300—前3300年）—良渚文化（前3300—前2200年）。良渚文化大体和河南龙山文化年代相当，文化特征也与山东龙山文化有密切的联系。

长江中游新石器文化以江汉平原为中心，南包洞庭湖平原，西尽三峡，北抵河南南部，其文化序列分歧意见较多，大体上是大溪文化（前4400—前3300年）—屈家岭文化（前3000—前2000年）—青龙泉文化（前2400年），因其受中原龙山文化的影响亦称湖北龙山文化。长江中游和下游相同的是在后期原有文化都各自受黄河下游龙山文化的渗入，而处于劣势地位。

关于新石器时代北方的燕辽文化区，黄河上游文化区及华南文化区留待下面讲到这些地区时再说。

上面所述新石器时代中原两河流域中下游这个在生态条件上基本一致的地区的考古发现，已可以说明中华民族的先人在文明曙光时期，从公元前5000—前2000年之间的3000年中还是分散聚居在各地区，分别创造他们具有特色的文化。这是中华民族格局中多元的起点。

在这多元格局中，同时也在接触中出现了竞争机制，相互吸收比自己优秀的文化而不失其原有的个性。例如，在黄河中游兴起的仰韶文化，曾一度向西渗入黄河上游的文化区，但当其接触到了比它优秀的黄河下游山东龙山文化，就出现了取代仰韶文化的河南龙山文化。考古学者在龙山文化前加上各个地方的名称表示它们依然是从当地原有文化中生长出来的，实际上说明了当时各族团间文化交流的过程，从多元之上增加了一体的格局。

四、凝聚核心汉族的出现

中国最早的文字史料现在可以确认的是商代的甲骨文，而相传由孔子编选的《尚书》还记载一些夏商文件和上古传说。早年的史书中，把上古史编成三皇五帝的历史系统。这些文字史料已有部分可以和考古资料相印证，使我们对新石器时代末期到铜器时代的历史能有较可靠的知识，特别是80年代初期发掘的河南登封王城岗夏代遗址一般认为即是夏王朝初期的"阳城"遗址，夏代历史已从神话传说的迷雾中得以落实。商代历史有甲骨文为据，周代历史有钟鼎文为据，相应的后世的文字记载都可得而考。而夏、商、周三代正是汉族前身华夏这个民族集团从多元形成一体的历史过程。

河南夏代"阳城"遗址所发现的文物显示了它是继承了新石器时代河南龙山文化发展到了铜器时代。从黄河中下游遗留的文物中也可以看到这些地区都早已发展了农业生产，这和夏禹治水的传说（河南龙山文化的中晚期）可以联系起来，表明了这地区早期居民当时生产力的发达水平。我们还记得河南的龙山文化正是在仰韶文化的基础上吸收了山东的龙山文化而兴起的。所以可以说华夏文化就是以黄河中下游不同文化的结合而开始的。

传说的历史中在禹之前还有尧、舜和神话性的始祖黄帝。留下的传说大多是关于他们向四周被称为蛮夷戎狄的族团的征伐。黄帝曾击败过蚩尤和炎帝，地点据说都在今河北省境内。据《史记》所载，舜又把反对他的氏族部落放逐到蛮夷戎狄中去改变后者的风俗，也可以说就是中原居民和文化的扩张。到禹时，如《左传》所载："禹会诸侯于涂山，执玉帛者万国。"《禹贡》将这时的地域总称为"九州"，大体包括了黄河中下游和长江下游的地区，奠定了日益壮大的华夏族的核心。

继夏而兴起的是商。商原是东夷之人，而且是游牧起家的。后来迁泰山，再向西到达河南东部，发展了农业，使用畜力耕种。农、牧结合的经济使它强大起来，起初臣属于夏，后来取得了统治九州的权力，建立商朝，分全国为中东南西北五土。《诗经·商颂》有："邦畿千里，维民所止，肇域彼四海。"商代疆域包括今河南、山东、河北、辽宁、山西、陕西、安徽以及江苏、浙江的一部分，可能还有江西、湖南及内蒙古的某些地方。

继商的是周。周人来自西方，传说的始祖是姜嫄，有人认为即西戎的一部分羌人，最初活动在渭水上游，受商封称周。它继承了商的天下，又把势力扩大到长江中游。《诗经·北山》称："溥天之下，莫非王土，率土之滨，莫非王臣。"它实行宗法制度，分封宗室，控制所属地方；推行井田，改进农业，提高生产力。西周时松散联盟性质的统一体维持了约300年，后来列国诸侯割据兼并，进入东周的春秋战国时代。这时的统一体之内，各地区的文化还是保持着它们的特点。直到战国时期，荀子还说："居楚而楚，居越而越，居夏而夏。"夏是指中原一带的一个核心，不论哪个地方的人，到了越就得从越，到了楚就得从楚，可见楚和越和夏还有明显的差别。

无可否认的是，在春秋战国的500多年里，各地人口的流动，各族文化的交流，各国的互相争雄，出现了中国历史上的一个文化高峰。这500年也是汉族作为一个民族实体的育成时期，到秦灭六国，统一天下，而告一段落。

汉作为一个族名是汉代和其后中原的人和四周外族人接触中产生的。民族名称的一般规律是从"他称"转为"自称"。生活在一个共同社区之内的人，如果不和外界接触不会自觉地认同。民族是一个具有共同生活方式的人们共同体，必须和"非我族类"的外人接触才发生民族的认同，也就是所谓民族意识，所以有一个从自在到自觉的过程。秦人或汉人自认为秦人或汉人都是出于别人对他们称作秦人或汉人。必须指出，民族的得名必须先有民族实体的存在，并不是得了名才成为一个民族实体的。

汉族这个名称不能早于汉代，但其形成则必须早于汉代。有人说：汉人成为族称起于南北朝初期，可能是符合事实的，因为魏晋之后正是北方诸族纷纷入主中原的十六国分裂时期，也正是汉人和非汉诸族接触和混杂的时候。汉人这个名称也成了当时流行的指中原原有居民的称呼了。

当时中原原有的居民在外来的人看来是一种"族类"而以同一名称来相呼，说明了这时候汉人已经事实上形成了一个民族实体。上面从华夏人开始所追溯的2000多年的历史正是这个民族诞生前的孕育过程。

汉族的形成是中华民族形成中的一个重要阶段，在多元一体的格局中产生了一个凝聚的核心。

五、地区性的多元统一

秦始皇结束战国时代地方割据的局面在中国历史上是一件划时代的大事，因为从此统一的格局成了历史的主流。当然所统一的范围在秦代还只限于中原，就是黄河长江中下游的平原农业地区，而且这个统一的格局也是经过长时期逐步形成的。在春秋战国时代各地方的经济都有所发展，他们修筑道路，发展贸易。战国时的列国通过争雄称霸已把中原这片土地四通八达地基本上构成了一个整体。秦始皇在这基础上做了几件重要的事，就是车同轨，书同文，立郡县和确立度量衡的标准，在经济、政治和文化上为统一体立下制度化的规范。

车同轨和度量衡的标准化是经济统一的必要措施。传统的方块字采用视觉符号把语和文分离，书同文就是把各国的通用符号统一于一个标准，也就是把信息系统统一了起来，在多元语言上罩上一种统一的共同文字。这个信息工具至今还具有生命力。废封建、立郡县，建立了中央集权的政体，这个政体延续至今已有2000多年的历史。关于中原地区的统一我不再多说。在这里要指出的，这只是形成中华民族多元一体格局的又一步。第一步是华夏族团的形成，第二步是汉族的形成，也可以说是从华夏核心扩大而成汉族核心。

我说秦代的统一还只是中华民族这个民族实体形成的一个步骤，因为当时秦所统一的只是中原地区，在中华民族的生存空间里只占一小部分，在三级地形中只是海拔最低的一级，而且还不是全部。中原的周围还有许多不同的族团也正在逐步分区域地向由分而合的统一路上迈进。让我先讲北方的情况。

到目前为止，我国考古学的工作主要还是集中在中原地区，因此我们对中原周围地区的上古历史相对地说还是知道得很少。陈连开教授提出过一个值得重视的观点，我的另一位同事谷苞教授经过几十年在西北的实地考察，也提出了同一观点，他们都认为和秦汉时代中原地区实现统一的同时，北方游牧区也出现了在匈奴人统治下的大一统局面。他们更指出，南北两个统一体的汇合才是中华民族作为一个民族实体进一步的完成。我同意这个观点。

南北两大区域的分别统一是有其生态上的基础的。首先统一的中原地区是黄河长江中下游的平原地区，从新石器时代起就发生了农业文化。黄河中下游的新石器遗址中已找到粟的遗存，长江中下游的新石器遗址中已找到稻的遗存。从夏代以降修水利是统治者的主要工作，说明了灌溉在农业上的重要地位。小农经济一直到目前还是汉族的生活基础，至今还没有摆脱汉族传说性的祖先神农氏的阴影。

这一片平原上的宜耕土地在北方却与蒙古高原的草地和戈壁相接，在西方却与黄土高原和青藏高原相连。这些高原除了一部分黄土地带和一些盆地外都不宜耕种，而适于牧业。农业和牧业的区别各自发生了相适应的文化，这是中原和北方分别成为两个统一体的自然条件。

划分农、牧两区的地理界线大体上就是从战国时开始建筑直到现在还存在的长城。这条战国秦汉时开始修成的长城是农业民族用来抵御畜牧民族入侵的防线。农民占于守势而牧民处于攻势。这也是决定于两种经济的不同性质。农业是离不开土地的，特别是发展了灌溉农业，水利的建设更加强了农民不能抛井离乡的粘着性。农民人口增长则开荒辟地，以一点为中心逐步扩大，由家而乡，紧紧牢守故土，难得背离，除非天灾人祸才发生远距离移动。

牧业则相反。在游牧经济中，牲口靠在地面上自然生长的草得到食料，牲口在草地上移动，牧民靠牲口得到皮、毛、肉、乳等生活资料，就得跟牲口在草地上移动，此即所谓"逐水草而居"。当然游牧经济里牲口和人的移动也是有规律的，但一般牧民不能长期在一个地方定居，必须随着季节的变化，在广阔的草原上转移。牧民有马匹做行动的工具，所以他们的行动也比较迅速，集散也比较容易。一旦逢遭灾荒，北方草原上的牧民就会成群结队，南下就食农区。当双方的经济和人口发展到一定程度，农、牧矛盾就会尖锐起来，牧民成为当时生活在农区的人的严重威胁。对这种威胁，个体小农是无法抗拒的，于是不能不依附于可以保卫他们的武力，以及可以动员和组织集体力量来建筑防御工程的权力。这也是促成中央集权政体的一个历史因素。长城表现了这一个历史过程。

牧区经济的发展同样需要有权力来调处牧场的矛盾，需要能组织武力进行自卫或外出夺取粮食、财物和人口。我们对于北方草原上民族的早期历史知道得很少。当在汉代的史书中看到有关匈奴人较详细的记载时，他们已经是北方的强大力量，拥有长城之外东起大兴安岭，西到祁连山和天山这广大地区，就是这里所说北方的统一体。到汉初已形成"南有大汉，北有强胡"的局面。

实际的历史过程不可能这样简单。考古学者从30年代起已陆续在长城外的内蒙古赤峰（昭乌达盟）发现了新石器时代的红山文化，这地区的先民已过着以定居农业为主，兼有畜牧渔猎的经济生活，近年又发现了距今5000年前的祭坛和"女神庙"，出土的玉器与殷商玉器同出一系。铜器的发现更使我们感到对东北地区早期文化的认识不足，而且正是这个东北平原和大兴安岭及燕山山脉接触地带，在中国历史上孕育了许多后来入主中原的民族。关于这方面的情况，下面再提。

中原和北方两大区域的并峙，实际上并非对立，尽管历史里记载着连续不断的所谓劫掠和战争。这些固然是事实，但不见于记载的经济性相互依存的交流和交易却是更重要的一面。

把游牧民族看成可以单独靠牧业生存的观点是不全面的。牧民并不是单纯以乳肉为食，以毛皮为衣。由于他们在游牧经济中不能定居，他们所需的粮食、纺织品、金属工具和茶及酒等饮料，除了他们在大小绿洲里建立一些农业基地和手工业据点外，主要是取给于农区。一个渠道是由中原政权的馈赠与互市，另一个渠道是民间贸易。

贸易是双方面的，互通有无。农区在耕种及运输上需要大量的畜力，军队里需要马匹，这些绝不能由农区自给。同时农民也需牛羊肉食和皮毛原料。在农区对牧区的供应中，丝织物和茶常是重要项目。因而后来把农牧区之间的贸易简称为"马绢互市"和"茶马贸易"。在北方牧区的战国后期及汉代墓葬中，发现很多来自中原地区的产品，甚至钱币。

在日益密切的相互依存和往来接触中，靠近农区的那一部分匈奴牧民于公元1世纪已逐步和附近的汉族农民杂居混合）进入半农半牧的经济。公元前1世纪中叶这些匈奴人在汉武帝的强大压力下南北分裂后被称为南匈奴的，他们后来并没有跟北匈奴远走中亚，而留原地，即今内蒙古境内，并且逐渐进入关内和汉人杂居混合。

在战国到秦这一段历史时期里，农、牧两大统一体之争留下了长城这一道巨大的工程，这是表示了早期牧攻农守的形势。但是当农业地区出现的统一体壮大后，从汉武帝开始就采取了反守为攻的战略。这个战略上的改变导致了汉族向西的大扩张，就是在甘肃西部设置河西四郡：敦煌、酒泉、武威、张掖，移入28万人，主要是汉族。

河西四郡是黄土高原通向天山南北的走廊。这个地区的平原地带降水量是很少的。但是祁连山山区降水量较多，而且有积雪融化下流，供水较足可以灌溉农田。这是汉族能大量移入开荒种田的经济基础。这条走廊原来是乌孙和月氏的牧场，匈奴把他们赶走后占领其地，并和羌人联合起来，在西方包围了汉族。汉武帝于公元前122年迫降该地区的匈奴，置四郡移汉人实边，把这个包围圈打出了一个缺口，即所谓"隔绝羌胡"。这条走廊也给汉代开辟西域铺下通道。后来汉代又利用这条通道，联合天山以南盆地里的被匈奴欺压掠夺的农业小国和被匈奴放逐到中亚的乌孙，形成了对匈奴的反包围，并且击败匈奴。

从蒙古高原经天山北路直到中亚细亚是一片大草原，这对游牧民族来说是可以驰骋无阻的广场。游骑飘忽，有来有去，牧场的争持，你占我走，你走我占，所以这个地区的民族是时聚时散的。哪个部落强大了就统治其他部落，而且以其名称这广大草原上的牧民。所以在史书上所见的是一连串在北方草原上兴起的族名：匈奴之后有鲜卑、柔然、突厥、铁勒、回鹘等等。他们有时占领整个大草原，有时只占其中的一部分，最后是蒙古人，其势力直达西亚。

曾在这片草原上崛起的民族，许多还有其后裔留在这个地区，但又多和其他民族结合，其杂其混、其分其合，构成很复杂的历史过程，我们在此毋庸细述。大体上说，新疆现有民族中有五个少数民族所说的语言属于突厥语族。他们是维吾尔、哈萨克、乌孜别克、塔塔尔、柯尔克孜。他们都是早期就在这片大草原上活动过的民族的后裔。

六、中原地区民族大混杂、大融合

汉族形成之后就成为了一个具有凝聚力的核心，开始向四周围的各族辐射，把他们吸收成汉族的一部分。紧接汉魏在西晋末年黄河流域及巴蜀盆地出现了"十六国"，实际上有20多个地方政权，大多是非汉民族建立的。在这大约一个半世纪（304—439 年）里正是这个地区民族大杂居、大融合的一个比较明显的时期，是汉族从多元形成一体的一幕台前的表演，而这场表演的准备时期早在汉代开始，匈奴人的"归附"即是其中的一幕。

在这些地方政权中，匈奴人建立的有 3 个，氐人建立的有 4 个，羯人建立的有 1 个，鲜卑人建立的有 7 个，羌人建立的有 1 个，汉人建立的有 3 个。它们所占的地区遍及今陕西、山西、河北、河南、甘肃、宁夏及四川、山东、江苏、安徽、辽宁、青海、内蒙古等省区的一部分。实际上是中原地区的全部都曾波及。

北方及西方非汉民族在上述地区建立地方政权表明有大量的非汉人进入了这个地区，由于混而未合，所以这时"汉"作为民族标记的名称也就流行，而且由于汉人的政治地位较低，"汉人"也成为带有歧视的称呼，但是进入华北地区的非汉人，一旦改牧为农，经济实力最终还是要在社会地位上起作用。在这个时期就开始有关于"胡人改汉姓"的记载，到了统一华北的北魏还发生了改复姓为单姓的诏命，也就是要胡人改从汉姓。有人统计《魏书》"官氏表"中 126 个胡姓中已有 60 个不见于官书。杂居民族间的通婚相当普遍，甚至发生在社会上层。非汉族的政治地位又不易持久，你上我下，我去你来，结果都分别吸收在汉人之中。汉族的壮大并不是单纯靠人口的自然增长，更重要的是靠吸收进入农业地区的非汉人，所以说是像滚雪球那样越滚越大。

经过南北朝的分裂局面，更扩大了的中原地区重又在隋、唐两代统一了起来。唐代的统治阶级中就有不少是各族的混血。建国时，汉化鲜卑贵族的支持起了举足轻重的作用，因之他们在统治集团中一直处于重要地位。有人统计，唐朝宰相 369 人中，胡人出身的有 36 人，占 1/10。《唐书》还特辟专章为番将立传。沙陀人在唐末颇为跋扈，在继唐而起的五代中后唐、后晋、后汉三朝都是沙陀人建立的，以中兴唐朝出名的庄宗本身就是出自沙陀人。所以有唐一代名义上是汉族统治，实际上是各族参与的政权。从唐到宋之间的近 500 年的时间里，中原地区实际上是一个以汉族为核心的民族熔炉。许多非汉族被当地汉人所融合而成为汉人。当然融合的过程是复杂的，但结果许多历史有记载的如鲜卑、氐、羯等族名逐渐在现实生活中消失了。

唐代不能不说是中华文化的一个高峰。它的特色也许就是在它的开放性和开拓性。这和民族成分的大混杂和大融合是密切相关的。

七、北方民族不断给汉族输入新的血液

如果北宋可以说经过了五代的分裂局面，中原又恢复了统一，它的力量究竟是微弱的。它的北方，今内蒙古巴林左旗，在公元916年兴起了一个强大的民族契丹，作为中国的一个王朝称辽，它的疆域从黑龙江出海口到今蒙古人民共和国中部，南面从今天津，经河北霸县到山西雁门关一线与北宋对峙。统治了210年才为另一北方民族女真所灭。发源于白山黑水的女真人，公元1115年立国称金。1125年灭辽，接着灭北宋，先后在今北京和开封建都，疆域包括辽的故土并向西扩张到陕西、甘肃与西夏接界，向南扩张达秦岭和淮河与南宋接界。宋只有300年的历史，这期间给中原北部这个地区混杂居住的许多民族成分有一个消化和融合的阶段，并为汉族向南扩张积聚了力量。这是后话。

这里应当讲一讲大兴安岭以东的松辽平原。这个平原和广大草原之间当时存在着一个大兴安岭的屏障，广阔的森林可能挡住了游牧民族的东进。看来有一些游牧民族可以溯源于这个森林里的狩猎民族。

最近我到大兴安岭林区实地观察，在呼盟阿里河镇西北10公里见到林区里的一个山洞，称嘎仙洞，洞里还保留着公元443年北魏太武帝拓跋焘遣使树立的用以纪念他祖先的石刻祝文。这表明鲜卑族早期曾居住在大兴安岭的森林里。鲜卑族后来从山区西南迁到呼伦池的草原上，然后继续向西南迁，徙居阴山河套之间，形成鲜卑拓跋部，其中一部分进入青海，大部分则在4世纪初活动在今内蒙古和山西大同地区。公元386年建立魏国，439年统一中原北部地区。

建辽国的契丹人原是活动在辽河上游的游牧民族，曾臣服于唐，916年阿保机称帝。建国前后都有大批汉人迁入，农业和手工业得到发展，但被金灭后，契丹人多与汉人及女真人相融合。

建立金国的女真人也是在松辽平原上兴起的，他们走上与契丹人由弱到强，由强而亡的同样道路。当他们占有中原北部地区后，曾把所征服的地区的居民用汉人、燕人、南人等名称和女真人相区别，但是后来也有许多女真人开始改用汉姓，见于《金史》记载的有31姓，而且他们的改姓并非出于诏令，而是民间的自愿。尽管改用汉姓并不表示他们已完全成了汉人，只能表明他们已

不再抗拒汉化了。

不论是契丹人还是女真人，尽管在中原北部政治上取得优势，但都没有统一中国。北方民族囊括中国全部版图成为统一的政权是从蒙古人建立的元朝开始。其后还有女真人的后裔满人建立的清朝。元朝统治了97年（1271—1368年），清朝统治了近260年（1644—1911年）。蒙古人和满人是非汉民族，而且至今还是有人口百万以上的少数民族，但是在他们的统治时代，汉族还是在壮大，当他们的王朝灭亡后，大量的蒙古人和满人融合在汉族之中。

元代蒙古人统治下的人分四等：蒙古、色目、汉人和南人。这时的女真人、契丹人、高丽人都被包括在汉人之中，与汉人的待遇是一致的。又据《元史》记载："女直（即女真）、契丹同汉人。若女直、契丹生西北不通汉语者，同蒙古人；女直（其下当遗"契丹"二字）生长汉地，同汉人。"① 看来女真人和契丹人中已有分化，或融合于汉族，或融合于蒙古族。元代把汉族分化为汉人和南人两类，以宋、金疆域为边界。凡是先被蒙古人征服的原属金的区域里的汉人仍称汉人，后来征服了南宋，曾属南宋的人称南人或宋人、新附人或蛮子。看来其中也包括长江以南的各非汉民族。这样也加强了这些非汉民族和汉族的融合。

继蒙古人之后统治中国的是汉族，称明朝，初期曾下令恢复"唐代衣冠"，禁止胡服胡语胡姓。用行政命令来改变民族风俗习惯和语言都是徒劳的。据《明实录》引用公元1442年的一奏折中有当时"鞑装"盛过唐服的话。但是民间交流却起作用。明末清初的顾炎武在他的《日知录》里关于当时民族混杂的情况曾说："华宗上姓与毡裘之种相乱，惜乎当日之君子徒诵'以夏变夷'之言，而无类族辨物之道。"又说："今代山东氏族其出于金、元之裔者多矣。"这表明在当时的社会上层各族间的通婚已经通行，而且大量的汉化了。

蒙古人融合于汉族的具体例子见于梁漱溟先生最近出版的《问答录》。他说："我家祖先与元朝皇帝同宗室，姓'也先贴木耳'，蒙古族。元亡，末代皇帝顺帝携皇室亲属逃回北方，即现在的蒙古，而我们这一家未走，留在河南汝阳，改汉姓梁……说到种族血统，自元亡以后经过明、清两代，历时五百余年，不但旁人早不晓得我们是蒙古族，即自家人如不是有家谱记载也无从知道

---

① 《元史·世祖》纪十。

了。但几百年来与汉族通婚,不断融合两种不同的血统,自然是具有中间的气质的。"① 在看到这段话之前,我从来不知道梁先生的祖先是蒙古人,他并没有报过蒙古族,而安于自认及被认为汉族,但是有意思的是他这 500 年前的血统渊源还看成是他的"中间气质"的根源。可见民族意识是很深的。解放之后,原来已报汉族而后来改报蒙古族的人数还是不少的。

这里可以提一下,由于蒙古人先统一了北方地区,后来才西征中亚,然后回师从甘肃,经四川,入云南,沿长江而下,灭亡南宋。在这一场战争中却在中华民族的格局中增添了一个重要的少数民族,即回族。1982 年普查人数达 722 万,在少数民族中仅次于壮族,而且是其中分布最广的民族。主要聚居于宁夏和甘肃,并在青海、河南、山东、云南等省及全国各大城市有大小不等的聚居区。

大约在 7 世纪中叶,从海路有大批阿拉伯和波斯的穆斯林商人在广州、泉州、杭州、扬州等沿海商埠定居,当时称番客。13 世纪初叶蒙古人西征,中亚信仰伊斯兰教各国被征服后,大批商人、工匠签发为远征军,称"探马赤军",后随军进入中国征伐南宋,其中有汉人称他们为"回回军"的。回族就是在番客和回回军基础上大量和汉族通婚后,形成包括所有在中国各省信仰伊斯兰教的人。除了随蒙古军队在大城市落户的中亚商人和工匠外,还有大量中亚军人分驻各防区,主要在甘肃、云南,奉命屯垦,"上马则备战斗,下马则屯聚牧养"②,定居了下来,他们在元代列入色目人中享有较高的政治和社会地位。明代他们在政府和军队中还保持了较高地位。其时在甘青宁一带人口众多,曾有"回七汉三"的说法。在云南大理一带其人数也很多。但由于后来清代的民族仇杀使西北和云南的回族人口大为减少。

由于这个民族具有商业传统,早在唐代丝绸之路上的来往商人,番客就占重要地位。回族形成后,在黄土高原上,北和蒙古、西和青藏牧区接壤地区,即甘青宁黄河上游走廊地带,依靠农牧产品贸易,即所谓"茶马贸易",善于从商的回族得以发展,所以现在最大的回族聚居区还是在宁夏回族自治区和甘肃的临夏回族自治州。

①《问答录》,第 2 页。
②《元史·兵志》。

回族现在通用汉语。海上和从中亚移入的穆斯林什么时候和怎样失去他们原来的语言已经难说。有人认为商人和军队中妇女较稀少，所以为了繁衍种族，势必和当地妇女通婚，由母传子，改变了民族语言。经商也应当是他们必须掌握当地语言的一个原因，何况回回一般是小聚居、大分散的格局和汉人杂居。在语言和生活各方面和汉族趋同是很自然的社会结果。但是他们坚持伊斯兰教信仰，用以在汉族的汪洋大海中保持和加强自己的民族意识。他们一般的习惯是回族可以娶汉族妇女，嫁后须信仰伊斯兰教。回族妇女不嫁汉人，除非汉人改信伊斯兰教，成为回族成员。

清代满族并没有轶出过去进入中原的北方民族的老路。这是大家记忆犹新的历史，可以不必在此多说。我在解放前的确没有听到过语言学家罗常培、文学家老舍是满族，他们都是在解放之后才公开他们的民族成分的。当然，我们这些汉人和他们相处时并不会感到我们之间有什么民族差别。在没有公开他们的民族成分之前，他们都知道自己是满族。这又说明了在一体的格局中多元性还是顽强地存在。

北方诸非汉民族在历史长河里一次又一次大规模地进入中原农业地区而不断地为汉族输入了新的血液，使汉族壮大起来，同时又为后来的中华民族增加了新的多元因素。这些对中华民族多元一体格局的形成都起了重要的作用。我在本文中只能作出上面简单的叙述，指出它的梗概而已。

八、汉族同样充实了其他民族

在我国古代民族中，除了月氏、乌孙、匈奴、突厥等民族的大部或部分迁居他国外，绝大多数的民族都长期在中华大地上居住，他们之间的交流和融合是经常的。上节里我着重讲了在不同时期汉族曾融合进了为数众多的其他民族成分。在这一节里，我要略述汉族融合到其他民族里去的情况。

汉族被融合入其他民族主要有两种情况：一种是被迫的，有如被匈奴、西羌、突厥掳掠去的，有如被中原统治者派遣去边区屯垦的士兵、贫民或罪犯，另一种是由于天灾人祸自愿流亡去的。这两种人为数都很多，有人估计"匈奴有奴隶约 30 万，约占匈奴人口的 1/7 或 1/5"[1]，有人估计"匈奴有奴隶 50 多万，占匈奴人口的 1/3"[2]，这些奴隶主要是汉人，也有西胡、丁零等族。永初三年（109 年）南匈奴曾一次"还所钞汉民男女及羌所掠转买入匈奴中者合万余人"[3]。

西汉时，侯应曾列举十条理由反对罢边塞、毁长城，其中的第七条是："边人奴婢愁苦，欲亡者多……时有亡出塞者。"可见当时时有汉人自愿逃亡匈奴游牧区。东汉末年，仅逃亡到乌桓地区的汉人就有 10 万多户。西晋亡后，中原板荡，汉族人民逃亡辽西、河西、西域和南方的人很多。据《晋书·慕容廆传》："时二京倾覆，幽冀沦陷，廆刑政修明，虚怀引纳，流亡士庶众多襁负归之。廆乃立郡以统流人，冀州人为冀阳郡，豫州人为周郡，青州人为营丘郡，并州人为唐国郡。"流人之多可以想见。

移入其他民族地区的汉人很多就和当地民族通婚，并且为了适应当地社会生活和自然环境，也会在生活方式、风俗习惯等方面发生改变，过若干代后，就融合于当地民族了，比如，在公元 399 年在吐鲁番盆地及邻近地区建立的麴氏高昌国原是一个以汉人为主体建立的国家。这些汉人是汉魏屯田士兵和晋代逃亡到这地区的人的后裔。正是《魏书·高昌传》所说的"彼之氓庶，是汉魏遗黎，自晋化不纲，因难播越，世纪已久"。当时这个高昌国的人胡化已深，如《北史·西域传·高昌传》所说："服饰，丈夫以胡法，妇人裙襦，头上作髻。其风俗政令与华夏略同……文字亦同华夏，兼同胡书，有《毛诗》、《论语》、《孝经》……虽习诵之，而皆为胡语。"麴氏高昌国存在了 141 年，曾先后臣属于北方游牧民族柔然、高车及突厥。公元 640 年为唐朝所征服，设西州。公元 866 年回鹘占领西州，从此长期受回鹘统治，当地汉人的后裔就融合于维吾尔族了。同时生活在天山以南各个绿洲操焉耆—龟兹语（吐火罗语）和于阗语的属于印欧语系诸民族也先后融合于维吾尔族。

又比如：在战国时，楚国的庄蹻曾率数千农民迁居于云南滇池地区，自称滇王。其后，汉晋时期均曾派汉人进入云南，但明朝以前迁入云南的汉人大

---

[1]《匈奴史论文选集》，第 12 页。
[2]《匈奴史论文选集》，第 10 页。
[3]《后汉书·南匈奴传》。

都融合于当地各民族了。迁居于大理洱海地区的汉人成了白族中的一个重要部分。

我们过去对于历史上民族之间互相渗透和融合研究得不够，特别是对汉人融合于其他民族的事实注意不够，因而很容易得到一种片面性的印象，似乎汉族较杂而其他民族较纯。其实所有的民族都是不断有人被其他民族所吸收，同时也不断吸收其他民族的人。至于有人认为经济文化水平较低的民族必然会融合于经济文化较高的民族，也是有片面性的，因为历史上确有经济文化水平较高的汉人融合于四周的其他经济文化较低的民族。民族间相互渗透和融合过程还是应当实事求是地进行具体分析。我在这里特地加上这一节，目的就是要指出，在看到汉族在形成和发展过程中大量吸收了其他各民族的成分时，不应忽视汉族也不断给其他民族输出新的血液。从生物基础，或所谓"血统"上讲，可以说中华民族这个一体中经常在发生混合、交杂的作用，没有哪一个民族在血统上可说是"纯种"。

九、汉族的南向扩展

早在春秋战国时代，作为汉族前身的华夏族，其势力已经东到海滨，南及长江中下游，西抵黄土高原。这个核心的扩展对周围的其他民族，即当时所谓夷蛮戎狄，采取了两种策略，一是包进来"以夏变夷"，一是逐出去，赶到更远的地方。匈奴分南北两部，北匈奴走了，南匈奴同化了，是具体的例子。北匈奴沿着直通中亚和东欧的大草原走出了后来中华民族的范围，其他民族能走出这个范围的不多。很可能早期居住在山东半岛上的"东夷"，有部分渡海出走，或绕道东北进入今朝鲜半岛和日本群岛。但绝大多数非汉民族不受融合的只有走到汉族不愿去居住的地方，大多是不宜耕种的草原和山区。有些一直坚持到今天，在中华民族的一体中保留了他们的民族特点，构成多元的格局。

这个过程如果要作历史的回顾，一直可以推到三皇五帝的传说时代。被认为是汉族祖先的黄帝，就曾在黄河北岸和炎帝和蚩尤作过战。炎帝后来被加入了汉族祖先之列，所以现在通常认为中华民族是"炎黄子孙"。蚩尤在传说中却一直被排斥在"非我族类"之中。但是他所率领的"三苗"却还有人望名构史地和现在的苗族联系了起来。这固然是牵强的推测，但蚩尤之后有一部分被留在汉族之外却可能是事实。

从考古的资料来说,如上所述,长江中下游的新石器时代和黄河中下游一样存在着东西不同的文化区。从山东中南部到徐淮平原的青莲岗—大汶口文化(前5300—前2400年)是有近3000年历史的相当发达的农业文化,这使人联系到史书上所称的东夷。在东夷中无疑还包含着不同的族团。东夷是殷商的先人,当他们被西方来的羌人之后的周人击败后,一部分和周人一起融合进入了华夏族团,也有一部分是被驱逐出走他方。这一部分中可能有上面说到过出海的和绕道东北去朝鲜半岛和日本群岛的人,但大部分却走向南方。

我这个假说的根据是我在30年代对朝鲜族人体类型的分析。在我的硕士论文里,我曾在朝鲜人体质资料中看到有大量和江苏沿海居民相同的B型,即圆头体矮的类型。这种类型又见于广西大瑶山瑶人的体质测量资料中。如果这些资料的分析是可信的话,就容易作出把这两个地方的人在历史上联系起来的推想。由于我自己的体质类型分析的研究工作中断已久,资料又都遗失,只能凭记忆作出上述的提示。①

我这种推论受到我的一位老师潘光旦教授的支持。他根据文字史料和在福建畲民地区的实地观察,曾提出过一种见解,凭我的记忆简述如下:

我们可以从徐、舒、畲一系列的地名和族名中推想出一条民族迁移的路线。很可能在春秋战国时代的东夷中靠西南的一支的族名就是徐。他们生活在黄河和淮河之间,现在还留下徐州这个地名。据《新中国的考古发现和研究》徐国在西周时期曾是一个较强的国家,春秋时仍然不衰,公元前512年被楚灭亡。近年在江西西北部接连出土春秋中期徐国铜器,应该不是偶然,或许与徐人的迁徙有关。②从这一时期的文献中可以看到这块地区被居民称作舒。潘先生认为畲字和徐是同音,徐人和舒人可能即是畲人的先人。他又以瑶畲都有盘瓠传说,这个传说联系到了徐偃王的记载,认为过山榜有它的历史根据,只是后来加以神话化罢了。这一批人,后来向长江流域移动,进入南岭山脉的那一部分可能就是瑶。从南岭山脉向东,在江西、福建、浙江的山区里和汉族结合

---

① 关于瑶族的体质及推论,作者已有修正和补充,见《费孝通文集》第13卷《从史禄国老师学体质人类学》。

②《新中国的考古发现和研究》,第317页。

的那一部分可能是畲，另外有一部分曾定居在洞庭湖的一带，后来进入湘西和贵州山区的可能就是苗。潘先生把苗和瑶联系了起来，是因为他们在语言上同属一个系统，称苗瑶语族，表明他们可能是从一个来源分化出来的。

如果东夷中靠西的那部分经过2000年的流动，现在还留着一些后裔，保留了他们的民族特点，成为瑶、苗和畲，那么东夷中靠东的那一部分又怎样了呢？这一部分可能联系上苏北青莲岗文化直到长江下游的河姆渡—良渚文化，也就是春秋战国时期吴、越人的活动地区。这地区在三国时期经常使得统治这地区的孙氏政权头痛的是山区里到处都有的越人。这些不能不使我联想到这一系列新石器时代的文化就是吴越文化的底子。

浙江南部直到广东沿海考古资料还不够完整。但是广东石硖文化的发现，使考古学者得出一种见解，它和赣江流域、长江中下游甚至远达山东沿海等地诸原始文化，不断发生直接、间接的交往和相互影响，并且越到后来联系越广越远，而断定这沿海地区始终是紧密相联的。① 这些线索使我产生一种设想，这种相联不仅是民族间的交往，而且有相近的种类的底子，就是说，从山东到广东的整个沿海地带曾经是古代越人或粤人活动的区域。三国时吴国有山越，其先浙南有瓯越，福建有闽越，广东在汉代建有南越（粤）国，其西到广西还有骆越，都以越或粤名其人，可以认为是一个系统的人。

许多民族学者把古代的越人联系到现在分布在西南各省壮侗语族民族，直到东南亚，如广西的壮族，贵州的布依族、侗族、水族，云南的傣族。如果这个历史联系是可信的话，则可以把他们联上历史上沿海的越人。现在沿海的越人已经都融合成了汉族，而这个越人系统至今还保住了西南一隅，主要居住在山区的盆地里从事农业，这些地区的山腰和山上却住有苗瑶和其他山地小民族。这样一个分布颇广，人数又众的越人系统究竟怎样形成的历史，我们还没有具体材料来予以说明。

以上是长江下游、沿海和带到一点西南边境上的情况。现在让我们看一看长江中游的情况。

从新石器时代江汉平原的大溪—屈家岭—青龙泉文化之后，从地区上说，接下去就是楚文化了。春秋战国时代的楚国还保留着相当强烈的地方色彩。著

---

① 《新中国的考古发现和研究》，第166页。

名的屈原《楚辞》还是"书楚语，作楚声，记楚地，名楚物"。楚在中原人眼中还是南蛮，连楚建国后五代孙熊渠自己还说："我蛮夷也，不与中国之号谥。"在楚国统治下有许多小邦，有人计算达60个之多，也就是说它曾是一个与中原华夏并峙的多元统一体。它的地域很广。《淮南子》里有言，"昔者楚人地南卷沅湘，北绕颍泗，西包巴蜀，东裹郯邳，颍汝以为洫，江汉以为池……中分天下"。楚还派人西进云南，占有滇池地区。

楚是一个农业经济发达，文化高超的国家。但是秦灭楚后，楚汉相争事实上还是存在，项羽是在四面楚歌之中，无面目见江东父老而自杀的。楚汉合并在统一体中也是经过一个相当长的过程的。

早在秦代，汉人已越南岭进入珠江流域，广西桂林还有秦渠留作见证。但是汉族文化越岭入粤尚在汉代，当时的南越王事实上还是一个强大的地方政权。但是南岭山脉以南地区要成为以汉人为主的聚居区，还需要近千年的时间。从海南岛的民族结构可以看得到这地区的历史层积。最早在该岛居住的是黎人，语言属壮侗语系，自成一语支，表示和同一语族的其他语支早已分开。由此可以推测在沿海还是越人居住的时代，有一部分已越海居住到了这岛上。继着黎人迁入的是另一部分说壮侗语系的人定居在海岛北部，称临高人，语言和今壮人相同，至今自认是汉人。其后，大约在明代，又有说瑶语的人移入，他们被人称为苗人，至今也自称苗人。按我上述的推测，他们是向南走得最远的瑶人了。其后到了宋元才有大量汉人移入，主要是住在该岛的沿海地区。

十、中国西部的民族流动

让我们回到中华大地的西部，至今是少数民族聚居的地方，即黄土高原、青藏高原和云贵高原，加上天山南北的新疆。这个广大地区考古资料比中原及沿海地区为少，远古的历史还不太清楚。但是已经知道的是在中国找到最早的猿人遗骨化石是在云贵高原（云南元谋县），加上上面已说过的旧石器及新石器的遗留，可以断定在这些西部高原上很早已有人类居住。

从史书的文字记载中，早期在中原之西居住的人统称戎。贴近中原，今宁夏、甘肃这一条黄河上游的走廊地带，正处在农业和牧业两大地区的中间，这里的早期居民称作羌人，牧羊人的意思。羌人可能是中原的人对西方牧民的统称,包括上百个部落,还有许多不同的名称,古书上羌氏常常连称。它们是否同一来源也难确定,可能在语言上属于同一系统。《后汉书》说他们是"出自三苗",就是被黄帝从华北逐去西北的这些部落。商代甲骨文中有羌字,当时活动在今甘肃、陕西一带。羌人和周人部落有姻亲关系,所以周人自谓出于姜嫄。在周代统治集团中羌人占重要地位,后来成为华夏族的重要组成部分。

从历史上看,作为一个保持着民族特点的集团来说,羌人和中原一直维持着密切关系,是甘陕一带夷夏之间的强大集团。其中党项羌在公元1038—1227年间曾建立过西夏国,最盛时包括今宁夏、陕北和甘肃、青海、内蒙古的一部分,与辽、金先后成为与宋代鼎峙的地方政权,从事农牧业,有自己的类似汉文的方块文字。自从西夏政权被蒙古人击溃后,羌人的下落在汉文的史料中就不常出现了。可能大多数已和当地汉人及其他民族融合。至今仍自认是羌人的有约100万人(1964年普查时只有约50万人),聚居在四川北部,有一个羌族自治县。

羌人在中华民族形成过程中起的作用似乎和汉人刚好相反。汉族是以接纳为主而日益壮大的,羌族却以供应为主,壮大了别的民族。很多民族包括汉族在内从羌人中得到血液。

让我从西端的藏族说起。据汉文史籍记载,藏族属于两汉时西羌人的一支。西藏有"发羌",发古音读 bod,即今藏族自称。发羌是当时青藏高原上许多部落之一,而且和甘青诸羌人部落有来往。藏语族有三个语支,即藏语、嘉戎语、门巴语。有些语言学者把羌语、普米语、珞巴语都归入藏语支,也有把嘉戎语归入羌语支。一说西夏语实际是嘉戎语,即羌语。这说明在藏语和羌语间存在着密切关系。嘉戎语主要分布在四川的阿坝藏族自治州,说嘉戎语的人都被认为是藏族。

藏语本身还分三种差距较大的方言:卫藏方言主要分布在西藏自治区大部分地方,康方言主要分布在四川的甘孜、云南的迪庆及青海的玉树等藏族自治州;安多方言分布在甘肃的甘南、青海的一些藏族自治州。藏语的复杂忤反映了这个民族的多元格局。即使不把羌人作为藏族的主要来源,羌人在藏族形成过程中的重要作用也是无可怀疑的。

藏族在历史上是一个强大的民族,它不仅统一过青藏高原,而且北面到达帕米尔高原,占领过新疆南部,东面到达过唐代的首都长安和四川的成都平原，南面的滇北和当时的南诏国对峙。在他们的强大时期，当地各族人民受到他们的控制。这些人也就被称为藏人。现在阿坝地区还有一种被称为"黑番人"，有些学者认为他们是古代氐人的后裔。在六江流域的走廊里还发现出门说藏语，回家说另一种语言的藏人。这些显而易见的是融而未合的例子。

如果语言的系统能给我们一些民族间历史关系的线索，汉语和藏语的近亲关系也支持了我在上面所提到的羌人是汉藏之间的联结环节的假设。从这个线索再推一步，我们又看到了和藏语近亲的彝语。而彝语的来源有许多学者也认为是羌语。胡庆钧教授在《中国大百科全书》彝族条目里是这样说的："约在4000—5000年以前，羌人早期南下支系与当地土著部落融合为僰（濮）。僰系'羌之别种'……公元4世纪初，羌人无弋爰剑之后自甘、宁、青一带河湟地区南下，到岷山以东，至金沙江畔，发展为武都、广汉、越嶲诸羌……是羌人南下的较晚支系。"

彝族在1982年人口普查时有545万人，如果加上彝语系统的哈尼、纳西、傈僳、拉祜、基诺等族，将有755万人。在少数民族中仅次于壮族，超过了回族。彝族所居住的横断山脉，山谷纵横，构成无数被高山阻隔的小区域，其间交通不便，实际上属于同一族类的许多小集团，分别各自有他们的自称，也被他族看成不同的民族单位。现在说彝语的人已被认为是属于不同名称的五个民族。即使是包括在彝族范围之内的人，也还有诺苏、纳苏、罗武、米撒泼、撒尼、阿西等不同自称。

当蒙古军队进攻南宋，道出四川、云南、贵州时，彝语系统的各集团大多联合起来进行抵抗，出现了一个统一的名称：罗罗。这个名称在民间一直沿用到解放时。但因为被认为是一种歧视的辱称所以被废止了，而采用彝这个名称。

彝族在云贵高原长期在各地掌握过地方权力。元明两代均利用彝族本族的统治者作为臣属于中央政权的土司，是一种间接统治的方式。清代通过"改土归流"，进行直接统治，部分交通方便的地区，由于大量的汉人移入，在公元1746年有人记载在东川、乌蒙等地已经是"汉土民夷，比屋而居……与内地气象无异"。

彝族的社会发展是很不平衡的，即使在解放前夕，在城镇上还自认是彝族的社会上层和汉人往来中表面上已辨不出有什么差别，而且在地方政治和经济上还掌握着实权。但在偏僻的山区如四川的凉山，却还保持着其特有的奴隶制度，并成为独立的"小王国"，不受区外权力的控制。

从客观上看，云贵高原的民族格局中实际上存在着六种民族集团。一是在南部及西南边境上多属壮侗语族的民族，主要是傣族。他们是早就住在这地方的土著，还是由东方沿海地区移入这山区的人，现在还难说。二是从北方迁入的彝语系统的民族。三是早在这地区居住的土著民族。按考古学上的遗留来看，这是一块人类的发源地，不大能想像没有遗留人种。但是现存的知识，还不能明确他们和现在的民族有什么关系。但可能大多已淘汰，或是和外来的移民同化了。有人认为现有的仡佬族和仫佬族，散居于贵州、广西一带，系旧称僚人的后裔，可能是这地区较早的居民。四是早在春秋战国时代已开始从中原来的移民，见之于历史的最早有楚国的庄蹻带兵进入滇池地区。到汉代从四川进入云贵高原的交通已经开辟，《史记》的作者司马迁就到过云南，滇池附近还发现了汉代的金印。明代及以后大批汉人移入云贵各省是有史可稽的。五是以上各种人的混血。白族可能是其中之一。六是一些跨境的说南亚语系的民族，如佤、德昂、布朗等族，很可能是从境外移入的。

为了提供西南部分更完整的面貌，还得简单说一说处在青藏高原、黄土高原及云贵高原之间的那个四川盆地。这个盆地适于农业，很早就有蜀人和巴人在此生息。根据现有的历史知识说，早在商代的甲骨文中已见到"蜀"字，那是四川盆地的古国。在周人伐商的战争中已有蜀人的参预。蜀人主要活动地区在四川西部。建立过地方政权，后来被秦所灭，而且据说置蜀郡后中原有大量移民入蜀，蜀人也就并入了汉族。

巴人的来源历史上没有明确记载，传说是廪君之后，起源于"武落钟离山"，有人考证在今湖北境内。他们的活动地区是在四川东部、陕西南部、湖北和湖南西部。西周初期在汉水流域建立巴国，被秦灭后，巴人作为一个民族集团也就湮没无闻了。50年代潘光旦教授考察湘西土家族，认为是巴人的后裔。土家族在中华人民共和国初期，并没有被列入少数民族中，因为当时被认为是汉族的一部分。他们在生活和语言上和汉人已极相近。但是自从承认他们是一个民族单位后，湘、鄂、黔接壤地区很多过去自报汉族的，申请改正为土家族。1964年人口普查时自报土家族的只有52万人，1982年普查时达280万人，在18年中增长了五倍。这说明有许多已长期被吸收入汉族中的非汉民族，在意识上还留有融而未合的痕迹。

十一、中华民族格局形成的几个特点

以上我把中华民族多元一体格局形成的过程择要勾画出一个草图。中华民族的近百年和西方列强的对抗中成为自觉的民族实体，但是作为一个自在的民族实体是经过上述的历史过程逐步形成的。说到这里，我可以把从这个格局里看到的几个应注意的特点简述如下：

（一）中华民族多元一体格局存在着一个凝聚的核心。它在文明曙光时期，即从新石器时期发展到青铜器时期，已经在黄河中游形成它的前身华夏族团，在夏、商、周三代从东方和西方吸收新的成分，经春秋战国的逐步融合，到秦统一了黄河和长江两大流域的平原地带。汉继秦业，在多元的基础上统一成为汉族。汉族的名称一般认为到其后的南北朝时期才流行。经过2000多年的时间向西方扩展，融合了众多其他民族的人，到目前人数已超过9.34亿（1982年），占中华民族总人口的93.3%。其他55个少数民族人口总数是6720万，占6.7%。

汉族主要聚居在农业地区，除了西北和西南外，可以说凡是宜耕的平原几乎全是汉族的聚居区。同时在少数民族地区的交通要道和商业据点一般都有汉人长期定居。这样汉人就大量深入到少数民族聚居地区，形成一个点线结合、东密西疏的网络，这个网络正是多元一体格局的骨架。

（二）同时值得重视的是，少数民族聚居地区占全国面积一半以上，主要是高原、山地和草场，所以少数民族中有很大一部分人从事牧业和汉族主要从事农业形成不同的经济类型。中国的五大牧区均在少数民族地区，从事游牧业的人都是少数民族。

我们所谓少数民族聚居地区这个概念是指有少数民族聚居在内的地区，所以并不排斥有汉族居住在内，甚至在人数上可以占多数。少数民族占当地人口10%以上的有8个省（区）：内蒙古（15.5%）、贵州（26%）、云南（31.7%）、宁夏（31.9%）、广西（38.3%）、青海（39.4%）、新疆（59.6%）、西藏（95.1%），其中占一半以上的只有两个民族自治区。在这些地区，有些是汉族的大小聚居区和少数民族的聚居区马赛克式地穿插分布；有些是汉人占谷地，少数民族占山地；有些是汉人占集镇，少数民族占村寨；在少数民族的村寨里也常有杂居在内的汉户。所以要在县一级的区域里，除了西藏和新疆外，找到一个纯粹是少数民族的聚居区是很不容易的，即在乡一级的区域里也不是常见的。在这种杂居得很密的情形下，汉族固然也有被当地民族吸收的，但主要还是汉族依靠着深入到各少数民族地区的这个队伍，发挥它的凝聚力，巩固了各民族的团结，形成一体。

（三）从语言上说，只有个别民族，如回族，已经用汉语作为自己民族的共同语言外，少数民族可以说都有自己的语言。有些民族，如满族，在日常生活中还经常用满语通话的已经很少，认得满文的普通老百姓则更少了，他们都用汉语汉文来表达自己的思想，杰出的，有我在上面提到的语言学家罗常培和文学家老舍。还有些民族自称有自己的民族语言，但经研究其实已经使用汉语方言，如畲族。有自己语言的民族中有10个民族有自己的文字，但群众里用文字的则只有几个民族，如藏文、蒙文、维文、傣文、朝鲜文等，有些虽有文字，但识字的人很少。少数民族中和汉人接触多的大多已学会汉语。我50年代初到广西和贵州访问少数民族时，当地各族的男子大多能和我用当地汉语方言通话。但是他们和同族的人通话时则用自己的语言。80年代我去内蒙古访问，就遇到有不会汉语的蒙族，也有不会蒙语只会汉语的蒙族。在不同少数民族间通话的媒介也多种多样，有以汉语交谈，有各用自己语言交谈，也有用对方的语言交谈，也有用当地通用的某一种少数民族语言交谈。这方面还缺乏具体的调查，但一般来说，汉语已逐渐成为共同的通用语言。解放后，人民政府的政策是各民族都有使用自己语言文字的权利，并列入宪法。

（四）导致民族融合的具体条件是复杂的。看来主要是出于社会和经济的需要，虽则政治的原因也不应当忽视。即在几十年前的民国时代，在贵州还发生强迫苗族改装剪发的事，但是这种直接政治干预的效果是不大也不好的，因为政治上的歧视、压迫反而会增加被歧视被压迫的人的反抗心理和民族意识，拉开民族之间的距离。从历史上看，历代王朝，甚至地方政权，都有一套对付民族关系的观念和政策。固然有些少数民族统治者，如北魏的鲜卑族，入主了汉族地区后奖励和甚至用行政手段命令他们自己的民族和汉族同化，但大多数的少数民族王朝是力求压低汉族的地位和保持其民族的特点。结果都显然和他们的愿望相反。政治的优势并不就是民族在社会上和经济上的优势。满族是最近也是最明显的例子。

在历史上,秦以后中国在政治上统一的时期占 2/3,分裂的时期占 1/3,但是从民族这方面说,汉族在整个过程中像雪球一样越滚越大,而且在国家分裂时期也总是民族间进行杂居、混合和融化的时期,不断给汉族以新的血液而壮大起来。

如果要寻找一个汉族凝聚力的来源,我认为汉族的农业经济是一个主要因素。看来任何一个游牧民族只要进入平原,落入精耕细作的农业社会里,迟早就会服服帖帖地、主动地融入汉族之中。

重复提一下,现在那些少数民族聚居的地方,大都是汉人不习惯的高原和看不上眼的草原、山沟和干旱地区,以及一时达不到的遥远的地方,也就是"以农为本"的汉族不能发挥他们优势的地区。这些地区只要汉族停留在农业时代对他们是不发生吸引力的。在农业上具备发展机会的地方,汉族几乎大都占有了,甚至到后来还要去开垦那些不适宜农业的草原,以致破坏牧场,引起农牧矛盾和民族矛盾。这一切能不能作为农业经济是汉族得到壮大的主要条件的根据呢?看来正是汉族的两腿已深深地插入了泥土,当时代改变,人类已进入工业文明的时候,汉族要从泥土里拔出这两条腿也就显然十分吃力了。

(五)组成中华民族的成员是众多的,所以说它是个多元的结构。成员之间大小悬殊,汉族经过两千年的壮大,已经有 9.34 亿人,是当今世界上人数最多的民族。其他 55 个民族人口总共 6720 万人,其中还包括"未识别"的大约 80 万人,所以把他们称作少数民族。其中超过 100 万人口的一共 15 个民族,最大的是壮族(1300 万人),人数不到 100 万而超过 50 万人口的有 3 个民族,人数在 50 万以下 10 万以上的有 10 个,10 万以下 1 万以上的有 15 个,1 万以下 5000 以上的有 1 个,5000 以下的有 7 个,其中在 2000 人以下的有 3 个,人数最少的是珞巴族(1066 人)。高山族因缺乏台湾部分的统计,没有列入计算。

各民族人口从 1964 年普查到 1982 年普查均有增长,少数民族总人口增长 68.42%,平均年增长率 2.9%,高于汉族(分别为 43.82% 及 2.0%)。增长最多的是土家族,18 年中增长 4.4 倍。这很明显,并不是出于自然增长,而是由于在这几十年中大批以前报作汉族的改报了土家族。这种情形,在其他少数民族同样发生。汉族原是有许多非汉民族融合进来的。如果推溯其祖先所属的民族来规定自己的民族,那就可以有大量人口从汉族中划出去。当然问题是在怎样来规定"所属民族"的标准了。

同样的难题出现在所谓"未识别"的民族，意思是这些人的民族成分还不明确。这类人总数约有80万。其中包括两类，一类是不能确定是汉人或不是汉人；一类是他们属于哪个少数民族没有确定。这种辨别工作我们称为"民族识别"。这并不是指个人而言，而是指：一些集团自称不是汉族，但是历史资料证明是早期移入偏僻地区的汉人，因种种原因不愿归入汉族。又有一些集团是从某些非汉族中分裂出来，不愿接受原来民族的名称。这些人就归入"未识别民族"的总类里。这说明，民族并不是长期稳定的人们共同体，而是在历史过程中经常有变动的民族实体。在这里我不能从理论上多加发挥了。

（六）中华民族成为一体的过程是逐步完成的。看来先是各地区分别有它的凝聚中心，而各自形成了初级的统一体。比如在新石器时期在黄河中下游都有不同的文化区，这些文化区逐步融合出现汉族的前身华夏的初级统一体，当时长城外牧区还是一个以匈奴为主的统一体和华夏及后来的汉族相对峙。经过多次北方民族进入中原地区及中原地区的汉族向四方扩散，才逐步汇合了长城内外的农牧两大统一体。又经过各民族流动、混杂、分合的过程，汉族形成了特大的核心，但还是主要聚居在平原和盆地等适宜发展农业的地区。同时，汉族通过屯垦移民和通商在各非汉民族地区形成一个点线结合的网络，把东亚这一片土地上的各民族串联在一起，形成了中华民族自在的民族实体；并取得大一统的格局。这个自在的民族实体在共同抵抗西方列强的压力下形成了一个休戚与共的自觉的民族实体。这个实体的格局是包含着多元的统一体，所以中华民族还包含着50多个民族。虽则中华民族和它所包含的50多个民族都称为"民族"，但在层次上是不同的。而且在所有承认的50多个民族中，很多本身还各自包含更低一层次的"民族集团"。所以可以说，在中华民族的统一体之中存在着多层次的多元格局。各个层次的多元关系又存在着分分合合的动态和分而未裂、融而未合的多种情状。这就提供了民族学研究者富有吸引力的研究对象和课题。

十二、瞻望前途

放眼未来，中华民族的格局会不会变？它的内涵会不会变？这些问题只能作猜测性的推想。

首先应当指出，中华民族在进入21世纪以前已产生了两个重大的质变。第一，过去几千年来的民族不平等的关系已经不仅在法律上予以否定，而且事实上也作出了重大的改变。自从1949年新中国成立以后，民族平等已成为了根本性的政策，而且明确地写入了宪法。为实现民族平等制定了民族区域自治法，凡是少数民族聚居的地方都实行区域自治，建立自治地方的自治机关，由各少数民族自己管理自己的事务。少数民族的语言和风俗习惯要受到其他民族的尊重，改革与否由各族人民自己决定。少数民族由于历史原因一般说来经济文化过去缺乏发展的条件，所以国家制定一系列对少数民族的优惠政策。这些政策的落实，使很多过去隐瞒自己民族成分的人敢于和乐于公开要求承认他们是少数民族了。

第二，中国开始走上工业化和现代化的道路。开放和改革成了基本国策，闭关锁国的局面已一去不能复返，从"以农立国"转变到工业化的过程中，对各民族的发展提出了新的问题。如果我以上的叙述和分析是符合历史事实的话，依靠农业上的优势而得到壮大起来的汉族首先遭到了必须改变经济结构的挑战。在他们聚居的地方原本多是在适宜于发展农业的地区，这些地区工业所需的原料是比较贫乏的，而过去对汉族缺乏吸引力，一向是少数民族聚居的地方却正是工业原料丰富的地区。同时，工业的发展需要科技和文化知识，而在这方面少数民族一般说来低于汉人的水平。要由少数民族自己利用本地区的资源去发展本地区的工业是有很大困难的。这些具体情况会怎样影响民族的格局呢？

如果我们要坚持在中华民族里各民族平等和共同繁荣的原则，那就必须有民族间互助团结的具体措施。这正是我们当前必须探索的课题。

如果我们放任各民族在不同的起点上自由竞争，结果是可以预见到的，那就是水平较低的民族走上淘汰、灭亡的道路，也就是说多元一体中的多元一方面会逐步萎缩。我们是反对走这条路的，所以正在依"先进帮后进"的原则办事，先进的民族从经济、文化各方面支持各后进的民族的发展。国家对少数民族地区不仅给优惠政策，而且要给切实的帮助，现在我们正在这样做。

第三，还可以提出一个问题：少数民族的现代化是否意味着更大程度的汉化？如果是这样，各民族共同繁荣是否指向更大的趋同，而同样削弱多元一体格局中多元这一头呢？这固然是存在的一种可能性，但是，我是这样想的：一个社会越是富裕，这个社会里的成员发展其个性的机会也越多；相反，一个社会越是贫困，其成员可以选择的生存方式也越有限。如果这个规律同样可以用到民族领域里的话，经济越发展，亦即越是现代化，各民族间凭各自的优势去发展民族特点的机会也越大。在工业化的过程中，各民族人民生活中共同的东西必然会越来越多，比如为了信息的交流，必须有共同的通用语言，但这并不妨碍各民族用自己的语言文字发展有自己民族风格的文学。通用的语言可以帮助各民族间的互相学习、互相影响而促进自己文学的发展。又比如，各民族都有其相适应的生态条件。藏族能在海拔很高的高原劳动和生活，他们就可以发挥这项特点成为发展这地区的主力，并通过和其他地区的其他民族互通有无来提高各民族的经济水平。我想到这些情况，使我相信只要我们能及早注意这个问题，我们是有办法迎接这个挑战的。在现代化的过程中，通过发挥各民族团结互助的精神达到共同繁荣的目的，继续在多元一体的格局中发展到更高的层次。在这层次里，用个比喻来说，中华民族将是一个百花争艳的大园圃。我愿意用这个前景鼓励自己和结束这篇论文。

1988 年 8 月 22 日

本文系作者在香港中文大学所作的 Tanner 演讲。

参考书目

1. 中国社会科学研究院考古研究所：《新中国的考古发现和研究》，文物出版社 1984 年版。
2. 陈连开：《关于中华民族的含义和起源的初步探讨》，《民族论坛》1987 年第 3 期；《中华新石器文化的多元区域性发展及其汇聚与辐射》，《北方民族》1988 年第 1 期；《我国少数民族对祖国历史的贡献》，北京书目文献出版社 1983 年版。
3. 徐杰舜：《汉民族历史和文化新探》，广西人民出版社 1985 年版。
4. 贾敬颜：《汉人考》，《中国社会科学》1985 年第 6 期。
5. 谷苞：《论正确阐明古代匈奴游牧社会的历史地位》，《民族学研究》1985 年第 3 期；《论中华民族的共同性》，《新疆社会科学》1985 年第 6 期；《再论中华民族的共同性》，《新疆社会科学》1986 年第 1 期；《论西汉政府设置河西四郡的历史意义》，《新疆社会科学》1984 年第 2 期。
6. 国家民委民族问题五种丛书编委会《中国少数民族》编写组：《中国少数民族》，人民出版社 1981 年版。
7. 国家民委财经司：《民族工作统计提要（1949～1986）》，1987 年版。
8. 《中国大百科全书·民族卷》，中国大百科全书出版社 1986 年版。
9. 费孝通：《民族研究文集》，民族出版社 1988 年版。

南岭行

去年我参加中央代表团到广西庆祝壮族自治区成立 30 周年。这是我第六次访问广西。在 50 多年前，1935 年我就到过广西大瑶山，就是现在的金秀瑶族自治县。当时我年纪很轻，只有 25 岁，连马都不骑，天天在大瑶山里面跑动。大瑶山相当大，没有公路，都是人走出来的小路。而这次去，公路从桂林可以一直通到金秀，从北京到金秀去，当天也可以到达，交通方便多了。我从学生时代开始，最早接触民族问题，实地考察少数民族就是从这儿开始的。直到去年，我对瑶族的感性认识还只限于大瑶山，而且只是其中的一小部分，名叫花蓝瑶。我的前妻王同惠死后，我根据她调查的记录写了一本书，去年才正式出版，书名叫《花蓝瑶社会组织》。解放后，我去了金秀几次，写了有关瑶族的文章，也收在这本书里面。

我早就有心为瑶族发展经济和文化出点力，但我明白靠这一点知识是不够的。我想多走走，了解些实际情况，但瑶族分布太广，而且都在山上。我老了，爬不了山，能在瑶家喝一杯茶，已经很不容易了。这次到广西，我仍决定去金秀访问，接着又到了瑶族聚居的恭城县，其后还从广西到了湖南的江永县，因为那里瑶族人数也很多，占全县人口的 40% 上下。后来还到了江华，最后到了广东的连南。连南也是瑶族自治县。这一趟一共走了二省一区的 6 个县。

一

走了这一趟，我想知道瑶族究竟有些什么特点，同其他少数民族有些什么不同的地方？我以为瑶族最大的特点是住在南岭山脉里。这个山区是瑶族主要聚居区，现在居住在这地区的老百姓，瑶族可能移入得最早。从记载中能查到的资料来看，在南岭山脉附近，甚至北及洞庭湖，南到广西的西江和广东的北部，隋唐时期，就是瑶族的主要聚居区。

广西和湖南的瑶胞，有很多传说，认为瑶族是从千家峒迁移出来的。有人在江永县一个乡里找到了一个"千家峒"。这次我特地去看了一次。峒是什么意思呢？有人把峒字写成了三点水的"洞"，就像陶渊明写的《桃花源记》那样，好像是个水洞。其实这里是指一个四面都有高山围住的小盆地，盆地里有山上流下来的水灌溉农田，所以可说是一个和外界隔离的农业社区。在瑶语里，峒是指一块盆地，到了汉族文人手上才变成了"洞"字。瑶族传说中说他们是从千家峒里分散出来的，很可能和历史事实符合。大概在隋唐之后，从北方涌入了大批移民，进入江南的两湖地区（湖南和江西），把平地都占了。原来在这些地方居住的瑶族先后被迫移入山区，占有那些偏僻的小盆地，经营农业，可能是种稻，到现在瑶族还是种稻能手。到元末明初，这些"峒"也守不住了，或更向南、向西迁移，或上高山，成了到处为家的"过山瑶"，也形成了南岭山脉里"无山没有瑶"的分散格局。陶渊明写的《桃花源记》，并不是一种文学的虚构，而是当时现实生活情景的写照。在这种和外界隔绝的小天地里生活的人，过着自给自足的生活，外面的变化既不知道，也不关心，所以是"不知有汉，无论魏晋"。对他们来说，哪一个人当皇帝都没关系，可以不管。只要这个小天地守得住，就不怕。这里面人情味很浓，友好往来，和睦相处。我30年代在大瑶山，行路时，天热了，衣服一脱，插一根草，打个结挂上，就没有人会来动它。这种风气给我很深的印象，至今不忘。

那时在大瑶山调查，我就有个问题：这样一个封闭的社会，如果人口增长了。土地又扩大不了，怎么办呢？后来才知道花蓝瑶里有控制人口增长的习惯，每对夫妇只生两个孩子，多了就不留了。后来又知道他们的妇女都懂得避孕的方法，而且听说是用灵香草作为避孕药物。人口得到了控制，这个小天地就不容易被涨破。几百年来，这大山里就住着这个保存着自己传统习惯的小集团。这在瑶族中很可能是有代表性的。

交通不便，闭关自守，现在讲来是不好的，但当时，如果不是交通不便，山势险恶，也可能现在已经没有他们了。就靠这层层的大山，瑶族同胞才能长期深藏在偏僻的、封闭的山区里。从明朝中期开始，封建统治者曾动用大批武装,进攻这个地区的瑶族。最严重的一次战役发生在广西的大藤峡。这次战争大约长达100年,一直到清朝中叶才停止。瑶族从那时开始就分散到各地去了,并且出现了不同的名称。当然有一部分留在平地,同汉族结合了,结合得较深的由通婚而变成了汉族,结合得较浅的常同汉人来往,并学会了汉语,甚至丧失了原来的瑶语。

我们在江永就看到这种情况。在那里瑶族大概可分为三类:高山瑶、平地瑶和已经和汉族混合了的瑶胞。瑶族中还有一部分是在山区靠刀耕火种谋生,无法长期定居,成了"游耕"的"过山瑶"。流动的这一部分分成几条路线:向西向南迁移,最远的到了越南、老挝、柬埔寨和泰国。泰国北部有很大的瑶族聚居区。这些地区的瑶族,在最近的几十年里,由于战争,许多变成难民,被各国收留。美国有1.4万人,法国、加拿大、新西兰都有。所以目前瑶族已散布在世界各地了。

二

瑶族的共同点是山地经济,以林为主。国内约有170万人,分布很广。以广西、湖南、广东为主,云南、贵州也都有。瑶族作为一个民族,解放前就已经肯定了,不发生识别的问题。在瑶族是怎样形成的问题上,存在一个认同的过程。大概有两种情况:一是从瑶族里面有些部分分了出来,一是由别的民族成分变成了瑶族。这就是说瑶族并不都是同一个来源。这次从桂林到连南所看到的瑶族,多数是说勉话的瑶族。但他们有不同的名称,衣饰也有差别,比如,排瑶、盘瑶、过山瑶等。勉话系统看来是瑶族的主体。它吸收了其他的成分,也分出了一部分。他们之间有些有矛盾。过去的封建统治者"以夷制夷",有些瑶人被官方利用来对付其他的瑶人,受到的待遇也有差别。比如有些允许留在平地,有些被赶上山地等。因为这个原因,瑶族内部也形成了差距。瑶族内部矛盾直到解放之后才得到解决。

解放后,解决了民族不平等的问题。这在我国的民族关系上是一项根本性的变化。可是,还有差距问题,经济上和文化上的差距还有。50年代,我们访问团首先抓的是民族平等问题,实行民族区域自治。对怎样解决经济上、文化上的差距问题还认识不足。那时的做法是,没有饭吃就送米、送盐;要表示文化上的平等就带文工团去学习民族歌舞，还建立各级民族学院培养少数民族干部。至于怎样去发展少数民族经济、教育、文化，怎样把知识送到少数民族地区，当时还没有重视，至少我自己的认识就不够。直到1978年，我们才有了新的认识。一个民族自治地方如果不具备发展经济的条件，还是改变不了落后的状况。特别是紫阳同志在全国民族团结进步表彰大会上的讲话之后，大家都已看到解决民族问题，首先要发展各民族的经济。单靠少数民族自治是不够的，还要有国家的帮助。

我这次到南岭山脉瑶族地区访问的目的就是探索怎么帮助瑶族更好地发展。我访问的6个县，生态条件基本一致，瑶族生活习惯也基本一致，讲话都能懂。这地区瑶族近100万人，占瑶族总数的2/3。对这近百万瑶族居住的地方，能否想些办法，把它先发展起来呢？

三

从广西踏进湖南境内时，我们在一个瑶族村子前停车休息。这个村子原来是个穷村，人均年收入只有70元。这几年脱贫了，原因是他们学会了栽培夏橙，一种价值较高可以外销的柑桔。今年人均收入已经超过1000元。我们参观了他们的桔园，长势喜人。后来到一个瑶家去访问，恰遇这家的女儿要嫁到广西瑶区去做媳妇，在热热闹闹地准备宴席。我当时就想如果这位新媳妇把培植夏橙的技术带到广西去，不是也可以使广西的瑶族富起来了么？瑶族之间不是可以通过交流，自己走上发展的道路么？这时我就想到了南岭瑶族协作区的建议。

其实，这一路上我已经看到不少瑶族脱贫致富的好经验。广西的恭城县现在已列入全国农村电气化的前列。他们利用山区地势的落差，安置小型发电机，解决了家家户户照明、烹饪的燃料。如果这带山脉的各个县里都采用这个办法，不是可以解决生活和生产上的能源问题了么？可是后来我们到江华见到由于缺电以致大量很好的木材被用作燃料烧掉。我当时就想到为什么他们不去向恭城取经呢？

一路看，一路想，越来越觉得南岭瑶族应该很好协作。南岭山脉瑶族地区的自然资源十分丰富。同时由于这里靠近亚热带地区，无霜期短，植物生长得快，质量又好。据说由于地下稀土金属丰富，烟草的质量特别优良，至于稀土金属，更是少有的价值极高的矿产。可见，这个地区是大有可为的。但是，现在大量瑶民处于贫困线下，人均收入还不到200元，他们还在穷山角落里种老玉米和其他杂粮，连粮食都不能自给。其实，这种情形是不难改变的，只要每个村子都找到一种拳头产品（夏橙、烟草、锡矿、锌矿等等），收入就能很快增长，生活也就可以好起来了。如果再引进加工的技术，发展乡镇企业，那就更好了。

当然，我们不能忘记这地区原是西南的木材产地。南岭山脉的森林比大兴安岭长得快。这里的杉木10到15年就成材，大兴安岭却要100年。可惜的是这里的森林破坏得比大兴安岭更早。所幸的是剩余的森林正在瑶族地区。发展林业和瑶族的发展是分不开的。我们比较了江永和江华，两个地方管理林业就有区别。江华搞得好些。他们把林地包给当地的瑶族，不但森林管得好，瑶族的生活也有改善。我们离开江华之前还在瑶胞家吃茶。这家这几年已建了新房子，人均年收入超过了800元，可以和苏南一般农民相比了。江永却不然。那里的森林大部分划给国营林场，从外地吸收林农进来，而把瑶胞搬到半山贫瘠的地区。过去在公社里吃大锅饭时还可以生活得好一些，土地承包以后，他们就苦了。山上回不去，山下好地分不到。更令人听了难过的是这里还有个"自然保护区"，在这个林区是什么都动不得的，而生活在这个"保护区"里的瑶胞的生活却得不到"保护"。他们不但没有树木，连树下的一草一菌都不准采集，只能靠分到的一些山地种杂粮过日子，怎能不贫困呢？江华和江永的干部都反映，对林农征税太多，光种类就有十几种。木材在市场上卖出得到的钱，林农拿到手的不到1/3。这个情形应当及早改变。从这些事实看，这个瑶区存在着共同关心的政策问题。大家可以互相讨论，共同提出合理的建议。

总的说来，要讲瑶区的发展，第一步是各地瑶区互通信息，交流经验，结合本地具体情况，吸取别地行之有效的脱贫方法。第二步是共同研究各项政策的实施情况，提出改革建议。第三步是总结经验，找出几条山地经济发展的共同规律，再根据这些规律拟出切实可行的发展规划，不在于搞大项目，主要是搞能使千家万户得到实惠的小项目。

四

搞经济发展没有资金是不行的。资金从哪里来？我每到一个地方，当地的干部一定要我先听汇报。我听到的都是实情。地方上资金不足，要建设是迈不开步子的。但是，值得注意的是他们几乎大多眼睛向上，伸手要钱，好像解决建设资金只有政府补助这一条门路。因此，我总是说，少数民族地区的脱贫和发展，国家肯定要出钱来补助，自从开国以来，国家对民族地区的补贴不算少。但是，国家能拿出的钱是有限的，所以下面的干部不能只把眼睛向上看，还得向旁、向下看，多找出几条搞到建设资金的门路。民族地区的情况我知道的不多，但在沿海的农村里，我确实看到这10年来农民的收入有了很大的增加。农民手上有了钱，怎样花就成了一个大问题。大体说来是先讲温饱，接着就要造房子。这些都是消费性的用途，是应当满足的。但是这些要求满足之后怎么办呢？很多人并不看重再生产，没有把手头的资金投入农业、工业和商业，而是继续用在消费上，去购买生活上还没有迫切需要的用具。在电力供应不足的地区，甚至还没有通电的地方，农民已开始购买电视机、冰箱、洗衣机等等。这些大多是为男婚女嫁时购买的。很多地方已形成风气，没有这几个"机"，就娶不到老婆。这就不是走生产致富的路子了。钱多了，就讲排场，大请其客，婚丧做寿，甚至儿子考上大学，小孩满月都要大摆酒席，一请就是十几桌。这就有点挥霍浪费，不是正道了。这种情形在民族地区可能已经发生。如果事先不多加注意，收入增加了也难免不走这条路子。我一路上总是提醒大家，讲生产是必要的，可别忘了指导正当消费，有了钱首先要投资再生产。

在民族地区讲经济建设，不仅资金不足，更大的困难是缺乏有关生产的知识，即科学和技术。少数民族由于历史的原因，发展的起点低。过去长期封闭，不容易从外地引进新知识，这是发展的大障碍。可是现在我们已在改变过去的封闭状态，先进民族和先进地区都乐于帮助贫困的少数民族脱贫致富。这是社会主义制度给我们的有利条件，少数民族同胞必须充分利用这个条件，接受外来的知识和技术。我们一路上看到正在富起来的瑶族村子，都是由于接受了新的生产技术，开辟了新的生产门路，其中主要是接受汉族同胞的帮助。

最后，我想提一个南岭山脉瑶族地区的交流协作的建议。不同省区之间地区性的协作在别的地方已经开始了。我们这里可以 6 个县为基础搞协作；具体可仿照甘肃临夏和青海海东的协作区的办法试行一下，只要广东同意，广西同意，湖南同意，可搞一个南岭山区瑶族的经济协作区。初办时范围不要太广。试行一个时期，有了成效可以逐步扩大范围。

我把这意思讲出来，请大家讨论。

1989 年

甘肃行

兰花出口

我每次去兰州访问总是住在名叫"宁卧庄"的招待所。这个名称很雅,事实上也很安静。旅途劳乏,在这里确可不用药物,安眠终宵。最近我又去访问兰州,目的是了解一下去年建立的黄河上游多民族开发区的进展情况。到兰州一问,最使我惊喜的是就用宁卧庄这个名称成立了一个新技术产业开发试验小区。原来甘肃省为促进黄河上游两省两区的开发事业,先在省内成立了五个小区进行试办。宁卧庄是其中之一。

我并不知道宁卧庄这个名称的来历,很可能是从那个招待所开始的。这个招待所周围大约有三平方公里的区域正是兰州市许多科技院校和机关集中的地方。各学科专门人才有7000多人,其中有职称的约1500人,还配备有高精尖仪器设备。1988年就是在这个基础上办了这个新技术产业开发区。大概看中了宁卧庄这个名称,所以就叫它作宁卧庄小区。

首先是这个名称吸引了我,其次是我很想看看科学技术怎样转化为生产事业,了解一下知识分子怎样直接和国家的经济建设挂上钩。因此,我就抽空到宁卧庄小区进行了访问。这次访问印象最深的是已成为出口产品的兰花幼苗。

说起兰花,它是我从小熟悉的花卉。由于我妈妈的名字里有个兰字,我爸爸一直喜欢培养兰花,可能是用以表示他们夫妇的恩爱。后来妈妈逝世了,可是我老家的兰花依然盛开。开花时节,一进门就有一阵幽香扑人。年复一年,兰花也就自然地联系上了我早年温暖的家庭。现虽年老,其味犹存。

讲到宁卧庄小区,就听说"兰花出口"。是好奇还是旧情,使我急于一睹。地点是在兰州大学生物系的实验室,接待我的是副教授谷祝平同志。他就是兰州兰花研究开发公司的经理。招待我们就座的办公室并不大，桌子上已陈列了一行兰花标本。这些兰花和我小时候熟悉的有点不同。我熟悉的是苏州的品种，叶多于花，有如许多水墨画里所绘的那样，一枝瘦兰总有大丛兰叶相护。眼前陈列的可能是引进的洋兰，或是已经杂交改造过的新品种。花朵大，色彩多，花纹细，一株株亭亭玉立的细枝上挂着一串串花朵，上下连成层次分明的行列。每一个品种的花朵样式不同，最出奇的是叫兜兰，形似拖鞋挂枝。至于那些形似多彩纤纹蝴蝶的花朵，在这里已属很常见的了。一问才知道兰花品种多至2万以上，在这个实验室里培养的就有280多种。

随着，我们进入了他们的"车间"，一行行架子上一层层满储着尖形的玻璃瓶。这些就是兰花幼苗的培养瓶。花苗培养到一定程度就可以连瓶带培养液一起出口了。

培养兰花幼苗出口不能不说是件新鲜事。这事的始末是这样：谷教授原在兰大生物系细胞研究室工作，1984年作为学术交流去美国加州大学访问。在那里开始接触到兰花，参加了该校培育兰花的实验，并且了解到培育兰花在美国是一项产业，有广大的市场。1986年他回国时就有开发兰花产业的设想，向兰大提出作为科研立题。实验有了成果后，在兰州市科委的支持下，开始大量培育。接着他和加州大学联系，商定了出口方案。

恰巧这时甘肃省委决定成立宁卧庄新技术开发试验小区。这个原是实验室的研究课题便顺理成章地转化为开发区生产项目，于是一批批兰花幼苗在1988年开始出口了。1989年9月我去参观时，已经外销了2600瓶（每瓶30株苗），创汇2万多美元。据说他们每月可产2000瓶。今年还将外销荷兰和南朝鲜，订货量已超过一万瓶。星星之火，前途可观。

兰花也能成为一项产业，我是从来没有想到过的。在国内兰花原是一种野生花卉。我从小听说有人到山里去掘兰花。兰花却喜欢长在人们难于攀登的山阴险处，正如我在武夷山看到的，大多挂在悬崖峭壁上，或溪旁大石的裂缝里。品种越好，生得越僻，采掘的人不冒一点风险难于到手。一般人家供赏的兰花大多是从深山里采来的老根上分出来的，要养三五年才开花，繁殖很慢。

我小时候就想过为什么兰花要分根而不直接下种培育呢？这次问了专家才知道，兰花并不是不结果实的，但是一颗果实里有十万多粒种子，每粒种子小到肉眼看不清楚。由于颗粒太小，几乎不含营养物质，所以自然条件下难以萌发。兰花种下后，怎样使它能茁长成苗，也就成了生物学实验室里的一个课题了。谷教授从加州大学引进的就是这一手。这一手，就用得上生物工程了，也就是说可以通过细胞杂交的技术培养新品种。新科学技术就这样把兰花的培养从采掘经济发展成了产业经济。现在已进入大批量人工生产的阶段，并进入了国际市场。

"知识是财富。"会说这句话的人不少，而兰花出口却真的使它变成了事实。出国交流者多矣，有几人能像谷教授那样把生财之道带回国内呢？这是值得我们深思的。

"两西"移民

黄土高原名声不太好，连黄色都被连累成了贫困的象征。其实黄土高原就是怕旱，只要有水不难成为郁郁葱葱的绿色海洋。有点历史知识的人必然会明白，如果黄土高原自古以来就赤地千里，那就不可能有今天的中华文化了。令人痛心的只是这块我们民族发祥地在历史的演进中不断地被破坏了，出现了水土流失，生态失调。高原上大部分地区树木砍光，草根挖尽，留下了一片片沙化的荒漠。

在这历史演进的过程中，甘肃的气候当然也起了变化，但是天还是下雨的，至今还有 1/3 的地区降雨量在 400 毫米之上。问题是没有了树木，没有了草皮，天上下的水就留不住了。一阵大雨，短时间里汇成的无数急流，把黄土层冲刷得龟裂破碎。

只要留得住天上下的雨水，只要用得上黄河里的流水，只要积得够祁连山上泻下来的雪水，只要提得上大片土地下的潜水，总之有了水，黄土高原还能育养我们的子子孙孙。

看来历史开始出现了转机。人们自己破坏的生态，开始自己修复。种草种树抵住了水土流失，电力提灌用上了黄河的水源，开渠修坝积住了高山的雪水，广挖深井，处处出现了绿洲。

我最近这 5 年，年年去甘肃，目的是看看这篇复兴黄土高原的大文章是怎样写的。今年又看到了一小节，起个小标题叫"两西移民"。

据说，80 年代初中央有位领导同志到甘肃视察，从陇中到河西走了一趟。

陇中是以定西为中心的甘肃中部干旱地区,有名的贫困典型。我在1984年也去访问过,留下了水贵如油的深刻印象。像我这样从小在水乡长大的人,不亲眼看一看决不会相信一家人全年的用水只靠一个不过几个立方米大的积水地窖来供应的事实。这里的人,日常生活全靠雨水维持,庄稼就不必说了。他们的农活没有我苏南家乡那样紧张,反正下了种,能收多少算多少,全靠老天,人是使不上劲的。而这片干旱地区,人口却特多。人越来越多,分得到的地却越来越少,怎能不成为贫困的典型?!

据说,那位领导同志从定西出来,又去河西。河西是指甘肃省黄河以西的地区,从地图上看去就是伸向新疆那个长脖子,一条狭长地带,北面是内蒙的沙漠,南面是和青海分界的祁连山。就是这座绵长的祁连山山顶上积的雪,每年溶化时流下的水,使这片雨量特别少的长廊,变成了辽阔肥沃的绿洲。

这条有1000公里长的河西走廊,在中国历史上做出过巨大的贡献,远在汉代之前是乌孙人、后来是匈奴人的牧场。汉武帝为了抗拒匈奴,首先占领了这个绿洲,开辟农场,成了他开拓西域的军粮基地。后来也就成了联系中西交通的丝绸之路的咽喉。直到海运取代了陆运,以往的若干世纪里,河西走廊一向是繁荣兴旺的。迄今名闻世界的敦煌莫高窟正是它的历史见证。不幸的是其后天灾人祸不断。解放前不久,我的朋友谷苞曾在调查报告中说:这里已是"农民的地狱"。但是山犹在,水长流,解放40年社会安定,兴修了水利,农业生产还是较快地恢复过来了,到了80年代还成了甘肃的商品粮基地。其实,这里毕竟人少地多,还有大片没有开辟的荒地。

可以想象,刚从定西出来,进入河西走廊的那位中央领导同志,面对这样显著的对照,很容易把"两西"——定西和河西——联结了起来,提出"以西济中"的两西计划,让人多地少,活不下去的中部干旱地区的农民,搬出一部分来,成为开发河西新开辟的灌溉区的劳动力。

正是这几年,黄河上游的水电站陆续投入运转。甘肃得天独厚,具备了利用电力就近把黄河里的水提升到地面进行灌溉的条件。原来中部干旱地区的荒地开辟成了肥沃的水浇田,称黄灌区。黄灌区和河西的粮食基地一样需要劳动力。于是"两西移民"里添上了"山川互济"的一条,就是将部分住在干旱地区山沟里的贫困农民转移到附近的黄灌区去定居。实际上两西计划就是由政府创造条件,在农民自愿基础上,有计划地在省境内进行人口调整。此举两得,一方面解决干旱地区的贫困问题,另一方面,解决了新辟的灌溉区所需劳动力的问题。

自 1985 年起的四年多来,从中部干旱地区迁出了 17 万穷困农民,其中在新开辟的黄灌区里就近安置了 13 万人,往千里外河西迁移的有 4 万人。据当地的经验,在贫困区里"移走一人,缓解两人,等于解决三人的贫困"。从这个意义上来说,这四年一共解决了 50 万人的温饱问题。估计甘肃中部干旱区到本世纪末,需要另找出路往外迁移的约 60 万人,实际受益达 180 万人。现在打算在今后三年内,再移出 30 万人。

两西移民在解决贫困地区农民的温饱问题上是起了作用的。绝大多数移民都做到"一年搬迁,两年定居,三年解决温饱,四年迈开致富步伐"。我分别访问了靖远的黄灌区和河西张掖市的移民村。上面这句话基本上是符合事实的。下面说几个实例。

离定西不远的靖远县兴堡子川灌区有个景滩子移民村。这个村子的 304 户全是从本县永新乡 9 个贫困村迁移来的,一共移出了原地 20%—30% 的人家。我访问了 3 户,是老汉吴恒的 3 个儿子的家。大儿子在附近煤矿工作,儿媳介绍说全家 5 口人,种 10 亩水浇地。劳力不够,给大女儿从宁夏中卫县招了个上门女婿。1986 年盖了新房,材料主要是原地拆运来的。1988 年收小麦 6500 斤,玉米 2600 斤,还有蚕豆、胡麻等。温饱已没有问题。堂屋里有一台六喇叭的收录机,还放了一段秦腔给我们听。最近家里还添了一台 18 时长风电视机。二儿子家 4 口人,种 7 亩水浇地,家景也很好。老汉和小儿子住在一起,刚刚成家,都住进了新建的砖瓦房屋。他们对移来后生活的变化都十分满意,一再说:"不回去了,回去没吃头。"

我到河西张掖市后就到甘浚乡速展村去看望由临夏州东乡县迁来的移民。移民章宪东在 1986 年单身先来河西。当地政府按他家原有 3 口人计算分给他 20 亩田。他用政府给他的周转金购买了小牲畜和农具,扎下了根。第二年再把全家接来,当年口粮就够自给,还盖起了 7 间新房。1989 年可以收粮上千斤,还养了 20 只羊,1 匹骡子,1 头牛,3 头猪。我到他们的厨房一看,锅里嫩着一锅羊肉,桌上堆着一大叠白面馍馍。看来日子是好过的。这村 35 户,全从东乡迁来。

贫困户移出了贫困村,缓解了贫困区人口压力,让出地来种草种树,发展牧畜业,生产和生活都得到改善,迁入的地区有了劳动力,农业生产也提高了，加上成套的扶贫措施，甘肃"两西"的面貌有了显著的变化。据统计，1988年和1982年相比，河西粮食总产量由17亿公斤上升到20亿公斤，农民人均纯收入由223元增加到445元。中部地区粮食总产量由8亿公斤上升到13亿公斤，农民人均纯收入由72元增加到280元。当然这样大的变化，不应当全归功于"两西移民"计划的实施，但是不可否认"两西移民"在这个变化中也是起了相当作用的。

我们必须为黄土高原恢复名誉。黄色是绿色的底子，贫困可以征服。两西移民不过是朝着这个方向发展迈出的一步。我乐于写此小记。

一厂两制

1988年甘肃、青海、宁夏、内蒙古两省两区共同提出了建立黄河上游多民族经济开发区的设想和方案，经过中央批准，各省区都分别开始进行具体的开发计划和工作。我通过这次去甘肃考察，对这个方案的实施很乐观。甘肃已经开动了。看来，开发大西北已不是学者们的空谈，而是千百万边区人民扎扎实实在干的大好事了。同时，我认为他们还为搞活国营大企业找出了一条可行的路子。这条路子就是国营大企业通过城乡结合，城乡一体化建立他们称为"一厂两制"的办法。

早在1984年我在包钢考察时就提出"人文生态失调"的观点。所谓"人文生态失调"简单地说就是一个企业受到来自设备和制度的种种限制，无法消化企业内不断增长的人口的现象。当时，我看到像包钢这类大企业，为了自身解决这个失调问题，在大厂里办了许多层次的集体所有制的小厂。这其实就是"一厂两制"的雏形。这几年我访问了甘肃和陕西，看到了不少国营大企业存在着同样的情况。也许可以说，"一厂两制"是一定历史条件下群众性的创造，用以解决现阶段国营大企业普遍存在的问题。

建国以来，国营企业，一直是我国经济的主要成分，好几千亿元的投资，好几千万的职工，和大量的科技力量都集中在这些企业里。怎样搞活这个巨大的力量是有关国家兴衰的大事。甘肃历来是国营大企业集中的地方之一。一提到经济开发，首先就应当解决这个问题。甘肃采取的"一厂两制"的办法，把孤岛式的国营大企业和地方结合起来，开办很多集体性的中小企业。预计到

1990年，几个开发小区里，仅"一厂两制"这一块的产值就可达10亿元。

我在这次访问中，先后和白银公司、稀土公司，805厂、金川公司、酒钢公司，厂坝铅锌矿的经理人员和这些企业所在地的地方党政领导，多次讨论了"一厂两制"的经验和问题，很受启发。

给我深刻印象的是这些事实里所显现出大西北开发过程的某些特点。

从历史上看，这些地方的重大飞跃几乎都是由外注入的。汉代大批汉人进入河西，把农业带了进去，改变了这里单一放牧的经济，出现了繁荣的粮食基地。建国之后，现代大工业进入西北，大批企业由中央定点，投资设立。我听到一个典型的事例，据说有一位将军奉命来甘肃建厂。他推开地图，找到了一块他认为即使发生战争，原子弹都影响不到的地方，用笔一圈。现在已有几万人的与四周隔绝的稀土公司就是在荒无人烟的山沟里建起的。

这些注入式的大企业，一开始就和当地的老百姓是分隔的。它们如同一个个自给自治的小孤岛。工厂重地，行人止步，门禁严森，设有岗哨。大西北每年报表上工业产值都不低，这些企业确实也为国家作出了很大贡献。但是这些厂的产品几乎全由国家调走了，留给地方上的极少。工厂周围的老百姓看不到，分不着，几十年来面貌变化极微。

大西北的广大农牧民受不到现代工业的惠泽，只是这种经济格局的一个方面，另一方面是这类孤岛式的大企业自身也难于发展和维持。在原来的体制下，除非国家继续不断地投资，企业自身无力更新和扩建，而国家又哪里有这样大的力量呢？！日子久了，企业老化。然而，企业里边的人却一代代地生长，越来越多。50年代办的厂，到70年代那些办厂后出生的孩子都要就业了。这些新生力量在这些孤岛式企业自身是消化不了的。这个问题成了这些企业领导者最头痛的一件事。在这种很具体的压力下，"一厂两制"萌芽了。

但是，"一厂两制"在孤岛里实行还是解决不了问题。1984年我在包钢看到的那些为职工子弟开办的集体小厂就是关在孤岛里办的。它们实际上成了大厂背着的一个个小包袱。这次我在甘肃参观了几个开发小区，看来他们已经闯过了这一关。他们把厂门打开，伸出手去和地方结合，搞城乡联系。就是说，大企业提供技术、管理、运销的经验和人员和地方提供土地、设备和劳力。双方联合开办各种中小型企业，利益均沾，共同负责。这种打开厂门办一厂两制的做法，为各企业职工的子弟提供了出路，人文生态失调得到缓解。

这种形式的扩散企业对西北地区的工业化具有深刻的意义。我们不能指望西北边区能像苏南或珠江三角洲那样由农民自动地引进新技术，发展自己的乡村企业。大西北工业的发展还得顺着地方特点，由上而下地注入。试想，如果不是大企业打开大门，原来的边区农民怎能接触到外来的现代工业？"一厂两制"不仅使大企业卸下了自己的包袱，同时工业之风也吹向了广大农村。真可谓一举两得呀！甘肃就是这样做的。他们以原有的国营大企业为核心，建立了四个"一厂两制"的经济开发试验小区：白银、金昌、西成和连海。另外还有一个性质和"一厂两制"不同的宁卧庄科技产业开发区，我在《兰花出口》一文中已经作了报导。

金昌小区里的金川公司总经理王德雍同志向我谈了他的体会："公司在产品经济体制下的27年里，一直是单打一的搞镍和钢的生产，路子越走越窄，困难重重。自从成立镍都实业公司，发展'一厂两制'的企业以来，三年间与地方合作，共建了96个集体经济的工厂，其中几个年产值1000万元的厂，只用10个月的时间就建成投产，发展速度很快。1988年这些集体企业的产值达2亿元，1989年可达2.7亿元，正好是全公司1983年的产值。这不也正好说明'一厂两制'发展集体经济，不仅三五年功夫就可带出一个公司的产值，而且对促进地方经济的发展十分有利。"

孤岛式的大厂打开大门和地方结合办中小型集体企业之后，企业和周围的群众关系也搞好了。过去厂内、厂外的差距太大。墙外看墙内是另一个世界。四年前金川公司职工的年人均收入是2000元，而公司周围的农民年人均收入不到100元。1986年开始搞"一厂两制"，公司从技术上、设备上、资金上帮助地方发展乡镇企业，1988年农民的年人均收入达到了600元，农民和公司的关系很和谐。

我在路过永登县时，参观了一个甘肃铝业公司和该县合办的碳素厂。永登县的西部大通河两岸就是连海小区。这个碳素厂就是从小区核心辐射出来，国营和地方结合办起的企业。铝业公司提供技术和管理，派有经验的人员当该厂厂长。地方提供土地、厂房和劳动力。流动资金由双方分担。70%的产品由公司包销用于公司所属的铝厂。利润分成，公司得5.5，地方得4.5。全厂有300名工人，全是当地农民，月工资120到180元，比当地一般农民的收入明显提高。据魏县长介绍，永登县有不少像碳素厂性质一样的乡镇企业，全年产值达

1.7亿元，全县44万人口中已有11万从事乡镇企业。永登县的面貌这几年有了显著的改变，可见开发小区的"一厂两制"已经在农村里发生作用了。

1984年我在包头看到的厂内搞小集体和1988年甘肃看到的开发小区，使我发现"一厂两制"本身有了发展，从企业闭门扩大走向企业开门扩散。扩散显然比扩大前进了一步。这条搞活国营大企业的路子是群众走出来的，"一厂两制"不失是一条很有前途的活路。

"两南"兴牧

去年国庆前，我抽空去甘肃访问，横穿了河西走廊。河西走廊是指黄河以西夹在内蒙古腾格里沙漠和甘青分界线上祁连山中间的一块狭长地带，东西一千多公里而南北最短的距离只有100多公里。这是一块黄土高原上有名的绿洲。

河西走廊久已闻名，它是古代丝绸之路所经之地。其后海运畅通，贸易改道，丝绸之路也就成了怀古的对象。但是现代铁路和公路的兴建，特别是空运的开拓，欧亚商品流通的路线正在再度调整之中。重开丝绸之路，大有前途。我虽年老，犹有赶热闹的兴趣，总想在有生之年，至少在这条路上踏上几个脚印。所以这次去甘肃，重点就放在河西走廊。

访问河西走廊除了想看看这个绿洲的农业怎样发展外，我还有一个私愿，就是想去看望聚居在祁连山麓的裕固族同胞。甘肃本身是个多民族省份，特别引人注意的是沿着甘肃和青海的边界上聚居着一连串人数较少的民族。我前几次访问甘肃时去看望过南部的撒拉、土、东乡、保安等族的同胞。这次既去河西就下了决心要去看望裕固族的同胞。

说起裕固族，研究中国民族的人大都知道它，因为它曾引起过一个理论上颇有意义的问题。简单地说，裕固族分东西两部分，语言上有相当大的差别，有人认为可划分成两种语言。据专家考证，西部的裕固语留有明显的古代回鹘语的痕迹，而东部的裕固语却留有古代蒙古语的特点。但是不论说哪种语言的人都认为自己是裕固族的人。那么没有统一语言的人能构成同一民族吗？这就成了个问题。

用"裕固"这两个汉字来作族名是解放后该民族群众自己提出来的。他们口语自称是"尧呼尔",这两个汉字近于音译。名从主人,这个族名就这样定下来的。至于一个民族的人说不同语言的情况,在中国少数民族中,并不是只有裕固族是这样。在漫长的历史过程中,来源不同的人群在一定的具体条件下,各自带着原有的口音和语言,认同为一个民族的事实并不是个别的。在民族识别工作里,这可以说是中国的历史特点。

裕固族这个名称虽则是新提的,但作为一个民族实体已有悠久的历史。据比较可靠的历史资料,加上一直流传至今的民间传说都认为现在的裕固族人的祖先是曾经聚居在蒙古高原上的回鹘人,在史书上也称回纥人。回鹘人所建立的汗国大约于公元 840 年被推翻,大部分人向西迁移立足在今天的新疆吐鲁番一带,是现在维吾尔族的祖先。另有一小支东迁到河西走廊,就是现在裕固族的祖先。

聚居在草原上的游牧民族,流动比较迅速,幅度也比较宽广。某一个游牧民族强大了,常会去攻击其他民族,占据其草原,原来的民族如果不迁走让开,也就被并吞了。就拿河西走廊这块绿洲来说,有历史记载可据的,已经几易其族。这地方最早是乌孙和月氏所居,后来匈奴把他们赶走了。到公元前 1 世纪,匈奴降汉,汉代在这地区建立了政权。北方的一些民族和屯居其地的汉人就开始在这个走廊里杂居,共同开发这块绿洲。从那时起,统治过这地方的民族除汉族外,前后还有吐蕃、羌、蒙古、满等。他们都带来了一些不同的民族,也排挤过一些民族。这段历史使这地区形成了一个多民族的杂居区。

以裕固族来说,他们是在这块土地上居住较长的一个民族,从公元 9 世纪中叶回鹘人东迁进入河西算起至今已有 1000 多年。这个民族在 9 世纪末曾控制过这地区,长达 140 多年。这段时间也正是丝绸之路繁荣的时期。11 世纪初才亡于西夏。看来裕固族臣服了西夏后并没有撤离河西,而坚持在祁连山麓的草原上,发展牧业,并在和藏族和蒙古族接触中信仰了喇嘛教。

肃南裕固族自治县是 1954 年成立的。以现在的行政区划来说,这是一个地广人稀的县:东西长 650 公里,南北宽 120—200 公里,土地面积达 2 万多平方公里。人口总共有 3.5 万多人,其中裕固族 8000 人,藏族 7000 人,汉族 17000 人,其他如蒙古、土、回等分别不过几百人。这 8000 多裕固族人聚居在面积达 1.4 万多平方公里的祁连山草原上,主要从事牧业。这片草原牧草丰美,水源充足,至今是著名的牧场所在地,是甘肃省重要的牧业基地之一。

我向主人提出看望裕固族的意愿时，确实给他们出了个难题。因为裕固族的牧场都在海拔3000米至4000米的高坡上，其实，对于我的年龄和体质，主人们多少是有点过虑了。最后只好同意我从张掖去酒泉时绕道自治县府所在地的红湾寺。我由此进山几十公里，在附近的一个小草场上和裕固族同胞在白天共度了一个中秋佳节，晚上到酒泉安宿。这一天的安排固然使我看到了裕固族同胞的生活面貌，领受了他们好客的热情，在以传统形式招待我的酒会上，不断的歌声和真挚的笑容让时间飞驰过去。直到我不能不告辞时，单是留客告别的"上马酒"还得唱上半个多钟点。我在感情上受到的激动远过于我想对他们牧业建设的了解。因而在这篇杂写里我能报道的眼见事实不多，但是从我听到多方面的介绍却启发我对发展我国西部少数民族地区特别是青藏高原的牧业有了不少想法。

　　从汽车上我贪婪地倾听关于肃南草原的开发情况。从怎样用草库伦扭转在退化中的草场说起，一直讲到怎样建设"基本草场"，大大增加了收割饲草的总量。关于牲畜，他们从50年代开始绵羊改良工作中遇到种种阻力后又怎样步步进展，讲到80年代被确定为"甘肃高山细羊毛"育种基地的经过。这片草原上所产羊毛的长度、细度、密度和油汗质量都属优级，能纺60支纱。听来，肃南牧区现有的特点是在生产高质量的细羊毛，振兴牧业的指标当然不能只看在栏牲畜的数量，主要是在看牧业的基础建设，要在饲料、品种、畜群结构和防治灾病等上下工夫来保证畜群数量和质量的优化。关于这些，我从在汽车上所听到的介绍里得到了一个很深的印象：肃南的牧业不仅有历史的传统，而且近几十年来的改革工作也是有显著成绩的。现在的问题是怎样在已有基础上进一步发展，目标是为广阔的青藏高原建立一个牧业现代化的前进基地。

　　关于牧业改革我是外行，在这方面用不着我多说了。我想到的是如果在肃南这片草原上能有效地作出兴牧的榜样，不仅在经济效果上会大大改变当地的面貌，而且在西部中国许多少数民族的发展和团结上将带来深刻的影响。我一向认为我国西部地区的民族团结最后还得依靠减少到消灭民族地区间的经济差距，而经济差距的缩小主要在于发展西部高原的牧业。我自己这几年在西北边区观察得到的印象总的说来，从草到畜，从原料到加工，一项项地分开来讲，各地方都有了切实可行的办法了，但是从原始性的放牧发展成为为加工工业提供畜类原料的饲养业，作为一个系统工程，还缺乏综合性的规划研究。这就是说，怎样把已经行之有效的各项畜牧业改良工作从饲料到加工工业直到成为成品看成是一条龙，一节节地加以衔接配套，提供一个可以给各牧业区开发作示范的模型，还有待我们去试验和实践。

我之所以看中肃南这块草原，觉得它具有良好的条件可以作为现代化牧业的试验场所，首先是上面提到的牧业基础，其次是它正处在河西走廊工农业重点建设的附近。而靠近现代化农场和工业中心都是促进牧业现代化的重要条件。

我这次是从武威绕道进入裕固族地区的。武威正是甘肃金昌开发小区的所在地。金昌亦称镍都，是我国产镍的一个重要基地。我在"一厂两制"这篇杂写里已讲过，这个开发小区这几年采取国营和地方结合扩散工业的方针，一批中小企业已经成长。中小企业的扩散已可以为各地方特产的原材料提供加工的机会，同时也就推进了当地原材料生产的发展。牧业现代化主要是在使畜产品成为加工工业的原料。发展纺织、皮革，食品工业才能把牧业带进现代化经济；但是少数民族地区发展工业最大的困难是缺乏资金、技术和经营人才。既然肃南靠近武威、酒泉等国营大企业的基地，那么就应近水楼台先得月。这些现存的条件摆着不利用是十分可惜的。

从客观上讲，振兴肃南牧业条件是具备的，当前所欠的"东风"是主观上对这种发展的可能性和重要性的认识。只要"争"到这股东风，肃南兴牧在不久的将来是可以成为事实的。

在离开肃南时，我不禁联想起了三年前我去访问过的甘肃另一片广阔草原，那就是甘南。关于甘南那次访问，《瞭望》的读者可能还记得我那篇《甘南行》。肃南和甘南是甘肃的"两南"，这并不是名称上的巧合，它们在发展西部民族事业上有着密切联系。它们都紧靠青藏高原的边缘，都是藏族和与藏族有长期历史关系，甚至已信仰了喇嘛教的其他民族（如裕固族）共同聚居的地方。这"两南"能不能看作是青藏高原的少数民族和中原地区各民族联系的两架桥梁？我在《甘南行》里曾提出过通过甘南这架桥梁可以把现代化科技知识送入藏族地区。这次肃南之行又启发我想到加上这架桥梁，把现代化的牧业送入藏族地区。因而我把这"两南"联系了起来，称这篇杂写为"两南兴牧"，并加上这一小段题解作结。

1990 年

凉山行

开发大西南是我关于边区开发最近给自己提出的研究课题。这也是我对我国社会经济发展宏观格局思考的继续。为此我"五月渡泸"前去四川凉山进行了一次初步考察。考察回来为《瞭望》读者作以下这个汇报。

开发大西南：边区开发研究的新课题

在这里不妨把我这几年来对我国社会经济宏观格局思考的经过简略说一说。

去年初夏，我从长江三角洲考察回来的第二天就飞往兰州参加黄河上游多民族开发区的第一次协调会。11月份又去了一趟福建。今年暮春回吴江老家一次。仔细想想，近年来这种大跨度的考察，长时间的追踪调查使我得益不少。最重要的收获是逐步形成了我对中国社会经济发展宏观格局的认识。从全国来看，各个地区几乎都在结合本地区的自然条件、地理位置以及历史文化传统摸索适合本地区社会经济发展的路子。这不能不认为是我国经济发展逐步发育成熟的表现。

先看看沿海地区。珠江三角洲的发展格局已经大体定型。它主要依靠香港辐射，搞两头在外，"前店后厂"的经营，上得很快，5年功夫就大见成效。福建则靠打"侨牌"，效果也比较明显。现在加上台资进闽，有了更多的建设资金，上得会更快一些。温州搞的小商品，大市场，已在全国建立销售网络，在市场疲软的压力下，把产品质量、品种压了上去。他们这种以流通促生产的机制为全国各地乡镇企业树立了榜样。山东强调科技兴省，在农业发展的基础上大办乡镇企业。胶东半岛上有的乡村办的工厂，规模不小，水平不低，赢利创汇能力都较强。至于长江三角洲的苏南、浙北两翼，由农业集体积累兴办起来的乡镇企业,已左右开弓开辟国内外市场,正在大力发展外向型经济。上海的浦东开发区这个龙头一旦发育成熟,将使这个地区有了可借之"梯",更上一层楼;有了可借之"船",扬帆远航。我看,沿海地区照这个路子走下去,今后10年一定会持续稳步发展,但在发展过程中,我也意识到这些地区的能源和原材料的供应将成为日益严重的问题。这个考虑也使我转眼去看我国的西部。

事实上,眼前能源和原材料的短缺已经成为我国经济发展的制约因素。从长远来看,中国作为11亿人口的大国,不能没有自己的能源和原材料基地,而矿藏和水利资源富集之处又多在中国的西南和西北地区。建国之初,国家曾大量投资在这些地区建立起颇具规模的骨干企业。经过几十年的艰苦努力,他们对国家固然作出了很大贡献。但是,由于体制的限制,这些企业长期没有与地方"搭界",内部巨大的潜能发挥不出来,对地方经济的推动和改善周围农民生活都没有产生应有的影响,效果未能尽如人意。

西部现在的情况怎样? 改革开放同样也给西部带来契机。那里的一些大企业、大厂矿,也有不少已冲破限制,打开厂门,走出孤岛,路子越走越宽,与地方不仅"搭上界",而且结合的形式也多种多样。例如宝鸡,提出了城乡一体化的方针,几年来,他们不断地将三线企业扩散到附近县镇,从人员、技术、设备、资金多方面帮助地方兴办乡镇企业和县属工业。又如内蒙古的包钢则是与地方联营扩大计划外的生产,不仅弥补了计划内的亏空,而且还补贴了部分福利欠账。效果更明显的例子是甘肃的金川白银、兰州等大企业创办的开发小区,全面扩散,多种经营,实行"一厂两制"。仅经过两三年经营,这些小区的产值、利润几乎与母厂相等,附近的农村也因此富了起来,贫困面貌大有改善。

通过对西北边区的多次考察,民盟中央于1988年向中共中央提出了关于建立黄河上游多民族开发区的建议。建议的中心意思是利用甘肃、青海和宁夏、内蒙古两省、两区丰富的水利和矿藏资源,在这个狭长地带建立起一系列能源和原材料基地,除满足东部以至国家经济发展的需要外,划出一部分给当地用来发展乡镇企业。看来这条路子对边区和少数民族地区摆脱贫困,发展经济是走得通的。今后10年,西部进一步开发大有希望,尤其是欧亚大陆桥接通,加之最近发现储量为世界级的油气田,西部的后劲是充足的。

去年5月底至6月初,我抽了20天时间重访50年前在云南滇池周围我和张之毅同志一起调查过的禄村、易村和玉村。这次重访云南三村提醒了我还有大西南这一个资源丰富的地区需要开发。我想到自己虽则年事已高，可能还有几年时间可以用来思考这个问题，心里动了研究大西南山区经济的念头。

从云南回京不久，就接到四川省委、省政府的邀请，约我入川考察，正中下怀。我阅读了杨超同志《关于在我国西部将攀西及滇西北金沙江沿线列为资源经济开发区的建议》，以及中国农学会与四川省科协的《关于加快攀西地区农业综合开发的建议》后，我决定以攀西地区作为我研究开发大西南这个课题的突破口。所谓"攀西地区"就是攀枝花市加凉山彝族自治州。

6月2日深夜，我们从北京乘火车出发，4日清晨到达成都，当天傍晚即换车南去西昌。从5日至13日，我们乘坐汽车盘旋在横断山脉深处，从西昌到盐源县，又到云南省宁蒗县，还抽空去游了泸沽湖，在摩梭人家吃了午饭。后来转到攀枝花市，再折回西昌，去昭觉县。我这80老翁，在海拔2000米以上的崇山峻岭中连续9天跑了1300多公里，竟然还能在彝胞家里踏歌起舞，欢笑畅叙，确有点出于自己预料的。看来此生还可以为开发大西南多做点事情。

关于简称"一点、一线、一面"的开发设想

大西南自有大西南的优势。在漫长的历史发展过程中又形成了自己的特点。这里的开发与其他地区的开发既有相同之处又有不同之处。还是那句老话，既不能割断历史，也不能超越现实，一定要从实际出发，制订出切合凉山、四川及至大西南实际的发展战略和对策。

就四川全省来说，可分为盆地、丘陵和高寒等三个地带。平原地区居住的主要是汉人，丘陵地区是多民族杂居之处，而高山峡谷地带则是少数民族聚居的地区。他们的社会经济发展不在同一水平上，有的相距甚远，不可能采取同一规划、同一政策。比如，我们这次考察凉山，给人印象最深的是这里的汉彝干部和少数民族同胞要求摆脱贫困、走上富裕之路的愿望就比其他地区更为强烈，而且上上下下都寄希望于攀西地区的开发。

他们所说的攀西地区是很明确的，就是指凉山彝族自治州与攀枝花市合作建立的开发区。"西"指的是西昌市，因为它是凉山彝族自治州的首府。我认为攀西地区的开发实际已涉及到整个西南开发的中心问题。后来又与攀枝花市的同志交换了意见，返京后再与去年曾去那里视察的钱伟长同志商量之后，对于开发大西南的思路似乎越来越清晰，内涵越来越丰富，并逐步形成了这样一个设想：由凉山彝族自治州与攀枝花市合作建立攀西开发区。以这个开发区为中心，重建由四川成都经攀西及云南保山从德宏出境，西通缅、印、孟的南方丝绸之路，为大西南的工业化、现代化奠定基础的设想。我把它简称为"一点、一线、一面"的设想。

设想中的这"一点"，就是拟议中的攀西开发区，总面积约6.75万平方公里，人口450万。这里地处横断山脉东缘，是青藏高原向云贵高原和四川盆地的过渡地带，是金沙江和雅砻江的金三角。由于独特的地质演化，形成高山深谷相间的特殊地貌。矿产水能资源得天独厚，居全国之首，为建设以钢铁钒钛为主的现代工业基地提供了有利条件。同时，这里地处南亚热带，热量丰富，光照充足。科学家说这里有南方的温度、北方的日照，老百姓说这里"一山分四季，十里不同天"，都认为这里是发展立体农业的理想地带。加之，土地辽阔，宜垦荒地又多，农业资源的潜力也是全国少见的。这个地区的工农业资源经过多年的勘探和调查，各方面都认为攀西地区是我们现代化开发所需自然资源的"聚宝盆"。所以我的"五月渡泸"，不是"深入不毛"，而是初探宝地。

不过，这里确实偏僻荒凉，人烟稀少。但是，早在公元前四世纪之前却已是通往亚欧各地的必经之路了。后经历代不断经营，沿途设栈道、架索桥，到唐宋时开辟成了有名的南方丝绸之路。尽管如此，绵延二千多年之后，直到本世纪六十年代中叶，在大规模三线建设中，这个地区丰富的资源才受到重视。在历来只有几十户人家居住的金沙江和雅砻江汇合的渡口建成了西南钢铁基地。这个荒山野渡顷刻成了人口稠密的新兴工业城市。为这个新兴城市服务的成昆铁路1970年全线通车。1987年渡口市易名为攀枝花市。从此，声名鹊起，誉满全国。这个平地起家的攀枝花市经过26年的经营，现在已是拥有40多万城市人口，年产铁270万吨，钢180万吨的西南工业原材料的重要基地了。

我之所以把攀枝花市和凉山州作为一个整体来考察，就是因为攀枝花市的前身渡口，原本为传统所称的大小凉山中小凉山的一部分，只有首先承认这个地理和历史形成的民族区域的一体性，才能理解后边我还要详细说明的关于这"一点"的具体涵义。

重振南方丝绸之路辐射内外两圈

关于这"一点"的设想，我还有另一层意思，那就是想把攀西地区看成今后开发大西南能够发生起动作用的经济心脏。接着我要说明的就是设想中的"一线"。这"一线"指的是以攀西开发区为中枢的一条我国大西南通往缅甸、印度、孟加拉各国的交通动脉，也就是指历史上的"南方丝绸之路"。

据历史学家的意见，这条南方丝绸之路是我国通往亚欧各国最早的国际通道，形成的时间可以远溯至秦汉之前（即公元前 4 世纪之前）。这条路线北起长安、越秦岭、到成都，然后大体上沿今天的成昆铁路，经西昌、攀枝花，入云南境内，穿过丽江和大理之间的山路，到保山、腾冲，从德宏出国境，入缅甸、转印度和孟加拉国。古时称成都到大理这一段为灵关道；称大理到德宏出境这一段为永昌道。显然，在海运开通之前，这是我国西南的一条重要的国际交通要道。它绕过了西藏高原，通过横断山脉南部出国境。汉代张骞出使大夏（今阿富汗）时见到的"蜀布"和"邛竹杖"就是从中国西南通过这条商路经印度运到阿富汗的。在这条路上，历来就有成群结队的马帮往来不绝，在抗战时期这是我国通向国外的唯一通道。

看来这条国际交通线在今后开展陆上的国际贸易方面还会起重要的作用。这条商路到达的缅甸、印度和孟加拉地区居住着上亿人口，而且现代工业都不很发达。正是我国轻工业品的一个巨大的潜在市场。现在，这条路上的出口处德宏傣族景颇族自治州的芒市，边贸市场已经出现相当繁荣的景象。这条商路开通后，必然会促使攀西开发区发展轻工业，落实"轻重结合"的方针。

重建南方丝绸之路实际上已经有了现实的基础。成昆铁路和滇缅公路都已畅通。两路之间也有了省级公路相连。当然如果进一步为发展沿线的工业与服务行业，现有的交通条件还应加以提高和改修。有人提出成昆铁路电气化和修筑攀枝花通往大理、下关的一级公路，以便与滇缅公路相接。这些都是今后 10 年规划值得考虑的工程项目。远期打算，在抗战时期已提出过的"滇缅铁路"也应早日列入国家的建设计划。

有了攀西开发区作心脏，南方丝绸之路作大动脉，大西南工业化和现代化建设就能由点及面地连成一片。这就是我们设想中的"一面"。经济的辐射作用将如波浪式地由中心向四周扩散开来。大西南这个"面"基本上包括川、滇、黔三省，即云贵高原和四川盆地。

按扩散的层次说，可分内外两圈，内圈包括杨超同志在他的建议里提到的滇西北金沙江沿岸的迪庆、丽江、怒江等民族自治州和永仁、元谋两县，还可以加上中国农学会建议中提出的攀西—六盘水金三角，东到贵州水城。为了便利攀西及其内圈所产丰富的工业原材料向我国东部工业地区的运输，还应充分利用长江水道，加强其水运能力。同时还可以将金沙江和长江汇合处的宜宾建成水陆转运码头，修筑攀枝花和宜宾之间的铁路，或修筑成昆铁路支线沿岷江通宜宾。

攀西开发区内圈之外的云贵高原和四川盆地是扩散的外圈。在这个外圈范围里，现在已有重庆、贵州和昆明三个工业城市。他们实际上已成为一定范围内的中心城市，正在分别独立发展之中，将来完全可以和攀西这个中心联系起来成为一个大西南的工业体系。

不难看出这"一点、一线、一面"的初步设想，是一个比较全面和长期的设想，只能在实践中由点到线、由线到面，循序渐进，逐步实施。在这里提出这个宏观的粗线条设想是因为我认为有了这个设想为前景，对建立攀西开发区的重要性可以看得更清楚些。

以攀西地区为中心的发展对策

现在，就让我们回过头来再仔细分析研究攀西这"一点"的现状和发展对策。

从这次考察的情况来看，这个地区由于过去发展不平衡，社会经济结构都存在一些十分突出的问题：一是州市分隔，未能配合；二是工农失调，农业滞后，而且没有注意到配套的贸易工作；三是重工业特重，轻工业畸轻；四是民族之间生产和生活水平差距较大。妥善解决这些问题是这个地区进一步发展的必要前提。针对这些失调，我们认为可以提出"四个结合"为对策，即州市结合、工农贸结合、轻重结合和各民族结合。

应该充分肯定，过去集中力量建立攀枝花钢铁基地取得了显著成绩。问题在于这个工业基地是从原本经济不发达的少数民族地区的中心勃兴起来的。从四面八方集中到这条山沟狭谷里来从事工业生产的大量居民，一旦和周围农业地区隔绝，他们生活上的需要几乎全部得依靠铁路从外地接济，吃的是舟山的鱼，烟台的苹果，仅粮食一项25年累计调进149万吨。而凉山地区农业资源的潜力又如此之大，如果能及时加以开发，使它负担起这个工业城市人民农副产品的需求，应该是绰绰有余的。目前工农失调的困境，从某种意义上看，就是由于过去没有把攀枝花市和凉山彝族自治州结合起来作为一个经济地区进行规划的结果。

现在我们提出"州市结合"，并不仅仅是从解决工业中心居民的生活需要出发，更重要的是为整个地区工业发展前途着想。从长远来看，这个地区的工业建设不可能限于现有市区。现在已在审议中的一些重点工程，如大桥水库和二滩水电站都在市区之外。实际上"州市结合"不仅为工农贸结合、轻重结合提供了条件，而且也为民族结合打下了基础。

毫无疑义，攀西开发区目前的主要任务首先是为全国工业化、现代化提供原材料，特别是钢铁钒钛等矿产和原材料。但是，我还想说的是这里特别丰富的水电能源和潜力很大的立体农业，完全有条件建设成为我国西南部的轻工业基地，为本地区以及西南各省提供生活用品，并为扩大向东南亚各国出口作准备。

在当前调整轻重工业比例的过程中，在州市结合的前提下，那些集中在市区里的大中型重工业企业的技术实力，正好可以有组织地扩散到四周广大的乡镇去发展中小型轻工业。这样做，将使大小凉山的各族同胞在较短时间内摆脱贫穷落后，千家万户尽快富裕起来。从各地的经验和历史的教训来看，那种走集中发展重工业的路子是做不到这点的。

像大小凉山这样自然资源丰富的少数民族地区迟早是要开发的。在开发过程中一定要时刻注意引导少数民族同胞充分参与，不能只见资源不见人。也就是说，开发少数民族地区的资源必须和发展聚居在这个地区的少数民族的社会经济结合起来。

我之所以一再强调开发攀西地区要"民族结合"的原因也是从这个地区的现状出发的。攀枝花市自开始建立以来，城市居民一直以汉族为主。现在全市包括划入市境内的两个县的90万人口中，少数民族只有11万。而它毗邻的凉山各州县，在集镇以外的山区居住的几乎全是彝族同胞，共有154万人，是全国彝族最大的聚居区。在当地彝族同胞的心目中，包括渡口在内的这个地区是他们世世代代居住的地方。现在他们看到这块古老的土地上出现了现代化的工业城市自然很兴奋，同时也巴望着能够多方面地参与到现代化建设的行列之中，让这个新兴城市在多方面带动本地区、本民族的发展。在少数民族地区发展重点工业必须照顾当地少数民族的利益，并通过工业的兴起培养大批少数民族工人，原是我们国家的民族政策。最近党中央一再提出先进帮后进、各民族共同繁荣的方针，十分切合这里的实际。我深信在开发攀西的过程中，各项具体的民族政策将得到落实，并在民族结合方面做出令人信服的榜样，进一步体现社会主义的优越性。

凉山发展的先决条件和启动力量

千里之行，始于足下。攀西地区的开发，尤其是凉山彝族自治州的发展，目前还面临着种种困难，需要创造先决条件和启动力量。

凉山这个少数民族聚居的地方，现在住着一百多万彝族同胞。他们曾在红军北上时为各族人民的革命事业立过功。解放后在政治上已翻了身。但是经济上的落后面貌至今还没有完全改变。凉山州所属17个县中有9个县是贫困县，近百万人尚未越过温饱线。与全国各地横向比较差距越拉越大。1990年农民人均纯收入只有336元，比全国630元低了一半。我们走访大小凉山的一些村寨，只有少数人家先富了起来，即使较富裕的坝子或村落也不过刚刚开始累木为墙，营造新屋，人畜分居。但室内有床铺的还不多，一般是家徒四壁，一个火塘，生活还是比较困苦的。有不少人家粮食不够全年吃用，还得靠卖猪卖羊的钱买粮。

像这样起点低的民族地区要发展起来没有国家的资助是很难起步的。解放以来，各级人民政府对民族地区的投入是相当多的。这对各少数民族在经济文化的推动也是相当大的。但是四川少数民族地区与中央直接领导的其他民族自治地方又有不同之处。我们在凉山一些县里了解到，他们的"吃饭财政"大部分依赖省里补贴，而现在省级财政并不富裕，再伸手向上要钱搞建设项目越来越难，多半是纸上谈兵。依我看，办法只有在攀西开发区的大账里列上凉山开发启动基金，专项专用，滚动发展。其实凉山当前发展农牧业所需的初步投资，算下来还不到攀枝花大企业投资的2%—3%。这么一点投资如果使用得当，凉山的农副牧业很快就可能上一个台阶。有了充足的农副牧业产品，不仅可以就近供给攀枝花市区供应生活所需，而且发展州县地方轻工业和乡镇企业也有了原料。全国许多地方这几年的实践经验都说明，这是提高少数民族农牧民生活，增加地方财政的有效路子。

事实上，这些年凉山的农牧业还是有较大发展的，无论是科技兴农，还是办乡镇企业都摸出了一些门道，并有成功的试点。这次考察虽说坐汽车跑路花了不少时间，但沿途所见所闻收获倒不少。一路上我们经常能见到一条条铺在玉米或马铃薯地里的塑料薄膜在阳光下熠熠闪亮，为山川添色不少。县里干部告诉我，开始老百姓不相信盖一层薄膜能增产，后来做出样子，粮食增产一倍，大家就传开了。现在已争着买塑料薄膜。这个事实充分证明，科学是能进彝寨的，彝胞同样能接受科学种田。当然，这里有个条件就是要有人把先进技术送进去，做出示范。

改革开放已经给凉山带进了许多新鲜东西。广泛种植经济作物，发展商品生产就是发展经济的重要突破口。当地干部自豪地对我说：这里的烤烟色泽好、纯度高、干性好，可与云贵烟媲美。这里一年可养四季蚕，生丝质量不比您的家乡江苏差。这里的"天然温室"可生产早市蔬菜，在冬春蔬菜紧缺时提前上市，现在就已销往北方城市，并出口香港、日本、苏联。可见凉山立体农业的潜力有多大，真是得天独厚！但是到现在为止，这些还只是有待开发的潜力。我们的责任就是要帮助彝族同胞早日把这潜力开发出来成为国家和人民的财富。再举个例子来说，当我们在高山或半山地区公路上行进时，在车里还能见到一群群羊只在山坡上吃草撒欢。据州里的同志介绍，畜牧业在彝族地区有着源远流长的历史，凉山有着丰美的牧场。从50年代这里就注意绵羊品种改良和建设草场的工作，进展较快的是最近十几年。州、县因此办起了皮革制品厂，生产的皮夹克等式样和质量还不错。但成本下不来，做了赔本生意，而且农牧民得不到多少实惠。听了这话，我们一行中的一位蒙古族同胞当场就传递了一条信息。内蒙古的牧民培养长绒的山羊，山羊绒是国际上的抢手货。凉山能否向内蒙引进这种山羊，如果可能的话，凉山的牧民不一样能增加不少收入么？我也告诉他们，江浙一带采用先进工艺，一张牛皮现在剥到四、五层，手感好，而且可以降低成本，使皮革厂转亏为盈。这些例子都说明通过横向联系，引进新品种、新技术，各项事业都有发展前途。

同时，我也感到像这样一个偏僻的山地，信息和技术是何等的重要。这里的乡镇企业办不好，不就是信息闭塞、技术落后和缺乏市场等原因造成的吗？由此我觉得，凉山的各级政府一定要把做好服务工作放在重要位置上。在整个攀西开发的过程中，都要十分注意为农牧民发展商品生产和兴办乡镇企业做好产前、产中、产后的服务。凉山各级政府的这个职能显得比内地更重要。这里山高路远，居住分散，集体经济基础很脆弱，农牧民商品意识又淡薄。有个县根据自己的条件搞起了庭院经济，农民在房前屋后种了苹果，收成相当好，却运不出去，烂在山里家中。县里很担心以后农民还种不种水果，庭院经济能否搞下去。

事情很清楚，流通不畅，必然影响生产。一路上，我们听不到铃响，也见不到马帮，看到的是彝胞人背车驮，少数自行车和小马车，步履维艰地上山下坡。在山大沟深的条件下，用这样的运输工具，让一家一户出来搞流通怎能搞得通呢！看来，只有政府发挥职能作用，帮助农民重新建立民间运输组织，包括自愿结合的马帮和运输合作社等等。同时，还应采取民办公助，多方集资的办法，修建通往村镇的公路，甚至现在可着手与科研单位合作研制适合山路的小型简便的机动车辆，使农牧民买得起，用得上。如果花几年或者十几年时间，改善运输条件，把流通搞起来，一头能接上攀西地区内外圈的市场，一头接着千家万户和工厂企业，以后有些事情就好办多了。攀西地区的开发就有了较好的准备。

我们讲的这篇大道理，凉山的各级干部都点头称是，但是事实上心里都明白，这些事办起来确实有点力不从心。必须承认封闭千年的偏僻山区，要一步跨入商品经济是做不到的。如果要赶紧走上这条路，必须有人去帮助和合作。这些人就在附近的攀枝花市。州市结合了，凉山就有了靠山。所以我对凉山的朋友们说，你们必须牢牢地攀住这枝花，开放才有发展之路。

总之，大西南的开发有赖于攀西地区这个中心的启动。在国家的支持和帮助下，加上千家万户投入商品生产，少数民族在社会主义商品经济活动中受到锻炼，得到提高，才有可能在真正意义上参与大西南的工业化、现代化建设。

写到这里我应该停笔了。开发大西南又是一篇大文章，不是一两篇短文可以说尽的。好在我希望还有机会再去实地学习。只要我还能写作，我是会继续向读者汇报的。

1991年6月

武陵行

为了继续探讨西南多民族山区经济发展问题，我于1991年6月凉山之行之后，又于10月访问了长江三峡之南的武陵山区。武陵山区地跨湘鄂川黔四省，连成一片，包括湖南的湘西土家族苗族自治州和大庸市，湖北省的鄂西土家族苗族自治州，四川省的黔江地区和贵州省的铜仁地区，共计总面积约8万平方公里，1300万人口，其中少数民族占53%，约710万人。

我这次武陵之行只在这山区的腹部里转了一圈。从湘西凤凰、吉首，进川东的秀山、酉阳、黔江，入鄂西的咸丰、恩施、来凤，又转到湘西的龙山、永顺，然后从大庸市出山。一共走了21天、1100多公里。一般认为也属于武陵山区的贵州铜仁地区，我没有到，只在由湘入川时在铜仁境内穿过几十里公路。因此我下面所讲的除了说明是"全山区"的情况外，只限于所访问过的三省二州一地一市。

地貌和民族

武陵山区是云贵高原的延伸地带，从海拔千米以上的高原边缘向东北倾斜，约250公里下降到海拔几十米的江汉平原，形成的一片处于乌江和沅江之间的褶皱断裂的二高山区。境内山势巍峨，危岩突出。有山顶略平，四周悬崖的高地，俗称山盖；有群山环抱，山坡梯田层层，山间地势较开阔的小型盆地，除了川东的秀山和湖南的大庸外都难称有平坝之处。在公路两旁见到的多是夹在众峰之间，溪流弯曲的沟壑和槽地。

这个山区的风光正如晋人陶渊明在《桃花源记》一文中的描述，确实是奇峰狭谷，林壑幽美。近年来开辟成国家级旅游点的大庸市张家界就是个典型景观。但在铁路公路没有修通之前，这里的交通极不便利。水溪危道，曲折陡峭，置身其中不能不感到山穷水尽，如入迷津。难怪当时的山区居民与世隔绝，"不知有汉，无论魏晋"。就是这种地貌使早期先后进入山区定居的各族人民，在千百年中积淀在各平坝、狭谷和高山上，形成一个个封闭性的大小社区。武陵山区在接纳了多次的人口波浪，才成了个多民族地区。

武陵山区形成这样一个多民族地区的过程，还有待后人去发掘追溯。从现在的格局来看，人数最多的是汉族，其次是土家族和苗族，人数较少的有侗族、仡佬族和白族。此外在城镇上还有一些散居的其他民族成分。

以我们所访问的二州一地一市来说，人口总数约1000万，其中少数民族约463万人，占总人口的46%，略少于汉族（比整个山区的百分比略低）。如果仅限于湘西自治州，则汉族人口少于少数民族，汉族占44%。

在我们的访问区里，少数民族中土家族共有370万人。1990年普查土家族共570万人，这个地区就占总数的65%，可以说是土家族的主要聚居区。土家族多数聚居在川东南、鄂西和湘西北部和大庸市，即我们访问区的北部，主要分布在酉水和清江流域，尤其以永顺、龙山、秀山、酉阳等县最为集中。

苗族在我们访问区里共138万人，占全国苗族总人口739万人中的18%，从全国来说，是在苗族分布地区的东部边缘，主要在湘西自治州的南部，酉水以南的花垣、凤凰、吉首、保靖、古丈等县。苗族的主要聚居区不在武陵山区。

至于侗族和仡佬族主要是在贵州省境内，我们没有去访问，所以暂略。

总的说来，武陵山这个多民族地区里，汉族的分布在平面上南北较匀，即四处都有，但在立体上，多在平坝和交通线上，少数已深入狭谷和高山。土家族则北多于南，苗族则南多于北，是个小聚居、大杂居、交错穿插的格局。

说一点历史

武陵山区的历史，说来话长，我在这里只能长话短说。在这个山区东部湖北长阳县发现的旧石器中期人类化石和湘西泸溪、龙山、大庸等地发现的新石器时代遗址，都说明远古时代这里已有人类居住，但这些远古的人类和现有的民族还挂不上钩。

现在居住在这山区的少数民族，进入山区的时间和先后也还没有定论。从史料记载来看,春秋战国时代在川东鄂西有个巴国,曾被楚所并,后又灭于秦。秦统一中原后在这地区建立了个黔中郡,纳入了它的统治范围。我们现在还不清楚巴国所占的地域是否早已包括武陵山区,在这山区里住的是不是巴人?据潘光旦先生考证,现在的土家族是巴人的后裔。这些巴人有可能是在巴国被灭亡后留在或移入武陵山区的那一部分。我们不能排斥在巴人入山之前这山区里还有其他居民。我提出这个可能性是出于这山区里现在还住有居处比较分散的侗族和仡佬族。侗族和仡佬族的来历和他们之间的关系,也不清楚。有人认为他们和古代"僚人"有关,曾经在汉代建立过"夜郎国",地点在贵州西部,魏晋时还大批由黔入川。巴人属彝语系统,而"僚人"可能属壮语系统。一自北上,一自南下,可能在某一时期相会在这个多山地区。谁先谁后,那就难说了。

另一个是有关苗族的问题。一般认为曾从江淮南移,在洞庭湖区落过脚的苗族,在秦汉之际曾住在被称作"五溪"的湖南西部武陵山区。他们很可能有一部分就在湘西留下,定居至今。主流则向西迁移,进入了云贵高原,甚至远到泰国北部山区。在湘西留下的那一部分,由南向北在山区里移动,和由北南下的土家族先人穿插杂居,形成现在武陵山区民族分布的基本格局。

至于汉族进入山区的经过,可以说得具体一些。首先可以说和上述这些少数民族相比,汉族进入较后。但也不能排斥如陶渊明所记下的秦汉之前有人从中原避乱入山的人。当然,这些人也不一定是中原去的汉族先民。秦汉以后,武陵山区已建制立郡,必然有从中原派入的官吏和军队,还有利用水道入山的商人。这些人中大多可以说是汉人,但为数不易估计,他们大多聚居在交通要道、军事要地和易于屯垦的平坝。从此,山区内外民间的往来也增加了。据地方志记载,宋代因山区地广人稀曾"诱客户举室迁去"。这些客户"入境随俗",接受了当地民族的风俗。显然这时中原去的人尚属少数。这些情况也反映在这地区和中央的行政关系上。历经唐宋两代中央王朝都采取"羁縻"(音 mi,牛缰绳,此词意笼络不使生异心)政策,和地方各民族保持和睦亲善关系。到了十三世纪后期,元代才实行"土司"制度,明确了地方和中央的隶属关系,但还是委任当地民族的人担任地方的官职,称"土司",是一种间接统治的方式。当时汉人在山区想来还属少数。

土司制度在这地区实行了有400多年。据当地传说,在土司时期,有"蛮不出境，汉不入洞"的禁令，限制山区内外民间的交流。但是事实上每当中原动乱，改朝换代之际，就有大批汉人入山避祸。山区民族的居民也有出山的。据历史记载明嘉靖三十三年（1554年）中央曾调动武陵的士兵几千人到东南沿海抗击倭寇，建立战功。清雍正时（1727—1735年）废除土司制度，民间流动不再受限制。大量汉人从江西、湖广迁入山区开荒。如《秀山县志》所说，1737年"设县以后，吴闽秦楚之民，悦其风土，咸来受廛，未能合族比居，故颇五方之俗"。这是说这些外来的汉人，穿插地和当地民族杂居，各自保留了不同的风俗。当地少数民族出山的也同样增加，参军入伍的很多。清道光年间（1826年）在讨伐新疆张格尔叛变中立功的将军杨芳就是秀山的土家族人，他带领的军队也称"土家兵"。后来在鸦片战争中坚守广州的也就是他。这些事迹表明居住在武陵山区的各族人民之间的亲密关系是有久远的历史基础的。

还应当提到的是抗日战争时期，武汉和长沙沦陷后，湘鄂两省的政治中心都退入武陵山区，同时还迁入了大批沦陷区的大学和中学。湘鄂川黔边区早在第二次国内革命战争时期已经成为革命根据地，无数革命志士云集武陵山区。

这个山区在历史巨浪不断冲击下实际上早已不再是个偏僻的世外桃源了，已成为从云贵高原向江汉平原开放的通道。这条多民族接触交流的走廊，一方面由于特殊的地貌还保住了各时期积淀的居民和他们原来的民族特点，另一方面又由于人口流动和融合，成了不同时期入山定居移民的一个民族熔炉。他们长期在一个地区生活，在不同程度上已形成了一个我中有你，你中有我，你我之间既有区别，又难分解的多民族共同体。具有这种特色的多民族社区面临着怎样进一步团结一致向现代化社会发展的共同问题。这也正是我们这次入山想要探讨的课题。

贫困的生活和富饶的资源

这个"八山一水一分田"的武陵山区，地域虽广，人均耕地却不到一亩，而且大多是山坡上的梯田和旱土。除了少数平坦的坝子和山沟里的水田亩产较高外，一般年产粮食不过几百斤，人均口粮只有300公斤上下。包括铜仁地区在内的武陵，全区工农业总产值在九十年代初估计只有170亿元，人均产值1300元，人均纯收入380元。八十年代还要低，1983年贫困线下的人口占总数80%。这是国务院确定的重点扶贫地区，经过几年的努力，取得不少成绩，但至今还有400万人没有解决温饱问题，而且不少已经解决温饱的地区还常常出现返贫现象。

到现场去一看，贫穷的原因是不难明白的，那就是田少人多，广大土地不宜于种粮食。看到像在山坡上贴大字报般的耕地，立脚锄地都困难，听说每年都有失足跌伤的事件。在这种客观条件下，要求山区粮食自给是极难做到的。事实上，湘西一州即便风调雨顺每年缺粮要上1亿公斤，一逢灾荒那就缺得更多了。

这里发生了个两难的问题，一方面是在运输不便的山区必须重视粮食自给，而另一方面单靠粮食生产山区居民生活难望富裕。既要吃饱肚子，又要富裕起来，长远打算必须加强交通运输，依靠省内调剂解决山区粮食供应。目前来说则仍须通过提高单产确保粮食基本自给。但是为了山区的经济发展，我们的着眼点必须从单纯重视粮食生产的角度转变到充分利用山区资源的方向。实际上，在改革开放的新形势下，这里的干部和群众在观念上已发生了变化。他们告诉我："过去坝子比山好，现在是山比坝子好。"我很赞赏这句意味深长的话。因为这说明了他们已跳出了粮食是唯一财富的圈子，认识到山地潜力比平原还要大，山区农民走出贫困，跨过温饱线，迈向小康，要"靠山""吃山""用山""养山"，过去开门见山是指"闭塞"，没有出路，而今天要打开山门，开门见财了。

这个"山"字，包括山上、山下、山里的丰富资源。就山上而言，要走出种植水稻、玉米、红苕等粮食作物的小天地，走进宜林宜牧，大搞多种经营的广阔山水之中。山区的特点之一就是可以立体开发。在不同高度的山地上可以种草、种树、种茶、种烟、种药材，所谓"山顶松杉戴帽，山中药材系腰，山下粮烟搭桥"。从整个武陵山区看，可以种植的品种繁多，数不胜数。用材林中的松、杉、柏、椿；经济林中驰名中外的传统产品桐油、油茶、坝漆；药材中俗称三木的黄柏、杜仲、厚朴，外加五倍子、党参、黄莲、天麻、白芍；水果中产量最丰的要数柑桔，干果中以板栗最出众；二州一地都是各省里重要的山区特产基地。茶、烟都有历史悠久的名优品种，如自助烟、晒红烟、云贵型烤烟、毛尖茶等都因质地优良而大有发展前途。目前烤烟已成为农村经济支柱产业之一。蚕桑及草食牧业作为山区新兴产业前景广阔，这里的家猪大约因为有玉米和红苕喂养，个大如牛。长毛兔的兔毛产量就石柱一个县已占全国的1/8。跑在草山草坡上能吃到优质牧草的山羊，必将后来居上。

说到山里的矿产资源，每州、每地都能列举出几十种。只说储量在全国名列前茅，在省内居首位的就有汞、锰、铝等矿石，其他非金属矿如煤、重晶石、大理石、陶土均有相当规模。武陵山区历史悠久，山水奇特。有众多的自然风光、人文景观、名胜古迹和浓郁的民族风土人情，构成了丰富的旅游资源。最著名的是前面已说过的大庸市张家界国家森林公园。此外，我们在湘西永顺县参观土家族民族文物博物馆时，看到的不二门景区空间不大，却集自然美景，佛门意境，民族风情，温泉沐浴于一处，实令人叹为观止。那日正值重阳佳节，人家帮我登上155级台阶后，给博物馆留下了"攀登何嫌高，求真不二门"的题词。一路上还听说猛洞河景区集山、水、洞为一体，从老司城至猛洞河口近50公里的漂流，是国内独具特色的不可多得的体育旅游项目。那里还有五代十国后晋天福年间的"溪州铜柱"，是难得的古迹。不由得想到若能把民族历史文化的发掘弘扬与今日民族经济发展结合，给旅游事业更深一层的意义，这在武陵地区是有得天独厚的条件的。

山区的地表起伏不平，深谷型河流形成巨大水位落差，水能资源格外丰富，蕴藏量可观。全山区估计可供开发的水电有850万千瓦，而且分布广泛，各县都可发展小水电，加上不少地方有煤，能源供应充沛。

除了有丰富的自然资源，更为可贵的是山区有大量的人力资源。因为可种的田太少，山区的人口问题似乎比平原地区的包袱更重。据湘西统计全州劳动力近100万人，从事农业的占94%，而农业剩余劳动力就有40万人。跳出小农业的圈子去开发大农业，并进而发展工业，把剩余劳动力利用起来，山区才能真正"见财"。

武陵山区穷就穷在劳动力没有充分利用，开始脱贫致富的最简单公式即劳动力与当地丰富资源相结合。咸丰县组织劳动力开垦可耕荒地，开辟新经济小区，在二仙岩十万亩荒地的综合开发计划中，仅用135天修通四级路面的公路22公里，拓荒7000余亩，接着种上烤烟等经济作物，当年县财政和农民都增加了收入。这是个值得效法的例子。

发展庭院经济培育内在活力

我们从湘西过川东进鄂西到大庸,在武陵山区里一路上看到基层干部和群众发展经济的劲头很大。对如何抓紧提高生产力的方针相当明确,而且这几年来也取得不少经验和不小成绩。但从整体来说是刚刚从贫困线上走出来,眼下还不能说已经站稳了,和沿海发达地区相比,差距还很大,而且有愈拉愈大的趋势。

对在经济发展上尚处在低级阶段的山区农村,存在着怎样启动内部活力,就是怎样使它们自身有发展能力的问题。发展经济的起步不仅要有脱贫致富的迫切要求,而且要有一定的经济实力作基础。长期处于贫困线上的农民,柜子里没有余粮,袋子里没有余钱,很难走上发展经济的道路。所以对像武陵山区这样的农民,目前首先要考虑的问题是怎样切切实实地增加他们的收入,使他们具备自我积累的能力。这就是经济发展内部活力的启动问题。

实事求是地考虑,山区农村的发展看来还得从发展庭院经济起步,就是以家庭为基础,在抓紧粮食生产的同时,充分利用山区资源的优势,因地制宜地大搞多种经营,使各族农民不仅有饭吃,而且从副业里能取得越来越多的收入,具有省吃俭用优良传统的农民就可以自身的积累,扩大生产。这条路子是为一般农民所乐于接受的,而且在武陵山区里我们已经看到了不少这样脱贫致富的具体例子。

在凤凰县拉务村我们访问了一家苗族农户。他们夫妻二人在山上种了一大片杉树,在坡地上种了2500株五倍子、730株杜仲、100株黄柏,又在平地上种了烟草,还养了母牛和猪,育了鱼苗。今年种养业收入超过万元。预计那700多株杜仲在5至7年后可以收入十几万元。

在来凤县,我的两位研究生到岩朝门村访问了一家土家族农户。这家六十多岁的老妇人和她的儿媳两人种5亩多地,除稻谷、玉米、土豆、红薯外,还种有油茶、柑桔、杜仲、桑树等,还养了6张蚕秧,4头猪。又在桑田里套种土豆,用养蚕的废料和红薯养猪。稻谷供自家食用,全年收入1万多元。我们还在酉阳县永墙村访问了土家族李姓农民。他种了玉米、土豆、红薯、烟草。用玉米、红薯喂养了30头猪,同时配套办了一家面粉饲料加工厂,自家方便也为大家服务，全年收入约2万元。

以上所说的都是一家一户多种经营的例子。武陵山区已有进一步发展以一业为主的专业户。秀山县有一个老农从42只种鹅起家，现已发展到193只，明年可出卖雏鹅3万只。鹅以食草为主，他的4.5亩地都种了草，公粮用鹅抵交，成了种鹅定点专业的万元户。

这些农户不论是一业为主还是多种经营都是以一家一户为经营单位的，所以我们称之为"庭院经济"。这里所说的庭院经济并不是仅指一家一户在住宅周围或自留地四边所经营的生产活动，而包括了农民承包的荒山和林地。只要有了长期承包和鼓励开发的政策，家家户户就有可能在山上田里大显身手，成为激发他们内部活力的基础。

外助内应扶贫致富

庭院经济可以使千家万户增加收入，激发农村发展内在活力。家家户户搞副业，产品多了怎么办？我们经过宣恩县当阳坪村时，看到沿公路户户都在晒粉丝。加工粉丝是这地方的一项传统副业，收入不少，但是正因为销路不畅，不能大量生产。村里原想办个粉丝厂，也不敢上马。农家副业产品必须有个市场才能变成值钱的商品。市场打不开，庭院经济还是兴旺不起来的。

我们在来凤县时去桂花树村访问农民胡仁孝，他曾经当过推销员到外地学会了加工皮蛋的技术。这几年他一家6口人，除了种4亩稻田外，就在村里收购鸭蛋加工成皮蛋出售。去年卖出十多万个皮蛋，净赚一万多元。我问他怎样卖出去的呢？他说除了在街上摆摊子外，主要是因为外地有熟人，介绍当地的厂家派车来运，运一趟就要上万个皮蛋。他又说现在外地工厂时兴在过节时给职工低价出售副食品，皮蛋很受欢迎。除了湖南本省外，西安、哈尔滨都有人来运。明年他准备为村里办个皮蛋加工厂，把全乡700多农户的鸭蛋都加工成皮蛋出卖，预计每户可以增加收入150元。当我问他上百万个皮蛋有没有把握都销出去时，他表示就为了这个问题，一时还不敢上马。

在这里我们看到了这地方的农民已经在打算办乡镇企业了。他们也已经明白"无工不富"的路子。但是尽管有此愿望，却还缺少必要的条件。胡仁孝已经学会了加工皮蛋的技术，也激发了当地农民养鸭的积极性，内在活力是有了，缺的是个可靠的市场。这个市场单靠他本人在外地的熟人是撑不起来的。这里如果有个外力来帮助一下，不就比较容易把乡镇企业办起来了么？

需要外力的帮助才比较容易发展起来也许正是内地欠发达地区的特点。这是因为在这种长期以来处于小农自给经济的地区，事实上缺乏先进的生产技术和管理大生产的本领，而且没有可靠的市场。这种地区的农民要一步跨入工业时代难免困难重重。要加速这种过渡，不能没有外力的帮助。但是，没有内在的活力，要帮也帮不上；不过，有了活力，没有外助也难于启动起来。这就是国家提出扶贫这项工作的原因。

武陵地区是我国重点的扶贫开发地区。鄂西自治州民委总结民族地区扶贫工作时，提出一条重要的经验就是"治贫先治愚"。愚指的不是这里的人智力低，而是缺乏科学种田和发展多种经营的必要知识。治愚的具体措施就是发展技术教育，用当地的话说，为一家一户培养一个"明白人"。明白人就是指懂得新技术能当脱贫致富的带头人。1989年以来该州民族职业中学培训了一批农业技术人员。毕业生中已出现了像咸丰县的覃茂胜一样能在他的指导下使本村农民中出现一批当地称作"科学致富户"的带头人。这种由政府的力量有计划地开展实用科技教育，造成大批"明白人"的方法，当然比上面所提到的胡仁孝那种靠个人机运在外地学到加工皮蛋技术的路子开阔得多了。

采取先办试点再进行推广也是外助的有效办法。来凤县在10年前以科协为中心，免费为农民培训种植杂交水稻的科技骨干，并依靠他们在各乡建立科普小组网络，使当地农民看得见，摸得着，争着仿效，使杂交水稻能在来凤县普遍推广，大大提高了水稻的亩产量，一般超过一千斤。该县用同样方法在水田乡推广蚕桑副业，已使这个从来没有见过蚕桑的地方成了有名的蚕桑乡。这个乡人均收入已从1982年的130元提高到了1990年的510元。

从科技入手帮助农民发展庭院经济是一条值得重视的经验。但是如果农民副业发展了不跟上去解决推销的问题，一家一户的庭院经济还是巩固不了的。这里使我们看到了个体经济的局限性。要进一步发展必须发挥集体的力量，而在公社已经解体的地区，又怎样能建立起集体的经济实体，组成统分结合的体制呢？在这个问题上，我们看到了吉首民委兴办的一个椪柑开发服务公司使4000农家富起来的实例，值得一提。

吉首是湘西自治州的首府。该市人均有8.5亩山地，一般海拔在300米上下，气候温和，雨量充沛，适宜种柑栽桔，而且历史上就有这种习惯。但是过去不讲科技，不讲质量，摆摊零售，效益不大，农民对利用山地种柑的积极性不高。吉首市有个林木山村，原是个穷村，人均收入仅 67 元，口粮不到 200 公斤。后来村里办起了一个 125 亩的柑桔园，3 年挂果，6 年累计收入 50 多万元。这个榜样激起了全村农民的效仿，纷纷办起家庭小果园。1990 年人均收入达 720 元，口粮达 289 公斤，山村一派兴旺。这个村子的经济引起了吉首市政府的注意，决定由民委支持开办椪桔开发服务公司，拟出了万亩柑园的扶贫计划。现在已有三年，取得了可喜的成绩。

这个公司定为独立核算，定额补贴，自负盈亏的地方企业，在该市 74 个村，4000 多农户，1.8 万多村民兴办万亩椪柑商品基地。在新植椪柑挂果之前，由市财政及民委支持和农行贷款共投资 178 万元，公司利用这时间由技术人员深入农村培训 100 多名农民技术骨干，并建立 115 个示范村。1990 年底已有 550 多户农民的 1100 多亩开始受益。有的农户收入已达万元。这个公司是个统分结合的专业化产业集体。现在产品多了，已在修建能贮藏集运的中转库，拓宽流动渠道负责向州内外推销产品。它提示一个外助内应的扶贫模式，值得鼓励。

从温饱到小康

上面我着重讲在武陵山区怎样启动发展经济的内在活力，特别提到发展庭院经济的重要性。我认为对一个刚刚走出贫困线还没有站稳的多民族山区来说，应当首先着眼怎样使广大农村里家家户户每年能增加一定收入，激发他们脱贫致富的主动性和积极性，为进一步从温饱跨入小康创造必要的物质条件。

看来走上从温饱到小康的道路，在农村里发展乡镇企业还是必要的。"无工不富"这句话在内地和山区也是适用的。我在这次访问中，已注意到这山区里各级干部对发展乡镇企业的积极性很高，我也参观了一些已经建成的市办、县办、乡办和村办的工厂，其中有些是很成功的，特别是各县的卷烟厂，设备比较先进，产品质量也好，各级政府的财政收入几乎有一半之上靠这些卷烟厂的利税。但是总的说来乡镇企业还是在起步阶段。

凭我的印象来说，当前的武陵山区和 1983 年苏北的面貌近似，工农产值的比例还很接近,大多数地方是农大于工。所办的工厂也大多是集中在城郊区的地方国营企业。农村里的集体企业还少,在公路上行车,看见烟囱就知道到了县城。以湘西自治州最发达的首府吉首市来说,14个乡镇中还有7个没有工业,192个村中只有4个办了工厂。以全州来说还有2062个村没有集体企业,占全州总村数的76%。

尽管如此,在过去的十年中,这山区里乡镇企业确是已经起步了。还是以湘西自治州为例,1980年乡镇企业只有30000多个,到1990年增加到47000个,收入也由5700万元增加到4.4亿元。全州乡镇企业总产值占农村社会总产值的比例1990年已上升到28.7%,其中农村工业产值上升到15.4%。这些数字说明武陵山区乡镇企业已经起步,但和国内较发达地区相比,差距还是很大的。

乡镇企业不能呼之即来。农村里要办一个加工工厂,即使农民有了积极性,地方上也有原料供应,还得解决内地山区农村一般不具备的,或还十分短缺的资金、技术、信息、运输、市场等条件。我在上面提到的几个庭院经济办得好的例子也由于缺乏上述的条件而办不成乡镇企业。要在这类地区发展乡镇企业,看来还得走我上边所说的外助内应的路子。当前国家提出的扶贫政策实际上就是要解决对这些比较贫困地区怎样加强外助的问题。

扶贫工作可以有不同层次。在饥寒交迫特别贫困的地区,采取对灾区一般的救济措施还是必要的,但当前这已是极个别的情况了,所以扶贫工作已经着重在扶助贫困地区的人民发展生产的措施。就是人们常说的"从输血转为造血"。在造血的措施中还有短线和长线的区别。短线是指对具体的生产项目予以资助。这里有许多行之有效的例子。上边所提到的吉首万亩桔园的计划就是其中之一。长线是指对一个不发达地区采取一系列的基础建设,为这些地区的经济发展创造必要条件。我想在结束本文之前,在长线考虑方面提出一些看法。

简单地说,贫困山区的发展,就是要抓住开发和开放四个字。开发就是充分利用山区的资源。山区之所以贫困和发展迟慢主要是闭塞和落后。开放是针对闭塞落后而说的,在物质上是发展交通运输,以加速产品流通,精神上是发展科技文化以加速知识流通。

先说交通运输。我从凉山之行回来深切感到诸葛亮的高明。传说"木牛流马"是他的发明，姑且不问木牛流马究竟是不是后来的那种手推独轮车，和是不是诸葛亮发明的，他能抓住交通运输作为发展这被群山包围的四川盆地的要害，确是个极有见识的人。从闭塞的巴蜀，能六出祁山和中原较量，不能不看到群山中纵横栈道网络所起的作用。这条经验应当牢牢记住。开发、开放首在开路。

从这方面来看武陵山区，一方面要肯定这十年多来已跨出了一大步，启动了这地区的发展。自从修通了湘黔铁路和枝柳铁路，这个山区至少它的边缘已经进入了全国的铁路网。从吉首和大庸坐上火车就可以通往全国各地，甚至出国。这就基本上改变了武陵山区原来的封闭状态。但铁路建设对武陵山区还只能说是开了大门，大门之内的区内交通运输主要还是靠公路和乡道。

武陵山区内的公路比大小凉山好得多。我坐在旅行车里必要时还能打个盹，不像在凉山路上经常要在车内跳老年迪斯科。但是我走的都是县城之间的通道。听说县乡之间大多也有了公路，但村乡之间能通汽车的还不多。可说武陵山区已有了大动脉，微血管则还没有畅通，这反映了村乡级企业不发达的原因。

武陵山区交通运输的瓶口是在交通工具不足，公路的利用率不高。小型拖拉机的拖车上挤满老老小小一大堆，我一路上为他们提心吊胆。看来，我们还得学学诸葛亮，多多制造一些适用于山区各级道路的轻便机动车。

道路是便利人流物流的物质条件，但这只是经济活动的硬件，软件还是在贸易和市场。上面提到的皮蛋起家的胡仁孝，由于外面有熟人开汽车来购买他的产品才能成为万元户，但还是因为没有稳定的销售市场不敢把一村一品的想法落到实处。吉首万亩桔园到了大部分栽种的桔树挂果时，不能不计划建造中转库和拓宽市场。市场有多大，生产力才能提到多高。

和农村乡镇企业还刚刚起步相应的是武陵山区农村的贸易活动，基本上还停留在传统的"日中为市"定期赶街的农贸市场的水平上。我们在旅途上经常被拥挤的街集所阻塞。到了所谓乡镇上，沿街又摆满了日开夜收的摊子。农民大多还只是在这里出售农副产品来换取必要的工业品。他们使用的主要是村乡间的小道。城市间的公路和铁路，对山区农民来说利用率还是不大的。

如果从武陵山区已有的交通网络来看，开拓市场的潜力还是很大的。现在还说不上已经充分利用，我在咸丰县看到当地特产的乳猪，立刻就想到当前在香港和广州宴会上缺不了的名菜烤乳猪。咸丰的这种特产如果有个贸易网络为它服务，只需两天时间就可以由现有的公路加铁路送到广州和香港市场了。

我在吉首附近的河溪镇参观了一家镇办的再生橡胶厂。这个厂是1936年用50多万元资本兴办的以利用废旧黑白胶原料生产再生橡胶的工厂。他们收集废品的范围远及附近各省。经过再生产，产品又远销重庆和贵阳。现在年产能力已达3000吨，净值近90万元，被誉为垃圾里出了凤凰。这个厂除了技术外，依靠的就是现有的交通运输网。我在参观时曾想到，过去不穿鞋走山路的西南各省的少数民族男女现在都穿上胶鞋了。如果这里生产的再生胶加工成胶鞋，决不会销不出去。可是缺乏信息和技术，并没有利用起这个市场。

从乳猪和再生胶所提示的潜在市场正是武陵山区今后发展的广阔天地。武陵山区的位置正处在云贵高原和江汉平原之间，正好是东西交流的走廊，加上南通广州和香港的便利，这个区位优势的价值目前还无法预估。

及时抓好流通环节是目前促进武陵山区发展的关键。首先是加强发展城镇的商品集散中心，着重在建立以贸工为主的中等城市。吉首市今年夏季召开了有18个省市区参加的商品交易会，商品成交额达3.5亿元。值得注意的是参加的地区除了武陵山区的四省外还有上海、南京、浙江、江西等单位，这说明东大门已经打开。看来下一步应当是敞开西大门和南大门了。而且眼睛还要看得远一点，不仅南边要看到香港，西边还要看到越南、缅甸等东南亚国家。从国内看到国外，根据市场的需要发展对路商品，信息是关键。建立武陵山区的集散中心应当早日提到日程上来。

不论发展乡镇企业或是加强流通渠道，都需要有技术和有商品头脑的人才。这是经济发展的软件。软件的培育比交通道路等硬件建设要困难得多。武陵地区从过去历史上讲是人才辈出的地方。清代就出过科举中试的文人大吏，民国时代还有过总理级的政府要员，革命时期英雄人物更是不胜枚举。但是当前所需发展工商业的人才却感到很紧张。据当地反映，说能兴办乡镇企业的技术和经营人才本地却"育不出，回不来，引不进，留不住"。事实上是当地学校里不培养当前亟需的能动得了手、办得成事的企业骨干。中学毕业的高材生进了大城市的高等学校，学得了高级科技知识，很多不愿回乡，回乡的又许多不对路、不抵用。据鄂西自治州的统计，过去13年里从农村里出去的学生中仅有6%受到了农村实用技术教育。区内需要的技术人员从外地调进十分困难,进来了的也大多呆不长。人才紧张看来是实情。从我看到的在农村里能带头搞庭院经济的所谓"明白人",还都是当地按需要短期培训出来的。

针对这种形势,从长远来看,希望只能寄托在教育改革上。但是,为了近期需要还只能走外助内应的路子。那就是采取和先进地区的企业"接枝"的办法,使外地的技术力量为我所用。可采取以原料换技术的互惠方式,在内地兴建一批和外地联营的企业。跟外地企业接上了枝,本地的技术力量就容易培育了。如果省际联营的方式一时还不易做到,退求其次,可以请外地先进企业有报酬地招收内地"学徒",也就是为内地通过参与实习,代培技术力量。这也可以说是把培养农村里"明白人"的经验提高一步,有针对性地为乡镇企业培养技术和管理人员。这条路子也许比较容易见效。从解决发展农村的人才问题上看来,内地还得争取先进地区的支持。

总起来说,武陵山区要加速发展乡镇企业,从温饱走向小康,优势是在资源和劳动力,缺少的是使两者结合成为生产力的硬件和软件,即资金、技术、信息、流通和市场。为了加速发挥优势和克服困难,还得认真地走外助内应的路子。对武陵山区本身来说只有强调开放,改变过去闭塞的状态,大力开发丰富的人力和自然资源,以求得更快的发展,做到后来居上。

* * *

我在大庸登车返京时,想起了在凤凰城沈从文故居里写下的几句话:"旧雨写边城,风行几十春。湘西今比昔,可以慰故人。"让我以此语结束此行。

1991 年 12 月 21 日

边区民族社会经济发展思考

我作为"边区少数民族地区社会经济发展研究"的课题倡议者，首先应当说明一下提出这个课题的原委和想法。

我一向认为中国的社会问题中，最基本最严重的是人口问题。70年代中期，农村已明显感到人口的压力，引起了政府的注意，开始实行计划生育的政策。农村经济体制改革开始，实行了家庭承包生产责任制。但人口已经如此庞大，怎样为农村剩余劳动力寻找出路，成了当时农村急迫需要解决的问题。

1982年，我对当时的人口问题提出了做"两个眼"的意见。即如果要搞活人口这盘棋，必须要做两个"眼"，一是发展小城镇，一是要开发边区。从此，在"六五"期间开展江苏小城镇研究的同时，提出了"边区开发"的研究。在此期间，我国东西部发展的不平衡问题，进一步引起了我的注意，加深了对这一问题研究的紧迫感。到1986年"边区和少数民族地区社会经济发展研究"课题由我牵头列入了"七五"国家重点项目。

我是这个课题的学术指导，任务是"破题"和"开路"。我亲自到内蒙古、甘肃等省区的一些地方进行实地考察，提出具体的研究课题，讲清它的意义和进行调查研究的方法。然后由北京大学社会学人类学研究所负责人潘乃谷、马戎等同志负责组织具体调查工作，分别为青年教师和研究生定题、定人、定点、定任务，规定他们必须进行实地调查，根据取得的第一手资料撰写论文。5年来他们完成了多项研究课题，现将他们所写的部分有代表性的研究成果汇集成这部学术专著，这本书不仅代表了他们努力的成果，而且还实现了我们培养年轻一代教学研究人员立足本国、联系实际、深入基层做调查工作的愿望。

我很想借这本书出版的机会，根据我本人在中国民族研究工作方面的经历，表述一下我在这个研究领域里的思路。

一

各民族在平等的基础上共同繁荣和进步是我国解放以来一贯奉行的基本国策，它影响到我国"四化"建设的大局，关系到国家的长治久安和繁荣昌盛。何况目前民族问题已成为世界上突出的矛盾，在欧洲尤为尖锐，这会为人类带来多大的危害性现在还难说。因此民族研究的意义已越来越显得重要了。

民族研究工作是我一生学术生涯的重要组成部分，我的社会调查工作就是从少数民族开始的。从人类学和社会学的角度看，民族调查可以说是认识社会和文化的基本功，要认识人类的社会与文化的基本面貌，最好能从对各种不同民族的社会与文化进行比较研究入手。有比较才有鉴别。对不同个性的综合分析才能得到共性的认识。

1933—1935年我在清华大学研究生院攻读人类学，导师史禄国先生在我毕业后准备出国深造时，要求我先找一个同自己生活习惯不同的少数民族社区进行实地调查。我接受他的建议并在他的指导下和前妻王同惠选择了广西大瑶山地区的花蓝瑶人作为调查对象。王同惠在此次调查中不幸牺牲，我也受了重伤。这次调查计划没有完成，我所搜集的关于各村瑶人人体测量数据，后来又全部遗失，我只根据王同惠的调查材料，写成一本《花蓝瑶社会组织》。其后我在回家乡养伤时进行了"江村"调查，转向了农村调查，直至解放之初。

1950年我参加了以宣传新中国的民族政策和对各地少数民族进行初步调查为任务的中央访问团，并担任贵州分团和广西分团的团长，深入贵州和广西两省的少数民族地区工作，有两个年头。1952年我调到中央民族学院工作。1955年到贵州进行民族识别研究。1956年参加了人大常委会组织的少数民族社会历史调查。这一段时间大约有7年之久，我一直和国内各少数民族发生接触和联系，并且有机会进行一些比较深入的研究，到1957年反右运动时才告终止。

又过了20多年，到80年代初，我恢复了正常的社会地位，并以"三访江村"重新开始我对社会调查的工作。就在这时我提出了上面提到的为中国人口这盘棋做活两个眼的观点。为了开发边区，看到了民族研究工作的重要性，再次激起了我对民族调查的热情。1984年我初步完成江苏省的小城镇调查后，决定把研究的重点转移到边区和少数民族地区。以后着重做了农牧结合和城乡结合两个题目，进而产生了"全国一盘棋"的观点。民族研究成了我们社会学研究中的重点项目之一。

从此我利用一切条件在大江南北、东西穿梭，每年多次在全国各省进行重点的现场调查。在这 12 个年头里，除西藏和台湾外，我遍历了全国各省，其中有不少是少数民族的聚居地区，所以有机会又和各地少数民族同胞往来接触。我对中国民族问题的认识以及对民族地区发展的一些设想，其中许多是不够成熟的，愿意提出来和大家商榷。

二

解放后，我国消灭了阶级剥削和民族压迫，这是民族解放和发展的先决条件。首先在法律上承认各民族一律平等，禁止对任何民族的歧视和压迫，并在宪法上予以明文规定；同时主张各民族间坚持平等、互相团结合作以达到共同繁荣的目的。然后在行政体制上实行民族区域自治。这些是解决国内民族问题的基本政策。为了落实民族区域自治政策，我国在各少数民族聚居地方，省一级的建立自治区，市、县一级建立自治州、自治县，形成了一套民族自治的行政体制。最后在 1984 年颁布了《中华人民共和国民族区域自治法》。这是把这种制度确定下来的一项基本法律。民族区域自治政策贯彻执行得好，既有利于发挥少数民族振兴中华的积极性，又有利于巩固国家的统一。

建国后，我国民族工作中遇到的第一个问题是民族识别问题。各民族都有权利当家做主，宪法规定每个民族在各级人民代表大会里应该有自己的代表。但是我国有多少民族，有哪些民族，各民族分别有多少人，聚居在什么地方等等，在开国之初，我们还不很清楚。中央派出赴少数民族地区的访问团，初步探清了情况，但是具体情况又相当复杂，有若干疑难问题，需要深入调查研究。因此民族调查研究不仅是个学术问题，而且还是一项与国家的政策和行政体制密切结合的工作。

我们开始进行民族识别工作时，主要理论根据是斯大林关于"民族"的定义。斯大林的定义指出，一个民族有四个要素：共同的地域、共同的语言、共同的经济和共同的心理素质。这是个符合于欧洲大部分地区资本主义时代民族实际的概念。一切概念都是从历史的经验里总结出来的,总是同一定的历史条件相对应的。我们在应用这个概念处理我国的民族实际时,常常遇到困难。

根据我国民族现实的客观特点,我认为"民族"这个概念本身应包括三个层次的含义。第一层是中华民族的统一体。这个民族统一体在近代各族人民共同抵抗帝国主义侵略中表现得十分具体和重要。清末民初孙中山先生提倡的"五族共和",实际上反映了长期以来早已形成的这个民族共同实体的存在。这个统一体是经过长期历史形成的,其形成的具体经过还有待我们研究和说明。但是中华民族确确实实是一个民族统一体是不容否定的。

第二层是组成中华民族统一体的各个民族,即现在组成中华民族的56个民族。这些民族,各有自己的特点。所谓民族特点是一个民族在历史过程中形成的,适应其具体的物质和社会条件而产生的有别于其他民族的个性。在统一体的内部,应当承认各组成部分的个性,相互尊重,友好相处,以实现民族平等和团结。

第三层是组成中华民族统一体的各个民族内部还有各具自身特点的部分,现在称作各种"人",如我调查过的瑶族里还有若干种不同名称的瑶人,如花蓝瑶和茶山瑶等。

由于民族这个概念具有中国的特点,在理论上还需要更深入的研讨,所以在民族识别上,还时常发生疑难的问题,至今仍有个别情况难作定论。但总的来说,民族识别工作已基本完成。

民族调查和识别工作对了解各民族的基本情况,各少数民族参预人民政权及在少数民族聚居区建立民族区域自治,提供了必要的事实依据。同时进行的各少数民族的语言调查,为各少数民族改革和创造文字打下了基础。

三

宪法既规定了民族平等的基本原则,行政上又落实了民族区域自治的体制,接着是各少数民族分别根据其具体情况进行社会主义改造。我国的少数民族,由于历史原因,解放时所处的社会经济水平差别很大。有人说几乎是一部活的社会发展史,从原始社会、奴隶社会直到各期的封建社会都可以找到活的标本。但不论以哪个发展阶段为起点,都要由他们自己进行社会改造,成为社会主义性质的社会。为了了解各少数民族的社会的性质，1956年人大常委会主持了少数民族社会历史调查。我在1956年参加组织这项调查工作。依据社会发展史上的几个阶段，作为一个共同参照格局，定出各项指标来衡量每个民族的发展水平，确定它的社会性质。我们的目的是通过这项调查，国家可以对处于不同发展阶段的民族，采用不同的方针政策，来帮助他们进行社会改革，走上社会主义的道路。

作为社会科学工作者，我在这一阶段的工作中受益很多，最主要的是接触了实际，了解了情况，同时认识了不少问题。就我国少数民族发展、演变的历史，我得出一条认识：我们不能从抽象的定义出发，不能离开一定的历史条件去了解少数民族的历史和社会，否则就会偏离实事求是的科学精神，即无法有区别地对待各种具体民族问题，又看不清各个民族发展的前途。可惜在这项工作过程中，我个人由于反右运动而被停止参加，未能有始有终地完成这项任务。但是这项工作本身是有成绩的。虽然经过反复折腾，但在"文革"之后，留下的调查资料终于由民委编成"五种丛书"出版，为民族研究工作打下初步基础。

四

70年代末，我国跨入了现代化建设的新时期。我从80年代初，由于在政治上得到了改正，可以利用一切可能的机会和条件继续做社会调查，力图紧紧跟上社会大变革的形势，尽力之所及为研究我国当前的社会发展勾画出素描和草图，并根据实际的发展不断提出一些问题，开辟一些值得研究的园地。1978年我从中央民族学院调到中国社会科学院工作，1979年中央决定重建社会学，指定由我主持这项任务。我在1981年完成了社会学学科的基本建设，随即开始继续我的农村调查，并且从沿海的较发达地区做起，这些都是汉族聚居区。所以，从1957年起到1984年的近30年中我实际上没有进行少数民族地区的现场调查。

我在全国各地城乡调查中，看到了我国境内地区发展的不平衡问题。沿海发达地区的开放和发展，势必与边远地区拉大差距。差距的扩大势必会产生种种问题，而特别是我国的许多边远地区是少数民族的聚居区。这些想法促使我关切到民族地区前景如何的问题,激发了我对少数民族的发展进行研究的决心。1984年开始作出我研究工作重点的转移:从沿海转边区到内地;从东南移到西北;从农村小城镇转到民族地区。我以内蒙古为重点历访了除西藏以外的四个自治区,又以甘肃为重点考察了边区各省,最近又进行以发展山区经济为重点的调查。从1984年起,至今有8个年头,重新多次进入少数民族地区,对少数民族的发展问题产生了一些观点和设想。这些观点和设想也为年轻一代的学者起着"破题"和"开路"的作用。

我在内蒙古和黑龙江最初遇到的还是人口流动这个老问题。内蒙古解放时只有600万人,80年代初是三个600万,而黑龙江是三个1000万。也就是说30年中原有的人口占1/3,自然增长的人口占1/3,外面进入的人口也占1/3。我感到这是一个应由社会学、人口学、经济学及其他学科共同来研究的问题。人口流动是个现实存在的问题,要因势利导,不能硬挡,应当发展这个趋势的积极方面,防止并矫治其中的弊害。

首先我们应当找出不同性质的各种形式的人口流动,然后分析哪种流动会和当地社会发生矛盾;再进一步观察、了解矛盾产生和发展的过程,研究如何使人口流动为发展经济文化服务,符合社会主义建设的需要。这就是我们当时提出的研究任务。我们打算在一两个省区开始做局部调查研究,探索出经验,逐步扩大到其他省区,摸出大西北的人口流动的总规律。

我们研究的目的还是在于开发大西北。开发大西北,人口是开发的主要因素之一。人力资源问题有两方面:一是当地的力量应该怎样使用,一是还需要吸收什么力量。要有全国一盘棋的观点,从大局着眼去解决这个问题。我们对人口流动问题的研究是从黑龙江省盲流问题入手,然后转入内蒙古自治区。

五

我国西部边区的一个特点就是它拥有广阔的牧区。我国可以放牧的草原共有43亿亩,占我国土地面积的1/3,主要是在西北边区。牧业历来是这个地区的经济基础,而且具有极大的潜力。从事牧业的又都是少数民族,从发展少数民族经济的角度看,牧业的现代化更有重要意义。因此我认为要研究边区开发问题,应当从牧区入手。

以整个内蒙古来说，牧业是当地蒙古族及其他少数民族的主要传统经济基础。但是它的南部又是与汉族杂居的地区，引进了农业，草在退化，牧业也在衰落。这里存在农、牧矛盾，同时也正是过去发生民族矛盾的地带。我们就选择了现称赤峰市的昭乌达盟这个农、牧交错的地区做观察对象。

赤峰成为蒙汉杂居的地区，也是农、牧并存的经济，自清朝允许汉人出关之后，已有200多年历史。由于外来粗放农业向牧区扩张，破坏了牧民生存空间的草原，农、牧发生了矛盾，外地进入开垦的人都是背井离乡的穷苦农民，他们是汉族人，牧民是蒙古族人，因而农、牧矛盾就转化成了民族矛盾。

粗放农业和自然牧业的矛盾，以及长期的滥砍、滥牧、滥垦、滥采，使自然生态平衡遭到了破坏。开发这样的边区，首先必须下大力来恢复自然生态平衡。治沙、防风、种草、种树是最基本最迫切的措施。这在西部其他地区也不例外。

目前在恢复自然生态平衡方面已做了不少工作，也有了比较成功的经验，但尚属小面积的实验性质，有待进一步做出配套的和可推广的治理方案。从群众创造的经验中，我们看到，开发边区必须走以牧为主、农牧结合的道路。而这条路只有打破目前牧区的封闭自给经济状态，实现牧业现代化才有出路。无论采用哪一种经验，如建设饲草饲料基地以发展饲育，或采取放牧与舍饲相结合的方式搞"催肥工厂"等，都首先要解决牧业的商品化问题。商品流通是促使牧业改革的基本力量。

大力开发广大草原地区的牧业，是我关心的又一课题。在内蒙古、新疆那样广阔的草原上，如果能大力发展现代化的牧业，对国民经济的贡献是难以估计的。要认识这一点，首先须破除汉族传统的"以农为本"的狭隘观念。要知道粮食只是人类得到营养的一种来源，肉类不一定是"副食品"，也可以成为主食。如果占有国土1/3的草原能充分得到利用，成为全国人民肉食供应基地，就可以减少对粮食的需求，并使农区的土地能从粮食的压力下解放出来，向培植经济作物转移。从宏观上看，这是一项提高生产力的大战略。

六

如果说在赤峰调查中看到了该地区的自然生态的失调，在包头的初步调查却看到了过去在边区建设的大工业所产生的人文生态的失调。人文生态是指一个社区的人口和社会生产结构各因素间存在着适当的配合,以达到不断再生产的体系。人文生态失调是指这种配合体系中出了问题,劳动生产率日益下降,以致原有生产结构不能维持人口的正常生活和繁殖。在整个边区,人文生态失调和自然生态失调同样值得注意。

自建国以来,国家工业建设的重点曾经放在中部和西部之间的走廊地带,从内蒙古经陕西、甘肃到四川,投资大略估计有3700亿元。在我们这样一个工业不发达的国家,这个数目是不算小的。用这笔钱建成了九条铁路和几千个大中型国营企业。但是这几千个大中型企业并没有成为这些广大地区社会经济发展的启动力,这是为什么?

我们如果从社会学的角度去看,基本上这是个人文生态失调的问题。在边区新办的大企业里就能见到它们的特点。首先是"企业办社会",也可以说是"社企不分"。企业的从业人员和他们的家属组成了一个在社会生活各方面力求自给自足、对外很少联系的封闭性社区。这在少数民族地区更为突出。

这种企业又都直属于中央或省的政府部门,他们搞的是产品经济,不是商品经济。它们和所在地的基层地方政府没有从属关系,当地基层政府管不了它们。企业的上级政府部门又都是专业性的经济部门,它们也管不了各企业从业人员的社会生活。于是产生了"企业办社会"的结构。一个厂长事实上同时是一个"市长"。在这种社企不分的封闭社会里,人文生态关系就容易失调。

这样的企业像个大家庭,不能不一代一代地养活不断增长的子子孙孙。这个大家庭并不是个不断生长中的母体,而是个生产力受限制的封闭社区。所以不可避免地进入了恶性循环,包袱越来越重,母体越来越弱,这就是我说的人文生态失调现象。80年代,沿海各省乡镇企业发展很快,由于缺乏技术人员,愿出重价招聘,使得在这些大企业里舒展不开手脚、待遇又微薄的技术人员就像春江水发大批东流。这等于是企业里的水土流失,又成了一种严重的人文生态失调现象。

人文生态失调形成了对企业的压力,有些企业不得不进行改革以求生存。首先是以开放代替封闭,向社企分离的目标迈进。大企业的开放不但发挥了边区工业化的启动作用,而且也是自己解放自己的惟一办法。对地区经济和企业本身是两利的。这个问题,实际是西部地区共同的问题。在陕西、甘肃、四川的"三线"企业都面临这样一个改革问题。它们必须转型以求适应。适应之道主要是以开放代替封闭，从产品经济走向商品经济。改革的方式则是多样的。陕西宝鸡的经验称"城乡一体化"，使国营大企业所含蓄的巨大科技潜力，形成了乡镇企业的启动力。甘肃的经验称"一厂两制"，扩散大企业的技术、资金的力量，开发了与地方结合、集体所有的工业小区，带动了地方经济的发展，呈现出一片生机。

这个改革过程已经开始，应该根据具体情况采取不同形式进行。应当承认这并不是轻而易举的事，而是一个值得深入研究的课题。关键是怎样使已经存储在西部边区的巨大经济能量释放出来，使其成为西部这个多民族地区共同发展的推动力。

七

中国的少数民族大部分聚居在中国的西部。西部和东部的差异包含着民族的差距。西部的发展战略要考虑民族因素：一方面是动员这些地区的少数民族参与他们本地区的开发事业，另一方面要通过这些地区的经济开发使这些地区的少数民族发展成为现代民族。这个观点在过去实际上常被忽视了。不少在少数民族地区兴建的大型国营企业根本没有考虑到和当地少数民族相联系，甚至眼中只有这地方的资源，而忘记了还有生活在这些地方的人。

怎样才能把西部少数民族吸收进开发西部的事业中来，我在甘肃临夏调查时得到启发，主要是进一步认识到少数民族的发展必须抓住它们的特点作为起点。在临夏，我提出"以商带工"的启动战略。他们的农民流通部队在城乡间搞活了流通，促进了生产。我认为西部各地都要有这种贩运队伍，来点火启动整个地区的经济运行。

我考察这个地区回族的历史，提出发挥回族人善于经商的优势，搞活区域经济。这个地区商品经济的发展，产生更大的区域联合的趋势，需要更大的商品经济发展的基础。甘肃、青海、宁夏、内蒙古四省（区）的协作设想应运而生。以河西走廊为主的黄河上游1000多里的流域，在历史上就属同一个经济地带。善于经商的回族长期生活在这里，现在我们把这1000多里黄河流域连起来看，构成一个协作区。我们提议建立12个大型水电站，以解决这个地带的能源问题。水电产生能源,能源推动这个地区丰富的矿产资源的开发。通过资源开发带动这个地区3000万人民致富,从而促进整个区域的商品经济的良性循环。这个经济启动的结果,将使这个协作区成为西北广大少数民族地区的一个经济发展中心。

这个经济中心的建立和开展,更长远的意义就是重开向西的"丝绸之路",通过现在已建成的欧亚大陆桥,打开西部国际市场。从某种意义上来说,西部国际市场比东部国际市场更有潜力。西进中亚、西亚和中东地区,我们具有一定的条件。充分发挥回族的民族优势,提供伊斯兰国家所需要的各种生活用品,我们完全有可能建立一个很大的西部国外市场。

如何开发藏族地区是我一直关心的另一个问题,由于年老,亲自到西藏自治区考察是没有可能了。但在甘肃访问甘南和肃南时,我得到很多启发,甘肃的"两南"并不是名称上的巧合,它们在发展西部民族事业上长期以来有特具的关系。它们都紧靠青藏高原的边缘,历史上都与藏族有长期的密切往来,甚至有些民族在这里定居后还接受了藏族的影响,改信了喇嘛教,裕固族就是一个例子。这种关系正给了他们"反弹琵琶"的条件,在藏族的四周边缘地区开辟几个藏族现代化的窗口。

这些地区处于藏区和汉区之间,容易接受新知识,容易搞现代化。西藏的现代化可以从外围入手,逐步向中心伸张。所以,发展甘南、肃南,对发展藏族地区有重要意义。这"两南"能不能看做是青藏高原的少数民族和中原地区各民族联系的两架桥梁?通过原属藏族重要文化中心的甘南这架桥梁可以把现代化科技知识送入藏族地区。通过在牧业改良上已取得成绩的肃南这架桥梁把现代化牧业送入藏族内地。因此我称它为"两南兴藏"的设想。

八

我们在访问凉山彝族自治州及攀枝花市后,提出的建立攀西开发区、重建南方丝绸之路、开发大西北的设想也是从区域发展入手来推动民族发展的例子。我建议由彝族主要聚居区的中心西昌凉山和60年代起发展成为钢铁生产中心的攀枝花联合建立攀西开发区;并以此为中心,重建由四川成都经攀西及云南保山,从德宏出境,西通缅、印的南方丝绸之路,为大西南的工业化、现代化奠定基础。这可以简称为"一点一线一面"开发大西南的设想。"一点"就是指攀西地区,它资源丰富,能源充沛,是对今后开发大西南具有强大启动作用的经济心脏。针对当前该地区在社会经济结构上存在的突出问题,我们提出"四个结合"的对策:州市结合、工农贸结合、轻重结合和民族结合。"一线"则是指以攀西开发区为中枢的由我国大西南通往缅、印、孟的一条交通动脉,也就是重建历史上的"南方丝绸之路"。有了攀西开发区作为心脏,南方丝绸之路作为大动脉,大西南工业化和现代化就能由点逐步扩散成一片,这就是我们的设想中所提的"一面"。经济的辐射作用将波浪式由攀枝花的工业中心,从凉山地区向四周扩散到大西南的整个地区,基本上可以包括川、滇、黔三省,即云贵高原和四川盆地,使这一片少数民族聚居区逐步走上工业化的道路。

我在上面提出少数民族地区发展的设想,我想还必须提出一条应当注意的原则,就是民族地区的发展必须是民族本身的发展。不能离开民族的发展来讲发展民族地区的经济。这里值得注意的是那些分散在各地区的少数民族。在改革的浪潮中,他们往往没有受到应有的重视。有些地方甚至反把他们当作被"照顾"的对象。这些少数民族成员虽然得到了生活的保障,但是失去了传统的生产手段,没有找到靠自己劳动来从事生产的新路子,结果引起了精神生活的衰颓。

就一个民族的发展来讲,必须强调善于发挥该民族本身在体质上和文化上特具的优势,利用一切可以利用的外在条件,发展其经济,提高自身的社会生产力和发扬自身的精神文化,在一个地区的发展中,贡献其应有的力量。

九

当前中国的社会经济发展,从地区来讲存在着较发达和欠发达的差距问题,从个人来讲有一个先富后富的问题。"共同富裕,协调发展",这一指导思想不能动摇。在发展上求绝对平衡是不可能的,但各地的差距也不能拉得太大,特别是对少数民族地区更不能忽视这一点。我常说,中国不是"大鱼吃小鱼",而是"大鱼帮小鱼"。怎么帮?我认为主要有两条:一是国家支持,二是自己走路。

我在考察湘、鄂、川、黔四省交界武陵山地区的土家族和苗族等少数民族聚居区时，总结当地扶贫致富的经验，就看到欠发达的地区需要外力的帮助才比较容易发展起来。这也许正是内地欠发达地区的特点。因为这种长期以来处于小农自给经济的封闭山区的各族居民，事实上缺乏先进的生产技术和管理大生产的本领，而且没有可靠的市场。在这种地区，要它一步跨入工业时代，难免困难重重。为了加速这种过渡，看来不能没有外力的帮助。固然，如果没有内在的活力，外力要帮也帮不上；但是即使有了内在的活力，没有外助，经济发展也难于启动起来。因之我想到在这类少数民族地区，首先还是要培育内在活力，比较容易见效的可能是发展庭院经济，就是从家庭副业提高一步，成为商品生产的家庭企业。

对发展地区，国家要给政策，对少数民族地区，国家不仅要给政策，而且还要给以切实的帮助。国家支持的目的就是要帮助少数民族站起来，走自己发展的路。我们只有帮助少数民族发挥各自的民族优势，在自己的经济基础上站起来，才能避免少数民族名存实亡的后果，才能使我们的国家真正成为一个民族共同繁荣的大家庭。

东西部协调发展，还要靠"东西合作，互惠互利"，"以东支西，以西资东"的方针来推动。地区间的合作是多方面的，形式可以多种多样。但关键是深化改革。改革才能开放，开放才能促进改革。这里归结到一点，就是要遵循商品经济规律办事，在改革中找出路，求发展。

十

改革开放是中国各民族走向现代化的必由之路。由于种种原因，少数民族地区自然经济和半自然经济仍占主导地位，产业结构很不合理，交通不便，信息不灵，长期以来处于相当封闭的状态。建立新的体制和运行机制，推动少数民族地区经济、文化事业的发展，改变贫穷落后面貌，具有刻不容缓的紧迫性。同时随着改革开放的不断深入，加快了开发的步伐，民族间的接触也日益增多，这种状况有利于各民族增进了解，互相帮助，加强团结，但也必然会出现新的问题和新的矛盾，需要更加重视加强民族工作。

我国的少数民族人口虽少，但少数民族地区地域辽阔，约占全国总面积的

64%；草原面积占全国的89%，我国著名的五大天然牧场都在少数民族地区；林木蓄积量占全国的46%；水力资源蕴藏量占全国的54%；此外还有大量的矿藏资源以及丰富的动植物资源。在全国2.1万多公里的陆地边境线上，少数民族地区占1.9万多公里。因此我国少数民族地区地大物博，战略位置重要，担负着重要的使命。

没有中国农村的现代化，就没有中国的现代化。同样，没有中国少数民族的现代化，也就谈不到中国的现代化。认真贯彻民族区域自治法，充分发挥少数民族地区的优势，把少数民族地区资源开发和社会经济发展妥善结合起来，逐步改变民族地区经济相对落后状况，使之同全国经济发展相适应，这是发展我国综合国力的极为重要的一个环节。在振兴中华的共同事业中，各民族都有自己的优势，都应在现代化建设中各自做出自己的贡献。同时我们所走的是共同繁荣的道路。在这条道路上，少数民族地区的发展，必须包括当地少数民族的发展。这是由我国社会主义国家的性质所决定的。

就我国各族人民居住情况来看，汉族主要居住在内地和沿海各省、市，少数民族主要居住在边疆各省、自治区，但是各民族的居住情况不是整齐划一的，而是一个以汉族为主体的各民族大杂居、小聚居和聚居中有杂居、杂居中有聚居的交错局面。一方面，汉族遍布全国，少数民族聚居的地方一般都有汉族；另一方面各少数民族又大都有自己的或大或小的聚居区，和汉族或其他少数民族交错杂居。各民族在社会经济建设和发展中是相互依赖、你中有我、我中有你的关系。我们实行民族区域自治政策，正是允许和要求经济发展程度不同的民族在一起共同参预，取长补短，互相帮助，共同发展。民族的特点也因此得到发展和发挥作用。

所谓的民族地区即少数民族聚居区是一个若干民族共同聚居的地区。它不仅具有特殊的地理条件和独特的丰富资源，而且还和其四周地区存在着不可分离的物质和社会关系。因此我从来主张民族研究的对象不应仅限于单一的民族，而应是一个区域，而这个区域也常常是多民族的区域。

当然，由于少数民族分布在山区、林区、牧区的居多，而且其经济结构也常常具有特殊性，所以我们在对待少数民族地区的社会经济发展时要区别不同情况，根据其特点分类研究，加以帮助。如前所述，边区与内地的少数民族有所不同，聚居、杂居和散居的情况又有所不同，人口多少的差别也很悬殊，历史文化、风俗习惯和宗教信仰更是错综复杂。因此民族研究必须着重现场调查，并要因地制宜地采用多种研究方法。

对少数民族本身来说，为了早日发展成为现代民族，最关键的是要转变观念，打破封闭状态，摒弃传统保守意识，主动接受发达地区外来的先进科学、技术，寻找一切有利于本民族地区发展的支援。

汉族人口占全国人口的绝大多数。正如毛泽东所说，汉族人口多，这也是长时期内许多民族混血形成的。所以它是中华民族大家庭凝聚的核心。由于汉族主要分布在我国经济比较发达的地区，所以在中华民族统一体中，政治、经济、文化都比较先进，应该成为少数民族实现现代化的先驱。对少数民族的发展，无论从智力、劳力、财力等多方面，必须尽力支援。支援的目的在于使少数民族能用自己的腿走路，建立起有发展前途的经济基础，形成一个能靠自己不断发展的机体，在中华民族统一体中名副其实地成为一个平等互助的成员。

邓小平同志说得很明确："走社会主义道路就是要逐步实现共同富裕。"当前的问题是怎样才能较快地实现这个目标。这必须有一个脚踏实地的过程。像中国这样大的国家，由于长期历史的原因，各地区的物质条件和文化水平相差很大。起点不同的各地区民族现在虽则都进入了社会主义时期，但贫富不均的状态仍然不可避免。我相信通过国家提倡先富帮后富的办法，欠发达的地区迟早是会赶上来的。

当前全国形势大好，少数民族地区只要积极地发挥自力更生的精神，大力进行改革开放，与发达地区在取长补短、互助互利的原则下联系合作，共同富裕、共同繁荣的社会主义目标是可以逐步实现的。

作为民族调查研究者，我们应当自觉地承担起帮助各地发展中的少数民族总结经验，把有利于社会经济发展的经验实事求是地予以传播，使各地少数民族能根据自己的具体情况参考采用。这也是为振兴中华民族统一体做出的一点贡献。

1992 年 7 月 16 日

原载《北京大学学报》（哲学社会科学版）1993 年第 1 期。

对民族地区发展的思考

民族研究是我一生学术生涯的重要组成部分，我的社会调查工作就是从少数民族开始的。近10多年来，我又对民族地区的发展进行了调查研究。1984年开始，我以内蒙古为重点访问了四个自治区，又以甘肃为重点考察了边区各省，最近又进入以发展山区经济为重点的调查。在这8个年头里的调查研究过程中，对少数民族的发展问题产生了一些观点和设想，我很愿意在这次民族理论研讨会上提出来请大家予以指正。

一、边区的两个失调

（一）自然生态失调

1984年八九月间，我在考察内蒙古农、牧交错的赤峰市（原昭乌达盟）时发现，赤峰是农、牧并存的经济，自清朝允许汉人出关之后，已有200多年历史。由于外来的粗放农业不断向牧区扩张，破坏了牧民生存空间的草原，农、牧发生了矛盾。而外地进入开垦的人都是背井离乡的穷苦农民，但因为他们是汉人，而牧民是蒙古人，因而农、牧矛盾转化成了民族矛盾，直到解放后，民族矛盾才得到解决。但是由于粗放农业和自然牧业的矛盾以及长期的滥砍、滥牧、滥采，致使这一地区的自然生态平衡遭到的严重破坏，都依然存在。开发这样的边区，首先必须用大力来恢复自然生态平衡，治沙、防风、种草、种树是最基本最迫切的措施。这在内蒙古的西部其他地区也不例外。开发边区看来必须走以牧为主、农牧结合的道路。而这条路只有打破目前牧区的封闭自给经济状态，实现牧业现代化才有出路。

在像内蒙古、新疆那样广阔的草原上，如果能大力发展现代化的牧业，对国民经济中的贡献是难以估计的。要认识这一点,首先必须破除汉族传统的"以农为本"的狭隘的观点。如果占国土 1/3 的草原能充分得到利用,成为全国人民的肉食供应基地,就可以减少对粮食的需求,并使农区的土地能从粮食的压力下解放出来,向种植经济作物转移。从宏观上去看,这是一项提高国民生产力的大战略。

(二)人文生态失调

人文生态是指一个社区的人口和社会生产结构各因素间存在着适当的配合,以达到不断再生产的体系。人文生态失调是指这种配合体系中出了问题,劳动生产率日益下降,以致原有生产结构不能维持人口的正常生活和繁殖。在整个边区,人文生态失调和自然生态失调同样值得注意。

1985 年 6 月,我在考察内蒙古包头钢铁厂时看到封闭企业本身产生的人文生态失调。包钢建成近 30 年,人口在不断增长,近亲繁殖,社区的活力不断消耗,这样形成了这类边区企业人文生态的第一个恶性循环。由于东西差距拉大,又引起了边区的智力外流,出现了"一江春水向东流"的局面,人才不断流失,这是人文生态的第二个恶性循环。

建国以来,国家工业建设的重点曾经放在中部和西部之间的走廊地带,从内蒙古经陕西、甘肃到四川,投资大略估计有 3700 多亿元。用这笔钱建成了九条铁路和几千个大中型国营企业。但是这几千个大中型企业并没有成为这个广大地区社会经济发展的启动力,它们的生存和发展几乎和当地尤其是少数民族没有太大关系,民族地区的开发并没有和少数民族本身的发展密切结合起来。我认为民族地区的发展必须包括少数民族的发展,不能离开民族的发展来讲民族地区的经济发展。

我看到边区所办大企业的特点之一是"企业办社会",也可以说是"社企不分"。外地移入的从业人员和他们的家属组成了一个在社会生活各方面力求自给自足,对外很少联系的封闭性社区。这在少数民族地区更为突出。这种企业又都直属于中央或省的政府部门,他们搞的是产品经济,不是商品经济。它们和所在地的基层地方政府没有从属关系,当地基层政府管不了它们。企业的上级政府部门又都是专业性的经济部门,它们也管不了各企业从业人员的社会生活,于是产生了"企业办社会"的结构。这样的企业像个大家庭,不能不一代一代地养活不断增长的子子孙孙。因为这个大家庭并不是个不断生长中的母体,而是生产力受限制的封闭社区。所以不可避免地进入了恶性循环,包袱越来越重,母体越来越弱,这就是人文生态失调现象。

人文生态失调形成了对企业的压力,这些企业不得不进行改革以求生存。首先是以开放代替封闭,向社企分离的目标迈进。大企业的开放不但对地区工业化发挥了启动作用,而且也是自己解放自己的惟一办法。对地区经济和企业本身是两利的。这实际是西部地区共同的问题,所有的"三线"企业都面临改革问题。它们必须转型以求适应,主要是以开放代替封闭,从产品经济走向商品经济。改革的方式则是多样的,陕西宝鸡的经验叫"城乡一体化",使国营大企业所含蓄的巨大科技潜力,形成了乡镇企业的启动力,甘肃的经验叫"一厂两制",扩散大企业的技术、资金的力量,开发了与地方结合、集体所有的工业小区,带动了地方经济的发展,呈现一片生机。这个改革过程已经开始,应该根据具体情况采取不同形式进行。关键是怎样使已经存储在西部地区的巨大经济能量释放出来,使其成为西部这个多民族地区共同发展的推动力。

二、西部的发展战略构想

中国的少数民族大部分聚居在中国的西部。西部和东部的差距包含着民族的差距,西部的发展战略必须考虑民族因素:一方面是动员这地区少数民族参与这地区的开发事业,另一方面要通过这地区的经济开发使这一地区的少数民族发展成为现代民族。

(一)关于建立"黄河上游多民族经济开发区"的设想

从龙羊峡到青铜峡之间1000多公里的黄河上游地区,有着丰富的矿产、水电资源,是西北回、藏、蒙古三大少数民族和汉族聚结部的核心区。自1988年5月起,我们先后两次到这一近15万平方公里的地区进行了考察,并提出了建立"黄河上游多民族经济开发区"的设想。这一设想得到了甘、宁、青、内蒙古四省区党政领导的大力支持。

黄河上游流域在经济发展上应当连起来看,构成一个协作区。这个"协作区"在历史上本来就属于一个经济地带。我们的设想是在黄河上游建立12个大型水电站,以解决这个地带的能源问题。由水电产生能源,又由能源推动这个地区丰富的矿产资源的开发。通过资源开发发展该地区的工矿业,带动这个地区包括各少数民族在内的 3000 万人民的致富，从而促进整个区域的商品经济的良性循环。这个经济带启动的结果，将使这个协作区成为西北广大少数民族地区一个经济发展中心。我们认为这个经济中心的建立和发展，更长远的意义就是重开向西的"丝绸之路"，通过现已建成的欧亚大陆桥，打开西部国际市场。从某种意义上来说，西部国际市场比东部国际市场更有潜力。西进中亚、西亚和中东地区，我们具有一定的优势。充分发挥回族的民族优势，提供伊斯兰国家所需要的各种生活用品，我们完全有可能建立一个很大的西部国际市场。

（二）关于建立攀西开发区重建"南方丝绸之路"开发大西南的设想

为了调查大西南山区的经济，去年我在四川、云南海拔 2500 米以上的大小凉山地区连续跑了 1300 多公里。考察结束后，我提出了《关于建立攀西开发区重建"南方丝绸之路"开发大西南的设想》的建议。这个设想是由彝族主要聚居区的凉山和 60 年代起发展成为钢铁生产中心的攀枝花，建立攀枝花和西昌联合开发区，并以此为中心，重建由四川成都经西昌和攀枝花及云南保山从德宏出境西通缅、印的"南方丝绸之路"，为大西南的工业化、现代化奠定基础，简称"一点一线一面"开发大西南的设想。"一点"就是指攀西地区，它资源丰富，能源充沛，是对今后开发大西南具有强大启动作用的经济心脏。针对当前该地区在社会经济结构上存在的突出问题，我提出了"四个结合"的对策：即州市结合、工农贸结合、轻重结合和民族结合。"一线"则是指以攀西开发区为中枢的一条我国大西南通往缅、印、孟的交通动脉，也就是重建历史上的"南方丝绸之路"。有了攀西开发区作为心脏，"南方丝绸之路"作为大动脉，大西南工业化和现代化就能由点逐步扩散搞成一片，这就是我设想中所提的"一面"。我想经济的辐射作用将像波浪式一样由攀枝花的工业中心，从凉山地区向四周扩散到大西南的整个地区，基本上可以包括川、滇、黔三省，即云贵高原和四川盆地，使这一片少数民族聚居区，逐步走上工业化的道路。

（三）临夏的发展模式

在甘肃临夏回族自治州考察时我提出"以商带工"的启动战略。我看到临夏有不少农民在城乡间贩运，搞活了流通，促进了生产。我认为西部各地都要有这种贩运队伍，来点火启动整个西部地区的经济运行。我曾四次到临夏考察，称它是"西部温州"、开发青藏高原的"跳板"。据新华社记者今年 8 月 13

日报道：长期受人多地少、资源贫乏困扰的甘肃省临夏回族自治州，从流通入手，以商兴州，个体、私营经济迅速崛起。如今这个州以其辐射全国的流通网络和吞吐量巨大的专业市场，已成为我国东西部商品流通的"旱码头"。这是令人鼓舞的信息。

（四）"两南"兴藏的设想

如何开发藏族地区，一直是我关注的一个问题。我已年老，亲自到西藏自治区去考察是没有可能了。但在考察甘南和肃南时，得到了很多启发。我认为，甘肃的甘南和肃南，合称"两南"，并不是名称上的巧合，它们在发展西部民族地区上都具有特殊的有利地位。它们都紧靠青藏高原的边缘，都是历史上与藏族有长期的密切往来，现在还有藏族聚居于这些地方，而且其他民族有些在这里定居后接受了藏族的影响改信了喇嘛教，裕固族就是一例。这种密切关系正给他们"反弹琵琶"的条件，可以成为藏族现代化的窗口。这些地区处于藏区和汉区之间，容易接受新知识，容易搞现代化。西藏的现代化可以从外围入手，逐步向中心深入。所以发展甘南和肃南对发展藏族地区具有重要意义。"两南"能不能看做是青藏高原的少数民族和中原地区各民族联系的两架桥梁？通过原属藏族重要文化中心的甘南这架桥梁，可以把现代化科技知识送入藏族地区；通过在牧业改良已取得成绩的肃南这架桥梁，把现代化牧业送入藏族内地。因此我产生了"两南兴藏"的设想。

三、充分发挥各民族的特长和优势

我认为我们应该特别注意那些分散在各地区人口较少的少数民族的发展。在改革的浪潮中，他们往往没有受到应有的重视。有些地方甚至把他们当作被"照顾"的对象。这些少数民族的成员虽然得到生活的保障，但是失去了传统的生产手段，没有找到靠自己劳动来从事生产的新路子。结果引起了精神生活的衰颓。我一向认为，一个民族，无论大小，要发展和繁荣起来，必须有一个坚实的经济基础。一个民族在发展中保持其民族特点，那就必须利用其民族特有的优势来发展经济，不然的话，这个民族难免要衰亡。所以就一个民族的发展来讲，必须强调善于发挥自己在体质上和文化上特有的优势，利用一切可以利用的外在条件，发展其经济，提高自身的社会生产力和发扬自身的精神文化，在整个地区的发展中,贡献应有的力量。例如长期从事狩猎采集经济的鄂伦春族,他们不可能在今天仍以传统生产方式来谋生了,但他们世代生活在大森林并善于饲养驯鹿,具有丰富的林业知识和驯鹿经验,如果顺应其文化传统,让他们从事森林培养看护,举办鹿场等,或许就可能为这个民族找到发展的根基。

四、共同富裕、协调发展

当前中国的社会经济发展上,从地区来讲存在着较发达和欠发达的差距问题。当然,在发展上求绝对平衡是不可能的,但各地的差距不能拉的太大,特别是对少数民族地区来说更应重视这点。我常说,中国不是"大鱼吃小鱼",而是"大鱼帮小鱼"。那么怎么帮?我认为主要有两条:一是国家支持,二是自己走路。

去年我在考察湘、鄂、川、黔四省交界武陵山区的土家和苗等少数民族聚居区时,深切体会到内地欠发达地区确实需要外力的帮助才比较容易发展起来。这是因为这种长期以来处于小农自给经济的封闭山区的各族居民,事实上缺乏先进的生产技术和管理大生产的传统,而且没有可靠的市场来发展商品经济。在这种地区要他们一步跨入工业时代难免困难重重。为了加速这种过渡,看来不能没有外力的帮助。固然,如果没有内在的活力,外力要帮也帮不上,但是即使有了内在的活力,没有外助经济发展也难于启动起来。因此,我认为这类少数民族地区首先还是要培育内在活力,比较容易见效的可能是发展庭院经济,就是从家庭副业提高一步成为商品生产的家庭企业。

我认为对发达地区,国家要给政策,对少数民族地区,国家不仅要给政策,而且要给切实的帮助。国家支持的目的就是要帮助少数民族站起来,走自己发展的路。我们只有帮助少数民族发挥各自的民族优势,在自己的经济基础上站起来,才能避免少数民族名存实亡的后果,才能使我们的国家真正成为一个各民族共同繁荣的大家庭。

东西部协调发展还要靠"东西合作,互惠互利","以东支西,以西资东"的方针来推动地区间的合作,这种合作是多方面的,形式也可以多种多样。但关键是深化改革,归结到一点,就是要遵循商品经济规律办事,在改革中找出路,求发展。

五、民族地区的改革开放和民族的现代化

改革开放是中国各民族走向现代化的必由之路。少数民族地区的农村和牧区自然经济和半自然经济尚占主导地位,产业结构很不合理,交通不便,信息不灵,长期以来处于相当封闭的状态。建立新的体制和运行机制,推动少数民族地区经济、文化事业的发展,改变贫穷落后面貌,具有刻不容缓的紧迫性。同时随着改革开放的不断深入,加快了改革开放的步伐,民族间的接触也会日益增多,这种状况有利于各民族增进了解,互相帮助,加强团结,但也必然会出现新的问题和新的矛盾,需要更加重视加强民族工作。

过去被看做是荒凉贫瘠的少数民族聚居区,很多却蕴藏着丰富的地上、地下资源。这是中国走向现代化,实现农业国向工业国转变的必不可少的物质基础。我国少数民族地区地大物博,战略位置重要,担负着重要的使命。没有中国农村的现代化,就没有中国的现代化。同样,没有中国少数民族的现代化,也就谈不上中国的现代化。认真贯彻民族区域自治法,充分发挥少数民族地区的优势,把少数民族地区资源开发和社会经济发展妥善结合起来,逐步改变民族地区经济相对落后的状况,使之同全国经济发展相适应,这是发展我国综合国力的极为重要的一个环节。在振兴中华的共同事业中,各民族都有自己的优势,都应在现代化建设中各自做出自己的贡献。同时我们所走的是共同繁荣的道路,在这条道路上少数民族地区的发展必须包括当地少数民族的发展。这正是我们社会主义国家性质所决定的。

邓小平同志说得很明确:"走社会主义道路就是要逐步实现共同富裕。"当前的问题是怎样较快地实现这个目标。我认为,这必须是一个实事求是的过程。像中国这样大的国家,各地区的物质条件和文化水平由于长期历史的原因相差很大。起点不同的各地区各民族现在虽然都进入了社会主义时期,贫富不均的状态还是不可避免的。我相信,通过国家提倡先富帮后富的原则,欠发达的地区,迟早是会赶上来的。

1992 年 10 月 1 日

原载《内部文稿》1993 年第 1 期。

中央民族访问团追记

新中国成立后，国家领导人深切关怀分散聚居在全国广大地区的少数民族。1950年6月，中央人民政府决定派出"中央访问团"，分别到西南、西北、中南和东北各地区，深入少数民族群众，宣传共同纲领规定的民族平等、团结的政策，选择有条件的地方试行民族区域自治，并了解各民族的实际情况，听取他们的要求和意见，进一步密切中央和少数民族群众的关系。

中央人民政府政务院为此从所属各委、部和其他部门抽调了大批干部，先后组成四个访问团。首先组建了以刘格平为团长的中央西南访问团，于1950年7月出访。紧接着组建了以沈钧儒为团长的西北访问团。1951年、1952年，又分别组建了以李德全为团长的中南访问团和以彭泽民为团长的东北访问团。每个访问团都以省为范围建立若干分团。每个分团还配备了文工队、电影放映队、医疗队和调查研究人员，携带了大批锦旗、礼品和药品等。访问团要力求扩大接触面，直接与居住在偏僻地区的少数民族同胞见面、问候。

国家领导人十分重视民族访问团的组建和工作。毛泽东主席、朱德和刘少奇副主席、周恩来总理都亲笔题词，制成锦旗，为访问团开道。这些锦旗送到各地少数民族同胞手里，都被视为最珍贵的宝物。毛主席的题词"中华人民共和国各民族团结起来"，照亮了各族人民团结前进的光明大道。

访问团出发之前，周总理亲自召见大家，再三叮嘱，宣传民族政策要以身作则，要在自己一举一动上表现出民族平等。周总理不仅给大家讲民族政策，而且指明怎样为实现民族政策做工作。他要大家记着少数民族过去是受过民族压迫的，要他们相信我们的政策，先得承担我们民族里曾经有过压迫少数民族的错误，向少数民族赔个不是。当时访问团里有些青年成员觉得承担不是自己犯的过失，有点委屈。周总理耐心向他们讲了以心换心的道理：真的团结必须大家一条心，任何一方心里还有疙瘩，团结就不牢固。我们赔个不是就得了人心。后来大家在访问实践中，才完全明白了这些道理。少数民族同胞看到"毛主席派来的人"，对他们有礼貌，平等相处，还为过去有些汉人对不起他们赔不是，就说听毛主席话的人是"新汉人"，"新汉人"和少数民族是一家人。事实证明，周总理是真正懂得以德服人、以心换心的人。邓颖超同志也亲自看望访问团成员，嘱托大家"多多了解各族人民的生活疾苦，多多带回各族人民特别是妇女同胞的意见"。中央领导同志对民族工作的深切关怀，给访问团成员以莫大鼓舞。

访问团的工作，实际上是少数民族聚居地区解放和建政工作的继续。解放军和地方干部的清匪、建政等工作，为访问创造了条件，并做出了贯彻民族政策的榜样。访问团得到了他们的大力协助和指导，使工作得以顺利开展。西南访问团抵达重庆后，西南军政委员会刘伯承主席和邓小平副主席亲自为全体团员作报告，讲述了红军长征路过云、贵、川时，怎样正确执行民族政策，得到各少数民族群众的拥戴和协助，从而顺利通过这些地区的切身经历，鼓励访问团成员积极工作。我本人当时是西南访问团的成员，听了报告深为感动，立志要为我国少数民族的发展贡献力量。

访问团每到一地，少数民族群众都纷纷从数十里、甚至百里以外赶来，迎接"毛主席派来的人"。成千上万的人聚会在露天广场上，风雨无阻，欢呼声震四周山谷，来往回响，经久不息。晚上放映电影时，火把接连从远处山头蜿蜒而下，像是条条火龙从天而降，当银幕上出现毛主席时，万口争呼，山摇地动。事后还争相传诵看到了毛主席大救星。我记得在贵州毕节的一天晚上，我们看到不少观众衣不蔽体，当场便分送布匹、衣裤，双方都激动得热泪盈眶，相抱不放。这时真正体会到了"以心换心"的真情实意。

访问期间，像这样感人的事例不胜枚举。医疗队挨门上户为群众治病，有时半夜里还跋山涉水去救护急症病人，被称为救命恩人。在广西三江山区访问，正值当地闹饥荒，群众已断炊了。访问团立即组织送粮上山，山下少数民族同胞争相肩挑运送，一片友爱互助之情难以形容。

更使人难忘的是，访问团离去时，少数民族兄弟姐妹依依难舍的情景，真是唱不完的歌，跳不完的舞，喝不完的酒，说不尽的情。总的一句话，是要把"毛主席万岁"的呼声越过千山万水送到北京毛主席的耳边。少数民族同胞心向亲爱的祖国,使我们深切感到用真情实意牢牢结在一起的民族大家庭,千年万岁永不会分离。

少数民族青年大多能歌善舞。访问团里的文工团,在联欢会上和他们一起表演节目,还虚心学习少数民族歌舞,用他们喜闻乐见的形式表演民族友好团结的形象,使他们感受到民族平等参与的欢乐。许多爱好歌舞的少数民族青年男女坚持要求参加访问团的文工团,从而启发了访问团领导,做出筹建全国性民族文工团的决定。这就是后来民族歌舞团成立的序曲。

访问团在各地广泛宣传民族区域自治政策,同时选定重点地区进行实验。如在贵州清水江两岸苗族聚居区,访问团协助当地政府,建立了凯里苗族自治区;在广西的三江地区成立了龙胜多民族联合自治县等。这些试点,为全国推行民族区域自治取得经验,鼓舞了少数民族当家做主的积极性,加强了民族团结。

新中国成立伊始,全国有多少民族,有哪些民族问题,还没有人能作出明确答案。各访问团的调查组在现场对当地民族进行调查研究,使我们对全国少数民族的基本情况有了一个初步的全面的认识。这是这次大规模访问的重要成果之一。通过调查发现各地少数民族自称的族名有几百个之多。由于在悠久的历史时期,各族人民长期流动和分散迁徙,在不同地区定居后,又过着不同程度的封闭生活,各自发展了不同的方言,因而有不少同一来源的民族,分出了许多支派,甚至互不承认是同一民族了。这种复杂情况就产生了"民族识别"的问题。综合各访问团调查的情况,可以初步肯定下来的不同民族有30多个,留下有待识别的还为数很多。

少数民族的社会发展程度同样十分复杂,有人甚至说,真像一部活的社会发展史,从原始部落社会、奴隶社会,到各种形式的封建社会都有,有些还有了资本主义因素。这许多不同起点的民族,都要走社会主义道路,便产生了一个怎样处理不同情况的少数民族的发展问题。实行民族区域自治,因势利导,从实际出发,分别采取群众能接受的方式进行社会主义改造,是我们政策的基本精神,但首先需要了解各民族的历史和社会发展状况。访问团在初步调查了解的基础上,提出了继续深入调查研究各少数民族社会历史的任务,成为1956年人大常委会组织全国少数民族历史调查工作的来由,也是后来建立民族研究机构的先声。

四个访问团,先后历时两年半的访问活动,据估计累计行程超过 8 万公里,几乎遍及全国的少数民族地区,不同程度上和各少数民族都有了亲刃的接触。访问规模之大,时间之长,地区之广,民族之多,是中国历史上所没有、也不可能有的。这是新中国民族工作的一项重大举措,对消除民族隔阂,建立民族友谊,加强民族之间和民族内部的团结,增强中华民族大家庭的凝聚力,起到现实和长远的影响。

1994 年 2 月

创建一个和而不同的全球社会

我很高兴能在有生之年,来参加这个会议,原因是我和国际人类学与民族学联合会很早就有关系。过去因为各种原因没有能出席会议,很高兴这次会议能到我们中国来召开,也就给我这个老人一个很好的机会,能够亲自参加了。在这里,我祝贺这个会议能够开得很成功。

我是20世纪早年出生的人,现在已经年过九十,我大部分的人生历程是在20世纪度过的,我很高兴,有幸能够坚持到上个世纪的终结,看到新世纪的降临。

回想起来,我是在1933年从燕京大学毕业后,接受我的老师吴文藻先生的建议,进入清华跟从史禄国(S. M. Shirokogoroff)教授学习人类学的。当时吴文藻先生就认为,要做中国本土的社会文化研究,必须得有人类学的基础,要用人类学的方法来研究中国社会并改造中国的社会学。他提出,要创立一条社会学中国化的道路。在清华大学研究院,我很有幸地得到了史禄国教授的培养。他是俄罗斯上一代传统学术训练出来的世界级的人类学家,以研究通古斯民族闻名于世。史禄国教授继承了欧洲人类学的悠久传统,他的研究范围非常广,包括体质、语言、考古以及当代各民族文化的比较研究。他给我的培养和训练没有按计划完成。我只是在他的亲自指导下,学完了人类学的第一个阶段,即体质人类学的基础知识(他给我规定了三个学习阶段:第一阶段学习体质人类学,第二阶段学习语言学,第三阶段学习社会人类学)。当然,这期间除了体质人类学之外,我还学到了他严谨的科学治学态度,以及对各民族在社会结构上各具特点、自成系统的认识方法。后来我才意识到,从史禄国那里学到的着重人的生物基础和社会结构的整体论和系统论,原来就是马林诺斯基功能论的组成部分。从清华学习人类学出来后,我在大瑶山和江村做过田野调查，然后就转到了伦敦经济政治学院，师从马林诺斯基和雷蒙德·弗思学习社会人类学。这段历史我相信在座的各位人类学家都比较清楚。如果从跟史禄国正式学习人类学算起，我和人类学打交道已经有将近 70 年的历史了。在这 70 年里，我贯彻了吴文藻先生的主张，把人类学的学习和研究包括在社会学的范围之内，把社会学和人类学密切地联系和结合起来，我的学术道路一直贯穿着这个原则。当然，由于种种原因，我的学术研究曾经有过间断。但总的来说，我一直没有离开这条学术道路。这条道路就是用人类学的基本概念和基本理论来研究当代中国社会的变化，这是我始终如一的学术追求。同时，我总认为人们的思想必然受到当时社会文化的影响，所以我这一生的思想也必然反映了这一时代特点，打上了时代的烙印。这也是我们常说的个人的经历总离不开世界的变化。

我出生在中国东南沿海地区一个小城镇，一个有着浓郁传统的知识分子家庭。我最初受到的教育和我的家庭有着很大的关系。我的父亲是旧社会的一名秀才，科举制度被废除后，他被选派到日本学习教育专业。回国后，他是中国第一批主张摆脱旧教育制度，创立新教育制度的知识分子之一，这个新制度就是从日本借鉴的，西方传来的教育模式，当时称做"新学"。我是从我母亲最早开办的幼儿园里出来的，当时叫做"蒙养院"，它是中国最早具有现代教育意义的幼儿教育的模式，这是我一生的出发点。从这里开始，我按照当时的教育制度从小学、中学到大学一直到同西方接触，到了英国，于 1938 年在伦敦大学获得博士学位告一段落，这是我一生中受教育的时期。接下来是中国的动乱时期，也就是抗战和国内战争时期，这是我一生中的第二个时期。当时，日本人打到我的家乡，我只能到大后方昆明来从事教书生涯，这个阶段一直到 1949 年中华人民共和国成立，中国革命成功才结束。此外，我真正的第二次学术生命是从 1980 年开始的，到现在正好 20 年。这 20 年我的收获比较大一些，也可以说是成熟时期。从现在开始我进入了这段时期的后期了。

我这一生经历了 20 世纪中国社会发生深刻变化的各个时期，可以概括为两个大变化和三个阶段。我把它称做"三级跳"。第一个变化是中国从一个传统性质的乡土社会开始变成为一个引进西方机器生产的工业化时期。一般人所说的现代化就是指这个时期。这是我一生中最重要的一个时期，也是我从事学术工作最主要的时期，即中国的现代化过程。在这一时期我的工作是了解中国如何进入工业革命。从这一时期开始一直到现在也可以说一直到快接近我一生的最后时期,在离开这世界之前我有幸碰到了又一个时代的新变化,即信息时代的出现。这是第二个变化,即中国从工业化或现代化走向信息化的时期。就我个人而言,具体地说,我是生在传统的经济社会里,一直是生活在走向现代化的过程中,当引进机器的工业化道路还没有完全完成时,却又进入了一个新的阶段即信息时代,以电子作为媒介来沟通信息的世界的开始。这是全世界都在开始的一大变化,现在我们还看不清楚这些变化的进程。由于技术、信息等变化太快,中国也碰到了一些问题,第一跳有的地方还没有完成,而第二跳还在进行中时,现在又在开始第三跳了。中国社会的这种深刻变化,我很高兴我在这一生里都碰到了,但因为变化之大我要做的认识这世界的事业也不一定能做好。因为时间变化得很快,我的力量也有限,我只能开个头,让后来的人接下去做。这是我的一个背景。要理解我作为学者的一生,不能离开这个三级跳。

我所有的学术研究,都是和中国社会变化的大背景联系在一起的。从1935年开始,我因受吴文藻和史禄国两位老师的影响开始了实地调查的研究方法。我最初研究的是作为中国少数民族的瑶族。从这时起我就已经把社会学和人类学结合起来了。在过去的学术界,往往把少数民族的研究看做为人类学的专利,少数民族研究在中国后来发展成民族学的一部分。当然这种学术分类与名称曾引起了各种讨论。对我来说,从人类学开始的用实地研究方法来研究我们中国的社会与文化,是一条非常重要的学术道路。从这一点来说自我从瑶山调查开始一直到现在进入对大都市社区建设与发展的研究,都是一贯的。今天讲这一点,是想说明我一生的学术生涯和这次会议的主题"都市民族文化:维护与相互影响"相联系也相符合。因为我是从中国少数民族实际生活研究起到上海和北京等大城市进行社区研究,这个过程本身说明了这个变化。这个实际的客观的变化同一个社会的发展的趋势是紧密地联系在一起的。

中国社会的第一跳是以我们中国各地不同民族的农村生活为基础的。我是生长在江苏一个以农业为基础的小城镇里。它最早的历史可以追溯到7000年前的良渚文化,这个文化开始有了农业和家庭手工业。在考古学上我们可以很清楚地看到这个时期村落的生活。这就是我们第一跳的基础,也是我们乡土社会基本的性质。那个时候从全国讲,文化形式上也有很大的不同,已经是一个多元文化的基础。多元文化逐步交流融合，成为多元一体。这里也就开始了我研究的第一个阶段，我写的《花蓝瑶的社会组织》这本书可以作为代表。从中看出它和以我们家乡为代表的汉族社会文化的区别，以及它是如何受到汉族的影响的情形。

我第二阶段的研究，是从中国 7000 年前的良渚文化到近代以来开始快进入工业化时期的一个中国农村的变化，可以我的《江村经济》为代表。代表一个传统的文化基础、社会组织，面临着一个全新的科学技术和机器生产的早期的冲击，这也是我对《江村经济》的定位。这是我们现代化开始的原初的形态，这是第一步。接下去代表这个时期我的重要著作是《云南三村》。这里反映了内地农村不同于沿海农村的特点。这便是我们的现代化最早的过程，从地域上讲是由东向西、从沿海到内地的。我的《江村经济》讲的是沿海地区的农村，开始了工业化。而《云南三村》却描绘了比较原始形态的乡土社会。1938 年底，我从伦敦回国，当时，日本人打到我的家乡，我们只能到大后方昆明来从事我的教书生涯。我在离昆明 100 多公里的地方，进行了与江村所处条件不同的农村类型——禄村的调查。禄村受现代工商业影响较小，没有手工业，几乎完全靠土地维持生计。通过对禄村的调查，我看到了与江村不同的土地制度。这是我第一个时期第二阶段的工作，这阶段到 1949 年才结束。

1949 年之后，我就开始参加民族工作。这也是我进入新中国后第一期的工作。新中国的建立引起了中国社会结构的重大变化，其中最大的变化之一就是民族关系和民族政策的变化。为了实现民族平等，在政治体制上我们成立了一个有各族代表共同参加的最高权力机关，即人民代表大会。但是在开国初期，我们还不清楚中国究竟有多少民族，它们叫什么名称、各有多少人口。为了摸清有关各民族的基本情况，建立不久的中央人民政府于 1950 年到 1952 年间，派出了若干个"中央访问团"，分别到各大行政区去遍访各地的少数民族，摸清他们的民族名称、语言、历史以及社会文化上的特点。由于我学过人类学，所以政府派我参加西南和中南两个访问团。我代表中央人民政府访问了这些地区的少数民族。我花了足足两年时间在贵州、广西分布在各处的少数民族村寨中进行实地访问考察，在和众多的少数民族的直接接触中，我深深地体会到民族是一个客观而普遍存在的"人们共同体"，是代代相传、具有亲切认同感的群体。

在对少数民族的状况了解的基础上,我直接参与了新中国民族政策的制定与实施。这一段从学术上讲是我第一期学术工作的延伸,是《江村经济》和《云南三村》的延伸。我具体的研究对象也从汉族为主的农村转移到少数民族地区——一个更复杂更多样化的领域。这便是从 1950 年到 1957 年我主要从事的少数民族的调查研究工作。

1957 年之后,由于众所知道的政治上的原因,我的学术工作停止了。一直停止了 23 年。70 年代末 80 年代初,我才恢复工作。从那时起到现在,是我的第二次学术生命。这段时期是中国社会变化最大的时期。恢复研究后,我做的工作之一,就是总结了我几十年来的民族工作,1988 年在香港中文大学的特纳(Tanner)演讲中,发表了《中华民族的多元一体格局》。我从中华民族整体出发来研究民族的形成和发展的历史及其规律,提出了"多元一体"这一重要概念。我在这篇讲演中指出:"中华民族"这个词是指在中国疆域里具有民族认同的 11 亿人民,"它所包括的 50 多个民族单位是多元,中华民族是一体,它们虽则都称'民族',但层次不同"。中华民族的主流是许许多多分散独立的民族单位,经过接触、混杂、联接和融合,同时也有分裂和消亡,形成一个你来我去,我来你去,我中有你,你中有我,而又各具个性的多元统一体。

事实上多元一体理论并非单纯是关于中华民族形成和发展的理论,也是我对中国社会研究的一个总结。56 个民族及其所属的集团是社会构成的基本单位,因而从另一个方面勾画出多元社会的结合和国家整合的关系,是多元和一体的关系。

在现代社会,人类学越来越关注人类社会和人类生活所遇到的或所面临的最现实的问题。因此,人类学的功能不仅在于"回顾与展望"或者"解释",还在于"参与和创新"。记得 1981 年我在英国接受赫胥黎奖时的演讲中,就曾经强调"人类学必须为群众利益服务"。这种"学以致用"的思想一直贯穿在我的学术研究中。我认为知识分子的本钱就是有知识,有了知识就要用出来,知识是由社会造出来的,不是由自己想出来的。从社会中得到的知识应当回报于社会,帮助社会进步,这就是"学以致用"。"学以致用"本身就是中国的传统,意思就是说,得之于社会要回报于社会。我是跟着中国这一传统进行我的工作的,这也是我的志向。这志向并不是我自己想出来的,而是跟着中国的传统学来的。但是我是通过吸收新的知识来把传统精神贯彻出来,我希望这样做,做得如何我自己不敢说。正是抱着这一理想，我的学术研究，从一而终地和全体人民的生活紧密地联系在一起。综合起来说，在中国范围内用人类学的实地调查方法可以解决过去没有解决的很多问题，包括农村发展、中国社会经济发展这些大的问题。70年代末80年代初我复出后，一直到现在，围绕着这一目标，我已经做了20多年，我还要继续做下去。这一段工作我主要的研究体现在《行行重行行》一书中。因为受身体条件的限制，我已经不可能在具体的地方长期进行观察和访问，只能主要依靠各地群众和干部提供的情况和委托陪同我去考察的助手分别下乡或下厂去进一步了解情况，以及通过在当地进行的各种访问和座谈来取得一些感性知识。所以，我也只能根据别人的第二手材料，夹介绍我曾经直接访问、看到的地方的情况，当然这不是严格的人类学田野调查工作了。在这里，我的特点是结合第二手材料和访问的材料进行类型式的比较研究，即 typology（类型学）的方法。对于同一时期的不同类型的研究，可以看到一个社会的动态，特别是在现代化和城市化过程中如何改变的。在这一阶段中，我主要提出乡镇企业和小城镇发展两个主题。可以说在50年代以前我的类型比较研究主要局限在农村。虽然在40年代末，我已经注意到了农村的调查不能只限于农村本身，也应考察经常与农村社区发生关系和制约作用的城镇。不过由于内战的爆发和之后的社会学学科的被取消，我对于城镇的调查和研究，一直到80年代才开始。我提出"小城镇，大问题"等题目，目的就是在于解决农民的出路问题。而小城镇的发展和乡镇工业紧密地联系在了一起。我从30年代起就指出了农村社会的发展在于农村工业化，即依托于本土社会文化优势的"草根工业"，让农民先富起来。而这个大的变化是在80年代以后才发生的。乡镇企业的出现和发展，使农民得到了很多非农就业的机会，使得农民的生活发生了质的变化。记得在1983年开始的小城镇研究中，我就提出了"类型、层次、兴衰、分布、发展"的10字提纲，成为研究小城镇的出发点。在此基础上，1984年提出了经济模式的概念。在我看来，所谓经济模式就是"在一定地区，一定历史条件下，具有特色的经济发展的路子"，进而引导出不同经济模式的比较研究，如苏南模式、温州模式、珠江模式等。这些模式本身和这一地区的社会文化基础有着一定的关系。我认为，任何经济制度都是特定文化中的一部分，都有它天地人的具体条件，都有它的组织结构和理论思想。具体条件成熟时发展成一定的制度，也必然会从它所在文化里产生与它相配合的伦理思想来做支柱。有的国外同行,如日本的社会学家鹤见和子教授认为,我的这些研究是"内发型发展论"的原型。

现在这些不同的模式也在变化之中。"苏南模式"是从人民公社中发生出来的,由社队工业变成乡镇企业的。这是第一个变化。第二个就是温州模式,是小商品大市场的模式,即把乡镇工业结合到市场经济里面,这是第二个大变化,也可以说是过渡阶段。现在为第三个阶段,是发展时期,即珠江模式,吸引外资利用外资提高科技含量来发展经济。这三个模式是互相连接起来的,有一个内在发展过程,现在苏南模式也正在改变,向着珠江模式发展了。

在这一时期,我以"下活全国一盘棋"为出发点,在注重沿海地区研究的同时,从80年代中期开始,更大程度地关注内地和边区的发展,特别是边区少数民族共同繁荣的问题。我曾经提出一些多民族的经济协作区的计划,有的已经在实施之中。如黄河中上游西北多民族地区、西南六江流域民族地区、南岭民族走廊地区、武陵山区山居民族地区、内蒙古农牧结合区等。在对这些区域进行综合性研究的基础上,我试图将民族研究与民族地区现代化的实际相结合。在边区民族经济的发展中,应该强调因地制宜,注意民族特点。如果总结我的研究,可以说从80年代中期开始,我的研究工作重点从沿海转到边区又到内地。从东南移到西北,从农村小城镇转到民族地区。作为一个多民族的国家,我们应该强调西部和东部的差距包含着民族的差距。西部的发展战略要考虑民族因素,而民族特点是一个民族从历史过程中形成的,适应其具体的物质和社会条件的特点。中国社会的民族特征,从历史上开始就在不同民族的交错地带,建立了经济和文化的联系。久而久之,形成具有地区特色的文化区域。人们在这个区域中,你来我往,互惠互利,形成一个多元文化共生的格局。我所提出的经济协作的发展路子,就是以历史文化区域为出发点的。

从实际讲,我的理论和方法还没有脱离最早期的人类学的理论的训练,我只是把这些理论和方法应用到正在变化中的中国社会和文化的研究中。去年我90岁时,把我以前写的文章,收集起来,出版了我的文集——《费孝通文集》(14卷)。这既是我个人经历的记录,也反映了时代在我身上发生的变化。

从今天这个会的主题来讲,并没有离开我的研究范围。因为我的目的是了解中国,中国就包含多民族的多元一体的中华文化,这一点不去多讲了,大家有兴趣可以看我已经写出来的东西。在提出这个看法之后,各方面都有反应。

作为过程来看,多元一体是一个历史过程。这个过程也同时表示各民族的现代化、工业化和城市化。

我们讲都市人类学,就是要强调中国多元文化的主体在工业化和城市化道路上发生的变化。对于都市人类学的研究,我觉得可以从两方面来看,一方面是中国各民族现代化的过程,就是如何工业化、城市化。从生产本身讲,是如何从农业和手工业的基础发展到机器化,在这一阶段,第三跳还没有跳,这就是要研究的问题,这个问题的基本方向和基本理论是符合大多数民族的发展过程的,也包括占人口大多数的汉族。比如我研究的领域、地区也放大了一些,各民族从不同的起点出发,如何共同发展到现代社会的过程,在这方面内容更丰富了。第二我要想说的是,中国城市的特点不是单一民族的城市,是多民族构成的城市。这就存在一个问题,即不同文化的人在同一个城市中,如何和平共处在一个政治经济组织里面,一体化(多元一体)是如何完成的。这不仅是一个历史的概念,也是一个当今的概念。

这里面又包括了两个大问题:发展的问题和和平共处问题。

一是发展问题,现在我们叫西部大开发。西部地区少数民族成分多,大部分少数民族人口集中在西部地区,西部的现代化过程必然包括少数民族的现代化过程。中国作为一个统一的多民族国家,在都市研究中赋予了民族文化多样的内涵。在都市化过程中,如都市开发如何依托少数民族的文化传统,以及少数民族移民都市后的文化适应等,都是民族地区现代化过程中的新问题和新现象。所以,我们都市人类学应该包括这一部分,这是我的理解。不能像过去的人类学那样,满足于描述静态的本土性的原初的文化,必须要看到它的变化。文化的变迁应该成为以后人类学研究的主题。这又让我回想起我的老师马林诺斯基。1998年,在北京大学百年校庆所举行的"21世纪:文化自觉与跨文化对话"的国际学术系列讲座上,我曾经提交一篇《读马老师遗著〈文化动态论〉书后》的论文。在这篇论文中我谈了我阅读完马老师这部晚年著作的体会。最初,人类学的研究是以封闭的简单社会作为研究对象的学科,其比较也是在简单社会之间进行的,这也是马老师那个时代的中心研究工作。同时,他也是这一学科科学的民族志方法的奠基人,在早期,他也主张人类学应在封闭的社区中进行调查和研究,进而来揭示社区的文化功能。30年代末期,马老师基本写完了他描述和分析西太平洋岛土著人的那几本巨著。之后在走访非洲东部和南部的殖民地时,他看到的正是一个在发生文化巨变的大陆,他也看到了当地文化与外来的殖民地文化互动的生动情景。他认为研究人类社会文化的学科必须跟上形势的发展,他把文化的动态研究看做"现代人类学的新的任务"。马老师的《文化动态论》是在30年代末40年代初写的,1945年,在他逝世后三年由耶鲁大学出版社出版。这本书出版到现在已快60年了。他在去世前,所提出的问题,就是 dynamics of culture change,这一文化动态论适应于世界各民族的变化,他预先看到了,给我们指出了一个方向。我们这一代的人类学家以及我们下一代的人类学家,如何能接上他所开创的事业,这是我们当代人类学的一个主题。

二是和平共处问题,就是多民族在城市中共同的政治经济组织的框架之内能和平共处,继续发展。如果不能和平共处,就会出现很多问题,甚至出现纷争。实际上这个问题已经发生过了。过去占主要地位的西方文明即欧美文明没有解决好的问题,在这几年逐步凸显出来了。事实上也发生了很多的地方性的战争。最突出的是科索沃战争,这一类战争还在不断地发生。从人类学角度来看,第二次世界大战后,社会的巨变、科技、交通的发展,已使人类不能像简单社会那样处于相互隔绝的境界之中,人类的空间距离也日渐缩小。然而就在人类文化寻求取得共识的同时,大量的核武器、人口爆炸、粮食短缺、资源匮乏、民族纷争、地区冲突等一系列问题威胁着人类的生存。特别是冷战结束后,原有的但一直隐蔽起来的来自民族、宗教等文化的冲突愈演愈烈。自1988年以来,全世界爆发的武装冲突,除伊拉克入侵科威特的战争,都是由内部民族问题而引起的。有的研究者曾作过统计,从1949年到90年代初,因民族冲突而造成的伤亡大约为169万,数倍于在国家间战争中死亡的人数。诸如前苏联解体后,一些民族的主权与独立问题,非洲的索马里和苏丹、亚洲的缅甸和斯里兰卡、南斯拉夫的克罗地亚、塞尔维亚、波黑及科索沃问题等。从这个意义上说,人类社会正面临着一场社会的危机、文明的危机。这类全球性问题所隐含着的潜在危机,引起了人们的警觉。不同学科的学者正在寻找形成种种危机的根源,期盼发现解决问题的办法。而作为科学的人类学也正在以传统的研究领域和技术为基础,扩展自身的研究视野,试图探索出解决现代社会诸问题的方法,并从比较社会与文化的视角来解决人类赖以生存和发展的问题,引导人们适应现在和未来变化的轨迹。

这个问题，看来原来已有的西方的学术思想里还不能解决。而中国的传统经验以及当代的民族政策，都符合和平共处的逻辑。事实上我们的方向已经有了，而且已经向前走了一步了。我们的民族政策已经走过了50年。对于这些问题也希望引起我们国际的人类学家的关心，共同研究这其中的理论上的发展等。

21世纪的脚步声已依稀听到，人类正在匆匆构筑21世纪的共同理念。不同的国家、民族、宗教、文化的人们，如何才能和平相处，共创人类的未来，这是摆在我们面前的课题。

刻在孔庙大成殿前的"中和位育"几个字代表了儒家文化的精髓，成为中国人的基本价值取向。这种"中和"的观念在文化上表现为文化宽容和文化共享。记得11年前，在日本东京为我召开的80岁生日的欢叙会上，我在展望人类学的前景时，提出人类学要为文化的"各美其美、美人之美、美美与共、天下大同"做出贡献。这就是意味着人类学应当探讨文化的自我认识、相互理解、相互宽容和世界多元文化之间的共生理念以及达到"天下大同"的途径。事实上，如果我们再往回看呢，这是在中国的传统的经验里面所一直强调的"和而不同"思想的反映。

对于中国人来说，追求"天人合一"是一种理想的境界，而在"天人"之间的社会规范就是"和"。这一"和"的观念成为中国社会内部结构各种社会关系的基本出发点。在与异民族相处时，把这种"和"的理念置于具体的民族关系之中，出现了"和而不同"的理念。这一点与西方的民族观念很不相同。这是历史发展的过程不同即历史的经验不一样。所以中国历史上所讲的"和而不同"，也是我的多元一体理论的另外一种说法。承认不同，但是要"和"，这是世界多元文化必走的一条道路，否则就要出现纷争。只强调"同"而不能"和"，那只能是毁灭。"和而不同"就是人类共同生存的基本条件。

我们现在生活的世界都已被纳入到全球化的世界体系中。但发端于西方世界的全球化浪潮，在非西方世界接受西方的文化的同时，也应当通过自身的文化个性来予以回应。过去很多观点认为，随着全球化特别是少数民族移居都市后，在民族文化和文化认同上会逐渐丧失个性，事实却非如此。事实上，全球化与地方社会之间有一互相对应的逻辑关系。说到这里，我想起了我近年来在很多场合提到的"文化自觉"的问题。"文化自觉"是当今时代的要求，它指的是生活在一定文化中的人对其文化有"自知之明",并且对其发展历程和未来有充分的认识。从某种意义上可以讲,文化自觉就是在全球范围内提倡"和而不同"的文化观的具体表现。

在人类即将进入21世纪的今天,我们聚集在一个有着悠久文明,有着占世界人口将近1/4的多民族文化和平共处的中国,来讨论"都市民族文化:维护与相互影响"这一会议的主题,确实有着深远的历史意义。我相信中国思想中的这种"和而不同"的理念,也一定会赋予这一会议主题以新的内涵。

2000年7月28日

本文是作者在"国际人类学与民族学联合会(IUAES)中期会议"上的主旨发言。

民族生存与发展

很高兴来参加第六届社会学人类学高级研讨班并负责第一讲。我自开始教书以来,讲课时不喜欢跟着稿子讲,今天仍是这个老习惯,先发讲稿,请大家认真地读并给予批评,我则利用这个机会做一个即兴发言。

去年是西北民族学院建校50周年,我来到这里,当时很高兴,建议把第六届研讨班办到西北地区,以配合西部大开发的形势。第一届研讨班是在1995年办的,至今不到10年已办第六届,这是同行们热心支持的成果,也可以说是时势发展的需要。我看到手册中已把前五届的主题内容做了归纳,第三届、四届的论文集也相继在最近出版了,走一步是一步,这是我们人类学学科发展的一个过程,有着里程碑的意义。

国际和国内时势的发展主要有两个方面,一是21世纪全球的居民已经开始了更频繁的接触和交流,走上了一条被称为"全球化"的道路;二是在近300年的时间里,中国在世界上的文化地位和政治地位发展迟缓,已从领先退居到发展中国家的地位,但是在20世纪的后50年中发生了巨变,在进入21世纪时刻,我们处在了急起直追并努力赶上发展前沿的关头,人们看到了中华文化复兴的苗头,在这个新的世纪里,中华民族有能力为地球上的人类开辟一条新的发展道路。这是我为中华文化的定位。

人的思想是由时势造成的,也反映了所处时势的地位。因此我们发生了"文化自觉"的要求,文化自觉就是生活在某种文化之中的人们的自知之明,目的就是在争取文化发展的自决权和自主权。我们这些社会学者和人类学者召开的这类高级研讨班就是这种客观形势所决定而自觉组织起来的。加强人类学的研究,是文化自觉的要求,这种要求来源于客观历史的发展,这个历史的要求推进了我们。我们到这里参加这个班是自觉自愿的行为,但也是客观形势所造成的。我是一向主张"从实求知"和以知识来创新推进实际的人,凭着这种信念,我不顾年老,从千里之外赶来参加这个研讨班。

知识分子的思想发展是随时代发展而变化的,我在每一届研讨班上的讲话,反映了我这个人的思想变化。当我们进入21世纪的时候,每个人都有不同感受,比如年龄不同的人对时间的感觉就不一样,小的时候,盼着吃年夜饭,觉得时间过得那么慢,而现在似乎眼睛一眨,半年就过去了,时间过得越来越快,这一方面是我这个年纪的人的感觉,另一方面说明中国近来变化之快也确是惊人,是全世界人们所意想不到的。我们希望在21世纪里中国能够有更大的变化、更快的发展,实现我所说的从乡土社会到工业社会,再到信息社会的"三级两跳"。早年我搞的江村和云南三村的调查都属于农村乡土社会的研究;后来又提出工业下乡、提倡发展乡镇企业,希望用工业化来改变乡土社会的主张,这个工作一直搞了50年。

80年代初,我获得了第二次学术生命,接受了重建社会学(也应当包括人类学在内)这门学科的任务,至今又过了20年。那时我去美国访问,看到他们已经用计算机处理数据资料了,计算机也比北大当时用的小得多,整整差了一代。可以说那时世界已经进入了信息时代,这就是我所说的第二跳。这几年我们也热闹起来,大家写文章不用笔了,连我写文章的办法也起了变化,可以把我的讲话录下音,然后整理成稿打印出来,再让我修改,而且可以多次修改,效率提高了。有时候还可以把讨论会的情况录下音,整理出来,吸纳了大家的思想,文章也集体化了一些,已不是属于一个人的思想了,这也可以说是一个时代的变化。

这几年有两个问题常常萦绕在我心里,那是1998年第三次高级研讨班上一位鄂伦春族的女同志向我率直地提出的一个问题:"人重要还是文化重要?"这是她在看到自己民族的文化正在受到重大的冲击,而日渐消亡时,产生了只有先把人保住,才提得到民族文化重建这个问题。她提出的这个问题很深刻也很及时,因为在全球化的浪潮中,一些根底不深、人数又少的民族,免不了会发生这个似乎是耸人听闻的问题。由此,又使我记起在大学念书时读到的一本英国人类学者Peter Rivers写的,名叫《文化的撞击》(Clash of Cultures)的书。这本书写的是澳大利亚土著居民怎样被消灭的故事,他说在一个文化被冲撞而消灭时,土著人也就失去了继续活下去的意志。我在英国留学期间(1936—

1938年），曾在报上读到澳大利亚南端Tasmania岛上的最后一个土人死去的消息，对我震动很大，成了在心头一直挥之不去的烦恼。

1979年我赴加拿大讲学时，曾参观访问了加拿大的印第安人保留地。看起来保留地里的印第安人的生活不错，有房子，有电视，还有汽车，虽然导游说这是二手货，是摆样子的，但是，看起来这个民族在政府的财政补贴下保存了下来。然而，管理印第安事务的官员告诉我，这些印第安人经常酗酒、打架，非正常死亡率很高。他们生活没有目的，主要是安身立命之道没有了。

我1987年考察呼伦贝尔盟和大兴安岭时，去拜访了鄂伦春族同胞。看到我们的政府的确是在尽力扶持这个民族，他们吃住都没有问题，孩子上学也不要钱，但这个民族本身还没有形成一个有生机的社区，还没有达到自力更生的状态。当我读到美国亨廷顿的《文化冲突论》时，不能不激发起我的思考：文化和民族是会被消灭的，这是过去发生过的历史事实，但是我不能平静地接受这个历史事实。令人吃惊的是，那些标榜提倡个人自由的西方文化，怎么能够容忍一些民族和文化消亡的事实发生在当今这个时代！西方某些人主张种族消灭论，现在世界上很多地方还在打仗，南斯拉夫、中东地区战火不断，战争中动用了飞机、导弹，互相残杀。我们主张民族平等、共同富裕。当然，由于自然条件和环境的改变，还可能造成一些民族在生产能力和谋求职业方面出现了某些不适应，比如政府分给了某个少数民族同胞土地，但是他们不会种，怎么办？我一直在想：我国万人以下的小民族有10多个，它们今后在社会的大变动中如何继续生存下去？如果我们把这个问题扩展开来，实际上就是在全球一体化以后，中华文化该怎么办。这是个大问题，虽然这个问题，目前还不那么急迫。但是在现实生活里，某些小民族保生存还是保文化的矛盾已经发生了。

因此我提出了"和而不同"的民族秩序论。心里想，我们中国当前所走的路子和所执行的政策，是同西方的路子唱反调的，我们主张民族平等、民族自治，首先就要保证民族生存，反对消灭民族。

我有幸在第二次学术生命里，得到继续从事民族研究工作的机会。在这20年的"行行重行行"里，我尽可能地到各地访问，去拜访我国的少数民族同胞。我到过生活在黑龙江兴安岭里的鄂伦春族和甘肃青海交界处的裕固族、撒拉族、土族等少数民族地区,我能体会到它们的处境和困惑。跨入信息社会后,经济、文化变得那么快,一些小民族就发生了自身文化如何保存下去的问题。在这种形势下,不采取办法来改变它们原有的生产和生活方式是不可能的了,问题是如何改变?我前年又到黑龙江去访问赫哲族,想了解一下人数比较少的少数民族的具体情况。赫哲族长期以来本是靠渔业生活的,现在传统的渔业越来越不景气,因此地方政府一方面努力改善环境,保护渔业生产,尽可能地帮助他们安排好生活,开辟新的生产门路,如利用鱼骨做成艺术品、装饰品,拿到市场上去卖;另一方面分给他们土地耕种,想帮助他们改变生活方式,改变文化,但是他们却把地转租给汉人或是找打工的汉人来种。这说明一种文化向另一种文化的过渡并不那么简单。小民族要生活下去和解决贫困问题,需要有一个复兴的计划,这种计划必须在扎实的调查研究的基础上才可能做出。这应该是社会学、人类学者的任务。

我从东北回京后,向国家民委提出加强对小民族的研究的建议,这个建议得到了中央领导的重视,现在由北京大学社会学人类学研究所牵头,与中央民族大学、国家民委民族问题研究中心合作组织了队伍,开展了22个10万人口以下的"人口较少民族"的调查。调查的第一期工作已结束,正在进行第二期的工作。我想,在我们中华民族大家庭中,决不能坐视小兄弟面临困境而无动于衷,我们有力量帮助它们在当今这个变化激烈的世界里继续生存与发展下去,允许它们在文化走向的问题上有自主权和自决权。我们中国的社会学者和人类学者还可以做跨国的比较研究,拿我们的民族政策与美国、澳大利亚、加拿大等国的民族政策做一个比较,看看中国提倡的民族平等、共存共荣的政策与西方民族政策究竟有什么不同。我们要在中华民族大家庭中做出一个实实在在的榜样来,走出一条新路,这是中国社会学、人类学者要做的事。这件事做好了其意义不仅是在国内,而且对今后的世界也有重大意义。

在座的有来自各个民族的学员,希望大家来共同思考和关注这样一个民族文化应该如何发展,发展的目标是什么这个重大的课题。在全球文化发展和交融的时代,在一个大变化的时代里,我们如何生存和发展?怎样才能在多元化并存的时代里,真正做到"和而不同"?我已经90多岁了,想做的事很多,但已力不从心。新一代长成,老一代交班,希望新一代更快更好地成长起来,把研究工作继续下去。

答会上提问

刚才大家提出了很多问题,很好,我把它们归纳起来,总的讲一讲。

我过去多次来西北,关心西北的发展问题,为此也提出过一些建议和看法。这次能参加研讨班,也很希望能了解一下现在的情况。政府政策的形成,不是凭空而来的,先是有客观的需要,以群众的根本利益为依据,10多年来大家都在努力"呼吁",大家的呼吁,得到中央的重视,才会有今天西部大开发的政策。现在西部大开发的方向、目的清楚了,有了政策条件,还需要投入大量的人力物力,才能做很多的事情。如何贯彻落实西部大开发的政策,把事业做成功还要靠群众,靠每一个人的努力。

首先要做好的是交通。这次我是乘飞机来的,在飞机上没有问题,下了飞机就难走了,从机场到兰州的路还没有修好,老年人就吃不消了,这是很实际的问题,路不好,是无法招商引资的,举这个例子,大家就体会了。

其次,发展西部要有重点,要抓住若干据点和中心点。从兰州到嘉峪关的一段,我看中了河西走廊、金川、白银,这些地方通过多年的建设,已经有了很好的基础。比如对白银市的发展有相应的支持政策,完全可以发展成为一个工业特区。

河西走廊在新疆、青海、内蒙古和宁夏诸省区之间,这个地区如果能够用好祁连山的水,发挥移民的作用,将会大有希望。此外,培养工业发展所需要的技术人才是当务之急,关注当地少数民族经济的发展也同样重要。第一位的任务是培养人,培养有现代科学知识的技术人员和管理干部,在这方面有什么工作需要我做,我很愿意出力。

抓重点同时不能放弃基础,西部不能忽视农业的发展,发展要靠人去推动实施。靠有头脑的人去做,所以我还要再次强调,人是最根本的。必须有意识地培养和提高人的素质,让他们有条件来接受先进的文化,能够加入到现代化的事业中去。就民族工作来讲,更要抓住这个关键来发展民族地区的经济,要看到传统的谋生之道正在改变,原来靠山吃山、靠水吃水,现在山上的树没有了,河里的鱼没有了,在这种情况下,有人问是保命还是保文化。依我看,文化是为了人才存在的,有人才有文化,文化是谋生之道,做人之道。因此我们要利用一切可用的自然条件来发展经济,提高经济实力。少数民族也一样要靠自己的努力来发展,自身的文化不够用就引进。我们中国的少数民族有一个优势,那就是有国家的政策在扶持,有13亿兄弟民族的相互帮助,大兄弟帮小兄弟。经济发展要人人动手,一点一滴地积聚财富,即所谓原始资本积累。有了钱有了力量如何用?工业和商业怎样相结合?兄弟民族各有所长,按特长有所分工,优势互补,比如撒拉族人善于种水果,他们的瓜果之乡有了产品要有办法卖出去。历史上回族就是善于经商的民族,临夏和海东地区是明朝的茶马市场,是中原地区和西北进行物资交流的地方,是一个商业中心,历史上就有"东有温州,西有河州"的说法。所以我曾建议甘青两省的合作,发挥这里自然和人的条件,建设现代化的商业中心。当时为了向藏区运送商品,我还联系南京的企业向这边支援卡车。有了卡车需要人开,还要培养司机;所以要发展,重要在培养人。现在临夏的商业已有发展,回族出了大力气。他们的底子比较好,学习得快。最困难的是人数很少的"小小民族",一定要帮助他们维持生产基础,但关键也在于培养人。我相信这些"小小民族"是能够做到的。我认识一位撒拉族农民,他看到了种果树的好处,就动手去做,动员全家开荒种果树,取得了很大成绩。

人类学就是要通过思想唤起人们的觉悟,唤起"小小民族"的觉悟,做到自己动手,丰衣足食。我到过新疆的吐鲁番,林则徐在新疆时发掘过地下水,我们今天就可以他为榜样,用现代化的知识开发自然条件,促进经济发展。新疆大学要建设好一个民族学的中心,关键也在有人才。光有机构没有人不行,要培养教师办系建中心,要人要条件,搞得不好是要误人子弟的。你们自己要好好做,北京大学出力搞协作,帮助新疆建设师资队伍。我们这次来西北地区办社会学人类学高级研讨班也就是为了这个目的。如果你们做得好,我身体健康活得长,想再到新疆去办一次这样的研讨班。

西部开发本来就是一个大梦想,我一生做过很多梦。我和我的前妻王同惠在学生时期就翻译了《甘肃土人的婚姻》,当时她就说为什么我们自己不能写土族的书,而要外国人写。我们就是在那时下决心要努力去认识中国,自己把道理搞清楚。现在你们有条件有能力去做了,就应该认真去做。这就是所谓"文化自觉",需要我们对自己的文化层层解剖,有所分析和认识。

我这几天在看第三届研讨班时,外国同行做的系列讲座的论文,很多问题他们都讲出来了，例如爱斯基摩人怎样进入工业化的。我很羡慕你们年轻人，现在你们的条件比我们年轻时好多了，简直不能同日而语，而且我有很长一段时间想做而不能做，一直到平反后才开始动手做。你们现在条件好了，不要生在福中不知福。自己要真正努力。

实现民族政策，不能等，不能靠，要自己去做。民族的先进分子要看到自己的责任，中国社会是一个上有祖宗，下有子孙的社会，我们不能在自己这一代把事情搞坏了，没有尽到责任。希望大家珍惜机会，振兴民族，共同富裕。

2001 年 7 月

本文系作者在第六届社会学人类学高级研讨班上的演讲。

费孝通
谈民族和社会
（增订版）

费孝通 著　张荣华 编

下

学苑出版社

第三编

社会学及学科建设

中国社会学的长成

——为《日本社会学会年报》写

在一个像中国一般，特别注重人伦关系的文化里，社会学，那一种以科学方法去分析社会现象的学科的发展有它的方便，但也有它的困难。方便之处是容易见到的：不但在累积的文献里充满着对于人和人之间关系的规律和注解，而且在日常生活中，因为这套规律和注解已经成了有力的教条，我们也特别容易看到社会所施于个人的范畴力量，因而使我们很容易发生对于社会观众的注意。这在很古的时候已经如此。现代英国人类学家布朗教授 Radcliffe-Brown 曾说：功能观点的文化论有很多基本的看法和概念并不是新的，至少在中国战国时候的思想家中已经有了雏形，最重要的是荀子。可惜现在我们还没有学者能用现代的名词去把这些古书重新翻译出来，如果能这样做的话，一定有很多发现，不但在思想史上有贡献，在社会学本身也一定有重要的启发作用。譬如说，孔子所说的"祭神如神在"和法国社会学大师 Emile Durkheim 的"有人信仰上帝，上帝就存在了"的说法实在是完全相通的。中国既有着这样丰富的遗产，只要科学方法一旦传入，必然会给社会学发展上极大的方便。

但是这里却也包含着困难。中国传统对于人伦关系的重视是从实践的目的出发的。着重的是在人和人应当怎样相处，学者们所问的是为什么这样相处才算是好的问题，至于怎么会这样相处的问题却不发生。"应当怎样"是教条，是社会范畴个人行为的方案；"为什么这样才算是好"是伦理学，也是文化里维持教条的理论工具——这些都是科学研究的对象，而不是科学研究的本身。科学研究的开始是在"怎样会这样"的问题上。这在中国传统的思想系统中是没有地位的。

在中国传统思想系统中没有科学研究的精神是一件事实，造成这事实的原因之一就是在中国人太注重了人伦关系。注意人伦关系的文化必须要给维持这些关系的教条有裁制力的权威。规律的注释只限于"给予理由"的范围，是一种说教。怀疑的态度必须加以排斥，连带着被遏制的是对于社会关系的理性的研讨。怀疑是研讨的开始，研讨的结果可能是对于教条的否定，因之足以危害教条的权威。于是维持着教条下的人伦关系的确剩了习惯和感情。这对于科学是等于沙漠对于草木。以科学方法去分析社会现象的学科是不容易在这种沙漠中长成的。这也说明了为什么社会学在中国的初期是舶来品，而不是从传统学术里自身演化出来的结果。

我这句话里所说的初期至少可以包括二三十年以前的时代。最早把社会学传入中国的应该推严幾道先生，他把斯宾塞的 *Studies of Sociology* 翻译成了中文。但是他那时还没有"社会学"这个名字，这书的中文名字是《群学肄言》。群学这个名词是否比社会学一词好，还是值得我们思考的问题；但是社会学一词，我想是从日本传来的，却比了群学一词更普遍的被采用了，以致现在已没有继承严先生用着他得意的翻译了。

我似乎带了一点遗憾的语气来提起这一件名词上的小事并不是偶然的。我们如果有机会翻出严先生的译本来诵读时，我知道现在已经很少学生会有这心情，一定会体悉到译者想把这套洋货加以汉化的苦心。他努力地在中国旧有的思想中去寻求原有的概念来套取西洋的思想系统。我相信他大体上是成功的，因为我已说过在这方面我们确有此方便。但是他的努力却并没有传下来，至少他所用来表达这一套新学问的旧名词，却大多和"群学"一词一般的被遗失了——在教条权威没有在中国社会中消失之前，正是严先生引进"群学"的时候，真正的社会学是无法在中国学术界生根的。社会学这个名词代替了群学，正象征着两千时期，我们为方便起见，这界限可以放在"五四"。

从严幾道先生翻译《群学肄言》起到"五四"这一段时期里，正是中国社会大变动的开始，是传统教条威权的破坏时期。中间看着政治上从清朝改为民国的"革命"，和民国初年军阀的跋扈——这些都是这破坏时期的现象。在破坏过程中，传统教条被否定了，但是怎样去否定这些教条呢？批评是必需的一步骤，批评引起了研讨，这是科学的基础。"五四"初步地把破坏过程做一总结，在这里将死的还没有告终，将生的还没有降世。但是"五四"运动已确切地指出了将生的将是什么——民主和科学，那时被称为德先生和赛先生的两位。

我说"五四"运动只指出将生的将是什么，但并没有让将生的降世成为现实，因为我觉得德先生和赛先生在那时只投了两张名片罢了。社会科学虽则没有在那时立下基础，但是各种社会科学的名词是提定了。在这些名词底下所有的内容，在性质上并没有和传统的思想有很大的出入，大多还是"教条"，大多还是"应当怎样"的主张。新的教条和旧的教条不但不同，而且是相反，相冲突。我在这里称这些新兴的理想作为教条，并不包含丝毫轻蔑的意思。这是社会变迁中必然会发生的。新的处境要求新的适应，新的适应包含抛弃旧有的生活方式，旧有生活方式有着教条的维持，因之，新的适应的第一步不免是对旧有教条的攻击。维持着旧有教条的是习惯和感情，攻击这感情对象的也就不免是更强的反感。社会运动，那种集体的行动，是转变习惯和感情的有效机缘。在"五四"运动中，人生和社会新的理想被提出了。新的理想吸引着新人物的感情，对于这些人，新理想性质上是新的教条，是信仰所维持的原则。

在那个时代，社会学和社会主义的区别是不受人注意的。二者的区别在实质上说并不很显著，科学不能离开实用，这在自然科学中是没有疑问的；理论上的思考必须证实于自然现象的过程，因之也必然影响到人和自然的关系。自然科学家并不避免他的工作对于人和自然关系的影响，他们不规避实用。所谓实用就是理想的实践。电灯实践了光明的理想，飞机实践了腾空的理想。社会科学原本没有自树例外的理由，它也必然会影响人和人的关系，也必然有实用的价值、实践社会的理想。在这方面说来社会主义，为某一种社会理想所定下的实践道路，和社会科学并不是互相排斥的。事实上，是互相辅助的。如果我们一定要区别它们，我认为只是态度上的差别。社会主义者对于某种社会理想是视作不必考虑的前提，对这前提的态度是信仰。因之，我们可以说社会主义的出发点是教条。社会科学对于社会理想并没有成见，兴趣是在"怎么会有这种或那种理想？"。社会科学是批评的，而社会主义是战斗的；社会科学对于现实是思考和解释，社会主义对于现实是改变和推动。

社会科学和社会主义虽则在人类生活的改进中应当是互相协助，但是在激烈的社会变迁的过程中却可以分道扬镳。在"五四"运动之后的中国社会学和社会主义，不幸的，就这样走上了分歧的路线。中国的社会学并不是从"五四"运动中直接培养出来的，社会主义这一路才是"五四"的承继者。正因为在这方面的发展，使一部分"五四"的正统派对于富于社会革命性的实际运动抱着歧视，多少排斥在外围，使"五四"的结果表面上只限于文学的改革。"五四"之后文学的大众化和历史的科学化汇成了一个主流，而社会主义的旁支则和当前的政治相汇合，展开了一直到现在没有停止过的革命运动。社会学那一门新进的科学，却在不同的偏见中被冷落地挤在荒芜的田园里。在文史的主流里因为社会学和社会主义的瓜葛而不愿加以接受，在社会主义的旁支里，却因为社会学的批评性不适宜于早期的政治运动而加以拒绝了。

我所谓荒芜的田园是在那少数和社会群众相当隔离的大学围墙之内。我相信，早年在这些大学里教社会学的并不太受人重视的。他们时常附属于其他的学系里，开讲着零星的课程，甚至他们所附属的学系都没有一定；历史、教育、政治、经济、哲学、心理，都可以作为他们的保护者。一直到现在社会学应当属于文学院还是法学院依旧是各大学随意自行取决的。

如果我们再问一问哪些大学有意收容这门被冷落的社会学？更可想见它所受歧视的程度了。社会学在十多年前常被视作教会学校的特色。当然，直到现在著名的国立大学中如北京大学、浙江大学、武汉大学等还是没有社会学系的。

关在教室里的社会学很容易流于经院式的讨论，最能代表这类讨论的是对于影响社会现象的各种因子孰为重要的辩论。有的主张生物遗传，有的主张后天教育，所谓文化。这类问题显然没有概然性的结论可得的，而且在研究社会现象时无妨从某一方面入手，在实用时又免不了兼筹并顾，所以这种争论既不是因研究具体社会现象而发生的不同结论，也不是以实用为目的而提出的不同计划，只是讲座之间相互炫耀其学识而已。我并不认为这些辩论是无益的，因为在这类辩论里至少可以把有关影响社会现象各种因子的，或是被称为"基础"的，各种学说介绍到了中国的读者面前。我说社会学在中国的初期是舶来品这句话，在这个时期大部分还是正确的。在讲座间的辩论里所应用的论据多引用西洋社会学的理论和事实。西洋社会学里的各种派别，各从它们所授的生徒，分别传入中国；中国社会学所不尽同于西洋社会学的在它们和实际社会的关系上：西洋的社会学不论哪一个派别，都反映着一部分社会现实，但是当它被带进中国来时，却只剩了一套脱离了社会现实的空洞理论。这在当时讲座间的辩论中是可以看得出来的，因为他们的互相批评到后来只成了逻辑上的责难，而不是事实上的驳证了。

这类所谓"理论"研讨实在是烦琐的。科学的理论是已有观察的总结，同时是引导和启发新的观察的假设。科学并不会发现绝对的真理，只是人和自然及人和人互相适应过程中的助力。所以理论如果不能开拓新的问题和观察的方向，这些理论在科学里是没有用处的。经院派讲座间的辩论所引起的反应是社会工作和社会理论的分家。这在大学生里表现得很深刻，做社会工作的可以不研究理论，研究理论的可以藐视社会工作。在大学的围墙之外，这分家的弊病更足令人遗憾。在民国二十年到民国三十年的一期中，社会实验区的设立相当多。但是这些实验只是个别的小单位和片面的社会改良工作，虽则并不若十八九世纪西洋乌托邦社会主义那样富于远大而空泛的理想，但是改良的动机出于人道观念则如出一辙。这和教会大学直接间接都有关系。教会大学本是中国社会学的温床。不能自限于经院辩论而要求实用的社会学者，在基督教义的精神中，发生了不需要理论的社会工作和社会实验区。就是在同时附设有研究部门的实验区里，所有研究工作也只以胪列数字而不作解释的社会调查为满足。在这一个时期凡是说起社会研究的大多就指这一类的调查。这类调查自有它行政上的用处，但是如果认为是科学的则未免不太切当了。我这种批评只是求全之论，如果抹煞这种工作对于中国社会学的贡献那是不公允的。在这些实验区的研究报告中，我们初次得到了大量的社会事实的搜集和报告。这是使中国社会学向健全的大道上发展的重要步骤，我所认为遗憾的是社会理论的研讨没有配合着当时的社会改良运动罢了。

　　在这里我们不妨回头看一看"五四"旁支里所发展出来的社会主义那一路。民国十五到十九年的革命运动，在精神上是从"五四"运动中和政治发生直接关联的"社会主义"的旁支里发生出来的，但是这次革命依旧结束在"尚未成功"的阶段上。在一个区域里社会结构中并没有起深刻的改变，在另一个区域里却引起了大胆的和激烈的改革，在这两个区域里都没有找到怎样使中国社会主义者不能不对于中国社会的性质加以检讨了。如果在这种要求下，大学里的社会学家和政治运动中的社会主义者能共同参加这一中国社会性质的讨论时，也许社会学的理论、事实和实用三者能汇合起来给中国社会学一个激发。可是，这种汇合却还没有成熟。社会主义者的检讨在动机上是康健的，但是因严守教条的前提和事实材料的缺乏，除了引起一场在青年读者中颇有影响的"社会史论战"外，并没有其他更值得称道的成绩。

一直到第二次世界大战的发生,中国社会学依旧分离在经院理论、实验区的调查和社会主义者教条性的实践的三条碰不上的平行线上。可是以每条线来说,经了这多年的工作积累,都有了显著的进步,这进步也包括着共同的觉悟到理论、事实、实用三者应当结合的需要。这项觉悟至少在大学方面是最容易看得明白。抗战把以前门禁森严的大学疏散到了后方的乡村里,把以前可以终日和普通人民毫无接触的学者送入了破庙和农舍里,书籍的丧失和国外杂志的断绝,使他们无法在图书馆里去消磨研究的精神,再加上了国家的危急,实际问题的严重,他们无法不正视现实,把他们多年来熟习的理论,在现实的人民生活中去求证实和否定了。于是在抗战前几年已经被一部分社会学者所提出的"社会研究",在这场合中,成了战时中国社会学的共同的风气了。在这时期进行着实地社区研究的有三个重要研究机关:清华大学的国情普查研究所,云南大学和燕京大学合作的社会学研究室和华西大学的边疆研究所。

普查所的特点是在较大规模的普查工作。普查工作虽则是继承战前实验区的社会调查,但是所普查的项目却针对着中国人口、农业和劳工问题而设计的。在普查时,曾动员了当地的行政和学术人员,在昆明市和昆明附近的四县举行了中国初次挨户普查的实验。这实验奠定了来日全国性普查的方法和技术。

云大研究室在方法上和普查所是不同的。他们少数的研究员,在选定的社区中,对于某一问题做较长时期的实地观察。最早,他们的兴趣是在内地农村里的土地制度,他们想明白土地权是怎样集中的。因之,他们挑选了三个不同的乡村来观察土地权集中和其他因子,好像手工业、资本积累、家庭组织等的关系。后来他们更扩大了他们观察的范围和问题。他们在昆明的工厂里研究劳工从乡村及其他行业转入工厂的过程,又在云南的边区研究当地非汉民族的团结力,以及他们和汉人相处的问题。他们在内地乡村中也研究了基层行政机构,以及他们经济分工和贸易的方式。研究的区域虽则只限于一定的社区:乡村、部落或工厂,但是他们所研究的问题却是中国各种及各地社区所共同遭遇的,那就是现代化的过程。因之,他们可以把不同的标本加以比较,而形成启发继续研究的假设,也就是社会学的理论。

华西的边疆研究所在方法上是近于云大研究室。他们也是在一定的小社区里进行长期和亲密的多方面汇合的观察。他们的对象是在非汉民族,在语言上需要更长久的准备,而且对于每一部落文化的了解又需要历史的追溯。他们对于不同部落的宗教制度和土司制度的研究,都是用当地的事实来试验人类学里原有的各种理论,而且加以新的引申或修正。

这些工作如果从科学水准上估价也许并不能认为有重要的贡献,但是从中国社会学的发展上去检讨确可认为是一步重要的迈进。他们不是单把西洋的理论用适当的中国传统概念加以翻译,不是专注重于西洋理论的系统介绍,也不是素白的胪列中国的社会事实,而是企图用西洋所传来的科学方法和已有的社会学理论去观察及分析中国现实的社会生活,更进一步地想对中国社会怎么会这样的问题提出解释。他们所提出的解释,因为观察范围的有限,很可能是部分的、片面的,甚至是错误的。但是这不是重要的,重要的是他们能从可以证实的现实生活中去求概然性的解释,使我们对于中国社会有了去认识的兴趣,以及继续研究的基础了。

无可讳言的,这些工作不过是刚粗糙的开始。他们是零星的,而且深入程度也是有限。这些批评并不改变这些工作已有的成就,只是要求这类工作的继续和扩大。可是因为这些工作的零星,他们在实用的价值上还不够显著,他们还不够作为社会设计的张本。这些工作的贫乏使社会学至今还不能在实际社会变迁里取得它应有的地位。中国现在不幸的还是在"试验,错误,再试验"的原始学习过程中去找它的出路。这过程不免浪费,而且可能走着很弯曲的道路。在我们这些相信社会科学有实用价值的人看来,如果中国社会学能早一点成熟的话,多少是可以减少一些在变迁过程中不必要的代价。我个人并不认为社会学可以代替社会主义,但是我确是相信社会学是有助于社会设计的。任何社会主义都是为了某一种社会秩序的实现而发生的,社会秩序就包括了设计的需要。

我也许未免过于自信地说,中国社会学进入了8年的战争时期,已有了重要的迈进,向着方法的科学化,问题的具体和实际化的路上的迈进。但是这不过是一个开端,如果真是会有成就的话,必然还得靠今后社会学者的努力;这还不够,单在大学围墙之内的努力是不够的。我已说过,需要对中国社会作现实的认识的觉悟也应当发生在直接为中国社会变迁而努力的实行家。自然科学是受了实用的要求而得到它理论上的发展,社会科学大概也不能离开这条路。

最后我觉得中国社会的成年对于人类现阶段的文化一定会有重要的贡献。

人类文化发展到这时候已逢到极严重的危机。这危机是发生在人对于自然的控制日益增加，而人对于人的控制，使人类可以利用他们支配自然的能力去增加人类幸福的能力，却并没有配合的提高，于是人所自创的伟大能力反而威胁着人类的生存。这是因为在过去一两个世纪中，自然科学的发达远超过了社会科学的缘故。西洋的文化，至少在它现代历史期中，太偏重人和自然的关系而忽略了人和人的关系。这一点和中国文化正相反。中国现在的困难是发生在支配自然的能力的落后，在人和人怎样和平相处的一方面，即使目前的混乱已并不能充分表现他们传统的优点，几千年的经验绝不会是一无所得的。这些经验如果以现代的科学方法加以分析和整理，很可能用来补足现代人类文化失去平衡的缺陷。我愿意用这一个希望来结束我这一篇鸟瞰性的叙述。

1947 年 9 月 18 日

原载《文讯》1947 年第 4 期。

为社会学说几句话

关于社会学，我原本不想发表什么意见的。这个问题我很久已经不再去想它了。最近吴景超先生在《新建设》上把社会学的地位问题提了出来，引起了不少人的注意。《文汇报》记者要我说几句话。

我和社会学的关系

先得交待一下，我个人和社会学的关系。我读书和教书的时候，的确一直和社会学有点关系的，但实在说来我和一批朋友却也是一直在这个牌子底下搞私货，叫它什么学也说不清楚。这私货就是少数民族、农村、市镇、工厂的社会调查。这套东西在英美的正牌的社会学家看来是行外的；一定要归个行，到近于英美的所谓社会人类学，我们现在称作民族学的那一些东西。但是在当时中国的大学里人类学或民族学这个牌子挂不大出来，所以一直混在社会学系里。要找个说法，我们就说，我们是用人类学的方法来调查研究中国现代社会的社会学。我们这些东西混在社会学里并不是为当时所有社会学界所同意的，至少并不是正统。所以我觉得一直有些搞私货的味儿，说得好听一些，是一个旁出的学派。

由于我和社会学有着这么一种不正常的关系，我对于一般所谓社会学不免是有点偏见的。要我来发表意见自不免缺乏代表性。这是我不想发表意见的原因。如果只从我个人出发来谈，我觉得社会学这个牌子取消了对我似乎并没有多大关系。我在清华大学社会学系取消之前就调到中央民族学院工作。我有机会去实地调查研究少数民族社会生活，一方面学习马克思列宁主义，改造自己的立场、观点、方法，一方面还是可以利用我过去的训练，继续我的学术工作，我并没有"改行"的感觉，只是觉得现在学习和研究的条件好多了。在这些工作上我一直是积极的。因为这个缘故，我也不再去想社会学有没有地位的问题了。在我，这个问题是解决了的。社会学这个牌子取消了，我还觉得卸去了一个包袱。

社会学问题的提法

但是，这时候把社会学的地位问题提出来研究一下好不好呢？我觉得是好的，也是有必要的。我倒并不是因为苏联派代表出席了国际社会学会，《新时代》杂志上又提出了中国没有代表出席的话，才觉得我们该考虑一下在各大学里取消社会学系是否做得对，现在应当不应当恢复的问题。我是不很赞成这种态度的。我并不想再去讨论几年前大学里取消社会学系是否是正确的。我也并不想在社会学这个名词上来做文章。我觉得应当从当前社会主义改造和社会主义建设的需要上来提出这个问题。

问题是这样提出的：社会主义改造和社会主义建设的过程中出现了许多新的人和人的关系。其中主要的是新的生产关系。生产关系的改变又要求其他方面的各种关系产生相适应的改变。这些变化都存在着客观的规律，我们如果能掌握着这些客观规律，那么改造起来就顺利些；如果摸不清这些规律，我们就会吃亏。这里就有学问，也就有科学。研究生产关系的经济学，那是有了基础的。其他许多关系的研究我看还没有很好的建立或发展起来。这话说来，就牵连得多了。我也没有考虑成熟，如果作为一般讨论，我不妨说说我的意见。比如我最近调查了一些党和非党的共事合作关系，我意识到这里有一门很复杂的学问，那就是怎样建立起社会主义社会里的人民内部的政治关系。这问题可以包括更多的内容，好像人民代表大会制的运用、民主党派的互相监督等等，有关人民民主专政的一系列问题。这些都是人类的新问题，是在阶级消灭后人和人的政治关系问题。把这些关系作为客观存在的事物来研究它的变化和运动的规律不是一门新的学问么？如果要挂个牌子，我想也可以说是政治学。

我这两年来又调查过关于知识分子问题，其中有一方面是属于知识分子思想的变化，那是新的政治关系在人们思想上的反映和变化，如果专门加以研究，总结一些经验出来，我想又是政治学中的一个极有意义的部分。另一方面,我又看到人才的使用和安排,人事的管理等问题。这些问题现在是处理得不免太简单化了些,而且的确出了一些问题的。其实,这又是一门学问,我想就是行政学或管理学。

上面所说的那些问题,现在尽管没有进入学府来进行研究,在党派和政府机关里是有调查研究的。但是还有些人和人关系的研究却落了空。比如两性关系罢。这是存在于人和人之间一种很重要的关系,但是认真地作为一种社会生活的重要部门来加以调查研究却就很少了。现在不论是哪个地方,恋爱问题、婚姻问题、夫妇问题、养老问题、儿童问题等都有一大堆,而且大家总是觉得最头痛,甚至不知道怎样处理才妥当。社会进步得这样快,这些方面都需要建立起和新的生产关系相适应的关系,而新旧交替之际,出现些混乱现象是难免的。不采取科学的态度,实事求是的进行调查研究,这些问题得不到妥当的解决,使得许多人生活不安定,思想波动,甚至违法乱纪,对社会主义建设是很不利的。

再举个例子:最近很多人注意了人口问题。这个问题不论怎样说法总是存在的。过去却因为批判了马尔萨斯人口论,大家都不敢再提这个问题了,好像谁一提这个问题就该批判似的。实在说来,好好地研究这个问题正可以否定马尔萨斯的理论,而建立起我们的正确观点来。大家不敢谈,并没有取消这个问题;以致一松口,就出现了"吃蝌蚪"的不科学的宣传。我并不怪宣传吃蝌蚪的人,更不怪吃蝌蚪的人,而要怪阻碍研究人口问题的人。

在这里我不想罗列出一大堆问题来,只想指出这类问题是会跟着社会发展不断出现的,并不会太平无事的。对于这些问题用科学方法来调查研究比闭了眼睛说没有问题对我们有利。如果我这样说法是对的,自然要问,谁来研究,由党派和政府的干部拿出一部分力量来研究好呢,还是搞一批人出来专门做这些工作好呢?我想是专业来搞应当好些。搞得出一套学问么?我认为是可以的。这些都是客观存在的社会事物,它的变化是有一定道理的,分析得出一些道理来,不就是学问么?至于这些科学称什么名称,那倒无关宏旨。如果大家觉得社会学三个字不讨厌,用这三个字也要得。如果很多人看了不舒服,想出个顺眼些的名字来,当然也好。

也许现在还有人怀疑这些是否够得上称什么学,我想也不必在这个字上引起争执。如果大家承认这些问题有必要系统地调查一番,那就第一步先搞调查,称作"社会调查"也可以。我想反对"社会调查"的人理由是不会太多的。

从事社会调查的人员

有没有会搞社会调查的人呢？我认为是有的。其中有一部分就是以前在各大学里教社会学和学社会学的人。他们过去搞过这套调查工作，立场、观点、方法固然有不正确的地方，但是这些是可以通过学习来改造的。他们原来学会的那些访问、观察、记录、统计、分析等技术还是有用的，而且他们多少也了解过旧社会里的社会情况以及当时的问题，调查起现在新旧交替的情况时，还有很多知识大有用处。如果要搞这些工作，我愿意保举这一批人员。

取消了社会学系之后，这批人哪里去了呢？现在怎样了呢？我所知道的可以分为三类：第一类是很得其所哉的，在新岗位上搞得蛮起劲，要他们回老行是做不到的。我就属于这一类。第二类是那些有了新的岗位工作的，也能胜任，但是心里还不忘旧好，有机会再继续搞老行是乐意的。第三类是一直没有安定的，我就知道有一位老教授，院系调整后，一连改了三次课程，改得他三日京兆，无所适从。我知道有些没有开课，学了俄文在搞翻译工作的。我也知道还有在政府参事室里，除学习之外，没有什么事做的。他们如果能回到老行来，那真可以帮助解决些知识分子的安排、使用问题，这些人的潜力这样是可以发挥的。第三类的人并不是个别的。总的看来，这项工作不是没人。

有事也有人，但还缺一条，就是要个组织，要有领导、有计划地进行工作。如果承认这些也是科学研究，那就应该安在科学院里，能成立个社会学研究所那是最好了。如果觉得社会学这个名称不体面，不妨称社会调查所。说起来，社会调查所是有过历史的。现在北京文津街科学院办公室的建筑原来有一半就属于过去的社会调查所的。那个社会调查所的所长陶孟和先生，现在就是科学院的副院长，其中不无瓜葛可缘。话暂且说到这里，声明一下，我原来已不再想这个问题了。这段话是被人勾出来的，考虑得是不够成熟的。

1957 年 2 月 12 日

原载《文汇报》，标题为《关于社会学，说几句话》。

社会学的对象和内容决定于它的任务

关于社会学的对象和内容的问题我还没有很成熟的意见，只能提出一些看法，作为参考。

我觉得一门学科的对象和内容应当决定于它的任务，一门学科的任务是从人们的实际生活里提出来的。在规定某一个学科的对象和内容时，还需要明确和其他学科的分工和它的独特园地。

从这个看法出发来考虑社会学的对象和内容，就必须看一看我们当前社会生活中存在着哪些问题？哪些学科还没有进行研究？这些问题属于什么性质？和过去社会学所研究的对象有没有区别？

最近几次讨论中，已经提出了许多应当进行而现在还没有研究的当前社会问题，其中最突出的是人口问题，家庭问题，城市服务问题，以及犯罪问题等等。因此可以肯定社会学是有对象可以研究的。

但是我们还没有把所有的社会问题都发掘出来，做一个系统的归类，而且对于每个问题的内容也没有系统的摸清楚。所以在这个时候要全面的规定社会学的对象和内容还没有条件。我们是不是必须先把社会学的对象和内容弄清楚了，再动手工作呢？我想是不必要的，不妨采取一个问题一个问题逐步开展的方法，等一个时候再来系统化。

我同意很多先生所说的，过去社会学并没有一个共同接受的定义，也没有一个共同的所谓社会学理论系统。但是，我想是不是可以这样看：过去社会学所研究的是资本主义社会里所发生的各种社会问题，而绝大部分研究者的立场是站在资产阶级这一面，想通过他们的研究来缓和资本主义社会里的矛盾。这是主要的一面，在资本主义社会里，当然也存在革命的社会学，那就是"马列主义社会学"，但是由于"社会学"这个名词已经被资产阶级所占有，排斥了革命的社会学，革命的社会学也有不愿用这个名词，以免混淆立场。所以，一谈到社会学，主要是指资产阶级社会学。

资产阶级社会学是反动的，因为它服务于剥削阶级，反对革命。所以在社会主义社会里这样的学科是不能容许它存在的。在这个意义上，我认为在我们解放后取消了这门学科的讲坛是有一定的理由的。

社会主义社会里是不是也存在社会问题呢？那是应当肯定的，既然存在就应当有个学科去研究它们。那就是说，社会主义社会里应当有它自己的社会学。我们现在就是要努力建立这个新的社会学。

社会主义社会里的社会问题在性质上根本不同于资本主义社会里的社会问题。在社会主义社会里，剥削阶级是消灭了，生产关系是改变了，但是生产力和生产关系之间，生产关系和上层建筑之间出现了各种矛盾，形成了种种社会问题。在一定时期里还存在着过去阶级社会余下来的本质上还是阶级矛盾的问题，而且也存在着阶级内部的种种矛盾，情况是很复杂的。

从表面上看，我们现在还存在着的人口问题，家庭问题等等是在旧社会中已经有过的问题，但是本质是有了变化。如果我们不掌握这个变化，从而认为旧社会学的一套可以用来研究这些新问题，我们是会犯错误的。在这个意义上，我觉得"恢复社会学"的提法是可以考虑的。也因此，我们过早的成立社会学系也是不相宜的，我们还需要一个时间来摸索新的社会学的内容和做法。

另一方面，我们能不能说过去并没有我们这里所说的新社会学呢？我想不能这样说。我同意历史唯物主义就是新的社会学的基础理论，在这个意义上，新的社会学可以说已经有了基础。那么是不是不必再成立一门以"社会学"为名的学科呢？那是可以进一步讨论的。我的看法，历史唯物主义只是社会学的基础，它同时也是其他社会科学的基础。有了基础并不等于就有了房子。历史唯物主义教程里不可能包括许多社会问题的具体分析，只有历史唯物主义的一般理论也决不能解决具体的社会问题。因此，我看，新社会学的内容应当在历史唯物主义的理论基础上和指导下，来进行具体社会问题的分析研究，从而累积对这方面的知识把它系统化，来充实历史唯物主义。

再一方面，我们是不是要和旧社会学割断关系呢？我认为要割断的是贯串在旧社会学里的反动立场和反动理论系统。在立场上不分清是决不可以的。但是旧社会学里除了这些必须割断关系的东西外，还有一些东西是我们可以也必须继承下来的。这些东西包括：资产阶级社会里所产生的问题和事实，可以作为我们研究资本主义社会的资料。

第二，我们当前的社会实际一方面还有着旧社会的残余，一方面又有资本主义社会的影响，这些都是我们产生社会问题的一部分根源。如果我们不了解这些，也就不容易进行充分的分析研究。

第三，旧社会学也积累了一些方法和技术，这些调查研究的方法和技术，譬如人口统计，城市的区位图表等，都是整理材料时必要的过程。当然，在新社会里，有许多社会条件已经改变，因此原有的方法和技术也必须加以一定的改变，而且还应当创造许多新的方法和技术来分析研究新的资料。

第四，社会生活中是不是还有一部分在阶级社会里就是各阶级所共同的东西？这些东西好像气候等自然条件，语言等人们交际工具等，对于社会生活有一定的影响，虽则不是起决定作用的主要因素。过去对于这些方面的知识，还是有用的知识。

资产阶级社会学里哪些东西必须批判，哪些东西可以继承还需要深入讨论。这种讨论对于我们这些搞过资产阶级社会学的人更是重要。

我具体建议，一方面我们可以从若干当前社会问题的具体研究入手，开始从实践里来建立新的社会学，另一方面我们应当学习历史唯物主义，掌握马列主义理论工具，对资产阶级社会学进行批判。要有效的进行批判工作，我想首先要把资产阶级社会学的若干主要流派，系统的加以介绍。介绍时要力求符合原意，然后，严肃地，实事求是地，从立场、观点、方法各方面进行分析，明确它们错误在什么地方。同时，我们在进行研究工作中，也会由于我们自己受着资产阶级社会学很多的影响，出现错误和缺点，因此，也必须不断的对我们自己的工作进行批评。我们这些旧社会学里成长的人，对自己还需要一个改造的过程，我们必须在不断自我改造中去建立新的社会学。

社会学和其他学科的分工，也是一个今后还要深入讨论的问题。比如，有人提出社会学和民族学有什么区别？我们是否可分别成立人口学和家庭学等学科而不必笼统称为社会学？这些问题都存在的，而且需要明确的。但是现在我们还没有一致的看法，是不是可以留着今后再继续讨论？当然，我们并不一定要讨论出了结果来了之后再进行工作。我认为不妨先在一些社会问题上分别进行工作，在工作中摸索出一些门路出来之后，再来明确这些问题。

1957 年 4 月 10 日

本文系作者在《新建设》编辑部组织召开的社会学研究相关问题座谈会上的发言。载《新建设》1957 年 7 月号。

为社会学再说几句话

中国社会科学院规划局为了要开展社会学的研究工作,去年春天曾召开过一次座谈会,由于当时很多参加座谈的人对社会学还是心有余悸,没有谈出结果来。今年春节期间又谈起要成立社会学研究会的问题,并约定开一次成立大会,在会上要我作一次发言,为社会学再说几句话,讲一讲为什么我们还得搞社会学?怎样着手搞社会学?我同意这确实是当前应当提出来讨论的问题,并且觉得有责任发表我对这个问题的意见。

可是,当我打算下笔写发言时,却很为难。20多年来,我没有提过这门学科,国内也没有人敢再提了。对这门解放初期就被撤消、1957年又被打入禁区的社会学,叫我从何说起呢?

我正在握笔发愁,一位多年不见的老同学找到了我的门上。他一见我伏在床边的小桌上写稿,床上堆满了杂乱的书籍纸张,就想起了几十年前我们在中学时宿舍的情景,不禁哑然失笑,说:"你怎么还在闹住宅问题?"我告诉他说:"实不相瞒,这是被我的第三代挤得这样的。老伴有病,把女儿一家调回来照顾她,人多了,空间就少了,还不该让点地方给新生的接班人!"他点头就说:"人口问题,还是不容情的吧。"突然他问起我以前写的《生育制度》那本书,能不能借给他重新看看。接着他又讲了一段家常。他原来同儿子住在一起,可是老伴和儿媳相处不好。后来儿子调往外地,他和老伴跟女儿一家同住,才算解决了"家庭问题"。但最近他儿媳生了个娃娃,夫妇双职工收入有限,当地托儿条件不便,雇人又雇不起,急得没办法,来信求援,看来还得把娃娃送回来,今后麻烦事可又少不了。所以他想起我那本旧著来了。

最后,他很有感触地说:"这不是我们一两个人的问题,是社会上很多人的共同问题呀!看来都是些小事,我们这些书生过去都不愿谈论的生活琐事,现在却成了四个现代化的不小的障碍。这些啰嗦事拖住了不少人的后腿啦！"似乎这些问题该我负责似的，他盯着我的眼睛说："你不是搞过社会学的么？你得说说这些社会问题究竟应该怎样处理才是。"我顺口说："没有调查，哪里有发言权呢？"他紧接着似乎在责备我说："你们为什么不去调查调查呢？"

这位老同学的责难开了我的窍。为什么还得搞社会学和怎样着手搞社会学这两个问题的答案，不是已经给他一语道破了么！

社会问题是客观存在的。任何社会，任何时候，都存在着各式各样的问题。人和人在一起生活，总免不了有矛盾。这些矛盾有不同的性质，有不同的原因，也应当采取不同的办法去处理。生活在这些社会里的人，感到问题存在，需要解决，但不一定都明白这些问题属于哪种矛盾，怎样对付才是。

在悠久的历史时期里，人们是在"试验—错误—再试验"这个公式里进行生活，付出很大代价，从正反的经验教训里积累一些比较妥善的解决社会问题的办法，然后作为传统保存下来。社会又不依人们的意志继续在发展，旧的传统解决不了新的问题，需要不断付出代价积累经验。总之，人类的社会生活曾经长期在必然王国里翻腾，演出了多少悲欢离合的动人故事，而没有觉察到社会的变化和自然界一样也有它的客观规律。人类终于逐步认识到了这一点，要按照客观规律处理社会生活的各种矛盾。这是人类发展史上的大事，是人类从必然王国走向自由王国的道路上的重要步骤。我那位老同学责备我为什么不通过调查研究提供人们解决社会问题的客观依据，实质上就是这种自觉的表现，要求我们用科学态度来对待社会问题。

好事多磨，道路曲折。我不由得不想起一些往事。解放前，我们这些学过社会学的人虽然有志于用科学态度来对待社会问题，但由于受各自阶级和教育的影响，又缺少马列主义的学习，实际上缺乏真正的科学态度。在旧中国反动统治下，开展社会学的研究是很困难的，要受到许多意想不到的限制，我自己在从事社会调查时就经受过重大的创伤。那时候即或有的人或有的学校做过某些社会调查研究，对当时社会上存在的问题提出过一些看法，总不免受到立场、观点、方法上的局限。解放后，绝大多数从旧社会来的搞过社会学这门学科的人都衷心地希望在党的领导下，学习马列主义来改造自己的思想和改造这门学科，以达到能开展适应新中国需要的社会学研究，进行一些社会调查，反映一些实际情况，提供有关领导部门作为解决这些社会问题时的依据，以便自己能通过学术工作为人民做一些有益的事。

但是，1952年高等教育院系调整时，各大学撤消了社会学这门课程和停办了这个学系，社会学这门学科实际上从此就被否定了。1957年，一部分过去学过社会学的人认为，我国社会主义革命的胜利，带来了社会根本性的巨变，在社会的生产力、生产关系、上层建筑和意识形态等方面都存在着需要相互适应的问题；要在各方面进行社会主义改造，就有必要进行有领导的、有计划的、以马列主义为指导的社会调查研究，建立我国自己的社会学。他们的这些意见当时竟被曲解为企图复辟资产阶级社会学，更被无限上纲成为反党反社会主义的政治阴谋，很多人在这种罪名下被打成资产阶级右派分子，作为敌我矛盾处理，许多老前辈竟含冤逝世。于是社会学这门学科在社会上成了谈尧色变的禁区，时至今日许多人还是余悸犹存。真相已经大白的今天重提往事，无非是为了澄清是非，消除余悸。

我们应当承认，社会学和其他社会科学一样是有阶级性的，因此对世界各国不同时期的社会学进行具体的阶级分析和批判是必要的。但是，对这门学科扣帽子，打棍子，把学术问题作为政治问题来处理，从而使许多建议搞社会学的人遭受迫害，这样做是错误的。

现代的社会科学从历史上说都是在西方资产阶级上升时期产生的。当时资产阶级作为新兴和进步的阶级在同落后的封建阶级斗争中，需要掌握一定的社会发展的客观规律的知识为它服务。它之所以能战胜腐朽的阶级，也多少是由于它拥有在一定程度上反映了当时社会实际的知识。在资产阶级本身日益腐化、没落的过程中，为资产阶级服务的社会科学才日益表现出它们的阶级局限性，甚至堕落成为歪曲客观现实的帮凶，表现出它们的反动性。因此我们首先应当从历史观点区别对待资本主义国家的包括社会学在内的社会科学。

产生社会科学的资本主义社会是存在着对立的阶级的。各个阶级都有它自己的立场和观点，分别形成它们的思想体系。所以，从本质上说，资本主义社会里的社会科学的各门学科都包含着不同阶级属性的派别，比如既有资产阶级社会学又有无产阶级社会学。至于某一个学者，或某一个学说，或某一个学派的阶级性，必须进行具体分析，才能得出适当结论。把它们一股脑儿加以否定，既不分别他们所根据的资料和从中引申的理论，又不区别其理论的局限性和反动性，那就是缺乏实事求是的科学态度，是不足为训的。

对于半殖民地半封建中国的社会学，全盘加以否定，实际上是不符合毛主席关于中国社会各阶级的分析，因为正如中国资产阶级有两面性一样，中国解放前资产阶级社会学者也具有两面性。他们当时所做的社会学研究，有落后、反动的一面，也多少有反帝反封建的一面，即进步的一面。对他们一概否定，恐怕是缺乏分析态度的。即使旧中国所有的社会学一无是处，都是些毒草，这也不应当作为把社会学这门学科连根拔掉的理由。恰恰相反，因为过去有人用了不正确的立场、观点、方法来研究中国社会，得出了有害于人民的论点，我们就更有必要用正确的立场、观点、方法来研究中国社会，建设一门有利于社会主义建设的社会学。不应当因噎废食，如倒浴盆里的脏水时连孩子一起抛掉一样。

过去的事已经过去了，是非也已得到昭明。但从这一段不平常的往事里我觉得应当得到一条教训。任何社会都有它自己的矛盾，都存在着社会问题，都应当科学地对待。掩盖矛盾，对国家、对人民都是极为有害的。现在我们应当清醒地看到，即使在社会主义的社会里，社会问题还是客观存在的。以当前中国来说，其中大量是属于社会前进中出现的人民内部的矛盾，正确处理这些矛盾将有助于推动社会向前发展。我们正在进行社会主义革命和建设，并开始向四个现代化进行新的长征。这个根本性的社会巨变必然要求生产关系、上层建筑和意识形态各方面的适应，也就是要在各方面相应地进行社会主义改造。在改造过程中出现这样或那样的社会问题并不奇怪，也不一定就是坏事，之所以成为坏事，恰恰在于有了问题不去正确处理，而让它放任自流。社会主义不去解决这些问题，必然会使非社会主义的因素得到滋生。

不妨就我那位老同学提到的那个问题来说，双职工的年轻夫妇抚育儿童的困难，已经成为当前一个相当普遍的社会问题。本来夫妇都参加社会工作是社会主义社会里实现了男女平等的表现。儿童获得充分抚育的条件，也是社会主义社会应当实现而且可以实现的事。这两件事在当前却发生了矛盾。怎样使一对双职工夫妇生了孩子后，既能维持夫妇的正常工作，又能使孩子得到良好的抚育，这就成了一个社会问题。这个问题如果能得到充分反映和具体分析，在我们的社会主义社会里，应当是可以比较顺利地解决的，那就是依靠国家和社会的力量，办好集体的托儿事业。如果不这么办，而是听之任之，表面上似乎也能得过且过，实际上却出现了许多和社会主义背道而驰的事情。父母生了孩子，总要千方百计地把孩子抚育成长。如果他们不能从社会主义的集体福利事业中找到可以放心托儿之所，势必乞求于其他的办法，有如夫妇轮流请假，或是托故旷工，或是付出相当高价找私人照顾，或者像我老同学所说的那样把孩子送回老家。这样必然影响社会生产，妨害工作纪律和社会风气，增加家庭负担和发生家庭问题。如果算一笔总账，把社会生产的损失、委托私人抚育的代价等等统统加在一起，这数目一定远远超过由国家和集体办好托儿事业的费用。更值得我们注意的是，由于幼儿抚育问题没有得到正确的解决，不仅女职工的负担加重，而且在有些方面，我们已经获得的男女平等会不声不响地被损害。

这里我就那位老同学所提到的问题多说了几句。这是因为这类问题比较普遍，比较容易理解。在现实生活中，这类的问题实在不少，像住宅问题、人口问题、婚姻问题、城市服务问题以及犯罪问题等等，都是大家经常遇到的，也不得不关心的。可以设想，随着我国四个现代化事业的飞快发展，社会生活各方面发展速度不容易取得平衡，人民内部矛盾必然会不断发生。如果我们对已经存在的社会问题，能有领导有计划地进行调查研究，寻求比较切合实际的解决办法；对可能出现的新的社会问题，较早地有所觉察、有所准备，也就有可能减少或避免一些社会损失。

我们需要对当前现实的社会生活进行科学的调查研究，以便帮助党和国家解决一些急迫的社会问题，为社会主义建设减少一些前进中的障碍，使社会的各方面都能沿着社会主义道路顺利地向前发展。这是我们在这时候急切需要开展社会学研究的主要原因。在我们党和国家工作着重点转移到社会主义现代化建设上来的时刻，提出开展社会学研究的任务，是完全必要的和及时的。

上面的一些话不仅回答了为什么我们还得搞社会学的问题，同时也提出了我们对怎样着手搞社会学这个问题的意见，那就是，不妨从当前存在的为广大人民群众所关心的社会问题进行科学的调查入手。通过社会调查，我们才能有系统地、比较全面地反映客观存在的社会情况。这是我们对社会问题进行分析的必要材料。通过在马列主义毛泽东思想指导下对具体社会情况进行具体分析，我们才能搞清楚这些社会问题属于什么性质的社会矛盾，然后才能正确地采取恰当的方式来对待这些矛盾，以达到解决这些问题的目的。从了解社会和改造社会的实践中，我们才能总结出社会生活中的一些规律，使我们能更好地按规律来处理我们社会生活各方面不断发生的变化。社会学的理论就是从实践里总结出来的那些具有规律性的认识。社会调查是社会学研究的基本工作。

重视社会调查本是我们党的优良传统。毛主席早为我们立下了社会调查的榜样，就是要满腔热情地以同志的态度取得群众的信任，使他们知无不言、言无不尽地把社会情况如实地、生动地反映出来。我们只要老老实实地、实事求是地、虚心向群众学习，就可以搞好社会调查。当前群众的觉悟和调查工作所需的物质设备，远非当年的条件可比，这使我们进行的社会调查，在范围上和内容上都可以比过去的大为扩大和丰富。

当然，我们也必须承认，自从毛主席提出向社会作调查的号召以来，我们在这方面所做出的成绩固然不小，但也远远不能令人满意。对于我国社会的情况，在许多方面还是停留在毛主席当年指出的"一知半解"的状态。由于我国社会科学的底子本来就薄，加上长期不被重视，后来又遭到林彪、"四人帮"的破坏，我们至今并没有较完备的关于社会情况的材料。所以要在我国建立社会学，还必须从搜集材料工作做起不可。从社会调查入手也是符合实际的办法。

对当前的社会问题进行科学的调查，其实是整个社会科学都应当做的事。所以我们还得说明一下哪些社会问题的研究才属于社会学的范围。这就牵涉到了社会科学内部的分科问题。这是个聚讼纷纭的题目。我个人的看法是，与其从理论上区划各学科的范围、研究对象，不如就当前具体情况来检查一下，有哪些社会问题已经有了研究它的学科，有哪些社会问题还没有专门的学科承担起研究它的任务。比如说有关商品的生产、流通等问题已经有经济学去研究了，有关阶级矛盾、阶级斗争、国家的作用、民主与专政等问题已经有政治学去研究了，有关民族的问题已经有民族学去研究了，有关人们信仰的问题已经有宗教学去研究了等等。如果像这样开一笔清账，就可以看到当前还有不少社会问题并没有专门学科去研究。我国社会科学各学科之间留有不少空白点。现存的和今后还会有的社会问题也很多，例如我在本文开始时说到那位老同学随口提出的住宅问题、人口问题、家庭问题、儿童问题等等。这些问题看来也是应当及早进行研究的。在它们没有成长为专门学科如人口学、家庭学、儿童学之前，不妨先包括在社会学的研究范围之内。采取这样实事求是的态度来规定当前社会学的研究范围，社会学研究工作有着广阔的领域。至于社会学前途怎样发展的问题，还可以进一步探讨。

在建立我们中国自己的社会学的时候，应当清醒地估计到的是当前的困难和广阔的前景。当前的困难中主要是缺乏这一门学科的研究人员。社会学由于中断了近30年，教研工作全部取消，如果说社会科学中别的学科是"青黄不接"，那么，社会学则早就无以为继了。过去学过社会学的人，最年轻的也已经50岁上下，而且都已长期改行转业，业务生疏。要建立起一个研究队伍，固然还要借重一些留存下来、业务还没有全丢的原来学习过社会学的人，我看主要还得依靠马列主义修养较高的社会科学工作者来参加新建的工作，同时及时开始吸收新的一代进行培养。怎样培养出这个队伍是我们面临的一个严重任务。

当前的困难是压不倒我们的，因为有广阔的前景鼓舞着我们。我们全国人民万众一心在党的领导下正在做着前人没有做过的一项历史性的伟大创举，就是要在我们这个具有几千年文明史的伟大祖国，按照历史发展的规律，建立起一个没有阶级、没有剥削的共产主义社会。我们正在向这个目标进行新的长征，在这长征路上，中华民族的好儿女正在用他们的智慧和血汗去创造这一阶段人类社会发展的新经验，这些经验将是今后人类最宝贵的财富，而我们社会学工作者和其他社会科学工作者一样，肩负着把这些经验记录、整理、提高形成指导人类前进的理论的责任。我们相信由于我们有马克思列宁主义毛泽东思想的指导，有久经考验的党的领导，又有社会主义社会的优越性，只要世代相继，坚持努力，我们一定能做出成绩。千里之行，始于足下。让我们用我们的余生，竭尽全力，响应党的号召，在开展社会学研究这件工作上，做出应有的贡献。

1979年3月

本文系作者在中国社会学座谈会上的发言。载《社会科学战线》1980年第1期。

迈向人民的人类学

在这样一个时刻,千里迢迢,远涉重洋来到这北美胜地丹佛,接受应用人类学学会给我今年的马林诺斯基纪念奖,我的心情已经远远超过了寻常的欣慰和感激。这一时刻把我带回到了42年前我和我的这位在我这一生的学术事业上打上了深刻的烙印的老师分手时的情景。他再三叮嘱我,一定要把对中国社会文化的研究继续下去。他对我们中国人民和中国文化怀着深厚的同情和爱慕,具体地表现在他对我们这些中国学生的那种诲人不倦、关怀体贴的教育上。他期望他所创导的社会人类学的研究方法也能在中国的社会科学的园地里做出可能的贡献。可是时至今日,就我来说,岁月飞逝,成绩安在!在这一时刻,要我来接受以纪念他的名义授予我的荣誉,除了深深地感到惭愧之外,我还能说什么呢?更使我不安的是在这位老师的巨星陨落之后不久,世事的变化使我和海外同行长期阻隔。今天又能欢聚一堂实属喜出望外,但试问我能带些什么来奉赠给久别重逢的老友呢?如果朋友们容许我冒昧地利用这个讲台来叙一叙我个人这多年来从事社会人类学或社会学这门学科的经历和体会,我将感激你们的宽容,这种私人间的恳谈其目的无非是在疏浚那一度被堵塞的思想渠道,为今后的切磋砥砺扫除一些障碍。但愿别久增情谊,枝异见新妍。

回想起来,我师事马林诺斯基教授为时不久,只有两年,从1936年到1938年。我就教于他的门下并非出于偶然,实有我内在的原因。这些原因中首先可以提到的是我学习社会人类学的动机。我在 *Earthbound China*(1944)一书的导言中有过一段自白。当时作为一个30年代的中国青年,处于民族和国家存亡绝续的关头,很容易意识到个人与社会集体的密切关系,而觉悟到不解决民族和国家的前途问题也就谈不到个人的出路。要在这个史无前例的大变动的时代里心安理得地做一个自认为是有意义的人,当时像我一样的那些青年人，开始认识到必须对我们所生存在其中的中国社会有清楚的理解，因而要求摸索出一条科学地研究中国社会的道路。

今天我一上来就提到我这一生学术活动的出发点可能是恰当的。因为今天聚集在这里的来自世界各地的朋友们，都是矢志于应用人类学这一项学术事业的人。我早年所追求的不就是用社会科学知识来改造人类社会这个目的么？科学必须为人类服务，人类为了生存和繁荣才需要科学。毋需隐瞒或掩盖我们这个实用的立场，问题只是在为谁实用？用来做什么？我们认为：为了人民的利益，为了人类中绝大多数人乃至全人类的共同安全和繁荣，为了满足他们不断增长的物质和精神生活的需要，科学才会在人类的历史上发挥它应有的作用。

抱着这个目的，这些要学到一些能改造社会、为人民服务的有知识的青年人不能满足于当时学校里、课堂上所传授的有关中国社会的书本知识。他们中间有一些人跑出了书斋，甚至抛开了书本，走入农村、城镇等社区去观察和体验现实的社会生活。

社会生活本身归根到底是一切社会知识的来源，这一认识开动了当时的一些青年人的脑筋，开展了当时被称作"社区调查"的这项通过实地观察和体验社会生活来了解中国社会的学术活动。

这种研究中国社会的方法对当时的青年人是有吸引力的。我就是提倡和实行这个研究方法的积极参预者。但是通过实地观察体验得到的许多资料怎样去整理、分析、解释以达到认识中国社会的目的呢？为了解决这些问题，我找到了马林诺斯基教授的门上。在这位老师的指导下，我把去英国前在我家乡一个农村里所记下的调查资料，整理和编写成《中国农民的生活》(1939)这本书。这本书是实践上面这段话的一个试验。

我这位老师主张到活生生的人们社会里去研究人类社会，这是很早就闻名于世的。这正是我不远千里求教于他的吸引力。早在1926年，他在纪念他的老师弗雷泽的著名的文章《初民心理中的神话》里已经写下这样号召："我将邀请读者们走出关闭着的理论家的书斋进入人类学开阔的园地里的新鲜空气。"这种人类学开阔的园地里的新鲜空气就来自他自己多年和当地居民生活在一起的大洋洲的一群名叫特罗布里恩德的小岛，一个和我们自己的社会一样充满着悲欢离合、动人心魄的戏剧般的人生的舞台。我并没有问过他，什么动机驱使他背叛了他前辈那种闭门冥索的经院派传统，去开创出一个当时不免令人侧目的非正统的学派。对于像我这样从改造社会出发而追求科学的社会知识的人来说,他的这种主张似乎是不成问题的自明之理。也正是因为这样,长期以来使我对这位老师在人类认识自己的社会生活的自觉上所做出划时代的贡献没有能予以充分的估计。最近,重读他早年的一些著作,才体会到他同当时统治着人类学领域的传统观点决裂是一个多么值得我们后辈敬佩和学习的榜样!这一个决裂,我觉得今天在这里提出来,也是十分有意义的,因为我认为这一突破在根本上为应用人类学破了土、奠了基,使他能够在1938年果断地宣告:"人类学一定要成为一门应用的科学。"

他号召人类学者到过去一直被认为是非我族类的野蛮人的原始社会里去参预他们的生活,进行观察和体验。这不只是人类学研究方法上的创新,更重要的是为历来被侮辱为还不够人的标准的那些"野蛮"、"未开化"的化外之民恢复了人的尊严和地位。在他这支文质并茂的笔下,又生动又令人信服地使读者理解到了人类的集体生活尽管形式上多种多样,但是根本上存在着一致的共性。当前地球上各地的居民,尽管由于地理与历史条件的差别,经济文化发展的程度有所不同,所采取的生活方式有所殊异,但是他们都是人,都具有人所共有的发明创造的才能,都具有发展进步的资质。他们都是通情达理、有思想、有感情的人。把人和人、民族和民族之间划下具有质的差异的不可逾越的鸿沟,是完全出于一些人的偏见、臆度或别有用心,和客观事实绝不相符,所以是不科学的。不幸的是,过去的人类学的传统中却充满了这一类不科学的偏见,而这些偏见一般又以道貌岸然的学者衣冠为掩饰。与这些不科学的传统相决裂,需要勇气和才能。我感到幸运的是我所师事的这位老师不仅具备了这些条件,而且及身看到,由于他不断的努力,这门曾经为那些屠杀、欺侮、剥削、压迫各殖民地人民的暴主们提供理论根据的人类学开始转变成为一门为建立一个民族平等的世界,为各族人民发展进步而服务的学科。在今天这个应用人类学者的集会上,回溯一下这个学科的历史转折点,也许并不是多余的,尽管新的一代人类学者或者会认为人类社会文化的基本一致性已是自明之理,世界上各民族的共同繁荣是必然要实现的前景。如果真是这样,那么我在这里只需要向他们提醒一下,这种基本认识的确立是得来匪易的。我们不仅要珍惜这些信念,而且要对前人留给我们的遗业做出充分的估价。这正是为了我们自己应当承担起当前历史给我们的任务。也许我们还需要有比前人更大的勇气和才能,才能真正地实现一个能使科学知识完全为人民服务的世界。

我们必须看到,科学本身是一定社会文化的构成部分,它既对社会文化的其他部分发生着推动和限制的作用,而其本身也受到其他部分的推动和限制。研究人的科学,包括人文学科和社会科学,和当时当地的政治、经济等等方面结合得更为密切。所以我们对一位学者的评价决不能忽视他所处的时代和他所在的社会在这时代里所处的地位。我们既要从他的具体处境里去理解他在推进时代前进中所起的作用,而同时又要看到他受到时代所给他的局限性。

我这位老师所处的时代和我们当前所处的时代有相同的地方,也有不同的地方。他是第一次世界大战之后崭露头角的人物,而现在离开第二次世界大战的结束已有30多年了,其间已超过半个世纪。当今虽然我们还依然生活在新的世界大战的阴影之下,世界上还存在着各种称霸的强权,大多数民族的人民还在受贫穷和饥饿的折磨,但是第一次世界大战后还作为胜利品来瓜分的殖民地现在在世界地图上并不能再公然出现了。这个变化对我们这门学科不能不说是相当重要的。因此回想起我那位老师当时进行人类学研究的情况,我们也就不应当忘记那时的殖民地制度所给这门学科的烙印。

当时的人类学者总是把自己的研究领域限制在殖民地上的被统治的民族。现在看来这未免是人类学者的自我嘲弄——把自命是研究人的科学贬低为研究"野蛮人"的科学——而在当时,还不过是一代人之前,却是金科玉律。这种传统曾使得我们这位号召走出书斋去研究人的青年也只能走到那些受着异族统治的殖民地上去。更不幸的是在殖民地上被统治的居民的眼中,前来跟他们生活在一起寻根问底地到处观察的外来者和统治他们的人是属同一族类。殖民地制度中统治者和被统治者的关系,白种人和当地居民的关系,给了当时人类学实地调查者难于克服的科学观察上的局限性。调查者与被调查者,或是观察者与被观察者之间既不太可能有推心置腹的相互信任,那就限制了调查到的或观察到的社会事实的真实性和深入性。

尽管很多亲身体验这种局限性的人类学者能以无可奈何的心情来摆脱由此而产生的苦恼,但是这种客观上存在的调查者的环境总是会曲折地反映在调查者内心的感受上。就是以我们这位以善于处理和当地土著居民关系著名的老师来说,在他的著作的字里行间还是不难找到当地居民对他的调查活动的反感。我固然没有向这位老师触及过调查者在调查过程中内心活动的问题,但是当我听到这位老师一再对我说，要珍惜以中国人来研究中国社会这种优越的条件，他甚至采用了"引人嫉妒"这个字眼来表达他的心情时，我有一种直觉的感受——也许是我的过敏——他在科学工作中所遭遇的，在他所处的时代和他所处的地位所难于克服的，存在于调查者与被调查者之间的那一条鸿沟，一直是他内心的苦恼的来源。

我猜测我敬爱的老师的内心活动应当说是不适当和鲁莽的。不同时代的人有不同的苦恼，这是我们共同的体会。我常常喜欢置身于前辈的处境来设想他们所苦恼的隐情，试问：尽管当时有些人类学者已经摆脱了那种高人一等的民族优越的偏见，满怀着对土著民族的同情和善意，他所做的这些民族调查对这些被调查的民族究竟有什么意义呢？究竟这些调查给当地居民会带来什么后果呢？那些把被调查者当作实验室里被观察的对象的人固然可以把这些问题作为自寻烦恼而有意识地抛在脑后，但对一个重视人的尊严的学者来说，应当清楚这些问题所引起的烦恼并非出于自寻，而是来自客观存在的当时当地的社会制度。我有时在读完了我这位老师的著作后，突然会发生这些问题：这些可爱的特罗布里恩德岛民现在怎么样了呢？他们自己有没有读到过这些关于他们社会生活的分析呢？他们读了之后对他们的生活会发生什么想法呢？他们对自己的社会会采取什么行动呢？……我这些遐想带给我的是一种怅惘和失望，因为许多人类学者所关心的似乎只是我们这位老师所写下的关于这些人的文章，而不是这些人的本身。这些活生生的人似乎早已被人类学者所遗忘了，记着的，甚至滔滔不绝地谈论着的，是不是可以说，只是他们留在我这位老师笔下的影子罢了？我有时也不免有一点为我的前辈抱屈。他们辛辛苦苦从当地居民得来的知识却总是难于还到当地居民中去为改善他们的生活服务。我有时也这样想，这种在我看来令人惋惜的情况现在是不是已经改变了呢？在人类学中那种把调查对象视作自然资源一样任意挖掘来为自己谋利的行为确已被现代的人类学者予以正义的抨击，但是产生这种行为的根源，时代的局限，是否已经消除，那却还是个值得我们正视的问题。

我在上面所说的这些话，固然是由于想起了我这位老师而引起的，其实也是反映了自从和他分别以后我自己从事这门学科中所遭遇到的种种矛盾。我尽管怀着改善农民生活的宿愿开始我调查农村的工作，而且正如我老师所羡慕的那样，我在本国进行这种调查，但是我在一段时间里还是受到了当时社会条件的局限。

以我最早的江村调查来说,我是这个县里长大的人,说着当地口音,我的姐姐又多年在村子里教农民育蚕制丝,我和当地居民的关系应当说是不该有什么隔阂的了。但是实际上却并不是这样简单。当时中国社会里存在着利益矛盾的阶级,而那一段时期也正是阶级矛盾日益尖锐的时刻。我自己是这个社会结构里的一个成员,在我自己的观点上以及在和当地居民的社会关系上,也就产生事实上的局限性。这种局限性表现在我对于所要观察的事实和我所接触的人物的优先选择上。尽管事先曾注意要避免主观的偏执,事后检查这种局限性还是存在的。从我亲身的体验中使我不能不猜测到,在殖民地上进行调查工作的白种人所遇到的局限性可能比我在家乡农民中所遇到的还要严重得多。

如果我的话说到这里就结束了,我想我在朋友面前只重复了大家多少已经体验到的矛盾,一种沉重而无可奈何的心情不应当是我和久别的朋友重叙时的气氛。我敢于回忆我前面所讲的那个时代的人类学者遭受的苦恼,那是因为我在和各位分离的期间,还体验到另一种情况,其中有一些经验,我认为可能对解除我上述这些苦恼有所帮助。

接着我要讲的是我在 1949 年我们中国人民得到解放以后我在学术工作方面的一些经历和体会。人民中国的建立对我们中国人民是一个历史性的巨大变化。这个变化必然影响到我们中国的每一个人和每一件事。我这个人和社会人类学这门学科也发生了很大的变动。当然,过去 30 年本身是一个不断变动的时期,我个人的遭遇和这门学科的遭遇都发生过很大的曲折和波动。我今天不是来叙述这一段历史,而是想讲一些我在这段经历中所身受的而认为对上面提到的问题有关的体会。这些体会涉及到三个方面:一是我们怎样决定我们调查研究的问题?二是我们这些调查者与被调查者的关系是怎样的?三是调查者对自己调查的后果采取什么态度?

在解放以前,如上所述,推动我去调查研究的是我们国家民族的救亡问题,敌人已经踏上了我们的土地,我们怎么办?我们在寻求国家民族的出路。这也就决定了我们调查研究的题目。人民革命的胜利使我们彻底改变了过去殖民地半殖民地的地位,彻底改变了过去严重地受着外国帝国主义和国内封建阶级的控制的状态。摆在中国人民面前的是一个怎样迅速建成一个社会主义现代化国家的问题。要解决这个问题,需要科学知识。这就给解放以后的中国社会科学指引出了总的方向。

以我个人的经历来说,解放后我就投入有关我国少数民族的研究工作。我们的中国是一个统一的多民族的国家,曾经存在过民族压迫,解放后,各族人民一致要求改变这种不合理的状态,实现民族平等。我们的各级人民代表大会里要有各民族的代表参加,我们的少数民族聚居区要建立民族区域自治。各民族可以使用各自的语言文字,对于各个民族的风俗习惯和宗教信仰也受到合理的尊重……这些是实现民族平等的根本措施。要落实这些措施,许多具体的民族情况必须要搞清楚。比如,中国究竟有哪些民族?各有多少人?分布在什么地方?——这些基本情况,由于长期的民族压迫,在解放初期我们是不清楚的。通过调查搞清楚这些情况的任务就落到了民族研究者的头上。过去学过社会人类学的人参加到这项工作中去是理所当然的。我在进行这项调查工作时的心情确是和过去不同了。因为这项工作的目的性很明确,我明白这项工作的意义,只要我努力工作就有可能实现我一心愿意它实现的事情,所以我的主观愿望和客观要求是一致的。在这种情况之下工作,我必须说,对个人是一种难得的幸福。

我所参预的研究工作是跟少数民族地区人民的要求和政府在民族方面的工作的开展相适应的。各少数民族为了要改变它们历史上遗留下来的落后面貌,发展它们的经济和文化,要求进行必要的社会改革,而这些改革却必须从它们本民族当时的发展阶段出发,由他们本民族人民自愿进行。这里就需要这一种科学研究——如实地分析各民族的社会当时已达到了什么发展阶段,用我们的话来说,就是它们属于哪一种社会形态,是奴隶制还是封建制等等。我们过去在社会人类学里学到的那些有关社会发展的知识在这项研究工作中是很有用处的。当然,我们研究各民族的社会历史,目的是在帮助各民族发展起来,而在研究过程中我们需要比较社会学的知识和社会发展一般规律的理论作为我们分析具体社会的工具,这就是说,我们的理论是和实践相结合的。我们并不是为了解而了解,为提出一些理论而去研究,我们是为了实际的目的,为少数民族进行社会改革提供科学的事实根据和符合少数民族利益的意见。所以这可以说是一种应用的人类学。

应当指出,我们这种科学研究工作虽则是为当时国家的政治工作服务,但是既不是从属于政治工作也不代替政治工作。我们的政治是为广大人民服务的政治，它必须要根据社会经济的客观规律和各个民族的具体情况办事，所以需要科学调查作为依据。科学调查的任务就在于它如实地反映客观事物，它不应当以任何个人的意志为依据。它服从于客观事实的要求而不服从于主观的不符合实际的行政意向。它固然是为政治服务的，但它只提供对客观事物的知识。对解决实际问题作出决定的则是政治工作者，科学工作者不应当也不可能代替政治工作者去为解决实际问题做出决定，科学工作者只为政治工作者提供实际情况和意见。

我们这样的调查研究在根本上改变了调查者和被调查者的关系。实现民族平等和帮助少数民族发展起来，不仅是调查者的目的，也是被调查者的要求。因此我们完全可以把调查的目的公开地告诉被调查者，而且被调查者完全可以懂得和乐于接受这项调查工作。我自己常常想到解放前在农村里调查时遇到的苦恼，那就是被调查者并不真的理解我为什么要去进行调查，这种调查对他们有什么好处，他们可以认为我并无恶意而容忍我向他们寻根问底，但是也不免引起一些人的怀疑和讨厌。由于有过这种经历，解放后，我在少数民族中做调查工作时也就特别感觉到温暖和亲切，像是在亲人中向他们学习一样。这里其实并没有什么窍门，只不过是因为被调查者明白并相信调查者是为他们服务的，是要解决他们自己的问题，实现他们自己的愿望。在这里用调查者和被调查者来区别双方已经是不切合实际了。因为事实上是双方在共同工作，把客观存在的社会现象和问题如实地反映出来，以充实和提高人们对这些社会现象和问题的认识。从这种切身体会中我似乎见到了社会科学的一种新的境界，就是社会科学的调查研究完全可以帮助人类摆脱改造社会的盲目性和被动性，进入科学性和主动性。

当然，在我们实际调查工作中，由于历史上遗留下来的民族隔阂，有时也存在着需要耐心克服的困难，但是这些困难在我们的社会里是可以克服的。调查工作中调查者与被调查者水乳相融的关系是可以建立的，也就是说，我预见到的那种境界是可以实现的。

我们这种调查研究也为调查者带来了一个新的问题，那就是对调查后果的责任感。尽管调查者和被调查者新的关系使调查者可以得到更能确切反映客观社会事实的条件，但是人类对自己社会生活的科学认识实在还是处在开始阶段。以人类对自然的知识来和他对社会的知识相比较，其间的差距是十分明显的。因此在这种水平上一个社会科学工作者要为改造社会的实践服务难免发生力不从心的情况。前辈的人类学家一般不关心他自己的调查对被调查者的影响，因而也不发生对被调查者负责的问题。即使有人注意到这个问题也只是从个人的道德观点着眼的。至于谁运用他调查的材料来做什么事，这些事对被调查者产生什么后果，似乎已超出了学术界考虑的范围了。我们固然可以理解在那种理论和实践、学术和政治互相脱离的社会制度中，追究科学工作者对其工作所引起的社会影响和责任是不现实的。但是在我们这种社会制度中，理论和实践相结合，科学要为政治服务，科学工作者对自己工作的社会后果的估价是必要的。这不仅是个人的道德问题，而且是人民的利害问题，也是社会研究怎样日臻于科学化的问题。只有不断在实践中检查理论的真实性才能不断推进研究工作的科学化和使研究工作成为促进社会发展的动力。

但是也必须说明，我们并不是已经在中国建立起了有系统的应用社会人类学，因为在向这个方向迈进的途中，出现过一些干扰和阻碍。我们的道路是曲折的，特别是在一段时间里，新中国曾出现了逆流，受到封建法西斯主义的"四人帮"的严重破坏。惨痛的经历，给了我们许多值得牢记的反面教育。其中一条就是社会调查的目的一旦脱离了广大人民的利益，而用来为那些反动的掌握了一部分权势的人服务时，调查可以蜕化成逼供，用来打击和株连反对他们的人。这种所谓调查实际上是捏造和虚构，不仅是不科学的，而且是反科学的，结果给国家和民族带来了巨大的灾难。这段历史证明了一个真理，就是科学的、对人民有用的社会调查研究必须符合广大人民的利益；也就是说真正的应用人类学必须是为广大人民利益服务的人类学。这就是我在题目中所说的人民的人类学的涵义。

我是为了纪念我的老师马林诺斯基教授而来到这里和同行们见面的。我们一起在这个时刻回忆了这近半个世纪人类学的发展，不由得我们不对这一位杰出的应用人类学的开路人表示敬爱和感激。他无愧于被推崇为现代人类学的缔造者，在他已经为后辈一致所公认的许多功业里，我个人作为一个曾经体验过半殖民地人民生活的人，特别感激他从科学的实践里确立各民族对自己文化的自尊心和对其他民族文化平等相待的基本准则。对当前世界上各族人民来说，这是相互促进、共同发展的必要前提。

在我和海外的同行们分别的三四十年里，我从正面的和反面的教育里，深刻地体会到当前世界上的各族人民，确实需要真正反映客观事实的社会科学知识来为他们实现一个和平、平等、繁荣的社会而服务，以人类社会文化为其研究对象的人类学者就有责任满足广大人民的这种迫切要求，建立起这样一门为人民服务的人类学。这门学科的目的——请允许我瞩望着不应当太遥远的将来——应当是使广大人民对自己的社会具有充分的知识，能按照客观存在的社会规律来安排他们的集体生活，去实现他们不断发展的主观愿望。这门学科目前还只是一部分学者的奋斗目标。我愿意和在座的许多志同道合的朋友们一起，竭尽我的余生，向建立这一门人民的人类学而迈步前进。

1980 年 3 月

本文系作者在美国丹佛接受应用人类学学会马林诺斯基奖的大会上的讲话。载《社会科学战线》1980 年第 3 期。

社会学和企业管理

一机部几位领导同志曾同我谈过，我国搞四个现代化建设，确实是大有潜力的。可是，现在还缺一点东西，欠一点东风，这就是劳动积极性还有点问题。所以，他们正在千方百计地解决这个问题，同时他们又觉得社会学里也许有些道道可以试试看。研究怎样提高人们劳动积极性问题，这本来就是社会学的任务。搞社会学研究的同志当然应该在这方面尽一切力量，加强研究，做出贡献。

在国外，从事社会学研究工作的人中，确实有人研究过劳动积极性或是工业里的人的因素等等问题。在中国，我们也曾经开了个头，那是在四十年前抗战时期。那时日本人占领了我们半个国家，北京和天津的几个大学搬到了昆明，我们也随着去了大后方。四十年前昆明这样的地方经济相当落后。但是为了抗战，必须在内地发展工业基地，在重庆、昆明办起来好多工厂。当时办工厂，不但要把机器运进去，而且要有人去开动机器，进行生产。上海去了一批技术工人，但供不应求，必须在后方培养出一批工人来。这里碰到了很多困难。我们搞社会学的人，觉得这是一个极有意义的问题。中国的传统基本上是个以小农经济为基础的大国，它怎样从这个基础上发展成一个现代工业国家，其中存在着怎样使一些农民变成工人的过程，这是一个值得深入研究的问题。四十年代初，我们就在昆明新办的工厂里开始研究这个问题。那时住到工厂里去，同工人交朋友，了解他们怎样来的，有些什么问题，碰到什么困难，这些问题，这些困难是怎样解决的。经过这番调查研究，写出了一本书，叫《昆厂劳工》。1943年我到美国去，在哈佛大学梅岳教授的帮助下，翻译成为英文。梅岳教授在美国工厂管理的研究上是很有成绩的。为了提高工人的生产效率，他从1934年到1942年，在美国的一些工厂里进行了种种实验，提出了要提高工人的生产效率必须抓好工业里的"人的因素"这一个关键性的环节。

说到这里，让我讲一讲梅岳他们的研究。人类到处都经过一段从农业到工业和从手工业到机器工业的历史过程。这不是一件容易的事情，从习惯农业生产的社会到建立起习惯于工业生产的社会，很多劳动人民吃过苦。最早发展机器工业的英国，经过残酷的圈地运动，许多农民丧失了土地，不得不进城到工厂里去找事做，生活艰苦。现在看起来，英国人生活好象很不错，但是资本主义早期的情形还留在许多小说里，真是触目惊心，血迹斑斑。经过相当长的时间，乡下的农民变成了城里的工人，现在工人的人数已超过农民。这是一个大变化，说起来真是一场"革命"。在资本主义制度里，这是逼出来的，也可叫做逼上梁山。农民在农村里呆不住了，不能不进城到工厂里找工做。不这样做没有办法生活下去。饥饿、痛苦、死亡，逼得你不得不在工厂里拼死拼活地干。不拼命干，赶出厂门，就没有出路。你走了，死了，老板不怕，有的是人，失业的人多着哩。资本主义工业必须要一个劳动后备军等在那儿，逼着工人干活。但是工业不象农业，要工人工作得好，必须要使工人们有点知识，有点文化。机器越来越复杂，没有知识和文化的人对付不了机器，所以工业社会要讲普及教育。工业越是发展，要求知识也越多。要提高技术就得提高文化。工人们知识多了，文化高了，也就觉悟了。他们组织起来，跟资本家作斗争，资本家不能随便开除工人。于是过去那种光靠饥饿、痛苦来逼工人们提高生产效率的办法就行不通了。

大体上说来，在第一次世界大战前后，工厂里出现了一套所谓"科学管理"，就是实行定额和奖惩的制度。做工做得勤快就多给些钱，大棒加上了胡萝卜。这个制度叫作泰罗制，因为有个名叫泰罗的工程师最先搞出这一套办法来促进劳动生产率。

泰罗制是当时资本主义企业管理里的一种先进的东西，正如列宁指出的，它"有两个方面，一方面是资产阶级剥削的最巧妙的残酷手段，另一方面是一系列的最丰富的科学成就"（《列宁全集》第 27 卷 237 页）。泰罗用科学方法规定，一定时间里完成一定的工作量，作为定额。泰罗制固然实质上还是用惩罚来保证生产率，但却渗进了奖励的因素，即所谓以物质刺激来提高劳动积极性的办法。他不再和过去的企业管理者那样把工人看作是机器的配件，会说话的工具，而多少已承认工人是能作出有利于自己的选择的人。

到了第二次世界大战前后，西方资本主义国家的企业面临着新的形势。工人阶级的觉悟提高了，他们已经摸清楚了资本家剥削工人的那一套手法。他们用罢工、怠工等种种方法来进行斗争。泰罗的定额奖惩的办法也失灵了。这时就有许多人提出改善劳动条件来提高劳动效率的想法。有不少企业管理的研究者进行了种种实验，来检定各种劳动条件——如车间的照明、空气、温度以及工作间段、休息方式等等——的变动对劳动效率——一定时间里的产额——的影响。这些实验中最有名的是在哈佛大学教授梅岳指导下的霍桑实验。

霍桑是美国的一个工厂的名字。从1924年开始就有人在这工厂里研究劳动条件和劳动效率的关系。他们在不同车间里采取不同的劳动条件，或是在同一车间里改变某一劳动条件，来测验劳动效率的变动。他们试来试去，摸不出变动的规律；就是说，劳动条件的改变并不一定引起相应的劳动效率上的改变。于是他们去请教梅岳教授。梅岳研究了整个实验过程，发现当时这些研究者在整个实验过程里"见物不见人"。劳动条件上只看到照明、气温等物质条件，在劳动效率上只看到产量。在这两者之间那个"人"却没有被注意。而在这过程中起着能动作用的恰恰就是这个劳动者的"人"。这些在被实验中的工人知道他们正在被测验，加了一把劲，产量就提高了，灯光亮一些或暗一些都没有关系。这些工人并不是乌合之众，他们是相互影响的，而且常常有自己的组织，还有小头头。车间内存在着某种无形的压力，谁也不能在工作上冒尖。他们并不是个传统假定的"经济人"，把金钱当作刺激积极性的唯一动力，而是个"社会人"，在物质条件之外还有社会的和心理的因素。他们不仅受到车间里的社会影响，而且还受到车间之外的，如家庭的和其他社会的影响。梅岳又进行了一系列实验来证明企业管理中"人"的因素的重要性，因而在企业管理研究上开辟了一条新的道路。

我在1944年在哈佛大学遇见到梅岳教授，在他退休之前，我和他一起工作了三个月。当时我只认识到他在理论上比泰罗推进了一步，纠正了见物不见人的观点，把心理学和社会学引进了企业管理的研究领域。最近我又重新读他的著作，有不少新的启发。梅岳所讲的"人的因素"和我们现在提出来的在企业管理上要着重做人的政治思想工作是联得起来的。当然，梅岳有他时代的局限性，不明白资本主义本质限制了在企业里发挥人的因素这个根本道理，使他的理论无从在当时起它应起的作用。当然，我们讲的政治思想工作也决不是指那一套狭隘地把社会上一切矛盾都看作是阶级矛盾，一切阶级矛盾必须通过残酷斗争才能得到解决的错误观点。真正要做好政治思想工作来解决企业里的人民内部矛盾，我们有许多方面是可以参考梅岳这位老先生的理论的。

在我们的企业里做政治思想工作首先也是做人的工作，必须要看到工人是企业的主人，他是个有理想、有抱负、有责任感、有荣誉感的社会主义社会的成员。有人认为现在工厂里有不少工人，特别是年轻的，就是不讲理想、不负责任。我的看法恰恰相反。许多人的表现表明，他们是有理想的，由于有理想而得不到支持，才愤世嫉俗，牢骚满腹。那是对现实的反感。一个心理上有内伤的人可以做出一些不正常的行为来的，这些不正常的行为正说明需要我们去做工作，把它们改变过来，怎能把它们视作这些人的本性呢？所以我们做政治思想工作的人必须满腔热情地、实事求是地去了解工人们的心理状态，全心全意地从根本上帮助他们确立当家作主的地位，发挥他们主人翁的责任感。这些事，实际上就是梅岳所说的要注意企业里的"人的因素"，但是这在资本主义社会里是无法贯彻的，而在我们这种社会主义社会里，肯定了工人是社会的主人之后，就应当完全可以做得到的了。

梅岳把心理学和社会学引进企业管理的研究领域之后，在二次世界大战时期，美国产生了许多有关企业管理的理论，如马斯罗的"人类需要层次论"，麦克格里戈的"X—Y观点论"，白莱克和摩顿的"管理风格论"，泰纳旁姆和斯密特的"领导行为论"等。我在这里只能择要地说一说我的体会。

看了马斯罗的"人类需要层次论"，使我想起当前有人把政治思想工作和奖金等物质刺激对立起来的错误看法。其实物质刺激和精神鼓励都针对人们某些需要而起作用的。它们并不互相排斥，而是互相补充的。我们采取些什么措施才能提高劳动积极性呢？要答复这个问题，我们必须研究一下人们有些什么需要，各种需要之间有什么关系。马斯罗认为人类的需要可以分成五层：生理、安全、社交、自尊、自我成就。生理需要是指饥寒引起的衣食住行。吃饱穿暖之后就想到保持这些生存必要的条件，要求劳动、职业上的安全保证。这些需要得到满足后就会提出和人来往应酬的社交需要来，希望得到别人的尊敬、重视，在社会上有个地位。最后才谈得上事业心，要做一番有意义的事业。马斯罗这套理论其实就是我们的老话"衣食足而知荣辱"，衣食可以包括前两项，荣辱包括后三项。我们且不论这种先后层次是否符合事实，至少可以承认针对前两项的"物质刺激"和针对后三项的"精神鼓励"不能说是对立的了。政治思想工作应当把"物质刺激"和"精神鼓励"统统包括在内。

马斯罗认为这五种需要是五个层次,意思是前者没有得到满足就谈不到后者,也就是说衣食未足,不知荣辱。一般情形可以是如此,但不是绝对的。首先是在生理需要不能得到充分满足时精神上的支持是很重要的。其次社交、自尊等需要在某种条件下可以和生理安全的需要相矛盾的。这就是说,这五种需要存在着层次的关系,同时还存在着相辅相克的关系。这些关系都须在具体情况下具体分析。无论如何,我们的政治思想工作者必须对人类需要进行分析。

特别要注意的是所谓"自我成就"这种需要。这是个从英文里翻译出来的名词,望文生义,不易明白。如果译得灵活些可以说相当于"志气"两字。这跟"自尊"还有点区别,自尊是指要得到别人的重视,在社会里有个地位,志气是更高一层的需要,是要做一番事业的意思,对于在企业里的工人来论,其实就是要把企业作为自己的事业,要当家作主。说到底就是工人有志气要当世界的主人。可是这一个需要在资本主义企业里是无法满足的,因为工人当不上企业的主人。这决定于资本主义社会制度,一个企业管理人员是改变不了的。因此,我们可以说,在资本主义企业里,劳动积极性的提高总是有个突不破的限度。可是社会制度改变了,在社会主义社会里这个限度不应当再存在了。这是社会主义的优越性。

麦克格里戈是麻省理工学院的教授,他研究企业管理时看到,管理上出现的问题,很多是由于管理人员对待工人的态度上存在着某种主观的看法,他称之为 X 理论。X 理论的设想是:人是被动的,必须用外界的刺激来提高人的积极性,把奖惩制度作为一种管理方法劳动效率不高归咎于劳动者的"本性"——不诚实、懒惰、不负责、愚蠢等。

麦克格里戈认为还有一种不同的看法,他称之为 Y 理论。Y 理论的设想是:人不是被动的,他的行为受动机的支配,他会主动地设法满足自己的要求。他会努力工作来达到其确定的目标,希望他的工作取得成就。从这种设想出发,如果工人没有搞好工作,就得从管理本身去寻找阻碍劳动者发挥积极性的原因。

对人类本性的不同看法是自古就有的,孟子和荀子的性善性恶论就是 Y 和 X 两种理论的例子。麦克格里戈并不是参予这种争论,而是指出不同管理方法的背后存在着两种不同的对人类本性的看法，而适合于两种不同的情况。他发挥马斯罗"人类需要层次论"，认为人的基本要求是吃饱、穿暖、健康和安全，当劳动者停留在这些基本要求上的时候，从 X 理论出发，采取奖惩制度是有效的。人的基本要求满足之后，对于社会的需要就成了人的动机。他们需要同别人交际，要组织团体，要别人尊重等等。那些抱有 X 理论的管理者就跟不上新情况，认为这些需要与企业无关，甚至有害，会干扰企业秩序，会耽误生产和工作。Y 理论与之相反，认为这些动机是自然的、正当的、必须在企业里予以满足的，管理工作就在使这些活动纳入企业的轨道，对劳动效率产生积极的作用。Y 理论在这种新情况下就比较 X 理论对提高生产效率更效了。

从马斯罗和麦克格里戈的理论，我们可以体会到，在企业管理中必须见物又见人。人们是有需要和动机的，那就是心理学的研究对象。人们在某个时间存在着什么需要和动机，是决定于当时具体的社会条件。社会学就是研究这些社会条件的学科。我们要充分发挥人们劳动积极性，提高生产率，就得充分了解劳动者在一定社会条件下存在着哪些需要和动机；针对这种需要和动机，采取适当的措施来达到社会的生产目标，就是我们所说企业管理是做人的工作，也就是政治思想工作。

上面提到的是一些西方研究企业管理的情况。现在我想提出一些怎样吸收西方企业管理经验的问题。

我的看法是：我们要搞四个现代化，单是买进外国机器是不够的，还得引进使用这些机器的技术和发明这些技术的科学基础；引进这些还不够，还要参照外国怎样使工人们提高干劲去进行生产的方法来，建立一套适合中国的企业管理制度。当然，在究竟引进什么机器的问题上，我们已经碰到了适合不适合中国社会经济特点的问题，我在这里不多说了。我要着重强调的是我们在企业管理上更需要切合我国的特点。我们既要善于学习西方资本主义企业管理对我们适用的经验教训，又不能盲目照搬他们那一套，硬用到我们自己的企业里来。我们要"洋为中用"。这不是一件简单和容易做到的事。

当然，我们首先应当反对那种只见机器不见科技和只见科技不见管理的看法。这些看法现在还是相当普遍的。买来了机器，没有人会使用，训练了会使用机器的技术人员而由于缺乏适当的企业管理，这些人并不能充分使用这些机器来从事生产,或者生产效率很低,这些情形是不少的。

在管理一个装备了现代机器进行大生产的企业方面,我们是缺乏经验的。这是因为这种大企业从历史上就不是我们自己文化传统中产生出来的。现代科学技术是在西方文化里形成的,对我们来说是从外国传入的。这是历史事实。

我国在生产技术上落后外国只是近二三百年来的事。十八世纪中叶乾隆皇帝接见英国派来的大使时,还向他说过我们中国并不需要和外国通商,外国有的我们也有,谈不上互通有无。这句话固然有点夸大,但基本上是符合事实的。但是在这二百五十年里,西方科技的发展远远地超过了我们,至今我们还没有赶上他们。因之,我们要讲现代化,现代化主要是要在生产技术上向西方学习并赶上和超过西方。

科技是不分国界的,外国人所发明的科技我们可以学得会,学会了就成了我们自己的东西。他们按他们科技知识所发明的机器,我们可以向他们购买,也可以仿制,成为我们自己的东西。这就叫"引进"。当然,我们在科技上赶上了外国,我们一定能发明创造我们自己的机器。但是以当前的情形来说,在大企业的成套机器设备上,引进还是主要的。至于成套的机器引进之后,怎样通过我们自己人来运用它进行有效率的生产,就出现了个企业管理的问题。在管理上我们却不能全靠"引进"了,因为工人不是机器的附件,企业管理中还有"人的因素"。外国工人和中国工人不一样,外国的社会制度和中国的社会制度不一样。一遇到"人的因素",就不能不有中外之别。这样说来,在企业管理上我们自己既没有一套传统的办法,我们又不能照抄外国的一套;我们不学他们不成,可又不能硬搬,怎么办呢?

我认为在学习西方企业管理上,也要有点历史唯物主义,那就是要摸清楚西方企业发展的历史过程,看一看他们是怎样搞出那一套管理方法来的,而且要注意到这一套管理方法是在资本主义性质的企业中搞出来的。其次,我们必须科学地实事求是地分析我们中国历史发展中形成的社会特点,这些特点又怎样表现在工人们的心理素质和社会行为上。然后,根据我们的特点去衡量西方的经验教训,作为借鉴以决定取舍,主动地创造我们适合我国文化传统和社会主义制度性质的管理方法。过分强调中外之别,外国东西一律排斥,一切靠自己创造,当然是不对的。人类有很多相同之处不因国籍和文化的不同而殊异的。辩证地看事物,就得一分为二,有同有异,异中求同,同中见异。这才是学习的正确过程。在建立我们自己的企业管理体系时，也必须用这种态度来对待西方的经验教训。

举一些例子来说。有人问：我们要不要学泰罗制？答复这个问题，我们就应当一分为二。首先要弄明白西方的企业管理怎么会出现泰罗制的？它解决了些什么问题？后来又怎么会在西方企业管理中过时的？这些问题必须在西方企业发展的历史过程中才看得清楚。以泰罗制里定额一项来说，他们是通过对具体的生产线中每一个动作，进行反复实验，找出在一定条件下完成这动作所需的时间。按核定的数据计算出每一个普通工人在一般劳动条件下完成一项生产任务需要时间作出规定。这是定额。对一般工人来说，必须作出特别的努力才能超额完成任务。所以当时称这种制度是"科学管理"。在我们中国能不能说这种定额制已经过时了呢？我没有研究过这个问题，不敢答复。如果我们的企业里还没有以科学根据规定的定额，我看我们还有向泰罗制的这一方面学习的必要。

这里也牵涉到奖惩制或所谓物质刺激的问题，按超过定额发给奖金，以此来刺激劳动者为了多得一些收入而加一把劲，提高了生产率。这是用来纠正"干不干两斤半"，干多的不多拿，干少的不少拿，不干的照样拿的平均主义的倾向的。如果定额本身不科学，或是不按超额发奖金，甚至平均瓜分奖金，或是根据其他和生产积极性无关的标准来发给奖金，那也就说不上是"物质刺激"了。物质刺激是用物质奖励来刺激生产，不是刺激其他东西。发放了奖金而并不提高生产率，怎能说是"物质刺激"呢？

泰罗制在西方企业管理中有许多方面已经过时了。在上面我介绍西方各种有关企业管理的理论时，提到过后来有许多人发现了这种"见物不见人"的管理方法的弊病。这是因为要在满足工人们更高的需要时，简单的物质刺激已不起作用了。从这个角度看去，我觉得应当具体分析一下：我们当前的情况是否已满足了劳动者的生理和安全需要？如果我们的工人基本需要还没有满足，而片面地采取精神激励的方法，恐怕会适得其反。许多大道理会被视作不切实际的口头禅，起不了激励的作用。

我上面所说关于泰罗制的话，并不意味着我主张我国的企业管理要重复西方企业走过的道路。我们现在就应当采取"见物又见人"的管理方法。我在上面已说过，由于我们社会主义的本质，根本上确认了工人是企业的主人，如果我们能在对待工人的态度上、在领导与被领导的关系上真正贯彻这个社会主义精神,我们就具有资本主义企业所不可能有的那种发挥劳动积极性的条件。所以我认为泰罗制里有些科学措施固然是应当学习的,比如物质奖励对我们现阶段的企业管理如果能用得好是可以起积极作用的,但是我们必须从西方企业的发展中看到这种"见物不见人"制度的弊病,不要盲从。

西方企业管理是西方社会的产物。企业里的人与人的关系具有西方的社会特点。西方的社会里长大的人特别重视个人的独立性,反对依赖别人。他们一旦成年就要靠自己本领经营而独立生活,把靠父母过日子看成是可耻的。这种性格有它发生的社会原因,这里且不多论,但既然很多人具有这种性格,西方企业里的社会关系也就不会相同于东方企业的情况。对照一下就明白了。据说在日本,一个大企业就象个大家族,职工对企业具有一种隶属感,一生依靠这个所属的企业,有点"视厂如家"的味道。企业对职工也有点象家族对其成员,一切都要包下来,连职工家属的生活和前途都要照顾到。领导对职工讲"体贴",职工对领导讲"忠诚"。这种要求在西方企业里是不存在的。有人说,日本人善于利用封建关系来搞资本主义企业,搞得很成功。我认为不如说:日本人善于按他们的社会特点来管理他们的现代企业,因而取得成就。这个例子也说明,西方企业是不可能象日本人那样办的。西方企业里的职工不会把自己归属于某一企业,愿意矢忠于这个企业的。他们对父母都要讲独立,要把自己溶合到企业里去是不能想象的。我在这里并不想对这两种不同的民族性进行评价,只是想指出,既然"人的因素"上有差别,企业管理的方法上也决不能一致的,各有各的特色,需要各显神通。人们常说日本人善于模仿,善于吸收别国的文化,其实他们在模仿和吸收中是存在着善于保持其特点的一方面在内,这一点很值得我们注意。

说到这里,我们一定要问:那么,我们中国的社会特点是什么呢?怎样发挥我们民族特有的长处和我们人民经过长期艰苦奋斗所创立的社会主义制度的优越性,来有效地管理我们的企业,加速我们当前最紧迫的任务即四个现代化呢?今天我固然还不能在这里答复这个问题,但是如果我们认真地提出这个问题,大家一起努力去寻求这个问题的答案,我相信答案是一定能得到的。

前头说过,用科学方法来研究这个问题,其实就是社会学的任务。但是我国的社会学长期停顿,甚至一度被视作禁区,目前虽则正在重建之中,一时在这方面还不能出多大的力。尽管如此,作为一个社会学的工作者,我是有信心,这种情况是很快会改变过来的。

我们社会学研究会极愿意参加有关企业管理的研究工作。我本人虽则年已老迈,还有这种雄心,很想有机会到工厂里去,和工人同志们交朋友,和他们一起研究上面所提出来的问题。

1980 年 11 月 30 日

载《社会科学辑刊》1980 年第 6 期。

与医学心理学者谈社会学

今天诸位医生同志们要我在这个医学心理学进修班上谈一谈社会学。我实在有点不大好意思,因为我必须坦白,我曾经是你们队伍里的一个逃兵。我在大学里念过医预科,没有学成医就半途改了行。我记得当时在我们那些打算学医的青年人中有过一个争论:医生治病还是治病人。我站在主张治病人这一方面,后来我又从治病人向前走了一步要治社会了。这是半个世纪以前的事,今天我来向学成了医的同志们谈社会学,不免又想起这个争论来了。

医生治病,尽人皆知。医生们大多却是见病不见人,不管找他的是张三还是李四,他闭目按脉,要知道的是伤风还是伤寒。我那时却偏偏不同意这种医生,而提倡医生眼中应有病人。为什么我这样说呢?要说明这一点,先得讲一讲什么是人。这问题对精神病科的医生也许特别重要。

人是个动物,这是公认的事。但人们总是要把人安在进化序列里最高的塔顶上,比其他动物都高一等,动物学者还可以为我们证明人这个机体比之其他动物都复杂些,在历史上也是最后出现的,还不到 500 万年。人的科学名词是 homo sapiens,sapiens 是智慧,有点像我们俗语,"万物之灵"。不论什么是智慧,什么是灵,人总是有所异于禽兽。

人是万物之灵,如果灵是指聪明些,敏捷些,人在许多方面并不如禽兽。所以有人认为人之别于禽兽在于他所特有的社会现象,称人是"政治的动物"等等。还有人发挥这种看法,说是这个宇宙基本上是物质的运动,可称为物理世界;在物质基础上发生了生命,产生了生物世界;生物基础上又发生了社会,形成了社会世界。这是三个层次,而以社会为最高,人就是社会界的创造者。

社会又是什么呢?望文难于生义,因为这并非我们传统的名词。社会二字连在一起作为一个词，大概是日本人翻译西文时造出来的，后来传入了中国。什么时间传入我还不清楚。清朝末年，严复翻译英文 sociology 时不用这个名词，而用群学二字，仔细推敲，社会和群还不完全相同。群相当于现在我们所说的集体。集体还可以说是属于生物现象。许多动物，甚至昆虫，也有集体生活，蚂蚁、蜜蜂是熟习的例子。这些动物的集体生活是出于本能，即属于遗传的行为。可以用卵生的动物做个实验：把两代隔开，下一代长大了，还是会和上一代一模一样地进行这种集体生活的。所以我们可以说这种集体生活是生物现象，在人类之前就有的。

人类的集体生活和禽兽昆虫的集体生活不同。后者的集体生活是本能行为形成的，前者的集体生活却不然。人们是以通过学习得来的符合于一定模式的行为进行集体生活的。这套行为模式是在同一集体中生活的人们把一代代的经验有选择地积累而成。对每个个人来说，它是集体所共有的强制他学习的规范，他必须按照这些模式去行动。从行为模式本身说，它固然超于个人也先于个人，与集体共存；但是不仅要通过一个个人的行为表现出来，又要依靠一个个人的记忆传递下去。这里我们看到了一种以生物现象为基础而又超越了生物性的现象。这种现象就是社会现象。

人们经营集体生活的单位是一个社会性的群体，一群按照一套共同的行为模式经营集体生活的个人，我们不妨称之为社群。在普通日常用语里也就称之为社会。

我们能不能说人之区别于禽兽就在于他的集体生活多了一套超越了生物性的行为模式呢？是否可以说人是社会动物呢？我想，这样说大体上是可以的。但是近年来对比较高等动物行为的研究，发现了它们不仅也有学习的能力，而且有些学习得来的行为，也能一代代通过学习传递下去，不能不说已有了行为模式的雏形。这说明我们要把人兽两界一刀切开是困难的，有点像抽刀断水，枉费心机。不过我们也得承认宇宙间的社会现象即使不是从人类开始，也是由人类发展起来的，把它作为人类的特点未可厚非。

人尽管发展了社会现象而得以区别于禽兽，他的躯体并没有脱离禽兽的本质，和禽兽一样受到相同的生物规律的控制。人的行为原本是机体的活动，是生物现象。从这一层上看去，人的行为不过是一系列生理活动，都可以通过神经系统的联系而发生的刺激—反应公式来描写。学习是"约制反应"，也是生理活动。但是这种生理活动只提供了产生社会现象的基础。人们通过学习的能力产生了一套行为模式来维持和发展他们复杂的集体生活,更为保证集体生活的正常进行,用社会力量强制个人按着模式行为,形成了社会规范。

为什么人们的集体生活会发生和发展行为模式呢？人们的集体生活是个复杂的分工合作的体系,集体中的各个体以其不同的行为互相配合起来完成一项共同的事情,满足他们生活需要。关键是在配合,即分工合作。分工越细,合作越密,参与的人越多,做的事也越能复杂繁重,满足人们生活需要的力量也越大——这就是人类社会的发展,人类文明的历程。

人类集体生活中个人的行为怎样配合起来的呢？在这里不妨举个具体例子来说一下：我现在要在黑板上写个字,粉笔在那个桌子上,我用手指那匣粉笔,眼睛盯着你,嘴里说："对不起。"这是我向你示意,你领会了我的意思,把粉笔匣打开,递了一支粉笔给我。我用这支粉笔在黑板上写下我要写的字。这样结束了我们两个人一系列互相配合的行为,完成了我们这堂课里的一部分事情。看来这很简单,但仔细一想却并不简单。别的我们且不说,就是在我的示意和你的会意的一刹那之间,怎么会通过去的？而这正是这一系列相互配合的行为的关键所在。

生物机体在感觉上是个封闭的单元,痛痒都是及肤而止,传不出身外的。鱼的苦乐不但人不能知,鱼鱼之间也是不能通的。人与人之间能会意,你能知道我要你帮我递一支粉笔,不是像蜜蜂和蚂蚁一样靠本能的活动,而是靠一套你我共同的象征体系。我的手一指,眼一盯的动作,表示着一定的"意思",我说："对不起",又补充了一定的"意思"。我这些动作对你的机体成为一种刺激,引导到你我共同的象征体系上。你接受了我所表达的信号,"会意了",作出了我期待于你的反应,把粉笔递给了我,这个我们赖以"会意"的象征体系,是突破我们封闭的单元的手段,我们按着同一信号体系,依据规定好的行为模式,采取行动,两人的行为也就配合上,完成了一件事。

从这个角度看去,我们的集体生活中一举一动、一言一笑似乎都是按着个谱法在进行。一离开这一谱法,别人就莫明其妙,自己也手足无所措,不知所云,谈不到集体生活了。这个谱法翻出来看一看,真不简单,几乎从生到死,白天黑夜,我们对什么事,对什么人,该怎样行为,几乎都有规定,有点像演员登台演戏,扮什么角色就得唱什么戏。我们的集体生活不像其他动物受着生物本能的支配，而是受着一整套规定好了的行为模式的控制。人类摆脱了本能的局限，又陷入了社会的罗网。

再问一下，社会究竟是个什么东西呢？我们可以说它是个按共同行为模式进行集体生活的群体。它基本上由一群人组成的，这一群人是具体的、有形的。他们进行着集体生活，这些生活是由许许多多个人的行为组成的，也是看得见的。只有这些还不是个社会。还要一个共同行为模式。行为模式不是行为本身，而是怎样行为的方式。它一定要通过具体行为才能表现，它的本身只是存在于人们头脑里的概念，依靠记忆保存着的。如果所有的人都忘记了，它也就不存在了。它是群体的产物，通过群体和一个个人实践的创造，人与人之间的学习，不断选择和补充，世代相传，积累而成。所以它是先于个人、超于个人，然后由外转内，化成个人习以为常的行为方式。由于每个人都得依靠它才能生活在群体之中，得到个人的生存，满足机体的需要，个人是离不开它的，有赖于它。同时，除非集体生活中的每个人都接受这行为模式，这种模式就起不了配合他们行为的作用。为了维持集体生活，群体对个人必须施加强制，使其按模式行为，这就是所谓社会控制、社会压力。行为模式成为社会规范，老话所谓"礼教"。

要明白社会的这些属性，可以观察一下儿童的成长过程。儿童成长过程其实就是一个把生物的人变成社会的人的过程，也就是从畜牲变人的过程。如果只从生物基础上看，人的生育和其他哺乳动物并无二致。但是要使这个小畜牲出生后能进入已经先他而存在的社群通过集体生活而得到生存，整个社群已经在他还没有存在的时刻，为他布下了天罗地网，硬要把他纳入人为的模式，限制他在规定的模式里成长。

一般都说没有人能选择自己的父母，但很少人注意到是社会在你没有存在时，已替你选定了父母。如果不替你选定父母，你入世的机会就很微小的了。你还在母胎里的时候，你的妈妈已为了有你而必须遵守种种行为模式。这些行为对孩子的生理发育究竟起多少影响，我不清楚，但是至少表示你的入世已经不是你个人的事了。你已经是个社会的成员了。所以可以说，社会是先于个人，个人是生在社会里的。但是孩子没有从胎里带来比一个畜牲更多的东西，他按生物配备离开母胎。社会却分秒不失地插手进来，把这个生物原料，雕塑成一个符合该社群所规定的模型的社会成员。从喂奶开始生活上的每一节目都要纳入成规。慈母手中线用来使孩子们穿得整齐体面。立要有立相,坐要有坐相,洒扫应对样样要循规蹈矩。这叫教养。子不教,父之过,孩子没有礼貌是家教不好,咎在父母。孟母三迁,为的是邻舍的孩子太淘气,不是好榜样。三娘教子,打在儿的身上,痛在娘的心里。哪个人回忆起儿童时节,不有些终身难忘的挨揍的教训?要从畜牲变成人,难免像唐僧去西天取经,劫难重重。

在这里可以看到从生物现象上发生出来的这一层社会现象原来和它的基础并不是那么融洽的,二者之间存在着矛盾。人的集体生活显然不像昆虫的集体生活那样自然。一个人要服服帖帖地完全很自然地按着社会规范去生活,似乎不那么容易。几千年来被尊为圣人的孔老夫子,花了70年才在社会里能随心所欲而不出格逾规。他的高足曾子,每天要自我检查三次,惟恐没有按行为办事。这样看来,这些规范、模式并不是实际行为的印版,人的行为也不是一个模子里印出来的精确翻版。行为模式和个人行为,一是理想,一是实际,二者是又联系又分别的。理想给实际以范围,百变不得离其宗,实际又总是不能就范,要冲破理想的束缚。这里上演了人生没完没了的戏剧。

这套社会规范或行为模式是实在的,集体生活无时无刻不依赖于它。它是无所不在,抵触不得。一旦冒犯了它,它可以威灵显赫,雷霆万钧地压倒个人。但是它又是无形的,捉摸不到的。人们从一出世就感觉到它的存在,但又看不见它的形体,于是在意识上反映出一种独特的形象。有些社会学家把它作为"神"的这个概念的来源。我认为这是一个值得重视的启示。如果把"神"的属性来和"社会"的属性相比对照,其中相通之处是无可否认的。这种见解不仅给"神"找到了着落,是实在的东西在人们意识上的反映,因而剥去了神秘的外衣,从形而上拉到了形而下,成为科学研究的对象。我在这里不想对这个理论多加发挥,想说的是社会的规范、行为的模式是和"神"一般可学不可及的。我们每个具体的人,原是禽兽而已,但越过了单纯的生物境界,生在一个集体创造的社会之中,树立了可学不可及的规范和模式,一个完善的标准,一个"神",但是也永远不可能过神仙的生活。所以我说:人是在"神兽之间"。这个提法在经常接触精神病人的医生们可能是容易理解的。因为我觉得许多精神病就发生在人们在神兽之间上不上、下不下的两难之境。

当然,还得更确切些说:事实上人这个东西既是禽兽又不是禽兽,既创造了神仙又做不到神仙。所谓"人兽之间"就是这么一种辩证关系。既是禽兽又不是禽兽,那是说人的生物基础是和禽兽相同的,他无论如何跳不出生物规律的控制。历代多少皇帝苦于人生朝露,妄想长生不老,到头来还是落得个贻笑千古。但是人究竟创造出了个超越出人寿的"社会"。靠了它,可以在墓碑刻上"永垂不朽"。这个"永垂不朽"的东西不是天上掉下来的,是人们自己创造的。但是一旦产生,它却控制了它的创造者。依靠它得到生活的人们就得乖乖地听它的支配,叫他们做什么就得做什么,叫他们怎样做就得怎样做。它无所不在,监督着每个人,不听它的话,触犯了它,惩罚谴责,毫不容情,甚至命都难保。这些正和人们所想像中的又仁慈又威严的上帝一模一样,这就是社会,神仙是它的代号,社会是实在的,不是玄虚的,虽是无形的。它有一套强制人按照着行为的规范,用我们传统的名词说就是"礼俗"。礼俗会吃人,不是假老虎。

社会所规定而且用社会压力强制人的那套模式,必须由一个个人的具体行为体现出来,如果一丝不走样地按照这些模式行事,"非礼勿视,非礼勿动"的话,这个人一定是个"圣人"无疑。而天下即使真的有这种圣人,也是凤毛麟角。以普通人来说,都是些望尘莫及的凡夫俗子。圣人是可望不可及的,可学而不可及的理想人物而已。所以我说人创造了神仙又做不到神仙。

我说这一段话的目的是想反复说明我们在概念上不妨把"人"分出三个层次:基本上是个生物机体,可以称之为"个人",其次是按照着传统的社会规范在群体里生活的"社会成员",最后一层是他作为一个社会成员所扮演的那套规定的"社会角色",按照相关的社会地位规定下的行为模式。

这三个层次也分出了历来对人的研究的三个出发点或着眼点。从第一个层次出发或着眼的就是所谓"行为科学",或者更具体些说是"行为心理学"。由于人的一切行为都脱离不了机体的动作,"刺激—反应"的公式可以用来解释一切行为,包括在比较复杂的社会中的行为,正如一切生物现象可以归原到物理和化学现象一样,社会现象也可以归原到生物现象。必须指出的是,从生物基础去理解人,固然丰富了我们对人的认识,但并不应当局限在这个"边缘科学"里,认为人之所以为人不过是这些生理活动而已。如果这样,那就未免得了深度,失了全貌。

另一极端则是所谓"社会学派",或更具体些说"社会结构学派"。他们满足于研究由社会规定的有关生活各方面的行为模式,即各种"社会制度"。先是描写各种制度内容，然后琢磨各制度的联系，绘出整个社会的结构。再比较不同社会的制度和结构，有的从而看出发展上的关系，有的看出结构的主题，最后还可以看这些结构怎样变动。真是处处可以大做文章，都对人的认识有所增进。但是看戏只看剧本，下棋只看棋谱，就等于从X光荧屏上看人只见骨骼。人的社会生活是有血有肉的，血肉就在按剧本上演时每个演员各显的神通，按谱法下棋时每个棋手各有的千秋。在社会里生活的人，行为后面还有个内心世界。从这内心世界出发来看人，就是上面所说是从第二层次去研究人。

那些着眼于社会结构的学者，即使在最简单的所谓原始社会里住上一个时期，常常不免会倾倒于这个巧夺天工的文化体。它丝丝入扣地为人们安排下满足机体各方面需要的办法，又有条有理的把这些办法辐凑成完整的体系——真是个累积着世代智慧的艺术杰作。他们看到的是社会赖于生存和发展的一面，固然是它主要的正面，但另外还有一面。揭开这似乎是无缝的天衣，暴露出这人生舞台上那些正在按规定的角色串戏的演员的内心世界。这里见到了"人兽之争"的形形色色，心理分析学者的园地。

心理分析学者不像社会结构学者那样满足于在台前看戏，而走进了后台。他们也不像社会结构学者那样满足于社会所保证的机体的生存和群体的持续，而发现人从生物基础上所发生的欲望并没有样样得到满足。人不像禽兽那样可以任性而为，他的行为受到种种限制，限制者即不得任性也。本性碰到对立物，阻住了。这对立物就是社会规范。生物本性和社会规范存在着对立的一面。在这二者的抵触中，人发现了"自己"。社会规范是无形的，它是通过人而发挥它的作用的，所以生物和社会的对立，成了"人己之别"，别人和自己在意识上划了条界线。如果一个人能一任本性的自然流露而达到满足，他必然会"乐而忘己"，他成了自然的一部分。念念不忘己者出于到处任性不得也。我这番话也许就是弗洛伊德Freud所说个人心理的三层结构：id（生物性冲动）、ego（自己）和superego（超己）。他跟着指出，我们意识到的只是"自己"这一层，id 是"无意识"，unconscious，译成"意识不到"或"潜意识"也许更接近原意些。Superego 是"前意识"，preconscious，或者"先于意识"的意思。他也认为生物和社会发生矛盾时才出现意识，所以意识到的只是ego。

我对于弗洛伊德的理论没有研究。你们治理精神病症的医生自然比我知道得多，我不应当班门弄斧。但是我觉得他对人的内心世界的分析却可以帮助我们进一步理解我上面所说的"神兽之间"的公式。他所说的 id 就是兽，superego 就是神，ego 就是人。他的理论还使我们看到这三者都存在于个人的内心世界里。尽管兽的一层我们已经不能意识到，但是并不是不存在的。神的一层也并不悬空。

怎么知道我们还有这一层不自觉的意识呢？弗洛伊德从治疗精神病症时的临床经验里注意到人们被 superego 那一层所阻住而得不到满足的生物冲动，并不因受阻而消失，只是被打入意识之下，自己不自觉其存在罢了。留在潜意识里得不到满足的冲动形成了内心的情绪。这些情结还在活动，它虽不能明目张胆地出现，但还是要改头换面地暴露出来。那就是梦、说漏了嘴、遗忘、错失行为等等，我们一般认为无意义的、偶然性的、荒诞的、非非之想或不检点的行为。经为弗洛伊德的分析，这些正是被压抑在 id 这一层里的情结活动的表现。

弗洛伊德用希腊神话里恋母杀父的伊狄比斯的故事来说明这类情结的形成和发生作用。这个故事道出了恋母的生物冲动，受到社会规范（包括父母间的夫妻关系，和亲子间关系）的抵制，发生了杀父的罪行。但是社会的压力进入了他的内心世界，成为折磨他的"内在检察者"。他悔恨交加，从此立下"乱伦"的禁例。

值得申述的是社会规范的"道德化"，它不仅是一种外力，而成了一种内律。这是社会这一层现象的特点。Superego 不是外在的实体而是内心世界的构成部分。如果我们把神作为社会的代号，那么神也不是超人的存在，而是人的一部分。这样就把我上面所说的"神兽之间"的意义更深入了一步。神和兽都是人的内心世界的组成部分，内心世界成了个矛盾的统一体。人是既是禽兽而又不是禽兽，既成不了神仙而又跳不出神仙的手掌。

弗洛伊德的理论不是虚构的神话，而是根据现实的科学总结，而且具有医治精神病症的实效。当然，正如一切科学的总结，它受到他所处时代和所处文化的局限性。弗洛伊德在中国并不那么被重视，尤其因为他强调了性的冲动所引起的情结在个人生活和文化中的作用，对宋儒理学的影响还相当深的中国人未免有点格格不入。其实弗洛伊德在理论上侧重性的冲动恰恰反映了欧洲在上世纪末、这世纪初的那股反对清教戒律，和反对以英国维多利亚时代所代表的那种假惺惺的虚伪礼教的思潮。伊狄比斯情结确是西欧文化的产物，弗洛伊德把它揭露出来，既科学又生动的加以阐述，对近代西欧社会两性关系的解放是起了重大作用的。

也应当指出，如果把伊狄比斯情结像弗洛伊德那样当作人类普遍的现象，那是忽视了 superego 是文化的产物，而文化是因时因地而异的，有其历史过程，有其民族特点。在这里补充说明一下社会和文化两个概念的关系和区别也许是必要的。

上面我提到社会时，我指的是人类进行集体生活的那个群体，它的属性是一切具体社会的共相。我曾指出，人类的集体生活之不同于禽兽的集体生活是在于前者具有一套世代相传又代代有变动的人们自己创造出来的行为模式。这就是文化。在普通语言里文化也包括世代累积的文物，即社会的物质设备。具体的文化是因时因地而殊异的。中国的文化异于美国的文化，中国汉代的文化异于中国现代的文化。文化是人类社会的产物，不是靠生物本能传递而是靠作为社会过程的学习传递的。所以禽兽没有文化，文化是人类的特点。

伊狄比斯情结可以说是西欧在一定历史时期里的文化产物。它只发生在父系父权的文化里，在这种文化里，有特定的夫妻关系和亲子关系，规定了每个人满足性的冲动受到的模式，即是把两性关系限制在夫妻关系里，亲子之间不容许发生两性关系。这样才决定了性冲动形成情结的具体形式为伊狄比斯的恋母仇父。有人在另一实行母系舅权的文化里调查，就发现这里就没有伊狄比斯情结，而代之以恋母仇舅的情结。这不仅否定了弗洛伊德所假定的伊狄比斯情结的普遍性，而且也说明形成这情结的也不只是性的冲动受到的抑制。这里应当说还有其他更复杂的因素在发生作用。

我这样说是想提出我们怎样运用心理分析来医治患有精神病症的中国病人的问题。如果我上面的体会是有道理的话，则不了解中国的社会和文化，那就不容易在中国应用弗洛伊德以及其他西方心理分析的理论于实际医学了。要引进心理分析的方法来医治中国病人，就有必要把这些理论的基本原则和中国的实际结合起来。这就是说，治理这种病症的医生，眼中不能只看到病，得看到病人，这还不够，还得看到病人的社会文化。

我这篇讲话不妨说是为了我 50 年前从医学的队伍里开小差这件事作了一番辩护。当然我决无鼓励开小差当逃兵的意思。要求每一个专业医生去进行中国社会的调查和文化的研究,那是不切实际的。我只希望医生同志们能关心对我们自己的社会和文化进行的调查研究,而且能密切和进行社会调查和文化研究的人合作来发展我国自己的精神病的研究,治好更多患这类病症的同胞。

1980 年 7 月

本文系作者在北京医学心理学进修班上的讲话。

四个现代化与社会学

我这次来天津的目的,是鼓励大家一起来推进重建社会学这门学科,并借这个机会与大家见见面,讲一讲社会学和现代化的关系。

提起社会学,它在我们中国已经停顿了近30年。去年春天,乔木同志把我们找去,说党中央的意思一定要把社会学再搞起来。我们一听,当时没有勇气接受这个任务,别的社会科学是"青黄不接",而社会学这一门是"断子绝孙"了。我们这些人最年轻的,过去在国内外大学里学过社会学的人都已经六七十岁,我自己也已经七十了,自从解放以后,我一直搞民族方面的研究工作,对过去搞过的中国农村各方面的问题,并没进行过系统的实际调查。经过这么长久的停顿,回过头来再搞社会学困难很大,很不胜任。可是乔木同志认为,这件事有关我们国家"四化"的问题,如果我们搞好了,可以把我们的"四化"搞的顺利一些,搞的快一点。我们的社会问题一大堆,很多问题不能很快很好地解决。所以乔木同志希望,尽管困难,也要知难而进。去年3月乔木同志在社会学研究会成立的那一天,做了一次报告,为社会学恢复了名誉。当时他说,过去取消社会学是错误的,我听了之后,觉得上一次取消社会学的责任不在我们搞社会学的人,现在党中央决定要把这门学科重新搞起来。假如我们不出来搞的话,那么这个错误就是我们的了。因此,这一年半,我们许多朋友就为了这件事情到处奔走,发现很多人对于社会学不太清楚,而且每一门学科都是发展的,30年来这门学科在世界上变化很大。我们对此也很隔膜。为此,中国社会科学院派我们出去看看。我先后到日本、加拿大和美国,主要去了解一下这30年里,他们是怎么搞的,受些启发。回来之后,我就马不停蹄地到处跑,今天又跑到天津来了。

今天我不能讲社会学的很多内容,但我要呼吁一下,讲一讲为什么实现社会主义现代化必须搞社会学。

什么是现代化？

首先，我想讲一讲什么叫现代化。我们说要实现农业现代化、工业现代化、科技现代化、国防现代化，那么我们究竟怎样理解"现代化"？这个问题讲起来并不那么简单。很多人就有不同看法。有人认为现代化就等于"洋化"、"西化"。有的青年以为穿了喇叭裤，留了长头发就是现代化。究竟现代化是什么意思，当然我也没很好地研究，但我可以提出一些问题来请大家思考思考。我们大家会同意农业现代化，就包括机械化、电气化、化肥化等等，而要做到这些必须具备很多现代化知识、现代技术。以前我在家乡江苏农村搞调查的时候，那里用脚踏水车车水，现在用电机抽水了，具体说来，这就是现代化。

我们要现代化就得引进一些新的先进技术，为什么要引进？不引进行不行？不行。因为我们用老的办法，生产力太低了产量少，成本高，赶不上人家，因此必须改变一下我们以前的办法，以便立足于现代化世界上，赶上世界先进水平。不然，就像毛主席说的，要挨人家揍了，受人家欺侮了。

两个星期以前，我陪一个外国朋友到承德"避暑山庄"，那是清朝皇帝避暑的地方，是乾隆第一次接见英国大使马戈尔尼的地方。我记得有一本书上曾有记载，乾隆接见这个英国大使时曾问他：你们需要什么？大使回答：要通商。乾隆说：我们中国什么东西都有，说不上和你们互通有无，如果你们想要什么，送给你们一些就是了。这是300年前的事，不能说乾隆皇帝是在吹牛，因为当时的世界上，我们的生产力和其他国家相对而言还是相当高的，国家的力量还是相当强的。可是近两个世纪里，却起了很大的变化。

远的不说，最近这20年里，从生产技术上讲，人类有了一个新发明，进入了一个新的时期——电子时期。这个东西给当前世界的各方面带来了一系列的变化。在这20年里西方国家实际上发生了一个技术革命，而我们却发生了一场浩劫，结果使我们和西方国家在科技方面的差距越来越大了。小平同志讲：要承认落后。承认了落后有好处，我们才可以有决心赶上去。我们要承认这一二百年来，在科学技术上被人家超过了。这没有什么稀奇，在人类历史上，今天我超过你，明天你超过我，大家你赶我追，才可以共同进步。

过去这100多年里由于我们落后，受到了别人的欺负。乾隆皇帝死后，他的继承人，还是在这个"避暑山庄"里批准了丧权辱国的《北京条约》。我在承德跑了几天，很有感触！这个"避暑山庄"记录下了清朝的兴衰史，记录下了我们中华民族由世界上比较高的地位降落下来的历史。

现在我们不甘心落后，要赶上去。怎么赶上？首先要把先进技术掌握起来。这些先进技术目前还不是我们中国发明的，而是英、美、欧洲一些国家发明的。我们的祖先曾发明过不少东西，但是我们子孙后代没有跟上去。现在这一套先进的科学技术是在中国以外发明的，所以我们发生了引进的需要。有人觉得，引进别人的东西好像自己不太体面。我们自己不如人家就得向人家学，引进来变成自己的东西就好了！

引进西方国家的先进科学技术是不是"西化"、"洋化"呢？可以是也可以不是。世界各国科学技术的发展不平衡。落后的也不只是中国。第三世界都处在一个落后状态，不少国家和我们解放前的情况差不多。他们没有主动权，不能有计划、独立自主地把现代化技术用来为自己人民谋利益。在旧中国，我们就是不能自主，因为是外国人在那里做主。最近我到青岛去，看到了德国人占领时所盖的总督府。德国人还修了一条济南到青岛的铁路。但他们不是为我们中国老百姓造房子，也不是为发展我国经济而造铁路。他们用当时先进的科技来统治和镇压中国人民，抽中国人的血汗。现在有些第三世界国家很有钱。像科威特、利比亚是靠卖石油发了财。许多国家用先进科技在他们的地方开发石油，不是为了发展当地的经济，不是为了当地人民的利益，其实是变相的掠夺资源。如果是这样，那么这种现代化也就是"西化"和"洋化"了。

我们中国人过去也受过这种西化和洋化的苦，现在站起来了，再也不走这条路了。小平同志提出了，我们要建设中国式的四个现代化。"中国式的现代化"，和那些西化、洋化的现代化不同之处就是在我们是自主的现代化。我们要什么就引进什么，是根据我们发展国民经济的实际需要有计划地引进。

引进来的科技还要我们中国人自己掌握。苏联在中亚西亚有一些共和国，比如哈萨克共和国，赫鲁晓夫在那里引进了先进的农业技术，开辟了有名的"处女地"，生产了大批商品粮供应苏联很多城市，可是这不是哈萨克人民自己去利用先进技术增加自己的生产、提高生活，而是俄罗斯人到哈萨克斯坦来种地生产粮食，送回去给俄罗斯人吃的。这还不是把哈萨克斯坦搞成了俄罗斯人的殖民地？表面上看，这里是现代化了，引进了很多先进技术，但这不是当地人民自己掌握的东西。这一点是殖民地的特点。殖民地的人民只能当劳动力。现代化的工业、农业掌握在人家手里。这种现代化不是我们中国需要的现代化。

我们中国式的现代化就是要我们中国人自己掌握先进的科学技术。这方面日本人做得比较好。他们很多技术原来是美国的，但一到他们手里就变成自己的了。我到日本去访问时，有些日本朋友对我说。他们有这点本领，能把人家的东西变成自己的东西。他们能有这点本领，原因不少，其中有一条，他们的中小学办得好，注意教育和培养人才。

我们不能只跟在人家的后面模仿，必须通过掌握先进科学知识赶上去。现在技术发展这样快，就应该有远见，有创造。这种现代化才是自己的现代化，而不是"西化"、"洋化"。我们中国的现代化就是要在我们自己的头脑里创造出来。日本注意抓中小学这个基础，我们也应该这样，我们现在对中小学教育重视不够，怎么能实现现代化？

社会学的任务

把外国技术引进中国，在中国生根变成自己的东西，发挥出提高国民经济的作用，这不是件简单的事。很多人把这件事看得太简单，以为把外国的机器买了进来，就得了。他们不知道就是买到了机器，要机器能正常运转，生产价值，也有一个相当复杂的过程，这个过程中有很大一部分是取决于我们自己社会的条件。引进一项技术，还得考虑两个问题，第一，引得进引不进，怎样引进来。买来了机器要能用，用了要产生经济价值。第二，引进了一项技术之后，会给社会各个方面带来什么变化。

这就是钱伟长教授讲过的"系统工程"。"系统"是个新的科学概念，这个概念也适用于社会学。

此次我来天津住的这个招待所，客人很少。如果在美国就不是这样了。一个旅馆里住客、房间、时间，都要配合好，使所有的房间都能得到充分的利用。这就要靠系统工程，用电子计算机来计算了。我们办事往往没有这种计算。做一件事所牵涉到的各个因素配合不上。有的工厂机器停着，因为没有原料。原料不够，因为运输跟不上。诸如此类的情形，到处都是。结果往往是生产越多赔本也越多。

事实说明了我们在实现现代化中，一定要研究中国社会的特点。我们要把中国社会在现代化中改造成什么样子，要达到这些目标，要解决些什么问题，这些都应心中有数。如果心中无数，盲目地追求数字，在报告上看起来很好，可浪费人民的钱却不少。

刚才我提出的是现代化过程中科学技术的引进与社会系统的关系，原有社会体系怎样变化才有利于引进，科技引进后会引起什么社会后果。这些可以说是现代化的社会问题。研究这些问题就是社会学的任务。

人口问题是中国的一个重大社会问题

中国的一个特点是"人"多。这一点我们都有体会。我去年到加拿大去，加拿大的土地面积和我国大致相同，可耕地面积也大致相同，可人口只有两千万。离开加拿大前，有些朋友请我吃饭，让我用一个字概括对加拿大的印象，我用了一个英文单词 vast——"空旷"，地广人稀的感觉。我们中国到处都是人，人山人海，这是实际情况。

人多到底好不好？这要具体分析，要看条件。在小农经济中，全靠体力劳动，当然人多好。人多劳动力多，所以生了男孩子大家都来祝贺。据说尧舜当权的时代，我们的祖先已经以"多福、多寿、多男子"来作祝词了。"人多好"的结论是在一个特定的社会系统中产生出来的，这个系统的特点在于人是这个社会的主要生产力。人多就是生产多，生产多当然是好事。所以说对"人多好"不能乱批评，它有它的道理。

问题是在情况会改变的。当科学技术发展，有了机械，有了人力以外的能源能被利用来生产的时候，也就是说现代化了，人多就不见得好，而且会成为坏事了。当然我们传统的社会系统现在还没有完全改变过来。我下放在农村时住在一个农民家里，他有三个女儿，一个儿子。劳动力多，挣得的工分多，三年里盖起了好几间瓦房。可是后来女儿一个一个嫁出去了，儿子又送出去念书。这样一来，劳动力少了，老两口尽管上了岁数还得下田干活。他们当然说人多好。所以说"人多好不好"要看条件怎么样。马列主义要讲条件。

我国解放后出现过两次人口增长高峰。第一次是1954年到1957年，人口自然增长率分别是 24.8‰ 和 23.2‰。第二次是 60 年代，1963 年高到 33.5‰，1968—1969 年是 28‰。这两个高峰引起的后果是很严重的。第一个高峰里出生的孩子现在已在 20 岁到 30 岁之间，他们要工作，要结婚，要成家立业。可是"文化大革命"之后，经济还需要调整，哪里来这么多力量来安置这么多人的就业。这些"待业"的青年形成了一个冲击波，是当前一件使人头疼的事。你们想：一年出生两千万人，等于出生一个加拿大。要使这批人都能参加劳动队伍从事生产就得扩大耕地，提供生产工具，开工厂，这些都要投资，而我们哪里来这笔财力？因而给我们造下了很大的困难。

过去人口问题是提不得的，一提就有帽子飞上来。总是说，人是最可宝贵的，人多力量大，但是没有看到人要吃饱了才有力量，有工具才能使体力变成生产力。这些年来，我们土地没有增加，而基本上解决了近 10 亿人的吃饭问题，确是一件了不起的事。可是问题在于我们拼命搞出来的东西绝大部分是吃掉了，积累不起多少力量来发展生产。这是给现代化设下的严重障碍。

人口多，为我们每家都带来了困难。我本来是个很早就实行一胎化的先进人物。可是现在家里已经有六口人；女儿结了婚生了一男一女。比了别家我受到的人口压力还不算大的，但是，我已经要和两个外孙争桌子来工作了，下两代挤在一间房里睡。来个客人就没处个别谈谈天。家外的人口压力也压到我们头上来了。我的外孙女今年 12 岁，要上初中了。她是人口第二个高峰里出生的人物。她这年龄组的人特多，向有限的学校里挤，情势十分紧张。每天晚上，我女儿督促她复习功课，怕她考不上重点中学，将来考不上大学。据说到她考大学时，考生中不到 10% 有希望录取。在这种预见下，为了督促孩子复习功课，我很少能享受到几个安静的晚上。这是我逃避不了的人口压力呀！

人口问题是不难明白了。人口增长率有多高，一年会出生多少孩子，多少年后这些孩子会长大到自己要生孩子——这些都是可以计算出来的。可是当时人们却盲目乐观，人多就是好。等到发现人多不那么好时已经太晚了。现在不得不急刹车。刹一刹是必要的，如果早一点，头脑冷静一点，用点科学态度对待这个问题，今天我们受到的压力可以轻得多。从这件事上我们应当得个教训，对社会问题不能盲目，要心中有数。不能等到将来出了问题再叫苦。

现在有些人对人口问题又似乎有点过分紧张和恐慌，想一下子把增加率压下来，甚至压到负数。其实这又是性急不得的事。搞得不好又会为下一代制造种种困难。比如现在大家在谈的一胎化，那是急刹车。要避免急刹车出现其他将来会出现的难于补救的困难，必须事先多计算计算。一胎化所引起的人口老化是应当预先注意到的问题，今天我不能多说了。总之，人口不只是一个数量问题，匆促从事不免盲目。盲目必然会带来预想不到的不良后果的。

现代化需要重建社会学

人口问题不过是我们现在已经吃了苦头，有了一些认识的社会问题之一。从这个问题我们可以看到，要妥善地解决社会问题，我们一定要把情况摸清楚，掌握变化规律，不应当凭想像、凭道听途说来办事。因此必须对社会进行调查研究。

社会调查是大家听惯了的。"没有调查没有发言权。"这句话也常常被人挂在嘴上。但是多少年来所谓社会调查，已经被许多人所搞滥了。我想起不久前遇到的一件事。我现在民族研究所担任工作，有一天见到一位研究工作人员，他正要出去调查一个地方的少数民族的识别问题。民族识别工作就是要去研究这一部分少数民族应否承认他们是一个民族单位。他很认真地问我：我们要不要承认他们是个民族？我就回答他：你问我干什么？如果我已经知道了，还调查什么呢？可是我再回想一下，过去的许多调查很多是先要摸清楚首长意志或是领导意见，甚至有人在开会时准备着两个报告，看上级脸色，临时决定拿出哪一个来。这种风气真是害死人。

我们要的是科学的社会调查，实事求是的作风。这可不是那么容易了。调查时不是做到有闻必录就够了，而要核实人家所说的是不是真话，如果和事实不符，还要搞清楚为什么他这样说，而不那样说。这里大有学问，没有一点社会学的训练，我们不容易得到比较可靠的调查资料。所以当前我们不仅要提倡大兴社会调查之风，还得着重提倡实事求是的科学作风。这是我们要顺利地实现现代化所不能少的。

有些同志很焦急，盼望我们早一些把社会学搞起来。我们同样很焦急，接受重建社会学的任务以来，心情一直很紧张。30年的停顿和打击，不是短时期可以恢复过来的。何况在新形势和新问题之前，以前所学的那一套早已陈旧不堪的了。不少老同学和老学生很热情地要求归队，这种要求是令人感动的。

但是我们也须有自知之明,即使我们有机会归队,也还得从头学起。社会学不仅是个恢复问题,而是个重新建立的问题。这个认识是十分重要的。

自从我们提出要重建社会学这门学科以来,在这一年半里,我们实际上还是在做准备工作。我在上面已经提到过去年3月里成立了一个社会学研究会,在这成立大会上,乔木同志讲了话,为社会学恢复了名誉。这是第一步。许多1957年因为提出或同意重建社会学而被错划为"右派"的同志们在这一年半里都已经得到改正。今天我能在这里公开地向大家讲社会学,应当认为是一件大事。两年前这种场面还是不可能发生的。

紧接着社会学研究会的成立,社会科学院决定筹备成立社会学研究所。现在筹备的阶段可以说已经完成了,但是我们这个研究所和其他有一定底子的研究所还不能相提并论。事实上我们还谈不上开展研究工作。我们哪里去找能胜任做社会学研究工作的人呢?以我自己来说,即便有充分的时间来搞社会学,我至少也得有几年补课的时间。过去我有时间没有书,现在有书了又没有时间来读。许多朋友要我讲社会学,我实在讲不好,断了30年是不简单的呀!我还得好好地重新学起。

那么我们这个研究所搞什么呢?我们深切感到我必须在年轻的一代里培养出一批学社会学的人。要靠他们真正地开展中国的社会学研究。要培养出这一批社会学者,我们这些老一辈有许多工作要做。社会学研究所就是要做这许多工作。所以,社会学研究所必须着眼于整个学科,不能关起门来搞研究,出成果。它的任务是在千方百计地重建这个学科。要发动、帮助、组织愿意投入这项工作的人们一起来建立这个学科。

怎样才能培养新的一代呢?过去学过社会学的年老了、荒疏了,而且陈旧了。图书馆里社会学的书很多已经封存,甚至销毁了。以我自己过去所出版的书,长时期来是被"禁"的"毒物",连我自己收藏的也大部分已经抄走。我们在这30年里和外国的接触是极少的,先是向西方资本主义国家关门,后来又向变修了的苏联关门。国外的情况我们很不了解。在这种极端不利的条件下要去培养新的一代怎能不说是困难重重呢?

乔木同志在社会学研究会成立时已经指出必须在大学里办社会学系,培养新的一代社会学者,而且提到这件事不是在林荫道上散步,而是一个艰巨的历程。我们必须知难而进。这话确是说到实际。我们这一年多的实践,深深地体会到这句话的分量。

今年暑期,社会学研究会和社会学研究所联合开办了一个讲习班,向各大学和各地的有关研究机关邀来了40位学员来参加这讲习班。除了我们这些老头上台讲解我们过去怎样搞社会学的经验外,还从香港和美国请了几位教授来讲西方社会学的基本概念和调查方法,以及在西方社会学怎样为现代化服务的情况。

从各地来参加这个讲习班的学员们,有些在初来时对社会学究竟是什么样的学科还不清楚。经过一个月的学习,不少学员对这门学科有了一些认识,明白了科学的社会调查和自己过去搞的调查确是有点不同,而且相信这门学科对我国的四化可以很有用处,于是表示决心要继续学下去,我们想不到这个讲习班进行到一半就出现了不少社会学的积极分子。

我们这次暑期讲习班只办了两个月。8月底就结束了。但是其中有一部分从各大学来的为了将来要开社会学这门课,所以打算留下来一起备课。我们知道了这个情况,十分高兴,因为要培养新的一代社会学者,必须先准备师资和教材,没有师资和教材各大学也就无法办社会学系。现在各大学来的学员既然有意共同备课,我们社会学研究所就有责任来促成这件事。

我们的学员中有一位是从北大来的,他给北大的校长写了信,汇报了讲习班的情况,而且建议北大办社会学系。北大的校长本来在考虑这件事,为了缺乏师资发愁。接到了这信就约我们去谈,他说得很好:现在我们已经认识到过去取消社会学系是错误的,我们如果不把社会学系办起来,我们也犯错误了。但是社会学系怎么办呢?师资和教材从哪里来呢?我们就把由各大学来参加讲习班的学员有留下来一起备课的意愿告诉了北大的校长。他就表示北大可以提供条件来实现这个计划。这是我们重建社会学的道路上迈出的重要一步。为各大学办社会学系破了土,奠了基。

我们希望在今年下半年能集中七八个人一起到北大编定《社会学概论》这一门课的大纲。明年上半年开始试讲。试讲得好,这门课就可继续开下去。同时我们希望明年暑期继续办讲习班,另外讲一些课程,用同样方法编定另外几门社会学课程。这样一门一门社会学课程能建立起来,社会学系就可以产生了。从社会学系里每年可以培养出一批年轻的社会学者了。

我带着这种设想到天津来,打算到南开去当个说客。南开派去参加我们讲习班的那位学员已经为我做好了先行官。因此,我这个说客很顺利地达到了目的。南开不仅要办社会学系,而且为了加快培养社会学的师资,建议明年开办一个师资训练班,为期两年,招收大学毕业程度的学生来加工培养。我们正在研究怎样实现这个建议。

我看天津有很多条件可以发展社会学研究。天津100多年来的变化很能集中表现我国近代史上的特点。天津早年是帝国主义用大炮轰开的商埠。天津的租界是中国半殖民地时期的政治、经济结构的典型。现在我们要在这个历史基础上建立我们社会主义的经济中心,不从社会学的观点来搞清楚这段历史过程是会遇到许多困难的。

这次谈话给我的启发是:我们不仅要建立联系我们中国实际的社会学,而且还应当根据各地区的特点在各大学发展各有地方重点的社会学。

各大学办社会学系必须考虑到培养出来的人才搞什么工作的问题。这就是所谓学生的出路问题。在美国、苏联、南斯拉夫等国家的大学里社会学系的学生人数比其他各系都多。我曾问过外国朋友们这是什么原因。原因之一据说是在大、中学的学生都要选读社会学的课程。从社会学的课程里他们可以学到在现代社会里生活所必需的社会知识。在现代社会里不能靠传统习惯去生活了,他们必须对社会上各种基本制度,如家庭、婚姻等等有所理解。学社会学课程的学生多,就需要很多在各学校讲课的教师。这些教师就是在社会学系里培养出来的。

我们正在讨论教育改革。很多人已经看到我们各级学校里的学生常识不够,思路狭窄。今后必须加强对历史、地理、社会的课程。没有常识,也就是没有文化,在这样的基础上现代化是搞不起来的。在大中学校里增加有关社会学的课程迟早会提到日程上来的。单是这一项,就需要大批社会学系的毕业生,所以社会学系学生的出路是很广阔的。

以当前的情况来说,把社会学重建起来,形势是好的,困难是不少的。我们要知难而进。靠社会上各方面的力量,培养出一支年轻有为的社会学的专业队伍,夺回已经损失掉的30年,赶上国际水平,为我国的现代化做出贡献。

今天我到这里来讲话的目的是宣传一番,希望天津能在不久的将来,把社会学会建立起来,接着有一个以研究天津社会为主的社会学研究机构。

1980年8月11日

本文系作者受民盟天津市委和天津社会科学联合会邀请在天津所作的学术报告。

从事社会学五十年
——答《中国青年报》问

我现在从事的工作相当多,就其主要的来说,是在中国重新建立社会学这门学科。说我是在这事业上奋斗,似乎太重了一些。我只是尽我的能力在完成这个任务罢了。我接受这项任务还只有两年。如果要问我怎样接受这个任务的,我不得不把话推回到半个世纪以前去,说一说我是怎么和社会学发生关系的。

1930年的暑期,我从苏州的东吴大学转学到北平的燕京大学。到了燕京大学我才知道有社会学这门学科。听了社会学系主任给我介绍了这门学科后,我当场填了表,进了这个系。如果这个行动可以说是"下决心",我就是这样下的决心,而且过了50个年头,我并没有改变过主意。但是这并没有说明为什么我下了这个决心。要说明这一点,还得追溯得更远些。

1928年,我毕业于东吴附中。这是个什么年头呢?查一查历史年表,就会知道这正是1927年大革命失败,白色恐怖后的一年。当我在中学里读书时,跟着许多进步的同学们闹学生运动。北伐军进苏州后,我参加了当地民报副刊的编辑工作。革命的潮流激起了像我一样的许多青年们的热情和憧憬。但是昙花一现,革命失败了。许多朋友,抓的抓,走的走,散了。我在乡间呆了一个假期,再回学校时,生活孤独,心情懊丧。青年人受不起打击,感到世道这么复杂,有点泄气。当我进大学时,心里想,做人只要能洁身自好、于人有益就是了。于是选了医预科,打算将来学成了当个医生,替人治治病。

真是树欲静而风不止。社会上不合理的现象还是不断地来刺激我。学校里又发生了学潮,又有不少平时常在一起的同学被开除或强迫转学了。我安不下心,坐不定了。我想,医生固然能治病,病源却不在个人而在社会,要治病人得先治社会。学医既然先学生理，治社会也先得学点社会原理。这样我才转学燕大开始读社会学的。

我提起这段经过，无非是想说，我在青年时代是经过了一点曲折才走上这条路的。归根到底我还是被当时社会的现实推着走的。但是，我从那时起坚持了 50 年，我至今还觉得当时的这个决定是对头的。我到现在还相信要有目的地改造社会需要有科学的社会学知识。

这 50 年在这条路上我是怎样走过来的呢？首先，我入了燕大社会学系对所学的这些课程并不满意，主要是因为这些课程里很少接触到中国社会。读了这些课程我对中国社会究竟是什么样子，为什么发生这么许多问题，还是不清楚。要靠书本去找这些问题的现成的答复，大概希望不大。于是我们又得下决心自己去观察、调查、分析、研究自己的社会了。那就是想建立中国的社会学。

当然也必须说，不读上几年社会学也不会想自己去调查研究，就是想这样做也不一定会做。书是应当读的，只读书不接触实际解决不了问题。还应当说，当时我和一些同学是有条件这样做，老师们也鼓励我们这样做，不然是做不成的。

我并不能说，我们这一代人建立了中国的社会学，达到了用科学方法研究中国社会的目的。更不能说我自己懂得了中国社会。能说的只是我们在青年时代曾经想从事于建立这门学科，而走上了一条我现在还认为正确的路——到中国现有的社会中去观察、调查、分析、研究。一切前人以科学方法得到的有关社会的理论都只是帮助我们进行这些工作的手段，我们应当向他们学习，但是决不能用来代替我们自己从实际中得出的结论，尽管我们的结论并不一定正确。

这种看法我是坚持的，但是在这 50 年中却大约有一半以上的时间我没有实践的机会。解放前，从 1944 年起，由于在后方搞民主运动，在云南进行的社会调查研究工作实际上是停顿了。解放后，1952 年各大学取消了社会学系，要搞也不能搞了。我自己却因为参加民族工作，还能在少数民族地区进行社会调查研究，但大部分时间是在搞别方面的民族工作。到了 1957 年，社会学被错误地戴上资产阶级的帽子，在政治上被划为禁区，我就谈不上做社会调查了。一直要到前年，社会学才重见天日。

在《中国青年报》提出的问题里有"奋斗"二字，我在上面说过这个词似乎太重了一些，这是因为我抚心自问，我如果真的全心全意为这"事业""奋斗"的话，我在这些年头同样可以进行社会调查研究，只是所采取的方法要不同一些。研究社会有它方便之处，我们几乎无时无刻不在社会里生活，可以进行观察和分析。我们本人都是一些可以进行观察和分析的对象。在十年浩劫里，平时看不到的社会现象到处都在充分表现。当然在牛棚里或在干校里不能作笔记、作统计、写研究报告，但是谁也不能禁止我们思索问题，琢磨理论。我在这些日子里也这样做过，而且这样做也给我不少精神上的安慰，但是并不能一贯坚持，不然，依靠在大脑里的储存，现在有条件写作时，这一段经历的社会学分析一定能帮助人们对我们的社会理解得更深刻一些。我这样说是要指出我这一生中并没有全力用在做这件事业上。这固然有客观原因，但是主观上没有为此"奋斗"应当说是主要的。如果我既下了"决心"而结果并没有把这件事做好，决不能推托其他原因，应当承认自己不够努力。

最后，可以说说我在两年前接受重建社会学这个任务时是怎样想的了。前两年我实足年龄已68岁了，当然可以说是个老汉了。老年人都经历过青年时代，多少也能从回忆中体会到一点青年的情绪。青年却不可能有老年的经历，要青年懂得老人的心情，似乎比较难些。我自己在青年时就不大关心那些老头在想些什么，怎么会这样那样想的。顺着自己时觉得是应该的，受之无愧；逆着自己时就不免觉得这些拦路虎实在讨厌。我现在要说的话，青年们会有什么反应，实在没有把握。我老实说就是了。

任何事都是有两面的。如果说我一听到我们又可以搞社会学了，就欣然从命，"下决心"来参预这件事，那并非实情，至少不是我当时心理状态的全部。在我的一生还能看到社会学重见天日的一天，我自然从心底里感觉到热乎乎的。但是接着我想到的是最好不要找到我的头上来。说是心有余悸也可以，所悸的倒不是又来了次不白之冤，而是任重力薄，怕自取其咎。初生之犊不畏虎，这是青年人的可爱处。有了点年纪，阅历多些，接受一项任务就得计较一下有多大斤量，再权衡一下自己有多大能耐，两头平不了，也就不敢挑这担子了。说老年人世故，这是一个原因。重建社会学这个任务真是谈何容易。我原本没有学好，又荒疏了这么久，即使有老本本可据，我也教不了。何况社会科学和自然科学不同，自然科学多少还可以向国外去搬，而社会科学则必须从自己土里长出来。这门学科在中国还得从头做起,加上了那个历史包袱,决不是唤之即来的。我怎敢轻易承担这任务呢?

但是当任务落到我头上,我还是承担了。我这个决心是怎么下的呢?在十年浩劫里我的许多社会学界的老师、朋友没有能像我一样活着过来。我这余生可以说是得之意外。我觉得,我应该好好地用它来在事实上证明社会学是一门可以为人民服务的学科,为含冤而没的死者伸这口气。到了我这样的年纪还要向前看,看见的当然不能是我自己这个人,如果只看自己这个人,那就看不多远了。这点也许是老年和青年不同之处。我们这些老人向前看,看到的是下一代,看到的是那个通过新陈代谢而得以绵续常存的社会。这种"逝者如斯,不舍昼夜"的历史感也许是"老成"的表现。这种历史感可以使自己多多少少超脱于那个受着生物规律控制的个人。我们要为死者昭雪,我们要为没有出生的后代打算,不要使他们背上包袱,那就是承认个人的一生不过是生命长流中的一环。如果人与禽兽不同,不同之处就在这里。人在集体生活中创造出了个社会,社会固然是由一个个人组成,但是它的生命却超过了组成它的一个个人,在这个意义上它是一个实体,是一个超于个人的实体。个人是不能离开社会而生活的,个人是靠这整体而存在的,有如细胞之于全身,细胞的新陈代谢正是维持全身这个机体的健在。我上面所说的历史感其实就是社会实体在个人意识上的反映。它不是虚伪的,而是真实的。就是这种历史感克服了我对重建社会学的畏难情绪。

我想,既然给我参加重建社会学这个任务,尽管我有点犹豫,有不少顾虑,但是为了前人的遗志,为了我几十年来的信念,为了子孙的好处,我也得勉为其难,多少得出把力,把下一代的社会学者培养出来。于是,我就下了决心。

关于这一个问题,我就说到这里吧。

1980 年 11 月 1 日

原载《中国青年报》1980 年 11 月 1 日。

略谈社会学
——对《中国青年报》读者的回答

创建新中国社会学的两年里,我们收到了各地许许多多来信,热情支持和关怀这门学科的重建。去年 11 月我在《中国青年报》上发表了《从事社会学五十年》一文后,来信更多了。工厂、农村、部队、学校的青年朋友表示要立志从事社会学的学习和工作,并要求我们给予帮助和指导。看到社会学的事业后继有人,作为老一辈的社会学者是十分欣慰的。我曾说"我们这些老人向前看,看到的是下一代,看到的是那个通过新陈代谢而得以绵续常存的社会"。"为了我几十年来的信念,为了子孙的好处,我也得勉为其难,多少得出把力,把下一代的社会学者培养出来。"回答一些问题,做点宣传工作当然是义不容辞的,但往往因工作繁忙,时间有限,力不从心。为了回答青年朋友们的问题,一一复信实在没有时间,我只能把来信中的一些问题综合起来,做一些力所能及的答复。

这里不能多说关于社会学内容的话,老实说有些问题一时还不可能讲清楚。我们要建立的无疑是以马克思主义为指导的新中国的社会学。这个学科的创建绝不是哪几个人能凭空想出来的,由于种种历史原因它的建立要比其他学科更为困难,需要我们几代人为之艰苦奋斗,对很多问题才能得到答案。我现在所能做的无非是些鼓动的工作,呼吁一下。希望青年同志们重视这门学科。

中国的现代化为什么需要社会学

我们说要实现农业现代化、工业现代化、科技现代化、国防现代化,那么究竟怎样理解"现代化"呢?对这个问题我没有很好地研究,提出一些意见供大家参考。

我们要现代化就得引进一些新的先进技术,不引进不行。我们用老办法生产,产量少,成本高,生产力太低了,赶不上人家。因此必须改变一下我们以前的办法,以便赶上世界先进水平。最近20年,从生产技术上讲,人类进入了一个新的时期——电子时期。这个变化给当前世界的各方面带来了一系列的变化。在这20年里西方国家实际上发生了一次技术革命,而我们却经过了一场浩劫,结果我们和西方国家在科技方面的差距越来越大了。我们在技术上落后于世界水平,那是必须承认的事实。承认了落后有好处,我们才可以有决心赶上去。怎么赶上呢?首先要把先进技术掌握起来。由于这些先进技术是在英、美和欧洲一些国家产生的,这就发生了引进的需要。那么引进西方国家的先进科学技术是不是"西化"、"洋化"呢?可以是,也可以不是。世界各国科学技术的发展是不平衡的。落后的也不只是中国,第三世界都处在一个落后状态。现在有些第三世界国家很有钱,像科威特、利比亚,它们是靠出卖石油发了财。许多国家用先进科技在他们的地方开发石油,不是为了发展当地的经济,不是为了当地人民的利益,其实是变相的掠夺资源。如果是这样,这种现代化就是"西化"和"洋化"了。

我们中国人过去也受过这种"西化"和"洋化"的苦,现在站起来了,再也不走这条路了。我们要建设中国式的四个现代化。"中国式的现代化"和那些"西化"、"洋化"的不同之处,就在于我们是自主的现代化。我们要什么就引进什么,是根据我们发展国民经济的实际需要有计划地引进。引进来的科技要我们中国人自己掌握,要为我们中国人民服务,提高我们广大人民的生活水平。这样的现代化就不是"西化"和"洋化"。

我们说中国式的现代化不等于"西化"、"洋化",那是因为我们是为了我们自己的利益,用自己的人,来掌握世界上一切新的科学知识,发展自己的生产技术。现代技术发展很快,一年半载就变了。我们不能只跟在人家的后面模仿,必须通过掌握先进科学知识赶上去。日本的不少产品就超过了美国。日本制造的小型汽车省油,他们在能源危机、汽油涨价的浪潮中,打进了美国市场,引起了美国汽车制造业的危机。现在技术发展这样快,就应该有远见,有创造。这种现代化才是自己的现代化,而不是"西化"、"洋化"。

把外国技术引进中国,在中国生根变成自己的东西,发挥出提高国民经济的作用，这不是件简单的事。很多人把这件事看得太简单，以为把外国的机器买了进来，就得了。他们不知道就是买到了机器，要机器能正常运转，生产价值，也有一个相当复杂的过程，这个过程中有很大一部分是取决于我们自己社会的条件。因此引进一项技术，要考虑两个问题，第一，引得进引不进，怎么引进来？买来了机器要能用，用了要产生经济价值。第二，引进了一项技术之后，会给社会各个方面带来什么变化？

不久前钱伟长教授到许多地方讲过"系统工程"。"系统"这个概念也适用于社会学。"系统"是什么意思呢？就是说一个东西存在，它是与其他东西相关联的。相互关联的东西形成一个结构，形成一个"系统"。在事物与事物之间，甲变了，乙也要变。一个事物不是孤立存在的，它是存在于系统中的。

社会也是个"系统"。外国的技术引了进来，进入我们这个"系统"，我们原有的"系统"对于引进来的东西会不会产生排斥？引进来的东西能不能站住？能不能在"系统"中发挥作用？会不会改变这个"系统"？这些都是在现代化过程中应当考虑的问题。

以农业机械化为例，我们听到过不少关于农业机械化的报告，农业机械化的程度总是用拖拉机有多少台来表明，可是这些拖拉机在农村里究竟发挥什么作用却很少加以说明的。实际上许多地方拖拉机在农田上干活的少，而在公路上跑得多。前年我到四川成都去参观，看到平原上一丛丛碧绿的翠竹，竹林里两三户人家，自成村落。我不胜欣赏这种还带着杜甫草堂的遗风。但是再一想，这样分散的农村格局怎样引得进大型拖拉机呢？后来注意到在成都平原确是很少见到拖拉机，所见到的拖拉机也大多是在公路上拉着拖斗运货。外国朋友对我说，搞运输还是买两部卡车便宜，也适用，用拖拉机这么笨重的东西搞运输太不值得。这种情形其实不能说是农业机械化。所以讲机械化不能只讲有多少台拖拉机，要看拖拉机在农业机械化中到底发挥了多大作用。

上面所说的情形指出了在农村引进拖拉机，必须先具备许多社会条件，不考虑这些条件，盲目地把一台拖拉机抬进农村里，有些地方就只能搁在那里，根本使用不上。所以有人说，"铁牛不如黄牛，黄牛耕不了田，可以宰了吃肉，铁牛使不动，啥用也没有"。我不是批评在农业现代化中使用拖拉机，我的意思是说，把拖拉机引进农村，不是件简单的事，先得创造使用拖拉机的社会条件。

再说插秧机。我们在好多年前已经有了插秧机，但是在广大稻田里还主要是用人工来插秧，插秧机用得很少。可是日本却在我们插秧机的基础上进行了改进，普遍使用了。要说中国人不如日本人，我不相信。原因是在日本农村里劳动力少，有了插秧机大家乐于使用，容易推广和改进。我们的农村里劳动力充斥，按劳动算工分，插秧机就不容易插进来。

这些事说明了我们在实现现代化中，一定要研究中国社会的特点。我们要把中国社会在现代化中改造成什么样子，要达到什么目标，要解决些什么问题，这些都应当心中有数。如果心中无数，盲目地追求数字，在报告上看起来很显眼，浪费人民的钱却不少。

外国朋友称赞我们中国人民那么刻苦，那么听话，那么俭朴。可是我们国家浪费之大，实在惊人。日本是缺少资源，我们不是资源少，而是资源没有用到刀口上去。我们不是贫乏，而是穷困。为什么？心中无数。凭常识、凭道听途说办事。办事只凭"好心"不行。所以我们要把中国社会的基本特点摸一摸。

总之，我们要实现的是符合于我国社会特点的，有创造性的，由自己做主的和自己来搞的，以提高人民生活为目的的现代化。要做好这个艰巨的事业，必须科学地去认识我们中国的社会，并不断地用科学态度来对待在这个现代化过程中出现的问题。研究这些问题就是社会学的任务。可见社会学对现代化是很有用的，而且是必要的。我们必须把社会学搞起来。

社会学是怎样的一门学科

社会学是怎样的一门学科？我们不能望文生义地从名称上来讲。一门学科的内容，是这门学科的历史所决定的。社会学作为一门学科来说，不是中国最先有的，最早提出这个名称的一般说是法国的孔德。

在西方，社会科学中社会学并不是最早成立的。在资本主义社会里人们最关心的是市场，做买卖，所以经济学出世得比较早，有亚当斯密，大卫·李嘉图等等。在资本主义发展的过程中，出现了许多社会问题，主要是当时所谓贫困问题。这是资本主义社会贫富两极分化的结果。英国很早就有对贫困的研究，法国也是这样，在这个现实问题的基础上结合了当时的社会哲学产生了社会学。所以社会学的产生是出于当时西方社会的需要。

孔德把对整个社会的研究统称作社会学,因此社会学的领域很大,但是当时实际上还没有成为一门科学,而是从哲学里分出来的一部分。随着西方资本主义社会的发展,各时期按当时社会的需要,对社会现象的某些方面进行了专门的研究,分别产生了专门的社会科学,如政治学、法律学、教育学等等。原本是社会学的领域就是这样一块块地分出去了。剩下来还没有专门学科去研究的领域才由社会学保留。所以要为社会学下个定义并不容易。学科专门化的趋势还在继续。比如人口问题的研究原是社会学的一部分,现在有了专门的人口学了。宗教问题的研究似乎还没有到独立出去的程度,各国的大学里还没有用"宗教学"这个名字来开课,但也不能说它不会出现。到了我们这一代,社会学里又发生一种新的趋势,就是它重新又伸手到已分出去的各专门的学科的领域里去了。它发现这些专门学科里,如经济学、政治学等领域里还有许多园地没有进行研究,而且在各门社会科学之间还有很广阔的"三不管"地带,它于是又拾起来归入了自己的范围。比如传统的政治学大多限于政府的权力和机构的研究,而社会上控制人们行为的权力却是多种多样的。这些权力怎样发生作用,又怎样相互联系等等,成了当前社会生活中的重要问题,于是产生了"政治社会学"。传统的经济学主要是研究市场上的商品流通、供求关系、物价起落等等,而社会上人们物质和精神需要的变动,满足这些需要的物品和服务的生产、流通、消费的很多活动并不在市场上进行的,于是又产生了"经济社会学"。就是这样,社会学穿插到了每一门社会科学里去了。这一类的"社会学"多至几十种。

现在学术界和工业界的同志们正在探讨,在社会主义现代化建设中如何提高企业管理水平,其中一个重要问题就是如何加强思想工作,调动职工的积极性问题。随着西方资本主义工业的发展,心理学和社会学被引进了企业管理的研究领域,逐步重视研究"人的因素"。所谓研究"人的因素",就是研究人的各种精神和物质的需要、动机、目标和行为的关系,研究人和人、人和群体的关系,目的是从精神上、物质上调动人的积极性,挖掘人的潜力,提高劳动生产率。我们新中国在几十年里,在政治思想工作上是有丰富经验的,但在某些方面还没有总结出许多客观规律来。为了加强这方面的工作,我们需要进行科学的研究。我们要科学地实事求是地分析我们中国历史发展中形成的社会特点,这些特点又怎样表现在工人们的心理素质和社会行为上,主动地创造适合我们文化的传统和社会主义制度性质的管理方法。这就是企业社会学。

体育也有它的社会学。去年我去承德旅游，遇见一位体委的同志，他就要我去讲体育活动和社会生活各方面的关系。我又参加过一个医疗工作者组成的心理卫生讲习班，他们觉得医生的眼里不能只见病不见人，要医治病人就得了解病人的社会情况。这就是医疗社会学。总之，社会生活各方面都可以从社会学的观点去进行研究。所以社会学的领域正在不断扩展中。

社会学与社会调查

社会学与社会调查的关系可以说是理论和实际的结合。社会学的理论靠社会调查才能和实际结合起来。如果我们只在课堂上讲社会学理论，甚至搬些在外国书本里看到的东西讲，不论这些理论怎样有道理，也是不行的。我们必须联系中国实际来讲社会学，而联系中国实际，只有搞社会调查。我们的社会学也得像自然科学一样有个实验室，就是有个地方可以有系统的接触社会生活，这就是我们正在想建立的"社会调查基地"。

社会调查基地，或是社会学实验室，此刻说来还是个正在设法实现的计划。近年来常有人要我去演讲，但是所讲的话里，很缺乏具体事实的内容。一碰到要举例的时候，我只能讲讲我自己日常看到的事，我的女儿怎样，我的外孙怎样，或是这几年我到各地参观访问的所见所闻。我提不出正确的数据，只能凭一些事例来立论，这是不很科学的，但是我又有什么其他办法呢？我们还没有很多科学的社会调查，过去解放区有些很好的社会调查，现在已很难看到。我们能利用的可靠的数据很少。这也就说明了我们科学的社会知识是十分贫乏的。

要搞社会调查，也不那么容易。我们固然生活在社会里，但是要向别人寻根问底，即使不引起别人的怀疑，也是不会太受欢迎的。而且我们要了解任何一个人的思想和行为，必须先明白他在他所处的社会结构里的地位，所以做社会调查得有一套基本工作。对某一个生活集体，我们叫它作"社区"，先得把它的基本情况搞清楚。例如：这个社区有多少人口？他们的年龄、性别、职业又是怎样？他们分成多少户？各户住些什么人？他们之间有什么关系？他们的收入有多少？生活水平怎样？……更重要的是要熟悉这个社区里的人，和他们交朋友，拜老师，取得他们的信任和合作，要使他们愿意参预社会调查的工作。如果我们能在各地城市里、农村里，建立起一些能把基本情况调查清楚了的调查基地，我们自己和我们的学生随时都能到基地里去访问和观察，这不就等于是学习自然科学时上实验室做实验么？

我们这种设想是有可能实现的，因为我们有社会主义社会的优越性。我们的社会调查是以为人民服务为前提的。我们是为了人民的利益才去进行社会调查，所以调查者和被调查者的利益是一致的。只要我们能虚心向被调查者学习，我们是能够得到他们的合作的。通过这种关系得到的资料就可以有较高的真实性。这些是在资本主义社会里做不到的事。我们如果善于发挥我们社会主义的这种优越性，这门学科不仅能赶上其他国家，而且可以超过他们。

我们可以设想，如果我们在全国各地的工厂、机关、街道、生产队等等不同社区建立了几十个甚至几百个这样的社会调查基地，这些基地的情况又搞的很清楚，而且经常有人在基地进行观察，我们在任何时候要知道各地人民对某一个问题有什么反应时，很快就可以掌握住社会的动态。比如，年终的发奖金、评薪评级等等，是影响面很广的措施，对社会各方面引起的后果，传说很多，但至今没有实事求是的总结。如果我们有若干调查基地，就可以比较快地把这些情况正确反映出来，对领导上制定和贯彻政策可以大有帮助。现在西方国家有所谓"民意测验"，他们只掌握几千个选样，还能比较快地反映几亿人的一般的思想动态，作为政治和商业活动的参考数据。我们如果能更科学地掌握几十、几百个调查基地，必然能得到更正确和更深入的资料。

社会问题和社会学

上面我已经讲过，社会学可以给各级政府和机关提供有用的参考资料。这些资料可以反映出当前的社会动态、社会思潮、社会问题。各级政府和机关日常要处理这些问题，很需要这种资料，因为它们不全面了解这些问题的性质和情况就难于进行工作。

在当前的新形势之下，我们确是有许多新问题。我们这代的人单凭自己的经验和常识办事往往会碰到许多困难。有些事像我这样年纪的人就不大能懂得了。以老年人问题来说吧，外国人常常羡慕中国的老年人，他们说在外国子女长大了就各奔前程，像小鸟一样飞走了，做父母的辛苦了一场，到头来独守空巢,而中国人老来还是可以依靠儿女。我对这种说法总是点头称是。因为我就是个具体的例子。前几年因为我老伴身体不好,申请把女儿调回来工作,理直气壮地要求女儿和女婿来照顾我们。这在外国是做不到的。但是现在我们中国社会上是不是也正在发生老年人的照顾问题了呢?我过去并没有注意这个问题,也没有对这个问题做过调查,不敢回答这个问题。但是情况起了变化是不容否认的。能像我一样把女儿女婿一家调回来照顾我老年生活的人并不多。而许多即使有儿女在一个城市里的也并不能住在一起。住所拥挤是一个原因,婆媳的关系似乎也越来越成了两代人能不能同住在一起的决定因素了。我有一个同事的老伴,自从我的同事过世之后,就宁可一个人住,不愿住到儿子家里去。至于两代人不住在一个地方的情形当然更为普遍了。近来我还看到过一些农村中发生虐待公婆和父母的材料,又听说这种情形并不是个别的。所以看来老年人问题在我们中国已开始严重起来了。妇联和民政部门免不了要关心这个问题,用老皇历来办事就行不通了。

再说说当前青年人的婚姻问题。看来和我们这一代又有了很大的变化。当然我并没有调查过,还是凭道听途说来讲的。前一两年,我的女儿老是忙着替朋友们的女儿找对象,她说这是受朋友之托。我总是不很理解,找对象要托人做媒,而且做父母的要去为儿女张罗。这不是"父母之命,媒妁之言"么?我的上一代也是这样的,到了我这一代确是有了改变,至少像我这样的知识分子中,很少愿意让父母来过问自己的婚姻了。现在怎么又回了头,甚至央求父母来替自己找对象了呢?我所说的这种情况是否普遍,我不敢肯定。如果这是事实而且相当普遍的话,那就很值得我们分析研究了。有人说这是一种偶然发生在北京的特殊情况,那是因为我所接触到的那个社会阶层里,过去这几年里有许多上山下乡的青年回来了,而他们中间女多于男。在这部分青年中出现男女比例的不平衡,因而引起了女的不容易找到对象的现象。如果有几个调查基地,这种说法是否符合事实,就不难核实了。现在我们还没有把调查基地搞起来,也只能姑妄听之了。

更值得我们注意的是现在的青年人对婚姻这件"终身大事"的看法似乎和我这一代人不同了。在相声里,我们常听到对带有买卖婚姻性质的礼金的讽刺,社会上流行着"几大件"又有什么多少个轮子,多少条腿子的说法。在农村里这种讲价还价的场面听说更热闹,甚至包括请多少桌客,杀多少头猪的约定。这些其实反映着一套值得我们深思的社会问题。

据我知道，关于青少年犯罪问题、婚姻问题等，有关单位已经在进行调查，而且得到被调查者的积极合作。我们相信只有发动群众团体和有关的行政机关积极开展结合实际的社会调查研究，才能在中国真正重建社会学这门学科，为我们广大人民服务。

学了社会学能做什么事

社会学在当代较发达的国家里，不论它们实行哪种社会制度，如美、德、苏、南等，都是很发达的，它们的高等院校几乎都有社会学系，就是在以理工科为主的大学，也开设这门科学。选修社会学课程的学生人数较选修任何其他社会科学课程的为多。进社会学系受专业训练的学生人数亦较进任何其他学系的为多。70年代初期，美国各大学社会系毕业生已有22万人，得博士学位的有5000多人。

社会学在这些国家这样普及并不是偶然的。首先是因为社会学所提供有关社会的知识，实际上是现代国家的公民常识。作为一个高度民主和高度文明的国家的公民，有必要能自觉地适应不断变动的现代社会环境。他们不能像在安土重迁的乡土社会里生活的人那样，依靠传统的礼俗来维持其集体生活。他们必须对其社会的人口、家庭、社团、城乡等方面的基本结构及变动趋势具备足够的基础知识：如什么是家庭，什么是婚姻，都得懂一点。他们应当能科学地讲一讲婚姻制度是怎样发展起来的，在那个社会中起什么作用；家庭是什么意思，怎样变化的；什么叫职业，什么叫服务行业，一个社会里的各种职业是怎样分化的，各种职业之间又怎样合成一个互相关联的结构等等。没有这些知识，他怎能在一个复杂的社会中生活呢？也就更谈不上发展自己管理自己的民主生活了。现代化的社会已经由"民可使由之"的社会变成为"民必使知之"的社会。社会学担负着提供这些基础知识的任务，因此受到重视，大中学校多有社会学课程。各大学需要培养大批社会学教师，以满足普及社会学知识的需要。

现代社会里衣食住行、生老病死的问题已经不像旧社会那样基本上可以依赖家庭和亲属组织去解决了。由社会提供的社会服务和社会保险越来越多，统称为社会福利事业。这些事业都需要有社会学训练的专业人员经营管理。现代企业里也存在着大量的所谓"人的因素",影响着职工的工作态度和效率,现代企业管理工作正在吸收有社会学训练的人员。这种趋势已扩大及政府各部门,特别是民政部门的工作。培养社会工作干部已成为当前这些国家社会学系的重要任务。

现代社会正在逐渐摆脱"必然王国"的状态,力求按人们的愿望安排他们的社会生活。他们要在日新月异的高速变动的社会里掌握自己的命运,那就要有计划地创立新制度、建设新事业。一切新的创制必然会牵涉到社会的各个方面,所以必须在事先调查清楚已存在的社会条件,对可能出现的社会效果作出正确的预测,在按计划进行时必须时刻掌握社会各方面情况的发展;事后还要追踪社会影响,检验成效。这些正是社会学者的工作。在现代社会里,靠良心,凭经验办事是远远不够的了。所以在这些国家里凡是有一定规模的兴建项目,不论是私人的或是国家的,都需要有社会学专业知识的人参预设计、执行和检验工作。这为社会学者开辟了广阔的服务机会。

近几十年来,现代技术的突飞猛进,使得社会各方面的结合越来越密切,任何社会上的重大问题都不能靠传统的专门性的社会科学,如政治学、经济学等单独去进行研究的了。当前的趋势是发展所谓边缘学科和综合性的研究中心。原来就以社会整体及其各部分之间的联系为研究对象的社会学,常成为发展边缘学科的基础和研究中心的骨干。社会学者是这种综合性的科研队伍的重要部分。

这些现代国家社会学的情况应当为我们的前景提供参考。在我国现代化的过程中,我们亟须掌握反映社会各方面实际的科学知识,重视社会调查一直是我国共产党的优良传统。但是必须承认在调查方法上是不够先进的,积累的资料也是十分贫乏的。社会学中断近30年的损失在现代化的过程中越来越明显了。社会学目前实在还是我国学术的缺门,我们还得从头创建新中国的社会学。

我们建议,高等院校应当从培训师资入手,积极地、稳步地尽快设立社会学系。它的培养目标是从事社会学的教学和研究的人员以及运用社会学的实际社会工作者。当前应着重培养重建社会学所需的高等院校的教师和研究机关的研究人员。然后是培养政府民政部门、社会福利机关、企业管理部门的社会工作人员,参预国家建设项目的设计、执行、检验的社会学专业人员,以及为各级政府的政策研究部门提供有关社会情况的资料及解决问题的参考意见的社会学研究人员。最后是培养在马克思主义的指导下，科学地研究中国及世界各国历史上的和当前的社会以发展社会学的理论工作者。

社会学要些什么基本功

立志学习和研究社会学的青年同志们，要注意打好基础。所谓基础，实际上就是文化水平。没有广泛的各门学科的基本知识，任何专业都是搞不深搞不透的。我在这里不去多说了，只想强调几点，引起大家的重视。首先要认真学好马克思主义基础知识，学好历史唯物主义和辩证唯物主义的基本原理。现在有些人对此不很重视，甚至有人认为马克思主义不那么有用了。这是十分错误的。我们应当好好回顾一下，中国革命的成功，是马克思主义和中国实际相结合的结果，毛主席的伟大功绩也在于此。中国革命成功靠马克思主义，社会主义建设同样要靠马克思主义，这是不容怀疑的。重建我国的社会学必须有明确的指导思想。指导思想就是马克思主义。

其次是学习语文，特别要注意提高写作能力。这些年对外语的学习还是比较重视的，但目的性是否明确，值得提醒一下。我国社会学研究中断多年，这一阶段中国外社会学发展较快，对现代各国社会学的成就，必须进行认真的学习了解，进行比较研究，吸取其中的有益成果为我所用。当然最终的目的还是要研究中国社会，建立我国自己的社会学，作为一个工具，外语确是必不可少的。

我还想提到学习数学，这是非常基本的东西，就拿我自己来说，我在学校里数学还是学得可以的。什么微积分，高等代数，我都学过。可是由于长期没有用，现在都忘了。这是因为我生活在一个不讲数字的社会里面。现在要搞现代化，就要心中有数。社会科学没有数字是搞不上去的，至少也要学会微积分和高等代数。有了这个基础，学起统计学来就方便了。

我在清华大学研究院时，先学体质人类学。我的老师从不给我现成的公式，只出个题目，要我自己去计算。比如，他要我计算出两个人在体质上的差距，用一个数字表达出来。这两个人鼻型、头型、眼型、体高等等有几十个指数都不同，不能把这些数字加起来求出一个差数。怎样办呢？我自己通过思考和实践搞出了一个数学公式，给老师看，这时他才把别人的公式给我去比较，问我哪个好些。考试的题目也是很别致，他给我一大串体质测量的数字，这个人眼睛有多大、鼻子有多宽、身体有多高、手臂有多长等等。然后要我判断，这些数字中有没有错误。也就是说这样的眼睛能不能配得上那样的鼻子，这样的体高和这样的臂长成不成比例等等。如果找到了错误，还要我说出这些错误是怎样造成的。有些是测量测错的，有些是记录记错的。如果是测量错的，还要说明在怎样的情况下会出现这种错误。这个考试方法和现在的是大不相同了。如果自己没有测量人体的经验，技术不纯熟，理论不清楚，这些考题是答不上来的。写文章也要多推敲，我记得这位老师曾把我抓到他家里去，要我把我写的一篇文章，一句一句分析给他听，一个字也不能含糊。一直搞到半夜还不让我回宿舍。现在人家看我的文章，觉得还通顺，要知道这是经过一番苦功的呀。

我在英国留学期间，我的老师从来不指定我去读什么书，参考书要自己去找。当然英国的学习条件很好，图书馆里你可以自由从书架上取书来看。

以我的水平来说，要看的书全在架上，可以一天到晚泡在里面。这才叫念书。做学问不能靠老师，要靠自己。老师不过给你一点启发、一点指导、一点批评，没有人可以抱着你过关的。我们那时搞调查，也不是老师叫搞的，而是自己主动搞的。当然，老师是奖励、支持我们这样搞的。刚开始时，不知道怎样调查，慢慢就有办法了。现在条件比以前好多了，但也有不好之处，我看学生的依赖性似乎增加了。念不好书，好像是老师的不是似的。这就挫伤了学生的独立思考和创造性。我讲这些话的意思并不想推卸教师的责任，无非是希望青年同志们根据自己的条件更好地发挥主观能动性。

很多同志很焦急，盼望我们早一些把社会学搞起来，我们同样很焦急。但是经过30年的停顿，这门学科不是短期可以恢复过来的。过去学社会学的人年老了，荒疏了，而且陈旧了。30年里和外国接触极少，对国外的情况很不了解。在新形势和新问题面前，社会学不是个恢复问题，而是个重新建立的问题，这个认识十分重要。我们就是要在这样的条件下，加速培养新的一代社会学者，这不是在林荫道上散步，而是一个艰巨的历程。我们必须知难而进。希望我们的青年朋友们，为了尽快建立新中国的社会学与我们共同努力奋斗。

1981年5月12日

原载《中国青年报》1981年5月12日第4版。

社会学讲些什么

今天给我出的题目是"社会学有什么用"。这个题目不好讲,可以慢一点讲。有人要我讲"什么是社会学?"我也不敢给社会学下定义。想换一个题目,讲讲"社会学讲些什么",或者严格些说:"社会学者讲些什么"。

社会学者讲些什么:其实没有几个社会学者讲得一样。不像自然科学是由一套公认的基本概念所组成的,大家都有共同的一致意见。如生物学里分类,分成动物、植物,动物里面分哺乳动物等等,大家一讲就懂。社会科学就不那么一致了。

对"社会"这个概念就有不同的说法和理解。社会究竟是什么?我们天天在用社会这两个字。但社会究竟是什么东西?社会在哪里?你看到了没有?这些问题都很难回答。社会学是研究社会的科学。所以我想就从这里讲起。我们整天生活在社会里,但说不清社会是什么东西。今天我在这里讲,大家在听,有人在录音,构成了一个集体,发生着一系列的社会活动。这是从哪儿来的?人与人之间怎样会发生这样的关系?宇宙之间怎么会出现这一套事情的呢?

前天我看了个电视,是日本的纪录片,讲猴子的生活。不是讲笼子里的,是自然环境里的。吃东西的时候,老猴子上树嗷嗷一叫,许多猴子就来了。我就想到在没有人类的时候,有没有社会现象?

社会学这词是英文 sociology 的翻译词,但是最初清末的严复翻译斯宾塞的 *Study of Sociology* 时却译作《群学肄言》。

群就是集体,许多动物如蚂蚁、蜜蜂、猴子等等,都有集体生活。甚至蝴蝶也有。在云南大理的点苍山下,每年有一天是"蝶集",许多许多蝴蝶都飞到一起,一个接一个地排着挂在树上。这次我去美国见到加州伯克利大学一位女教授,她专门研究猴子的社会。过去四川峨眉山上也有猴子,人一去,它们就包围你，问你要东西吃。

人类发展了，离了群就不能单独生活，猴子可能还可以单独生活，蚂蚁，没有试验过一只蚂蚁能单独生活多久。我在干校时同老鼠作过斗争，老鼠也有它的社会，一窝老鼠在地下预先储藏了食物的洞里过冬。鸟也集体，候鸟集体南北迁徙，雁群飞起来排着队形，鹭鸶和乌鸦排着队打架，这也是"战争"。但这些都是动物的本能。卵生的动物可以把两代隔开，隔开后，下一代一样长大了还会像上一代一样生活。可见，社会的根源是在人类出现之前就存在了。

蜜蜂还有语言，是舞蹈语言，蚂蚁也有语言。所谓语言，就是用动作或者声音表示一定的意义，这个意义可以引起对方做我要求的行为。即所谓相互行为，也就是互相配合的行为，社会行为。语言就是个传达意义的媒介或象征，通过这媒介两个个体之间的行为得到了配合，成为集体。人类所以能够构成比任何动物更复杂的共同生活的集体，有发达的语言是一个重要的条件。语言中的每一个字都有一定的意义，可以引起人们一定的反应。我们这儿叫讲习班，不叫学习班，"学习班"就不好听，有"四人帮"的味道。在干校时大家叫我"老费"，现在叫"费老"。字眼上只有一点差别，但引起人们的反应却很大，是不是？

有没有脱离集体一个人生活的？印度的高山里有修行的人，饿了采一点东西吃一吃，过着相当长的孤独生活，你们读过《鲁宾逊飘流记》么？这是人们对集体生活反感，要求个性解放的反映，幻想出一个独立生活的境界。但是实际上一个人单独生活是活不下去的，至少活也活不长久的。人类是和集体生活分不开的，没有一个人不是生在集体里，活在集体里，所以可以说集体生活是出于人们生活本身的需要，生活本身要求许多人在一起生活。这个生活包括衣食住行等为满足所有物质的、精神的需要的活动。

社会学研究的对象固然可以包括一切经营着集体生活的动物，但主要是人类的集体生活，人类的社会。所以我们不妨说，社会学是一门研究人们经营共同生活的集体的学科。

人是要死的，社会要继续下去，就要依靠集体的持续性。个体死亡和集体持续是一个基本矛盾，产生新陈代谢。没有个体的新陈代谢集体就不能持续。人们所依靠的那套生活方式也就持续不下去，个人也就活不下去了。社会的持续是人生存的必要条件。在这个过程里，就需要一套社会安排。孩子生下来了，要有人喂奶，就要有个母亲，光有个母亲不行，还要给母亲找个丈夫，于是有了个婆婆和媳妇，这些都是为了解决"社会继替"这个需要。我写过一本书，叫《生育制度》，就是讲这套社会安排。现在我们常说的"青黄不接"，也就是由这个个体死亡和社会持续这个矛盾所引起的。

"共同生活的集体"必须有一个大家都公认和公守的生活行为规范。普通就叫"规矩"，具有社会支持的人们必须遵守的行为模式。这些规矩哪儿来的呢？靠文化，靠人类社会传下来的那一套办法。上面说过许多经营集体生活的动物，它们是依靠本能来配合它们相互间的行为的。而人们却不同，主要是靠传下来的习俗，我们不是生长在自然界里，而是生长在一个文化界里。

今天在这里讲课，前面的讲桌大家不来坐，而是让我老费来坐。大家事先并没有开会讨论这件事，而是传下来的规矩。我穿的衣服式样不是自己想出来的。从哪儿来的？现在称制服，过去称中山装，是孙中山穿过的式样，而中山装从哪儿来的？是从日本来的，是日本中学生的制服。现在的日本中学生还穿这种制服，一上大学就不穿了。现在对穿喇叭裤，有不少人看不惯，这些都关系到文化。过去有个"礼"，就是批林批孔的那个"礼"字。社会里做个人要"非礼勿视"、"非礼勿动"。这个"礼"就是带着是非观念、价值观念、伦理观念的行为规范。越了轨不行。过去男女之间是不能握手的，女的同男的握了手要上吊，要死人的。现在国外男女之间表示友好要拥抱，我们就接受不了。

社会是什么东西？它不是一个简单的临时形成的共同生活的集体，而是一个在历史过程中形成的有文化的集体。它是很复杂的，它包含着满足个人生活和集体持续多方面需要的种种集体活动。这个复杂的集体活动都并不是乱七八糟的，而是一套有系统的安排。我们要去认识它，就要运用很多概念、格格、框框。我们要对它进行分析——分而析之，分析其异同，把相同的东西放在一起，取一个名字，形成一个概念。这许多概念都是了解社会的一套必要的基本手段。

我们说社会是人们经营共同生活的集体，在这里还得补充说一段，讲一讲个人和集体的关系。社会是个集体，这个集体是由个人组成的。个人首先是个生物的单位。个人作为一个生物的单位，它是个有生有死，有痛有痒的个体。说它是个单位，是个个体，就是指它与别的单位分开的，互相独立的，生死不与共、痛痒不相关的。它们是你死我不死，你痛我不痛，各自独立的封闭的实体。可是人们生活又需要集体，要同别人生死与共、痛痒相关。这与一群羊不一样—羊群在被狼追赶时，每只羊都自顾自地奔跑，有只羊被狼抓住，吃掉，别的羊就可以逍遥了，它们并不关心那死掉的羊。而人却不然，要共同想法对付敌人，所谓同仇敌忾。母亲爱孩子，自己不吃也要省下东西来给孩子吃。我看这里固然有一点生物基础，但主要是集体的文化教育出来的感情。这就是通过文化，使生物上断离的个体变成一个整体。这是形成人类社会的根本大事。

个人和社会的关系，还要从另一方面去看。没有个人就没有社会。人死光了，这个由这些人形成的社会也就不存在了。它可以留下一个废墟，一个死城，一个曾经一度活着过的社会的躯壳尸体。但是只有一批人集合在一起也不成一个社会。聚集在一起的人要经营共同生活就需要一套互相配合行动的规定了的办法。有点像演出一台戏，光有演员还不够，演员们必须串定一套角色：生旦净丑，按照扮演的角色去演唱。社会里生活也是如此，我们对某个人是"父亲"，对某个人是"丈夫"，对某个人是"老师"等等，父亲、丈夫、老师都是身分，所有的身分综合起来成为一个社会结构。

我们一个个人就用这个社会结构中的各种身分进行社会活动。每个身分都是一套规定了的行为模式。所谓"君君、臣臣、父父、子子"就是指在这个结构生活的人都得按身分办事。当父亲的人要按当父亲的身分办事。第一个父字是指个人，第二个父字是指身分。如果个人不按规定的模式串演这个角色，那就出现"父不父、子不子、君不君、臣不臣"的状态了。

在社会结构中规定的身分是一种生活的手段，是用来满足个人不断增长的物质和精神的需要的。需要在变化，手段也要随着变。这就是社会的变迁。当这一种手段不能满足在这个社会里生活的个人们的生活需要时，这些行为模式也就站不住了。当然社会变迁不是很简单的，这是一个需要我们仔细分析的过程。

社会学者为了要研究社会结构，所以常常把一套有关的社会身分，比如用来满足人们某种同一需要的身分，看成是一个体系，称它作社会制度，有如亲属制度、经济制度、政治制度、宗教制度等等。这种分类各个社会学家也不一定一致的。他们认为社会结构就是由这许多社会制度所形成的一个大体系。社会结构是一个整体，意思是说：一个社会里的各种制度是互相关联的，互相起着制约和配合的作用。动一毛要牵全局。

社会结构中有些制度已有专门的研究，成了许多门独立的学科，如研究经济制度的经济学，研究政治制度的政治学等等。其实每一个制度都可以成为一门独立学科的研究对象。但是无论有多少研究个别社会制度的学科，作为一个整体的社会结构还是社会学所专门研究的对象。

分析一个社会结构就像解剖一个动物。在生物学里有解剖学，在社会学里有社会形态学或比较社会学。不同地方、不同时期的人们社会可以有各种不同的形态。要进行不同形态的比较研究，那就得先分析出可以对比的部分。比如在解剖学里，把一个动物的机体根据不同的机能，如消化循环、呼吸等机能，分成若干器官。解剖学上的比较就是按着器官进行比较的。比较社会学，是按制度去比较不同社会不同的形态，比如同样是为抚育子女而形成的家庭可以有种种不同的形态。

摩尔根在美洲印第安人中传教，接触了易洛魁人。他发现易洛魁人的孩子对其氏族中生母的同辈女人都叫妈妈。他见到了和他自己社会不同形态的亲属制度。他就进行比较，发生了一个问题，这些亲属称谓是否反映着一种"群婚"形态的亲属关系，就是一个氏族里的同辈女子和另一氏族里的同辈男子结成集体的夫妻关系？他又进行研究印第安人中不同的亲属制度，设想出许多不同的婚姻制度如杂交→群婚→对偶婚等等，并进而把这些在同一时期见到的不同形态看成是历史发展上的不同阶段，就是说在社会发展的过程中，人们经历过这些不同形态的家庭制度。摩尔根正是从一个称谓制度出发，探索出了婚姻制度的各个发展阶段。同生物学者从生物的各种不同形态中发现了人是从一系列低等动物中发展来的一样。用历史上的发展来解释形态上的差别，从变异的比较，化成发展的阶段。

人类的社会是从简单发展到复杂的，从旧石器时代到新石器时代，到铜器时代、铁器时代、机械时代、电子时代，使用的能源从人力到畜力、到煤、到石油、到原子能。人类文化发展是有它一定的过程。这就是历史唯物主义的基础。社会发展的每一过程，并不是历史的偶然性，而是存在着必然性，研究这个发展过程的规律就是历史唯物主义的社会发展史。

当然，以个别的社会来说，由于受到外来的文化及其他因素的影响，它的发展也就不一定要循序而进，所以具体的每个社会的发展史是要具体进行分析的。用已经发现的一般规律来硬套具体社会的发展过程是不符合科学精神的，但由于具体发展过程的复杂性和多样性而否定有发展的总规律也是不科学的。

是不是可以预测社会未来的变化？马克思分析了资本主义社会的矛盾，预见到资本主义必然要发展为社会主义共产主义。但怎么发展到共产主义？有很多问题，这成了我们当前研究的主题。假如不是细密地去研究，就不能帮助我们搞建设搞四化。气象可以预报，飞机票可以预定，各种计划都是对未来行动的安排。社会的变化如何预测？如何掌握社会的动态规律？这是我们应当认真研究的内容。我们在这次讲习班的最后一段时间里要讲技术的发展会带来什么社会变化。

预测中有许多变数。如果是两个相关的变数，比较容易计算，但是多元变数之间关系就比较复杂，要用数理和电子计算机来运算，这里，数学也进入了社会学领域。学社会学的人一定要学一点数学。

今天我只把所想到的有关社会学里所讲的一些基本内容简单地作一些开场白。我们应当更深入地弄清楚社会学里的每一个概念去帮助我们去认识社会现象。这些，就是社会学里的基本功。我们现在很多事只停留在一般的观察上，不够科学。因之也谈不上怎样用我们的社会知识来为四个现代化服务。要使社会学对四化发生促进作用，首先是要使我们懂得怎样科学地去观察社会现象。我是相信真正反映客观实际的社会知识是可以帮助人们更好的去适应在变迁中的社会来满足人们不断增长的物质和精神的需求，使社会的变化更有意识地由人加以指导，使人从必然王国进入自由王国。这是我们努力的方向。也只有这样才能使社会学能有用，能为人民服务。

1981 年 8 月

建立面向中国实际的人民社会学

——从三访"江村"说起

一

"江村"是我起的名称,是一个学名,代表一种类型的农村,因为是江苏的农村,故称为"江村"。实际地方是在我的家乡江苏省吴江县开弦弓村,现在是庙港公社的两个大队,1936年我曾在那儿做了一次调查,后来写成了《江村经济》一书。

那时,我为什么要到开弦弓村去做社会调查呢?

1935年我从清华大学研究院毕业。清华大学有个规定,凡是研究院毕业成绩较好的学生可以出国留学。我的老师对我说,你到外国去读书,要有自己的研究资料,出国前要搞个调查。我先是到广西大瑶山少数民族地区去调查。在瑶山,我走错了路,跌落在捉老虎的陷坑里,受了伤。1936年回到家乡养伤并看望我的姊姊费达生。

那时,我们吴江农村的主要副业是养蚕。我姊姊14岁就进了设在苏州浒墅关的女子蚕业学校——相当于今天的中专,校长是郑辟疆先生。郑先生认为,技术学校只有真正把现代科技知识同社会生产事业相结合,才能更好地发挥作用。在这一思想指导下,他把一批学生送到日本去学习现代养蚕制丝技能。我姊姊16岁去日本学习,18岁回国,在蚕校成立了一个推广部,把学来的知识传授给农民。当时蚕病流行,一下子就死很多;再加上日本等国发展了现代缫丝技术,他们用先进科学技术装备起来的现代化工业同我国落后的传统工业竞争,我们自然竞争不过,因此我国农村的蚕丝事业受到很大威胁。

从20年代开始到30年代,帝国主义的经济侵略有增无已,我国农村加速破产。蚕业学校的学生，包括我姊姊在内，为了帮助农民改进养蚕技术，在蚕校推广部的指导下，到农村去一家一家地教农民如何养蚕。他们改良品种，推广科学养蚕知识。养蚕技术问题虽然解决了，商人在收购蚕茧时又一再压价，农民辛辛苦苦生产出来的茧子被商人剥削去了。我姊姊她们不服这口气，就同农民一起搞制丝，成立了一个生丝精制运销合作社，并由学校提供机器，开了一个农民合作丝厂。在这个厂的影响和带动下，太湖地区传统的蚕丝工业逐步提高到当时的国际水平，蚕丝事业有了较大的发展。

这个厂成立的第二年（1935年），我在广西调查受伤，治愈后，回到家乡休养。姊姊介绍我住到开弦弓村。我一住下来，就觉得科学知识下乡是一个正确的方向。感到要挽救当时我国农村经济的危机，就必须技术下乡，使科技与农村副业生产相结合。于是我就开始在开弦弓村进行社会调查。在一个多月的时间里，在地方父老兄弟姊妹们的热情协助下，收集了不少有关这个农村社会的基本资料。

1936年我由上海搭轮船去英国留学，海上的时间近一个月。就在这一个月的时间里，我把收集来的资料加以整理，写成一份调查报告的初稿。带着这篇文稿进了伦敦经济政治学院，以后进一步整理，写成了《江村经济》一书。1938年由英国劳特利奇出版社出版。

这本书反映了30年代中期我国江南农村的基本面貌。那时，欧美有不少人研究中国，叫"汉学"，但大都是靠"四书"、"五经"等为资料，用乾嘉时期的考据方法来整理和研究我国的古代著作，而没有一本是从实际出发，比较全面、科学、系统地介绍中国人民生活面貌的书。因此，我这本书出版后，引起了国际上的重视，认为它是研究所有发展中国家各种社会形态的榜样，从而把人类学的研究推进了一步。以前，人类学只调查研究不发达的地区，而从我的这本书开始，走上了一条本地人调查研究本地情况，本民族人调查研究本民族情况的广阔的道路，而且用人类学的方法研究了一个有高度文明的中国社会。

1937年抗日战争爆发后，日寇侵占吴江。"江村"合作丝厂，机器拆掉，生产停止，农民又回到一个更悲惨的境地。

解放后，我的工作转到了少数民族方面。1957年新西兰文化代表团的一位人类学家，在访问我国时，指名要访问"江村"，想看一看我在30年代调查过的那个村子发生了什么变化。他的愿望，在周恩来总理亲自许诺下得以实现。访问后，他写了一本调查专刊出版。后来，我想，我自己也应当再去调查一次。我这个想法，得到科学院经济研究所的支持。我同四五个年轻人一起重访"江村"，作了一次更全面的调查。调查结束，回到北京，我就写了《重访江村》一文。本想写成三篇，连续在《新观察》上发表，但是当第二篇刊出之后，反右运动开始，第三篇就无法问世了。

在《重访江村》这篇报告中，我根据二访"江村"收集的资料，以及解放前在云南搞过的几次内地农村调查的情况，提出了在人多地少的地区，在发展粮食生产的同时，必须大力发展副业的意见。可是，这一看法，与当时强调以粮为纲的政策不合。当然，我国人口不断发展，粮食生产必须抓紧，但为了单一的发展粮食生产而把副业挤掉，不能不说是片面的。现在可以清楚地看到，这个地区不在传统的基础上发展副业，"下有苏杭"就连不上"上有天堂"这句话。这是我国农村经济发展的客观规律，它是不以人们的主观意志为转移的。

二

若干年来，我们很少对我国翻身后的农民生活进行科学的调查，即使曾经作过某些调查，往往是调查一完，任务就完了，丢了。比如土改时期的调查材料，现在保留下来的还有多少呢？因为缺少科学的调查研究资料，制定政策、措施往往带有相当大的主观随意性。这样的苦头，我们是吃过不少的。

这次我到苏州去，病了，住医院。一进医院，护士就抽血、量温度、化验大小便，一切数据、情况"调查"好，医生才进行研究，然后对症下药，使我很快病愈。这说明，医生治病首先要靠调查研究。那么，我们搞现代化，要把我国建设成社会主义强国，对我们的国情，对我们的社会各方面，不是更需要搞好调查研究吗？

解放32年来，我们取得了伟大胜利，但也发生了一些失误。失误的原因当然很多，但其中之一就是缺乏可靠的科学资料作依据。对客观情况的了解不完全或不真实，决策当然就要出问题。所以，要搞好社会主义建设，首先要做好对客观情况的调查研究。这也就是毛主席说的，没有调查就没有发言权。要调查研究，就需要社会科学。社会的变化发展有它自己的客观规律，我们要建设科学的社会主义，就要研究、掌握、运用它的内在规律。否则，就只能在一个必然王国里折腾，不可能进入自由王国。三中全会以来，我们党和国家的领导同志都很强调这一点。六中全会在《关于建国以来党的若干历史问题的决议》中，又强调了三个"大大加强"。首先要求全党大大加强对马克思主义理论的研究。要建设科学的社会主义，我们就要懂得和掌握马克思主义，不是教条式的马列主义，更不是林彪的语录式的"马列主义"。马克思对资本主义社会进行了调查研究，写出了《资本论》，阐明了资本主义社会发生、发展、灭亡的规律，但他没有也不可能对社会主义社会进行调查研究。对社会主义社会的研究，就落到了我们身上。至少在中国条件下，社会主义社会如何发生、发展，将来如何进入共产主义，研究和解决这些问题，我们是责无旁贷的。我们要真正地学习马克思，就要学他这一点。人类历史上不能只有一个马克思。这次《决议》的精神，就是要我们发展马克思主义。

其次，要大大加强对中外历史和现状的研究。胡耀邦同志多次讲：我们对中国的历史不是知道得太多，而是太少了；对中国的现状，我们知道得也不是太多，而是太少了。对我国的历史、国情、现状不了解，我们的决策，我们的工作怎么会不失误呢？

第三，要大大加强对各门社会科学和自然科学的研究。粉碎"四人帮"后，我们对社会科学的研究，开始重视了，如法学、经济学等学科，相继恢复。而社会学却由于停了近30年，恢复起来就比较困难些。过去在大学里念过社会学的同志，现在一般都已50岁以上了。老一代社会学者，都是70岁左右的人了。一片白发，老态龙钟，而且有很多人早已改行，所以人才太缺了。由于我们的基础这样薄弱，所以需要积极地培养新生一代，来适应社会主义现代化建设的需要。为了加强社会学的研究，我们成立了社会学研究会，团结一切愿为社会学研究做贡献的同志，通过交流、讨论、研究，发展我们的社会学。在中国社会科学院，我们还建立了社会学研究所，专门从事推动新中国社会学这门学科的发展。

三

那么，究竟如何建立新中国的社会学呢？是不是把外国的一套拿过来就用呢？社会学不像数学，一个公式中国人外国人谁算出来都是一样。社会学不同，每个名词、概念，中外都不尽相同，它们的形成都有一定的历史条件，中外不同。比如说，"家"这个词，中国的"家"同外国的"家"，就很不相同。我们中国人的"一家人"意思可复杂啦，外国人对此就不容易明白。这是因为构成这个"家"的历史、生活条件各有自己特点的缘故。而且有些名词、概念，甚至一时无法找到对称的文字予以翻译。比如"民主"、"科学"等名词，我们传统词汇里本来是没有的，在五四运动时，翻译名词还不统一，所以有人把"民主"（democracy）叫"德先生"，把"科学"（science）叫"赛先生"。不同文化、不同社会都有不同的应用在实际生活中的概念，我们必须予以分析、研究，结合我们的社会情况来具体运用。我们不能把外国资产阶级的民主搬过来用，不能脱离我国国情把外国的东西生搬硬套。毛主席的伟大处，就是他把马克思主义的原理同中国革命的实践结合起来，从而取得中国革命的胜利。我们要发展社会学，也要走自己的路，搞中国式的人民的社会学。我们的社会学要面向中国人民的社会生活，研究如何使我们的国家一步一步地达到高度的物质文明和精神文明的目标。

现在各国的社会学，确与30年代、40年代不同了。过去一讲到社会学，就是英美的，苏联的，而现在在西方，特别是第二世界国家，出现了社会科学本国化的趋势。我在澳大利亚访问，询问他们大学里面教社会学用什么教材时，他们立刻送我一本书，题目叫《澳大利亚的社会——社会学入门》。里面首先讲的是澳大利亚社会，然后从澳大利亚的国情出发再讲到一般性的理论。我问他们为什么这样教，他们回答说：教社会学总得从学生能实际看得到的事物出发，学生才容易接受。先认识个别，才能从个别到一般，一般是从个别来的，而且社会学一定要为本国服务，否则就没有多大意义了。比如说：黑人问题在美国很严重，而在澳大利亚就不存在，如果在澳大利亚的人去研究黑人问题，对澳大利亚能有多少用处呢？我说这个道理很对。我们也正在这样做。所以，我们的社会学一定要本国化。我们现在重建社会学的时候，一定要防止走老路。我们的立足点，一定要站在有着5000年文明历史、五十几个民族、10亿人口的中国国土上。我们要用科学的方法，包括吸收、学习外国对我们适用的先进方法，好好地认识我们的国家、民族、社会。

我们用科学的方法在自己的国土上，在马列主义毛泽东思想指导下调查、研究、认识社会，建立我国人民自己的社会学，较资本主义社会有不可比拟的优越性。在我们社会主义社会，调查与被调查，研究与被研究，认识与被认识者之间，有着共同的一致的利益，这共同的利益是建筑在全民基础上的。而在资本主义社会，最后总要遇到一个不可逾越的私人利益的界线，调查到一定程度，往往就深入不下去了。我们国家是社会主义国家，这个界线是可以突破的，也必然要突破的。这一次我们一行到"江村"访问，干部、农民竭诚欢迎，有问必答，生怕讲不清楚，主动提供情况。他们说："我们是自己人，无话不谈。"对于社会调查来说，调查者与被调查者是否是"自己人"，大有区别，只有调查者的利益与被调查者的利益一致起来，调查的目的，是为了大多数被调查者的利益，是为全体人民的利益服务，才能获得真实的数据资料。所以我们新中国的社会学，也就是"人民的社会学"。人民的社会学一定会大大超过资本主义国家的社会学。我们的人民社会学是人民自己对自己的自觉认识，是要使我们的社会生活从必然王国走向自由王国。这就是我们社会学的目标。

我们身边有很多事情，在人同人之间的关系中，盲目性很大。我们的社会学，就是为了改变这些盲目性。比如，我们都要结婚、生孩子。在生孩子这个问题上，过去我们就有很大的盲目性，生多生少不过问，不懂得人口问题里面有个调节规律，更不懂得违犯了这个规律就要付代价。所以，人口问题，也是社会学研究的一个重要方面。我们要在人口问题上，研究如何走上自觉，走向自由王国，做人类自己的主人。

这次三访"江村"，我再一次感到，人类要走向自觉，走向自由王国，就必须大大加强社会科学和自然科学的研究，而社会学在社会科学里占有重要的位置。

四

我三次访问"江村"，每次都有不同的感受和收获。第一次访问是1936年，我的家乡正在帝国主义打击之下，经济衰退，农民在想办法靠自己的力量进行挽救。我把他们的努力，把知识分子送科技下乡，与农村副业生产相结合的情况，写了《江村经济》这本书。第二次访问是1957年，我的家乡正处于农业上去了，副业却受到种种人为的限制。我根据农民迫切要求发展副业和副业生产是农村经济一个重要组成部分的观点,写了《重访江村》。前些日子的第三次访问,正在农、副业生产都已有了较大发展的时刻。农业亩产粮食已超过1000斤,桑园亩产茧子100斤。现在"江村"已进入了一个新的阶段,存在着新的问题,那就是怎样才能进一步富裕起来,如何工业化,如何缩小城乡差别等问题。

中国是10亿人民的国家,要实现工业现代化,不能走资本主义的旧路,把大批工人集中到北京、上海、苏州等大中城市去。除了发展大工业之外,我们在宏观经济指导下,还需要根据农村的优势,扬长避短就地发展小型工业。这样既可以为农村劳动力开拓就业机会,又可以逐步消灭城乡差别。我认为发展乡村工业是我国工业化发展的方向。这个方向目前已成为农民的迫切要求。因为像太湖地区在历史上曾有"天堂"之称的农村经济,要想进一步发展,已不可能再单纯在粮食、蚕茧上提高单产方面取得较突出的效果了。就是说,现在农村经济发展的方向,广大农民的要求,已不是像我二访"江村"时那样开发副业了,而是如何发展工业了。

农村发展工业,当然存在很多问题。比如能源缺乏、电力不足等等,都是大问题。怎样解决呢?要进行科学的调查研究,要根据当地的实际情况制定规划。这就需要文化,需要人才。但是问题又来了:由于"四人帮"的危害,我们的农村干部普遍文化不高,多数是小学程度。在"江村"这个有550户的江南鱼米之乡,竟没有一个大学生!我们在搞现代化,现代化的基础是科技,科技要有知识,而我们的农村,几乎与现代知识脱离了。农民从早上起床到晚上上床,他们几乎用不上文字。他们对我说老实话:"念了中学回来还不如不念!"为什么?用不上嘛!与生产脱节嘛!这话对于我们办教育的人是一个有力的批评。为什么我们教给学生的知识用不到生产实际上去呢?是很值得深思的。20年代,像我姐姐那样的女孩子,学的科技知识可以下乡,而现在为什么不行呢?另一方面,我们知识分子也应反躬自问,我们眼睛里有没有农民呢?我在解放前就写过知识分子下乡的文章。我说过去就有点像是土质被冲洗,农村出身的优秀的知识分子都被冲走了,离乡入城了。我们江苏向全国输送知识分子的比例之大是有名的,可是有多少知识分子在本乡本土服务呢?

发展农村工业需要解决的问题很多,大家应当下去听听农民的要求。我们既需要几个几十个杨振宁,更需要一千一万个郑辟疆。我们知识分子的眼睛应该向下面看，要面向实际，面向人民大众。这是我这次三访"江村"感触很深的第一点。

第二点是，农民收入大大增加了之后，钱怎么用法也成了问题，这次访问，我们调查到一年平均超过 2000 元收入的人家不少。他们日常生活费用一年不到 1000 元。怎样使农民手里的货币回笼是个大问题。我们好好想过这个问题没有？

我在没有下乡访问之前，曾听到很多说法。什么农民有了钱，就大吃大喝，铺张浪费啦，结婚要凑足多少条腿啦等等。这次我参观了一对新婚夫妇的新房，对我启发很大。我觉得上述议论不很全面。当然，婚丧喜庆，不顾主观条件，一味追求排场，铺张浪费是不对的。但是也不能一概而论，不能把正当的消费当成浪费。比如拿结婚来说：男女双方如果有条件，盖间新房，买套较新式的家具，添置一些电器设备，是完全合理的。我就在参观新房时看到在隔间的上一代住的卧室。这间卧室里的设备，我很熟悉，和我小时候所见的祖母所住的卧室相似。同样的床，同样的柜，而我祖母是在太平天国时当新娘的。这说明了我们农村里农民的日常生活的物质基础已经有多久没有更新了。现在生活富裕了一些，难道他们不应该为最基本的生活条件，进行一些更新吗？我们发现新婚夫妇的家庭设备，大都是男女双方共同凑起来的。女方带来的东西上都拴条红丝绳，哪些是女方的贡献，哪些是男方的贡献，清清楚楚。男女双方共同更新自己新的一代的生活资料，又有什么不好呢？

再如造房子问题。一对新婚夫妇没有一间"新房"怎么行呢？过去确有许多"旷夫怨女"结不了婚是因为没有房子。现在农民吃饱穿暖之后，手上还有千把块钱，他们很自然地想添造房屋，好让儿女成家。在"江村"去年一年，有 250 户人家的几个生产队就建造了 50 间新房，约花掉 5 万元。这样一来，农村的面貌就改观了，农民的生活改善了，货币也回笼了，这是多么好的事情呀！但是农民自己盖房子可难啦！力量分散，求亲戚靠朋友买这买那，不容易哩！我们能不能集体规划一下：在什么地方盖，在什么时候盖，哪家先盖，哪家后盖，材料怎么供应，劳力怎么组织，统一规划，统筹安排，不就大大方便农民了吗？我们是社会主义国家，应当调查了解农民的需要，适应农民的合理要求，帮助他们建立一个新农村，改变农村的面貌；同时也就把农民手里的货币换回来了。总之，如何指导农民正确地花钱，也是当前农村的一个大问题。

这次我到"江村",看到农村在欣欣向荣的发展过程中出现了许多需要发挥社会主义优越性去解决的问题。我们说发挥社会主义优越性,不要空谈,要落到实处。在中国这块土地上面,我们要用真正的事实显示出社会主义是能解决人类前进道路上所遇到的困难的最好的制度。要体现社会主义优越性,就需要了解国情,需要进行调查研究。

我现在在中国社会科学院社会学研究所工作。这个所的几位领导同志都和我一起去访问"江村"。我们看到农村里的父老兄弟怎样热情地渴望我们能帮助他们进行社会调查,解决前进道路中的各种问题,所以决定就在"江村"建立一个社会调查基地,和当地干部及群众一起进行长期的观察和分析。我们希望,通过共同努力,使社会科学的知识能同广大农民的具体生活密切结合,一方面使我们的科学知识能为人民群众服务;另一方面也可以在人民群众的帮助下逐步建立起新中国的社会学这门学科。

1981 年 10 月 6 日

本文系作者应江苏省社会科学院、江苏省社联邀请在南京作的演讲。载《江苏社会科学》1981 年第 17 期。

谈社会学的建设问题

1979年3月，成立中国社会学研究会时，到会人数只有60人左右，而且当时是满堂白发。一些老社会学者年龄都很大了，现在有的已经离开了我们。要发展我国的社会学研究和教学工作，确有不少困难。首先是社会上对社会学不认识。因此，我们请乔木同志在社会学研究会成立大会上讲了话，解除大家的顾虑。几年来，我们按照乔木同志讲话的精神开展工作，努力推动我国的社会学的建设。

看到有这么多来自各个部门的同志，特别是有不少青年同志来参加今天的座谈会，我心里很高兴。这几年形势的确有了很大的变化。

现在，我们社会学面临最大的问题是人太少。大学里要开设这门学科的教学，需要教师和教材。为了尽快培养社会学工作者，我们1980年和1981年暑假期间办了两次短期讲习班。这几年基本上每年暑假搞一次，开始在北京，后来在各地轮流搞，前年在武汉，去年在上海。目的是什么呢？就是想从别的学科里边抓一点人来，也可以说是钓鱼。姜太公钓鱼，愿者上钩。钓了这么多鱼来，成为我们各地发展的苗子。第一期讲习班，教育部出了力量，让各有关大学，即打算成立社会学系的大学送一些年轻教师到学习班里来。结果北京大学、南开大学、复旦大学、中山大学、武汉大学和人民大学都来了人。我们又把这些大学派来的一部分教师留下，由他们共同编写一本《社会学概论》。这些同志按教育部要求学了一期，回去就要开课，事实上这是办不到的，所以愿意留在北京，共同备课，合作写讲义、边写边改，最后成书的。一直到去年才最后定稿，决定作为试行本出版。今年7月份将由天津人民出版社发行。通过编写这本《社会学概论》，我们培养了这几所大学的基本师资队伍。通过这本书的编写，我们取得了一点经验：一个人备课不如大家一起研究、共同备课，然后分头回去教，在教学实践中再进一步补充、修改、反复几次，使之充实、完善起来。

现在，已经有四个大学成立了社会学系，即北京大学、南开大学、上海大学、中山大学。上海大学原是复旦大学分校，1979年就从原有的一个学系里分出一部分为社会学系，人员比较整齐，从一年级办起，去年第一届学生已经毕业了。南开大学又有一个新办法，由教育部向各大学调动愿意学习社会学的77届学生，有40多人到南开专修一年社会学。毕业后又留下一部分做研究生。今年这批研究生也毕业了。北大和中山大学都是先招研究生。今年北大已开始招本科生。合算起来，已经毕业和还没有毕业的一共有150人上下。这是一方面；另一方面是还没有条件成立社会学系的大学，可以成立社会学教研室，如南京大学、武汉大学、云南大学及东北一些大学，为今后设系做准备。

我们建设社会学的方针，正如乔木同志所讲的，有三条：一是以马克思主义、毛泽东思想为指导，这是我们的理论基础和方向；二是结合中国实际，这就是说要有我们自己的内容；三是为现代化建设服务，这是我们建设社会学的宗旨。第一条，我们大家都熟悉，30年了嘛，总能知道一点，至少不能说很生疏。第二条，还成问题，就是说我们前人留下关于中国社会的调查材料不多。还不足以把它作为我们教材的主要内容。这个问题并不是一天两天，或是一年两年就可以完全解决的，所以要认真抓紧这方面的工作。第三条，现在还谈不到兑现，但作为一个办学的方向很重要。

实际上我们应把主要力量放到研究工作方面去。我们1979年成立社会学的学会，1980年社会科学院成立社会学研究所，1981年四个大学成立社会学系，之后我们才开始把重点放在实地调查上。研究的目的，就是认识我们中国自己的社会。研究方法是实地调查，要从各个方面下手。现在我们研究所主要抓两个方面：一是中国占全国人口80%的农民所组成的农村和集镇。一是社会的细胞——家庭。从这两个基本方面搞起，逐步上升。一开始我们在北京试了一下，到居民委员会去搞了调查基地，成绩不大。后来集中搞家庭调查，从天津开始，借了一点东风，有一个外国学者，他要来中国调查家庭。我们说可以来，但要有条件。从头到尾我们要派人跟他学习，把他的调查方法学到手。因为我虽然到外国参观过，看到他们使用了计算机，但怎么个用法我还不清楚，不派人出去直接实习一下，不行。这个外国教授同意把调查程序、方法、全部资料、分析的过程,都拿出来,教给跟他学的助手,一面做、一面学。他一走,我们就自己搞起来了,有家庭、婚姻、生育三个题目。同时开展这项调查的有六个城市,五个城市的调查已经结束,前几个月把六个城市的资料都输入了计算机,数据也都算出来了,现在可以做比较研究了。基本资料还准备印出来,各个地方的社会学会都可以用来研究。我们自己在学术上对内不保密。刚才说的六个城市是:上海、南京、成都、北京、天津、广州。被调查的人数在 7000 左右。这是较大规模的计量研究。在我国的社会学研究中还是空前的。

以前我们苦得很,只能搞一个村子,毛主席叫它作解剖麻雀。一个村子无非几百家,几千人。30 年代,我一个人调查农村时是单枪匹马地搞,用算盘计算。有些地方算的不准,常有失误。而且度量衡一个村一个标准,化来化去,复杂得很。一是由于事物本身的复杂性,二是用算盘来算,比较笨,计量研究困难很多。现在我们有了先进的计算工具——计算机,准确程度高。假如不用计算机的话,那么多数据几年也搞不出来。将来你们搞人口流动普查,没有计算机怎么搞啊。所以说,这个工具很有用处。家庭课题方面的调查现在还在继续做,在这个基础上,我们要搞一套专题的研究。有了这些数据,提出了许多问题,然后再回到实际观察中去。我们准备在今年年底,开一次家庭问题的讨论会,搞一批论文出来。现在先做准备,希望开会的时候,各地的社会学会派人参加。

同时,我们还有一个希望,现在我们不是要同台湾的同胞进行学术交流么?台湾的学者、专家去年在香港同我们见面,他们非常愿意同我们一起探讨学术问题,并提出愿意讨论家庭问题。因此,我们现在就做好准备,明年有条件的话,就出去同他们见面。台湾有一个规定,只要是国际上的学术会议,就不限制他们的学者与我们往来。为了要召开一次国际性的家庭问题讨论会,我们要充分准备。先在国内开几次会,大家提论文,看看哪几篇合适,哪几篇能拿出去。我们已经开了几次会了,具体内容我在这里就不讲了,将来你们可以派人去参加。

我们调查工作的另一项目就是农村经济和社会的变迁。农村调查是从我老底子的基础上走下去的,好处是有比较的材料。我曾经在 30 年代、50 年代和 80 年代三次到我家乡的一个农村做调查,我叫这个农村作江村。这中间还有两个外国学者去调查过。共有五份资料在我们手上,可以比较。掌握一个地方前后50年的变迁资料,这在国内是不多的。我们在江村继续观察,作为一个实验室,它的好处是:与社会生活实际紧密结合。我们的社会学,不能只在教室里讲,还要到实际中去看,不出去看不行。自然科学有实验室,在观察实物中进行分析、研究。我们社会学的实验室就是社会实际。前不久,有几个南开大学的研究生去江村,经我的介绍他们很快就得到江村人的接待,并开始了调查工作。他们写了几篇东西,还不错。

从这段工作里面,我们得出一个经验,要建立各个地方的不同类型的农村的实验室,我们叫它作研究基地。好处是在调查时容易深入地掌握它的变化的全过程,使调查研究有连续性。经常到那个地方去,人都熟悉了,上一辈、下一辈都了解。以往我们不少好的调查资料都丢掉了,下了很多功夫搞出来了,搞完就完了,没有把它保存起来,积累下来,这个损失很大。我们不是没有调查,而是不少调查所获得的资料没有连续性,没有比较。现在我们得吸取过去的经验教训。我们除了江村这个调查基地之外,还要开辟几个其他不同地方的基地。

从1981年开始,我们在江苏调查研究小城镇,到现在已近两个年头。我们的办法是依靠当地的干部同志,联合起来做广泛的、深入的调查。专门靠我们研究所里的几个人是不行的。同当地省委的政策研究室、地方的调研室和省里的研究部门的同志,组成一个队伍。先从一个县着手,解剖一只麻雀。我们是从我的家乡江苏省吴江县开始的,这个县有七个大镇,我们分兵深入,一个个都去了解了。去年在江苏开了小城镇讨论会。尔后又由全国政协组织一个调查组,请学者和各个部门的专家参加,对四个发展比较快的城市进行了调查,即南通、无锡、苏州、常州这四个市。我从内蒙古回去就要去江苏北部,开辟苏北这个调查园地。今年搞一年,年底召开一次苏北地区调查讨论会,这样一来苏南、苏北,两方面的情况都了解了。接下去就想到山东、安徽去看看,他们也要搞小城镇建设,去摸一摸情况,从小范围慢慢扩大到全国。

小城镇的发展和我国的人口问题有很大的关系。同时,它又是有关中国经济发展的战略问题。小城镇的问题,今年在中央1号文件里统一了思想,肯定发展小城镇是我们国家的一个战略性的方针。所以,我们的调查是密切结合了当前国家社会生活中的重要问题。

过去大城市和农村隔断了,这是最大的毛病。城市里人过多,挤得很。另一方面，不许农民进城，农村里的人不能出来。农村实行生产责任制以后，多余的劳动力就要出来找活路。以前是在农村里吃"大锅饭"，现在不行了。一户人家有三个劳动力，但仅有两个人的活，另一个人干什么？他要找一条路子，要找办法，利用这个人的劳动力来生产。于是有的就去搞工业，有的去搞副业了。江苏南部的一些地区的工厂、副业，就是这样发展起来的。这就是农村经济商品化。商品要流通，一个小村子关了门生活不行了。所以，要发展小城镇，当时小城镇受到许多条条框框的限制，在城镇上没有户口的人住不长。政府要把他们清理出去。但是越赶越清理城镇上的人却越多。它表明封闭政策不符合客观发展的规律。今年的1号文件对小城镇的发展方向肯定了下来。"离土不离乡"，这是中国的发展特点，西方没有。西方的工业发展开始时对农村是个灾难，成群结队的人在农村里住不下去了，往城市里跑。我们不同，农村繁荣后才出现小城镇。这是中国社会主义建设的一个特点。在这些事实面前，这两年里，大家提高了认识，统一了思想，发展很快。一年一个样子。

现在我们江苏的农民开始要买汽车了。汽车工厂感到压力很大。真是一环扣一环，一浪冲一浪，是一个系统工程。现在看来农村的繁荣首先冲击的是流通渠道。原有的一些流通渠道不适应形势的要求。商业系统很紧张。流通渠道一旦畅通，农民就要掌握运输工具，于是冲击到汽车工业。同时要知识、要文化，这个压力也很大。农民要知识，要文化，这就冲击到现有的教育制度。招生和分配的制度，教育内容都不能适应新的要求。

进一步我们应当考虑到边区的问题。去年胡耀邦同志到西藏、新疆、青海等地视察，提出了生态平衡的问题，要种草、种树，不然，破坏生态平衡，恶性循环下去，不得了。水土流失、人口外流止不住。胡耀邦同志提出：要在下一个世纪初，把我们的经济开拓中心转移到大西北。之所以提出这个战略目标，其原因就是资源问题。我们国家的工业资源集中在大西北。我们江苏发展的主要困难是能源问题，苦得很嘛。要点煤，千方百计，到处求人；到山西、内蒙古来。买1吨煤在这里只要20元，我们那里得出80元，还是次煤。可是，我们江苏还要在这80元1吨的煤上作文章，发展工业。为什么会出现这种情况？这都是历史造成的。所以，我们现在要打破这一旧的历史造成的格局，在西北首先是种草种树，促成生态平衡。

你们内蒙古地下资源丰富，这在发展工业方面是个了不得的优势。地下资源一利用起来，经济就会因此改变，人口的布局也会改变。可是这不容易，其中有许多问题要解决，有许多困难要克服。光是发展重工业不行，不好维持。必须有整个地区的发展作为底子。大庆怎样，我要去调查、比较。他们把一个新企业建立并发展在经济文化比较落后的地区，他们是怎样解决这一系列的问题的？采取了哪些行之有效的措施？如果解决不好，它那里同样会发生留不住人的问题，人会外流。

去年提出智力支边，声势大、雨点小。开始搞的不错，后来怎样了？我这次来也想了解一下你们这里的情况，起了什么效果？有些问题怎样可以解决得更好，发展得更快？将来可以开个会，讨论一下。这方面的工作贵在坚持。怎样培养本地区的人才？少数民族教育怎样搞？要在各方面配套。我们就想先抓人口问题的研究，从这一个方面来看这个地区的发展。我们先从黑龙江开始调查。内蒙古是民族自治地区，要复杂一点。在这一个地区要发展工业，从人的方面，要采取什么政策？总的政策是有了，要团结、平等、共同繁荣。问题是怎样具体实现这些政策？这是民族工作中的基本的课题。怎样发展民族经济，怎样体现民族平等之类的问题，都需要在工作中不断探索。所以，我们要搞这一个课题，最终目的是开发边疆地区。首先要算经济效益，看是不是真的发展了。还要看是不是各民族共同繁荣，共同发展了。后一条，是民族自治地区的特点，不能放松这一条。作为一个研究课题必须包括黑龙江到内蒙古、宁夏、甘肃、青海、新疆。还有西南也要搞，西南也重要。边区大部分是少数民族地区，怎样在民族政策的指导之下，走共同繁荣、发展的道路，这里面有许多问题要研究。经济繁荣不会从天上掉下来。地下资源，要加上人力才成财富，我们不能袖手等它自己钻出来呀。

1984 年 4 月 12 日

本文系作者与内蒙古社会学会筹备组同志的谈话记录。

社会学系的培养目标问题

社会学在我国学术领域里的合法地位得到确认之后,提出了重建中国社会学以适应四化需要的任务。经过近30年的中断,罗致具有社会学专门知识的人员来进行这项重建工作,目前感到十分困难。所以,当务之急在于培养新的一代,及早在高等院校恢复社会学系。

按当前教育体制,在高等院校里建系招生必须明确培养目标,即明确学生从某一学系毕业后能分配到哪些机关去做哪些工作,以便纳入国家计划。社会学系的培养目标是什么?学生学了社会学有什么用,可以做什么事?由于社会学多年来受到误解和侮蔑,社会上以及一部分干部对上面这些问题已不甚了解,甚至产生一定的成见,因此,对这些问题作些说明是有必要的。

社会学在当代较发达的国家里,不论它们实行哪种社会制度,如美、德、苏、南等,都是很发达的。它们的高等院校几乎都有社会学系,就是在以理工科为主的大学,如美国的麻省理工学院,也设立了这个学系。选修社会学课程的学生人数较选修任何其他社会科学课程的为多。进社会学系受专业训练的学生人数亦较进任何其他学系的为多。70年代初期,美国各大学社会学系毕业生已有22万人,得博士学位的有5000多人。

社会学在这些国家这样普及并不是偶然的。首先是因为社会学所提供有关社会的知识,实际上是现代国家的公民常识。作为一个高度民主和高度文明的国家的公民,有必要能自觉地适应不断变动的现代社会环境。他们不能像在安土重迁的乡土社会里生活的人那样,依靠传统的礼俗来维持其集体生活。他们必须对其社会的人口、家庭、社团、城乡等方面的基本结构及变动趋势具备足够的基础知识;没有这些知识也就谈不上自己管理自己的民主生活。他们的社会已经由"民可使由之"的社会变成为"民必使知之"的社会。社会学担负着提供这些基础知识的任务，因此受到重视，大中学校多有社会学课程。美国各大学培养大批社会学教师，以满足普及社会学知识的需要。

现代社会里，衣食住行、生老病死的问题，已经不像旧社会那样基本上可以依赖家庭和亲属去解决了。由社会提供的社会服务和社会保险越来越多，统称为社会福利事业。这些事业都需要有社会学训练的专业人员经营管理。现代企业里也存在着大量的所谓"人的因素"，影响着职工的工作态度和效率，现代企业管理工作正在吸收有社会学训练的人员。这种趋势也已扩及政府各部门。特别是民政部门的工作。培养社会工作干部已成为当前这些国家社会学系的重要任务。

现代社会正在逐渐摆脱"必然王国"的状态，力求按人们的愿望安排他们的社会生活。他们要在日新月异的高速变动的社会里掌握自己的命运，那就要有计划地创立新制度、建设新事业。而这一切必然会牵涉到社会的各个方面，所以必须在事先调查清楚已存在的社会条件，对可能出现的社会效果作出正确的预测；在按计划进行时必须时刻掌握社会各方面情况的发展；事后还要追踪社会影响，检验成效。这些正是社会学者的工作。在现代社会里，靠良心，凭经验办事是远远不够的了。所以在这些国家里凡是有一定规模的兴建项目，不论是私人的或是国家的，都需要有社会学专业知识的人参预设计、执行和检验工作。这为社会学者开辟了广阔的服务机会。

近几十年来，现代技术的突飞猛进，使得社会各个方面的结合越来越密切。任何社会上的重大问题都不能靠传统的专门性的社会科学，如政治学、经济学单独去进行研究的了。当前的趋势是发展所谓边缘学科和综合性的研究中心。原来就以社会整体及其各部分之间的联系为研究对象的社会学，常成为发展边缘学科的基础和研究中心的骨干。社会学者是这种综合性的科研队伍的重要部分。

这些现代国家社会学的情况应当为我们的前景提供参考。在我国现代化的过程中，我们亟需要掌握反映社会各方面实际的科学知识。重视社会调查一直是我们党的优良传统。但是必须承认在调查方法上是不够先进的，积累的资料也是十分贫乏的。社会学中断近30年的损失在现代化的过程中越来越明显了。社会学目前实在还是我国学术的缺门。我们还得从头重建中国的社会学。

在我国高等院校里设立的社会学系，它们的培养目标将按我国社会现代化的发展而逐步扩大。当前的任务是为重建社会学搞基本建设，就是培养高等院校及研究机关里的社会学教研队伍。估计我国现有 600 多所高等院校里如果有 1/10 陆续开设社会学课程，将需要 300 个教师（每校 5 人计算），有 2% 的院校成立社会学系，几年里需要教师 240 人（每系 20 人）；再加上各研究机关所需研究人员 500 人，这个为重建社会学所需的基本队伍一共将是 1000 人。如果我们立即开办四个社会学系，并以招收研究生为主，估计每系每年毕业 50 人，也需 5 年才能达到上述指标。到 1985 年以后才能有 60 个高等院校有条件开设社会学课程及 12 个院校有社会学系，每年还只能向全国提供 600 个社会学系大学毕业生，到 2000 年总数还不到 1 万人。如果在这期间全国高等院校已大大超过 1000 所，其中一半以上开设社会学课程，加上各研究所所需的研究人员，社会学系毕业生中一半以上即将被教研队伍所吸收。如果要同时满足日益发展的社会工作的需要，必然会感到十分紧张。何况，一旦中等学校开设公民常识的必修课，对社会学系毕业生的需要势必成倍的增加，一旦工厂、企业、机关的管理工作上证明了社会学的用处，社会学系毕业生的出路就更宽广了。这些并不是没有根据的空想，而是当前许多现代化程度比较发达的国家已经发生的事情。我们认为，三年之病犹求七年之艾，为我国现代化的发展及早准备它所需要的社会学工作者是完全必要的，而且是十分紧迫的。

  我们建议，高等院校应当尽快设立社会学系。它的培养目标是从事社会的教学和研究的人员以及运用社会学的实际社会工作者。当前应着重培养重建社会学所需的高等院校的教师和研究机关的研究人员。然后是培养政府民政部门、社会福利机关、企业管理部门的社会工作人员，参与国家建设项目的设计、执行、检验的社会学专业人员，以及为各级政府的政策研究部门提供有关社会情况的资料及解决问题的参考意见的社会学研究人员。最后是培养在马克思主义的指导下，科学地研究中国及世界各国历史上的和当前的社会以发展社会学的理论工作者。

1981 年 10 月

原载《社会》1981 年创刊号。

建立我国社会学的一些意见

中国社会学研究会成立于1979年3月,迄今已有三年。在这三年里,我们按照乔木同志在成立大会上的讲话精神进行工作,推动我国社会学的建设。到目前为止,全国已有七个地方成立了社会学会或社会学研究会。中国社会科学院已设立社会学研究所,各地方设立的社会学研究专业机构已有11处。为了培养新的一代社会学工作者,复旦大学分校、中山大学、北京大学先后成立了社会学系,南开大学曾开办一期专业班。今年,北大、南开、中山、华东师大等校均招收了研究生。

回顾三年前,由于社会学在我国各大学已停顿了近30年,作为一门学科又曾受到否定和批判,许多从事社会学工作的学者曾遭到打击,多年来社会上对这门学科存在着严重的误会,从事过这门学科的人大多心有余悸。乔木同志的讲话恢复了社会学在我国社会科学领域里的地位,开始扭转了上述情况,为在新中国开展社会学工作创造了条件。

恢复社会学这门学科在中国社会科学里的地位和重新在大学里设立社会学课程和社会学系并不等于恢复这门学科旧有的内容。就这门学科的内容来说,还有待于努力、创建,使之成为一门以马列主义、毛泽东思想为指导,密切结合中国的实际,为社会主义建设服务的社会学。这是在本质上有别于中国旧时代的社会学和西方各国的社会学的。

我们说在中国社会学作为一门学科已经停顿了近30年,并不是说我国对中国社会进行科学地认识的工作已经中断了这样长的时期。相反的,真正科学地了解中国社会是在中国共产党领导下、在全国各地进行的社会调查开始的。理论结合实际的社会调查一直是党的优良传统,毛主席亲自做出了榜样。这是我国社会学最宝贵的基础。在长期的革命和建设过程中,在我国培养造就了大批马列主义、毛泽东思想的理论工作者和实际工作干部。这样一批既有理论又有实践经验的马克思主义队伍，是今后我国社会学赖以开展的主力和骨干。

对于西方社会学和旧中国的社会学我们也要认真地研究，不仅对它积累的大量知识要认真研究，就是对它使用的方法也要认真研究。这不妨碍在研究后经过深思熟虑，进行一种马克思主义的批判，现在的危险是我们不知道或知道得太少，只有认真地研究，才能有分析、有批判地吸取对我们有用的东西。我国具有几千年的优秀文化，其中包含丰富的社会学思想，有待于我们用马克思主义观点加以分析整理批判地继承。总之，我们要用马克思主义作指导，在党的优良传统的基础上，贯彻双百方针，古为今用，洋为中用，要为建立我国社会学而努力利用一切可能利用的条件。

我们所以要建立这个学科，乃是出于当前我国社会经济发展的需要。为了有计划地建设我们社会主义的现代化国家，为了对我国社会经济的实际情况作出系统的科学认识，我国先后设立了许多社会科学学科，各种学科分别就其各自专业领域承担了研究任务。但有些对国计民生有关的社会现象和社会问题，却不是已有各个学科所能承担的，特别是一些带综合性的问题，缺乏相应的学科进行研究。社会学是一门综合性较强的学科，它把社会作为一个整体，综合研究社会现象各方面的关系和其发展变化。为了适应上述客观需要，因而有设立社会学的必要。

为了我国社会主义建设的需要，党和政府各部门都进行过许多社会调查。但是许多调查资料分散各处，未加充分利用，特别是对这些资料缺乏系统的分析研究以上升到理论的高度。这对实际工作和理论工作都是一种损失。在目前需要开展为四化建设服务的较大规模的社会调查时，专业队伍的缺少更成了个严重的问题，所以我们必须迅速恢复社会学这门学科。

我国的社会学既以结合中国社会实际，为建设社会主义现代化国家服务为其目标，这就决定了我们的社会学必须在我们自己的国土上成长起来。社会科学是在一定历史条件下的一定社会的上层建筑，构成社会科学的种种概念是发生和应用于一定具体的社会实际的。当前世界上还存在着不同性质的社会和不同文化的民族，各国的社会学都不可避免地具有它们各自的特点。我国的社会学必须是反映具有社会主义性质和中华民族特点的中国社会的社会学。它的内容既不可能是中国解放前的社会学的简单恢复，也不可能是任何外国社会学的直接引进，我们虽要批判地继承所有过去社会学的成果和批判地吸收西方社会学的成果，但必须以立足于当前中国社会实际为主，通过实践的考验逐步发展我国自己的社会学。这是一项艰巨的任务，需要几代人的努力才能实现，但是千里之行，始于足下。我们有马列主义、毛泽东思想的指导，我们有社会主义制度的保证，我们的目标一定能够实现。

以上讲的是我们当前所要建立的社会学的目标和任务，接下去想谈一谈这三年在工作上所采取的步骤。

要实现上述的目标，必须有一个能为此努力的工作队伍。科学工作是老老实实细致的专业性工作，没有具备科学训练的队伍，经过长期的艰苦劳动，是不可能取得成就的。而我国由于高等学校多年来没有培养社会学工作者，过去学过社会学的人数不多，而且多已年老，业务荒疏，知识老化，所以在开展社会学的事业上首先遇到的困难是人力不足。

乔木同志在他的讲话中曾经指出：我们除了集中可以集中起来的年老的社会学者并且设法充分发挥他们的作用之外，还必须着手培养新的一代社会学者。他曾建议教育部门从速在高等学校中恢复这门学科，开出社会学的课程和设立社会学的专业和学系。

为了落实这个指示，我们把培养新的一代社会学者作为当前建设这门学科的首要任务。但是这里存在着一个难题，就是在这门学科的内容还没有建立起来之前，由谁和用什么来培养新的一代呢？要在学校里开课和设系，教师在哪里呢？教材又在哪里呢？如果按着正常的办法来进行，似乎应当是先开展社会学的实地调查，掌握当前的社会情况，运用马列主义的理论，编写各门社会学的教材，然后成立学系，招收学生，开班授课，培养新的一代。这样做需要较长的时间，决不能满足当前正在迅速开展的社会主义现代化建设的需要。为了争取时间，除了鼓励一部分人按着上述的道路进行外，我们还必须打破常规，采取边学边教的办法。那就是吸收有马列主义修养的其他学科的中年教师和有社会工作经验的各有关部门的干部，对社会学进行短期的学习，然后组织他们进行社会调查和试编社会学各门课程的教材，在实践中培养他们成为各机关的社会学研究人员及各学校的社会学教师。

中国社会科学院社会学研究所和中国社会学研究会为了培养社会学工作者及编写教材于1980年和1981年办了两期短期学习班，参加人员共约有100多人。南开大学在1981年办了一期专业班，由各大学四年级学生参加，现在已经结业，共约40多人。他们已成为各社会学学会成员、各社会学研究机关工作人员、各校教师中的骨干力量，对建设我国社会学起了推动作用。与此同时复旦大学分校以原有政治学系改为社会学系，于1978年起即招收学生，今年即将有大学毕业生。今年起又有四个高等院校招收了研究生。

从这段工作中我们认识到，我们中国在过去30多年中，着重马列主义的学习，在中年一代中确已培养出一大批对马克思主义理论有修养又在社会的实际工作中取得了丰富经验的人才。他们中很多人愿意有机会采用现代的社会调查方法，以马克思主义理论结合中国社会的实际，来加强和加深对中国社会各方面的认识，并提高到理论水平，为促进中国社会主义现代化做出贡献。我们必须通过各地社会学会的工作，使他们团结起来成为建设社会学的重要力量。

在培养从事新中国社会学工作的新的一代的过程中，我们深切体会到必须坚持理论联系实际、教学联系科研的原则。自然科学离不开实验，社会科学离不开社会调查。社会调查是对社会现象有目的的和有系统的观察，为探索社会运动规律提供资料。人生活在社会中，不可能对社会毫无知识的。但是这样从生活实践中得到的知识不仅是局部和片面的，而且常常是知其然而不知其所以然的。要取得对社会的科学的知识，必须要针对一定的问题，在一定的范围内，进行系统的观察，经过分析整理，提高到理论的认识。因之，立足于中国社会实际的社会学必须从科学地调查中国社会入手。

提倡社会调查是我党的优良传统。但是在早年限于战时环境，只能采取选择典型，进行短时间的，面对面的直接谈话、讨论的调查会方式，即所谓"解剖麻雀"的方法，也可以称之为重点社会调查。这是科学的社会调查最基本的方式方法，也是行之有效取得辉煌成果的方式方法。

这种重点社会调查固然是行之有效的方式方法，我们不仅应当坚持下去，而且还应当发扬光大，但是也应当看到它的局限性。这种方式方法不适用于范围较大、面积较广的研究对象。它可以通过解剖一个"麻雀"，检视一个社会类型的各方面的内容，作出细致的描述，取得定性的效果，但是不容易正确地用数量来表明属于这种性质的类型在较大社会里的地位和比重。因此，进一步发展我国的社会调查还得以适用于较大面积的调查方法加以补充，就是要做到点面结合。面上的调查方法一般是从一定的问题出发，采用一系列能用数量来衡量的指标，编成问卷，按被调查者的情况按表填写，据此进行统计，取得定量的效果。采取这种方法，被调查者的数量可以很大，不受调查者个人能力的限制，尤其是由于现代计算工具的改进，巨大的数字都能处理；这是过去手工业方式所不可能想像的。这种调查方法能否做到如实反映社会实际决定于怎样制定调查的问题和衡量的指标，编定问卷，问卷编定后怎样抽样发放和填写，最后经过统计怎样对数量进行解释。要能正确地解决这些问题以符合科学的要求，必须依赖事前的重点调查和事后的重点核查。所以点与面必须结合，定性与定量必须结合，它们不仅并不矛盾，而且是互为补充的。

点上和面上的社会调查都需要扎实的基本训练。重点调查必须深入群众，实行三同，参预他们的生活，不仅要访问、观察，而且要能通过共同的生活实践才能体会他们的思想态度。善于与群众相处，善于观察分析，能在纷纭复杂的具体生活中理出脉络，看出其间的关系，综合比较，提高到理论高度，不是普通人不学而能的。把这种调查研究工作看成简单易行的走马观花是不对的。必须有充分准备和基本训练，而且还得不怕苦，不怕累，不怕麻烦，从实践中锲而不舍地锻炼自己，才能真正做到一个名副其实的社会调查者。面上的社会调查也并不是随意编写问卷，拿回来统计一下就可以完成的。对要调查的问题没有深入的理解，就不可能做出恰当的问卷，至于怎样抽样才能正确反映全面，怎样使被调查者如实地填写问卷。这些问题都必须因地制宜予以解决。汇集问卷后进行分析统计，就得采取各种计算的工具和方法。对于统计所得的数字，更必须联系有关情况加以反复研究才能明白它们的意义。为了做好调查研究，我们切不可忽视了基本训练。

社会的变动有它的历史过程，我们要了解今天的社会必须和昨天的社会相比较。所以对一个地区的社会调查最好能经常进行观察，至少要能在相隔不久的时期反复调查，观察它的变动。我们过去的社会调查，常常配合一定的政治任务，运动一过，这些调查资料就被丢弃了，很少能把对一个地区的历次调查积累起来，进行比较研究，看出其中变动的规律。而且由于没有积累资料，即使在同一地区进行调查常常要从基本情况重新开始。这样做法不易使调查做得深入，而且还要耗费许多不必要的精力。因此，我们认为今后的社会调查应当可以更有计划地在已经调查过而且掌握了基本情况的地区，反复进行，使得历次调查能相互比较，以观察社会变动；使不同方面的调查能相互补充，观察它们之间的联系。这样进行反复调查的社区我们称之为社会调查基地，也就是社会的科学观察站。可以设想：在全国不同地区不同类型的社区设立了许多可以经常观察的社会调查基地，当我们需要了解国家的某些社会情况时，就能在较短时期内取得较正确的资料，比起西方某些国家所进行的"民意测验"在科学性上可以高得多。目前来说，这仅仅是一种设想，离实现还有一段距离。

社会调查的方式方法我们也应当采取不拘一格的方针。在目前初创的阶段，我们只能要求坚持理论联系实际的原则，发挥社会学工作者的创造性，鼓励大家进行多种多样的社会调查，在实践中逐步提高。过去的三年里，各地的社会学工作者已经写出许多社会调查的报告，我们已收到300多篇。这充分表现了大家的积极性。通过这次年会，我们可以就这些调查报告进行讨论，取长补短，加以提高。在实践中学习也许是最有效的办法。不通过比较难于看到长短，自己没有参预过调查也难于明白其中的甘苦和吸收别人的经验。经过这一段各地分别地进行社会调查之后，我们希望这次年会能总结出一些经验教训，逐步进入比较有计划的阶段。我们不妨根据各地具体条件提出今后一段时期里调查研究的重点。如果能提出一些设想和具体计划当然更好，但在初创时期一切还是属于尝试和摸索的性质，社会调查的主要作用还是在通过实践培养干部，是我们社会学工作者自己教育自己的过程。在这个阶段，要求像其他有基础的学科那样做出高水平的成果和重大的贡献是不现实的。

在各自考虑调查研究的重点时，不仅要发挥各自的优势，比如在农村社区已经有调查基础的地方可以继续进行农村调查，进一步研究有关发展农村社会经济的各项问题；在城市里已经进行过街道调查的地方可以继续发展城市居民社会问题的调查研究等等。与此同时，我们也应当逐步地与当前我们社会主义经济发展的实际情况和问题密切结合起来。不仅要着眼于当前社会上关心的一些社会病态问题，比如青少年犯罪、待业、失学等，也许更需要我们去研究一些较基本的现象，比如当前的城乡关系，家庭结构，城市规划，人口质量，工厂管理等等。特别应当注意到目前精神文明的建设，当前我国社会的上层建筑和意识形态里存在着许多问题，在我们建设社会主义社会的过程中，这些问题的妥善解决是十分重要的。在我们中国这方面的问题中许多还没有对口的学科去进行研究，正需要我们社会学承担。我们的社会学还可以和其他学科的研究工作相结合，发展跨学科的调查研究，如教育社会学、工业社会学、民族社会学、公安社会学等等。社会学原是一门领域广阔的学科，我们正可以有重点地发展起来，做到百花齐放，满园春色。

我们要在中国土地上生长出反映中国的社会实际，具有中国特点的社会学。我们中国是社会主义的国家，为社会主义建设服务的中国社会学必然是要在马克思主义思想的指导下，对我们中国社会进行实际的调查研究才能发展的。但是，为了这株新苗的茁长，我们不仅要古为今用，还要洋为中用，从旧中国和从世界各国吸收一切有益的养分。这就需要我们实事求是地对过去的和外国的各种社会学成果进行去伪存真的批判接受。乔木同志在讲话里已经指出怎样去吸收国外社会学有益部分的方针。对于它们首先要学懂，然后再进行批判。乔木同志说社会学也需要成为社会学研究的对象。这包括用历史唯物主义去分析各时期各国的社会学理论的历史背景，检视它们对当时社会起了什么作用，还要研究它们对我们当前社会主义建设有什么用处。这项研究我们也应当开始了。为了培养下一代我们也必须有这一门介绍西方社会学的课程。比较现实的办法是在西方社会学家中选择一些有代表性的人物，一个一个人地进行研究。先把这些人的著作读通，即使不能全部读过，重要的代表作的原文必须一字一字地读，千万不要依靠二手材料来立论。原本还得翻译出来，太长太多的可以摘要译出。这样才能说是认真的介绍工作。在这基础上才有条件发表自己的意见。这样做是个很好的自己学习和帮助别人学习的过程。我们希望能及早地多出版一些这样的译著。我们也希望我国年老的社会学者能多多地把过去的研究和心得写出来。已经故去的社会学者的遗稿，我们有责任收集、整理、出版。我们渴望出版机关多给我们协助。

我们还希望继续开展与国外的学术交流。过去三年中我们已经和日本、美国、加拿大、澳大利亚、英国、西德、南斯拉夫、法国等国家的社会学组织或个人建立了关系，进行了交流。我们是一个开放的国家，闭关自守的时期已经过去。为了互相学习，组织之间及个人之间的互访是相互促进的有益行动。尽管我们和一些国家社会制度不同，但是友好地交流是必要的。

这次年会，我们向我国台湾省的社会学社发出了邀请；我们获悉台湾省的社会学者受到很大鼓舞。我们深切体谅他们在目前还不能出席这次年会的苦衷。我们相信阻碍我们正常往来的因素一定会消除。我们将继续为台湾省的社会学者保留理事的席位。什么时候能来祖国大陆就什么时候参预我们学会的活动。

  在这次年会上，我们除了共同检阅我们这三年各地社会学工作者所取得学术上的成就外，还要对本会的组织怎样适应当前的形势的问题进行讨论并修改章程，选举领导机构和工作机构的人员，并且希望能共同商讨今后具体的工作规划。希望我们能开成一个团结的会议，一个向前看的会议，大家协力同心完成党交给我们建立以马克思主义为指导，结合中国实际，为社会主义服务的新中国社会学的任务。

1982 年 5 月 22 日

  本文系作者在中国社会学年会上的报告。载《社会学通讯资料合订》1982年第 3 期。

从实际出发规划社会学学科建设

这次社会学年会开得很好,超出了我们的估计。地方的积极性很大,经过三年,我们的工作有个基础了。但是,我有一点担心。一桩事业在成长过程中,要冲破各种阻力,不是容易的。现在大家有争论,有不同的看法,不要紧,这是正常现象。有些人不了解社会学是什么,这要大家从实践中摸出个新的内容来。以党的调查研究的优良传统作为基础,这一点必须有充分认识。但是,我们目前对国情的认识还是有局限性,不够系统化和科学化。现在不是上级不支持,而是嫌我们走得慢了。上下的积极性都起来了,事情发展起来就要注意,不要出问题。

加强党的领导,这不能含糊,不是光说,而是要贯彻到行动中去。从实际出发,以马列主义为指导,这绝不是只引用几句马克思列宁的话,要认真学习、消化,要见诸科学的实践。在思想、组织路线上都要加强党的领导。我们不能随意去搞调查、搞基地。必须地方各级党委同意我们搞什么,我们才能搞什么。同时,也要根据我们自己队伍的情况,要量力而行。我们绝不能用任何"令箭"压人家去搞。不愁地方不通,我们搞出成绩来,早晚会通的。我们培养干部也不是一朝一夕的事,把社会调查看得很容易是非常危险的,我们要下苦功夫。不要忙于出成果,我们目前还是以学习为主,以培养干部为主。

现在各方面已经开始注意到社会学,搞工厂管理的找我们,搞教育工作的找我们,搞城市规划,搞精神卫生的也找我们。对于社会学的发展前途不要急,只要我们做出成绩来,大家会上门来的,连公安厅也都上门了。我们要多多联系各个方面,一起商量怎样建立各门专门性的社会学,如工业社会学、教育社会学等等。我们的宗旨就是为"四化"服务,哪儿需要就要到哪儿去。不要有本位主义,不是为了我们的学科,搞一个旗帜,去争地盘。这些都不是我们的事情。我们要老老实实,人家不做的我们去做。社会学对于"四化"是不是有用,还得用事实来证明,事在人为。

的确,对于社会科学来讲,很多学科还正在发展之中,我们不要去代替人家,而要尊重人家。我们可以做调查研究,他们会喜欢我们,也欢迎我们去帮忙的。他们组织学会,我们出力帮助,作为其中的一个成员也可以。现在有很多学科还没有划分清楚;例如在法制委员会里面,就需要各方面的知识。比如婚姻法里应该什么年龄是可婚年龄,就要各门学科共同研究。就因为可婚年龄一时解决不了,立法工作拖了好一段时间。再说这样规定实际是否起作用,那是个社会学要研究的问题了。有些地方,特别是在农村里,结婚登记是一种形式而已,必须花钱请了客,俩人的夫妻关系才能取得社会上的承认,才能在事实上改变他们的社会地位。至于社会上怎样规定,可婚年龄的问题是很复杂的,我们现在还没有研究。所以当法制委员会讨论这个结婚年龄问题时,我不敢发言。这就说明我们社会学不是没有用处,而是我们还没有成长,还不能发挥作用。

社会学的内容,还要逐步充实,丰富起来,它的体系也只有逐步地、不断改变地形成。现在只有一个指导的方向,那就是马列主义。按这个方向我们不妨划出一些轮廓,作出一些设想。我一向认为真正科学社会学的建立,只有在社会主义国家里才有条件,但是总还存在着局限性,看来要到共产主义社会人们才能自觉地在社会里生活,所以这还有一个漫长的道路。我们应当看到我们当前的机会和责任,我们要集中精力首先反映中国这个社会主义国家客观存在的社会实际。对我们国情的科学的认识将有利于我国的四个现代化。再进一步,也得看到研究中国社会主义社会的成果,对全世界的人民是有启发甚至有指导作用的。我们现在所进行的社会主义建设是前人没有做过的事,这里取得的经验,即所反映出人类社会发展的规律,是具有普遍的意义的。

我们要大力地宣传社会学对社会主义建设的作用。首先是在各部门实际工作的干部中讲社会学知识。现在各机关、工厂、各级干部都愿意听社会学。上个月我离开北京前就在石油部领导干部的会上讲了一次社会学。讲了以后,反映很好,认为社会学的观点对他们的工作很有用处。有一次体委也要我去讲,我一时不知道怎么讲话。他们说可以讲的问题很多,比如现在很多人把体育看成了比赛。竞技,当然在国际上争夺冠军,为国争光是重要的,所以我们需要培养像郎平这样的杰出人才，但不能每个人都成为郎平。我们更重要的是通过体育来提高群众的体质，这是个社会问题。郎平对促进人民体质的提高有贡献。不是她个人球打得好就成了，今年得了冠军，明年不一定还得冠军，这不要紧，主要是提高人民体质。当然她这一下，使妇女的社会地位提高了，这也是社会作用，我们可以研究体育社会学。我们学社会学的要勇敢地同不同的部门、不同的工作密切联系，合作研究，从社会角度去看各种问题。这就需要向各方面的干部广泛地宣传社会学，也是为发展专科社会学打开局面。

目前各社会学研究机关招了一批研究人员，他们有的没有学过社会学。我们要想各种办法给他们补课，办短期学习班。办了还要总结经验，人数是少一点好，还是多一点好？课程少一点好，还是多一点好？在时间方面，是一个月，还是几个月？另外，我们还可以在适当时候请各有关研究机关的研究人员和领导干部开个读书会，提出各种问题，大家一起研究。我们不能闭门造车，要与有关部门领导同志一起研究讨论，请他们提出认为哪些工作感到有必要和社会学合作来解决的问题。这就可以帮助我们一层层地解决社会学的范围和内容的问题了。

现在有的学校已经开设了社会学课程，由各系学生选修。武汉大学和华中工学院都这样做了，而且听说学生很积极。很多学生愿意听这门课，这是对我们很大的鼓励。但也就提出了教科书的问题。我一向认为不宜采用统一教材的，特别是我们社会学还在初创时期，不可能有成熟的统一教材。我们应当鼓励大家都来试讲，大家都来编教科书。至于建立马克思主义的中国社会学体系目前来说还是远景。我们要向这个目标努力，不能因为是远景就不做，同时也要认识到这不是少数人能关了门制造出来的。看来这和造房子不全相同，大概不能先有蓝图，而是要在百家争鸣中成长的。我们从现在起就要积极做，现在就开步走，不要怕，不要怕人家批评、嘲笑、谩骂。我们是小孩子学走路，跌跤是免不了的。哪一个人不是在别人笑骂中成长的？

我们在两年前就用这个态度，开始号召编写《社会学概论》。我们说清楚，大家可以编，不求一致。有些边远地带的同志首先编出来了，那就是成绩。这件事对我有不少启发。越是包袱小的发展得可以越快些。我们也想编一本"概论"，但是至今还没有拿出来，原因是顾虑多，结果掉在后面了。其实这不仅编教材是这样，办社会学系看来也有这种情况。复旦大学分校最先办了社会学系，快要有第一期毕业生了。北大今年才挂上社会学系的牌子，南开大概还要迟一些。具体分析一下这种情况是很有意思的，这也是社会学嘛。我并不主张，条件不成熟就办系。这件事应当由各大学根据自己的条件来考虑。我们只希望有条件的快一点上，条件不够的要抓紧创造条件，我们总是随时准备予以帮助。

要开课，要办系，就得要教师，要教材。因此我们有任务培养师资和编写教材。两年前第一期学习班结业后，有一部分从各大学来的中年教师建议联合起来编一本"概论"。教育部支持这个倡议，但有一个条件，要我做主编。事实上，我一无能力，二无时间和精力。如果我不出头，这事也就吹了。这不好，所以我承担了责任。实际上我只起组织作用，至于编写本身我完全放手，让这些中年教师去做。我想这是培养师资的一个好办法。我和他们一起讨论，定出了个章节目录，然后由他们分头去编写。写出的初稿当然是"不三不四"的东西，但是这就有了个开始。我决定让丑媳妇见见公婆，所以一方面让他们在南开的专业班上试讲，让青年学生听听，鼓励他们提问题，提要求。一方面又组织了一次讨论会，请各校准备讲社会学的教师和马列主义教研室的同志提出批评和建议。今天在座的各位中有参加过讨论会的。我心中有数，把这初稿亮出去一定会招到各种积极和消极的反映。积极的反映可以作为养料，消极的反映可以作为推动修改的压力。对培养这些师资和编写这本教材都有好处。结果确是如此。从事编写工作的同志们更积极更努力，决心要把这本教材编出来。他们自己修改了一遍，然后推出几位通读修改。希望今年内可以完成这一稿。这样编出来的"概论"还是很不成熟的。那不是因为编写的人努力不够，或水平不够，而是这门学科本身还处于初创阶段。我想有这么一本"概论"总比没有好，它可以抛砖引玉，它可以成为批评的对象，修改的基础。同时还得再一次说明，这不过是将来许多本"概论"中最早的尝试之一，为学校里讲社会学的教师们提供一本参考之用的试用本。即便出版了，也只供学校里的教师和学生之用，而且准备每一两年进行一次修订。

关于办社会学系，我有一些不成熟的意见。我认为能不能办好一个学系主要是在师资，同时要有个课程规划。课程规划里包括专业课和基础课。我所说的专业课是指社会学的课程，基础课是一个念社会学的学生必须有的其他学科的训练，如中文、外文、历史、数学、自然科学特别是生物学的基础知识、哲学和逻辑等等。因为社会学的学生需要学这些课程，所以必须在一个综合大学里办社会学系。社会学系的学生可以选修其他学系的课程，社会学系则集中力量开好社会学专业课。

关于社会学专业课还要分两类，一类是基本课程，凡是专修社会学系的学生必须学习这些课程。还要开一些社会学专业课让学生选修，至于必修课的规定也应由各大学自己决定。因为各大学可以选择自己侧重发展的方向，不应要求统一。我认为要办一个社会学系至少要有六门基本课程。准备好了六门课程，才有条件可以成立学系。当然可以在四年里分年准备，不必全都准备好了才招生。

一个社会学系应当开出哪些基本课程呢？我想到的是：1. 概论，2. 社会调查，3. 社会心理学，4. 城乡社会学（社区概论），5. 比较社会学（社会人类学），6. 西方社会学理论介绍。

"概论"和"社会调查"我不多说了。这两门课程的试用教材已经有人在编写，希望今年年内可以印出初稿。《社会心理学》原是一个学科，我们可以列入基础课内，不算是专业课。但是目前这个学科的处境和社会学相类似，而且因为心理学里社会心理学这方面长久以来不受重视，所以还得我们拉一把。最近已经有一部分社会心理学者组织了起来，而且由于我们的倡议和推动，已经有人承担编写社会心理学的教材，编写的方法和《概论》不同，是主编自己动手编写，再请同行讨论提意见，进行修改，这个方式效率较高。

《城乡社会学》和《比较社会学》的编写到目前为止还没有落实。我们希望有人自告奋勇，承担任务。《西方社会学理论介绍》首先着重在如实介绍，然后在这个基础上再进行批判和吸收。过去对西方社会学各家理论全面如实介绍的不多，而常常是用第二手、第三手的材料来进行批判，我不很赞同这种学风。

我们介绍和批判一家理论，主要目的是在吸收其对我们社会主义建设有用的部分，不是用它作为一个稻草人来练习射击。我们也要对各家理论本身作出社会学的研究，就是把它作为一定社会的意识形态的一部分来分析。这些都必须采取实事求是的精神，所以首先要懂得人家究竟怎样说的，说些什么，什么意思。那就是介绍，介绍必须先于批判。要真的看懂一家的理论并不是容易的事，我们必须要有严格的训练，而严格训练又不是一句空话。所以说，我们任重道远，不能希望一步登天，要硬着头皮搞下去，不看到困难不行，在困难面前低头不行。我们对自己的要求要严格些，不能与其他学科一样，因为我们不如其他学科，这不是谦虚之言，这是历史造成的事实。

在这里我想说几句关于社会调查基地的话。不是我们要去搞基地，调查基地是工作里面出现的，它是工作的结果。我们要调查一个社会问题，必须对一些具体社会现象进行观察。社会现象是人的活动，是具体的，总是发生在一定的时间、一定的地方。所以社会调查必须以一定的社区为范围。社会问题总是发生在一定社区里生活的人，而人的生活也总是在社会里进行的。所以要研究社会问题必须从在社会中生活的人出发，观察他们的行为、思想和感情，这些是社会调查的基本资料。

以一个具体的调查课题来举例说明，如果我们要了解当前中国家庭结构变动的趋势，我们不应当凭空猜测，而应当去调查实际情况。那就得挑选一些社区为研究的园地，调查这社区里的居民，每家有多少人，多少男，多少女，他们之间是什么社会关系。根据这些材料可以看出有些人家人数多一些，有些人家人数少一些，有些包括着几代人，有些只有一对夫妇和他们未成年的儿女等等。于是要问，为什么有这些差别？要答复这个问题就得调查各家的经济情况，社会地位，教育程度等等。这些都是上面所说的基本资料。有了这些资料才能研究家庭结构变动的问题。如果你还想研究青少年犯罪问题也同样要以一个具体的社区为研究园地，先了解这些基本资料。因为如果不明白这些犯罪的青少年的家庭背景也就不能了解为什么有些人犯罪，有些人不犯罪。如果有两个研究人员，一个人要研究家庭结构，一个人要研究青少年犯罪，他们就可以在一个社区里进行调查，利用同一套基本资料。那不是可以节省很多时间和精力了么？他们两人的研究还可以互相联系，互相启发，因为家庭结构的变动和青少年犯罪是有联系的，所以在同一社区进行研究是相宜的。这么说来，我们就可以设想先集中力量把一个社区的基本情况调查清楚，然后利用这些基本资料研究各种问题，在工作上就比较容易深入，而且可以节省很多的精力了。这种已准备下基本资料的社区就是我们所说的社会调查基地，在这个基础上进行的调查研究都可以积累起来作为基地的基本资料，作为不断进行各种问题的研究基础。

具体的说，1936年我在江村做过一次调查，1956年澳大利亚的格迪斯在这个村子里又调查了一次。他就用我早年的调查资料作为基础,来研究这个村子 20 年里的变化,我们又在 1981 年去调查了一次,又用以前两次的调查作基础来研究这个村子 45 年间的变化。如果我们进一步把当前的基本情况有系统的调查清楚,接着就可以研究社会经济各方面的问题。这个村子也就成了一个社会调查的基地。很多人就会愿意到这个村子里去研究问题,因为这里有比较丰富的基本资料。

在这种社会调查基地上,一个研究工作者可以不必费很多精力从头开始调查基本情况,而可以利用前人的调查成果。自己的研究又可以成为后来的研究工作者的基础。节节上升,发挥了学术的累积作用,事半功倍。这是资本主义社会里做不到的事,只有在我们的社会主义国家里能这样做,我们的知识是为人民服务的,不是个人占有的。没有这一条,也就不能建立社会调查基地了。

我们还可以进一步设想,如果我们有几十个这样的社会调查基地,互相交流,那就更好了,假如大家研究一个问题,就可以较快地掌握我国的全面情况。领导上要决策时就可以比拍拍脑袋作出的决定要好多了。我们可以有意识地、有计划地在全国铺开,在不同类型的社区建立社会调查基地。正像气象研究机关,在全国各地建立气象观察站一样,可以及时地反映社会的"气象"。这样得出的社会情况比现在资本主义国家的"民意测验"正确性可以高得多。其实这也就是把我们群众路线科学化,组织化。

这些设想并不是空想,但是现在还不是现实。那是因为我们做这项工作的人还没有培养出来,我们还没有实践的经验。如果大家认为这种设想是好的,有实现可能的,那就得动手做出来。我们现在连一个社会调查基地还没有,不能画饼充饥。我们要看到前景,要看到现实存在的差距。从现在起就要迈开步子前进。但是不能太急。我们必须有充分准备,首先要有人做这件事。坚持做实地调查工作是不容易的。调查什么,怎样调查,怎样可以得到正确的资料,怎样去整理、分析这些资料都是问题。不经过严格训练,刻苦的实践,不容易成为一个科学的社会调查者。搞社会调查并不是走马看花,看到什么记什么,开一篇流水账就成的。也不是闭门开一张调查表,发出去叫别人填写,收回来,统计一下就可以得出结果的。以调查家庭问题来说吧,家庭这个社会细胞的成员包括些什么人,就是一个首先要解决的问题。中国与西方一些国家就不同。他们所谓家庭常常只指夫妇加上未成年的儿女,而中国可以包括这个核心之外的许多其他人。西方一些国家夫妇通常是住在一起的，而我们两地分居的夫妇不少，并不影响他们是同一家庭的成员。再说，我们所谓"两地分居"的概念也不很清楚。一般理解是住在两个城市，如一个在上海，一个在广州。可是现在有许多夫妇都住在昆明，而并不能经常一起生活，那是因为一个在市区工作，一个在郊区工作，交通不便不能天天来往，或是没有共同的住所，只能分别住在各自的办公室里，他们算不算两地分居呢？家庭情况是很复杂的，不到实际生活中去观察是无法分析的。

社会调查是一项很细致的工作，不要以为很容易，人人都能做的，问卷也不能凭着自己的一些设想就能制定出来的，非有亲自地观察、细致地分析是做不出问卷的，没有问卷也就不容易知道全面的情况。我建议我们做研究工作的领导同志们都能作次社会调查，不一定要大题目，找个小题目，带几个人去，从头到底地到农村、市镇或街道去进行一次调查。这是非常重要的，对自己提高，对领导研究工作，对建立社会学的事业，都有好处。

上面我说我们要建立一些不同社区类型的调查基地，又说要在一个基地上反复地在不同时间进行调查，那是因为这样做，我们才能有比较的资料。科学研究离不开比较。何况中国之大，中国之复杂，不比较各地的情况就看不到什么是共同之处，什么是区别所在。有共同、有区别才能看到全面，也看到个别。所以我想，我们的调查工作最好能在各地平行进行，不要互相干扰。广东搞广东的，天津搞天津的，大家分别负责进行。各地的调查成果，合在一起进行比较研究。为了便于比较，在基本资料方面要有个共同的基本项目。这些共同的项目之外，各地可以结合本地的特点，补充自己要调查的项目。我们要从实际出发，发挥各地方的积极性，各地方有它充分的自主权，一直落实到研究者本身，不能用行政命令来领导研究工作。学术工作是细致的脑力劳动，不发挥研究者的自觉、自主不行。可是这里面也有个研究者的觉悟水平问题。在我们社会主义社会里，科学工作的动机不是个人的利益而是民族、国家，以至人类的共同利益。我这里所说的自主是建立在自觉的基础上的。我们要注意改变现有的一种不好的风气，就是为了提职赶写论文，把论文看做是取得物质利益的手段。根据学术成果来评职是对的，个人希望提升也是正当的，但是如果为了提升而写论文那就会影响到论文的学术质量，所以是不好的。这里牵涉到一个人的品质、作风和境界，只能加以潜移默化而不能强迫改造的。

我们这个学会是个为了互相交流、促进协作在自愿基础上形成的联合体，不是个权力机构。所以这个全国性的学会和各地学会的关系不是上下级的关系，学会和成员的关系也是如此。学术工作最基本的是每个成员的脑力劳动。学会的任务是为成员间提供交流，协作，互相批评，互相观摩，互相促进，互相结合的机会。目的是在发挥各成员学术上的积极性，帮助他们组织起来，为社会主义建设服务。

我们的社会学会是建设我国社会学这门学科所不能缺少的一个部门。我曾经设想过要建立一门学科，至少要包括五个部门：学会、研究机关、学系、图书资料中心、出版刊物。这五个部门是密切联系的，要很好地结合起来。社会调查和理论研究是两条腿：没有社会调查，理论就没有根据；没有理论，社会调查就没有方向。上面五个部门都要用这两条腿走路。理论与实际结合，教学和科研结合。

我碰到很多朋友，有中国社会科学院的领导，有教育部的领导，都说我们社会学对教育和科研的关系处理得比较好，互相帮助，没有什么扯皮。大学办系由学会和研究所帮助培养教师和编写教材，研究机关需要人才由大学培养供应，目的一致，感情很好。我们要继续发展这种关系，互相联系，互相帮助。各大学之间也要互相联系，互相帮助。昨天武汉大学的校长来看我，我说了我的想法，武汉大学不必急于办一个系，一定要等有了条件再办。可以先开一些社会学课程，培养教师，然后不论在哪一个系里成立一个社会学教研室，开展一些调查研究工作。水到渠成时，建立社会学系就很顺手了。前面几个学校不能不硬着头皮搞，不搞不行。现在已经有四个大学办了社会学系，别的大学可以准备得充分一些再办系。我们这几年有点逼上梁山的味道，很紧张。北大、南开招研究生用了我的名字作指导教师。学生来了，看不见我，就说为什么我不去？他们不管你忙不忙，谁让你挂名？他们的要求是正确的。我不能不去讲课，准备不足，讲不好，很窘。所以我说现在还没有办系的，不妨多做点准备工作。办系的另一个原则是本省的领导没有感到搞社会学的需要时，我们只能吹吹风，不能着急。比如说现在看来有些省还没有这意思，我说慢慢来好了，不要紧。四川、武汉领导上都是比较积极，我就劝他们多作准备。现在我们有条件可以稍许稳扎一点了。过去这三年也许步子已经跑得大了些，今后要稳扎一些。已经办系的各大学要看到自己实力还太单薄，必须有计划地挑选比较好的学生留下培养成自己的教员。这样，在三四年里这四个大学可以培养出一批新生力量了。

我和教育部同志谈过，我们不妨先在沿海四个大学，即北大、南开、复旦、中山办社会学系，第二批要溯江而上，再由四个大学办社会学系，即南京、武汉、成都、昆明。另外我想到东北、西北去跑一跑，我相信各地的大学是要办社会学系的。什么时候办是决定于我们培养师资的速度和效率。我们在这方面抓得紧些，多想些办法，多做些工作，社会学这门学科发展得就可以快些，对四化的作用也可以大些。

让我再说一遍，一个学科的建立至少要包括五个部分：

一、学会组织。这是一门学科的群众性组织，它的成员不仅包括这门学科的专业人员，也可以包括支持这门学科的人。特别是我们的社会学在初建时期更需要社会上的支持力量。这三年我们在这方面是有成就的，现在已经有近10个地方成立了社会学会。

二、专业研究机关。这种研究机关可以有编制吸收专业干部进行研究工作。专业研究机关应当在社会学研究上起带头、协调、交流的作用。特别是今后承担国家交下的研究任务时，这些机关要起保证作用，而且在实际上也要通过这些机关体现党对这门学科的领导作用。

三、各大学的社会学系。这是专门培养社会学工作者的场所。教学和研究必须结合，所以各大学不但要密切和各研究机关联系，利用研究人员来讲课，而且专业教师要有自己的研究工作，进行社会调查。本科生要有调查实习，研究生要在调查基地进行专题调查研究。当前在大学里办好几个社会学系是最迫切的任务。只有办好了几个社会学系，才能不断有做社会学工作的人才。

四、要有图书资料中心。这项工作我们还没有很好地开始。希望创造条件搞一个样子出来，将来一定要有一个总的社会学图书资料中心，大家互相交换社会学方面的科研成果和调查资料。各地方的社会调查总是局部的，片面的。我们要科学地了解我国的社会，不能停留在地方性资料上。所以各地的调查成果一定要有个综合、交流的机构，而且要搜集各方面包括国外对社会学研究有用的书籍、报刊及其他资料，这就是图书资料中心。我们反对封锁资料，我们只怕大家得不到资料，不知道情况。研究工作者没有资料就等于没有饭吃，那怎么能活下去？

五、出版。包括刊物、丛书、教材和通俗读物。这方面我们只是开了个头，今年已有了几种，社会学的专业期刊，还是试刊性质。要办好这种刊物主要有赖于研究工作的开展和提高。这也是急不来的。天津人民出版社出了一套社会学丛书，最初还只能重刊几本旧著，现在开始出新写的书。教材方面，开展得不大，前面已经讲过，我们还在计划出一些工具书，如供翻译工作用的社会学名词汉英对照词典，和供阅读英文社会学著作用的社会学名词英汉字典，最后准备编一本我国自己的社会学词典。关于通俗读物方面，人民出版社也约我们编一套社会学小丛书，其实就是把正在编写的"概论"分章基础上，补充一些内容。

这五个部门建设起来后，这个学科就初具规模了。现在还没有达到这一步。所以为建设社会学这门学科我们还有大量的工作要做。

1982 年 5 月 29 日

本文系作者在社会学规划座谈会上的发言。载《社会学通讯资料合订》1982 年第 3 期。

开展社会学研究

什么是社会学？简单地说：是一种研究社会现象的学科。什么是社会现象呢？这是我们天天看得见的。比如，今天我们开会，很多人在一起，是集体活动嘛，集体活动就是社会现象，社会学就是要研究这种社会现象。社会现象无处不是，每一个人都明了自己所生存的周围社会情况，如果不明了他怎么能生活呢？每个人从小一生出来，就进入了这个社会。进入这个社会以后，我们的生活都要按规律来进行的。比如，一生下来，姓什么，叫什么，互相之间的称呼都是有一定的规定。长大了，见到人称同志、称先生，意义都有所不同。在什么场合、什么地位，两个人的接触应当有什么态度，有什么行为都有社会的规定。这叫社会关系。

我们中国，往往是由年龄来决定我们相互间采取的态度的，假如你年龄比我大，我就应该尊重你一些。这是我们中国的规矩。到外国去，若说你老了，就意味着你没用了。在中国，老了就会受人尊敬和照顾。我比你大，你对我就要客气点。各种社会里各种社会关系就不一样。我们中国人在中国社会里从小学会中国的社会关系。这些社会关系很多是由来已久，有些已有几千年了。我们往往不大想为什么我们这样生活，觉得好像很自然，其实一点也不自然。这些社会关系的具体态度和行为的模式都是人们自己创造出来的。在社会里生活的人没有一刻能离开一定行为的模式。人类能自觉地感觉到我们为什么要这样生活，会有这些行为模式，道理在哪里，就人类历史来讲并不是很早的事情。从猴子变人已是几百万年了，在漫长的历史中，人类并不是在自觉的生活中过来的，而是自在的。人类的发展，首先是支配自然界。比如电，很早没有人知道有电，但不是有人才有电，而使自然界存在的电为人类服务，却没有多少年。应用自然力来为人类服务，使人类历史进入了一个新的阶段。自然科学产生后，在并不长久的时间里，汽车满街跑了；从前没有的，现在有了。现在我们对自然界的认识愈来愈深入，掌握自然界运动的规律愈来愈多了。人类是愈来愈主动地来支配周围的客观世界了。

那么，我们的社会生活是不是可以像自然界一样，可以用人的力量来改变它？不再是历史的规律来管我们，而是我们认识历史规律来为我们自己服务？这就是社会科学。有了自然科学之后，也就产生了对社会科学的要求。直到马克思真正找到了社会变化的客观规律，也就是科学的社会科学的开始，承认社会现象是自然现象的一部分。我们可以研究它的规律，这个规律是不以人们的意志为转移的。

马克思要把人的生活、社会现象作为一个可以研究的自然的现象，来进行科学的认识，来反映客观的变化的规律。马克思指出资本主义要灭亡这不是宿愿，不是希望，而是客观规律，是历史发展的必然结果。其他社会活动同样有其客观规律在控制着我们人同人的关系；只有我们掌握它才可以为我们服务。孩子太多了，所以现在一对夫妇只能生一个孩子。因为人口和生产之间须有相适应的比例，过去比例失调，所以现在必须调整。我们以前就没有注意到人口和社会其他要素之间的关系有一套规律在里面。人口多到一定程度会阻碍经济的发展。要想改善我们的生活，就必须控制人口，就得承认客观规律的作用，并用它为改善我们自己的生活服务。

人口不能不纳入我们的社会和经济规划了。现在必须刹车，一刹车其他问题必然会发生。对今后一代人说，老年人所占的比例会增大，这是不以我们意志为转移的，到2000年60岁以上的人会达到一定的百分比。这些人怎么安排？谁养他？我们的经济负担怎么办？我们的经济不赶紧发展起来是不好解决的。我说的意思是有一个客观规律在支配着我们。过去我们没有掌握这个人口发展的规律，缺少预见。就是有人掌握了，比如马寅初先生就说过，可是人家不相信。都说人多好嘛，工分拿的多，结果我们违背了经济发展与人口发展的相互制约规律，我们的生活不能提高，社会主义现代化建设受到消极的影响。我们要搞四个现代化，就是要主动地来解决这些问题。要不断满足人民日益增长的需要，要有计划地发展我国的经济。要现代化，首先就要掌握客观情况。我们中国究竟有多少人口，有多少土地，可耕地有多少，我们有多少矿藏，有多少资源，国民收入多少，国民经济总产值是多少，就是我们究竟有多大本钱，这是客观的数据、资料，是我们制定计划、决定政策的根据。我们过去对这些知道的太少了。许多事都是在大概、差不多的推测之中进行的，所以很多计划性的东西很难落实下去。很好的政策碰到具体实际就出问题。就是说情况很复杂，要调查研究，不能一刀切。

我们不能满足于10亿人民能吃上饭、有衣服穿，如果只满足这一点，我们国家，和其他国家水平相差会越来越大。所以我们要赶紧进行现代化建设。说在现代化建设中，有很多决定国计民生的重要情况我们还没有可靠的认识，这话不是太过分。我们必须在很短的时间内把中国的基本情况摸清楚。要做这些事情就要有一套科学的方法，就要有几门成套的计量学科，把这方面的知识有系统地整理出来供大家使用。

社会科学里面有很多学科，这些学科的产生有它各自的历史原因；每个学科都有特定的研究对象。社会现象这么广大，对这么大的领域，人们要把这些客观的现象正确地反映到人们的头脑里边来，成为我们可以用的知识，用它来为我们自己的目的服务，这是个很大的事情，现在还没有任何一门学科能承担这个任务。这时就想到了社会学。这并不是哪一个人想到的，而是当时形势的要求。我们提出了要重建社会学之后，第一个找到我们门上来的是江苏省的公安厅。他们说公安就是公共的安全。社会秩序不好，解决这种问题不能只靠抓人，要做到无人要抓才是好的公安局。怎样才能使得没有人犯罪，能不能叫偷东西的人不偷呢？这些问题我们没有学，需要请教社会学。

最近我参加一个会叫交通工程学会议，研究车子来往的。北京的车祸很多，一天死一个人。他们提了许多问题，我也谈了不少，其中一条就是现在自行车问题很严重。现在北京有350万辆自行车，到年底可达到400万辆。在街上交通警特别困难，汽车、牛车、自行车、走路的人，速度不同的交通工具，在一条路上来来去去。解决这类问题叫交通工程学，要和搞社会学的人一起来研究这些问题。

现在我们到处是问题，客观实际天天在发展，计划越来越大，可是我们认识跟不上去。过去作调查靠算盘，现在大量的数据要靠电子计算机了。所以我们必须要考究怎样才能抓住反映客观实际的办法。我40多年前在大学里念社会学时，只是从书本到书本。读书写书，是书中出书。现在不行了，要求我们把现存的社会现象反映出来，把它系统化，成为我们一般人所能用的知识。这就是现在社会学所要做的事情。

人家问我们，在中国这样大的变化中，家庭的变化怎么样？家庭的结构变化怎么样？我们天天生活在家庭里，但并不见得有人能正确的回答这个问题。我自己也搞过几个调查，但全面调查还没有条件和能力。我于1936年在江苏的一个村子里调查过，去年我们又去调查了，把这两次调查一比较就有一个很有意思的问题出来了；在30年代我所调查的农村里，大家庭已不是主要的了，最多的是小家庭和一个小家庭加上一些人（大多是一个爸爸或一个妈妈）。这次去调查，小家庭增加了，由过去的1/4弱增加到1/3以上。又到北京调查，小家庭达到56%，到天津调查，小家庭达到70%；中央民族学院的一个研究所的六十几家中，80%是小家庭。这些数据说明现在小家庭的家庭形式在发展。但农村和城市，农民、工人、知识分子发展的速度又不同。在农村，大家庭的形式比过去也有增加，从百分之十几增加到百分之二十几。为什么呢？就是在农村里边，以前老头、老太太很早就死了，30年代在我所调查过的江苏那个农村里，60岁以上的人有17个；这次去调查达到120多人。增加了100多人，说明我们现在医疗搞好了，人的平均寿命长了。原来老年夫妇为数不多，现在多了。他们不和已结婚的儿女分家，就成了"大家庭"。他们为什么不分家呢？主要是没有钱造房子，只好大家挤在一个房子里住。所以大家都想办法造房子。这说明大家庭并不是稳固的大家庭，有了条件还要想法子分开。

谈到经济条件，在农村，大概人均收入在300元钱以下的时候，很少的地方可以造得起房子，个别家只能造一两间；当人均收入达到了300元钱，就可以想办法、找门路造房，一间房大约得1000元左右。人均收入达到了500元钱，就可以依靠集体造房。如果达到了人均收入七八百元以上，家里就可以有沙发、收音机，生活可以大大改善了。家庭结构也会随着发生变化。现在看来家庭结构的变化总的趋势是向小家庭发展。

如果父母有一个死亡了，或者不能独立生活了，他同谁住在一起呢？过去总是同儿子、媳妇住在一起，现在一个趋势是同女儿、女婿住在一起。这个变化很大，为什么呢？我们整个家庭的基础，以前是靠家庭私有财产制，父传子传下来的，儿子要跟父亲住，媳妇只有跟婆母住才能得到社会的认可。媳妇只有一个希望，就是自己也当婆婆。现在社会制度改变了，生产资料已经公有化了，主要的生产手段不能传给个人。于是家庭的结合也可以感情为基础了，所以母亲同女儿的关系、婆婆同媳妇的关系，一比较就倾向母女关系方面去了。

在赡养父母问题上，有一些人有顾虑。现在我国还没有建立社会保险制度，到2000年很多老年人靠谁生活呢？不能只靠国家和社会来负担整个老年人的生活。我们还要强调由儿女来赡养父母，这在宪法和婚姻法里都有规定。现在强调生一胎，到将来就更复杂了，由谁来挑起这副担子，怎么个办法挑起来，是我们现在就要想到的问题。

家庭结构的基本变化，不能只靠很小范围内的研究来解决，应当进行广泛的调查，比较它们的变化，这也同经济的发展密切相关。研究经济学的人想不到一个家庭里面的经济权力操在谁手，他不关心工资怎么发到谁手上去，在社会上起什么作用。要看到家庭本身的权力结构开始变化，影响是深远的，我们就要进入这个领域去研究。比如研究家庭问题，小家庭、大家庭究竟各有多少，比例怎么样，为什么有这样比例，控制它的有哪些因素，在现在变化过程中这些因素各有多大力量，这就是既要定性又要定量分析。现在我们应该搞出一套社会调查的方法，这套方法可以用到各种问题上面去。比如研究教育质量问题，就是分析影响学生德、智、体发展的多种因素：教员是一个因素，家长也很重要，可是还有一个重要因素，比如小学生，在每一个小学生周围都形成一个小朋友集团。这几个朋友说的话比教师还厉害，父母说话有时小孩不听，老师说话也不听，可是最亲密的朋友说句话他很愿意做。掌握影响一个儿童的是非标准在谁身上，这就超出了一般教师的教育学的范围，进入到把教育的事情放到更大的社会条件下去看，这叫教育社会学。我们的教育，不能光看到关在教室里面的教育，我们社会主义教育是关系到整个人的发育成长，社会要负责任。过去的许多学科里面，有很多短缺的地方，得补起来。社会学是一个从整体出发研究社会的学科，这方面发展起来，可以为国家、为社会主义社会的发展做出贡献。

现在的问题是，30年来这门学科停了，在大学里没有培养出一批年轻的能够做这项工作的人。社会调查和分析研究不是不学而能的。要知道怎么去取得资料，怎么去整理资料，怎么去分析它，看出它的意义来，需要专门知识。我们很久没有在大学里面讲这门功课了。现在在世界各国，在美国、在苏联，各学科里人最多的是社会学；因为它可以为各种社会问题，直接间接地提供解决的办法。我们不愿意青年人去犯罪，我们希望每个青年人都能健康的成长，我们就要了解为什么犯罪，了解和解决待业问题，要发动社会集体的力量，进行教育和"医治"。这一切都要经过我们的科学研究。现在我们最大的问题是缺乏经过训练做这些工作的人。从胡乔木同志提出来要恢复社会学，到现在已经三年多了，我们接受这个任务，首先要想办法培养一批年轻人来做这项工作。

我们的科学是为社会主义建设服务，为我们人民的利益服务，就是要为提高人民的精神的、物质的需要服务。我们这么大个范围的国家，需要有人用科学的办法有系统地把分散的、零碎的、局部的、过去的经验集中起来，提炼出来，为今天所利用。

我是第一次来长春，对东北不熟悉，也没有时间认识这个地区的特点。最近我到内蒙古去了一趟，遇到一些问题，可能与你们东北有共性，其中一个就是人口问题。我国人口分布很不均，过去是集中在黄河、长江、珠江等几个大江沿岸的平原，大约80%以上的人口集中在这几个地区。东北和内蒙古都是开发得比较迟的，在清朝开始时是不许人移进来的，可是朝廷的命令并不能挡住客观的规律，还是不断有人从山东、河北等省份来东北、来内蒙古，特别是在过去十年内乱中，内蒙古的人口增加了1/3，都是从各个省流进去的。本来，对于我们国家来讲，人口逐步趋于平衡的状态是符合一般规律的。我们要发展一个地区，需要人力资源，对于一个空旷地区来说，它也有吸收人口的力量。问题是我们要掌握这一客观规律，有计划地选择我们所需要的人进行人口投资，才能产生比较好的效果。可是现在并没有这样做，人还是来了，自由主义的流入，新人口进来了，就是所谓"盲流"，发生了各种各样对于生产没有好处的事。比如他们采发菜，到放牧的草地去乱挖。把菜挖走了，但草地却被破坏了。当地的人很不满意，由此造成了民族矛盾。人家认为是你们汉人干的，其实他并不是代表汉族的利益，而是为个人捞一把。同样一件事情，我们如果了解它，认识它，纳入我们的计划，就可以做出对我们有利的事，如果不掌握它，任它自流，就会做出违反人民利益的事。

我们东北三省这个地区是需要进一步开发的地区，也有许多需要开发地区的新问题。如果我们能够进行综合性的、科学性的研究，我相信对于这个地区的社会主义建设将会做出很大的贡献。这也正是我们知识分子可以为国家效力的地方。

我希望我们东北的社会学工作者能组织起来，培养一批我们年青的一代来进行社会学的工作。要真正把马克思列宁主义结合中国实际，结合到我们社会主义建设里面去，要结合自己地区的特点，因地制宜地建立自己的研究中心，这个中心要为这个地区的社会主义事业服务，进行广泛的、深入的社会调查，认识和了解这个地区的特点和经验。我相信在不太长的时间里，我们的社会学是可以为我们所使用，为我们的人民造福，为我们的社会主义事业做出贡献的。

1982 年 8 月 19 日

本文系作者在吉林省社会学学会召开的座谈会上的讲话。

谈社会学教材建设

我们想编一本书,现在叫做《社会学概论》,怎么个搞法,我有一些想法,跟大家谈谈,请大家也参加这个工作,算作是学习的一部分吧。学习有多种多样的方法,不一定要在课堂上讲,明年我给你们开课,就想试试这样的方法。顺便说一下,我这个人事情太多。明年的课很难有个长期安排,只能采取短期安排的办法。有时间就来。这样你们看方不方便。

四年前开了一个会,筹备成立社会学研究会,当时乔木同志提出一个任务,要求大学里创造条件成立几个社会学系。社会学停了近30年,过去搞这行的,大多数都60岁以上了,50多岁的也不多。这是历史造成的。现在怎么办?当然要办几个系,培养一批20多岁的社会学工作者。没有人怎么行?

这个月我们准备搞一个规划。社会学研究些什么,搞些什么课题,为什么要搞这些课题,怎么个搞法,这要规划规划。搞这个规划,是一个难题,你们考试是老师批分数,我们的规划却是要由历史来批分的。假如时机到了,我们没有做出来,历史就会判我们不及格。规划搞出来,没有力量,没有人也不行啊,我们不能老摆"空城计"。诸葛亮有力量,但没有组织起来,他摆个"空城计",是为了渡过难关,然后再组织力量,打个胜仗。我们也是这样,一面摆"空城计",一面组织力量,我们想了一个办法,从研究生开始,把别科的毕业生招来,当几年研究生,学好了,再"生孩子"。现在我们的任务是练兵,要训练一支20多岁的人的队伍,让学生高中毕业后,就能进大学里的社会学系。

要办系。上海复旦大学分校胆子大,首先办起来了。做得不错,要学习他们的经验。他们是把原来的一个系,分出一支人马转到社会学,成立个社会学系。北大、南开都没有这样的条件,没有一个系肯这样做。我们只好寄胎生孩子,在北大寄托在国际政治系里生出个社会学系来。现在算是生出来了,但还没有本科生，是个有头无身的娃娃。

办一个系必须有一批专业课，这些课要有教师来讲课。现在我们条件还不成熟。明年要不要招本科生，犹豫不定。我们不准备好，学生来了没东西吃，要造反。但是，我们又不能把一切都准备好了，把菜都炒好了请大家来吃，这做不到，你们有的人正在讲课，有胆量！要讲好很难，不要怕喝倒彩，不要怕轰下来。前几年很多人不敢碰社会学。现在也还有人不敢，这是历史的烙印，一下子弄不掉的。不过情况基本上可以说已经改变了。赵总理在"六五"报告中，就提到社会学这个名字，排在第四，在哲学、经济和法律之后，在其他学科之前。可见它的地位不算低。

一个系必须有五脏六腑。招本科生，最起码得准备六门专业课才行。这六门课是什么，可以讨论。我的初步设想，首先要有一个概论，或者叫做通论、引论。学生来了，就要请他们"入门"呀，给他介绍一下，解释一下，告诉他社会学有什么内容。第二是调查研究的方法，这是基础，没有个方法深入不了实际，看问题很肤浅。第三是社会心理学，人们改变了客观世界，同时也改变主观世界。主观世界就包括心理，这是人类共同的东西。心理是人的内部世界，他的价值观，态度，明天干些什么，毕业后到哪里去，这都是内心的活动。内心的活动影响着一个人的行动。有的人上学前很拼命，一上大学就松了口气。为什么？因为他们心中有一个捧铁饭碗的想法。要深入研究这个内心世界，还要研究它是怎样由社会力量造成的。没有现实中的铁饭碗，就不会有这种想法。第四是关于社区的基本知识，城乡关系的发展，工业化、都市化的过程等。第五是比较社会学。人类社会从低级向高级发展，有不同的阶段；不同的民族又有不同的文化，不同的生活方式。各个民族各个时期都有自己的问题，不能一刀切。这就必须用比较的观点研究这一套。人类学、民族学就是这样的东西。最后，我们还要知道人家对社会有些什么看法，过去别人想过什么，用过什么样的研究方法，有什么成就。这样我们研究中国社会实际时才有个借鉴，才能吸收别人的长处。总共六门基本的课程，其他就是分门别类，人口、城市、劳动等等，不同的角度，来展开各门专业知识。这个体系，大家可以讨论，但要有个概论，这也是我们要攻的第一关。这个大家都不会有意见的。

我们的概论要搞成什么样子？有没有一个一般的社会学，概括全人类共同的东西？这是个理论问题，可以争论。我个人认为，社会学不是在真空里头，它是社会的反映，有历史性、民族性、阶级性，社会学是随着社会变化发展的嘛。同50年前比，中国的实际生活就发生了很大的变化。还有就是一个人看问题，总有一个立场方法，有一个价值观念在里头，这样就很难有一个一般的社会学了。最近到国外转了转，也看到这样一个趋势，各国都在搞自己的社会学，解决自己的实际问题，不想再搞那种一般社会学的空架子。澳大利亚没有黑人问题，加拿大也没有，他们的社会学研究黑人干什么？英国的社会学不发达，它的人类学发达，为什么？就因为它过去有很多殖民地，碰到许多不同文化的社会，它要统治这些殖民地就必须研究它们的文化，于是发展出社会人类学。各国的社会学，问题、立场不同，但都有科学的东西，反映了一定的客观事实。这些东西能不能概括起来，成为一般的社会学呢？应当可以的。但是我看在我有生之年还应当着重从各国具体的实际，发展各国的社会学。

现在我们就是要搞中国的社会学，概括地反映中国的社会的面貌。这要求做很多的调查研究，跟上形势的发展。你们看这一年形势发展得多快！中年知识分子问题，年初提出要改善待遇，发挥他们的作用，现在这就体现在实际生活中了。还有教育，过去受忽视，现在重视起来了，说没有教育，现代化成不了。这次人口普查，发现文盲有两亿多，过去不知道。社会学就是要把中国的实际情况，来个总结提高，系统化、理论化，这就是中国社会学的目标。

搞一个中国的社会学很有用，能解决实际问题，也有前途。这次我们到国外看了看，见了不少同行朋友。我的看法是四个字："群龙无首"，跟40年前不一样了。那时可以拿出几十个人来，芝加哥有派克，哥伦比亚有林顿，哈佛有苏洛金。现在不行了，没有一个人被认为是挂得了帅的。这不是因为他们不聪明，他们人聪明，但他们的社会不是处在上升时期，意识形态领域的东西也难发展，不能起领导作用。最近在墨西哥开了一次社会学国际会议，第三世界很不满意，要搞一个组织，摆脱英美的控制。说世界社会学"群龙无首"，不是说我们要出来领导，我们还没有力量。但也得看到我们是有潜在力量的。我们的社会主义是先进的，这就是我们的基础。我们有希望得金牌。这是客观分析，不是妄自尊大。但是我们要花很大的力量，一代人可能还不行，也许要几代人才能把社会学推到世界前列。

中国的社会学有前途，也有很多困难。就说现在，我们没有材料，又没有人。但事情等不来，只能做出来。总要有个开头，然后再努力完成。这也是一个长征。第一步怎么走？是不是请几个老先生出来，编一本概论？看来不行。老先生们很忙。编概论也是一大难关。就我个人来说，我就搞不了。我这个人挺怪，不喜欢看一本本的教科书。一段段一条条地搞，我做不到。中国目前也不能有把握说谁能写得好这本书。这得靠大家的力量。第一步，也靠大家走。我们条件不成熟，没有材料，但我们不能等，可以先走一步，搞个概论的大体的样子，这个东西肯定不会令人满意，如果一开始就成功，那就太容易了。没那么便宜的事。但我们开始搞也是历史上的记录，走出第一步，才有第二步，第三步。

我们的概论不能照搬外国的，拿来就用。但是我们可以接受它们好的东西。我们的第一步就从这里开始。前年暑假，我们请一些人办了个讲习班。目的不过是让大家听听什么叫社会学。先请外国学者讲他们是怎样研究外国社会的。大家听了觉得很有意思，有启发，以前没听过这一套。随后我们又组织了第二个讲习班，主要是讲为现代化服务的社会学。但问题来了，一是语言不懂，二是概念不懂。我们要先请外国学者把他们用的概念内容是什么讲给我们听听，这里派生出来的一个任务是我们要有一本字典、辞典。我们要有一本帮助别人读外文著作的辞典。比如，英美社会学者讲 class（阶级），与我们讲的阶级不同。又如以前讲"法权"，译错了，搞得一塌糊涂，弄出许多错误来，现在不用了。所以要搞本外文社会学名词汉译辞典。编辞典的事我们现在正在做。基本概念如"现代化"清楚了吗？"精神文明"这不是英文，是中国概念，我们清楚，外国人不懂。因此要有人把外国的社会学概念用中国语言讲解清楚。

对第二个讲习班，教育部给了很大帮助，叫各大学派人来。教育部还发了个通知，让各大学准备开社会学课程。乔木同志讲，不要等开了追悼会再办系、开课。所以七个大学来了人。各大学来的人听完后有些就不愿走了，因无教材，回去无法讲课，所以要求一块儿备课，准备教材。

我们的任务很清楚，是建立社会学这门学科，所以要培养人，要建系。后来教育部同意七所大学的人集中起来编教材，教育部出钱、北大出房子，但要有人主编。用我的名字，对我本人来说是扬短避长。我的特长不在写概论性的东西。我若是写些短文也许会有人爱看。我一生中也没有想过写概论。我离

80岁只有7年多、不到8年时间了。一年算1块钱也才只剩8块钱。两毛两毛地花不得了,什么事也做不成了。8块钱要整花,买整批东西回来,好比买个电视机,买个大柜子,买两毛钱花生回来吃掉不行。但是编教材这工作不能不做。我为了这个学科的需要,不能不承担这个任务,承担这个挨骂的任务。这个事我知道是吃力不讨好的,明知不好做,非做不可。天上不能掉下现成的东西来,总要有人愿意挨骂,这本教材才出得来。但总有一天,大家会明白这是一件好事,突破了一个关,挨骂也值得。

接着在南开办了社会学专业班。把几所重点大学77级文科学生中愿意学习社会学的人,挑一批集中起来,搞了一个班,南开承担了任务,教育部也大力支持。教材的第一稿出来后在南开社会学班上试讲,我们得到的反映说是"不三不四"。我说不要紧。它反映了我们当时的水平。这是历史文献。我们的出发点就是这样一个水平。将来可以用这个水平衡量我们的进步。现在哪个人有三有四能拿出来?拿出来我们欢迎。但我们的基本标准要清楚,一是以马列主义为指导。我们是社会主义社会,我们要反映的是社会主义条件下的社会情况,它应该是科学的。二是要结合中国的实际,外国人不能为我们建立中国的社会学。我们对中国社会了解得还很少,缺乏系统、科学的认识,但是一定要自己来搞,搞出一个社会学的中国学派。三是我们要为社会主义建设服务,不是单为社会学而创建社会学。

有人说我们是要找外国人来替我们建立社会学,这当然不是事实。但也不能怪人家这样说,因为我们现在还没有拿出自己的东西来。我们的马列主义水平很低,很多人只会抄书,引语录,而不会真正运用马列主义研究中国社会。我们要承认我们的马列主义水平不高。我们要齐心协力,贯彻以马列主义为指导这一条。二是要着重调查研究中国实际。过去和现在我们国家的社会调查是不少的,但还没有科学的总结,至少总结得很不够。这次人口普查比较科学,数字给人震动很大,因为它反映了实际。这样的资料我们怎样利用它?第三条是为社会主义建设服务。目前也还做不到。所以大家批评我们不三不四,一股洋味。说我们讲的都是普通常识。这样的批评我们不怕,大家都生活在一个社会里,我们说的话人家不懂就怪了。有很多事情人们做了,但并不理解。小孩叫妈妈并不考虑为什么叫妈妈,我们就从小孩为什么叫妈妈开始研究起。这应当是常识,可它是系统的、联系实际的认识,作为一个现代社会的人应对自己有一个科学的作为常识的认识。别人批评得很对。分析不够深入这是事实,我们要努力。做学问很困难,搞科学的东西错误是不可避免的,只要能改就行。态度要谦虚、诚恳,有缺点希望别人指出来。我在清华念书时,考试就是一张体质测量的数字,老师让我找错。会找错就是学问。听别人批评不要慌,他说得有道理的要接受,没有道理的听了没有什么损失。

我们当时编这本书的首要目的是培养一批能教社会学的教师。参加编写的人在工作过程中发挥了主动性。我们要把初稿公开,让丑媳妇见见公婆,让别人给我们找毛病。听到的批评很多,这样大家就动起来了,憋了一股气,不到一年改写了一遍。我没时间改,后来又请北大、南开、中山大学的教师留下通读一遍,修改一遍。大家很齐心,这也是客观造成了一个不能不团结的局面。结果搞现在这一稿,还要梳梳头,才能见得人。现在先请你们看,听听你们这个年龄组的意见。也是给你们一个任务,提出具体意见,集中起来再修改一遍。还要提出一些参考书目。不要怕,要当老师了,拿出这种气魄来。要师生一起搞,这是共同的事业,共同的目的,集中大家的智慧。这一点只有在中国能做到,这也是发挥了社会主义的优越性。这样做是有意义的,个人的水平有限,大家要有合作的态度,要有一条缰绳——事业的缰绳把大家集中在一起。同时也要发挥个人的长处,不要埋没人才。但最终的事业是大家的,是人民的,这也不只是为了社会学,而是为了现代化,这是人类的方向。

对这个教材我有个总的想法:首先讲什么是社会,一个人怎样变成社会的一分子。人生下来,什么都不懂,怎样变成一个社会的成员。人为什么会社会化?生活在社会集体里,形成一个团体,家庭就是最基本的团体,可说是社会的细胞。人不能总呆在家里,以我自己的家来说:我的女儿要出去教书,我的爱人生病在家,要请医生来治病,我的孙女儿每天要出去念书,这样就有了学校、医院等等社会机关。这些都不是抽象的东西,是有人有地的。人和社会团体,各种机关、学校等等分布在一个地区里,形成一个结构,一个系统,这就是社区。我们要对社会的结构进行分析,这个结构是变化的,是个系统工程。我们就得分析它怎样变动和发展。在变动和发展中产生了各种矛盾,要进行各种各样的处理,所以要讲社会问题和社会工作。从人怎样进入社会,怎样自觉地改造他们的生活一直到共产主义的社会。人从自在的生活到自觉的生活,社会从简单到复杂,社会从乡土到城市等。这些都是概论里要讲的内容。我们先编个社会学试讲稿。尽力开个好头。现在已做到了这样一个程度，希望大家投入进去。成功也许不在我们这一代人，但可以做一个科学地研究中国社会的先驱者。

1982 年 12 月 6 日

本文系作者在北京大学社会学系对教师和研究生的讲话。

开展对城市住宅问题社会学的研究

今年5月，城市住宅问题研究会筹委会约我担任顾问，我欣然允诺。因为住宅是人类赖以生存、发展的必要条件，并且，随着科技的进步和社会的发展，住宅将由人类的生存条件，发展到享受和进行精神生活的重要场所。这是人人关心，家家盼望圆满解决的大事情。住宅问题研究会的成立，为研究和解决城市住宅问题打开新局面，创造了一个良好的条件。我向大会表示热烈祝贺！

党的十一届三中全会以来，城市住宅建设迅速发展。1979年到1982年，四年中建设住宅3.14亿平方米，占以前29年建成住宅总面积的60%，使城镇居民人均居住面积由1978年的3.6平方米提高到1982年的4.4平方米。但是，由于城市人口的增加，新建区的拆迁和旧房的自然淘汰等原因，城镇住房紧张状况还未得到根本改善，"住房难"仍然是一个十分突出的社会问题。据1981年240个城市统计，住房困难户有775万户。如北京现有住房困难户60多万户，上海市在去年人口普查的同时也进行了住宅普查，住房困难户达59万多户，占总户数的36.3%。

在这次会前召开的城市住宅问题学术讨论会上，到会的专家、学者和有实践经验的房管干部，根据我国的国情和国力，建议到本世纪末，城镇居民人均居住面积达到8平方米，争取达到国际上通用的文明居住标准，争取使每个城市家庭都有一套住宅。这个建议作为一个战略目标，是颇有见地的。

城市住宅问题十分复杂，既关系到经济学、建筑学、社会学、人口学、管理学、美学、环境生态学等多种学科；又涉及现行经济管理体制、财政、物价、工资以及材料、建筑技术、房地产管理等各个方面。因此，需要各方面的协作配合，开展综合性的研究，以提高城市住宅建筑的经济效益、社会效益和环境效益。

社会学，由于种种原因，于1952年大专院校调整时被取消了。1957年后，它更被视为禁区，根本谈不上从社会学角度来研究住宅问题。三中全会以后，我国的社会学又得到了重生。今后我们就有条件来进行如何创建社会主义的住宅社会学。

从人口规模看，控制城市人口是件大事，但由于当前人口增长和生产力的发展不相适应，所以要实行计划生育，控制人口的自然增长率。对人口的机械增长率既要控制，又要疏导，一方面应当发展能起"人口蓄水库"作用的小城镇建设，另一方面还应当想尽一切可能的办法改变当前人口分布不平衡的状态。

从年龄构成看，预计到2000年全国人口可能要达到12亿，其中，60岁以上的老人将达到1.3亿，占总人口的10%以上，我国将成为老年型国家。我国虽然有尊老、敬老、养老的优良传统，但还有一些无子女的无人照顾的老人需要照料，农村有敬老院，城市是否要建立一点敬老公寓。再说青年中待房结婚和婚后无房的困难户，占了相当大的比重，上海盖起的鸳鸯楼，北京也正在建青年公寓，这是一件大事。因此，要充分考虑各年龄组对住宅的要求，进行适当的规划。

从家庭结构看，一对夫妇和未婚子女在一起生活的核心家庭越来越多，我们在北京、天津、成都等城市进行过一些抽样调查，核心家庭都已超过一半以上，有些地区甚至达到80%以上。但是已婚子女和父母居住在一起以便照顾老人的家庭还是很多的。怎样从设计上来满足其不同的需要，值得我们进一步研究。

此外，还有职业构成、消费构成、如何建立良好的居住区环境，以便于邻里间的交往与互助等，都是住宅问题研究的课题。

社会调查，是社会学的主要内容之一。我们应当努力从住宅调查入手，与兄弟学科通力合作，共同发展，为研究和解决住宅问题提供科学的依据，通过调查、实践与理论研究，创建我国以马列主义毛泽东思想为指导的住宅社会学。

1982年12月13日

本文系作者在中国城市住宅问题研究会成立大会上的讲话。载《中国房地产》1984年第2期。

从三访"江村"谈什么是社会学

"什么是社会学?"如果搬定义,好像说:"社会学是研究社会的学科",或是"社会学是研究社会现象、社会问题的学科"等等,实际上并不能使听的人明白这门学科究竟是搞些什么的。所以我想不要从定义出发来讲,而现身说法,讲一讲我自己搞过些什么研究,这些研究也许可以说是社会学的研究。

我原来在东吴大学念的是医预科,准备投考北京的协和医学院,将来当个大夫,给人们治病。后来我想,一个人生了病,不单纯是受了细菌或病毒的感染,更重要的是,他生活贫困,营养不良,各种恶劣的社会环境侵蚀他,使他生病。我们要防治疾病,不仅要着眼于病毒、细菌,必须懂得人类社会,由病见人,由人见社会。于是改变了主意,我于1930年进了燕京大学社会学系。

50年前,我对社会学的理解,只是朦胧地感觉到:我们不能这样糊糊涂涂地生活下去,得问个为什么?但是上课后,对老师们在课堂上讲的东西,老实说是很不满意的。例如,课堂上讲了芝加哥的流氓集团,那倒是很有趣,可是,我没有到过芝加哥,更没见过那里的流氓。学校里讲了许多外国的东西,不能用它们理解我们自己的生活。于是,我们几个青年人提出一个口号:社会学要中国化。这就是说,要我们去看中国自己的社会。但究竟怎么去看,也是很朦胧的。当时有的老师搞了些社会调查,但是他们调查来的是很多枯燥的数目字,并没有说明这些数字有什么意义。譬如说,调查数字说明,清河一带农村的家庭,大多是五口之家的小家庭。这说明什么呢?而且听说中国过去多是几十口人的大家庭,为什么现在这里是小家庭呢?我国有没有大家庭?大家庭在哪里?为什么如此?这些数字没有说明这些问题。于是,我们几个青年人商议要自己深入到社会去做调查。

我们当时没有学习马克思主义,现在看来是我们的一个很严重的缺点,但是我们有志气要对中国社会进行深入的调查研究，这一点是应当肯定的。有了这个志气，才使我们能在后来容易地自觉地要学习马克思主义了。

初访江村——1936年

1935年，我从清华大学研究院毕了业，由于考试分数较高，可以公费留学。我有位老师，是个俄籍教授，他的中国名字叫史禄国。他是研究中国满族、通古斯族及西伯利亚少数民族的专家。他对我说："你不要冒冒失失地到外国去，沉着一点，手上有了点东西再出去。"现在有些研究生什么准备也没有，空着手，一阵风跑到外国去学习，照我看是不容易有太大收获的。这位老师叫我到下面先去做调查，然后再出国。

我有个姐姐，她从14岁开始学蚕丝，在一个女子蚕桑专科学校里读书。她从这个学校毕业后去日本留学，回来后一直在农村里帮助农民养蚕、制丝。

农民不懂科学，养的蚕经常生病，一批一批地死掉。土法缫的丝，质量不高。这时，日本的蚕丝业兴起来了，用科学方法提高技术，他们生产的生丝，把我们的市场夺走了。首先倒霉的是我们家乡的农民，他们耕地少，一向依靠养蚕的副业维持生活。

当时农民养蚕卖茧，商人以低价收购去，卖给上海丝厂，中间的剥削很厉害。于是，我姐姐她们帮助农民自己联合起来办了一家合作丝厂，集体经营。我觉得这种做法在当时对农民是有利的，便利用养病机会，住进了这个村子，见到人就问长问短，并且做了记录，搜集到许多资料。出国时，从上海乘轮船赴欧洲，在船上生活了近一个月，等到达英国时，底稿已写了出来。我在英国念书时，就用它做毕业论文，后来出版时书名《江村经济》。这本书是我50年前写的，现在看来自然是很不成熟的。但在当时，这本书却在人类学界里引起了人们的注意。过去的人类学研究的对象都是落后地区的民族，而且是白种人去观察非白种人，殖民者去研究殖民地人民。在这一点上，我为人类学开拓了一个新的领域。

我们研究的结果认为，帮助农民去改良蚕丝，并不能解决中国的农民问题。所以在那本书的结尾处提出："必须要解决土地问题。"但是如何解决中国当时的土地问题，我还是不太明确的，那时，我只达到同意孙中山先生的"耕者有其田"的水平,没有理解不经过新民主主义革命,根本推翻封建制度,中国的土地问题是不能彻底解决的。

重访江村——1957年

1956年,新西兰文化代表团来华,周总理接见了他们,我也在座。有一个代表是我在英国的后期同学,叫格迪斯,现在是澳大利亚西特内大学人类学系主任。他向总理要求:"我能不能到当年费孝通调查过的村子看一看。"总理说:"很好,你去看看,和解放前的社会比较比较。"他去了一个星期,写了一本《共产党领导下的中国农民生活》。那时正是农业合作化运动接近完成的时期。

1957年,我在中国科学院经济研究所支持下,带一些人再次去江村做调查,住了一个多月,材料不少。回来后,《新观察》杂志社叫我赶快写出几篇在杂志上发表,于是我写了一组《重访江村》。没有等到第三篇印出来,我被划为"右派"了。当时我的观点是,首先应当肯定在农业上取得的极大进步,但也必须承认农民的收入并没有增加多少;手上没有钱,副业没有开展。这个地区人多地少,不搞副业,农业是富裕不起来的。这时候,"以粮为纲"的风开始刮了,我的论点与此违背,罪莫大矣。此后的事,就不必再提了。

三访江村——1981年

我70岁了,一直有一个心愿,再到江村去看一看。我在生命道路上余下的时间不会很多了。对一个普通的农村,半个世纪来,却有几次的调查,留下了一些比较材料,这是很可贵的。我们如果在这个地方继续调查,有可能从这小窗口看出中国农村在过去半世纪里的变化。我们和农民心连心,他们向你讲真话,如同病者向医生讲话一样。我们搞的是属于人民的人类学、人民的社会学,它的科学性超过资本主义国家的人类学、社会学。我们也有自己的局限性。我们在社会调查这个方面确实可以比资本主义社会强些,我们的调查可以更具有科学性。于是,我第三次到江村去。

这个地方,在三中全会以后的三年里面,农民的每人每年平均收入年年增加，已比 1978 年提高了三倍，从 100 元左右提高到 300 元，这个变化是惊人的。仔细分析一下，也不奇怪。单说养兔一项，每只兔一个月剪毛的收入就是 1 元左右，一家农民养十几只兔子很简单，只要打些草来喂，小孩子都可以去打草。一个月十几元，一年 100 多元。可惜，我们的兔毛还是作原料出口，外国人纺成高级毛线、毛料，又赚我们的钱。这个问题还要逐步解决。那里还有人工养珍珠。珍珠粉可以制造高级化妆品，有两个公社大发其财，每人每年平均收入上了 500 元。他们说："我们 5 年没有收成，也养得起整个村子。"当然，如果社社都养蚌，市场就成了问题。那里也养羊，和西北不同，既不吃肉，也不剪毛，而是取母羊肚里的胎羊，胎羊皮出口很值钱，做什么用，我们不清楚。

　　三年间，农民生活大大改观，多数人增加了收入。过去，我到下面去，有两种反映：一种人见到我们是政协委员，说一套官话；另一种是熟人，一派牢骚。这次去大不相同，农民的话很清楚，就是要把眼光盯在工、副业上。以前工、副业与农业的比例是 1∶9，或者稍多一点。现在变化大了，在江村是工、副业已经超过农业。附近农村，80% 的农业人口是搞工业的。这是一个值得注意的变化。农村结构发生了变化，以农业为主的人口变成以工业为主的人口，只是他们还分散地住在农村里。农村的性质也发生了变化，再不是那种落后的乡村了。那么粮食生产能保证 10 亿人口的需要吗？这要从根本上想一想。可不可以降低粮食的消费量，降低粮食在食物中的比重？江村壮劳动力一天三顿干饭，每人一天就要 2 斤粮食。人把粮食吃到肚子里，加工成蛋白质等等，为什么不叫牛、羊加工成蛋白质再供我们吃呢？人家说我的这种议论"太遥远了"，我看并不是很遥远的。如果大家注意这个问题，把食物结构改变一下，经济结构也会有大的变化。日本人受汉族影响，一向吃米，但现在每人每年吃米降到几十斤，营养反比我们好。我去看一间结婚新房，那里的东西可真不错，花的钱也不少。为什么现在农村里结个婚要四十几条"腿"？我曾到新人的父母住的房里去看了看，那里的陈设却和我祖父母时代差不多。我因而想到，我们应当研究一下农村基本生活物质基础的更新过程。我们可以算一算：现在盖一所房子要花多少钱？而这笔钱里多少是用来买材料的？多少是用来托人情、送礼等花在"关系学"上的钱？现在农民有了钱，要盖房子结婚，而市场上没有正当的渠道供应，因而产生了一批"中间人"，产生了一些滥用权力的人。这里不仅是一个经济问题，而是一个严重的社会风气问题。为什么我们不能全面统筹一下，用正当的渠道，满足农民的正当需要，让他们不再去花那些冤枉钱呢？我们正可以充分发挥社会主义的优越性，全面规划，统筹安排，作出一个全村房屋更新的计划，在5年至10年里使农村面貌焕然一新。这样可以减少盲目性，避免花冤枉钱，帮助农民提高生活水平。

你要对社会问题有一个正确的看法，你也就必须向社会做调查。这种社会学调查有别于其他学科的地方，基本的一条是，要把我们的生活作为研究的对象，对客观存在的东西，多问几个为什么？这样可以减少盲目性。社会主义是一个自觉过程，直到建设成共产主义。这是符合客观规律的。我们已经逐步通过掌握自然界的客观规律，提高了我们的物质的生活。我们社会学者，要养成一种对待社会生活的科学态度，不要靠吹牛来遮盖问题，而要实事求是地处理问题。我们要不断地发现问题，不断地进行调查，甚至进行一定规模的实验，我们只有这样才可以说得上是掌握了一些社会学的知识。

1984年2月

原载《自学》1984年第2期。

社会学学科建设与规划

社会学系是1952年停顿的,1979年3月开始重建,先搞了一个社会学研究会,然后在社会科学院里筹办一个研究所。第一阶段开始,最主要的是为社会学恢复名誉,培养一批师资,为综合大学创造条件办系。

原来社会学留下的师资不多了,只有从其他学科的中年教师中抽调一些,花一段时间学习点社会学来救急。为此办了两期暑期讲习班。这两期讲习班的学员中又抽出一部分来准备开课用的教材,共同编了《社会学概论》的试用本。

我们一方面准备教材,一方面准备师资,就这样在北大、南开、复旦分校(上海大学)和中山大学先后成立了社会学系。有的开始就有本科,如复旦分校是把原来的一个系一分为二,成立了社会系。有的从培养研究生开始,为的是首先培养师资。到目前为止这四个系都已招了本科生。但直至现在,就大学里办系来说还是处在准备阶段。有些学校还没有建系,只开了一些社会学课程,如武汉大学、南京大学、云南大学、四川大学、江苏公安学校、北京公安学院等,同时也出了一批教材,如《社会学概论》《社会心理学》《社会调查方法》以及《人口问题》等等。为了教学参考之用也重印了一些旧著,如陈达先生的《现代人口问题》和潘光旦先生的《优生原理》等。

学科建设的目标大家都是清楚的,我们是建立以马克思主义、毛泽东思想为指导,结合中国实际,为社会主义建设服务的社会学。用这个标准来衡量,我们的工作还刚刚开始。

其他国家的社会学不能拿来就用,必须要取舍,第一步可以把它拿来看一看,能用的、符合要求的编一编,但自己的东西不多。所以我们接着必须用我们自己调查的中国的资料来充实我们的社会学,既用现在调查的资料也要用中国历史的资料,搞有中国特色的社会学,因为它是要为中国社会主义服务的,这个目的一定要清楚。最初三年，我们只是零零星星搞了些调查，从 1983 年开始有部分进入了较有计划的实地调查。这批力量来自各大学，研究单位以及中央、地方的政策研究部门和实际工作部门，可以说是四种人的结合，即学校师生、科研人员、政策研究人员和实际工作者。到现在为止，正在进行的有小城镇、婚姻家庭、人口问题等研究。进一步是边区开发的研究。

现在小城镇研究已得到了中央领导的肯定，地方上也认为有用，可以说打出了牌子，得到了社会承认，承认我们是马克思主义指导的，理论联系实际的，是为社会主义建设服务的。中央书记处农村研究中心杜润生同志最近为我《小城镇四记》写的序说明了这点。

现在的问题是要求很多，各部门如民政、公安、劳动、人事乃至市政府都希望用社会学的方法来解决当前的问题，譬如天津市结合具体工作做了千户调查、犯罪调查和老年人调查，这是好现象，但是也使我们感到力量越来越不够了。

目前要求成立系的大学有南京大学、武汉大学、四川大学、云南大学等，但因教师不足，教育部也不好定。地方要求我们去考察咨询的也越来越多，我准备再去内蒙古、甘肃、黑龙江等边疆地区，云南、四川、湖南都提出了邀请，因为力量不够不敢答应。现在是领导鼓励，群众需要，社会要求，形势逼人。

我们 5 年多来把戏台搭好，也开始唱戏了，受到欢迎，但问题还是人员不够，队伍薄弱，教材不足，特别是中国现实的调查和历史的资料还很少，艰苦的创业阶段尚未结束。

我们还是要集中力量抓重点，实地调查搞出个样子，要培养出一批人，所以大学要做出规划，"七五"期间四个大学能培养多少本科生、硕士生、博士生。要把社会学基本课程的教材搞出个底子，不要求太好，逐步改进。还要建立一个图书资料中心，需要一个中心刊物。同时要有一个包括各大学、各研究机关的科研规划。科研规划的重点应放在认识当前社会主义的中国社会。首先是当前的改革与发展，中国大而复杂，要因地制宜的建设必须了解各个地区的特点。

其次要认识为什么会形成现存的局面，从历史上看有封建、帝国主义的影响，还有五四运动等对社会引起的变化。具体点说，比如解放后土改怎么发展了生产力，人口政策开始是错的，后来提倡计划生育，是否还带有片面性，社会效果如何等等，这些我们还没有都搞明白。

再进一步要研究几千年中国社会的特点，中国文化的特点，需要综合性的研究，这是长线，要有人去做，这是一方面。另一方面我们要面向世界，应当开始搞比较社会学，不光是原来文化人类学的范围，要扩大到现代社会，西方社会也不完全一样，要进行各种社会制度的比较，各种生活方式的比较，这方面工作很少人做。第三个方面是人类对社会的看法，从历史上到现在包括各国在内对社会有种种不同的看法，发表过许多不同的理论。要用马克思主义的观点分析各种思想是怎么产生发展的，这就进入了社会思想研究的范围，即社会学当前及过去各种学说和理论的研究。

这是个长远的计划，对此我们采取百家争鸣、百花齐放的方针。各人可以根据自己的条件及兴趣，以最能发挥自己的力量，最能做出贡献为原则，选定努力方向。但我们要引导年轻一代多从实际出发，抓当前问题，这是国家的需要，所以要多放在研究当前的现实社会，对过去的研究也要服务于当前。

社会学是门综合性的学科，也是需要与其他学科合作的学科，对具体问题的解决要考虑到各种因素，一方面学生要有广泛的社会科学的知识，如政治、经济、宗教、教育等基本知识，另一方面也要有自然科学的知识，方法上有定性的也有计量的，都要会用。

学生的培养分三个层次，大学本科着重基本训练，硕士生要有独立研究能力，而博士生则要求能在社会学领域中做出一定贡献。当前还有一个大问题，是要帮助教师提高，他们现在两头吃力，一头要学，一头要教。我们能否把队伍搞得大一些，进行轮流提高，这样可以好点。同时还要从其他学科中吸收力量，像过去做过的那样，欢迎其他学科来研究社会问题，要开放，不要有门户之见。

五年多来学科建设的成就

这几年最大的收获是建立了机构，有了队伍，工作开始了。年轻人可以不断参加进来。从学术上讲，我个人收获很多，过去还是书本知识多，这两年调查对解放后变化的认识有所深入。前几天习仲勋同志在统战理论工作会上讲到理论必须从实践中来,他提到了我们的小城镇研究,说不进行调查是写不出这样的文章来的,充分的肯定这是正确的做法,要求大家学习。杨静仁同志说要给与会者每人发一本《小城镇　大问题》,至少可以作为理论学习的参考资料。有的人认为调查报告是没有理论的,但中央领导看法不同,他们认为这里有理论,有看法,提出了中国工业化道路、城乡关系等基本理论问题。同样我们编教材,也是用了脑筋的,如何吸收各国资料,也要有理论的判断。袁方同志在无锡小城镇研究讨论会上的发言我很赞成。他谈到小城镇研究从实践中提出了理论问题,但发挥得不够。理论的创建,首先要观察事实才能提出问题,进一步分析其意义,然后进行概括总结。提高到全面的概括性的理论是要逐步做的,现在为时过早。我们刚进幼儿园,还在学走路,不能冒进,要循序渐进,学术工作是长久、艰苦的工作。

提出哪些研究课题

我只能说说自己的打算,小城镇研究要更上一层楼。过去我们是研究一个一个集镇,今后要研究一堆一堆集镇,就是提出了一个以中等城市为依托的区域里许多小城镇的发展概念,进入了发展区域的研究。同时,我今年要回到农村里去,开始江村50年的写作准备工作,希望进行农村精神文明意识形态的研究,总结农民对这段历史的看法、想法。此外,边区开发的研究已经开始,去年我们在黑龙江、内蒙古做了不少工作。今年春天要开个交流会,我自己还计划到内蒙古去,考察一下半农半牧区如何发展生产,怎么才能真正做到农牧结合,并促进民族团结。还想研究一下,不发达地区建立类似包钢这样的大企业,它对周围社区发生了些什么影响和周围环境对它的反馈作用。我们还准备接受甘肃省的邀请,到甘南牧区研究干旱地区发展生产的大难题。

培养学生和课程建设

我们要培养本科生、硕士生、博士生,总的目的是要培养大量的本科生,但当前首先要培养师资,一方面提高已有的师资水平,另一方面培养大批新的教师。我们需要各方面的支持,吸收外国有经验的专家来介绍经验,但主要得自力更生，取长补短，互相帮助，方法可以研究。

过去提过六门基本课程，社会学概论、社会心理学、社会调查方法、城乡社区分析、比较社会学、国内外社会学学说，此外可以开有关社会问题的课程，包括人口、劳动、家庭、青少年、老年、犯罪等等。我们可以在前人的基础上深入下去，如陈达先生的人口、劳动问题，潘先生的家庭问题和优生学，李景汉先生的调查方法，杨开道先生的农村社会学等，都是很好的起点，可以找出来温习一下，推陈出新。从当前的研究如小城镇研究中也可搞社会经济区域的教材。总之人人要发挥他的长处，分工协作，准备教材，教员有了目标就会有劲头，做出了东西来就好办。不怕起点低，只要肯不断改进。不要自己不去做，又要说别人做的不好。工作中有阻力，有不同看法，这是不可避免的，也没有坏处。要允许人家讲，但我们自己要有自己的看法，认为正确的就要坚持去做，同时吸取别人的优点，不断改进。

现在有人说我们不搞理论，这是误会，不是事实，中央领导同志一再提倡理论要联系实际，我们坚持从实际调查研究中去总结群众的经验和创造，这是概括提高到理论的必经之路。认为调查搞不出名堂，是鸡毛蒜皮也是不对的，认识总是从局部到全部，要有总的看法，但事情要一步一步做，饭要一口一口吃。一切大问题，是要从具体的小事情里看出来的，也就是从个别提高到一般，这就是理论。

下一步是有很多外国的东西要进来，我们送出去学习的人，要逐步回来了，也会带回来不少东西，对于这些我们都要欢迎。但是回来的人不要下车伊始就以为外国东西超过我们自己的，应当先到中国自己社会中再观察了解，懂得如何适应中国社会。这个问题必须及早提出。不然就会在引进中出现混乱，共同的认识要有个前提，那就是为中国四化服务的观点，不然方法再好也无法统一，总之，我们要团结，力量要加得起来，不要互相抵消。

1985 年 2 月 7 日

再谈社会学学科建设与规划

北京大学要成立一个社会学研究所,把教学和研究结合起来,不但要有一个社会学系,还要有个研究机构配合它。关于我国建立社会学的经过,我已经发给大家一篇文章(即《谈社会学学科建设与规划》),我将根据这篇文章讲。因为教育部到北大了解:今年"六五"计划完成后,明年开始实行"七五"计划,社会学打算怎么办?有什么希望?我那篇文章就是讲我对这些问题的看法,谈到社会学的情况以及今后的打算。你们是学社会学的,都要知道一点,过去社会学搞的什么?为什么这么搞?今后搞什么?

我1930年进入燕京大学,开始学社会学,现在是1985年,55年了。搞了一辈子。你们也说不定要搞一辈子的,你们在开始时应当明确搞的什么?为什么这样搞?现在应做什么准备?今后做些什么事?

我进入燕京大学后,呆了三年;后来继续在清华呆了两年;到英国又呆了两年;中间作了一年调查。留学回来后到云南大学继续搞调查。后来就在云大和西南联大教社会学。解放后,搞民族工作,搞少数民族的调查。1957年打成右派,不能出去做调查和教书了,于是我就翻译了几本书,其中有一本《世界史纲》是和我的老师吴文藻以及他的夫人谢冰心一起搞的,翻得还不错,一句一句地翻,文字很容易看懂。有谢冰心把关,文字方面有保证。著者是英国著名的小说家 H. U. Wells,很有学问,知识丰富,他什么书都看,上至天文,下至地理,从地球讲起讲到江青,一口气讲完一部世界史。通过翻译我很受教育。在困难的时候也得关心人类兴亡。现在的世界变化很大,星球大战,我们应该知道我们处在什么样的宇宙里边,处在什么样的历史时代。

学社会学不能只看自己专业的书,要多看些书,如《第三次浪潮》等等,要赶上时代。不要限于"社会学"的小范围里。你们刚进大学,是学专业的开始。要从大宇宙中找到自己，要有一个历史的、发展的观点。这些观点不是空的，不是编小说，不是写《封神榜》。我们要接触实际，扩大知识范围。人要有胸襟，有眼光，知识要懂得多一点。知识是容易得到的，但就怕自己不去接受，认为这个我不必知道，那个我不必知道，老师讲的背熟了就行，那没有用。

三中全会后把停止的社会学重新建立起来了。我国社会学在大学中是1952年停止的。苏联也曾经有一段时期停止了社会学，具体哪年停止的我不知道，在我们建国时苏联大学中已没有社会学。苏联停止社会学是因为他们认为历史唯物主义可以代替社会学。当时认为社会学是资产阶级的，在无产阶级领导的社会主义国家里有历史唯物主义就够了，不必讲社会学。而且认为教社会学就是宣传资本主义的思想，所以社会学不能在社会主义国家里存在。我国学习苏联，所以1952年各大学里停止教社会学。

1956年苏联恢复了社会学，但我们当时认为这是修正主义的做法，所以予以批判，把要求恢复社会学的人打成右派。拨乱反正后，于1979年我国也恢复了社会学这门学科，并认为历史唯物主义不能代表社会学，这是胡乔木同志在第一次社会学研究会成立大会上讲的，说明了停止社会学是认识上的错误。

到现在为止，中国人对自己的社会不太了解，自己不了解自己。我们必须用科学方法来反映、观察、总结中国人自己的社会生活方式。中国人的生活方式与外国人的不同，人的生活方式常常在变动。为什么变？变到哪儿去？我们需要摆事实，讲道理，观察、思考、总结、实践，从实践中找出路。中国需要一批做这项工作的人。光是历史唯物主义不够，所以要用历史唯物主义的观点来发展一门研究具体社会的社会学。这是我的理解，对不对，可以讨论。

人有知觉，能看自己，人可以自己支配自己，可以按规律办事，可以到星球上去，根据自己的主观要求改造世界。怎样才能做到这一步呢？要找出很多认识的方法。去观察、分析事物发展的条件，看它如何变化，找出变化的规律。然后应用它来达到人类的目的。

四化是我们的愿望，不搞我们就活不下去。我们还要关心子孙，母鸡下蛋，孵出来的小鸡怎样，它是不管的。人要管，具体地说就是现代化。那就要懂得现代化发展的规律，怎样变的呢？变成什么呢？

为什么 1979 年 11 月才重建社会学？不是乔木同志灵机一动，说要搞就搞了。也不是我们主观想要搞就搞的，这是历史条件发生了变化的结果。条件具备了，东西就出来了，不出不行。但出来要通过人，人有主观能动性，可以出力量促进它变成现实。要经过人的努力，统一思想，分析情况，来重新建立中国的社会学。

1979 年党中央让胡乔木同志把这个要求向我们提出来，让一切从事社会学工作的人一起考虑怎么办，怎么做才有效。具体问题要具体分析。首先是对社会学的认识问题。有人害怕，一提起社会学就说"不要，不能要"。1978 年乔木同志开过一个座谈会，谈谈社会学怎么办？请了四十几个人，去的人只有一半，主要是"怕"字。所以重建社会学首先要恢复名誉，要摆事实，讲道理。摆事实就是要告诉人们：研究社会学的人不会打成右派了。讲道理就是要说明停止社会学是不对的。乔木同志代表中央讲了话，把支持社会学的人组织一个"社会学研究会"。但是学过社会学的人年纪都老了。我的上一辈已超过 70 岁，1952 年以前念过社会学的人到 1979 年最年轻的都 60 岁左右了。必须培养新一代的人，社会学这门学科才能发展下去。人总要死的，因此不断的要有人接班。我们身体是由一个一个细胞组成的，旧的细胞不断死掉，新的细胞不断产生，个体得以生存，这叫新陈代谢。社会学也要新陈代谢，但从 1952 年到 1979 年中断了近 30 年，老一辈的人死了，没有人接班，这门学科就没有生气了。社会学要坚持下去，要一代一代有人接班。乔木同志在会上曾说：大学里要赶紧成立社会学系，不要等开了追悼会再成立系。

建立一个系是很不容易的。要有教师，有教材，有资料，才能培养一个新的人。能否把 1952 年以前的东西拿来用？如果是讲数学，是可以的，一加一还是等于二。但是社会学不行，并不能说过去的东西都是反科学的，但是应当说这些旧的东西已不能适应我们新的需要。在中国培养学社会学的人要从中国社会的情况出发。如果说我们对中国的东西不了解，只从书本上看到一些那是不行的。

我们中国在这段时期里，社会发生了很大的变化，半封建半殖民地的国家变成了社会主义国家了，这就不是简单的一加一等于二了。能否拿外国的书来用呢？也不行。因为那些书反映的是外国的问题，与我们的问题不尽相同。我们要创造中国的社会学，这个任务很艰巨。

培养人要有条件。要唱戏也得有个戏台，戏台上还要有很多布景道具，有表演的人，有伴奏的人。我们要把社会学这门学科建立起来，要有人，人要培养，所以要有个学校，要有一批教师等等。这些人从哪里来呢？我们要使研究过社会学的人归队，要把对社会学有兴趣的人请来，没有学过的人得从头学起。我们办个短期学习班，来了不少人，个人的能力有大有小，只要他愿意研究下去我们都欢迎。学习班结束后，留下一些各大学来的、准备开社会学课的教师一起备课。用了半年时间写出了《社会学概论》初稿。但不像样子。我们就开会请人提意见，经过多次修改才写得好些。在编写这本书的过程中，培养了一批教师，虽不满意，但与过去比是靠近现在的要求的。这些教师又到各大学去试讲，听取大家的意见，大家齐心协力搞出了现在这本试讲本。今后还要修改、重写。我们要一起集中力量把它搞好。要出去调查，用研究的结果来丰富我们的教材。我们有丰富的资源，等候我们去开发。戏开始唱了，唱得不太好，可以边唱边提高。

我们办了两期学习班。在这个基础上搞了四个系：北京大学、南开大学、复旦大学分校（现在是上海大学）、中山大学都建立了社会学系。

1979年到1985年仅5年，通过我们自己调查研究的材料来充实我们的教材，以自己的材料为主，吸取外国的经验。当然仅有《概论》是不够的，社会学还需要更多的课程和教材。我曾说至少要有六门基本课程，才能办个系：一是社会学概论。全面介绍一下社会学的内容。二是社会调查研究方法。怎样观察、分析社会现象，要有研究的方法，这里要用到数学和统计，我们数量的概念很不够，这样调查就深入不下去，现在用计算机，所以更要有数学的根基。历史知识不够也不行，我去年去赤峰调查，这地区怎样从一个农业区变为牧业区，考古资料给我很多启发。没有考古知识，没有历史知识就抓不住这些东西。三是社会心理学。社会学是研究人的学问，必须掌握人的心理状态，人是怎么想的。前几天《经济日报》社开了一个会，讨论经济改革中观念的变化。我过去调查中对人的思想看得不多，这是缺点。我们过去关于"小城镇"的研究，还只看到了表面结构，例如多少农产品，多少工业品，比例怎样，什么人搞乡镇工业等等，但这些人是怎么想的，我们并没有讲出来。四是比较社会学。我们看到各地方的社会都不一样，国家不同，民族不同，要比较。五是国内外社会学学说。反映在人们头脑中的社会思想是不同的，各个时代、各个地方、各种制度下反映在人们头脑中的社会是什么，这叫社会理论。别人的看法对我们都有帮助，帮助我们看社会。六是城乡社区分析。除了这六门课程以外，还要研究很多社会问题，例如人口问题、劳动问题、家庭问题等。这些课程都要有人讲。

我们要培养教员，要不停地帮助他们提高，方法就是去做实地社会调查。我最近写了一本书《社会调查自白》，讲的是我自己怎么搞社会调查的。我有一点最深的体会，要了解社会就要接触实际。书要念，它可以给人启发，但真正要认识社会还要自己去看、听、闻、尝。

我们现在戏台是搭起来了，也有唱本了，唱本不太好，要提高，要开展实际的调查，有调查，有理论。讲城乡社会学就得从一个村子开始，由村到镇，由镇到中等城市，由中等城市到大城市，这样宝塔式的一层一层的调查，"逐级而登"，现在刚走到中等城市。我们的调查对社会主义建设是有好处的，我们反映出了真正的问题，帮助人民改善生活。我们的调查是科学的，自觉地知道中国到哪里去，这就是要回答具有中国特色的社会主义到底是什么。

1985 年 3 月 9 日

本文系作者在北京大学社会学系的讲话。

重建社会学的又一阶段

自从 1979 年重建社会学以来已经有六个年头了。至此,初建的第一阶段可以告一结束,开始进入第二阶段。形象化的说,戏台已给搭好,班子已初步组成,现在是要演员们把戏唱好了。在这个转折点上,大家碰碰头,议论一下,总结一些经验,商量商量下一步怎么走,很有必要。教育委员会召开这次讨论会是十分及时的。在会上我有机会了解许多情况,向大家学习到很多东西,现在轮到我发言,谈谈我的感想。

说来很巧,50 年前的昨天(12 月 16 日),我在进行大瑶山调查中,跌伤在山顶,50 年前现在这个时候,我正负着伤向山下爬行,生死未卜。以后我总算获救。那时下了一个决心,从事社会调查将是我终生的事业。一转眼已是半个世纪,其间风风雨雨,一言难尽。足以自慰的,我那时下的决心并没有落空,特别是最近这几年,确是我一生中收获最多的几年。我虽然最近工作单位有了变化,从中国社会科学院调到了北京大学,但是矢志不渝,最后的冲刺尚未结束,愿意和大家一起为重振社会学这门学科贡献我的余生。

回顾一下社会学这门学科的重建过程,总的说来,由于党的正确领导,一路基本上是顺利的。经过六个年头能有今天这样的状况,实在出于我个人的逆料。社会学作为一门学科在我国是 1952 年停顿的,到 1979 年恢复,其间出现了 27 年的断层,而且经历了多次批判。停下来,彻底批判一下也有好处。古为今用必须经过批判接受。但批判过了头,成了整个否定,现在看来是不利的,甚至是错误的。全盘否定前人所做的事,决不是历史唯物主义者的态度。

社会学作为一门学科的复杂性,我心中有底。1978 年乔木同志要我牵头恢复这一门学科时,我是犹豫的,倒不是怕再当"右派",而是自知能力不够。在答《中国青年报》记者问时,我曾老实说明:我在大学里学过社会学,也在云南、西南联大、清华等大学开过社会学的课程，但是并没有对全学科做过概括的认识。我给自己规定的任务是用我学得的社会学知识去研究中国社会，通过实地观察把中国社会的一些情况和我对这些情况的认识，比较有系统地写下来，值得留下的就留下去。这些可以说是社会学的研究，但不能说是社会学的全部，要我出来为重建中国社会学出点力是可以的，要牵头则水平不够。我明白如果接受这个任务，那会吃力不讨好。用同样的时间和精力，让我去做些社会调查，也许对国家、对人民贡献可以大一些。但当时我又想到很多老师，为了社会学这门学科，含冤而殁，没有机会看到有重建这一天。乔木同志既然点名要我来做这工作，不接受不仅对不起党的信任，又对不起老前辈对我的培育。我硬了头皮应承了下来。

当时我就考虑到两个问题，一是怎样对待过去的社会学，一是怎样对待外国的社会学。前一个问题，使我回想起解放前的情况。30年代我是学习社会学的学生，以后又当了老师。当时我们确实已不满于课堂上所讲的社会学，所讲的很少联系中国社会实际，不能帮助学生认识中国自己的社会问题。我们的老师中不少也同情和理解我们青年们的要求，因而共同提出社会学中国化的目标。现在回想起来，我的前辈在这个方面确已做出了不少成绩，比如在定县、邹平、清河等地方的社会调查，抗战时期的国情普查。我这一辈在抗战时期也进行民族调查和农村调查。这些都是想走社会学中国化的道路。但是由于当时的历史条件，各大学里的社会学一般缺乏马克思主义的指导，不可能为反映中国社会实际的社会学打下结实的基础。与此同时，伟大的革命实践却为我们留下了丰富的反映中国社会实际的文献和理论。这些宝贵的遗产要吸收进社会学这门学科里还需要大量的整理和阐述的工作。由于社会学的停顿，这项工作长期没有开始。所以总的说来，在着手重建社会学时，我们的底子是十分单薄的。

在对待西方社会学的问题上，我一贯主张洋为中用的原则，反对全盘照搬的办法，我和西方社会学者曾就社会学有没有国家特点的问题争辩过。他们中间有人认为社会学既然是一门科学就不应有国界。我则主张社会科学是社会意识形态的一部分，世界上存在不同国家不同制度的时代，社会科学所反映的实际是有界限的。中国的社会学具有中国的特色。这个问题牵涉到对社会科学的基本看法，所以尽管经过一番讨论谁也没有说服谁。

怎样建立具有中国特色的社会学？这是一个我一直在探索的问题。经过这几年的实践，我现在可以用具体的实例来作说明，怎样在中国泥土里培植中国的社会学。我想说的就是我在开展小城镇研究中的体会。乡镇企业的发展和小城镇的兴起是当前中国的社会事实，是客观存在的。我们作为一个社会学工作者的任务就是要去科学地认识这一事实，它是怎样发生的，怎样发展的，对农村经济和社会发生什么作用，在当前我们现代化的大业上有什么意义。社会学对这新生事物的调查和分析研究，不仅看到了这是中国社会主义工业化的一条具有特色的渠道，在理论上提出了农工关系和城乡关系的新模式，而且这些理论也为当前体制改革提供了依据，鼓舞了广大农民兴办乡镇工业的积极性。

乡镇企业和小城镇的社会学研究不过是可以开展的这类科学研究工作的一个例子。我们国家正处在空前的大变革的过程中，像乡镇企业和小城镇一样的新生事物层出不穷，只要我们从实际出发，到处可以发现值得研究的问题。如果能抓住问题，群策群力，全力深入，不懈努力，一定能逐步积累反映中国社会的科学知识，建立起具有中国特色的社会学。这种社会学是从群众中来到群众中去的，理论联系实际的，为人民事业服务的社会学。我们社会主义国家有条件可以发展这种社会学，我认为也只有发展这种社会学才能在世界的学术讲台上取得我国的地位。

今天我能说上面这一段话是6年来很多为重建社会学而工作的同志们共同努力的结果。我们看到这6岁的孩子能开始用自己的腿走路，心中确有无比的喜悦。但是话要说回来，6岁的孩子究竟还是幼稚的孩子，走路时自不免跌跌撞撞，何况这几年来社会上各方面对它的要求却越来越高，竟然忘记了它还是个6岁的孩子了。如果从事社会学的人自己忘记了这一点，那就更危险了，非跌跤不可。

我们必须记住，这个孩子先天不足。老一代的社会学者已经没有几个了，下一代赶上抗战、内战，学术的底子也是虚弱的；加上了27年的停顿，历次的批判打击，没有条件积累实力，现在即使不说从零做起，比零也多不了多少。本来学术最忌速成，而当前的形势又不能不采取一些速成的做法。要总括这门学科当前的情况，应当说是：水平低，队伍既小又差，设备更谈不上，但是要求高，任务重。这是令人担心的局面。

在这种局面里，特别值得提出要警惕两种倾向，一是庸俗化，一是中心外倾。第一种倾向就是不严肃地把社会学作为一门科学来对待，认为人人可以讲社会学，不具备专业训练的人也可以上台讲社会学，甚至指导社会学的研究工作。我在社会学初创阶段曾经一再鼓励从事其他学科的学者转到社会学这门学科来。这样确实壮大了我们的队伍。但转行入社会学的学者必须经过一段严肃的业务学习之后才能真正地从事社会学的教学及研究工作。由于社会学的被庸俗化，引起了原来对社会学怀有热情的人感到不满和惋惜。

第二个倾向现在也在社会学队伍里露头，那就是认为要学社会学一定要出国留学，对在本国的泥土里才生长得出中国的社会学的看法发生怀疑。我一向拥护洋为中用的开放政策。我们必须研究外国的社会和他们的社会学。但是中心不可外倾，更不可外移。办第一期社会学讲习班时，我是主张邀请国外社会学者来讲学的。我请他们讲的题目是他们怎样研究他们的社会。听课的学员都是有一定马列主义理论基础的中青年，很多是马列主义课程的教员。他们在洋为中用的原则上一直是头脑清醒的。但是我对于一些没有准备好，还缺乏鉴别能力，为了追求学位而出国的青年人却有一点担心。这个倾向的恶果现在还没有显露出来，但早一点注意是有好处的。

这些倾向的发生固然有种种原因，其中最主要的是由于我国社会学本身的虚弱。真正要防止这些倾向需要我们认真想方设法提高社会学的水平。戏台搭起了，如果戏唱不好，自会给人坏印象，不练练嗓门也能上台演唱，也就会有人把眼睛转到国外去了。所以我认为当务之急是在提高我们自己的业务水平，特别是社会学师资的质量。

我们现在各大学里已有近100个教社会学的各级教师。在开创初期，对业务水平提出较高的要求是不现实的。当我主持编写《社会学概论》时曾说过：不求水平一致，只讲积极努力。那时水平不高的人有些经过多次反复讨论，加强学习，有了提高；也有尽管努力，质量还是较差的，但经人帮助修改原稿，书还是出来了。现在教师要上台讲课，必须向学生负责，水平不高会贻误青年，所以不能不严格讲求师资水平。我们必须为教师提供进修的机会。这是社会学在中国能不能继续存在并进一步发展的要害所在。我希望这次会议能讨论出一些切实可行的办法来。

提高社会学师资素质的基本办法，我认为是在贯彻理论与实际相结合，教学与研究相结合的原则。具体地说，教书的老师每过一段时间要去做一次社会调查，在和实际社会生活的接触中去提高所讲的课程，用观察到的具体社会事实来丰富教材的内容。有一些教师告诉我，这样做教学的效果就比较好，受到学生的欢迎。我自己的经验也告诉我，在实地社会调查中才能不断提高自己的认识。理论和实际结合了，自己的思想才不致僵化。

我因为考虑到自己的年龄，在世的时间不可能太长，身体也日益衰老，为了要好好利用我剩余的这段生命，多做一点为社会学积累知识的工作，所以想在自己尚能跑得动的今后几年里，集中力量多做一点社会调查，因而取得领导上的谅解，摆脱了社会科学院的任务，在北京大学成立一个小小的研究站，把我这几年已开始的研究课题继续搞下去。我并愿意接受培养博士生的任务，用来充实社会学师资队伍。培养的方法是同我一起做实地调查，进行专题研究。

社会学是一门范围相当广大的学科，当前我国正值大变革的时代，需要社会学者研究的课题很多很多。我所从事研究的课题只是其中很小的一部分。我所擅长的研究方法也只是许多社会学研究方法中的一种。必须强调百家争鸣、百花齐放的精神，鼓励老、中、青社会学者在这广阔的舞台上各显神通。我更希望老一辈的学者能起一些带路作用。是不是可以组织一些老中青结合的研究梯队？老一代究竟基础好一些，见识多一些，他们也许对新事物的敏感力差一些，和中青年结合正好取长补短。我必须说这几年如果没有中青年学者的协助和合作，我决不可能取得现有的收获的。同时我也相信，和我一起做研究工作的中青年学者或多或少是得到我的启发和帮助的。这个培养下一代的行之有效的经验，我愿意继续做下去。

提高师资水平看来主要是要靠教师们之间的互学互长。我记得开办了第一期讲习班之后，班上各大学来的教师主动提出集体备课、合作编写《社会学概论》的倡议，后来得到教育部的支持，得以实现。这个经验还是值得吸收的。现在具体条件已与前5年不同。许多社会学的基本课程在各大学都已开设，都有教师讲授，都有自己的讲稿。这次会上我了解到有些已在排印。这是说现在已有较好的基础。但是我听来现在还是各讲各的。这固然有各显神通的好处。为了大家的提高是否可以一起讨论，取长补短地集各家之长在一起呢？我们得承认中国的社会学还在初创之期，独立作战不如集体合作。因此，我建议教委组织各大学分课程召开教材讨论会，由讲授过这门课程的教师参加，讨论结果可以合作出版一本教材，也可以分别去修改自己原有的教材。我是不赞成通过行政手段编写统一教材的,各个教师都可以发展自己的长处。我也相信,多听听别人的意见总是有益的。

最后我想提一提社会学系学生的培养目标。这就是说学了社会学在社会上能担负什么工作。这问题在前四年说不具体,现在情形已不同了,因为社会上对这门学科已有了一些了解,各大学也已有一些毕业生走上了工作岗位,做出了榜样。总的说来是供不应求,社会学系毕业生一抢而光。这也反映了我们前面所说的社会上对社会学的要求大大超过了社会学现有的实力。这种形势确是对我们很大的鼓励。这是说,如果我们做得好,社会学是大有前途的。

大体说来,社会学可以满足社会上几个层次的需要。最基层的是可以为社会主义社会的公民提供必要的社会基本知识来充实社会主义的精神文明。社会主义社会要求它的成员有自觉的调节人和人正当社会关系的能力。社会主义社会的伦理规范必须建立在实事求是的对社会的正确认识上。现在确有许多青年根本不了解家庭的功能、父母的责任,而盲目地结婚成家。以此类推,我们有责任广泛地传播社会的基本知识。社会学有责任在这件极基本也极重要的工作上做出贡献。具体说,我料想在不太久的将来,各级学校会设置包括这种基本社会知识的公民课。社会学系要为这种课程培养师资。宣传这种知识的不限于学校,其他如刊物、电视等等社会信息系统都要起作用,严肃的科学的社会学是提供教材和师资的来源。

第二层次是有关社会管理工作的政府部门及人民团体需要的专业人才。现在已经向各大学社会学系提出要求的有民政部、劳动人事部、公安部等行政部门,各地方党政的政策研究部门和工、青、妇等人民团体。它们首先需要掌握科学地反映社会情况的方法和技术的人才,接着是处理人与人关系的管理人才。社会管理是现代化社会的一项重要工作。在西方称作"社会工作",有些国家已经从"社会学"里分出来成为一门独立的学科,看来我们也会逐步设立这门专业的。

最高的一层是发挥社会学作为一门综合性社会科学的特点,对国家社会经济发展的重要问题进行综合性的研究,为国家制定政策做出咨询。比如国家的人口问题,就需要从数量、增长速度、分布情况、地区流动、职业流动等各方面来进行分析研究,才能得到因地因时制宜的人口政策,避免各种片面性引起不良的社会及政治后果。培养这种研究和策划人才,社会学应当起它应有的作用。

从上面这几个层次的社会发展中的需要来看，重建社会学这门学科是有重大意义的。以当前的任务来说，最重要的还是为培养上述所需人才搞出个健全、有效的教育研究机构，就是培养有水平能培养上述人才的人才，也就是学科建设的人才。即社会学的教师和研究人员。

我们必须看到社会学会有一个大发展的时期，但能不能及早到来以满足我们国家发展的形势，有赖于我们能不能抓住当前培养和提高社会学师资这一个关键。在没有做好这一步工作之前，被形势所迫，仓促地发展，带来的不是真正的发展，而是曲折和后退。对此我们应有充分的警惕。社会的要求超过了我们现有的实力，已经有一些不良的倾向在滋长，滋长下去有可能使中国社会学的发展再度发生挫折。

我认为教委提出我国社会学当前应采取积极稳进的方针是适合当前形势的。当我们进入重建中国社会学的第二阶段时，头脑必须清醒，少说空话，多做实事，一步一个脚印地踏稳了前进。我虽已年老，能力日衰，而决心未改，但愿落红不是无情物，化作春泥更护花。

1985 年 12 月 17 日

本文系作者在社会学专业教改研讨会上的讲话。载《社会》1986 年第 2 期。

同社会学界朋友们的谈话

关于社会学学科建设的一些问题,我在去年年底教委召开的社会学专业教改研讨会上已经讲了,《光明日报》和《高教战线》都已发表,这次会上也印发了,这里不再重复。只就学会问题和我本身的工作和大家谈谈心,交换一下看法。

这次社会学会常务理事扩大会议我自始至终都参加了,我觉得会开得很好,好在哪里,我想有这么三点:

第一,这是一个团结的开始,为今后搞好团结走了很大一步。大家都知道,什么是团结,团结一定要有一个共同认识的基础,有一个方向。1979年恢复和重建社会学所依据的方向是乔木同志在社会学座谈会上的讲话所提出的方针。这次中国社会科学院院长胡绳同志讲了话,又一次肯定了中国社会学发展的方针,无疑我们社会学界要团结在这个方向上努力工作。虽然对这方面大家认识不一定一致,也有一些不一定同意,那也不要紧。很多问题是需要通过实践和探索逐步取得共同认识的。但我相信,道路虽有曲折,中国的社会学总是会健康地发展。

第二,会上提出了学会应如何改革的问题。胡绳同志还建议由我们社会学会创一下新。虽然这个问题不是一次会议就能解决的,但提出了一个重要问题。人们容易习惯于老一套做法。开始时,各种学会的建立推动了我们学术工作的开展,活跃了学术空气。现在有些做法已不适应新形势的需要,应该做点调查工作,认真研究一下,如何改革和做好学会工作。

首先要明确学会的任务和性质。学会是一个由学者组成的学术团体。开会是为了推动学术发展。成立理事会、干事会也是为大家服务的,不是封官封衔的场所。何况"学者"或什么"家"是不能自封也不能受封的,只有辛勤劳动,有了扎实的学术成果，才会得到社会和学术界的承认。到那时候，有人要推要砍也是搞不掉的，因为学术价值和社会影响是客观存在的。所以我们要防止那种利用学会争地位，乱花钱，出无价值的东西的坏风气。我们全国的学会要简化层次，搞一个真正为学者服务的机构，在这方面尽力做出个样子。

第三，我们在这次会上交流情况。现在群众对社会学的要求很高。这是一件好事，说明人们懂得了参与社会生活应该是一个自觉的活动。为什么不少人说，学了"社会学"觉得自己对工作或周围的事情看得明白了。好像"开了窍"。这正是人从"不问为什么"发展到"要问一个为什么"了。

我认为社会学最根本的任务是要解决一个生在社会里的人，怎样学会做人的问题。人人生活在社会中，他的行为要适应社会的发展变化，就要懂得社会的发展规律。我们生活在中国，当然要立足于自己的社会。但中国又与世界不可分隔，所以外国的东西不能不懂，不能不要。主次自然就清楚了。社会科学的学科很多，能分的或必要分出去的就分出去，但总有分不出去的，而且必须有综合性的看法。因此社会学有客观的需要。

我自己做研究，也不是为社会学而搞社会学，是把社会学当做工具去认识在变革中的中国社会。认识客观事物，主观上必须有一套概念作工具。我就是用社会学的概念来帮助自己分析和认识社会。中国过去有几千年的历史，还将几千年，几千年地不断的发展下去。我们目前正处在一个伟大的变革的时代。我们将从一个封闭的、乡土的、传统的社会转变为一个开放的、现代化的社会。它正在发生些什么变化？怎样变的？为什么这样变？这些都需要探索。我们要勇于探索。现在对这么一个变化还没有现成的解释和认识。新的事物要有新的认识。不怕发生错误，有错误改正就是了。我就是本着这么一个想法，在逐步深入的进行调查研究工作。

有些人认为调查不是学术工作，可是没有资料，学术从哪里谈起呢？马克思在当时如果没有那么多实际调查资料，哪来的《资本论》呢？我们这些同志应当懂得马克思曾经一再强调要做科学工作一定要充分掌握资料，这是做学术工作的起码条件。

有些人认为调查没有理论，他们没有真正懂得什么是理论。简单举例说，"工农相辅""一国两制"都是理论。从实践中总结出一套看法，形成一些概念，并在反复的实践、认识、再实践的过程中，不断深化和丰富这些概念，使之体系化,这就是理论。现在我们用马列主义理论来做指导,这是因为马列主义是从实践中总结出来的。我们用这些理论作工具去认识新事物,通过实践去检验这些理论,这是我们所说的马列主义作指导的意义。正是因为马列主义理论能够经受实践的检验,所以它才能指导我们去认识新的事物。

我们要防止为理论而理论,要清楚理论来源于实践,认识要在实践中不断提高不断深化。有了正确的认识才能总结出理论来。这点对于我们这个重建中的学科尤为重要。我通过这几年研究工作的亲身实践,对这方面体会较深。例如我曾三论我国的家庭结构,其中就记下了我怎样结合实际来修正我的概念;在研究乡镇企业过程中,从苏南、苏北和温州地区去比较不同的特点,使我对乡镇企业的认识逐步深入,深入的过程中也不断修正我的看法。理论工作决不能离开实际,只有自己亲自到实际中去跑、去看、去想,学问才能永葆青春。再简单说几句,一国两制问题,过去马列主义经典著作中没有讲过的,这是马列主义用到中国实践中的一个创举。只有坚持实事求是,解放思想,真正的反映客观实际,理论才能不断发展。做到这一点是很不容易的。我想这是正确的治学之道,我努力这么去做。这几年,确是我一生中收获最多的几年。也希望我们的社会学者为创建具有中国特色的社会学,能坚持在马列主义指导下,理论联系实践的道路上,做出更多的成绩来为社会主义建设服务。

我现在有一点着急,76岁了,老了。一个普通人到了80岁,脑力劳动就不太行了。我过去耽误了那么多年,这一生总想留下些东西。为了报答养育我的人,总要有所奉献。70岁那年,我开始恢复我的学术生活,我曾说过我要好好利用此后的10年时间,在学术研究上认真的做一些工作。有我这样条件的人已经不多了,我希望能代表我们这一代人最后做点事。在我过去研究工作的基础上,为认识和分析中国社会做点扎扎实实的调查研究工作,留下一些记录给后代作参考。

这几年条件很好,我有可能回到50年前调查过的"江村",不断"再访",看它的变化。各级组织热情地和我合作,尽力为我提供资料。因此近年来我能够从江苏省的一个村子调查到几个镇,又发展到几个地区的调查和比较,使自己的认识随着客观的发展而不断深化。去年年底和今年初到了福建和温州,看到沿海地区的发展,我的眼界更开阔了。今年打算在淮阴调查,做进一步的比较。

在调查实践中，看到了地区发展的不平衡问题。沿海发达地区的开放和发展，势必拉大和边远地区的差距。因而想到了：差距的扩大会产生什么问题，特别是我国的广大民族地区前景如何？这些想法促使我开始了"边区开发"的研究，提出了"以东支西，以西资东，互惠互利，共同繁荣"的思想。做研究工作一定要把自己放在发展的社会实践中去，吸收群众的智慧作自己的营养，丰富自己的认识，形成一个系统的看法。

我虽然想用10年时间来搞研究工作，实际上三年多时间是用在为社会学这门学科建学会、研究所和学系这些搭戏台的事务上。戏台算是搭起来了，现在是要有人在台上唱戏了，唱得好不好还是问题。但群众对社会学要求是很高的，各级领导也很欢迎。我们力量却很薄弱。为了培养人才还得做不少基础工作，如办班培养师资，组织编写教材，开得了课才能招收学生，再扩大培养队伍。这个任务真难为了我。比如说编《社会学概论》非我所长，在当时条件下搞出来水平也不会高，搞不好出了问题，也会挨棍子。这些我都是心中有数的。实际上也不出我所料，我在国外的朋友看到我主编这样水平的教材大失所望，也不懂我为什么要去做对我个人名誉有损无益的工作。但为重建中国社会学这个事业，这些工作不能不做。7年来，有不少难言之处，我们不是生活在真空中，要改革决不会是顺顺利利的。我工作上的难处，只有知我者心里明白。

大家很关心社会学界情况，说是有些不团结，这是事实。我一直以团结为重，希望能维持一个安定的局面，多做点工作。因为社会学本来力量薄弱，经不起折腾，但实际上认识不一致，表面说团结，说好话，客客气气是没有用的。那不是真的支持我搞好社会学。我不能不离开社会科学院，到北大去另外建立一个所，事实说明了我的遭遇和苦衷。不过这没有关系，而且现在情况已开始改变。

今后怎么办？对我来说还有四年。我要把《江村五十年》写出来。在上海大学、复旦大学同志的帮助下通过历史的记录、群众的口述和现场的调查，描述和分析"江村"50年的变化，力求客观的认识一下我们农村社会的发展和变化。

同时为了接通村—小城镇—中等城市—大城市的系列调查，进一步做区域性城乡关系的研究。在开展边区各类型典型调查的基础上联接东西关系，做不同地区的比较研究，包括国际性的比较研究。当然在我个人计划中，不能完成这么多的项目。但我希望能给大家开条路，开个头，做个样子。我现在欠账已经不少,很多地方要我去,我也很想多看些地方,但的确没有时间,面不能铺的太大了,这要请大家谅解。云南内地农村,我们40年前做了不少调查,再去看看变化是很有价值的,一直打算去,也未如愿,只能挂个号,尽量争取去。

人老了也要有个壮志,一生机会难得,我们又生逢盛世,处在这个大变革的时代,要放开眼界,给后来人搭桥开路。叫什么"学"没有关系,也不要称什么"家"当什么"官",希望能保持学者的布衣本色,为后人留下些有用的东西。为此希望大家多关照,多帮助,允许我能按照自己的设想,完成这点任务,搞点扎实的东西。

顺便说明一下,也是这几年的一点经验教训。现在确有不少人常常追求当"名家",靠"名"办事,装门面,争势力,这种风气很不好。此风要煞一煞的好。因此我对什么顾问、名誉的头衔以及题名题词,宣布"闭门盘货",表示谢绝。如果说用我们的名字,能为人民、为事业做成点好事,倒还可以,要是为了达到个人的什么目的,把我们去当牌子,就实在感到痛苦。

今后的几年时间,十分宝贵,要很好的用,要保证做好几件事。我得到中央领导同志和有关部门的支持和关照,也得到很多中青年同志的具体帮助,虽然精力不如过去,写作也潦草了些,还是要尽心多做点事。

作为老一代,我诚恳的奉劝社会学界的年轻同志,要认真对待学术工作,扎扎实实的钻进去,沉下去,埋头打好基础。科学工作是要不得花腔,骗不了人的。不要图虚名,搞形式。要希望人家好,不要希望人家不好,不要互相拆台,也不要互相捧场。中国的社会学今后要靠你们。任重道远,要认清方向,端正学风。为适应今后更大的发展,现在就要做好基础工作,积极而稳步前进。

团结有了个新的开始,还要看今后怎么去做,现在方向很明确,要求也很清楚,希望我们真正同心协力,少说空话,多做实事,为中国社会学发展贡献一份力量。

最后我还是重复一下去年广州会议上的话,我虽已年老,精力日衰,而决心未改,但愿做到"落红不是无情物,化作春泥更护花"。

1986 年 4 月 28 日

本文系作者在中国社会学会常务理事扩大会议上的讲话。载《社会学研究》1986 年第 5 期。

社会学的历史使命

一

从 1979 年提出要在复旦大学建立社会学系至今，已有七八年了。社会学恢复名誉后，全国第一个招收社会学本科生的高校，是上海大学文学院（当时系复旦大学分校），以后南开大学、北京大学、中山大学等相继招收本科生。今天，复旦开办这个社会学研究生课程班，是一件重要的事情。

目前，我国社会学进入一个新的初创阶段。过去是挂牌阶段。由于社会学从 1952 年被取消后，社会学的牌子被打烂了。1957 年一大批搞社会学的人被打成右派。我本人被打成右派的"罪状"之一，就是为恢复社会学说过几句话。1979 年以后，社会学恢复了名誉，牌子挂起来了，挂牌子是不容易的。一方面由于历史的原因，很多误解没有消除。另一方面，过去从事社会学研究的人，大多过世了。我们这第二代从事社会研究的人，现在 80 多岁那批社会学家，最老的是吴泽霖、雷洁琼等，还有李景汉，但他已去世了，只留下两个了。吴泽霖教社会学 60 年，最近我想去探望他。往下算是我、田汝康等 70 多岁那些人，现在也不多了。再下来，是 60 多岁那批人。他们比较特殊，差不多在他们毕业的时候，社会学就被打烂了。他们基本上没有机会搞过实际的社会学研究。到了 70 年代后期，社会学重新恢复。1979～1980 年招的两批社会学师资培训班，培养了一批中年社会学研究和教学人员，如沈关宝、刘豪兴、杨心恒等，当时他们以集体编写《社会学概论》（天津人民出版社出版）的方式，展开了对社会学的初步探索，他们现在都已经成为我国社会学的主力军。

有的学员问，社会学目前的实力如何？我的回答是，实际上还很薄弱，力量很小。这一方面同我们自己主观上努力不够有关，但客观上我国整个社会科学都同社会学一样,经历了狂风暴雨,社会学和他们是难兄难弟。中国的社会科学,称得上真正用科学态度进行研究的还刚刚开始。你们这一代主要不是继承,而是在开创。要开创真正的中国式的社会学。所以我说目前是社会学的初创阶段。

二

我们今天这个时代,进行社会学研究,条件比过去任何时候都要好得多,我们应当有能力搞好我们的社会学。从人类社会开天辟地以来的历史来看,中国的封建社会延续了几千年。我们的社会经历了天翻地覆的变化。今天简直就是一天一个样。一直呆在家里的人,可能并不意识到这一点。我们这些经常在外跑、考察的人,对这一点深有感触。我们社会的这种大变迁,就是我们社会学的最生动的课题。以"文化大革命"为例,有很多东西可以研究。它是怎么搞起来的,它不可能一下子、由一个人想出来的。还有红卫兵是如何产生的等等,都有其深刻的社会背景。我们目前还没有人好好研究。而"文化大革命"对我们的影响真太大了。你如要识别一个人,我认为,"文化大革命"期间是最能识别人的;社会学研究人际关系嘛,那时,每个人的品质都得到充分的表现。本来对您蛮恭敬的人,一下子翻了脸。有谁能对此进行观察、记录、分析、研究,能拿出一点有分量的研究成果,就很了不起了。但我们国内对此研究得不多。国外有很多人都在收集研究,最近有人寄给我一本外国人写的书,书名叫 Enemy of the People。这是一本外国人写中国写得较好的著作,而我们自己总把它看做突然时期,这么一突然,就让它突然过去了。自己不研究太可惜了。

搞科学研究好比烹饪,做菜要有原材料:海参、竹笋、蔬菜等等,当然还要有作料。社会学的研究素材太多了,我们日益变迁着的社会是极好的社会学研究素材,社会学与烹饪不同之处在于,我们本身也生活在研究对象的客观社会之中。我们既要观察社会、认识社会、又在影响社会,也受社会影响。只有到了我们认识成果能够影响社会的时候,社会学才算有了一点作用,但我们的认识常常落后于实际。一方面社会变迁太迅速,像陶渊明向往的那种不知秦汉的人照样可以悠然自得地生活的社会,毕竟是不存在了,所以,我们只有在主观上多观察,多接触实际,认识现实。社会是不那么容易给人们认识的。所以，需要我们自觉地去认识它。

三

下面谈谈我研究社会的一些具体项目。最近，我在外跑了两个月。先谈江苏，我是个老江苏了，江苏的问题，我一直比较关心。从客观上看，目前江苏有两个现象比较突出，一是工业、第三产业发展比较快。另一方面，近来农业发展比较慢，粮食少了，产量低了。于是就有人将二者联系起来，把农业生产的停滞或下降归罪于新兴起的工业和第三产业。曾有人认为我们讲"无工不富，无商不活"，讲得太多了，农民都不想种田了，对于这种看法，我是不同意的。本来我们讲"无工不富，无商不活"前面还有一条就是"无农不稳"嘛！目前江苏农村农业上不去，有许多原因，去冬今春，最突出的问题，是肥料失控。没有化肥，农民怎么种田呢？而化肥本身就牵涉到工业，所以不是工业讲得多了，而是工业发展得还不够。以江苏一些工业发展得最快、效益最好的地区来看，那里从事农业生产农民的收入，开始与从事工业生产的劳动人员大体相等，有些地方甚至农民收入超过工人。为什么？就是工业发展了，反过来支持了农业，扶持了农业。

这里有两个条件需要进一步研究。首先是土地责任制如何进一步适应生产力发展的问题。现在农民承包的责任田大体分两部分：一是完成定购任务的部分，另一是保证自己口粮和饲料的部分。以苏南地区的情况来看，平均每人承包土地1亩多。假如一家四口，则一户土地面积不过5亩左右。再以每亩收入以每年200元计，则5亩地不过1000元。除去化肥、粮种等成本，还要少些。农业的劳动生产率水平上不去，这种状况对农民的种粮积极性是有影响的，解决这个问题的办法是，必须扩大责任田，比方说，每人20亩。但实际状况是人多地少，不能搞平均主义，办法是要把农田里的人抽出来，扩大人均耕地面积。这样就可以把分散的责任田收起来，交给若干种田大户去种。这个办法有的地方已经开始试行了，但是这里有个问题，即农田里抽出来的劳动力又如何安排？出路只有靠大力发展工业和第三产业。

第二个条件，是农业要发展，不能只靠两只手去干，要改善产前产后的服务系统，主要是机械化，但现在的问题是，国产的插秧机质量还不过关，农民不大肯买，日本的插秧机倒是过关了，但价格比国产的要贵。现在一些工业上得快的地区，如无锡、常州等，村里就买得起这种插秧机，因为他们的工业发展得快，有能力扶持农业生产。总之，我们的结论是，只有进一步发展工业，才能更好地促进农业的发展。我们不是讲工业讲得太多，恰恰相反，我们讲得还不够。

乡镇工业是从泥土里长出来的，我把它称为草根工业。它好比一个孩子，孩子（指工业）长大了要帮助"妈妈"（指农业），这就像鸟类的"反哺"。"反哺"也是中国社会传统的家庭原则嘛，这个比喻只是在于说明草根工业与农业的关系，它们并不是对立的。总之，现在的农业要上，就必须进一步现代化。

我们进行社会调查研究，需要科学的态度。我们的调查对象是客观存在的。所谓科学性就是要经得起反复的检验。实际摆在那里，人人都可以去看，经不起别人去看的，就不行。对客观对象进行科学研究，就要自觉地认识客观实际，如何认识，概括起来，就是要勤于归纳，不断总结新情况。

四

我最近跑的第二个地方，是内蒙古及西北。我们把内蒙古概括为南农、北牧、东林、西铁。农、牧、铁地区我过去到过，可林区我没去，这次去看了内蒙古的林业。后来我又去参加了内蒙古自治区成立40周年的庆祝活动。活动一结束，我就从内蒙古经宁夏、甘肃再到青海，做了一次实地考察。

我是长期搞民族研究的。以前，我们总有一个想法，少数民族好比小弟弟，小弟弟历史上吃了亏，我们就应该帮助他们，没有饭吃，就多送点粮。过去的民族学者也没有注意少数民族怎样能靠自己的优势发展起来，其实，每个民族都有自己的优势和特长，不然的话，它就不可能生存下来。

这次去了临夏，在甘肃南部，是一个主要由回族聚居的地区。去年我也到过那里，今年又去了。我看到了临夏的变化，使我发问，回族的特点是什么？为什么回族能在甘肃至青海这条狭长的走廊里面，聚集了8万以上的人口，而且一直不离开呢？为什么，就是为了做生意。这同回族的特点和历史有关；他们在历史上以经商为生，迁徙于青藏高原的牧区和中原农区的交界地区，促进了两区间的物质交流。而且整个民族也在这个过程中尝到了贸易的甜头。所以回族经商的人多，有商品头脑的人多。他们一直充当着商品交流的使者。解放后"左"的路线使他们倒了霉。三中全会以后，改革开放了，他们就活跃起来了，短短的几年，他们的生意越做越大，越来越有气派。1986年我去临夏，那里的运输队伍已拥有1000多辆卡车，组成那么大的运输队伍，国家没出一分钱。有的回民只需两三年就盖起了瓦房，而且都很有气派。为什么那里的回民富得那样快，就是因为他们发挥了历史形成的民族优势，是政策对了路。

我去看了以后，就想这是发展青藏高原的一块跳板。青藏高原虽然农奴制度取消了好多年，但人民的观念没有变。解放后国家花了许多钱支援那里的经济，但那里的人普遍没有货币、商品的观念。许多地方，宗教大师一到，众人倾囊上贡以求来世升入天堂。在这种地区要发展经济，怎么办？就需要商品化。商品化不会自己产生，它只能萌芽于物质交换，频繁的贸易环境中。因此就要有人送货上去，回族的贸易大军正在把东部制造的消费品送到青藏高原去，把那里的牧产品、原料运出来，他们完全有能力，有办法组织这样的贸易大军。大家都能获得发展。因此我建议临夏（甘肃南部）海东（青海东部）成立原来同属于河州的经济协作区。现在，经济协作区建立起来了，两省的领导见了面，签订了协议。实际结果如何，还须看今后的发展。

我对你们讲了这些事情，为了说明从事一项社会研究，不要纠缠于具体名称，你说是经济学也罢，说是社会学也罢，关键的是要解决实际问题。我们进行研究要和"穆桂英破天门阵"一样。"天门阵"有它自己的结构。结构中的各部分都有功能上的配合，是一种系统工程，你识破了这个结构，揭示了它的关系，也就能设法击破这个"天门阵"，解决这个问题，过去我讲小城镇建设。发展小城镇是什么意思？说到底，就是要发展商品经济。乡镇工业建立起来后，现在全国的产值一年达到3300亿，并安排7500多万农村就业人员。短短的几年，能有这样成绩，很不容易。

以上，你们听到的只是具体的研究实例，听过了以后就要去实践，学要活学，不能死记，对你们来说，怎样才算把社会学学好了？一句话，就是能找出使千家万户富裕之路。

1987年9月10日

本文系作者在复旦大学和上海大学社会学系师生座谈会上的讲话。载《社会》1987年第6期。

成长中的中国社会学

我想在此回顾一下过去我国社会学发展的大体经过,检验一下我们的工作。经过一段时间的酝酿,在1979年3月召开了有各方面同志参加的会议上成立了中国社会学研究会(后来改名中国社会学会),接着着手筹备成立了中国社会科学院社会学研究所。之后,用学会名义办了5期学习班,吸引了很多对社会学研究有兴趣和热心重建社会学工作的中年同志参加到社会学队伍里边来,到现在,他们已成为我们的骨干力量。后来,许多省市先后成立了社会学研究机关。在我们筹备社会学会和研究所的经验的基础上,又着手筹备成立各大学的社会学系的工作,到1982年基本就绪。我自己也转到具体研究工作上来了。现在,已有12所大学成立了社会学系,还有不少大学设置了社会学专业,不仅有了本科生,还招收了研究生;培养了硕士生、博士生,我自己也做着培养研究生的工作。目前,在校生已有1000多人,科研人员也近千人,副研、副教授等高级职称的同志有200多位。

1984年,我离开中国社会科学院,我的社会学工作岗位转到了北大,1985年初在北大成立了社会学研究所。

我个人主要的研究工作是"小城镇",这是个乡镇社区发展的课题,到1984年,我又把研究工作的重点转移到西部边区的开发问题上,就是我常说的下棋要做的两个"眼"。

开始筹建社会学的时候,我们一直遵循着一个方针:以马列主义为指导,结合中国实际,为社会主义建设服务。这是我们从过去到现在一直没有背离的原则。我想这一方针应当继续是我们大家今后工作的指导原则。

回顾过去,加深了我们对中国改革、开放的认识。发展乡镇企业的意见,得到了大家的公认,认为这是中国农村经济建设的一个必由之路,是我国农民自己创造出的一种工业化道路，是有中国特色的社会主义的一个方面。

现在，我们面临着更大的挑战，即要深化改革。为了深化改革，中央已指出了沿海地区的发展战略。同时指出，沿海地区的发展必然会带动中部，特别是西部地区。我们的边区研究工作，适应了这个形势。由于大家的努力，我们的工作初步取得一些成绩，现在看来，我们社会学的发展方向，没有离开结合中国实际、为社会主义建设服务这一方针，我们的方法，我们的基本观点，是符合马列主义基本原则的。

不久前，苏共中央通过了《关于提高马列主义社会学在解决苏联社会的关键社会问题方面的作用的决定》(见1988年6月24日第22702期新华社版《参考资料》)，要加强社会学的研究工作。在他们看来，在改革过程中，特别需要借重社会学的研究，对于社会各方面的弊端及其相互影响，进行科学的分析，使人们在改革的进程中可以比较少地付出不必要的代价。我们也面临着一个改革开放的、重要的、关键性时刻。我们也应该用社会学的观点去研究当前改革开放过程中的各种问题。

但是，我们也必须看到，我们社会学的队伍还是比较年轻的，我们很多老年的同志，有的在这段时间里过世了，而新的一代还正在成长中。在社会学队伍里边还存在着新老衔接的问题。我们希望老年同志继续发挥他们的作用，同时，更需要的是年轻同志赶快成熟壮大起来，使得中间不发生断层。我们要有个衔接的发展过程。

同时，我也有责任提出，当前社会学队伍里边，由于受不正之风的影响，也发生过一些问题。如，以社会学的牌子为个人谋取私利。这虽只是个别的，但是值得我们警惕。

我们这一门年轻的学科，水平不能要求一致。可是我们必须脚踏实地，凭自己的力量，能做多少就做多少，不断追求上进。同时要互相帮助，互相促进。特别是在科学研究领域里应当认真贯彻"双百方针"。我们决不能用一种理论、一种学说来包办中国的社会学。我们必须欢迎兼容并包，只要它是科学，就得实事求是，有事实根据，看法可以有所不同。这并不妨碍我们向前发展。不仅不妨碍，而且会有帮助。否则，会走到思想僵化的路上去。只有我们多讨论、多研究，不同的看法，可以取得一致。假如凭自己的主观出发，不是从自己实际看到的事实里边得到概念，而硬套到我们中国的实际上边去，那是不会取得好结果的。

现在我想借这个机会,讲讲我自己对社会学今后应当做点什么事。我自己的年龄已近八十,现在所担负的职务也越来越重了,我确实觉得由我自己自由支配的时间很不够。我这些年一直希望搞一些研究,但一直没有足够的时间做研究工作。我很希望大家能谅解我,减少我在社会学领域中为大家服务的具体任务,即让我能解脱社会学学会方面的工作。

1986年在北京开常务理事扩大会的时候,我们就提出学会的改革问题,得到了胡绳同志的支持。他们希望我们社会学会能带头对于中国的各种学会的体制上有所改革。我们同许多同志一起协商,认为学会是为科学家进行学术活动服务的机构。每个人的学术地位是由他自己的学术成就来决定的,不是由学会中的职务决定的。因此,我想社会学学会的组织应该实事求是的简化,精简。应把我们全国性的学会作为联络机构,配备一定工作人员处理日常事务。把实际工作,即社会学研究工作,学术讨论工作放在地方。现在各地方都有社会学会,让各地方的社会学会作为一个实际工作的单位,它们可以单独活动,也可以联合其他地方学会活动,也可以召集各种专题的或邀请各地方参加的专题讨论会。一切都要以学术为主,要提出确有研究成果的论文,互相讨论,互相提高,不能为开会而开会,不能为选举理事、选举会长而开会。学会和行政机构是完全不同的,学会应以联络、服务为宗旨。具体组织办法请大家讨论,充分发扬民主。

至于我自己,我已多次表示,我不再担任学会会长职务,不过我还是要用我今后的岁月来为社会学工作,作为我们队伍里的一个成员。过去我任会长期间,由于主观上的原因和许多条件的限制,在工作中存在许多缺点,尚希大家予以批评指正和谅解。

我一生从事社会学工作,主要是要了解中国社会,为了使得中国更富更强,不能在全世界、这个世界一体、这个世界大社区里,失去我国应有的地位。我的工作就是为了这个目的。

现在,国家形势对我们要求很高,我感到社会学这个队伍的力量是不够的,还要加强。希望已有的各大学社会学系的同志能多培养出能进行调研工作、能接触中国实际、有进行理论分析能力的一代新人。

今后工作很沉重、很艰巨,我自己一定承担我自己所能承担的工作,在各位同志的督促和监督下，帮助我，使我这一点愿望能够实现。

最后，我想到明年，1989年是重建中国社会学10周年，各位是否可以考虑一下，开一次有水平的关于社会学的讨论会，我们也可以在这次会议上进行国际交流，使各国都知道我们中国社会学的发展，用这个会作为我们进入第二个阶段10年的开始，一个新的起点。在这个会议上，我们换届，进行改革，就是说不仅是换届，而且是社会学会的改革。

1988 年 7 月 30 日

本文系作者在社会主义初级阶段理论与社会学学术讨论会上的书面发言。

人的研究在中国
——个人的经历

80岁可能是一条年龄界限，跨过了这条线，一个人会觉得心情上轻松、自由些，因为余下的岁月已不大可能改变这一生已铸下的功过了。他可以有平静的心情来检视过去在人生道上留下的步步脚印了。我感谢中根千枝教授和乔健教授给我这个机会，出了一个题目《人的研究在中国——个人的经历》，要我在他们为祝贺我80诞辰召开的"东亚社会研究"讨论会上作一次发言。这个题目的意思是要我回顾一下，我在人类学这门学科里做了些什么。当然我的工作能否代表中国的人类学界，那是很难说的。但我既然是中国人，我在这门学科里所做的工作无可否认是人类学在中国的表现。而且我的工作至少也反映了我同时代的学术方向。

但是这个题目从何答起呢？这很为难了我。

当我正在考虑这个问题时，乔健教授给我寄来了一本书：Sir Edmund Leach 写的 Social Anthropology（1982）。Sir Edmund 是我在 LSE 上学时的老同学。我们的友谊也并没有因几度隔绝而冲淡。1981年访英时，我还跟他一起在 Cambridge 他的书斋里纵谈了一天，没有想到这是我们相叙的最后一次。当我们同窗的时候，在我们讨论班上，他是个雄辩出众的青年。他那种爽直、明快、尖锐的词锋给我留下了难忘的印象。这次在捧读这一本可能是他最后的著作时，我立刻感到他那可爱的性格至老未衰，可惜的是这样的英才未获长寿。

读完了他这本书，我顿觉写这篇发言有门了。这是因为他在这本书里评论了其中有我一份的中国几个人类学者的著作时，提出了两个问题，启发了我的反思。

他提出的两个问题是:

一是像中国人类学者那样,以自己的社会为研究对象是否可取?

二是在中国这样广大的国家,个别社区的微型研究能否概括中国国情?

Edmund 对这两个问题都抱否定的态度;先以第一个问题说,他尽管承认人类学者不妨研究自己的社会,而且有些中国人类学者就是这样做了。但是他态度鲜明地说:"无疑的,这种样式的实地研究,对没有经验者我是不会推荐的。"他接着列举了四本从 1934 年到 1949 年以英文出版的中国人类学者的著作,并一一加以尖刻的评论。在他看来,其中除了一本,可巧是我的 *Peasant Life in China*(《中国农民的生活》,即《江村经济》),在一定程度上(up to a point),研究自己的社会看来是有好处的,其他三本都被他作为这种研究方法不足取的例证。失败的原因他认为可能是出于"他们的眼光看来已被私人而不是公众的经验所产生的偏见所歪曲了"。

Edmund 对人类学者研究自己社会的那种他自认是"我的消极态度",跟我们共同的老师 B. Malinowski 恰恰是个鲜明的对照。后者在我那本 *Peasant Life in China*(1939)的序言里说:"如果自我认识是最难获得的,那么无疑的,研究自己人民的人类学是实地调查工作者最艰巨的,但也是最有价值的成就。"

两人都用了"无疑的"那种坚决的口吻说出了相反的态度。前者认为中国人研究中国社会是不足取的,很少成功的。而后者却满腔热情推荐这种方法,认为在人类学这门学科里这是"标志着一个新的发展"。

Edmund 的态度和论调是不足为奇的。熟悉他的人都会赞赏他这种不与人苟同,特别是对他的师友不轻易附和的为学作风。今天,我在这里重提这个不同见解的对比,而且参预了议论,使我的心情又回到了 LSE 二楼 Malinowski 的 Seminar Room。辩论出自意见的不一致,结果也许并不一定导致认同,但至少可以使双方都看清楚意见不同的来源,而达到相互的认可。使我懊丧的是今天 Edmund 已无法到场。我相信如果他在场的话,必然会报我以会心的微笑。他很可能同意我至少会明白我的看法,就是我们的分歧归根到底是出于我们并不都是英国人,包括 Malinowski 在内。我们各自的文化传统带来了"偏见"或更正确些应说是"成见"。这些"成见"有其文化根源,也就是说产生于 Edmund 所说的公众的经验。在这点上我和 Edmund 还是不一致的,因为他认为中国人类学者没有把他们的研究工作做好是由于私人经验所产生的偏见。他所谓公众经验，在我的理解中，就是指民族的历史传统和当前处境。

我并不明白为什么 Edmund 放弃他成为一个工程师的前程而闯入人类学这个园地的。我自己知道我为什么要学人类学，入学的动机可能是我们两人同在一个学术领域分道扬镳的根源。我原本是想学医的，但是后来放弃了成为一个医生的前途。因为，那是我自觉的认识到"为万民造福"比"为个人治病"更有意义。可见我的选择是出于一种价值判断。

个人的价值判断离不开他所属的文化和所属的时代。我是出生于20世纪初期的中国人，正是生逢社会的剧变，国家危急之际。从我的这种价值判断出发，我之所以弃医学人类学是可以为朋友们所理解的。我学人类学，简单地说，是想学习到一些认识中国社会的观点和方法，用我所得到的知识去推动中国社会的进步，所以是有所为而为的。如果真如 Edmund 所说中国人研究中国社会是不足取的，就是说，学了人类学也不能使我了解中国的话，我就不会投入人类学这门学科了，即使投入了，也早已改行了。

我从来没有隐讳过我选择人类学的动机。Malinowski 已经在上述那篇序言里替我说明，我为什么闯入人类学里来的。正因为他同情我，他写下了一句用意深长的话："人类学，至少对我来说，是对我们过分标准化的文化的一种罗曼蒂克式的逃避。"这不能只看成是自嘲之语。他在用沉痛心情谴责当代西方人类学者那种内心的无可奈何之情。

我不敢冒昧地把 Edmund 也包括在这一类西方人类学者之列，但令人深思的是他在这本学术自述式的书里却根本否定了人类学是一门科学。他说："社会人类学并不是一门自然科学意义上的科学，也不应当以此为目的。如果要说它是什么，其实不过是艺术的一种形式。"这句话的涵义，各人可以有不同的理解，我却联系上了 Malinowski 上面所说的那句话，他的意思可以理解为，在西方人类学门内至少有一些学者把它作为表演才华的戏台，或是更平易一些，是一种智力的操练或游戏，或竟是生活中的消遣。我本人对这些动机并无反感。在一个生活富裕，又是竞争激烈的社会里，当个人谋生之道和社会地位已经有了保证之后，以人类学来消磨时间或表现才能，确是不失为一种悠悠自得的人生。可惜的是，我自己明白，我没有条件这样来对待这门学科，事实上也走不上这条路子；即便走上了，也不会觉得愉快的。

Edmund 锋利的思路又发现了个使像我这种中国人类学者为难的题目，就是上面提出的第二个问题：个别社区的微型调查能使你认识中国的全貌么？这个问题的矛头直指我的要害，因为如果我学人类学的志愿是了解中国，最终目的是改造中国，我们采取在个别小社区里进行深入的微型观察和调查的方法，果真能达到这个目的么？个别入手果真能获得概括性的了解么？

Edmund 对这个问题仍然是否定的、消极的。他在第一个问题上是放过了我，我感谢他还说了些好评，但在第二个问题上却想逮住我了。他用了回护我的口吻来表达他不相信我这样做能"了解中国"的。他说："费虽称他那本书为《中国农民的生活》，他并不冒称他所描述的社会体系是整个国家的典型。"又说："这种研究并不或不应当自称是任何个别事物的典型。这样做的兴趣是在它的本身。"

Edmund 对我的回护我是应当领情的。但是他的意见我只能接受一半。我确是没有意思想把那个调查过的江村作为整个中国所有千千万万的农村的典型，也没有表示过，研究了这个农村就能全面了解中国国情。这本书的英文书名是出版社给我加上的。它原本是我的博士论文，题目是 *Kaihsienkung : Economic Life of a Chinese Village*（《开弦弓：一个中国农村的经济生活》），而且英文的扉页上还印着"江村经济"四个字。当这本书翻译成中文时并没有用"中国农民的生活"而还是"江村经济"。Edmund 是知道这经过的。

我也同意，解剖一个农村本身是有意义的，所以是有趣的。但我必须老实说，我的旨趣并不仅限于了解这个农村。我确有了解中国全部农民生活，甚至整个中国人民生活的雄心。调查江村这个小村子只是我整个旅程的开端。因此如果 Edmund 看法是正确的，就是从个别不能概括众多，那么我是走入了死胡同了。所以我必须正视 Edmund 所指出的问题，并在实践中证明他的看法是似是而非的。从个别出发是可以接近整体的。

这个问题在我写完《江村经济》时已经意识到，而且国内不少评论也集中在这个问题上。我对此心中是有答案的。我这样想；把一个农村看做是全国农村的典型，用它来代表所有的中国农村，那是错误的。但是把一个农村看成是一切都与众不同，自成一格的独秀，sui generis，也是不对的。

也许是受了我早年所学的动物学和解剖学的影响，我对客观事物存有类型（type）的概念。一切事物都在一定条件下存在，如果条件相同就会发生相同的事物。相同条件形成的相同事物就是一个类型。同一个类型里的个别事物并不是完全一样的，类型不是个别的众多重复，因为条件不可能完全一致的。我所说的类型只是指主要条件相同所形成基本相同的各个体。

以江村来说，它是一个具有一定条件的中国农村。中国各地的农村在地理和人文各方面的条件是不同的，所以江村不能作为中国农村的典型，也就是说，不能用江村看到的社会体系等情况硬套到其他中国的农村去。但同时应当承认，它是个农村而不是牧业社区，它是中国农村，而不是别国的农村。我们这样说时，其实已经出现了类型的概念了。所以我在这里和 Edmund 辩论的焦点并不是江村能不能代表中国所有农村，而是江村能不能在某些方面代表一些中国的农村。那就是说形成江村的条件是否还形成了其他一些农村，这些农村能不能构成一个类型？

如果承认中国存在着江村这种的农村类型，接着可问，还有其他哪些类型？如果我们用比较方法把中国农村的各种类型一个一个地描述出来，那就不需要把千千万万个农村一一地加以观察而接近于了解中国所有的农村了。请注意上面我多次用了"逐步"和"接近"两个词。通过类型比较法是有可能从个别逐步接近整体的。Edmund 喜欢用数学概念来表述事物，我这里所说的"接近"也就是微积分里的基本概念。用实践的经过来说容易讲得明白些。1938 年我从英伦回国，也正是我校读完 *Peasant Life in China* 一书的清样之后，抵达中国抗战时大后方的云南昆明。我只休息了两个星期就下乡去调查昆明附近禄丰县的一个农村，我把它称作禄村。禄村和江村所有条件不同，江村是在沿海传统经济比较发达的地区，是个具有传统家庭手工业又从上海传来的现代工商业较深影响的农村。禄村是个远离现代工商业中心的内地农村，这个农村的农民几乎全部依赖农田上的收入来得到生活的。江村和禄村具有不同的条件，给了我实践类型比较研究的机会。云南的内地农村具备的条件还是有所不同。我们沿着滇池转，发现了三个不同类型，禄村之外还有易村和玉村。我们把这三种类型的比较在 1941 年用英文写成了一个简略的英文论文，称作 *Three Types of Village in Interior China*（《中国内地农村的三个类型》），由当时的太平洋学会印发。这里我们就用了 types 这个字在论文的题目里了。云南三村的详细的情况，1943 年我在美国写成了 *Earthbound China* 一书（中文本《云南三村》尚在印刷中）。这本书在我看来在人类学方法上是和《江村经济》相衔接的，是类型比较法的实验。但在西方并没有受到像《江村经济》那样的重视，看来这并不是西方人类学者所感兴趣的方法，因而也没有引起 Edmund 的注意。也许这时西方的人类学者已把我看成是一匹不受学术领域中各科边界约束、四处乱闯的野马了。

这匹野马，写完了 Earthbound China 有 30 年没有在人类学界出现。我上面所说的逐步接近的诺言也难以为继了。但是当我在年过七十之后，重新回到早日驰骋的领域时，我还是坚持了原来"逐步接近"的方针，不仅在江村追踪调查，了解它在这半个世纪里的变动，而且把研究对象从农村提高了一个层次，进入了小城镇的范围。

当然老马也只有老方法。我把类型比较法从农村用进了小城镇。先在我家乡的几个小城镇开始，逐步进入长江三角洲的四个经济比较发达的市，两年后又扩大到江苏全省。第四年我就闯出省界，分两个方向前进：一是沿海从江苏到浙江，经福建到广东的珠江三角洲，再进而接触到广西的西部。另一路是进入边区，从黑龙江到内蒙古、宁夏、甘肃和青海。其间又去过中国中部的河南、湖南、陕西。中国的沿海、中部和西部在最近 8 年里我大体上都访问过了。

这样的年纪和这样广阔的"田野"，原来在江村那样的微型调查我本人是做不了了。幸亏我这段时期并不像过去那样只能单枪匹马地上阵，现在已有个小小的队伍，由一些青年学者边学边工作，在各个据点进行直接的观察。我们由于和当地政府工作人员密切合作，也有条件用问卷的方法，由点及面的做广泛的数量调查。更由于有了计算机的帮助，大量统计资料能够比较快地整理出来，江苏全省小城镇的抽样普查就是一个尝试。这使我们更能接近于对中国全貌的了解。

由于我自己意识到这一生中能利用来做研究工作的时间愈来愈短愈少，我不能不多看些地方。所以我的习惯是每走一个地方就把我的感受写下，仔细的调查研究留待别人去做。我称之为开路破题的工作。我写下的这一类的文章是不少的。其中一部分早期的作品已经由芝加哥大学出版社汇集了一本 Rural Development in China，去年（1989）出版，不能直接阅读中文的朋友，可以从中看到一些例子。

我想用我本人的经历，正如本文题目所要求我的，来答复 Edmund 向我们中国人类学者提出的问题。我可以告慰于关心我的朋友们的是，我幸而在晚年能得到这 10 年可宝贵的机会来继续我的初志。当然，我并不敢说对中国的国情已有多大的了解，但比 50 年前是了解得多了一点。更使我高兴的是 40 年代根据我所调查的资料和从而所得出的认识和形成的对农村发展的见解，到了 80 年代逐步地经过实践的考验，已证明不少是符合实际的。这也使我更相信认真的以人类学方法去认识中国能有助于中国的发展。人类学是可以成为一门实用的科学的。

我很羡慕 Edmund 有深湛的哲学修养和优异的学术环境。我知道，像我这种务实的人对他提出的问题所作的答复是不容易说服他的。但是我认真地想一想，我这种在 Edmund 看来也许是过于天真庸俗的性格并不是偶然产生的，也不是我个人的特点，或是产生于私人经验的偏见，其中不可能不存在中国知识分子的传统烙印。随手我可举出两条：一是"天下兴亡，匹夫有责"，二是"学以致用"。这两条很可以总结我自己为学的根本态度。

想不到 2000 多年前的孔老夫子对我这一代人还会有这样深的影响。孔老夫子还不是主张少在看不到摸不着的玄理上去费脑筋？他周游列国还不是为了寻觅有用于社会的机会？务实的精神潜移默化，渗入学术领域，结果使像我这样的人，毫不自觉这是古老的传统，而投身入现代的学科里，形成了为了解中国和推动中国进步为目的的中国式应用人类学。在一定意义上说，这种学派的形成并不是出于任何个人的创见，很可以说是历史传统和当代形势结合的产物。

我和 Edmund 意见的分歧，对一个有人类学修养的人是完全能理解的。这里不存在谁是谁非的问题，而是属于不同传统和处境的问题。我们不仅能相互容忍而且能相互赞赏。我们不妨各美自美，还可以美人之美。这是人类学者的应有共识。

不幸的是人类学在现代世界上还是少数人的珍品，远不是普遍人的常识。可是在这个各种文化中塑造出来具有不同人生态度和价值观念的人们，由于科技的急速发展，已经生活在一个你离不开我，我离不开你的小小寰宇之上了。他们带着思想上一直到行为上多种多样的生活方式进入共同生活，怎样能和平共处是已成为一个必须重视的大问题了。由于文化的隔阂而引起的矛盾会威胁人们的共同生存。从这个角度去看我这次和 Edmund 的缺席对话，其意义也许不只限于我们少数不同国籍的人类学者的共同兴趣，而可以联系到今后世界人类怎样进入 21 世纪的问题。

我虽然已经年过八十,对今后人类的关心看来并不是杞人忧天。人类学者是否有责任在建立文化容忍的精神方面做出一些贡献?谢谢今天的各位朋友,让我们一起为人类学的不断前进做出努力。

1990 年 7 月 25 日

原载《读书》1990 年第 10 期。

关于人类学在中国

本世纪初首先是以民族学（最早被称为人种学），稍后是以人类学作为西方的 Anthropoloey 和 Ethnology 这些学科的译名传入中国的。30 年代当时的中央研究院设有人类学的专科，但在各大学中并没有独立的系科。清华大学引进了人类学，但依附在社会学系，称社会学及人类学系，实际上自始至终专修人类学的只有我一个研究生。抗日战争时代，很多大学的社会学系迁到西南内地各省，如云南、四川和贵州，大多注意对当地少数民族进行研究，称边疆社区研究或民族社区研究。新中国建立后，1952 年高等教育院系调整，取消了社会学系的设置。但是原在社会学系内进行的中国少数民族的研究工作则并没有中断，而且因少数民族取得了平等地位，民族工作受到重视。对少数民族研究的工作，这时普遍采用民族学的名称。至于人类学的名称只有在古人类的研究中偶尔使用。直到 70 年代末期社会学恢复和重建后，个别的高等院校中才设立了民族学、人类学系或专业，如中央民族学院设立了民族学系，中山大学成立了人类学系，设有考古学和民族学两个专业，厦门大学成立了人类学系，系内设人类学专业和考古学专业。由于名称上的混乱，又缺乏统一的理解，引起了国外的朋友们许多猜测和误会。

学科的划分和研究的范围的规定在世界各国都是按照各自的情况，在历史上逐步形成的。据我所知，在 30 年代欧美学术界对人类学的理解也很不一致。我在清华研究院上学时导师是沙俄时代培养出来的俄国人类学家史禄国（S. M. Shirokogoroff）。他依据欧洲大陆的传统认为人类学所包括的范围很广，主要有人类体质、语言、考古、社会和文化。可说是人体和人文的总体研究。学习研究人类体质，要有生物学的基础，还要有考古学的基础。人体研究涉及到人体解剖学及生理学的知识。研究人类的由来和人种的变异，牵连到古猿的演进和分化，涉及考古学的知识。人类社会的形成出于分工合作的群体生活，这种群体生活建立在会意的传媒体系，即语言和文字，那就需要研究语言的形成、分布和变化。最后社会和文化研究群体分工合作秩序的建立和维持，以及争夺剥削的矛盾和冲突，形成人和人的利害关系和道义关系，需要进行社会结构的分析。由于人不仅生活于自然的环境之中，而且已世世代代不断创造、累积以及淘汰、破坏，形成了一个人为的环境，就是文化，而文化的研究更需要自然演进和人文流动积淀的历史知识。这样看来人类学不仅内容包罗万象，而且所学的基础知识多门多类，实在是一门最广泛的综合学科。

我刚入学，史禄国导师根据我原有的底子，为我定了一个人类学简化的基础学习计划：包括体质、语言和社会人类学三个部分，规定以两年为一期，三期完成，一共6年。由于实际原因，我并没有按这个计划进行，只在史禄国指导下完成了第一期的体质人类学，学习了人体测量和体质类型分析。第二期根本取消了，第三期是在伦敦跟马林诺斯基（B. Malinowski）学习的。

在30年代，英、美各大学所授的人类学，已经不像大陆派那样综合性，而走上了分科专修的方向。体质人类学、考古学、语言学、社会文化人类学各成为一科，分别进行专门研究。我在英国伦敦大学里学习时，所属的伦敦经济政治学院（LSE）的人类学系专讲社会人类学，主要研究社会制度的功能和结构，当时同属伦大的皇家学院（King's College），主攻方向是体质人类学。两校的人类学系各自为政，互不通气。

美国的情况我不太熟悉。但依我所接触到的大学说，很少提到体质人类学的研究。人类学系主要研究文化人类学。英国称社会人类学而美国称文化人类学，研究对象其实相同。英国学者到各殖民地去研究当地的土人，而美国学者则主要研究分布在北美的印第安人，后来扩大到拉丁美洲的土人。在初期英、美人类学在研究方法及理论上都各有特点，直到40年代才有交叉的影响。

值得一提的是人类学和社会学的关系。在英国和美国两者各守门户，分灶吃饭。但在美国芝加哥大学里却发生了交互影响。主要是30年代派克教授（R. Park）参加了芝加哥大学社会系。他主张理论应密切联系实际，而且提倡实地调查的方法，就是研究者必须亲自深入社会生活，详细观察，悉心体会和了解被研究者的行为和心态，然后通过分析、比较，总结事实，提高到理论水平。这种实地调查方法他公开承认是从社会人类学里移植过来的。社会人类学用之于土著民族，社会学用之于城市居民。芝加哥大学社会学系就是以这种方法研究芝加哥城市各种居民区而著名的。芝加哥大学的人类学系一度由派克的女婿雷德斐尔德（R. Redfield）主持。他的理论见解接近于派克，主张小社区的整体研究，和派克在社会学系里所提倡的芝加哥城市社区研究基本上是一致的。所以社会学和人类学在美国，至少在芝加哥大学里是基本相通的。

美国芝加哥大学的社会学和人类学，影响了中国燕京大学的社会学，1933年派克教授到燕京大学讲学，那时我是社会学系四年级学生，正是他给我们指出了到群体生活中去直接观察人们的社会活动，这样才能使我们当时主张的"社会学中国化"得到了具体的入门方法。

1935年英国拉德克利夫－布朗教授（Radcliffe-Brown）来华讲学。他是英国人类学功能学派的创始人。他和派克同调，认为社会人类学实在就是比较社会学。派克是从社会学这方面攀近社会人类学，布朗是从人类学这方面去靠拢社会学，一推一拉就在中国实现了这两门学科的通家之好，名虽不同，实则无异。在中国人类学和社会学这两门学科合而为一可以追源到这一段历史。

中国早期的人类学也并没有按欧洲传统照办的，可是欧洲传统中所包括的考古学、语言学在中国则是悠久的古老学科，虽则并不用这些新名称。清代有名的经学家提倡以训诂和考据的方法来整理历史，有一部分已注意到金石的遗留，可说是属于考古学的范围。在民国时期大量商代甲骨文的发现更促进了古文字的研究，也可以列入语言学的范围。接着北京古猿人头骨的发现使中国的古人类学推向高潮。随后石器时代遗址大量发掘，这些方面学术的成绩虽不是以人类学的名义做出的，实际上能归入欧洲式的综合性人类学的范围里。

体质人类学在中国作为个人研究与兴趣而做出一定成绩的也不乏其人。早期有李济，稍后有陶云逵和吴定良。近来医学界有人注意到人体结构和生理差别的事实，用血型分析等方法进行分类，或是注意到民族的体质差别而进行遗传因子研究，这些都可以归于体质人类学的范围。

至于对少数民族进行历史和社会的研究，中国古代学者实已开始，民国时期中央研究院所设立的人类学研究所，即做这项工作，在这方面著名的有凌纯声、芮逸夫等人。这些工作都可说是社会或文化人类学。

总的来说，广义的人类学所包括的各部门，在中国和在英、美一样已经分别成立为独立的学科,如考古学、语言学等,不再和人类学挂钩了。但是社会或文化人类学则由于在新中国建立前曾在一些大学里和社会学结合在一起,后来又因社会学被取消,而把其中研究少数民族的部分独立成为民族学,而且因为民族工作的需要而得到发展。中国现在所称的民族学实际上取代了社会或文化人类学的名称。

民族学在中国是一门研究少数民族历史、语言和社会的学科。后来这三个部分又在民族学内部分别立为专业,有的自称民族史专业或民族语言专业,于是民族学又成了研究民族社会和文化内容的"民族学"。我原来主张学术工作主要是认定研究对象而不必在学科名称上发生无谓的争执。但是名称和内容的变化也是一种学术史的现象,不能不按其发展的实际情形予以说明,以免望名生义,混淆了研究的内容。

如果严格的按逻辑来讲,民族学这个名称和它现有的内容并不是十分相切合的。现在中国的民族学事实上主要是以研究少数民族的社会为其内容的。而中国的民族不仅是 55 个少数民族,还有人口占 90% 以上的汉族。而且从历史和社会关系上看,汉族和所有各少数民族都有不容分割的联系,而现在汉族历史和社会的研究却并不包括在民族学范围之内。这实在是没有充分理论根据的。我自己的情况就很有趣:我取得伦敦大学的 Ph. D 学位标明是社会人类学,因为我学习的单位是 LSE。我的论文是《江村经济——长江流域农村生活的实地调查》,而我所调查的这个中国农村是在我的本乡,完完全全是汉族。我回国后在各大学社会学系教书被称为社会学教授。我又曾经参与过主持中央民族学院和中国社会科学院的民族研究所,也可被称为民族学教授或研究员。在我身上人类学、社会学、民族学一直分不清,而这种身分不明并没有影响我的工作。这一点很重要,我并没有因为学科名称的改变,而改变我研究的对象、方法和理论。我的研究工作也明显的具有它的一贯性。也许这个具体例子可以说明学科名称是次要的,对一个人的学术成就关键是在认清对象,改进方法,发展理论。别人称我作什么学家是并没有多大关系的。

当然,我说我并不关心别人称我什么学家,人类学家也好,社会学家也好,民族学家也好,那是因为我认为这三个不同名称的学科,实际上是有着共同的领域。我专攻的这一部分对象正是这三个不同名称的学科的共同领域。简单地说是"社区研究"。社区研究是指研究一个一定地域、具有一定社会组织、一定文化传统和人文环境的人类群体。在当前的历史阶段里，这种群体中的人们总是认同于一个民族。对于这个对象进行研究既可以认为属于欧洲大陆派人类学范围，也可认为属于英国的社会人类学范围，也可以认为属于美国文化人类学范围，在当前中国来说可以认为属于社会学或民族学的范围。我并不妄想我的研究能包罗这三门学科的全部领域，除了我研究的这一小部分之外，各门学科自可以还有其他的更广阔的领域，那是我力所不及的地方，尽可由其他人去耕耘。

或者有人可以认为我在上面所说的并没有回答究竟什么是人类学，它和社会学和民族学究竟有什么区别。我必须老实地说我并不能答复这些问题。我们只能在前人划定的学科中看他们研究些什么。然后自己问问自己，从这些学科中可以学些什么。要决定学些什么就要先有个前提，就是我学这些是为什么？我在上大学时，先是想当个医生，好为人治病，免除人们的痛苦，于是我进了医预科。后来我觉得人们最痛苦的不是来自身体上的疾病，而是来自社会所造成的贫穷。于是我改学社会学。学一门学科总得有个目的。我是想通过学社会学来认识社会，然后改革社会，免除人们的痛苦。在学社会学的过程中，我明白了必须联系实际，到社会实际生活中去观察、分析、思考。可巧我在大学时遇到从芝加哥大学到中国来讲学的派克教授，他带我们这些学生到北平的各种居民区去参观访问，最后他说这种实地调查的方法是从人类学里学来的。我才认真地去找人类学家学习，进了清华大学研究生院，师从史禄国教授。由于他的指导我到瑶山，到家乡进行实地调查。一直到现在，我这一生的经历中根本的目的并没有动摇，就是"认识中国，改造中国"。我曾经把这段意思在1980年到美国应用人类学会上去领马林诺斯基奖时，发表成《迈向人民的人类学》那篇讲话。我就是想从人类学里吸取"认识中国，改造中国"的科学知识。我这样说，也这样做。一生中虽则遇到过种种困难，我都克服了。年到七十时，我还是本着这个"志在富民"的目标，应用人类学的方法，到实地去认识中国农村、中国的少数民族，凡是贫困的地方我都愿意去了解他们的情况，出主意想办法，帮助他们富起来。我是由人类学、社会学、民族学里得到的方法和知识去做我一生认为值得做的有意义的事。我在学习、研究的过程中，也写下了一些文章和书，人家称它们作人类学也好，社会学也好，我从不在乎。这是我一生的经过。我是用人类已有的知识去设法为人民服务的人，说我是个学者,我也不反对,因为我认为一个学者就应当是个用科学知识来为人民服务的人。

我不知道我这篇讲话能否答复你们的问题。如果答非所问,还请多多原谅。谢谢各位。

1993 年 8 月 9 日于北戴河

本文系作者在日本九洲大学的演讲。载《社会学研究》1994 年第 2 期。

略谈中国社会学

一

　　社会学是人们对社会有系统的科学思考。对于人同人的相处，怎样处得好，这个问题的研讨我们中国在2500年前就已经很发达了。这几年里我几次去山东，山东正是我国战国时期文化的中心。孔子家乡，墨子家乡我都去过了，荀子家乡也去过了。我特别花了一段时间到淄博，淄博当时是齐国的首都，2500年前的城墙现在还能看到。这里还发现一个齐某公的古墓，有殉葬的600匹马整齐地围在墓地的四周。淄博这个齐国首都的西门就叫稷下，稷下有个学宫，是专门招待学人的，现在我们所说的"博士"，就是从这时候开始的。稷下召聚的学人人们称之作稷下先生，地位较高的称作博士，我看到了稷下这个地方的遗址感慨很深。当时这里有个风气很盛行，这个风气叫"不治而议"，读书人不去执政，但要发表议论。国家养士，一养千把人，都是国家给钱。假如所养的士感到待遇不够好，他们可以起来发牢骚，也可以挥手而去。当年孟子就与齐国的统治者合不来，不愿待下去。他要走，人家要留他，为他造了好多房子，让他招几十个学生，但是孟子还是要走。走的时候，主人还为他送行，派一个车队，几十辆车护送他走，表示尊重学者，我觉得这种"稷下之风"很有意思。这是战国的风气。战国为什么有这样一种风气呢？我想并不是哪个人特别有见识，提倡出来的，而是当时正逢奴隶制度向封建制度转变的时期，正是这个社会变迁，形成了这种风气。现在我们又遇到了一个相似的时期，不过范围不是山东这一块齐鲁文化，而是全世界的文化。这也是一个"战国"时代。昨天我们还在电视上看到在原捷克首都的武装战斗，这样一个时代也许要有几百年，也许几十年，这样一个避免不了的动乱过程。大家要考虑这样一个问题：人们怎样活得下去？这个问题曾经引起像中国战国时代百家争鸣的那种局面。我有个感觉，当前一个大问题是：人类在地球上面怎样活下去。现在正需要世界范围的大众对话，提出各种看法来议论，来讲，找出一个办法来，使人类在地球上面能够活下去。以前中国的问题是，在中国这块土地上怎样活下去，现在是全人类，大家都要考虑，人类怎样在地球上能继续活下去？这个问题是当前社会学应该思考的大课题。

这几年来我思考的问题，已经超出了《行行重行行》，在《行行重行行》里我是要回答一个中国农民如何解决吃饱肚子的问题，也就是我们这块中华大地怎样来养活12亿人口的问题。现在我思考的问题是，这个地球怎样能继续把人类养活下去。这可不那么容易，这个问题比中国人的吃饱、穿暖要困难的多。昨天在电视上所看到的打炮情景，这是真的在打，而且这种局面还在蔓延，从前捷克斯洛伐克起，现在已到了莫斯科中心。当前的世界状况是，我们大众在经济上是离不开别人的了，哪个国家的人想关起门来，享受桃花源中的生活，是不可能的了，自给自足的生活已经做不到了。经济上大家都是彼此相连，绑在了一起，世界的经济秩序已经形成。只要哪里有波动，香港股市的股票立刻就表现出来，反应得快极了。人们在经济上真是完全绑在一起了。有一年我在新加坡，晚上吃的一道菜是豌豆苗，主人说是当天早上从我家乡运来的。后来我了解到每天都有飞机将新鲜蔬菜从我的家乡运到新加坡。就像加利福尼亚的蔬菜与水果供应整个美国一样已经不是件稀罕的事。全世界的经济已抱在了一块儿，就像当前，世界上的政治也正在想抱在一起。但经济秩序还没有形成一个统一的体系，还是由一双看不见的手把它控制在一起，还没有一个人为的合理的组织使它朝着平稳的发展的道路上走去。看得更清楚的是，政治上还走不到一起，欧洲共同体还搞不起来，现在看，是越来越困难了。这个一体不容易形成，因为最重要的是缺乏一个道义上的秩序，大家在对不对、好不好上，还是各有各的想法，而且很认真，一旦觉得别人不对，就要开炮。这样一个世界人心不安，因为道义的秩序（moral order）还没产生。

我认为人的社会有三层秩序，第一层是经济的秩序（economic order），第二层是政治上的共同契约（common contract），有共同遵守的法律，第三层是大众认同的意识。这几个东西假定出不来，大概这个世界还要经过一个战国时期，全世界的战国时期。20世纪我们是走过来了，还剩下没有几年就快要到 21 世纪了。对 20 世纪，我所感觉到的是一个战争不断的世纪，经过两次世界大战。我们国内更是战火不断，到处有战争。21 世纪是否是 20 世纪的再版呢？我认为是不行了。再版下去，世界要完蛋了，不能再版，应当出现一个新的版本了。这本书应当包括上面所说的三个秩序合在一起建立起来。我们社会学要在第三个秩序的建立上有所作为。这第三个秩序，即道义的秩序，是要形成这样一种局面：人同人相处，能彼此安心、安全、遂生、乐业，大家对自己的一生感到满意，对于别人也能乐于相处。我们必须要造就这样一个天下，这个天下要看在 21 世纪里造得出来还是造不出来了。我们的任务就是要以这个作为主要的轴心问题进行研究。所谓学问，说穿了就是各人的思考所形成众人的议论，反应这种时代的各种想法，反应的方法可以不同，但各种反应都是时代的反应。现在我们进入了一个新时代，就会有新的反应。这些反应中也有很多规律，有继承下来的，如科学的方法论，也有新的发展。要有一套想法、一套观念、一套意识，我叫它心态。

心态是什么呢，我在清华学习时，有个老师叫史禄国，他一生提出了个中心概念，大家不懂，叫 Psycho mental Complex，他写了一本大书，大家也不见得看得懂，叫 Psycho mental Complex of Tongus。我最近又翻出来看，还是看不大懂。但有一点是清楚的，也很有用处，他讲的大体就是我所说的心态，讲人的行为背后，决定行为的心理和意识状态，比普通所说的心理学的内容还要扩大一点，包括理性的价值判断和艺术欣赏。所以我的老师造下这新名词，叫 Psycho mental Complex。因此，如果人们能有一个共同的心态，这种心态能够容纳各种不同的看法，那就会形成我所说的多元一体，一个认同的秩序（consensus order）。

这个思想是我在山东游孔林的时候，突然有感而发的。人的思想有时是很奇怪的，往往是突然受到启发而悟到的。我在孔林兜圈时，突然意识到孔子不就是搞多元一体的心态这个秩序吗？而他在中国成功了，形成一个庞大的中华民族。中国为什么没有出现像前捷克斯洛伐克及前苏联这种分裂的局面，是因为中国人有中国人的心态，而中国人的这种心态是怎样形成的，汉族怎样会形成这样一个大民族，11 亿人又是怎样会形成这样一种统一的"认同"（identity）？这不是偶然的，也不是一种空洞的概念，而是一种具体的东西，影响深远的东西，中国 5000 年的历史，形成这么一个"认同"，这样一个中华民族。过去大家不觉得它的伟大，因为它的形成是最自然不过的，大家似乎是在无意中形成的。我们应该想一想，能否在整个世界也出现这样一种认同呢？大同世界嘛。过去我们祖先所说的天下大同不过包括亚洲大陆的一部分，现在全人类五大洲能不能一起进入大同世界呢？这是社会学与人类学在21世纪共同要解决的大问题。

二

关于中国社会学的历史，我知道得不多，好在最近几年已经有人进行研究，而且写出了专著，不仅大陆上有，香港也有。今天只想就我自己的亲身经历，作一点补充叙述。

如果我们同意把社会学这门学科的范围放宽一些，包括人们对人际关系的知识和理论，那么社会学的来源在中国就有很悠久的历史。我记得拉德克利夫布朗（Radcliffe Brown）有一次在燕京大学说过：他认为中国在战国时代已由荀子开创了这门学科，比西方的孔德（A. Comte）和斯宾塞（H. Spencer）要早2500多年。不管我们是否同意他的看法，我们不容否认，对人际关系的重视，一直是中国文化的特点。在这样长的历史里，这样多的人口，对人和人相处这方面所积累的经验，应当受到我们的重视，而且在当今人类进入天下一家的新时期的关键时刻，也许更具有特殊的意义。关于这一点我将留到这次谈话结束时再提。

把社会学作为一门现代学科来说，它是19世纪末和20世纪初从西方直接或间接通过日本传入中国的，略早于我出生在这个世界上。还在幼儿时期，我已经从我的父母口上听到过达尔文（C. Darwin）、赫胥黎（T. Hexley）等外国人的名字。小学时期在父亲的书架上看到过梁启超、章太炎的著作，严复翻译的《群学肄言》也在其中。但是行文深奥，不是我这个读书不求甚解的孩子所能理解的，甚至连这些书的名称也莫测高深。

我幼时常听长者议论严复其人。有谓早年奉派留英学海军，归而不务正业，以译书为事，实是未得其用，怀才不遇。事过百年重评再估，不能不体会到严氏的选择具有深意。他似乎已洞察到思想意识在社会演进中的关键地位。西方文化的勃兴从表面上看是它的坚甲利兵，而其科技的基础实在还是在19

世纪的启蒙思想，而《群学肄言》即是其中的一块基石。他在译本的序言里说明，所谓群学就是用科学的法则来研究人类社会的历史发展，以预测未来。所谓肄言就是究其功用之所施，提出所以治之的方法。而且在《译余赘语》中说，"窃以为其书实兼《大学》《中庸》精义，为变法维新开启思想"。改革社会的风云从此风靡全国，不能不承认严氏的远见超众。《群学肄言》成为中国改革的启蒙，也是社会学的光荣。

严氏指出西方的社会学和中国传统的儒学脉脉相通，可惜这见识没有为后辈所重视。"五四"之后讲述社会学的人几乎都是以移植西学为主。更有甚者，在20年代大学里担任社会学课程的竟以西方学者居多。当我在1930年转入燕京大学社会学系时，以中国教授用中国语言讲课的还属开风气之先，但是所用课本还几乎全是英文。

可以作为中国社会学成长里程碑的是"中国社会学社"的成立，那是在1930年成立的。用中文编写的社会学教材，最早可能是孙本文主编的社会学丛书15种，1931年合编成《社会学大纲》出版。1935年孙本文著的《社会学原理》一书，始被列入商务印书馆的大学丛书，为各大学所采用。从这本大学教材也可以看出当时各大学所教授内容的特点，那就是综合美国大学里各家的社会学教材而成，并开始采用少量当时可得的中国历史及统计材料加以引证，基本上可说还是"土包装的洋货"。

事实上，我们这些当时的社会学学生都是直接阅读外文原著的。我本人就在这一时期读到乌格朋（W. F. Ogburn）的《社会变迁》而且深为折服，后来译成中文，大约在1936年由商务印书馆列入世界名著丛书出版。我提到这些事是想借以指出当时的中国社会学的主流是吸收西方的社会学。与此同时，由于俄国十月革命的胜利，马克思主义大量传入中国，其中有一部分就是用社会学的名义传入的，但限于当时的政治形势，在大学里所占有的阵地并不大。

30年代初期正是中国思想界较为活跃的时期，受过五四运动震动的青年学生不可能满足于不联系中国实际的以引进西学为主的社会学。我本人就是抱着了解中国社会，解决中国社会问题的愿望踏进社会学这门学科的。读了许多西方书本，对中国情况依然惘然无知，遂不免焦虑不安。就在这种普遍的不满情绪下，中国社会学出现了吴文藻先生首先提出的"社会学中国化"的要求。因而开辟了另一个阶段。

三

联系中国实际讲社会学和以社会学的研究来服务于中国社会的改革和建设，是"社会学中国化"的主要内容。在 30 年代这可能是中国社会学的共同趋向。在这一时期比较突出的有梁漱溟主持的乡村建设运动，晏阳初主持的平民教育促进会的定县实验区，陈翰笙主持的中国农村经济研究会的无锡等地区农村调查。这些工作有些不一定用社会学这个名义，但事实上都是主张联系中国社会实际进行调查研究并以服务于中国社会为目标的。把他们归入"社会学中国化"的范围之内我认为是可以的。但我当时还是一个大学生，没有机会和这些工作有亲身的接触，所以关于这些方面的具体情况我并不能在此详细介绍。我所能补充的是当时燕京大学社会学系在这方面的情况。燕大社会学系在"社会学中国化"上也有两方面的工作。一方面是参加北平教会和乡村建设的工作，并且在北平郊区建立清河调查实验区；另一方面是在理论和方法上为以后的"社区研究"做准备工作。我本人是参与第二方面的一名小卒。

1933 年是我在燕京大学里学习的最后一年。正是这年美国芝加哥大学的社会学教授罗伯特·派克（Robert Park）到燕京大学来讲学。他是美国盛誉一时的美国芝加哥学派社会学的奠基人，主张理论应当密切联系实际，而且提倡实地调查的方法：就是研究者必须亲自深入社会生活，进行详细观察，亲自体会和了解被研究者的行为和心态，然后通过分析、比较、总结事实，提高到理论水平。这种实地调查方法据派克教授说是从社会人类学里移植过来的。社会人类学用之于土著民族，社会学则用之于城市居民。芝加哥大学社会学系就是以这种方法研究芝加哥城市各种居民区而著名的。他也称这种研究为 community study，我们把它翻译作"社区研究"。

派克不仅在班上讲解人类集体行为的性质和社区的结构，而且特别引起我们这些学生兴趣的是他亲自带领我们参观北平各种类别的居民区。他把我们带出了风光明媚的未名湖的世外桃源，让我们看到了天桥的贫民窟，甚至八大胡同的红灯区，这真正打开了我们这些在象牙塔中生活的小青年的眼界。世界上原来有和自己生活区别如此之甚的各种各样的生活模式和思想类型，真是个见所未见、闻所未闻的广阔天地。我们这辈学生真感激他，把我们带出了书本，进入了活生生的现实世界。

我们感激派克老师更重要的是在他给我们指出了"社会学中国化"的具体方法。只有这个愿望是不够的,还必须掌握具体的操作方法。"社区研究"就是他给我们的这把钥匙。同时更具体地告诉我们这套方法可以向社会人类学者去学习。围绕着他这个主意我们这一批学生包括杨庆堃、林耀华、黄迪、廖泰初等形成了一个小小的学术团体,在天津《益世报》办了一个专页副刊《社会研究》,从1933年起直到抗战开始才停止。我们还分别自己下乡找问题进行调查研究,在我们小圈子里形成一个风气。我则转入清华大学研究院,师从史禄国老师,学习人类学,目的还是在寻找社区研究方法的根源。

1935年,我去广西瑶山进行实地调查这一年,吴文藻先生又邀请了英国拉德克利夫布朗(Radcliffe Brown)到燕京大学来讲学。布朗是人类学家,是和马林诺斯基(B. Malinowski)并称的现代人类学功能学派的创始人。吴文藻先生请他来华讲学就是听从派克的指导,从社会人类学去学习实地调查的方法。布朗早年在印度洋的Adaman岛上实地调查,后来以此为基础在社会人类学里发挥功能论的学说。而且和派克同调认为社会人类学实在就是比较社会学。他在芝加哥大学讲学时就用比较社会学为名讲社会人类学。派克是从社会学这方面去攀近社会人类学,布朗则是从人类学这方面去靠拢社会学,一推一拉就在中国实现了这两门学科的通家之好,名虽不同,实则无异。后来便形成了中国社会的一个特色。

我们称这种着重实地调查和比较研究的社会学为"社区研究"也有个来历。当派克教授离华时,我们这些学生建议出一本论文集以示纪念。在编辑这本论文集时,要用派克的一篇原著,而这篇原著里有一句话,"community is not society"。这把译者卡住了。因为过去community和society在汉文中都译成社会,而用旧词来翻译这句话就不成话了。原来派克的理论中人际关系可分出两个层次。基层是共存关系,和其他动植物一样都是通过适应、竞争,在空间获得各人所处的地位,相互间可以互相利用,维持生存,也就是我们普通说的利害关系;但人际关系还有一个层次性质不同于前者,就是痛痒相关、荣辱与共的道义关系。前者形成的群体是community,而后者形成的团体是society。他既然做出了这个区别,我们翻译时也必须用两个不同的名词。社会一词留给society,community不能不另找新词。通过我们这辈学生的议论,最后创立了

"社区"这个新词。好在 community 必须以地区为基础,如邻里、村寨、乡镇、城郊甚至大到民族、国家都可以用社区来表示,是一个以地域为基础的人群。用"社区研究"这个名字还可以包括我们当时进行的农村和民族调查,所以就这样用开了。

四

1937年抗日战争开始,那时我还在英国留学,国内情况相当隔膜。1938年夏季我回国时半个中国已经沦陷,当时原在沦陷区的大学相率内迁。原来有社会学系的大学内迁后有些还能继续教学和进行研究工作,当时集中在西南的各大学中,北大、清华、南开联合为西南联合大学,其中的清华大学更是另外成立若干研究机构,和社会学有关的是陈达主持的国情普查研究所,曾在昆明市四县进行户籍调查。原在昆明的云南大学在抗战时期接受了以吴文藻为首的一部分原在燕京大学工作的社会学者成立了社会学系,并与燕京大学合作建立社会学研究室,在云南境内开展农村和民族社区研究。

在西南另一社会学中心是四川的成都,以华西大学为基础吸收了燕京大学内移的一部分,在吴文藻先生由滇入川后,又成立了社会学系和边疆研究所,并开展边区少数民族的研究。主要的著作有李安宅的拉卜楞寺的调查,和林耀华的《凉山夷家》。此外还有如迁到贵阳的大夏大学,由吴泽霖主持进行苗族调查,并建立了文物室。总起来说,大概由于西南边区的特点,各地社会学者都注重少数民族的调查,为解放后的民族调查做出了先导。这段历史进一步使社会学和社会人类学相结合,而且社会人类学更明确地以研究边地少数民族为对象,一般被称为边政学或民族学。

我自己在1935年清华毕业后,就开始社区研究的实地调查,首先也是从少数民族入手。偕同前妻王同惠于秋季进入广西的大瑶山,即今金秀瑶族自治县,到该年年底发生不幸事故,我自己负伤,同惠溺死于山谷。我在出山养病期间写出了《花蓝瑶社会组织》,这是我的第一本社区研究报告。1936年夏季我回家乡吴江县,在开弦弓村小住,走门串户搜集了不少事实的资料,秋季去英国,受马林诺斯基指导,1938年完成《江村经济》一书。这是我的第一本有关农村的调查报告。

从英国回国，我直奔昆明参加吴文藻主持的云南大学社会学系，并开始建立一个小小的研究班子，称社会学研究室，后来因为疏散到呈贡，住在魁星阁，即以魁阁闻名。从1938年到1946年魁阁培养了一批人，也完成了一套实地调查的研究工作，包括农村、工厂和少数民族社区，为社区研究做出了具体的榜样，其中《禄村农田》《易村手工业》《玉村农业和商业》三篇文章后来出版时称《云南三村》。

马林诺斯基曾称这种研究为"社会学的中国学派"。它的特点就是：过去人类学者都以文化及经济水平较低的土著民族为研究对象，而中国学派则是中国学者以本国的经济文化较高的社区为研究对象。这为社会人类学开辟了新的研究园地。而且这种研究成果可以用来促进本国社会的发展，使社会人类学成为一种名副其实的应用科学。他这种评价也为我们指出了其后中国社会学的发展方向，首先要联系实际才能为本国的社会发展提供科学论据，成为一门服务于人民的社会科学。

抗战时期内地的生活是十分艰苦的，而且当时全世界都已进入战争状态。学术与文化交流基本上已经停止。我们僻居在乡间，与外地信息不通，几乎是处于学术上的孤岛境地。处于这种封闭状态中，只有自力更生，一切依靠自己。这固然激发了我们的创造性，但是总不免与世隔绝，见闻狭窄，难于吸收国外的先进成绩，多少也养成了闭门自赏，遗世独立的不求国际闻达的风格。这是不利于中国社会学的发展的。

五

1949年新中国建立之后，于1952年在全国高等学校之间进行院系调查。大概是由于历史唯物主义和社会发展史已列入大学生必修的"大课"，认为与社会学的内容不免重复，而且当时苏联高等院校里未设置社会学课程。以苏联体制为参考而进行的我国的院系调整也把原属社会学系一部分课程划入其他学系或另建学院，如劳动问题划归新成立的劳动学院，仍由陈达主持，原有关于社会人类学部分改称为民族学划归新成立的民族学院，潘光旦、吴泽霖、林耀华和我都进了民族学院。社会学作为一门学科并为此学科在大学里设立的学系则一律予以取消。1956年传来消息苏联已恢复了这门学科，并派代表参加国际社会学大会，于是在中国引起了一阵恢复社会学的风浪。到 1957 年正逢反右斗争扩大化，认为要求恢复社会学就是要求恢复资本主义，一律划成右派，被连累的老一辈社会学家为数很多，几乎一网打尽，从此社会学成了"禁区"。

1978 年拨乱反正，反右斗争扩大化也被认为是错误的。因此中央决定恢复社会学这门学科，当时社会科学院院长胡乔木在 1979 年的一次社会学座谈会上公开声明："否认社会学是一门科学，并且用一种非常粗暴的方法来禁止这门科学在中国发展、存在、传授，这是完全错误的。"

这篇讲话揭开了中国社会学重建的序幕。

中国社会学从 1952 年被取消到 1979 年决定重建，一共中断了 27 年，整整有一代人之久。一门学科虽然可以挥之即去，却不能招之即来。老一辈的社会学家在这一次次大风浪中挨过来的人已经不多，而且已老态龙钟了。要重建社会学首先要明确重建的是什么样的社会学。中断的时间这样久，又正值翻天覆地的大变革时期，原来没有生长成熟的社会学，如果原封不动地把解放前的内容端出来，必然不能适应当前的需要。所以首先要定一个方针。经过反复的议论在新老齐集的座谈会上一致同意，我们的任务并不是恢复解放前原有的社会学而是必须建立一个符合社会主义国家要求的新的社会学。当时定下一个各方面共同能接受的方针就是以马列主义、毛泽东思想为指导，密切结合中国的实际、为社会主义建设服务的社会学。

定了方针，接着要筹设机构，新的社会学势必从头做起。一门学科机构上大体包括五个部门：一是学会，这是个群众性的组织，不仅包括专业人员，还要包括支持这门学科的人。二是专业研究机构，它应当在这门学科中起带头、协调、交流的作用。三是各大学的学系，这是培养这门学科人才的场所，为了实行教学和研究相结合，不仅在大学里要建立专业和学系，而且还要设立与之相联系的研究机构。四是图书资料中心，为教学研究工作服务，搜集、储藏、流通学科的研究成果，有关的书籍、报刊及其他资料。五是学科的专门出版机构，包括出版专业刊物，教材和通俗读物。

我们中国社会学的重建过程基本上也是按这个顺序进行的。第一步是从聚集原来学社会学的人入手，把愿意归队的残兵余将集中起来，并把对社会学有兴趣的人请进来，成立了一个社会学会。然后在社会科学院成立了一个社会学研究所，集合一些专业人员。以这两股力量为基础集中力量培养一批青年专业人员，为各大学成立社会学系准备教员，并合力编写教材。有了母鸡才能生蛋。1980—1981年暑假我们先后在美国任教的杨庆堃教授支持下得到了美国匹兹堡大学及香港中文大学社会学系的协助，并由教育部向各大学抽调与社会学接近的各系青年教师自愿参加讲习班学习，共约100多人。以后几年按照这个办法继续开办讲习班，前后培训了有300人左右。我们是从无到有，在借重外力努力自学的基础上，通过紧张、浓缩、示范的速成方式培养出一些年轻的初入门的社会学工作者，从这批学员中又挑选了一部分约10余人，采用集体备课的方式为正在筹备中的各大学社会学系准备带头的教师，并编出了《社会学概论》试用本。

从1980年起先后在上海大学、南开大学、中山大学及北京大学设置了社会学系，接着有些大学，如山东大学，设置社会学系专业，或开设社会学课程。各校图书馆添置了社会学书籍，天津出版社除承印《社会学概论》外，另出社会学丛书，迄今还在继续出书。我们鼓励百花争艳以提高教材质量，鼓励各出版社发行社会学教科书，现在各课都已有本可读。社会学刊物也有多种。总之，到1985年在教委召开的社会学学科会议上，大家认为重建工作已初步完成了草创阶段。用一句通俗的话来说就是"戏台已经搭成，且看演员们各自表演了"。

截止1991年不完全统计，在高等院校和社会科学院系统已设有社会学研究所或研究室31个，设有社会学系或专业的有15个，教学和科学研究人员约800人。北京大学设有博士后流动站，有博士点两个，硕士点9个。已毕业的学生超过1500人，其中研究生约占1/5。

六

从1985年到1993年又有8年时间，在这期间各大学在国家教委领导下，遵循统一的方针，各自发挥其优势，努力创新，所以重点可以有所不同。现在还没有到能总结经验取长补短的时候，我们主张现阶段还是发挥大家的积极性进行多样性的试探摸索为好，所以我在这里不能多作介绍，我能讲的是我自己在这10多年里所走的道路。

自从1979年参加重建社会学的工作后，我一直参预机构设置和人员培训工作。直到 1985 年才归回到北京大学建立并主持社会学研究所，为推动社会学与人类学相结合，这个所于 1992 年改名为社会学人类学研究所。我还是想继承抗战时期在魁阁的精神，采取亲自带头和引路的办法，指导年轻的研究人员开展实地调查的社区研究，并紧跟形势的发展由点及面，从村庄到乡镇、城市开展城乡关系的研究，然后联系各点的具体情况进而开展经济区域的研究。具体地说就是我先从《江村经济》的原地出发，1981 年进行了三访江村，做了同一社区但不同时间的比较。我看到当时农村正在发展乡镇企业，而且和小城镇的联系日益加深，不少农民已经离土不离乡，进入现代化的工业队伍，这本是我在 30 年代和 40 年代主张农村发展的道路。因此开始小城镇的调查研究。1982 年我把吴江七个镇做了比较研究，然后在 1983 年又由一个县的范围扩大到苏南四市，找典型，定类型进行比较，进而扩及江苏全省，然后沿海南下，进入浙江、福建和广东，从 1982 年到 1984 年一共花了三年时间。1984 年我发现我国中部和西部发展速度较东部沿海地区慢，存在差距，因此决心把研究重心转移到边区，从内蒙古、宁夏到甘肃和青海。在边区各地看到由内迁的工业而造成的独特的人文区位失调现象，所以工农并顾，着重城乡关系的协调问题，并牵涉到边区的少数民族及贫困地区的发展问题。一个问题套着一个问题，引导我对整个经济地区发展的兴趣。其间又带着我指导的研究生去中部地区的湖南、河南和陕西进行实地调查编写论文。从而提出了东中西三部分发展上的梯度差距问题。我每年大约有 1/3 时间在各地访问观察，并留下专题让研究生住下做较长期的深入调查。实际上我做了学术上的破题和开路的工作。到目前为止除西藏和台湾外，我们的调查工作几乎遍及全国各地，全国各省中没有开辟调查据点的只有少数几省，有些省份如江苏我每年都去一两次，就是较远的内蒙古也前后去了 8 次，甘肃前后去了 6 次。较偏僻的川滇交界的大小凉山区，湘鄂川边区的武陵山区，以及山东的沂蒙山区都曾是我调查的重点。我每走一次常常抽时间把所见所思摘要写成短篇报告发表，积 10 年已有 30 篇，今年初汇编为《行行重行行》一书出版。

综观这 10 年来我的社会学方面的著作事实上是魁阁社区研究的继续，只是研究的点大体上已扩展及全国，问题则着重在城乡的经济发展这一方面。在方法上除了继承实地观察和访问外，更多地依靠当地行政部门所总结的资料。过去比较重在结构分析，后来已偏重模式的比较和它们发展的过程。比较上更能及时反映这 10 年中国各地农村的发展情况，同时这类研究工作也为从事实际工作者提供了决策的参考，一般认为富有实用价值，达到了发挥应用科学的作用。

我这 10 年学术工作上的积极性实际上确实是由这段时间中国各地农村的飞跃发展所促成的。当 1990 年我在朋友们庆祝我 80 岁生日那天宴会上，他们要我总结我一生所作所为时，我不假思索地以"志在富民"四字相答。我对 30 年代在家乡、40 年代在西南大后方所见到的农民贫困受苦的情况，印象极深，也正是从那时起我就一直捉摸改变这种状态的出路，而提出了农村工业化的中国方式。那时不过是书生之见，纸上谈兵。想不到过了 40 年，进入 80 年代，在我眼前看到了中国农民自己走出了一条康庄大道。我的激动，朋友们是可以领会的。一生中有什么比理想变成现实更能令人惊喜的呢？我 10 年来马不停蹄地东西穿梭，也就是要追踪这一条具有中国特色的农村经济发展的道路，而且我认为也就是一条具有中国特色的工业化和现代化道路。

10 年过去了，我头发已经白尽了。站定想一想，我的研究工作下一步该怎样走？中国的农村必然还会继续发展下去的。现在绝大多数农民，包括中西部地区，可以说温饱问题基本上不久就可以解决了。在沿海起步就早的地区，大多已经超过了"小康"标准，现在一般说平均收入已在 1500 元人民币的水平上下，我所想到的"下一步"就是研究小康之后的问题。

我确实觉得自己这 10 年的研究工作在理论上和方法上都已经赶不上这个蓬勃发展的形势了。我翻出从花蓝瑶、江村、禄村的文章一直到这 10 年的《行行重行行》重新读读，越来越感到我过去太偏重在社会结构的分析和描述这方面。这固然反映了这些社区的宏观面貌，也显示了它们发展的轨迹。但是我感到最大的缺点，是在"只见社区不见人"。也就是说在这个大的变动中，聚居在社区里生活的一个个人的内心世界是怎样的？他们有什么忧喜哀乐？他们有什么希望和追求？他们有什么梦？有什么心事？这些在我过去的记录中都隐约其词，含糊不清，捉摸不准。

古人说"衣食足而知荣辱"，我过去"志在富民"只看到他们"衣食不足"而为此动脑筋。现在衣食足了，是否应当看到他们的"荣辱"了呢？这方面我过去确是关心不够。这种自我批评引起了我今年去曲阜访问孔林时，醒悟到自己过去的缺点是过于满足研究社会的生态而忽略了社会的心态。我不能不想到我的启蒙老师派克教授早就指出的人同人集体生活中的两个层次：利害关系和道义关系。我拾了基层，丢了上层，这是不可原谅的。

其实，这几年的世界形势也在启发我做出这种反思。我们不能不承认第二次世界大战以后，即从40年代起，这个世界上最重要的变化也许就是地球越变越小了。全世界的人都息息相通，休戚相关。特别是90年代东西争霸的局面结束，更是充分暴露出了经济上全人类已被捆在一起，而大家能和平相处的新秩序却还是遥遥难望。关键是全人类已有了利害上的联系但却还缺乏道义上的认同。这话实际上凡是关心人类前途的人都已看到，不用我多说。一个全球性的社会不能只有利害的层次而没有道义的层次。没有比当前的世界更需要一个道义的新秩序的了。

我不想在这个话题上多作发挥，只想联系到我们中国社会学的前途来说，值得我们重新记起我在这次讲话开始时提到布朗教授30年代在燕京大学所讲的这句话，"中国在战国时代已由荀子开创了这门学科"。当然他只提到荀子，实际我们中国历代思想家思考的中心一直没有离开过人群中的道义关系。如果目前的世界新秩序正好缺乏这个要件，我们中国世代累积的经验宝库里是否正保留着一些对症的药方呢？

我提出这个问题，愿意作为这篇谈话的结束，找到这问题的答案也许正是我们中国社会学者值得认真思考并去追求的目标。我已年老，这只能作为我的希望留给新的一代了。

1994年8月7日于北戴河

本文是作者1993年在香港中文大学新亚书院座谈会上的发言。1994年8月改就。

从人类学是一门交叉的学科谈起

今天我能够有机会和北京大学的博士后见见面、聊聊天,觉得很高兴。我是以什么身分来这里的呢?我是以老同学的身分,以社会学的老同学的身分来这里的。我1930年就在这里念书,那个时候这里叫燕京大学,北京大学是后来搬到这里来的。燕京大学毕业后,我就考入了清华大学社会学及人类学系读研究生。那个时候待遇还不错,30块钱一个月,包住,两个人一间房。伙食费一个门7元钱,洗衣服一个月交1元钱,每个月还能请请同学吃吃饭,很阔气的,那个时候只要两元钱一桌,10来个人吃一次。读书也没有时间的限制,你愿意读几年就读几年,很自由的。那个时候真是无忧无虑,想念几年书就念几年书,念好了提出论文参加由考试委员会组织的考试,考得好的由清华大学用"庚子赔款"送到国外深造,清华每年都要送出去一批人,一般是100美元一个月,钱是够用的,不用再向家里要钱了。现在想起来从1933年到1938年(1938年我从英国回来)是我一生中最舒服的一个阶段,无忧无虑,不用考虑什么生活上的问题。

今天会的一个主题是讲学科交叉的问题,其实这个问题在我身上就是一个体现,我自己就是一个很好的例子,讲出来你们可以分析一下。我1928年在东吴大学医预科念书,入东吴大学以前并不知道都有哪些系的,甚至连系的概念都没有,也不知道有哪些学科和门类。听到哪个系有名气就去念哪一个系,结果选择了东吴大学医预科。医预科是为念医学做准备的,所以什么都念,数理化等自然科学的知识都要学,而且还要考试拿学分。

在医预科念书的时候,中国那个时候正经历一个重要的时期:1927年蒋介石叛变革命,学潮闹得也很凶,我也就跟着参加了学潮,那个时候并不太懂什么是学潮,跟着瞎起哄。结果很惨,有许多和我闹学潮的人都死了。这是我一生中的第一次大风暴。第二次是参与"非基"(反对学校的基督教教化)运动；因为参加这类运动，许多同学被学校开除了，但因为我各门功课都不错，学校就让我转学，我只好转到燕京大学社会学系，不能再到协和医学院去念书了。在燕京我念了三年，本来是念两年的，因为参加"九一八"的示威游行，着了凉，在协和医院住了好几个月的院，出院后就得再多读一年，不然学分就不够了。

那个时候吴文藻先生是燕京大学社会学的教授。当时，社会上人们都在为中国未来的出路找答案，究竟中国怎么办？总是这样下去是不行的。这种风气在社会学领域中反映很强烈。那个时候在风光旖旎的未名湖畔弥漫着一种空气，这种空气就是一批年轻人试图用科学的方法，即用实证的方法来研究中国的社会和文化。系里从国外请了一批学者来讲学，最先来的就是芝加哥大学的 Robert Park。Park 并非社会学科班出身，他在进入社会学之前是新闻记者。他认为社会学就是要能够深入地了解人们的实际生活，主张要用 interview(访谈)的方法。他是美国"芝加哥学派"的创始人，这个学派一直主张要到人民的生活当中去了解人们的真实生活。他在中国的时候，曾经带我们去北平的天桥，以前我们是不去那个地方的，燕京大学的学生怎么能去那样的地方？但他去并且还带我们去，他说你们要了解中国的人，了解什么是社会关系，天桥就是一个很好的观察点，里面什么都有。我去过天桥之后思想上受到震动。原来只是在小说里看到有关人际关系的描述，但实际生活当中的情况却要比那复杂得多，光看《红楼梦》是看不到的。实际生活的那个梦与未名湖畔的梦是截然不同的。所以光看书不行，为了要开阔认识社会的视野，他主张到人类学当中去找方法。

人类学原本是本世纪初年的白种人到他们的殖民地(非西方的文化环境)去研究那里的部落人的生活的一门学科。最先是哥伦布发现新大陆，随后一大批欧洲人海外移民，做买卖、做海盗，发展资本主义。欧洲人到了世界各地除了掠夺物质资源之外，同时还会碰到各种不同文化的人。有些旅客、商人、传教士曾把他们所见到的事情记录下来。那个时候有一种观点认为西方文化以外的文化都是落后的，因而认为这些落后民族都需要接受欧洲的先进文化，也就是要求世界的西方化、资本主义化，这在白种人看来是他们义不容辞的天职。另外当时达尔文的进化论也极为盛行。达尔文认为人不是上帝造的，人是自然演化的结果，人是智者，是有智慧的动物。这样的观点改变了那个时候人们的世界观和人生观。那个时候的学者们就思考人为什么有文化而动物却没有，人究竟是什么，人类是怎样发展等等的问题。第一次世界大战之后就出现了一批人类学家用实证的科学方法研究这些问题。

我就是在这样的一个学术大背景下去欧洲留学的，那个时候清华很开明，你去国外上哪一个大学都行，没有什么限制。现在大家都去美国，我们那个时候是看不上美国的，那个时候不少人认为真正的学术中心是在西欧，是在德国、法国和英国。特别是德国和法国更是中世纪宗教统治打破之后的现代思想的发源地，马克思不就是德国人吗？现在都影响到了中国。那个时候有一门研究人的学问叫 Anthropology，吴文藻先生谈过这门学问在欧洲有好几个中心，其中有一个就是在英国的伦敦。吴文藻先生在哈佛大学的一次国际会议上认识了英国人类学的头头马林诺斯基，讲到了中国正在用实际调查的方法来了解中国的社会，希望英国的人类学家能够帮助培养几个人。这样我就用"庚子赔款"到了英国。

在我去英国之前，我曾在我的家乡的一个村子里用我在燕京大学学来的社会调查的方法对这个村子做了调查。说到社区调查，其实"社区"这个词就是我们燕京大学的一些年轻人在未名湖畔的宿舍里想出来的。因为 Park 讲社会是人际关系的综合，community is not society（社区不是社会），这就需要戈个名称来表达 community 的意思。这个词实际是指在一个地方共同生活的人。这样就想出了用"社区"这个词来表达社会和社区的不同。这样一个词提出来以后，很能启发思想，这是一个语义学的问题。那个时候的风气不错，大家一起想，终于想出这个词来。社区是指一群聚居在一个地方分工合作的人，它是具体的，这群人之间的关系，即人际关系，构成社会。

在清华的时候指导我的老师是一位俄国人，名字叫做 Shirokogorov，中文的名字叫史禄国，这个名字是不是他自己起的我不知道。他同我定了一个六年的学习计划，头两年学习体质人类学；接下去的两年学习语言，就是语义学，他的语义学可能比赵元任等人的语言学丰富的多，语言实质上是人表达思想的成体系的符号，大家为什么能够在意识上相互交流，这背后是有一套大家都认同的东西存在，行动和声音都具有象征的意义，我说要茶你就知道拿茶水给我而不会去拿别的东西，道理就在这里。这是要有共同的语言做基础的，现在所谓的信息系统，问题也是一样，在 computer 出现之后，信息成了一个时行的研究对象。我想史老师要我学的语言学实质上就是要我懂得人和人构成社会的道理，可以说这就是社会学人类学的基础。第三个阶段是让我读文化人类学，就是理解人和人组成了社会创造的那一套为生活服务的物质设备和共同意识积累而成的文化。这些东西加起来积累之后，是超越时间的。文化问题很多人都在谈，去年我在北大讲过我学习马林诺斯基的文化论的一些体会。马林诺斯基上课是采取 seminar（讨论班）的形式，在他的大办公室里，凡是注册要听他的课的学生都坐在一起讨论。我是在伦敦的时候听了两年马林诺斯基的 Anthropology Today（今天的人类学）这门课，第一年是讨论文化论。每个人什么都懂那是不可能的事情，甚至要学好一门学科都很不容易。但我认为一个人必须把他的个别专长放在一个共同认识当中去，即把多元化的东西放在一个统一体当中去。大学是使一个人对各个领域的知识都知道一点并且掌握一门自己的学科的基础知识的园地。到了研究所阶段做博士生就要在你的学科前沿攻破一点，创造出一点新知识，使人类的知识总量有所增加，而不是重复人家的东西。博士后就要为这门学科沿着它发展的方向推进一步，看出一个方向来。我们这一代人已经过去，但我们社会的文化还在，这就需要有一代一代的人把它接续起来。

在我 80 岁的时候学术界一些人类学家、外国同行为我开祝寿会。在会上我就说我是一匹人类学当中的野马。A wild horse in the field of anthropology，我不想受到任何的拘束，我的思想也不受到任何的人为的局限束缚。我是一匹野马到处去撞。那就是做学问要能够跨学科地去思考，不能仅仅限制在老师所讲的内容上，思想上不能有任何的疆界（boundaries）。这就是我的主要观点。

1996 年 11 月 20 日

本文系作者在"展望 21 世纪——北京大学博士后第一届学术研讨会"上的讲话。载《广西民族学院学报》（哲学社会科学版）1997 年第 2 期。

社会发展与社会学

听说北大新办了一个教授俱乐部,这是一个新的组织,教授之间可以在此互相接触,搞一个学术性的俱乐部,创一个新制度出来。我很赞成这个事情,也自愿来参加这个聚会。现在思想上的交流,实在太少了。学术的发展,北大的风气要提高一步,这个俱乐部可以发挥很好的作用。今天我讲什么好呢,就讲讲社会学吧。我是 60 多年前进入这个未名湖畔的燕京大学来学社会学的,隔了一个甲子,能和同志们一起讲讲社会学,我很高兴,题目就叫《社会学与社会发展》。这个题目有两种讲法:一种是从社会学出发来讲对于社会发展可以做出什么贡献,做些什么事。今天我想反过来,讲讲《社会发展与社会学》,就是讲社会学怎么从社会发展中吸取养料来发展自己这个学科。我就讲我自己,用自己做标本,看我是如何从社会发展里边来构筑我的学术工作,在当前的激烈的社会发展和变化中间,来发展我的思想。

从 70 年代末 80 年代初起,我们开始重建社会学。这是我第二次学术生命的开始。正逢公社制度结束,以家庭为单位的联产承包责任制代替了集体主义的公社制度。当时我们中国的农村经济已经到了崩溃的边缘,需要走新的路子。这就是小平同志改革开放的开始。这是一个大转变。小平同志出了个主意,要恢复社会学,在学校恢复社会学,要教师,要教材。当时我想,教师可以从全国各大学的文科教员里抽调出来加工。所以我们办了几个短期学习班,请了美国和香港的学者来讲他们是如何搞社会学的;教材呢,就结合中国的实际自己来编。这是 80 年代重建社会学开始时的情况。

说起来,我们过去的社会学并没有结合中国实际。我在燕京大学念了三年,才有一个外国教授 Robert Park 来讲学,这是 1933 年。他说,社会学的资料在哪里呢,是在人的生活本身。每个人都在社会里边生活,没有一刻能离开它。他这一点提醒了我：社会学不能只在书本里去找资料，那是第二手的材料，而是要同自然科学一样，直接观察自己的研究对象。他说你们要下到"人"里边去。他还带我们到天桥去，叫我们去看看和未名湖畔所见到的一个完全不同的世界。这一下子改变了我们整个的对人文科学的看法。现在用小平同志的话讲，叫联系实际。你不能关了门，坐在屋里讲，不行。要直接去看，直接去听，同人们接触，同人们谈话。所以 Park 带我们到监狱里，到八大胡同去见见世面，让我们不要仅仅局限在自己熟习的世界里。他对社会学又提出了一个要求，要我们直接去看社会，也就是要学会人类学的实地调查方法，就是深入群众的生活，去了解社会活动的真情，然后去分析它的道理，多问几个为什么，要我们多动脑筋。这同自然科学一样，你要掌握很多数据，然后看出里边的规律来。

从 Park 得到这一点启发之后，我说我也要念点人类学。当时清华大学有社会学及人类学系，有个教人类学的俄国籍教授 Shirokogorov，中国名字叫史禄国。1910 年他从法国的大学里毕业，进入莫斯科的科学院，主要在西伯利亚从事通古斯人的研究。通古斯人居住在西伯利亚，那地方本来是我们中国的，后来给俄国吞并了。1917 年，十月革命后，史禄国在海参崴的远东大学教书，后来又来到中国教书。他在学术上有着很好的训练，同时又有扎实的调查资料，写了好几本关于通古斯人的书。我找到他门上去，安心地跟着他在清华念了两年体质人类学。我从清华毕业以后，于 1936 年到英国去学文化人类学。我的英国老师是 Malinowski，他和史禄国一样也主张实地调查。他说我们要进入不同民族的人的生活里边去，同他们一同生活，同吃，同住，同劳动，才能真正理解他们的生活。在当时他是开了一个新的为学方向，新的风气。在这一个风气里建立了现代人类学，它的方法就是"field work"，我们叫做"田野工作"。

我在英国一直呆到 1938 年，根据我在江苏本乡农村里的实地调查写出了论文才回国。当时正值抗战，我经越南回到昆明。我就在云南大学、西南联大两个学校教书。我们还在呈贡的魁星阁搞了一个调查研究所，主要的工作是下乡调查。沿昆明湖跑一圈后写了一本书，叫《云南三村》。那是张之毅同志和我一起跑一起写的。《云南三村》是讲内地农村的发展。从一个主要是农业的村子，叫禄村；到一个有简单的手工业如造纸、竹子编织等的村子，叫易村；

一直到市镇附近的玉村。从一个完全是农业的，到有手工业的，一直到有商业的三种不同的村子，去看它们不同的地方。《云南三村》后来翻成英文，叫 Earthbound China。这是我们第一段的工作，一个开头。那时还不是有意识地跟着社会发展在走，但是我们在理论上是把从农业到手工业到商业，作为一个不同的发展阶段来进行比较研究。我们希望从实地调查中吸收养料来丰富我们的社会学。

解放之后我搞了一段民族工作，因为李维汉同志觉得我是研究人类学的，做少数民族研究工作正好对口，就把我从清华调出去，参加少数民族访问团。这一段的经历，我在最近的一篇文章《简述我的民族研究经历和思考》中已经做了回顾。后来，1952年搞院系调整，把社会学取消了。到1957年我被订成右派，编入另册，仅仅保留了教授的职衔。从1957年开始到1980年，这一段20多年的时间，我是在另一个社会里边生活，同普通人的社会几乎隔绝。直到1980年，才得到改正，开始我的第二次学术生命。当时我下了个决心，说我大概还有10年时间，预备再干10年。我打了个比方，说我身边只有10块钱了，这10块钱不能拿来零星地买花生米吃，而是要买一件我所喜欢的东西。买什么东西，当时也没有说出来。等到1990年我80岁的时候，朋友们来庆祝我的生日，让我总结一下自己一生的想法，我说了四个字：志在富民。回想一下，我在我的第一本书《江村经济》里边就已经说过，中国的问题是一个饥饿的问题。因此我的一生，如果将来还有10年，那么这10年就要用来想尽办法把这个"饥饿"取消掉，可以说就是"志在富民"。

第二次学术生命开始时，我第一个课题就是开展关于"小城镇"的研究。80年代，我在江苏的农村调查里发现了一个问题，就是在当时的计划经济和公社制度之下，小城镇普遍衰败，人口大大减少。差不多同样时候，胡耀邦同志在云南考察，发现云南小城镇衰败的情形比江苏还严重，作为农村的中心，市镇几乎消失了。原因就在于农产品自由交换的功能已经被国营渠道垄断，造成了计划经济之下流通渠道的不畅通，事实上已经不能满足当时的农村经济发展的要求。

于是我决心研究小城镇。当时尽管小城镇很萧条，但它本身有个力量在恢复，是它自己的力量，不是我们的外力作用。我是怎么看出来的呢，我讲一个实际的例子，来说明我是怎么抓住这个问题的。我到吴江的一个叫盛泽镇的丝绸中心去调查，同当地的领导一起谈话、聊天。我问他们这个镇上人口的情况。他们告诉我现在大概万把人。我说解放之前我来过啊，也说是万把人，怎么别的地方人口都涨了，而你们这个地方还是万把人？这个地方为什么人口没有涨？他说原因很多，一时也说不清。这个问题就一直留在我脑子里。紧接着就到过年了，我到了苏州，住在一个宾馆里。服务员说，你怎么这个时候来啊，好像很不高兴的意思。我说怎么了？她说你来了，我们不能回家了。她是盛泽人。她说他们过年都要回去，可是今年没法回去了。这几天车挤得不得了，买票都买不到。我问为什么那么挤啊。她说都要回去过年啊。我又问这么多人从哪里来的？她说在上海、无锡的人都要回家过节呀，所以不容易买票。这个巧了，我正在想这个问题，为什么解放前十几年，这个小镇超过万把人，到现在1982年了还是1万多人，我要知道增加了的这些人到哪儿去了。现在我找到了，他们都出去了，有去上海的，去无锡的，去其他地方的，小镇里留不住人啊。但是过年过节他们还是再回老家的。这就是我跟着农村本身的发展去调查，从人口的变动里边看出一个小城镇的兴衰。兴衰的原因看来也很清楚，是因为我们流通渠道塞住了。本来小城镇是流通渠道的一个基地，一旦塞住，人们就跑出去了。可是中国人有个传统，家在哪里，他过年还得回去。这是传统的力量，到现在我们还靠这个东西。许多侨资不断地流向国内，靠的是出去的华侨，他们要回家乡啊。

我就是在和一个服务员的谈话里找到了一个突破口，开了一个门。那么接下来怎么去研究一个镇呢。我决定从它的兴衰开始。开始先搞一个提纲，花了一年的时间，研究吴江县的七个大镇和许多小镇。我团团跑了一圈，一个镇一个镇去看，看它们的变化，最后总结出一篇文章，叫《小城镇　大问题》。这篇文章，胡耀邦同志看了很高兴，让大家都看一看，所以出了名。

讲这个例子我要说明什么呢？我是要用它来说明是社会发展带动了我的社会学的研究。假如没有这个实际的发展，我就进不去这个门，也不会去研究这个问题。事实上小城镇逐渐发展起来以后，又出现了很多问题，特别是关系到人口的布局。我们农村里几亿剩余劳动力要出来，吸收在哪里呢？当然最主要的是要限制人口，要计划生育，就是要少生点。可人还是要生出来，人口还在长。大城市吸收一个人至少要几万块钱。比如北京或者上海接收一个人，要给他住，要给他行动，工作场所，建筑和道路等等，都要花钱的。没有巨大的投资是不可能产生大城市。所以接收不了农村里全部的多余人口。这批人到哪儿去，放在哪儿呢？我就想，不是可以放在小城镇里边，让它成为一个人口的"蓄水池"吗？这就是小城镇现在起的作用。现在看来，过年过节，坐车很挤，可是没有发生太大的问题。为什么呢？因为这些从农村里流出来的人口没有全部到大城市里边来。什么地方截住了呢，小城镇截住了。我在《江村经济》里计算过，按当时的技术只需要1/3的劳动力就可以耕好田，多下来2/3的人口是吸收在副业里边。可是吸收在副业里还不够，他们就开始搞工业。开始工业是在村子里搞，逐步就转移到小城镇里来。因此小城镇的发展是解决中国很多发展中问题的一条路子，也是富民的一条路子。

我今天讲的这番话，说明我的这些想法并不是从书本里边看出来的，而是在实际生活里看到了小城镇的作用。我再讲一件早年发生的小事。我当时是很喜欢抽烟的，第一次去江村调查的时候到小店里去买烟，店主问我买几支烟？我说买一条烟行不行，他不卖，一盒都不卖，要买几支可以。我觉着有意思了，这么一个有几百户人口的村子，为什么烟要一支一支零卖呢？碰到了这么一个问题，我没有放松，我问他，你们自己要抽烟怎么办？他说客人来了，我们一支一支买。要多的，就叫航船去镇上代买。这是解放之前的事情，那时我们水乡一带，为什么市镇很发达，成为周围许多村子的流通中心，是因为它有一套流通的渠道，一个航船系统。江苏水乡交通工具主要是靠船，航船是专门来往于村庄和市镇之间的公共交通工具。航船的功能主要有两个：一个是为村民们到镇上代买日用品，另一个是在农副产品购销上充当村民和商家的中间人。从这样一个制度中，我看到了市镇在农村的流通渠道里边的作用。解放之后航船被取消了，靠单一的供销社供应，流通渠道不畅通，再加上种种限制，于是小城镇萧条了。

所以我认为，要在市场经济中发展农村经济，必须抓住农村的流通渠道，这就是要发展小城镇。现在大家逐步明白了，大概这条路子是对的，中国发展的道路必须从乡镇企业到小城镇。这里我们看到的不是从外国照样搬来的东西，而是农民自己创造出来的，是一个客观存在的社会发展的现象。我们从事实里把它提炼出来，再从理论上加以分析，分析出道理之后，再回到实际社会中去，推动小城镇和乡镇企业的发展。所以我们社会科学家，应当做群众和政策之间的一个纽带，从实际情形里边去发现问题，再反映到党的路线和政策上去。

我讲的这些话是想说明我们社会工作者要一路看生活，看具体的真正碰到的人，从里边找出一个真正的道理。这就是社会学。社会学离开了实际接触人，不可能有什么新东西出来。生活里边有道理啊。当前我们正面临一个千载难逢的大发展的时期，我们要好好理解它。这 16 年来，我就是跟着这个发展，从村，到镇，到城，最后到区域经济，一路看它们是怎样发展的。最近乡镇企业都在那儿找外资，搞合资企业。合资确是解决了乡镇企业的资金问题，使它能维持、发展下来。但是这么一来究竟有什么意义？要研究，要想一想。

最近我看到一篇文章叫《有名无实的国家》，是讲跨国公司的网络。这个经济网络已形成了一个很大的力量，超过了国家拥有的企业。现在全世界跨国的金融资本实力已经超过了任何一个国家的实。因此，我说它不是"有名无实"，而是"有实无名"，实际已经出来一个超过国家的经济实体，一个经济实力很强大的跨国公司和跨国企业的联合体。它有什么意义？我们北大还没有人去研究。这篇文章又提到了一点，说这个跨国经济网络现在正在同以民族为基础组成的国家发生冲突，和国家的主权概念相冲突。这是一个新问题，一个大问题。这个跨国家的实体正在形成和变化之中，这就需要我们社会学家去研究。这是我对年轻学者的期望，也是为了要说明今天我讲的主题，就是社会总在发展变化，而我们学者的任务就是要紧跟着现实的变化走，去抓住它。

1996 年 12 月 6 日

本文系作者在北京大学教授俱乐部聚会时的讲话。载《西北民族研究》1997 年第 1 期。

中国文化与新世纪的社会学人类学
—— 费孝通、李亦园对话录

费：今年春天全国人大换届的时候，我从原来的工作岗位上退了下来，但是退而未休。你也到了退休的时候了。我们有这点共同的地方。我想我们找这个机会见见面，谈谈我们今后的打算。我的生命大概还有几年。我们是老朋友了，我也想听听你的意见，看我们今后做点什么事情好。

前些天在北大研讨班上的讲课插话里，我讲到了自己最近几年的一个感觉。85 岁以前，我天天在那里忙着做事，不觉得自己老，有点"不知老之将至"，这是确实的情形。过了 85 岁，感觉到自己有点老了。做事情吃力了，力不从心了。要做的事情做不成了，要走的路走不动了，想写文章力量不够了，写一阵就要休息了。感觉到自己衰老之后，对生物性的个人同社会性的和文化性的个人之间的不同，看得比过去清楚了。生物性的个人是会死的，这是自然规律，是天命，在这个问题上只能听天由命。

我们在社会上生活的过程中，同别人打交道时真正接触和发生作用，实际上不是个人的因素，而是社会性的因素，文化性的因素。这些因素是超越了人的生物性的个体存在的。人可以死，可是人所处的这个人文世界却是长存的。人文世界的延续过程不但比我们个人的寿命要长，而且它的意义也更大。一个人从进入这个世界到离开这个世界，最长不过百年。在这段时间里边，我们从前人那里继承过来已经创造的文化成果，在这个基础上又做了一些事，为人文世界增添了一点东西。这点东西会留在这个世界上，不管好事还是坏事，抹不掉，也改不了。作为当事人，在老而未死的时候，回过头来想一想，自己在世界上留下了点什么。这是一种老来的心态，很有意思。年轻人不大想这个问题，还想不到这个问题。我今年已经 88 岁了，算高寿的人了，想到这个问题了。今天你来,我想对你说说我心里的打算,同时也想听听老朋友的意见,希望我再做点什么事。这会影响到我今后几年的生活。这两年我出去走走,感觉身体还可以。医生做检查,也说没有什么大毛病。在生命的最后这段时间里,我想做点人家希望我做的事情,也是我自己愿意做的事情。所以我想趁我们聚谈的机会,交换一下看法。

李:我很高兴有今天这样一个机会。您说是聚谈,这是您对我的客气,我应该说是请教。我是从今年7月份开始退休,也想学着费先生做人做事的办法,退而不休。虽然离开了正式的职位,但是学术研究工作还要继续下去。清华大学(新竹)要给我一个荣誉讲座的工作,每年还有一笔经费,可以做研究用。我在中央研究院(台北)还有一个最近确定下来的研究主题,跟养气有关。题目叫《文化·气·传统医疗》。中国文化和西方文化在认识客观世界上的一个最本源的区别,是用身体与心灵的内在体验的方法来了解世界。这个课题需要进行好几年,希望能通过研究来解释这样一种中国认知和传统的根源是怎么样的。我就要开始下一段的研究工作的时候,能有机会向费先生请教,我感到很难得。

费先生很客气,在计划今后几年做事情的时候,想听到我的意见。我首先想说的是,您在此前所做的事情,比别人多得多。虽然现在年纪老了,但是您正在思考的问题,正在发展的思想,对整个学术界还是具有很重要的意义。我昨天晚上还在想,您对于人类学、社会学的贡献,既有理论上的一面,又有实际上和实用上的一面。这是一般的学者很不容易做到的。您有一个"志在富民"的愿望,把学术研究作为实现这个愿望的工具,开辟了很多具体的研究题目,使田野调查既产生了理论的学术成果,也收到了具体的富民效果。一般做研究的人,大半不难想出一个很理论的东西,但是未必实际可用。我在最近的一篇论文里边就辩论了这一点。我认为一个好的学者不一定纯粹是理论的,在应用上面做出实际的贡献,也许更重要一点。所以我觉得您的"志在富民"的学术实践非常重要。您从对乡村的研究到小城镇,到对整个大的区域的格局和战略性的研究,不仅具有促进国家生产力发展的实际意义,而且在人类学、社会学领域具有重要的方法论上的开拓意义。过去人类学家研究的多是一个很小的村落,不大容易跳得出来。而您实现了从村落到小城镇又到大区域的跨越,这是人类学本土化的一个非常重要的成果。"志在富民"这四个字,我听着是响当当的。一个读书人读到了"志在富民"这样的境界,而且真的做出了实际的贡献,确实难得。

我昨天读到了您赠送的新书的序言。您在讲《从小培养二十十世纪的人》这个题目时所表达的思想,又是非常之重要。对整个人类的发展前途做出分析,提出设想,主张不但"各美其美",而且要"美人之美",在人类为进入21世纪而做的各项准备当中,这一点也许是最为重要的。世界已经形成了一个地球村,容忍多样性应该是大家在互相交往当中的一条基本的共识。亨廷顿写《文明冲突与世界秩序的重建》,就是认定西方文明和东方文明、回教文明一定会有冲突,怎么避免这种冲突是重要的。对这个问题,人类学家的主张似乎要更积极一些,不仅是避免冲突,也不仅是容忍别人,而且还进一步到欣赏别人。您提出的主张,是人类学家面对世界问题而做出的积极性、建设性姿态的一个证明。

我想,在我上面说到的两个方面,一个是在实践的方面,怎么使中国的经济和社会更进一步地发展,成为一个强盛的国家;一个是在理论的方面,怎么使整个人类和平共处、相互合作、走向天下大同的发展前景,这是我在您的著述当中体会到的两个最重要的主题。您为这两个主题已经花费了大量的心血,写出了很多重要的篇章。但是从更久长的历史来看,也可以说是刚刚破题。您离百岁还有10多年,还有机会也有力量进一步思考。这10多年里,在这样两个主题下面的社会发展还会提出新的问题,推动您进一步思考。您的文笔实在是漂亮,思考得又深入,可以不断地加一点,再加一点,把更加厚重的东西留给后人。我有一个书柜,专门放您的书,台湾出版的也都完整。前些天我又翻了翻,总的感觉以上面说的两个方面最为突出。我希望看到您在这两个方面的思考有更进一步发展。

费:我昨天送给你的这本书,书名叫《从实求知录》,"从实求知"这四个字表示了我的科学态度。一切从实际出发。"实"就是实际生活,就是人民发展生产、提高生活的实践。从"实"当中求到了"知"之后,应当再回到人民当中去。从哪里得到的营养,应当让营养再回去发挥作用。中国人讲"知恩图报",我图的"报"就是志在富民。我写过一篇文章,讲"人生的天平",这是吴泽霖先生提出来的。我们从社会所得到的投入，和我们为社会所做的事情，是天平的两端。拿我来说，从小受到比较好的教育，并不容易。我父亲只是一个普通的公务人员，全家靠他一个人的工资生活。我的母亲很节俭，目的就是要让孩子都受到教育。母亲去世后，姐姐供养我念书。清华毕业后，出国留学用的是庚子赔款，是人民的血汗。这些都是社会花在我身上的投资。社会对我有这么多的投入，我自己产出多少，这个问题不能不想。我觉得自己的产出远远不够，这不是虚话，是实情。

我最近准备写跟 Park 学社会学的文章。我在大学时期学他的社会学，可是没有学通，现在感到需要重新看。我把自己上大学时候读过的教材找出来重读，包括 Park 的书，有些地方还是看不大懂，还要细细地想。这也是从实求知。有了几十年的学术工作实践，再回到提供早期学术训练的基本课程里边，进一步体会实践知识怎样接通书本知识，书本知识怎样推动受教育者更自觉地进入学术实践。

说到教育问题，我们这一代算是好的了，下一代人的条件比我们要差，主要是基础教育差。讲起来很有趣，我父亲是最后一代的秀才，科举制度在他那一代取消了。改变办法以后，在考取的秀才中挑出比较好的，送出去留学。我父亲被送到了日本，学教育。他留学回来就搞新学，办了一个中学。后来他到了南通，张謇请他去那里教书。我名字里这个"通"字就是这么来的。我母亲创办了县里第一个蒙养院，我从小就是在这个蒙养院里边长大的，所以我没有进过私塾，没有受过四书五经的教育。连《三字经》《百家姓》也没有念过。"人之初，性本善"，这话很有哲理，可是我从小没有念过。我念的是"人手足刀尺"，是商务印书馆出的小学课本，是新学的东西。我父亲是处在文化变迁时期的一个人物，他主张新学，不要旧的一套，在儿女身上不进行旧式的教育。所以我缺了从小接受国学教育这一段。最近我在看顾颉刚、傅斯年、钱穆这样一些人的传记，他们都是从私塾里边出来的，是我的上一代人。我和上一代人的差距的一个方面，就是国学的根子在我这里不深。

李：我这一代就更没有了，完全是新学了。

费：因为缺少国学的知识，我也吃了很大的亏，讲中国文化的时候，我不容易体会到深处的真正的东西。看陈寅恪写的书,我想到了两个字:归属。文化人要找的安身立命的地方,就是在找归属。我从小没有进到旧的文化教育里边去,所以我的归属是在新学教育的基础上形成的。陈寅恪的归属是过去的时代,他写《柳如是别传》写得真好,他能同明清之际的知识分子心心相通。我同上一代人比,在中国文化的底子上差得很多,这是真的。可是这又不是我一个人的事情,是历史的变化造成的,是不能不如此的。但是也要看到一代人有一代人面对的问题,一代人有一代人的长处。我这一代人的长处是比较多地接触了西方的东西。

李:您是先有了一个西方的架构,再倒过来看自己,思考问题。

费:Arkush 为我写了一本传记,用一个西方学者的眼光来看我,缺了一段,就是我的中国文化的底子。可是我的中国文化底子既不是顾颉刚那样的,也不是钱穆那样的……

李:他们是纯粹从大传统里边、从经典里边得到的传统文化,您是从一般人的实际生活里边得到的中国文化。这不一样,他们也许没有对实际生活的系统观察和体验,您是经常性地接触实际生活,面对生动的现实进行思考,提出问题,发表意见,这一点是他们所没有的。

费:我是自觉地把自己放到农民里边去的。可是实际讲起来,还不是真正的农民的心理。

我的本质还不是农民,而是大文化里边的知识分子,是士绅阶级。社会属性是士绅阶级,文化属性是新学熏陶出来的知识分子。最初我是从教会学校东吴大学出来的,有西方文化的基础。后来到了英国留学,就更进一步接触了西方的文化。回国之后,我自己有意识地投入到中国农民和少数民族里边去。我对旧的大文化的了解不深,对新的农民小文化的了解也不深。在这样一种底子上进行学术研究,我觉得自己的知识很不够。这样一种分析很有意思,代表了我一生的经历。这不是我自己造出来的经历,而是历史决定的。我这样一个人,生在这样一个家庭,这样一个时代,经历这样一番变化,回头看看,的确很有意思。

李：像陈寅恪、顾颉刚他们那样一种学术研究，没有办法提出一套可以供全世界的学者了解的人们如何相处的理论。您一开始就提出的"差序格局"的想法，是从旧学出来的学者很难提出来的。您提出的理论，是一个有了一番国外经历和西学训练的中国学者提出的对自己民族的看法和理论。这个理论架构是有长久生命力的，直到现在，研究生们还经常引用这个理论。我在想，在您这样一类理论观点的基础上，能不能再追进去一层，看看在中国人的生活经验当中，在中国的文化秩序当中，哪一些可以提供给将来在21世纪生活的人们，有益于他们懂得容忍别人，谅解别人，欣赏别人，形成一些大家愿意共同遵守的基本原则，超越东西方的界限。如果中国文化里边确有这样的值得挖掘出来的东西，也只有您这样的长期思考、深入思考，并能提出全局性主张的人，才能把它挖出来。

费：实际地讲，这确实是我一直在考虑的一个问题。社会上的文章里边经常讲"有中国特色的社会主义"，马克思主义到了中国变成了毛泽东思想，现在又变成了邓小平理论，这也是中国化，同德国的马克思，已经有了很大的差距。这说明有一个中国文化里边的东西，也可以说是中国特点，在那里影响外边进来的东西。这个现象值得我们好好研究。总是在那里讲"中国特色的社会主义"，特色是什么？特色在哪里产生出来？现在还没有人能把它讲得很清楚，原因就是并没有好好研究。西方的学者，像 Durkheim 那样的，他就可以把西方资本主义的特点讲出来，像 Weber 那样的，他就可以把资本主义精神的特点和文化背景讲出来。在我们这里，马克思主义进来后变成毛泽东思想，毛泽东思想后来又发展成了邓小平理论，这背后有中国文化的特点在起作用。可是这些文化特点是什么，怎么在起作用，我们却说不清楚。我觉得，研究文化的人应该注意这个问题，应该答复这个问题。

李：您提出一个命题，作出一个暗示，可能会引导后人跟上来，接着往前走。关于这个问题，最近几年，您有时候也谈到过一点想法，以后还可以继续思考，把思考结果提供给大家。年轻人没有您这样的身世，没有您这样的经验，一时还不具备您的思考深度，所以既需要您点题，也需要您破题，需要您把想到的写下来。虽然不一定很成熟，但是可以暗示他、刺激他思考问题，也许就能上路，逐渐地发展起来。我看您最近写的文章，都还是很有意义。忽然就提出一个人家想不到的事情，忽然就提出一个人家想不到的问题，启发了人家的兴趣和思考。一个人的生物性生命是有限度的，他的文化思想的生命却是可以长久地延续下去的。您的学生，或者是别人，看了您的文章，再把其中的思想发挥下去，文化的生命就这样延续下去了。我们常讲的 Durkheim，他的思想经过 Strauss 等人的发展，学术的生命就延续了一个多世纪。

费：看到历史发展的继承性，前有古人，后有来者，这大概就是中国文化思想的一个特点。我有一次和胡耀邦在一起谈话，他表现出一种重视家庭的思想，把家庭看成是社会的细胞，他的这个思想是从实际里边出来的。我是赞同注重家庭的重要作用的，这个细胞有很强的生命力。我们的农业生产在人民公社之后回到了家庭，包产到户，实行家庭联产承包责任制，生产力一下子就解放出来了。我从这个事情上再推想一步，我们的农村工业化，恐怕也离不开家庭力量的支持。最近我又到浙江、福建、山东等地的农村里去跑了一圈，亲眼看到了真正有活力的就是家庭工业。家庭工业规模很小，一家人在一起搞，心很齐，肯出力，不浪费，效率很高。当然它的技术水平还不高，但是劲头很足。一回到家庭，怎么干都行，甚至能发挥出超常的力量。如果整个国家能把这个力量发挥出来，那我们就不得了。胡耀邦讲过家庭的重要性之后，我就在想这个问题，我的《生育制度》的话题还没有讲完，中国社会的活力在什么地方，中国文化的活力我想在世代之间。一个人不觉得自己多么重要，要紧的是光宗耀祖，是传宗接代，养育出色的孩子。把这样的社会事实充分地调查清楚，研究透彻，并且用现在的话讲出来，这是我们的责任。要让陈寅恪、顾颉刚这一代人做这样的事情，恐怕不行。我们这一代人的长处是接触了这个现代化的世界，我们的语言可以 communicate with the world，可以拿出去交流，人家可以懂得。我叫它 Cross-Cultural Communication，我们这一代接受新学教育的人才能做到这一点。这是我们的长处。上一代人的长处是对传统文化钻得深。为了答复中国文化特点是什么的问题，上下两代人要合作，因为要懂得中国文化的特点，必须回到历史里边去。我们这一代人中还要有人花功夫，把上一代人的东西继承下来。不能放弃前面这一代人的成就。这条线还要把它理清楚,加以发挥、充实。陈寅恪、顾颉刚的成就是清朝的考据之学,它是有根的。我们要保住根根。这也是中国思想的一个特点。傅斯年多少接下来了一点,胡适已经近于我这一代了。我们要接下上一代的好东西,发扬下一代的新精神。在这个文化的传承过程当中,自己要找到自己的位置,明确在这条线上我处在哪个地方,该做点什么事,做到什么程度。我在想这些问题,想得很有趣,可是能讲这个话的人已经不多了。我们下面这一代人,像我的女儿,她就不大能懂我的意思了。不能怪他们,教育破坏得太厉害了,接不上啊。看来继承性应该是中国文化的一个特点,世界上还没有像中国文化继承性这么强的。继承性背后有个东西,使它能够继承下来,这个东西也许就是 kinship,亲亲而仁民。我一时还讲不清楚,但是在慢慢想这个问题,希望能想清楚,把想法丰富起来,表达出来,讲明白,使人家能容易懂得。表达可以有各种办法,我喜欢写散文,最近写了一些散文,在《读书》杂志上发表,文章有长有短。长文章写我思考时间比较久的话题,短文章容易表达临时来的一些灵感。

李:您为这次学术演讲做准备的这一篇学习马老师文化动态论的体会,也很重要。您讲到,马老师看到了非洲殖民地上的本土文化面临着解体和消失的困境。现在我们倒过来看中国,我们虽然没有被殖民,但是受到的压力是很大的。可见非西方文化与西方强势文化接触之后所处的情况大都是一样的。不过,我觉得目前的情势应该是有转变了,虽然 Samuel Huntington 还在讲他的文化冲突论,但是如您前面所说的,现在应该是讲究 Cross-Cultural Communication 的时代了。21 世纪即将来临之时,人类的各种族各文化应该讲究互相容忍、互相沟通了解,以至于互相欣赏的时候了,也就是您前面所说的"美人之美"的意思。您所说的"美人之美"的确是道出人类学家对人类文化存在的真谛,在当代的人类社会里,最重要的目标就是容纳多元文化的共存,要容纳多元文化的共存,就是要"美人之美",也就是要能欣赏别人,以至相互欣赏,人类的世界才能永续发展。

从人类学全貌性(holistic)的观点而论,文化多元的理念并非一种口号而已,这是人类学家从人类的生物性推衍而来的理论。生物在演化过程中大致都要保持其基因特性的多元化,避免走入"特化"(specialization)的道路,以免环境变化而不能适应。很多古代的生物种属，都是因为"过分适应"而走上体质特化的死胡同，最终走上绝灭的道路。人类是生物的一种，不但其生物性的身体要保持多元适应的状态，即使人类所创造出来的文化，也是受生物演化规律严格的约束，必须尽量保持多样性的情况，以备有一日环境巨大变化时的重新适应之需。西方文化的发展已有"特化"的趋势，今天面临的能源危机、核子扩散危机等都是其征兆，因此保持其他族群的生活方式与文化特性，就如保护濒临绝灭的稀有种属一样，是为了人类全体文化的永续存在而保存，这也就是提倡容忍别人、了解别人、欣赏别人的多元文化理论的真实意义，也就是费老您所说"美人之美"的根本原意了。

费：现在我正在想这套问题。

李：您在这次系列演讲中提出的那一篇文章，虽然讲的是别人，但是暗示的是我们自己。这一点，我想我是看出来了。暗示的意思，是要考虑我们自己应该怎么样再往前走。在21世纪快要来临的时候，中国文化应该发展的道路可以是怎么样的，这是个大问题。这一点不一定现在就展开全面的讨论，但是不妨有机会就讲一点，平时也不放松思考，多想一想。

费：你刚才讲的话让我想到一个新的话题。我最近在想"一国两制"这个事情。"一国两制"不光具有政治上的意义，它本身是一个不同的东西能不能相容相处的问题，所以它还有文化上的意义。这个试验很重要的，很有意义，在人类整个历史里边，是一个很重要的创新。人家认为，资本主义和社会主义是对立面，可是到中国来，它们可以并存，"一国两制"。邓小平想到这一点，不一定是从理论上边想，他是从实际生活里边感觉可以这样做，后来实践也证明可以这样做。这就伟大了。我不是把他看成一个神仙，能够预先知道后来的结果。我是看到了文化在里边发生作用，中国文化骨子里边有这个东西。在他身上，在一个特定的时候，这个东西发生了作用，他来了灵感，可以"一国两制"啊，为什么一定要斗来斗去呢？这样想了，这样做了，结果是好的。把对立面合了起来，和平共处，而且作为一个历史事实摆出来，让大家看，可以这样做，这样对大家有利。我们应当这样去理解这个事情，看到在世界文化的发展过程中，不同的制度有和平共处的可能性，可以出现对立面的统一，再进一步去看它的来源，有一个中国文化的本质在里边，它可以把不同的东西合在一起。没有这样一个本质，那就不会有今天的中华民族和中国文化，也不会出来"一国两制"。

当然我们现在对中国文化这个本质还不能从理论上说得很清楚，但是它确实是从中国人历来讲究的"正心、诚意、修身、齐家、治国、平天下"里边出来的。这里边一层一层都是几千年积聚下来的东西，用现在的语言不一定能很准确地表达它，可是用到现实的事情当中去，它还会发生作用，这一点很了不起。这一点可以通过"一国两制"的实现得到证明，我们中国文化里边有许多我们特有的东西，可以解决很多现实问题，可以解决很难的难题。现在的问题是我们怎样把这些特点表达出来，让大家懂得，变成一个普遍的信息，从中找到一个西方文化能接受的概念。这个工作很不容易做，但是不能不做。我相信中国人有他的本领，这个本领是从文化里边积聚出来的。你讲大文化小文化讲得很好，大文化是在吸收小文化的过程中出来的，小文化就是实践啊，就是几千年里边从中国这块土地上出来的东西啊。实践的经验不断提高，形成原则性的东西，这样大文化就出来了。大小文化的关系，我们还可以进一步发挥一下。在讨论大小文化的关系当中，找到中国文化的特点。

李：在21世纪的人类生活当中，您认为中国文化应该怎样扮演更积极的角色？

费：现在是一个很重要的时刻。去年我去香港参加政权交接仪式的时候，感受很深。我在现场不是看热闹，而是在想"一国两制"这个问题。我希望大家想这个问题时能提高一点来看，沉下去想一想，再提高到理论上分析，就可以有一个新的看法。这的确是一个创造，也是中国文化对当今世界的一个贡献，会影响到今后东西文化并处共存的问题。我们可以容忍不同，如果大家都可以容忍不同，多元一体的局面就有条件了。多元一体是中国式的思想的表现，包含了各美其美和美人之美。要能够从人家和你不同的东西中发现出美的地方，才能真心地美人之美，形成一种发自内心的、感情深处的认知和欣赏，而不是为了一个短期的目的，为了经济利益。

李：您的这些想法可以一段一段地整理出来，慢慢地加以深化，好好地发挥。您提到中国文化中的多元一体思想，也是很值得再发挥的部分。近代文化人类学理论流派中有所谓"族群理论"者，他们主张族群（ethnic group）的认定不应用客观的文化特质为标准，而应以主观的文化认同为依据，换而言之，族群理论的提倡者认为客观的文化特质如语言、风俗习惯、文物制度，甚至身体特征都是易于变换的，不足以作为族群认定的标准，只有自我认同的意识才是族群存在的真正准则。这种理论实际上最早提出的是费先生您的老友 Edmund Leach 教授，他认为他调查的北缅甸克钦人在客观的种族文化上与邻近的掸族人实无太大差距，只是克钦人主观地自认为是另一个族群，所以克钦就成为是一个有别于掸族的族群了。这一种主观认同的族群理论自 1969 年 Fredrick Barth 编的 *Ethnic Groups and Boundaries* 一书出版以后，就在人类学界大为流行，成为一种新的典范理论。这一新理论确很有其可取之处，但也有其弱点，同时也常被有意无意地误用或延伸解释，例如很多人类学家和民族史家就对我们"中华民族"，甚至"汉族"的存在，以族群理论提出很多质疑。

我自己对族群理论也能欣赏，但也有一些批评与疑问。首先我认为所谓客观文化特质，不应该只限定于那些可以看得见的特质，如语言、服饰、风俗习惯以至于体质特征等，我觉得把"文化"限定在这些"可观察"的特质是误解了"文化"，"文化"应该也包括很多看不见、"不可观察"的思维部分，或者就是人类学家所说的"文化的文法"那一部分，例如一个民族的价值观、宇宙观、人观，甚至于逻辑架构等等。这些抽象不可观察的文化特质经常是较难变化的，却也是一个民族的文化核心，实在是不可忽略的。自然有人要说既是抽象思维的部分，应该是属于主观的范畴了。但是那些内在思维的深层文化结构难道不是文化研究者客观分析，并且认定是一个民族文化特性的部分吗？从这样的立场去看，所谓"客观"与"主观"的界限岂不是已经很难于再分辨了。

在这里我要特别提出的是有关中国民族的内在文化特性的问题。我认为自古以来中国文化中一直有容纳、吸收不同文化成分于其中的主体观念存在，也许就是费先生您所说的多元一体的想法，这不是中国文化中可观察到的特性，却是理解中国文化深层结构的人类学家、民族史家所共通体会得到的。这种容纳、吸收的多元一体基本思维体系，也许是几千年来不断综合环境调适与资源互补所形成的所谓"和谐均衡"宇宙观的长久作用所致。换而言之，在中原区域中居住的中国民族文化基调中一直是一种容纳、吸收居住于边缘民族的"主旋律"在发生作用，因此几千年来，整个中国境内许许多多不同的族群都是笼罩在这一"融于一体"的主旋律之中而作旋转，每一历史阶段、每一历史过程的剖面，都有可看做是接受这一主旋律的一个阶段或过程，在每一阶段中我们都可观察到周边民族一方面接受了"融于一体"的基本观念，但又在做某一程序推拒徘徊的状态，这种情形显然与缺乏"融于一体"主旋律的西欧民族国家不一样，他们的文化思维中只存在如何分辨"你群"与"我群"之别，而忽略掉别的文化中却是一直在思考如何成为一群的"另类"想法。因此用这种不知有"另类"想法的族群理论来看中国民族文化的过程与现象，就觉得是格格不入，而认为有背常规的行为，这是强调发现文化偏见的文化人类学家所不该犯的过错。换而言之，族群理论的主观认同模式，假如只用欧洲人的观点去解释，仍会犯了以偏概全的毛病，假如能无偏见地体会中国民族文化的特性，其解释能力就将有更大的空间了。

总之，我觉得费先生您所说的"多元一体"的民族观，并且如前面所说的依此而伸展出来中国文化的"和谐均衡观"，应该是一个值得再加发挥、再加深入探讨的重要题目，可以使中国民族文化在21世纪的人类共同生活中成为很有贡献的一个重要成分。

费：看来世界必然会出现一个互相依赖的格局。首先是经济方面的互相依赖，这次亚洲的金融风暴表现得很清楚。风暴一起，谁都逃不掉，"看不见的手"把大家弄到了一起。所谓"看不见的手"，我体会就是经济、文化、社会的综合力量。虽然看不见，可是它的确存在，存在于文化的基本原则里边。

李：在这次的东亚经济危机当中，中国就扮演了一个从来未有过的特定的重要角色。人民币不贬值，成了一个稳定东亚经济的强大力量。这样一个角色，中国自从进入20世纪以来还从来没有过。过去，是日本在东亚经济中占据一个稳定全局的地位，但是在这次危机当中，它成了一个变数，中国成了一个稳定全局的角色。在这样一个转换当中，是哪些因素使中国的重要性在一夜之间凸现了出来，值得大家深思。其中会有经济的因素，有财政的因素，等等，但是在这些因素之外，还会有文化的因素……

费：能想到人家，不光是想自己，这是中国在人际关系当中一条很主要的东西。老吾老以及人之老，幼吾幼以及人之幼，设身处地，推己及人，我的差序格局出来了。这不是虚的东西，是切切实实发生在中国老百姓的日常生活里边的，是从中国文化里边出来的。"文化大革命"对这一套的破坏太厉害，把这些东西否定了。我看不能否定，实际上也否定不了，这些好的传统还是会有人接下来，还会在现实生活里边起作用。我们这些研究文化的人类学家，应该把这一套讲出来，讲明白，让人家懂得。中国文化天天在现实生活里边发生作用，实际得很，我们要从实求知，从实际生活里边学，再把学到的东西讲出来，这是我们知识分子的责任，尤其是研究文化问题的知识分子。司马迁有两句话，叫"究天人之际，通古今之变"，搞研究的道理就在里边。就是要从实际当中"究"出来学问，再把它"通"到实际当中去。面对金融危机，可以这样做，也可以不这样做。人家贬值，我也可以贬值嘛。为什么中国人选择不贬值呢？有对人的关怀在里边。中国人之所以这么做，因为他是中国人，他有一个文化的根子在发生作用。

最近几天我看世界杯足球赛，给我一个很大的启发。人同人即使是在竞争激烈得不得了的情况下，也是可以和平相处的。不同的球队放到同一个球场上争胜负，冲突和竞争一直在发生。可是大家有一个共同的 law，有公认的体育精神，就可以在竞争中友好相处。我写汤佩松的文章时，在《清华人的一代风骚》里边就讲到体育精神，sportsmanship 和 teamwork 的精神，可能是社会生活里边所需要的一种普遍的精神。说到底，我们还是要相信，中国也好，外国也好，这么多人在这么长的历史中走过来，必然会有好的东西积聚起来。现在人类世界希望有一个天下大同的前景，需要我们这样一些研究文化的人出点力量，把各个文化中积聚起来的有利于人类和平共处的东西提炼出来，我们中国的人类学家有责任先把中国文化里边的推己及人这一套提炼出来，表达出来，联系当前的实际，讲清楚。现在做这个事情的人还不多，至少可以说还没有形成风气。我们的社会科学、人文科学要造成一种好风气，承认我们中国文化里边有好东西，当然也不是一切都好，这就需要提炼，把好的提炼出来，应用到现在的实际当中去。在和西方世界保持接触、积极交流的过程中，把我们的好东西变成世界性的好东西。首先是本土化，然后是全球化，communicate to the world。能够做这个事情的学者队伍现在还没有形成，还要培养。从现在起的几十年里边，培养这样一批人是一件很重要的事情，也很不容易。我们在北大开高级研讨班，就是努力在做这个事情。

我们曾经有过一段反面的历史，要把传统的东西统统打倒，"文化大革命"达到了顶点，连我们自己都怀疑，中国文化这套东西是不是好的。现在，这一段历史过去了。去年是个转折点，香港回归，"一国两制"，全世界都看到了中国的地位。中国人又有了自信心。我们要发挥自信心，先要沉下去想问题，想明白我们今天在国际上的地位是怎么来的，接着努力下去，我们要警惕自我中心主义。现在又出现了东方中心主义，觉得中国多么了不起，好像关起门来也可以成大事了。说到这里，我想起了自己感到忧虑的一个问题，就是潘光旦先生常讲的民族整体的素质，从知识分子这个群体来看，是比不上上一代了。从抗日战争开始到改革开放之前，动荡得太厉害，破坏得太厉害，一直没有停，年轻的一代没有条件向做学问的方向走。没有良好的教育，怎么可能出来高素质呢？所以现在我觉得首先需要安定，大家有时间喘口气。国家有心情办教育，学生有心情学知识，把今后的世界所需要的人培养出来。这些人有比较高的文化素质，不忘人类发展的大目标，懂得不同的文化怎么相处，而且善于把中国文化中的好东西发扬出来，补充到世界现代化的过程里边去。

李：您讲到这里，我们是不是可以把话题回到刚才谈起来的"志在富民"上面去。您最近对于区域发展问题的调查和研究，有没有新的题目和心得可以谈一下？

费：我今年已经开始做起来的一个题目，是想利用京九铁路穿成一根"糖葫芦"。意思是利用铁路干线的交通条件，促进一连串中等城市的兴起，通过这些中等城市对周边农村地区的辐射和带动，形成一个位于东部沿海地区和中部地区之间的经济发展速度明显提高的区域。能够说明这个想法的一个例子，是现在已经比较发达的沪宁铁路。南京到上海之间就有苏州、无锡、常州、镇江等等一串中等城市。我希望在京九铁路上也促进各地加快发展起一串中等城市来，所以把这个题目说成是"穿糖葫芦"。但是不应吹大话，而应具体去做。

我沿着京九铁路一站一站去看，有没有切实的基础，有没有条件，已经有什么条件，还缺什么条件。这条线上的有些地方我曾经去过，这一次再连起来全部走一遍。傅斯年的家乡聊城我也走到了，实地一看，很不错，有一定的实力。那里造的双力牌农用汽车，适合农村的需要，很实惠。乡镇企业的产品，不仅在国内畅销，而且销到了南美和非洲。这个事情很有意思，是世界已经开始进入洲际经济时代的一个例子。

我前不久在《读书》杂志发表文章，提出了"洲际经济"的题目和自己的一点想法。聊城的农用汽车又给我新的启发。开拓洲际经济是我们的方向，我们的对外贸易不一定都要集中在美国、日本这样的地方，可以向南美、非洲这样的发展中国家和地区开拓市场。我们的劳动力便宜，吃苦耐劳，这是我们的长处、优势，把这个优势发挥出来，学习新技术，抓住适用技术，生产出适合发展中国家需要的产品。这是个很大的市场。如果中国中部地区有更多的企业能进入这个市场，增加农民收入的问题就解决了，中部地区就起来了。农民手里有了钱，国内市场也出来了。这是一箭双雕的做法，我们在开拓了国际市场的同时，自己也富了起来，国内市场也有了。

我经常说，市场就在农民的口袋里边。农民有了钱，要买电视机，买洗衣机，这个市场大得不得了。就是要多搞这样的东西，适合农民需要的，农民买得起的，能使农民进入现代化生活的产品。这是我在许多地方都看到过的例子。过去北方农民都睡在炕上边，冬天冷的时候，就在炕下边烧点柴火取暖。现在住楼房了，堆柴烧柴不方便了，取暖也想更干净、更方便，所以要用暖气片了。暖气片不难造，又有那么多农民需要，所以成了一些乡镇企业发家的一大门路。

最近一次我到农村去，看到农民在这方面又提高了一步。他们在想办法利用过去废弃掉的庄稼秸秆，制造类似于煤气的生物气。一个村子只需要几十万元的一套设备，就可以提供全村人烧饭、烧暖气所需要的能源。农民自己在那里找现代化生活的出路，我看到这些一样一样的发展和提高当然高兴，就鼓励他们，并且把他们的做法值得推广的道理讲给他们听，他们也很高兴。我现在正在做这个事情，沿着京九铁路走了一半了，还要接着走完。我一路把看到的情况记录下来，准备到最后向领导提出一份建议，关于促进京九铁路沿线地区发展的设想和实际操作的办法。我一路走，经过的地方的农民和基层干部都很欢迎我，县长、市长也很欢迎我。我为他们致富出主意出得对，可以帮助他们改善生活，自己心里也很舒服。我确实感受到，中国农民的确有本领，吃得起苦，有办法，干起来没有人挡得住。只要相信农民，放手让他们去发展生产，就可以维持一个比较好的局面。如果能这样稳定下去，我们就会有几十年的时间，把中国文化好好研究研究，从理论上边提高一下。这个路子大概可以这么走。当然我的力量是不够了，你现在可以独当一面，可以更多地发挥作用。台湾这一面，我们的力量达不到，你可以把这里的信息带回去，鼓励他们想大问题，不要只看到一个小天地。站得高一点，一个大天地在那里等着我们，大家将大有作为，这个前景真是太美了。我们现在有条件，真正把祖宗的梦想实现出来，天下大同。

Malinowski 在《文化动态论》里边讲的一段话，可以使我们得到一个很好的启发。在殖民主义的情况下进行的文化接触，里边是霸权主义的做法，结果是破坏文化。霸权搞不得，不能再走这条路。文化接触要得到一个积极性的结果，必须要在平等的基础上进行。平等相处，相互理解，取长补短，最后走向相互融合。用我们的说法讲，就是天下大同。我们还是要将心比心，推己及人，老吾老以及人之老，幼吾幼以及人之幼。这样想问题，就是希望不要出现太大的曲折，不要因为使用核武器解决冲突而使人类文明再来一次。这两天中美两国首脑会谈，从积极的方面看，是建设性的。两个大国能和平一个时期，就不得了。我们还是从和平共处上想办法，不光是共存，而且要共同繁荣，把人类的发展水平提高一步。

李： 我很高兴今天下午有这样一个机会，来听听费先生在这些问题上的想法。我想，费先生谈到的这两个主题非常之重要；一个是从理论上看中国文化的特点和它可以对人类的未来发展所能做出的贡献，主张相互容忍，相互理解，相互欣赏，寻找人类在 21 世纪实现共同繁荣的道路，为天下大同准备思想的和物质的条件。能够做出很有深度的思考的人，到底是极少数。您能把中国文化中深藏的好东西挖掘出来一些，提出几点重要的思想，帮助后来的学者进入题目，学术的生命就可以得到延续和发展。再一个是实用的这一面，"志在富民"这个主题也非常有意思。在一般情况下，人的思考方式容易集中到一个方面去，着重于理论的大半就忘掉了实用，能够做到实用的又往往回不到抽象的理论的方面去。您在一生的学术活动中能够兼及两面，一面是理论的思考，一面是努力把知识转化成物质财富。京九铁路完成以后，您能够马上想到要"穿糖葫芦",这里边又会出现将来的人可以看到的地区发展的事例,而且应该可以提炼出来"糖葫芦理论"。我看费先生的身体很好,头脑的思考也非常敏锐。说不客气的话,我今天有一点考您的想法。平时读您的文章,您的文字有很感人的力量。今天听您谈话,又在现场感受到了您思考问题的力量。我很感动,也很为您高兴。还有很多年的时间可以利用,您可以逐步把想法一点一点整理出来,我希望有更多的机会读到您的文章,听到您的想法。

费:那你就多来几次。你可以提出一些问题,我们共同研究。我们都退出事务工作了,老来求知,多几次"有朋自远方来,不亦乐乎"?多几次"学而时习之,不亦悦乎"?

1998 年 6 月 28 日下午于北京北太平庄

原载《北京大学学报》(哲学社会科学版)1998 年第 6 期。

重建社会学与人类学的回顾和体会

十一届三中全会后,中央实行了改革开放政策,各条战线进行拨乱反正。1979年3月邓小平同志在《坚持四项基本原则》的讲话中讲到社会学"现在也需要赶快补课"。随后,中国社会科学院院长胡乔木代表中共中央委托我带头恢复和重建社会学这门学科。当时我已近70岁,勉为其难地当此重任,我的第二次学术生命由此开始。从接受这一重任至今已20年,我也将近90岁了。在即将跨入一个新世纪的时候,我理当做一个回顾和总结,说点体会。

20年来,我们这个学科的各教学和研究机构做了很多工作,培养了不少人才,有大量研究成果问世。据1996年不完全统计,高校系统和社会科学院系统中有关社会学的教学研究机构已有60多个,大体上各占一半,教学科研人员约1200多人,其中高等院校占一半多;无论在学科的分支领域或专题领域中都有不少研究成果,有些方面也得到了社会的承认,起到了为社会服务的作用。

80年代学科重建初期,关于学科建设方面的问题我发表过多次谈话。进入90年代后,1993年在《略谈中国社会学》《关于人类学在中国》两文中,我集中地回顾了这两门学科在中国发展的历史。1996年潘乃谷在以"但开风气不为师"为题对我的访谈中,把我多年来对学科建设的看法和实践做了归纳整理。1998年北京大学百年校庆之际,北京大学出版社又出版了我的《从实求知录》,此书反映了我在这一学科方面的观点。因此我认为有关这门学科历史方面的内容没有必要再去重复,只需要就以下几个我感到重要并且近来常常思考的问题,把已经发表过的意见,再一次整理在一起,作为我这一段工作的总结。

一、重建社会学的方针

在接受胡乔木交给我的任务之初,我就认为,在新形势和新问题面前,社会学不是个恢复问题,它既不应恢复这门学科旧有的内容,也不应照搬西方社会学的内容,而应当是个重新创建的事业。这个认识十分重要,我们就是要在这样复杂和困难的条件下,加速培育新一代的社会学者。这是一个艰巨的任务,我们必须知难而进。

从重建社会学开始,我们一直遵循着一个方针:以马克思主义为指导,结合中国实际,为社会主义建设服务。这就是说我们重建社会学的基本准则很明确:一是以马克思主义为指导。我们当前是生活在社会主义社会里,我们要反映的是社会主义制度下的社会情况,它应该是客观的、实事求是的。要做到这一点,就应当以马克思主义科学的世界观和方法论做指导。二是要结合中国的实际,不能照抄外国学者的成果来建立中国的社会学。我们对中国社会了解还很少,缺乏系统科学的认识。但是我们一定要自己来搞,搞出一个社会学的中国学派。三是我们要为社会主义建设服务。我们的知识是要为我们实际生活服务的,所以有应用的一面。

我们的目的是清楚的,概括地说就是要把自身的社会生活作为客观存在的事物加以科学的观察和分析,以取得对它正确如实的认识,然后根据这种认识来推动社会的发展。社会学是一个从整体出发研究社会的学科,做得好,可以为国家、为社会主义的发展做出贡献。

我国正处于社会主义初级阶段,这是逐步摆脱贫穷、摆脱落后的阶段;是由农业国逐步变为现代化工业国的阶段;是通过改革和探索,建立和发展社会主义经济、政治、文化体制的阶段;是全面奋起,勤俭建国、艰苦创业,实现中华民族伟大复兴的阶段。处在这样一个空前大变革的过程中,新生事物层出不穷,只要我们从实际出发,解放思想,实事求是,到处可以发现值得研究的问题,如果能抓住问题,群策群力,全力深入,不懈努力,一定能逐步积累反映中国社会发展过程的科学知识,建立起具有中国特色的中国社会学。这种社会学是从群众中来到群众中去的,理论联系实际的,为人民事业服务的。我们社会主义国家有条件可以发展这种社会学,也只有发展这种社会学才能在世界学术讲台上取得我国应有的地位。可以说，我在80年代选择"小城镇研究"和"边区与少数民族地区发展研究"的课题，就是朝着这一方向的一种努力。

社会学的重建已经有20年了。今天，联系重建时提出的三句话方针，我想特别讲讲指导思想和本土化的问题。

马克思主义是研究社会与文化的科学基础。马克思对当时在西方一些国家正在成熟起来的资本主义的经济和社会进行了科学的研究，总结了对社会的看法。作为文化的一部分，它们都不是凭空想象出来的，它的一切理论都是以社会作为客观实体来研究。以事实为最后依据的马克思主义传入中国，结合了中国的实际，有了毛泽东思想，它指导了中国革命，建立了新中国，开始了社会主义建设。邓小平理论继承和发展了毛泽东思想，它是指导改革开放实现社会主义现代化的理论。中国人民不仅站起来了，而且从此步入了现代化建设的世界。这可以说是指导思想意义的根本所在。

在人生观方面中国和西方是不同的。在认识客观世界上西方走的是从物质到社会到文化的发展路子，主张理性主义和实证主义，把人作为客观的事实来对待。就社会科学的基本原则讲，他们认为人文世界也有规律可认识，认识了这一规律就能促进社会进步。就这点看，马克思的科学社会主义，和斯宾塞、孔德的社会学原理上是一致的，都是把社会作为客观事物来对待的。

但早期中国并不走这条路子，从人本主义出发，没有成长为人文的科学观，没有把人作为客观对象去研究，到"五四"时才吸收了西方的经验，引进了社会科学，所以也许可以说社会科学的根子不是在中国自己传统的土壤里长出来的。为此，我们一直在强调要联系中国实际，提倡社会科学的"本土化"、"中国化"，这里的根本问题就在于既要科学化，又要植根于中国社会和文化的土壤之中。

科学发展到今天，全世界范围内的一个大问题，就是把人只当客观事物来处理还不够，因为人有社会的一面，还有个人的一面，即公和私的问题。当今中国也提出了这个问题：是社会压倒个人，还是个人压倒社会。西方资本主义社会从个人出发，因为他们认为社会是个人所组成的，是个人的集体性的共同生活体，先私后公。中国传统观念一向主张公私结合，既要看到社会的力量，也要看到创造这个力量的个人，因为人基本上是一个生物体，有其个性即私的一面。中庸之道主张以公控私，修身齐家治国平天下的道理，就是以公控制和改造私，使二者不发生对立，这是中国传统的生活经验总结出来的，与西方文化根本上有分歧，因此我们面临的问题是不能全面接受西方的一套而必须加以改造。再如中国人讲修身，就是讲个人的社会化。一个人成为社会的成员，有了角色，就有了一定规矩的行为，要克己复礼，这礼就是规矩，用以调整个人和社会的关系。个人创造的东西，也离不开社会，是在社会中创造，为社会所接受和流传的。联系实际看，由于有个人同社会相互结合的，所以只要公就没有了个人的积极性，只要私而没有认同的社会规范也成不了人民共同的事。又如中国传统文化中常讲义和利，这也是个人与社会既结合又矛盾的反映，偏重哪一个方面都会出问题，表现在当前资源的分配问题上，两极分化不行，平均主义也不行，其中要有一个适当的度，不可走极端。这也许就是中国人喜欢讲的"中庸之道"。

"十五大"报告中有两个重点问题：一是我国社会的定位，如"十四大"已明确指出，是社会主义初级阶段；二是进一步又定了点，指出了当前的主要问题是发展社会生产力。定位和定点都清楚了，我们社会科学怎么办？我认为，以下几方面我们必须坚持去做好。

一是要继续坚持继承"五四"以来从西方引进的理性的实证主义的科学性。要搞清其来源，真正理解西方社会科学的历史，搞清西方社会为什么这样发展过来；然后对西方社会科学的成果进行批判吸收。二是要分析当前国际的大局面，人类发展变化的大局面，从中确定中国的位置。以初级阶段论的分析，首先承认我们在发展水平上与发达国家的差距，而缩小这一差距是我们要为之努力的。要缩小这些差距，主要是靠科技的进步，科学包括自然科学和社会科学两个方面。目前偏重自然科学是可以理解的，但这是不够的。自然科学与社会科学必须并重。三是要建立和发展中国的社会科学，必须切实了解中国文化的基础，这就是"文化自觉"。知道我们与西方走的道路为什么不同，这并不是主张回归，而正是要取得文化前进的自主权和选择权，认识清楚了才谈得到选择和批判，去粗取精，去伪存真。

归纳起来看，第一步要认识和理解历史，了解传统，包括西方的、中国的，找出差别和差距。第二步对本土文化要批判地继承，留下好的东西作为发展的基础。对外来文化要选优去劣，还要有追赶和竞争意识。第三步才是创新，开拓前进，建立起中国特色的社会科学。

从方法上讲，社会科学要到生活中去找，去总结。生活本身是多种多样的，要通过实践，反复的实践去认识其发生发展的规律。所以我们坚持要做"田野"工作，做实地调查，到生活中去观察体验。要走在变化的前面，占领认识领域的前沿。

回过头来看，以上的话不仅针对社会学、人类学，也许也适用于其他社会科学。我们要以邓小平理论为指导，以中国的社会实际为研究对象，服务于中国人民，以"三个有利于"为选择标准，加速中国社会现代化的进程。

二、学科建设的速成、补课和队伍建立

经过了20年，事实告诉我们，一个学科挥之即去一时是做得到的，要呼之即来却不那么容易。至今社会学、人类学等学科，在中国还不能说已经站稳。原因是多方面的，我想其中重要的原因仍在于恢复和重建这一学科当初是作为一个紧急任务提出来的，所以不得不采取应急的措施，教师和研究人员大多是短期培训和边学边干中培养起来的。本来学术最忌"速成"，但在重建时又不得不用"速成"的方法，因此基础不够扎实和深厚也就难于避免了。这个问题我在当时就看到了，所以一直认为帮助教师和研究人员在实践中充实提高是一个必须优先考虑的问题，认为只有到他们能投身到社会调查工作中去，联系相应的理论研究，用切实的从中国社会中观察到的事实和实践经验来完成自己的研究成果和充实教学内容的时候，才可能真正提高社会学的理论和应用水平。

虽然多年来大家在这方面做了不少努力，但如果与形势要求相比，差距还是很大的，我一直感到担心和有压力。去年6月，我们乘北大100周年的东风，从国外和港台的社会学和人类学界邀请一批当前比较活跃的学者，有些是我们的老朋友，大多是较年轻的新进，莅校讲学，形成一系列学术讲座。我们的目的是想为我们的学科打开一些窗户，建立一些流通渠道，放进一些新鲜空气。在这系列演讲结束后，接着就举办了第三届"社会文化人类学高级研讨班"，想趁热打铁，让这学科的东西两头接上。在研讨班结束时，我做了一次即席发言，提出了这一段时间里常在我头脑里打转的"补课"问题。

20年前，邓小平同志提出社会学等学科"需要赶快补课"，20年后的今天，

"补课"有了新的含义：从事重建社会学这门学科的人也需要补课，主要是重新补一补社会学的基础课。

北大的百年校庆迎来了深化改革和更加开放的新时期，风气更加开放更加活泼了。我听了那么多学者的讲演，感想很多，譬如我们可以感觉到社会、文化的变化一直在进行着，从过去到现代，各种文化间不断接触，一直在进行分分合合，其中就有很多的现象需要研究，而现在我们对这些社会文化现象的研究和思考工夫下得还不够，往往讲不清楚。就说我们常常说的具有中国的特点，它具体的表现是什么，为什么会发生这样的特点，它今后又会怎么样，并没有讲清楚。这说明我们的认识能力还不够。所以要好好学习，要多看多想。解决这个问题，必须靠我们自己，新一代学者要有自信。

对于国外和海外学者的讲演，我们应当花些时间，钻研一下，看看我们和其他国家和地区的学者在认识社会和文化问题上，有什么不同，存在什么差距，差距有多大，从中想到我们的学科能否跟上时代的要求。必须看到时代和历史对我们的要求。

我们应当看到当前世界上人们已有的知识并不足以解决当前共同存在的问题。人类总是要共同相处，继续向前发展的，中国人要参与进去并做出自己的贡献。现在我们在国际上能说话了，但实力还不够，我们的生产力提高了，但排名尚不靠前，人家看得起我们，主要是因为我们人多，并非物质生产实力很强，更不是我们知多识广。我们的头脑要清醒。

江泽民同志在强调加强我们国力时，提出要提倡知识经济。我想起20年前我随中国社会科学代表团访美时就看到我们已进入一个"斗智的世界"，民族间的竞争已不是斗力而是斗智了（见我写的《访美掠影》）。现在已进入了一个电子化、信息化的时代，不但手段变了，思想感情也在跟着变。在这个知识经济时代，人与人、单位与单位、国与国的竞争，是斗智。智是文化和学术的积累，如果不够深广，面对问题就讲不出道理来，解决不了疑难。所以关键是在我们中国人能不能把几千年积淀下来有用的文化、知识，用到今后人类的相互理解和相互沟通中去，以求人类的共同生存和共同繁荣，不然还是有人会向我们丢原子弹的。

我们老一代提高知识的手段已落后了一个时代，年轻一代要进入一个更新的时代了，要看得远些，为下一代想想，如果知识的量不够，质不行，如何进入一个现代化的时代。我们的学科要进入新的时代，要求自然很高，这一关必须过，否则就会被淘汰。我们进行的比赛不仅是学术竞赛，不仅是人类的社会、文化建设的比赛，而且是生死的较量。虽然我们已做了一些工作，只能说是刚刚开始，比过去有进步，但水平还不高，不能掉以轻心。这也从另一个角度说明补课的需要。

20年前重建社会学是一种补课；今天我针对我们自己认识到基础不够、知识不够，又提出了自身的补课问题。我们缺的不少，可能每个单位和个人具体情况不同，可都需要补。补课是很艰苦的，我自己已开始补课，重新读社会学的书，现在比年轻时听课时懂得多了一些，希望结合多年的学术实践，能有所提高。社会学和人类学都有各自学科的基本方法和基础知识，我们大家要好好下工夫，要和国际水平比一比，扎扎实实地补好这一课。

我的责任现在是创造条件，帮助大家补课，所以我要求北大社会学人类学研究所，做好服务工作，不但要把这次演讲集编印出来，并且要组织好今后的交流工作。学术成果是要在国际上拿出来，硬碰硬做比较的，我们要有自知之明，要有一点自觉，好好补课，努力追上去，赶上和力求超过国际水平。

1998年10月北大社会学人类学研究所的部分研究人员来向我汇报他们关于学科建设的讨论情况，当时我还在补课，重温派克的书，开始写《补课札记——重温派克社会学》，一方面读书补课，另一方面以美国芝加哥学派为例研究学科的建设。

我重读派克的书，看看他是怎样成为一个社会学家的，我认为，重要的有两点，一是深入到社会生活中去，二是会读书。派克从生物的活动去观察，从动物的群体研究到人的群体的形成，提出了人文区位学。他从法国大革命的经验中，看群体，看社会，从人群去研究社会群体的发生和发展。他到黑人中去生活，懂得了美国南方黑人的心态就容易领会人与人之间的社会感情。他又把芝加哥做实验室，研究城市的发展过程，并逐步搞出一套社区研究的方法。他的特点是到生活中去找社会学和去理解文化。人与人共同生活才有社会，社会学看人与人怎样组织起来经营共同生活，形成社会结构。生活经验的积累就是文化。人类学是研究文化的。文化离不开人的集体经验。人怎样能形成群体是社会学研究的对象。社会是文化的基础，这也是社会学和人类学相互不能分离的原因。

30 年代吴文藻先生请派克来华讲学，主要目的是用人类学的方法改造当时脱离中国实际的社会学，要学生去"接触真正在中国社会里生活的中国人"，看鲜活的人生，希望从中走出一条发展中国社会学之路。

我们到现在还差得很远，譬如中华民族的形成，我只指出一个多元一体的格局，但是这格局形成的过程，就一直没讲清楚，要搞清楚，一定要有丰富的历史知识和深入的现场观察，了解体验民间思想文化的内容。现在我们民俗方面的研究，往往也还差一层，比如只描写七月七这个传说和传统活动，但没有深一层看到这民间传统所反映的社会事实如工农相辅、工农分工的本质。也就是说没有对活动、传说和它们赖以发生的社会内容做出深刻的分析。

看书，也要看到骨子里去，自己看清方向，定出目标，靠自己钻研、磨炼，必须将国学与人文科学很好地结合，向文化自觉的方向努力。这是人人可做，大家都有份的事。每个人都有自己的生活，我们可以从中认识世界，以小看大，从一点看宇宙。派克成为社会学者的路子是人人可以学的。另外还要提醒一点，要重视历史，懂得文化是有积累的，有积累才会有今天人们的生活方式。我们每个人的生活本身都是很好的研究素材，就看如何认识它，利用它。要学习派克怎样从记者成为一个学者，而不要使一个自认为是社会学者的反而成了一个庸俗的人。

就我个人而言，所以有这种自觉补课的迫切心情，看来是由于这几年来，我日益觉得所处的时代变动得太大和太快了。我在宣读的《读马老师遗著＜文化动态论＞书后》中曾说，一个学者的理论总是反映他所处时代的实际。时代在变动，一个学者的理论也总是跟着在变动。我用这个观点去说明马林诺斯基怎么会提出文化动态论的原因。自然也要反问自己，我跟上时代没有。我自认自己远远没有赶上时代动态的步伐。我所处的这个"盛世"为我提出了许多有意义的题目，但大多都在手边滑过去了，至多也只能说掠得一点影子。为什么总是抓不住，吃不透？关键还是在自己能力不足，能力不足是由于自己这一生里投下的工夫不够。这方面我有自知之明，总结一句是求知之心还不够迫切和踏实，常满足于浅尝辄止，难逃不深不透。

这里，我用自己的经验告诫年轻一代：跟上时代发展的要求，善于利用各种条件来充实和发展自己，每个人具体情况不同，需要什么补什么，但大目标要抓住不放，目的要清楚。

三、理论和实际结合、教学和研究结合

培养人才是学科重建的首要任务。在培养从事中国社会学工作的新一代的过程中，我们必须坚持理论联系实际，教学联系科研的原则。自然科学离不开实验，社会科学离不开社会调查。社会调查是对社会现象有目的的系统的观察，为探索社会运动规律搜集资料。人生活在社会中，不可能对社会毫无知识，但是这样从生活实践中得到的知识不仅是局部和片面的，而且常常是知其然而不知其所以然的。要取得关于社会的科学知识，必须要针对一定的问题，在一定的范围内，进行系统的观察，经过分析、整理，提高到理论的认识；而且要能用普通的语言讲出来，让别人也可以明白，形成共识。因此，立足于中国社会实际的社会学、人类学必须从科学的调查研究入手。从社会中来，回到社会中去。

这一方面我们20年来有很大进展，在解放思想，实事求是的路线指引下，无论是高校还是社会科学院系统的科研工作都取得了不少成果。在选题上抓住了我国改革开放和社会发展中发生的重要社会问题，在工作中与地方和实际工作部门、实际工作者配合，在城乡发展、边区与民族地区发展，人口与环境，就业与社会保障，家庭婚姻与妇女问题，犯罪与越轨行为，社会心理等方面都积累了不少调查研究资料。这些对学科建设、科学决策和推动社会进步都是重要的基础性的学术工作。

一次在北大教授俱乐部为加强学术交流的讲演会上，我选了"社会学与社会发展"的讲题，准备时我想这个题目有两种讲法，一种是从社会学出发来讲它对社会发展可以做出的贡献；一种是讲社会学怎样从社会发展中吸取养料来发展自己这个学科。本来二者是相辅相成的，但从学科建设来看，后者正是我们需要很好提倡和认真总结的方面。为此，在演讲时我把题目改为《社会发展与社会学》。我以自己为标本，看我是如何从社会发展中构筑我的学术思想，如何在当前急剧的社会发展与变化中间发展我的思想。我这样做的文章已有多篇：如《四年思路回顾》《中国城乡发展的道路——我一生的研究课题》《边区民族社会经济发展思考》《农村、小城镇、区域发展——我的社区研究历程的再回顾》《简述我的民族研究经历和思考》，都是体现了我的治学之路。一方面自

己随时总结提高，有所反思，另一方面作为学科牵头人也有责任以身作则起到破题开路的作用。理论与实际的相结合不是空喊的口号，我们社会学人类学工作者就是要一路看生活，看真正碰到的具体的人，从这里边去找出一点真正的道理，这就是社会学人类学。离开了实际接触的人，是不可能有什么新东西出来的，人的真实生活里边有道理啊！它是理论之源。

我近20年"行行重行行"就是要体现这种治学精神，做出一个样子，在这个千载难逢的大发展时期，跟上这个发展，从村到镇、到城，一路看它怎么发展，最后到整个区域的发展，在我早年做的研究基础上，进一步看到了工业下乡出现的乡镇企业和小城镇发展建设，看到了一个不同于其他国家的中国农业现代化的道路的发展过程，同时看到了农村基层的发展要靠城市的辐射，农村的现代化离不开城市化，从而提出城乡关系、区域发展的概念，其中中心与腹地、口与腹关系的分析都是从实际观察中总结出来的。因此概括我个人的学术工作，从领域上讲做了两篇文章，一是农村，一是民族。从方法和层次上看，一是以微型调查为基础，逐步进入宏观格局的探索，一是从解决温饱问题到实现小康的经济发展过程中，注意到有关的社会制度和心理及思想状态的变动，即从生态领域进入心态领域的研究。

我希望每个单位每个人能从各自现有的基础条件出发，在一定范围内，尽自己的能力，先做专题研究，微观研究，把基础打扎实，不要一下子把题目搞得太大；急于搞综合研究。如果第一步做扎实了，第二步综合研究就会水到渠成，可以做得更好些，不致于落入空泛。

如果说我们第一步避免了从书本到书本，从概念到概念的学习方法，走出了实地调查的路子，有了一点基础，而从另一方面讲，离开了理论指导的社会调查也不能提高对正在急速变化中的中国社会本质的认识。这正是我前面强调要努力"补课"的原因。要做到理论与实践结合的社会学研究，事实上必须要经过一个艰苦的学习和实践的过程，因此我认为，说我们迈出了第一步，开了一个好头更恰当些。

至于教学与科研相结合的方面，比我原来设想的差距就大了，很值得认真地检讨一下。这种结合与联系涉及学科建设与个人学术提高等方面，可以分几个层次做好。首先是科研系统与教育系统的联系，譬如社会科学院和高校的合作和相互促进。这方面我在学科重建初期有些构想，但以后没有条件实际去做。第二层次是本系统中教学和科研间的结合和联系。目前大多是一个单位两块牌子或一套人马两块牌子，有分工而看不出实质性的合作。少数分立的单位虽有所分工和合作，但谈不上有机地互相结合和促进，因此体现在促进课程建设和教材建设方面的进步不大显著。第三个层次是体现在一个人自身上。科研工作做得好，成果丰富，这些年有实地调查经验的教师，自然在讲台上和讲稿中都能看到效果，成绩是明显的，学生也自然有公正的评价，但这种情况目前并不多。

存在这些问题的原因是多方面的，从主观上看这是"速成"必然存在的问题，虽然当时提出了要加强科研工作，以科研所取得的成果来充实教学内容和促进教学工作，但缺乏制度和实际措施，我们教育机构的管理部门和组织者也缺少这种"学科意识"，多数人也没有经验。而客观上体制改革尚未深化，有些构想在原有体制下是无法实现的，有些问题需要在教育科技体制的进一步深化改革中去解决。

我们已看到国际上一流的大学和一流的学科，他们的科研和教学工作都是一流的，而且一定是相互结合和互相促进的。有创新的研究成果，才会培养出创新的人才。因此我在一次北大的研究讨论会上发言时不无自责地说过：原来是我们这一代人应解决的问题，现在要轮到你们来解决了。目前在各教育单位的学科建设中，加强课程建设和提高教学质量是一个大问题，而教学和科研相结合是一个关键，所以我寄希望于体制改革进一步深化和在岗位上的年轻一代的继续努力。

四、"文化自觉"与中国学者的历史责任

10年前教育部让我在"21世纪婴幼儿教育与发展国际会议"上讲话。从那时候起我就在思考如何着手从小培养出适合于在21世纪世界里生活的人。人造下了世界，人还必须同时造就能在世界里生活的人，这就是我们教育和培养人的工作，这是我们的历史责任。

我在这次国际会议上讲话的题目是《从小培养二十一世纪的人》。在这篇讲话稿中，我开始探讨21世纪将是个什么样的世界，提出了21世纪要解决的主要问题之一是：各种不同文化的人，也就是怀着不同价值观念的人，怎样

能在这个经济上越来越息息相关的世界上和平共处？人类在 21 世纪怎样才能和平地一起住在这个小小的地球上？为此，我们在精神文化领域里需要建立起一套促进相互理解、宽容和共存的教育体系，我称这个体系为跨文化交流（Cross-Cultural Communication）。这个体系包括了 21 世纪人共同生存的根本规则，显然将联系到人对人、人对社会、人对自然等基本关系。接着在北京大学举办的三次"社会文化人类学高级研讨班"上以及三次国际学术会议上我又相继发表了相关内容的多篇文章，如《从马林诺斯基老师学习文化论的体会》《反思·对话·文化自觉》《读马老师遗著〈文化动态论〉书后》《孔林片思》《人的研究在中国》《人文价值再思考》《中华文化在新世纪面临的挑战》《中国文化与新世纪的社会学人类学——费孝通、李亦园对话录》等等。

通过学术对话和反复的思考，我提出了一个"文化自觉"的看法，以表达当前思想界对经济全球化的一种反应。当前世界各地多种文化的接触引起了人类心态的诸多反应，这些反应提出了这样的迫切要求，即人们要求知道：我们为什么这样生活？这样生活有什么意义？这样生活会为我们带来什么结果？也就是人类发展到现在已开始要知道我们各个文化是哪里来的？怎样形成的？它的实质是什么？……它将把人类带到哪里去？这些冒出来的问题就是我提出的"文化自觉"的要求。

文化自觉是当今世界一种时代的要求，并不是哪一个人的主观空想。有意于研究社会学、人类学的学者，对当前人类的困惑自然也会特别敏感，对当前新形势提出的急迫问题自然会特别关注，所以我到了耄耋之年，在即将跨入 21 世纪时，还要呼吁文化自觉，希望大家能致力于对自己社会和文化的反思，用实证主义的态度、实事求是的精神来认识我们各自的历史和文化。

文化自觉只是指生活在一定文化中的人对其文化有"自知之明"，明白它的来历、形成过程、所具有的特色和它发展的趋向，不带任何"文化回归"的意思，不是要复旧，同时也不主张"全盘西化"或"坚守传统"。自知之明是为了增强对文化转型的自主能力，取得为适应新环境、新时代而进行文化选择时的自主地位。达到文化自觉是一个艰巨的任务，要做到这一点，需要一个很长的过程，首先要认识自己的文化，理解所接触的多种文化，才有条件在这个正在形成中的多元文化的世界里确立自己的位置，经过自主的适应，和其他文化一起，取长补短，共同建立一个有共同认可的基本秩序和一套与各种文化能和平共处,各抒所长,联手发展的共处守则。

10年前在我80岁生日那天,在东京和老朋友欢叙会上,我曾展望人类学的前途,说了下面一句话:"各美其美、美人之美、美美与共、天下大同。"这句话也就是今天我提出的文化自觉历程的概括。"各美其美"就是不同文化中的不同人群对自己传统的欣赏。这是处于分散、孤立状态中的人群所必然具有的文化心理状态。"美人之美"就是要求合作共存时必须具备的对不同文化的相互态度。"美美与共"就是在"天下大同"的世界里,不同人群在人文价值上取得共识以促使不同的人文类型和平共处和发展。总而言之,这一文化价值的动态观念就是力图创造出一个跨文化界限的研讨,让不同文化在对话、沟通中取长补短,达到我们的老话"和而不同"的世界文化一体。

中国人口这么多,历史这么悠久,文化里有着重视人文世界的根子。它应当在世界的思想之林有所表现。我们不要忘记历史,在50个以上的世纪这么长的时间里,我们中国人没有停止过文化的创造和发展,有实践,有经验,我们应当好好地去总结,去认识几百代中国人的经历,为21世纪和下个千年做出贡献。

历史上,中华文化的包容性是一以贯之的,但是,这种包容性并非在任何时代都能得到充分的体现。事实上,它的充分体现总是与某些历史时期相联系的。根据常识,已知道的是春秋战国时期、两汉时期、隋唐时期,它们都是中华文化包容性得以充分体现的辉煌时期。这可以给我们一个有益的启示:文化特色的发扬,离不开强盛的国力。如果我们有理由认为,中华民族在新世纪中又将进入一个强盛时期,我们就应该意识到,生活在新世纪的中国人正面临着一个充分发扬中华文化特色的历史机遇的到来。

历史发展到一定时期,总是需要找到一个地方和一群人来发扬一种新风气。我想,当前需要的新风气就是文化自觉。最近一个时期的很多迹象都提示我们,现在世界上的各民族都开始要求自己认识自己的文化,提出了一系列的问题。人文社会科学负有答复这些问题的重大责任。现在自然科学发展很快,人对人类本身的生物学研究已经达到绘制基因图谱的地步,科技研究的空间发展已经从地球扩大到了太空。以人文社会科学来说,就要看我们如何跟上时代,认真地各自认识自己的文化了。我感到,目前正在兴起的文化自觉这股风已经在许多国家中酝酿和展开。我们中国要抓住这个历史机遇,参与和推动这股新风气。从文艺复兴到 19 世纪，西方出现过"人的自觉"，写下了人类文化发展的重要篇章。看来 21 世纪我们将开始出现"人类文化的自觉"了。在新一页人类文化发展史上，应该有中华民族实现文化自觉的恢弘篇章，在世界上起一个带头的作用。

在这样一个历史时期，充分注意、深入阐发中华文化的包容性将是富有建设性的题目，也可以作为我们实现文化自觉的一个人口。一个充分体现出这一特点、富于时代色彩而又影响广泛的史实，是众所周知的"一国两制"。我认为，"一国两制"的顺利实现不光具有政治上的意义，由于它本身是一个不同的社会制度能不能相容相处的问题，所以它还有文化上的意义。这是和"冷战意识"相对照的历史性创新。这是 20 世纪末叶发生的一场具有重大意义的实验，它为新世纪中人类对不同文化可以保持的明智态度做出了重要提示。在很多情况下，资本主义和社会主义是对立的，左右分明，互不相容，对峙几十年的冷战时代成了 20 世纪突出的历史事件。可是这种矛盾在中国，它们可以并存。"一国两制"，也许就是中国文化特点中的包容性的继续发展。窥斑而知豹，可以帮助人们建立信心，在世界文化的发展过程中，不同的制度在一定条件下具有和平共处的可能性，可以出现对立面的统一，出现"和而不同"的局面。香港回归以来的这段中国历史又可以进一步证明，不同的社会制度不仅能和平共处，而且在实践中越来越显示出它的互补性，具体地发挥出互相促进的作用。

在"一国两制"的设想从无到有，从设想到现实的过程中，中华文化的包容性所出自的本质性东西究竟是怎样在发挥作用，现在我们还没有从理论上说得很清楚。我们相信中华文化中还有许多特有的东西，可以解决当今人类面临的很多现实问题，甚至可以解决很大的难题。这是可以相信的，不然哪里会有曾绵延了 5000 多年的巨大活力。现在的问题是，我们怎么把这些特点发掘出来，表达出来，这也是我们实现文化自觉的具体课题。

上面所提到的中华文化的包容性和中国古代先哲提倡"和而不同"的文化观有密切关系。"和而不同"就是"多元互补"。"多元互补"是中华文化融合力的表现，也是中华文化得以连绵延续不断发展的原因之一。我在《中华民族的多元一体格局》一文中，提出了中华民族形成过程中的"多元一体"理论，得到了学界同人的广泛认可和支持。在中华文化的发展过程中，多元的文化形态在相互接触中相互影响、相互吸收、相互融合，共同形成中华民族"和而不同"的传统文化。中国人从本民族文化的历史发展中深切地体会到，文化形态是多种多样的，丰富多彩的，不同的文化之间是可以相互沟通、相互交融的。推而广之，世界各国的不同文化也应该相互尊重、相互沟通，这对各个不同文化的进一步发展也是有利的。

更进一步，我们可以看到，中华文化对待其他文化、其他民族的态度也有它的特点。中华文化自古以来就讲王道而远霸道，主张以理服人，反对以力服人。"以力服人者霸，以德服人者王"。以德服人就是用仁爱之心来处理自己与别人的关系。心中有我，也有别人。《论语》从古流传至今，仍然被大家自觉地尊为圣贤之书，说明大家衷心赞同孔子提出的正确处理人与人之间关系的主张，说明这些主张在今天的社会里还可以发挥积极的作用。在人际关系中"推己及人"，懂得"己所不欲，勿施于人"，自觉地"老吾老以及人之老，幼吾幼以及人之幼"，由此出发，才能在群体生活里建立起一种互相尊重、互相容忍、互相有利的合作关系，实现共同的发展。以德凝聚成的群体才是牢固的，所以说"以德服人者王"。我想，在人类即将进入21世纪的时候，中华文化的这种历史经验可以为世界形成新的和平秩序提供值得思考的启示。

作为中华民族的成员，我们有责任先从认识自己的文化开始，在认真了解、理解、研究传统文化的基础上参加现代中华文化的创造，为新世纪人类全球的文化建设积极准备条件。

五、历史机遇和发展创新

我们这一代人，正经历着人类历史上一次最激烈和最巨大的社会文化变革，旧的在消失，新的在成长，我们从幼到老，就在这亲身经历的变革中取得我们对人生的体验，对历史的理解。

我们的社会将从一个封闭的、乡土的、传统的社会转变为一个开放的、现代化的、和平共处的社会，它正在发生些什么变化？怎样变化？为什么这样变？这些都要探索，我们要勇于探索，对新的东西要有新的认识。我们这个国家从来没有经历过像这几十年这么激烈的变动。重大的社会改革理应在思想领域里引起相应的激荡，孕育一代文章。我们不应辜负这个伟大时代。

我多次对学生们说，中国的社会科学，称得上真正用科学态度进行研究，还刚刚开始，你们这代人主要不是继承，而是开创，要开创中国式的社会学。在我们今天这个时代，进行社会学研究的条件比任何时候都要好得多，我们应当有能力搞好我们的社会学，我们社会的这种大变迁，就为社会学的发展提供了最有力的机遇。社会学研究的素材太多了，我们日益变迁着的社会是极好的社会学研究的素材。我们既要观察社会、认识社会，又要影响社会，也应接受社会的影响。只有到了我们的认识成果能够影响社会的时候，社会学才算有了一点存在的价值。

但如同前面提到过的，回过头来反省一下，事实上，因为"速成"的缘故，我们中国社会学这个学科的队伍虽然有了一定数量，但力量比较薄弱，基础不扎实，水平参差不齐，总体来说都需要补课，需要再加工。不止是社会学，要想建成有中国特色的社会科学，培养人才，重视学术骨干的培养，建设好学术梯队是第一位的工作。

学术是要通过学人来传袭和开拓的，学人是要从加强基础学力和学术实践中成长的。学人是文化传袭和发展的载体，不从学人培养上下工夫，学术以及广而大之的文化成了无源之水，无根之木，哪里还谈得上发展和弘扬。学术工作又是细致的脑力劳动，不发挥研究者的自觉、自主不行。可是这里面已有个研究者的觉悟水平问题。我这里所说的自主是建立在自觉的基础上的。这里牵涉到一个人的品质、作风和境界，只能加以潜移默化而不能强迫灌输。一门学科，必须代代相传才能存在，才能有生命力。代代相传，必须通过一代一代人的接触。在接触里把一代一代累积下来的经验和智慧传下去，每一代推陈出新，通过不断地再创造而形成一门学科。学科是人们智慧创新的积累。

因此我一再提倡继承老一代学者中"开风气，育人才"和"身教重于言教"的精神，看看他们怎样立身处世，怎样认真对待他们的一生，怎样把造福人民作为做人的旨趣，对我们是有益的。老一代学者有较广阔的学术底子，凭一己的天赋，在各自的专业里，执著坚持，发愤力行，抵得住疾风严霜，在苛刻的条件下，不求名，不求利，几十年如一日，无私奉献于学术和教育事业。他们不是以学科来为自己个人利益服务，而是以自己的一生能贡献给学科的创建和发展为旨趣。

20年来，社会学的学科建设打下了一个初步基础，发展经过大致还算顺利,在此世纪交替、代际交替、改革发展相当迅速的时刻,若能抓住历史机遇,有可能把学科建设大大推进一步;做得不好也可能问题更多。我们要不失时机地赶上时代的步伐,把目标搞清楚,把工作跟上去。

当今世界各种文化,如欧美文化、伊斯兰文化、印度文化、中国文化等等,都在接触、在碰头。世界正在进入一个地球村,形成一个全球多元文化的时代。这是人文社会学科应当能够开创一代新风气的好时机。

社会学是研究人在群体中的生活。社会人类学就是研究人在群体生活中所创制的物质和精神文化。文化在哪里?就在人们生活的行为和意识中。文化是代代相传的,是有子有孙的。它靠一个个人在他们生活中表现,改变和发展着,日新不已。我们作为一个中国人,就应当深入到中国的社会文化、中国人的生活中去认识自己文化的历史和现状。人们往往生活在自己的文化中;而没有用科学的态度去体会、去认识、去解释,那就是不自觉的文化。我们需要懂得各国、各地区的文化为什么不同,抓住了比较研究,才谈得到自觉。我们要集中智力,致力于我们中国社会和文化的科学反思,用实证主义的态度,也就是用实事求是的精神来认识我们有悠久历史的中国社会和文化。

我自己一直坚持在做研究,一方面给年轻人做些破题搭桥的工作,另一方面实在是想亲自摸索出一条路子。因为文化是人创造的,它是有特点的,各民族都有自己的特点。社会学作为一门系统的学科有其实用性,研究在社会发展中有特点的东西,它不像自然科学,不能从国外照搬,我们不能搬了苏联的,再去搬美国的,一定要从中国的实际出发,建立中国的社会学和人类学。

21世纪我国将有重大发展,需要有人将这种发展变化的中心作为社会文化的实验室去进行研究,建立一个梯队,培养一支队伍。作为新兴的学科,社会学、人类学要提高本身创新的能力,搞出中国自己的学科来。我们不能离开实际调查,一定不能脱离实际,新东西是实践中形成的。看一看农村的工业化—城镇化—现代化,就可以知道,中国的路子不同于外国。我经过70年的摸索总算找出了一条可供参考的框架。

前文谈到,我自己也在补课,重温派克的书,并以派克为例思考了学科建设问题,在北大百年校庆前后学校里大力推动学科建设时,我也有机会向校方提出自己的设想,对研究所提出具体意见。

芝加哥大学建于1891年,得到洛克菲勒基金会支持,校长哈珀很有眼光和魄力，提出建设一流大学的目标，明确一是要吸引一流人才、稳住一流人才；二是一流大学的任务不仅是传播知识，而且要知识创新。所以芝加哥大学主要经验在于认识到，知识的更新和创新要靠大学，是教授的任务。要做到这一点，我把它归纳为两点：一是教学与研究的结合，用研究成果来充实和更新教学内容；二是知识的传递、继承和更新、创新之间的结合。这就是一流大学的方向，因为它担负着文化的永不停止，永远向前，不断创新的历史职责。所以我们要以创新的精神来培养学生，这样教师的任务就很重，他们首先要彰用自己的研究成果来推动教学，创新只有到实际中去才能创得出来，而且要有自己的思考。目前我们不可能有一些外国学校的条件，给予教师高的工资待遇，还需要提倡西南联大精神，大家艰苦创业，为学术的发展和学科的创新而出把力。

社会学自法国兴起不过200多年历史，早期美国的学者都要到欧洲云留学，派克就是在德国留学后到芝加哥大学去任教的，那时正值美国城市化发展的时期，他抓住这个机会，以芝加哥为社会学实验室，摸索社会学研究的内容和方法，创建了美国自己的芝加哥学派，到现在不过百年的历史。

我们中国社会学自西方传入时，也不很成系统，内容并不清楚，大家也都在摸索，但还是努力进行了不少有价值的工作。本来是一个先天不足的年轻学科，经过中断近30年的打击，到1979年后再重建时，为了赶快培养新人，短期内要把学术机构建立起来，只好采取"先有后好"的方针，所以我说这个学科的问题还不仅仅是需要创新的问题，还要认真补课。这方面我们必须有清醒的认识，不能坐待其成，包括不少近几年新建的社会学机构在内，更要以此为戒。

当前中国处在大发展和社会大变革时期，城市发展中的种种问题十分突出，如国有企业改制中出现的问题、高新技术产业发展问题、教育的改革、社区的发展、养老问题等等，这不但需要培养一批搞这些研究的专业工作者，更需要培育出一个学科来积累和传播这门知识，所以我感到我们所处的时代背景与当年芝加哥大学争创一流大学和发展社会学芝加哥学派的时期很有一点相仿，因此我们要把眼光放远些，抓住这个机遇，有历史责任感，有"学科意识"。在社会变动很快的时期，要懂得用动态的眼光和方法去观察和分析，不断适应新的情况，清醒地抓住时机，实实在在地做点事，中国社会学也会发展出自己的学派来的。

　　在北大举办的三次社会文化人类学高级研讨班和研究所的学科讨论会上，我们面对新的一代，希望他们勇于探索，迎接新的挑战，抓住历史机遇，挑起学科建设的重担。首先要明确目标和形势，看清中国的历史定位，有一个总的认识，抓住总的方向，从这里出发看我们自己在国内外所处的地位，认识我们的差距，再看我们要做些什么工作。说到学科建设方向，要清楚地认识到，社会学和人类学两门学科都是研究人文世界的人文和社会科学，它是有时代性的。现在时代不同了，邓小平理论要求我们从中国实际出发，吸收外国的东西来解决中国问题。现在的实际是人类要长期共存，并实现美美与共的前景。我们培养的人就要能应付这个局面，去寻求人类长期共同生存之道。新一代学者要有这个气魄，去培养一代新人，做思想领域中的探险家，改变中国人思想不活泼，循规蹈矩的传统习惯，要能适应新情况，有创新精神，这就是一个严峻的挑战，需要大家一起来探索一条新的道路。

　　"打天下不易。"我们已有了一点基础。队伍并不大，要开辟的工作领域还很多。重要的是要团结，不能分散力量，而团结要靠共识，靠感情相通，这样才能形成集体精神和合力。没有合力不行，而达到合力也要承认个人，力量在个人，靠每个人的努力，才有真正的合力，要善于用理智去处理人与人之间的关系。如果我们社会学、人类学者自身都解决不好人际关系问题，不但谈不到学科建设的健康和迅速发展，也有愧于承担世界多元文化社会的人类共同和平共处的大课题。

　　最后，我想说的是，新时代里学术要靠年轻人去努力了。培养具有开放心态，踏踏实实，立足于中国社会从事学术工作的人才，是当务之急。21世纪里中国要改革开放，世界也在朝向地球村文化发展，全球范围内好像也是一个多元一体的大社区，各国各民族将朝向一个和平共处的目标发展。在这个过程中，民族特点、文化特点并不会完全融合，在相当长的时期里还要保留下去，相互接近交流，共同发展出更多的新的内容来。当然这个过程不会那么一帆风顺，但下个世纪的人大概可以看得到，现在我们已经可以看得到一些倾向了。在这样的大背景下，国际跨文化研究显得越发要紧，与文化的多样性联系的是学术的多样性，所以要更加开放地相互交流。社会文化学科可以有多种门类，但最好要能密切联系，形成跨学科的结合，并促进跨国跨文化的对话。年轻人可以在 21 世纪大有作为。我想寄希望于年轻一代学者们的是不要保守,不要画地为牢,划界自守,因为知识本来是不能画地为牢的。我看今后十年二十年的发展,主要取决于年轻一代学者们的胸怀和努力了。我期望年轻一代从兼容并包的传统中好好学习一些东西。中国未来的学术的希望,就在年轻人身上。

六、知识分子的正气和第二次创业

在社会科学各学科的密切合作问题上,我想到最近出版的厉以宁先生所著的《超越市场与超越政府——论道德力量在经济中的作用》一书。它已跨进了社会学的范畴,研究人文世界中的"社会人"。经济学不仅是研究商品的供求问题,而且也关心人的道德力量的作用了。事实上人文世界是一个总体。它不会因学科分类而割裂,反倒需要跨学科的交叉研究。开辟这样的学术研究和交流的新领域对今后的人文社会学科的发展十分重要,这也是社会进步的需要。

相当长一个时期里,我一直在关心和思考一个问题,即进入 21 世纪前西方有个亨廷顿,一直在宣传他的"文化冲突论",大讲思想的、宗教的冲突。他的这套理论可以联系上以美国为首的北约在科索沃的狂轰滥炸。我们东方的传统立场和观念和他不同,我们对文化的看法所代表的方向是进入"道德"层面和讲中和位育,而不是冲突和霸权。"道德"是最高一层的自觉意识,它代表了世界观、人生观和宇宙观等价值观念。最近提倡的"三讲"教育中的正气,就接近这个东西。正气要比一般的做好人好事还要更进一步,这是为人在宇宙中的定位,属于最广义的道德境界,而西方所讲的是物竞天择的斗争境界,他们提倡冲突、打仗,把高新技术首先用到武器上,用强权来压人,人的意志必须服从权力,不服就不行。试想一下,按照这一逻辑,以恐怖的战争手段来毁灭人类并不是不可能的。因此,要使人类的人文世界能持续发展,我们就必须提倡正气。21 世纪的人类社会需要有一种新的道德力量。

该书还提出了道德重整和第二次创业问题。中国人要有一个精神,有一种正气,这种精神不仅来自物质力量,还要有道德力量,要自觉为什么做人和做怎样的人。归根到底是要明白人是什么。这些问题在我们中国的老传统中一直都在讲,现在提倡"讲正气",目标是我们要有一种支持做人的"正气"。厉先生这本书里提到韦伯关于西方新教信仰促进和推动资本主义的看法。我自己看重的倒不在韦伯对资本主义的分析,而在于他指出的要建立一种新的制度,建立一种新的做人规则,必须有一种推动它的精神力量,就是"气"。气是指一种精神。也许就是孟子所说的"浩然之气"。欧洲资本主义产生之后与封建时期相比,就是有了一个新的人与人的关系,从而推动了经济的发展。现在我们"讲正气",要切实能推动人们的积极性的发挥,才会有第二次创业的精神。当然时代不同了,社会在发展,今天,"气"的内容与过去不同了,所以我们要进一步研究。

怎样才能发挥正气,支持第二次创业,那就是大家要讲真话。讲真话是解放思想和实事求是的体现,有这种精神才谈得到树正气。那么我们有没有这种气呢?作为知识分子,我在1949年新中国成立以后看到和体验到了早春天气的到来,其实就是感到了这个正气。但后来垮了。我从亲身经历中看到,从抗战时期开始到新中国成立,一直到"反右"以前,我们中国绝大部分的知识分子是有一股劲、一种"正气"的,他们准备改造自己、创造新东西的力量已经显现出来,知识分子在等待一个新的时代,成为一代新人。

但因为"反右"、"反右倾"和"文化大革命"把人们的这种精神挫伤了,进取、创业的热情消退了,良好的社会风尚的褪色是从虚伪开始的,假话充斥,真话绝迹,人以虚伪面貌待人,出现了"两面派",道德便被扭曲了,共同语言没有了,正气被泄了。现在不少事情,看起来好看,但缺乏一点真情实质,缺乏有创造力的精神。我这样说可能是因为我年近九十,容易看到的是晚秋的暮景,不一定和事实相符。但是"文化大革命"对社会风气这方面的影响,特别是存在于青年一代中的这种影响,不能不引起重视,切不可掉以轻心。

最近一个时期我常在外面考察,这20年来各地的发展实在是很快的,有些地方出现了惊人的变化,是有一种"气"在支持这种发展。物质发展也要有气,只讲生态不讲心态不行。我们每个人做人做事首先要明确自己的"定位"。我常常讲像汤佩松、曾昭抡先生,他们把心都用在事业上、学科上,都有一个明确的志向。志字下面一个"心"字,他们真是专心至极忘了自己。汤先生一心一意探索生命之源,曾先生一心一意建设中国化学这门学科,这样的精神和志气,在他们那一代知识分子里是有代表性的。如果代代相传是可以培养出一个社会结构的。

那么现在这种精神有没有,这个气够不够?我在知识分子群里似乎尚未感觉到，这些年我在"行行重行行"里，倒感觉到在新一代的企业家里有股劲，开始打出了一个局面，近于那个时代的知识分子。而在现在的知识分子中这股"气"似乎还不够，还要鼓劲，我相信它正在生长中，一定会出来一个这样的道德力量。现在提倡"三讲"，要讲正气，就是要反对假冒伪劣，包括政府中的也应包括学术界的种种假冒伪劣现象，哪怕过去是为社会风气所迫。多数人的被动和虚伪也需有一个自觉的纠正。

过去知识分子受伤了，1957年以后伤到了骨子里，精神被扭曲了，灵魂被挫伤了，一般治疗不行。现在必须认真地改变它，我想这也是深化改革的任务之一。现在形势很好，中央提出了科教兴国的发展战略，教育部、科技部分别制定了《面向二十一世纪教育振兴行动计划》。这是一个历史机遇，知识分子要参加第二次创业，一定要有这个自觉，取得一个突破，还是要有一口气，一股劲，一种精神。这种精神来自一种素养，一种道德境界。这是中国知识分子最可贵的精神和作用，一定要继承和发扬光大。

我是一个球迷，精彩的球赛我都喜欢看。除了球员们精湛的球艺和那股拼搏的劲头令人振奋外，这些场面还常常让我联想到社会学、人类学的工作。大到前面我讲到的不同文化的人能不能有共同理解的问题。我在电视里看法国"世界杯"足球赛，不同国家的球员可以在同一球场里踢球，而且大家知道谁输谁赢，这个东西不容易啊。对垒的双方之间共同性的存在是可以发生的，而且最有意思的是，裁判看错了，大家还是服从，这已经超过了一般的理性和感情。我是希望将来的世界能变成一个国际的赛球场，很多基本的人与人的关系、合作关系，在球场里边发生出来。我认为这是一个很好的社会学的课程。我们现在还没有人认真地说明它为什么成为可能，为什么不同的球队能在一个场合之下找出一个championship。如果将来这个世界可以这样子，那我们这个世界就很和平了。

小到一个学术带头人和他的研究队伍。我曾在《清华人的一代风骚》中以汤佩松教授为例，说他的一生确是有点像一场精彩的球赛。他一丝不苟地严守着科学家的竞赛道德，又毫不厌烦地组成一个抱成一团的科学队伍，在困难重重中，不顾一切私人牺牲，冲在别人的前面。超前或敏捷过人是他突出的个性，他老是跑在他这门学科的前面，使他的老师辈或当时的权威瞠目结舌。他一生奋斗的目标是清楚自觉的。他在科学领域里冲锋陷阵，义无返顾，不达目的不止的劲头，完全像他在球场上踢球一般。引起我兴趣的还是他哪来的这股劲头和精神。

汤先生在他的回忆录中说："我……在学习和工作中能克服许多困难和挫折以及在生活和工作中的优良运动竞赛作风、态度及精神，是和清华8年间的强迫性体育制度分不开的。"他这里所说的竞赛作风、态度及精神指的就是英文中的 sportsmanship 和 teamwork。以足球来说，sportsmanship 是竞赛道德，是从球员怎样对待竞赛对手来说的，要能主动地严守球规，己所不欲勿施于对方，不搞小动作，尊重裁决，不计较胜负，始终全力以赴。在这种竞赛精神下才能显得出球艺。球艺是以此精神为前提的，两者也是分不开的。Teamwork 则是从球队内部队员之间的关系来说的。各个队员要能各守岗位，各尽全力，密切配合，不存个人突出之心，步步从全队整体出发，顾全大局。这两条其实是人类社会赖以健全和发展的基本精神。

正是体育锻炼和球赛使汤先生不仅明白竞赛道德是为人处世的基本守则，而且深信队伍组织是成事创业的不二法门。足球要个球队，科学研究要个实验机构。汤先生在抗战时期在昆明"大普集"建成了一个有名的科学中心。他在回忆录中写道："就我个人（及我的研究室的许多同事）来说，这一段的生活占了抗战8年中的最长时间，是工作和收集青年工作人员最活跃、最旺盛的时期。这段时间内在生活上愈来愈艰苦，工作上由于物资的来源愈来愈困难也更加艰苦。而正由于此，我们之间也愈来愈团结，意志愈坚强。无论是在工作中、在生活上，总是协同一致，互相帮助……这6年在为国效忠和为国储材上也是一个最集中和高潮的时期。"——他说的正是上面所说"正气"的注解。

我不由自主地想到同一个时期在昆明"魁阁"社会学研究站工作的情景。我也记录过同样的感受："这一段时间的生活，在我的一生里是值得留恋的。时隔愈久，愈觉得可贵的是当时和几位年轻朋友一起工作时不计困苦，追求理想的那一片真情。战时内地知识分子的生活条件是够严酷的了，但是谁也没有叫过苦，叫过穷，总觉得自己在做着有意义的事。我们对自己的国家有信心，对自己的事业有抱负。那种一往深情，何等可爱。这段生活在我心中一直是鲜红的，是永远不会忘记的。"这就是大家常常怀念的西南联大精神，体现了知识分子的一片真情，一股劲头，一种"正气"。

在此世纪交替，代际交替，国家大搞科教兴国战略之际，知识分子的第二次创业就需要重振这种精神，这股正气，努力提高道德素养和境界。在改革不断深化，社会发展迅速，知识竞赛更加激烈的今天，提倡重建竞赛道德和队伍建设以适应新时代的要求，有着更加深远的意义。我们期待年轻一代的社会学人类学者为此开拓出一个新局面，做出新贡献。

1999 年 9 月 30 日

原载《中国社会科学》2000 年第 1 期。

谈谈社会学的教材建设

我很高兴在这个年纪有这样的机会来和大家见面,并且谈谈我为什么支持华夏出版社与北大等社会学界同人合作出这套译丛。

我在20多年前接受中央的委托来牵头重建社会学这门学科时,设想过建设一门学科应该有学科的结构,其实也是一种社会结构,当时我把它形象地称为"五脏六腑",即建立一门学科至少要包括五个部门和六门基本课程。

这五个部门是:(1)学会组织,这是一门学科的群众性组织;(2)专业研究机构,它应当在社会学研究上起带头、协调、交流作用;(3)各大学的社会学系,这是专门培养社会学工作者的场所,只有办好教育机构,才能不断有做社会学工作的人才;(4)要有图书资料中心,大家相互交换社会学方面的科研成果、调查资料,还要能够查找各方面包括国外对社会学研究有用的书籍、报刊及其他资料,所以一定要有一个信息综合、交流的场所,这方面新兴的网络技术又给我们提供了很好的条件;(5)出版机构,包括刊物、丛书、教材和通俗读物。这五个部门是密切联系的,要很好地结合起来。社会调查和理论研究是两条腿:没有社会调查,理论就没有根据;没有理论,社会调查就没有方向。上面五个部门都要用这两条腿走路。理论与实际结合,教学与科研结合。关于"六腑"的问题,今天在这里就不谈了。

以上我所说的这"五脏",现在都有了,并且已经初具规模。在座的诸位都在这五个部门里工作。我们已经实现了20年前的一个梦。但相互沟通和交流得还不够,远远不能满足时代发展的要求。我寄希望于它的进一步发展、壮大和加强协作、交流。现在建立社会学的电子信息网就非常重要了,北大的研究所已经开始了这项工作,希望大家合作把它做好。

学科重建时,天津人民出版社承担了社会学著作的出版任务,为旧著重刊和一批新的著作的出版做出了贡献。后来因资金不足，力量不够而不能继续，实在是很可惜。前些天他们为纪念出版社成立50周年来采访我，我也回顾了这段历史。当时南开大学办社会学专业班，天津人民出版社出版专业书籍，天津是学科恢复重建时的基地之一，希望他们继续发挥作用。今天，最早建立社会学科研和教学机构的几个地方都来了，津京沪地区的各家都在场，广州的中山大学和武汉的华中工学院的系里还传来了书面意见，教育部也一如既往地给予我们支持，出版社和编委会可以把大家的意见认真综合一下，更有力地推动一下社会学学科的出版工作。

我认为出版工作中最基本的是教材建设。一个好的学校要靠好的师资，师资的培养必须走教学与科研结合的路子，光靠一本讲义是不行的。教师做研究，自己不断吸收新的知识，学科的知识在不断提高和创新，因此给教师和研究者不断地提供条件，让他们获得信息就十分重要，而对于学生，最重要的就是教科书，概论性的课程是很重要的，也是要最好的老师来教的。我们上学那个时候，社会学概论都是最有名气的教授讲的，一方面是因为概论最不容易讲好，同时，要给初学者一个开宗明义，一个好的引导，加大吸引力，把基础打好。我因为半路出家，没有上好这一课，总感到是一个缺憾，至今还在补课。我到英国留学念博士时，导师用的是另一种方式，每周师生进行"今日人类学"（Anthropology Today）的研讨，讲的是最前沿的东西，学生参与还要跟得上才行，这种学术训练对我一生影响很大。我想作为经验之谈，这两者都是不可缺少的，一个是对于本科生，另一个是针对研究生。我们现在在教学岗位上的老师尤其要清楚这一点，不足的自己要努力补上，才能教好学生。

学科本身是一个成长的机体，它是不断生长的，我们工作在今天，但要看到明天，也不能忘记过去，老师要给学生一个全面的看法，所以，"概论"十分重要。我们在重建社会学初期，为了办系，要培养教师；为了给学生上课，得先培养一批人编概论。大家都还记得在1980年和1981年，我们办了两期短期的暑期学习班，通过杨庆堃教授借助美国匹兹堡大学和香港中文大学的教学力量来讲课，介绍国外社会学基本课程内容。杨先生去年去世了，今年香港中文大学要举办一个纪念活动，我在此也表示对他的悼念，感谢他对我们重建学科时的帮助。

第一期讲习班结束以后，就有一部分各大学的中年教师建议联合起来编一本《概论》，得到了教育部的支持，让北大负责组织，要我主持编著工作。这个经过在该书的前言中，我都有详细的说明，不在此赘述。1983年天津人民出版社出版了《社会学概论》的试用本，我当时明确表示：第一，希望试用这本教材的教师们能够真正贯彻试用的精神；第二，真诚地希望这本《概论》能够起到抛砖引玉作用，鼓励各出版社不拘一格地多出版一些《社会学概论》一类的书；第三，试用本的修改，主要有赖于社会学研究的进展，并不是修漏补缺所能了事的；最后，我们要用切实的、从中国社会中观察到的事实和实践经验来充实《概论》的内容，并提高社会学的理论和应用水平。

现在我想讲讲这两年通过补课，重温了派克的社会学，读了他的传记，他写的《论城市》和他与伯吉斯主编的《社会学这门科学的引论》，使我对编写概论有了进一步的认识。通过补课，我写了一本《补课札记——重温派克社会学》。今天给大家的是初稿，可供参考。

这里，我着重谈第十五节《奠定社会学成为一门科学》，在这一节中讲到了这本《引论》是为初入大学的学生准备的，是引导他们进入这门称为社会学的学科的基础课本，用派克自己的话讲，"这本书不应看做是许多材料的堆积，因为它是一个体系的论述"。这个体系的论述由一系列包括了从广大社会组织和人们生活的事实里提炼出来的社会学概念所组成。我还详细叙述了派克是怎样编写这本教科书的，我认为这是如何写概论的一个标本。该书有十四章，除了第一章《社会学和社会科学》的总论以外，其他十三章包括了构成一个体系的13个社会学概念，每一章都包括四个部分：引论、资料、研究和问题、参考书目。前两个部分的目的是引出问题而不是做出答案，后两个部分是进一步地启发提出的问题和阅读资料，指导一个新加入这个学术队伍的人怎样一步步走进这个知识领地，他要用自己的思想成果和前人的成就去引导他们进一步思考和讨论，逐步引出自己的思想成果，充实到这门学科中去，促进其成长。同时，在每章的最后，还要提出一系列的可以作为写作的论文题目来结束。从启发性的导言开始到题目的提出，画出了一个学习的具体历程，也是一门学科具体的生长过程。这是派克启发式教学的方法和开风气育人才的具体体现。这本书1917年开始是以讲义的形式分发使用的，经过吸收青年人的讨论意见和报告内容，年复一年、班复一班地不断修改，5年试用至1921年才正式出版，后又经过多次重版，历经半个世纪，到1970年又重版了一次。

我把我的补课体会写出来，讲派克老师是如何编写他的书的。他是从生活中找材料，提高到理论，并反复与群众接触，使其成果经历考验。而我在过去并没有充分懂得它的意义。直到这次补课，结合我们的学科发展的实际情况，才感到很有必要介绍给大家。作为新形势下学科进一步发展、年轻一代学者进一步努力的一项建设。

我认为一个出版社的责任，还是要在推动学科成长中起作用。譬如说我自己写作的习惯，就是早期商务印书馆的少年杂志社培养出来的，从1924年至今76年了，写作成了我的乐事。商务印书馆的《小说月报》不是也培养了不少作家吗？现在的《读书》杂志也应该开启这样一种风气。我在英国读书时，谁要能够在Routledge出版一本社会科学的书，他的学术地位也就被确立了。华夏出版社要有这样的眼光，能够取得这样的一种地位，出了好书，还培养了学者，又支持了学科的成长。实际上，这个学科的学术队伍也正是出版社的靠山，是互为依托的。

今天华夏出版社与社会学者合作出版了《高校经典教材译丛·社会学》，第一批书出来了，是一个很好的开头，我希望能够继续出几批好书，不但做好的《译丛》，将来还有我们自己的教材，要出一个好的《概论》，还要有"六胼"中的其他基本教材，把眼光放远一些。做书店和出版社不能不看经济效益，但同时要看到社会效益和科学价值。这就是我支持华夏出版社的意思。我也希望北京大学的社会学系和社会学人类学研究所继续联合社会学各界，多做一些组织和服务工作，使我们在出版高质量教材方面推进一步。

我们的社会学学科还在创建中，我们要了解自己的定位，这个学科在成长，尚不成熟。我们要培养出一批高水平的教师，高水平的学术带头人才行。现在人还不够，队伍还不成熟，要真正成熟起来，关键还在于赶上时代的步伐，深入社会实际，加强研究，在教学和研究、理论和实践的结合中成长。当前，无论世界还是我国的社会发展变迁都十分迅速。用形象化的比喻来说，我一生经过了三级跳：从乡土时代到工业化（机械化）时代，现在工业化尚未完全完成，信息时代已经来了。我做过的一些研究，写的一些文章，主要是在第一跳的时候。中国的工业化过程有过不少挫折，我研究过小城镇问题、中等城市问题，后来又进入了区域发展的研究。但当跳到信息时代的时候，我已经没有条件研究了。而你们要去跳，要去研究。工业化这一段发展很快，信息化表现为电子化甚至光子化，会更快一些，因此，我国的社会变迁之巨大和迅速让社会学家紧跟上时代的步伐很不容易。你们这一代比我们的难处更大，任务更重，但不能不跟上去，否则是要被淘汰的。我指的是我们人类要适应这种变化，就要能解释这种变化，知道它如何变化和走到哪里去，这应该是社会学者的任务和责任。目前有些领域已经在研究太空了，将来还会进入太空时代，做太空时代的文章可能是第三代人的事情了，你们作为社会学重建以来的下一批学术骨干，这第二跳如何去跳，是很值得认真探讨的。

我最后还想说点老话，也是老人的话。现在条件比过去好多了，可以研究的领域太多了，大家可以放开手努力去做，要做事，要认真踏实地去做。团结起来，携手共进，要各美其美，美人之美，为了学科的发展而共同努力。当然，这不等于没有竞争，在改革开放的社会里，不竞争也就不会有进步和发展。

科学工作的动机不是为个人的利益，而是为民族、国家以至于人类的共同利益，要有一条缰绳——事业的缰绳把大家集中在一起。同时也要发挥个人的长处，不要埋没人才。但最终，事业是大家的，是人民的，这也不只是为了社会学，而是为了现代化，这是人类发展的方向，正如我在1982年已经讲过的，希望大家投身进去，成功也许不在我们这一代人，但可以做一个科学的，研究中国社会的先驱者。

2000年7月4日

本文系作者在《高校经典教材译丛·社会学》首发式暨研讨会上的发言。

人类学与二十一世纪

一

在刚刚过去的一年中，时间的流逝让人惊觉。不久前，人们还在谈论如何迎接 21 世纪。一瞬间，我们却已经实实在在地身处在这个新世纪当中了。年轻一代对时间的流逝或许能满不在乎，可我这个已是耄耋之年的人，顿时平添了"逝者如斯""时间不等人"的感觉。

对时间的这种感叹，并非无病呻吟，它表达了我个人对于人文世界变动的体会。我对人文世界进行有意识的研究，开始于 60 多年前的 20 世纪前期，后来目睹了一连串社会变动和经济变迁，让我有了一些新的感受和认识。在新的世纪的第一个年头，我又看到，人类重新面对着很多新的问题。曾几何时，世界各国的人民还在潜心探索建立民族国家、实现工业化及获得民族经济自主性的道路。现在，这些问题的重要性，似乎已经不再那么大了。国际关系格局的调整、"新经济"的出现、经济和文化交流导致的民族国家危机等等，使人类必须面对 20 世纪没有面对过的许多新问题。

在社会科学里，这些大转变被描述成超个人外在变迁，但它们却与人类的生活息息相关。就我自己来说，目睹这些变化，让我个人感受中的"人生时间"增添了一种时间交错的意识。在历史变动的过程中，不同的人对他们生活在其中的世界的变化，做出了不同的反应。我一直认为，作为一位知识者，我采取的是一种"从实求知"的路子，这就是说，我力求在社会生活的实际状况和参与中，理解和解释我们的社会。在新的世纪里，社会生活的实际情况正在发生很大变化，而我这个属于 20 世纪的人，对于这个新的百年的参与也将越来越成为不可能。可是，怎样合理使用我那越来越少的时间资本，来与新一代共同探索人类面对的新问题和人类未来的命运？就我个人的经验和体会所能说明的，对于研究和解决新世纪人类面临的新问题，从事人类学研究的同人，当以什么特别的办法来做出什么特别的贡献？

二

在座的同人知道，我曾经在伦敦政治经济学院跟随人类学家马林诺斯基老师学习过人类学。有些同人也可能会记得，我曾多次在国际上获得人类学方面的奖励。对于这些奖励，我实在受之有愧。不过，我承认，自己在60多年来的研究和实践当中，确实与这门学科结下了不解之缘。因为吴文藻老师的教导关系，当时我和燕京大学的几位同学能及时接触到前沿的理论和研究方法。30年代，我即有机会从派克在燕京大学的授课中，了解当时西方世界最先进的社会学和人类学观点。这对于我后来的研究和实践，产生了相当大的影响。后来，在清华大学受到史禄国教授的指导，接着又有机会前往伦敦经济政治学院，从马林诺斯基等老师那里，学习到了当时社会人类学的先进思想。

我曾将自己的学术生命分成两段，它的后段是20年前才得到的。在自己的第二次学术生命中，我做的一件事，就是回顾和反思自己的学术生涯，我写出了一些论文，这些论文记录了我学术研究早期我和我的老师们之间的关系，也试图通过探讨这种人与人之间、思想与思想之间、文化与文化之间的互动，来表达自己的学术思路。这些文字都发表出来了，这里就没有必要赘述，但其中有一方面，我觉得还是有必要向人类学界同人再次强调——这就是我已经多次提到的马林诺斯基老师和他的文化论。

在马老师的时代，西方人类学处在一个矛盾的年代。20世纪开始不久，世界性的战争就爆发了。随着西方民族国家之间利益矛盾的产生和激化，西方国与国之间、文化与文化之间、民族与民族之间的纷争愈演愈烈。这不能不引起一些有良知的人类学家的反应。包括马老师在内的一些人类学家看到，欧洲从19世纪的对外帝国主义侵略，到20世纪前期的国家矛盾，与西方中心主义的世界观，有着难以切割的密切关系，而这种西方中心主义的世界观，又曾是一代人类学前辈的信仰。

在马老师以前，以西方为中心的社会进化论和文明观，充斥着人类学的写作。在19世纪的西方，进化论者主张进步，因而不仅曾经推动过西方现代化的进程，而且到后来还启蒙了非西方民族的自觉，然而，正如马老师看到的，当时的进化论思想家和人类学家，都将西方当成是全体人类未来发展的方向，也就是将西方放在文明阶梯的最顶端。在运用进化论思想的过程中，西方人类学家经常为了满足他们的理论需要，将非西方文化的各种类型排列为一个特定的时间上的发展序列，好像所有的非西方文化都是在成为西方世界的"文化残存"（cultural survivals）。这种西方中心的历史观，后来被西方学者自己称做"teleology"，也就是"目的论"。马林诺斯基老师不是对这种观念进行反思的第一人，可是在人类学和社会科学的其他门类中，他算是反思这种观念的第一代人。他及时看到，西方中心论引导下的文化研究，是西方中心主义的，它无法体现非西方文化的自主性和生命力。他还意识到，西方中心主义的文化论，在帝国主义的文明化过程中，误解了诸多类型的非西方文化，它的单线进化观点，妨碍了文化与文化之间的相互理解和依存。

作为一位遭受战争和病患的波兰人，马老师能具备这样的见识和洞察力，与他的民族的现代命运有着密切的关系。将他的理论与他的人生联系起来，我们能看到，人类学的学说与人类学家的生活两者之间，倘若不能说有什么因果关系，那么，它们至少也有着比较明显的互动关系。这里更值得我们记住的还有：为了说明19世纪人类学的缺憾，为了减少文化矛盾给人文世界带来的损害，马老师发明了一套叫做"功能主义"（functionalism）的文化研究办法。用一句简单的话来说，这套办法的核心内容，就是重新恢复一度被"古典人类学家"当成"文化残存"的非西方文化的名誉。马老师认定，非西方文化的存在，不是因为它们是西方文明的历史对象，而是因为它们都在各自的生活场景当中扮演着社会作用，满足着人类生活的特定需要。我在几十年前翻译的马老师代表作《文化论》，就系统地阐述了这一论点。

观点一旦改变，研究方法也就需要做出调整。马老师认为，社会人类学再也不应沉浸在19世纪的西方中心的文明论的泥潭中，而应超脱西方文明的局限，到非西方文化的时空坐标里头，去体会不同文化的共同意义。在他以前，多数人类学家属于"摇椅上的学者"，他们利用传教士、探险家、商人对非西方民族的记载，来整理自己的思路、描述人文类型、构思人文世界的宏观历史与地理关系。"摇椅上的学者"没有做的，就是我后来称做"行行重行行"的那种工作,这种工作被马老师称做"fieldwork",即我们说的"田野工作"。马老师还将呈现"田野工作"成果的文本称做"ethnography",即我们说的"民族志"。这两个层次和研究阶段加起来,就是社会人类学方法,而它包括的内容涉及到非西方文化的各个方面,包括这些人文类型中的制度、行为方式、思想方式的总体思考。换句话说,在马老师看来,社会人类学研究的这两个基本办法,共同促成了一种新的文化论的生成,这就是"整体的观点"(holism)。

我自己从马老师学习文化论,体会到"整体的观点"来之不易。它要求社会人类学的研究者必须全面把握一个特定的社会实体的经济、社会组织、宗教、政治等等方面的面貌,再从一个整体的高度来理解这些方面如何作为一个文化的整体来满足人类及其群体在不同层次上的需要。后来的人类学家为了研究的便利,将社会人类学研究分成经济人类学、亲属制度与社会组织、宗教或象征人类学、政治人类学等分支领域,大多数人类学家选择这些领域的某一分支,成为分支领域研究的专家,但他们的分析框架实际没有脱离马老师的整体文化论,没有脱离在文化整体中解释个别制度、个别行为、个别思想的方法。

三

过去30年来,随着20世纪逐步走向终结,马老师的这套开创了现代人类学的功能方法,遭受到了不少西方人类学者的批评。有人说,他将文化看成满足人类的基本需要,是将文化本来十分丰富的内容化约为(reduce)人的本性;有人说,他的整体民族志的方法使人类学家长期以来忘记了文化内部的复杂性和文化之间交往的现实性;更有人说,他这样的文化论,虽带有批判西方中心主义的动机,却在实际上将非西方与西方之间的差异推向极端……

四年前,针对马老师对我所提的"文明社会的人类学"希望,我也表达了自己对于他的民族志方法在有文字的复杂社会中面临的种种问题和疑惑。但我也不无谨慎地看到,在西方内部展开这样的人类学自我批评,表现了20世纪西方社会科学那种标新立异心态。由于有些批评不简单是学术批评,而常常与不同民族的学术文化传承和偏见有关,因此,也让我们体会到20世纪西方世界的"战国心态"。其实,很少人能否认,对于马老师文化论展开的诸如此类的批评,没有否定马老师在人文价值观和人类学方法论方面的巨大贡献。在个人的研究实践当中，我一直深受马老师的文化论的影响。这一文化论让我更清楚地看到，要理解一个像中国这样的非西方民族的文化和文化变迁，人类学家不能以西方为中心来展开他们的工作，而应当脚踏实地，从它的内部来进行社会科学的分析。同时，整体的人类学观点，也一直激励着我去更加全面地理解我们的人民和社会的运行逻辑。

这样替马老师说话，不是为了在中国人类学界宣扬一种旧有的、甚至是过时了的理论和研究方法。其实，在个人的学术生涯中，我一直努力将所学的有关这门学科和其他门类的知识与中国实际的社会变迁与文化问题联系起来。我说这种方法可以被称为"从实求知"，并在1998年出版的一部文集中用"从实求知"作为书名，意思是说我力求在对社会现实的参与中寻求新的知识。过去10多年来，我发表了一些文章，表述了我个人学习人类学的体会及对这门学科的发展怀有的期待。进入新世纪的门槛，重新回顾一下谈论过的那些问题，我又深深地感到，人类已经进入一个很不同的时代。我的老师马林诺斯基开始他的人类学研究时，世界上各文化之间的关系还没有现在那么密切，而且20世纪前期与19世纪不同，欧洲各国忙于处理欧洲民族国家之间的关系、忙于相互之间的利益争夺，而无法顾及一些曾经被以往在帝国时代顾及的非西方事务，因而他有可能在西太平洋找到著名的世外桃源式的特罗布里恩德岛，来与社会冲突深重的欧洲做比较。可是，我60多年前到伦敦留学的时候，文化之间的关系已开始发生着深刻的变化。马老师自己面对这些变化，意识到那个时代西方文化虽然已在实现其世界性的扩张，而引起非西方人民的文化自我意识兴起。他后来在《文化动态论》中表示，这个世界已是一个文化接触频繁、矛盾重重的世界，给现代人类学提出了严峻的挑战。60多年以后，再来看看我们生存于其中的这个世界，我个人更是感触无穷。

有些西方人类学同人以为，马林诺斯基一辈子的研究只是功能的整体文化论。其实，马老师后期的著作，已经显露出对自己的这种论点的反思。在他后期著作《文化动态论》中初步总结的看法，预示着一个文化多元世界的确立。他认为，到了三四十年代，非西方各民族已经面临着如何处理本土文化与外来的西方文化的关系问题，他们的文化不再是封闭的蛮荒之岛，而正在同世界其他地区的文化进行形形色色的交往。这种文化间的交往，有时表现为战争和矛盾，但最终的结果可能是民族文化自我意识的兴起与西方文化的移植。在三届研讨班，我说到马老师的"三项法"，指的就是他对于文化动态过程的基本看法。现在看来，"三项法"所指的文化类型，即本土的、外来的、综合的三种类型，也就是我们在20世纪末广泛谈论的民族主义、全球化和文化融合的现象和问题。

四

值得一提的是，我对于文化动态论叙述的那些丰富面貌，也有个人的体会。这些日子以来，我多次谈到，从20世纪前期到21世纪的初刻，我们和我们的国家一起经历了从农业社会到工业社会，再从工业社会到信息社会的大转变，我用"三级两跳"这个概念来形容20世纪中国的这一系列变化。在文化变迁和经济发展如此快速的时代，从事人类学研究的同人，又如何来面对现实社会的变化？

在马老师逝世以后的半个多世纪里，科技的进步和社会的发展，确实促成了不同人文类型之间的交流和融合。有不少学者用"全球化"（globalization）这个概念来概括新时代人类群体和文化之间发生的交流和融合现象。我能同意，世界性的交互影响正在给人类生活带来深刻的变化，我们如还没有更恰当的词汇来描述这些变化，"全球化"这个词暂时还是有意义的。不过，倘若我们简单地相信"全球化"正在造就一个"文化一体的世界"（one-world culture），那就有些操之过急了。

在我们这个文化交融的时代，我们在中国的城乡地区确实能看到很多带着西方文化的影子。例如，现在的北京，到处有年轻人在消费美式的快餐，如麦当劳、肯德基等等，他们穿着的时装，与我们年轻时也差别很大，有时甚至让我这个旧时代成长起来的人觉得有些荒唐。而在伦敦、巴黎、纽约等国际大都会，人们也容易能看到不同人种、不同文化类型的并存，其中中国移民和唐人街的形象，仅是其中一种。在世界各地发展迅速的网上交流方式，正在使文化之间的距离再度缩短，而跨国公司的势力范围和"跨国性"的拓展和增强，又冲击着挑战了以民族国家为核心的各种制度。

然而，文化之间的交流，不等于文化差异的消灭。就经历了"三级两跳"的中国来说，我们诚然在科学技术、经济等方面与世界其他地区的交往更频繁，共通之处更多了，但我们的老祖宗经过几千年积累的文化遗产不见得会随着这种"全球化"的发展而全部消失。相反，实际的情况恐怕是，我们的文化传统正在逐步引起我们的政府和人民的重视。随着世界性科学技术和政治经济交往的日益加深，中华民族的儿女会更多地感受到对我们自己的民族、我们自己的文化的肯定和认同。与此同时，中国文化也正在为世界其他地区的人民所承认，一些了解西方现代文明缺陷的西方学者，更呼吁要与中国展开跨文化的对话，试图从我们老祖宗留下的遗产当中来寻找解决西方现代文明内在矛盾的方案。

就是在这样一个文化交融和文化自觉并存的情况下，在西方学者当中，有人提出了"文明冲突"的理论，认为20世纪末期以后，到21世纪，世界将进入一个以文明为单位的冲突时代。全球化理论家和文明冲突论者在他们的论著中讨论的"文化"，已再也不是马林诺斯基意义上的"文化"了。在人类学的概念里，"文化"指的是一个民族或群体共有的生活方式和观念体系的总体，而民族或群体是可大可小的。现在的全球化理论家和文明冲突论者谈论的"文化"或"文明"，往往与世界地理意义上的五大洲的少数几种文明类型有关。不过，即使有这样的不同，在21世纪，人类学者仍然有必要考虑现实社会提出的新问题，如21世纪的人文世界，到底将是一个文化一体的世界、一个全球化的世界，还是一个"文明冲突"的世界？20世纪的欧洲"战国群雄"相争的时代，会不会推延到包括整个世界的范围里？

五

在过去的一个世纪当中，文化之间表现出的既相互依存又相互有别的纷繁复杂的现象，一直是社会文化人类学研究的基本对象。在100多年的学科发展中，世界各地人类学，曾受西方帝国主义观念的制约，也曾因为学术洞察力的不足，而与现实世界之间构成某种本来不该有的距离，针对这些制约、这些调查力的缺乏及学科与现实世界的距离，已经有不少非西方的人类学者提出了批评和建议。

前几年，在《人文价值再思考》一文中，我提到一位反思西方的"东方论"的学者，他就为我们指出，西方对于非西方的"理解"，其实经常是以维护西方自身的利益和权力关系结构为前提的。而与这位学者几乎同时,一大批政治经济学家和人类学家也协力通过研究现代帝国主义、资本主义"世界体系"的历史形成过程,来解释现代世界民族与民族之间、文化与文化之间、国家与国家之间的不平等关系。当前的全球化理论家认为,"世界体系"代表的这种世界性的文化和政治经济不平等状态,是一种从西方到非西方的单向历史进程,它无法解释20世纪末期在世界范围内出现的多元化的经济文化一体化过程。这样区分当然有一定的道理,但是,我们绝对不能忘记,在未来的一段相当长的时间里,世界性的不平等关系仍然会延续下去。

文明冲突论者认为,到21世纪,世界权力的不平等关系,将演变为古老的非西方文明——如中国、日本、印度以及非洲、中东等地的文明——对欧洲中心的西方文明的挑战。这种论调,基本上是围绕着西方中心论的国际关系政治需要提出的,它在一些方面不能不说有自己的特点和说明意义。从一定意义上说,它反映了实际问题:随着中国的发展,东方力量将成为国际政治的一个重要角色,使世界政治出现"多极化"的状态。然而,世界的多极化,本来就是对于"两极化"、"单极化"的"冷战世界"的回应,也是一个历史的必然过程,绝对不应被看做是"文明冲突"的根源。在我看来,它应当被看做是一种基于民族发展和文化传承的需要而发展起来的"文化自觉"的表现。

六

要探索全球化和文明冲突之间的复杂关系,人文社会科学家需要携手努力,而我在这里想要强调的无非是这样一个在21世纪的中国和世界中人类将持续面对的问题,值得人类学研究者来研究。可以值得人类学界同人欣慰的是,在20世纪的人类学学科发展过程,能与21世纪的这些新问题相互启发的类似辩论,早已以相对不成熟的方式成为学者们的共同论题了。

从原来面貌看,人类学指的是"先进的西方人"研究"落后的非西方人"。30年代后期,我以英文提交了研究中国农民生活的论文,马林诺斯基老师曾高兴地说,这开启了"土著研究土著"的新风气。在几次的讲话中,我表达了自己与马老师的期待之间的距离,同时认为马老师的期待,应当在新的时代里得到进一步的延伸。我了解到,这些年来,在非洲、中南美洲和印度,本土人类学者开始集中思考西方人类学将非西方看待成"对象"(objects)的做法,认为这种带着"科学面具"的做法,其实犯了一个严重的错误,即未能承认非西方民族也是由能够思考和选择的"主体"(subjects)结合起来的。这些人类学家还认为,为了去掉西方人类学的这种"对象化",非西方人类学应当探索出一套作为"主体"的人类学理论与方法,使之有别于"对象化的人类学"。

非西方人民自己的人类学,在与西方人类学形成的关系中,免不了有紧张的一面。例如:有些非洲和中南美洲的人类学家,将自己定位为"南方人类学家"(anthropologists of the south),意在与地理位置居于北方的欧洲和北美洲相对立。这种态度有它在民族自觉方面的理由,也与文明冲突论者描述下的那种文明间的"紧张情绪"有一定关系。但是,我们却不能否认,非西方人类学家所做的这些努力,有益于人类学学科本身的多元化、有助于学科本身内容和见解的丰富。

然而,非西方人类学绝对不应排斥几代人类学对人文世界的复杂性、对非西方文化的特征和现代遭遇做出的探讨。在我看来,像马林诺斯基老师那样的伟大人类学家,给我们留下了对不同民族的不同文化的尊重和对这些民族和文化的历史走向的思考,是人类共有的不可多得的思想遗产,是一笔值得珍惜的财富。在最近几次有关文化问题的发言中,我用"和而不同"这四个字来概括我国文化研究过程中人文价值的基本态度,也用这四个字来展望人文世界在21世纪的可能面貌。这四个字不是我个人的发明,而是我国文化的遗产,隐藏着我个人对于百年来人类学在认识世界方面的诸多努力的一个总结,也隐藏着我对人文世界历史和未来走向的基本盼望。倘若我对未来人类学研究有什么期待的话,那么,这四个字或许还能够比较贴切地表明我老来的看法。这也就是说,人类学研究既要体现人文世界的实际面貌,同时又必须为人类群体之间相互依存提出一套值得追求的方向,而这种相互理解和依存,基础在于对于"非我族类"的其他人文类型的尊重。

我提出"和而不同",针对的首先是人类学者在跨文化对话中本应扮演的角色,也包含我几年前在北京大学的演讲中提出的"文化自觉"这一面。说得具体一点,我觉得中国人类学学科的建设十分重要,这是因为这门学科承担着为人类了解自身的文化、认识世界其他民族的文化及为探索不同文化之间的相处之道提供知识和见解的使命。对于中国人类学者来说,这一使命感,也一样重要。人类学者可以很轻易地告诉人们,我们关注的正是人文世界的面貌及在其中的人们"和而不同"地相处的逻辑。但是,要真正实现这一认识、理解和相处的目标,并不是那么容易的事情。

就我所知,国内人类学界针对中国城乡社区展开的实地研究,已经有相当重要的积累,为我们提供了社会及文化变迁研究的重要依据。与此同时,在少数民族地区——尤其是那些面临工业化和信息化挑战的小型族群中展开的调查,更发现了令人触目惊心、令人深思的现象和资料。对于中国文化展开的历史和理论探讨,还提出了一些有助于促成"和而不同"的世界格局的例证。这些都是我们应当充分肯定的成绩。但是,我们有多少真正能够揭示我国人文世界的本来面目的研究成果呢?此外,由于国际和国内的复杂原因,中国的人类学研究者至今为止还很少运用人类学的方法研究中国境外各民族和文化。如果这有情可原,就境内社区、文化和少数民族地区的研究来说,我们又有多少成果达到人文世界的"和而不同"的那一使命呢?之所以有这么些问题,原因必定是很多、很复杂的,也不是我们一时能轻易理清的。

几年前,我曾经回顾中国社会学 20 年来的发展历程,提出了"补课"的说法,我的意思很简单:我们的社会学是在匆忙之中"速成"的,这给我们的学科带来了基础没有打好的问题。要解决这个问题,我提出,我们需要从头开始,从学科的基本建设开始,来为学科的研究能力恢复"元气"。倘若能容我在这里对人类学学科建设说点什么,那么,我愿意重复我对社会学同人们说的那席话。在 21 世纪,随着文化交往的复杂化,随着全球化和文化差异的双重发展,研究文化的人类学学科必然会引起人们的广泛关注。在众目睽睽的情景下,人类学者能为人类、为世界做点什么?——这成了我们必须细致思考的问题。而这当中有一点是明确的:假如我们的学科要对 21 世纪的进程有所帮助、有所启发,那它就需要有一个坚固的学科基础。在我们中国的人类学学科里,这样的基础显然还需要我们去打造,而我们同时却又需要为建造"和而不同"的世界做贡献。学科发展时间与历史发展时间的"脱轨",必然会使我们觉得措手不及。但是,这也许就是新的世纪对我们和我们的学科的新挑战。

2001 年 7 月

原载《西北民族研究》2002 年第 1 期。

继往开来，建设 21 世纪中国的社会学

1930 年我进燕京大学社会学系读书，1980 年在北京大学筹建社会学系时我又担任了北大的教授，其间虽然跨越了 50 年，却一直与北大保持着很深的关系，这是因为燕京、清华、西南联大的学习和工作经历无法与北大分开。而从北大正式建立社会学系到今天，已经 20 个年头过去了。回头看一看，70 多年来，我从青年时代选择了社会学和人类学这一门学问，把了解认识中国社会作为自己的使命，实现"志在富民"的愿望作为我一生追求的目标，因之这门学科的建设和人才的培养成了我一生中一项主要的天职。

回想在 1988 年北大校庆、1992 年建系 10 周年、1995 年建立研究所 10 周年和 1998 年北大百年校庆这几个值得纪念的日子，我都发表了自己的感想，其主题都围绕着"开风气、育人才"。今天我们已经跨进了 21 世纪，庆祝建系 20 周年，我想要讲的仍然是这个主题，而且我觉得在今天这个主题已经变得更为重要和紧迫了。

北大作为中国的最高学府之一，它在学术上的发展始终可以作为中国文明先进的里程碑。在新的世纪里，一个迅速发展并实现现代化的中国要全面进入国际社会，如果希望世界能够全面和充分地认识中国和中国人的真实面貌，我们首先要自己认识自己，才谈得到让别人来认识我们和我们去认识别人，客观和科学地相互认识是人们之间建立和平共处关系的起点，人文和社会学科的任务就是要认识自己国家和民族的文化传统及其演变，也就是我常说的"文化自觉"。从文化传统上说，世界上没有一个民族有我们中华文明这样长久和丰富。我们中国人有责任用现代科学的研究方法来完成我们"文化自觉"的使命，继往开来地努力创造现代的中华文明，为全人类的明天做出贡献。

21 世纪高等学校在培养目标方面要强调培养能够理解和研究人文世界的

人才，中国人是一个充分认识到上有祖宗，下有子孙的社会，个人生命只是长河中的一滴水，一个人的生命总是要结束的，但同时长出一个不死的和不朽的东西，那就是人们共同创造的人文世界，而且这个人文世界是经久而不断发展的，人文和社会学科就是要研究这个历史上不断发展的人文世界。

社会学所研究的是人在集体中如何生活，社会文化人类学就是研究人在集体生活中创制的文化。文化在哪里？就在生活在集体里的人的行为和意识中，文化是代代相传的，是有子有孙的，它凭靠一个个的人在他们的生活当中去表现、改变和发展着，日新月异。我们作为中国人，应当有意识地深入到中国人的文化世界中去，深入到中国人的社会生活中去，认识自己文化的历史传统和现在的发展，我们需要懂得世界上各国、各地区的社会与文化为什么彼此存在着不同之处，抓住了不同层面的比较研究，我们才能够谈得到"文化自觉"。开展这些领域的学术研究工作，北大有这方面的传统，也积累了一些成果，现在要善于继承和发扬这个传统，在新的世纪里取得更大的成就。

从上世纪 70 年代末以来，这个世界包括中国在内发生了巨大的变化，也许是世界历史上曾经发生过的最大的一个变化，从一个工业化机械化的时期，进入到一个电子信息化的时期，进入了知识经济的时代，人们之间的交流空前加强，客观上彼此的依赖性也大大加强了。大家要在这样一个新的世界和社会格局中生存和发展，就需要发挥各自传统文化中积累的人类智慧，来协调彼此碰撞中的矛盾与冲突。个人与个人的关系、群体与群体的关系、国家与国家的关系、文化与文化的关系，相互之间如何共处与协调，就要靠当事者各方的智慧和文化底蕴。在这样的大形势下，我们要跟得上去，我们这个学科也必须要进入和适应这个新世界中的新的发展时期。这个时代的要求很高，对各个学科提出了比以往更高的要求，我们这个学科能不能完成自己的历史使命，最后是要接受历史的检验的。因此我特别希望社会学、人类学年轻一代学者能在理性上把握得住这个关键时刻。

我一生中经过了"三级跳"，先是从"乡土社会时代"跳到"工业化时代"，但在工业化时代尚未坐稳之时，信息时代已经来临。我所做的研究工作，主要是在调查和研究中国社会的"第一跳"，再继续下去调查与研究这"第二跳"，我受生命的限制恐怕没有条件了，而你们要去"跳"，要去研究中国社会当前与未来的发展。我们的社会变迁之巨大和迅速，使社会学者紧跟时代的步伐变得很不容易，你们这一代比我们这一代所面临的困难更大、任务更重，但不能不跟上去，否则是要被淘汰的。我指的是我们人类要适应这种变化，就是要能够解释这种变化，知道如何变化和将要走到什么地方去，这应当是社会学和人类学者的任务和责任。

学术是要通过学人来传袭和开拓的，学人是要在加强基础学力和学术实践中成长的，人才是文化传袭和发展的载体，不从人才培养上下功夫，学术以及广而大之的文化就成为无源之水、无根之木。培养人才始终是我们工作中第一位的任务。

总结我们过去的经验，中国的社会学应该紧密地联系中国社会实际，社会科学理论的来源是当时当地有历史渊源的社会实际，而且应当为当时当地社会发展服务的，同时我们提出了要用人类学的方法来开展实地调查，强调到实际的社会生活中去做深入的观察，取得第一手资料，进行分析总结，这样才能提高到理性认识，形成社会学的理论。

北大在重建社会学的工作中贡献了力量，不仅首先选人员参加培训、备课，并最先筹备建系，继而又建立了研究所。我从公职上退休以后，把主要精力放在北大，还是为了要在重建社会学学科中贯彻我一向提倡和遵循的理论联系实际、教学与科研相结合、学术为社会服务的主张。我反对唯书、唯上，反对脱离实际和食洋不化的风气，我也认为学术领域必须有不同的观点，但必须有相互尊重、相互容忍的精神，这样才能通过百家争鸣，繁荣学术。

从我个人的实践来看，把人类学和社会学结合起来，以社区为研究对象，用实地调查研究方法，对于学科建设和培养年轻一代扎实的学风是行之有效的经验，而且可以突出北大办学特点和学科建设的任务。

社会学学科重建20年之后，我曾回顾和反省走过的历程，因为"速成"的后果，这个学科的队伍虽有了很大的发展，但力量还是比较薄弱的，基础不够扎实，水平也参差不齐，总体来说都需要"补课"，需要"再加工"。要想建成有中国特色的人文社会学科，培养人才特别是重视学术骨干的培养还是第一位的工作，为此我仍寄希望于北京大学的校领导能够在这方面继续给予这个学科贯彻上述宗旨继续发展所需要的各项支持。

我当初积极推动在北京大学建立社会学系，后来又建议在北京大学建立研究所，目的就是要加强联系社会实际的科研工作，通过与研究相结合开设的课程,进一步推进教学与科研的结合,提高教学质量。现在系所打通之后,各方面之间的密切结合有了更好的条件,希望大家能够在课程建设、教材建设、课题研究等方面携手合作,多下功夫,并且虚心向兄弟院校学习,加强协作,努力使北京大学的社会学学科建设在整体水平上迈上一个新台阶。

当前我们还提倡要着重于培养学生的创新精神,这样对于我们教师的要求就更高了,任务也更重了。教师们首要的是能够用自己的研究成果来推动教学,而创新的研究只有到实际中去,才有可能创得出来。

我还想强调的一条经验是教学相长,我们是通过具体的人来建立学科的,我们的教师和学生要以创新的精神来共同开创这个事业,在学科建设过程中教师和学生之间应当是合作关系和伙伴关系,教师的责任不是简单的推销知识,而是要用自己经过实践检验的知识和智慧给学生迈进学术殿堂开门、开窍。在研究工作中更是如此,师生是不能分离的。所谓教学相长就是互相启发,我们要改革中国旧的教学方法,不要念死书,要学会从对社会实际的观察和调查中思考问题。我希望师生携手,教学相长,把学科建设作为一项长久的事业来做,我们需要一代、两代甚至好几代人的努力才能使我们的社会学学科打下一个真正坚实的基础。

中国的社会学在上个世纪中走过了非常曲折、艰难的历程,社会学在20世纪80年代得以重建并发展到今天这样一个局面,实在是非常不容易的。我们有许多同学也许还不了解学科的这段历史,我建议他们能够从课堂和阅读中了解这个学科在中国的产生、发展、停止和重建的历史,让学生们感觉到这个学科坎坷的命运,认识到他们的肩膀上担负着重建和宏扬这个学科的历史责任,在今后的学习和研究工作中时刻记得这一责任。今天我们在这里庆祝北京大学社会学系建系20周年,意义是非常重大的,我们这一代老人已经或快要交班了,但是我坚信中国年轻一代的社会学、人类学者将会把这一事业继承下去,使中国的社会学、人类学以一个崭新的面貌自立于世界学术之林,并对国家和民族的复兴和建立和平融洽的人类社会做出应有的贡献。

2002 年 11 月 3 日

本文系作者在北京大学社会学系建系 20 周年庆祝会上的讲话。载《西北民族研究》2003 年第 1 期。

试谈扩展社会学的传统界限

年过九十应当承认我一生已进入衰老阶段,躯体和四肢都已不能自如地活动,但头脑还觉得能够思考一些问题。我总觉得我们中华文化经过几千年的发展,总可能积淀着一些宝贵的东西。近年来世界的动荡,表明当前的世界已经到了亟需改革创新的时刻。此时此刻我的脑子里出现了不少过去没有想过的问题。在我和同事和学生们闲聊或讨论的时候,他们用录音机录了下来,并且整理成文,我对这些文章进行修改最后定稿。读者或许可以从中得到一些可供参考的东西。

社会学是一种具有"科学"和"人文"双重性格的学科,社会学的科学性,使得它可以成为一种重要的"工具",可以"用"来解决具体的问题,比如预测一个社会的发展走向,调查一个群体的态度行为,分析某个社会组织的运行机制,解决某个紧迫的社会问题等;然而,社会学的价值,还不仅仅在于这种"工具性"。今天的社会学,包括它的科学理性的精神,本身就是一种重要的"人文思想";社会学科研和教学,就是一个社会人文精神养成的一部分。社会学的知识、价值和理念,通过教育的渠道,成为全社会的精神财富,可以帮助社会的成员更好地认识、理解自我和社会之间的关系,以提高修养、陶冶情操、完善人格,培养人道、理性、公允的生活态度和行为,这也就是所谓"位育"教育的过程,是建设一个优质的现代社会所必不可少的。社会学的研究方向,也自然要考虑到这种人文方面的需要。社会学的人文性,决定了社会学应该投放一定的精力,研究一些关于"人""群体""社会""文化""历史"等基本问题,为社会学的学科建设奠定一个更为坚实的认识基础。中国丰厚的文化传统和大量社会历史实践,包含着深厚的社会思想和人文精神理念,蕴藏着推动社会学发展的巨大潜力,是一个尚未认真发掘的文化宝藏。从过去20多年的研究和教学的实践来看,深入发掘中国社会自身的历史文化传统,在实践中探索社会学的基本概念和基本理论,是中国学术的一个非常有潜力的发展方向,也是中国学者对国际社会学可能做出贡献的重要领域之一。

究"天人之际"

社会学的一个基本问题,就是人的"生物性"和"社会性"的关系。这就使我们注意到社会学对人的"生物性"的界定,与生物学、医学意义上的人的"生理""生命""生物"的概念应当是有区别的。作为自然科学的生物学和医学,它们是把人的所谓"生物性",也就是和其他生物可比较的生命的物质形态方面,单独划分出来,孤立地看,称之为"生物性"。并以此为对象,运用物理、化学等方面的知识,进行一种"自然科学"的研究,但是却忽略了它"非生物"方面即社会的、精神的、文化的属性。比如,他们在研究一个人的生理结构和功能的时候,只考虑其"生理""生物"的意义,而不考虑这个人究竟是一个农民还是军人还是知识分子,他们认为这些"社会"角色在医学、生物学上"没有意义"。这种"分析""分解"式的思维方式和研究方法,是一般西方自然科学的通行的方式。

但在社会学中,我们所说的人的"生物性",并不是这种单划出来的一个孤立的、独特的范畴,不是一个和所谓"社会性"互相隔离的属性。相反,社会学中"人"的"生物性",应当属于人的"自然属性"的一部分,是一种更为广义的概念,是和人的"社会性"融为一体的,二者是互相兼容、包容的。确切地说,这种社会学把"社会"本身,视为广义的"自然"(包括"生物")的一部分,"社会"的存在和演化,都是包含在广义的"自然"的存在和演化之中的。社会和自然,不是两个"二分"(duality)的概念,更不是相互"对立"的,而是同一事物的不同方面,不同层次而已。这种理念,最好的表达方式,就是中国古代"天"的概念。"天"不是像西方的"上帝"那样超越于人间万物之上的独自存在的东西,"天"和"人"是统一的,息息相关的,人的一切行动和行为,都在"天"的基本原则之中,人是不能彻底摆脱、超越这个"天"的,即所谓"谋事在人,成事在天";同时,天也随着人的行为而不断做出各种反应,故有所谓"天道酬勤""天怒人怨"之说。社会学中"社会"和"自然"的关系，很像这种理念，我们首先把"人"置于"自然"这个大的背景中来看，"人"和"自然"是合一的，作为人类存在方式的"社会"，也是"自然"的一种表现形式，是和"自然"合一的。我们今天用"合一"这个词，就是说它们本来就是不能分开的。尽管人们通常在语言中、在概念上把"人"和"自然"分开处理，这只不过是常规思维中为了认识和解释方便而采用的一种"概念化"（conceptualization）方式，而我们从学术角度，不把"自然"和"人类社会"割裂开来，而是把它们视为统一的，是一体的。人类社会的规律，也就是自然的规律，人类社会的原则，也就是自然的原则；同样，自然的原则（如古人说的"天道"），也是人类社会的原则……这种观念，作为社会学研究的基础，可以使我们从一个基本的层面上，摆正人和人之外的世界的关系。即中国传统上所谓"一而二，二而一"的意思。一可以分为二，而二还是包含在一之内。

我们把"人"放到自然历史演化的总的背景下去理解，人是自然界演化的一个过程和结果，同样的所谓"社会""人文"也是自然的一部分，它是人根据自身的需要造出来的一个第二环境，但"人文"只能建立在自然规律和原则的基础上，"人文"的活动，只是在很多方面利用自然，利用自然特性，顺着自然内在的规律，适应它的要求，为人所用，而不能真正改变这些规律和原则，也不可能和"自然"法则对抗，不可能超越自然的基本规律。

这种"天人合一"的思想，实际上不仅是中国的，它是世界上很多文明所具有的基本的理念，但中国人传统上对这方面有特别丰富的认识和深刻的探讨。今天中国社会学应该继承这种传统，从自然存在和演化的角度，对"人"和"社会"进行最基本的定义。

需要注意的是，在近代，中国人这种观念发生了很大的变化。19世纪末到20世纪初，中国知识分子在救亡图存的努力中，曾经在短时间内大量借鉴西方近代和现代社会思想，这种借鉴对中国现代学术发展起到了非常重要的促进和推动作用，为现代中国学术建立了一个重要的基础。但是，也应该看到，这种匆忙的、被动的借鉴的过程，也存在着很多粗糙和不协调之处，特别是对于人和自然的关系上，我们在接受西方现代科学的同时，基本上直接接受了西方文化中"人"和"自然"的二分的、对立的理念，而在很大程度上轻易放弃了中国传统的天人合一的价值观。在实践中，后来大量出现的豪迈的"战天斗地""征服自然""改造山河""人有多大胆、地有多大产"的强烈的冲动，一反中国古代人与自然环境互相依存、通融、欣赏的态度，把自然视为一种对抗性的力量。在社会学领域，则不太习惯于把人、社会、自然放到一个统一的系统中来看待，而是常常自觉不自觉地把人、社会视为两个独立的、完整的领域，忽视社会和自然之间的包容关系。

对于"人"和"自然"的关系的理解，与其说是一种"观点"，不如说是一种"态度"，实际上是我们"人"作为主体，对所有客体的态度，是"我们"对"它们"的总体态度。这种态度，具有某种"伦理"的含义，决定着我们"人"如何处理自己和周围的关系，而这种关系，是从我们"人"这个中心，一圈圈推出去，其实也构成一个"差序格局"。问题的核心是：我们把人和人之外的世界视为一种对立的、分庭抗礼的、"零和"的关系，还是一种协调的、互相拥有的、连续的、顺应的关系。对这一问题不同的回答，反映出人类不同文化、不同文明中世界观深刻的差异。

社会学对这一问题的回答，如果是基于东亚文明的历史和文化传统，那么理所当然地是一种强调协调、共处、"和为贵"的哲学基础，这种文化传统，使得我们很自然地倾向于"人"和"自然"相统一的立场。

精神世界

"人类社会"是广义的"自然"的一部分，但人是有其自身特殊性的。在很多意义上，我们可以把"人"视为已知的自然演化的最高的成就。当然，这仅仅是我们作为人本身的认识，因为我们的认知是有局限性的，我们的感知方式和能力、我们存在的形式本身、我们在时空方面的有限性等等，就是我们的局限性。我们只能在这种局限性之内讨论所有的问题；至于在我们的感知能力之外，这个宇宙（天）还有哪些存在形式和属性（比如人们想像的多维空间、能量化的生命等等以及想像之外的东西），我们就无法作出有意义的判断了。但在我们认知范围内，我们看到人是具有特殊性的，是明显不同于周围世界的。我曾经打过比方，假如有来自外层空间的其他的生物，他们到地球上，看到地球上生机勃勃的景象，肯定很快就会把"人"这种生物和地球上的其他东西分开。人的特殊性，是我们社会学研究的重点领域，但社会学并不仅仅研究人的特殊的一面，还要研究人与自然一般相同的方面。在社会学工作者眼中，认识

"人"的特殊性，不是要局限于这种"特殊"，而是要更全面地认识人的属性。

"人"的特殊性何在？或者说"人之所以为人"究竟凭什么？这是一个人们长期争论，一直没有取得共识的问题。像这类关于"人"的最基本的问题，涉及到人类对世界和自身的最基本的假设，往往会成为人类的一种精神信仰和世界观的基石，构成一种文明的基础，因此也往往成为人们争论最激烈的问题，甚至会被赋予强烈的意识形态色彩。在中国，不同时代，不同思想流派对这一问题也有不同的回答。作为具有科学理性传统价值观的社会学，通常认同于一种科学理性的解释：人是有生命的，在自然中首先属于"生物"，这就不同于"非生物"的世界。依我看，在"生物"中，人最重要的特殊性就是人有一种"精神世界"，这是其他生物可能没有的，至少在我们的认知范围内还没有确切的发现。

人的精神世界，可以笼统地说成"人的一种意识能力"，但实际上，这是一个远远没有搞清楚的问题。社会学自身无法完成这种探索，但这种探索，对社会学的发展具有重大意义。"精神世界"作为一种人类特有的东西，在纷繁复杂的社会现象中具有某种决定性作用；忽视了精神世界这个重要的因素，我们就无法真正理解人、人的生活、人的思想、人的感受，也就无法理解社会的存在和运行。我们鼓励社会学工作者和学习社会学的学生，把一定的精力投放到这方面的探索和研究中，这是我们社会学相对薄弱的方面，同时也是人文价值的一个重要体现。社会学对于人的精神世界的研究，当然与哲学、神学、精神病学这些学科的研究视角是不相同的，它应该是一种"社会学"的视角。目前，社会学界如何面对这一问题，运用什么方法论和采取什么方法研究这些问题，还没有基本的规范，但这方面的研究，是十分有意义的。

从社会学角度研究人的精神世界，要避免一种简单"还原论"的倾向，那就是试图把所有精神层次的现象和问题，都简单地用"非精神"的经济、政治、文化、心理等各种机制来解释。还原论式的解释方式，看似一种圆满的"解释"，实际上这种"解释"恰恰忽视了精神世界自身的特点，忽视了"精神世界"——把人和其他生物区别开来的特殊存在物的不可替代性。社会学对于精神世界的理解，应该是把它和社会运动机制联系起来，但不是简单的替代，不是简单地用一般社会层次的因素去解释精神层次的活动。当然，最理想的，是在社会学研究中真正开辟一个研究精神世界的领域，从方法论层次上进行深入的探索，探索如何基于社会学的学术传统和视角，开展对人的精神世界研究。

文化与"不朽"

从人的生物性和社会性的关系，自然地引出人的群体性、文化性和历史性的问题。关于人的文化性和历史性，我们经常讨论，但至今缺乏的是结合实际研究的具体的阐释。在"常人思维"中，"文化"和"历史"似乎纯粹是"社会"的东西，和"自然""生物"没有多大关系，可是在社会学术上，文化性和历史性，是与人的生物性密切相关的两个不同的概念。

比如，一个人刚出生的一瞬间，是只有一般的"生物性"而没有社会性的，但就从此时此刻开始，就和妈妈在一起，从个体的人，变成了"群体"的人，开始交流和互动，加入了"人类社会"的生活，也就变成了"社会"的人，具备了社会性。所以我们说从一出生，在这个"人"的生活中，就包含了社会性和生物性。

社会中的人，尽管都是已经具有社会性、生物性的双重人——个体生命的开始时，在母胎里成熟过程中和妈妈还是二而为一的，直到分娩，才告一段落，一分为二，结束母子在生物性上难分难解的状态，分别成为社会性的两个人——但各自的生物性仍然起着重要的作用，而且常常是决定性的作用，其中最基本、最明显的，就是生老病死，这种生物性的因素，你是永远摆脱不了的。所以我们说人有"社会性"，并不意味着就没有"生物性"了，社会性和生物性不是互相排斥的，不是非此即彼的，而是互相兼容、互相结合的，这就是"人"和"自然"（天）的同一性的一个方面。人的生物性，决定了人是要生老病死的，每个人都是有生有死的，但一个社会是可能不死的，是可能长久存在下去的（当然，并不是所有社会都必然永远存在，也有整个消亡的），这种"死"和"不死"，是我们社会学研究的一个非常关键的问题。"社会"为什么能长久存在？因为有"文化"。而文化是如何起作用的？是基于人的群体性即社会性。群体可以超越个体的局限，每个个体的人有生有死，但不是所有的人都同时生同时死；不同的人的生与死，是有时间差的，生不同时，死不同刻，而不同时间生死的人，不同代际的人，有共处的时间，在共处的这段时间里，每个人的人生经验、知识、感受、发现、发明等等，可以互相交流，互相学习，互相传递,可以变成别人的东西,保存在别人那里。一个人的生命可能会逝去,但是他一生的知识积累,不一定随他的生命结束而消失,它们会传递给别人,传递给继续活着的人,别人再传递给别人,可以传给很多人,这种不断传递,就成为社会很多人共同的知识即文化,保存在很多人的头脑中,形成一个不断增加的、动态的、更新的、分散的"信息库",这个信息库又反过来不断塑造着新的社会成员的态度和行为,这就是文化的传承。同时,由于各种信息载体(石刻、竹简、书本、磁带、光盘等)的存在,人们可以把知识记录下来,储存起来,几十年,几百年,留给后来人,这样,即使一个社会真的消失了,一个文化中断了,但后来的社会,其他文明的活着的人还可以从那些很久以前死去的人那里学习各种知识——人和人可以跨越时间、空间的障碍,进行交流和学习,分享知识和经验。

  文化传承中,有很多这种跨越时间、空间继承的例子。比如我们今天经常说"西方文化来自古希腊罗马文明",实际上,尽管古希腊罗马本来就属于欧洲,但他们的很多文化成就,并不是通过他们自己生物性的后人直接传到近代欧洲的,而是通过阿拉伯人"转手"的。因为在中世纪,欧洲本身的很多古典文化的东西中断了,而这些东西保存在阿拉伯人那里,后来"文艺复兴",欧洲人不是从自己的前辈手里,而是从阿拉伯人那里又"取回"了很多古希腊罗马人创造的知识。又比如犹太人的希伯来语,本来已经消失了很多个世纪,仅有少数考古学家能阅读其文字,但19世纪末,犹太人要重新建国的时候,这些学者通过首先教自己家里人说,再在朋友圈子里说,范围越来越扩大,经过几十年,居然把这种已经"死去"的语言恢复过来,到1947年以色列建国的时候,希伯来语被定为"国语"。中国历史上这类例子也很多,中国春秋战国的很多东西,被秦始皇毁坏了不少,汉朝时通过仅存的一些儒生和残存的旧竹简,把儒家的东西恢复过来了,并成为官方的意识形态。历史上中原战乱时期,中原文化的很多东西传播到江南、朝鲜、日本等地区,被保存下来,然而它们在中原反而消失了,后来中原人又从这些地方把消失的古代文化成果学回来。中国人也为其他文明保存过很多重要的历史知识。比如印度文化中一直不太注重编年史,所以今天国际上研究印度历史,往往要从中国古代文献中查找资料,特别是从玄奘的游记中获得当时的资料。目前中国周边的国家的历史,也有许多因记录在中国古代文献中而得到保存。

这就是我说过的，社会和文化可以使人"不朽"。像唐朝的诗人李白，他作为一个人，他的生物性决定了他必然会逝去，但他的诗作，连同他的诗的风格，都保存在各种文献中。李白这个人，是一个具有有限生命的"人"，而他的诗和诗的风格，则是"文化"，"人"是会消失的，但"文化"保留下来了，社会长存，文化不死，创造文化的人也就"不朽"了。一个人创造的文化不仅能保留，还能传递，还能影响别人，能激发别人的灵感，实现"再创造"，所以传统可以成为新文化生长的土壤。李白的诗作，经过几百年、一千年后，还能重新影响、塑造出别的诗人，他们可能接近李白，可能超过李白……文化把不同时间、空间的人"接通"了，可以共享生活的经历和生命的体验；文化能够超越个体生命的生死和时空的障碍，能够生生不息、发扬光大。

文化的传递，必须是一种历史过程，所有文化都必须是积累的，没有积累，没有超越生死、时空的这种积累，文化就不可能存在。

从"个人和群体"的角度理解文化，"文化"就是在"社会"这种群体形式下，把历史上众多个体的、有限的生命的经验积累起来，变成一种社会共有的精神、思想、知识财富，又以各种方式保存在今天一个个活着的个体的生活、思想、态度、行为中，成为一种超越个体的东西。当一个新的生命来到这个世界上时，这套文化传统已经存在了，这个新的生命体就直接生活在其中，接受这种由很多人在很长时间里逐步创造、积累的文化，所以文化具有历史性，它是跨越时间、空间和生命的东西，也是先于个体而存在，不随个体的消失而消失的东西。所以我们看文化，必须历史地看，只有在历史中，文化才显示出其真实的意义。

文化的历史性是广义的，不仅具体的知识和技能是在历史长河中积累传承的，更深层、更抽象的很多东西，比如认识问题的方法、思维方式、人生态度等，也同样是随文化传承的。进一步说，文化的传承，也同样包含了"社会"的传承。比如说，社会的运行机制是随文化传承的，社会结构，同样是伴随文化传承下来的。一个社会基本的结构，夫妻、父母、社区结构，都是文化的一部分，是先人传下来的，是晚辈向长辈、后人向前人学来的。学习、继承中不断有修正和创新，但只有在继承中才可能有创新，这就是为什么我们研究社会也好，改革社会也好，绝不能抛开历史，没有一个社会结构是完全凭空构建的，它总是要基于前一个社会结构，继承其中的某些要素，在此基础上建立新的东西。比如，即使像美国这样一个"人造"的国家，其社会结构也不是从美国建国时突然开始的，而是从欧洲移植过去的。美国社会的主体结构，实际上是来自欧洲的白人移民主导建立的，他们不管什么身份——是反叛者也好、流亡者也好、淘金者也好、梦想家也好——其基本的文化背景、思维方式、人生态度、知识技能等，还是在欧洲社会结构中造就的。他们在最早建立殖民地的时候，就不可避免的，只能基于欧洲的社会文化传统，他们可能属于当时欧洲的"非主流"，反对当时欧洲的主流，但他们的"非主流"，仍然是"欧洲"的非主流，是一种文明中不同的分支，所以它们的社会结构并不是凭空创造的，实际上是欧洲文化的延伸和变体。同样，像我们今天的这个"中国"，虽然是在一场摧枯拉朽的革命之后建成，但我们今天的社会结构，并不都是1949年建国时一下子凭空创造出来的，它是过去几千年社会结构演化的继续，是和过去的社会密切相关的。建国时期几亿人口的思想、文化、价值、理念都是从此前的历史中延续下来的。谁也不可能把一个社会中旧的东西突然"删除""清洗"，变成空白，再装进去一个什么全新的东西。我们中国的革命，形式上是"天翻地覆""开天辟地"，实际上，它是建立在中国社会自身演化的内在逻辑之上的，是中国文明演进中的一个连续过程的一个阶段。建国50多年后的中国社会，还是跟过去的社会密切相关，社会的方方面面的历史文化积累过程是不间断的、永恒的、全方位的。

"只能意会"

在社会学最基本的"社会关系"的研究中，实际上还存在着很多空白的领域，有待我们去进行探索。特别是在"人际关系"中各种"交流"的部分，始终是社会学没有说清楚的领域。比如人和人交往过程中的"不言而喻"，"意在言外"的这种境界，是人际关系中的很重要的部分。人们之间的很多意念，不能用逻辑和语言说清楚，总是表现为一种"言外之意"，这些"意会"的领域，是人与人关系中一个十分微妙、十分关键的部分，典型的表现，就是知心朋友之间、熟人之间、同一个亚文化群体成员之间，很多事情不用说出来，就自然理解、领悟，感觉上甚至比说出来还清楚。同样，在亲情之间，特别是在母亲和不懂事的孩子之间，也集中体现出这种"不言而喻"：小孩子太小，有许多感受不会用语言表达,但妈妈凭感觉就明白孩子要表达的意思,这种"意会",是人和人交往的一种重要的状态,实际上常常是决定性的状态,它自然应该成为社会学的一个基本的关注点。

在群体中,在各种社会组织中,在社会各种圈子中,人们不仅在运用这些"意在言外"的规则进行交流、调控和协商,而且还在不断地制造着这种"不言而喻"的默契的规则。实际上,只要是有两个以上的人的地方,相处一段时间后,就会不断地生成这种默契,同时也不断地修正、更新这种"意会"的内涵,它成为人类的一种不自觉的、但又连续不断、乐此不疲的工作。几乎任何群体在任何一个场景下,都会创造一些临时的或持久性的"意会"的规则:几个住在一起的同学,很快就会发展出属于他们自己圈子的共同语言,这是不用故意去设计、安排的;同事之间在一个会议上,就可能形成临时的"意会圈子",会散了就不再存在了;两个人一次不长的谈话,实际上也是在动态的互动中一边"试探"一边制造一种默契的过程……可以毫不夸张地说,一个社会,一种文化,一种文明,实际上更多地是建立在这种"意会"的社会关系基础上,而不是那些公开宣称的、白纸黑字的、明确界定的交流方式上。但是,这方面的研究还相当薄弱。尽管社会学人类学界实际上一直涉及这方面的研究,但多年来并没有集中力量探索,也就难有突破性的成就,很多东西还是一种描述性的解释。在这种"意会"的人际交往领域里,中国文化本来具有某种偏好和优势,中国社会学工作者的努力,也许可以在这方面做出某种划时代的成就;反过来说,如果不突破这一点,社会学不管是作为一种应用性的专业,还是一种人文修养的学科,都存在着严重的缺憾。

这种对人际关系中"意会"的研究,并不是沙龙里、书斋里、象牙塔里的话题,也不仅仅是一种抽象理论层次的探索,它本身就涉及现实中很多迫切需要解决的难题。比如,在我国过去20多年社会经济高速发展中,地区之间的发展,出现了很大的差异:一方面,珠江三角洲、长江三角洲的一些区域,实现了社会经济的高速、良性发展,实际上很多方面已经逼近发达国家的水平,可以说初步实现了中国几代人为之奋斗的"现代化"的梦想;可是另一方面,中国还有很多地区,社会经济发展还远远落后于上述发达地区,有些区域,社会的深层结构还完全停滞在二三十年前的水平,没有实现社会的基本层面的变革。对于这些问题,我们社会学界,不仅要从制度方面、意识形态方面、资金技术方面、地理位置方面来研究,而且还要特别关注其社会性的一面。比如,在很多欠发达地区,在"看得见摸得着"的方面,诸如制度、法律、规章等方面,因为同处于中国的基本制度之下,所以与发达地区并没有什么差别,很多表面的东西是完全一致的、一样的,但这些地区在相同的政策、体制条件下,发展的效果却很不相同。我们通过深度的、"参与观察"的研究就会发现,这里人们日常的、细微的人际关系、交往方式、交往心态以及与之有关的风俗习惯和价值观念,和发达地区有相当大的差异,而这些"差异",大多是这种"只能意会、不能言传"的部分。这部分东西,实际上常常是构成社会经济发展差异的真正原因。所以,我们要真正有效地促进落后地区发展,比如西部开发、东北国企改造等,就必须解决这种"意会"领域的问题,否则,仅仅在那些公开说明的、表面的体制、法律、规章上做文章,是解决不了实质问题的。

日常生活中这些"意会"的部分,是一种文化中最常规、最平常、最平淡无奇的部分,但这往往正是这个地方文化中最基本、最一致、最深刻、最核心的部分,它已经如此完备、如此深入地融合在人们生活中的每一个细节,以至于人们根本无需再互相说明和解释。而从社会运行的角度来看,这种真正弥散在日常生活中的文化因素,看似很小很琐碎,实际上却是一种活生生的、强大的文化力量,它是一个无形的、无所不在的网,在人们生活的每个细节里发生作用,制约着每个人每时每刻的生活,它对社会的作用,比那些貌似强大、轰轰烈烈的势力,要深入有效得多;它对一个社会的作用,经常是决定性的。根据这些年的实际调查经验,我觉得在地方社会中,越是我们"外人"看不出、说不清、感觉不到、意识不到、很难测量和调控的文化因素,越可能是一些深藏不露的隐含的决定力量,越可能是我们实际工作中的难点,也越值得我们社会学研究者关注。在研究不同的地区发展的差异时,这种被人们"视而不见"或"熟视无睹"的东西,往往正是我们揭开当地社会经济发展秘密的钥匙。

文化的"意会"方面的实际意义,不仅限于区域发展研究,很多现实问题,比如引进外资、企业改造、基层组织、民族关系、都市文化、社区建设等,都涉及这方面的知识。我国当前大量的社会生活实践和学术研究的积累,已经为这方面的探索准备了相当的条件,社会学工作者如果能够充分利用现有的条件,加强这方面的研究,有可能在理论和应用上获得一些真正突破性的进展。

这种"意会"的研究,其实就是把社会学中最基础、最一般的概念——"社会关系"的研究向深一层推进。学术上，其实并不是总要一味去搞那些新奇的、超前的概念，很多非常平常、非常常见的概念，恰恰需要人们不断地深入探讨，也往往是我们新的学术思想的最好的切入点和生长点。"社会关系"作为社会学最常用的概念，已经被无数人大量论述和阐释过，已经是老生常谈了，但即使是这样一个人们熟知的基础性的概念，仍然有无限拓展和深化的空间。

"讲不清楚的我"

如果要不断深化对"社会关系"的研究，可以从不同的角度切入，除了"意会"之外，还有一个角度，那就是从社会关系的"两端"——"人"的角度来探讨。当然，我们不必再重复社会学已有的成果，不必一般地从旁观者的视角来探讨"人"这个概念，而是要从"主体"(subjective)的、第一人称的角度理解"人"，也就是研究"我"这个概念。

从"我"的角度看，一个很值得关注的问题，就是每个人的这个"我"，实际上都分为好几个"我"，生物的"我"、社会的"我"、文化的"我"、表面的"我"、隐藏的"我"、说不清楚的"我"……但这并不是弗洛伊德等心理分析意义上的不同层次的"我"，而是一种社会学意义上的多方面的"我"。从理论上说，最普通、最一般的"我"的感受应该是生物的"我"，但这是人们自己几乎不可能感知到的一个"我"，因为只有刚出生的时候的我，是纯粹"生物"的，但那时候，人根本不能感知自己，不可能知道自己这个"生物的我"。一般来说，人在某些极端情境下，丧失了后天文化赋予的各种感觉，回归到接近最基本的生命本能状态的时候，应该是比较接近纯粹生物的"我"的状态，比如在极度恐惧中凭本能逃生、在极端痛苦中已经丧失其他感觉、极度兴奋忘乎所以等等，但在社会文化中长大的人，即使在这种情形下，也很难完全摆脱"文化"背景，很难成为一种纯粹的生物的"我"。另一种接近的情况，就是丧失正常的意识，只有生命本能反应，像睡觉的时候，喝醉的时候，但实际上这时候也不是纯粹的，即使睡着的时候，梦里也有文化，那是梦中之"我"，和醒时的"我"不同而已；喝醉的"我"也不是纯生物的，喝醉的时候，也是有一种独特文化的，不过和平时不同而已。另外在这些特殊的情形下，不管怎样，问题是我们自己几乎无法正常"感受"自己。

在诸多"我"中,有些"我"是看得见、摸得着的,是可以公开说清楚的,但这部分"我"很有限,每个人都有很大一部分"我",只在心里,讲不出来,这部分"我"实际上是公众之外的"我"。这部分"讲不出来的我",常常是自己也不知道的,自己日常的生活、工作、举止言谈、社会交往等等,受这个"我"支配,但自己也不清楚,这就涉及到上面说的人际关系中的各种"意会",这种"意会"的主体,有时其实就是这个"讲不出来的我"。比如,我们读古诗词,感到美妙的意境,仿佛跨越千百年的历史,和古人共享那种悠然的感受,这种感受,往往是"难以言传"的,而对于一个具有这种诗词文化修养的人来说,又是"不言而喻"的。那么这种"意境"究竟是"谁"在感受呢?似乎不是平时吃饭睡觉的那个"我",不是求职简历上那个能够一条条写清楚讲明白的那个书面中的"我",也不是平时同事中、朋友中、街坊邻居中那个包括具体长相、性格、技能、爱好的张三李四的我。在"意在言外"的交流中,不是这些具体的、可描述的"我"在活动,而是一个不那么清晰的"我"在主导这些活动。因为那些可以描述出来的我,都是通过各种社会关系来定义的,当我们无法确切定义一种"不言而喻"的微妙"关系"的时候,也很难清晰明确地定义这个"意会"的主体——"我"。有趣的是,这个不断体会着各种"意在言外"感觉的隐含的"我",也是一种只能"意会"的东西。

有时候,我们可以"意会"别人,却不一定总能够"意会"自己,常常是自己也不知道自己究竟是怎么处理这些"不言而喻"的东西的,一切都是随着习惯自然而然做的,很难说清楚,一旦别人说出来,自己还经常不承认。

应该说明,这个"讲不出来的我",并不是"不想讲出来的我",这两个"我"不是一回事。有时我们自己反思(reflex)自己的时候,要面对一种"我",这是自己看自己的"我",是自己知道的"我",它和"讲不出来的我"有相近之处,在社会公众看来,好像是一样的,都是在你内心里隐藏的东西,但对自己来说,完全不一样。反思的"我",是自己能说清楚的,能看得见的,只是故意隐藏在心里,不公开说出来,不想让别人知道。这个"我",比"讲不清楚的我"要简单得多,它是一种明确的知识,是可以界定、描述和解释的。当然,这种不愿意讲出来的"我",有时也通过"意会"的方式表达出来,但谁在表达呢?这个表达的主体呢?又是我们谈的这个"只能意会"的"我"。

决定人的行为的就是这些各种各样的"我"。那种"讲不出来的我",不是完全没有办法感知,实际上很多人是能够通过"直觉"感觉到的。这种直觉,现在好像还不能用实证的方法来解释,也常常引起人们的怀疑和否定,但有些类似直觉的东西,又不能完全否认,诗歌里往往就有这一类感受表述,就是通过一种"意会"的方式,表达了"意会"的那个"我"。古今中外的很多诗人,有时候就好像是直接把这类感受表达出来。你读诗,实际上是在读诗人,你总是感觉这些诗是言未尽意,意在言外,这就是在感受诗人的那个"讲不出来的我"。而其他很多艺术——绘画、音乐等也常常反映人的这部分"我"。

对"讲不出来的我"的研究,也就是从主体的角度对人际关系互动过程中的"意会"部分的研究,是社会学面临的又一个挑战。艺术、文学、电影等,只是利用和表达这部分的存在,并没有从学理上进行研究和探索。在各种社会科学中,社会学作为一种以逻辑因果和系统分析见长的学科,是有条件也有责任对这方面进行探讨的。不管是从工具性的应用角度来说,还是从人文教育的角度来说,社会学在这方面应该实现某种突破性的进展,这将是社会学整体发展的一个重要的里程碑,使得社会学作为一门科学,在人类知识探索上跨上一个新的台阶。

在各种"我"中,还有一个很值得注意的"我",那就是"被忽略掉的我"和"被否定掉的我"。古人常常说"忘我","去私",这是一种把"我"这个东西否定掉的倾向,这究竟是什么含义?这里的"我"、"私"究竟指什么?是自己的生命?欲望?自我意识?物质财富?去除"我",那么还剩下什么?如果"我"被否定,什么是这种行动的"主体"呢?……今天的人基于今天的这一套概念,会提出一系列的发问。"忽略我"、"否定我"事实上是一种非常矛盾的状态,它反映出中国人文价值中隐含的一种深层的张力,但这种境界,不是虚构的道德说教或寓言故事中的题材,而是历代史不绝书的很多真人真事的反映。从古至今,确实有无数"仁人志士"为了自己的理想达到了这种境界,也有很多"高人"自我修炼达到了这个高度,当然还有很多"奇人"因为投身或痴迷于某种事物,进入这种状态。不管怎么说,在古典价值体系中,"忘我"和"去私"是一种很高的境界,只有个人修养到了极高的阶段才能达到的境界。事实上,这种价值观,不仅仅是古代的事情,其实,就在不远的三四十年前,中国的主流社会还把这种价值观推到一种难以置信的极端的程度,"私"这个字成了最大的邪恶,"自我"这个词都变成了"准贬义词",整个社会完全笼罩在一种彻底极端的"忘我"、"去私"的话语中……这是刚刚发生在中国大地上不久的事情,我们都亲身经历过的,这种 20 世纪发生的极端"去私"的强烈冲动,反映出中国文化中这种"否定了的我"的巨大力量。这种"被人为否定的我"和"讲不清的我"、"讲不出来的我"一样,同样是我们社会学可以深入研究的课题。

将"心"比"心"

传统意义的中国人,对于"人""社会""历史"的认知框架,既不是西方的"主观""客观"二分的体系,也不完全如中根千枝先生所概括的日本文化的"纵向"特征;中国的世界观,更像是一种基于"内""外"这个维度而构建的世界图景:一切事物,都在"由内到外"或"由表及里"的一层层递增或递减的"差序格局"中体现出来。因此,在中国的传统思想探索中,对于"我"的关注,自然地就继续向"内"的方向深入,也就引出比"我"更接近"内"的概念——"心"这个范畴。

古人可能是由于缺乏生理知识,错把"心脏"当成了人们思想的器官,所以总是把本来描写"心脏"的这个"心"字,和人的思想、意愿等联系起来,并以这个"心"字为核心,构建了庞大复杂的思想体系。但古人这种生理学知识上的错误,并不妨碍这个思想体系的重大文化价值,因为不管人类是不是真的用"心脏"来思考,这个"心"的概念,已经被抽象化,脱离了一个具体内脏器官的含义(今天你可以说它就是指"人脑"),而上升到人生哲学的层次上,它已经是一个内涵十分丰富的哲学概念,而不再是一个生理学名词。

在古典人文思想中,"心"是个人自我体验和修养的一个核心概念,如"山光悦鸟性,潭影空人心"等,它的内涵十分广泛,包括思想、意识、态度、情感、意愿、信念等等,但我们特别要关注的一个重要的内涵,就是它常常倾向和暗示一种"主体性"(subjectivity),就是说当人们谈到"心"的时候,总是自然产生一种"心心相通"的感觉,即使讨论别人的"心"的时候,其描述的口吻,也就像一种"设身处地"地类似于"主体"的角度在说话(有点像电影中的"主观镜头"),而不是所谓"客观"的旁观者的角度。像"三顾频烦天下计,两朝开济老臣心"的这个"心"中，就有这种感觉，这首诗透出的杜甫的心情，好像和几百年前的孔明获得了一种跨时代的"通感"，仿佛在直接感受孔明那种"良苦用心"。在这种陈述的习惯中，"将心比心"的说话法，就是顺理成章的了。"心"这个概念造成的这种微妙的感受，既有中文构词和语法的原因（没有明确的主格宾格），也反映了中国古代思想在方法论方面的一种特点，这是我们今天在一般的科学实证方法论之外，可以注意研究的一些新的领域。

"心"的概念，以其独特的思考维度，也成为阐释人际关系的一个十分重要的范畴，比如"心心相印"、"心有灵犀"、"知人知面不知心"等。用"心"来陈述人际关系，着眼点不在这些"关系"本身的性质和特征上，而是在于当事者的"态度"，其背后的潜台词似乎是说：不管什么样的关系，最重要的，是人的态度，是"态度"决定"关系"——是诚恳还是奸诈？是开朗还是诡秘？是坦荡还是猥琐？是认真还是敷衍……这种以"态度"为重点的人际关系理念，不是抽象思辨推导的结果，而是千百年社会实践的总结，是自有其内在的宝贵价值的，很值得我们今天的社会学家加以关注和研究。同时，这种理念还有深刻的认识论方面的意义。"心领神会"就是古人所理解的一种真正深刻、正确的认识事物的境界，它不是我们今天实证主义传统下的那些"可测量化""概念化""逻辑关系""因果关系""假设检验"等标准，而是用"心"和"神"去"领会"，这种认识论的范畴，不仅仅是文学的修辞法的问题，它就是切切实实生活中的工作方法，也确实表明中国文化和文明历经几千年长盛不衰，其中必定蕴含着的某种优越性和必然性。

"心"的概念的另一个特点，是它含有很强的道德伦理的含义。抽象的、认识论上的"心"的概念，是基于心脏是人生命中"最重要器官"，因此它也自然地代表着"做人"、"为人"方面的最生死攸关的、最需要珍重的东西。当你使用这个概念的时候，背后假设的"我"与世界的关系已经是一种"由里及外""由己及人"的具有"伦理"意义的"差序格局"，而从"心"出发的这种"内"、"外"之间一层层外推的关系，应该是"诚""正""仁""爱""恕"等，翻译成今天的语言，就是说这种"内"、"外"之间的关系应该是真诚、共存、协调、和睦、温和、宽厚、利他、建设性的等等，这种关系是符合"天人合一""推己及人""己所不欲，勿施于人"等人际关系的基本伦理道德的。"心"的主观性和它的道德性，包含着对认知主体的"人"本身的鞭策和制约。这种观念，不同于我们今天很多学术研究强调的那种超然置身事外、回避是非的"价值中立""客观性"等观念，而是坦诚地承认"价值判断"的不可避免性（inevitability）；它不试图回避、掩盖一种价值偏好和道德责任，而是反过来，直接把"我"和世界的关系公开地"伦理化"（ethicization 或 moralization），理直气壮地把探索世界的过程本身解释为一种"修身"以达到"经世济民"的过程（而不是以旁观者的姿态"纯客观"、"中立"地"观察"），从"心"开始，通过"修、齐、治、平"这一层层"伦"的次序，由内向外推广开去，构建每个人心中的世界图景。

中国今天的社会学，应该探讨古人谈了几千年的这个"心"，究竟是什么东西。它并不能简单地翻译成"思想"、"智力"等现代通行的各种概念和范畴。陆象山说"宇宙即是吾心，吾心即是宇宙"，他究竟是在说什么？这个话给我们今天的社会学什么启示？中国社会学现在还没有特别讲这个"心"，但是要在中国文化背景下研究社会，不讲这个"心"是肯定不行的。"心"作为古人认识自我和人际关系的一个核心基础概念，已经渗透到我们社会文化的方方面面，也是日常口语中出现频率极高的词语。这个概念，作为文化传统的一个重要部分，代代相传，构成亿万人民的思想观念基础，在不断构建和塑造着人们的态度与行为。

"心"这个概念，不仅仅是中国文化所独有，就我们现在所知，世界上其他文明中，也有把"心脏"当做人类思想意识中心的观念，也因此以"心"为"中心"发展出一种抽象的"心"的概念体系，并把它放在"人"和"社会"的一个很核心的位置。比如在西方文化中，"心"这个概念本来也是源于对人生理器官"心脏"的指称，但其引申含义，已经超过原来生理上的"心脏"这个含义，至今在很多西方日常语言中，"心"（heart, herz 等）这个词已经成为指一个人的"真诚的意愿"、"真实的自我"、"重要的记忆"等等这样的意思了，这个词一直是描述"自我"和"人际关系"的十分重要的词语。这个"心"的本意，在大多数情况下和中国"心"的概念有很大的相似之处。

方法论与古代文明

像其他各学科一样，社会学在探索新的研究领域的时候，不可避免地要涉及到方法论和方法的创新问题。当前主流社会学基本上沿用实证主义的"科学"方法。当然，广义的科学，是包括所有系统知识体系的，但目前社会学方法论中的"科学"，主要是指借鉴自然科学和数学的假设检验和统计等基本研究方法。这些方法作为社会学基本的研究方法，已经基本成熟，未来也将长期作为社会学的基本研究方法；但另一方面，我们在探讨某些新的论题和领域的时候，也需要进行方法论和方法上的再探索。在运用社会学来研究"我""心"这类概念的时候，原来的实证性的、假设检验模式的研究方法，还能不能奏效？结果如何？这就要进行一些尝试和探索，也可能需要借鉴一些新的思考方式和研究法。在引入新的研究方法的过程中，我们应该以一种开阔的心态，面向全人类各种文明中蕴藏的智慧，像印度文明、伊斯兰文明、希伯来文明、东正教文明、美洲土著人文明、非洲文明等等，这些文明中都包含着人类长期积累的高度智慧，值得我们去深入研究、借鉴和吸收。尽管这些文明今天在外在形式上不一定都那么"强盛"，但文化和智慧的价值，是不能简单地以经济、军事实力为标准来衡量的。人类的各种文化中，都可能隐含着很多永恒的、辉煌的、空前绝后的智慧，我们要学会欣赏它们、理解它们、吸收它们，这也是我所说的"美人之美、美美与共"的本意之一。中国文化自古以来就是一种容纳百川的文化长河，我们对外界文化的吸收，不必拘泥于它是来自某一种文化或某一个方向的成果。比如，在研究"精神""我""心"等问题的时候，很多宗教文化中的对于虔诚、内省、忏悔、默想（meditation）等概念的探讨就很值得关注。像佛教中大量的关于心、性、戒、定、智慧的探索，历时2000年，后来成为中国"理学"的一个重要来源，从中发展出禅宗等中国本土流派的宗教，其中有很多东西是相当成熟和深刻的，对我们今天社会学新领域的开拓，可能具有很好的启发作用。

在中国本土传统中，古代诸子百家、儒家、道家的东西是我们认识中国社会的基础知识之一，不能忽视，特别是宋明理学的很多东西，非常值得重视。理学堪称中国文化的精华和集大成者，实际上是探索中国人精神、心理和行为的一把不可多得的钥匙。中国传统思想的演化的一个重要特点，就是它的实践性；理学的东西，并不是一般的学者的思辨的结果，不是纯粹的理论探讨，它的所有概念，所有内在的逻辑，实际上都是紧扣社会现实中人与人关系的要义——地位、名分、权利等等，它是中国古代现实政治、社会文化运作的经验总结和指导方略,具有很强的实践性。理学的东西,说穿了就是直接谈怎样和人交往、如何对待人、如何治理人、如何塑造人的道理,这些东西,其实就是今天社会学所谓的"机制"和"结构",它直接决定着社会运行机制和社会结构。如果我们能够在一个新的高度上重新审视这些前人的成就,会给我们今天的探索提供很多新的启示,十分有助于开拓中国社会学的探索领域。

理学的东西,对于我们深刻理解中国人的心智,具有很大的价值,很有认真整理和分析的必要,但它的表达方式和内在的思路,和今天社会学的思想方法、思路、范畴很不相同,所以我们要研究这些传统的东西,就有一个"解读"和"翻译"的过程,这就是所谓"解释学"(Hermeneutics)的来源。这种"翻译",就迫使你必须真正用心,彻底理解这些东西,你不吃透它们的含义,是翻译不出来的;同时,翻译也是创造新概念的过程,通过研究这些传统文化的概念,我们有可能融会古今,结合今天社会学的思路,提出一些源于传统、又不拘泥于传统的、具有普遍性意义的新的范畴和概念。中国社会学一直没有特别刻意地去探讨中国延续了几千年的"心""神""性"等问题,在一定程度上是受到现代社会学研究方法的制约,因为这些概念,不太容易运用现代主流的社会学的方法去研究,从某种意义上说,这些概念正是今天的社会学方法掌握不住、测算不了、理解不了的部分。目前的实证主义思路,不太容易真正进入这些领域,进去了,也可能深入不下去,有很多根本性的障碍。比如科学方法的前提,是要有可以观察和测量的东西,是要有经验性(empirical)的基础,要有一种客观性的立场,首先是要能够把研究对象"客观化",这些要求,在对"心"等概念的研究时,往往很难得到满足。换句话说,今天社会学的一些方法,无法和古人进行跨越时间和历史的"交流",我们今天的社会学,还没有找到一种跟"理学"进行交流的手段(means of communication)。

新领域的开拓,往往要求在方法论和方法方面进行探索,也不排除吸收借鉴一些其他的方法和思路。就拿理学中所隐含的方法论来说,就可能对社会学的研究方法有某些充实和帮助。理学讲的"修身""推己及人""格物致知"等,就含有一种完全不同于西方实证主义、科学主义的特殊的方法论的意义,它是通过人的深层心灵的感知和觉悟,直接获得某些认识,这种认知方式,我们的祖先实践了几千年,但和今天人们的思想方法无法衔接,差不多失传了。今天的人,包括我们自己在内的绝大多数学者,不知道这究竟是一种什么感受。但我们不能简单地说这些方法都是错的、落后的、应该抛弃的。它们不仅在历史上存在了那么长时间，更重要的是，这一套认识方法，已经变成一套理念，变成一群人的意识形态和信仰，并且确实解决了一些我们今天的很多思想方法无法解决的问题。比如在古代中国，在当时的技术条件下，这套东西如何维持中国这样一个如此庞大的国家和人口（实际上差不多一直是当时世界最大、最繁杂的政治经济实体）长期的统一和稳定？当时的知识阶层和官僚系统，都是由这一套认识论和思维方式"武装头脑"的，它确实以相对很少、很节约的人力物力，实现了复杂的社会治理。因为它的很多东西，是顺着人的自然感觉走的，是顺应着中国乡土社会的人情世故，从草根文化习俗中生长出来、提炼出来，又提升到"圣贤"高度上的，所以才能在复杂的社会结构中上通下达、一贯到底，它有一种和中国社会现实天生的"气脉相通"的东西。

传统中的这些方法论因素，也许可以作为今天社会学的诸多"前沿"之一，进行一些探索。一方面，我们做到真正"领悟"古人"格物致知、诚心正义"的认知方法，明白它的真谛；另一方面，吸收当前国际上各种思想潮流，不拘泥于是否时髦、流行，而是注重于对中国社会学学科建设的价值，以我们自己的需要为参照系来衡量和吸收。比如，在西方社会学田野调查中就出现了基于神学中"解释"（hermeneutic）、马克斯·韦伯的"理解"（verstehen）、"现象学"（Phenomenology）等学术传统而发展出来的"互为主体性"（inter-subjectivity）的方法论思潮，就是一种侧重调查者和被调查者这两方面主体意识的调查方法的探索，与一般科学实证的方法论有所区别。这方面的内容，在一些西方的社会学人类学田野笔记中，早已经有所体现。这些东西，似乎与我们的"将心比心""心心相印"的理念有某些相通之处，值得我们认真关注和研究。

结语

"人"和"自然"、"人"和"人"、"我"和"我"、"心"和"心"等等，很多都是我们社会学至今还难以直接研究的东西，但这些因素，常常是我们真正理解中国社会的关键，也蕴含着建立一个美好的、优质的现代社会的人文价值。社会学的研究，应该达到这一个层次，不达到这个层次，不是一个成熟的"学"（science）。如果我们能够真正静下心，坐下来，潜心梳理这些传统的宝贵遗产，真正在这方面获得一些突破，那将是社会学发展的一个重要的跃进。

要把这些融会历史文化于一体的，目前用电脑还"计算不了"的概念——一攻破，是一项艰巨的工程，它本身就是在重新审视我们自己的历史，也就是"文化反思"和"文化自觉"的一种重要的实践。如果依照梁漱溟先生早年的论述，跟西方文化比起来，中国文明的很多传统，确实表现出直达和早熟的特征，就好像中国绘画很早就越过临摹现实、具象写实的阶段，进入到书法、写意等抽象化的境界，并达到一种极高的人文品味，而西洋绘画经过一个一个阶段长期充分的成熟的发展，后来也走向抽象化……不同文明各自的这种优势，应该而且可以互补。如果说中国文明有它发育不全的一面，造成了后来某些技术方面的脆弱，在与西方的对抗中，不堪一击，那么，其直觉体验的那种先见性和超前性，又使得它很早就体会和领悟到了别人没有感觉到的东西。从宏观的人类文化史和全球视野来看，世界上的很多问题，经过很多波折、失误、冲突、破坏之后，恰恰又不得不回到先贤们早已经关注、探讨和教诲的那些基点上。社会学充分认识这种历史荣辱兴衰的大轮回，有助于我们从总体上把握我们很多社会现象和社会问题的脉络，在面对人类社会的巨大变革的时代，能够"心有灵犀"充分"领悟"这个时代的"言外之意"。

2003年10月

原载《北京大学学报》（哲学社会科学版）2003年第3期。

第四编

社会研究及调查

社会研究的程序

社会研究是叙述社会事实的科学。它和社会理论不同,因为社会理论是在种种社会事实中推求社会存在和演变的原理,而社会研究是只限于事实的叙述和描写。这种分别并不是说两者各不相谋,它们实是相互为用的。没有社会研究的工作,社会理论就无从说起。没有社会理论做底子,社会研究亦无从着手。但是为做学问上方便起见,所以把它们分别而论。所谓做学问上方便,就是指在叙述时所用的方法和推求原理时不同。叙述时最重要的问题是在程序。就是从何叙述起的问题。这好像是很简单的问题,但是凡欲研究社会的人,都会感受到这问题的困难。所以值得在此讨论一下。

社会研究第一步工作,就在确定研究对象的单位。易言之,就是确定描写的单位。

若我们到路上站着观察经过的人,就会觉得所谓人类社会是一个极复杂的东西。各人说着不同的言语,穿着不同的衣服,走着不同的方向。若进一步,看到各人的内心里去,思想、态度、好恶,亦是各色各样,甚至晚上做的梦,亦不尽同。但是这种种不同却并不是一人一样的,一群人常显示着相似而且他们自觉他们的相似,以分别于其他各群的人。譬如中国人说着相似的言语,具有相似的用具,和外国人很显明的分为两群。在中国里面,单以言语论,又有方言的殊异,各流各界所用术语的不同。于是又可以分为各种小群体。大群之内有小群,小群之内,又有更小群,重重叠叠,都可以用它们的用具、行为和态度的异同而加以划分。群与群间的界限,并不是单存在于研究者的脑中,亦存在于实在界中。因为社会中群体的形成是一种自然的现象。易言之,各人生活的方式是由群体造成,群体生活的形成常先个人而存在。所谓习俗、风尚、制度等等社会的遗产,都是超个人而先在。而一人的生活中自创的方式和接受群体所给予的形式相较，实是很微少的。所以凡生在同一群体中的人，接受同一社会遗产，他们的用具，行为，以及态度自然相同。因此各个人的相同，并非出发于各个人，而是出发于群体的存在。亦因此，在社会研究中我们可以把一群中的个人，视作同群中各人的代表，或是群的个例。

简单地说，社会中有各种群体，各群体都有他和其他群体不同的生活形式——习俗，风尚等等。这种形式表现于该群中的各个人的生活上。所以同群的各个人，大部的重要的生活方式都是出于一型的。这种具有特殊生活形式的群体就是社会研究对象的单位，这种单位是相对的，可以一层一层地向下分析的。分析到什么地步，则须视研究者的能力和兴趣为断。好像我们可以中国为一单位，因为中国和美国、日本等群体相比，是具有它特殊的生活形式的。但亦可单以乡下的一种会社来作单位，因为青苗会的群体亦有它特具的生活形式。

研究的单位既决定，第二步就到了从何描写起的问题，因为我们观察一件事物时，不能不集中于一点，所以为了实际上的限制，不能不把混合而继续的现象分了部分及段落来观察。第一部的分划就是"状态"的观察，和"变迁"的观察。前者就是把时间性除外的观察或是说同一时间各部分状态的观察；后者就是一件事物在时间过程中所表现的变迁的观察。在社会研究中，我们因之有社会状态研究和社会变迁研究的区别。当然，两者并不是没有关系。从它们关系上说，社会状态是社会变迁的结果和起点，或是社会变迁过程中片断的横切面；社会变迁亦可说就是连续的社会状态的综合。

请先论社会状态研究。譬如我们现在已决定了一社会群体做我们研究的对象，而要描写它在某一时间所表现的状态，试问从何说起？解决这问题最好以方便为前提。描写倚于观察。最先观察到的，或最易观察到的自然是首先记下。

若我们走进一要加以描写的群体中去，第一样看见的是那些有形的什用家伙。我们可称之为"物质文化"。物质是指它们是有形体的。文化是指它们并非是那些天然的产物，而是人为的。譬如居住的房屋，充饥的食料都是物质文化。我们可以看见它们的原料，形式，色彩等等，一一记下来，使没有亲眼看见的人，能想像得出他们房屋和食料的性质，式样。如有照相机，更可摄影以辅描写之不足。

一群体所具的物质文化为数极多，为了描写方便起见又不能不加以分类。这种分类普通可用衣、食、住、行、宗教、娱乐等项目。至于详细的节目，因限于篇幅，不能叙述于此，当另为文发表。

物质文化若没有人应用它们，就不能视作群体生活中的一部分。譬如在荒山中发现一座破庙没有半点人影，它以前虽是一群体宗教生活的用具，但是人亡物存，它也成了社会研究范围之外的东西了。应用物质文化时，有的是只由于一个人。譬如穿的衣服，有时是一个人自己做了自己穿，但是事实上这种例子很少。普通的物质文化，不论是它的制造，或是它的应用，都是包含很多人。这许多人之间，因为制造或应用同一物件，就发生一种"社会关系"。所谓社会关系，就是各人明白知道自己和人家所处的地位和应有的动作。各人间社会关系综合地看，大家有条有理的活动着，就称此活动的条理为社会组织，好像那些打猎为生的人民，从打猎用具的制造、分配、应用，以至获得野兽后，各人应得的部分以及宰割的手续和方式，均有极详细的规定，使各人能依他的地位工作，而得到自己和人家所公认应得的享受。这是从觅食上发生的社会组织。

社会组织既是同一目的下集合行为的结果，又是一种规定了的社会关系。这种规定大部是出于习俗。凡是起于习俗的行为方式，人们常不自觉地奉行着，不去推求它的理由。人家这样做，我就依着这样做。若有人不按着习俗而行为立刻会被人检举，视作怪癖，或甚至认为不道德而加以裁制。所以社会组织常包含着维持其所规定下社会关系的一种公共意志。要求大家互相遵守个人所处的地位，应有的举动，不准任何人有越出规定的范围，就是社会裁制。

我们描写社会群体的第二步就是它的组织。社会组织是可以从各人行为上看出来的。当然，有时，我们可以得到种种成文的规则和条文，但是成文的规则和条文并不是社会组织的本身，因为有很多规则和条文是不实行的，甚至和实际的行为相反的。所以描写社会组织时虽可以将成文的规则和条文作为参考，但决不应当以规则和条文为中心事实。

社会组织分类时比较困难一些，因为我们普通常用家庭、政府等名词。若我们用这些名词来研究现代的中国和西洋的社会组织，固然没有多大困难。但是若用以研究古代社会，或现有的所谓"野蛮"的初民社会时，我们就会有种种无谓的误解。因为在那些社会里常没有和我们自己社会中所谓家庭、政府等完全一般的组织。因之现代的人类学家常依社会组织的功能来分类。好像用性的组织来包括家庭、娼妓等等满足性欲为基础的社会组织。用食的组织来包括狩猎、耕种、交易等以满足食欲为基础的社会组织。所以用功能来分类时，家庭组织在两处都须列入，因为它的功能并不限于一端。

一个社会群体有一个社会群体的组织，易言之，不同群体中的人对于社会关系的认识是不一样的。譬如父子关系在中国人的认识就和西洋人的认识不同。若有一个人从甲群进入乙群，他就会感觉到生活异样的难受，他若在乙群住久了，熟悉了乙群的生活方式，再回到甲群时，他就不能和以前一般地不自觉地接受着社会规定下的行为形式了。这就是说一个社会的习俗常因人口流动而发生动摇。这种动摇最初是发生在社会中各人的心理。他们觉得习俗的标准没有奉行的价值，但是习俗却含有一种强制的能力，不准违反习俗的行为存在。于是群与个人之间发生了裂痕，造成个人心理的不安，和社会规定下行为方式的动摇。

社会组织是人类行为的事实，而行为背后尚有一种个人的态度，就是个人对于社会组织的意见，对于自己行为的批评：赞成，反抗，或不管。这种态度虽是隐潜的，但它却是社会变迁的动力，因为态度常有产生动作的倾向。

态度的养成是由于各种不同生活方式的冲突。若是一个人生在一个老死不相往来的社会中，自幼就接受了一套行为的方式，没有机会见到其他不同的行为方式，他就不会自觉地来估量和批评他天天奉行的习惯。一定要看见了，或经过了几种不同的行为方式，生活上需要他择一而行时，他才会产生对于自己习惯的意见。我们见了人家见面时互相握手，才觉得自己作揖的诚恳或迂阔。所以态度的养成是由于不同生活方式的冲突。不同生活方式之所以能发生冲突是在人口流动，冲突的场合是在个人的心头。

因为态度养成和人口流动有密切关系，所以我们须一述人口流动。人口流动有两种：一是纵的流动，一是横的流动。纵的流动就是个人身分的流动，从甲阶级、甲团体，流入乙阶级、乙团体。横的流动就是个人居处的流动，从甲地到乙地。各阶级，各地的社会都是自成群体的。各有各的行为形式。譬如洋车夫和学生虽同居一地，我们只要一看立刻可以分别出来。因为他们的衣服、言行举止、态度、礼貌、思想等等都是不同的。就单以学生论，各学校的学生有各学校的风范。北平西郊的学生和城里的学生，就有显然的区别。现在若有一洋车夫突然发了横财,进学校去当学生,他生活的每一部分都会给他以难忍的不适。即使一个学生从甲校转到乙校亦时常会产生种种生活上难以调适的苦处。甲地到乙地去的人亦然,不必说到外国去,就是在本国内地迁移,亦时有种种不服不惯的地方。这时所谓"不适""苦处""不服""不惯"就是上文所述的心理冲突。这种冲突是态度的产地。

社会态度就是社会研究第三步应加以描写的对象。

由社会态度再推进一层,就是社会变迁的研究了。因为态度是一种活的东西,它是一种没有结束的活动倾向。所以自己是属于社会状态而是指向着社会变迁的,它就联结各片断的社会状态以成社会变迁的锁链。

社会变迁亦有两方面。一方面是看它变迁的历程,另一方面是看它变迁的历史。所谓历程就是"如何变法";所谓历史就是"变得什么样"。所以历程是一种动作,而历史是一继续的状态。请先论历程。

在论社会态度时,我们已说态度是社会变迁的动力,而态度是不同生活方式冲突在心理上发生的反映。所以社会变迁第一历程就是"冲突"。譬如一个华侨在美国,他看见美国社交的浪漫和他从小男女授受不亲的标准完全不合。于是在他内心发生了严重的矛盾。他的习惯不能使他接受新的行为方式。他因为有以前的教育所以把浪漫行为视作不道德的。但是他既到了美国自然不能遗世独立洁身自好,而且因生活上种种实际的关系不能不和美国人士相往来,不能不在美国社会中谋一地位,于是不能不硬着头皮依着美国的习俗行为,不能不把心理上的矛盾暂时谋一解决办法(modus virandi)。这种临时办法常是表面的屈服,不是衷心的顺服。我们称这第二历程作"调解"。

表面上的随行,习之既久,逐渐进入内部,内心的反抗慢慢消灭,对于新的行为方法,心悦诚服,不假思索地奉行了。这第三历程就是"同化"。

从冲突到调解,从调解到同化,甲群本有的生活形式消失,乙群的生活形式取而代之了。这就是社会变迁的历程。社会变迁的历程是普遍性的。就是任何时代,任何地方,任何种类的群体,变迁时都要经过这几个段落。社会变迁的历史则不然,因为它涉及变迁的内容而不是变迁的方式,所以是个别的,不是普遍的。社会变迁历史的叙述,简单地说,就是要把一个社会群体从什么状态变到什么状态,据实地描写下来。好像中国旧家庭的族居制变到新家庭的分居制,就是中国社会变迁历史的一部分。这种变迁的经过情形并不是普遍的。

易言之，在中国发现这一回事迹，不能就从此推定任何地方的社会中的家庭都是由族居制变到分居制的。很多人不能分别社会历程和社会历史，以致闹下了种种无谓的争论，在我们看来，现在所谓中国社会史论战就是在这种误解中产生的。

总结地说，社会研究的程序是:(一)确定研究的单位是何种群体。(二)社会状态的研究: a. 物质文化; b. 社会组织; c. 社会态度。(三)社会变迁历程的研究: a. 冲突; b. 调解; c. 同化。(四)社会变迁历史的研究。

1933 年 10 月 11 日

论社会组织

"社会组织"一词已极普遍的应用了，从街头巷口的标语，到党国的宣言，都可以见到它。但究竟社会组织一词是什么意义？社会组织是什么东西，却很少有人肯去详细考虑一番，下一个明晰的解释。大家会跟着喊"组织起来'的口号，但为什么呢？又很少人能给你切实的答复。所以在我们讨论如何研究社会组织之前，愿意写一篇引言，以解释社会组织的意义。

一

虽则有人说："人世变幻，阴晴不定。"但是若我们肯静静地自省一下，就很容易明白，要是真的我们所处的世界，是前一刻不知下一刻的，试问我们如何能生活下去？事实上，我们随时随地都自以为自己对于未来是很有把握的。虽则，我们或许不肯承认，但我们的行为的确都以这信念出发，我们甚至把这种对未来的预测视作"当然"，若一旦发现和自己的预测不合时，一定要惊异，一定要去寻理由来解释。

这种把握是哪里来的呢？当然是来自自己的经验和人家经验的报告，因为我们老是在天黎明时听见工厂里放气，所以觉得明天天明时也一定会听见汽笛声。若是果然不出所料，没有什么奇怪，觉得是当然应当如此。若是没有听见，一定得想"为什么"今天没有听见呢？醒得太迟了，还是工厂里放工？工厂又为何放工？……一层推一层定要寻到了一个自己觉得满意的理由，才觉得心里舒服，不然，总觉得世界有些错了。这只是一个极简单的例子，在这日常的经验，我们很能看见人类的生活，不是片断，此刻，只限于"现在"的。它是前瞻后顾，要在"过去"中去寻求一可以预测"将来"的把握，而且我们异常地自信，甚至把自己的臆度，视作客观的，"应当"遵守的原则。我们有意无意地常把世界看做和家里一般，转弯抹角，在在都熟悉，这样才有胆量安安逸逸地生活。

但是我们的生活何以不会常常遇着轶出于我们预测的时候？即使有的话，何以时常能用我们其他的经验来解释呢？我们且不管物理的世界，而专讲人事的世界，这原因似乎并不很难求。我们一方面自己在很有把握地预测着人家的行为，同时却亦无时无地不体察着人家对于自己的期望，有意无意把人家的期望视作自己应有的动作。各人都依着他人对他们的期望而行为，于是各人对于他人的预测都有了把握，这种"各人互相满足相互的期望"，就是社会关系。这有条不紊的社会关系，综合以形成一社会秩序，就是社会组织。所以社会组织不是有形的东西，只存在于生活着的各个人的脑中，而表现于他们的行为上。

各人所期望于他人的行为，因人、因时、因地而不同，譬如说我们对于父亲的期望，就异于对于哥哥的期望，父亲死了之后对哥哥的期望，又和父亲在日对他的期望不同。我们当父亲时有一副面貌，当弟弟时却另有一副。但是在同一社会中，当父亲的对他的儿女却都差不多，所以可以说一社会中都预备下一套做父亲的面孔，或者说一种行为形式。"父亲"的行为形式和"哥哥"的行为形式则各成一格，不容相混。我们称这些行为形式作社会身分。

在社会中，我们是以身分来认识人家的，我们认识谁是我的父亲，谁是我的同学，谁是我的学生……因为我们生活上所需要于人的，是他对我"应有"的行为，我们靠了这些人家对我"应有"的行为，才能计划我们自己生活日程。

社会组织的单位就是身分，身分是代表着一种较有固定性质的行为形式。身分没有具体有形可见，只存在于社会中各个人的脑中。身分和个人不同，个人是指一生物上及心理上的单位，可以活动，有自觉，能行为的有机体。身分是个人在时空交点上，社会中自认、认人的一种标记。各个人和穿衣服一般，因时期、因地位而改变其身分。我们对某人是父亲，对某人是老师，没有一定不变的身分。当然身分不能不借个体而表现，因为身分是行为形式，而能行为是个人的机体的功能。但是个人并不等于身分，身分是由社会文化累积而成，它有它自然历史，它有它变迁的历程。而个人是生物遗传的产物，它受生物规律的支配，有他人种上自然历史和变迁的历程，二者显属两级不同的现象，前者是超机的，后者是有机的。

个人与身分的关系，正好像戏子和角色的不同。任何戏子扮演同一角色时，他们表演着相同的动作，唱着相同的曲子，甚至穿着相同的衣服，画着相同的花脸。但是戏子并不是角色，他在扮演旁的角色时，就另有一套戏要唱了。

二

但是我们得问问一切社会生活都是有组织的生活么？个人除了扮演角色外，没有他后台的生活么？这种后台的私人生活怎么产生，如何影响于有组织的社会生活？提出了这些问题，我们可以论社会组织变迁的历程了。

从个人说，大多数的身分是社会的遗产，我们并没有自己创造做父亲的生活形式，我们只按着人家的榜样而做，——向社会中学来的，而且学得毫不费力，甚至多在不知不觉中学得，我们只觉得应当那么做，不必有理由的。在一个安定的社会中，一个人生下来，从小到老，随时随地，社会都替他规定了身分，告诉他如何行为，他只要依着规定的身分生活就成。而且若是和他往来的各人都是如此，他一举一动都会引起他所预期的反应，则他的生活永远可以毫不费劲，白天没有愁，晚上没有梦地过日子。这是组织最严密的社会，在这社会里见不到"个人"，只有"身分"。

但是生活本身是个人的机体对环境的适应，所以若是环境任何一方面，任何一个角里发生了一些变迁，好像气候、物产的变动或人口有了增减，或是各地社会之间的关系发生了什么变端，有了新的强邻等等，个人的生活就需要新的适应，旧的生活方式须得变一变了。若是对环境的新适应只限个人，则个人的习惯改一改，或养成一些新习惯就得。若是需要多数人集合的适应，问题就复杂了，适应环境脱不了活动，多数人一起活动以谋共同的新适应之所以胜于各个人分别活动以谋适应，是因为可以获得分工之利。分工就是各人专做一部分工作，合起来达到同一目的。分工完全是一种经济办法，要求人类生活的复杂发达，不能不讲求经济办法。但是分工之后各个人在生活上就发生了互相倚赖的关系。各个人对于群体有完成他所司职务的义务，他一人的勤惰将影响于别人的生活，所以大家要监督着大家，裁制一切叛逆的行为。大家一定要明了自己和旁人的地位，而各守其位，做着自己应有的职务。这样互守共信造成一种"应当如此"的观念，于是发生一社会的道德秩序，这道德秩序一方使各个人督促着自己守着社会给予自己的地位，一方使社会获得裁制各个人遵守的力量。社会裁制实出于共信。大家共认为"应当如此"，而一个人不如此，就是叛逆，叛逆会引起众怒。法律的最原始的形式就是"众怒难犯"。很多人把道德归源于公益，本是对的，因为它是出于社会组织，而维持着社会组织。但是我们须记着，人类生活只是适应环境，所谓公益只是合于适应之意。环境常有改变，以前的社会组织很多失去了适应的功能，有时反成新适应的阻碍。维持社会组织的道德亦不成其为"公益"，而成了"公害"。我们常听见人说"打倒吃人的旧礼教"，就是因为以前的道德成了公害的原因。

社会身分和它的综合体社会组织，都是集合行为的自然结果。靠了社会的共信而获得道德的裁制力，因之多少带着神圣不可侵侮的性质。

一切社会组织既出于人类适应环境而生活的一种经济办法，所以一旦环境改变，社会组织不能适应时，自然迟早的要破裂，不然，就是这辈因生活不健全而遭消灭。但是社会制度的破裂却不是一件简易的事，原因很简单，我们既无时无刻不能离开他人而生活，则我们无时无刻不能把握着各人行为的必然形式。虽则有时候明知依了旧有形式而生活，拖长了看，是条死路，但是暂时总比没有办法生活为胜。而且任何社会的组织都是极为严密而且周到于生活的任何一角，一脉可以牵动全体。若有一部分发生了变化，时常会牵连了整个生活，而感到生活到处发生问题的困苦。因之，即使维持一组织的共信业已消失，大家觉得应当变了，但是单为了生活中的事实问题，社会组织的变迁亦难骤然全部发生的。

三

但是社会组织是不变的么？那是错了。社会组织本身就是一个历程，所谓历程就是变动不居的意思，"抽刀断水水更流"很可说明历程二字的意义。至于社会组织如何变法，那就是社会学中最大的问题。

上文我们已经说明，社会组织只是各种社会身分的综合体，社会身分是行为的形式，行为形式只有抽象的存在于各个人的脑中，具体地表现于各个人的行为上。个人的身分不同，个人是可以活动，有自觉，能行为的有机体，而身分是持续在各个人脑中的一种公式，是机体谋生活的一种办法。生活是对环境的适应，所以环境改变而适应的办法不改变，生活上就发生裂痕，个人即自觉其痛苦和烦闷，以至于发生各种疾病。痛苦和烦闷是无所专对的感情，一旦发现了痛苦和烦闷的原因，不论事实上是否正确，这种无所专对的感情，就变为专对于某种行为形式的疾视或爱好，我们称它为态度。态度决定了行为的进程，所以它只是一种行为的倾向，这种倾向并不能立刻表现于行为上，因为行为要引起客观世界的反应，社会裁制力所能及得到的。于是在社会组织变迁的历程中常有一个时期，个人过着不情不愿的生活，这种生活不能持久的，因为心里的不安，不能老是关在肚里，一定要寻一出路，不是消极的发生一种所谓"松口气"（expressive）的行为，好像哭、笑、歌、舞一类的动作。而形成诗歌艺术的作品，就是积极地干一下，来改变生活方式。

　　社会身分是人与人间公认的，比较坚定的社会关系，所以一个人不能自由改变。做儿子的不愿依旧形式当儿子，父亲也就不能依着旧形式生活了。若是有一方不同意于改变形式，于是乎有冲突发生，这冲突我们常称之为革命，革命可以包括少数个人，亦可包括广大群众。其主要的意义就是以行动来消灭旧形式，树立新形式。在革命的当儿，最易见的现象就是"大家不知怎么办"，不知旁人会有什么行为，亦不知自己应有什么行为。于是各个人脱去了社会身分的面具，赤裸裸地表现着"个人"的性质。社会组织在这当儿可说是到了绝地，因为不能把个人堆积成一个社会，惟有身分可以组成社会。在这没有一定的行为形式来依靠时，大家就任性活动，于是只有群众没有团体，这种现象是不能持久的，因为"个人"是需要生活的机体，需要集合行为，需要经济的分工，于是新的集体行为中逐渐成立新的身分，有了新的身分，于是有新的组织，产生新的道德，形成一个新的局面，一种新的生活。

　　革命不常是急速的和全体的，易言之，社会组织不常是在短期间，全社会的人同时，完全改变新面目的。一个社会遇着环境改变了，需要社会组织的改变时，常慢慢地，一部分一部分地发生变动，一方未已，一方又起，所以几乎每个社会组织都永远地在变迁之中，但有迟有速。以前的中国就代表着变得最慢的一种，慢得使派克教授说：

有一件事是中国所独有，且足以用来分别于欧洲、俄国及印度的，就是它不仅是一个古旧的文明，而且是一个已经完成了的文明。一切中国的东西，任何一项文化的特质——器具、习俗、传习以及制度——无不相互地极正确地适合。因之，它们合起来，足以给人一种它们是一适合而一致的整体的印象。至少，在北平的街道上可以获得这种印象。一切东西不单是古旧，而且在习俗中已是根深蒂固的确立了。各行各业人民所表现的，好像是舞台上的优伶，每一个都知道他所扮演的角色，举止装饰无不有所依归。每一个人都有他所司的特殊职司，而且都能安于其位。每一个人都依着传统的法则去活动，做着人家所知道他一定做的事。

但是中国社会已开始变动了，在我们看来原因并不十分复杂，只是西洋新交通器具的发明和利用，把中国所处的环境，在短时期中大大地改变了。以前已"完成了"的社会组织自然不能适应。所以和西洋社会接触愈近的，改变的速率亦愈高。派克教授接着又说：

在上海就没有这一种印象了。上海是靠海，生命活动的方式和欧洲的都是无异。黄浦滩的建筑完全表示着欧洲的面貌。一切在交通要道的东方港口，都已无法避免地欧化了。但是我们讲的上海并不在它的建筑，而是它的人民。上海街道上拥挤着的都是在群众里陈列着无奇不有的装束和行为，每个人似乎都是按着自己的性格而动作，充满着无谓的骚动和混乱。使人发生一种印象，觉得他们的举止都是发狂似的临时应付的动作，他们不受习俗的拘束和训练，只是任意地生活。北平就不然了，在那里我们依旧在中国，中国旧有的秩序照旧的流行。

中国社会组织是在深入的、急速地变动着，革命的感觉已打动了每一个和新环境接触着的人。政治上的革命只是这巨流的一方面罢了。我们只要自己问一问：谁对于这个人生能有把握地生活？不是都感着空虚，感着紧张，感着不安？谁能有把握地了解他人？我们天天遇着的不是都是使我们不能明了的人么？我们的生活随时都好像要我们立主意来决定，步步艰难，举足踟蹰？小至穿衣，大至婚姻、职业都没有一定可以依据的办法。我们不是时常觉得不知做什么是好么？不是自由太多了么？……这些都是一个社会组织体解时，个人难免的感觉。究竟中国将如何产生新的组织？新组织是什么模样？都是值得我们耐心观察的问题。但是在计划着新组织时，我们觉得不能不把旧有的组织先行详细地叙述明白，否则，计划是无从说起的。革命的时期不知将拖长到什么时候。但是如何去叙述一个社会组织呢？——因篇幅关系，我们不能不留待下次再讨论了。

最后，我们愿意提出一句孔子说的话："君君，臣臣，父父，子子"，这8个字已全部说明了社会组织的意义。

1934年2月7日

体质研究和社会选择

在很多年前，亚当斯密 Adam Smith 已注意到社会分工的事实。他的意思是说人类之所以能有种种文化上的建设，是靠了人类能获得分工的利益。几个人各做着一项专门的工作，在社会组织里交换他们的产物所产生的总效力，比各个人各自做各项工作加起来的效力为大。在分工合作里，一方使人类的能力能产生较大的效力，一方使各分子互相倚赖而坚强其社会组织。但是社会分工的生物基础和分工所产生的生物结果，至今还是很少事实上的研究。

最近金斯伯 Ginsberg 在他一篇论社会学领域的文章里，才为生物社会学列下了三个研究的步骤：他说第一，我们应当把人在生物观点下来分析种类；第二，根据这种分类来看各种各类在社会团体间的分布；第三，再根据这分布的情形推求其原则，以应用于社会选择的控制。

我们说社会分工的生物基础和分工所产生的生物结果，尚少事实上的研究，是因为研究的人很少能按着上列的步骤实行，为什么呢？第一是为了现在尚少人能在生物观点下来分析人的种类；第二是为了现在尚没有人能用根据这分类来研究各种各类在团体间的分布；第三是为了现在大多人想得一捷径来控制社会选择。

控制社会选择的问题很早就有人注意了，而且自古就有种种根据经验的实施方案。我们在这里只要提出所谓"优生运动"就够了，优生学者注意到人类并不是"生而平等的"，人和人在遗传上就有很大的差别，所以他想根据这个差别来规定"好"和"不好"的个人，再用种种方法把"好人"的数目增加，把"不好人"的数目减少。这是一种控制社会选择的企图，只是他们似乎把事实看得太简单了一些，他们把社会中各种功能所需要的"人材"认为是相同的，易言之，他们似乎觉得人是可以分成两类，一类是该淘汰的，一类是该繁殖的，所以他们的工作便偏于寻出那一种在社会中什么工作都不配做的"不好"分子，和寻出那一种在社会中什么工作都做得好的"好"分子。事实上前一种分子也许确是存在的，好像低能和病人，但是后一种"天才"就不易规定。即使这两种都确是存在，所谓"上智"和"下愚"，但是为数并不十分多的，最多的是那一种"中材"，是得到适合的工作就做得好，得不到适合的工作就做不好的分子。本文不用优生的名词，就因为现在优生运动中所包括的工作，只是控制社会选择的一小部分，不足概括生物社会学所应有工作的全部。

事实上，社会因分工而组成，所以各分子所做的工作并不相同，各种工作所需要的"人材"亦不相同，比如打铁的需要能举重和不易疲乏的肌肉组织；修理钟表就需要能有精确细小活动的肌肉组织。若我们用一个肌肉组织极发达，能举重，不易疲乏的人来修理钟表，也许他也很能有精确细小的活动，但是从整个社会着想，可说是一种社会的浪费，因为这个发达的肌肉组织需要多量的营养，所需要的食品量多，叫一个人吃了多量的食品去维持他坚强的肌肉，坐着来修理钟表，岂不是等于社会浪费这一个能举重不疲乏的机器？不就是一种社会的损失么？

在上列的个例中，我们想借以说明，具有坚强肌肉组织的人在社会观念上论，并不一定是个"好人"，除非他能充分利用这组织，否则，有时他反而是个大累。肌肉组织的发达与否，很多人认为是健康的标准，其实这是一种误解，稍具生理知识的人，就能告诉我们有很多人生下来在他生理结构中肌肉并不占一个重要部分，尽你操练，肌肉组织的发达是有限制的（例如呼吸型 respiratory type，消化型 digestive type 和神经型 cerebral type），这些肌肉不十分发达的人一样的可以很健康。从生理上论，除了健康和不健康之外，是没有绝对"好"和"不好"的标准的，而健康和不健康并不是先天所决定，所以在优生上很难解决这社会选择的问题。

在我们看来，生物观点的社会学中重要的问题是在如何使社会得到最大量的"能力"energy，又如何使这些能力变成最大量的"有用的工作"useful work。最经济的办法是分工，在分工中要把各种生下来就不相同的生物体质，分配在各种适宜的工作中。事实上，社会在一个竞争的场合中，自然地要得到可能的、最大的效率。因之虽则社会中各分子不自觉这选择分配作用的活动，但是这活动是无所不在的，最后决定一团体的强力还是在它所产生"有用工作"的量。这"有用工作"的存贮就是普通所谓财富。

我们可以举一个事实来说明。我们曾在军队中研究过士兵的体质，我们发现在士兵中各种生理组织型（constitutional type）的百分数是不同的，最多是肌肉型，其次是呼吸型，最少是消化型和神经型。但是在入伍时，我国的制度并没对于任何体型有所选择的，所以初来的时候，我们可以意想得到各种体型的百分数的差别并没有那样显著（这一点将来我们可以根据入伍期中计算来证明）。我们更根据长官的经验知道每一师士兵每月大概有40多人退伍，需要新兵填补。退伍的原因当然各人各样，但是靠了这每月40多人的转换中，军队正在靠着自然选择作用来选择它所需要的"人材"，这选择的结果造成了各种体型百分比的悬殊。我们曾想这种靠自然选择作用来获取人材，在军队实是一件极浪费的事，若是在入伍时就能立下一个入伍的体型标准，好像波兰一般，转换的人数自可减少，在经济上，在训练上，可以得到很大的效率。靠自然选择总是一件社会损失的事。

在训练上，士兵的编制亦需要体型的鉴别，若我们把各种体型的人合在一个队伍里，加以同一的训练，正好比把"低能"和"天才"的儿童放在一个课堂里一般，结果自然会发生种种训练上的困难，腿长的须慢慢踏步走，腿短的喘着气还赶不上。

单就工作效率上说，人工的社会选择是极重要的，何况在不适宜的分配之下，会产生种种枝节的社会问题，更会使社会支付它有用的能力呢？我们想以上的几个例子是足以显示体质研究的重要了。

体质研究就是现在所谓"体质人类学"的一部分工作，体质人类学的工作虽不能完全包括在上引金斯伯所列举的三步工作中，但是它却能包括这三步工作。体质人类学中最基本的工作就在分析人类的体型，包括体型的，生理组织的和心理的。说来也怪可怜的，这一门科学虽已有很长的历史，但是因为受了进化论的影响，它的工作方向很久却偏在"民族"的分类上去了。民族分类虽亦利用体质研究，但是所需的材料却并没有研究社会选择时所需的材料那么多而精细。我们且不必去讨论民族分类的本身有什么样基本的缺点，但是可以举一个例来说明这两种研究的不同。比如我们要把黑种人和其他种族的人民分别，皮肤的色素一项已经足够了，其他如体高、头形等体质要素很足以作各种种族分析的标准了。但是在研究社会选择时这些简单的体质要素是不够的，因为社会选择中身体外形的体质和内部的、生理的和心理的体质至少有相同的重要性。而用各种体形，生理组织及心理组织各方法来分析人类，目前还只有很少的尝试。

研究社会选择时还有一种困难，就是在获得了各种各类体型在社会团体间分析的情形之后，还要进一步推求造成这分布情形的过程，推求过程就需要对于生物学及社会学的知识。这过程有时是出于功能上的选择，好像军队中肌肉型的人数较其他体型为多，有时是在于其他历史的和社会的原因。

我们可以举一个例来说：据我们在北平监狱中囚犯体质的研究，发现掘墓犯的体型在平均数上和其他囚犯有显著的差别，在这种囚犯中△型特别多（△型是高体、圆头、凸鼻……参考拙作《分析中华民族人种成分的方法和尝试》）。这种事实显示着很显明的社会选择作用，但是掘墓和△型体型的关系缘何产生的呢？在和掘墓犯谈话里，我们知道他们大都是在旗的，而满洲人中最多的体型是△型。这样，我们可以说，满洲人最熟悉清代的名墓，所以较其他种人容易犯掘墓的罪，因之在掘墓的囚犯的平均体型上显示了和其他囚犯不同的特色。这是一种由于历史的及社会的原因所构成的体质选择。

我们举这例，一方面是要说明在获得各类体型在社会团体间分析的情形之后，还要深入去了解产生这分布情形的过程。一方面是想借以说明在体质研究中不但可以了解社会的生物基础，而且可以从此获得了解其他社会现象的线索。

社会团体间各体型百分数的差异是社会选择作用的结果，从这种研究可以知道各体型所适宜的工作，但是选择作用是一种活动，是一种过程，所以我们还需要直接从活动的观点下，去了解这选择作用。现在优生学者时常讨论所谓"民族体质进步或退步"的问题，我们时常遇着朋友们询问中国的民族是退步到什么程度了？所以我们很愿意乘这个机会来表白我们对于这一团体体质变迁问题的观点。

一个社会如上所述，是一个分工的组织，在分工的组织中需要各种体型的人，而各种体型有他不同的体质要素。在一个社会变迁的过程中，分工的组织常有变迁，在某一时期需要那一种工作的人多，在这社会的体质平均数就表示一种数目，换一个时间，那种工作失去了社会的重要性，于是那一种体型就减少了，平均数也因之改变了。对于这种研究，目前尚是很少，但是我们可以举两个和这问题相关的例子来说明这种现象。

在欧战的时候，欧洲诸交战国的平均体高都有提高的趋势，这种趋势常被认为是体质进步的现象。但是战后，平均体高又逐渐下落，于是很多悲观的人就认为是战后民族衰老的现象。而实际却不是如此，在大战时成年的呼吸型的人，体高胸窄者，因为不配做士兵的工作，所以不易被战争所淘汰，死在沙场上的多是肌肉型的人，体高较低，于是这种选择作用结果提高了平均体高的数目。战后社会又恢复了战前状态，呼吸型的百分数逐渐下落，平均体高亦逐渐下落。

又有一位日本学者（R. Mataumura）研究日本人民的体质，根据他的材料发现平均体质比以前的材料增加了，于是他就很乐观地结论说是日本人民体质的进步，而不知道他所测量的是日本的学生，而用来比较的材料却是普通的人民，学生的体高本来比普通人为高。不同团体间体质的差异被认为一般人民体质的进步了。

所以我们要明了一社会中人民体质的变化，更不能不从社会选择的观点入手。这两个例子也许亦可以说明若没有对于体质形式，在形体上、生理组织上及心理组织上加以分析，不在社会团体间求其相对的分布情形，去推求社会选择作用活动的过程，而就想求一捷径控制此作用的企图，是一件危险的事。错误的人工选择也许比了自然选择更不经济罢。

本文的目的并不想介绍如何去研究这些问题的实际方法，只想提出一个观点和现在代表生物社会学的优生学派商榷罢了。我们的观点简单地说就是认为生物上的适与不适是相对的，是就其所做的工作而言的，除了少数什么工作都不配做的分子外，一般的人是各有各适宜的工作。若一个人做着不宜做的工作，在个人说是不能充分表展他的个性，不能贡献他对于社会最大可能的工作，在社会说是浪费了它可能得到的人才。而一个社会的能否在竞争的场合获得它的生存，根本上还是它所产生的总工作，比了别个社会什么样。而生物社会所能贡献于这问题，就是使不经济的自然选择改变为经济的人工选择。能达到这目的是需要充分的对于社会生物基础的知识，体质研究就是供给这种知识的工作。

1935 年 6 月 19 日

社会研究中的价值问题

当我们研究完毕花蓝瑶的社会组织之后,在离开六巷到古陈的路上,同惠曾很兴奋地对我说:"我现在更明白了,世界上一切的批评都是出于误会,了解了任何一个个人或任何一个族团,除了体悉地欣赏之外,还有什么呢?"

我每想到社会研究中的价值问题时,就记起这段话来了。批评一个和自己有所不同的文化结构是件最容易,亦最难的事,我先举几个例来说。

看过同惠所写的那篇关于花蓝瑶家庭组织文章的人,大概还记得瑶山中有一种极严格的人口限制习俗。因之在瑶山中堕胎和杀婴是公认的"道德习惯"。和我们一同进山的那位"科员"曾经很热烈地批评过他们,"瑶人真野蛮,生下孩子活活地杀死"。

后来我们就问瑶人,"你们不爱孩子么?生下来杀死多可怜呢?"他们的回答:"没有田地给他们,长大了不是把瑶山都搅乱了么?"完全是马尔萨斯人口论者的论调。

事实是这样:瑶人进入"瑶山"之后,山的四周都被强有力的汉族包围着,除了他们的武力能战胜汉人外,永远没有希望在山外扩充他们的土地。在山内,水田需要山涧的流水,而且需要很大的筑坝工程,所以开田是很困难,亦是有限度的。一个人要生活不能不吃饭,没有土地来生产,当然不能生活。因之,瑶山中的人口数量一定有一个限制。瑶人为避免种种自然的限制人口方法,而采取人工的限制方法,自然有他聪明的地方——我们除了欣赏他们的聪明,还有什么话呢?

但是,我们的欣赏是限于他们文化特质中搭配的巧妙,却不是说这一种制度有什么"好"的价值存在。

在没有研究明了一个文化的结构,而任意批评这个那个文化特质是"文明"是"野蛮",是件最容易的事。但这种"容易的事"是社会研究的大忌。因为当我们批评这个文明,那个野蛮,我们已自作聪明,把研究的线索切断,把探讨的门户关闭了。若是我们一进瑶山就认为他们的杀婴是件野蛮举动,我们何必再去推求他们为什么干这种事呢?——在这方面说,社会研究者在研究初步时最好放弃批评的态度,脑子里不存什么价值问题。

一个研究者能撇开价值问题,用极客观的态度来观察,来叙述,他的职务其实已经完毕了。一个严谨的研究者,在这时候,假定他是在研究兴趣之外没有其他目的,在这时所剩下的只是一个"体悉的欣赏"。多巧妙的一个机构!若是研究者是有其他目的的——研究者并不是永远不能有研究之外的目的——他可以根据他的立场来讨论文化的价值问题了,只能透彻了解了一个文化的结构才能加以"批评"。

任何批评不能不有一个标准。我们认为批评文化的标准的树立,实已轶出社会研究的范围。什么是好的问题,不是科学所能解答的。但是既立下了一个标准,社会研究就能供给你对于文化正确的批评。仍以上述的例子来说,若是我们以维持族团生存为文化的最高标准,凡是会引起族团灭亡的就不是"好"文化,则我们很可以看见瑶人限制人口的习俗在价值绳尺上所处的地位了。瑶人限制人口之后,固然解决许多社会问题,如财产,婚姻等等,但是却因此使人口入于停顿及降落的状态,直接影响到他们族团的能力,使它永远没有希望在山外扩张土地。同时和它相邻的族团的人口逐渐增加,所给予它的压力日强,总有一天,会把他们现有的土地夺去的时候。如此说来,这习俗对于花蓝瑶族团的生存上是"不好"的。

我们在这里并不想来讨论文化的价值问题,但是想借此说明社会研究者在研究时不应杂入价值问题,而讨论文化价值不能不先有客观的研究材料。没有了解的批评是误会!

1936 年 6 月 24 日

社会研究能有用么

我们常听见朋友们觉得社会研究不切实用的责难。"现在国难这般严重，等你们研究清楚了，国家早已不知什么样了。"我们对于这种责难并不想来辩护，但是却因之想到了一个较深的问题。我们不怕社会研究的结果不能为社会问题解决的张本，而怕研究者和实用者不相联接，使社会研究的工作，对于族国的健全上不但没有功用，反而发生严重的结果。

我可以借地质学的研究来说明这种危险性。若是目前非洲有一个小国，产生了几个努力的地质家，在他们本国的偏僻之区，经辛勤的研究，发现了一个丰富的油矿。这种发现在科学上，在国富上本来是可以大有贡献，但是这个小国政府却没有能力来利用这种研究的结果，无疑的这辈研究者的祖国会因为他们的努力，走上阿比西尼亚的命运的路上去。正确而精密的社会研究所会引起的危险，其实也不逊于油矿的发现。

在这里我想提出的问题，并不是社会研究"是否"有用？而是社会研究"能否"有用？使一个研究工作能切于实用是研究者本人可以努力的，但是要使一个研究得到应用，却出于研究者能力之外了。

研究者不是一个"没有祖国"的人，若是研究者国家灭亡了，他会和其他的国民一般的受到痛苦。若是他处于一个"当局者"不能应用他的研究，或甚至自己的"当局者"对于研究的工作毫不加以注意，而敌方的"当局者"却可以借此知己知彼时，他所受的痛苦，不是旁人所能体会得到的。

知和行虽说是应当合一，但是在一个大社会中，对于一社会的设计上，因为知和行需要不同的训练和不同的人才，所以不能不分工。一个研究者在研究时，为了方法的需要，最好忘了实用的问题，专门用心观察，分析了解事实，一个行政者事务繁杂，自然不能在任何一方面作精细的研究。工是易分而难合，分而不合，就在这脱节上发生了我们上述的危险。

我们这里所提出的问题，并不是无病的呻吟。即以我国过去的几年看，政府里请了不少外国的学者，国联的专家，苟且不论这辈学者专家，因时间及地位的关系能否获得正确的研究结果，试问他们的研究结果，有多少是被我们政府所采用来行之于政策！又试问国内几年来的研究多少成绩是发生了行政上的效力！

我曾听见过一段令人畏惧的事，据说定县的社会概况调查大受某国人士的注意，甚至派了人来稽考调查的正确性，而我没有见到我们自己国人对于这种工作加以注意的情形。

当然，我们不能因研究的得不到"应用"的机会，而主张停止这种工作。即使因研究而引起他们不愿意得到的结果，他们除了"痛心"之外，并没有责任问题可言，这个责任还是在有应用这种研究地位的人身上。他们只能希望他们辛勤的收获不单是"纸上苍生而已"，可是他们没有权利来保证他们的工作一定能有用，一定能济世。

因之，在我们看来社会研究之有用没有用的问题，是一个知行分工的大社会中能否合作的问题。要获得这种合作，并不是担任着研究的人在半途上改行来加入行政工作，亦不是担任着行政的人在半途上改行来加入研究工作。最重要的是在行政者需要明了一切有效的政策是不能不根据事实，而事实的搜求不能不有科学的训练。他们的职务就在根据事实来制定应付局面，达到某种理想的实施办法，这种可行的办法，才可称为政策。研究在先，政策在后，研究者不能供给正确详尽的事实，是研究者的不能尽责。有了可靠的研究，不能制定可行的政策以济世救民，甚至为敌所乘，是行政者的不能尽责。

我们不怕研究的没有用，只怕有用的研究得不到正确的用途。

1936 年 7 月 22 日

伦市寄言

本刊三年的回忆

离现在已有三年多的一个晚上，暑假快完，初秋将届的时节。我们几个朋友在杨开道先生的家里，吃过了夜饭，不知是谁提出了一个兴奋的问题：我们有什么方法能多得到一些认识本国社会的机会？大家整天在图书馆里，在课堂上听到的无非是不关痛痒的西洋社会事实和议论纷纭莫衷一是的社会理论，谁都有些不耐烦起来。就在这晚上我们提出了一个社会通讯研究的办法。我们这时以为在社会上富有生活经验的人若能得到研究的方法，一定能供给我们很丰富的事实报告。我们是有方法而没有经验，他们是有经验而没有方法，若二者之间能筑一顶桥，事情就得了。当时，我们就拟出了一个通讯研究的办法，借《大公报》的《社会问题》发表了。

在那时候，我记得关于社会学的副刊，除了《社会问题》之外，还有一个《社会思想》在《益世报》上发行。我们觉得在没有充分事实的根据而谈"问题"及"思想"不免太空虚。但是我们又不愿意在"问题"及"思想"的招牌下来做极干燥单调的事实记载。因之，在晨报另立了一个园地，直接称作《社会研究》。而且在发刊词里我们郑重声明，希望读者不要希望我们有什么动人的言论，我们只供给一些研究的方法和各地实况的记录。为了要和各地对于社会研究有兴趣、可以接受我们方法上的指导，而发表实地生活情况的朋友们取得联络，所以推定了兆临专司编辑和通信的责任，同时我们更借此机会，每星期定期集会，成立了一个没有章程、没有规则的社会通讯研究社。

不久，我们就发现了通讯的办法行不通。社会研究单靠兴趣是不够的，研究的方法更不是几篇零散的文章及简短的通讯所能传达。第一需要有一个正确的观点,第二需要做有系统的观察。这时我们自己观点还没有拿稳,又没有实地观察的机会,于是在"社会研究"的名称之下,只做了些极平常的方法论及社会学观念的介绍而已。这一年中最好的成绩也许是要算庆垄到邹平实地去研究市集组织,但是他的材料并没有在本刊全部发表。他研究邹平的市集是大部分用区位学的方法来发现在地域上所表现的社会基本的经济活动。他这种实地观察的方法给其他朋友们极大的兴奋。"到实地去"的口号就在这时普遍地深入了我们的队伍里了。

这一年的工作,虽没有表面的成绩,但是,在错误中我们已学得了乖。同时,我们得到了许多师长和朋友们的同情而加入合作。所以在第二年的开始,我们改组了社会通讯研究,直称作社会研究社,又推举了吴文藻先生做我们的领袖。阵容一新,大家希望很大,但是就是在这时候,我们的健将庆垄和安仑相继离国,实力不免稍减。

在第二年中,我们已从零星片断的介绍文字进入确定我们研究对象、观点、方法等基本问题,"社区研究"这四个字开始成了我们的招牌。我们虽用"社会研究"的老名称,但是我们已从抽象的"社会"走到了具体的"社区"。现在已经给国内社会学界所接受的"社区"一词,就诞生在这一个小小的刊物之中,我们的对象是一地方人民生活的具体表现。我们既捉住了人、地、文三角的结构,以前所用的区位学方法自然是不够了。于是我们接受了"功能"的观点来对付整个社区的结构和活动。这些结论详见吴文藻先生的几篇关于"社区研究"的文章中。社区研究不是空谈,须我们来实做的。这一年中耀华在福州的义序开始了一个实地研究。他是研究这个"氏族村落"的家族结构。研究的结果尚未发表。

到第三年我们觉得若不多多做实地研究,我们所说的也要成了一种高调了。社会学中高调已经太多了,我们何必加一份呢?于是我们决定除了训练将来可以实做的人外,凡是有机会的,大家下乡去。这时出发工作的有泰初到山东和同惠及我自己的到广西两路。广西的工作在最大的不幸中结束,同惠也就为这工作牺牲了。但是她的生命却换来了一个社区研究最先的实例和许多朋友们奋发的精神。泰初的汶上教育证实了我们的观点和方法不但只能用以研究狭义的"社会学"的领域,而可以及于一切社会现象。《花蓝瑶社会组织》及《汶上县的私塾组织》结束了我们的第三年。

在第四年开始的时候，我自己在开弦弓村完成了初步的研究，有义出发山西，耀华出发福建，泰初出发河北。"到实地去"已不复是一句口号，是我们行为的纲领了。

在这时候我们不妨回头看一看。虽则他们现有的成绩是浅薄得可怜，但是我们也不必否认这三年中，每年都有相当的进步。一方面可以安慰我们已死的同工，并给在实地工作的朋友努力的勇气，一方面却愿意我们的朋友大家深深的记着我们离着目标尚远，我们有为研究中国社会树立基石的责任，现在我们还是空言多于成就，我们还没有以事实来证实我们签出的支票是可以兑现，而且，更使我常常发忧的就是如何能维持及发扬我们过去三年朋友中奋发团结的精神，不问收获、但问耕耘的态度。

最后我愿意再提出一些今后我们应做的工作和方向，以作大家讨论的基础。无疑的我们要坚持我们"到实地去"的纲领。但是这还不够，因为以过去的成绩来说，各人在实地的研究并没有打通一片。大家好像可以独自工作不相关切一般。这一点我认为是个应该改革的弊病。换一句说，我们只注意一地社会制度间的关联是不够的，我们在"功能"之外尤须加一个"比较"的观点。譬如说，在瑶山中我们见到严密的人口限制和他们的婚姻制度的关系，就可以用这结论来做考察新社区时的假设。在开弦弓人口限制没有瑶山那般严格，为什么？反映于婚姻制度上是什么样？这样比较着看我们逐渐可以得到一些普遍的概念，而确定人口限制和婚姻制度的关系。而且在引用比较方法时，我们可以逐渐介绍国外社区研究的结果。好像澳州 Trobriand 岛土人中父子之爱和母系制度的冲突正可用来和我们父系制度中父母对儿女的感情和婚姻礼俗的关系之相对照。这样，我们可以逐渐建筑我们实验社会学的基础。这种社会学我相信不但在学术上有它的贡献，对于实际社会工作也一定有极大的帮助。

1936 年 11 月 1 日于溪田公园

关于《动变中的中国农村教育》的通讯

泰初：

昨晚从比京返此，得到你寄来的《动变中的中国农村教育》。几天旅途的疲乏都给它赶跑了。我靠炉火，忘情地翻读，我真"忘记了……"你是"在天边的那头"，孤独地躺着，我感觉着一种安慰，你报给了我春天的消息。昨晚你若做梦，准会听见我跳跃的脉搏，我羡慕你们，什么时候，我再能在原野中尝那木床淡饭的滋味？

昨天上午我在比京的市政厅前的广场上，我的朋友指着易拉门式的巨厦，说以下的一段故事："这楼成的一天，在万民欢庆当儿，突然传出了一个惊人的消息，造这楼的工程师，从屋顶上跳地自杀了。他自杀的原因是因为正门的中点没有对准高耸的塔头。这一点过失，使他忘记了他所贡献于人类的伟业，自觉是一个罪人地不愿再见此世了。"我默默地听着，回答我朋友说："所以自己决不是裁判者！"

你在送我的书上，写着"请你尽量批评，尽量骂"。我却有些踌躇，我虽不是你自己，但是我对于这本书却已黏着了感情，有如我自己的一般，叫我说什么呢？由此我却想到了一个问题，就是我们做一件事真是没有裁判的么？有的，而且不待死后，不待末日，就在这世界上，在人类的战争中，在存亡生死的决定里，每个人的成就失败会得到它清楚，明白，切实，身受的判决。泰初，我们可以藐视一切言语上的称扬和辱骂，但是不能忘记事实的征验和效果。

我们现在所提出的社会科学的发展方向，其实是极简单的，就是我们要一个综合的、实地的、对于本国的文化现象的认识。综合的是和分科专门的、各不顾各的、偏面的相反；实地的，是和凭空的捏造的、抄袭的、不足考实的、雇用"劳工"间接搜集的相反；对于本国的是和对于外国的相反。最后一项是暂时的矫正，因为现有所谓"社会科学"是洋牌话匣子，在文章上可以引证一百个外国例子，而一句都没有提及问题所在的本国。我们要外国材料，不过是做比较之用，着重还是"自己"。

这个观点，这个方向，有没有价值，不必求诸"言论"，而在看我们从这个观点中所产生的研究收获是不是民族生存上必需的知识？有它无它是不是无关宏旨？是不是把握不住时代的动荡？是不是不值青年人用生命和世俗的幸福来换取的？这些问题，我希望将来会有最后的裁判者。我的批评或我的骂是无足轻重的。

你现在还是在原野中，我希望你能注意到几个在这本书中没有充分注意的问题。你在这书中虽则屡次说起私塾和洋学竞争中的胜负,是出于所造成的学生在思想上行为上的差别,而洋学造下的形式是不能适合于农村一般的社区组织。这是全书中要点之一,但是我觉得那个命题还不够充分的证实,所谓 unsufficient documentation,要证实这命题你还得注意到学生,尤其是毕业生,在社区活动中的地位,因为这命题的重要,所以你不能单单轻描淡写地好像说:"历来出外读书的子弟,毕业后都不愿回家,认为乡间是一条死路。"这一句话最好就举出个例来,尤其重要的就是去找洋学毕业生谈话,他不能调适于原有文化者在什么地方?何以不能适应?譬如有时他的看不起长老,并不是出于洋学教员的"教育",而是出于他"入学"本身获得新的身分。这新的身分是哪里来的?有了这身分,他可以有名目来不遵守旧有的习俗,因之而引起社会的反感,由此而反对到洋学本身。这不过是一个可能假说,在实地中就可用事实来校核它,而假说的本身应当就是过去观察的结论,譬如,我在我调查的地方见到两个由外头中学毕业的学生。他们穿的衣服是半洋装,有一个戴了眼镜,这就是他们可以因有"学生"的资格而不遵守通行的装束,而他们所具的殊异性,如半洋装,眼镜等本身就是他们新身分的标记,普通人对他们的态度亦是可以注意,因为身分本身就是相互间的态度,即以他们的母亲说,"这两位洋学生的父亲都没有了"对他们都是极顺从的。譬如,我到一位学生家里去时,他母亲就对我抱怨说他孩子太用功,天黑了还是念书,病了也不休息。她劝不理,要我劝劝他。这是一件小事,可是从此可以找到母亲的命令对于孩子行为效率的减弱。这种减弱很可能使这辈洋学生不受社会裁制而发生和习惯相反的行为!我不嫌烦腻的指出这一点,一方面想说明什么叫"证实"(当然我所用的材料证实力还很薄弱),一方面想说明单在学校中去研究教育(即说是狭义的学校式的教育)亦是不够的。

我读完了你全书之后,我想像到你在实地工作时,一定因为种种事实上的困难,大半是费在学校本身的视察,而缺少住在一个村落中做较长期整个生活的观察,这点好像我是曾和你说过的。问题本身是综合的,我们去了解它也非综合的入手不可。对于第四页末尾讨论研究范围的一节,我亦因之不能和你同意。第一,你用社区来和县府对称是不妥的。县府对称的是村落,县府村落都是社区,社区是一个普通名词,是指:有人民在文化中生活的地域。第二,你说私塾可以用社区作单位,而洋学非得拿县作单位这句话语病很多,你的意思，其实也许是私塾活动的范围是村落，洋学活动的范围因行政系统的结构是县府。这也不很确切，因为私塾既受县府的统制（至少是名义上），和洋学相比较，它们和县府关系亦只是程度上的差别。第三，你曾有两次提起人类学的研究和私塾的研究或教育的研究相对称。在我个人看来也是不妥的，人类研究的领域虽则各人所见不同，也许不必求同，但是我们不妨把"人类学"三字暂时放一放，而采用一新名词来指我们所说的"综合的、实地的、本国的文化研究"作"社区研究"。这名词的好处和意义已有吴文藻先生几篇文字的解释，我想大家一定是明了了。教育，是社区研究中的一部分，亦是了解一社区活动所不能少的一部分。私塾，洋学是教育制度化的一部分。我的分类法不知你同意不同意。

还到综合研究的一点来说，我们认为社区研究的长处就是阐明人类生活各节的关联。你对于这方面，我知道已尽你可尽的力。但是真的要拾得要处，关联的发现，综合的研究，都是须在一较小区域中做较久及亲密的体悉。多走路，多看码头是不成的。我知道你事实上的困难，可是亦希望你能见到这点，将来可以有机会再干。当然，接下来，我又得说若是你去限制自己只研究教育生活，或甚至制度化的教育生活，在一小区域中的工作会使你单调而厌烦的。惟一的补救就在推广你的兴趣，使你不肯放松文化任何一角中所表现给你看的戏法。在观察时决不宜有任何自限的范围，不是答问题式的找材料，而是"开怀畅饮，非醉不止"。在整理材料，编印专刊时，不妨一方面一方面地分开叙述。而这是整个一方面，而不是整个的一部分。

在洋学一部里，你也因之遗漏了一部分重要的事实，就是人家会问你：照你说洋学这样不受人欢迎，这 4699 个学生是从哪里来的，是不是有这么多"注重实利"的父兄会干这收不到利的营生么？这问题你虽有一二地方附带的回答过，可是也因为你没有机会去观察这些儿童的家庭生活，所以所有论据亦没有"充分征实力"。学生在学校之外，在入学之前，在出学之后对于学校制度本身的形式和功能，都是有直接关系，但是这些材料不是在学校里所可能得到的。

写就写了不少，我想你不在等我的恭维，所以也不必多说了。我指出的几点对于本书的价值是没有多大的关系的，比了比京市政厅的垂线不合更小得多，希望你不要跳楼，更不要投湖，虽则我已知道你"不怕冰冷"了。燕京的湖面，冰尚未解吧？可惜我们相离太远，不然，在你书印出之日，我准同你痛饮一宵，德国啤酒不坏，可惜你们不在。

1937 年 1 月 11 日于伦大图书馆

关于实地研究

安仑：

得到你决定去金门做实地研究的信，我很兴奋。本来就该复你，却为了赶回来开学，旅途匆忙总没有写成，直到现在。

"到实地去"是我们认为最正确的求学之道。这一点也许和我国传统的见解不十分相合。以前的学者认为学问是在书本上，这种见解有两点是不很正确的。第一点，他们假定我们所需的知识是已经为前人所获得；第二点，他们假定前人所获得的知识是已经写在书本上了。我们若不能接受这两个假定，自然应该另开新路。实地研究包含着几个重要的意思：知识是人对于事物的认识，事物本身是常在变迁的，所以任何人类已有的知识却需要不住地修改和增添。获得知识必须和知识所由来的事物相接触。直接的知识是一切理论的基础。在自然科学中，这是已经不成问题，而在社会科学中还有很多人梦想着真理会从天外飞来。尤其是现在中国的社会科学，因为国外文字书籍的输入，以为靠了些国外学者在实地所得的知识，可以用来推想中国的情形。他们其实假定着文化到处相同的原则，而这原则本身在我们看来就是需要加以事实证明的。而且这假定根本就抹煞了加以详细研究的需要。若是我们一定要一个假定的话，不如先认为文化并不是到处都相同的。因为是不相同，所以我们要推究它不相同的地方，而同时亦不敢随意接受不是从本土事实中归纳出来的结论。这样，我们可以不必和人家争论中国文化现在是否尚是封建阶段或是半封建阶段。我们的回答是：且慢用外国名词来形容中国事实，我们先得在实地详细看一下。

实地研究和现在中国社会科学"问题式"的方法是不同的。我们的责任并不能解决问题而是在叙述事实。在我们的立场上看来，是没有所谓"人口问题"、"家庭问题"。我们所有的问题是"在一地方人口的数量有多少，组织如何，和他们家庭组织有什么关系等等。"每一个题目都可以引我们到事实的发现。至于"人口是太多么？如何可以改少它？"等等，我们是没法回答的，因为这不是客观事实,而是主观批评。我们不反对主观批评,但是这不是科学而是政见!在实地研究的时候,我们最好没有"政见"。不是去寻材料来证明"哪个办法是对的","哪个政见是不错的"。这样做去,你会在无意之中看不见许多事实。我们工作时须对事实本身发生兴趣。譬如我们发现在一乡村中有限制人口的现象时,不必去问"杀婴是好不好的?合不合人道的?如何可以减少这种现象?"我们可以注意的是:"他们每家的人口多少,每家的地多少,每人能种多少地,每人要吃多少米,一家的收支如何?他们对待杀婴的态度如何?杀婴的方法如何?他们知道不知道避妊的方法?他们的关系如何?他们的婴孩死亡率如何?……"

我在上次给泰初的信已说起,我们实地研究的工作最好不要限制自己做哪一部分的观察,好像他专门研究教育,耀华专门研究亲属,华节专门研究礼俗,这是我赞成的。上次信上我已提到若是自己限制了自己,我们只有到人家所谓"教育""亲属""礼俗"的范围而不知道这些制度的活动是和其他制度互为因果,互生影响的。例如我在开弦弓所见的童养媳,它是亲属制度中的一部分,但是要理解这种事实,我们不能不求诸他们人地的比率,经济上男女的分工(经济),婚礼的费用(礼俗),工作的学习(教育)等等,在我们工作时只有以整个对付整个,在整理材料及编写专刊时不妨一方面一方面的分开来,我希望你不必急功,但求完备!我相信你的性格在这方面比我强得多。

你到实地之后,一定会觉得茫无头绪,所以我供给你一些入手的办法,你找到了该地领袖人物之后,先得把你研究的目的说明,使他对于你没有怀疑。若是这地方你已有相当关系的,这当然容易办。第二步你可以说要调查各家的人数。若是他们已有保甲制度的那更方便。你可以拿了他们的名册,如可能的话,请领袖一同去复查一遍。在调查人口时,我们目的并不单是"调查"而已,这是一个"穿门入户",和每家人家接触谈话的题目。在谈话中你可以问各式各样的问题。若是他们有个儿子在外乡的,你就可问到他为什么出去?多久了?他结了婚没有?太太带出去么?由显著问题慢慢的会问出你预料不到的事。于是你得到了线索,可以一直不放松的拉下去(不一定是当天问完,也不一定在一家问全,只是你把问题记在心上,一步一步的追究)。

等你全村人口查完,全村人也都认识了你,你也认识了他们。你研究的线索也有了。这时,不用我说,你会只觉时间不够,废寝忘食地醉在里面。但也有时，你躁急得利害，可是没有机会去观察去谈话。那时你不妨借这闲暇来整理一下自己的材料，甚至你好像要编写全书的工作。在整理中，在编写里，你会发现什么地方还没清楚，哪还有漏洞。若你另外用一本簿子把问题记下来，它准会比本文还多。这样一次一次的往深处走，虽则永远走不到自己会满足的地步，可是你的认识也愈来愈深刻了。

我随后将寄你一份"文化大纲"的表格，是我在课堂的记录。这表的用处是在叫你时时兼顾全局。哪处还没有注意，哪处还是缺漏。我希望你发生任何问题，有需要我们帮忙的，抽空写出寄来，我更希望以后我的《伦市寄言》都是和你们在实地研究者的通讯和讨论。但不知离了实地的人能不能帮助你们罢了。

1937 年 1 月 14 日于伦大图书馆

"继替"

若是英国人的性格是稳重，他自然不赶新趋时，因之《美国社会杂志》(*American Sociological Review*)不满周岁，这里"学院"图书馆是没有瞧在眼里的。这杂志是 1936 年 2 月创刊，到 1937 年 2 月底我才在书架上见着它。在我好像是新东西，在国内大概已熟见了吧。

这杂志装璜很素朴动人，淡绿色封面，深绿色的"天地"。在排满着黄色，蓝色的杂志架子上，它是决不会被过目的人所错失的。我说老实话，美国社会学家的文章已经好久不看，脾胃不很合，但是这有例外，这例外是老派克，老派克的文章很多人说难读，我却喜欢这紧凑、刻实、散散落落、梗梗有骨子的短篇，我不知听谁说老派克今生出不了整部书本，他的笔调就限制了他，我也这样想，他最配是作序。他有些像我们东方人。

那 6 期杂志中我只挑中了第 2 期老派克的 Succession, An Ecological Concept 一篇。非其他的文章不好，这只是我主观的胃口怪而已。老派克永远不给我失望的。上次在去年 7 月 *American Journal of Sociology* 上读到他的 *Human Ecology* 一文，余味犹在，这一篇小文又刻上我的心头。我当时立刻想：一定要写一篇《伦市寄言》介绍给朋友们大家共赏。可是我停下了笔，"succession"如何译法呢？翻译是件苦工，可是也有时在找字的时候，若逢到

"那人已在灯火阑珊处",也会有一种说不出的滋味。譬如以前的"社区"就给我们"抽了一口深深的气",我这次选这"继替"两字来译 succession 些微也有一点同感。

老派克这篇小文目的就在说明 succession 的意义,这字在人类学中给 Rivers 用成"父亲把他的地位传给儿子"的过程。在中文中统用"继承"来翻译 inheritance、descendant 和 succession。不得已时有人可以把"继承"、"承继"颠颠倒倒的弄个花巧,若忠实些,只能"一字各译"的作"财产继承"、"世系继承"及"地位继承"。但是,老派克又来为难人了,他的 succession 所包含的意义,以我自己觉来,决不是"继承"两字所能传达,理由我也说不出,于是我想把它译作"继替"。他的意思是什么呢?我没有时间来把原文全译,只能从简述要地说明一下,若是这杂志在国内果已熟见,不妨看原文为妥。

他说这个概念是从 W. Bagehot 的《风俗的干壳》(*The Cake of Custom*)和 A. Thompson 的《生命网络》(*The Web of Life*)推陈出新的,风俗的干壳是指一种行为风吹雨打经久之后成了一片干壳结在风俗之中,若要改变它就能如刚出炉的烧饼般一击粉碎,生命的网络就是"欧洲的猫"向着印度的瘟疫以及本地的"三叶草"收成负责的故事,整个的生物世界是关联着,你从英国老太太喜欢养猫说起,猫捉老鼠,老鼠偷油,油从菜出……一直可以说到你有几个儿子,因为一切生物都在一个"网络里"任何一根线牵到任何其他一根线,可是这两个"好的名词"和"继替"有何关系呢?

让老派克自己说吧:"人和其他活的东西一般的织在达尔文所谓的'生命网络'之中,在某种地方,在某种情形下,这各种各类的生物的互相依赖状态得到了一个比较固定的结构,这一点在所谓植物及动物社区中是可以证验的。"

"在研究动植物社区中所见各个体各种类间的生物相赖性在人间亦存在的,人类社会中的竞争及生存奋斗是受着风俗及法律的限制。简单说来,人类社会看上去似乎是组织成两层,下是生物层,一是文化层。"

"我们可以把社会分作两种,一是组织于共生关系上 symbiosis,一是组织于交接及契洽关系上 consensus。可是,实际上这两种只是一社会的两方面。文化的上层是建筑在共生的下层基础上,在生物层所发生的活动足以在它的上层表现着种种比较精细及好看的花样……"

"在人类社会所有的经济竞争,如达尔文所见的,只是受了风俗成规的修改好了的生存奋斗。在另一方面来看,何异于动植物中的竞争呢?……"

"一个社会组织,不论是建筑在生物层或社会层上,只要它把各个人接拢在一比较亲密的集团中,就会加着限制、管束、指导等等在各个人的身上,我们若以动植物的社区是一种完全无政府自由地结合,则一切文化层上的结合总是包含着自由地剥削的……"

"使社会可能存在的适应或妥恰都是个体或各类生存奋斗中暂时的及片面的解决办法而已,它们都限制着自由。"

"一个社区比较固定在一结构中,竞争逐渐减少……但是此处彼处发玍着平衡的裂痕,倾向着颠覆这现存的秩序……在这一情形中,本来收住的能量和倾向,一旦放手,于是溃决下去,发生了一个亟变及紧张的时期,直到这周期圆满,新的生物及社会平衡诞生。"

这一片风俗的干壳在时代中敲破,另一片行为风化成干壳,这是"继替"的本意。"继替"是这"一放难收"的过程,是他所谓 irreversible 的过程,而且这是有一定方向,能在地面上一层层表现的过程,是从基本生物事实中宣泄出来的能力所推动的过程——这是"继替"。

就是这"继替"。我在那次论人口研究的通信中要提出的问题就是这"继替",我在那论社会变迁中的通信中要说明如何去研究的问题,此间的关系留着给读者自己去填实吧!

1937 年 4 月 21 日

论日历

兆临:

我喜欢你来信中的一节话:"社会人类学(或我们的社会学)这门学问,因它近来长足的进展,自己意见的左右逢源,以至大家意见的巧合,这一切几乎使我要疯。"要疯的何止你一人。做人做到了"衣带渐宽"不叫回头,读书读到尼采的"疯有疯法"的时候,也够瞧了。

你在信中提到描写的技巧,正是我昨天寄出《显微镜下切片素描》的主题,我们的结论自然是最好没有的"巧合"。你说:"要把文化生活写得生动逼真,这技巧我们非尽量学到不可,我们都太差,但我也决不放松'条理明朗'。条理明朗并不一定以拿出 generalization 为条件。条理不明朗是小说，我们需要的是念时有小说的兴趣，念后有科学的理解，对不对。"我抄这一段话在这信中，希望能补充我上一次寄言没有说得透彻的意思。

"巧合"还不止于此，我前两个星期在整理"开弦弓"工作日历的材料时，想写一篇《空间和时间》的通信。因事一搁，谁知给你先用这题目写成了那篇精练的短论。真是"左右逢源"，我们在不同的"空间"会在相同的"时间"，不相约好的思想到同一问题；当然我不敢自充"高明"，可是读完了这篇短论，也到了"已至非吐一下不可的时候了"。

我发生这"日历"问题是在开弦弓实地研究时所得到的一个一时我弄不明白究竟的关键。研究时一旦发生视若矛盾的事实就是深入的希望了。问题是这样：从理论上说，一社区中对于时间的认识，reckoning time，是有规律生活节序的功能。这里涵着人的生活中有在时间中预先规划活动程序的需要，我们要预先规定正午吃饭，然后，饭堂里知道什么时候该生火，洗菜，煮饭，擦桌子；我们要预先知道火车什么时候开，然后我们可决定什么时候打包裹，辞行，启程。若我们再深入观察一下，很多时间上的认识是有生理基础的。好像一天我们总得吃几次东西，餐时虽因文化不同而异。可是没有地方没有规定进餐的时间的。又好像从出生到结婚，由结婚到生孩子，由生孩子到老死，在时间上的分节有关于生理基础更是显然。

可是问题从此发生。我们大家知道所谓"阴历"是以月亮的圆缺来决定。"月半"或"十五"总是月圆的时节。可是气候的循环并不依月亮的圆缺，而是依地球和太阳的关系。于是，很显然的，去年正月十二（从阴历）刚交春，今年正月十三春天早已先来了 20 天，假定我们农夫是以"阴历"来认识时间，来规划他们未来的工作程序，就会迟 20 天，结果不用说，他们的稻免不了吃亏，因为谷子没有结，天已降霜了。

若依我们这样的理论，又在开弦弓最初看到应用阴历的事实，不是大有矛盾之处？若不修改我们的理论就该详细再观察一下事实了，研究者的第一步自然是尽力去观察事实。

事情初看来好像是很简单的，可是一到身上就复杂起来，我最初是用"直接观察法"，哪一天他们去分秧我就在我日记上记下来。我的日记是用阳历的，为了我见到在开弦弓他们用阴历，于是我买了一本《国历通书》依着阴历把日子填上去，这方法的结果就发生了我上述的矛盾。我猜想在"阴历"背后一定还有一种日历在规律他们靠自然周期的工作。

于是我用了静听人家谈话的方法发现了一桩事实：凡是他们讲起农时，蚕时等，他们不说几月几日，而用"清明"、"谷雨""秋分""霜降"等等名目，说来自然是怪惭愧的，我自己算是中国人，可是从没有注意到这些名目的意义，直到碰着这问题才好像获了至宝一般。我这事实是有凭据的，我离开了实地，依旧和当地的朋友通信，问长问短，一次我在记录中找不着他们"出外贩运"的时间，所以又写了封信去问，回信中有一段："我乡农民闲时，一年有两期：第一期是秋季处暑节到寒露节，有两个月……至寒露节后停止小贩……第二期农闲在冬季是大雪节后至阴历年底，有两个月时间……"

这一段话是最明白也没有了，时间的单位是"月"，而认识时间的节序是"节"。什么是"节"呢？如何算法的呢？我自己对于天文的知识很有限，可是我细细地把"通书"分析一下，这些节序的基础是很显然的，极正确是一种"阳历"，就是依地球和太阳的关系而决定的日历。地球绕太阳一周是365天又1/4，我们阴历中的节序一共有24个，每节在绝对时间上是相等的：是365小时又1/4，因为这数目不能把24除尽，所以有时是14天，有时是15天，也有时是16天。

问题分析到这里还是不够的。在开弦弓，我们看到有三种日历："阴历""阴历中的节""阳历"，这三种日历的功能有何不同？易言之，他们在什么情境中用"阴历"及什么情境中用"节"，又在什么情境中用"阳历"？

我在开弦弓的研究并没有结束，很多问题提出了还没有材料来分析答复，或是答复尚不能完全关于上列的问题，我只有几项假设：

节序是用在农业、蚕业中为主，但是，因为这村人民的主要生产工作是在农业及蚕业，所以节序成了他们生产工作的主要时间程序。

阴历，我指几月几日的意思，除了日常的往来外，应用最重要的是在"宗教生活"，初一、月半要上庙，七月七、十月十要祭祖。端午、中秋、重阳都是依阴历的大节，是欢乐的社会节日，只有清明是从"节序"中计算而用以作宗教生活中重要的日期。

阳历是只用于公文及他们的"制丝合作社"里。

依我这很简陋的分析，使我们发觉这"时间"和生活的关系是极有条理的。同时，我愿意说明我个人如何发现这问题，如何收集材料，如何分析的方法，我们常说"理论代工具"，这例很可以代表。关于理论的根据是出自 B. Malinowski 的 *Coral Gardens and Their Magic* 的第 1 卷第 2 部第一章。

读者读到了"隔年历本"本来是"疯"得可以了，何怪我过家乡时，我乳娘大大的失望，"奶了这一个书呆子，不上南京去，反而到乡下去，整天乱跑，放着洋书不念，读隔年历本"。也许她是对的。譬如，两年前我有勇气取笑政府下令禁止阴历，现在却看见农民早就用了阳历，话似乎更不容说了，就是这一个小问题，我愈来愈觉得自己的知识浅薄得可怜，还要整天"文化"、"文化"，依自己的心境来说，真是"自以为什么都读通了，上南京去"比较舒服得多。兆临，我们不但是"疯"也不幸成了"天之戮民"，叫我怎么不羡慕"太师椅"里的教授呢？

1937 年 7 月 28 日

组文连载于天津《益世报》。

理论与实地社会研究

兆临：

在以前寄出的几次通讯中，若是都达到的话，大概你一定能体会到我的用意，我想在《社会研究》另一栏中专门用来交换我们没有成熟、没有组织好的意见，也许对于如你所说我这种"理论太单薄，太偏狭，太无组织，太不自觉自己无时不在用着这些单薄，偏狭和无组织的理论"的人，特别适宜，亦特别有用。同时，在这不客气的相互批评中，我更希望我们能产生出一种有团体而没有门户的学风。我在这里半年来印象较深的是"讨论班"里的活跃精神。在国内我们可以读到人家已组织的理论，而看不到他们如何组织出来的历程。一切已写出来的东西，在讨论班中都差不多成了过时货，或是没有兴趣的古董了。只是那些没有定论的题目，才闹得火一般热，我相信这是值得搬回来的，大家不要怕给人"看穿自己"，我们一方要暴露我们的"所知"，一方正该暴露我们的"不知"，更该在摸索中携着手前进。

我常想我们《社会研究》虽则已有了三年的生命，可是除了做"捐客"及唱"独脚戏"外，还是没有捉住中心论题。这表面看来大家很和睦，大家合奏的现象，正是代表着我们的幼稚和隔膜，对于我们的长进上是不利的。我离开本营距离太远，一则好像《社会研究》已忘记了我，半年来没有见过它的面目，二则好像石沉大海，非过一个多月见不到反响，在这情形中，派克老师所谓的 morale 自难维持，所以要鼓起这股劲，非由你出力不成。

譬如：耀华、有义、泰初、安仑在实地工作，一定会碰着钉子，或见着种种令人饭都不想吃的活把戏，他们正该多多写通讯，让在旁边的人不致真的袖手起来。这目前状态中，若说我们有集体活动，真是实话，但是若是我们觉得这是"于己有害，于人无益"的，希望大家能积极地参加讨论，尽量地提出问题、幼稚意见和暴露自己。

我上次给你的信,若是没有丢,我希望把它发表。因为这封信中是代表着一个"太不自觉自己无时不在用着这些单薄、偏狭和无组织的理论"的一篇忠实的自白,我想一定也有人会逢着我在这信中暴露的怀疑,同时我极愿意你明白的、举例的说出理论的意义、用处,及在实地研究中缺不了的情形。

关于"理论"问题,我好久想说几句话来申述我现在的见解,在普通所谓"理论"中,实在包括着许多不同的成分。若我们把它分析一下或者可以分成:对于一件东西的看法,问题的方向和范围,不加讨论而假定的前提,对于一现象没有证实的猜想,这种猜想所根据的已有经验。每一项我都愿意举例来说明。

对于一件东西的看法是可以不同的。以文化论:有人可以把它看做上天所弄的玩意儿,有人可以看做是"绝对至善"的蜕化,有人可以看做是"民族精神"的表现,有人可以看做是一堆无意中堆积的垃圾,有人可以看做是人类生活的工具。究竟哪一种看法是"正确",我们一定要去寻得一个更进一步的标准才可以决定,而这标准不一定被大家接受,而且无法证实的,于是我把它归入一个想研究文化者须考究的理论问题。

引起研究工作的兴趣亦划分了所发生问题的方向和范围。我今天刚和 Morant 先生讨论体质人类学。我不妨把这次谈话引来说明问题的方向和范围上的理论问题,我问他对于史禄国先生所有贡献的批评,他说:"从'统计上'来说觉得他太粗了些。"我的解释是:"在应用活人人体做研究材料,统计上的正确性、精密性不发生严重问题,因为我们早就有测量中不能免的差误性。"他说:"是的,所以我们不用活人人体做研究材料。"我问:"我们是否因缺乏十分正确性而根本抛弃这可以得到相当正确性的材料,我们的问题中是否有骨骸研究所不能解决的地方?"他问:"什么问题?"我答:"我们的问题是在发现在地面上,在社会上各种具有特殊功能的团体中在体质上的选择。发掘出来的骨骸,虽可以从考古学上来决定它的时期,但是人从生到死是有流动的,这流动不是考古学所容易决定,于是在一地所发现的骨骸不易视作是出于一地的人民,只表示死在一地的人民!或甚至葬在一地的人民,至于死者生时的社会团体更不易知道,有时因某种风俗,同一阶级葬在同一地方,则同一地方所发现的骨骸并不能代表地域上的性质,而只代表社会上的性质。"他的回答:"是的,我们的问题不相同，我们只在要发现各地各时发掘所得的骨骼的形式在统计上所发生的差别。"

这一段谈话中有几点值得我们考虑的：第一是问题是否存在？好像在现在活着的人口中，在地域上，在社会集团中是否在体质上有差别；第二是这问题在现在科学的技术中能不能解答的？第三是科学的技术能不能改良？第四是我们是否该迁就现在的材料和技术来限制我们的问题和范围？这里又划分了难于批评的界线，非但在兴趣上，在问题上，在研究范围上，研究者有自由的选择，对于整个科学的态度亦影响着他的选择。

在进行任何研究工作，一定有一套不加讨论而假定的前提。譬如：我们观察时，假定自己所见的不是眼花，我们所见和外界实有相印合的，我们在和人家谈话时，在普通情形知道他不在欺骗你时，是代表他的思想的。我们假定每个人都有相似的需要，我在这些例子中是有意提出那些可以引起普通怀疑的前提，但是即是这些问题在一个社会研究者是无法加以深切推究，而一定得接受的，否则他的工作就无法进行。

我们看见一个现象，它的本身是素朴的，我们一定得加以解释才发生意义。这种加上去的解释尚没有证实时只是一种猜想。譬如我们在一个地方听见一个孩子同时叫两个男子作"爸爸"，我们加上了一层解释说是"这孩子的母亲有两个丈夫"。在没有证实时，这层解释可以是正确，亦可以是错误的，所以可以称作猜想。任何人的猜想都不会太凭空的，以上这例子论，我们的猜想是根据于我们已有的经验："爸爸和妈妈之间一定有婚姻关系"，这经验是实在的，所以上述的猜想是可能的。

在这许多成分中，有一端是相同的，就是这些都是实地研究之前所已经备下的。一个研究者不能不对自己研究的对象有一定的看法，有一定的问题，有一定的假定，有一定的已有经验。这须在实地观察之前必须备下在脑子里的东西，就是我所谓理论。它和备在身边的仪器，送你到实地去的车子或挑夫，在实地吃的东西、穿的衣服一般重要。理论是帮你看见东西，亦帮你限制你的观察。所以同一地方，各个研究者所见的不一定相同，因为他的看法、兴趣、问题、经验都可以不同。

我在上次信上似乎曾说过："我不需要理论，我只想如何去安置我叙述的次序"，这是我已做完了一次研究回来整理材料时的感觉。这些材料的确是从我以前所受的理论中导发出来的,而且本身是一套已知的事实可以作以后观察时的猜想的根据。

我所谓不想作什么理论,而完全限于叙述的意思,是我觉得我们的材料还不够比较,没有比较自然不能有"概论"——以后观察时较为可靠的猜想——我当时所用理论两字似乎不很恰当,但是若理论指"概论",则我仍觉得慢作概论是一种谨慎的办法。

我希望你批评我的意见,同时在《社会研究》发表,若是你觉得读者中也会对这问题发生兴趣的话。

1937 年 2 月 12 日于伦敦桑道

原载天津《益世报·社会研究》。

显微镜下切片素描

不知谁同我说旅行最忌多带行李，因之，我不能不把又笨又重的书抛在朋友家里，可是"读书人"而不带本书似乎不很像样。可是带哪本好呢？带孙本文的《社会学原理》还是带开明书店的《十三经》？考虑了好久，结果是带了一部华节送我的《石头记》，我带是带了，却又有些虚心，出来是被注定要念人类学的，什么带起这本书来呢？一直等到读到了 R. Firth, *We the Tikopia* 我才放心。

Dr. Firth 是马林诺斯基和布朗两位大师的高足，是现在英国人类学中后起之秀，当伦院讲师和皇家人类学会的秘书。最初我不知道他也是个"红迷"，他在那本书的自序中说："在我所知的书中，第一部描写类别亲属制度最有骨有肉的要首推《红楼梦》了。"当然，他虽在学中文，可是要看原文，还差得多，所谓有骨有肉还只是英译节本的支离碎体而已。

从《红楼梦》到人类学，似乎有天地之隔，把它并为一谈，说都觉得有些不伦不类，不是说有损学术尊严，就是说人类学是门俗务，高攀不起红楼梦境。可是给他一说，再读一下他这本书确有相通之处。

先说亲属制度研究的发展方向。自从摩尔根开创实地研究，重视了亲属称谓制度，以迄于今，一个念人类学的人若不先画两张亲属表格，就有"捐官出身"的嫌疑。后来澳洲的社区研究发达之后，什么"母亲的母亲的母亲的女儿的女儿"更成了人类学入门的口诀。当"科学"标准建筑在"外行莫名其妙"的程度上时，这口诀自有它特殊功能。直到布朗教授才觉得称谓不过是"行为形式"的记号，研究亲属制度应当从亲属关系的各人相互的行为中来入手。

从形式的称谓表格到行为的功能研究，从请人填表格到自己亲身的观察，在研究方法上又提出了一个情境的要素。我们若要研究一种行为的功能，不能不观察到它发生的情境。比如我们若单知道一个妻子称她丈夫作"阿大的爷"，并不能知道夫妇关系的内容,若我们在当地当时看到一个没有"阿大"的妻子对于丈夫的"相敬如宾"和有了"阿大"之后关系和接触的密切,这"阿大的爷"一个称呼有了很重要的意义了。

我们研究夫妇关系的内容,这一些当然还不够。究竟做妻子的对丈夫如何看法,丈夫对妻子如何看法……诸如此类的事实,自然俗得很,也许有人会觉得不配踏入科学的门。可是我们要对人事做有骨有肉的认识,尤二姐对贾琏所说的:"我如今和你做了两个月的夫妻,日子虽浅……我生是你的人,死是你的鬼。如今既做了夫妻,终身我靠你……"这一类的态度表白是极重要的材料了。若是我们明白"生是你的人,死是你的鬼"的态度,现在很多离婚周折,至少也可解释一半。自然,我并不是说《红楼梦》是完全写实,可以用来解释中国文化,这是另一个问题,我只是说我们在实地工作时候,该像《红楼梦》的作者一般深入到各个人的行为态度中去。

若以 We the Tikopia 一书来代表现今人类学的趋势,我们还可以发现一点和《红楼梦》相通之处。以前的人类学著作是"结论式"、"判词式"的,他们不常把形成结论的事实作详尽的描写,结果读者无法批评这些结论是否正确。因之 Dr. Firth 提倡了所谓"显微镜下生活切片的素描",或是 Slice of life。他曾说,"生物学者在观察细胞时,他们用切片放在显微镜下,仔细地素描下来。我们观察社会生活也该用这方法。"比如他在《家庭生活》一章中的分节描写:起身和工作、炉边、烹饪、制饼、进食,然后又举了四个详细的实例来显示生活的实况,就是用这方法。

这种切片素描是《红楼梦》的长处,好像最后一回中描写袭人"千古艰难惟一死"那种细腻的放大详叙,就是一个极好的例子。

要每个人类学者都有曹雪芹的天才是不可能的。何况实地研究中第一要件是忠于事实,不准有一毫脱离事实的想像。而且素描本身在人类学中是不够的,因为我们在事实的叙述之外,还要有理论上的归纳。在题材上,我们亦不能断章取义,要顾到社会生活的全部。可是要做到有骨有肉的研究,也许有很多地方我们是可以在《红楼梦》中学得的,至少,在我觉得这本书带得没有错。

1937 年 6 月 15 日于下栖桑道

亦谈社会调查

在《读书与出版》的第二年第8期上读到西超先生的《略谈社会调查》，我觉得很有兴趣，所以接着也想来谈谈这问题。最近我又时常接到各地青年朋友写信来要我告诉他们，怎样去实地调查和研究中国的乡村。我想借《读书与出版》一点篇幅，省得我个别写回信，一并作一答复。

自然科学的成长是靠了实验室。在实验室里他们把理论和事实融合了，使我们对于自然现象有了正确的认识。我们天天接触自然现象，但是为什么要有实验室呢？原因是在自然现象纷然杂呈，观察时不方便。譬如说，我们要计算引力的加速率，如果我们观察树叶的落地，就不易把空气波动的因子除外；如果我们观察苹果的落地，树头和地面的距离太短，记录时间不易准确。于是我们得控制我们的现象，在平滑斜度的板上，滚一个圆球。这就是实验。实验是使我们观察可以正确，使我们所要考核的问题不受不可捉摸的因子所搅乱。

我们对自然现象有科学的认识是因为我们能控制了我们所要观察的对象。有人因之觉得社会现象是超出于科学研究的范围的。他们的理由就是我们对于社会现象不能像自然科学一般有个实验室来控制我们的观察的对象。这种说法似是而非。"似是"的原因是在我们的确不能为社会科学造出一个像自然科学一般的实验室来。

说到这里，我想到了一位朋友。他想研究佣仆在家庭里的地位，所以建议代雇一个佣仆到一个以前雇不起佣人的家里去作为实验。这种"实验"显然是"不自然"的，所谓"不自然"就是指这是个由实验者所造出来的特殊例子。这和在平斜板上滚球来实验引力性质上不相同。后者并不影响引力现象，而前者却影响了雇佣关系。

我在史国衡先生所著《昆厂劳工》的后记里曾介绍过哈佛大学工业心理研

究的失败经过。在这里我不必重述。他们失败的原因也是在忽略了"实验"本身把所观察的对象的性质改变了。他们所观察的是"在实验中的现象",是被实验者所造下的特殊情境。

说社会现象的研究,不能像研究自然现象时一般有个"实验室"是有根据的。可是这根据也有限度。其实,上述的例子也只说明了社会科学"实验室"的困难罢了,并不是说绝不可能,所以我说否定社会科学可以用实验方法的是似是而非。

又有一种见解认为我们直接去观察正在发生的社会现象时,观察者自身总会影响到被观察的现象。譬如说,你拿了个照相机去拍个狂欢的宴会镜头。当被摄的人知道了你要照相时,他的笑容立刻会变样子了。我对此是极有经验的,每次我在乡村茶社里要想照相时,茶客们都会不约而同地"正襟危坐"起来,大煞风景。他们会做出他们认为"应当"的行为,而改变了他们常态的行为。这就是说,观察本身改变了被观察的现象。

于是,问题是怎能使不受观察影响的现象进入我们观察的范围呢?有人回答说我们只能从某一现象所发生的结果中去推测现象的本身,这是用历史材料的理由。我们从炉灶的设备中去推想他们煮饭的经过——社会现象只能间接去捉摸而不是逼视。因之考古学和历史学成了社会科学所能根据的材料的供给者了。

这种见解也有它的理由,但是并非没有缺点。许多历史材料,实物的和文字的,能遗留下来的,也经过一套选择作用,使我们并不能充分地了解当时的社会现象。譬如古物的保存大多限于贵重的。我们可以发掘出来的常是极少数皇家、豪门、富室的古墓,从这些遗物中就无法了解当时平民的生活。再推得古些,我们可以找到石器,但是关于使用的技术,社会组织和信仰就无法推测了。利用这些材料固然可以避免观察者影响被观察的现象的弊病,但是我们依旧不能像自然科学一般控制要观察的对象。在不充分的材料中去猜测现象的全貌,不免混入主观的臆度。这是普通历史哲学的通病。

社会科学并不能有像自然科学一模一样的实验室,那是没有人能否认的。人不能和猴子一般关在一个小岛上加以系统的观察。但是,如果说社会科学研究者并不能控制他所要观察的现象,那也并不完全正确的。其实不过是控制的技术问题,而不是能不能控制的问题。

在物理实验里用斜面滚球来实验引力,如果我们仔细想一想,我们也加入了一个"实验"本身的因子在这过程中,就是那块斜板。为什么斜板这实验因子并不影响所要观察的引力现象呢?那是因为每个实验者都明白所加入的斜板在实验中的意义,他可以在计算球动的速率中考虑到这斜板的因子——换一句话,所谓实验并不是孤立现象,那是不可能的,而是把所有发生作用的因子都加以充分的考虑的意思。每一个化学的实验,最费时间的常是准备工作、擦玻璃杯、挑选仪器等等手续。为的是他要确知实验的情境,然后可以控制观察。

观察社会现象时,如果我们能确知观察情境各种因子对于被观察现象所起的作用,我们同样可以达到自然科学的实验中所具的条件。在技术上,观察社会现象比较自然现象为困难。社会现象并不限于人的动作,而且包括动作者的动机;动机又受着动作者所接受的那一套认为应当如是的规律所支配;这套规律是社会所共有的,而且是在时间里累积下来的——这是人的生活适应于他所处的具体环境的方法,是在人和物的接触中,在动作里,给人的满足与否的结果里,选择和淘汰出来的,而且也永远在变动之中——在这里我们可以见到社会现象有着不能分的两部分,一部分我们可以在体外看得到的,另一部分,在体外看不到的。这第二部分必须由经验者本人用语言表达出来,才能使在旁观察的人明白。观察社会现象的困难常发生在第二部分。

当然,就是第一部分的现象,我们也时常得借助于语言的材料。譬如,我们要知道的事已经过去了,我们不能在时间里倒流,只有请问看过这事,而且还记得这事的人,叙述给我们听。也有些事情不便直接观察的,得靠有此经验的人口头的报告。在社会调查和研究的过程中,语言材料是极重要的。因为这个情形,调查者或研究者必须顾虑到口头的叙述和实际的经验是否相合,也是所谓是否吐露真情的问题。

在这问题下有几点应当注意的:

一、这人是否有此经验?——如果你向一个从来不下田的秀才先生问许多关于农作技术问题,他必然茫然不知所对,或是信口胡说了。

二、回答你问题的人,是否明白了你的问题?——你如用了书本上的术语来询问一个老乡,他必然无法回答或尽是答非所问。这是很容易犯的毛病。最简单的"单位"好像亩、担、斗等,各地不同。我们很容易用了自己的单位去问当地的人,而结果可以使我们调查结果完全和事实不符。

三、你所问的问题,对方是否愿意回答的?

甲、当地风俗的限制:在乡村里问人家,"你有多少田?""你的太太是不是和你睡在一个床上?"等是得不到回答的。不但得不到回答,而且给人难堪,把你看成"没有规矩"。这一类的问题得拐弯抹角的间接问。答者并不是不肯告诉你,而是不好意思直接回答你。

乙、受着利害关系的限制:人家打失了一只鸡,你知道是谁拿了去,你如果问他:"你拿了人家的鸡么?"他不会吐露真情的。说了真话,他会被人说贼了。即使他相信你不会声张出去,也不好意思在你面前说,"做贼"的名义是对他不利的。

四、他是否还有意要骗你的?——如果你是个政府派下乡去调查壮丁的,你决不容易在每一个人那里得到愿意告诉你的真话,都想骗你。你可以得到各种谎语,使你调查的结果反而有害于事实的认识。这一点是我们中国所有官方统计失去价值的重要原因。其实不但是官方统计绝不易可靠,甚至许多所谓"学术"的报告,也犯此弊病。那些在乡村或工厂里去调查的学者,利用着官方的关系去和被调查的人接触。在被调查的人看来是和官吏没有什么差别。他们不明白"问话"的作用,多少要防一点。于是调查者会发生"农民最不愿意将他的秘密告诉你"的印象了。很多指导调查的人把"调查技术"弄成了"斗智""骗取口供"之类的方法。我是最反对这种训练。因为,我在经验里认识,如果"斗智"的话,调查者是很难斗得胜的。

让我举一个例子作一插曲。我在云南乡村作研究工作时,那些乡村里朋友告诉我说:前几年政府里派过人去"调查"过(是农村复兴委员会派的,后来还出过一本《云南省农村调查》),他们笑着说,那位委员真是个傻子。他问说:"你家里有几只鸡?""四只。"——"有几个鸡蛋一天?""没有。"——"怎么会没有,不要骗人!""委员,我这四只鸡都是雄鸡呀!"——说得全体都高兴笑了。委员们自以为聪明,乡下人当面给他自尊心的满足,背后却在哄堂大笑。

谈到这里,我愿意提出最重要的问题来了。那就是社会现象的研究工作里观察者必须和被观察者取得充分合作。合作还不够,必须不分观察者和被观察者而大家一同来分析大家的经验。这样我们才能避免"骗取口供"之类的调查技术，使理论和事实融合在一起。

我在上边已说到科学的观察必须充分确认现象发生的情境，顾到一切会影响现象的因子。这是实验的真正意义。观察社会现象时，因为语言材料的重要，最容易影响叙述现象正确性的是调查者和所要观察的现象的人事关系。有些不肯正视这关系的学者，只提出一个"客观"的空洞概念。但是"客观"是什么意思呢？是指和观察的现象没有兴趣，或是没有关系么？这是不可能的。

一个人去观察一个现象必然是有兴趣的。你自己可以闭了眼睛，不问这问题，可是被观察的人是不会不问这问题的；你不能不和这些人接触，谈话，问问题。这些人必然要问："这人为什么要来问我们呢？"——这问题问得对的，因为一切调查的结果必然会影响到被调查者的生活的，不论是好是坏。你说"客观"，人家不能承认，而且人家是对的，因为实际受到影响的是他们，他们不能不防。于是调查者逢着"秘密"和"撒谎"了。其实被调查者的"秘密"和"撒谎"是调查者的"秘密"和"撒谎"的反映。人事很像镜子，你对别人的态度反射成了别人对你的态度。

科学的社会研究第一是要认清自己的立场和目的。如果你是想去敲诈被调查的人，像特务一般，那么你决不会得到可靠的材料的。天下没有不知道自卫的人。社会科学决不能从"斗智"的方法上得来。换一句话说，社会研究必须是站在被调查者的利益上。你如果要研究乡村，你必须同情农民，为他们服务，你的研究结果必须是有利于农民的。不但你存心是如此，而且你要用事实来证明，使农民能相信你。这时候，你绝不必担心人家在欺骗你了。正像一个医生对一个病人，病人没有理由去欺骗医生，正因为欺骗的结果是自己受害。

一个研究的人要在别人的叙述中去知道自己没有直接观察机会的现象，所以他是站在"不知"的地位，被问的是站在"已知"的地位。前者对后者是"学习"而不是"拷问"。态度上应当是"尊重对方"，"执疑待决"。这种态度必然会引起对方的尊重和友谊，因而乐于帮助你。

如果你问的问题正是被请教的人自身感觉到的问题，他在你的理论提示之下，整理他自己的经验，从而得到了大家所要得到的结论。譬如说，你对于人口问题有兴趣，因为你觉得人口的众多也许是中国农民生活程度不易提高的原因。要提高生活程度是农民自己的兴趣。于是你可以从这共同的兴趣上开始讨论了……你可以先讲明人口和劳力的关系，农业技术决定着劳力的需要，于是也决定了人口的数目。这说法对不对呢？农民有经验，可以告诉你种田是怎么种的，为什么那个时候，在那一块田上要多少人工……事实的分析使我们知道了农业技术，劳力使用等等现象了——这种讨论一直可以使你知道他们的性生活，也就是在普通情形中不愿讲的题目。结果你可以从这些事实证明或否定你开始的理论。

这种调查就是我所谓根据共同兴趣合作分析各人的经验。用这方法所得到的材料是可靠的，不发生欺骗的问题。一个人不知道的，他会去找知道的人来加入讨论。有时，农民会拉着你讨论，问你的意见。于是研究者和研究对象融合了——这样才能确切明白影响现象的各种因子，加以适当的估计，也做了控制观察的程度。那是社会科学的实验室。

社会科学的实验室是社会本身，当这些人自觉地要明白他们的问题时，他们会贡献各人的经验，分析的材料，当他们参加分析时，他们才明白经验的重要，更努力地贡献材料。

我相信社会科学是可能的，所能用的材料不必只限于历史的遗言，我们可以在当前的生活中去追求社会学的原则。但是要实现这一个可能，先得彻底改变我们现在那种由某一个人去"骗取"另一个人的"口供"的方式的调查方法。除非有一天，社会科学和自然科学一般成了有利于大众生活的工具时，我们才能希望有社会科学的实验室。那时候，社会科学才能确立。

这是我读了《略谈社会调查》之后的一点意见，很散漫的记了下来，希望和读者商榷。

1947 年 10 月 10 日

原载《读书与出版》1947 年第 10 期。

真知识和假知识

——一个社会科学工作人员的自白

最近因为《观察》社要出版译丛，向我征稿，我翻出了一本已经很久就想译的书，那是三年前哈佛大学 Elton Mayo 教授寄给我的他的一本那时新出的著作。书名是 The Social Problems of An Industrial Civilization。我重新细细地读了一遍，有许多以前没有觉得重要的地方，这个时候读来却使我感触横生，不能自已。

该书的第一部分是讨论"科学和社会"。第一章《进步的暗淡面》里提出了一个对现阶段社会科学的批评。大意是这样：一切科学都是在人类应付具体情况的努力中发展出来的。在我们需要利用物资来满足我们的欲望时，我们不断地和物资发生接触，把物资的性质摸熟了，这些经验经过逻辑的推导，经过实验，形成了有系统的知识，才成立为一门自然科学。凡是能帮忙我们解决实际问题的科学，好像物理、化学，没有不是从这基础上生长成年的。

这段话里特别应当注意的就是：科学是人类负责解决实际问题里发生的，也必须实际上能帮助我们解决生活上的问题。

但是社会科学的起兴却并不如此。他说："社会科学只羡慕别种科学的成就，但是不幸的是眼高手低，以致在表面上做工夫，搭出了不少空中楼阁。一步步，实事求是，从简单可靠的技术上求发展的精神，即使还有，也被一阵虚妄的气色所掩住了。"这些名为科学的学问，却是本末倒置，不从实际应付人事的经验中找它的基础，反而从逻辑的推考里去建立它的理论系统。他又说："社会科学已很发达，但主要的却是学院性的习题，叫学生们怎样去写书，你的书讨论我的书，我的书讨论你的书。就是这样互相费笔墨来争论……他们读书本，在图书馆里埋首终日；他们在古旧的公式里转圈子，和推陈出新的应付实际人事的技术无关;既没有像医学一般有临床的实习,也没有像自然科学一般有实验室。"

这段话在我念来是太亲切了。我在大学里念的社会学不但是书本,而且是外国书本。靠了我会坐图书馆,记得住书名和人名,我能应付考试,在学校里被视作不坏的学生。这一套本领虽则在当时的教育制度中给我占了不少便宜,但是对于我在社会里实际的生活究竟有什么帮助呢?承蒙别人把书呆子的名义宽容了我在人事上的盲闯。在个人说,只要书呆子还有职业,也不妨长此在社会边际上活下去,但是顾名思义,社会科学是以有助于解决社会问题自命的,那样说来,实在只有自愧无地了。有人说笑话,念心理学的常常会有点心理变态,念社会学的常常会是最不通人事的人,前半句我不敢说对不对,后半句似乎很正确。

为了要摹仿自然科学,我出了学校之后,一直在想社会科学是否也有实验的可能。我最初的回答是不可能的,所以退而求其次,提出了实地研究的方法来。这方法是一般人类学家所采取的。意思是你要想了解一种人的生活,就是和这种人当面接触。不但要和他们谈话,而且要和他们一起生活。为此我曾在各个农村里住过。虽则没有做到"一起生活",但是多少做到了较长期的当面接触。这类接触的确可以给我们对这些人的生活有观察的机会,但是问题是:观察些什么呢?

这问题不但跟我下乡的朋友要时常问我,我自己也不能逃避它。如果我是一个被雇的调查员,手边有张表格要填,那就容易了。而我又认为这种工作不是研究工作。以往我对这问题的答复是在书本里找理论的线索,书本的知识我并不缺乏,人类学和社会学的理论中有许多问题存在,尽够我们去翻覆辩论。我最初的研究工作是以 Tawney 教授在他书中所提出有关中国农村经济的理论作底子的,然后在实地观察中去证实或否定他的说法。我所写的《禄村农田》,及我在云南所指导的若干研究都是这样做成的。

我想我这样做,一方面固然比了"我抄你,你抄我"的研究方法可以说是进了一步,但是另一方面,我研究出发点却还是书本,而不是身受的具体问题。等到我在最近几年被这时势迫到非面对具体的切身问题不可时,我才发现这种研究方法大有缺点了。

这缺点和自然科学一比就可以明白了。譬如我一再讨论乡土工业的问题,在理论上，我觉得我可以自圆其说，在"学术性"的座谈中，我可以侃侃而谈，听的人也可能被我说动，这是书呆子所不会缺的本领。因为任何理论一定有一套前提，有了前提就可以依逻辑推论下去，得到自圆其说的结果。如果推论出来的结果不合事实，论者很可以说那是前提的问题，前提是假定的。一个要应付具体情况的人，就是那些要负责去安定农村经济的人却不能随意挑选任何前提。他是对一种设施的成败负责的，所以他要在理论所发生的实际结果中去认取理论的正确性，并不像我自己一般只要求理论上能自圆其说就可以满足了。这一点是现阶段的社会科学和自然科学不同的地方。自然科学的理论很快地要应用到技术上去，理论所根据的前提有一点问题就可以使飞机翻身。而社会科学呢？论者躲在书房里写文章，负有实际社会责任的人并不考虑他们的议论。这个脱节一方面使社会科学留落在学院的讲坛上，一方面使社会上实际问题的处理还是靠没有系统知识可以凭借的若干不一定有效的个人眼光和经验。这还是"英雄"的时代，不是"计划"的时代。

说到这里让我回到 Mayo 先生的那本书罢。经过了上面一番考虑，下面一段话读起来真是语重心长了。他说：

> 医生对病人负责任，化学家对他的方案的成功负责任。一切科学的企图里，虽则失败多于成功，我们可以看到，责任的接受和技术的发展是相伴而行的。我们这里所谓技术和文字上、辩论上的技巧不相同。这些口头上的花样，几千年来老是在争论和引用权威的名言中打圈子；很少取材于生活的事实。当前学校里通行的政治学教本还是满篇亚里士多德、柏拉图、马基凡利、霍布士的名言摘录以及别的书的作家的理论转载。化学家怎样会引用沙尔士和其他炼丹术士们的旧话呢？他所说的是根据他自己的技术和实验里能表证的能力。在社会学和政治学里似乎并没有同样的在一定情境和一定时间里去表证一项有用的技术的能力。我认为除非他们接受了去应付一个人或团体所构成的人事情景的责任，他们是不会有这种能力的。一个善于打牌的人并不只在事后长于讨论应当怎样打法，而是在句输赢负责，在台面上认真打牌。讨论和分析对于一个初学的人可以有帮助，如果他是准备上场参加赌博的。社会科学将永远像古代童话的辛得勒拉，被异父的姊妹们所虐待，一直到她穿着珠宝拖鞋，走上她冒险的路程。

我不避冗长地引用这段话，并不是"知法犯法"的去表证社会学者只会摘录名言。我想借这段话来说明科学和社会责任的密切关系。因为到现在还是有很多自称为学者的人，以清高来掩饰他的怯弱，把学术放在社会之外，忘却"责任"和"知识"的不能分离。所谓责任就是一个理论的正确与否必须在事实里表证的意思。打牌有输赢，打牌的人才认真，不然的话，他可以每次都做清一色，做不成反正没有关系。

从"责任"两字我认出了自己以往所做的研究工作的缺点了。我所研究的问题并不是从中国人民生活本土里发生的，我是用西洋学术里所发生的问题来指导我的工作方向，决定我所要观察的对象。我的文章可以发表在英美学术刊物上，引起英美学者的兴趣，但是和中国的实际情况，即使不是毫不相关，至少也是隔膜的，间接的，无关宏旨的。当然，我这种自责也可以应用到当前中国其他的学术工作上去。如果我说的是真话，这确是有关中国的学术的前途的大问题了。当这个学术界的活动特别热闹的季节，让我提出这问题来请关心学术前途的朋友们大家检讨一下。

我相信在目前的局面中，大多数的知识分子已经多少觉悟到自己对这局面无能为力的痛苦。我们似乎已被这大社会抛在冷宫里，说的话都是空的，没有人听，更不会转变局面。从客观立场看来，可以说现在中国的知识分子，尤其是学术和文化界的工作者，已失去了领导社会的能力。这种情形固然可以说是"秀才遇着兵，有理说不清"，但是回过来看，我们这些秀才们是否应当想想：我们的理为什么人家不听呢？是不是这些秀才先早就放弃了责任，没有把自己的理配合到社会生活上去之后，才使天下皆兵，各自从"试验—错误"的公式中寻求自己的路的呢？

说起来提倡科学已有了相当年月了。社会科学等一类名字也早就传来了。但是为什么到现在这些"知识"并不发生作用呢？很清楚的，现在的"兵"，对于制造飞机的"知识"，一点也不敢低视的。开飞机或坐飞机的人不能不听秀才先生所说的"理"，不听的话，就可以有性命之虞。但是对于经济学的"理"却显然不听了；甚至最近报上说上海有些洋商表示"经济问题还得依经济原理来应付"的希望。这个对照不能不使我们考虑到中国的社会科学本身有没有毛病的问题。依我上面所说推出来的回答是中国的社会科学和中国社会的实质并没有靠拢。因为社会科学里面所供给的知识并不能直接在中国的实际情况中表证它的正确性，以致这套知识一直被关在图书馆和课堂里。

有人说学术是没有国界的。这话自然是不错的。真理应当到处正确。但是问题是在应付每一个由历史和环境所构成的实际情况时所需要的"原理"却不相同。在纽约市场上，或是苏联集体农场上所实验出来的"原理"本身可以有超越时空限制的正确性，但是我们却不一定能用它来作应付中国经济问题的指导原则，因为所应付的实际情况不同，也就是说前提中所包括的条件不同。前提中所包括的条件是应用一个理论的根据，而这些条件，在社会现象中却是由历史和环境所形成的。硬要用一个在别的情况中归纳出来的原理去应付另一个情况里所发生的问题就犯了普通所谓"教条主义"的毛病了。而一个负有处理实际问题的责任的人决不能为了理论而自甘失败的。当理论不足以指导行动时，负责的人必然会另求靠傍，有的流于迷信，求神问卜；有的固执意志胜于一切的英雄主义；有的一任运命去摆布，心存侥幸。这一切都是缺乏"真知识"的结果。

一个社会科学工作者面对这个局面似乎应当有一番自省了。我决不愿把这历史的罪过加上这根基本来就不深的社会科学工作者的肩头，累积这一套有系统而且可以作应付实际情况指导的知识，原不是一朝一夕的事。但是，如果在这检讨中能发现自己以往的错误，也正可以从此走上一条比较正确的道路。我自己的反省使我感觉到社会科学如果要在中国发生它应有的作用，至少要做到以下几点：

一、研究的问题必须要接受当前社会生活中所发生的实际问题。

二、研究的材料必须要是直接在实际生活中得来的观察。

三、研究的结果必须要用来去应付实际的问题，在应付实际情况里去表证或否定一项理论的正确性。

要实现这些条件，研究工作的形式也必须改造，是必须把学院和社会切实沟通，研究和行政打成一片。当然我明白目前的环境还不允许这种改造，但是我很相信 Mayo 教授所说的：除非社会科学者接受了处理社会的责任，社会科学将永远空洞无物，无关宏旨，而且将永远是个没有穿着珠宝拖鞋的辛得勒拉，也永远将受异父的姊妹们的虐待和藐视。

1948 年 9 月 26 日

原载《中建》1948 年第 6 期。

二十年来之中国社区研究

今天我讲的题目是《二十年来之中国社区研究》，其实，中国的社区研究还没到 20 年。最初 community 这个字介绍到中国来的时候，那时的翻法是用"地方社会"，而不是"社区"。当我们翻译 Park 的 community 和 society 两个不同的概念时，面对"co"不是"so"成了句自相矛盾的不适之语。因此，我们开始感到"地方社会"一词的不恰当。那时，我还在燕京大学读书，大家谈到如何找一个贴切的翻法，偶然间，我就想到了"社区"这么两个字样。后来大家采用了，慢慢流行。这是"社区"一词之来由。

一个新名词的采用代表一种新的概念和新的研究。

在从前，许多有关社会生活的调查研究，都只局限于一方面，或某些方面。如人口调查，生活程度调查，贫穷调查等。这种调查，都是头痛看头，脚痛看脚的办法。社会上出现了某种毛病，于是在那种病状上调查分析，找那种病的病源。但是，一个人的头痛并不只是头部出了毛病，常常是全部机体出了毛病，或者是其他器官、系统发生问题，牵连到头部。片面的与局部的研究，不只是认识不到全貌，而且找不到根源。研究社会，必须眼观八方，处处顾到，把社会当做一个完形的整体而分析研究。不过，一个庞大的社会全面地研究起来是太困难了，于是挑这一较易于观察的较小地区去研究，这种研究就是社区研究。每个社区有每个社区的完整性及其特性，研究了一个社区，只能说对于一个社区了解了，但没有对于大社会的代表性，因而也缺乏普遍性。

第一次大战间，有几个人类学家被关在小岛上，有马林诺斯基和布朗。在幽禁的几年中，他们和当地土人发生了密切接触，熟悉他们的生活习惯，风俗制度，写成了几本大书。这种调查研究的方法称之为 intensive field research，和过去的社会调查不同，研究者必须亲自参加所要调查的社区生活，在实际的亲切的体验和观察中，了解一个社区。

派克第一个把这种方法介绍到社会学里来，应用到芝加哥的城市研究上。芝加哥是个大都市，范围还嫌太广，于是又有 Lynd 的 *Middletown* 的调查研究，把一个市镇的各方面都包括在里边，接着又出现了各个市镇的调查研究，如 White 的 *Plainville* 等。

过去的人类学趋势，那是就今日的人类学家看来，文化无所谓高下之分，初民文化并不就是野蛮，现代文化并不就是进步，人类学研究范围上的人为界限因之打破，人类学是要研究不同的生活方式和不同社区，不仅研究初民文化和初民社区，还要研究现代社区和现代文化，这种人类学的社区研究方法介绍到中国，形成了中国社区研究的主流。

但有一个问题发生了，社区研究只是限止在较小范围的个别社区上，每个社区有每个社区的特性，如何综合不同的社区研究，形成对于一个社会的普遍了解呢？应看这种需要，遂有比较社区研究出现，就是在不同的社区研究间总得预先规定一个理论，或一个主题，一个现象，看它在不同社区中，有什么表现方式，不同形态，不同发展，在这些不同中，加以比较参照，归纳出一个较为普遍的东西，这就是 type。这比单纯的社区研究就更进一层了。

1948 年 10 月 16 日

原载《社会研究》第 77 期。

农村调查的体会

今天，我应北京市社会学学会的邀请，来做一次有关社会学的讲话。这也是中国民主同盟交给每一个从事学术工作的盟员的任务，推广自己这门学科的知识来为四化服务。我事先没有准备，也没打底稿，随便和大家谈一谈。雷大姐给我出了一个题目：《什么是社会学？》社会学在中国各大学已经停止了近30年，现在要恢复这门学科，总得讲一下它是什么东西吧！但是要回答这个问题并不那么容易。如果搬几个定义，比如说："社会学是研究社会的学科"，或是"社会学是研究社会现象、社会问题的学科"等等，实际上并不能使听的人明白这门学科究竟是搞些什么的。所以我想不要从定义出发来讲，而采取现身说法的办法，讲一讲我自己搞过些什么研究，这些研究也许可以说是社会学的研究。当然社会学的研究比我所要讲到的范围还要广大得多，我没有讲到的留着给别人去讲好了。

我不久前曾到我的家乡，江苏吴江县的一个农村里去搞一点社会调查，这个村子我给它一个学名叫"江村"，江苏的一个农村。我对这个村子已经调查过三次。最近我去英国演讲，题目就是《三访江村》。今天我想讲讲我自己做过的社会学的研究工作，不妨就讲讲这三次调查吧。

我今天不想在这里讲这三次调查中看到些什么，只想讲讲我自己怎么会去做这些调查，有什么体会。

我是怎么走上研究社会学道路的

我于1930年来到燕京大学读书，那时雷大姐还是位少女，当我的老师。这已经是51年前的事了。

我原来在东吴大学念的是医预科，准备投考北京的协和医学院，将来当个大夫，给人们治病。后来却变了主意，进了燕大社会学系。这是为什么呢？

当时治病的医生只管看病，不管看人。你去看病，医生只会就病医病，开个方子，不问你家里生活得如何？你的病怎么发生的？我当时想，一个人生了病，不单纯是受了细菌或病毒的感染。更重要的是，他生活贫困，营养不良，各种恶劣的社会环境侵蚀他，使他生病。我们要防治疾病，不仅要着眼于病毒、细菌，必须懂得人类社会、人的因素，由病见人，由人见社会。

到了燕大以后，才知道有社会学这门学科，碰上了社会学系的主任许仕廉，他的一番话说动了我，我就进了社会学系。

刚进门，我也和大家一样，不知道什么是社会学。当时只知道一点，就是我们生活在社会里面，对于这个社会生活本身，我却不是很明白的，只是跟着这个社会走，社会要我们做什么就做什么，怎样做就怎样做，我们并不是主动地在社会里面生活。比如说，我们生了下来，并不明白怎么生下来的。这个提法一定有人认为提得奇怪。其实，仔细想一下，我们一个人之所以生下来，并不是一个自然现象。我们在没有入世之前，事先要人家批准。首先一个条件是，我们的父母要结婚，我们才有资格进入这个世界。没等我们离开母腹，就发生了一连串的社会活动。我们妈妈的妈妈要跑来送鸡蛋，我们自己当然是不知道的。从妈妈的肚子里出来后，可就忙了，要做满月、周岁。我们自己从小就必须按照人家制定好的，固定的一套生活方式去生活。你如果不按照那一套去做，妈妈就会打你的屁股。我们哪一刻能不听妈妈的话？为什么她有这样的权力呢？这些我们全不懂。我们是不知不觉地在按照一套人家规定好的行为模式在生活。

我们学着对人要有礼貌。我小时候见到人要鞠躬，现在要拉手，外国人还要抱一抱，中国人却不兴那样。听说农村里，有一位公公和儿媳一起看电视，屏幕上出现了一双男女搂抱的场面，吓得公公赶忙跑开了，这是不奇怪的。

人和人之间有各种不同的称谓。见了某某人要喊他是什么。我们不能乱称呼人。英国人见了爸爸，可以喊他的小名。比如姓 Brown 名 Robert 的人，他的儿子可以喊他 Bob，而他很高兴，多亲密？可是，如果我的孩子叫我"孝通"，我肯定不舒服。实际上我的孩子也决不会这样喊我。我有个老师叫 Raymond Firth。他在学术上有贡献，封了爵士。人家称呼他为 Sir Raymond。

我见到他还是喊他 Professor Firth,他说:"你叫我 Raymond 行不行?我的儿子都这样喊我的。"我出不了口。过去我们每天早晨一起来,要叫一声"爸爸、妈妈",如果不叫,这一天就不好过了。外国人要互相叫一声:good morning,这是一种礼貌。住在外国的旅馆里,客人们谁也不认识谁,早晨见了面,也要互相说一声:早安。其实,谁管谁安不安呢!像这样的例子很多,在社会中到处皆是,我们都从来不问一个为什么,只是不自觉地执行着。

解放初期,我们见到人不叫什么什么长,而是称同志或先生。后来不知道为什么变了?为什么不叫"长"就不好办事了呢?这个风气是从什么地方刮起来的呢?还有,以前我们应邀到毛主席或是周总理那里去吃顿饭,并没有什么了不起的。后来变了,可不得了啦,请柬到手,马上身价十倍。过去和他们握握手,并没有什么特别受宠若惊的感觉,只是觉得很亲切。为什么变了呢?

有人说,你这个人讲话总是天花乱坠,把芝麻大的事说得老大的。其实这些都是大家切身经历到的家常事,我不过喜欢问个为什么罢了。这一问就问出了社会学来了。

我开始对我们的生活,作为一个客观的对象来研究它,为什么这样?为什么那样?从中找出一套共同的规律。为什么外国的小孩子可以用父亲的小名来称呼,而中国的小孩子却不允许这样喊。这是两个社会嘛!它是怎么出来的呢?什么时候开始变的呢?我认为,这不是偶然的事情,而是社会学要研究的问题。

大家都知道,把亲属称谓作为科学研究对象是摩尔根开始的。摩尔根是马克思、恩格斯十分推崇的一位人类学家。他在印第安人那里生活过,发现那里孩子们对男性长辈都称为爸爸;称女性长辈为妈妈。摩尔根把这些称谓联系上婚姻制度,得出一个社会发展的观点,建立一个社会发展的系统。摩尔根的结论我们姑且不去说它,我只是说,不要小看了这个称谓问题。

一切事物的发展变化,都有它自身的道理。各个民族的风俗习惯,看起来似乎没有什么意义,但却是从一定的社会形态里面生长出来的。我们从这里可以看出一个社会发展总的规律。恩格斯从摩尔根那里得到了启发,写出了《家庭、私有制和国家的起源》这部经典著作。

在社会生活中,人们如果开始自觉到自己的客观存在,对自己的生活进行研究,多问几个为什么,我们对于很多事情的认识,心境就会更宽广一些。有人说:"你这个人是打不倒的。你一会儿戴这个帽子,一会儿戴那个帽子,你还是没有死!"我觉得帽子戴在我的头上,倒可以研究研究为什么要给我戴上这么个帽子,这不是很有意思吗?一个人今天对我这样,明天对我那样,不是可以更深刻和更全面地认识这个人了么?而且还可以进一步去探讨这个人为什么这样变、那样变。通过这些人的自我表演,不但对这些人的面目可以看得更清楚,对人在社会里生活的各种表现不是可以理解得更深入了么?

在那个历史时期里面,许多人的本质赤裸裸地暴露出来了。我们可以看到许多平时无法看到的东西。所以我常说"文化大革命"是认识社会中各种人物的大好机会,我们不应该仅仅是被动地去挨斗,而且应当利用这个机会去认识社会。

人类的社会发展是从盲目走向清醒,从必然王国走向自由王国,这是一个自觉的过程。人本来是自然界的一部分,从北京猿人进化到现代人,这个进程并不是当年北京猿人的头脑里设想出来的。他们的头脑中,不会想像出在北京中山公园会造一座中山纪念堂。他们只是在自然力的推动下发展起来的。他们缺乏自己选择的机会和能力。这话对不对?后来,人逐步从自然界中分化出来,人开始与自然界异化,并且利用自然界为自己服务。人本来是自然界的一部分,可是人要利用自然,支配自然。人可以懂得并逐步掌握客观的自然规律,来为自己服务。这里面发生一个根本性的变化,文明世界出现了。人之异于禽兽者,就在于这个地方。就是因为有了文化嘛!这里有一个漫长的历史过程。至于人类自己认识自己,人的自我发现,那是很迟的事情了。在西欧,属于文艺复兴时代。到那时,西方的人们才从上帝那里解放出来。把人们的社会生活作为客观存在的研究对象,打算利用社会的客观规律来为人们服务,那是更近的事了。到这时才有社会学。

50年前,我对社会学的理解,只是朦胧地感觉到:我们不能这样糊糊涂涂地生活下去,得问个为什么?于是走上了社会学这条道路。我进了燕京大学社会学系,但是上了课,对老师们在课堂上讲的东西,老实说是很不满意的。例如,课堂上讲了芝加哥的流氓集团,那倒是很有趣,可是,我没有到过芝加哥,更没见过那里的流氓。学校里讲了许多外国的东西,不能用它们来理解我们自己的生活。于是,我们几个青年人提出一个口号:社会学要中国化。这就是说,要我们去看中国自己的社会。但怎么去看却是很朦胧的。当时有的老师搞了些社会调查，但是我们学生对这些又不太满意。他们调查来的是很多枯燥的数目字，并没有说明这些数字有什么意义。譬如说，调查数字说明，清河一带农村的家庭大多是五口之家的小家庭。这说明什么呢？而且听说中国过去多是几十口人的大家庭。为什么现在这里是小家庭呢？我国有没有大家庭；大家庭在哪里？为什么如此？这些数字并没有说明这些问题。于是，我们几个青年人商议要自己深入到社会里去做调查。

当时，我们几个人还不懂得马克思主义。但是，我们为了了解中国国情，到下边去亲自做调查，在这一点上，还是合乎马克思主义的。马克思主义讲的是实事求是。毛主席所以对中国和世界做出这么大的贡献，我认为，就在于既掌握马克思主义，又熟悉中国的农民。中国历史上曾经发生过许多次农民运动，这是推动中国历史前进的重要因素，但是都没有彻底改变中国的封建社会。毛主席运用马克思主义的理论，识透了中国农民的力量，了解农民的想法和愿望。他从实际观察上升到理论，制定出正确的方针、政策，使我们获得了解放，推倒了三座大山。这是毛主席的丰功伟绩——当然，这不是他一个人的功劳，是一代人共同努力的结果。

我们当时没有学习马克思主义，现在看来是我们的一个很严重的缺点，但是我们有志气要对中国社会进行亲自的调查研究，这一点是应当肯定的。有了这个志气，也使我们后来容易自觉地要学习马克思主义了。

初访江村——1936年

我们这一批人，为了观察、认识中国社会，决心到下面去搞调查。这是抗战发生前几年的事。初访江村就是一个例子。

就我个人来说，1935年，我从清华大学研究院毕了业，由于考试分数较高，可以公费留学。我有位老师，是个俄籍教授，他的中国名字叫史禄国。他是研究中国满族、通古斯族及西伯利亚少数民族的专家，最近我去英国听说现在苏联很推崇他，并为他恢复了学术上的名誉。他对我说："你不要冒冒失失地到外国去。沉着一点，手上有了点东西再出去。"现在有些研究生什么准备也没有，空着手，一阵风跑到外国去学习，照我看是不容易有太大收获的。

这位老师叫我到下面先去做调查，然后再出国。于是，我挑选一个少数民族地区作为调查对象。人们很难在自己熟悉的环境里发现什么东西，因为都是见惯了的东西。如果到了一个很生疏的地方去看一看，就会感觉到处都很新鲜，奇怪，迫使你问个为什么？我到少数民族地区去搞社会调查，就是这个原因。于是，我们出发到广西大瑶山去，这地方现在是金秀瑶族自治县。

我从瑶山出来时，我跌坏了腰腿，和我一起去调查的前妻没有生还。我到广州治病，然后回到家乡休息。

我有个姐姐，她从14岁开始学蚕丝，在一个女子蚕桑专科学校里读书。这个学校的校长是位很有远见的人。他认为这个学校应当帮助农民用科学方法去养蚕。现在的话就是要用现代科技知识为农民服务。我姐姐今年78岁了。她从这个学校毕业后，去日本留学回来一直在农村里帮助农民养蚕，制丝，直到现在，她的情绪还是很高。当前我们提倡科技下乡，而有些青年却愿意搞大项目、搞尖端科学，这些当然也需要，但不能忽视日用科学，特别是8亿农民需要的农业科学。

农民不懂科学，养的蚕经常生病，一批一批地死掉。土法缫的丝，质量不高。这时，日本的蚕丝业兴起来了，用科学方法提高技术，他们生产的生丝，把我们的市场夺走了。首先倒霉的是我们家乡的农民，他们耕地少，一向依靠养蚕的副业维持生活，丝业衰败，他们的生活就困难了。所以这个学校的校长把学校当作基地，派出学生去帮助农民科学养蚕，受到了农民的欢迎。今天，江苏、浙江蚕丝业的基础是这些人打下来的。

当时农民养蚕卖茧，商人以低价收购去，卖给上海丝厂，中间的剥削很厉害。农民辛苦一年，收入很少，于是，我姐姐她们帮助农民自己联合起来办了一家合作丝厂，集体经营，我觉得这种做法在当时对农民是有利的。当然，办一个合作丝厂，摆脱了商人的中间剥削，并不能根本解决农民被剥削的地位，因为制了丝，还是要卖给资本家，还要受资本家的剥削。这一点，我们当时并不太明白。

我利用养病机会，住入了这个村子，见到人就问长问短，进行我的调查，并且做了记录，搜集到许多资料。出国时，从上海乘轮船赴欧洲，在船上生活了近一个月，等到达英国时，底稿已写了出来。我在英国念书时，就用它作毕业论文，后来出版书名《江村经济》。这本书是我50年前写的，现在看来自然是不成熟的。但在当时，这本书却在人类学界里引起了人们的注意。过去的人类学研究的对象都是落后地区的民族。而且是白种人去观察非白种人，殖民者去研究殖民地人民。在这一点上，我是中国人研究文化发达的中国农村，在方法上为人类学开拓了一个新的领域。

我研究的结果认为帮助农民去改良蚕丝，并不能解决中国的农民问题。所以在那本书的结尾处提出："必须要解决土地问题"，但是如何解决中国当时的土地问题，我还是不太明确的。那时，我只达到同意孙中山先生的"耕者有其田"的水平，没有理解不经过新民主主义革命，根本推翻封建制度，中国的土地问题是不能彻底解决的。

后来，抗日战争爆发了。日本人侵占了这个地区。他们到达这里后，首先把几个丝厂全炸毁了。他们不允许中国人拥有蚕丝业。于是我们惨淡经营的一点点蚕丝业，遭到了毁灭性的打击。这又使我认识清楚不把帝国主义赶出去，中国农民翻不了身。

重访江村——1957年

1956年，新西兰文化代表团来华，周总理接见了他们，我也在座。有一个代表是我在英国的后期同学，叫格迪斯，现在是澳大利亚悉尼大学人类学系主任。他向总理要求："我能不能到当年费孝通调查过的村子去看一看。"总理说："很好，你去看看，和解放前的社会比较比较。"他去了一个星期，写了一本《共产党领导下的中国农民生活》。那时正是农业合作化运动接近完成的时期。

1957年，我在中国科学院经济研究所支持下带一些人再次去江村做调查，住了一个多月，搜集到的材料不少。回来后，《新观察》杂志社叫我赶快写出几篇文章在他们的杂志上发表，于是我写了一组《重访江村》。没有等到第三篇印出来，我被划为右派了。当时我的观点，是首先应当肯定解放以来在农业上取得了极大进步，但也必须承认农民的收入并没有增加多少。手上没有钱，副业没有开展。这个地区人多地少，不搞副业，农民是富裕不起来的。这时候，"以粮为纲"的风开始刮了，我的论点与此违背，罪莫大矣。此后的事，就不必再提了。

在一个相当长的时期内，这个地区非但没有发展副业，反而砍了桑树，种了粮食。这个地区推行三季稻，农民很累，粮食是上去了，亩产接近千斤。可是"增产不增收"，投资多，收益不大。农产品和工业品有剪刀差，没能调整好。农民没增加收入，生产积极性提不高。60年代，全国农民每年平均收入只有五十几元；这里农民好一些，有一百一十几元，算是高的了。十几年来在这个数目上下徘徊再也上不去。

"文化大革命"中，杭州的几个丝厂生产没人抓，于是农民又回到老路上去，用土法缫丝。一直到三中全会之前，仍是如此。

三访江村——1981年

二访江村的结果是挨了个大批判，我并不因此泄气。我不认为自己的东西都是对的，必然有许多不对的地方。科学，是实事求是，是逐步发展的东西。从不懂到懂一点再到多懂一点，要好几代人的努力。如果认为我们几个人搞了一些调查，把人间的秘密全给抓住了，那是自欺欺人。要认识实际必须经过实践的多次反复。所以我认为有些批判是很好的，我的一些看法确实有局限性。主观上想给农民办些好事，做出来并不一定就会好。我们应该严肃地对待人家的批判，正确不正确，历史自有公论。

同时我们也应当坚持真理。我现在仍然这样认为：在江村这个地区，只讲农业单一经济是不行的。"以粮为纲"不能解决农业的全部问题。当然也不能倒过来，忽略了粮食的生产。我只是说，单纯去搞粮食是不能发展这个地区的农村经济的。

我今年70岁了，一直有一个心愿，再到江村去看一看。我在生命道上余下的时间不会很多了。如果没有意外，也许还可以有七八年为大家做些事情。时间急迫，只有几千天了，一天是一天！我盘算一下，至少要做两件事情，还两笔债，一是到江村这个地区，把那里的情况好好研究一下。这一个普通的农村，半个世纪以来，已有几次调查，留下了一些比较材料，这是很可宝贵的。我们如果在这个地方继续调查，有可能从这小窗口看出中国农村在过去半个世纪里的变化。对于我自己来说，家乡父老们是欢迎我的。他们熟悉我，相信我，愿意向我谈问题。这一点，不能小看。这在资本主义国家是办不到的。在精神文明方面，我们不要妄自菲薄。在资本主义国家里，谁肯向你讲这么多问题?每交谈一次你都要出钱。我们和农民的利益是一致的,他乐意向你提供情况——当然,这和"四人帮"时期的所谓"外调"不是一回事,那不是调查,而是逼供,是犯罪行为。我们和农民心连心,他们向你讲真话,如同病者向医生讲话一样。我们搞的是属于人民的人类学,它的科学性超过资本主义国家的人类学、社会学。我们当然也有自己的局限性,但是我们在社会调查这个方面确实可以比资本主义社会强些,我们的调查可以更有科学性,但现在还不能说我们已充分发挥了这个优势。

我到江村调查时,人们相信我,知道我的底细,农民也了解我的姐姐,对她有深厚感情,这些也有利于我的调查工作。

我曾夸下海口,这一生中还想写两本书,一本书是《江村的五十年》,一本书是《大瑶山的民族社会调查》。即使不一定是我自己动手写,也希望能看到这样两本书。这两笔债我是要还的。于是我决心第三次到江村去。

碰巧,有一位美国马利兰州立大学的副校长,搞社会人类学的,她是研究亚洲农业问题的学者,走遍了亚洲其他各国,只是没到过中国。她向万里同志要求来华看一看,包括我曾做过调查的那个村子,以便于比较。万里同志批准了她的请求,同意她到凤阳、东北、广州、江村几个地方访问。她约我同去江村,我欣然同意。于今年9月去杭州接她,不料到苏州后,我病倒了,住院治疗。她走后,我还是想自己去一趟;因为英国皇家人类学会邀请我去讲一讲这个村子的变化。10月1日,在我坚决要求下,医生批准我出院。我立即拉着我的姐姐一起去了江村。后来,我们社会学研究所的几位负责同志一齐出动在江村会集。

这个地方,在三中全会以后的三年里面,农民的每人每年平均收入年年增加,已经从1978年的100元左右提高到300元。这个变化是惊人的,仔细分析一下,也不奇怪。单说养兔一项,每只兔一个月里剪下的毛就值1元左右。一家农民养十几只兔子,很简单,只要打些草来喂,小孩子都可以去打草,一个月就有十几元,一年一百几十元。现在,农村里只要找到一项副业,收入就"呼"地上去了。可惜,我们的兔毛还是作原料出口,外国人纺成高级毛线、毛料,又赚我们的钱,这个问题还要逐步解决。那里还有人工养珍珠,珍珠粉可以制造高级化妆品。有两个公社大发其财,每人每年平均收入上了500元。他们说:"我们5年没有收成,也养得起整个村子。"当然,如果社社都养蚌,市场就成了问题。农民搞副业,当前盲目性很大。那里也养羊,和西北不同,既不吃肉,也不剪毛,而是取母羊肚里的胎羊,胎羊皮出口很值钱,做什么用,我们不清楚。

三年间,农民生活大大改观,多数人增加收入很多。过去,我到下面去,有两种反映:一种人见到我们是政协委员,说一套官话,另一种是熟人,一派牢骚。这次去大不相同,农民提出许多要求,如何更好地发展农村经济。他们的话表现得很清楚,就是要把眼光盯住在工、副业上。以前工、副业与农业的比例是1:9,或者稍多一点。现在变化大了,在江村工、副业已经超过农业。附近有些农村,已有80%的人口在搞工业。这是一个值得注意的变化。

中国人口众多,80%在农村。特别是在沿海地区,人口更为拥挤。人口大量转移到城市是不可能的,许多大城市在严格控制人口流入。那么工业布局应当怎样摆布?我们势必发展中小城镇和广大农村的工业。这样才能把一部分农村劳动力,在当地转移到工业劳动中去,这是宏观的看法。怎样发展社队工业,我今后下去还想好好研究一下。

现在农村搞责任制,这是不是又回到个体经济呢?允许家庭搞副业,个体经济逐步发展是不是会把我们的集体经济吃了?这是不是向资本主义道路发展呢?我们应当考虑这些问题,也可以说我三访江村时带着这些问题下去的,我在江村看到的是:

第一条,在农业方面,土地集体所有制我们抓得很紧。

第二条,在江苏,大多地方只包产到小集体。

农业只是一面,家庭副业也只是一面,还有一面是集体经济的社队工业。农村里的工业在现有的条件下不可能建立在个体经济的基础上的。社队工业的发展加强了集体经济的比重。现在要研究的是一个企业究竟要搞成多大规模?如何才最有效益?用什么动力?什么样的经济管理可以把一个大企业分成众多小单位?这些问题是很有意义的。

我到美国匹兹堡钢铁中心参观,看到他们把一些大企业分成小企业。这是因为能源改变了。以前烧煤用大引擎,企业只能集中管理。现在用电,加上标准化,可以使一个大企业化成若干小企业分散管理。我们中国和世界经济竞争的一个最优越条件是,我们吃得起苦,工资低。日本、台湾都是靠这点发展工业的。这是我们的优势,要充分发挥它。不能只靠在土地里生产粮食。工业发展了，农业机械化才能跟上去。目前农村中的拖拉机很多在跑运输。韩丁说："你们为什么用拖拉机拉东西，买两部卡车不是更方便吗？"我们的拖拉机下不了地，只好跑运输，这是因为农村劳动力太多。现在江苏有很多例子表明，工业发展了，农民都想去拿工资，农村劳力也不够了。这时，怎么办？农民就想买机器了。工业发展了，就把农业推动了。我们头脑里总有个农工对立的观念，这是不对的，它们是可以互相促进的。

总的看来，中国的现代化不能抄袭任何一个外国的现代化，这一点三中全会讲得很清楚。邓小平同志说，要搞中国式的现代化，到 2000 年，生活水平要翻两番，250 元到 500 元，500 元到 1000 元。这是了不起的。中国的整个面貌就会大变。对我们所调查的江苏农村来说，这已可说是现实。这里因发展社队工业已经使一些农村达到了 500 元这个标准。

农村结构发生了变化，以农业为主的人口变成以工业为主的人口，只是他们还分散地住在农村里。农村的性质也发生了变化，再不是那种落后的乡村了。那么粮食生产能保证 10 亿人口的需要吗？这要从根本上想一想，可不可以降低粮食的消费量，降低粮食在食物中的比重？以日本为例，30 年来，从每人每年吃几百斤粮食降低到了百多斤，甚至几十斤。现在多吃肉，吃蔬菜。人家会说我荒唐。过去有个皇帝，下面闹饥荒，他说没有粮食了可以吃肉嘛，人家说他混蛋。我们吃的肉是从粮食那里来的，猪、鸡等都是吃粮食。没有粮食还有什么猪肉、鸡肉。可是也有不消费或少消费粮食能得到的肉，那就是牛、羊、兔，它们以吃草为主。我们可以发展不必大量用粮食为饲料的饲养业。

从历史上看，汉族历来是以五谷为主要食物的，粮价往往很高。可是现在不同，粮食不到两角钱 1 斤。1 亩地产 2000 斤，能收益多少！如果改种经济作物能增加的收益那就多了。但因我们一定要吃粮食，就不能改种经济作物。我们吃起粮食来真厉害，江村壮劳动力一天三顿干饭，每一个人一天就要 2 斤粮食。人把粮食吃到肚子里，加工成蛋白质作营养；为什么不叫牛、羊加工成蛋白质再供我们吃呢？人家说我的这种议论"太理想了！"我看并不如此。我国有一半以上的土地是草地，多在少数民族地区，畜牧业大有前途。可是现在不去利用，却在破坏。汉族人到少数民族地区去，还是到处开地种庄稼，把许多很好的草地破坏了。经营一块好的草地是很不容易的。怎样发展牧业当然还需要研究，可是我们不能向传统习惯投降。从发展的观点来看，我们这种以粮为主食的"五谷经济"，必须和它告别！

如果大家注意这个问题，把食物结构改变一下，经济结构也会有大的变化。日本人受汉族影响，一向吃米；但现在每人每年吃米降到几十斤，营养反比我们好。我们大家都称赞女排为国争了光，可是女排是吃肉的，不光吃馒头。开飞机的也是要特殊营养品。我们老百姓的营养水平也要不断提高嘛。

三访为时很短。不久还要下去，我们应当更自觉地研究农村发展中出现的问题。有人问我是怎么去调查的。我说：我没有别的方法，只是带着脑筋，带着问题去看。

基本的一条是，要把我们的生活作为研究的对象，对客观存在的东西，多问几个为什么？这样可以减少盲目性。社会主义是一个自觉过程，直到建设成共产主义。这是符合客观规律的。我们已经逐步通过掌握自然界的客观规律，提高了我们的物质的生活。我们社会学者，要养成一种对待社会生活的科学态度，不要靠吹牛来遮盖问题，而要实事求是地处理问题。当然，我今天讲的这些，也还要接受实践的反复检验。我们要不断地发现问题，不断地进行调查，甚至进行一定规模的实验，我们只有这样才可以说得上是掌握了一些社会学的知识。

1981 年 12 月 27 日

本文系作者在北京市社会学学会与北京市民盟市委会联合举行的学术报告会上的讲话。

怎样去了解中国社会

你们北大社会学专业班开学的时候，我有事出门去了，没有来。今天来补课，和大家见见面。见面就得谈谈话，就让我讲一讲怎样去了解中国社会这个问题。

我可以从这次去新疆讲起。在去新疆的飞机上，我就想到了一个问题。我们从北京到乌鲁木齐，一共三个半钟头。飞机速度差不多是一个钟点 900 公里。在飞机里坐着，毫不觉得有什么难处。我通过窗外云层瞭望地面上隐隐约约的山川，想起了唐朝时候的玄奘。他不就是爬山涉水、过草地、越沙漠，在这条路走过的么？我说不清他走了多么长的时间，从西安经新疆的吐鲁番去印度取经。后来我去看了他曾经讲经的地方，现在房子是没有了，但是断墙还在。我就想，那时候这路可不好走。大家知道什么是戈壁，就是沙漠，一望无际，大片大片的地方一根草都没有。我们从乌鲁木齐换了汽车，到吐鲁番，要穿过天山。天山两面都是戈壁，只有几个地方可以种点东西。当时走这路真太艰苦了。什么力量使得玄奘走这样困难的远路死而无怨的呢？显然他一定觉得要追求一种东西，有了这东西可以解决他没有解决的问题，要去取经。这东西在他看来比生命还重要，所以这条路上的困难难不住他。结果他搞来了很多书，进行翻译，这些书在中国文化上有很深影响。这是真实的事情。在我们的祖祖辈辈中，确实有这种人，他们创造了祖国的文化。没有这种人，我们现在不可能有这样发达的文明。

我们看看这张地图很有意思，从黑龙江的呼伦贝尔出去，经过这个大沙漠，这个大草原，从伊犁北部出去，一直到中亚细亚。这条路在历史上一直有牧民来来去去。匈奴就是由此出去欺压了欧洲北方那些比较落后的民族。这批落后民族给匈奴一压，就向西跑，把罗马帝国打垮了。元朝的时候蒙古人骑着马又出去了。结果出了个俄罗斯帝国。在这些人中还留下了完整的尸体在新疆,现在我们叫他们作木乃伊。我们也看到了。千年旧事,历历在目。我说这些话的意思是我们的眼光一定要看得远大一点,胸中要装得下一部历史。有了这样的胸襟,看到眼前的事情时,深度也就不同了。是不是?

我们的脑子里怎么能常想到这些问题呢?这些东西老师是教不来的。在飞机上就没有人教我想到玄奘。我的老师没有教过我。读书不是吃奶,不能等着人家喂。你们当研究生了,要主动地用脑筋想问题。在去新疆的飞机上,有多少人在想这些问题?为什么有一部《西游记》?为什么有个唐僧、又有个孙悟空?为什么他不是人而把他说成是猴子?这都是学问。如果你们认我做导师,我第一道问题就是这些。

后来我们去参观防风林,看坎儿井。我要讲另外一个人,他叫林则徐。大家都知道,他在广州把鸦片烧了,把英国军舰打跑了。但是鸦片战争我们输了。清朝皇帝把他充军新疆。他到新疆干什么,他不是灰心丧气,说自己倒了霉,戴帽子了,被冤枉了,哭哭啼啼。不,他去调查研究,这个地方怎样发展生产,他研究出来问题在于水,有水就行。但是,有没有水?水在哪里?在戈壁的地面上根本没有水,不可能有水,太阳一晒,温度高极了,水都要蒸发了。天山上那么多雪,水到哪里去了呢?到地底下去了。他说,有水就行。水到了地面、见了太阳要蒸发,那就让水在地下流。这就是坎儿井。你们知道不知道什么是坎儿井。人们只知道吐鲁番的葡萄鲜美,不知道这是林则徐留下的功德。林则徐的本领在哪里呢?他处处能抓问题,处处心中有人民。如果他不关心人民生活,只知道做官,他不会去烧鸦片,不会丢官充军,到了新疆也有葡萄吃,他不会让100多年后住在北京的人也能吃得到吐鲁番的葡萄。他关心人民生活,他觉得要发展边疆、要巩固边防非得要在生活上繁荣起来不可。他有一点调查研究的基本功,抓住关键性的问题,能够总结经验。通过实践,通了,一下子推广开来。林则徐没有听说过社会学这个名字。可他解决了群众的生活问题,他的方法就是调查研究。

林则徐有几条了不起的:第一条,他真心实意地体贴人民提出的问题,他有一片血红的爱国心,就是说他有志气。没有志气,我看什么问题都难。第二条就是实事求是,是科学。坎儿井不是他发明的,但是他能向人民学习,用它来解决人民的问题,不光是看书,而是要直接向人民学知识。直接知识很重要,不到社会上去,怎么会知道人民生活上的问题? 要学会观察,看的现象多,还要好好想一想。所以要学会怎样研究问题。

现在我讲一讲我到江村去的经验。这次我是和姐姐一块儿去的。我姐姐40年前在这里推广科学养蚕制丝。老乡们和她是老朋友了。当时和她一起养蚕的人都是六七十岁的老太太了。她一到,这些老奶奶都出来招待她。我们到了一家,她们都带着孙子在身边,后来她们孙子的妈妈们也来了,人越聚越多,一间房子挤得满满的。一看妇女中有三种人:一种人头上戴没有顶的横捆帽,那是我祖母常戴的式样,这是老一辈的。下一辈的妇女一般用毛巾包头,年轻一些的,三四十岁的用花毛巾。20岁上下的姑娘又有三种头发,一是留辫子的,一是短发,一是卷发。这些不同的头发反映了社会学的问题。为什么前几年村子里根本没有姑娘烫头发? 我们问她们烫头发要多少钱,说要两块钱。一个小姑娘哪里来这两块钱呢? 过去一家的钱是家长管着的,谁要钱花都得向他要。他不给就花不了这钱。我想很少老头会给女儿钱去烫头发的。在农村里,两块钱不是个小数目。所以我就问那些烫了头发的姑娘们,钱哪里来的呢? 一问,原来很多是在社队工厂里当工人的。她们每个月可以领到工资。她们工资还是要交给社里,到年终结算,但是每月有几元伙食费,过手的时候,留下两块钱去烫个头发,老头就管不着了。工厂里的姑娘们开始烫了头发,就时髦了,别的姑娘跟着学,老一辈也没法不听从了。年纪大的妇女还不烫发,怕别人笑话,但是也不阻止女儿们烫发了。从姑娘们的烫头发这件事,就引申出了许多问题。一个家庭里的财权是否集中,握在谁的手里? 在按工分得到收入时,生产队怎样发放钱和粮的? 办了社队工业后,工人的工资是发到谁的手上的? 副业收入是谁管的? 这些问题都要深入调查,调查清楚了,不但明白了为什么农村里姑娘烫了发,也明白了农村家庭结构的变化。这就叫做社会调查。

烫头发看起来是小事情,其实这里面大有文章。表现着三代人的帽型和发式的一张照片,就很有意思了。如果我们再进一步去研究,还可以深入到精神文明之中。为什么三种年龄,三种样子能和平相处,各自存在? 三种样子代表了三种价值观念。老中青在什么才算美观的看法上是不同的,里边有没有矛盾,有,一定有。但是为什么可以自行其是呢? 老太太不会去烫头发,等于小姑娘不会去戴横捆帽。这又是为什么呢? 真是到处都是文章,到处是问题,到处是调查入门。一进去，就会欲罢不能了。怕就怕进不去，在门外瞎埋怨，老师不去指导他。

我们在村子里时，就有婆媳吵嘴打架，甚至拿了根木头打婆婆，这就大可研究了。以前婆媳之间是否有吵嘴打架的？以前家庭中发生了矛盾是怎样解决的？婆媳的矛盾是怎么发生的？这样问下去就触及到家庭的结构，家庭结构中矛盾的分析，一直到家庭的破裂。和我一起去江村的一位同志就因为看到婆媳打架而发现了这村子存在一家人分灶下锅的现象。这是一种解决婆媳矛盾的办法，她们还是住在一个房子里，但是不在一起吃饭。她们并不天天打架了。分灶是不是打架的结果？分灶的家庭里婆媳在生活其他方面是不是合作共事呢？假如我们再把历史上每年发生的变化搞清，问题就更多了。所以社会调查不怕没有问题。

读书，有死读书，读死书的。大学生里各种人都有。过去有一阵，我们的风气不那么好。不善于提问题，不习惯于想办法来解决问题。眼睛离不开书本和老师。你们要学会怎样用书本，怎样用老师。要能用书本、用老师，首先要自己有问题，要对社会生活多问几个为什么。学社会学的人不能说找不到问题。我们每天每时在社会里生活，无时无刻不跟社会接触。即以此时此刻来说，我们在上课就是一种社会生活。我们这些人就是一个小群，我们各人在空间位置上都有一定安排。为什么我坐在这里，你坐在那里？为什么这个人坐在那个人的旁边？我们之间都有一定的称呼。你们不叫我老费，而叫我费老。为什么呢？这样问下去，就可以搞出一个小群的研究了。

要对社会生活多问几个为什么，也不容易，因为我们自己的生活都已习以为常，知其然不知其所以然的了。要发现问题，最好是比较一下不同的生活方式，那就容易引起问题了。比如我初次到江村去，就因为这个村子里的房子和我从小住惯了的小城里的房子格局不同而引起了我一系列的问题。这个村里养蚕的副业很发达，家家户户养蚕，他们的房子也适应这种生产活动，靠街道近的那面一进门就是一间大房间，平时作起坐之用，养蚕时就是蚕室。这间房是敞开的，一家连一家，左邻右舍，讲话都能互相听得到。哪一家吵嘴，邻居就来了。而小城里一家是一家，高高的"风火墙"把各家隔开，邻居是各不相干的。那是因为小城里住的是所谓"大户人家"，当时大多是地主。他们的住房有点像个小堡垒，防御工程。这两种住房的格局有其阶级根源，也决定了这里居民的社会关系。

现在我住在中央民族学院的职工宿舍里。50年代造的房子是一家一家连成一排，开出门来就是走道，有点像江村的格局。一排上的人家来往很多，成为一个"小群"。80年代造的是五层高楼，各个单元可以把门一关，自成一个世界。人和人的关系也就不同了。谁愿意研究这个题目，可以写一篇很好的论文。

我们必须在日常生活中体会人们是如何生活的，为什么这样？起什么作用？会发生什么效果？住宅的格局不仅是个建筑问题，它也是社会问题，开放式的住宅，一家吵了架，别人都知道。封闭式的住宅，人死了好几天，别人还可以不知道。这是不同的社会。

我们不仅要善于发现问题，会问为什么，而且要会钻下去，打破沙锅纹（问）到底，这样就能使我们更自觉地在人中间生活了。我们现在的社会生活是盲目得很。现在我们的社会变动得十分快，我们不能让它自发地发展下去，要用一点人为的办法，发挥人的智慧，发挥科学的作用，来指导社会的发展。当然首先要明了社会的发展规律，不知道自然界电的运动规律，就不知道利用它来照明和推动机器。所谓现代化，就是自觉地改变社会，由必然王国走向自由王国。一切社会科学，都是为了我们能更自觉地生活在这个世界里。了解社会是为了改造社会。

假如知识只掌握在一部分人手里，为少数人的利益服务，那就很危险了。爱因斯坦搞原子弹，他最后发现了一个问题，这究竟对人类有没有好处，可能把整个人类毁灭掉，也可能把整个人类的生活提高到一个新的水平。现在这个问题还没有解决。上一次我出国，在哈佛遇到一个朋友，他认得最早发明电子计算机的人。他说这些人当时并没有想到电子计算机在这几年里对社会会产生这样大的影响。现在谁也说不出，这个技术上的大跃进，会给人类带来什么后果。为了研究这个问题，现在有了知识社会学。知识社会学就是要把知识作为一种社会现象来研究，它怎样发生变化，在社会上引起什么影响。

只要我们能放眼看看我们的社会，问题实在俯拾即是。我们必须胸襟开阔，容纳更多的现代知识。我们处于这个国家、这个时代，我们有很伟大的任务，可是我们也要知道自己有多少本钱，要谦虚，打好基础。

我们现在要搞的是马列主义指导下的新中国的社会学，这是个新的东西。

要在马列主义指导下去研究，这是根本。我们要反映中国的实际。现在英美那一套社会学用到中国来显然不能直接解决我们的问题。我们是社会主义国家，我们的社会本质上和他们的不同。我们遇到的问题也有许多是和他们不同的，现在各个国家都在创造一套认识自己社会的系统知识。我前年访问加拿大，看到在东部各大学教的社会学基本上是和美国一样的。但到了西部，就是靠近太平洋这一边，就遇到有人提出要建立加拿大社会学了。去年我访问澳大利亚，同样遇到有人提出要搞澳大利亚的社会学。看来这是一个共同的趋势，就是理论联系实际。各国社会学应当首先研究自己国家的社会实际。我们认为，社会主义中国的问题不同于资本主义国家的问题，不能用他们的概念和系统来解决我们的问题。即使都是社会主义国家，各国的社会也是不同的。如果照搬东欧等国家的概念到中国来，也会发生问题的。坚持马列主义的指导，是指用它的立场、观点、方法来结合中国的实际。

一切新的东西都不是从天上掉下来的，是从旧的里面推陈出新地长出来的，所以要古为今用，洋为中用。既不是虚无主义，也不是照搬硬抄，而是通过对中国社会的调查，逐步地对中国社会实际有科学的认识。

要进行这项科学工作，现在关键的问题是培养青年一代。为社会学恢复了名誉，这是第一步，但还没拿出东西来说服人家，说明这个学科是有用的。这不能靠说，而要做出来。为此，必须培养一批20多岁的人，你们就是这一批人。

研究生的课程不能只有几门社会学专业课。我主张研究社会的人要懂一点生物学，也要懂一点地理学，懂一点地理学有很多好处，还要懂一点语言学。各方面的书都要能看一点。知识不广就专不了。看书也是这样，各家都要看，但也要专一家。把一个作者写的书都看了，才能真正懂得这个作者思想是怎样发展的。有些书可以"不求甚解"，就是抓住要点就够。但是一定要从头到尾读几本名著，学通一家。也要多看几本小说。我年轻时很喜欢《战争与和平》，很欣赏托尔斯泰能把这么复杂的局面处理得井井有条。要从纷乱中找出一条线，贯串全书，确是不容易的。我们搞社会调查的就是要学会这项本领。

一个系办得好不好，在于有没有进取的精神，要立志，要有抱负，有抱负不是骄傲、雄心大志不是好高骛远，要在具体的工作里锻炼，要改变过去夸夸其谈的学风，就是说要定性定量。

中国社会实在丰富多彩。有几千年文化，有50多个民族，实现四个现代化这个过程，是很了不起的。我们要有志气。要知道北京大学的地位不低，人家都在看着我们。要有一个新兴事业的气氛。我们前面还有很多困难，但我们的任务是光荣的。我们在为四化出力，为一门学科闯一条路子，靠一两个人闯是不行的，要靠大家来闯。在我们这一代要能完成党交给我们的任务。

1982年3月6日

本文系作者在北京大学社会学专业班上的讲话。

关于社会学的几个问题

刚才大家提到许多问题，我就从这些问题讲起。首先是社会学本身的历史问题。社会学停了20多年，重新要搞起来，需要有一个过程。我们可以用社会学的观点、方法来研究社会学本身。社会学是社会的上层建筑的一部分，有它的历史条件。它的内容、立场、观点、方法决定于当时的历史条件。有人说可以为学术而学术，我们不相信这一点。学术也是历史的一部分，我们就要用这个观点去研究探讨社会学本身的历史。要总结这段历史，那不是很容易的事情。现在我们不忙于做这个事情，因为还需要一段时间，才能做得好。

解放后有人认为我们在学校既然已经有了历史唯物主义的课程，就不必要社会学这门学科了。这是停止社会学的一个理论根据。其实，历史唯物主义对社会学起指导作用，但是不能代替。社会学和历史唯物主义的关系，我们大家还可以讨论、研究，马克思主义，特别是历史唯物主义对社会学的发展起着指导作用，可是它讲的是社会的历史过程的共同规律，要解决社会问题，要对社会具体情况了解清楚，停留在一般规律上是不够的。我国停止这门学科是学习苏联，但是苏联后来又翻过来了，而我们没有。所以我们要从一定的历史条件，要从当时的政治背景各个方面来具体研究为什么中国解放后，开始决定各大学社会学系不要再招生了，第二步在1952年院系调整时，把各大学的社会学系、课程都取消了。实际的情况比上面所说的要复杂得多。社会学系在各大学固然是取消了，但是一些原来在社会学系里设立的课程却分到了其他学院：劳动方面的课程到了劳动学院，民族方面的课程到了民族学院，人口方面的课程后来到了人民大学。当然这些课程的内容已有了改变，基本上是接受马列主义的指导并且力求和中国的实际相结合。如果说这些是原有社会学的继续也不完全确切,以我自己的经历来说,我到了民族学院之后,就进行了一系列少数民族的调查,说这些调查是社会调查未始不可,称之为民族社会学也说得过去。可是,立场、观点、方法上有所改变。这一系列调查都是试图运用历史唯物主义的理论,在马克思主义指导之下,对民族地区的社会进行研究。如果说是社会学的继续,这个社会学已经不是解放前的那一套社会学了。后来还有人说,当时取消社会学是因为有人认为社会主义社会里没有社会问题,所以不需要社会学了。这个话当时我听得不多,因为说社会主义社会里没有社会问题就等于说社会主义社会里已消灭了矛盾,我想没有人能从理论上维护这种说法的。只能说,资本主义社会里的社会问题,在社会主义社会里已经解决了。这个说法也还可以研究,因为资本主义社会里存在的社会问题是不是一进入社会主义全都解决了?我们可以说社会主义社会里,矛盾的性质和处理的方法不同于资本主义社会,但是究竟怎样不同还是需要研究的课题,所以不可能成为停止社会学这门学科的理由。对于社会学在中国的历史,现在还没有经过科学的总结。我们还不忙于研究社会学的社会学。不管怎么样,摆在我们面前的是30年在学校里没有社会学系了,社会学的名字曾被称为资产阶级伪科学,林彪、"四人帮"更是认为知识越多越反动,什么社会科学都不要了。现在回头看来,以任何名义取消一门学科都是不对的。任何一门学科都是跟着历史发展而发展的,没有一个学科会具备一套一成不变的真理。人们对真理的认识总是要有一个过程。社会学研究实际上就是人们企图正确反映客观存在的社会实际的过程。人们企图从社会现象里总结出一套规律,按照这些客观规律,能动地改变社会。这等于我们认识自然现象,找到自然规律,用它来满足我们生活上的需要,是一个道理。所以取消社会学是不符合历史发展规律的。历史发展的规律就是人们要从必然王国走向自由王国,对社会现象的科学研究是阻挡不住的。当然任何学科的内容并不都是客观实际的正确反映,一个学科的发展也总是去伪存真的过程。我们不能取消一个学科,只能改造一个学科的内容。我们也必须认识到我们中国已经进入了一个新的历史阶段,中国社会的性质起了根本性的改变,过去在学校里所讲的社会学的内容,也必须要发生重要的改变,旧时代人们对社会的看法有许多在现在看来是不正确的了。社会实际在变化,发生了新的现象,新的问题,我们必须用新的立场、观点、方法跟上实际的发展。因此,我们现在所要的社会学决不是解放前的社会学的简单恢复,不能把那一套旧东西拿出来教学生，而是要以马列主义为指导，尽量用正确反映新中国的社会实际来充实社会学的内容。也可以说，即使解放后在各大学并没有取消社会学这门学科，今天在学校里讲的社会学也不能就是30多年前的那一套了。所以我们不必忙于追问为什么社会学被取消，我们应当忙于问我们自己怎样来创造性地赋予社会学以新的内容。

一提到社会学也不应当只看到用这个名字在大学里开的课程。如果把社会学看成是我们对社会现象的科学认识；把我们的眼光扩大一些，我们就可以看到这一项工作解放前后都没有停止过。社会调查是党的优良传统，《毛泽东选集》第一篇就是对中国社会各阶级的分析，它是对中国社会的科学认识。在这个意义上说，真正的科学的社会学是把马克思主义结合到了中国社会实际时开始的，而且一直在发展。学校里取消了社会学，对发展社会调查有没有影响呢？我认为是有的，那是因为学校里没有这个学系，也就不容易系统地训练做这项工作的专业人员，也不容易提高社会调查研究的水平。我们很多很好的社会调查资料，没有能分析总结，甚至没有加以保存下来，现在连土地改革时很好的调查资料都不容易找到了。在十年动乱中，这些社会调查资料大多已经失散了，这是一桩极大的损失。我曾经这样想，如果解放后我们就注意发展社会学，就能及时地重视这些调查的成果，系统地搜集、保存和分析，那么，现在我们对中国社会的这段重大变动的时代，就可以了解得更全面和更深入了。

接着谈一谈社会调查和社会学的关系。通过社会调查可以如实地反映社会实际，认真地观察人们在社会里怎样生活，把它具体地记录下来。根据这些调查得来的资料，进一步分析、研究，了解人们社会生活各方面的情况和相互联系，它们在变动中是怎样相互影响的，然后积累可以比较的资料，去发现社会结构和社会变动的规律。这就是社会学的内容。所以社会学是以社会调查为基础的，通过社会调查，社会学的理论结合了社会实际。重视社会调查是我党的优良传统，毛主席指出没有调查研究就没有发言权。关于怎样去调查？那就要根据当时当地的条件来决定了。在战争时期，不可能作时间较长的调查工作，只能找一些人开几次调查会。那时同样可以取得成绩，能够真正反映当时的社会实际，抓住要害，这是因为当时在解放区的调查，调查者和被调查者的利益是一致的，关系是亲密的，大家可以讲真心话，了解到的情况是真实的，所以结果是科学的。这一点我自己也有体会。解放后我们到少数民族地区去进行社会调查时，各族人民都争先恐后向我们反映情况，问什么就答什么。那是因为他们相信党，党的民族政策深得人心。正像一个病人碰到医生，他一定会讲实话。可靠的资料是一切科学的基础，这是这种社会调查的优越性。可是，这种开调查会，解剖"麻雀"的方法接触到的人总是有限的。要处理大面积的问题，如人口问题，那就不容易了，要研究流动快，面积大，数量多的社会现象，就需要采用计量的方法。过去我们在这方面的调查工作做得不多，小型的和大型的调查怎么结合起来，这是个新的问题，也是我们应当发展的方向。以过去的情况来说，我们办事大多是凭经验、凭常识、凭自己的智慧，这样固然也能反映许多可宝贵的实际情况，但总是不够系统，不够全面，不够深入的。现在我们要用这些办法来了解面积这样大，情况这样复杂，变化又这样迅速的现代社会，显然是不够的了。但是我们在大学里并没有培养出能做这种社会调查的人，我们现在感觉到吃了亏了。所以我们应当赶紧培养一批懂得社会学的人，我们现有的有关社会情况的数据很多不大靠得住，处理问题时也就心中无数。我们实行计划经济，对情况心中无数，或是各方面的数据很不准确，就会付出很大代价。我们的社会调查跟不上形势的要求，就难于充分发挥社会主义的优越性。

同志们中有人提问：从理论方面来说，社会学和历史唯物主义是什么关系呢？历史唯物主义给我们提供了研究大量的长远的社会生活和社会发展的一些基本观点、基本方法、基本理论，但是历史唯物主义本身并没有、也不企图代替关于社会的各方面现象的具体研究的科学。历史唯物主义的对象不等于整个社会科学的对象，也不等于社会学的对象。有了历史唯物主义，不等于社会学的问题就解决了。因此，研究历史唯物主义同研究社会学，这中间是不能画等号的。社会学是在马列主义毛泽东思想的指导下研究人们的社会生活和社会关系，历史唯物主义为它提供了基本的观点、方法和理论，历史唯物主义着重于研究生产力和生产关系、经济基础和上层建筑之间的关系，它本来的任务不在于研究整个社会生活各方面现象和各种发展。社会生活和社会现象是很复杂的，社会关系的核心是生产关系，但社会关系不等于生产关系。社会学有广阔的社会关系作为它的研究对象，所以在历史唯物主义的根本理论指导下，社会学可以开展它自己的理论研究。

还有同志问：社会学和其他社会科学怎样区别呢？如果说历史唯物主义是研究生产力和生产关系、经济基础和上层建筑之间的关系，经济学是研究作为社会关系的核心的生产关系，那么社会学研究些什么社会关系呢？我对这个问题的看法是这样：学术上的分科问题并不是一成不变的，而且并不像行政区划那样边境上有条界线，各有各的管辖领域，不得逾越。事实上不仅各门社会学科不容易把研究对象划得清楚，就是自然科学和社会科学之间这条界限也是难划的。以人类学这个学科来说，国际人类学会就包括考古、语言、体质、社会、民俗这些学科。这是历史发展的结果。先是一门笼统的研究人的科学，后来各个部门专门化了，成了许多学科的总称，可是这些分别独立了的学科还是在原来的一个学会里联系在一起。同时要了解具体的一个地方的人，那就需要这许多学科一起合作，所以人类学还是一门综合性的科学。人类学包括社会人类学，它其实和社会学一样，也是研究一个地方的人的社会生活。但是许多国家还是保存着这两门独立的学科，社会人类学和社会学。这两门学科具体的内容又可以不完全一样，各国有各国的分工。这说明一个国家的学术分科是由它本国的历史条件形成的。社会学实际上也是如此。最早在西方被称为社会学的这门学科研究的范围很广，可以包括一切社会现象。列宁说马克思是科学社会学的始祖，是就广义的社会学也就是社会科学而言的。后来社会科学里的专门学科纷纷出现，研究社会生活中生产关系的称为经济学，研究政治关系的称为政治学，等等。还有按社会上某一种现象来作专门研究的如人口学、都市规划设计学等等。学科的专门化是学术发展的结果，但并不影响社会学的存在，这是因为：第一，社会现象是复杂的，尽管有不少专门的社会科学独立出来，总是有许多社会现象和社会关系没有专门学科进行研究，社会学总是有研究的对象。第二，社会是个整体，独立出去的专科并不能从整体出发研究社会各方面的关系。越是专门化，也就越需要综合的研究。社会学一开始就是从整体出发研究社会的，所以这方面的研究工作是没有任何专门化的社会科学所能代替的。第三，由于社会科学中各学科的专门化，各学科之间常留着许多交叉和互相渗透的部分，研究这些部分的边际学科又是社会学发展的新园地。第四，具体的社会问题和具体的城乡社区的分析研究有赖于各有关学科的合作，社会学以它综合性的特点，常常是各学科对具体社会问题和具体社区综合研究的牵头学科。我认为我们要充分估计社会学发展的前途,对科学的认识应当从机械的划分学术领域的观点,转到现代科学中正在发展的系统观点和有机联系的观点。社会学和其他学科一样是不断发展的,我看要用简单的定义去规定它的范围和内容,至少是极不容易的。

有人问:现在正在开展中的社会学活动,有人称之为恢复;有人称为创建,究竟应当怎样提?我想二者都可以提,但是要看用在什么地方。恢复的意思是过去有过的东西,中断了一段时间,现在又有了;恢复也意味着现在有的东西还是过去了的东西。应用到社会学这门学科来说,过去我们大学里有社会学系,1952 年停止了,现在又可以设立这个学系了。这就可以说在我们大学里又恢复了社会学系。过去社会学是社会科学中的一门学科,后来在我国否定了,现在又承认它是一门学科,这也可以说社会学恢复了它在社会科学里的地位。问题是恢复的是学校里的学系,社会科学中的地位,而不是它的内容,如果说 30 多年前在中国大学里所讲的社会学那一套内容,现在又在大学里宣讲了,那就和事实不符。所以笼统地说中国恢复了社会学就会引起这种误会。就社会学的内容来说,在解放了的中国,它是不能再恢复了,因为时代变了。过去的中国是半殖民地半封建的旧中国,现在是社会主义的新中国。社会性质的变化使得这两个时代的社会学也发生了质的变化。现在的社会学是以马列主义毛泽东思想为指导,密切结合中国的社会实际,为社会主义建设服务的社会学。这种新中国的社会学和过去旧中国的社会学,在内容上说是有着质的区别的。因之,在这个意义上用创建一词比较符合事实。所以我说恢复和创建都能用,看用在什么地方。作为一门学科,重要的是它的内容,所以一般情况下用创建,态度比较鲜明。当然,我们不宜在这些名词上断章取义地去抓人辫子。

上面着重说明了我们不能把过去在大学里讲的那一套原封不动地搬出来教学生,同时还应当强调社会学必须结合当前的社会实际,首先当然是自己中国的社会实际,是社会主义的实际。我们不能把从外国学校里教的社会学搬过来应用,社会科学在这方面多少和自然科学不同,在新中国要建立一门新的数学,向外国搬过来用,大体上是可以的,数学的公式不同语言的人可以有一致的理解。在社会科学里就不然,甚至可以说每一个概念都有民族性和阶级性的烙印。昨天我去看川戏,有一出戏是乞丐骂宰相。乞丐手里拿的这根棒棒,使我想起了卓别林手里的"司的克"。但是这两根棒棒又同又不同，卓别林的"司的克"不能译作打狗棒。这两根棒棒为什么都是讽刺剧的道具，川剧里能用它来鞭挞达官贵人，而卓别林能用它来嘲笑绅士的架子。这里充分表明了这样一根小棒棒形式各异，但都能表达劳动人民对剥削阶级的强烈反感。这里达表明，对中西两种棒子，不联系它们各自的社会哲学，就不能明白它们的共同性，而对这种共同性的认识正是由于它们各自联系了它们不同的社会背景。社会科学不同于自然科学的地方，就在这里。科学当然是在寻找人类社会的共同规律，而社会领域里的共同规律还要联系到社会的特殊性才能显示出来，那就是说必须通过民族性和阶级性才能见到人类社会的共同性。

社会生活中的许多概念，是不容易在不同性质和不同文化的社会之间传来传去的，就以上面所说的那根拿在手里的棒棒来说，我固然不知道英语里有没有用来指乞丐手里打狗棒的专门名词，但是我知道卓别林手里的那根棒棒，早年传到上海的租界时，却是没有合适的译名而被称为"司的克"的。"司的克"是英文的音译，表明我们原来没有这种东西，有如德律风（电话）、巴士（公共汽车）、德谟克拉西（民主）、赛恩斯（科学）等等。电话、公共汽车、民主、科学等词是后起的，表明这些概念逐步地进入了中国社会。但是实际上十里洋场的司的克和英国绅士的手杖还是不尽相同的。卓别林所用以讽刺的绅士架子始终传不出英国这个帝国，司的克只不过是殖民地上二毛子的装璜罢了。社会事物的传播实非易事，我们要赋予我国的社会学以新的内容，这内容必须得之于我国自己的社会，不能向外国去现货现购的。

我并不是说我们可以关起门来创建我们的社会学。我只说不要去硬搬外国的东西，而不是不学习外国的东西。问题在怎么学法，打宰相的乞丐手里的打狗棒和卓别林手中的司的克有它们共同的地方，都是在旧社会里讽刺统治阶级的武器。可是它们是结合在不同社会的实际里发生作用的，不明白形成打狗棒与司的克的区别的具体社会结构，就看不见它们的一致，也就不能对阶级社会的理解更深一层。这就是比较社会学的用处。

对待西方社会学必须有正确的态度，认为它一无是处，全是毒素当然不对。反过来因为以前没有接触过，新奇有味，拜倒脚下，那当然又不对。我想还是老话说的知己知彼的好。但其中要有个主，有个立脚点，那是我们自己的事业，咬住这一点才能洋为中用，古为今用。我们的事业当前就是四个现代化。所以，我们的社会学必须明确它的服务对象，我们要搞的是为社会主义服务的社会学，这是我们应有的正确立场。

有人问我：我们怎样把社会学这门学科再建立起来？我曾经用形象化的比喻提出"五脏六腑"这个说法。"五脏"是指一门学科的结构中应该包括的五个部分：学会、研究所、学系、图书资料中心、书刊出版部，是不是全了，我不敢说。我想一门学科至少有了这"五脏"方能正常发展起来。社会学现在的情况还不是"五脏俱全"。当前最主要的，我认为是培养新的一代。社会学作为一门学科在大学里停了有30年。在大学里学过这门学科的人，最年轻的也过50岁了。要培养新的一代，主要是在大学里。而上面所说的"五脏"中最困难的是第三项，在大学里办社会学系。办个系，要开一套专业课程，要有教师去讲课，教师要有教材，要有充分的准备。因此，我曾说过，至少要先准备好六门基本专业课程的师资和教材。这就是我说的"六腑"。当然专业课越多越好，我只说至少要有六门作为一个学系的基础课程。我也开过一个单子，作为参考：一是社会学概论；二是社会调查方法；三是社会心理学；四是城乡社会学；五是比较社会学（即过去的社会人类学）；六是西方社会学理论介绍。我应当声明这不过是一种建议。大家都可以提出建议，而且希望动手准备。比如说，北大一些朋友建议开设人口问题、劳工问题、家庭问题、犯罪问题等课程，上海一些朋友建议开设社会工作问题，南京一些朋友建议开设医疗社会学课程，我都赞成，而且主张各大学发挥当地的优势，发展它的特点。有些大学可以着重理论上的探讨，有些大学可以着重应用社会学。主要是真的动手去做，不是光说话，光评头论足。社会学在中国还是初创阶段，论质量是水平很低的。那又有什么呢？停了30年，睡了一大觉，怎么能一睁开眼就做出高水平的东西来呢？如果只说不做，不从低水平做起，过了多少年还是这个样子，那我们就不能辞其咎了。

关于怎样培养教师和怎样编写教材，今天没有时间多讲了。我在别的地方已经讲过好多次。主要是在实践，不求一步登天，必须脚踏实地。挨骂挨批评是免不了的，为了完成党交给我们的任务，任劳还得任怨。

要在具体工作的实践中摸出经验。在这方面看来我们这些老一辈的人不能出多大力量了。我看关键是在团结一致，要把国家的利益放在第一位，一个青年总得有点革命精神和事业心，千万不要把个人放在前面。这也可以说是对我们新的一代的一个严峻考验：没有一些吃苦在前，享受在后的无名英雄，任何事业都是搞不成的。

1982 年 5 月 6 日

本文系作者在四川省社会学研究会筹备组座谈会上的发言。载《社会科学研究》1982 年第 5 期。

谈谈我是怎样搞调查的

从比较中发现问题

我25岁时开始搞社会调查。那时候，我刚从清华大学研究院毕业。当时，清华的规矩：每年要从研究院毕业生中选择几名到外国去学习一段时间。我在1935年取得了这个机会。但是我的老师史禄国教授说：到外国去学习，自己手上最好有实地调查的资料；带了资料出去请教人家，可以学得快些。我觉得这个主意很好。可是，调查什么呢？老师说：我们天天生活在自己的社会里，许多问题知其然而不知其所以然，怎样才能发现生活周围的问题呢？最好的办法是用一个同自己生活不一样的社会作比较。譬如，我们汉族人天天吃饭，却从来不问为什么要以粮为主食。但到牧区看看蒙古族同胞以牛羊肉为主食，比较之下，就会发现原来生活中还有个食物结构问题。汉族人以粮为主这一特点构成了"五谷经济"。蒙古族则不然，他们以牛羊肉和奶品为主食，很少吃粮。他们身体所需的蛋白质直接取自肉类。汉族人则主要靠粮食中的淀粉，其中一部分在身体内转化为蛋白质；虽然也吃一些肉食，而所吃的主要又是猪肉。猪要靠粮食喂养。粮食还是基本食物和饲料。不同的食物结构，对土地的利用不同，也产生了不同的经济。

食物结构是个大问题。汉族人以粮为主食，只能居住在适于种庄稼的地区，许多肥沃的土地都用来种了粮食。这些土地如果用来种植其他作物，其经济价值可以大大提高。现在，我国人民绝大多数以粮为主食，而且食量相当大。全国一天要吃几亿斤，人口和粮食已经成了限制我们经济发展的严重问题。

我们汉族人自来吃惯了粮食，很少想到世界上还有不同的食物结构。历史上，据说晋朝有个皇帝听说全国闹饥荒，老百姓都没饭吃，说了句"何不食肉糜？"竟被当成"笑话"流传了 1600 多年。它固然讽刺了封建皇帝不了解民间疾苦、不关心人民生活，却也反映了我们汉族人自古离了粮食便觉得无法生活的事实。我提倡过中国也需要改一改食物结构，很多人就想不通，他们说："饭都吃不饱，还想吃肉？"其实，现在就有这样的事：美国、日本在 30 多年内每年每人吃粮从二三百斤降到现在的几十斤了，他们已经改变了食物结构。我们过去却为了想多打点粮食连少数民族地区许多宝贵的草地都破坏了，结果影响了畜牧业的发展，庄稼也没种好。若是好好开发这些草原，利用它来大力发展畜牧业，岂不就能为农业地区供应大量肉食，使汉族居住区的许多粮田可以改种经济作物用来支援工业，从而大大提高国民经济效益么？我谈这些话的目的，主要还是在于说明：多看不同民族的生活方式，就会使我们对自己社会中的许多情况产生研究的兴趣，找到存在的问题，进而研究改进的方法。刘易斯·摩尔根当年在北美洲印第安人部落里看到孩子们对长一辈的妇女都叫妈妈，使他联想到也许是以前的婚姻制度与现在不同的问题。后来，他就是通过对不同文化的比较，开辟了研究社会发展的道路。

直接观察与典型分析

我第一次进行社会调查的地方是广西大瑶山。在那里，我发现当地瑶胞的婚姻风俗与我们汉族不大相同。只要一读我前妻王同惠所写的《花蓝瑶社会组织》一书，就明白有何不同了。我就是从这些不同之处出发，问了几个"为什么"，进而比较不同民族的婚姻和家庭，然后提出我的看法，写了那本《生育制度》。社会调查就得从看到不同社会的事实加以比较，追问个为什么，从理论上去思索找出这个道理来。如果不作比较，就不容易发现这些问题，也就不容易进一步研究了。

后来我到江村做调查研究，也是这样开始的。江村给我的第一个印象，就是当地的房屋的开间布局不但与小城镇的不同，而且与其他地方农村的也不一样。江村的房子，一进门就是一大间二三十平方米的堂屋；左邻右舍，户户相连，堂屋里的动静隔壁都听得见。我把这种房子叫"开放式"的。我们家乡小城镇的房子，每家都有高墙隔开，可以说是"封闭式"的。我发现：不同的房屋结构式样与不同的社会关系和生产关系有关——江村因为家家户户要养蚕,住宅也就是生产场所,所以需要那么大的堂屋;小城镇里过去住的大多是地主豪绅,他们自然要垒起高墙自卫。

社会学研究所有位同志说,他调查过北京宣武区的一个街道。这个街道的三幢居民大楼就有三种情况:一幢楼里的居民原来都住在一个大杂院里,后来一起搬进这幢楼房,彼此都熟悉。谁要出门就可以把钥匙交给一位大家信得过的老太太,居民间比较和睦。另一幢大楼的住户是从不同地区搬进去的,各家管各家,甚至隔壁单元死了人也不知道。还有一幢楼里住的都是某工厂的职工,彼此也都认识,但各户只同熟悉的人家来往。同样是居民楼,但里面人与人之间的关系却不一样。这事听起来很平常,但在美国却成为一个很大的问题。他们那里造公路拆掉许多旧房子,为了安置这些居民也盖了许多居民大楼。房钱倒不很贵,可是拆迁的居民中有些是黑人,他们住进去后,白人就不愿搬进去。结果是多层空房无人住,住进去的人也互不相识,互不信任。我的朋友带我去看,十几层的高楼只住了三层,高层没有人敢住,说是他们不敢用电梯,电梯门一关,什么事都会发生。可见在不同结构的房子背后,还有不同的社会结构问题。

以前以为农民就是种田人,其实并不尽然。如果光是种田,那么江苏一带的人就无法生活下去了。也就是说,如果那里的农民不从事另外一种生产,就不可能有那么多的人住在那块土地上。江村农民的收入就是一半出自耕种土地、一半出自家庭副业,其中主要是养蚕。我注意到了人口的数量同它的生产有一定的联系。顺着这个线索,从住家房间的式样到他们的副业经营一步步地深入下去,不断地问个为什么,最后才写出《江村经济》这本书。

再谈一些我在江村调查的经验。我在村子里要买香烟,进了一家小店,一看店里商品很少,便联想到一个问题,村子里的人要买东西到哪里去买呢?一问才知道,原来他们每天需要的油盐酱醋都是由"航船"从附近一个市镇上捎回来的。"航船"是这地方的购销代理机构。我调查了"航船"这个流通形式,写成《江村经济》里有关商品流通的那一章。

我从"航船"的研究出发,对传统的城乡关系产生了兴趣。江村这个地区,过去每个村子都是通过"航船"这个购销代理机构同市镇挂钩的。每个市镇都通过"航船"向它附近的各村供应消费品,并把各村的土产收购上来,形成一个一个的经济流通区域。每个市镇又都同临近的中等城市挂钩，中等城市又同上海等大城市挂钩，这样一层一层地构成一个同心圆形的经济区域。具体来说，江村农民的日用消费品很多来自附近的市镇和城市，有些甚至来自国外。这些商品是通过上海—苏州—震泽—江村这条线，一站一站转手运来的。这就引起了一系列值得研究的问题。现在江村的"航船"早已由供销合作社取代了，这在城乡关系上引起了什么变化呢？我们正在计划进行调查研究。

利用问卷做大规模调查

上面讲的是依靠直接观察的调查方法。这种方法有它的局限性。一个调查者能直接观察的范围终属有限，而且也不便于由许多人一起进行直接观察。所以这种方法不适于搞大面积的调查。比如，要调查像震泽这样一个市镇在供销关系上为多少农村服务，哪些货物来自苏州或其他城市，哪些来自上海等等，靠直接观察是不成的。

作大面积调查，一般是在规定出一定的问题和指标以后，设计调查问卷，向有关的对象按问卷调查。然后集合起来进行统计，找出答案。如调查城乡的供销关系，可以就向谁供应、向谁收购、供应什么、供应的数量、频率、方式等项目制定问卷，把问卷发到供销机关请它们逐项填写。然后收齐发出的问卷，按项统计，就可以从中看出产品流通方面的城乡关系。其他如婚姻关系、劳动服务关系等等，也都可以这样调查。这种办法的好处是调查的范围大，大到可以像人口普查那样包括10亿人口的全国范围。现在有了电子计算机，无论有多少份问卷都能处理，很快就能把数据统计出来。

用问卷进行调查的方法主要是解决量的问题。在上述例子中，我们只能了解到供销机构商品流通的数量、地域上的范围等情况，问卷上没有列入的项目就反映不出来。所以制定问卷是个关键。制定问卷要围绕某个地方的商品流通的基本形式提出问题。如果过去不知道"航船"是城乡间最基层的供销代理机构，没有把它列入问卷，那就调查不出城乡商品流通关系的情况。只有通过直接观察的调查，譬如先弄清楚江村一带地方的"航船"在城乡经济关系上所起的作用，才能利用问卷方法来作大面积调查。因此，这两种调查方法并不是矛盾的，而是相互补充的。前者主要是定性，后者主要是定量，这二者原是分不开的。我个人的体会是，首先必须用直接观察方法做好小社区内的微型调查。在这个基础上，才能做大面积的问卷调查。二者必须结合，因为微型调查有它的局限性，容易以点概面，发生片面性。怎样才能知道它有多大的代表性？这就要用计量法去测定这一局部在全部中的地位。不重视计量就容易夸大化。尤其在政治上，一偏就要出问题。过去这方面的教训是够多的，也够沉痛的了。

创造直接观察的条件

　　直接观察并不容易。初到一个地方，人生地疏，人家不了解你，就不肯向你讲真话。在资本主义社会里，社会调查更有很大的局限性，因为他们还存在着阶级矛盾。调查者对于调查来的资料总得想尽办法拐弯抹角地找出它的可靠性究竟有多高，因为他们知道很多人不向他们说真话。他们的调查材料的真实性问题，是永远不易解决的。在我们社会主义国家里，由于大家的根本利益一致，调查者与被调查者之间通过交谈很容易建立起真正的合作关系。资料的准确性主要建立在双方的合作关系上。有了真正的合作关系，群众不但向你讲真话，而且会同你一起研究问题，还会把他们的经验讲给你听。解放前在大瑶山搞调查时，我同前妻一起住在瑶胞家里，要亲眼看他们怎样生活。我们十分注意对他们的态度要热情，处处帮助他们，见到病人，给他们药吃。他们看到我们对他们很亲热，也很喜欢接近我们，问什么答什么。就这样，我们记下了许多有关他们那个社会生活的事实。这是我们采用的一种调查方法，即亲自住到一个社区里去直接观察居民的生活情况。一面观察一面想为什么这样、为什么那样？天天可以同当地居民一起讨论问题，同时反复观察、检验自己的设想，逐步加深了解居民生活中各方面的关系，从而弄清楚了他们的社会结构及其变化。在这里，调查者与被调查者之间的真诚合作非常重要。这在我们是不难做到的，因为社会主义制度具有这方面的优越性，这也是我们可以超过资本主义社会科学的基本条件之一。我们在少数民族地区进行调查，只要讲清调查的目的，他们总是很欢迎我们的。不但有问必答，而且想到问题就主动向我们讲，主要原因是他们了解我们的调查对他们是有利的。有病的人对于医生提出的问题总是愿意讲真话；要治好自己的病，不讲真话怎么行？

调查要深入 分析要细致

下面再讲一讲不久前我去西南调查知识分子问题的情况。我们听说近年来中年知识分子生活苦、困难多、工作重、身体差。但是，身体究竟差到什么程度，收入到底有多少？大家却拿不出来具体资料，只是停留在一般印象上。搞社会学的人有责任深入了解这些问题，把实际情况正确地反映出来。这不仅要有典型材料，还应该有面上的情况。我做过一次试验性的调查。

在这次调查里就发现自己制定问卷时，对知识分子的许多具体情况缺乏深入的了解，影响了调查结果。举个具体例子：我们知道中年知识分子中有夫妇"两地分居"问题。夫妇不在一起，生活上有很多困难，负担重，思想不稳定。以前我们以为调查这个问题很简单，只要问问是否"分居"就可以了。其实不然。有一对夫妇都在昆明市工作，可是一个在郊区，一个在城里，相距20公里。像这样的距离，在北京坐公共汽车天天可以回家，在昆明就不行，因为交通不方便，女方只好住在郊区机关里。他们首先苦恼的是经济问题。两处开伙，费用就大，每月回去见几次面，又得花不少车费。其次是孩子由谁管？郊区小学教学水平低，要是把孩子放在城里，就得爸爸带孩子；妈妈在乡下挂念，也不能安心工作。可是这种情况一般不算"分居"，因为夫妇都在昆明。究竟什么叫"两地分居"？夫妻不在一起开伙、只有星期或假日在一起住，这算不算"两地分居"？要调查清楚这个问题就不那么容易，须要提许多问题才行。如两地距离多远？靠什么交通工具来往？路上要花多少时间？……如果仅仅停留在一般化的了解，粗枝大叶是解决不了问题的。科学要求具体，要求细致，要有分类，才能反映出真实情况。

知识分子中，老中青问题各不相同。老年中多冤假错案。50岁以下的中年里，分居和孩子问题很严重，孩子的升学问题已成了许多父母伤脑筋的事情，甚至干扰了他们的业务工作。许多大学教师每天要花费不少时间在家里给孩子补课，他们担心子女考不上大学。这是一个很现实的问题。再说，许多学有专长的老知识分子在世的时间不长了，为了赶紧把他们的学问留下来，领导上决心要给他们配助手，这是件好事情。但有些专家却害怕助手。他们说，助手来了增加负担，还不如自己动手少添麻烦。这里面的情况也十分复杂。

中国的社会学是为社会主义建设服务的。我们社会学工作者要促进我国的四个现代化早日实现，首先要学会怎样做社会调查来正确地反映中国社会的实际。有调查、有数据、有分析、有研究，才能做到按客观规律办事，这是管理现代化社会的根本要求。当然，新事物的出现，旧的习惯势力必然会出来阻挠。所以，我们每个人的头脑中都要有个基本看法：我们的工作，只能是促进，而不能是阻碍社会主义的现代化。现代化需要我们科学地了解我国的国情。不按我国社会实际办事，就会浪费很多资金，碰很多钉子，甚至会死很多人。我们这个学科要做的事很多。"先驱者"的任务很艰巨，条件不足，要做的事情又往往超过我们的能力，只有奋力地迎着困难上，才能克服困难，不断前进。

1982 年 5 月 26 日

原载《社会学通讯》1983 年第 3 期。

怎样进行社会学调查

今天我来参加北大社会学系研究生的迎新会,袁方老师说,同学们要考一考我,要我讲一讲最近在搞些什么研究工作,研究什么问题,怎样研究的。这些题目出得很好。我就来答题。从今年3月份开始讲起,以前的我不讲了。

第一项是研究知识分子问题。

今年年初,中央提出要在半年里检查一次知识分子工作,并希望各民主党派能配合工作。我受民盟中央委托,在西南协助那里的民盟地方组织进行了一次知识分子问题的调查,前后工作了大约50天。

关于知识分子的问题,我在1956年曾经调查过一次,当时我学习了毛主席的调查方法,开座谈会,找知识分子谈话、交心。实践证明,这个方法是有成效的。毛主席的开调查会的办法,就是拜人民为师,向群众学习。毛主席为什么能在较短的时间里通过开座谈会,调查会,就抓住了当时存在的主要问题,把中国农村社会各阶级的状况搞清楚?因为他既掌握了马克思主义的理论,又能联系实际。他有丰富的经验,但他不是光凭自己的经验来说话,而是把他自己的经验和理论结合再到实际中去反复求证,看自己的经验在整个实际中所处的地位。我们可以称这种科学工作为社会的定性分析。1956年我们去调查知识分子问题,也是学习运用了这个方法。用自己熟悉的经验作出发点去理解当时社会上知识分子的思想情况。那年我46岁,正当中年,中年知识分子在当时知识分子中是大多数,处于主要地位、骨干地位。我们自己碰到的问题,也是当时很多知识分子碰到的问题。所以一谈就很容易懂,也就是说有共同经历、共同思想感情,因之有共同语言。我们从他们的谈话中反映出来的问题同自己的问题相结合,对当时知识分子作出了比较全面的认识。现在回想起来,当时所反映的情况还是符合实际的。那次调查也抓住了当时知识分子的主要问题。

我这次出去调查情况不同了。一个进行社会调查工作的人必须知道，自己和调查对象的关系怎样，有多少相同之处，有多少不同之处，思想感情上有多大距离，有多少共同语言。我现在已经70多岁了，像我这样的人在整个知识分子中数量上是处在约多于1/10的地位。所以，用以前我的那种办法去调查，我觉得不那么可靠了，容易有偏见，容易用少数人的经验来概括整个知识分子，以致犯主观主义的毛病。所以我一开始就注意在调查方法上避免这个错误，不能只靠找熟人谈话的办法来进行调查了。有了这点自知之明，接下去就要摸一摸当前知识分子中有多少不同的类型。我说的类型是指有不同的经历和不同问题的人。我自己属于哪一类型，同其他类型有什么不同之处，这也可以说是定性的工作，但不是定阶级属性。他们可以在知识水平、岗位等级、经济收入、年龄性别、政治觉悟、家庭出身等等上存在着区别，而形成不同的类型。如果我们能分析出不同的类型，就可以针对他们不同的问题去研究怎样更好地落实知识分子政策了。

过去讲知识分子总是把所有的知识分子一起讲的。它是有别于工人、农民的另一种类型的人。知识分子都差不多，问题都差不多。在一定条件下这是对的，因为所有的知识分子有他们的共同性，有共同的问题。可是目前要讲知识分子，那就不能停留在一般的共性上，而且还得看到具体存在于知识分子中的差别。我国的知识分子确是有共同的问题，但不同的知识分子也有特殊的问题。还是在不太久之前，有许多中年知识分子反映知识分子政策落实不到他们身上。这就提出了年龄不同的知识分子当前所遇到问题不同，也就是说知识分子中可以用年龄来分类，有老、中、青的区别。然而什么是老，什么是中，什么是青，为什么年龄不同问题不同呢？用年龄来分类是比较方便的。但是老、中、青的界线划在哪个年龄上呢？如果他们之间的不同是单纯的出于体质的不同，那倒不妨按五年十年划分年龄组或按成年、壮年和老人等来划分年龄组。但是当前知识分子问题上所发生的差别不仅是个年龄问题，而是在年龄上表示出来有关知识水平、社会地位、经济状况等的差别，所以不能机械地用五年十年来作分组的界线差别。

有的同志提出，研究知识分子问题可以根据历史的变化来分组。知识分子在什么时候从大学或专科毕业作为一条界线，并说明用这些界线划出的年龄组所处的历史条件有什么特点。第一组是抗日战争之前大专毕业的知识分子,我本人就属于这一组,我做学生时的生活条件和后来从大专学校毕业的知识分子不完全一样。这一组大体上说现在已超过 65 岁。第二组是抗战时期的大专毕业生,这时的大学生主要集中在昆明、成都、重庆、西安,这时学生的学习和生活条件以及人生的理想同日本投降之后培养出来的大学生还是有点区别的。这一组可以包括 55～65 岁。再下来这条线就不那么容易划了。1945 年到解放这段时期可以合并在前一段时期也可以区别开来分析。1949 年解放是一条历史界线,但是以大学来说,真的变化要从 1952 年院系调整才显著。所以这一组也可以从 1952 年算起。从 1949 年到 1966 年是一个历史时期,如果再分得细一些,1957 年还可以划一条线,因为从那年开始搞运动,在校学生在社会经验上多于以前毕业的学生,但业务底子相对差一些。"文化大革命"中情况更复杂,前后期所培养出来的"工农兵"学员不一样,思想情况和处境还是有区别的。1976 年以后开始拨乱反正,各大学开始恢复正常教育,但各年所招学生素质又有不同,研究时还要注意他们之间的区别。

　　但是不管怎么样,我在这里主要是想说明,在调查研究方法上必须注意到这些问题,不应当盲目地人云亦云地用别国的框框来套住自己。同时想指出,定量的分析决不能离开定性的分析。一般说来定性在前,定量在后,定量旦找出了问题,回过来促进定性。

　　这次知识分子调查与我自己在 1956 年所做的调查相比,可以说有了一点提高。我不仅看到中国知识分子共同的方面,而且也注意到他们之间差别的方面,从一般化进入结构分析了。我们把知识分子按他们学习时期的历史条件所形成的特点来加以分组,即分出老、中、青来进行分析,那就容易反映出这些不同的知识分子不仅在共同的问题上存在着程度的差别,而且存在着不同的问题。

　　由于着眼于知识分子内部的结构,也就必须进行定量的分析,于是在方法上也就不能停留在过去所采用"解剖麻雀"的定性研究上了。我一向重视,至今还是要强调,"解剖麻雀"的定性分析是社会调查研究的基本方法,这一点不能含糊。但是只用这个方法是不够全面的,要规定这个"麻雀"在全部"麻雀"中占什么地位,即有多大代表性,那就得进行定量分析。而定量分析就需要一套不同于定性分析的方法和技术。

过去，我所做的调查主要是小社区的研究。就是一个人靠自己观察、记录和运用其他材料来进行研究，这也就是所谓"人类学的方法"。其实这也是调查研究的具体条件所促成的。过去的人类学研究者大多是一个人住在土著民族的海岛上或村寨里进行调查工作。个人的活动范围限制了他所能观察的范围，所以这种研究的长处是"解剖麻雀"，面面俱到，深入细致。当然这研究并不排斥计量。但所计的量为数是不大的。几家几户的日用账，各种生产活动所花的时间和劳力等等，这些都是一个人可以照顾得过来的。我用这种方法研究中国农村，多年来没有超出这个范围。我近年来出国多次，接触到西方社会学近30年来的发展，我个人的看法是：要发展我们自己的社会学，在理论上我们可以比人家强，那是因为这30多年马克思主义在我们中国已经深入人心，这是科学地认识社会的根本指导思想，我们有了这个基础，比西方这些国家底子就好得多。但是我们在处理大量的社会现象时，方法上技术上赶不上人家，而在现代社会主义建设中，我们必须处理大量的社会现象，必须发展计量的研究。过去由于不重视这个问题，我们在这方面吃的亏已经不小了。"扩大化"在研究方法上说，就是不符合正确的比例，把少数当作了多数，这就有个计量问题。在西方国家又因电子技术的发展，克服了计算技术上的种种困难，发展得很快，计量研究风行一时，甚至有的吹过了头，出现了为计量而计量的偏向。但对我们来说，就不能不赶紧把这套本领掌握起来。我们决不能丢掉自己的长处，深入研究典型的"解剖麻雀"的方法，但要及时地把它与大面积、大范围的计量分析结合起来。共同性和个别性要结合，定性和定量要结合，个案描写和统计表格要结合。这是我们超过国际水平的路子。

为了要学会计量研究的方法和技术，我们安排了一位美国的人类学教授来中国跟我们合作进行研究。我们有几位同志就跟着他，一步一步地当徒弟把他怎样进行研究的具体办法学过来。我间接地跟着学。这次去西南调查知识分子问题，我就决定要实践一下学来的东西。我自己还是用在知识分子中进行访问谈心，开座谈会，讨论会等方法去了解当前知识分子的问题。同时，请人设计了一个问卷，印发给被调查者，在分发表格之前我做了几次启发报告，把调查的目的、意义反复讲清楚，调动被调查者的主动性和积极性来参与这次调查，填写这个问卷。我们发了600多张，收回350多张。又把这些材料输入电子计算机，同时算出了一些主要的数据。这些材料已经储存起来，今后还有用处，可以作进一步的比较研究。

我们不妨举些例子说明计量研究和定性分析结合的好处。先说一点，问卷里算出的平均工资是107.36元。如果用这个数字来说明昆明知识分子的收入情况那就会引起误会。这就是说，先要定性才能理解计量。第一要问：填写问卷是哪部分知识分子？第二要问：老、中、青各组的收入有没有区别？弄清了这两个定性的问题，这个数据就有意义了。民主同盟原来的组织方针是以中、上为主，就是说以上层和中层知识分子为吸收对象。所以这些问卷反映的是这一部分知识分子。这些盟员现在大多数已年龄较高，平均60.11岁，大专毕业的占82.07%，教育领导干部占17.03%，科长以上行政干部占13.76%。职称上，正副教授及正副研究员占22.29%，工程师、医师占8.36%。工资在150元以上的占11.14%（200元以上的占6.5%）。如果我们把全部问卷按年龄分三组（1. 41～50岁；2. 51～60岁；3. 61岁以上）情况就不同了。1组全部在150元以下，100元以下的占97.22%（其中70元以下的占50%），每户每人每月平均收入50元以下的占83.33%（其中30元以下的占47.22%）。在干扰业务工作因素一项中填经济负担过重的1组占52.78%，而3组只占9.20%；填家务劳动过重的1组占41.67%，3组占20.86%。这些数据说明我们如果不分组，不同类型的知识分子所具有的不同的问题和共同问题上的不同情况就反映不出来了。

这种分析的方法，把当前知识分子问题的重点是中年知识分子的命题确立了。从计量的调查中，如上面所说的，已经看到绝大多数的中年知识分子，就是解放后从大专学校里毕业的人，现在收入几乎全部都在每月100元以下，一半在70元以下。这一半如果按户人均收入计算只有30元。这样的收入在当前城里居民中是属于底层的。比较同年龄的工人，以天津为例，倒挂10到20元。中年知识分子基本上都是双职工，而且大多是在实行一胎化之前结婚生孩子的，有一个孩子的人只占调查总数的14.24%。中年知识分子一般是上有老、下有小，一家四至五口人，靠每月一百二三十元（双职工一起）过生活，人均居住面积在10平方米以下的占69.45%。我们就依据这些计量的资料线索，进一步进行个案调查，对中年知识分子的情况有了更多的感性知识，总结出"工作重、家务重、待遇差、体质差"的四句话。我想这个结论根据是比较充分的。

我们这次知识分子调查原来是一种尝试的性质。所编的问卷后来发现有许多缺点。填写过程中，我们没有一个个人亲自去询问，填写者对各项问题的了解不一定相同，而且有些项目留着空白。我们又临时在昆明找了几个助手整理原始问卷，没有经验，可能有失误。我们一共收到350多张答案，每张有几十个项目，如果要用算盘来计算，至少要几个月到半年。结果用电子计算机，在一个星期里就把全部资料输入了机内，取得了初步结果。这次尝试对我来说是有收获的。我过去还没有用过电子计算机来帮助进行研究，这可以说是第一次，虽则我并没有亲自动手上机工作，但是我紧跟着上机操作的同志们看他们怎样运用这个工具。其次是初次处理数量较大的资料，有意识地把定性和定量的分析结合起来。这次工作时间短，人手少，又有其他工作的干扰，研究结果的质量不高。好的是资料已经储存起来，还可以继续利用。我希望有条件的话，以这次初步尝试为起点，对知识分子问题研究逐步扩大范围和内容，真正建立起一项长期性的研究课题。

在这次知识分子研究工作中还遇到一些计量研究值得注意的问题，就是不能盲目地应用数据来反映实际，必须细致地分析每个数据的意义。例如我们从各种座谈会上和个别谈心中听到很多反映说，中年知识分子这几年来身体差、病多、死亡率高。这些反映一般是正确的。但是说来说去总是停留在一般的印象上，我就建议要能用比较正确的数字来表达这种情况。重庆大学的朋友们统计了一下这几年该校教员中死亡的情况，得出中年死得多，老年死得少，而且有一个比例是3:1。这个比例是有事实根据的。同时也很说明中年知识分子情况的严重性。这个数字看来也符合于其他方面所见到的情况。工作重、家务重、待遇差，这三个因素加起来，按常识推断，这些中年知识分子很可能因营养不好，工作太忙而体质亏损，进一步也就容易未老早衰，未老早死。所以一听到3:1这个数据也就容易信为事实。但是如果再想一想，这个数据的意义是并不清楚的，在过去几年里一个大学教员死亡多少，死者年龄多少是可以核对的。但是如果60岁以上的死一个，60岁以下的死三个，并不能就说明60岁以下的人死亡的机会大于60岁以上的人的三倍。首先是这个学校里老年教师有多少，中年教师有多少，是什么比例？他们是怎样死的？老年教师什么时候退休？这几年里有没有退休教师死亡？那些死亡的退休教师是否也应该算进这个比率里去？而且如果认为年龄和死亡有一定的关系，就是老年的容易死，这个关系究竟有多大？也就是说在一般情形下，各年龄组的死亡机会各有多少？中年比老年死亡机会大并不是绝对的，比如在过去，妇女的死亡率在中年生育期可以大于老年。所以要确定中年知识分子死亡率高这个命题，在计量方法上还得进行研究。如果我们不加细究就采取 3:1 的数据，并不能真实正确反映实际。让我补充一句，我这样说并不否定中年知识分子问题当前的严重程度，只是从科学方法上提出：要更细致地计算才能掌握中年知识分子死亡率的意义。

我们这种调查研究是直接为社会主义建设服务的。这也是一种新的政治和业务相结合的路子。社会学是一门科学，它的首要任务是真实地反映客观实际，知识分子的情况是客观存在的社会实际，我们必须如实地予以反映。这不是简单的事，不能只靠个人的经验，更不能靠个人的想像，而是要依靠集体的力量，运用一套科学的方法和技术，把实际反映出来，给决策机构作参考。我认为这是科学为政治服务的正道。中年知识分子问题日益严重是客观事实，而且已经日益为人民和领导所注意。在中央所发关于检查知识分子工作的文件中，也已经指出要着重注意这部分知识分子的情况。我们的研究工作实际上是配合这项检查工作，进一步通过具体的分析，可以把情况反映得更确切和更全面些。这对知识分子工作应当说是有用处的。这也实现了我们所规定的社会学发展的方针：为社会主义建设服务。我们这条路子比西方所谓应用社会学宽广和深刻得多。我们就是要发扬社会主义的优势来超越西方的社会学。

除了调查知识分子外，我这几个月里还参加了民盟关于中学教育的调查。我们民盟的成员里有 9000 人在中学里服务，很多是有经验的老教师。他们主动地要求进行一次怎样提高中等教学质量问题的讨论，并希望通过这次讨论提出一些切实可行的建议给有关部门作参考。我上个月参加了他们的讨论，有不少启发，其中一条就是社会学的观点、方法，对提高中等教育质量的努力上可以有所帮助。我在这里可以介绍一点。目的是在说明只要我们多接触实际，社会学的用处是容易看得清的。

天津有一位中学老师是个先进工作者，她几年来设计出一个帮助教师改进教学的方法。她设计了一张表格，有 20 多个项目，每个项目记下每个学生在课堂里的表现：比如她的语文成绩，在班上有没有小动作，学习的态度等等。每天填写，每星期作一比较，就看得出每个学生在各方面的变化，然后作出下星期对每个学生应当注意进行帮助的重点。这是个科学的方法，收到了很好的效果。她请我提意见，我没有当过中学教师，没有做过调查，只有自己在中学里当学生的经验和观察到的周围孩子们的表现，所以不可能提出切中要害的意见。我只看到这位教师所用的表格里对学生所观察的内容，主要是他们在教室里的表现，至多包括在学校里的一部分表现，而实际上影响学生学习的还有在教室之外和在学校之外的生活，这些生活有时很重要，是一个学生学习态度和学习什么的重要条件。一个学生用功不用功，学习得快不快，学习些什么，并不都是教室里或学校里的因素所决定的。而这些因素常常在教师注意的范围之外。那位老师给我看的表格上就缺少这一部分项目。所以我提了个意见：是否可以把观察的范围扩大一些。学生家长对学生学习的作用很多人已经注意到，学生之间相互影响这一点似乎还应当重视起来，而且这些是在学校里可以观察得到的。我提出这个问题是由于我看到我自己家里的几个孩子，他们所受小朋友的影响很大。每一个时期都和某几个孩子搞得很好很亲密。别人的头发怎样扎，她就也要这样扎。家长的话她不听。如果我们从这方面去观察小学生和中学生，就可以看到他们中间自己组成许多小群，小群的作用表现得很突出。我们在《社会学概论》里不是讲过小群么？在美国社会学里曾经有一个时候成了热门。我们为什么不用这些知识来看我们自己学校里的实际，而进一步应用到改善我们教育质量的目的上去呢？我回想自己的学生生活，对我思想和精神面貌影响最大的还不是这些小群么？到现在还记得有哪些人是情投意合的朋友，甚至一直结交到老年。

在《概论》班上讲小群，可以讲得枯燥无味，但是如果用这个概念去观察我们的小学生、中学生那就生动极了。我看孩子们一时时兴玩香烟盒，一时又变成了火柴盒，一时又玩这个，一时又玩那个。这些和教师没有关系，通过什么社会关系在那里像风一样的吹来吹去呢？不就是这些小群么？我们怎样利用这些小群来进行教育，不是一个很有意义的问题么？其实这还可以扩大到成年人中去，扩大到工厂中去，那就学活了。我想从这个方向发展下去，是否可以搞出一门教育社会学来。

不久前，我又去了一趟大瑶山，参加庆祝金秀瑶族自治县成立30周年纪念。这次访问时间很短，在山里只住了三个整天，说不上调查，但是对今后怎样进行瑶族的调查还是摸到了一些线索。

我们对大瑶山的调查已经有两年，第一期已经初步告一段落。大瑶山里的瑶族有五个不同的集团，分别称盘瑶、茶山瑶、花蓝瑶、坳瑶、山子瑶。前年调查后明白了这五个集团语言不都相同，茶山瑶近侗语，花蓝瑶近苗语，盘瑶和其他瑶语相通，所以我们想他们可能是不同时期进入这山区的不同民族集团，后来都被认而且也自认是瑶族了。我们准备分别选定小社区进行"解剖麻雀"的微型调查。我在1935年调查过花蓝瑶。去年有三位同志去蹲点，深入调查一个盘瑶的村子，是从游动粗耕转变成定居细耕的典型，调查报告的初稿已经写成。我们打算继续在其他四个集团里开展这类调查，然后看出他们之间的关系，不同来源的民族集团怎样在大瑶山里结合成一个共同体，而这个共同体又容许存在着内部的差别。我心里想这种又合又分的状态很有点像整个中华民族的模式，如果能把它作为一个具体而微的样本来研究，也许可以说明不少中华民族的特点。

　　这次访问中因为广西各个瑶族自治县都有代表团来祝贺，所以我就约他们座谈。我想了解一下广西其他地方瑶族的情况和大瑶山有什么相同，有什么不同。从都安的瑶族代表的谈话中，我发现那地方的自然条件比金秀差，他们的山区都是些"石山"，在石块缝里长玉米，产量很低。过去还种果树和桐树，在"文革"期间搞"学大寨"，挫伤了原有的副业。从这几位代表的精神状态看来和金秀就不同。金秀瑶族对自己的民族还有自信心，而都安这几位代表提到瑶族就露出有点不大光彩的意味。这只是我的印象，可能和事实不符，但是很引起我的注意，很想到这些地方去看看。而且想到今后各少数民族中如果有些原来比较落后的集团，不赶紧帮助他们发展起来，他们和外界的差距拉得太大，恐怕会出现新的问题。因之，我觉得瑶族的研究应当早一些扩大到金秀以外的地区去。但是怎样组织这个调查，又怎样培养一批能做这项工作的人都是还没有解决的问题。我们要做和应该做的事，实在太多，而人力确实不够。

　　我在金秀也开始要从微型调查的基础上向宏观的方向发展，就是以金秀山区为范围提出个山内外经济流动的调查。我想先从现有农产品集散的墟集调查做起。作为初步的探索，我拟了一个简单提纲，请县委帮助我搜集一些已有的资料，包括金秀全县有哪些墟集，多少天赶一次，什么村的人赶哪个墟集等等。这些初步资料可由当地干部提供，等有了一个初步了解后，再有人去实地观察，这个调查对金秀今后经济发展有帮助，而且如果能做出一个样子，其他少数民族地区也可以进行这样的调查。

我在瑶山里的三天还看到许多有意义的事。我参加了他们的庆祝大会，庆祝会的仪式和我们常见的差不多，一上来是奏国歌，但接下去多了一项放鞭炮。放鞭炮是民族形式，增加欢乐的气氛，自然很好，但是占的时间很长，长到使我感到有点出奇。会后我在和当地的朋友谈话中讲起这件事。我说，这次鞭炮放得可真不少呀！他笑着说，这算什么，今年春节，几乎一夜没有停。金秀供销社出售的鞭炮达6万元。我怕自己听错了，又问他是600元还是6000元？在座的朋友一齐说是6万元，没有错。去年是3.7万元。第二天马路上足足有一厚层的鞭炮纸屑。我当时就说，这倒是个比较两年人民收入的标志，几乎涨了一倍。但是再转念一想，全县只有4万多人，在金秀县府一个供销社里就出售6万元鞭炮，一夜消耗完，这意味着什么呢？欢欣的心情固然是主要的，用民族形式来表示这种心情也是重要的，但还有一项：人民手上有钱怎样花法也应该是一个值得注意的问题了。

我记得早年中央民族学院去四川凉山搞四清，有人回来告诉我一个情况，彝族在外边做工拿到了工资，就在街上喝酒，喝得烂醉，醒了再喝，身边的钱喝完为止。我听到瑶山里的鞭炮声联系到凉山里的喝酒，是不是牵强附会呢？也许不能这样说。我们讲经济不能单讲生产，生产出来的东西要消费，甚至可以说为了消费才生产。而什么决定我们的消费模式呢？这个问题是不是值得我们学社会学的人拾起来研究呢？

我去年从江村回来，曾经和你们讲过，现在江村人均收入已经达到360元，人们开始忙着张罗造房子了。人均收入在100元上下时，谁能造得起房子呢？不少人家因为房子不够，成了年的儿女不能结婚，婆媳吵架不能分家。这几年农村经济好转，造房子成了一股风，建筑材料供应不上。我因此建议，我们应当找一系列人均收入不同的生产大队，比如人均收入50元的、100元的、300元的，直到江阴的华西大队目前已经达到900元的，分别调查他们的消费结构，就是指消费些什么，各占多少比例。据说人均收入到了500元的，如吴江的桃源大队，已开始建筑新村，华西大队则已开始搞社会福利。我记得在早年我的几次农村调查中，总是以粮食占全部家庭支出中的比例作为衡量当地生活水平的标志，比如凡是粮食支出占全部消费支出的一半，在当时已经算是中等水平。这个办法在目前城市中已不适用，因为我们的生活中有许多项目，如居住，实际上是受国家津贴的。但在农村中究竟怎样，我还不清楚，应当可以作为研究的题目。

这种研究对社会主义建设有什么用处呢？我想用处很大，最清楚的是怎样通过摸清楚农村经济发展中消费规律来规划我们的轻工业。我不清楚现在是怎样决定生产什么和生产多少的。我只听说现在农村中要高档货物，所以在电视里宣传电视机、电风扇等等，这些我不反对。但是不应该只从货币回笼这一点出发，应当考虑对农民生活的影响。农民生活的改善应当走怎样的路？吃饱了，是不是穿？穿暖了是不是住？住就复杂了，有了房屋，接下去是什么？电视机有教育的价值，那是好的。但农村里电的供应是否跟得上去？在江村晚上经常停电，所以买了电视机看不上几晚。消费品的供应必须从实际出发。在我们社会主义国家，更应当作出有计划的供应，通过消费品的供应来指导广大人民生活的改善。如果我们进行了对农民消费的比较研究，结果不是可以看一看实际上农民在经济的发展中，生活怎样改变，现在有没有一条客观的趋向，这种趋向是否符合社会主义发展的方向？那就是说，我们不仅要反映现在实际存在的情况，还要研究这种情况对社会主义发展有没有好处。瑶山里过春节要花6万元去放鞭炮，热闹一整夜，好不好呢？我们一方面要肯定表达欢欣的民族形式，同时也要看到这样做对他们经济、文化全面来说是否有点过分？是不是可以把这笔钱用到对瑶族发展更有利的方面去？

消费的研究又引出了更深一层的问题，这就是从物质文明进入到精神文明的领域的问题。我把瑶山里放鞭炮，凉山里喝酒，江村女工烫头发，有些农民买电视机、电风扇，甚至把一些农村妇女买手表等等细节提高到精神文化的高度来看，也许不是"无限上纲"。我并不是反对它们，而是要提出一个问题：人有了钱去买什么是怎样决定的？肚子饿了要吃，身体冷了要穿，这些选择是生理决定的。一旦吃饱穿暖，住上了可蔽风雨的房子之后，还要买什么就不是生理需要所决定的了。这里我们碰到了社会决定的"价值观念"，就是时兴什么，喜欢什么，也就是精神文明。这是个要研究的大问题。但是从历史唯物主义的观点来说，也应当有个发展的轨迹，就是说有落后和先进的区别的。物质文明发展到一定程度，精神文明能不能跟得上，就成了一个人类的大问题。

我在《访美掠影》里所要发挥的一个主题，其实也就是：像美国这样的社会，物质文明不能不说大大地发展了，尤其是这几十年里由于科技的高度发达，人类控制自然的力量大大增加，但是人的精神文明却大大地落后，显得空虚、庸俗,对人生失去了信心,表现出了种种颓废、没落的气象。作一个对比,《牧马人》里的李秀芝,她在这样艰苦的物质条件下,对生活却这样认真,精神这样饱满,对人们的前途有这样强的信心,那是在美国这种社会里不容易见到的。我总觉得李秀芝这样的精神状态在质量上应当说远远超过了美国社会里的一般成员。问题是发生在物质文明迅速发展的过程中我们怎样保持和提高李秀芝的这种热爱生活的精神状态。这就是我们当前怎样建设社会主义精神文明的课题。林彪、"四人帮"给我们的损害,在物质方面的恢复比较容易,在精神方面的却困难得多。现在我们要整顿社会风气,也就是要在这方面拨乱反正。至少要恢复开国初期全国人民所有的精神面貌和上进心理。我们的社会学研究也一定要跟上形势,提出研究精神文明的问题。

1982 年 9 月 7 日

本文系作者在北京大学社会学系研究生迎新会上的讲话。

再谈怎样进行社会学调查

今天是来和同学们交谈的,这样就生动些。今后要养成交谈的习惯,无事不谈,能思想接触,发现问题,考虑问题。

明年我准备开一门课,我离开清华后几十年都没开课了。这门课要迁就我一点,因为时间我掌握不了,身不由己,事情太多,所以限制一下,只在研究生范围。开课的目的是重新写一遍《生育制度》。请你们帮我做这件事。你们首先要多看几遍,看出这本书的妙处和毛病。有人觉得这本书很有趣,看完就丢了,没有动脑筋想想。有人说一个晚上就能把这本书看完,可咀嚼起来就不止一个晚上了。这是对选这门课的人提出的第一个条件。第二是时间要迁就我,大家讨论一番,每次一两个人负责把讨论的内容整理出来,以便搞一本新的《生育制度》。有些问题要争取写些短文章,或调查或查资料,要做一系列的工作,不只是听听罢了,也不只是评论一番就算了。我们大家要一齐来攻关,不管谁尽可发表不同意见。对不同的意见大家分析,让实践来决定谁对,这样我们就能进一步认为我们社会的事实是怎样的。希望能提出一些中国社会学的材料来,让大家有所参考。这是开这门课的目的。这是一种新的教学方法,不是我讲你听,而是我们大家一同干一件事。

第二件事:我很关心你们这班研究生。中国社会学要发展,需要一批新的力量。现在我们的工作太多,要求太高,应付不了。我们人手不够,所以要尽快地培养一批能上阵去真正认识中国社会的人,要多方面培养,要找四十几岁的人。但从更长远打算要找二十几岁的人。在这个年龄组培养一批人。到2000年这批人就是主力了。这项培养工作现在已经开始。但由于我们底子薄、任务重,没有现成的道路可走,要靠大家一块儿来开辟。

上一次你们给我出了个题目:《你们在干什么?》所以我隔一段时间就来

向你们汇报一下我们在搞什么，为什么这么搞，做到什么程度了。你们如果不能知道全国的情况，至少应了解我们社会学所在想些什么问题。这样你们才能接触第一线的东西。我在英国做研究生时，我的老师开了一门课叫："Anthropology Today"（今天的人类学）。Today 就不是昨天的。出一本书从写稿到出版至少要用两三年时间，最快一年。在中国要更多的时间，所以书里讲的问题就不是今天的了。开 Anthropology Today 这门课的老师胆子很大。的确在他的席明纳（讨论会）里，人们提出的都是些当时西方人类学没有解决的问题，而不是解决了的问题，解决了的问题就是过去的了。我们要跟上时代，就要了解一个学科发展到了什么程度，接触到了什么问题，人家在搞什么问题。这里没有结论，只有启发和思考。今天就变成了明天的昨天。这是一个发展过程。目前我们还做不到这一点，可总想向你们汇报我们在干什么，遇到了什么困难，大家好一块儿讨论。

这两个月里，又有了新发展。本来要我去西德参加他们的社会学年会，当时感冒未愈，所以没去。因为我要抢时间，在天冷之前去南方搞一次调查。调查研究英文叫"research"，我不是去 research，而是 search，即探索。上一次我去江村看到很多问题，这次想探索一下，怎样把这些问题变成一个调查计划。这不容易，我自己也没把握。首先没有问题就谈不上调查研究，可是有了问题怎样去进行调查还要有个方法，这就叫科学。科学就是能正确反映实际的方法。就是说科学要根据事实作资料。取得社会科学的资料要调查社会实际。调查要有方案。现在很多人热情很高，我支持。下面有很多问题，要调查了解、要解决，但问题的实质是什么？不清楚。有人认为调查很容易，发些表格叫人填，然后拿回去就是资料了。但这不解决问题，于是就有人失望了，一阵高潮，一阵低潮。你们要注意，现在正是高潮，转过来就会是低潮。他们会说社会学没办法，没用，不解决问题。你们要走的是一条没有铺好的路，不容易。但是随着客观实际的发展，人们的认识也一定要发展，所以要有新的方法。有没有条件，不能凭空想。我们不可能想知道什么，就知道什么。

昨天我收到一封信。营口工厂的一个干部写来的，很不错。他看了我们知识分子的调查，他说现在重要的是要调查"三期人"，他们生在经济困难时期，长在动乱时期，就业于调整时期。他提得很对。他要研究这批人，搞了个问卷。我一看这个问卷，问题就多了。第一条，他要知道对方是什么性格，他一下子就提出了几个种类，要被调查者填写属于哪一类。如果要我填我是什么性格，我不知道怎样填。他问的都是些填写者自己不清楚的问题。所以不懂怎样设计调查是不行的，这样收回来的问卷反映不出社会实际。他说要调查1000人。哪里去找这1000人呢？发了问卷人家不填怎么办？如果不明白为什么要填这个问卷而且又不好填，为什么要填呢？即使有人填了表，你能相信所填的东西吗？所以这样搞出来的表是无用的。从接触问题到总结出解决问题的方法，中间这一段路要我们去摸索。不然就要浪费很多时间，找很多麻烦，结果还是不解决问题。

人不是生下来就会社会调查的。有人就给我提出，说我1936年在江村关于每户吃多少盐的调查错了。我说每户一般吃10斤盐。他说我估计得太高。他接着说，这是因为我接触的都是地位较高的人家，吃10斤盐的人家。这一点提得很好。首先我肯定他提得好，不是人云亦云，更不能迷信权威，说这个人地位高，不要与他唱反调，应该有胆量。他对这个问题又有新的调查。我还不知道他是怎样去问的，究竟一家吃多少盐？我认为要真正解决问题就要一家一家地问。1936年我做不到，在一个月时间内，不可能采用家计记账的方法，所以我的方法是请一些熟人来讨论。提一个问题，"一个中等人家，一般一年吃多少盐？"得到了一个数字。但我的调查不够仔细，究竟盐是怎么用的。盐是很重要的东西。解放前，山区少数民族的盐受到控制，吃饭不吃盐巴，有人就长了大粗脖子。但究竟一年要用多少盐呢？江村的农民不光吃饭时吃盐。盐还有其他用途。我在湖北干校时，那里农民不腌菜，要吃咸菜都没有。北方农民腌不腌菜我不知道，我的家乡都腌菜。普通人家都用盐腌菜。盐还有其他用途，如要保存鱼要用盐腌，还有做酱油也要用盐。当时我的调查就没有这么仔细，至少没有把细账写出来。所以这位同志问题提得很好。假如我再做这个调查就会更仔细了。

农民的消费问题很重要，究竟农民消费什么东西，怎样消费？过去我只有过粗略的调查，得到过一些项目和数字，数字不很准确，应当重新研究。他提出数字首先要有准确性，这一点首先要肯定。所以我主张把他的文章发表，印出来，不要怕提不同意见。我们应引导大家进一步调查，我们应取这种态度。一个青年人要有勇气，但要实事求是。要解决这个问题，就要引导大家注重现实，研究实际情况，要认识客观存在的问题，这样才能锻炼出新人。这次我请一位沪江大学的同学去江村顺便把吃盐多少的问题再调查一下,她会有个书面报告,据我知道,把各项用盐的数量都加起来,一家一年10斤盐是没有估计得过高的。

在四访江村快结束的时候,我们参观了一个镇,丝绸中心——盛泽。从宋朝起,这里就是个有名的大镇。中国有很多这样的大镇,如景德镇,北方还有个织布中心的镇,名字记不得了,好像是高阳。盛泽是丝绸中心,过去一个很长的时期,太湖一带的农民很多在家里织绸,还要上缴皇帝。丝绸业在中国发展得很早,长沙马王堆就有织锦,十分漂亮,是提花的。太湖四周农家织的丝绸都拿到这里销售,所以盛泽是个有很长丝织工业史的名镇,后来在这镇上发展了织绸的作坊工业,直到解放初期最大的作坊有20张织机。去年我们去,问起这个镇有多少人口,说有2万6000人;又问解放前有多少人,说有二万三四千人。这就奇怪了。解放后全国人口增加一倍,5亿到10亿,而这个地方怎么增加得这样少?这里一定有文章。我一直在想这个问题,为什么这种市镇上人口不增加?市镇这个东西到底是什么?

调查不是凭空推论,而是根据事实说话,实事求是。一个村一个村地调查,是调查不完的,所以要建立类型。研究一个具体的对象时,要发现它的特点,它属于哪个类型。过去我搞体质人类学,要了解中国人的体型就得建立不同类型。每个国家的人都有各种类型,有的人一看就知道他是广东人,因为他有很多特点,这些特点是遗传的。对于这些特点的定性分析,使我们分出若干类型。抓住几个类型在地理上的分布就看出问题来了。我就把这个方法应用到社会学上来。我调查江村、禄村,张之毅同志调查易村、玉村就用建立农村的类型这个方法。江村人多地少,不能仅靠农业,必须有副业,这部分收入占总收入的很大部分。我们到云南一看,禄村没有手工业,主要靠农田。这就有了两个类型。我们在滇池周围去找不同类型,发现了易村。这个地方搞竹工副业,而且有两种形式:一种是家家户户编织竹器,一种是投资造纸。前一种以投入劳力为主,后一种就需要资本。这就是两种农村副业。这些在我们写的书里都有,希望大家看看。找到了有手工业,竹器副业的类型后,又去玉溪找到了商业发达地区。后来,张之毅同志写了一本《玉村农业和商业》。玉溪是马帮的集中地,这个贸易中心就影响了周围农村。我们就是这样建立了不同的类型,通过这些类型的比较,看到了农村发展的一些规律,这是一个方法。后来我写了"Earthbound China"意为"为土地所限制的中国"。后来我用"乡土"一词来翻译 Earthbound 就是指农业多，工业少，自给自足，和这个经济基础上产生的一套上层建筑而构成的一种社会文化。我后来又对这类文化进行分析，写了《乡土中国》一本小册子。那是向理论提高的企图。香港现在把这本书翻印了，他们又在这理论基础上发挥了很多东西出来。

  我过去的调查没有跑出农村这个范围。这是当时具体条件决定的。可是农村不是一个自给自足的社会整体，它可以被作为一个调查的对象；但我们的调查不能停在这个地方，我们还应当发展到更高的一级。我们过去在云南搞农村调查，一直搞到镇边上就停了，没有再发展。后来我到了北京，到通县做过调查。通县家家户户都几乎与北京有联系，不是有人在北京拉洋车就是有人在北京做买卖。所以不能孤立地看一个村。我在江村调查时，杨庆堃先生在北方作调查："北方农村的贸易中心"，就是"集市"，"日中为市"，农民从四面八方来，最远的中午到，买卖完了就回去。农民自己交换不需要太多的时间。在吴江时，我买了一本《康熙字典》，查了"市"这个字，它引了《周礼》里的一条："大市，日昃（中也）而市，百姓为主。朝市，朝时而市，商贾为主。夕市，夕时而市，贩夫贩妇为主。"这是很好的概括，说明了当时集市的特点。普通老百姓进行贸易是在日中，早上从家出来，最远的到中午才能到市，要用半天走路。早上只有住在集上的商贾有货供应。晚上顾客都走了，留下的商品就有贩子来收购。这段话是当时集市的规律，早在《周礼》里就已经总结出来了。杨庆堃先生的调查后来由外国人发展了。Skinner 写了一本书，书名我记不得了，就是讲中国集市的发展历史。我们搞出来的东西，被外国人发展了。

  四访江村时，我们就想从农村一级的调查发展到市镇一级的调查。这种调查需要很多条件，要处理很多数字，不能一个人单枪匹马地去干，要多一些人，有组织地研究。燕京大学过去搞过清河镇的研究，应继续搞下去。

  根据我这次探索，我们见到的市镇可分为好几类。

  抗战时期，我在云南呈贡，住在城外，买东西要赶"街子"。城里只有衙门、监狱等，最多只有茶馆和一些卖日常生活用品的杂货店。但一到赶街子的日子，街子上就人头攒攒，四乡各族人民都来了。到了晚上，街子上就空无一人，大家都回家了。北方南方农村都这样，商品交换都在一定的地方，最热闹的时候是在中午，也有一些人走乡串村买卖东西，但真正农民交换产品的地方是这种市集。各地名称不同,有叫"街"的,还有叫"墟"的,指的都是在一定时间,农民汇集到一个地方进行交换产品,交换完后各自回家的活动与地点。但农民不能天天赶集,一般是三天或六天一次。这同"城"是两回事。城是政治生活中心,过去城是统治机器所在地,要加以保卫,所以有城墙。住在城里的地主,家家有高墙,门框是石头的,有点像欧洲中世纪的城堡。中国的城出现得很早,城代表了中国封建社会的一个重要特征,它与商业中心分开。这里有两种城镇,一是政治中心,一是经济中心。

江村一带是水乡,镇是这地区农村的商业中心。它与村子由船联系。农民不必自己去镇上买卖东西,他们有一种代理人,他摇船去镇上,帮助农村进行物资交流。这种船叫航船。当时镇上有米行、油行、酱园等作坊。此外还有上面已说过的工业中心如盛泽。

我们对以上三种不同类型的市镇进行了分析,一种是商业性市镇,它可以供应很大一片地区,最初是一个集;逐步固定下来形成市镇。这样的市镇如盛泽就供应九个公社一个镇,20万人的商品交流。这需要一定的交通条件。第二种是政治中心,我出生的吴江县城,现在称作松陵镇,就是这样的一个中心。第三种是手工业中心,农民家庭工业如织绸织布,在这里买原料,卖成品,后来就成为这类手工业作坊的集中地。在四访江村时,还看到一种新兴的工业中心,那就是最近几年大城市工业扩散和社队集体企业的发展,在交通条件有利的地区而发展起来的新的工业城镇。这次我们去访问的吴江县平望镇就是这样的例子。

解放后,这一类小城镇遇到了问题,简单地说,农村里的主要农产品,粮、油、棉、茧等,都直接统购统销。生产者本人不必去自寻运销渠道了。二类物资如生猪,农民自家养大了,只能卖给国家。加上相当长时期里,反对家庭副业,农民没什么东西上市场出售。生活必需品也由供销社运到各村出卖,市镇失去了它的作用,传统市镇作为一个集市的作用减少了。人口也越来越少。其中有两次剧减,一次是土改,很多人下乡去分地;一次是下放。由于城镇下放到农村的人不少,许多在小城镇上不好谋生活的人向大城市跑,结果是北京、上海这样的大城市人口暴增。基层的小城镇的人两头走,连自然增长的人口都留不住。三中全会后,拨乱反正,改变了"左"倾错误,农村实行了多种经营,家庭副业发达了,农村产品商品化,农民钱多了。但是城乡物资交流的渠道并没有相应地开阔，能输出的产品仍限于国家收购的范围，生活上需要买的东西在供销社里买不到，有了钱买什么和到哪去买都成了问题。要造房子没有木料，只好搞关系，没关系就不行。流通领域发生了问题，农村副业和手工业的产品销售困难，阻碍了农村经济的进一步发展。

现在需要做生意的人。中国自古就有士农工商的社会次序，商业一直被轻视。解放后更是如此，做买卖被看成是资本主义活动，要割尾巴。很多人不敢做生意了。近来放宽了些，允许贩运，但"贩"这个字还是贬义。没有重视流通这样一个重要环节。过去我们觉察到了，但不够清楚。这次下去一个多月，就看得更清楚了。各方面都反映开辟流通渠道的要求。农村经济要发展就要农产品商品化。农村需要多种多样的消费品，供销社有点"官商"作风，远远跟不上需要。这些是客观实际。所以我们指出要具体研究城乡物资交流的问题。农民到哪去进行交换？农产品集市在什么地方？工农业产品交换的中心在哪里？胡耀邦同志在视察云南时指出农村要发展一定要有它的经济文化中心，也就是说要有基层的市镇建设。要抓这个问题，要看到农村的变化。所以我们提出要重视小城镇在社会主义现代化建设中的地位和作用。

我们一提出这个问题，各级党委都觉得这是当前的一个重要课题，建设社会主义新农村的关键课题。客观上看，大城市人口是 1000 万，下一级城市人口就少多了，如苏州只有 60 万人，常州不到 50 万。100 万人口的中等城市不多。再下去就是一两万人口的小城镇。北京与上海这样的大城市和农村之间的人口阶梯上，每级台阶相差都太大。这就把城乡差别拉开了。如果我们要在社会主义建设中缩小城乡差别，就要改变目前的这种人口分布状态。看来有必要把工业扩散到不同等级的市镇，一直到农村里去，发展各种社队工业。

现在我们要研究两万人上下的市镇在我国经济建设中的地位是什么？它应起什么作用？这不仅是经济上的流通渠道，还是科学、教育、服务等方面的基层中心。农民买了电视机、拖拉机，坏了怎么办？送到上海修理不行，派人去修也不行，不可能在每个村建立单独的服务点，所以还是要有个为许多农村服务的中心。在一个地区，电视机损坏的数字都要有所统计。现在农村到处都有电视了，但频道少，许多电视台还收不到。这就需要调查，农村经济发展到什么程度时，农民要买电视。

现在各生产队的人均收入很不平衡。从 50 多元到 500 元，甚至 900 元，这些生产队的消费内容就不一样。在一定的收入的水平上提出一定的要求。如人均收入300元的地方就盖新房子，500元以上就盖新村了。究竟一个生产大队在人均收入多少时要买什么东西？我们能不能供应？农民有了钱，买不到东西，他也不放到银行里去，这确是个大问题。我们的轻工业产品和农民的要求是否对路又是个问题。我们搞一个调查出来就能指导工业生产了。现在生产相当盲目，所以要搞小城镇研究。我们目前还在探索，这一趟我们找了县里的干部和公社大队的干部向他们请教，他们有很多知识，就是没有总结。现成的材料不少，需要人去总结。

总的说来，有基本类型不同的四种小城镇：一个是政治中心的镇，一个是传统工业中心的镇，一个是商业中心的镇，还有一个是新兴的，这几年发展很快的交通要道上的镇。我们找了这四个镇的领导，先听他们讲，然后又下去看。后来我们又到了常熟，这个城很大，10万人。是个新兴的小城市，它很特殊，值得研究。上个星期我们才回来，发现了很多要人研究的问题。

1982年11月23日

本文系作者对北京大学社会学系研究生的讲话。

要从根本上懂得社会

昨天我跟你们去夫子庙四福巷看你们到居民家里去进行社会调查，回来之后有不少想法，今天一起座谈，可以交换意见，促进工作。

让我先提两个问题，第一，社会调查光靠问卷能不能解决问题？第二，你们是不是向被访问者讲清楚为什么要进行社会调查？

我不知道昨天你们是怎么布置的。在我看来，我们访问的第二家同第一家有点不同，第二家好像知道我是什么人。这个我看得出来，第一家的桌子上有小孩的脚印，没有抹去，说明他们不知道我要去他家。第二家搞得很整齐，给我喝茶的杯子都比你们的高级，是不是这样？在分析他们的答话时，就该注意到他们知道不知道我是谁这个区别。

第二家的女主人很会说话，她每次都巧妙地躲开她曾经再嫁的事实。这就告诉了我们，她心里觉得这是件不太体面的事，暴露了她思想里还存在着传统的"好女不嫁二夫"的观点。这是好材料，好的不是在她所答的，而是在她不想答的话。这也告诉我们，如果我不跟你们去直接与这位妇女谈话，单看你们填回来的表格，我就得不到这个好材料了。

我不反对用问卷来进行社会调查。问卷可以帮助我们查对，应当了解的问题是不是都问清楚了。你们公安人员如果和居民搞熟了，拿着表格去问人，人家也不会见怪。但是总不是那么亲热，他们心里会想，这批人又要调查什么问题了。其实你们年轻，记性好，问卷上的这些问题都背得出来，不一定要摆出那么正经的样子，一问一答地记在表格上。能不能采取问长问短谈家常的方式，不是可以更好一些？

我们去调查别人，其实别人也在调查我们。对方不调查清楚我们是些什么人，为什么来问这些问题，决不会老老实实回答问题的。所以我们一定要讲清楚，我们是什么人，为什么来问他们这些问题。昨天第一家就不太自然，那个原在中间客堂里做功课的女儿，我们一去就到房里去了。她妈妈答话，她在房里插话，但又不肯出来说。谈话时的具体情况，人家在谈话时的表情都很重要，不然就不会明白他们所作答案的真实意义的。我们还得注意自己的表情，如果板着脸说话，像在法庭上问案一样，你说，人家会愿意给你答话么？他是出于无奈才答上几句，打发你走了就完事。这样的社会调查至少可以说水平是很低的。

  社会调查对你们公安工作来说是非常重要的。公安工作的目的就是要维持公共的安全，就是要大家安居乐业。你们不了解社会就难于进行工作，所以一定要注重社会调查。要能经常了解社会情况，经常进行调查，首先要注意使居民对你们公安人员有好感，不怕你们，不把你们看成只是抓人罚款的警察，而是一见就会发生安全感的公安人员。我一向主张你们穿着制服去调查，不要穿便衣，否则使人家提心吊胆，猜测你们来作什么秘密的察访。社会调查是光明正大，为人民谋幸福的事，所以要公开进行。

  其实，我昨天和你们一起去调查，一方面也在调查你们在人民中的印象。我在观察他们见了你们有什么表情，有什么反应。怕你们呢还是欢迎你们？把你们看成是稀客呢还是亲人？我没有用问卷，这是用问卷问不出来的。我在这个问题上不作结论，因为只走了两家，抽样不足。但是也有一点感受，看来你们的工作还是好的，这两家人谈话都很自然，甚至没有因为有我这个没有见过，又没有介绍的肥胖的老头子在座而说话时有什么吞吞吐吐的情形。至少可以说对你们是信任的。

  我也注意到，我们昨天的访问比较成功，原因之一，也许是主要的，是居民委员会里给我们引路的那位老先生，他不但熟悉这些居民的情况，而且看来威信比较高，居民也相当喜欢他和尊重他。我们进行社会调查不可能限制在自己熟悉的人中间，总是要和陌生人接触。工作要进行得顺利，效果好，必须要有依靠的对象。我们要依靠在当地有威信、为群众所信任的人。社会调查实际上是一项群众工作，必须明白怎样去取得群众的信任和合作。

  选择依靠对象固然是十分重要的，但是在一个社区里不一定有所有群众都推重的带头人。昨天我们访问的居委会里有个干部就说，这个地段有600多户人家，大约有100多户是进不去的，谁也管不着他们。看来，引导我们去参观访问的老先生在这 100 多户威信不那么高，什么原因我们不知道。我到安徽去参观，在合肥附近的一个镇。这里有个石油勘探队，人数不少，但是镇长管不了他们。队里的青年人在街上闹了事，地方公安部门得把他们送到队上去处理。所以"有威信的人"是有一定范围的。我们要善于选择可靠的人，可是决不能全部依靠别人。依靠对象不过是起桥梁作用。

我又到过另一个街道去访问，看见有几个年轻人的头发留得很长，有的比女人还长，弄得男女不分。我就说为什么不让他们剪剪短呢？那街道的干部说，他们劝过这些年轻人。其他还好办，要剪他们头发可急了。原因是这些人有一帮朋友，都是这样打扮的。如果哪一个人剪短了，就表示拆伙了。大家会不理他。这样说来，这还不是头发长短的打扮问题，而是年轻人中的结帮问题。不了解现在年轻人之间的社会关系也就不能了解为什么有男人学"时髦"留长发了。

社会是复杂的，我们的问卷总是有限，而许多问卷上没有的问题还是表现社会中人和人关系的深刻的地方。以昨天我们访问的第一家来说，那个躺在床上的老人是上一代的赘婿，在传统社会中他在家中的地位是不高的，现在老了有病不能起床活动。我们问起这家的生活情况，那位女主人说每月可以打打牙祭，从房里出来的那个姑娘，用嘴指着躺在隔壁房里的那个老人，她妈妈解释说，每月老人要买点肉给大家吃。我一追问就明白，这老人每月有 30 元的退休金，但是并不交给他的女儿，而是自己掌握着，几块钱几块钱的拿出来买肉给大家打牙祭。这是什么意思？我把这件事和他在家里的身份一联系，也就明白了。这笔退休金是他在这家里维持别人照顾他的保险金！如果全都交出了，别人不去照顾他时，他也就无能为力了。

一个做社会调查的人，要对所调查的社会有一定的基本知识。比如到了美国，你不要问人家为什么离婚，而要了解人家为什么结婚。在美国的所得税制下，男女同居而不结婚可以少交税，而同居又并不会引起社会非议。我去美国见了坐在朋友旁边的妇女，不敢随意称呼，不介绍就不知道他们是不是夫妇。

我必须承认，对中国社会的各种人了解得很不够。比如我们昨天访问的第二家，那么狭小的房间，女儿得睡在走道对面的厨房里。我不能想像这家人吃饭睡觉之外，在这间房子里能做什么事。我还看到过有一家，女儿结了婚，就用一个布帘挡一下，成了一间新房，我就想像不出这家人的私生活是怎么过的。

看你们调查很有意思,对你们提出的问题也感兴趣。要是不被问卷限制住了,还可以问得深入一些。这户人家的情况就可以写一篇论文。昨天晚上电视里放映巴尔扎克的《两个新嫁娘》,看得使人出神。作者懂透了人们的心理,写得多么深刻!我们研究社会的人,也要懂得人,要对各种各样的人的各阶段的生活进行探索。比一比巴尔扎克,就可以明白我们的水平太低了。

我一直想到你们的学校来看看。不仅是因为最早支持社会学的是这个学校,而且我相信做公安工作的人一定最容易看到社会学的用处,因为他们的任务就是要维持一地区的居民安居乐业,不懂得社会怎样能做好公安工作呢?要发展社会学我看一定要培养一大批要求了解社会的人。这种人在公安工作队伍里应当最容易找到。他们天天与社会上各种人接触,做他们的工作,怎样会不想去深刻地了解他们呢?

以前,我念过美国的社会学。真正创造美国社会学的是芝加哥大学的一批教授,他们有一个老师到中国来,我跟他念了一年书,他名叫派克,原来是个新闻记者,很同情黑人。在芝加哥,各国移民都聚居到一个地方,形成一个复杂的居民区,好像过去的夫子庙一样。他就从这里入手,开始搞社会学,研究各种不同的移民集团,后来发展成具有美国特点的社会学。我们中国有自己的特点,有自己的社会问题,要想创建具有中国特点的社会学,那就要深入到中国社会中去,了解人,熟悉人。你们年纪比我轻,有机会做这项工作。我年纪大了,时间不多了,要是像你们这个年纪,我就再干他几十年,也是值得的。但不能光靠我们自己,要培养一批人民所欢迎的知心朋友。昨天我跟你们学了不少东西,我觉得不错,他们讲的材料还是有意义的,但你们还应当进一步深入下去,可以不受这个表格的限制。当然,你们调查的问题,有很多值得我们重视。可是深度还不够,不要认为填完了这个表格,就完成任务了,这只是进门的"入场券",以后可以经常访问。通过调查,要达到这样一点:真正懂得人。

中国能不能逐步建设起一个社会主义的社会学,要靠大家努力。我们的水平都还不够,不能一下子看得很深。再说社会学停了30年,哪有这个本领一下子拿出来。但是,也不是完全拿不出来,大家回头看看,现在比三年前好多了。当然,这都是靠了你们年轻人的努力。你们投入这门学科是值得的,很有价值。我们在学校里上课也是这样，不过带个头，引导大家到社会里面去，真正去接触社会，熟悉社会，慢慢地也就入门了。社会学研究的不是社会的表面现象，也不是光去评价人的行为，而是去理解人的行为的背后究竟是些什么推动他这样做的。不能用口号来解决问题。人不是公式，是活的，他们行为后面有思想，思想有社会根源。比如说现在女同志贞操观念还很强，"好女不嫁二夫"还在起作用。你们看过《祥林嫂》吧，现在还有多少祥林嫂？我们先不讲这个对不对，这是社会实际。现在的人对财产、生命、人生的看法都不一致，有少数人对别人动不动就捅刀子，这里面有深刻的社会原因，他们对人生有自己的看法。到底是怎么看的，你们公安人员应该知道，这是你们职业的需要。这里就要一点社会学了。所以，希望你们公安专科学校保持住过去这几年重视社会学教学的好传统。

  这几年，你们做了很多工作，那天我讲了，你们搞调查，我不亲自去一下不行。我主要的是看看南京的人，看看他们是怎样生活的。昨天我们看了一个中等知识分子的家庭。如果从这里深入下去，你们就可以看出许多问题。我们要了解人，写文章要有人，有事，有活动，有思想。我们比写小说的人还要难。他们搞文艺，可以停在叙述上。我们还要讲一步分析，我们讲事实，还要讲道理。《人到中年》这篇小说暴露了中年知识分子的问题。昨天调查的就是中年知识分子问题呀，我们看得很清楚，那家的丈夫是医科大学的毕业生，现在是主治医师，他的妻子是中学教师，上海师院毕业的，生了病，脑炎，说话都不大灵了，家里凌乱得很，丈夫没有办法照顾家庭，他忙着给人看病呀！中年知识分子的问题表现得很清楚。可是不能停在这些看到的事实，还得进一步分析，这些中年知识分子怎么会发生这些问题，这些问题后果如何，怎样才能解决这些问题。这样的调查有价值，一个星期去跑一趟也是值得的。

  表格有用处，但我们下去调查不要受表格的限制。人口调查就不能受普查表格的限制。现在城镇中有些人，你说他不是工人，他明明在这里做工，我们现在叫他是"农民工"。在普查的统计中找不到。安徽有许多人到北京去当保姆，一帮一帮的，户口册上没有，不用粮票，她们是自己通过关系去的。这些保姆，你不领导她，她自己有人领导，你这个阵地不占，人家占。公安局管不上她，赶也赶不走。如果你把我的保姆弄走了，我也不能出来搞调查了。我出来工作，我的保姆在家里。现在我们没有组织她们，她们自己就组织起来了。

要加工资，打电话互相联系，谁也不能得罪她们。知识分子的家务劳动很重，为什么不组织一个劳务公司，安徽和北京订个条约，这叫"劳力输出，智力输入"。这样，保姆有人管理了，知识分子也可以解脱家务劳动之累了。双方有利。以前我在英国时，大批瑞士小姑娘到英国伦敦来。定好多少年回去，那时她们的嫁妆有了，人也现代化了。农村要现代化，思想要开放，保姆的问题解决得好，对农村现代化也有好处。可是现在采取不承认主义，结果搞得大家都怕她们。这也是公安局的事情嘛！这些问题也需要社会科学去研究，要深入作调查。我们调查不能光填几张问卷。

1983 年 5 月 30 日

本文系作者在江苏公安专科学校座谈会上的讲话。载《社会》1983 年第 5 期。

怎样找问题

去年我在北大讲了半年课，我看成绩不太好。最后举行的考试是考了我，不仅是考学生。考试的成绩我自己不太满意。我讲得不那么成功。教师要有一套教学生的本领，不是每个人都会教学生的。怎么教人，怎么把人家的思想改变过来，不那么容易。传授知识容易，我讲给你们听，你们记着就是。至于要教思想的方法，教怎么去接触社会，怎么去研究它，这就不那么容易了。去年我花了半年时间，我自己估计只得了 60 分。我自己给 60 分，这表示我还是卖力气的，不是不卖力气，马马虎虎，只是效果不太好，给我个及格，还公平。我想我今年不应该再正式来上课了。可是我很关心社会学的成长，所以有机会还想来讲讲。我的话南方土音太重，有些人听不大懂，你们中间的南方人可以替我翻译翻译。

社会学是一门停顿了很久的课程。四年里我们重新搞这门课程，感到很吃力。因为我们既不能把过去的东西拿出来重新讲一遍，把我在大学里听的东西讲给你们听，那是老皇历了，老了，陈旧了，知识要更新。我们又不能到外国去贩一套卖给你们，港式的头发可以，港式的社会学不行，需要我们自己的社会学。要使得你们学完了有本领能自己睁开眼睛，看得见我们中国人的社会生活是怎么样的。这一点是我们做教师的责任。可是刚才我说了，我没做到。去年讲了半年，只能得 60 分。也许可以说，你们过去看东西的习惯、思想的习惯、学习的习惯，都不是那么十分科学，不能使你们自己独立地去看生活的本身。看来我们得改变一下讲课的办法。怎么办呢？一方面请其他各位讲得比我清楚的教师同志们来上课，另一方面我还可以讲讲我自己的经验，讲怎么看社会，怎么找问题，要使你们多少入点门，进入这个研究社会的门。

我去年半年里也是想帮助你们睁开眼睛看实际的社会生活，不要从概念到概念，不要记着人家怎么说就满足了。你应该自己看看我们中国人的家庭是什么样的，夫妇的关系是什么样的，亲子关系是什么样的。我说我得了60分，是因为学生中有人知道要自己去看，也看到了一些，比如提出了青年人对婚姻的态度，兄弟姐妹之间、夫妇之间的关系，等等。可是怎么分析这些现象，怎么找出意义来，这还差一段。我们这一代兄弟姐妹之间的关系同现在兄弟姐妹之间的关系不完全一样。什么地方不一样？为什么不一样？这是一个实际问题，不是空想出来的。不要一上来就下定义，我不搞这一套，定义要到最后才能下。要认清一个东西，提高到概念，很费劲，不是查书、查字典就可以解决的。我们要做的事情的确是前人没有做过的事情。

要去认识中国的实际的社会，我是说人，他的行为、他的思想、他的感情、他的想法、他的理想、他的梦想，都决定他现在怎么生活。你为什么农机毕业后要来学社会学呢？这不是你自己决定的。你周围的一套东西使你这么决定。那一套东西是些什么？那就要分析。

今天我讲讲我们对小城镇的研究。我们怎么去接触这个问题？现在发展得怎么样？我们认识里有什么变化？

认识一个东西要一个过程。我们认识一个人也有一个过程：一上来我就看见一个人在这儿，不知道他是什么人，逐步知道他是北京大学新考来的研究生，再知道他以前是农机学院的——我女儿也是农机学院的——好，有点关系了。我就产生了问题：为什么我的女儿不跟我念社会学，为什么这个人却来念社会学？这就具体了，逐步深刻下去了。认识有一个过程，我不能一上来就下定义。

为什么要去研究小城镇？为什么不去研究别的而要研究这个问题？问题哪儿来的？这个问题并不是我们想出来的，天上掉下来的，是这几年客观事物里提出来的。

比如说现在有很多人要研究社会学。为什么很多人现在要研究社会学？为什么你们要来学这门课？他是念外文的，也来听。可是前几年不行。5年前不行。10年前不敢！客观形势的发展使得这几年有人要学社会学了。客观形势发生什么变化了呢？我们要研究这些问题。有的人不知道研究什么问题。苦得很。我总是要你们自己找问题。但是怎样找问题呢？有些话老同学已经听我讲过，因为新同学多，老话还得说一说，"炒冷饭"。

我们要了解中国社会，我们就得接触中国社会。中国社会是我们自己的社会，我们是在这个社会里生活的。我们中国人的生活里边有很多新的发展，和过去比有很多变化，这话包括我们这里每一个人在内。我们大家经过了一次"文化大革命"。"文化大革命"之后，三中全会拨乱反正，近20年的变化就很大。这些是现实的生活提出要我们去认识的种种问题。

我本来对于农村有兴趣。以前，30年代的时候，我和你们差不多年纪，25岁。也就在这个地方，当时叫燕京大学。那时那个塔就已经有了，我就住在塔的旁边，1号、2号、3号和5号楼我都住过。那时候我们不很满意老师们讲的东西。我们要解决的东西课堂上、书本上解决不了。我们要了解我们中国的社会是怎么样的。可是课堂上讲的东西里很少提到中国社会。讲了很多芝加哥流氓集团。很好听，可是这东西联系不上我国的实际。也就没有用处。我们要自己去看。和我岁数差不多的一批同学就到实际生活里去观察，去观察我们中国人的生活。可只是一个一个人下去，只能观察一个比较小的范围。单枪匹马地住到一个聚居在一定地区的人群里面去。这个人群后来我们叫它"社区"。一群在一个地方生活在一起的人，一个村子、一个学校、一个部落，都可以成为一个社区。一个社区里可以有许多群体：家庭、邻里、学校、班级。我们这里就是一个群体，是北京这个大社区里，北大这个小社区里的一个群体，一个班。我进来，进入这个群体，进入一种我们叫做上课的活动。我们就可以在这具体的活动中去了解这个群体。这个社区的一部分。

我们可以用直接观察的方法来看这些群体里的人怎么生活。这种方法同过去30年代我们在教室里学到的东西有很大的差别。当时先生教我们社会学，调查嘛，就是发张表格填一填。其实填表的人我都不认识。送张表格给你，请你按表填写多大年纪，家里有几个人等等，这种方法可以了解一些情况，不是没用处。我可以发张表格给你们，填写多少年龄。有的二十几岁。有的三十几岁。但是把表上所填写的各人年龄统计了出来有什么意义呢？只靠这些数目字是看不出意义来的。如果我们知道不同年龄的人在中国历史上代表着不同的经历，那就有意思了。你三十几岁，"文化大革命"时刚小学毕业。上山下乡了吗？下了。你二十几岁，和黄帅同岁？你们两人的经历就不一样。我假如要很好地来进行教育的话，我就得掌握你们究竟从哪个年龄组里来的。这个年龄组在整个历史过程中代表什么意思。我要慢慢地一个一个认识。

他们两个就不一样，一个男、一个女。家庭环境不同。你是上海人，他是北京人。你是农村出来的,他不是,你们两人的经历就不同了。你们的行为、你们的学习、你们要的东西、你们的看法不一定一样了。我要知道你们之间究竟有什么不同,我就得直接和你们接触。熟悉一个一个的人。通过与一个一个人的接触,才能研究我们这个群体。要去认识这个事物的人同被认识的对象要建立人际关系。要充分认识到我在别人眼中是什么样的人,才能知道别人说的是真话还是假话。这种直接观察的调查方法确实好,但是它的限制也很大。就是说一个人只有一双眼睛一张嘴,一天只有十几个小时工作,接触范围不能太大。这种在小范围里用直接观察方法,多方面地去了解人在社会里的生活,我们当时叫做"社区研究"。这种社区研究即便以一个村子做范围,调查起来也很吃力。一个村子300家人家,1500人上下,一个人去调查,至多也只能熟悉一部分人。比一个村子更大的社区,一个人就搞不过来了。这是他的限制。一个人去亲自观察好处就在可以把各种看到的东西连起来;限制的结果只能以一个村子为单位。所见所闻总是有很大局限和片面性。

　　四十几年过去了。三中全会之后,到80年代开始时,我有条件再到我以前研究过的江苏吴江的一个小村子里边去研究,看看这个农村变化得怎么样了。四十几年了,解放了,所有制改变了,从当时的地主封建经济改变成社会主义了。这段时间我只在合作化刚成功的时候去看了一次。回来就当了"右派"。现在去看,还是这个村子。经过了这一段时间,从30年代以来,我自己的思想也有了改变。我自己也明白了我的过去的研究受到过哪些限制。我不但想到认识方法上的限制,具体条件的限制,还看到影响我看东西的立场、观点的限制。客观、主观都有了变化。

　　我们的"社区研究",在方法上是从英国的社会人类学的实地调查里发展出来的。英国早年是一个有很多殖民地的帝国,殖民地的人很多与英国人的生活习惯不一样。这种差别引起了英国学者们的兴趣。产生研究世界上不同类型的人的学科,后来叫人类学。人类学内容很丰富,其中一部分叫社会人类学,也可以称之为比较社会学。比较不同的生活方式,不妨从穿衣吃饭谈起。我们穿这种衣服,叫干部服、中山服。哪里来的?你知道不知道?大约80年前,当时我父亲不到30岁,去日本留学的时候穿这样的衣服,上边没有这一条领,是日本的学生装。日本的中学生到现在还穿这种衣服。这个衣服式样是孙中山先生传到中国来的,所以叫中山服。把日本的学生服变一变,加上这一条领子，后来花样多了，袋子多了。解放军衣服上边有两个袋子同没有袋子相差很多，有两个袋子的是军官，待遇就不一样。再说人们见面时行礼。清朝时，满人相见要打千，见了上级要叩头，北方的汉人也有学样的。我们南方人也学了磕头，但一般是打躬作揖。民国时代行鞠躬礼，大概是日本传来的，现在开追悼会时还要行这礼，见了朋友行握手礼，是西方传来的。电视里还有拥抱的，在社会上不多见。上面所说的这些，也可以归入民俗学里。民俗学在英国也算人类学的一部分。

英国那些人类学者到非洲、大洋洲等殖民地上去进行研究，常常是一个人在一个部落里或一个岛上，和当地居民住在一起，详细地观察他们的生活，这叫人类学的田野工作。我们把他们这种方法用到中国来；就是上面所说的"社区研究"。我早年所写的《江村经济》就是一个例子。但是这种研究存在着一个问题。在这样一个村子里能不能真正看到它全面的情况和问题呢？我们如果细细想一想，决定这个村子里的居民生活有很多因素。其中有些却超出了我们所能在村子里直接观察得到的范围。比如说现在我要研究你们这几个人在教室里的生活，当然可以从直接观察开始。但是很多决定你们思想、行为的因素却不完全在这个教室里。要理解你们的一举一动就不能不到更大的、更全面的范围里去观察、调查。农村固然比这个教室大得多，但是整个中国的历史，这个村子同另一个村子的关系，都对这一个村子里居民的生活有影响。这些影响的来源在村子里看不到，只能从窗户里望出去，捉摸一些轮廓。我当时做江村调查并不是不知道这个限制，但是，我没有条件去扩大我观察的范围，只能安心在这一层里做研究。现在我再去看江村的时候，条件不同了，我们人多了，我们可以把范围扩大一些了。欲穷千里目，更上一层楼。从村子上一层楼就是集镇，集镇是很多村子构成的一个共同生活的单位。好比从这个教室要更上一层楼，就是一个学系，一个学校。北京大学是一个共同生活的单位。北京大学作为一个生活单位有它的特点。其他大学同北京大学不一样。在我的学生时代这是很清楚的，现在我不知道了。以前到街上去一看就知道，这是燕京出来的，这是清华出来的，这是师大出来的。决定北大风气的不仅是自己的条件，有很多外在的条件。

到 80 年代，我们有条件从农村研究进一步考虑城镇这个问题了。因为研究所的人多了一些，我们就想是不是可以超出乡村这个单位，研究一个与各个村子联系的城镇。从乡村一层一层往上看去：首先是镇，再上去是城。我们江苏称之为"乡下人""街上人""城里人"，这是从生活里面分出来的三种人。我以前是城里人。城里住着一批上层人物：教书的、做官的、大小地主、绅士等等。城里的大户人家的男孩子生下来就称作"阿官"，我的奶妈就叫我"孝通官"，现在叫什么我就不知道了。每一个称呼都有社会的意义。这说明当时知识分子家庭的小孩子以后是要做官的。它表示一个阶级或是一个阶层。这些称呼都是从客观生活里面形成的，不是哪一个人主观提的名。在我们的生活中，我们总是把接触的人分门别类，表明不同的关系。在座的人，你是江苏人，他是上海人等等。在旧社会里同乡关系是很重要的，同乡就好办事。现在在学校里重要的不是哪里人，而是研究生、进修生、进修教师、教师等等。

我以前是研究乡下人的事，写的东西就是些有关农村生活、农村经济、农村家庭等等。对城镇这一方面我以前没去过问。我只谈城镇对农村的影响。比如1980年我去的时候，村子里的女孩子开始有烫头发的了。起初没有几个人。逐步逐步的多了。去年我又去，看到差不多那个年龄组的女孩子都烫了头发。你们这里女同学烫发的还不多，还不到一半。可是有些地方的农村里比你们时髦多了。连少数民族里面都有烫头发的了。傣族姑娘都有烫发的了，还请专门的师傅去教她们怎样烫。这是从哪里来的呢？你们知道吗？不是从村子里面出来的，很重要的一条原因是从城市里通过电视传来的。电视的影响很厉害，这个问题还要进一步观察、研究。看看电视影响农村生活到了什么程度？究竟有多少人看电视？看的是什么节目？我们还没有研究，只是注意到了这个问题。我去的时候，江村的电视还不太多。公社、生产队有了公共的电视室，大家可以去看。可是放出来的图像调不好，不稳定，画面来回摆。人们对电视故事片不容易跟得上，我都跟不上，颠来倒去，一会儿回忆，一会儿想像，不像以前舞台上农村习惯的那种戏剧，时间变化慢，人物出来了要报名，我是曹操，我是诸葛亮，自我介绍，历史讲清楚了再往下演。现在的故事片一上来就不知道是什么人，看了半天还看不明白。农民看不懂，他看什么呢？他看穿什么衣服，头发搞什么样式。不少外面进去的影响是通过电视这个媒介的，不是农村里自发的。

要研究中国的农村社会，我过去30年代的办法不够了。这不是否定以前的东西。以前的是实际存在的东西，它跑不掉。已经50年过去了，半个世纪了，现在还要看以前写下的东西。这不是说我写得好，而是因为当时很少有人把这一段历史时期的农村情况真真实实写下来。当然我那里面有不少错误，可是至少反映了不少当时的实际情况。但它究竟只是过去的记录，要知道现在的情况就得继续调查，还应当更科学、更全面些。这几年我就这样做，而且更扩大了观察和调查的范围，今年我们进入了作为农村经济、政治、文化中心的小城镇的研究了。

现在要讲讲我们怎么找问题的，怎么去研究问题的。前两年，我们在吴江县的一个镇子里调查，看到农村里生产的东西有些不是用来自己消费的，是卖出去，成为商品。我们江苏经济比较发达，什么叫发达呢？就是所生产的东西里用来自给的少，用来作商品的多。自给部分和商品部分的比例是可以具体计算的，不是随便说的。要算算一家人消费的东西有多少是自己生产出来的。以前我在清华大学教书时，我家里吃的西红柿都是自己种的。这叫自给。我的衣服是我老婆做的，现在我孙女还在穿我老婆给我女儿缝的衣服。你们现在自己还缝不缝衣服？现在身上穿的是不是上街买来的？这很重要。这几十年变化很大。城市里的人的生活用品已经不自给了，商品化了。在农村里也在逐步变化。

我们研究农村经济首先要算算账，什么东西是买进来的，什么是自己做的。买东西要有钱，要卖出东西去才有钱。前些年，主要的农产品是统购统销。公社化后，又搞以粮为纲，不发展副业，农民手上就没有钱到市场上去买东西。生活用品只靠自留地。年终分配的时候，首先是分谷子，然后分柴火（这是燃料），现金分不到多少。农民手上没有钱就不再去镇上买东西。原来的市镇跟着衰落了，搞得凄凄凉凉。

前年我们在吴江调查时，访问一个镇，叫"盛泽"。它在明朝的时候，就是中国的一个丝织中心，一个著名的手工业中心。中国有不少全国著名的镇。你们知道景德镇吗？它是主要生产瓷器的中心。河北还有一个高阳镇，专门生产土布，最大的丝织中心在吴江县。过去中国的工业不是机器工业，而是手工业。供应衣着的纺织业也是家家户户自己经营的手工业。一家织的布，自己穿不完，就拿去出售。进一步发展，出现了以织布为副业的农户，男的种田，女的织布。他们没有纱，到"布庄"去赊，织成布，卖给布庄时扣去纱价。换一句话说，布庄把纱放给织户，让他们织成布，收回来，给织户一定的工资。在这种制度下，纺织工业是分散在农村里的，布庄只是起放贷原料和收购成品的作用。后来又发展了作坊工业，在镇上或农村里，有人专门雇工纺织，工人就只出卖劳动力，至于购买原料，经营管理，以及销售成品则全由作坊主人去负责了。丝织中心就是在手工业基础上面发展起来的绸庄和作坊集中的地方。盛泽就是这样的地方。现在这个镇上的丝织工业已经机械化了，全国出口的绸有1/10是这个镇上生产出来的。

志书上记载，这个镇在早年最繁荣的时候有四五万人。可是前年我们去访问时却只有2.6万人。我问，解放前是多少人呢？他们说有2.2万人，你听了这两个数字发现什么问题没有？我当时一听，就想为什么增长得这样少啊？因为我脑筋里有个数目：全国人口，30年来增长了一倍，城市增长得更快。像北京市，解放初是三四百万，现在将近1000万。为什么这个小镇只增长4000人呢？人到哪儿去了呢？以前并没有搞一胎化，那么为什么这里人口增长得这样少？为什么上海增长得又这么快？问题就来了，从这里开始，我们要看一看，在解放以后30年这一段时间里，农村增长的数目多不多。我调查的那个村子增长了80%，不到一倍。这有它的原因。可是为什么在这个镇里，只增长了4000人，不到20%。这里面提出了一个问题。这个问题是客观事实提出来的，"增长了4000人"这句话，别人听了可能就滑过去了。我们听了就硬是滑不过去。

三中全会以后，农村讲多种经营，不光搞粮食了。不是走"自给"的道路，而是走商品化的道路。"商品化"要有人卖，前几年，商品流通渠道阻塞了。当时的条条框框是不许你去卖的。现在副业发展了，工业发展了，农村经济走上商品化的道路了，这就要求有搞农村商品流通这项工作的人，就要有一批"街上人"了。可是，从解放以来，就有这么一种看法，说城镇是消费城，要改为生产城。把城市居民看成是不事生产的消费集团，说城市居民以前以消费为主，那是因为没有看到流通是生产所不能缺少的一部分。自从农村里"以粮为纲"，形成国家要粮食，农民种粮食，国家要棉花，农民种棉花，国家要羊毛，农民就养羊，把这些生产当做任务布置下去。这么一来，就不需要"街上人"了。城镇经济养不活大量人口，于是只有把他们下放到农村里去。还有一些，在镇上待不下去了，就往大城市跑。大城市发展的很快，现在住房发生了问题，交通发生了问题，公共汽车挤得不得了。还有待业青年问题，犯罪问题，犯了罪的要抓，厉害的要枪毙。可是像盛泽这样一个镇，解放30年才增加三四千人，增长20%不到。城镇不但容纳不下人口，还要向外排泄。这不是个大问题么？

我们现在城乡间人口的台阶相差太高了。一级一级地看一看：最小的是一个村子，大的有2000人，500户。小的几户几十户。到了镇这一级，就有几千人到一万多人。再上去一跳到城市，苏州现在是60万人，上海1000多万人。这一级的台阶太高了，看得出来么？几千人到几十万人，几十万人到一千万人，中间没有台阶。镇这一级容不下人，从几千几万人一跳就是几十万人，再一跳就是成千万人！那年我从盛泽到苏州碰到一件很有意思的事情。那时快过春节了，我到苏州住在南园宾馆。宾馆本来打算关门过节。我们一去，就还得再开两天。服务员不太高兴。我看出来了，就同他讲："你是哪里人呢？"他说是盛泽人，我说："我刚从那个地方来。我们来了，你又要等两天才能回家了。"他说："是呀，过几天公共汽车太挤，成千上万的人要回盛泽去过节，买票都不容易。"我一听就明白了，原来盛泽人口不增长是因为成千上万的人到外边去了。我们中国人有个传统，过春节要回老家去过。过春节时有成千上万的人要回盛泽去，不就是说他们的老家还在盛泽么？这些人在盛泽待不下去，出来到苏州、到上海工作了。所以盛泽这个镇30年人口按自然生长，至少应有两万人了。这两万人里，至少有几千人到外面去了，这是事实。这些人去了城市，镇上的人口少了，大城市闹得人多挤不开了。

另一方面，农村里人口还有许多剩余的劳动力，就是说，不需要这么多人在农村里务农。我曾同那里县委的一个同志讲，我说，我出个题目给你，"现在每年交这么多粮，给老百姓吃这么多粮，你们这个县需要多少人来生产？你现在有多少人？能拿出多少人？拿出后生产的产量还不变。"他说至少能拿出1/3。你看，剩余劳动力到了1/3了。这些人挤在农村里，是个大问题。城里边也挤得不得了。而在城镇又人为地阻止它发展。

这里有个问题：农村里有1/3的人要出来，又不让他们到城里去，怎么安置？到2000年全国人口还要增加两亿。你们也要做父母、生孩子的。你们的儿女怎么办？要想一想，要创造什么样的条件容纳这些人。第一步可以研究，为什么这30年镇上的人口不增长？这说明了什么呢？是不是说明它的经济职能没有发挥？《人民日报》上提到了"小城镇，大问题"。这确不是个小问题。1000年很快就要到来。到那时，这两亿人怎么办？这是大事情，人要吃饭，要生活，要工作，要生产，要有地方住。既然这样，我们就该研究小城镇。看一看究竟小城镇的发展能不能帮助我们解决这个大问题？

现在的小城镇地位不很明确。它算什么？算城、算镇，还是算乡？现在的小城镇都是城的待遇，所以乡村人口挤不进去。进去了，算了城镇户口，就要吃商品粮。你们有从农村出来的吧？农村人为什么要考大学，一个主要的原因是要吃商品粮。现在农村里的青年很用功。你们是不在乎了，反正吃上了商品粮，有了铁饭碗了。你们研究生每月可以拿多少"工资"？有46元，不算少也不太多。你算中年知识分子了，以后生了孩子，就要闹了，要求加薪了。可是农村里的人要吃上商品粮，却要闯过一个关。农村青年有很多学习成绩很好，你们可以调查调查。（同学插话：1982年北京大学从江苏省考进来的同学当中，有64%是来自农村的）你看：这一个数目里包含多少意思！我们社会学就是要教你们从这个64%的数字里发现大问题。要有这个本领，那么我教书的分数就可以提高一二十分了。刚才我讲，一听到盛泽2.2万人30年里增加到2.6万，就要能问："人到哪儿去了呢？"你们就是要先学会这个本领。提出了问题，引起大家的注意，问题就容易弄清楚了。我们1980年提出了小城镇问题，这两年这问题就清楚多了。国家政策也清楚了。"限制大城市规模，适当发展中等城市，积极发展小城市"。就是把小城镇作为发展重点了。大城市不能再长，要降。怎么长法，有什么问题，要我们来研究。当然还要想其他的办法，不能让一半以上的人口都挤在东南几省，要出去一部分。现在已经开始了，种草种树，开拓大西北。这么大的一片地区，这么多的资源，要有人去开发呀！这里有很多问题，这不要紧。现在有的年轻人做出榜样来了，愿意去了。问题是那里许多地方草没有了，树没有了，荒芜了，人住不下去。所以首先要种草种树。这是一个大的战略方针。

今天我讲的是什么呢？是讲怎么提出问题，不是讲什么是社会学。你们首先要学会从客观事物的发展里提出问题。怎样才能看到问题呢？要学习基本知识。基本功不够，你就看不出问题，再看也看不出来。找不到问题，不能怪你们，怪我们老师讲的不好。我只得60分，比你们的分数还低。这是说我们这些老师讲课的成功率不高，怎么衡量成功率呢？就是要看你们是否学会找问题的本领。

1983年9月2日

天津千户户卷调查
——迈开社会学研究的新的一步

天津市人民政府办公厅组织区、街和社会科学院的同志,抽样在 1000 户居民中进行户卷调查,了解居民家庭生活状况,听取群众对市政府工作的意见、要求和建议,为进一步搞好政府工作提供依据。从开展社会学研究的工作来说,这是向前迈进了很重要的一步。

我阅读了《千户居民"户卷"调查报告》,感想很多。我 1980 年来天津,那时社会学研究刚刚重新开始,我们想编一本《社会学概论》。从 1980 年大家开始动笔,写到今年暑假大概可以把试用本印出来。建立中国的社会学,不是那么容易的。建国不久,社会学停了,现在说来这是不对的,可是也有它的道理。因为当时的社会学实际意义很差,念完了,不知道中国社会是个什么样子。这样的社会学是不成熟的,基本上是从外国搬过来的,对于新中国的建设是脱节的。1978 年,胡乔木同志传达中央的意见,决定重新把社会学搞起来。可是它的内容不同于过去的社会学,它是以马克思列宁主义、毛泽东思想为指导,结合中国实际,为社会主义建设服务的一门学科。要实现这一目标,特别是在长期停顿之后,重新拿起来并不容易。所以我们希望,年轻的一代早些成长,大家努力来完成党所交给我们的这个任务。我们在 1979 年成立了中国社会学研究会,1980 年成立了社会学研究所。为了培养新的一代,下了很大力量,在复旦大学分校,现在改称上海大学,建立了社会学系,之后又在北京大学、南开大学、中山大学相继建立了社会学系。

为什么要这一代人做社会学的研究工作呢?这是因为在社会主义建设中有很多问题,需要我们了解清楚,还得有系统地去理解社会变动的规律,使我们的四化建设能更快一点,所付的代价可以少一点。这就要我们科学地去认识中国的社会。

我们虽然生活在中国的社会里,可是对它知道多少?我们过去的旧社会是像孔子所说的"民可使由之"的社会。就是在社会里生活的人只知道怎么做,但不知道为什么这样做,在一个变动不大的社会里,人们就这么生活过来的。社会制定了一套风俗习惯,一套生活方式,决定了人们一生的生活。它规定了什么样的人去做什么样的事情,大家再也不去思索为什么要做这些事。可是现在,我们不能再照老办法生活下去,要搞社会主义,要建立社会主义的生活方式。怎样建立新的社会主义的生活方式呢?人与人的关系怎样呢?这些成了每一个人都要求知道的问题了。现在一切都在变。我们要按照客观规律向前发展,要自觉地改造我们的生活,这些都需要我们用科学的观点和方法来处理我们的社会生活。就是说要使我们的主观认识真正符合客观外界的规律性,有意识、有计划、有预见地生活,充实和完善我们的社会主义社会,向共产主义发展。我们要观察研究中国的社会生活,而不能硬搬外国的生活方式,不能把它的概念简单用到中国社会里来,不能人家怎么说,我们也怎么说,人家说得对不对,还要用我们的生活实践来验证。这就需要有一门专门研究我们社会的科学了。社会学应当就是这样的一门科学。

赵紫阳同志最近提出一个课题:现代科学技术发展很快,出现了科学技术的第四次革命。我们怎样应付世界这么快的变化?在六七十年代我们搞"文化大革命"的这段时间里,在西方技术、科学里产生了很多新的东西。现在引人注意的,大家已经看到的是电子的应用。应用电子的技术可以使我们做到过去的人做不到的事情。只要人知道的事情,输入了计算机它就记住了,什么时候要,它都可以告诉你。当然电子计算机有一件事情还不能做,我们能思想,能想出问题来,它不能。在能源方面,过去我们烧煤用蒸气,后来用内燃机,用电,现在能用原子能了。在现在的世界上要成为一个强国,不靠人多,资源多,而要靠知识多。有了利用电子的知识,就能做许多以前做不到的事。比如我们常常感到买车票困难,那是因为调配车子的人不知道有多少人在某一个时间要到某地去,所以只有让大家排队,车票卖完了,还有不少人不能走。如果应用了计算机,一下子就可以把所有的乘客预先安排好,到时都有车坐。一个飞机场一天多少飞机起落而免于碰撞,就是靠电子控制,靠信息系统。平时人们说看人家眼色做事情,看眼色就是看信息。我们要了解社会,了解社会上这么多人的行动和思想，也要靠信息，所以也要利用电子技术到我们的社会学研究中去。这是建立新中国社会学的一个必要的条件。天津千户户卷调查，为我们社会学研究迈出了新的一步。这是很有意义的事情。他们利用电子计算机把居民所想到的问题和他们的看法系统地、准确地、迅速地传递到管理机关。负有管理天津几百万居民公共生活责任的机关，就是天津市的政府，需要这些信息。他们要经常考虑、研究人和人的关系怎样，什么地方有什么变动，所以需要建立一个信息网络，来了解群众对哪些问题最关心，当务之急需要解决哪些问题。信息不畅通，市政管理就不能有的放矢，满足居民的要求。用科学方法和先进技术搞好社会调查是做好市政管理的先决条件。

我们的政府是为人民服务的。要准确、迅速地了解和掌握情况，并不简单。我们搞调查不能像外国搞民意测验那样，而要按照自己的特点，把情况反映上来。信息还要有来回的系统。从了解情况，到想出办法，具体实施还要反馈回去，看实行结果如何，以便再采取办法，这样才能逐渐把管理工作提高起来。我们是社会主义社会，我们的政府所做的事情能够符合客观的要求。天津户卷调查迈开了这一步，我觉得方向是对头了。

要做好千户户卷调查，在方法上还要经过实践，不断改进、提高。比如1000户怎么样选出来的，能不能代表天津的实际情况？调查对象有男有女，有老有少，某些问题发生在哪一种人里面？所反映的是一般问题，还是特殊问题？是多少人的问题，这些都要弄清楚。还有调查对象是否说真话，这很重要。"四人帮"时搞内查外调，我那时不敢说真话，他们打我也不露真情，因为我和他们的利益不同，我要保护朋友。现在我们搞社会调查，我们和群众的利益是一致的，如果把情况说清楚，群众是愿意合作的。在调查对象中，也可能会有些人暂时抱观望态度，看别人怎么说，甚至有些顾虑，不知道自己说话是否算数，会不会得罪什么人，等等。这要摸清楚，做好思想工作。毛泽东同志和周恩来同志都讲过，要多和人交朋友，谈心里话。要做好调查工作，首先要做到调查对象肯说心里话。我们要在群众中培养一批勇于讲实话的，而且知道事情较多、有分析头脑的人。有这样一批人，而且这样的人越来越多，我们的工作就好做了。

通过调查，能否反映真实情况，这是衡量工作质量和有无成效的标准。因此调查结果要准确，要注意工作中的差误，科学是不能有半点虚假的。情况反映要及时，现在有电子计算机方便多了，但还要培养使用机器的人，掌握机器的人搞错了，结果也会有差错。有了各种数据，还要进行认真的分析、研究。比如买菜，有70%的人感到困难，还有30%的人为什么不觉得困难呢？分析一下这两种人有没有区别。可能会发现前一种人是双职工，他们下班时卖菜的店员也下班，店关了门，所以他们买菜有困难，如果是这样，那么把卖菜和买菜人的工作时间错开就好了。所以有了数字还要经过分析，找原因，研究办法。

全心全意为人民服务是我们的宗旨，要把它贯彻到调查工作中去，这样出来的东西就靠得住了。我们做这些事，是为了解决问题，把管理工作做好。同时不要忘记，我们的总目的是建设社会主义，使人民生活得更好。要让天津人知道自己是天津的主人，天津要靠自己来管。我们要集中群众的意见，认真办几件实事。这样，被调查的对象就会觉得自己的意见领导听到了，不是停留在纸上口头上，而在管理大家的生活上有了改进；自己的意见起了作用，因而觉得自己确实参加了管理。这就会增强主人翁责任感，积极性就会高涨起来。这些在我们的社会主义国家是可以做到的。

千户户卷调查已经有了一个良好的开端，这是使行政工作成为科学管理的第一步。在这里，科学知识就不脱离实际了，社会学同实际结合了，发挥了科学的作用，知识成了改变现实的力量，领导同群众结合了，各层工作的同志也结合起来了。这是最近在市政管理上出现的新事物，也是社会学调查工作上出现的新事物。我相信这件符合社会主义建设需要的新事物，它必然会成长起来，有它发展的前途。

1984 年 1 月 23 日

社会调查自白

1984年7月23日到8月4日的两个星期里,我在中国民主同盟中央组织的暑期"多学科学术讲座"里作了有关社会调查十讲。盟中央组织这个讲座的目的,是在贮存和扩散老一辈学者致力一生所得的一些知识,免得失传,有损国家的智力资源。我虽是这个讲座的倡议人之一,但是自问论资论学都够不上格,只是主持其事的钱伟长同志一意坚持要把我列入讲员之列,实在无法推托,勉为其难,滥竽充数,自觉惭愧。我所做到的只是在相当炎热的气温下,总算没有迟到,没有缺课。至于所讲的内容,只是些平时我常讲的有关本人从事社会调查的经过和体会的话。

我在课堂上讲话的习惯是事前大体上打一个腹稿,上场后即兴发挥,缺点是不拘章法,不求面面俱到,长处是不受框框限制,使一些听众受到言外的启迪,激发自动的思考。这十讲并非例外。我只把自己过去所做过的社会调查编排个次序,从民族、农村、家庭、小城镇到知识分子和智力资源,各讲一讲。讲我为什么想到做这些调查,怎样调查,又有什么体会。另有两讲是答复问题,共十讲。其中并没有多少技术性的指导,也说不上有什么高深的哲理,只是一个科学工作者对自己工作的自白罢了。

我讲话时录了音,讲完后请听我讲的上海大学李友梅同志,根据她听讲的笔记,参照录音,整理了一个稿子。在这样炎热的日子里足足花了有一个星期的紧张劳动,是很辛苦的。我在此表示我的感谢。稿子到了我手上,照例压积在我的书桌上,腾不出时间来校阅。入秋,上海大学沈关宝同志来北京,我就抓住他帮我把这份讲稿看一遍。他觉得对具体的社会调查方法讲得太少,所以把第二讲重新编写一遍,补足了我这次讲话中的一些缺漏。同样要向他表示感谢。直到冬尽春至,跨了一个新年,我才挤出时间修改了一次。错失和疏忽的地方还是不少,只能请读者多多关照了。

一、引子

为了在中国智力总库里留下老一辈知识分子学术生涯所积累的经验和知识,为了我们这个通过新陈代谢而得以绵续长存的社会,民盟中央举办了这次"多学科学术讲座"。来这儿听讲的有全国各地的同志,能有机会和大家一起学习和讨论,我非常高兴,希望能得到好的收获。

我们正面临着新技术革命的挑战,正需加速智力开发以缩短我国与先进国家的差距。因此,科学地培养人才,合理地使用人才,就成为我国在全球性挑战中能否取胜立足的关键,这是当前最迫切的一项任务。人才培养,智力开发,要靠我们已有的智力库。在我们现有的智力库里,七八十岁的老知识分子已经为数不多了,而且属于他们未来的时间也不多了,这是自然法则,不可抗拒。我在1980年时说过一句话:"大概我身边只有10块钱了,一年用1块钱也只能用到80岁,到那时就做不了什么事了,即使活着也顶不上大用,用起来或许还会害人。"这样说是因为我清楚地意识到属于自己的时间有一定的年限。这一点是年轻人感觉不到的,青年人往往把自己的生命与无限的时光等同起来,其实二者不是一回事,有时还会产生激烈的矛盾冲突。日本电视剧《血疑》用的就是这样一个主题:当一个人知道自己没有多少时间可以活的时候会怎么样?这里不但有自己怎么办的问题,也有别人怎么对待的问题。这部影片的主题给人以不少启发。

70至80岁的这辈老知识分子的时间虽不多了,然而他们在中国智力结构里有一个特殊的地位。他们受过严格的、有系统的教育,大都学有专长,各有成就。他们毕生积累的做学问的经验,对于我们国家来说是一份不可多得的财富。现在他们年事已高,来日不多,再不把宝贵的知识传给后人,将对我国现代化建设事业和接班人的培养造成无法填补的损失。人死了,他的知识也随着去了,这是很可悲的。要知道,任何知识都不属于哪一个人私有的。它是全社会实践经验的积累,是共同智慧的结晶。个人从社会里得来的知识应当回到社会里去,这就要靠代代相传。后一代要在前一代人的思想基础上进一步更新发展。这是一个要发挥主观能动性和创造性的过程,而不是计算机或电脑所能替代得了的。因此在老一辈本身来讲，除了充分发挥余热，继续做出贡献外，还必须主动地做好培养接班人的工作，使自己的知识和经验得以延续和发展。

这部分老知识分子大多毕业于抗战之前的高等院校。那时有不少学校有浓厚的学术空气和良好的学习环境。他们在学校念书，也都有各自爱好的专业，大多能在博览各种书籍、广泛而又迅速地接触各门知识的基础上专门化。这种既有广度又有深度，二者相辅相成的知识传递方式，使学生一走出校门就能独立地进行科学研究。因此，尽管此后战乱不断，社会环境险恶，大部分人还是在科学领域做出了成就。可惜的是，全国解放后我们对科学文化学习、传授的规律性东西不予重视。相反，在1952年全国大专院校作院系调整以后，理、工科分家，文、理科分家，搞专科分院制。学习各门专业的不强调普通数理化的基础，更谈不到文史的基本知识。攻读文科的不了解当代自然科学和技术的新发展。进入了一个专科就不管其他科目了。学校的规章制度还限制了其他方面学习的机会和条件。过去清华、北大的课程就不像现在这样限得死死的。那时鼓励学生在学完必修课的基础上跨学科听课，窗台上都有人趴着听课。只要学校承认你是它的学生，听哪门课都可以。在这样的情况下，学术空气自然也就浓厚起来。大家碰头就能谈论交流，念人类学的遇上学语言学的马上就会说到一起去，和学生物的也能讨论一番。

所谓学术，就是人对宇宙实体的认识反映，物质和精神世界本身浑然一体，并没有分门别类。当然人在认识它的时候必须有分析，要有先后秩序；人们之间还要有分工，各有偏重，但人为分割的各部分之间是互相联系着的。假如我们把这种分割绝对化，单刀直入，只专一门，在某一个孤立点上做学问，那么就不可能真正揭示客观世界存在的奥秘，也就不可能有新的学术成就可言。比如学写文章应当学会写杂文。学术研究也应当搞点"杂文"。"杂"，就是多样化，多种学科的互相交流，互相渗透，融会贯通，全面发展，这样才能有学习和研究的深度。

当年，我们在大学里学习的时候，十分重视基础知识。就我自己来说，我的底子就不是现在一般的底子。我学医预科是准备上医学院的。那时医学制度要求两年预科、五年专科。预科就是打底子，包括自然科学的底子，如物理、化学，主要是生物、心理。还学哲学、逻辑、外文、国文，国文里还有版本学。我是在这个基础上转入社会学的。社会学念了三年又转学人类学。

人类学是一门知识广阔的学科,从体质到语言、到文化、直到考古。文化、语言、体质都有历史的纵向区分(如猿人、智人与现代人等)和地域的横向区分(如亚、非、欧等洲)。我是在清华研究院学的人类学,我之所以能学体质人类学是与我有两年医预科的基础分不开的。在清华补习了解剖学和动物学,由于研究需要还学了数学。

总之,应当是在广泛的学术基础上去搞专门学科的,有了一定的基础才能进入研究阶段。基础与专题研究犹如学与习的关系,基础强调"学",研究重于"习",学多了才能论及习。学习二字,学字当先。研究一门学问,一要讲基础,二要讲主观能动性。我在研究生期间,老师只给出题,出完了就让我自己去做,平时很少见面,老师只是在晚上散步时来我的研究室检查我的工作。我的资料都摊在桌上,他看了看,没有问题就走了。有问题就给我留个条,上面写着"重做,错了",也不说错在哪里。我得重新把一个星期辛辛苦苦做出来的结果再做一次。为了找出错的原因,我开动脑筋。老师并没有给一套现成的公式。怎样答题,怎么改错,从来就是我自己的事。久而久之,我懂得了做学问要用自己的腿走路的道理。可以说迄今为止,我一生中所做的研究都离不开那时的基础。

客观地说,我们现在面临的世界比过去复杂得多,我们对这个世界的认识也越来越感到困难。因此,我们更应该看到自己的不足,看到我们现有的知识微不足道。可是,现在许多大专院校仍然是文、理分科,隔科如隔山。教学方法还是教师照本宣科,学生死记硬背,知识面越来越窄。近年来,我们是引进了不少先进设备,但先进的科学文化又引进了多少?我们现在的教育制度和教育方法是过去从苏联搬来的,现在苏联改了,我们还是那一套。看来,我们并不了解别人,也不认识自己。

我们老一代向前看,看到的是下一代。下一代是国家的未来,我们有责任去引导他们,做一点我们力所能及的事。

我这一辈子做了不少事,应当把我的好经验、好传统传授给下一辈,其中最主要的也是希望能继续做下去的就是认识中国社会,为中国社会尽一点力。然而,中国社会如此之大,又有悠久的历史,一个人的一生想要穷尽对她的认识显然做不到。可是,社会科学工作者的任务,首先就是认识中国社会,这是一个矛盾。解决这一矛盾的惟一途径是脚踏实地做研究,一辈子不停顿,世世代代不间断，积有限认识为无限认识。这就要求我们首先从现实出发，实事求是地探讨客观规律。科学之道在于实事求是，科学结论不能靠主观臆想。诚然，人在认识客观世界的时候不免会产生偏见，会或多或少地掺杂一些主观的东西。我们要正视这一点，正视它正是要在实践的基础上去克服它。不断地克服主观偏见就意味着我们的认识在逐渐深化，使之更接近客观实际。

我想把我自己作为一个标本让你们解剖。自 30 年代到 80 年代正好是 50 个年头，我写的《从事社会学五十年》可作为你们解剖用的材料之一。我的《学历自述》为大家提供了关于我的学历的梗概，可以说是一幅速写，你们不妨先看一遍，再来认识我这个人。社会学在停顿的 30 年间，受到了批判，我从批判里学到了很多东西，其中最重要的一条就是要学会解剖自己。今天我希望大家也来解剖我，当然今天的解剖不同于过去的"大批判"，而是科学地分析一个人的思想过程，从中获得有益的经验教训。有个美国人把我解剖了一下，写了一本传记，一位日本人看了后说："他把你写成了一个西方化的学者，而你不是。"看来各人看法不同。我这个人到底怎么样？希望大家在读我的书的时候，看看我的思想有没有中国的特点，这些特点又是怎么表现出来的，以及找出我在书中所讲的根本东西是什么。有人认为我的书好看，其实那些最好看的地方正是功夫最不到家的地方，因为道理讲不清楚，就要耍耍花腔。花腔的确能吸引人，但那只是才华而不是学问。我的哥哥曾批评我："才胜于学，华多于实。"说的就是功夫不到家。所以我希望青年人千万不要学我的笔法。我们所处的世界是无穷变化的世界，学习容不得半点停顿。人们都知道百万年前"北京人"已经知道生火，可是至今还有人不会生炉子，所以，学习是无止境的，到老也学不完。当然我们学习的目的不是去搞科举，不要为升级或提职去大写文章，要从认识中国社会出发，多了解一些中国人是怎么生活的。了解别人才能对自己有所认识。我写过一篇文章发表在《读书》杂志上，叫《我看人看我》。我说我喜欢看人看我，因为很多事，自己身在其中，模糊不明。这一点我想大家会有同感。学社会学的人不但要学会认识中国社会，同时也要学会认识自己。过去封建领主的信条是"民可使由之，不可使知之"，而在当代社会，民必须有自知之明。人只有懂得自己才能掌握自己的命运。关于这个道理，我不想多花笔墨了，大家可以自己去体会。

既然请你们来解剖我，就得开一个书单。最近两年我的旧著已经重印的有

《重访英伦》(湖南人民出版社出版)，包括《初访美国》和《留英记》两篇在内，都是反映我早年在国外生活时的观感;《生育制度》(天津人民出版社出版)是我40年代在大学讲课时写下的对家庭理论的探讨;正在印的《美国与美国人》(三联书店出版)，是我第一次访美后写的;已出版的《访美掠影》是我第二次到美国所看到的情况，由于时间不长，只呆了两个月，所以叫"掠影";还将重印的是《乡土中国》，这是讲乡土性社会特点的书，是从具体调查中抽象出来的;关于社会学的文章加以汇集起来的小册子有《民族与社会》、《从事社会学五十年》、《社会学探索》等。第四本叫《论小城镇及其他》还在印刷中。我还喜欢写短篇杂文，已出版的有《杂写甲集》和《杂写乙集》，我还打算继续写短文，大约每年可以出一小册，丙集、丁集这样出下去，不知还能出几集。

开列书单无非是提供解剖对象，解剖手术还是要你们自己动手。这就是说不要企望能从我的这次讲课里得到一套现成的模式和答案。我们一起来作尝试，打破原先的框框，跳出过去习惯的那一套教学方法。因此，在这十讲里我不想从任何结论出发，不讲什么定义，只讲我的一生是怎样从事社会调查的，以及这些调查是怎样影响我的思想的，希望大家在其中找出解剖我的突破口，并有所收益。

二、社会调查概述

有些同志很想通过这次讲座得到关于社会调查的定义，还希望从这儿带走一套现成的社会调查方法，以便回去向领导汇报，并照此办理搞调查。我想提醒有这种想法的同志，那是不现实的。我不想从定义出发讨论问题，也不专门介绍各种具体的调查方法。我要讲的是社会学研究怎么入门，怎么调查，是我个人的体会，给你们作参考，起一个样本的作用。

给一个样本，或者即便是开出一套方法来，都不能把它作为教条去照搬，而只能是从中得到某些启示。要知道任何一种社会调查的经验和方法，都是别人从彼时彼地的具体的社会调查中获得，并加以总结提高的。而接触到的客观事物、现象都因人、因时、因地而异，各有其不同的内在联系，有着千变万化的发展过程，有不同的类型。所以，我们不能用某一个模式去硬套，也不能机械地搬用某种方法去分析具有不同特点的研究对象。

硬套和搬用本身,就是不符合马克思主义的实事求是的原理的。我们进行社会主义建设,要根据我国的特点,把马列主义与中国的实际相结合。我认为这也是社会调查的思想原则和根本出发点。我们学习马列主义应当学习它的科学的世界观与方法论,而不是局限于某些具体的结论。这就是说,我们要重视从过去历史经验中得出的规律性的东西,用以指导今后的认识过程;与此同时,我们更应强调在事物的不断发展中总结新经验,研究新问题,得出新东西。关于这一点,我想大家一定懂得很多,希望我们都能以此作为这次学习的指导思想。

下面就社会调查的过程,概要谈谈社会调查的一些方法问题以及我的认识和体会。

从科学研究的角度来说,任何调查都必须经历一个既要符合客观事物、现象的发展路线,又要符合人们的认识路线的过程。现在一般把这一过程分为四个阶段,即定题、计划、实施和总结。这四个阶段一环紧扣一环,使我们对要认识的事物从无知到有知。但这一过程并不是单一性的,它是从整个人类认识史中抽取出来的小小的一步。事实上,这四个阶段总是在作周而复始的循环运动,后者步着前者的足迹继续走下去,人类的知识不断积累,认识逐渐深化。

我们知道,不管认识过程分为多少阶段,怎么符合事物发展的路线,调查者在各个阶段的实际行动与表现,却不是过程本身所能完全控制的。因此,社会调查能否取得成功,关键还在于研究者的调查态度。能不能实事求是,敢不敢坚持真理,能否与人民群众建立起亲密无间的合作关系,都离不开有没有一个认真的态度。

这里特别需要指出,社会调查不同于物理、化学等各门自然科学的研究。自然科学工作者对他们研究对象的态度好坏,丝毫不影响对象的性质及其反映。可社会调查所面对的是与我们同样的活生生的人,是处于一定历史时期、一定社会集团的"社会人"。在这种情况下,研究者的立足点在哪里,态度是否诚恳,被调查者要先了解清楚了才能回答问题。这就是说我们要调查他,他先得"调查"你,然后再决定是否让你调查他。这个互相调查的过程很微妙,一旦被调查者发现你的调查态度不那么诚恳,或者你的调查会对他们的社会生活带来损害,他们就不愿意接近你,不肯说出真心话。由此可见,社会调查不仅仅只是一项科学研究,还有群众工作的内容在内。

我常说起为什么毛泽东同志开了几个座谈会,到会的也不过是几个人,他就能写出《中国社会各阶级的分析》一文,解决了中国革命迫切需要解决的实际问题,这是因为他靠了两条:第一条是他出身于农村,并有意识地接近农民群众,亲身体验他们的生活,这就使他对农村经济状况,农民生活十分熟悉,并有直接的感受。第二条是他十分虚心地通过利益相同的农民去检验、核实自己的想法,使农民体会到他是为人民谋利益的,因而取得了农民的信任,成了农民的知心朋友。

我看这两条社会调查的经验过去适用,现在仍然适用。中国的社会特点是中国长期的历史造成的,而人民群众是历史的创造者和见证人,我们要得到真实客观的资料,就得虚心诚恳地向人民群众学习,甘做他们的小学生。立足于为人民服务,做群众的知心人,有了这样的思想基础,才能有诚恳的态度,社会调查的成功才有保证。

社会调查的第一步是定题阶段,即要确定一个调查的主题。初看起来,定题似乎很简单,只要研究者抓出一个题目就行了,但实际做起来不容易。问题是你的研究题目从哪里来?你又如何去做选择?

要使人类由盲目、被动适应社会环境,变为有计划、积极主动进行社会实践,我们就得对现实中出现的新情况、新问题加以研究和探索。例如,我在下面要作专题讨论的小城镇研究,那是在农村调查的基础上提出来的课题。当时由于落实了正确的政策,农村的农业、副业和工业都出现了新的起色。可是我们发现农村的富裕不那么稳固。如江村农民的养兔副业,就随着海外兔毛市场的涨落而波动,一时间家家户户都养起了长毛兔,没过多久又纷纷杀兔吃肉。看来在农村地区没有一个相对稳定的经济中心,农民的命运就只能操纵在别人手中,这就提出了小城镇建设的问题。由此可见,社会调查的题目,从根本上说是来自于社会实践的发展。当然我们也不排斥有些研究课题的提出,是从对原有理论的质疑开始的。如我对生育制度的探讨,可以说是从"人为什么要生孩子"这一问题引起的。这两种课题往往被区分为应用研究和基础研究,但这种区分并不是绝对的。如小城镇的研究就不仅仅是应用研究,它对我国的社区、社会变迁等基础理论的建树,将具有相当重要的意义。

现在社会调查的题目不是少了,而是太多,我们应付不过来。在这样的情况下,应当按轻重缓急做出有秩序的安排,先研究什么,后研究什么,要有所选择，合理安排。对某个研究者来说，也要循序渐进，逐步扩展研究的题目。选择调查课题的一般原则是既要考虑实际的和理论的意义，即它的迫切性；又要充分估计到它的可行性，要力所能及。在选题上常常容易犯的毛病是脱离实际，想搞大理论，搞一个完整的体系，看不起"小题目"，忽视知识的积累，以致老虎吃天，无从下口，自己给自己出难题。这样的教训是不少的。

在确定题目以后，要有一个制定研究计划、方案的阶段，这是社会调查的第二步。

计划的制定不能靠关在屋子里苦思冥想，那种像电影里表现的指挥官对着地图想出来的作战方案，在实战中未必行得通，多半要吃败仗。因此，计划阶段的首要任务，就是深入实际，对具体的研究对象作仔细详尽的观察，从一点或几个点的经验来作计划的依据。这叫做探索性的调查，即先探探路子，为大规模的正式调查作先导。江苏的小城镇研究至今没有全面铺开，我们所做的只是从吴江县开始，在苏南、苏北等地区选点作了观察。在此基础上，现正在设计一套合理可行的指标，打算在今冬明春对全省的小城镇来一个"卷地毯"，即普查性的问卷调查。我们的探索调查搞了两年，可见订出研究计划并不容易。

进行探索调查要肯学习、肯钻研、善于思索；除了在对具体的对象作观察时要有这种学习的精神外，我们还要向书本和一切有这方面知识的人请教。我们要尽可能地收集与研究课题有关的文献资料，对别人已有的研究结论和研究过程作认真的分析，达到借鉴的目的。通过实践、书本两方面的学习、探索，就可以着手制定研究计划了。计划中包含的内容有界定研究范围，拟出调查提纲，明确调查指标以及确定调查的方式等等。这些内容不再一一细述，我只想谈谈调查的方式问题。

以调查对象的范围宽度为标准，社会调查有三种基本的方式。第一种是普查，普查是对研究范围内的所有对象一个不漏地进行普遍调查的方式，例如人口普查等等。第二种是抽样调查，即从整体中用一定的方法抽取出一部分具有代表性的对象（这一部分对象就组成该整体的样本）进行调查，并将对样本的调查结果推论到整体。国家统计局的家计调查、企业管理质量调查等，大都采用这种方式。第三种是典型调查，国外所称的"个案研究"大体相似于典型调查。这种方式的研究对象只有一个或还不足以构成样本的少数几个"典型",研究者通过对典型的、全面的、历史的考察和分析,达到对事物性质的深入了解。

这三种调查方式各有各的长处和短处。普查所得的资料完整性强,但由于调查量大,项目就不可能很细,全面深入性差;它的结论的可靠程度高,但调查的成本(如人力、物力、费用等)也高,调查的周期长。抽样调查虽然大大缩小了直接进行调查的范围,节省了时间与成本,并在一定的可信度上起到认识总体的作用,但它仍未能解决调查的深入性问题,而且抽样与推论都需要掌握一定的统计技术。典型调查克服了深入性差的缺陷,通过对典型的全面、详尽的考察,起到深入认识事物性质的作用,不失为一种较理想的方式。但由于它缺乏范围上的广度,结论就往往具有很强的条件性。普查、抽样调查和典型调查的特点规定了它们各自的适用性。前两者能表现事物整体的数量特征和事物间的数量关系,因而适用于定量的研究。后者能发掘事物的内在特征和内在联系,因而适用于定性的研究。事实上,客观事物总是具有性质与数量两种规定性,所以我们在调查中往往同时采用几种不同的方式。

社会调查的第三步是收集原始资料的实施阶段。收集资料是一项艰巨的工作,它的方法主要是观察和访问。

观察,是指用我们的感官去注意、反映我们周围的社会现象以及它们发生、发展的过程。认识社会必须观察社会,认真观察社会是取得感性知识的第一步。当然一切有观察能力的人都在观察社会,但科学研究的观察与一般的观察不同,它是一种带有目的的有计划的观察,即为获取原始资料而进行的观察。科学研究不能离开原始资料,而原始资料的可靠程度,就在于我们对事物观察的细致、全面和科学性。前几年,我有一个老朋友搞了一个生物实验。有人怀疑他的原始资料,因为别人在重复这个实验时得出了不同的结论。有人说可能显微镜片上有问题。仪器发生了故障,会出现不同的结果。类似的情况在观察社会时同样存在,因此我们在作间接观察、直接观察或参与观察时就得反复核实原始资料的准确性。

间接观察是指利用别人对那些已经发生过的社会现象的记录,这种原始资料主要是由前人写成的历史资料。历史资料往往由于时代不同、笔者认识的片面性而出现差错。顾颉刚先生在"五四"时期就提出"古史辨",要重新整理古史。这确实是一个严肃的学术问题。现在有些研究历史的同志就缺乏这点思考。比如对待历代传下来的史料，我们应该反复查一查，是谁、是在什么历史条件下写的，有没有搞错，版本对不对，不能太轻易地相信它。对此，我在大学里念过目录学、版本学，很有用处。

直接观察是指对现实的、正在发生的社会现象所作的观察与记录。照理说这种观察的偏误较少，但我还是要常常对自己发问"可靠不可靠"？我过去在搞人体测量时，往往几次测量的结果都不一致，问题出在什么地方呢？后来才知道是自己没有站稳，两手震动，造成被量的人也摇摆和移动位置，毛病还在于我自己的观察角度不同。由此可见，原始资料的形成由于收集者所处的历史时代条件、生活环境条件和操作方法的不同而有一定的局限性。我们在观察中应当注意到并尽量避免这种局限性。

"参与观察"是指研究者参与到要观察的社会团体、社会过程中去作观察的一种方法。我们提倡的联系群众、实行"三同"等，就是这种方法的具体化。采用这种方法对研究者提出了很高的要求，那就是你必须做到放得下、过得去、出得来。首先你不能摆出一副学者的派头，要放下架子，使自己处于与被调查者同等的地位。这样才能得到群众的信任，进入他们的社会生活之中，亲自体验他们的行为意义和喜怒哀乐的情感。但是你毕竟是一个观察者，所以最终你还必须从这种情景中超脱出来，作符合客观的记录与描述。为此，我们不得不提出在进行社会调查之前对调查人员进行系统的训练问题，包括怎样进入角色，怎样观察记录，怎样找出问题等等的方法训练。

访问是收集被调查口述资料的调查方法。在实际的调查过程中，访问总是与观察同时并用的。但是由于西方社会的习俗是不愿意别人闯入他们的生活的，加上近年来现代通讯工具的发达和普及，在西方社会学界便出现了非面对面接触交谈的间接访问方法，如利用电话、调查问卷邮寄等方式的调查。据我看来，这些方法虽在取得某项资料上具有快速、经济的优点，但收获毕竟很有限，也很肤浅。在我国，由于调查者与被调查者的根本利益的一致性，我们还是应当强调那种有深度的直接访问，包括个人谈话和召开各种类型的调查座谈会。

调查者与被调查者之间根本利益的一致并不意味着二者一接触就能谈得来，就能建立起互相信任的关系。所以访问的基础是与被调查者搞好关系，使自己成为他们可以信赖的朋友。历次调查经验告诉我们，没有这一层关系要达到一个好的结果是不可能的。在彼此互不相识，没有一定的关系之前，缺乏信任感，连搭上话都困难，更不要说谈出真实情况了。在菲律宾与澳大利亚之间的洋面上有一个小岛，岛上的居民对外边去的人都有一定的戒心，他们对突然来的人都要问一问："那是什么人？来干什么？"我想任何被调查者都会有这种出于防卫心理的反应，只不过程度不同而已。所以，建立调查者与被调查者之间的信任关系对于我们取得真实可靠的访问资料是非常重要的。信任是感情交流的基础，有了信任和感情才能相互合作，才能得到真心话，才能保证资料的真实性。

在另一方面，我们也不能凭被调查者口头上说的是真心话就能保证资料的真实性。我们在选择别人的答题时要多动脑筋想一想，即从逻辑分析的方法仔细辨别出什么是真话，什么是假话。"四人帮"横行时期的"外调"根本得不到真话。调查到我，又问我别人的情况，我不愿说真话连累别人，可是不说话就要挨打，怎么办？我只得用另外的方法去骗他们，还要骗得有道理。这种"外调"走到了科学的反面。在当今资本主义社会里，用金钱可以去买到情报，因此，情报有的正确，有的则全属虚构。美国还有不少"职业性"的被调查者，他们总是在一个地方接受别人的调查，你要什么他就讲什么。我们现在也有组织参观团到某个地方，常常听到一套专门的介绍的情况，我们可不能根据这些介绍就完全信以为真，随便下一个结论。除了逻辑的辨别方法，在访问中还要注意到各种情景下的不同反应，所谓察言观色是也。如果我们去了解家庭中的婆媳关系，可能会出现媳妇在场时婆婆夸媳妇，媳妇不在场婆婆又骂媳妇；哪是真，哪是假，不能不依据情景作仔细分析。情景还包括调查者本身的加入和访问器具的应用。你带着一个录音机去调查访问某某婆婆和媳妇，很可能什么也得不到。你进门后与媳妇多应酬几句，婆婆很可能不对你说心里话。总之，你的身分，你的行为都会在一定程度上改变事物的真实性。对于参加调查人际关系的同志来说，不能不懂得这一点，不能不自知自己所扮演的角色。

社会调查的最后一步是整理资料、分析资料和得出结论的总结阶段。在引出调查结论的过程中，我们的分析重点要放在以下两个方面：第一，要注意分析社会生活中人们彼此交往的社会关系和社会行为，掌握人与人之间相处的各种不同的模式，认清各种角色在特定的社会历史条件下和特定的社会关系中是怎么表现其固有的特征的。第二，要注意分析社会的某一部分或某一现象在整个社会结构及其变化过程中所处的地位和所起的作用。从性质上与数量上找出社会的这一部分或这一现象与其他部分或其他现象之间的互相联系、互相影响、互相制约的关系，从而达到认识社会整体的目的。

要进行资料的分析就得掌握分析的工具。现在有不少分析的方法，诸如典型分析、统计分析、比较分析、历史分析、结构功能分析、系统分析等等。方法虽多，但它们都是围绕着"点与面"、"质与量"、"因与果"这三个关系展开的。

点与面的关系就是事物的特殊性与普遍性、共性与个性的关系。在进行分析时，我们首先要对收集的资料加以分类。分类就是依据某种性质的规定把相同的事物归并起来，将相异的事物区分开来。这种性质的规定就是该类事物所具有的共性。那么这一共性从何而来呢？它来自于我们的典型分析，典型只是事物中的一个点，它有它的特殊性，但普遍性寓于特殊性之中，我们要从典型中看到它所代表的普遍性。因此，典型的意义是它在同类事物中具有的代表性。但是典型的代表意义有一定的限度，有人说我是知识分子的代表，我说我不过是某一种知识分子的代表，而不是所有知识分子的代表。这就是说，一个人的行为、思想和感情，只能代表与他相似的那一类人。

在现实生活中，常常用"这个"或"那个"来泛指各种类，然而无论是个人或团体，都不是生活在类别界线十分明显的世界里，而往往是在一个不同类别融合交织在一起的环境之中。因而典型尽管是"这个"或"那个"的代表，在"这个"或"那个"范围内具有普遍意义。但是典型不是独立存在的，它与周围事物相互联系着，只是在某一方面比较突出该类事物的特点，而在另外一方面却不一定能突出该类事物的其他特点。这就是我们在作分类时必须要看到的事物的共性与个性的关系。

对典型的分析方法，就是毛泽东同志所倡导的"解剖麻雀"的方法。"解剖麻雀"，需要深入到事物的内部，不是泛泛的表面化的描绘。我们的分析不仅要有地点、有时间、有人物，还要有行为、有感情、有思想，把作为一个类型的某一事物的发生、发展过程解剖得清清楚楚，并把重点放在说明它的内在特征、它的内部联系及它与其他事物的区别上。

质与量的关系反映在分析阶段就是定性分析与定量分析的关系。定性分析实际上就是从典型分析开始的，它重在对事物的质的方面进行全面的、历史的、纵深的考察。典型分析是定性研究的主要方式。定量研究一般是在某种质的规定下表现事物的数量特征和数量关系。由于定量分析难以深入到事物内部作考察，因而弄得不好，那些普查、抽样调查、问卷调查等，得到的结论只能在数量上给人一个表面形象，甚至是一种虚像。因此为了正确把握事物的数量，我们在做定量分析之前应当先做好定性分析，然后再通过量的表现来进一步加深我们对性质的了解。这就像我们去粮店买米那样，总先要看看米好不好，通过对米的成色的鉴别再确定自己买多买少。

从定性分析到定量分析，是我们对事物分析的基本方式，这也就是我们从微型调查入手，逐步扩展到宏观调查的过程。微型调查使我们抓住本质的东西，把握住方向，做到心中有底。宏观调查则体现出数量的比重，它反过来对先前的定性分析加以限制和划定范围，使我们做到胸中有数。因此，定性与定量是相辅相成的，我们在对事物分析过程中都不能偏废。

因果分析是社会调查者的兴趣所在。一种社会现象的发生、变化导致并决定了另一种社会现象的产生和变化，前者被称为因，后者被作为果。然而，在现实社会中，由于事物间的普遍联系与相互制约，因果关系的表现并不那么简单，而要复杂得多。有的一因多果，有的一果多因，有的多因多果，有的互为因果。因此，有的学者还试图以社会实验的办法来确定因果关系。比如按照美国一些学者的研究，认为黑白人种之间的歧视问题是由于从小开始的生活隔离造成的。于是美国的一些学校便在黑白人同校上下了不少功夫。然而这个办法并没有多大的作用，看来还没有找到种族歧视的真正的原因。因此，要确定社会现象和事物间的因果关系，不能只凭一些表面的偶然的联系。

造成社会现象之间因果关系复杂化的根本原因，是人所具有的主动性和创造性。这就是说，社会规律并不是如同数学公式所规定的那种完全确定的关系，而是在无数偶然现象中所蕴藏的那种必然趋势。我们作因果分析时，首先应当明了这种趋势性的规律，然后求具体现象之间的因果关系，并遵循在发生的时间上，因在前，果在后；在关系上，因果产生共变联系的两个原则来作分析。

至此，我只是概要介绍了社会调查的过程。希望大家进一步去学习社会调查的具体方法，对它有更清楚的认识。但我认为，具体方法的掌握离不开方法论的指导，归纳起来说就是三句话：坚持马列主义理论的指导，实事求是，理论联系实际。走群众路线，建立调查者与被调查者之间真正一致的密切的关系。从为人民服务的立场出发做调查，为我国的"四化"建设，真心实意地尽自己的力量。

三、民族调查

为什么要研究少数民族？为什么我的调查生涯要从少数民族开始？从人类学和社会学的角度看，民族调查可以说是认识社会与文化的基本功。要认识社会与文化，必须对各种不同的社会与文化进行比较，有比较才有鉴别。你们说我是男的，没有女的怎么知道我是男的呢？这很清楚，比较出来的嘛！当年我去广西前，当时我的老师史禄国先生说过，要认识自己生活的系统，先要找一个同自己生活习惯不同的社区进行实地观察。去少数民族地区观察，既可以看到与自己不同的生活方式，还能从比较中认识自己的生活方式。就这样，我们找到了广西大瑶山地区的花蓝瑶人做调查。

民族调查的重要意义还远远超出它的学术性，各民族在平等的基础上共同繁荣是我国社会主义制度建立以后一贯实行的基本政策。我们进行科学的民族调查，可以避免那种盲目地从定义出发识别民族的倾向，实事求是地认识中国的少数民族，深入地了解他们的历史、他们的语言、他们的要求，并从以往历史上民族矛盾和民族合作的经验教训中，找到共同繁荣的道路。

从当前到今后一个时期里，民族调查将是我们社会学研究的重点项目之一，包括我在民族地区进行的"边区开发"的课题。这一研究课题主要是要了解：边区资源、民族发展、人口流动等方面的情况。我国的少数民族只占10亿人口中的6%，但他们占的地方很大，差不多是国土的60%。而许多重要的资源却在少数民族所居住的地区。人口的分布对资源分布来说是极不相称的。边区的经济建设落后于内地的客观事实，影响到我们四化建设的大局。由此提出了一系列的问题，诸如怎样改变人口、资源的不相称状态？怎样帮助少数民族缩短他们和汉族间的经济、文化差距？怎样使内地的智力、财力、劳力有计划地流向边区，促进边区的开发？怎样使少数民族接受并欢迎这种支援和促进？这些都是值得我们去探索、研究的大课题。因此，无论是过去、现在还是将来，无论从理论上看还是从实践上看，民族调查的工作必须加强。

我一生做过几次民族调查。最早的那一次是我同我的前妻刚刚结婚后进行的。我带了体质人类学的测量仪器，两人一起到了广西的大瑶山，即现在广西金秀瑶族自治县。当时瑶山的交通状况和现在完全不同，我们整天爬山，走村串户，收集了不少材料。关于体质测量方面的原始材料，在国民党在昆明迫害民主教授的事件中失落在云南，到现在还没有找到。我爱人王同惠在调查途中不幸遇难后，我把根据她对大瑶山花蓝瑶的调查材料写成了一本小书，名叫《花蓝瑶社会组织》。当时印了几千份分送友人。有些图书馆里还有保存。我打算重印这本书。我认为这本书简洁明了，没有废话，希望它有一天能同大家见面。由于我青年时代主要是从比较的观点出发去研究少数民族的，所以对于瑶族人民今后的发展方向，瑶族在我国社会经济发展中的前途等问题，都没有加以考虑。在当时对于各民族的关系问题，我也是没有着重研究的。

从瑶山出来以后，我对少数民族的研究中断了很多年。从个人的心理状态来说，我不愿引起对往事的痛苦回忆。从瑶山里出来以后，一直到解放初，我差不多都在搞农村的调查研究。

我于1950年起参加国内的民族工作。曾随同中央访问团并担任贵州分团和广西分团的团长，到贵州和广西少数民族地区进行访问和调查。

1952年调到中央民族学院工作。1955年到贵州进行民族识别，1956年到1957年参加了人大常委会组织的少数民族社会历史调查，到云南进行工作。这一时期，我是主要宣传党的民族政策，并在接触少数民族时进行了一些调查研究工作。

一到贵州我们就碰到一个理论问题，即"民族"这个概念问题，它是决定民族识别标准的理论基础。这个问题到现在还不能说已经完全解决。问题是怎样发生的呢？记得我们到贵州不久，就听到关于"汉裔民族"的说法。一些当地人说他们过去是汉族人，后来变成少数民族了。他们中有一部分人称自己是"穿青"，达二十几万人。还有自称南京人、里民子、羿子等十几种人。他们使用的语言很多是汉语，但这些人坚持自己和汉人不同，表示不愿做汉族。这一来就引起了这些人是汉族还是少数民族一部分的问题，如果是少数民族，就产生了是独特的民族还是其他少数民族的问题。新中国成立后，各民族都有权利当家做主，每个民族在人民代表大会里应该有自己的代表。识别哪些人是一个民族，哪些人不是一个独特的民族，也就牵涉到各级人民代表大会里各民族代表名额的问题。所以民族识别是一个理论问题也是一个实际问题。

我们访问团开始在掌握识别民族的标准时，主要的理论根据来源于斯大林关于"民族"的定义。斯大林的定义指出，一个民族有四个要素：共同的地域、共同的语言、共同的经济和共同的心理素质。从定义上去理解，大家觉得很清楚，可是联系实际却不容易。我们对《毛泽东选集》里提到过的各个民族，都给以承认了，但是在提到的各民族之后还有"等等"二字，这"等等"的内容要我们来填进去。没有搞清楚的不能随便填，当地人不同意的也不能填进去。结果，在实际要填的时候，发现这四条标准不容易解决我们的问题，至少靠这四条标准是不够了。穿青人等与汉族有共同语言，却坚持说自己不是汉族人，说明他们与汉族在"心理"上有距离。那么这算不算"心理素质"上有区别呢？能不能就说他们是少数民族呢？少数民族舞蹈中最早被送上舞台的是"阿西跳月"。我们说他们是彝族里面的阿西人，因为他们的语言、生活方式和其他彝族大同小异。但他们过去一直自称"阿西"，没有听说过"彝族"。种种情况说明，从一个定义出发会发生许多问题。这就要求我们针对我国的实际情况，真正去搞清"民族"概念的涵义。

一切概念都是从历史的经验里总结出来，而在当时社会生活中起作用的，因之，总是同一定的历史条件相对应的。"民族"是个音节，是个词汇，我们要研究它是从哪儿来的，它代表什么东西，人家用它又代表什么东西。斯大林的民族概念是怎么来的呢？他说得很清楚，因为资本主义的发展需要有一个共同市场，共同的市场形成人们生活的共同地域，大家共同来往又形成了共同的语言，又因为对立斗争产生共同的意识。比如法国与德国战争不已，德意志形成了一个民族，共同对付法国人。所以，斯大林提出的民族定义，是一个合于资本主义时代欧洲大部分地区的概念。但这个"民族"概念和苏联多民族的实际结合时发生了困难，不得不提出几个性质不同的名词：没有发展到封建社会的这类"人们共同体"叫部落；没有发展到资本主义社会的这类"人们共同体"叫部族；发展到资本主义社会的"人们共同体"才叫民族。如果我们机械照搬上述定义的话，处在奴隶制度下的凉山彝族就不能算作民族了，封建农奴制度下的西藏人也不能算作民族了。

从我国历史上看，中国人开始使用"民族"这个词汇，是在汉族人民反对清朝统治中国的时候。"民族"这个词可能是梁启超那批人从日本引进的。满清统治者对其他民族的歧视和压迫，激起各族人民强烈的民族自我意识和民族尊严感，又在各民族共同反抗外国帝国主义列强的斗争中，出现一个中华民族的概念。在我们的革命文献里，"民族"两个字实际上有两个用法。讲"中华民族"时包括了汉族、满族和其他几十个少数民族；讲具体民族时，指的是中国领土内部的几十个民族。洋人侵华的时候，我们各个民族在帝国主义的压迫下，一致感到"我们"是一个完整的"中华民族"，我们是一个根上长出来的、命运与共的人，能够坚持不懈地团结抗敌。尽管事实上"中华民族"里的人们来源不同，居住地点不同，语言有差异，但是有共同的"所属"，即"我们"，在普通语汇里叫做"自己人"。因此，"民族"概念是活的，不是死的，是一个发展的概念。民族现象是一个复杂的社会历史现象。

大家是否注意到，我们在很多问题上向苏联"一边倒过"，但在民族问题上却没有一边倒。这不是无意识的，而是有意识的没有倒。中国自己的历史决定了我们不能跟苏联走，采用民族联邦的体制，而坚持了统一国家。根据中国民族现实的客观特点，我认为"民族"概念本身应包括了三个层次的涵义。第一层是中华民族的"民族"，这是中国历史发展决定的，确确实实存在一个中华民族。第二层是组成中华民族整体的各个具体民族，中华民族正是中华民族的民族性和各个具体民族的民族特点的对立和统一。所谓民族特点是一个民族从历史过程中形成的、适应其具体的物质和社会条件的特点。在统一体的内部，应当承认部分的特殊性，并以此来实现民族平等和团结。第三层是中华民族里各个民族内部的各种"人"，如广西金秀瑶山里的五种瑶人。我有两个学生后来去那里调查后写出了《盘村瑶族》。这里面所叙述的"盘瑶"就是瑶族中的一种人，概念上就是属于这一个层次。明确了"民族"概念涵义的层次，我们国内的民族识别标准就清楚一些了。苏联搞了民族自决权，成为由加盟共和国组成的"联邦共和国"。我们没有抄苏联的，而是充分尊重少数民族的意愿，实行民族区域自治。各民族在平等的前提下走向繁荣、进步。在这里，我应当声明一下：我这种看法只是我个人的体会，是否合于科学的实际，完全应该敞开讨论，如果有不同意见，也只是学术上的争论。

我国少数民族发展、演变的历史，使我逐渐得出一条道理，即民族识别不能从定义出发，不能离开一定的历史条件，否则我们的识别工作就会偏离实事求是的科学路线，既无法区别具体民族，又看不到一个民族发展的前途。这条道理可以推而广之，适用于所有的社会调查。

建国初年，配合民族识别工作进行的调查研究，初步了解了各民族的基本情况，为各少数民族参与人民政权及在少数民族聚居区建立民族区域自治，提供了一些事实依据。同时进行的全国各少数民族的语言调查，为各少数民族改革和创造文字打下了基础。随后由人大常委会主持的少数民族社会历史调查，着重研究少数民族的社会性质。这些工作都取得了可喜的成绩。

1978年以后的几年里，我又几次访问了金秀瑶族自治县，在新的形势下从事民族研究。波及全国的十年浩劫，使党在解决民族问题上的基本政策，即实行民族区域自治，受到了抵制和破坏，以致损害了民族大家庭的友爱团结，阻碍了各少数民族经济文化的发展。当务之急在于认真落实民族区域自治的政策，发扬各民族自治地区的优势，发展经济、文化，缩短和消灭历史所造成的差距，实现各民族事实上的平等，加速我国的现代化建设。

少数民族的经济、文化发展同汉族相比，有很大差距。但我们坚决反对西方资本主义社会的那种民族关系，大鱼吃小鱼；美洲和澳洲的土著民族，基本上就硬是吃掉了。西方的少数民族，过去有两种前途：一种是走同玛雅文化被毁灭的道路。美洲土著玛雅人在葡萄牙人的野蛮侵入中死完了。澳大利亚土著民族绝灭的例子也是属于这种前途。另一种是像北美印第安人那样的前途。欧洲移民驱赶印第安人时，他们反抗过，赢得了极少数一部分人的生存权利。但本民族的经济、文化没能发展起来，现在变成了博物馆里展出的活标本，作为引诱旅游者观赏来赚钱的设备。

我们是社会主义国家，我们的宪法规定了少数民族是中华民族大家庭的当然成员。我们各个民族之间相处的原则是平等、团结、进步。确实，民族平等在政治上、法律上已经做到了。但经济上、文化上的差距却不是靠法律上讲平等便能轻易改变的。所以，在法律上平等了，经济上、文化上的不平等现象还是存在的。

怎样实现事实上的平等呢？我相信，各民族的亲密团结是很重要的一条。过去，在历史上有一些民族不愿和汉族及其他少数民族团结在一起，不愿成为我们这个民族大家庭的成员，一出去就落入别人手中。你经济上不如人家，一下子就跌倒了，人家才不管你名义上那个"独立"的标签呢！所以，我们中华人民共和国里的各个民族必须团结一心，这是实现事实上平等的重要保证。不仅汉族和少数民族要团结,而且聚居在一个地区的各族人民也要亲密团结,讲平等,才能使我们伟大祖国变成多民族共同繁荣、欣欣向荣的社会主义国家。

在加快实现民族平等的过程中,我们是用承认差别去促进平等的。所谓承认差别指的是给予各少数民族特殊的经济、文化待遇。如果给予少数民族和汉族以相同的经济、文化待遇,那么少数民族的发展速度将永远赶不上汉族的发展水平。特殊待遇是什么?是指给予一定的条件,让少数民族能使自己发展得比汉族更快一些。没有汉族的帮助,少数民族现存的差距很难克服,这是很现实的。我们作为走在前面一点的汉族,要想尽一切办法创造条件,在经济上、文化上促进少数民族的发展。作为少数民族,决不能满足在法律上已经取得的平等地位和规定的特殊待遇,要坚决地采取开放的态度,通过自己的艰苦奋斗取得不断进步,赶上先进水平。如果自己不站立起来,客观条件好了,反而会倒退。我们确信,中国的少数民族在党的领导下,有充分的条件站起来,可以成长,可以繁荣。繁荣不是人家给的,是自己争取来的。以上是我在民族调查中所得到的体会和对民族政策的理解。是否正确请大家讨论指正。

今后的20年,对于少数民族来说,是个严重的关键时刻。我在参加民族工作中使我的感情向着少数民族这一边。少数民族当前的处境,我总是不能感到满足。我觉得,实现真正平等的关键归根到底是生产力的大发展。生产力提高了,经济不平等的现象才能真正消灭。如果不改变当前我国各民族在人力资源、财力资源、智力资源分布得十分不平衡的状态,少数民族生产力大发展,看来还仅是一句空话。怎样去改变这种状态,应当是当前民族发展所提给我们民族理论工作者的一个迫切课题。

在生产力发展的同时促进文化的发展是极为重要的。有的少数民族文化比较发达,像朝鲜族的文化艺术,在普及方面就超过了汉族。锡伯族原是满族的一支,清代分化出来。整个满族使用汉族语言以后,锡伯族仍然保留了满族的语言。我们的许多满文档案,锡伯人都懂。他们中许多人对新疆的13个民族的语言都能讲一点,成为少有的语言"天才"民族。但从少数民族整体看,文化发展的担子是十分沉重的。他们在发展现代文化上要做出的努力特别大。少数民族学会汉语就要花很多时间。但如果不懂得汉语,对他们各方面的发展都是个严重阻碍。当然,我们强调学习汉语,是在各民族有权利发展自己语言的前提下提出的。他们从小学会讲的本民族的语言,应当受到其他民族,特别是我们汉族的尊重。但不是说他们一辈子就只需要学一种语言。我们汉人为了要接受新的科学技术，不是也在学习外国语吗？少数民族的经济不甚发达，生活简单，语言中的名词就比较少，不能表达现代社会的复杂生活。他们固然要发展他们的语言，但与此同时，他们也要学习汉语、学习外国语，科技文化才能追得上去。

学习外语并不是丢脸的事。世界各国的人都要学习一点外国语言。日本最爱学习人家的东西，成了发展最快的国家之一。中国的唐代文化很发达，日本就跟着中国学，吸收了好多汉字。后来我们在各方面停顿了，他们就转而跟着其他国家学，他们的语言也不断跟着变化。现在的日文相当复杂。外国人去学日语，要懂汉字，也要懂它的注音符号，还要懂里面直接吸收的外文，其中直接吸收的英文词汇很多。我看将来人类发展的趋势，很可能每个人都要学会多种语言。我们现在应当积极想办法缩短学语言的时间。

怎样帮助少数民族发展经济和文化？怎么开发祖国的边区？这是我近来一直在考虑的问题。虽然我的年龄和体力不允许我再像50年前那样在瑶山爬山串户，但我可以把今后几年的力量放到这个问题上去。我已经自己做出了决心，今后几年里要向边区进军，今年已开始在内蒙古、甘肃作了初步探索，对开发边区这个课题找出一个具体的研究方案。这是一个综合性的科学研究课题。胡耀邦同志提出的种草种树是开发边区的第一步。那就意味着还要有第二步、第三步……一直走下去。怎样利用我国东部的智力、财力、劳力来开发西部的资源？东部对西部的支援，必须要以当地各族人民欢迎为前提，这就是互利互惠；而且必须通过民族特点和加速少数民族经济文化来进行。怎样通过这一过程使各民族的团结能更进一步的加强，真正做到我离不开你，你离不开我。这些课题是很清楚的。但是怎样能使这些课题在民族研究中取得应有的地位，看来还要经过一番努力，才能实现。建设要大上，科学要先行。我们要有饱满的积极性，包括群众和科学家两个方面的积极性，才能把工作做好。

四、农村调查

我一生的希望，也可以说我过去工作的中心，而且今后还要继续坚持下去的，就是能认识中国社会，首先是农村社会，弄清楚中国农村社会究竟有哪些基本特点。世界各国都在迈向现代化，我们也不可能例外，但要设计我们自己的道路。这就先得要求我们认识中国历史所造成的特点。我从青年时代到现在，主观上不能说不尽力，这个问题还不敢说已经搞清楚了。但我愿意把自己在这问题上摸索的经过，作为一个标本，请大家来一起进行解剖，看一看我这一个人为搞清这个问题，50年来走过的道路是怎样的？搞到了什么程度？这样搞法对不对？有哪些东西已经不合时宜，陈旧了，要更新了？有哪些东西还有用？

中国社会的一个基本特点就是大量人口集中居住在土地不太广阔的宜耕地区，在这个地区出现了人多地少的状态。我们从很古时代起，绝大多数人历来以五谷为主要食物。集约种植五谷作物的农民构成了中国绝大多数的人口，他们是中国文化源远流长的深厚基础。要认识中国社会，认识中国人，不认识农民生活，不认识农村经济是不行的。由此可知，农村调查是达到我们认识中国社会、解放中国社会问题的最基本的手段和途径。我对中国社会的看法、对中国传统农业经济向现代经济转变方式的看法，几乎都是在农村调查中累积起来的。三中全会以来，我国的人民大胆地创造着我们未来的道路。这条道路不是哪一个人想出来的，而是中国人民自己在深厚的民族文化基础上创造出来的。我们现在逐步看得清楚了些，每一个对农村做了认真调查的同志一定也会看清楚的。

我对中国农村做的第一个比较深入的微型调查，是在江苏太湖附近的开弦弓村进行的。

我在广西负了伤，在广东医治了几个月，1936年暑假回到家乡，离出国上学还有一些日子，所以想到乡下去休养一下。我姊姊费达生正在开弦弓村开办一个农民的生丝精制运销合作社。在这个村子里盖了一个厂房。我就借了一间卧室，呆了下来。

在村子里住下了，我又想到利用这机会了解一些农民的生活。说是调查其实也有点过分，只是无心植柳柳成荫。我是在和这村子里的人们接触中，一步步深入到他们生活各方面去提问题。我是本地人，加上我姊姊和这村子里农民的关系，农民朋友们总是有问必答。我随手记下了许多对我来说是新的知识。到我离开村子的时候，笔记本里的材料已经不少。因而想不妨整理出一个系统来，写成一本有关农民生活的书。

随后我就上船出国。当时去英国必须坐轮船。我记得我坐的是一艘意大利邮船叫白公爵号。从上海到意大利上岸要走好几个星期。我呆得无聊，就把手边的调查材料拿出来，编成了一本稿子。到了英国进伦敦经济学院报到。人类学系有一位副教授，名叫雷蒙德·弗思（Raymond Firth），他担任做我的导师，我告诉他打算把《花蓝瑶社会组织》作为我的博士论文的底稿，同时又讲到了手边还有一本关于中国农民生活的调查初稿；他了解了两篇的内容之后，建议我以后者为基础写我的论文。不久，马林诺斯基（Malinowski）教授从美国回来，把我调到他自己手上来指导。经过两年，我写出了一篇《开弦弓，一个中国农村中的农民生活》，作为博士论文，得到了学位。

博士论文答辩那天晚上，马教授请我吃饭。在饭桌上他想起了一件事。拉起电话机，叫通了 Routledge 书店的老板，说定了由该店出版我这篇论文。但是后来书店老板为了便于推销，建议改一个书名，叫《中国农民的生活》，但保存这书的中文名称《江村经济》刻在扉页。

我说这一段经过，因为这个书名曾引起一个研究方法上的问题。我只调查了一个农村就能说是中国农民生活么？书名一改动，这个问题是应当提出来澄清的。

我首先要说明，如果只调查了一个中国农村，把所调查的结果就说是中国农民生活的全貌，那是以偏概全，在方法上是错误的。如果说明这只是一个中国农村里的农民生活的叙述，那是实事求是的。但问题是只叙述一个中国农村里的农民生活，有什么意义呢？这也就提出了这个解剖一只麻雀来研究麻雀的微型调查在科学方法上有什么价值的问题。这个问题就比较复杂了。

我最近读到一本我的老同学，英国剑桥大学前人类学教授利奇（Leach）爵士的一本名为《社会人类学》的小书。其中提到了我近50年前所写的那本书。他肯定这本书的价值是在分析了中国农村社区各个制度间的内在联系，使局部统一在整体之中；那是得到了英国社会人类学里功能学派的要旨。他把是否代表中国农村的这个问题劈开了。我自然感激他的好评，但是必须说明，这不是我的初衷。我并不是就村论村，把这个村作为应用功能分析方法的标本。我的目的确是要了解中国社会，而且不只是这个小村所表现出来中国社会的一部分，还有志于了解更广阔更复杂的"中国社会"。在这个意义上说，出版社改用的书名却道出了我的本意。可是我自己把这一本书只看成是我毕生工作的一个起点。我在大瑶山的调查虽没有完成，但可以说明我心目中的"中国社会"是连少数民族都包括在内的。

我把江村调查看做是我进入这个"了解中国社会"的领域的开始，但是怎样把微型研究和宏观研究结合起来呢？也就是怎样答复一个一个小村子的调查能加成一幅中国社会的整体面貌呢？这是一个值得考虑的问题。但当时我所能做的只有单枪匹马地在小范围里进行观察。这是我这个研究者本身的条件。我只有充分利用当时现实的条件去接触实际，那就是《江村经济》一类的调查。

我并没有停留在利奇教授所肯定的界线上，我并不满足于对一个社区进行内在联系的分析，绘画出了一个系统的网络，对各部分间搭配得如此巧妙而作自我欣赏。不，我把《江村经济》的清样校阅完毕，即匆匆返国，一到昆明就投身到内地农村的调查之中。我这个行动说明我心里有一个看法，我想去发现中国各地不同类型的农村，用比较方法逐步从局部走向整体，逐步接近我想了解的"中国社会"的全貌。

事实上没有可能用对全中国每一个农村都进行调查的方法去达到了解中国农村全貌的目的。这不是现实的方法。所以怎样从局部的观察看到或接近看到事物的全貌呢？统计学上的方法是随机抽样，依靠机率的原理在整体中取样，那是根据被研究的对象中局部的变异是出于机率的假定。可是社会现象却没有这样简单。我认为在采取抽样方法来作定量分析之前，必须先走一步分别类型的定性分析。那就是说只有同一类型的事物中才能适用随机抽样的方法。定量应以定性为前提。先分出有男女的定性区别，才能分别在男女中抽样研究有关问题的比量。

我是从这个认识的基础上，开始在"内地农村"里寻找与江村不同的类型。江村是人多地少、工农相辅的苏南农村类型。我在昆明附近的禄丰县附近找到一个没有手工业的农村，学名是"禄村"。禄村农民的生产和收入主要是耕田。我对这个农村进行了微型分析，写出了《禄村农田》。于是再在滇池附近去找手工业比较发达的农村来比较。我和张之毅同志一起在易门县找到一个这样的村子，我们叫它"易村"，这个村子种了很多竹子，用来编织和造纸。后来，张之毅同志写成了一本《易村手工业》。他后来又到滇池南边马帮云集的玉溪县，去调查了一个受到商业中心影响较深的农村，我们叫它"玉村"。写成了一本《玉村农业和商业》。我今天不去讲这些调查的内容，只是要说，我们这样做是在找不同类型的农村，进行比较。我在1943年初访美国时，在芝加哥大学根据这些内地农村的调查编译了一本书，名叫 Earth-bound China，意思是"被土地所束缚的中国"。

我在昆明从事内地农村调查这一段时期里，指导我调查方法的想法就是上面所说的类型比较法。这个方法我至今认为还是有价值的，但是也已经看到它的不足。我在美国从事编译时经常接触雷德斐尔德（Redfield）社会人类学教授的一家人。他是芝加哥社会学派奠基人罗伯特·派克（Robert Park）的女婿，也是接班人。他和我不谋而合也主张微型分析，但是他后来也感到研究一个文化较高的农民社区，应当注意到这个社区在经济上和意识形态上与城镇的联系。这就对我过去的方法指出了不足之处了。对中国农村的调查不能限于农村，因为在经济上它是城乡网络的基础，离开了上层的结构就不容易看清它的面貌。在意识形态上，更受到经济文化中心洗练过用来维持一定时期的整个中国社会的观念体系所控制。这里存在着一个立体的上下关系，基础和上层建筑的关系，但是怎样在微型分析的基础上来进行这方面的调查研究，当时我并没有真正解决。

我从美国回来后，一方面我要负担云大和联大的教课任务，一方面由于政治局势的变动，国民党反动派在昆明掌了权，对民主运动进行压迫，我下乡的条件就减少了。我利用这段时间，把我研究的重点转移到整理我过去调查的心得，在讲课中就家庭问题和农村问题发挥我比较有系统的论述，后来编成《生育制度》和《乡土中国》两本书。《乡土中国》就是我企图从农村社会的基础上来解剖中国传统社会结构和基本观念，而构成一种"乡土社会"的类型。这就不限于一个具体的农村，而是指向中国农村的基本性质。

我从昆明回到北平后，接着写一系列短文，提出了城乡关系、权力体系等问题，这些文章后来都收集在小册子《乡土重建》、《皇权与绅权》里。美国雷德斐尔德夫人把其中一部分翻译成英文，在芝加哥出版，书名 China's Gentry（《中国的士绅》）。我提到这些是要指出，调查是基础，本身受着一定理论的指导，而也为提出理论性观点作了准备。理论和实际是永远不能分离的。这是我自己治学的经验。至于指导我调查的理论是否正确和我后来发挥出来的理论是否正确，那是另外可以讨论的。在治学的方法上我是这样做的。

从全国解放的1949年到1957年的8年里，我的研究重点转移到了民族问题上,所以不在这里多谈了。只要提到一笔,因为我重访英伦时在母校认识的一位同学格迪斯(Geddes)教授,他参加了澳大利亚文化代表团来访问中国,得到周总理的批准,到江村去作短期考察,因而引起了我重访江村的计划。当时我取得领导上的准许,偕同中国科学院经济研究所里一些年轻学者一起,又到江村去调查了一个多月。我有事返京,写了《重访江村》一文,原定分三次在《新观察》发表,可是刚发表了第二篇,反右斗争开始了,这篇文章没有写完。从那时起到80年代,我一直没有机会做农村调查。

直到1981年,我第三次去访问了江村。后来在英国以《三访江村》为名发表了我的感受。1981年以后我每年都去江村。我还介绍我的学生住入村里,调查各自的研究课题。

近两年在江苏展开的小城镇调查,在一定意义上可以说是江村调查的延伸、扩大。小城镇调查研究,是农村调查的新开拓、新高度。关于这方面的详细经过,后面有专讲介绍。

下面想谈谈我在几次农村调查中形成的对中国社会特点的一些看法。

旧中国是一个典型的乡土社会,具有很浓重的乡土特点。这些特点是怎么形成的呢?几千年来,汉族人赖以生存的经济基础主要是简单的农业生产方式,通过种植业的收获取得食物。种庄稼的悠久历史培植了中国的社会结构。其中的上层建筑、意识形态是用来维护这个经济基础的。中国的传统文化我曾称之为"五谷文化"。

"五谷文化"的特点之一,是人和土之间存在着特有的亲缘关系。1911年美国威斯康星大学的一个农业学家金(King),曾在中国、日本调查农业,著有一本《五十个世纪的农民》。他是从土地为基础描写中国文化。他认为中国人像是整个生态平衡里的一环。这个循环就是人和"土"的循环。人从土里出生,食物取之于土,泻物还之于土,一生结束,又回到土地。一代又一代,周而复始。靠着这个自然循环,人类在这块土地上生活了5000年。人成为这个循环的一部分。他们的农业不是和土地对立的农业,而是协和的农业。在亚洲这块土地上长期以来生产了多少粮食,养育了多少人,谁也无法估计,而且这块土地还将继续养育人,看不到终点。他称颂中国人是懂得生存于世的人。

我在农村调查里也得到同样的观念。我在《乡土中国》里叙述了人们怎样在农业社会里把人同土地结合在一起,生于斯,死于斯。土地生产四季循环不已,人也是死了的回到土地,又生出一代新的人来循环不已。这个循环构造了乡土社会人的特点。

五谷文化的特点就是世代定居。人以在土地上种植粮食为生,土地是不能移动的,人们跟着也必须定居,聚居在一定地方,过着一种自给自足的生活。人粘在土上,只是不得已才离乡背井。所以乡土社会是富于地方性的,人口流动小,村与村都可以自成一体,互相隔绝。理想的形式用老子的话说,是"鸡犬相闻,老死不相往来"。自给自足的传统反映到现在就是"小而全"、"不求人"的封闭经济。

被土地束缚住的人的生活方式是种田种出来的。种田规定了他一定的空间流动性,规定了人同人的接触面,相互往来的人中没有陌生人,整天在熟悉的人之间过生活。熟悉是人们从长时间里、多方面的社会接触中所发生的亲密感觉。老是在熟悉的环境、不流动的社区里生活,人们会产生一种不善于适应而且想回避新事物的性格,就是那种老话中所谓土气十足的性格。在一个范围大、流动多而快的社会里,人们就会发生一套和乡下佬针锋相对的性格。我在《美国人的性格》里说过,美国是个移民组成的国家,"萍水相逢,尽是他乡之客"。水上浮萍,根不相连,浪潮把它们冲涌到了一起。在这种社会里,人们彼此之间相处,没有什么"人情"、没有什么道义可讲,一切靠法律办事,连剥削也得按法律办。欧洲近代的思想家们宣传了多年的思想,就是人生下来就是平等的,都有独立的人格,人们一起生活应当靠个人同个人订立的契约来维持。有些学者把人际关系区分为两种,一种是"生而有"的关系,如不能选择的自己的父亲和母亲,这种关系称作 status,可译作"身分"。另一种是"自由意志决定"的关系,称作 contract,就是契约。西方的立法精神就是从"契约"观念出发的。契约是具有"自由意志"的"法人"间缔结的。西方"自由"这个观念就是从这里生出来的,"人权"的观念也是从这里生出来的。

西方社会里公私要分划得清楚,走出小家庭之外,人和人得公事公办。不得介入私人关系,在英文里叫 impersonal。朋友见面要先打电话约见,到了人家家门要叩门,得到了允许才能进门。如果直接闯到别人家里去就会认为是一件失礼之事。在我国,朋友间就不能斤斤计较,越是要好,越是不分彼此,也就越 personal(私人的)。到人家家里去,推门就进,即使敲敲门,说声"我",就行了。在熟人的世界里,一声"我"就能判断来的是什么人。进而,彼此关系熟悉到一定程度就不用说话了,语言也变成多余的了。我们现在天天接触新的面孔,接触到的只是这个人的一个方面。换一个人接触时又可以是另一方面,这样就冲淡了对每一个人完整的形象,要亲热也不会亲热起来。这种情形就和传统的乡土社会不同了。

乡土社会的结构有个特点,就是以一己为中心,社会关系层层外推。我称之为"差序格局"。差序就是像石子投入水中引起的波纹,一圈圈推出去,愈推愈远,愈推愈薄:我,我的父亲、母亲,我的兄弟,兄弟的老婆,嫂子家的弟兄,我孩子的舅舅等,构成一个由生育和婚姻所结成的关系网。这个网可以一直推出去,包括无穷的人,正所谓"一表三千里"。这和以个人之间契约来结成的团体不同。团体是有边有际,在这个界线之内人人平等,规定下不同权利和义务,像是一匣火柴捆成一扎。一个人可以以不同"法人"的资格进入不同团体,团体又可以"法人"资格进入更大的组织。是和"差序格局"不同的,所以我称它作"团体格局"。

重农轻商也是乡土社会的另一个特点。熟人社会里怎好意思谈赚钱。你到瑶山去看看,挑货郎担做生意的都是汉人。为什么瑶民自己不做生意呢?他们会告诉你,我们都是亲戚朋友,怎么好要钱呢?在我国传统社会里,商人的地位最低,士、农、工、商,商是老四,倒数第一。在汉代农商孰重曾引起过一场大辩论。结果是重农派胜利了。这是乡土社会的本色。司马迁写了《货殖列传》,后世还有人为他惋惜,怎么这样的大手笔竟给商人们做传记。在我们的传统观念里,商人是敲竹杠的,是寡情无义之徒。他们斤斤计较,重钱不重情。不要说大家闺秀,连乡村姑娘也不愿嫁给做生意的人。这种轻商的意识形态背后,有着很深刻的封建传统。现在仍然流行"商贩中有没有好人"的疑问。你去做生意,大家都看着你,说你是走歪门邪道,这对经济发展是大为不利的。

意识形态是从生活里生出来的。中西社会历史不同,形成人们各自不同的思想和人生观。西方的现代社会充满了浮士德式的精神,是个动的,充满矛盾、创造、破坏的社会,崇尚攻取追求,讲究不断探索的精神。人们爱问人是什么东西?死了会怎样?关心死后的"天堂"。中国的传统社会充满了亚普罗式的精神,是个按生态循环继续下去的社会,继承的是老祖宗的传统,还要代代传下去。传统就是权威。满足于守,追求静,害怕变。连月亮有圆缺,好花有谢落都会引起诗人的伤感。西方现代社会赞美日新月异，认为古老的事物落后了，老年人落后了，后来者居上，下一代应比前一代强。中国传统社会称道越老越好，老成才能持重，认为一代不如一代。"五四"掀起的新文化的思潮，就是想跳出这个传统框子，可是这个框子有它的经济基础，生产不发展看来是不那么容易跳出的。

当前，我们正在从一个乡土社会进入到一个现代化的社会。这个变化简直太生动了！从每一个社会细胞里面，即每一个家庭里面，都能看到这样的变化。我们农村调查的新课题也应当从这里面去寻找。

农村里有了小型工业，媳妇变了，婆婆也得变。这真可叫做思想改造！以前那一套吃不开了。怎么变的？这个问题很有意思。

我曾提到过，在40年代，昆明乡下有一批农民进厂做工人。史国衡同志研究了这些人的变化和遇到的问题。我们再来看现在，农村里发展了工业，农民不一定要跑到北京、跑到石景山去当工人，而是就在本乡从事工业劳动了。不打散他们的家庭，而是把工厂搬到他们的身边。这个变化对他们的思想产生什么作用？我们不妨观察一下亦工亦农的人们，他们的思想同单纯务农的人是否已有区别？和城市的工人又是否还是不同？

我认为，这是我们几千年来养成的乡土社会向工业时代过渡的比较妥当的道路。工业放在某一个地方，它对经济变化的作用，一般人都能看到。不容易看到的是农民怎样变成工人，他们的意识形态和精神世界怎样变化。我们的农村调查不能只停留在农民收入提高多少这些方面，还应当深入到精神生活里面去，进行触及灵魂的变化。这一点需要我们下更大的功夫。

要了解农民不能单凭几个数字。要了解在他们脑子里的思想活动比获取统计数据更难。你不懂得传统农业社会的基本特点，不懂得农民的过去，不懂得传统怎样支配他们的行为，就不懂得农民，更不会懂得正在变化中的农民。

生产力变化背后是人的变化，生产力的发展冲击着人的社会关系。我们要抓住人的变化，抓住8亿农民的特点，把"土头土脑"的"乡下人"迈向现代化的一步步脚印通过研究描绘出来。

另一个课题是农村商业流通的变化。我们的传统社会重农轻商，流通不发达，保存着大量不通过货币的物物直接交易。这次我到连云港时，在一个公共汽车站碰到了一位中年妇女，见她拿着一大包花生。我问她，这些花生是从哪儿买的？她说是舅舅送的。深入一问才知道她家住在附近的一个县里，那里出大米，这里出花生。舅舅家要吃米，她这个做外甥的就把米送来，舅舅每次都要回送给她定量的花生。严格说来这不能算是交易，但舅舅如果老是不给花生，外甥恐怕也就不给他送米来了。在这个意义上说，米与花生不但物物交换，还要靠亲戚朋友来流通。由此可见流通渠道是多种多样的。

近两年农副业上去以后，生产力一提高，马上冲击原有的流通渠道。几个星期前，我写了一篇关于农民要汽车的文章。农民写信向我要汽车，我说这是一个重要信息。农民要流通，要现代化的流通工具，冲出自给自足的小圈子，这不是应当予以重视么？流通要工具，要社会性的交换渠道，要流通的物质基础。农村生产商品化程度一高，生活好起来，对商业流通的要求就强烈了。这个要求也冲击了我们脑筋里对于"商"的传统观念。如果还是按士农工商那样把商人看做"臭老四"，还有谁愿意来做生意呢？我们要抓住这个课题认真搞一搞。

外国人已经能够到月球上看我们了。我们同国外的差距相当大。现代科学技术的发展不断改变着人同人、人同自然之间的关系，我们老一套中的不少东西保不住了。我是小镇上生长大的人，还是很喜欢镇上的茶馆。到那里坐着，喝一碗茶，下一盘棋。可是形势不允许了。我不能再像我父亲70多岁时那样，每天早上到苏州城小店里吃顿早点，每顿都有新花样，而且便宜得很。然后回来休息一下，找个朋友，到茶馆里落座下盘棋。我可不行了，我们不能赶上人家，我怎么能安心在茶馆里吃茶呢？时代变了，时代对我们的要求也变了。这个变化一直从农村基础上变出来的。我们的农村调查必须抓住这一个出发点，从变字上做文章。

我从1936年开始江村调查，到后年就是50年了。这50年是人类历史上罕见的大变化，这是一个了不起的大题目。我打算明年，1985年，再去江村深入调查，能在1986年写出一本《江村五十年》。这是我的主观愿望，还不知道老天肯不肯玉成此事。这要到后年再说了。

五、家庭调查

我自己所做的有关家庭的调查是结合民族调查和农村调查进行的。我写的《生育制度》就是在这些调查基础上进行的理论分析，自成一家言。

"家",或者叫"家庭",是客观存在的事实。养生送死,也是客观存在的事实。在一般人眼里,不过是人生出来了,长大了,和一个异性结婚,然后又生孩子,老的时候要别人养他,最后免不了一死。就是这么一个过程。我提出这样一个问题:人为什么要生下来?有人觉得问得离奇。我对"家"的兴趣,对家庭的观察,对人类生育制度的研究,却正是由这个问题引起来的。

人们的养生送死,几千年来主要是在家庭这个社会细胞里进行的。称家庭为社会的细胞,就是因为它是人类社会里最基本的生活单位。从家庭入手研究社会,不仅有我们个人的生活体验作为观察的基础,也便于我们从最基层的角度去认识社会。

我对家庭的研究,第一步就是直接观察,从中取得生动的、可靠的第一手资料。1935年,我同我的爱人王同惠一起,到广西金秀瑶山,调查花蓝瑶人的社会组织。我因为带着体质人类学调查的任务,白天和我的爱人不在一起调查。她每天晚上把她调查的情况讲给我听,我就提问题。我们一起研究,研究完了第二天再去调查。不幸的是,那次调查的代价过于沉重,我自己落入陷阱受了伤,爱人为救助我献出了生命。她死后,我把她调查的材料,以及我们天天晚上一起讨论的内容写成《花蓝瑶社会组织》。我对家庭、对社会的一些基本观点就是从那时的讨论分析中开始形成的。

我在养伤期间到了太湖附近的"江村",我以更大的注意力从各方面观察江村农民进行基本经济活动的单位"家",从"家"的结构、职能,到在'家'内生活的一切活动。并对观察到的情况作了记录。后来写成《江村经济》一书,这本书里有关家庭的分析占了相当大的部分。

我对家庭的观察,不是盲目地看。主要的方法还是采用比较的方法。为了比较而观察,在观察中进行比较。文化背景同我们很不相同的花蓝瑶,江村的农民,西方的美国人,他们的"家"和家庭生活有什么不同,又有什么相同。在比较中看到中国社会的特点,亦看到各民族各国家庭的共同点。

怎样去分析观察到的事实呢?我采用的方法用现在的话讲,叫做系统分析方法。生活中的一切现象都是相互关联的。相互关联的事物组成了客观存在的系统。系统分析,不仅要把组合成系统的各个部分(即组元)在系统内部的地位与作用搞清楚,而更重要的是要把系统内部各部分之间的相互关联反映出来。这种关联是客观的,动态的。它不能凭我们的想像来描述,而要从千变万化的生活行为里边找出客观的联系和运动,由此得到一个系统的本来面目。我和王同惠在瑶山时,每天晚上讨论白天得到的材料,就是沿着这一逻辑的线索,从一个家庭,包括些什么人,到家庭成员之间的关系,一直到由许多家庭组成一个整体的社区生活的结构,把事物和现象间的内在联系比较清楚地从事实里抽取出来。在《江村经济》一书中,我从"家"开始,到"财产继承",再到"亲属的推广";又从家庭生活中的简单分工,工作日历开始,到社区的职业分化,再到农业、手工业、流通、财政金融;最后将二者在与土地关系上结合起来。由此我分析了中国的农业问题和农村的各种关系,指出了"被土地束缚住"的社会的特点。

我的写作方法与别人不同,是在教学中围绕一个问题对学生谈想法,讲完一课就写出一章,《生育制度》和《乡土中国》就是这么写出来的。《生育制度》所述的是我个人对社会怎样新陈代谢、几千年里中国社会怎样维持世代之间关系的一套比较完整的看法。

我们的感性知识告诉我们:社会是一个个的人组成的,是一套社会身分如父亲、母亲、女儿、儿子、教师、学员……组成的。没有不死的个人,可社会却不能因成员死亡而消亡。社会要"生"下去。个人总是要死亡,就发生了这个社会与个人生与死的矛盾。只有采取用新生的成员代替死亡的成员,才能维持住社会的延续,这就是社会的新陈代谢,社会这个实体靠了这个作用才能延续下去。实际上,我的身体里没有一个细胞能随着我的出生一直活到今天。作为一个生物机体,每个人身上的细胞都是不断生出,不断死亡的,可我还是我,"我"是个连续性的实体。费孝通嘛,隔多少年人家还认识我。整体没变,构成我这个人的细胞却变了。但如果所有的细胞同时死了,我也就不存在了。社会要继续存在下去,同样要解决依靠成员的新陈代谢。有人"退"出社会,又有人"进"入社会。社会中的"生育制度"就是为了解决这一矛盾的需要而产生的。

人是哺乳动物,人之"生"并不只是一个自然现象,还是一个社会现象。我在一个电视节目看到:一个母亲管教孩子,孩子不服管,就说你为什么生我,又不是我自己要到这世界上来的。这话很有道理,妈妈怎么回答得上呢?在一个人"生"出来之前,为这孩子的出生就发生了一连串的社会活动。这还没有出生的孩子的爸爸和妈妈要结婚,要经过社会的允许,这个爸爸的爸爸妈妈要为爸爸和妈妈的结婚积钱,造房子。假如没有这套,世界上就不能有"我"这个人了。一个人生出来了也并不是"自在"的。他一下就进入了一个先于他存在的社会结构,已经为他规定了种种行为模式。每个新生的人都要从头学起。人正是靠了学习,继承文化的传统,掌握生活的本领,取得一个个社会身分,成为社会承认的成员和文化的继承人。他不仅自己学会了就算了,还要生出孩子来,把这套生活的本领教给孩子,一代一代地传下去,不这样,不但人类不会有今天这样的文化,世界上也没有人能活得下去了。

我们在日常生活中的许多行为动作发生得极其自然,以致从不去考虑应该怎样做和为什么这样做的问题。我们习惯了,习惯成自然。孔子说:"学而时习之,不亦乐乎。"我们生活的基础就是靠了这些学来的习惯。习惯本身是看不见摸不着的,我们的生活离不开这些"习得"的"惯例"。你不能创造一套个人专用的语言,只能从小起去学大家已经用了很多年的语言。否则别人就不懂你的话。

人的语言、人的行为模式、人的身分等等,不是哪一个人创造出来的,而是积在社会里的个人创造,成为社会共同的"遗产",是文化的积累。我们的行为都可以说是继承文化的"复制品"。当然每一个复制品不可能同真品完全一样,但有一个模式竖立在那儿,复制品即使有差异,也是万变不离其宗。每个人通过"学",掌握这种模式,不学就不能生存下去。

梅兰芳在台上演《贵妃醉酒》时,身分是杨贵妃,下了台是一个以演戏为职业的梅兰芳自己。实际生活也是这样,每个人都是在一个个"角色"之间"串",表现出各种不同的身分。什么叫身分?身分就是一套社会共同的行为方式。行为方式有它的思想感情的内容、有表现它的动作。一个人的一生中,必须通过"学习"掌握社会中整套与他的各种身分有关的行为方式。

人还要学习使用社会性的交流工具。共同的心理要用共同的语言表现出来。两地分居照样可以发生联系。一个妻子不识字,画了几个图寄给丈夫,丈夫懂了。因为这是两个人之间共同的东西,别人就不能懂。要使普天下的人都懂,就需要共同理解的传达工具。个人创造的东西成为社会的东西以后,就成了人类的共同财富。然而人类共同的财富不一定每一个人都能享受。不少音乐名曲,我不会欣赏。我的外孙女儿就说我没有音乐细胞。我对音乐这个共同财富就不能享受,要能享受得经过学习,也许不能说没有音乐细胞,只能说音乐细胞没有起作用。

人生下来时什么也不懂，可是经过学习，逐步变了。人与动物不同，人能思维，能创造，在原有社会的基础上创造新社会。在这个意义上，社会是人造的，没有人就没有社会，没有人的创造力，就没社会的进步。因此，社会同个人，对立又统一。

生育制度中的生育，包括生与育两层意思：生出一个人来；再把这个人培养成为社会成员，以接替由死亡造成的社会空缺。这个过程什么社会都要有，只是方式不同而已。人要老，还要死。为了人这个必然的死，社会就必须发生这一过程，即社会的继替。倘若人类与其他生物一样，具有生而有之的遗传本领，那么继替的过程就简单容易得多了。可惜在社会关系中人的遗传因子只发生潜在的作用。不经过长期的学与习的过程，人无法与他人进行交往；社会也决不允许一个"自然人"进入到自己的机体。因此人类社会的延绵不能靠生物性的继替，而只能是社会继替。既然是社会继替，社会就得规定一套继替的方式。诸如人怎么生法，包括谁与谁结合，谁来接生等等；人怎么死法，包括葬礼等等，即所谓养生送死。为了使"自然人"长成"社会人"，为确保社会新成员填补死者的社会空缺，还得有对孩子抚养、教育的种种规定。在我们的社会里，父亲就有责任对孩子进行"管教"，从小坐要有坐相，吃要有吃相，错一点要打屁股。这一大套规矩就构成我们所说的生育制度。生育制度保证了社会继替的顺利进行，维持了社会的完整和稳定。

生育制度的历史来源，我不太清楚。不过，各个社会的生育制度是由它一定的文化决定的，这一点大概没有什么疑问。因为各种文化不同的社会都有各不相同的一套继替方式。因此，我认为生育制度是一个与社会并存的普遍范畴。正由于生育制度取决于社会文化，则文化的变迁也会导致生育制度的变化，这就是说，在过去、现在和将来，生育制度都有不同的表现形式，然而不管形式怎样变化，它必须包含生殖与抚育这两个基本现象。

我写出这本书以后，有各种批评。吴景超先生说，这本书好，里面讲的道理，是我以前没有想到过的。潘光旦先生说，这是你一家之言，并不是全面的分析。但我想，我的分析没有离开实际，不是空想，不是推测。我是根据各种社会养生送死的事实总结出来的一般规律。

生殖、抚育这些事情在社会里是由哪些社会团体担负呢？主要是家庭，也可以说家庭总是担负生育任务的社会团体。家庭成员之间的关系是以"生"同"育"为基础形成的关系。什么是家庭？家庭是个译名。我们中国人口语里经常用的是"家"，涵义很宽，如家里人、自家人等等。英文family（家庭）的涵义也很宽，但在人类学、社会学里，是指夫妻以及他们的尚未成年的子女，这是一种三角结构关系。所以作为科学用语，家庭指的是这样一个基本三角，由"夫"、"妻"、"子女"构成。各种变化逃不出这个基本三角。多夫、多妻、多子，总是从这个基本三角形变化出来的。具体的"家"可以缺少任何一方，"家"成为一个概念，就是这个三角。它是一个社会团体、社会组织，是组成大社会的基本单位，是社会的细胞。

各种文化背景下的家庭形式是不同的，但各种社会结构中的家庭，其成员间的关系是一定的，有权利，有义务。从夫妻关系、亲子关系产生的母子、母女、父子、父女等等关系。夫妻关系、亲子关系是组成家庭不可缺少的，缺了任何一项，就不是一个完整的家庭。家庭生活方式，即以家庭为单位发生的衣食住行的生活，生产、流通、消费的经济行为，以至娱乐活动等等，是人类共同生活中最基本的场所。在这个基本核心之外，还有由此而推广出来的亲属系统。在亲属制度上外国和中国是不同的。

不同社会里的家庭具有不同的特点。就拿"共同居住"来说，英、美及欧洲各国的家庭，结了婚的孩子不与自己的父母居住在一起。我有一次给外国人写信说，请带你的"家庭"一起来玩。他把他的夫人和所有未成年的孩子都带来了，可他的那些结了婚的孩子都没有来。因为结了婚，就成立了自己的家庭，有独立的主权，父母不能管他。已被视为"家庭"之外的人了。

再拿"育"来说，他们那里的孩子18岁以前不是法人，父母有责任、有权利管教。到了18岁这条线，社会地位发生了变化，是一个社会成员了，有他（她）自己的法律地位，一个"法人"，有独立的社会地位。父母对他抚育的责任也就完了。里根的孩子失了业，拒绝他父亲给他的支助。如果靠了父亲的地位来谋生活，是对他的侮辱。他们的整个社会都是这么认为的。在我们这里，孩子伸手向自己的父亲要钱是不会难为情的。如果我的女儿有困难而不接受我的帮助，我会认为这是对我的侮辱。

不同特点的家庭反映出不同的社会结构，中国社会与西方社会的"养生"公式就不一样。中国的公式是：$F \longleftrightarrow F_1 \longleftrightarrow F_2$，叫反馈模式，也可叫反哺模式。上面的双向箭头表示父母养育了自己的孩子;待到自己老了,孩子反过来赡养父母。这种模式是复合的,可以超过世代,如儿子死了,孙子接着赡养;再不行外孙也要赡养。这成为理所当然的事情。在农村"养儿防老"的意识是显而易见的。与此同时,孩子成年后,父母的责任也没有完。俗话说儿女再大,在父母眼里总是孩子,只要父母在,你到老都得受管教,尽管你也在管教自己的孩子。西方的公式是:F → F1 → F2,叫接力模式。失去了一个反箭头,表示子女无需赡养父母。我生育子女,子女又各自生育自己的子女,每一代只管下一代,而且只管一段时期,子女一成年,父母的责任也就完了。在那样的社会里当一名教授,工资尽管很高,但很早就要想办法,考虑退休以后怎么办?生了病怎么办?把一项一项的费用、保险安排好了,才放心。上述两种模式都有自己的好处,也各有短处,天下没有十全十美的东西。

这几年对家庭发展趋势的调查表明,中国的大家庭数目和小家庭数目都有增长。你们可以看一看全国五城市家庭调查的报告。我在考虑,假定我们真的走上西方的道路,应该表现为主要是小家庭数目的增长。而当前我们中国三代人的直系家庭也在增长,这说明了什么?究竟是核心家庭还是三代直系家庭成为我国家庭的基本模式呢?我觉得,在中国人的思想里,只要具备共同居住的条件,一般则倾向于有一对已结婚的子女同父母住在一起。今年春节里,据说铁路上有1亿人流动,干吗呢?有相当一部分是要同父母聚一聚。我们子女不是常常一有空就带了孩子到祖父、祖母家去的吗!不像西方,一对夫妇到了周末想到去探望父母的不多,大都带着孩子到海边去了。我这么说现在还没有调查数字作证。我希望做这样一个调查,想知道有条件的话愿与父母住在一起的已婚儿子占百分之几。农村吃大锅饭时,分家分灶的很多,搞生产责任制以后,不少分灶的人家又合在一起了。城市的核心家庭增多,我认为是户口政策的限制。个人进入城市,结了婚,成了家,在乡间的父母不能住到城里来。很可能一有条件就会涌入城市,使三代直系家庭为数大增,这些设想,都还得由各地的家庭调查来否定或肯定。

目前对于家庭的调查研究,我认为还要从以下两个方面着手。一个方面是,农村经济变化对家庭结构变化的影响,看变化的内容。另一方面是,家庭职能的演变。譬如,教育以前是家庭的事情,现在有一部分由学校管了。学校是一个超越家庭的社会单位。又如,为什么我们生产责任制一下子就搞了起来？为什么家庭作用这么大？家庭的生产职能在家庭的历史发展中是逐步移出的。公社化后，生产职能移到生产队。事实证明，并不利于经济发展。现在家庭又成了经营单位，生产职能增强了。家庭结构、职能的变化，会带动家庭成员关系的变化，包括相处的关系、相互的责任、相互的感情的改变。我们研究的对象本身在改变，我们就得从实际出发，既要看到实际情形的改变，又要看到是什么力量促使着它改变。以上是我对今后家庭调查课题的看法。

六、小城镇调查

小城镇研究，是从农村研究的基础上提出来的。有人说我小城镇题目抓对了。其实，30年代我在家乡调查时就提出了"人多地少、农工相辅"的看法。虽说那是40多年前的事，但说明小城镇研究是有根的。那时想研究却又缺乏研究的条件，发展小城镇还没有成为客观的事实。现在经过了那么多年，明白了许多道理，我们从大量事实里看到了我国农业发展的趋势。中国要走出一条具有自己特点的社会主义道路，首先要使老百姓富起来。农村责任制成功了，接踵而来的自然是发展小城镇的问题，所以我说是时间到了。小城镇问题不是从天上掉下来的，也不是哪一个人想出来的，它是在客观实践的发展中提出来的。

1981年，我四访江村时，发现了农村建设中存在着许多值得研究的问题，特别是看到了农村的发展与小城镇建设的密切关系。所以，1982年就决定从农村升上一级，去调查研究作为农村政治、经济、文化中心的集镇。应该说这是客观现实要我们这么做，要我们去认识这些现象。

小城镇调查始终坚持了两条原则：一是实事求是，二是走群众路线。实事求是就是到现场去亲自观察，理论联系实际。走群众路线就是同各层次的实际工作者密切结合，和他们一起开展工作、讨论问题。从实事求是，走群众路线的原则出发，进入有计划有步骤的实地调查。我们第一步先了解江苏吴江县内各镇的基本情况，然后加以分类。分类的目的是在突出这些镇各自的特点，找出镇与镇之间的共性和个性。实际上做了定性分析的一部分。第二步是在分类的基础上进行分层，从高层次和低层次的关系上看镇与镇之间的内在联系。层次划分实际上规定了各镇"乡脚"的大小范围。第一步和第二步是横向的和纵向的分析，打破了以前在概念中兜圈子的习惯。第三步根据不同的类别和层次，定点、定人、定题。第四步进入实地调查，收集资料并进行分析综合。最后一步是请各方面的人员一起来听汇报交流，直到请专家"会诊"，开创了理论工作者和实际工作者结合讨论问题的新局面。

我们在小城镇的调查中学到了不少东西，弄清了许多我们以前并不清楚的各种现象间的联系，因而使我们的理论研究不断走向深入。关于小城镇研究的详细内容，请大家去看《小城镇 大问题》这本书。今天我想讲一讲我自己在实地调查中是怎么发现问题的。

要说小城镇这个问题是怎么在我的脑子里发生的，还得追溯到30年代我刚进入开弦弓村调查的时候。我从周围的现象中感到有一股外来的力，在制约着村子的经济活动和社会生活，这股力发自村子外边的镇。那时，我抽烟很凶。到村中小店买烟，不料店里不卖整包的烟，只是一支一支的零售。店主对我说想买整包的烟去叫航船带。意思是说委托航船到镇上去买。我觉得奇怪，为什么这么大的一个村子连一包烟都不卖。村里人明明在抽烟。这个问题为我开出了一条调查的线索。我开始了解商店，商店的规模大小、卖什么东西、每日营业额多少等等。结果和我想像的不同，商店出售的东西，品种和数量都很少。我想农民大概能自给自足，烟抽得少。可是农民家里来了客人怎么办？生活中总需要酱油、盐和日用品，这些不能自给的东西，到底靠谁来供给呢？我想起店主曾经说过的那条航船，于是我就注意起航船的活动。

原来，航船是一条很普通的农家运货的小木船，每天早上，在航船摇出村子前，村里的人便招呼船老板托这捎那，这家提个瓶子托买酱油，那家递上篮子捎点其他什么东西。船老板根本不作记录都随口一一答应，接下瓶子和篮子便放进船里。我当时既佩服船老板的好记性，还怀疑他会不会搞错。其实这大可不必，因为在这个熟人的社会里，人们彼此都了解得清清楚楚。农民家庭没有什么秘密，各家的房子是开放性的，谁家打个架四邻都听得见，消息流传得特别快。船老板能记得那么多事，其实也是这个原因。那时，从村子到镇上，水路要航行一个多小时。我跟着就坐航船到镇上去。当航船一靠岸，等候在河边的商店学徒一拥而上，抢着做各种生意，而船老板自己却去茶馆里落座喝茶了。直到下午事都办完了，航船才离镇返村。船老板在镇与村的流通线上很有点威信，村子里的米、蚕丝都靠航船运到镇上的米行和丝行。船老板因此每到年终能从镇上的丝行、米行等，得到一定的佣金和报酬。由于航船每天往返于镇、村之间，镇上的店老板和行经理也就对村子里的需求情况非常了解了。在镇旁的河面上停泊着二三百条船，镇周围的农副产品都集中在那儿。

商品流通是有区域性的。农村是生产地，产品集中的中心地就叫做镇。镇上的商品所能销售到的范围叫做"乡脚"，可称为腹地，就是集镇所服务的区域。每个镇拥有一定的农村作为自己的腹地，成为这个区域商品集散中心。

当时我的调查到此为止不能再进行了。一是时间不够用，二是我一个人单干不行。后来我的同学杨庆堃先生在山东就这方面做了专门的调查研究。在他之后，一个外国人叫斯金纳（Skinner）的，在四川平原也做了比较细的调查。他根据"地方志"和实地调查的资料，考察了中国城镇的发展史，写出不少文章。有个日本人把我们长江三角洲的镇的经济发展史也做了研究。虽然我当时未能进入这一层次调查，可是，总感觉到了小城镇这种社区的存在对于农村和农民生活所发生的作用很大。

到了80年代，我有条件更上一层楼了。现在不是我自己单干了，有了一个课题小组。确实，调查一个市镇要比调查一个农村复杂困难得多，没有一组人不行。一个村子，只要找几个熟人，大体的情况就能摸到了，我可以在短短的一个月里做出结果来。这是因为第一，村里的干部要比镇里的干部更了解自己管理的区域，因此他们可以为我提供详细可靠的资料和情况；第二，我自己可以结识一些对村子熟悉的朋友，通过他们再进一步摸清情况。到了镇上可不行，镇上人头复杂，航船就有几百条。这次小城镇研究我还得从家乡做起，我对那儿比较熟悉，先前有过一些了解，也有一点群众关系，所以我于1981年带了课题组的同志去探探路。探路就是把问题找出来。

我们到的第一个镇是盛泽镇，镇长给我们介绍情况时，说到现在人口2.6万人，这时我问：解放时有多少人？他说2.2万人。我一听觉得全国的人口在30年里增加了一倍，怎么这儿只增加了约1/5。接着我又问：最近人口是不是又增加了？他说是增加了，从农村里来的，但没有户口。我越听越觉得里面有文章。实际镇上住的还不止2.6万人。常住人员中有1/3不在户口册上，比如"农民工"等，都不计在内。那么，盛泽本镇增加的人口到哪里去了呢？如果不了解中国人口增长的情况，很可能从这里听不出问题来，我由于有了这方面的知识，所以没让问题滑过去，没想到还一下子就找到了小城镇研究的突破口。

当时春节快到了，我们决定过了新年再去调查。在苏州的宾馆里，我碰到一位招待我们的干部，正巧是盛泽镇人。从他那里，我找到了镇本身人口增加而没有记在现有镇内人口数上的人的去向。我很高兴他能对我说一些关于盛泽镇的情况，可是要过年了，他可不能早几天回家。他说晚两天回家不要紧，只是车子太挤，成千上万的人要回去，不容易买到车票。我说：好哇！我就是要找那2万上下的人！原来他们都到了上海、苏州的城里去了。我从这里抓住了一个关键的问题：为什么镇上的人口30年增长得这样少？后来我去调查时得知，除了个别例子，吴江原有的很多镇，人口都下降。直到党的三中全会以后才回头上升了一些。

我们一个镇一个镇地去走访。在铜罗镇我们算了一笔细账，包括哪一年走多少人，走的原因等等。铜罗镇的人说，土改时走了不少人，后来"对私营改造"又走了不少人。可是人走了给镇上留下什么后果呢？许多小店铺、茶馆关了门，粮食部门的干部代替了镇上的米行。接着又合并了不少小单位，原来在那里做生意的人统统被当作"资产阶级"或"资本主义尾巴"被赶跑了、割掉了。

像铜罗镇这样的情况在其他小城镇也不同程度的发生过。几乎都是因为镇的原有职能即流通渠道发生了变化，所以人才走了很多。不是走到乡下去就是走到城里去了，如果这种现象仅仅局限于一个镇的话意义还不大，但是全江苏省、全国差不多都出现了这种现象，它的意义就大了。胡耀邦同志1980年到云南视察，看到保山县的板桥镇萧条冷落、破旧不堪的情景，便说要恢复小城镇，发展农村的商品经济。要使农村的知识分子留在农村，为建设新农村服务，必须建立农村的政治、经济和文化中心。他的话对我们启发很大。可在天津市，这些话传达下去了，半年过后一查，连影子都没有。县里只抓农业生产，不搞商业，工业也不抓，走的还是老道。现在天津不同了，乡镇工业大发展，在华北走在前列了。

三中全会以后，江苏的小城镇很快兴旺了起来。看到这种情景，我们起初都以为大概是流通渠道有所改进引起的。可是事实与我们的推测不同，直到现在商品流通不畅通还是个严重的问题。苏南小城镇的兴旺是由于有了工业，这是个新东西。镇从繁荣到萧条，又从萧条到繁荣，这个过程就需要问几个为什么？不要一上来就根据书本上的老话下定论。我们看到的苏南的情况是工业先出来。当时，农业生产力还没有很快发展，商业系统的供销社还在国营化的圈子里出不来。商业局和供销社一个在镇上,一个在乡下,加上粮食局、水产局等,把住了所有的流通渠道。其间只有一个因素变化了,那就是农民自己办起来的工业出现了,那时叫社队工业,现在叫乡镇企业。

社队工业我比较熟悉。30年代我姐姐就在江村搞了生丝精制运销合作社。可那时是由一个专科学校负责帮助一个村子的农民办的,一离开学校师生的帮助,农民就办不起来了,因为当时不存在农民办工业的条件。尽管想了很多办法支持它,日本人一来就全完了。日本入侵者仇视中国的丝绸业,他们到震泽以后,做的第一件事就是把丝厂炸掉。农民害怕了,自己把村里合作社的机器拆掉了,一点都不剩。这是我在30年代讲的"人多地少、农工相辅"的结局。经过了40年,人更多了,地更少了,可是一直没有正视人多地少的问题,除了70年代开始采取了计划生育的措施外,不是从积极方面去发展生产力来解决人口问题。在农村里人口在涨,而生产上的措施还是维持原来的那一套,"以粮为纲"。60年代有一阵人们觉得工分不值钱了,"大锅饭"越吃越少了。产值赶不上产量的增加,人均收入更赶不上产值的增加。到了70年代,出现抢工分的现象。一闹,才感到人口太多。可是大城市进不去,镇上又萧条,在无可奈何之下,一股无法再压抑的力量促使大家走上了发展社队工业的路子。

现在看来,人多地少只是发展社队工业的内在因素,而"文化大革命"这一特定的社会条件是它的客观条件。"文化大革命"中下放的很多干部,去农村插队的知识青年和退休回乡的工人,在当时起了不小作用。第一把知识带下去了,第二把社会关系带下去了。那时,城里生产不能正常进行,任务完不成,于是工业就下乡了。

社队工业是集体性质的,其收入除了向国家交税,不需纳入计划经济。这样,赚了钱可以直接提高农民收入,办学校,支持小镇的建设。大家知道有一种比芝麻粒还要小的药,叫"六神丸",装"六神丸"的瓶子要有个小小的橡皮塞。塞子虽小,力量不小,它支持了震泽镇上的一所重点中学。这所中学办得很好,相当一部分要归功于办了生产"六神丸"瓶塞的小工厂,为教学提供了不少资金。当然这个厂并不是社队厂,但道理一样。社队工业的发展使农民尝到了甜头,整个苏南各地出现了新的局面。吴江县有个莘塔镇,处于上海与江苏的边界上,是个水荡密布的地区,像迷魂阵一样,水网错纵,像天津的街道,不识路的人转不出来。解放前土匪很多,又乱又不安全,许多人出走到上海做工、当保姆。现在这些人看到家乡变化可喜，便回来搞工业了。他们生产各种各样的灯泡，有的还外销。他们利用汽车底盘敲出保健车、小客车等各种车辆，还搞电梯的装配，四年时间就使自己的乡镇换了新貌。他们用三百几十万元钱建造了新的电影院，改造了街道。莘塔镇的变化不仅是吴江县的普遍现象，而且在整个苏南地区都能看到。沙洲的欧桥大队，许多人都去参观过。第三世界国家的人去参观的时候说："你们已经现代化了。"我到他们的招待所一看，比北京的"一招"还要高一级。此外还有说书的书场、电影院、托儿所，原因就是搞了工业。

我在1980年春节在人大会堂发过一次言，介绍了苏南社队工业的发展。当时还引起了不少不同意见。有人说社队工业挖了社会主义的墙脚，是不正之风，是资本主义复辟的温床，各种帽子都有，问题提得很严重。那么办社队工业究竟是对的还是错的呢？不同意见持续到去年下半年，中央直接派人去调查。1984年的1号文件、4号文件才肯定了乡镇工业在社会主义经济里的地位。我说对任何事物的认识一定要有个过程，不同意见能够发表是个好事。有了不同意见，我们就能既看到它的坏处，又看到它的意义；反复进行研究，再下结论，制定一个合乎实际的政策。这个过程是好的，是民主的，不是戴了帽子不许说话。很多知识分子从这个事情的经过里受到了鼓舞，感到我们有了作风上的改变，有了实事求是，有了群众路线。

为了进一步探索小城镇问题，我们对苏南的调查总结了几条："无农不稳"，即没有农业，经济站不稳，"无工不富"，即没有工业富不起来；"无商不活"，即没有商业经济活不起来；"无才不兴"，即没有教育和科学文化就不能继续前进。

以上所说的只是苏南的经验，苏北小城镇的情况怎样，还需要作直接观察，然后再作比较分析。于是今年我们越过了长江，到苏北进行调查。苏北原是比较落后的地区，有些地方在解放后长期吃粮靠救济。直到80年代才成了提供商品的基地。那么，在农业生产迅速发展后，苏南的经验能不能适用于苏北呢？

为了寻求答案，我们按照江苏经济发展的不平衡性划分了三个区域，即苏北、苏中和苏南。苏北包括四个半市：徐州、连云港、盐城、淮阴及扬州的一半。苏中包括两个半市：南京、镇江、扬州的一半。苏南包括：苏州、无锡、常州、南通四个市。这个划分个同于地理区的划分；地理区的划分依据是长期的稳定的地理条件。我们是按当前经济发展水平的特点来划分的，可以称为社会经济发展区。这三个区域的经济特点，以工农产值的比例作为主要指标，苏北工少于农，苏南工多于农，苏中是工农各半。

在苏北地区内部发展也不平衡，该区的西北片与东南片不同，西北片是工3农7，由此产生了很多特点。其中的一个显著特点，是作为经济文化中心的小集镇比较少，停留在不发达的日中为市的赶集的阶段上。这一片的工业几乎全都集中在县城里，出了县城就看不到像样的工厂了。从西北片向东到连云港，工、商业的情况就逐渐好转。到盐城就出现了农6工4的比例。扬州以南则为对半开。在西北片，自徐州向西，一个沛县、一个丰县，一路上看不到工厂的烟囱。县里都仅有一个镇，我称它为"独生子女"。沿公路两旁只有几个石灰窑，可是县城里搞得好漂亮，我说有点像搞"计划生育"，独生子女得的"奖励"。县城之外的商业主要靠"赶集"。从地图上看，徐州是南北的交通要道，应当说是交通便利的地方，而且还出煤。有这样的优越条件，照理它周围地区的经济应当发展快一些。我小学时就念到"陇海路"，现在"陇海路"两旁的人还在那儿赶集。这一片地方农业是赶上来了，可工业微乎其微，远远落在其他地区的后头。

从整个苏北的情况看是农超过工，生活水平不如苏南。对应了"无工不富"的经验。那儿有一种空气，认为只要靠种粮食就能上去。与以前那种吃粮靠救济的日子相比，现在成了商品粮基地，这的确是个大翻身。但据此以为城乡关系已经拉平了，农民收入与镇上人收入一样，没有差距了，因而满足于搞好农业。我说这不是有希望的路子，因为单一化的农业生产，路子还会越走越窄的。我们应当把目光放远些，苏北应当重视在工业发展上与苏南的差距。

在苏南，工农比例普遍达到了7:3，沙洲县是8:2，最高的少数大队已达到了9:1。这种总产值中，工业产值占绝大多数的情况，并不意味着该地区农业生产的衰退，恰恰相反，工业比例的升高稳定了农业，使农民生活的提高有了保障。如前年农业遇灾，苏南不少地方农村的人均收入，还是增加了100多元。未下去调查以前，我怎么也不会相信农民家里会有"空调"设备，还有"万元户"。下去一看，才知道这并不奇怪。因为不少乡村的个人收入相当于副教授级，村子里屋顶上密密麻麻都是电视的天线。这些都是办工业引起的变化。

看来，苏北还应当多注意乡镇企业的发展。粮食固然要种好，可是走哪一条路可以富得更快、富得牢靠，应该仔细研究。苏北地区原先的亩产低，国家的征购任务轻，现在粮食多了，粮食部门收不了那么多余粮，农民卖不出去，只好喂鸡，这是好办法。鸡多了商业部门又收不了，农民只好自己用自行车拉着下江南卖。跑到上海来回要一个星期，能赚一些钱。流通渠道不通，年轻人就跑出去做长途运输与销售；他们带点儿饼，一个钱不花，睡在路旁，又苦又累，然而收入还是有限。实在卖不了的粮食就搞小粮仓。以前是靠救济粮，现在成了商品粮的生产基地之一。领导还没有处理过这样的局面，粮食收购、保管、销售整个儿跟不上。

苏北的外流人口中，具有工业技术的不多。苏南人在上海做工，家仍在乡下，平日寄钱回家。上海的钣金工无锡人特多，有人称之为"无锡帮"，在上海机电行业中独占鳌头。解放初，他们还不断从家乡介绍人去上海。在上海这个工业城市里培训出大批无锡技工；无锡社队工业的发展就靠了这批人回来。这批人与上海各工业系统有种种关系，通得上"路"。这是他们工业发展的历史传统基础。苏北呢？据说上海市民中有100万人祖籍在苏北，可他们的家乡没有得到这些在上海的家乡人的支持。离乡时大都是出卖劳动力，拉洋车，干码头工人。上海的许多粗重的工种几乎都是苏北人干的。他们没有机会学会技术。两种不同的人口流动，结果大不一样。苏北的盐城算是惟一的例外，工业产值到50%了，一查问，他们办工业还是靠了上海的技术力量。我写的《小城镇——苏北初探》，概要叙述了苏北的情况和出路问题。

在许多方面，苏北具有自己的特点。在对这一地区调查时，我们发现了一个很有趣的事情。地图上标示的地名，很清楚地表现出地区集镇发展程度的特点。徐州东北面叫"楼"的居多，无"集"、"镇"名。向南有好几个县，带上"集"字的地名就多了。到连云港附近有了"镇"名。再往南称"镇"的地名多起来了，带"集"字的地方相应地减少了。

什么叫"集市"？我查了《康熙字典》里的"市"字。它是买卖之所，即人们在约定的时间卖出买进、交换物品的地方。一般称"赶集"，赶，就是要紧紧地走。赶集的人要在当天回家，所以集上最热闹的时刻是在中午，称"日中为市"。

买卖发达了，出现了货币。没有货币的时候，人们是以物换物。经济活动发达了开始出现专业的商人，最早就是那些贩子，他们把别人生产的东西买下来，转手卖给消费者，就是所谓"流通"，商品由他们转手。《康熙字典》引用汉代人的著作中已经提出在市集上有贩夫贩妇，他们等到太阳偏西，带着自己生产的东西来赶集的农民手上还有没有找到卖主的货物，挑回去太重，就愿意廉价出售，这些贩夫贩妇就把这些东西买下，第二天再用高一些价钱卖出去。贩子就是商人。随后商人渐渐多了起来，各自找到固定的地点，设一个临时售货亭。久而久之固定下来成为店铺。店铺多了，就连成了"街"，街连街就是镇。

在传统概念里，镇里的经商者被人看不起，人们提到"贩子"就讨厌。不仅社会主义反对资本主义，封建主义也反对资本主义。历史上有帝王将相，文人学士，就数"商"的地位最低。这种概念影响现在，人们至今还有人认为商、贩是"敲竹杠"的，商人不是好人，是搞资本主义的。这个传统真厉害，我们从小就听到这套东西。看来，意识形态里的东西有顽强的惰性，它与物质世界的发展之间，可以有很长的一段惰距，不容易转过来。

或许正是这种惰距的反作用，使商品流转的畅通无阻，要比落实责任制难得多。责任制搞得快，是因为有家庭做基础。流通，若是好人不搞，必然是坏人去搞，传统就是这么看的。当然，责任制也不是没有阻力的，"万元户"也不那么好做，有的还要一家一家去送礼，怕别人说你"暴发户"。人们一听"暴发户"，还会有好脸色吗？传统是忌讳这个的，不如不发财来得好。我说这种思想要改变，但变起来很艰巨。例如，讲究效益与劳动密集型两个概念，我们往往倾向于只接受后者。因为传统观念是不讲效益的，农业与小手工业的生产方式就是今天做不了，没关系，明天接着做，明日何其多！其实，只有劳动密集，不讲效益，生产率还是上不去的。由此可见，心灵深处的旧东西太根深蒂固了，我们的责任就是要把在现实生活里看到的现象，以及支配这些现象的观念，有条有理地揭示出来，用大家都懂的语言写出来。

小城镇研究的深入，需要我们花更大的气力。就拿"集"这一个字来说，抗战时，我在内地看到的"赶街"，同现在苏北的大李集是不同的，前者是集，后者是集加镇。苏北所称的那些集镇，实际上还处在苏南的镇和云南的集中间。社会学研究所的张雨林同志，在苏北整整搞了半年功夫，就是想弄清楚这个"集"。其中很有些道理，现在的盐城天天"赶街"，摊子正在逐步变成店铺，集也在逐步转化，在那块地方，集与镇的界线开始分不出来了。这里内容很丰富，值得我们去深究。

我们在分析一个个具体的镇的基础上，看到了一种现象，镇，如果不同政治相结合，它就可能衰落下去。但是，政治中心不一定是最好的经济中心。因为，经济中心是以自然条件与经济发展相结合而确定的，这是一个值得注意的课题。

一切事物都处在变化发展之中，对小城镇的研究，今后还会出现新的内容。"七五"规划将继续把这个研究深入下去，希望我们大家都做有心人。

七、知识分子和智力资源调查

我对知识分子的调查是密切和各时期的知识分子问题相结合的，因此，我得讲一讲我国的知识分子问题。

知识分子作为社会中的一个特殊阶层，在不同的历史时期有着不同的地位和作用。在中国社会主义时期，这个阶层应放在什么地位？其作用如何评价？这些问题很早就提出来过，也有过一些结论，可是在实际工作中没有得到真正的解决。回想新中国成立之后的发展时期，国家建设急需知识分子的协力合作，而由于当时的历史条件，对如何使用知识分子存在着不同的看法：一种看法，认为中国的知识分子一般是爱国的，过去受过帝国主义和国民党的压迫，解放后就存在着为人民服务的积极性，为了社会主义建设就应该放手使用。另一种看法，认为旧社会过来的知识分子阶级烙印深，在头脑里充满着封建、资产阶级的思想，必须和民族资产阶级一样进行社会主义改造。前一种看法，直到70年代后期，党的十一届三中全会之后才占上风，在过去近30年里，后一种看法越来越压倒一切，"十年动乱"达到了高峰。

我在解放前就参加了中国民主同盟。民盟是一个知识分子组成的政治团体。解放后，我在民盟中央担任文教工作，经常接触知识分子。当然更重要的是我自己就是一个有代表性的知识分子。当时民盟的工作，主要是执行党的团结改造知识分子政策，我当时对这个政策并没有怀疑。清华一解放，我就主持当时所谓"大课"，就是全校师生共同学习社会发展史等马列主义理论课程。

我写过一篇记述清华进行思想改造工作的文章，讲"艾思奇三进清华"，写得有声有色，在《学习》杂志发表后，陆定一同志还叫我去，批评我火气太大，用现在的话说是太"左"了。我当时作为一个知识分子的感受，反映在我那个时期所写的许多篇文章里，后来收集成一本小册子叫《我这一年》。现在可以认为是一本历史研究的资料，确实反映了当时知识分子的心情。

我在这段时期，一直注意收集知识分子的思想情况，陆续通过民盟组织向党反映，很得到领导上的重视。1956年，国务院成立了个专家局，专门处理知识分子问题，我被任命为副局长。我曾向领导建议两件事：一是建立智力档案，把中国究竟有多少专业人才摸摸清楚；二是实地调查知识分子里存在的问题，设法促进他们的积极性。我自己就衔命利用去西南进行民族调查的机会，顺便通过民盟的机构进行知识分子调查。

最近，我读到周恩来总理1957年4月24日在中共浙江省委扩大会议上的讲话节录，里面曾提到过我的这次调查。他说："各民主党派联系群众的方面不同，可以听到一些不同意见，对中国革命和建设是有利的……如民盟，它在知识分子圈子里可以听到更多的意见，有一次我来杭州，回去时在飞机上看了费孝通先生的一篇文章《知识分子的早春天气》，把知识分子心灵深处的一些想法都说出来了。共产党内也有不少能写文章的知识分子，但这样的文章我看是写不出来的，就是有这种想法也是不写的。"①周总理所提到的那篇文章，就是我从西南调查知识分子回来后写的。这篇文章的政治评估是另外一回事，这里我只想说，周总理是认为它写到了"知识分子心灵深处"的。

我怎样摸到人们心灵深处的呢？我想关键是在调查者与被调查者的关系上。我是以帮助盟员同志们解决阻碍他们发挥积极性的问题为目的的，而民盟同志也是真心实意的想积极工作，在社会主义建设中发挥作用。所以双方有共同的基础。其次，我自己是个知识分子，和其他知识分子心心相印，有共同语言。我有一次曾说，我见到钱伟长不用说话，看他的这副面孔就知道他心里在想些什么了。这当然是夸大之词，但是我确是在"知识分子圈子"里容易听到真心话的。

一切科学结论是否符合实际，首先是要看它所根据的素材或所谓数据是

---

① 《周恩来统一战线文选》，第349页。

否真实。我在知识分子里进行调查，能得到比较真实的素材，不能不是由于我自己是个知识分子，而且在当时说，是个知识分子所信得过的人。这个道理适用于一切调查工作。要做好社会调查，必须首先建立好调查者与被调查者的关系，要互相信任。这个道理，也可以用"十年动乱"时"四人帮"派出来的外查内调来作反证。我自己当时是个经常要被调查的人，要从我的口上找到适合于"四人帮"用来诬害人的材料。我心知其意，所以总得千方百计说假话来掩护我所认识的人。这是个极端的例子，但是也说明了，要从别人口上取得实情，没有一定相互信任的关系是不行的。在资本主义国家里用金钱来收买。在我们是以"共同利益"为基础。这个看法我在《迈向人民的人类学》一文中，有比较详细的说明。

我在调查时采取的具体方法，主要是串门访友，然后找出一些问题，如党对知识分子的信任，他们所得到的待遇，业务工作上的条件等等，分别开专题座谈会，和盟员同志共同商讨。由于我对这样搜集来的材料具有亲切的感受，所以比较容易接近人们心灵深处。

我这段时期对知识分子的调查，带来的个人遭遇，在座诸位是都知道的。我本人是个知识分子，自然应当接受中国知识分子共同的命运。这是历史决定的大事，没有什么可以抱怨的，以我个人说，最遗憾的是在我自己的学术生命里丧失了20多年，那是无可追补的。当我有条件恢复调查工作时，我在1981年又受民盟的委托，去西南进行知识分子调查。这次调查是配合党落实知识分子政策的工作。在20多年中，像我一样遭受冤屈的知识分子为数众多，遍布全国，极左路线造成的创伤是极大的。这些冤案要平反、改正，所以各民主党派要出力帮助被害的成员得到正当的处理。

我在上述的目的外，还想趁这个机会，多了解一下当前知识分子中还存在些什么问题。到了地方上初步一摸，就发现这次调查和上一次调查的情况已有一定的区别，这区别倒不只是在调查对象这方面，也包括在我自己这方面。一转瞬间我已过了20多个年头了，像我一样年纪的知识分子还活着的已经不多了。现在知识分子队伍绝大多数是中年知识分子。如果我依旧采取串门访友的办法来找问题，限于接触面，一定不容易抓到要害。在和我年纪相近的知识分子中，主要是冤案错案的问题，免于遭殃的人不多。但是，中年知识分子中，这不是多数人的问题，要去发现中年知识分子的问题，由于我直接熟悉的人不多，所以采取了用问卷开始的方法。我和少数中年盟员一起搞出了一套问卷，发给了昆明市的全体盟员，经过统计，使我发现，中年知识分子问题的严重性，他们的收入低、生活负担重、身体多病，而且工作繁重。我就根据这次调查的结果，迅速向领导反映，引起了重视。

就在这次调查中，我对知识分子问题的认识上有了新的体会。过去我心目中的知识分子问题，是一个一个知识分子所感受到的问题；比如，收入低、身体差、不受信任等等，经过这次调查，我自己觉得眼界扩大了一些，看到了我们国家整个智力资源的问题。当然，我向专家局提出搞知识分子专业档案时，也有了这种想了解中国在各门学科中，有多少实力的问题，但是不经过这一次"文化大革命"，我是不会这样深刻地感到开发智力资源这个问题的重要性。

这里牵涉到对知识的认识问题。知识固然是在一个个人的头脑里，离开个人就不能有知识。但是每个人都没有从母胎里带来什么知识，母胎里带来的只是得到知识的能力，一切知识都是在出生之后学习来的。孔子的《论语》第一句就是"学而时习之"，颇有见地。人的生活方式是靠学习来的，不是生来就会的。这也就是人之所以和其他动物不同之处。学习就是知识传递。从哪里学来的呢？个人知识的来源是社会。社会是众人的知识库，这个库房物质上是社会上所有人的头脑，而其内容则是这个社会长期历史的累积。个人的知识取之于这个宝库，然后加上个人的创造，又回去保存在这个宝库里。储存在这宝库里的知识总和，就是我所说的智力资源。

"四人帮"给我们国家和民族带来最大的损失就是削弱和损害了我国的智力资源。个人的冤屈事小，国家智力资源的损失事大。因为在现代世界上，还是个列国争雄时代，而决定胜败和存亡的，就在智力资源的强弱。物质破坏很快可以恢复，而智力资源却是件"百年树人"的长线事业。

我们要充分认识到智力资源对自然资源的作用。知识分子是生产力的一部分，是科学开发的生力军，是中国社会主义建设中不可忽视的力量。他们过去就为国家创造了大量财富。李四光之前，人们不知道中国有石油，点灯要买洋油。可是，李四光懂得地球结构产油的原理，结合中国实际，得出中国有石油的结论。现在，我们快要成为一个产油国了。这个例子说明自然资源只有通过智力资源才能发生经济效益。

我们中华民族要继续发展下去，要走到人家的前面去，那不是件说空话能做得到的事。我们必须实事求是地分析一下中国智力资源的实况，据1952年普查，我国至少有2.2亿人是文盲或半文盲，受过高等教育的人不过1000万，这和现代先进国家的差距太大了。如果我们还不能看到问题的严重性，那么等待我们的只能是失望和痛苦。记得汉朝的刘邦，起初最瞧不起儒生，说打仗靠力气，要识字干什么。后来得了天下，才使他悟出了这个"天下能马上得之，不能马上治之"的道理。我想，这个历史总结，人们不会不知道，可就是没有决心去接受这教训。

　　日本为什么发展得这么快？我看这与他们总结了维新以后的经验，抓了智力的培养是分不开的。第二次世界大战时，日本人对美国的原子弹毫无办法，它把日本炸成一片废墟，给日本人民带来极其严重的灾难。就在这样艰苦的条件下，日本政府决定，小学教员的工资不许降低，孩子们吃的粮食由国家供给。三十几年过去了，这批当年的孩子都成了现在的骨干力量，他们的智力水平，能够接受最新的科学信息，他们对日本的发展起了决定性的作用。现在应该承认，人家那样做是对的了。50年代时，我国与日本的发展水平差不多。相隔三十几年，差距拉得这么大。有些东西拿来了，我们还不会用，甚至上了一些当还不自觉，还以为人家是好意。想起来真叫人痛心。

　　我国30岁左右的人，在上中小学时正逢"文化大革命"，是黄帅们的天下，一代人的智力发展就这样被损害了。一个人抄走的东西可以重新取回来，可是一代人的智力损失，怎么弥补，却是个大问题。许多青年虽然在大学念了几年书，可是出来到了工作岗位才发现自己掌握的东西太少，太有限，甚至用不上。他们是今后的骨干，有多少人呢？一年1000万；五六年有多少人啊！确实是一代人的问题。

　　我们的知识分子队伍正处在青黄不接的时候，下一代接不了上一代。我自己的水平本身这么低，可是要找一个接替我的人都很困难。难怪人家说，现在有几个教授能上讲台，不用讲稿就能讲课的？可是，我碰到的老师却都是这样的，从来没有照本传达的教学法。当前的中年知识分子，毕业于"文化大革命"前，一入大学就碰上"四清"，上山下乡，念了多少书？现在努力、补课都感到吃力了。再往下去问题也更多，一上高中就文、理分科。说一句不客气的话，这不是搞教学，而是在搞科举。我们的祖国正要靠他们来复兴，他们是我们国家的本钱，难道我们不应该多想一想怎样恢复和发展智力资源的问题么?!

再说农民,虽然他们有进步,可是这个进步看来不是靠文字。为什么文盲这么多?农民为什么不要识字呢?第一位的原因是生产力落后,知识传授还是靠传统的口口相传的办法,以个别知识、个别经验为基础,不追求普遍原理。其次是生产关系落后。很长一段时间里,我们的制度是吃大锅饭的性质,没有知识照样吃饭,出现了反知识、反理性的潮流。可是一旦实行了责任制就感到知识不够用,有些人连种田都得重新学习。

工厂也有这个问题,许多人边生产边补课,人人都感到知识不够用。现在我们应当研究技术工人怎样培养,在哪里培养等问题,这是关系到中国能不能现代化的问题。

智力资源的调查,是一个宏观的调查,我从昆明的民盟盟员知识分子调查开始,又倡议建立智力档案。过去我们国家的人事档案是为阶级斗争服务的,祖宗几代的阶级出身很完整的记下来,甚至道听途说的"小报告",也原封地保存在档案袋里。这些显然不能适应当前现代化的要求了。是不是能搞个专业档案呢?凡是有专门技术和有学术专长的人,把他们的情况如实的上档,有了电子计算机,要用某种人才,一下就能找得到姓名。其实,我的业务档案在美国早就储存起来了,连别人的文章里引用过我的著作的频率都有数据。这并不是件难于做到的事,但总得有人动手做才能实现。为此,我倡议民盟带个头。现在表格已经发给了全部成员,明年(1985年)春节前后,就可以训练一批人员,在各地把资料输入计算机。听说教育部也已为全国高等院校的教师作了登记,也输入了计算机。接下去是怎样利用这些数据进行分析研究了。

要开发智力资源,离不开教育,民盟作为一个智力集团,拥有几万个各级学校的教师。因此,为了配合党提出的教育改革,已经多次在盟内进行讨论,把各种意见整理出来,向领导反映,这也是一种调查工作。社会调查,在这个意义上说,也就是领导在被领导中走群众路线的方法。这个方法可以适用于各部门的工作,是行政工作科学化和现代化必须采取的方法。我想在这里附带说几句。

我们在天津开始过有关家庭问题的问卷调查,后来天津市政府采取了这个方法,在去年进行了一次民意测验,称作千户问卷调查,就是在天津市内抽出1000户做样本,让他们填写在生活上感到困难的是哪些问题。有了这个调查,天津市政府就根据群众的意愿，定出当年要为市民解决哪些问题，做哪些事。这样取得了市民的赞扬。有人主张在中国也搞美国盖洛普式的民意测验，我并不支持，因为我相信我们完全有条件通过天津那样的"千户问卷调查"，更真实地反映群众的意见，因为我们社会主义国家，一切工作是以人民利益为出发点的，所以一定能够通过人民直接主动的参预，取得更正确的民意反映。

从智力资源的概念出发，不但注意到了它和教育的关系，而且也注意到它的流动和效率。这就结合到了我上面在民族调查中所提到的，知识分子从边地外流和倡议智力支边这件事。另一方面是智力怎样扩散的问题。1984年我到内蒙古赤峰去开展边区开发的调查时，在翁牛特旗的驿马吐科技村，看到新的农业知识怎样从村领导一级，传递到农民手上变成提高农业生产的力量。这项研究阐明，在一定文化程度上，知识的运动是必须通过一定的层次。在文盲和初小程度的农民中，以驿马吐村为例，从村一级到生产户，中间有五个科技知识传递的层次。这是因为在这些生产者中间，主要是以直观口传为知识流通的媒介，如果和现代化的国家相比，差别就很显然。比如，拿我在加拿大参观过的一个农场来说，一共有1000英亩的土地，只有一个四五十岁的"农民"管理，田间作业全部是机械化。这个曾受过高等教育的"农民"，从杂志上取得机器更新的信息，又从说明书上看到怎样装备和运用这些新机器。其他科技知识可以直接从大城市里取得，通过文字为媒介。

智力的开发离不开信息，所以智力资源的研究和信息的研究又联上了。我们在乡镇企业的研究中，就着重调查了在这种企业里信息所起的作用，而得到社会经济区域发展的概念。这说明社会调查是不断发展的，它是和理论密切结合的。它不仅是社会研究资料的来源，也是社会理论逐步深入的门径。客观存在的社会事实，互相制约和互相促进，密切结合成一环扣一环的系统。我们只有勇于接触实际，解剖实际，顺着事物之间的内在联系，就能一步深一步地反映出存在于实际之中的规律，那是社会学发展的不二法门。

现在我们正处在改革的时期。要改革确实也不容易，问题太多、太复杂。我们不能凭主观意识，对什么不满意就改掉什么，要找原因，搞调查，还要因地制宜。我觉得中央的担子很重，我们大家都要出把力，把最需要创造，也是最困难的时期渡过去，进入我们共同想望的美好的未来。

听了今天的课，想必大家会感到做一个知识分子不容易吧。大热天我可以在家写书，比这儿舒服多了。可是我还是挑了一个不舒服的事做了。为什么呢？我总希望我们这个智力结构能改变一下，要对历史损失的部分进行补课，这不是空话。要帮助一切受损害的人尽可能复原，需要我们做许多繁重的工作。有的老同志退休了，有了一套安适的房子，我说这很好。可是我还不能这么做，许多事还没做完。在座的有些同志千里迢迢赶来听课，出了不少汗，我希望你们的汗水没有白流。想想我们的智力资源的处境，怎么不急起直追，为它的发展做出一些贡献？！"亡羊补牢，未为晚也"！你们还有几十年的时间可以工作。我虽则年纪大了，自己的时间不多了，但是对大家还是抱着很大的希望。

八、社会学的重建和发展

在中国各大学里停顿了近30年的"社会学"，于1979年又复生了。

在1978年提出恢复社会学的时候，社会上真正了解这门学科的人可以说是寥寥无几。几十年的宣传都说它是反动学科，没有做出过正确判断。这不是哪一个人的过失，是历史过程造成的。学过"社会学"的人，思想也很复杂，因为他们自己是当时当地社会意识形态的一部分。经过"大批判"，在口头上为了"过关"，说了一些批判的话。事实上旧的社会学确实有很多与中国社会不相适合的地方，甚至有阻碍社会发展的作用。我们批判揭露了它的坏的一面，人们可以从反面吸取有益的教训。亦因为这些，不少人对正面的东西也持着怀疑和保留的态度，不敢加以肯定了。无论怎么说，停止一个学科总是不对的。胡乔木同志在1978年与念过社会学的老先生聚会，商讨怎么恢复这门学科时，表示过去的做法是不对的。他指出了，从学科的内容上要变，要更新，要我们站得高一点，对自己、对学科本身都要有正确的认识。

人在对客观事物进行认识的过程中，总会受到社会条件的制约。事实告诉我们：一个人是跳不出他所处的社会地位的，他的看法和思想，反映了他的地位，他总是从这个地位出发去看客观事实。其次，人的认识也永远不会完美无缺，没有绝对真理，只有相对真理。人的认识总是随着事物的发展而不断发展、更新。它是在原有的基础上肯定一部分、否定一部分，另外还要创造一部分。对于"社会学"的认识也是这样。然而，社会学毕竟停止了几十年。要人们放弃已经长期改行的专业再来从事屡遭批判的"社会学",心里终究不那么踏实,没有多少把握,自然要心有余悸。

1979年,胡乔木同志又说,不能等了,希望能在各大学办社会学系,把架子搭起来。这一任务无疑就落在我们身上,尽管那时各人还有顾虑。

我要说说我自己是怎么会下这个决心的。在十年浩劫里,我们许多社会学界的老师、朋友没能像我这样活过来。我这余生可以说是得之意外。我觉得,我应该好好地用它来在事实上证明"社会学是一门可以为人民服务的学科"。为了给前人昭雪,为了实现我早年的宿愿,也为了使后人不背上包袱,一种责任感,成了一种内在的力量,使我毅然打消了先前的顾虑。同时,从继续认识中国社会的意愿出发,我要在我的晚年为社会学学科的重建尽点力。

要使更多的人都来从事社会学研究工作,首先要改变"怕"的状况。而变"怕"为"敢"的关键,是摘掉社会学"反动"的帽子。摘帽人应是党内的负责同志。1979年3月,酝酿成立社会学研究会,一些老先生和党内支持恢复社会学的同志,以及社会上同情社会学的人,都来参加了。会上,胡乔木同志讲了社会学与历史唯物主义的关系,并且强调历史唯物主义不能代替社会学,指出社会学是在马列主义思想指导下,科学地研究中国社会的一门学问。

每个中国人都知道,中国社会是个什么样子,问题是知道得并不自觉。人类还没有完全达到"自觉"的境界。人们首先认识的是社会外部的客观世界,即自然界,人们把自身的运动,即具有主观意识的人所构成的社会发展,作为客观世界的一部分来加以科学研究,历史还不长。而这正是社会学的出发点。那么,人们自己怎么去观察自己呢,最深刻的体会当然来自自己的生活和熟悉的人的生活,文学家往往由此写出最生动的篇章。但社会科学家与文学家不同,他们的任务不仅要表达社会生活的各种现象,还要比较不同类型的生活方式,找出共同点及其变化的规律。在现实世界里,自己观察自己、科学地分析自己,并不容易,更多的是观察别人、观察别人的社会生活。有的文章道理讲得不错,而实际上只是讲了社会上一部分人的流行观点。有的还用了不少数字,却没有扎扎实实的分析。在认识自身的基础上去认识别人,这一点似乎还没有很多人做到,以至于人类发展到现在,仍然是被动多于主动。大家都说不愿意打仗,但战争阴影一直存在。善良的人们提出"和平共处"的原则,但真正接受的却不多。由此可见,当今的世界是什么样子了。世界要有光明的前途，人类就得"自觉"。现在我们的社会主义建设才刚开始从被动的状态走向有控制的、人民自己可以做主的、符合一定客观规律的"自觉"的方向。

当时，乔木同志的表态，的确起了很大的作用，打消了不少人的对社会学的"余悸"。但是，要真正改变社会上对社会学的种种看法，还得靠我们自己拿出实际的成果，要通过我们的努力才能取得普遍的理解、信任和支持。否则，诸如社会学这门学科究竟对社会有什么用处等疑问，将永远存在。这就是说，要使社会学在社会科学大家族中占有其应有的位置，我们就得在马克思主义科学原理指导下，开展脚踏实地的研究工作，为认识中国社会，推动社会主义现代化建设，做出有实效的贡献来。

然而，任务的艰巨和当时队伍的状况极不相称。我曾讲到，我国智力资源和形势要求之间的差距，这在社会学这园地里表现得特别大。因为它受到的损害最大，过去学过社会学的人留到今天的已经很少。

1957年我曾为社会学苦苦哀求过，不要断子绝孙，多少留一个种。可是不行，种也不许留。相隔几十年，即使当时学过社会学或者接触过社会调查的人现在都已忘了。好在我们国家学过马列主义、做过实际工作、对中国社会有认识、有知识的人还不少，可以吸收其中的有志者从事社会学研究。这些同志虽来自其他各个学科，可是从社会学学科综合性的特点来说，是符合要求的。到1979年3月，我们成立了"中国社会学研究会"，随后又在中国社会科学院筹备成立社会学研究所。当时只有几个编制人员，从民盟借了一间房子，就这么一点重建的"家当"。自从50年代初，各大学停办社会学系已经过去30年了。30年前的那一套东西，早已陈旧和不适用了。为了了解国外社会学发展情况，我于同年春季，参加了中国社会科学院代表团去美国访问，想借这个机会与国外建立一些联系。可是时间只有一个月，要在一个月里把断了那么多年的关系建立起来，是不容易的。幸好，我写的书他们还在念，我的名字他们没有忘记。靠着这点便宜与一些大学搭上了桥。这30多年，由于各国的社会在飞速发展、变化，社会学作为研究社会的学科也发生了很大变化。在西方，社会学是一门很热门的学科，理论与方法都发展得很快。可是由于我们国家的社会性质不同，西方社会学的许多东西不能拿来就用。先得了解一下他们一些新东西是怎样发生的，为什么有这些变化，对我们有没有用，用得上还是用不上。

我有个在大学里一起读社会学的老朋友，杨庆堃教授，在美国教书。出自爱国，他愿意帮助我们建立这门学科。他30年来没有离开过社会学，一直在匹兹堡大学工作，后来是该校的荣誉教授。通过他，我们请到了一些美国的社会学家，要他们来讲讲他们作为美国社会学家是怎么研究美国社会的。可是一开始，就碰上了语言这一关，他们不能讲中文。而且我们对于这些年国外社会学出现的新名词、新概念太陌生，所以听讲的人感到十分费劲。这样，又逼着我们想另一种办法，去请会说中国话又懂外国概念的人来讲学。杨庆堃教授又介绍了香港中文大学的一些社会学教师来给我们讲课，请来的专家都说广东音的普通话。经过两期学习班，班里的一些学员决心要搞我们自己的社会学，培养我们自己的教师，编写自己的教材。

1980年，就在暑期学习班上留下了一些愿意投身于创建这门学科的同志。通过进一步的学习，查阅中国早期的和外国的社会学著作，吸收其中对当前社会主义建设有用的部分，进行集体备课。《社会学概论》的编写，就是在那时被提到日程上来的。编《社会学概论》的目的，是培养教师，培养能在各大学开出社会学这门课程的教师。我在这件工作中担任组织者。我绝不把意见强加给别人，原则就是不要有框框，只能松绑。我说搞错了不要紧，责任我来负。因为人对事物的认识，不可能一下子就认识清楚的。培养一个人也不是一阵风就能吹起来的。该书初稿出来以后，在南开大学的社会学专修班上进行了第一次试讲，广泛听取大家的意见。经过了好几次修改，现在这本书已经作为试用本出版了。这本书的水平不高，而且一定有许多地方由于初创，难免有差错，我希望它能起到抛砖引玉的作用，在试用时对于任何差错或者不当之处，请大家予以纠正和改进。

在培养教师和准备教材的同时，上海复旦大学分校、中山大学、南开大学、北京大学先后成立了社会学系。到今年（1984年），这些大学都已招收本科学生和研究生，上海复旦大学分校，后来改称上海大学，已有社会学本科毕业生。南开大学培养的社会学研究生已毕业了一批，他们是新中国自己培养的第一批社会学专业人才。据说社会上对社会学毕业生需要量很大，可谓供不应求。除了上述四个大学已建系之外，南京大学、武汉大学、四川大学、云南大学等，都开了社会学概论这门课程。我想，一个大学有了6门社会学专业课程，招本科生就不发愁了。这6门课是"社会学概论""社会学研究方法"、"社会心理学""比较社会学""社区分析""社会学史及西方社会学理论"。其他，还可以开设"人口问题""家庭问题"等专题课程。

我们在编写教材时，首先要实事求是，从中国的实际出发，以认识中国社会为目的，写出符合我国国情的，具有中国特点的教材。要达到这一要求，编写者必须要走向社会，进行社会调查。中国的社会学离不开对中国社会的调查。离开了生动、丰富的中国社会现实，社会学的内容就必然空洞无物，从根本上说也就失去了存在的意义。

从1982年开始，我们的力量便向社会调查方向转移。小城镇调查就是其中比较大的一个调查课题。现在各省都搞起来了，安徽动员了1000多个干部，做了三个月的调查，材料很丰富。安徽农村经济复兴的第一个突破是生产责任制，第二个突破可能是小城镇。目前他们的乡镇工业的产值，还只是江苏的1/10。但是在今年（1984年）一年中，就翻了一番。山东各地发展得不平衡，沿海的烟台乡镇工业发展快，人均收入同苏南地区不相上下。在津浦线路以西地区，这两年农业生产发展很快。鲁西南的棉花翻身就像苏北的粮食翻身，造成一种满足于农村只靠种田的思想。这是目前工业发展不快的重要原因。今年（1984年）中央4号文件下达后，人们才开始注意这个问题。辽宁的进展也相当快。天津的沿海地区乡镇工业正在兴起，大邱庄的工农业比例达到9:1，搞得很出色。综上所述，从全国来看，乡镇工业都在发展进步。这一形势向我们提出了许多新的课题，小城镇的调查与研究要赶快跟上去。

从总体上说，小城镇调查研究的进展包括两个方面：第一，它是由点到面，从定性到定量的全面分析。其中抓点就是"解剖麻雀"，根据对点的定性分析来制定一个全面的调查指标，进行全省的普查，从定量分析中显示出各区域的特点。第二，应当考虑全国性的战略规划。以前所观察的只是从一个特点，即以"人多地少、农工相辅"为基础搞现代化，看到的是局部现象。现在要面向全国，抓住全国的特点。过去由于人口分布不平衡，工业集中在大城市，造成城乡差别和地区差别。现在我们要走工业扩散的道路，使原来人少的地方把人员吸收进来搞工业。

中国是一个大国，人多地也多，问题在于人口分布不均衡。西部大半个中国的人口密度，每平方公里不过十几人到几十人，青海、甘肃、新疆、西藏的有些地区，甚至少到每平方公里只有几个人。而沿海地区的密度达每平方公里几百人，自然资源与人员的比例正好相反。以矿产说，西部远多于东部。面对全国的这种布局，我们就不能只局限于江苏南部现有的经验。太湖流域的工业兴起在形式上虽然与南朝鲜、日本、香港、新加坡这四只小老虎类似，可是人家是因为国家或地区的资源少才去进行加工，搞技术密集型的工业。而我们现在搞的是劳动密集型的工业，人都挤在那里。我们国家并不乏资源，只是有资源的地方，经济落后，养不住人，人就少，又没有技术、智力，没有财力，所以长期不能开发。因此，我们在搞活人口这盘棋中，现在还只走活了一个眼。这个眼还仅仅局限于小城镇的兴起使人口不再往大城市过度集中。还有一个棋眼是开发边区，只有到边区开发出来才能吸收大量人口，根本解决我国的人口的困境。

苏南这个地区，从农村来的人口压力比过去轻松了点，可是其自身的人口增长率还是相当高。抓计划生育是一个办法。另一个办法就是支边，使生产力从东面促进西面。全世界的经济是北半球高于南半球，"南北对话"就是指支援南半球，出现了三个世界的局面。所谓的"南南会议""南北对话"等活动，就是在寻求这三个世界内部或相互间合作，以消除经济差距。我们国内则是东西部的问题。在社会主义制度下，我们决不能靠一方吃掉另一方的办法去解决，而且用东部的力量促进西部的发展，用沿海的发展促进边区的发展。解决开发西部的问题不能像美国那样，白种人去了，赶走大批土著的印第安人。我们社会主义的民族政策，是在区域自治的基础上实现民族大团结，走共同繁荣的道路。如何以东部的人力、物力、财力、智力、技术去帮助西部发展，这是一个综合性的课题。种草种树是第一步，种下去的要能存活是第二步。同时我们东部的人力、物力、财力、智力进去以后，要受到西部各民族的欢迎，这样才能团结一致，协力发展。现在课题的总方向定了，但具体去做还要花很大的力量。

最近，我看了新疆同志写的关于"盲流"问题的文章。其中讲到一部分汉人在乌鲁木齐周围，不守法，也管不住，造成很强的破坏性。对于这种现象，我们一定要好好分析，要认真研究，制定正确的政策和一套办法来。否则，即使把他们遣送走了，他们还是要返回去的。黑龙江省花了几千万块钱用于遣返移民，仍然没有解决问题。"文化大革命"中，很多知识青年上山下乡到了北大荒，花了不知多少钱，留下的却寥寥无几，没有落根。为什么西北的生态平衡不能恢复起来？为什么我们搞了"包钢"这样的大型企业，连第二代都安排不了？与其说是我们的工作太缺乏考虑，倒不如说事先了解得不够。要人去生产钢，却没料到人要娶妻成家，要生儿育女，要生活下去。忽视了这些因素，就造成了第二代找不到职业的问题。包钢不得不全包下来，结果是人浮于事，劳动生产率受到影响。这个教训使我们认识到，走好人口这盘棋的第二个眼不容易。一定要花很大的力量去进行科学的调查研究。这是我今后研究计划中的重点项目。

到21世纪，中国的文化经济中心应该在有充分自然资源的地方。也就是说，我们的中华文化要回到老窝去。我很希望我们的调查要抓住发展战略上的重要问题，以协助解决具体问题为目标，继续走实事求是和群众路线的路子，达到对中国社会的有系统的、比较完整的认识。

现在我们得到了社会的支持、党的支持。我们正做着超出我们能力的事情。因此，还得特别重视研究队伍的建设。我们的队伍从"老弱病残"开始变得生气勃勃，社会学研究后继有人，我为我们的下一代感到高兴。可是在高兴之际，又感到我们还有压力。压力来自我们同先进国家的差距，尤其在科学技术方面。我们要争口气，要像参加奥运会的运动员那样，为夺得金牌不惜付出最后一点努力。

自1979年到现在，已经5个年头过去了。回顾这5年走过的路，我们经过了四个阶段：从复生到进入重建为第一阶段；师资培养、教材编写为第二阶段；建立社会关系，培养专业人才为第三阶段；第四阶段是为认识中国社会，使社会学具有中国特点，开展规模较大的社会调查。这四个阶段只是纵向的发展，每一个阶段的横向发展并没有结束，我们还在加紧努力干下去。对我来说，应当是最后的冲刺了。

社会学学科在我们国家还很年轻，希望大家都来关心它的成长，使它成为对人民，对四化建设有益的学科。同时也请大家提意见，帮助我们提高，使我们在原有的水平上进步得更快。

1985年1月28日于北京

知识出版社1985年8月出版单行本。

谈社会调查

南开办了这么一个班,我来同大家见见面,见面就得讲一讲,为什么要办这个班,对大家有什么希望,好使大家心中有数。

在我们国家,社会学这门学科,解放前就有。像许德珩同志,曾在北大开社会学课程,但讲的是历史唯物主义。当时不能讲马克思主义,只能以社会学的名义讲。又如胡乔木同志也在当时的上海大学以社会学的名义讲历史唯物主义。这是解放前中国社会学的一个方面。另一方面,像燕京大学、金陵大学均有社会学系,都很有名。当时的社会学是从外国特别是从美国引进来的,是西方大学里讲的社会学。我在其中是第三代了。第一代是陶孟和,伦敦经济政治学院毕业(十几年后我也在那里毕业)。他回国之后在北京成立了一个社会调查所搞调查。调查所积累了很多有关当时社会情况的资料,如生活、劳动问题等。第二代,如千家驹同志,也在这个所中。大学里也有一批搞社会调查的,如陈达,他是我的老师,搞了一生的人口调查,抗战时期靠两条腿在昆明附近的几个县做人口调查,这是中国第一次用科学方法进行的人口普查(地方性的)。其他的还有李景汉的"定县调查",以及抗战时期在云南进行的"国情调查"等。

我是在燕京大学。燕大的社会调查分两部分。一部分是农村调查,杨开道在清河镇(北京城外)有一个点,另一部分调查北京的人力车夫,了解北京下层社会穷苦的贫民阶层的生活情况。当时主要是问卷调查。吴文藻等人认为,要把调查方法提高一步,主张采取人类学的方法搞农村调查。

用人类学的方法搞农村调查,就是深入到实际中去寻找和观察问题,而不是先提问题。深入到一个社区,住在那里,体验生活,在生活中找问题,把人们之间的关系找出来。英国的达尔文研究生物,就是跟着探险家的船到处跑,总结出生物是进化的，不是停滞不前的。这在当时是惊人的人类知识的进步，搞清楚了人是进化而来的，是猴子变来的，不是上帝造的。

世界上有很多种人，如非洲人，太平洋岛屿上的土著，澳大利亚土著，英国当时是个殖民国家，占领了很多土地，发现各地人民的生活不一样，从而引起了人们的兴趣。人们的社会是否像生物一样是演化而来的？他们受达尔文的启发，去各地了解人的生活方式，比如人们是怎样结婚的等等。当时有一股潮流，在与现代西方人生活不同的各种人中进行比较研究。于是产生了人类各种文化的比较及其学说。

再如摩尔根，他的《古代社会》是很有名的。他在美洲加拿大北部的印第安人中传教，发现他们的亲属称呼与西方不同。印第安人把父亲的兄弟都称作父亲，把母亲的姐妹都称作母亲。他认为这是以前婚姻制度遗留下来的东西。

研究人类的科学叫做人类学（Anthropology）。人很复杂，体质上讲有种的区别。我的硕士论文就是《中国人种的分类》。怎样分类？要测量头形、鼻子、眼睛等，有几十个指数，加起来集中为一个数目看人的差别，这便是体质人类学。进一步就是社会人类学。为什么生活不一样，家庭、婚姻的方式为什么不同。如在广西婚后妻子不住在夫家，生了孩子才去夫家住。北方就不一样，这是不同的婚姻制度，各有其道理。为什么？就要去研究。只有去接触，问题才会搞得清楚。从婚姻家庭，到生产方式，经济结构，权力制度（是家长制还是其他），这些都是人类学比较研究的内容。

人类走了一条很长的路，从相信上帝、神到相信英雄好汉，到现在相信科学，经过了很长的历程。将来怎样我不知道，但现在我们仍然受着过去的东西的影响。我们的思想要赶上去，客观地认识整个人类的发展，把人及人所做的事情看做是有规律的。规律并不排除个人意志，人们具有主观能动性，可以认识和利用规律，这是一个很复杂的辩证过程。

人的思想中一个个新概念逐步产生，这是不容易的，是从实际生活中总结出来的。"文化大革命"前，我们都以为共产主义很容易到来，现在知道要实事求是了。讲到改革，我们说改革必然要出现一些失误，这是不可避免的。赵总理说，去年我们的货币发行失控，就赶紧控制。为何失控？就因为信息不灵，没有调查，不懂规律、道理，结果物价涨了。我们看事实，讲道理，看出来了，这就是科学。我们能否早些知道呢？可以。人可以认识规律，按规律办事情。所以说光看事实不行，还得找出规律，这就是社会学的任务。

我从事社会学50多年了。当初我们曾希望对中国社会进行深入的调查研究。而今天我们说：社会学迈进了一大步，从简单的问卷到进一步研究每一个问题，由定性进入定量。我们要量，量变引起质变，但也要质，先从质上区别开来，这是定性。定性的调查更需要实际观察，社会调查强调直接的实地观察。

解放后社会学中曾有一场关于历史唯物主义和西方社会学理论问题的争论。一派认为社会学是在资本主义社会中产生的，是资本主义的东西。历史唯物主义是讲社会变化的，有了历史唯物主义就够了，不需要社会学，这首先是从苏联开始的。中国学苏联，也取消了社会学。后来，苏联感到不行，社会中有许多问题需要具体研究，这恰是西方社会学的长处，可以为社会主义所用，所以苏联1955年到1956年恢复了社会学，我们那时恰好是反对苏联修正主义，社会学当然不能恢复。另一派认为，社会学和资本主义不是一回事，应把社会学中的好东西拿出来，为社会主义所用。西方社会学并不完全是一种伪科学。

争论结果，前者占了上风，社会学被取消了，许多人被打成了右派。现在看来前者是不对的，所以要拨乱反正。

但这并不是说，西方社会学全是对的，都可拿来。我们恢复社会学并不是恢复原来那一套，而是要以马列主义、毛泽东思想为指导。指导不是代替，不能说历史唯物主义就是社会学，要以历史唯物主义为指导，研究中国社会及整个人类社会。

社会学是从1979年开始恢复的。现在困难不小，问题很多。许多事情要自己做，不是恢复以往的，也不是从外国搬进来。我们可以请外国人讲数学，但不能请外国人讲中国社会。这就需要一个自己创造的过程。社会学是一个再创造的过程。为了解决中国社会实际问题，就要摆事实讲道理，即调查研究与理论分析，用科学方法研究当前中国社会的变化，使得我们能控制住局面，达到我们的目的。

现在面临的最大问题是人才的青黄不接，老的没有几个了，年轻的还没有上来，所以我们首先要培养人才。召集你们来学习，就是为这个目的。我们老头子起个引发作用，大量的工作还靠大家努力去做。

1985 年 3 月

本书系作者在南开大学社会学系举办的社会调查方法进修班上的讲话。载《社会学与现代化》1985 年第 2 期。

我从事社会学的经历

鹤见和子教授建议我向在座的朋友们讲一些有关中国社会学的情况。我只能谈一谈我自己在这门学科里学习和研究的经过。

我早年的学习时期就穿梭于社会学和社会人类学之间,是二者的杂交种。在社会学学科里可以说是偏于应用人类学的方法进行研究社会的一派,在社会人类学学科里可以说是偏于以现代社区为研究对象的一派。我的老师马林诺斯基称之为社会学中的中国学派。

中国的社会学并不是只有这一个学派。学术领域里应当提倡百家争鸣、百花齐放的局面。我今天能讲的只是我自己熟悉的这个社会学和社会人类学的杂交种。

这个学派最早发源于 30 年代初期的燕京大学。当时吴文藻等一些社会学教授提出了"社会学中国化"的号召。那就是说中国的社会学首先要着重研究中国社会,也就是从讨论一些抽象的社会学概念转变到观察和分析具体的中国人的社会生活和各层次社区的结构和变化。

在这个学派形成之始得到了来燕京大学讲学的美国芝加哥大学派克教授和英国布朗教授的启发。我个人则又受到了清华大学史禄国教授和英国伦敦经济政治学院马林诺斯基教授的亲自指导。

30 年代中期燕京大学社会学系的一些青年学生纷纷到城市、农村、少数民族中去进行实地的社区研究。我是其中的一人。我在 1935 年和前妻王同惠一起去广西大瑶山调查,后来她不幸身故,我根据同她一起搜集的资料写成了一本《花蓝瑶社会组织》。在这本调查专刊里,表达了我们怎样运用社会人类学里的功能观点去分析一个社区的结构。功能观点认为人们群居形成的社区,是由满足人们生活需要,各方面的社会制度相互联系而组成的整体。研究者的任务就是在分析这整体中各组成部分之间的功能关系。我们以花蓝瑶的几个村子为对象，叙明了他们的基本社会单位怎样形成，怎样活动，怎样世代更新，又怎样结合而成地域集团的村落，直到形成以大瑶山为范围的若干民族集团。这本专刊在1936年作为纪念前妻的逝世印送亲友，今年已送江苏人民出版社正式出版。

接着我在1936年在我自己故乡吴江县的一个名叫开弦弓的农村里做了一次实地调查，后来在伦敦经济政治学院写成我的博士论文，1939年以 *Peasant Life in China* 为书名在伦敦出版，去年翻译成中文以《江村经济》为书名在江苏人民出版社出版。在方法上是和《花蓝瑶社会组织》一致的。不同的首先是从简单的、生产比较落后的少数民族社区提高到比较发达的汉族的农村社区，其次是从对比较静止的社区进行分析转入正在较速变动中的社区。我的老师认为这是社会人类学发展史上的一个里程碑。

30年代末和40年代初我在云南大学和西南联合大学教社会学。在这期间，我和几位青年学者一起开展内地农村调查，这时期研究方法上有了一些新的发展，提出了类型比较法，从个别社区的调查，分析它结构上的特点作为类型，然后从条件不同的社区去发现不同类型，进而比较它们之间相同相异的关键性因素，探索它们在发展上的关系。

比如：我在江苏的"江村"看到人多地少的农村中以家庭手工业来辅助农业的收入，在手工业衰落的过程中出现土地权外流的现象。我就到内地受现代工业影响较少的农村中去看它是否也出现这种现象。在云南的"禄村"，我看到同样是人多地少的农村中，并不发生家庭手工业，而是利用廉价的外来季节性劳工发展了雇工经营小土地所有者的经济结构。接着又在一个土地贫瘠的内地农村——云南的"易村"里看到利用本村特产的竹子做原料，发展家庭编织业及作坊造纸业。这两种不同的制造业，使村内贫富分化，而造纸业得到的较高赢利却用来向村外去购买土地，发生类似江村的土地权集中的现象，但不是外流而是内聚。我们再到云南靠近商业市镇的一个农村——"玉村"去观察，看到依靠参加贩运而获利的农家，迁居市镇，同时雇工经营农田，并出租部分给居住在村里的农民。在村内发生了雇工经营租田的现象。由于靠近市镇，土地较少的农民发展了经营蔬菜作物的商品经济。这四个村子作为四种类型的比较研究，引导我们对解放前中国农村经济的发展，有了比较深入的理解。我在

1945 年在美国出版了 *Earthbound China* 一书就包括云南三个内地农村的分析。今年我把已出版的《禄村农田》、《易村手工业》和没有以中文出版的《玉村农业和商业》的稿本一起编成《云南三村》,将由天津人民出版社出版。

从 40 年代中直到 70 年代末大约有 25 年,我没有继续进行上述的那种社区实地调查。80 年代起我又有条件恢复社会学研究工作。在研究对象上我除了继续在江村追踪调查外,在农村调查基础上进入小城镇调查,又从沿海地区扩大到内地和边区。这是我最近 7 年研究工作的内容。

在研究方法上还是应用类型比较法,我先在江苏南部从一个县的小城镇调查起逐步扩大到苏南四个较发达的市,根据其共同的特点,称作"苏南模式"。然后到条件不同的浙江南部的温州市调查,以这地方的小城镇的特点定出"温州模式"。其后又在苏北和豫东黄淮地区看到"耿车和民权模式",通过这种比较方法,发现了不同条件下农村发展的各种具体模式。

自从 1978 年中国政府对农村体制开始进行改革后,农村经济有迅速的发展。在农业上实行了家庭承包责任制。在土地公有的基础上农民各家承包一定土地,自主经营,向国家承担一定粮食生产的责任。这样把大量原来束缚在农业里的劳动力释放了出来。农民自己办起了各种性质的小型工业。接着开放了商品流动,又出现了大量的商业和服务业。因而大大提高了农村的社会生产力,家庭收入大幅度增加。千家万户解决了长期以来的贫困问题。可是各地具体条件不同,所发展的乡村工业性质有所不同。比如苏南模式是以集体所有制为主,温州模式以家庭所有制为主。耿车和民权模式则以多种所有制相结合,即县、乡、村、户四级所有的企业组合成一个系统,称作一条龙。

中国正在建设具有中国特色的社会主义国家。在这一条总的道路上,由于幅员广大,人口众多,各民族、各地区都有它的特点,因之在共同繁荣的事业上,也将因地制宜,采取多种模式。我的研究工作也正是发生在这个具体的历史条件下,反映了当前中国社会的实际面貌。我所从事的社会学研究工作应当说是时代的产物,也是为当前中国社会发展而服务的,也可以说应用人类学的实践。

我的年龄已经不小了,应当承认已经进入了老年。不仅体力衰退,智力也不免迟钝。在进入我本身的 80 年龄期之前我希望能完成江村的追踪调查的《江村五十年》一书。《江村经济》是 1936 年开始调查,1938 年完成著述,1939 年出版的。《江村五十年》的调查资料今年可以完成，明年全稿可以完成，后年出版，刚是50年。这本书工程较大，有三位青年学者协助我工作，已有三年。他们经常住到村子里去和老乡交朋友，进行访问和交谈，还从政府的档案库中找到有关的文件和统计资料，当地历届的政府工作负责人都出力帮助，还提供他们的回忆资料。我每年去两次，由于我其他工作较多，已没有年轻时那种实地调查的条件，所以不能不采取集体工作的方式。我们还约请各大学社会学系的学生作为编写论文或调查实习参预这项调查工作。因之，我们有条件逐户普查，加强数量的分析。这是50年前所做不到的。

我感谢日本的许多学者关心我的研究工作。今天我趁这次访问日本的机会，向各位朋友简略地介绍了有关我研究工作的梗概。谢谢各位朋友。

1987年11月27日

本文系作者同日本东京上智大学社会学系师生的谈话。

四年思路回顾

1984年的七八月间,我参加中国民主同盟中央组织的"暑期多学科学术讲座",对我过去的社会学调查作了一番回顾,一共十讲。后来以《社会调查自白》为书名出版,又收入《边区开发与社会调查》这本文集里。时间过得真快,转眼又是4年多了。1989年新春,我应日本友人鹤见和子教授之约写这《自白》的续篇,追述这4年来我在社会学研究中思路上的开拓,以参加中日两国学者合编的一本有关农村和小城镇研究的文集。

从"江村"走向"小城镇"

我早期社会调查的对象是中国农村。30年代我所调查的只是一个坐落在太湖边上约360户的小村子,我称它作"江村"。以这个小村子作窗口,我想去观察中国农民社会生活各方面的基本情况。尽管当时的农村在社会生活上自给自足的程度很高,但是它决不是一个和四周脱离的封闭社区。它在各方面都和外界有联系,特别在经济上依靠着附近那个农产品和工业品交流的集镇。我在江村调查时虽已明白这个情况,并已看到城乡联系的重要性,但限于时间和条件,我的实地观察还只能自限于这个小小村子,没有跟踪寻源到集镇。直到80年代初我恢复了学术工作后才有机会走出农村,进入集镇,把我的研究领域逐步扩大。

由于我是从农村出发去研究集镇的,因而我的着眼点一开始并没有限于集镇本身,而首先把它看作是城乡的结合部。从这个角度我提出"类别、层次、兴衰、分布、发展"的十字研究课目。我还是主张采取实地观察,"解剖麻雀",由点及面,从定性到定量的研究方法。这次调查不像30年代那样单枪匹马地一切都由个人操作，而组成了一个可以实行分工合作、集体讨论的研究队伍。我们先从江村所在地的吴江县的各集镇调查起。根据各集镇功能上的特点分出了五种不同类型。又从商品流通及行政系统上分出三层五级。然后注意到它们的分布和兴衰过程，最后探索农村经济发展的模式。

80年代初期，正是中国各地小城镇开始复兴的时刻。我们注意到吴江县的这些集镇人口无不在迅速增加。追究过去，了解到它们都曾在50年代进入过一个衰落时期，人口下降；70年代后期陷入谷底，出现了冷冷清清的局面。嗣后前前后后出现了生机。当我们去调查时，这些集镇的面貌正在发生明显的变化，出现了欣欣向荣的势头。

各地方的集镇怎么会兴旺起来的呢？这个问题吸引我们注意到当时正在有如异军突起般发展着的乡镇企业，当时因为这些是公社和生产队所办的工业，所以一般都称作"社队工业"。集镇是社办工厂集中的地方。这时集镇上新办的工厂纷纷到农村里去吸引农民出来当工人，集镇的人口也就多起来了。工业带来了繁荣，集镇上新的建筑一座座盖了起来，面貌大变。农村里也由于生产大队或生产队办了工厂。收入增加了，农民生活改善了。这种令人兴奋的景象，很自然地吸住了我们的研究兴趣。

这里也不应当忽略我私人的因素。我30年代调查江村的兴趣是被当时该村举办的生丝产销合作社引起来的。我在江村调查里得出了"人多地少，工农相辅"这个对当地农村经济结构的概括。从此也得出了发展农村工业是提高农民生活水平的必由之路的观点。这种观点我又在30年代后期和40年代初期的云南内地农村调查里得到支持。时隔30年，事实证明我早年的主张并没有错，我对此自然十分激动。这股出自内心的动力很容易把我推向这个研究课题。

回顾从1982年到1984年这3年，我的调查活动几乎全部放在江苏境内，从吴江一个县开始，扩大到包括吴江县在内的苏南4市（苏州、无锡、常州、南通），接着从北向南，访问了苏北4市（徐州、连云港、盐城、淮阴），再从南京沿江而下，访问了苏中3市（南京、镇江、扬州）。这样，对江苏这个沿海省份有了一个比较全面的概观。在这3年的调查里，我看到当时江苏各地的发展是快的，但也不是平衡的。而且可以看出经济水平由北而南逐步提高的趋向，并可以用各个地区总产值中的工农比例在数量上表示出来。北部经济发展水平较低地区的工农比例是"工三农七"；逐步向南，经济水平逐步提高，工农比例也随着发生变化，工升农降。接近长江北岸，工农比例持平；过江偏东，已达到"工七农三"；靠近上海一些乡村，当时已出现"工九农一"的比例。综合这些情况来看，发展乡村工业确是农村经济由贫致富的有效途径。这对我这三年的思路有深刻的影响，表现在我这个时期发表的《小城镇四记》(《小城镇大问题》《小城镇再探索》《小城镇苏北初探》《小城镇新开拓》)里。

1984年我结束了对江苏的初步调查后，除了继续在江苏各地跟踪观察外，我的研究重点跳出了江苏。一路是沿海南下，经浙江、福建到两广；一路是进入边区，从东北过内蒙古入甘肃、青海，并访问了新疆和宁夏。此外还在沿海和边区之间中部地区的河南、湖南和陕西了解一些情况。到1988年底的足足4年多里，我东西穿梭，南北奔走，使我的思路得以开拓和提高。真觉得行万里路胜读万卷书。接触不同的人和事才能有所比较。有比较认识才能深入。我在这调查过程里，也不断把所见的情况和苏南比较，因而对"苏南模式"有了较深入的认识，突破了原来的一些观点。下面我将择要一述我的思路。

苏南模式的再认识

"苏南模式"这个词是我在1983年所写的《小城镇再探索》中提出的。那时我刚从苏北4市调查回来，感觉到苏南这个地区在农村经济发展上自成一格，可以称为一个"模式"。至于其特点是什么，和其他地区有什么不同等等，在我的认识上还不很明确，所以也没有具体地交代明白。

由于当时我对"经济发展模式"这个概念不明确，甚至还认为其他农村在今后会走上苏南一样的路子，所以"模式"一词包含了模范的意思，甚至带着"样板"的味道。这是不正确的。其实苏南农村由于其特有的历史和地理条件，它们在发展过程中既有和其他农村相同之处，又有其独具的特色。把它看成一种模式主要是在显示它的特点，不同于其他地区的个性。模式在概念上应当和样板区别清楚，不然会带来不良的后果。因为今后中国农村的发展，应当避免强制不同条件的农村仿效一个样板。"文革"期间的"学大寨"是一个不应当忘记的教训。1986年当我在温州看到了和苏南不同的另一种在农村里发展工业的路子时，就警觉到我所提出的"苏南模式"的概念不够明确，而且带有成为"样板"的危险性，所以着重提出"因地制宜、不同模式"的主张。

我所说的"模式",是指在一定地区、一定历史条件下具有特色的经济发展过程。苏南和温州是两个地区,具有相同和相异的历史条件,而在经济发展上走出了两条不同的路子。我们这些研究工作者有责任把这两条路子有什么不同,为什么不同,作出具体分析。分析的结果可以突出各自的个性,称之为不同模式。下面可以简单地以苏南模式和温州模式的比较来作说明。

这两个地方有相同的背景。从50年代后期都实行了公社制度和"以粮为纲"的政策。这是全国农村基本一致的历史事实。这两个地方都是地处沿海,人口密集。人多地少是它们的共性。但是两地的历史条件却有区别,苏南历史上是个农村手工业发达的地方,以"工农相辅"来维持农民生活。即在计划经济下还曾有过一段时期为了外贸的需要,维持了一定限度的传统家庭副业。温州则是个侨乡。这地方的农民一向到海外去经营小商业,用侨汇补贴家用。解放后,国门封锁,外出受阻,大量人口到全国各地去卖工卖艺度日。两地的传统因而相异。也同样在人口压力日益增长下,苏南农民抓住"文革"时期大中城市工业停顿,大量技工回乡的机遇,在原有"工农相辅"的传统下,由公社和生产队办起了小型工业。农业体制改革中农村里的大量剩余劳动力解放了出来,吸收进了社队工厂。这就是我在80年代初期看到的情形。温州没有办工业的传统,也不靠近工业城市,没有发展社队工业的条件。在"文革"期间大量外流的人口分布在全国各地,起初是卖工卖艺并偷偷地按他们经商的传统本领在地区间进行贩运。1984年改革的政策承认了长途贩运的合法化。这一大批流动的人口摇身一变竟成了一支公开的流通大军,在国内开辟了大市场。就是这支流通大军回乡来分别开办家庭工厂,制造小商品以供应已开辟的市场,在短短的两年里在温州一市出现了有名的十大小商品市场。两个地方由贫致富是一致的,但是境遇不同,所走的路子也不同。结果两地的经济结构也各有特色。

先说苏南模式。苏南模式的初期是社队工业。社队工业产生在农业体制改革之前。当时这种社队工业究竟是什么性质的企业呢?这些小型工厂实际上是公社或生产队经济结构中的一部分,由公社的书记或生产队长领导和管理。这种工厂里的工人是从本社或本队的社员家中招收的,记工分不拿工资。工厂的利润到年终结算,除了一部分作为公社或生产大队的财政和公益开支外,归入生产队的工分基金,平均分配给社员,这种工厂如果有利可图,上级政府还可以上调作为自己一级政府的企业。

当时牌子最硬的是国营企业，属全民所有制，有属中央各部管的，有属省、市管的。县办企业有的还够不上称地方国营，就称作"大集体"，于是就把公社或生产大队办的企业称作小集体。我当时也跟着把社队企业视作集体所有制的企业。新生事物的称呼难免含糊不清。事实上苏南的乡镇企业初期是公社体制胎生的产物，它应当说是社队所有制，所以最初都叫它社队工业。

在苏南，公社体制改革后，农工分了手。农业经营承包到户，而社队办的企业却没有分，照原样办下去。公社名称改成了乡，生产大队改成了村，社队企业的名称也得改。一般称作乡镇企业。这些乡镇企业还是由乡长或村长领导和管理。一直到现在一些村办企业，还是由村长说了话才算数。在这个变动中，由于取消了工分制，工厂不能不按工人发工资了。但是一般工资还不是直接发给工人本人，而发给工人的家长。后来加发奖金时，在厂的工人才真正有现钱分到手上。我曾把这种在改革中常见的情况比喻作蝌蚪变青蛙的过程，脱掉尾巴要有一个过程。到目前苏南的乡镇企业里还可以看到公社制留下的尾巴，乡办企业利润归乡政府支配，村办企业的利润归村里支配；管理上还是乡长和村长掌权。实事求是地说，我想这种乡镇企业可以称作地方干部经营的社区所有制。社区是指一定地区里共同生活的人。社区所有制是指名义上所有权是属于这个乡或这个村全体居民的，而事实上由于利润由管理这个社区的行政机构所支配，所以性质和"地方国营"相类似，它跟国营企业不同只是一是全民所有，一是乡村居民所有。在当前阶段不论是全民所有或乡村居民所有，实际管理权都握在各级行政领导手上，政企还没有分。

这一点说明白后，苏南模式就可以和温州模式在所有制上作出区别了。温州当然也有和苏南类似的乡镇企业，但是主要是家庭企业，就是所谓个体户，属个体所有制。严格说，如果个体的意思是指个人，温州街上的作坊也并不真是个人所有的，而是家庭所有的。家庭里有不少成员，而且通常并不限于直系亲属组成。许多是已婚的兄弟甚至亲亲戚戚合组成的家庭作坊。如果我们仔细观察，各人的责任和收入都有事实上的规定，有时甚至可以说是股份制的雏形。但是通常我们却说这是"个体所有制"或私有制。

当我在温州调查的时候，这些家庭作坊已出现"走向联合"的趋势。我用"联合"一词，是为了避免用那个可能会引起心有余悸的人反感的"合作"这个词。其实在外文里称"联合"不如称"合作"为确切。不同的个体企业联合起来按"合作社"的原则来经营,这是一种合作性质的集体所有制。这种合作组织常是以"亲戚"或街坊关系组成的作坊,也可以说是家庭所有制顺理成章的发展。在这里我们可以体会到个体所有制和集体所有制只在概念上可以有严格的界限,这种界限在现实中是相当含糊的。家庭企业和各级政府所办的企业基本的不同是在一般所谓官民之别。

如果允许我在这一点上再作一些发挥,我想说在苏南模式中的社区所有制在一定意义上也是家庭所有制的发展。公社和生产队一般都认为是社会主义时期的新事物。在历史过程中确是应当这样认定的。但是如果再一想,为什么公社这个制度能这样容易为中国农民所接受,而且运行了20多年?过去很少人敢于提出这个问题,但是我想是值得加以思索的。在生产队的具体运行中,我看到了传统大家庭的影子。家长作主,统一指挥,有福同享,有难同当,岂不是一个家庭或家族的根本组织原则么?从这个角度看去,社队企业的发生,它的经营方式,招工和分配原则,无处不能从传统的大家庭模式里找到对应。社队企业是社队的副业。我并不想贬低新生事物新的一面,只是想指出新生事物似乎都不能和传统模式相脱节,而且常常是脱胎于传统模式的。我指出这一点体会,很可能和鹤见和子教授的"内发型的发展论"有相通之处。对中国社会的发展,从乡土社会发展到工业化后的现代社会,这条道路上传统文化会起什么作用,消极的和积极的两个方面,都值得我们平心静气地加以分析和评估。要能做到这一点,我们不宜从概念到概念地作理论上的纠缠,而应当从活生生的一个个人的具体生活、思想和精神状态中去观察和体会,以求得深刻的理解。

珠江模式的冲击与联想

沿海各省这十年里农村的发展,总的说来都是走兴办小型工业的路子,但各有各的办法。办法之所以不同都和各地特有的具体条件相关,真是"八仙过海,各显神通"。其中最引人注目的就是我上述的苏南模式和温州模式。可是在最近三四年里,珠江三角洲又出现一种和上述两种模式不同的发展路子,不妨称之为珠江模式。对这个模式虽则还没有深入调查,但这个模式对我的思路又起了有力的冲击和推动。

我到广州附近的东莞去访问是在1988年底。但是在和这个发展模式接触之前，1985年我在访问香港时已有所感觉。我在访问回来所写的《港行漫笔》中有这样一段话："从观塘的蜂窝厂家出来后，我突然产生一个奇特的念头：如果我有孙悟空的本领，真想一口气把这密密麻麻挤在多层大厦里的那许多工厂，吹散到内地广大的农村去。那么，这些蜂窝厂家不就成了无数的乡镇企业了么？我们除了无需建筑多层工业大厦之外，香港的小型工业在经营上确实是我们乡镇企业的一个范本。这范本里写着乡镇企业下一个发展阶段的文章。"（《外访杂写》194页）

香港原来是个国际港口，在过去20年里利用大陆上移入的劳动力和世界各地的原材料和市场发展了多种多样劳动密集型的小型工业。这些小型工业在我去访问时已有4.7万家，一家工厂是一个核算单位，职工达85.5万人，平均一家只有20人。这些工厂都挤在多层大厦里，一层楼里可以有好几家小工厂。一个老板可以有好几家以至几十家工厂，所以我称之为"蜂窝厂家"，当时就想大陆上的乡镇企业如果能像香港这样办，原料、市场两头在外，农村里的劳动力加上先进技术和管理，不是可以又跨上一层台阶了么？

我当时只想摇身一变，变成个孙悟空，把香港工业大厦里的蜂窝厂家一口气吹到大陆上去。没有定下神来再思考一下，怎样吹起这阵风来。时过三年到东莞一看，我那时的奇特之感却已成了事实。是哪一阵风把这些小工厂从香港吹来的呢？并不是真的出了个孙悟空，而是香港和大陆两地工资和地价的差额所构成的那一个气流。当隔着两地的政治屏风一撤走，不可避免地刮起了这阵经济风，在短短的两年里，珠江三角洲大大变了样。香港工业正在扩散。

我去访问东莞是应一位亲戚之邀去参加他办的一个成衣工厂的开张典礼。这个厂就设在东莞专为外资办厂的工业区里，从签约到开工只有半年。这位亲戚原来就在香港观塘办有一个成衣工厂，我访问香港时曾去参观过，也就是我发生奇特念头的地方。事情是够巧的，也因之对我思路的启发特别强烈。

更有意思的是就在当天，我在香港的报纸上看到一条报道。说是香港有一家工厂的职工静坐在厂房里不让老板把机器运走。至于这个老板为什么要搬走机器，把机器搬到哪里去，报道里没有说明，只说是这个工厂的职工怕失业，反对把机器搬走。我那位亲戚在香港的工厂并没有关闭，但他和我说，香港工人的工资一个月要 3000 港币，而在东莞只要 300 元人民币。他加了一句说，大概相差 10 倍。这是风源。这阵风会不会把他在香港的厂刮走，我不敢预料。香港怎么变，我们暂时可不管，值得我们注意的是这阵港风在大陆上吹起的变化。

从香港吹来的这阵风，也唤起了我的记忆。我记起了前几年我曾请那位亲戚到吴江去参观，目的是想在江苏和香港之间搭座桥。我建议他在我们家乡开个分厂。他看我的面子，把办厂计划都搞了出来，可是快要签约前，他的几个合伙的朋友却退缩了；原因是吴江离香港太远，能不能按期交货没有把握。失信事小，赔钱事大。我的面子毕竟大不过经济规律，这个项目吹了。不料事过几年，原来可能在吴江见到的这个工厂却在东莞出现了。这件事实说明了人情世界已经过时，面临的是个我还不熟悉的、也不习惯的由经济规律决定的社会经济秩序，一个韦伯所阐述的理性世界。我所看到的这种珠江模式的出现看来谁也挡不住的。

令人深思的是上述三种模式的差别。如果我们可以说苏南模式多少带着浓厚"内发型"的意味，珠江模式应当可以说是"外向型"了。当然苏南模式中也包括接受从上海这个大城市扩散出来的技术和信息，但是在程度上和珠江模式相比却大有区别。珠江模式的主要特点是不仅两头在外，而且可说是主体也部分在外，因为掌握着经营管理权的并不脱离它原来的中心，而且利润主要部分是吸收到外在的中心里去的。苏南模式是当地农民利用城市的协力自己创造出来的企业，而珠江模式则是以外地力量在当地农村自愿接受的条件下输入的企业。对珠江模式的认识，还有待以后进行深入地调查。这里我只记下一些初步接触时思想上所发生的启示。

从"因地制宜、多样模式"

到"随势应变、不失时机" 自从我接触到了"珠江模式"后，我对发展模式的概念又有了深化，在多少带着一种静态意味的"因地制宜、多种模式"上加了个"随势应变、不失时机"的动态观点。

我在比较苏南和温州这两个模式时，已注意到前者背靠上海这个大城市和苏、锡、常、通四个中等城市，而温州却背山面海，是个被备战形势封闭的港口，没有大中城市可以依靠。这个区别可能是这两种发展模式分道扬镳的起点。当我接触到珠江模式时，心里不得不想到它和苏南模式之间的区别是不是出于各自的靠山不同，一是上海，一是香港？上海在抗战前原本是个仅次于日本东京的东亚大港。那时香港只是国际航运线上的一个船只靠岸、加水、加煤的码头，在这里上下的旅客和装卸的货物是有限的。当时中国的南大门还在广州，所以广州的市面比香港更为繁荣。自从新中国成立，大门紧闭，对外实际上只留了香港这一个借道的出口，香港却因此发迹了。

香港在近十多年简直是像张开了满帆，在顺风中破浪前进。香港现在的大亨们有多少不是这些年头靠地价上涨而发起来的？香港已成了个东亚可以和东京并立的现代化国际商业和金融中心了。近年来又发展了近5万家工厂。看来香港的工业基本上和温州模式一样是由商业带出来的，相同的是都属小型制造业，不同的是温州的市场在国内而香港却面向世界，小巫见大巫。珠江模式是抓住了香港和内地工资差和地价差，不失时机地兴起的，是香港经济的扩散。

苏南靠近上海。而上海，30年来已是个封闭性的工业城市。上海的工业主要是按计划经济经营的国营企业。国营企业原材料供应和产品分配都由国家包办，自身不会发生向外扩散的作用。上海的经济扩散力因此不能和香港相比。长江三角洲在这方面比珠江三角洲也就相形见绌。如果不是"文革"把上海这种封闭状态打开了一点缺口，在"停产闹革命"中大批老职工回乡，苏南当时的"社队工业"也成不了"异军"，也不会突然兴起的。

近年来在改革开放政策下，苏南企业才逐渐靠上这个比较开放的大城市。后来居上的昆山县乡镇企业在近两年里的发展，就是例证。苏南乡村企业发展还得紧靠上海这样的工商中心。但是上海却比不上香港，因为它自身还需要转轨，而转轨不是容易的，何况现代世界经济中心已经不以工业为主，而是以信息为主了。上海恢复它原来的国际地位，要补的课是十分艰巨的。上海发展得慢，扩散力量小，它对苏南的带动作用现在还是有限的，这匹老马已拉不动更远的车了。在苏北就能见到上海力所不及的情况。

香港在经济扩散上有多大能耐呢？我带了这个问题前年到了海南岛，去年去广州西北的梅县，最近又去了广西的桂东。我看到的是这股港风正在吹向珠江三角洲的外围。翻开地图来一看就可以明白：从香港这个中心向大陆扩散，像波浪般形成了若干层次的同心的环形地带。第一环是深圳和珠海，这些地方现已成立了经济特区。再向里，第二环是广州附近的东莞、中山、顺德、南海这四个县。它们已被称为突飞猛进的"四小龙"。以年纪论，还不出两三岁，它们都是两年前广东列入沿海开发区之后兴起的。香港的这阵风已经吹进了第二环，但是会不会吹遍全省呢？我的看法：继续扩大是可以肯定的，至于扩大得多快和多大，看来并不决定于香港的实力，而决定于我们的政策和投资条件。香港是个国际金融市场，资金是唤之即来，挥之即去的，其来其去决定于利润的高低和风险的大小。如果我们国内安定，开放政策不发生变动，最后限制这阵港风的将是具体的投资环境，其中水电和交通是决定性的条件。这个机遇能否抓得住，那要看我们自己是否有随势应变的能力。

我在广东的梅县和广西的玉林及梧州都已微微地感到这阵扑面而来的港风。梅县在粤东山区，过去是早年从中原移来的被称作"客家"人的中心。由于土地贫瘠，很多人不得不出海谋生，所以成了有名的侨乡。客家人爱乡观念很强，过去是用侨汇来接济留在故乡的亲人，现在很积极地想投资开发家乡的山区。但是，由于地处偏僻，离开广州、厦门和汕头都有相当距离，他们心有余而条件不够。去年集资开辟广州到梅县的航空交通，极力争取香港工业的扩散。但到目前为止，这里还只能说是香港工业扩散区的西部边缘。

香港工业如果会进一步扩散，看来从广州沿西江西去较为便利。从梧州出发的轮船，顺西江东下，当天可以过广州到香港，而且梧州正在积极筹建机场。在接受投资条件上比梅县为优越。后来我听说港风已吹到了处在广州和梧州之间的肇庆市。可惜我交臂错失了去现场参观的机会。无论怎样，西江可能具有迎接香港工业扩散的有利条件。但目前看来还没有形成第三个环形地带。

围绕香港的三个环形带的形成和构想

上节所讲围绕香港这个中心的三个环形地带只是从香港工业扩散的角度来说的。如果进一步分析这些地带的产业结构，还有各自的特点和相互的关系。目前这个地区各种产业正在发生地域性的分化。我们已看到的是香港把许多劳动密集型的工厂或车间向珠江三角洲转移，因而引起了珠江三角洲原来用在农业上的劳力和土地在向这些新兴工业转移。同时也引起了珠江三角洲附近地区农村的变化。由经济中心向四周的辐射，波浪形地一层层扩大，已到了广东的邻省,构成了我们的研究新课题。

1988年底我曾从广西的南宁,经玉林、梧州北上,从恭城入南岭山脉,穿过湖南、粤北回到广州。这个地区正处在上述工业扩散区的外围,看到了不少值得注意的变化,使我感觉到这里正在形成一个为香港和珠江三角洲这个经济中心服务的农副产品的供应地带,将发生独具一格的发展模式。先说我产生这个想法的经过。

当我坐的车离开南宁不久,公路旁有一个很惹眼的新建的村子,村子四周丘陵两侧全是成片的菠萝田。同行的人告诉我这是个安置从高山上迁移下来的瑶胞的村子。自从引进了菠萝这项"一村一品"的拳头产品,现在这里瑶胞平均收入正在逐年上升,目前每人超过500多元。我追问之下,知道了这里培植的菠萝产量高、质量好,而且近年来发展了商品经济,打开了销路,供不应求。最近发展了加工工业,生产便于运输的菠萝罐头和菠萝饮料,大量供应香港。这番话不仅打破了瑶胞不愿下山定居的传说,而且显示了只要沟通香港这个市场,像南宁这样的地方都能大量培植经济作物了。

我带着这个印象到了玉林。在席间尝到了这里著名的三黄肉鸡。主人又告诉我,这几年来农村家家户户饲养这种肉鸡,每天有汽船拖着一串串装满了肉鸡的木船运往香港。香港人就爱吃玉林的肉鸡,一年要收购500万只。这番话使我回忆起四年前在苏北考察时看到的"百万雄鸡下江南",长江北岸里下河地区近年来盛产的粮食,农民自己吃不完,发展了饲养业,为上海居民提供肉鸡,每天成百上千辆自行车载着鸡笼向上海进发,形成奇观。

我从广西恭城出境进入湖南,在江永县边境下车休息。一望公路旁全是桔林,村里有一家瑶胞正在办喜事。主人对我这个不速之客分外殷勤,而且告诉我,他们全靠引进了夏橙,这个村子的瑶胞已经全成万元户了。夏橙是一种在树上挂果长到一年的橙子,在夏季收获。它不仅质量优良,而且赶在秋桔的前面,市场畅销。近年来几乎全部被香港商人包下了,有多少要多少,价钱又高。不到四五年,这个穷山沟里的瑶村,家家户户住上了砖房。

我在南岭山脉里,一路上就看到了一旦抓住供应城市市场的机遇,大搞对路的种植和养殖业,不消几年就脱贫致富了。这个规律是很容易明白的。香港和随着兴起的深圳、珠海,以及珠江三角洲新兴的"小龙",有近千万人口已安全脱离了农业,他们日常所需的粮食和副食品均需市场供应。这个市场随着工商业的发展正在迅速扩大。珠江三角洲原来是供应广州和香港的粮食和副食品基地,现在发展了工业,农田面积每年缩小,农业劳动力逐步减少。而且依靠市场供应粮食和副食品的人数大增。这种产业结构的改变,给外围地区提供了机遇。正和每个都市近郊都有个蔬菜供应区一样,这样一个大香港经济区必须有一个庞大的粮食及副食品基地为它服务。这个以种植和养殖为主的供应地带的位置,将按它和经济中心区的交通条件来决定,而且将随着经济中心区的扩大而向外延伸。现在正在由珠江三角洲沿西江和北江延伸出去,前哨已达到粤北和桂东地区,对桂东和粤北来说就应当不失时机地改变自己的产业结构,向生产瓜果、蔬菜、禽蛋、肉乳发展,充分发挥它作为经济中心区的副食品供应基地的作用。

我带着这个想法,进入湘南的南岭山脉,这是瑶族的主要聚居区。瑶族分布在山地居住,所谓"无山没有瑶"。但是出乎我意外的是在江永县看到在都庞岭和萌渚岭之间,沿公路有大片的荒地,据说有几万亩之多。联系到南宁附近种菠萝而定居下来的瑶村,不由得我不产生让瑶胞下山来开辟这片平地的设想。如果这片大荒地变成了良田,不就成了珠江三角洲工业发展区的供应基地么?

瑶族是善于农耕的民族,他们在上千年前就住在像我在江永看到的千家峒那样四周高山的小盆地里,过着"有良田、美池、桑竹之属,阡陌交通,鸡犬相闻"的生活。30年代我自己在广西金秀瑶山里,曾尝到过平生最可口的粳米。这是说在农业技术上,瑶族同胞是有基础的。还必须看到这个山区由于地形的落差大,有充分发展水电资源的条件。现在广西的恭城县已经是农村电气化的先进县。如果能利用潇水上游的水和电,建设水库和灌渠,发展水电,这个地区无疑可以开辟成粮油禽畜的农业基地。

我穿过湘南一角进入广东,在这个有近百万瑶族聚居的南岭山脉里,遍山林木,正适宜于培植果树,上面所提到的夏橙就是一例。而且有山必有水,山谷里都有培植蔬菜的坡地。我在日本东京附近山区曾参观过他们培植山地蔬菜的作业,这种蔬菜在欧美被称没有污染的自然食品,价高而畅销。这段山区里,公路业已修通,今年底从连南到广州走高级公路只有4小时路程。具备了这样的交通运输条件,成为香港和珠江三角洲的供应基地应当是可以实现的前景。

要实现经济中心区外围的供应地带,由于地域广阔,必然会越出现有省区的行政界限,政策上不加以调整,就会出现困难。前年我去湖南访问时,就知道当时广东和香港对粮食和副食的需要大、价格高,湖南的郴州地区的粮食和生猪大量外流,提高了当地的米价和肉价,甚至外流人口的增加引起了湘南各县农业劳动力不足,怨言很多。去年因湖南粮食歉收,这些问题更为严重,导致湖南用行政手段封锁粮食输出。但是行政手段每每挡不住价格差的冲击力,陡然增加了边境上的纠纷。这里可以看到随势应变的必要,政策必须灵活,才能不失时机。广东由于吸收香港的工业扩散开辟为开放省,那是随势应变的例子,结果出现了珠江三角洲的"四小龙"。广东的经济发展就会辐射到靠近广东的几省的边缘地区,也必须及时制定配套政策,才能转变消极影响为积极影响。这是客观规律决定的事,迟做不如早做。

被省、区行政界线分割的这条南岭山脉,地形、生态甚至民族构成,基本上是一致的,在经济发展上又是处境相同、休戚相关,所以我认为首先应进行密切合作,为将来联合发展的前景作出准备。

边区开发——以牧为主,农牧结合

1984年我扩大研究范围,除沿海诸省外,还包括了西北边区,主要是内蒙古、宁夏、甘肃和青海,两个民族自治区和两个省。我在开发边区这个课题里开始着重做了农牧结合和城乡结合这两个题目,进而产生了"全国一盘棋"的观点。

西北边区的一个特点就是它拥有广阔的牧区。我国牧区草原一共约43亿亩,占国土面积约1/3,主要就在西北边区。历来牧业是这个地区的经济基础,而且具有极大的潜力。从事牧业的又都是少数民族,从发展少数民族经济的角度看去,牧业的现代化更有重要的意义。因此我认为要研究边区开发问题,应当从牧区入手。

以整个内蒙古来说,牧业是当地蒙族及其他少数民族的主要传统经济基础,但是它的南部又是与汉族杂居的地区,引进了农业,草原在退化,牧业也在衰落。这里存在着农牧矛盾,同时也正是过去发生民族矛盾的地带。因此我这次打算从农牧交错的地区入手去研究该地区社会经济发展问题。我选择了现称赤峰市的昭乌达盟为观察的对象。

从赤峰的历史上我们发现这个地区曾是个农牧民族拉锯的地带。从考古学者发掘到的古代遗物来看，有理由相信在春秋战国之前这里曾经有过较发达的农业文化，但是后来被北方的游牧民族所占领，农业荒废，成了林草丰美的牧业地区。它地处燕秦长城和明长城之间，留下了南方农业民族逐步南迁的记号。这里即在宋代，还有"平地松林"之称，并不是一片荒凉的草原。自从18世纪初，清朝允许汉人出关之后，200年来，赤峰成了蒙汉杂居的地区，也是农牧并存的经济。

农业和牧业原本都是从采集经济里发展出来的，一是驯养了牲畜，一是培植了农作物。不同民族因自然条件的差别，因地制宜地分别以农或以牧为主导生产方式。但事实上没有一个民族的农业或牧业能成为单一性的经济。农民需要肉食和畜力，牧民需要粮食和日用品，所以农牧总是相互补充的。农业和牧业在一定条件下才发生矛盾，那就是粗放型的农业向牧区扩张，破坏了牧民生存空间的草原。

赤峰西拉木伦河流域广大的草原就是一例。在清末开始有汉人移入这个地区，到民国初年军阀割据时，当时盘踞在这里的军队，强占了这片草原，招募关内农民进行开垦。当时的所谓开垦实质是一种广种薄收的对土地的掠夺。开垦几年，地力耗尽，就丢荒另开。这片被丢的土地不久就沙化，严重的寸草不生，成为流沙，进一步侵入附近的草场，形成难以抗拒的破坏力量。同时人口增加，建屋、取暖和起炊，都需要木材。由于只砍不植，年久日长，原来森林茂密的草原，到近几十年已成了一片树木稀少的旷地。森林破坏，引起水土流失，加速了沙化。西拉木伦河和老哈河所形成的三角地带的草原一半已经沙化，赤峰市的其他地方情况更为严重。这是粗放农业和自然牧业碰在一起所发生的"农牧矛盾"。从外地进入开垦的人都是在本乡不能谋生，在这里又受到军阀苛刻剥削的穷苦农民，但因为他们是汉人，而牧民是蒙古人，因而农牧矛盾转化成了民族矛盾。

上述民族矛盾从50年代起，在实行民族平等团结的政策下是结束了。但是滥砍、滥牧、滥垦、滥采等破坏森林和牧场的现象并没有根本扭转。我在访问赤峰的旅程中，才初次看到沙化了的草场和移动中的沙丘，深刻地意识到如果要开发边区首先必须用大力来恢复自然生态平衡，治沙、防风、种草、种树是最基本和最迫切的措施。

解放以来，在恢复自然生态平衡上是做出了成绩的。但至今还是属于小面积的实验性质，只能说在扭转生态恶化上已找到了有效办法。但科研成绩要成为一个个地区成龙配套的治理方案，还有待创造各种必要的条件才能实现。

从已有的种种实验中，我得到了启发，认识到开发边区必须走以牧为主，农牧结合的道路。在像内蒙古那样广阔的草原上，如果能大力发展现代化的牧业，在国民经济中的贡献是难以估计的。要认识到这一点首先须破除汉族传统的"以农为本"的狭隘观点。历史上的汉人确是个墨守神农氏传统的民族，每到一地就想法开垦种植。要知道粮食只是人类得到营养的一种来源，肉类不一定是"副食品"，也可以成为主食的。如果占有国土1/3的草原能充分利用，成为全国人民肉食供应基地，就可以减少对粮食的需求，而使农业地区的土地能从粮食的压力下解放出来，向培植经济作物转移。在宏观上去看，这是一项提高国民生产力的大战略。

像内蒙古一样的有牧业传统的草原，要提高畜产量，看来必须逐步改变让牲畜自己在草地上找草吃，人跟着牲畜移动的原始性游牧方式，而把牲畜固定在一定的地方，由人去找适合牲畜生长的饲料来喂它们。简单说是由放牧改变成饲育。

我在赤峰的巴彦他拉看到过去因开垦而破坏的草场已开辟成牧草生产基地，每年提供大量牧草给其他地方去饲养牲畜。又在黑塔子听到"退农还牧"的计划。他们打算建立奶牛基地，把原来开垦成的农田改种牲畜的饲料，做到一头母牛有"一亩青贮、一亩草料"。我在这里得到了"发展为牧业服务的农业"的概念，用来说明"农牧结合"的具体内容。

我又去参观了韩丁创建的接受联合国援助的翁牛特旗示范牧场。这个牧场利用现代化机耕设备种植青饲料，为各地送来的牲畜催肥，然后外运出售。这是一种放牧和舍饲相接力的方式。放牧的牲畜长到一定阶段，送到这个"催肥工厂"里实行舍饲。看来这是牧业改革的一个重要试验。

现在国内的牧场一般发生了草场退化的现象，主要是出于超载的原因。一块土地上的草是有定量的，如果供应过多的牲畜，必然会影响到次年的草产量，年复一年草场就退化了。现在通行的对策是设置"草库伦"，就是用铁丝把一块草场围起来，防止牲畜进入，使草场有休息生长的时机。如果再加上放牧和舍饲接力的方式，草原超载的问题是可以解决的。这就是说，把一段时间里供应牲畜饲料的负担，由草场转移到"催肥工厂"，由这工厂的精细青饲料去饲育牲畜，使草场有休养生息的机会，不致退化。

我后来到甘肃临夏去调查，看到了当地传统里就有和联合国协助的示范牧场一样的放牧和舍饲接力方式。临夏靠近青海的牧区，每年秋末从青海有大批羊群赶到临夏来出卖给临夏的农民。临夏的农民种玉米作青饲料，分别在自己家里喂养买来的架子羊，喂肥了，趁古尔邦节出售给当地回民。这不就是放牧和舍饲的接力方式么？

从接力方式再进一步就是结合方式。我去年去访问呼伦贝尔，参观了几个定居的牧民点。他们所有的牲畜已改以舍饲为主，只在附近地区放牧作补充。他们用拖拉机到远处收割草料回来喂养圈在住所旁的牲畜，他们许多家聚居在一处，奶粉厂收购牛奶就方便了。同时这些定居的牧民已开始在奶粉厂的协助下，开办小型的自负盈亏的加工车间。他们从培养草料实行舍饲，已发展到自己建厂进行原料加工。这些定居的牧民由于有了聚居的村落，村落里有公共的社会化的服务事业，包括小学和医院。这里看到了牧业改革带来牧区的新气象。这也许是牧区通往现代化的一条有效道路。在这里，我看到了少数民族发展的前途，开拓了我的思路。

开放三线企业——释放出西北储存的巨大潜能

内蒙古幅员辽阔，经济上地区差别很大，概括地说是东林、西铁、南农、北牧。我在赤峰着重了解农牧的情况。接着，1985 年到包头，想继续了解西铁的情况。如果说赤峰调查看到了该地自然生态的失调，在包头的初步调查却看到了过去在边区建设的大工业所产生的人文生态的失调。人文生态是指一个社区的人口和社会生产结构各因素间存在着适当的配合，以达到不断再生产的体系。人文生态失调是指这种配合体系中出了问题，劳动生产率日益下降，以致原有生产结构不能维持人口的正常生活和繁殖。在整个西北边区，人文生态失调和自然生态失调同样值得注意。

我们都明白西北边区在经济发展上现在是落后于沿海地区，而且这个差距还在扩大。但是说来不大能令人相信的是，自新中国成立以来，从 50 年代到 80 年代的 30 年中，国家工业建设的重点曾经放在中部和西部之间的走廊地带，从内蒙古经陕西、甘肃到四川，投资达 3700 亿元。在我们这样一个工业不发达的国家，这个数目是不算小的。用这笔钱建成了9条铁路和几千个大中型国营企业。但是这几千个大中型企业，却并没有成为这个地区社会经济发展的启动力。至今西北地区的人民生活还停留在人均年收入400元以下的水平，"老少边"地区还有几千万人在贫困线以下生活。这是为什么呢？

我从这几年的实地观察中才了解到西北地区的工业建设，可以分两个时期：最初是第一个五年计划里苏联协助的建设项目，这类项目大多是大型的国营企业，并以重工业为主，有些就建设在西部和北部的少数民族地区。当时还希望通过这批重点项目的建设在开发这些地区资源的同时，使少数民族的社会经济得到发展。接着，60年代起由于备战需要，国家工业建设还是集中在西北地区，并采取了"散、山、洞"的方针，就是把工厂分散到山区，机器放在山洞里。这些工厂一般称之为"三线建设"，主要是国营的军工企业。不论早期或后期这些工厂都不是在当地社会经济的基础上生长出来的，而是从上而下，由外投入的。

我们如果从社会学的角度去看这些企业，就能见到它们的特点，首先是"企业办社会"，也可以说是"社企不分"。企业的从业人员和他们的家属组成了一个在社会生活各方面力求自给自足，对外很少联系的封闭性社区。这在少数民族地区更为突出。这些人员绝大多数是从外地招集来的，他们和当地居民原来不存在社会关系。他们的生活需要，又是大多由企业负责调运供应。所以企业不仅要管理工厂里的生产，还要管理从业人员的生活，从吃到住，从壮到幼，从生到死，企业都得管。

这种国营企业又都是直属于中央或省的政府部门，它们按所属上级调拨的原材料、指定的计划进行生产，产品上缴并由上级分配。这叫产品经济，不是商品经济。它们和所在地的基层地方政府没有从属关系，当地基层政府管不着它们。具体情况当然要复杂得多，基本上这种企业是个独立于当地基层行政系统之外的"小王国"，因而时常发生"条条和块块"的矛盾。企业的上级政府部门又都是专业性的经济部门，它们也管不了各企业从业人员复杂的社会生活，于是产生了"企业办社会"的结果。一个厂长同时是一个"市长"。这种社企不分的封闭社区，人文生态关系就容易失调。让我举个具体的例子来说明这种现象，那就是1985年我去调查的内蒙古包头钢铁厂。

包头在解放前是一个人口不到7万的"水旱码头"，黄河上游牧区产品的集散地。1953 年在苏联帮助下,我们国家在这里建立了一个大型的钢铁联合企业,简称"包钢"。它利用包头附近白云鄂博的铁矿,生产钢铁,供应国家的需要。接着国家又在包头兴办了 3 个重工业性质的大中型企业。这些企业的成员,从工程师、管理人员和技术工人,甚至到一般工人,很少原来是包头地方的居民。30 年里包头市人口已经达到 157 万,其中在这几个企业为中心的市区约有 80 万人,形成了蒙古草原上解放后出现的一个新兴城市。

当初建厂时为了争取时间,所以定下了"先生产、后生活"的原则。在设计这些企业时,对从业人员的生活设施并没有预先打在规划之中。比如开工之后才发现工人大多是外地来的青年男子,他们在当地解决不了婚姻问题,于是不得不办一个纺织厂,在内地招收女工。男女结了婚就要生孩子,于是这些企业又要为孩子办托儿所,办幼儿园。孩子长大了,又要办小学、中学。1985年包钢所提供的教育经费达 400 万元。办了学校还不够。中学毕业生只有少数能到内地去升大学。于是约在 70 年代就已发生了青年就业问题。这些待业青年要企业自己"消化"。包钢不仅要"包"钢,而且还要"包"人。

包钢自从中苏关系发生变化后,这几十年是在艰苦中维持下来的。它们的物质条件还是 50 年代的,但是人文条件却不同了,单以人口来说已经翻了几番。现在已是个有几十万人的社区,而这个社区并没有和当地的社区融合,还是"两张皮"贴不拢。50 年代的生产力却要背上 80 年代的社会包袱。即以"消化"这些待业青年来说,他们先是采取"顶替"的办法。工人的人数是有限额的,编制由上级规定,企业本身无权增减。他们只能让老工人退休,由他们自己的儿子来填补,这叫"顶替"。"顶替"显而易见不是个好办法,因为这等于是用"生手"去代替"老手",必然影响生产效率。而且顶替也解决不了每年要增长的待业队伍。于是不得不又采用了编外增员的办法,把这些青年作为"集体工"即临时工,分到各车间去做工。各车间人员太多时,只能另辟规划外的车间,巧立名目,扩大人员。于是出现了"大集体""二集体""三集体"各个层次的附属体。形式尽管不同,都是为了"消化"这个封闭性社区里的一代代增长的劳动力。这些"集体"都依附着这个大企业,是断不了奶的孩子。总之,这个企业像个大家庭,不能不一代一代地养活不断增长的子子孙孙。而这个大家庭却并不是个不断生长中的母体,而是个生产力受限制的封闭社区,所以不可避免地进入了恶性循环,包袱越来越重,母体越来越弱,这就是我说的人文生态失调现象。

80年代,又出现另一种使母体亏耗的情况。这些像包钢这样的企业,过去历年是亏损的,靠国家补贴维持,原因且不去说它,结果是技术人员的实际收入和社会福利很难提高。到了80年代,沿海各省乡镇企业发展很快,由于缺乏技术人员,愿出重价招聘。结果在西北这些老大的国营企业里舒展不开手脚、待遇又微薄的技术人员就像春江水般大批东流。这等于是企业里的水土流失,又成了一种严重的人文生态失调现象。

人文生态失调形成了对企业的压力,这些企业不得不进行改革以求生存。首先是以开放代替封闭。在社会方面说,就是企业的小社区和所在地的大社区这两张皮,必须贴在一起,向社企分离的目标迈进。第一步是大企业以它技术管理的优势去协助当地政府办各种企业,增加当地政府的财政力量,使其有能力接管大企业过去所包下的种种社会服务工作,为大企业卸下包袱。这也就是使这些大企业开放出来促进广大地区的经济发展。大企业的开放不但发挥了西北工业化的启动作用,而且也是自己解放自己的唯一办法。对地区经济和企业本身是两利的。这个改革过程已经开始,但是必须根据具体情形采取不同形式进行。应当承认这并不是一个轻易的过程,也为我们的社会调查提出了一个值得研究的课题。

我在包头看到的问题,实际是西北地区共同的问题。这促使我1988年去西安和宝鸡访问时特别注意了解"三线"企业的情况。"三线企业"就是上边所说的分散在山区,把机器装在山洞里的那些军工企业。自从政府进行经济体制改革以来,这些原来不计盈亏,不愁市场的国营企业,就面临一种没有经历过的要自负盈亏的新情况。它们必须转型以求适应。适应之道主要是以开放代替封闭,从产品经济走向商品经济。

国营大企业和远近乡镇企业联合起来是开放代替封闭的一个路子。我在宝鸡看到了许多具体例子。联合的方式是多种多样的,值得注意的是在西北地区国营大企业所含蓄的巨大科技潜力,形成了发展乡镇企业的启动力。我曾经在前面讲过,苏南模式的启动力得之于公社时期乡村的农业积累和"文革"时期的技工回乡,温州模式的启动力是得之于劳动输出所形成的国内流通网络和商业积累,珠江模式的启动力是得之于香港和内地工资差和地价差所造成的港风登陆,那么"三线地区"社会经济发展的启动力是否可以说应当着眼于20年来国家在这地区投入的巨额资金和集中的大量科技人才上去寻找呢？关键是怎样使已经存储在西北的巨大经济能量释放出来，使其成为西北这个多民族地区共同发展的推动力。这个问题开拓了我在西北的研究思路。

缩短西、东部差距的思考

怎样缩短、消除西部与东部之间在社会经济上的差距的问题，把我带向西北去进行观察和思考。1984年我除了去内蒙古调查外，还去访问了甘肃的定西地区。从那年起，我连续3年到定西追踪观察。我挑这个地点去调查的原因在于它是扶贫工作的重点区之一。历史上就有"陇中之苦甲天下"之说，定西就在陇中的中心。

陇中高寒干旱，水土流失，生态恶化，三年两荒，每逢灾年，这里的居民能走的就外出打工、讨饭，留下来的挖草根当柴烧，爬几十里山路去背水喝，靠救济粮糊口，长期以来摆脱不了半饥饿状态。

我下乡进行家访时初次看到老百姓家里的水窖，一家人一年用水就靠这窖里储存的雨水。一个窖大约有几十立方米的容量。一家有两窖水的就算是当地的富户。天旱窖竭就得远出背水，否则就住不下去。近年来干旱严重时得用汽车送水来救济。这种苦景对我这个在水乡长大的人来说是无法想象的。

干旱原来是自然现象。定西地区年降雨量只有480毫米，如果植被丰满，蓄得住雨水，还是能经营农牧生产的。不幸的是在相当长的历史时期里，生态平衡业已破坏。许多地方不仅树木伐光，甚至草根都被挖尽，成了赤地千里，一片黄土。再经雨后激流冲刷，条条沟壑把大地割裂成高坡深谷。远远望去活像是剥光了皮，赤裸裸地撅起背脊的大爬虫，令人恶心难受。定西这样地方的居民就在这些山沟里过生活。靠近河流的还能种一些水浇地，面积很有限。大多是靠雨水长庄稼的梯田和坡地。据估计这地区无灾之年亩产在100公斤以上的农田，只占耕地面积的1/3。本地所产粮食不能养活本地的人口。

定西这样的地区如果坚持粮食自给，必然会进一步破坏自然生态平衡，导致灾难。从自然条件来说，大部分不宜种粮的土地却可以种草。只有发挥该地种草的优势去恢复生态平衡，所以从1983年提出了种草种树的政策方针后，加上一连三年雨水好，定西大力发展了畜牧业，使这地方有了脱贫的起色。

三次访问定西，我一直被"怎样脱贫"这个问题占住了心思。我深切感到逢灾放赈的办法是不能解决根本问题的，所以一再呼吁扶贫工作要改"输血"为"造血"的方针，就是说要扶助贫困地区恢复生态平衡，自力更生地建立有发展前途的经济基础。但是怎样才能建立起造血机能呢？我开始时总是鼓励定西发展乡镇企业，但是在这个既缺资金，又少企业传统的地区，即便办了一些工厂，也难于发育扩散。在这里我才认识到经济发展中启动作用的重要性，也因而使我回头分析沿海各种模式不同的启动机遇和凭藉的力量。怎样启动贫困地区的发展，成了我极想探索的问题。

1986年我有机会去河南东部商丘地区的民权县访问。自从黄河改道后，给这个地区留下一片贫瘠的沙土。到了60年代，当地干部惨淡经营，绿化了黄河故道，使这片土地恢复了活力。70年代农民发现这里的沙土适宜种葡萄，很快在农村里推广开了。但是经济作物必须有市场作依托。葡萄熟后，保鲜期很短。在交通不便的商丘一带，不久就发生了大批葡萄运不出去而烂掉的情况，农民连成本都收不回来。这时，当地政府做了件好事，集资办了一个葡萄酒厂。为了易于在短期间收购葡萄及时榨成果汁，贮存起来供应酒厂酿造，各乡不久又建立了自办的加工车间，兴起了乡村企业。当我去访问时，已经形成了一个从果农、乡办加工厂、县办酒厂一条龙的生产线，使几万户农民可以安心种葡萄。酿造出的民权葡萄酒成了名牌商品。从户、乡到县，各个层次都得到了相当优裕的收入。把这个穷乡变成了殷实地区。

那年我再去定西时就了解到这地方盛产亚麻，他们种亚麻是为了麻籽可以榨油，留下麻秆却用来当燃料烧掉。我碰巧见到一位麻纺专家，知道亚麻纤维纺织的技术问题在近10年来已经解决，国际市场上需求量更旺，麻纺的前景比较乐观。我立即想到如果能按民权模式在定西办麻纺厂，不就可以使现在当燃料烧掉的麻秆得到了利用？这不是一个千家万户可以脱贫的路子么？

在一个刚刚基本上解决了温饱问题的地区，民间没有能力积累足够的资金来兴办乡镇企业。地方政府同样缺乏这种能力。过去西北地区实际上是个向外地工业提供原材料的基地。过去，原材料的价格偏低，和外地输入的工业品之间存在着相当大的剪刀差。这种差额一向是用中央补贴的办法来弥补的，而事实上财政补贴只够用来维持行政机构的开支。西北地区的工业历来是依靠国家投资，地方的乡镇企业沾不上边。资金不足显然是西北地区社会经济发展的一大困难。其次，还缺乏一个有辐射力的工商业中心能为民间的企业提供技术力量。现有的技术还封闭在大中型的国营企业里，要经过一个相当复杂的过程才能开放出来。

面对西北地区广大城乡发展上所遇到的困难，我不由得不联系到沿海地区的情况。一相对照，就不难看到双方正可以互补短长；东部沿海地区的乡镇企业经十多年的发展，原材料和能源越来越跟不上，成了进一步前进的瓶颈。西北的资源如果开发出来，正可满足东部的需要。如果能动用东部的资金和技术来开发西北资源，在互惠互利的原则下应当是可以两厢情愿，共同合作的。我看到了这一种可能，所以提出了"以东支西、以西资东，互惠互利，共同繁荣"的说法。"支"是指资金、技术上的支持，"资"是指原材料和能源的供应。

这个思路使我产生"全国一盘棋"的观点。1988年我提出"黄河上游多民族开发区的设想"是从这个观点中发展出来的。

黄河上游多民族开发区设想的提出

在内蒙古和大西北进行的社会调查，使我感觉到沿海和内地，特别是边区的不平衡发展会给我国现代化的进程带来越来越多的困难。从全国一盘棋的观点看来，我们有必要重视这个有关大局的东西差距。同时也想把我从50年代中叶起中断的民族研究工作在大西北的调查中继续下去。

中国的少数民族大部分聚居在中国的西部。西部和东部的差距包含着民族的差距。西部的发展战略必须考虑民族因素：一方面要动员这地区少数民族参与这地区的开发事业，另一方面要通过这地区的经济开发使这地区的少数民族发展成为现代民族。这个观点在过去实际上常被忽视，以致"三线"建设只在西部增添了一些"新兴城市"，而没有使西部人民的生活有显著的提高。不少在少数民族地区兴建的大型国营企业根本没有考虑到和当地少数民族的联系，甚至眼中只有这地方的资源，而忘记了还有生活在这地方的人。我看到这些现象，心里总是觉得十分难过，认为这是过去政策上的失误。

为这种失误辩解的人说，少数民族缺乏现代科技知识，没有力量自己来开发本地区的资源，而且他们现有的生活习惯，也不适宜于现代工矿企业里的生活。不是不让他们参与而是他们参与不进来。我在呼伦贝尔访问伊敏煤矿附近的蒙族聚居点时也听说，这个煤矿曾按政策招收过附近一部分蒙古族居民进矿山做工人，但是不久几乎全部告退了。这些从小骑着马在广阔草原上放牧的小伙子，不愿意钻到地下去挖煤，请他们做职员则文化程度又不够。我相信这些都是事实，但是并不应当以此来否定少数民族参与西部地区现代化建设的重要性，只是提出了怎样才能把西部的少数民族吸收进开发西部的事业里去的问题。同时也说明了像伊敏煤矿那样想直接把牧民一下子变成工人是做不到的。应当怎样办呢？对少数民族的发展问题还值得我们深入思考。

我在甘肃临夏回族自治州的调查中得到了一些启发。要促进少数民族的现代化，看来必须从它们所有的民族特点出发，循序渐进地向前发展才能见效。我这点认识的形成经过是这样的：我在从广河县通往临夏市的公路上，一路停车访问了近十家新兴的富户。我一家家访问他们是怎样脱贫致富的。其中绝大多数是这几年到青藏高原牧区贩运起家的。例如有一家筹得了一小笔款子，去市集上买了几张羊皮，回来把羊皮缝成袍子。坐公共汽车去四川的甘孜藏区，把羊皮袍卖给藏民，得到了比成本高好几倍的利益，赚了钱再买羊皮，制成袍子去藏区出售。就这样"滚雪球"不到两年，已经有力量造了一座楼房。一家男女老少共同操作，俨然是一个小作坊。还有些人家租车贩运啤酒到拉萨出卖，赚了钱自己买辆卡车往返拉萨做买卖。他们告诉我，一辆卡车跑一趟拉萨，昼夜开车，五天可以打个来回，净挣 5000 元。我在 1987 年第三次访问临夏时，据说这个地区已有上千辆卡车奔驰在青海和西藏的公路上。有几个原来很破烂的穷村，已焕然一新。这样快的脱贫致富，给我极深的印象。

我这次访问的近十家新兴户，一问竟全是回族。沿着这个线索，我发现了回族善于经商的特点。我又把这个特点联系上了回族的历史，找到了这个民族特点的历史根源。回族所信奉的伊斯兰教起源于阿拉伯，扩散到西亚和中亚。早年通过"丝绸之路"和海道，有不少信伊斯兰教的阿拉伯和中亚商人进入中国。他们被称为"番客"，一部分就定居在沿海和西部商路上的城市里。到了 13 世纪，蒙古人入侵中亚，掳掠了大批信伊斯兰教的商人和工匠编入军队，为他们作后勤工作。后来蒙古人带了这些人回师中国，灭了南宋，建立元朝。这些人的子孙就留在各地，和早先来的番客结合而成回族。从这个民族的形成中可以看到他们的祖先不仅信伊斯兰教而且是有经商传统的人。他们在和汉族接触中虽然部分已接受了农业生活，但不同程度地保留了善于经商的特点，直至今日。

回族的经商传统可以用来说明他们分散聚居在全国各大城市里的原因。但是为什么他们最大的聚居区却落在黄河上游的宁夏和临夏呢？这个问题的提出使我注意到了这个地区在经济地理上的地位，它们正处在广大牧区和中原农区的交接地带。

这条农牧贸易走廊正是回族可以发挥其特点的用武之地。这可能是上述问题的答案。临夏旧称河州，历代是一个农牧贸易的内陆商埠。它是丝绸之路上的一站，宋代是茶马司的所在地。看到临夏目前商业比较发达，使我联想到了沿海的温州，因而可说"东有温州，西有河州"。当然两地是有区别的。但是它们近几年都是自发地从参与商品流通而致富的。温州走在前面，已经"以商带工"，形成了众多的家庭作坊式的乡村工业。临夏还正在扩大流通网。直到去年我再去访问时，才看到有不少小型工业正在起步建厂，有可能走上温州这个模式而发展起来。临夏这个标本给我的启发主要是在进一步认识到少数民族的发展必须抓住它们的特点作为起点，在牧区则要像上面已提到的海拉尔附近的牧民那样，从改良牧业出发，使放牧和舍饲结合，并进而利用畜产品做原料发展加工工业。我认为这个原则同样适用于林区和农区。

在内蒙古呼伦贝尔大兴安岭的林区里，我看到一个反证的例子。大兴安岭原始森林里原来住着以狩猎为生的鄂伦春族，解放前只有几个人。解放后，由于开发林业，外来的人口大量涌入林区，几千人的小镇在原来荒凉的森林里一个个建立起来。鄂伦春人的生活环境起了变化。按民族政策的规定成立了鄂伦春自治旗，国家拨款为他们建立了新村。这几千人改变了过去狩猎为生的经济，而在不同的名目下，从小到老得到国家的津贴。他们的生活是有保障的。但是失去了传统的生产手段后，却没有能找到靠自己劳动来从事生产的新路子。结果是物质生活的保障反而引起了精神生活的衰颓。因此，我建议及早发挥他们饲养驯鹿的传统本领，帮助他们在林区里建立新的养鹿场，让他们自食其力，发展起来，不然，这个几千人的小民族的前途是十分可虑的。大兴安岭里的鄂伦春族和临夏回族的强烈对比，无疑深刻影响了我的思路，能不能这样概括地说：一个民族的发展主要靠善于发挥自己的传统优势，利用一切可以利用的外在条件，提高自身的社会生产力和发展自身的精神文化。

临夏商业的繁荣不仅给我提供一个怎样利用传统优势来脱贫致富的例子，

而且也使我看到这是个促进青藏高原现代化的重要环节。我在上节提到了黄河上游多民族开发区的设想。这个开发区包括从青海的龙羊峡至内蒙古的托克托段黄河上游沿岸地区，正处在西藏、新疆和内蒙古、宁夏4个民族自治区的中心。这个中心地区可以利用黄河上游的落差，建立一系列的水电站，再利用这巨大的能源，开发黄河两岸的矿产。这里开发的原材料，不仅可以支援沿海工业地区，而且可以用来发展西部地区的中小型加工企业，使之分散在各乡各村，让千家万户都富裕起来。

这个中心地区工业的发展需要广大市场。这个市场首先应当是西部的牧区，也就是三面围绕着这中心的四大少数民族自治区。西部牧区的发展成为广阔的市场正是这个多民族开发区能够繁荣起来的一个重要条件。我们有条件可以利用这条介于牧区和农区之间的走廊地带，发展畜产品和工业品之间的贸易。过去曾在这里进行过的"茶马贸易"只是用农产品去向牧区交换畜产品，规模是有限的。如果多民族开发区建成了工业基地，就可以用加工后的生活日用品和发展牧业所需的生产资料去向牧区交换畜产品，从而促进牧业生产，把占1/3国土的广大草原的巨大潜力发挥出来。这并不是个主观的空想，因为在目前临夏的回族商人已经自发地进行这项探索活动，他们已成了沟通这地区的工业和少数民族的牧业的前哨队伍。

中国西部的牧区直到目前基本上是停止在封闭的自给经济水平上。牧业的现代化必须从封闭的经济改革成开放的经济。商品流通是促成这种改革的基本力量。只有把牧民喜爱的日用品运到牧区，才能使他们乐于把畜养的牲口拿出来进行交换。这就是牧业的商品化。牧民所饲育的牲口变成了供应市场的商品时，牧业在技术上也会顺利地走上改革的道路。畜产品的发展不仅为工业中心提供了毛、皮、奶等原材料，而且为工业中心开辟了广大的市场。这正是我心目中发展西部民族地区的前景。面对这个前景，我们作为研究工作者，看到了许多富有意义的课题正在等待我们去钻研，心情难免有些紧迫。

后记

因有波兰之行，匆匆把《回顾》打住。这篇文章从春节写起，写到清明过后，经常受到公务私事不断的打扰。上面的九段，没有一段一气呵成。在我一生中这是罕见的。无可自宥，只能默认岁月催人老。

东欧归来，重读《回顾》，总觉得这篇拖拉积续的文章，像一条画龙未成的长蛇，甚至结尾都没有。但既不愿重写，又不忍撕掉。只能说，各言尔志，本无定型，诚而已矣。加此后记又未免为蛇添足。

我一向认为一个人的思想总是对当时当地社会的一种反映。具体的社会有如如来佛的手掌，谁也跳不出去。各人的反映可以千姿百态，但总是为他的处境所局限。至于反映得有多么宽广，有多少深浅，那又是被各人社会经历所决定。超过了这个界线就不免志大才疏，忘乎所以。各人的成就应当归根于社会的投入和个人天资的吸收能力。评人论己看来应以这点认识出发。

上面的"九段"文章，实在是想向读者交代我这四年思想活动的线索。这四年我陆续在各种刊物上发表了不少文章，我曾说这是一生中第二个旺季。把这些文章综合一下，前后联贯起来，多少可以看出我这一段时期思想活动的取向。知我者当然愿意我这样梳理一番的。

我一路回忆搜索这个思路，自己也清醒不少。反省至少可能起自觉的作用。我重读这九段《回顾》，似乎又呼吸到了这四年农村中欣欣向荣的气氛。这气氛不仅感染了我的笔调，也浸润了我这一段垂老的生命，我相信后来的人会对这四年中国农村的发展作出公正的评定。我身在庐山自不可能见其全貌。这四年对我个人来说，应当肯定说是一生中兴奋点最高的四年。我之所以兴奋，是在于看到了个人的思想不仅可以反映社会现实，也能对社会改革发生推动作用。我的热情是来自我所接触到的群众。广大农民所初步释放出来的巨大生产力和所表示出来的激烈要求，构成了推动中国 80 年代大变革的动力。我见到的不过是这股巨流里的一些小小浪花，所能反映出来的也只是其中很小的一个局部。但也得承认，不论怎样小，怎样局限，总是属于这股巨流的一部分，因为没有这一滴一滴的水，也形不成巨浪。从毫末辨流向是应当可以做到的。

人总是人，要能恰如其分地看清楚自己在社会中的地位，更能利用这个地位去拓大自己的视野，提高自己的境界是不容易的。我自知远没有做到这一步，只能说梦寐以求的是这种自觉。我像其他人一样，所具有做学术研究工作的条件都跟着个人的经历处在不断的变化之中。30 年代我住在江村，尽管时间不长，但能随意穿门串户，老中青少见面即能交谈诉说。这种我认为最有利于社会研究的条件，得之既非偶然，一去也难以再返。我以后 50 年的经历使我和周围社会环境的关系逐步发生了各方面的变化。

年龄是不饶人的，此其一。当年我徒步往来于崇山峻岭之间，只要深睡一晚，第二天又是精力充沛可以爬山涉水了。现在呢，连上两层楼还会喘气。50 年不能说长，体力却判若两人。

社会地位也变化多端。早年那种自由自在的学生身份已捡不回来了。解放后，上山下乡都得有任务，言行都有框框，而且终于由于思想出了格而打入了另册。另册者在社会中被孤立之谓也。60 年代后期更下沉一个梯阶，生活和工作失去自由有 10 年之久。到 80 年代初才正式"改正"，重新列入社会正册，恢复了我正常的社会生活，解除了孤立。那时我已年届七十。

当时我在一次会议上公开表白"我手上只有十块钱了，我不能随意花掉"。意思是我自己估计如果一切正常，我能从事学术研究工作的时间至多也不会超过 10 年。这 10 年可珍贵的时间一点一刻都必须充分利用，才有可能夺回我失去的 20 年。时光易过，言犹在耳，匆匆又过 8 个年头，再有半年我就进入 80 岁了。在口袋里的钱即将用尽之际，回头看看这八块半钱怎样花的，得到了多少收益，可以说是及时的和必要的。这是我写此《自白》续篇的用意所在。

现在要说的，我这段时间里固然得到了正常的社会生活，但在恢复了社会地位之后，却没有在"另册"里那样孤独和清闲的条件了。接二连三地多种多样的公务加到我的身上，其中有些是和我为学的宗旨相符的，更多的社会活动却超出了这个范围。那就是说我此生已经不多的时间，能用在我学术工作上的却越来越少得令人寒心。而且近年来由于我所担负的社会公职，也使我日益脱离群众。尽管我这几年中至少有一半时间在各地访问，但被"名位"所累，已无法进行 30 年代学生时期那样的实地调查了。这个损失，也不能全归咎于客观因素，主观方面也存在着满足于粗枝大叶的毛病。而且读书不勤，不求甚解，特别是 20 年来由于怕留"罪证"的余悸，失掉了及时作笔记的习惯。加上年老易忘，以致我思想的投入不足，累积费劲，只能靠老本过日子，智力难免枯涸。这是恢复工作后，未能突破我 30 年代达到的水平的主要主观原因。

在中国复兴社会学是我这 10 年中的一个自觉的任务。在这方面，在主观上我是尽了力的。但是一门学科可以挥之即去，毁于一旦，要重建时却不能呼之即来。重建就又得造砖造瓦，从头做起。我这 10 年，特别是最近的 6 年，深刻体会到精神文明的建设不是设立一些学校或研究所等教育科研机构就能成事的。设立机构固然必要，这些机构里必须要具有科学头脑的人，实事求是地进行细致艰苦的脑力劳动，才能积累起精神文明实质。我自己如果不能率先做出学术成果，又怎能谈得到重建社会学这门学科呢？

凭我这点认识，我是这样做了，以身作则，带头下乡，足足花去了我这8年半岁月中最大部分的时间和精力。正如我在《自白》和这篇《回顾》中所表明的，我取得的科学成果很不结实。如果能说我这点心血没有白费的话，我只在这门学科的建设中做了一些开路和破题的工作。我在客观和主观的种种限制下，尽力之所及为研究我国城乡社会发展勾划出一些素描和草图，并跟着实际的发展不断提出一些问题，开辟一些值得研究的园地。这些也就是在上面九段里所叙述的内容。说这是科学成就，可能夸大了一些，最多能说是一些科学的探索。说是社会学的内容，我想是可以的。因为我所认识的社会学范围比较广泛，一切企图对社会现象进行理解的探索都可以包括在内。同时，应当提请注意：社会学本身远比我这一生中所探索的范围广阔，我决无用我自己研究的范围来作社会学界限之意，社会学研究的方法也是八仙过海大可各显神通。我这一生所采用的只是其中之一，而且又限于学力和社会的条件，并没有能够充分发挥这种方法的长处。

人生有限，社会绵绵，后浪推前浪。但愿新的一代早日成长，后继有人。

1989年5月6日

对"美好社会"的思考

非常感谢这次英迪拉·甘地国际学术讨论会为我提供今天这个机会,能在素来尊敬的学者座前陈述我对"美好社会"的一些思考,并听取各位的赐教。

在20世纪行将结束,21世纪即将来临的时刻,提出"重释美好社会"的课题,让赋有不同文化背景的学者交流见解,是一件对今后人类发展具有重要意义的事情。我能参加这次讨论感到十分荣幸。

我是来自中国的人类学者。由于我的学科训练,我不善于从哲学或伦理学的立场来探讨今后人类应当对"美好社会"做出怎样的理解。我只能从人类历史发展的事实出发,对具有不同文化的人和集团所持有的"美好社会"的意念,就其产生、变化和引起的社会效果,并对今后在全球社会形成过程中这种意念会怎样发生变化试作初步思考。

事实上,自从人类形成群体以来,"美好社会"总是群体生活不可缺少的意念。它是表现为诸如神话、传说、宗教、祖训、哲学和学说等多种多样形式的价值信念。总之,它是人类社会意识中必备的要素。它不仅体现了组成群体的各个人生活上追求的人生导向,而且也是群体用社会力量来维护的人和人相处的规范。它是个人的主观意识和群体社会律令内外结合的统一体。

"美好社会"的内涵是各群体从不同客观条件下取得生存和发展的长期经验中提炼出来,在世世代代实践中逐步形成,因之它属于历史的范畴。所以,不同的群体对"美好社会"可以有不同的内涵,各自肯定群体共同认可和相互督促的理想。"各是其是,各美其美。"它是群体的社会行为准则的基础,是各群体社会生活所赖以维持的价值体系。具有"美好社会"的意念是人类社会的共相,而所认定的"美好社会"的内涵则是各群体不同历史条件所形成的个性。

在群体能够在自给自足的封闭状态下生存和发展时,各个不相关联的群体尽可以各是其是，各美其美，各不相干。但是，在人类总体的发展过程中，这种群体相互隔绝的状态已一去不复返了。群体间的接触、交流以至融合已是历史的必然。因此在群体中不仅人和人之间有彼此相处的问题，而且群体和群体之间也有彼此相处的问题。价值观点的共同认可使人和人结合成群体成为可能，而群体之间价值观点的认同使群体相互和协共处进而合作融合，却是个更为复杂和曲折的过程。价值观念不同的群体之间相互往来中，协作是经常的，而且是历史的系统的，人类只有不断扩大其分工合作的范围才能进步。但是矛盾甚至冲突也是不免的。当任何一方触及到对方的生活以至生存的利益而发生冲突时，双方都会利用其价值信念对内作为团结群体的凝聚力量，对外作为指责对方的信念为异端以形成同仇敌忾的对抗力。因而，意识形态上的相异被卷入了群体冲突的场合。这类冲突甚至可以发展到兵戎相见。历史上群体之间以意识形态中价值观念的歧异为借口而发生的战争世不绝书，至今未止。当前世界依然面临这种危险。

　　在这里简单地回顾一下人类的近代史也许是有帮助的。500年前，西班牙人哥伦布发现了一个过去没有欧洲人到过的"新大陆"。这个发现不仅是欧洲人新的地理知识，而实际上是欧洲甚至世界进入了一个新的历史时期的标志。以欧洲的文艺复兴、宗教革命带来的现代科技和经济的发展，把整个地球上的各个大陆都紧密地联系了起来；原来分布在五大洲广大地域的无数人类群体却从此不再能相互隔绝，各自为生了。但是它们在这500年里，并没有找到一个和平共处的秩序，使他们能同心协力来为人类形成一个共同认可的美好社会。相反，从海上掠夺，武装侵略，强占资源开始，进而建立殖民统治和划分势力范围，形成了以强制弱，争霸天下，战争不绝的形势，这都是过去500年里的历史上的事实。在这段历史里，人类科技的发展固然一方面加强了人利用自然资源的能力，同时，却也出现了人类可以自我毁灭的武器。以上这短短几句话里所描述的局势，此时此刻正引起了广大人士包括在座同人的困扰和忧虑。

　　我个人在20世纪里生活了有80多年，从出生不久即发生的第一次世界大战起到现在，可以说一直生活在大大小小的战争的阴影下。两次世界大战给人带来了严重的灾难，我们这样年纪的人都记忆犹新。这使我感觉到，全球性的世界大战可能就是这个20世纪在整个人类历史里的独特标志。在它之前，群体间的战争是常有的，但没有过包括整个世界那样大的范围。在这个世纪行将结束的时候，我相信世界上没有人会还不明白，如果20世纪的这个经历继续进入21世纪，再来一次世界规模的战争，已有的人类文明，甚至整个人类，将告结束。但是怎样使人类在21世纪里走上一条能和平生存下去的新路呢？我认为这就是这次为纪念甘地夫人而举行"重释美好社会"讨论会共同关心的主题。

我总是认为各群体间价值观念和意识形态上存在一些差别不应成为群体冲突和战争的根据。如果用比较方法去具体分析人类各群体所向往的美好社会，基本上总是离不开安全和繁荣这两项基本愿望。这两项基本愿望只有通过群体和平协作来实现，没有引起你死我活相对抗的理由。因此我总是倾向于认为历史上群体间所有意识形态之争，不论是宗教战争、民族冲突以至结束不久的"冷战"，实质上都是群体间物质利益的争夺，意识形态的水火不相容原是物质利益争夺的借口和掩饰。

我也承认意识形态的歧异之可以被利用来作为其他实质的矛盾的借口和掩饰而上升为对抗，也有人类常有的心态作为基础。那就是各个"各美其美"的群体在相互接触中，发生了"唯我独美"的本位中心主义，或称自我优越感，排斥和自己不同的价值标准。中国古书上就记下了早期人类本位中心的信条，即"非我族类，其心必异"，那就是说凡是和自己不属于同一群体的人不能会有一条心的。本位中心主义必然会发展到强制别人美我之美，那就使价值标准的差别形成了群体之间的对抗性矛盾。我们古代的孔子从根本上反对这种本位中心主义，提出了"有教无类"，"己所不欲，勿施于人"，意思是在可以接受教化上，人是不分类别的，凡是自己不愿接受的事，不要强加于人。人的价值观念可以通过教育取得一致，但是不能强加于人。

在这里可以回想起结束还不久的"冷战"时代。过去一般总是把这个时代看成是意识形态对抗的时代。事过境迁，现在是否可以说有识之士已开始明白，冷战的实质还是两霸对势力范围的争夺。不久前没有通过公开的战争，一时西风压倒东风，在旦夕之间结束了冷战。如果冷战的实质是意识形态之争，意识形态决不是旦夕之间可以改变的，必须经过长期的群众自觉思想转变才能实现。

再看我们中国在解决香港顺利回归祖国的问题上提出"一国两制"的原则。这个原则的实质是从正面来说明以不同意识形态为基础的两种社会制度是可以在统一的政治体制下,一个主权国家之内,并行不悖,而且可以相互合作取长补短,促进共同繁荣的。那就是把意识形态和经济政治予以分别处理,求同而存异。

20世纪最后的10多年中所发生的这些新事物值得我们深入地进行理解,其中是否可以得出一种看法,人类大小各种群体是可以各自保持其价值体系而和其他群体建立和平互利的经济和政治关系,只要大家不采取唯我独美的本位中心主义,而容忍不同价值信念的并存不悖。在群体间尚没有通过长期的交流达到自觉的融合之前,可以在求同存异的原则下取得和平共处并逐步发展为进入融合一致的大同世界准备条件。

作为人类学者,入门的第一课就是要设身处地地从各群体成员的立场去理解各群体人们的实际生活。我们要学会"美人之美",像各群体自己的成员那样欣赏和领悟他们所爱好的价值体系。"美人之美"并不要求"从人之美",而是容忍不同价值标准的并存不悖。但要求摆脱本位中心主义,而采取了多元并存的观点。应用到经济上,是不要阻障有利于双方的竞争,不采取只图单方面的短期利益的保护主义,而坚持相互开放和机会平等;应用到政治上,首先是不要干涉别的主权国家的内政,不以力服人,而以对话代替对抗,平等协商来处理国与国之间的矛盾。这是在人类的各群体还没有融合成一体,而政治和经济已经密切联系的现阶段,也可能就是即将来临的21世纪,我们可以力求做得到的现实态度。"各美其美"和"美人之美"并不矛盾,而是相成的。只要我们能更上一个认识的层次,大家在求同存异的原则上完全可以建立起亲密的共同合作相处。

这些作为群体之间共处的基本守则,是为一个完全繁荣的全球大社会的形成做出必要的准备,也是避免在这大社会形成之前,人类历史进程受到灾难性的挫折,而倒退回到不文明的状态,或甚至使人类让出其主持这个地球发展的地位。

作为一个人类学者,我也坚信人的信念,群体的社会意识形态是不断变化和发展的,我们永远是一个从不够美好追求更为美好的过程中,分散独立的人类群体经过了百万年的历史演化,到目前已可以遥望到一个囊括全人类的协作发展的全球性大社会。这个全球性大社会我们中国古人就称为大同世界的共同道德秩序,怎样实现和什么时候实现,在目前还活着的人也许尚难以做出答案。但是又只有在当前人类的努力追求和不懈探索中,这个最后的"美好社会"才会出现在这个地球上。

以上我冒昧地如实表达了我个人的一些看法,请多予指正。

1993 年 7 月 14 日

本文是作者在印度新德里"英迪拉·甘地国际学术讨论会"上的发言。

个人·群体·社会
——一生学术历程的自我思考

年近谢幕,时时回首反思多年来在学术园地里走过的道路,迂回曲折;留下的脚印,偏缪杂呈;究其轨迹,颇有所悟。趁这次老友会聚,略作自述,切盼指引,犹望在此生最后的尾程中勉图有所补益。

一

对"社会"历来有两种基本上不同的看法。一是把社会看做众多个人集合生活的群体。严复翻译 sociology 作"群学"。众人为群,一个个人为了生活的需要而聚集在一起形成群体,通过分工合作来经营共同生活,满足各人的生活需要。人原是动物中的一类,衣食男女,七情六欲等生活需要,来源于自然界的演化,得之于个人的生物遗传。在这些方面人和其他动物基本上是一致的,只是生物界演化到了人这个阶段出现了超过其他动物的智力。人被生物学者称之为 homo sapiens,sapiens 就是智力的意思。凭此特点人在其满足需要上具备了超过其他动物的能力。人和人能通过共识和会意建立起分工合作的体系,形成了聚居在一起的群体。

严复把 sociology 译作群学,以我的体会说,是肯定活生生的生物人是构成群体的实体,一切群体所创制的行为规范,以及其他所谓文化等一切人为的东西都是服务于人的手段。

另一种看法却认为群体固然是由一个个人聚合而成,没有一个个人也就没有群体,这是简单易明的。但是形成了群体的个人,已经不仅是一个个生物体,他们已超出了自然演化中的生物界,进入了另一个层次,这个层次就是社会界。在这个层次里一个人不仅是生物界中的一个个生物体，或称生物人，而是一个有组织的群体里的社会成员，或称社会人。社会是经过人加工的群体。不仅不像其他动物群体那样依从生物的繁育机制吸收新的成员，也不像其他动物一样，每个人可以依他生物遗传的本能在群体里进行生活。在人的社会里，孩子须按社会规定的手续出生入世，生下来就得按社会规定相互对待的程式过日子；在不同时间，不同场合，对待不同的对象，都得按其所处的角色，照着应有的行为模式行事。各个社会都为其成员的生活方式规定着一个谱法。为了方便作个不太完全恰当的比喻，像是一个演员在戏台上都得按指定了的角色照剧本规定的程序进行表演。每一个歌手都得按谱演唱。社会上为其成员规定的行为模式，普通称为规矩，书本上也称礼制或法度。它确是人为的，不是由本能决定的；是经世世代代不断积累和修改传袭下来的成规。通过上一代对下一代的教育，每个人"学而时习之"获得了他所处社会中生活的权利和生活的方式。不仅如此，如果一个社会成员不按这些规矩行事，就会受到社会的干涉、制裁，甚至剥夺掉在这个社会里继续生存下去的机会，真是生死所系。

　　社会在自然的演化中是继生物世界而出现的一个新的但同样是实在的世界。这个世界是以生物体为基础的，正如生物体是以无生的有机体为基础一样。生命的开始，出现了生物界，生物群体的发展，出现了社会界。人还是动物，但已不是一般的动物，人的群体已不是一般的群体，上升成为社会。从这个角度来看，社会本身是个实体，生物人不能认为是社会的实体，而只是社会的载体。没有生物人，社会实体无法存在，等于说没有有机物质，生物实体无法存在一样。有机物质是生命的载体，生物人是社会的载体。实体和载体不同，实体有自己发展的规律，它可以在载体的新陈代谢中继续存在和发展。正如一个生物人是由无数细胞组成，个别细胞的生死，不决定整个人的寿命。个人的生命正是靠其机体细胞的不断更新而得以延续。同样的社会里的个别成员，因其尚属生物体，还是受生物规律的支配，有生有死，但并不决定社会群体兴衰存亡。因之，生物实体和社会实体是属于自然演化过程中的两个层次。人有两个属性：生物人和社会人。

　　这一种把社会看成比生物群体高一层次的实体和把社会只看成是人的群体的生活手段，从理论上说是两种不同的看法。

二

我初学社会学时,并没有从理论入手去钻研社会究竟是什么的根本问题。我早年自己提出的学习要求是了解中国人是怎样生活的,了解的目的是在改善中国人的生活。为此我选择了社会学。现在回头看来,我是受上述第一种看法的引导而进入这门学科的。把社会学看做是一门研究人们群体生活的行为学科,很符合严复翻译的意思,社会就是人类的群体。更符合我的主观倾向的是社会所规定的一切成规和制度都是人造出来,满足人的生活需要的手段,如果不能满足就得改造,手段自应服从人的主观要求。中国人民在我这一生中正处在社会巨大变动之世。如果社会制度不是人类的手段,那就好像谈不上人为的改革了。

我第一本翻译的社会学著作是乌格朋（Ogburn）的《社会变迁》。那时我还刚刚和社会学接触。这本书给我的印象很深,因为我很同意他的科技进步引起社会变迁的理论。科技变迁了,社会的其他制度也得相应地变迁,不然就出现社会脱节和失调。科技的进步是人为的,是人用来取得生活资源的手段,其他部门向科技适应也得出于人的努力改造已有的制度。这个理论对我很有吸引力。我把这本书翻译成中文,在商务印书馆出版,也可算是我进入社会学这个学科的入门标记。今天提到这件事是想说,我是无意地从上述的对社会第一种看法进入这个学科的,我说无意地因为我当时还没有领会到还有第二种看法,所以并非有意的选择。

接着我在燕京大学学习的最后一年,适逢美国芝加哥大学的派克教授来华讲学。我被他从实地观察来进行社会研究的主张所吸住了,据说这种方法来自人类学,我就决心去学人类学,虽然我当时对人类学还一无所知。我从燕京大学社会系毕业后,由吴文藻先生介绍考入清华大学研究院跟史禄国教授学人类学。史禄国原是帝俄时代国家科学院里的人类学研究员。十月革命时他正在西伯利亚和我国东北考察,研究通古斯人。当时俄国发生了革命,他不愿回国而留在中国进入了当时的中央研究院,后来又和同事们合不来,转入清华大学教书和著书。人类学在中国当时还少为人知,我投入他的门下,成了他所指导的惟一的研究生。

他依据欧洲大陆的传统，认为人类学所包括的范围很广，主要有人类体质、语言、考古、社会和文化。可说是人和人文的总体研究。他为我定下了一个6年的基础学习计划，包括体质人类学、语言学和社会人类学三个部分，规定我以两年为一期，三期完成。我从1933年先修体质人类学，同时补习动物学，作为第一期。按清华大学的章程，研究生学习只规定至少两年，没有限期。我就准备按他的学习计划进行，预备修完三期。到1935年暑假我结束了第一期，学会了人体测量和体质类型分析，写出了两篇论文，经过考试委员口试及格，按清华的章程，两年后考试成绩优秀可以取得清华公费留学的资格。1935年正逢史禄国的休假期，而且他自己又另有打算，决定休假后不再继续在清华任教。所以他为我做出了新的安排，1935年暑假后到国内少数民族地区进行调查一年，然后1936年由清华公费出国进修，他不再自己指导我第二和第三期的学习计划了。

我按他的意见，1935年暑假到广西大瑶山，现在的金秀瑶族自治县去进行实地调查。我携带了人体测量仪器以进行体质调查，并有前妻王同惠同行，共同进行社会调查。该年12月结束了大瑶山里的花蓝瑶地区的调查后，准备转入附近坳瑶地区时，在路上迷失方向，遭遇不幸事故，我自己负伤，前妻单独离我觅援，溺水身亡；我在医伤和休养期间按和王同惠一起搜集的资料写成《花蓝瑶社会组织》。这是我第一个社会实地调查的成果。

按史禄国所设计的学习进程，这是我超前的行动，因为社会人类学这一部分是安排在第三期学习计划里的。在编写这本书之前我只阅读过史禄国关于满族和通古斯族的社会调查，印象并不深，而且我对社会学理论也并没有系统的学习过。回想起来，从史禄国老师学到的也许就是比较严格的科学态度和对各个民族在社会结构上各具特点、自成系统的认识。所谓各有特点、自成系统就是指社会生活的各部门是互相配合而发生作用的，作为一个整体就有它特独的个性。我通过瑶族的调查，对社会生活各部门之间的密切相关性看得更清楚和具体了。这种体会就贯串在我编写的这本《花蓝瑶社会组织》里。我从花蓝瑶的基本社会细胞家庭为出发点，把他们的政治、经济各方面生活作为一个系统进行了叙述。

瑶山里所取得的体质测量资料我没有条件整理，一直携带在行李里，最后在昆明发生李、闻事件后仓促离滇全部遗失，花蓝瑶的体质报告也就永远写不出来了。但这并不是说我这两年体质人类学的学习对我的学术工作上没有留下影响。除了我对人类的生物基础有了较深的印象外，在分析类型进行比较的科学方法也为我以后的社会学调查开出了一个新的路子。

我原有的学习计划既然发生了改变，1936年暑假我就准备出国，并由吴文藻先生安排，决定到英国LSE跟马林诺斯基学习社会人类学。比史禄国给我预定的计划，免去了语言学的一节。

从瑶山回到家乡我有一段时间在国内等候办理出国入学手续，我姐姐就利用这段时间为我安排到她正在试办农村生丝精制产销合作社的基地去参观和休息，这是一个离我家不远的太湖边上的一个名叫开弦弓的村子。我利用在村里和农民的往来，进行了一次有类于在瑶山里的社会调查。我带了这份在这村子里收集到的有关农民生活的调查资料一起到了伦敦。

我根据这批开弦弓的调查资料写出的提纲，首先得到了当时我在伦敦的导师Firth的肯定，随后又得到Malinowski的注意，当即决定他自己亲自指导我编写以中国农民生活为主题的博士论文。当时我并不明白为什么我能获得这样顺利的学习机会。后来在有人看到我的论文后，向我提出了个问题：你怎么会在没有和LSE接触之前，就走上了功能学派的路子？那时我才明白我从史禄国那里学来的这些东西，着重人的生物基础和社会结构的整体论和系统论，原来就是马氏的功能论的组成部分。我当时只觉得马氏所讲的人类学是我熟悉的道理。我们相见以前，已有了共同的语言。

回到我第一节里提出对社会的两种看法，我在这个阶段还没有做出明确的选择。原因也许在我当时并没有意识到除了第一种看法之外，还有第二种看法，和两种不同看法的区别。这表明我在理论上不够敏感，也就是功底不深。

我对史、马两位老师理论上的特点直到现在也不敢说已经了然。我听说史禄国后来看到了我那本《江村经济》时曾经表示过不满意的评论。我模糊地感觉到在他的理论框框里，我这本书是找不到重要地位的。但由于我没有吃透他的理论，我还不敢说哪些方面引起了他不满意的反应。

对马氏的理论我多少有一些捉摸。按他已经写出来的有关文化功能的理论，按我所理解的程度来说，基本是属于我上述的第一种看法。马氏的功能论的出发点是包括社会结构在内的，文化体系都属于人用来满足其基本生物需要及由生物需要派生的各种需要的手段。这一点他一直坚持的，同时他也承认文化的整体性,就是说人为了满足其需要而创造出的文化是完整的。说是完整就是就完备而整体的。它必须满足人作为生物体所有全部需要,本身形成一个整体,其各部分是相互联系和配合的一个体系。简单说是整体论和系统论。

他提出这一套理论是有其历史背景的,他是个人类学中主张实地调查的先行者。他长时间住在 Trobriand 岛的土人中间,学会土语,直接参预土人的集体生活。他深深觉得要理解一个群体的生活必须从整体上去观察他们怎样分工合作,通过有系统的活动来维持他们的生活,也就是满足他们的需要,而人的一切需求都是从人作为一个生物体而发生的。食色性也,是从人是动物的这个属性上带来的。从这个基本的生物需要出发,逐次发生高层次的需要,如维持分工合作体系的社会性的需要等等。他用这个理论来批判当时在人类学界盛行的文化传播论、历史重构论等等,因为这些理论都是把文化要素孤立起来,脱离了人而独立处理的。比如当时就有些学者把图腾信仰脱离他所发生的具体群体而研究其起源、流动和在人类整个历史发展中的地位等等。他以当时盛行在欧洲的人类学作为靶子,针锋相对地提出功能论、整体论和系统论。这在人类学学科史上是一次革命性的行动,使人类学的研究回归到科学的行列。

三

马氏自己称他的人类学理论是功能学派。他的所谓功能,就是文化是人为了满足其需要而产生的,所以都是有用的手段,文化中各个要素,从器物和信仰对人的生活来说都是有功能的,功能就是满足需要的能力,简单说就是有用的。功能这一词是英文 function 的译文。这词在英文中原有两个意义,一是普通指达到目的所起的作用,二是在数学里的函数,如果说甲是乙的函数,甲变乙也随着要变。马氏称自己是功能学派实际上是一语两义都兼有的。但在叙述他的理论时却常强调第一个意义,比如他在论巫术时就强调它在支持实际农作活动的节奏和权威的作用,用来批判过去认为巫术是未开化的人思想上缺乏理性的表现,是一种前科学或假科学思想的产物。19 世纪在欧洲人类学充满着当时通行的民族优越感,把殖民地上的土人看成是未开化的野蛮人,把土人的生活方式看做是一堆不合理的行为。功能论是针对这种思想的批判,但是这种理论走到极端,认为文化中一切要素都是有用的,又会给人以存在就是合理的印象。这个命题在哲学上常受到批判,在常识上也和社会的传统中颇多对人无益而有害的事实不能协调。至于把满足生物需要作为功能的基础更是不易为普通人所接受。因之当马氏的功能论在人类学中盛极一时之际,就有不同的看法出现。而且就出现在也自称是功能学派的阵营里。最突出的是曾到过燕京大学讲学的 Radcliffe Brown。

布朗也是主张实地调查而且主张文化整体论和系统论的人类学者。但是他认为功能的意义不必挂上有用无用的鉴别上,更不应当和生物需要挂钩,他把功能意义做数学中的函数来讲,那就是把功能的含义去掉了马氏所强调的一半。当时我们这些年轻的学生,经常把他们两个看成是在唱对台戏的主角。对我这个对理论缺乏敏感的人来说,在这场争论中除了看热闹之外,并没有认真思考加以辨别,而实际上却被这个争论带进了我在本文开始时所述对社会的两种看法的迷阵里。当我接触了功能派的先锋法国涂尔干的著作之后,对第二种看法发生了兴趣。他比较明确的把社会看成本身是有其自身存在的实体,和生物界的人体脱了钩。

我在医预科和在体质人类学课上受到的基础训练和社会文化和生物挂钩原是比较顺理成章容易接受的。但是我对社会的看法却被马、布的争论所动摇了,特别是联系到在瑶山和在开弦弓的实地调查的经历,使我逐渐倒向布氏的一面。我在初步进入社区的实地调查中所得到的感受值得在这里回忆一下。

当我踏入一个社区时,我接触到的是一群不相识的人。我直接看到的是各个人在不同场合的行动举止。这一片似乎纷乱杂呈的场面里,我怎样从中理出个理解的头绪呢?这时我就想到了社会行为是发生在社会所规定的各种社会角色之间,不是无序的而是有序的。如果我从这个角度去看在我面前展开的各个人的活动,就有了一个井然的秩序。不论哪一家,我们如果用父母、子女、亲戚、邻居等社会角色去观察这些似乎是杂乱的个人行为,就可以看到在不同人身上出现重复的行为模式,比如不论哪一家,母亲对儿子之间相互的行为都是类似的,成为一种模式,而这套行为模式却不同于妻子对丈夫,甚至不完全相同于母亲对女儿之间的相互行为。我在实地调查中才理解到一个社区中初看时似乎是纷杂的众人活动,事实上都按着一套相关的各种社会角色的行为模式的表演。再看各种社会角色又是相互配合,关关节节构成一个网络般的结构。从这个结构去看这社区众人的行为就会觉得有条有理,一点不乱。而且这个有条有理的结构并不是当时当地的众人临时规定的,而是先于这些人的存在,就是说这些人从小在生活中向一个已存在的社会结构里逐步学习来的。这就是个人社会化的过程。这个结构里规定的各种角色间的相互行为模式也是个人在社会中生活时不能超出的规范,一旦越出就有人出来干涉,甚至加以制裁。也因之在一个外来的调查者所能看到经常都是些按照社会模式而行为的行为,有时也可以见到一些正在或将会受到制裁的超规行为。作为一个人类学者在实地调查时,通常所观察到的就是这些有规定的各种社会角色的行为模式。至于角色背后的个人的内在活动对一般的人类学者来说就是很难接触到的。

我的社区调查不论在瑶山或在江村,现在回头来看,是不够深入的,还是满足于社会角色的行为模式,因而影响了我对社会的看法,把它看成了自成格局的实体,表达得最清楚的是我根据讲课内容编出的《生育制度》。

我本人的具体经历也影响了我学术观点的形成。所以在这里得补充几句。我是1938年离开伦敦的。那时,我国的抗日战争已进行了一年,我的家乡已经沦陷,原在沿海的各大学都已迁入内地。所以我只能取道越南回国,到达昆明,在当时的云南大学和由清华、北大,南开联合的西南联大工作。实际上,我到了云南,立即继续我的社会调查,接着以罗氏基金对燕京大学的社会学系的资助在云南大学成立了一个社会学研究中心,由于避免轰炸,设立在昆明附近呈贡的魁星阁,普通就称魁阁。从这时起,我的学术环境是相当偏僻和孤立的,除了少数原来的师友外,和外地及国外的社会学界几乎隔绝。不仅我们在当时和自己这个小圈子之外的思想很少接触,而且没有收集和储藏过去社会学书籍和资料的图书馆,我们对国内外过去的社会学遗产也得不到运用。这种缺乏消息交流对学术思想的发展确是一个很大的限制。现在回想起来,就能看到这种特殊环境的确对我自己学术思想有很大的影响。影响之深不仅是当时孤陋寡闻,而且造成了自力更生,独树一帜,一切靠自己来的心理,一直发展成为我后来不善于接受新的社会学流派的习惯。

1943年我虽则有由美国国务院的邀请参加了当时所谓"十教授访美讲学"的机会在美国住了一年,但是我却利用这时期,忙着编写魁阁的调查成果。在美国几个大学的同行协助下写出了 *Earthbound China* 和 *China Enters the Machine Age* 两书。说实话我并没有用心去吸收当时国外人类学和社会学的新思潮。比如我在哥伦比亚见过 Linton,在芝加哥见到 Redfield,在哈佛商学院见到 Elton Mayo，我在编写上述两书时都得到了他们的关切和具体协助。但是我对他们的著作却没有深入的钻研。除了我回国后翻译过 Mayo 的一本著作外，对其他几位老师的著作并未认真阅读。至多是吸收了一些皮毛，为我已在胸中长成的竹子添些枝叶。

我在老朋友面前无需掩饰，从 40 年代后期起，直到 70 年代结束前一年，我在国际的社会学圈子里除了两次简短的接触之外是个遗世独立的人物。

四

回到我在昆明这一时期，我们在魁阁研究工作是按照《江村经济》所走出这条路前进的。这条路我们称之为社区研究。社区这个名词是我这一代学生在学时所新创的。其由来是 1933 年燕京大学社会学的毕业班为了纪念派克教授来华讲学要出一本纪念文集，我记得其中有一篇是派克自己写的文章需要翻译，其中有一句话 "community is not society"，这把我们卡住了。原来这两个名词都翻成"社会"的，如果直译成"社会不是社会"就不成话了。这样逼着我们去澄清派克词汇里两者的不同涵义。依我们当时的理解，社区是具体的，在一个地区上形成的群体，而社会是指这个群体中人与人相互配合的行为关系，所以挖空心思把社字和区字相结合起来成了"社区"。

社区这个概念一搞清楚，我们研究的对象也就明确了，就是生活在一个地区的一群有社会关系的人，社区可大可小，一个学校，一个村子，一个城市，甚至一个民族，一个国家，以至可以是团结在一个地球上的整个人类。只要其中的人都由社会关系结合起来，都是一个社区。有了这个概念我们实地观察的对象也有了一定范围。我当时就提出可以在瑶山进行民族集团的社区研究，也可以在各地农村里进行社区研究。在 1933 年这种社区研究就在燕京大学学生里流行了起来。我到了昆明还是继续走这条路子。

还应当提到的是魁阁研究工作标榜的特点是比较方法与理论和实际结合。在接受派克社区研究的概念和方法时，同时是由吴文藻先生为首提出的社会学中国化的努力方向。燕京大学的学生就是想通过社区研究达到社会学的中国化。社会学中国化其实就是社会学的主要任务，目的是在讲清楚中国社会是个什么样的一个社会。通过社区研究能不能达到这个目的呢？当然我们要说明中国社会是个什么样的社会,科学的方法只有实地观察,那就是社会调查。但是有人就质问我们,我们的研究对象如是一个具体的社区,那也只能是中国的一部分,你们能把全国所有的农村城市都观察到么?社区研究只能了解局部的情况,汪洋大海里的一滴水,怎能不落入以偏概全的弊病呢?我们对此提出了比较方法和理论和实际结合的对策。我在这里不能详细加以说明,好在我前年在东京的一个讨论会上发表的《人的研究在中国》的发言中已经答复了这个问题,这里不再重复了。

这里我想说的是社区研究的理论基础是直接和1935年到燕京大学讲学的布朗有关的。他在美国芝加哥大学开讲的人类学课程,就称作为比较社会学。社区研究接纳了布朗对社区的系统论和整体论的看法。我想只有从每个社区根据它特有的具体条件而形成的社会结构出发,不同社区才能互相比较。在互相比较中才能看出同类社区的差别,而从各社区具体条件去找出差别的原因,进一步才能看到社区发展和变动的规律,进入理论的领域。

魁阁的社区研究从1938年到1946年,一共只有8年,而且后来的三年由于教课任务的加重和政局的紧张,我自己的实地调查已经无法进行。所以魁阁的工作只能说是社区研究的试验阶段。这种工作一直到80年代才得到继续。

魁阁时期的社区研究基本上是瑶山和江村调查的继续。如果把这两期比照看看,这一期除了继承整体性和系统性之外,加强了比较研究同理论挂钩的尝试。先说比较研究。如果要从我本人的经历中寻找比较研究的根源,还应当推溯于我在清华研究院里补读比较解剖学和跟史禄国学习的人体类型分析。我们既然已在由内地看到了和沿海不同农村在社会结构上存在着差异,我们更有意识地在昆明滇池周围寻找条件不同的农村进行研究,用以求证我们认为凡是受到城市影响的程度不同的农村会发生不同的社会结构的设想。这种方法上的尝试,我在 *Earthbound China* 一书的最后一章里作了系统的申说。这不能不说是魁阁的《云南三村》比了瑶山和江村的研究在方法及理论上提高了一步。

比较研究的尝试在另一方面更使我偏向于本文开始时提出的对社会的第二种看法,就是把社会作为一个本身具有其发展的过程的实体,这种思路难免导致"只见社会不见人"的倾向,也进一步脱离马氏的以生物需要为出发点的功能论,而靠近了布朗对重视社会结构的功能论了。

五

魁阁后期，由于兼任云大和联大两校的教职以及当时政治局势的紧张，我不便直接参预实地调查，所以有更多时间从事讲课和写作。也可以提到，当时直线上升的通货膨胀使个人的实际收入不断下降，而我又在1940年成了一个孩子的父亲。我们在呈贡的农村里赁屋而居，楼底下就是猪圈，生活十分艰苦。因之，我不能不在固定的薪金之外，另谋收入，我这个书生能找到的生活补贴，只有靠我以写作来换取稿费。我在当时竟成了一个著名的多产作家。大后方的各大报纸杂志上经常发表我的文章，我几乎每天都要写，现货现卖，所得稿费要占我收入之半。写作的内容，不拘一格，主要是我课堂上的讲稿和对时事的评论，以及出国访问的杂记。这段时间里所发表的文章后来编成小册子发行，其中比较畅销的有《初访美国》《美国人的性格》《重访英伦》《内地的农村》《乡土中国》《乡土重建》《生育制度》《民主·人权·宪法》等。

这许多为了补贴生活而写下的文章里，其实更直接暴露我的思想，而我的思想也密切和我的学术思路相联系的。现在回头翻阅一看，其中很明显地贯串着我在上面所说的向社会实体的倾斜。我的三本访外杂写，实际上是把英、美的社会分别作为各具个性的实体所谓民族性格来描述的。尽管其中我常用具体看到的人和事作为资料，我心目中一直在和中国社会做比较。比如我把住处经常迁移的美国城市居民和中国传统的市镇和乡村的居民相比较而以"没有鬼的世界"来表明美国社会的特点。文内尽管有人有事，而实际是把它们做文化的载体来处理的。

我在美国时特别欣赏R. Benedict的《文化模式》和M. Mead的《美国人的性格》，我根据Mead这本书，用我自己的语言和所见的事实写出了《美国人的性格》一系列文章，并编成一册。这里所说的社会性格都是超于个人而存在和塑型个人的社会模式。这不是把社会看成了超人的实体的思路么？我又写出了《乡土中国》一系列文章，也许可以说和《美国人的性格》是姐妹篇，现在看来，这种涂尔干式的社会观已成了我这一段时间的主要学术倾向。

上面已提到这种倾向在理论上表白得最清楚的是在1946年完成那一系列《生育制度》的文章。我明确的否定家庭、婚姻、亲属等生育制度是人们用来满足生物基础上性的需要的社会手段。相反的，社会通过这些制度来限制人们满足生物需要的方式。这些制度是起着社会新陈代谢的作用，甚至可以说，是为了解决生物界中人的生命有生有死的特点和社会实体自身具有长期绵续、积累和发展的必要所发生的矛盾，而产生的社会制度。我说如果从以满足两性结合的生物需要作为出发点，其发展顺序应当是说由于要满足两性结合的需要而结婚生孩子，接着不得不抚育孩子而构成家庭，又由子孙增殖而形成亲戚，这种一环扣一环可说是"将错就错"形成的社会结构。如果反过来看由于社会需要维持其结构的完整以完成其维持群体的生存的作用，必须解决其内部成员的新陈代谢的问题，而规定下产生、抚养新成员办法，而形成了"生育制度"。这个制度并不是用来使个人满足其生物上性的需要，而是用婚姻和家庭等规定的制度来确定夫妻、亲子及亲属的社会角色，使人人能按部就班地过日子。这两种对"生育制度"的不同理解正好说明功能派里两派的区别。

我这本《生育制度》是在1946年和潘光旦先生一起住在乡间时完成的，他最先看到我的稿纸，而且看出了我这个社会学的思路，和他所主张的优生强种的生物观点格格不入。当我请他写序时，他下笔千言，写了一篇《派与汇》的长文，认为我这本书固然不失一家之言，但忽视了生物个人对社会文化的作用，所以偏而不全，未能允执其中。

他从社会学理论发展上提出了新人文思想，把生物人和社会人结合了起来，回到人是本位，文化是手段的根本观点。这种观点我们当时并没有会通。而且我们当时的处境并没有条件和心情展开学术上的理论辩论。我把全书连着这篇长序交给商务印书馆出版后，自己就去伦敦访问。1947年回国，我和潘先生虽则同住一院，但却无心继续在这个社会学的根本观点上进一步切磋琢磨，这场辩论并没有展开，一直被搁置在一旁。经过了近半个世纪，潘先生已归道山，我在年过八十时才重新拾起这似乎已尘灰堆积的思绪，触起了我的重新思考，这已是90年代的事了，留在下面再说。我这本《生育制度》实际上结束了我学术历程的前半生。

1947年在英国访问以及回国之后到1949年北平解放，这段期间从我写作上说我曾称之为"丰收期"，北平的《中建》周刊、上海的《观察》周刊和《大公报》经常有我的文章，但我所写的主要是时事评论，其中固然表达我对社会的基本观点，而且通过《观察》及三联书店出版了我在抗战时期所发表的文章的集子，一时流传很广，成了当时的一个多产作家，但是回头来看，这段时间，在学术思想上并没有什么新的发展。

六

如果限于狭义的学术经历来说，我觉得可以把《生育制度》一书来作为我前半生学术经历的结束。自从1930年进入社会学园地时算起到1949年解放，一共是大约20年。接下去的30年是一段很不寻常的经历，包括解放、反右和"文革"的中国大变革时期。这一段时期里我的思想情况在 Current Anthropology 杂志发表的1988年10月我和Pasternak（巴博德）教授的谈话记录中有比较直率的叙述，这里不用重复了。但是联系上面所提出有关对社会性质的根本问题时，我觉得有一些补充，说一说我近来才有的一点新的体会，足以说明我后半生学术思路的若干变化的由来。我越来越觉得一个人的思想总是离不开他本人的切身经历。我从解放后所逢到的我称之为不寻常的经历，必然会反映在我其后的学术思想上，以致立身处世的现实生活上。我如果完全把这段时间作为学术经历中的空白是不够认真的。

在比较这一生中前后两个时期对社会本质的看法时，发现有一段经历给我深刻的影响。我在前半生尽管主张实地调查，主张理论联系实际，但在我具体的社区调查中我始终是一个调查者的身分去观察别人的生活。换一句话说，我是以局外人的立场去观察一个处在另一种生活中的对象。我自身有自己的社会生活，我按着我自己社会里所处的角色进行分内的活动。我知道我所作所为是在我自己社会所规定的行为模式之内的，我不需犹豫，内心不存在矛盾，我所得到别人对我的反应也是符合我的意料的。这就是说我在一个共同的社会结构中活动。尽管这个社会结构也在变动中，这种变动是逐步的，而且是通过主动能适应的变动。我并不觉得自己和社会是对立物。

但是在解放之后的一段时间里，我自己所处的社会结构发生了革命性的变动，那就是说构成这个结构的各种制度起了巨大变动，在各个制度里规定各个社会角色的行为模式也发生了巨大变动。表演得最激烈的例子发生在"文革"的高潮中。作为一个教授的社会角色可以被他的学生勒令扫街、清厕和游街、批斗。这种有着社会权力支持的行为模式和"文革"前的教授角色的行为规范是完全相悖的。当然"文革"这种方式的革命是很不寻常的，但是在这不寻常的情景中，社会的本来面目充分显示了出来。我觉得仿佛是置身于一个目的在有如显示社会本质和力量的实验室里。在这个实验室里我既是实验的材料，就是在我身上进行这项实验。同时，因为我是个社会学者，所以也成了观察这实验过程和效果的人。在这个实验里我亲自觉到涂尔干所说"集体表象"的威力，他所说的集体表象，就是那"一加一大于二"的加和大的内容，也就是我们通常说的社会的本质。这个试验证实了那个超于个人的社会实体的存在。

但就在同时我也亲自感觉到有一个对抗着这个实体的"个人"的存在。这个"个人"固然外表上按着社会指定他的行为模式行动：扫街、清厕、游街、批斗，但是还出现了一个行为上看不见的而具有思想和感情的"自我"。这个自我的思想和感情可以完全不接受甚至反抗所规定的行为模式，并做出各种十分复杂的行动上的反应，从表面顺服，直到坚决拒绝，即自杀了事。这样我看见了个人背后出现的一个看不见的"自我"。这个和"集体表象"所对立的"自我感觉"看来也是个实体，因为不仅它已不是"社会的载体"，而且可以是"社会的对立体"。这个实验使我看到了世界是可以发生这种不寻常的社会结构革命性的变动。这种变动可以发生在极短的时间里，但是极为根本地改变了社会结构里各制度中社会角色的行为模式。为期十年的"文革"在人类历史上是一次少见的"实验"，一次震度极强烈的社会变动。我的学力还不够做更深入的体会和分析，但是我确是切身领会到超生物的社会实体的巨大能量，同时也更赤裸裸地看到个人生物本性的顽强表现。

从这次大震动中恢复过来，我初步体会是做个社会里的成员必须清醒地自觉地看到社会结构的不断变化，尽管有时较慢较微，有时较快和较为激烈。处在社会结构中的个人，应当承认有其主动性。个人的行为既要能符合社会身分一时的要求，还得善于适应演变的形势。学术工作也是个人的社会行为，既不能摆脱社会所容许的条件，也还要适应社会演进的规律，这样才能决定自己在一定历史时期里应当怎样进行自己的学术工作。这种自觉可说是一方面既承认个人跳不出社会的掌握，而同时社会的演进也依靠着社会中个人所发生的能动性和主观作用。这是社会和个人的辩证关系，个人既是载体也是实体。

这点理论上的感受，虽则一直潜伏在我的思想里，在我"文革"后的公开讲话中也有所表达，但是还不能说已充分落实在后半生的学术工作中。"只见社会不见人"还是我长期以来所做的社区研究的主要缺点。

七

下半生的学术生涯，可以说从1978年开始，直到目前一共有15年。刚从"不寻常"的经历中苏醒过来时，我就想既然得到了继续学术研究的机会，就该把30年丢下的线头接下去，继续从事社区研究，而且这时我对社区研究本身的功能有了一些更明确的看法，正如我在和巴博德教授谈话中所说的，我们做的研究实际上是发挥人特有的自觉能力，成为自然演化的一种动力。人类社会是不断发展的，表现为生产力的不断增长。我们就得有意识的把中国社会潜在的生产力开发出来，提高人民的生活水平。这个进化观点我是早就接受了的。解放之后我又接受了当时的马列主义学习，认识到生产力是社会发展的基本推动力。这种思想和我早日翻译的乌格朋的《社会变迁》中强调科技的发展也正相合。我的《江村经济》调查就是接受了我姐姐改革蚕丝生产技术的启发而进行的。所以我在80岁生日那天以"志在富民"四字来答复朋友们要求我总结我过去80年所作所为的中心思想。"志在富民"落实到学术工作上就是从事应用科学，所以我把调查看做应用社会学。这一个思路，我有机会于1980年2月在美国丹佛接受应用人类学会授予我马林诺斯基奖的大会上发表的《迈向人民的人类学》讲话时，得到公开发表的机会。

1981年我又接到英国皇家人类学会授予我赫胥黎奖的通知，并由我的老师Firth建议，要我在会上介绍江村在解放后的变化。为此我特地三访江村进行一次简短的调查。就是这次调查引起了我对当时正在发生的乡镇企业和小城镇的研究兴趣。从那时起我就抓住这个题目不放，组织了一个研究队伍，跟着农村经济发展的势头，从江村一个村，扩大到吴江县的七个镇。然后一乇一步从县到市，从市到省，从一个省到全国大部分的省；从沿海到内地，从内地到边区，不断进行实地观察，直到现在已经有10年多了。我每去一地调查常常就写一篇文章，记下我的体会。10年来已积了近40篇，其中大部分已收集在今年出版的《行行重行行》一书中。这一系列文章还在继续写下去，可说是我下半生的主要学术方向。

这一系列文章在理论上说是以《江村经济》为基础的。把社区的经济发展看成是社区整体发展中的一个主要方面,并和其人文地理及历史条件密切联系起来,进行分析。我看到在不同条件下社区发展所走的路子不同,于是我又应用比较观点分出不同模式,并提出"多种模式,因地制宜,随机应变,不失时机"的发展方针。更从城乡结合的基础上升到经济区域的概念,逐步看到整个中国发展过程中形成的区位格局。这种社区研究是以农民自己创造的社会结构为出发点,分析这种结构形成的过程,它所具有的特点,并看出其发展的前景。这是实事求是的看法,而其目的是在使各地农民可以根据自身所处的条件,吸取别地方的经验,来推动自身的发展。所以可以说这种社区研究是应用社会学,一门为人民服务的社会科学。

回顾我这60年的研究成果总起来看还是没有摆脱"只见社会不见人"的缺点。我着眼于发展的模式,但没有充分注意具体的人在发展中是怎样思想,怎样感觉,怎样打算。我虽然看到现在的农民饱食暖衣,居处宽敞,生活舒适了。我也用了他们收入的增长来表示他们生活变化的速度。但是他们的思想和感情、忧虑和满足、追求和希望都没有说清楚。原因是我的注意力还是在社会变化而忽视了相应的人的变化。

翻阅我这段时间里所发表关于社会学的言论时,我看到我思想确是已经改变了一些原来对个人和社会关系的看法,我不再像在《生育制度》中那样强调社会是实体、个人是载体的论调,而多少已接受了潘光旦先生的批评,认识到社会和人是辩证统一体中的两面,在活动的机制里互相起作用的。这种理论见于我在1980年所讲的《社会学和企业管理》及《与医学心理学者谈社会学》里。

《社会学和企业管理》是我在第一机械工业部的讲话,在这讲话里我提到了1944年我在哈佛商学院遇见的埃尔顿·梅岳教授,他曾在芝加哥的霍桑工厂里研究怎样提高劳动生产率的问题,做了一系列实验。起初他采取改变各种工作条件,如厂内的光线、休息的时间等,来测验工作效率是否有相应的提高,结果确是上升了。但梅岳认为并没有解决提高工作效率的关键问题。他接着再把实验倒过来做,一一取消了这些客观条件的改变,出于大家意料之外的,工作效率却依然上升。他从中得到了一个重大的发现,原来不是客观条件的改变促使工作效率的上升,而是他的实验本身起了作用。因为工人参预了这个实验,自己觉得在进行一项有意义的科学工作,从而发现了自己不仅是一个普通拿工资干活的机器,而是一个能创造科学价值的实验者了。这个转变提高了他们的积极性。梅岳在这里发现了普通"工人身分"后面潜伏着一种"人的因素",这个因素是工作效率的泉源,梅岳的"人的发现"改变了美国的工厂管理。联系我们所关心的问题来说,他是使社会身分,即社会规定的行为模式,背后这个一直被认为"载体"的个人活了起来了。使行为模式变成人的积极行为的是潜伏在社会身分背后的个人。其实我们在舞台上评论演员时,总是看他是否进入了角色。进入了角色就发挥出演员的积极性,演好了戏,演唱的好坏还是决定于演员本人。明白这一点,个人和社会的关系也就明白了。

上面提到的第二篇讲话是我在北京医学心理学讲习班上的讲话。我最初的题目是《神兽之间》,意思是说人既是动物而又已经不是动物,人想当神仙,而又当不成神仙,是个两是两不是的统一体。社会总是要求"满街都是圣人",把一套行为规范来套住人的行为,可是事实上没有一个人是甘心情愿当圣人的,即便是我们的至圣先师孔老夫子也是到了快死的70岁时方才做到"从心所欲不逾矩"。但是人又不能不在社会结构里得到生活,不能不接受这个紧箍咒,小心翼翼,心猿意马地做人,所以我用了Freud所说的三层结构来说明人的心理构成:一是id(生物性的冲动)、二是ego(自己)、三是super-ego(超己),id就是兽性,ego是个两面派,即一面要克己复礼地做个社会所能接受的人,一面又是满身难受地想越狱当逃犯。Super-ego就是顶在头上,不得不服从的社会规定的身分。我当时指出神兽之间发生的形形色色的矛盾正是(精神病)医生要对付的园地,神兽之间有其难于调适的一面,但是普通的人并不都是要挂号去请教精神病医生的。那就是说神兽之间可以找到一个心安理得做人的办法。于是我得回到潘光旦先生给我《生育制度》写的序言里所提出的中和位育的新人文思想。

新人文思想依我的理解就是一面要承认社会是实体。它是个人在群体中分工合作才能生活的结果,既要分工就不能没有各自的岗位,分工之后必须合作,岗位之间就不能不互相配合,不能没有共同遵守的行为规则。有了规则就得有个力量来维持这些规则。社会是群体中分工合作体系的总称,也是代表群体维持这分工合作体系的力量。这个体系是持续的超过于个人寿命的,所以有超出个人的存在、发展和兴衰。社会之成为实体是不可否认的。但是社会的目的还是在使个人能得到生活,就是满足他不断增长的物质及精神的需要。而且分工合作体系是依靠个人的行为而发生效用的,能行为的个人是个有主观能动性的动物,他知道需要什么,希望什么,也知道需要是否得到了满足,还有什么期望。满足了才积极,不满足就是消极。所以他是个活的载体,可以发生主观作用的实体。社会和个人是相互配合的永远不能分离的实体。这种把人和社会结成一个辩证的统一体的看法也许正是潘光旦先生所说的新人文思想。

我回顾一生的学研思想,迂回曲折,而进入了现在的认识,这种认识使我最近强调社区研究必须提高一步,不仅需看到社会结构,而还要看到人,也就是我指出的心态的研究。而且我有一种想法,在我们中国世世代代这么多的人群居住在这块土地上,经历了这样长的历史,在人和人中和位育的故训的指导下应当有丰富的经验。这些经验不仅保留在前人留下的文书中,而且应当还保存在当前人的相处的现实生活中。怎样发掘出来,用现代的语言表达出来,可能是今后我们社会学者应尽的责任。对这个变动越来越大,全世界已没有人再能划地自守的时代里,这些也许正是当今人类迫切需要的知识。如果天假以年,我自当努力参预这项学术工作,但是看来主要是有待于后来的青年了。愿我这涓滴乡土水,汇归大海洋。

1993 年 7 月 24 日

本文系作者在香港中文大学社会科学院和北京大学社会学人类学研究所联合主办的第四届两岸三地"现代化与中国文化国际研讨会"上的发言。载《北京大学学报》(哲学社会科学版)1994 年第 1 期。

农村、小城镇、区域发展
——我的社区研究历程的再回顾

我一生的学术工作是以农村调查开始的,其后进入小城镇研究,近年来又开始区域发展的探索,统称为一生社区研究的历程。流年似水,转眼已经60年了。当我进入85岁的时刻,似乎值得自己回头反省一下。由于我已在1985年发表过《社会调查自白》,1989年发表过《四年思路回顾》,这次反省只能说是再回顾了,但一个人的思想总是多少有一条前后联贯的理路,所以还得从头说起,其中有一点重复在所难免。

一

我这一生有个主题,就是"志在富民"。它是从我学术工作中产生的,我的学术工作也是围绕着这个主题展开的。

1935年偕我妻王同惠进入广西大瑶山调查瑶族农村,合写《花蓝瑶社会组织》。1936年在我家乡的一个农村里进行调查,后来写成《江村经济》一书。我在农村实地调查里从亲眼所见的事实产生了一种想法:中国农村的基本问题就是农民吃饭穿衣的问题,内忧外患使他们难以维持最低生活水平,陷入不足温饱的极端贫困境地。当时的历史现实,促使我发生了尽力使中国农民脱贫致富的使命感,也为我后来一生"志在富民"的追求扎下了根子。

40年代我曾在云南内地进行农村调查,与张之毅同志合写成《云南三村》。其后,我曾应《世纪评论》之约,连续写了十几篇讨论中国农村社会特点的文章。这些文章分期连载后,集为《乡土中国》一书。我还在《大公报》发表了一系列有关农村复兴的文章,后来被《观察》周刊社汇编成了《乡土重建》单行本。我在这本书里提出了农民温饱的"小康水准""现代工业技术下乡""乡土工业"等问题和想法，都是围绕中国农民脱贫致富这个主题做的文章。

全国解放后，50年代后期，我1957年重访江村。看到当时农业有了发展，粮食增产，感到高兴。但是，也看到副业被忽视了，乡村工业没有得到恢复，农民虽有土地可耕种，却只能搞粮食，手里没有钱花。市镇上的商品交换日益萧条，小城镇也萎缩了，这使我忧心忡忡。我在《重访江村》一文中建议恢复发展副业和乡土工业，在村子里办小型工厂，希望促进农民尽快富起来。

意外的政治运动打断了我这种发展农村经济的愿望。"反右"斗争中，我被划成"右派"，失去了继续进行学术研究的机会。从那时起直到"文革"结束，我这篇富民的文章做不下去了。

1966年到1976年的全国大动乱，严重地破坏了社会生产力，国民经济到了崩溃的边缘。直到拨乱反正后的1980年，农民的人均谷类配额仅约有580斤。以这样只够糊的粮食来维持农民全部生活费用，显然远远不够。何况各地产量并不平衡，大部分地区的农民所得远低于这个平均数，他们依然没有摆脱贫困状态。这样的情状，加上周边一些国家经济起飞势头的映衬，使中国农民实现温饱、脱贫致富的问题变得更加迫切了。

1980年，我恢复了名誉和正常生活，从1952年就被取消的社会学也得到了恢复，我有条件拾起被迫中断20多年的"为中国农民能富起来做些什么事"的实践课题，重新开始农村调查。我急切地想实地看看我曾经十分熟悉的江村经过这20多年风雨后的样子。1981年，我三访江村，高兴地看到了江村当时全年人均收入已接近300元，位于全国前列。而在1978年，江村的人均年收入还只有114元。为什么这个村子的农民能在短短三年中这么快地富裕起来？事实就在眼前，家庭副业恢复了，集体小工厂办起来了。当地农村经济结构中出现了农、副、工互相结合的现实和进一步发展的趋势。

让我特别兴奋的一点，是在江村看到了我几十年前所想像的目标已经开始在现实生活中出现，而且今后中国经济的特点也显露了苗头。中国人口有10多亿，农村人口又占绝大多数，在这样的国情下，我认为多种多样的工业不宜集中在少数城市，而应当设法尽可能分散到广大农村里边去，我称之为"工业下乡"。工业下乡的意图，是使在国家经济结构中增加工业比重时人口不至于过分集中，甚至可以不产生大量脱离农村的劳动者，而在农工相辅、共同繁荣的基础上实现农村工业化,城乡一体化。这可能是中国的工业化进程不同于西方工业国家发展模式的一个基本区别,也是我看到的适合中国国情的可行道路。

江村的变化不是孤立的,家乡吴江县的各个集镇都表现出活跃的迹象,商品交换多了起来,城镇居民普遍增加。其中有名的吴江七大镇正在从先前冷冷清清的衰落景象里抬头挺胸,一股欣欣向荣的生机吸引着我。我看到了一种值得特别注意的变化,这就是由于乡镇工业办得好而富裕起来的乡村,农业收入所占的比例不断降低,绝对数字却在明显增长,增长速度也比工业不发达的乡村要快。这是一个值得大书特书的历史事实,它向世界展示出中国在发展经济道路上的一个崭新特点:中国社会的工业化是在农业的基础上发生和发展的,它又反过来促进了农业的进一步繁荣和发展,推动农业走上了现代化道路。

把这个特点和西方早期工业化的历史做一个简单对照,中国乡镇工业的意义可以看得更清楚。在欧洲工业化初期,新兴的机器工业集中到了都市,农村却濒于破产,农民不得不背井离乡,涌进城市,充当新兴工业的劳动后备军。西方工业化的发展是以农村的萧条和崩溃为代价的,这是西方工业化道路的一大特点。中国当然也要顺应历史潮流,实现工业化,但在当前的历史条件下,绝不可能走西方的工业化道路。我们不能想像上亿乃至数亿的农民涌入城市来发展工业,中国的工业化只能走适合自己特点的路子。农民在农业繁荣的基础上,利用来自土地的积累兴办乡镇工业。这种工业也以巩固、促进和辅助农业经济为前提,农副工齐头并进,协调发展。这条工业化道路已经切切实实地开始出现在我们面前。它不是从理论上推论出来的成果,而是中国农民在改革实践中的新创造。

在这个值得大书特书的变革中,由于乡镇企业的发展,在比较发达的地区,不论过去属于哪一类型的乡镇都先后开始走上了工业化道路,发生了以乡镇企业为基础的小城镇,而且生机勃勃,引人注目,令我感动。在社会发展现实的推动和启发下,我开始了调查研究小城镇的课题。

二

1982年以后,我的社区研究领域比三四十年代已经扩大。首先是从农村扩大到小城镇，提高了一个层次，把小城镇看成是城乡结合部，进行深入调查研究。研究的地域也从家乡的一个村扩大到吴江七大镇，又到整个吴江县，再扩大到苏南地区。到1984年，我走出苏南，进入苏北，对苏南、苏北进行了比较研究。很明显，我这一时期研究地域的扩大有意无意地是顺着行政区域的层级进行的。有意思的是，对于特定行政区域内的经济和社会现象的观察和研究，使我看到了超越行政区域的一种经济区域发展的事实，这就是说我的经济区域的概念在观察现实经济生活中开始发芽苗长了。

这要从"模式"这个概念的发生说起。

在对苏南、苏北的比较研究中，我看到苏北的乡村里工业化程度明显比苏南低，小城镇的兴起也比苏南慢。对于两地在发展上的差别，起初我以为是起步的先后不同。后来我意识到，地区间可以由于客观条件的不同而走上不同经济发展路子。在总结苏北调查的《小城镇——苏北初探》一文中，我把思想上酝酿的一个概念提了出来，这就是发展的"模式"。我具体提出了"苏南模式"这个名词。

模式这个概念是从发展方式上说的。因为各地所具备的地理、历史、社会、文化等条件不同，所以在向现代经济发展过程中采取了不同的路子，这是可以在实际中看到的。不同的发展路子就是我所提出的不同发展模式。"模式"这个新概念，来自于我们身边正在发生的客观历史事实。让这样的概念再回到正在成长的新事物中，用它来认识现实，也就能把问题说得更清楚一点。

比如，在对苏南模式所做的研究里边，我把位于江北的南通划到了苏南经济区，让它和苏州、无锡、常州并称，道理就在于南通有和苏、锡、常大体相同的经济发展背景和现实发展路子。苏、锡、常、通都位于长江下游，都是由于乡镇工业的兴起而进入工业化时期的。这几个地方乡镇工业的来历和发展机遇也类似。它们的前身是人民公社时期的社队工业，即公社和生产大队、生产队办的工业。公社和生产大队、生产队是集体经济的实体，它有权在社员的劳动所得中积累一部分资金，用来兴办集体公有的工业，叫社队工业。到80年代初江苏农村实行家庭联产承包责任制的时候，苏南的农民没有把社队企业分掉。在改制过程中，乡和村的人民政府替代先前的人民公社和生产队管理这份集体经济，通过工业保存下了集体经济实体，又借助上海经济技术的辐射和扩散，以乡镇企业为名而继续发展。苏、锡、常、通的乡镇企业发展模式是大体相同的，我称之为苏南模式。我从经济发展的模式出发把地处长江北岸的南通划进"苏南"的范围，从概念上说，我已把心目中的经济区域摆脱了一般的以江为界的地理区域。

1986年，我到浙江温州考察。温州以它明显有别于苏南的发展方式进一步启发了我，使我对"发展模式"这个概念有了更深入一步的认识，明确了它的意义是指："在一定地区，一定历史条件下，具有特色的发展路子。"这里所说的"地区"，既可能是在某一行政区域范围内，也可能包括几个不同行政区划的地域范围。但是在这时候，我还没有提出"经济发展区域"的概念。

客观发生的历史事实使我产生了"模式"这个概念。新概念的形成反映着客观实际的变化，是实践的产物，同时又成为认识工具，帮助进一步认识新生事物和促进实践变革。发展模式的概念把我的研究工作推进了一步，要求我从整体出发，探索每个地区发展的背景、条件，和在此基础上形成的与其他地区相区别的发展特色，这就促使我进入不同发展模式的比较研究。

各种模式之所以能相互比较，是因为它们是在一个共同的基础上出发，又向同一目标发展的。共同基础是我们传统的小农经济，同一目标是脱贫致富，振兴民族经济。80年代，各地农村先后进行了农业体制改革，实行了家庭联产承包责任制，农民因此得到了支配自己劳动的自主权。他们在承包的土地上经营农业之外，可以主动从事其他生产活动，以增加收入，这就大大调动了农民发展经济的积极性。他们千方百计、千辛万苦、千山万水地去开辟生财之道。

各地农民居住的地域不同，条件有别，所开辟的生财之道必定多种多样，因而形成了农村经济发展的不同模式。我在观察和研究这些不同的发展模式时，没有忘记它们只是解决增加农民收入这同一个问题的不同答案。对各种模式进行比较研究，也就是要说明它们有什么不同和为什么不同。具备了这种知识，各地农民都可以因地制宜地选择生财之道，争取早日脱贫致富。

如前所说的苏南发展的路子，是通过公社这个集体经济的积累，有足够的资金一步到位地把工业引进了农村，借着农村体制改革的机遇，快速地发展起乡镇企业，带动了经济的整体发展。但具备苏南这样条件的地区并不多。那些在公社的集体经济实体解散后再要办工业的地方，就得从其他渠道取得兴办工业的启动资金了。温州人想出了另外的办法。

温州原来也是个穷地方，人多地少，单靠农业连温饱都难以维持。当地农民就大批到外地去打零工，卖手艺，如木匠、裁缝、修鞋、弹棉花等。一时浙江人满天飞，远到边区的小镇上都有他们的足迹。这些人省吃俭用，把在外地挣得的钱寄回家乡积累起来，成了后来在温州一带发展家庭工厂的启动资金，然后通过广大的运销网络出售家庭作坊的产品，形成了"小商品，大市场"。我把这个发展方式称作"温州模式"。

在河南民权县，我看到当地发展了庭院经济。他们有两条"龙"。一是果农专业户以农户为单位种葡萄，乡镇的集体企业榨汁发酵，县里的国营酒厂最终制成果酒。这条龙带动了两万户农民致富。另一条龙是纺织品抽纱，一根针，一根线，不用油，不用电，老人小孩都能干。初级成品分散在千家万户，县工艺品厂集中收去修整、漂白、包装出口。每个农民可以利用农余时间借助抽纱为自己每月增加收入八九十元。这种利用千家万户的劳动力，让他们不出院不出村就能增加收入、脱贫致富的路子，我叫它"民权模式"。这也就是后来我在河南信阳所看到的所谓"公司＋农户"，这可能是适合中原农业地区经济发展的一条路子。

到苏北调查时，我又了解到了另一种生财之道。徐州的农民组成建筑队，到外地承包工程。大庆油田的厂房建筑，多年来几乎全是由苏北农村的建筑队承包的，依靠这种劳务输出挣回的钱，成了苏北农村工业化启动资金。后来我又在安阳听说林县也有"10万大军出太行"，北京有些大建筑工程就是他们干的。林县的建筑队已经在北京打出了名气。林县人说，他们80年代出太行，90年代富太行。类似徐州和林县这种专业性劳务输出的富民路子，也可以看做是一种模式。

在靠近福州的福清县，我还看到一种由侨胞投资兴办各种企业，甚至成片开发工业小区的发展方式。这些用现代设备和先进技术建立起来的企业，和国际市场密切相联，奠定了更为宽广的发展前途，为农村经济的发展开出了一条新路。我称之为"侨乡模式"。

模式这个概念的产生和发展，直接反映出我走出苏南以后观察范围的逐步扩大，比较方法的逐步深入。起初我是用小城镇的功能，如农贸中心、行政中心、工业中心等来区别不同"类型"。后来我看到乡镇企业的发展使许多过去不同类型的小城镇在主要功能上逐步趋于一致，于是我提出模式的概念作为比较研究的主要依据，但是在对各种模式的比较中，我并没有追问由每一种模式所覆盖的地区有多大，划出各种模式所占的区域，这是因为当时我还没有明确"区域发展"这个概念。

三

我的研究跨出了江苏省界之后，分成两个方向扩大范围。一路是沿海从江苏到浙江，经福建到广东的珠江三角洲，进而接触到广西的东部地区。另一路是进入边区，从黑龙江到内蒙古、宁夏、甘肃、青海、云南等地。在我行行重行行的实地调查过程里，越来越多的见闻和思索使我注意到经济发展具有地理上的区域基础。各区域不同的地理条件包括地形、资源、交通和所处区位等自然、人文和历史因素，均具有促进和制约其社会经济发展的作用，因而不同地区在经济发展上可以有不同的特点，具有相同地理条件也有可能形成一个在经济发展上具有一定共同性的经济区域。这些区域又可能由于某种经济联系而形成一个经济圈或地带。

1987年我在甘肃调查时，注意到在甘肃和青海交界的祁连山两麓居民除汉族外还有一些人数较少的少数民族，如裕固族、土族、撒拉族、保安族、东乡族等，还有人数较多的回族。它们处在青藏高原和黄土高原之间，形成了一道夹在藏族与汉族之间的民族走廊，在经济上，正是牧业和农业的接触和过渡地带。当时，我从回族聚居的甘肃临夏越过省界到青海的海东地区，一查历史知道这一带正是明代以来茶马贸易中心河州的故地。对这一带的情况有了初步了解后我产生了一个想法：要发展这个地区的经济，大概只有利用它特有的历史传统，恢复它作为农牧贸易的基地，把临夏和海东联合起来，共同发展成为向青藏高原发展贸易的中心。我把这个想法同当时两省的领导讲了，得到了他们双方的赞同，我就向中央提出了两地建立一个经济协作区来发展农牧两大区域之间贸易的建议。这个建议在我的研究工作中标志着进入区域发展研究的开始。经济区域发展的概念丰富了我社区研究的内容。这使我意识到，80年代后期，以此为标志，我的研究工作又进入了一个新的层次。

在东南沿海和西北地区进行的实地调查，使我感觉到沿海和内地特别是边区发展不平衡的问题已经十分引人注目。从全国一盘棋和实现共同富裕的观点来看，有必要重视这个事关全局的东西差距。同时，我也想把在50年代被迫中断的民族研究工作在大西北的调查中继续下来。

中国的少数民族大部分聚居在中国西部地区，东部和西部的差距里包含着民族经济水平的差距。西部的发展离不开少数民族的发展，通过西部的经济开发和社会发展，可以使当地的少数民族进入现代文明，与汉族共享繁荣，这是一个具有重大意义的课题。

我在青海、甘肃两省和宁夏、内蒙古两个民族自治区做了实地考察后，看到从青海的龙羊峡到内蒙古的托克托河段的黄河上游沿岸地区，正处在西藏、新疆、宁夏、内蒙古四大民族自治区的中心，是西部的经济文化相对发达些的多民族聚居区。我认为它们可以走共同的发展路子，就是利用黄河水量充沛、落差巨大和沿河资源丰富的优势，可以水电为龙头，发展原材料工业和深加工工业，稳定发展农牧业。加快这里的开发，可以带动附近各民族自治地区的发展，改变少数民族地区经济落后的面貌，巩固民族团结，缩小东西部的差距。为此，我提出了"共同规划，有无相济，互利互惠，共同繁荣"的原则，并在1988年向中央提出了《关于"建立黄河上游多民族经济开发区"的建议》。建议得到中央和两省两区领导的支持。这个建议是从广大区域出发来设想怎样推进经济发展的路子，可以说是区域经济这一概念落到实处的例子。

回想起来，80年代中期我曾研究过珠江三角洲的发展。这地区借助邻近香港的地缘优势普遍发展"三来一补"企业，与香港形成前店后厂格局的特点。我称之为"珠江模式"。珠江三角洲的快速发展得益于香港经济的扩散。表现出经济区域的特点，启发我注意到珠江三角洲这个经济区域的发展当中存在着的中心与腹地的关系。在1988年考察南岭山脉时，我把开发这一片瑶族聚居区的希望寄托在珠江三角洲的经济扩散上，提出了以香港为中心的三个环形地带的经济区域格局。后来我又在《珠江模式的再认识》一文中提出港珠经济一体化的观点，开始考虑以香港为中心的华南经济区的整体发展，这说明我的经济区域概念又深化了一步。

1989年，我到黄河三角洲做实地考察，并参加了由民盟中央和山东省政府联合召开的"黄河三角洲经济技术和社会发展战略研讨会"。站在黄河三角洲广阔的土地上，我想到了世界各国著名河口的三角洲多数已发展成为现代经济区，我国的珠江三角洲和长江三角洲也都已成为国内的经济发达地区。想着这些，我似乎亲身感受到脚下地层中正涌动着巨大的发展动力，也更清楚地意识到黄河三角洲是我国东部沿海地区一块亟待开发的宝地。同时又想起我提出过黄河上游多民族经济开发区的建设，接着再提出建立黄河三角洲开发区的问题，正好首尾相应。

从经济区域发展的角度去考虑这块宝地的开发，我发现有一个基本的概念需要讨论，就是黄河三角洲的地域范围问题。过去说的黄河三角洲，实际上是黄河口的概念。三角洲应当是包括河口的一个经济区域，河口不等于三角洲这个经济区域。一个经济区域必须有口有腹。因之，在我看来，可以考虑把稍为靠里一点的潍坊、淄博划入黄河三角洲。历史上淄博是齐国的首都，是当时的政治、经济、文化中心，现在也是一座很有实力的城市。潍坊的实力也可以。有了有实力的中心城市，再加上两市的乡镇为腹地，黄河三角洲的开发就能更有力量。从地理上看，好像这两地离河口远了一点，但从区域发展要有中心城市带动来讲，是合乎实际的。看来在考虑黄河三角洲的开发时，把限于河口的眼界扩展到经济区域的眼界是有必要的。

1990年，我结合此前多次对长江三角洲所做的调查研究，继续思索这块地方的区域发展和上海的地位问题。浦东开放开发以后，我提出了上海走什么路子的问题，是搞深圳式的上海，还是建设香港式的上海？寻找这个答案，要顾及许多因素，我以为应充分注意区域发展的大局和长远利益对上海的要求。

当时在大陆建设几个香港的设想已经提出来了。这使我想起孙中山先生在本世纪初就提出在长江三角洲建设东方大港的方略，进而想起本世纪30年代，上海已成为东亚地区仅次于东京的第二大城市。包括58家外国银行分行在内的168家银行使上海成了亚洲的重要金融中心。当时占全国50%到80%的商品进口量和占全国60%的茶叶和猪鬃出口量又使上海成为我国外贸和商业中心。建国以后上海的经济地位虽已大不相同，但到90年代初期，我国走社会主义市场经济的总方向业已定论，上海在全国经济格局中的地位势所必然的要起变化。何况上海四周长江三角洲这个腹地的经济技术发展水平也比改革开放之前有了很大的提高。如果上海浦东仍想像深圳那样吸引外资，以建工厂为主，哪怕是兴建一些高技术产业，它的扩散和辐射能力都会受到很大的限制，并可能在市场、产业结构等方面与江、浙乃至沿海城市发生矛盾，即使上海能起到窗口作用，也无法起到龙头的作用。当中国已经进入全方位开放时期后，比起窗口来，似乎更需要龙头。

由此看来，上海的发展宜更上一层楼，在更高层次上从区域经济发展的观点出发，考虑成为长江流域的贸易、金融、信息、科技、运输中心。换句话说，使上海在经济上成为长江三角洲和沿江地带工农业商品总调度室或总服务站，成为一个具有广阔腹地的大陆香港。这也许是更可取的一条路子。以这个思路为底子，我于1990年提出了关于建立长江三角洲经济开发区的建议，后来又更具体地提出了以上海为龙头，江、浙为两翼，长江为脊梁，以"南方丝绸之路"和西出阳关的欧亚大陆桥为尾闾的宏观设想。

1991年，我开始了以发展山区经济为重点的研究计划，首先走访了四川、云南两省交界处的大小凉山。根据考察所得，我提出了"点—线—面"的发展方针，即以攀枝花工业中心为启动力，联合凉山自治州，开发成昆路一线的丰富资源，开辟通向东南亚的"南方丝绸之路"，推动西南云贵高原的全面发展。

到1994年，我在地矿部的支持帮助下，结合我先后在西北和西南贫困地区实地得来的资料，与中国地质科学院从事黄土研究和熔岩研究的专家们讨论了西北黄土高原和西南熔岩地区的扶贫开发问题，研究怎样配合国家"八七"扶贫攻坚计划的实施，加强对这两个区域的治理，尽快帮助这里的农民脱贫致富。在思路较成熟时，我向中央提出了关于西北黄土高原和西南熔岩地区扶贫开发的具体建议。

在这两套有关开发西南的设想里边，有我在长江三角洲开发设想中有关经济区域内容的延伸。但更重要的是表现出了研究取向上的相通之处，即以较小范围的区域发展联系上了更宏观的区域发展。经济区域这个概念就是这样逐步在接触实际中生长起来的。

四

中国大地上方兴未艾的区域间经济协作的现实，持续地推动着我对区域发展这课目的探索。在对东南沿海地区和西北、西南边区的发展情况有了较多了解并相继提出这些区域进一步发展的设想之后，我把重点放在过去了解较少的区域。一路是沿海岸线北移，经环渤海湾进入东北地区，考虑建立参与发展东北亚经济的基地问题，另一路是沿欧亚大陆桥由东向西进入中部地区，研究沿桥建立经济走廊的条件。

东北的情况,我在80年代中期开展边区研究的时候,曾对黑龙江省有局部的了解,并想提出从内地吸收移民开发北大荒,为今后参与发展东北亚的国际大会战时充实实力的设想,但时机未到,并没获得当地领导的共识。几年过去了,国际形势发生了巨大变化。1991年,我有机会访问吉林省延边朝鲜族自治州,着重考察了珲春市和珲春的长岭子口岸、距图们江出海口不远的边界和图们江口岸等地。我了解到,地处延边东部的珲春市具有图们江通海航行的悠久历史,早在1200年前就是我国东北地区海上丝绸之路的枢纽。清末民初时,当地居民一直利用图们江航道出海捕鱼和通商。1907年,清政府在珲春设立商埠,1909年又设海关总管,珲春成为中国进出日本海的一个重要贸易城市。可是在1938年,日军由于日俄冲突而强行封锁了图们江口。从此,中国人民被迫中断沿图们江出海航行达52年。图们江口"金三角"地区的重要政治地位和经济价值,被历史淹没半个世纪之久,东北地区的广大腹地的发展也受到很大影响,实在可惜。

我由此想到了行使图们江出海权、开发利用图们江口地区的重要战略意义。简要地说,这是行使中国主权、维护中国在日本海利益的需要,是进入日本海、确立中国在东北亚的地位、建立参与东北亚经济发展的基地、迎接21世纪的需要。这一点,从宏观的经济区域发展的观点可以看得很分明。图们江口位于东北亚区的中心部位,从这里启航到朝鲜的罗津港、俄国的符拉迪沃斯托克(海参崴)港、韩国的釜山港和日本的新潟港,距离最近,也能缩短到加拿大温哥华和美国旧金山港的航程。这对促进中国外贸的发展十分有利。中国东北地区的外运港口,目前全部集中在辽东半岛,并已趋饱和状态。打通图们江出海口,不仅可以缓和东北地区的外运紧张状况,还可使全国外运港口和铁路运输布局得到改善。更为重要的是,在图们江口建设开放城市,并引导大连向"北方深圳"的样式发展,改善沿海地区对外开放的总格局。加上胶东半岛的烟台、威海这些据点,连成一体,形成中国与世界经济的又一个大的接轨站,依托东北广大腹地的建设,将使我们取得面向参与东北亚发展的广大空间。

从注意到参与东北亚的开发,我又看到了发展环渤海地区的重要性。环渤海地区是中国经济由东向西扩散、由南向北推移的纽带。我曾利用访问考察的机会陆续对环渤海湾的沿岸城市及其腹地做过实地调查,了解到环渤海地区具有独特的港群优势和广阔的腹地,有在国内密度最高的交通网络,有丰富的资源和强大的工业生产能力,在占全国 5.1% 的国土面积上创造着超过全国 1/4 的工业产值。在第二轮改革开放高潮中,加快发展环渤海地区的战略任务已被写进了中共十四大文件。同时,随着改革的深化,华北地区经济运行的市场机制开始启动,原来受到行政区划局限的生产要素正在市场经济力量的推动下突破行政区域界限,走向联合与协作,形成综合力量,促进经济区域的发展,这都为环渤海地区的崛起提供了有利条件。

为了切实加快环渤海地区发展,我在自己所做调查研究的基础上,建设民盟中央与环渤海地区的省市政府有关部门领导、研究人员以及民盟地方组织一起开会,专题研讨环渤海地区加快发展的自身优势、外部条件、制约因素和基本思路,并以此为框架向中央提出了加快发展这个地区经济的具体建议。

从 1992 年起,为了改变中部地区和沿海地区的发展差距,为了充实沿海发达地区的腹地,我把探索中部地区加快发展的路子作为重点研究题目,又接触到了新的情况,受到了新的启发,这使我能比以前更深一层地思索传统农业地区脱贫致富的路子和沿欧亚大陆桥地区的整体发展问题,提出了发展欧亚大陆桥经济走廊的设想。

改革开放以来的 10 多年里,东部沿海地区凭借其地缘优势,发展步子较快。到 90 年代初期,东部沿海地区的农民人均收入,要比中部地区农民人均收入高出大约一倍。在这样的差距下,中部地区的农民在想些什么,做些什么,我很想知道,也想在扶贫实践当中和农民一起寻找下一个 10 年里让中部地区尽快赶上来的办法。我到苏北、山东找,到湖南、湖北找,到河南、河北找,找来找去,找到了两个旨在促进区域发展的经济协作区,找到了能使农民切实增加收入的庭院经济,和以此为基础发展起来的当地称之为"公司+基地+农户"的路子。

我在苏北访问的时候,听说有一个淮海经济协作区,是苏鲁豫皖接壤地区的 17 个地市自愿组成的区域经济协作组织。他们从 1986 年起正式开始联合,打破条块分割的局面,形成横跨四省的协作网络,使这个区域的国民生产总值、工业总产值、财政收入、外贸出口额的增长在成立协作区后的数年里边均高于全国平均水平。在作为东部沿海腹地的经济欠发达地区,这样的成绩是令人鼓舞的。

接下来，我在邯郸访问时又知道有一个中原经济协作区。包括晋、冀、鲁、豫四省的 15 个地市，自 1985 年起自动联合起来，进行地市间经济技术协作。这是个农业传统悠久，人口、市镇密集，轻重工业并举，城乡市场广阔的区域，地处大陆桥中段，战略地位重要。这里的 15 个地市根据发展经济的需要自发组织起来，开展跨省界的区域协作，这里的干部有意识地组织群众走出条块分割，联手发展，这是值得关注和倡导的新生事物。

淮海和中原两个区域经济协作组织引起了我浓厚的兴趣。这两个协作区包括的这一大片历史上以农业为主的地区，是否可以在从事农业和副业的个体农户的基础上积累起资金，走上工业化道路？对此，我不能说自己没有一点想法，但他们的现状怎样，他们已经做出了哪些探索，发生了什么样的效果，下一步怎么走更好一些，我所知道的还不多。同时我又看到中部地区能不能加快发展，不光是中部自己的事情，也是决定沿海地区能不能进一步加快发展的一个关键。如果中部作为沿海地区乡镇企业的市场不能快点发展起来，沿海地区的下一步发展就会受到很大制约。

我在访问过淮海经济区大部分地市之后，于 1993 年到商丘参加了淮海经济区第八届市长专员联席会议。又在对中原经济区作了一些了解后，于 1994 年到濮阳参加了中原经济技术协作区第九届会议，并借与会机会对信阳、安阳、濮阳、焦作四市进行实地调查。再结合我以前在湖南洞庭湖区、湖北孝感、河南民权、河北沧州、山东无棣等地看到的例子，我脑筋里的思路比较清楚了一些。看来，在农业传统悠久的中部地区，从农业到发展工业之间要有一个过渡。这个过渡可能就是发展庭院经济，为广大农民切实增加收入，早日脱贫致富，积累资金，自力发展乡镇企业。在增加农民收入的基础上，加快中部地区的整体发展，沿欧亚大陆桥建设一条沟通东西、平衡南北的经济走廊，需要尽早提上日程。

庭院经济，就是以个体农户为基础发展成为农林牧副渔任何一业的专业户、专业村。我在孝感看到了"一村一品"形式的庭院经济，以一家一户为基本单位，有的村养甲鱼，有的村养鸟，有的村编鸟笼，千家万户都富了起来。在民权看过的种葡萄，做抽纱，也是分散在千家万户。我到沧州、无棣去看，了解到当地的枣粮间作，也是大有可为。在麦地里间种枣树，发展果业，光是这一条，扩大规模，落到实处，一年就能创造几亿元财富。淄博临淄区有一个西单村,我在村里看到家家户户都有池塘,村里搞立体农业、生态农业。他们在屋顶上种水葫芦,用麦秆、玉米梗养牛,牛粪集中起来生产沼气,沼气渣用来养鱼,养鱼的水可以浇地种田做肥料,这样在庭院经济基础上搞起了多业并举、良性循环的集体经济。加上村办工业,1993年的产值已有十几亿,真是小农村做出了大文章。

庭院经济虽然还是在农业里边,却已不是传统的农业概念,而是跨到大农业的阶段上来了。大农业不是单搞粮棉油,而是农林牧副渔全面发展,这就使农民致富的路子多了起来。农民手里有了钱,要买消费品;生产的东西多了,要卖出去;钱更多一点的时候,需要投资,用钱滚动来得到更多的钱,这样,流通就出来了,工业就办起来了。乡镇企业一开始就是农民自己在计划经济之外干起来的,它的启动资金不是向国家要的,而是农民从土地里边积累起来的,是通过把劳动力在土地上变成生产力挣出来的。可以说,庭院经济是促进乡镇企业发展的一支强大力量。淮海、中原两个协作区有1.5亿人口,每人增加几百元收入,就是几百亿元的大市场。庭院经济看起来小,力量却很大,看着不如大中企业气派大,却是广大农民增加收入、脱贫致富的好门路,显示出的是另一种气派,富民的大气派。星星之火,可以燎原。燎原的力量不是来自好高骛远,而是来自脚踏实地,尊重实际,尊重群众的首创精神。发展市场经济的伟力存在于千千万万的群众之中。

中部地区的经济协作已经搞了将近10年,打下了基础,积累了经验,现在要上一个台阶了。有机遇,也有条件。沿海地区的发展搞了十几年,沿江地区的发展也已经提出了好几年,中国北部沿大陆桥经济走廊的发展还有待提上日程。大陆桥虽然早就有,可是还没有被当作经济走廊去发展。陇海线通车已久,沿线的腹地并没有得到大的发展。现在,情况已经大不一样,南中国的发展迅猛,形势逼人,要求北方有相应的发展。长江三角洲的经济辐射借助长江进入中部,在不长的时间里就可能实现。中部和北部的发展,要求沿大陆桥建设经济走廊,一方面发展潜力强大的沿桥腹地,一方面作为东部经济技术向西转移和扩散的通道,沟通东西。不仅如此,这个经济走廊正贯穿黄河中游的广大腹地,西接黄河上游多民族开发区,东联黄河三角洲开发区,它可以带动整个黄河流域的经济大发展。而且可使北方经济既能从连云港东出,又能沿桥经河西走廊西进,去开发从中亚细亚到阿拉伯的巨大市场。

淮海和中原两个协作区继续增强实力，连片发展，就是这条走廊的基础。加快这两地的经济区域发展，一边建设经济走廊，一边建起欧亚大陆桥的桥头堡，与全国各地形成承东启西、南呼北应的大格局，对于中国从本世纪末到下世纪初实现全国协调发展，人民共同富裕，应该是有益的。

至此，综合我一系列有关经济区域发展的设想，已接近了"全国一盘棋"的格局。写到这里，我似乎看到中国经济的两条龙，长江，大陆桥；还有两只虎，华南虎，东北虎，似乎看到了龙腾虎跃的局面，看到我们这个小农经济延续几千年的国家城乡一体现代工业化的前景。这是我一生梦寐以求的理想。

五

经济区域的研究是我近几年在实地调查和思考中提出的一个新课题，也可说是我的农村调查，小城镇研究的延伸。这个新课题至今还在探索的阶段，刚刚破题，许多方面尚须深入探索。

我在上面回顾了我自己逐步明确区域经济这个概念的过程。总的说来是我在西北少数民族地区看到地区间经济协作的需要，又在珠江三角洲看到香港这个经济中心所发生的作用，因而进一步产生发展围绕这中心的环形地带的设想。可以说是在我思想上开始对经济区域有了初步认识。以珠江三角洲的模式结合长江三角洲的现实，才使我觉得这里还缺少一个和香港相当水平的经济中心。因此想到提高上海的经济规格，希望它能成为长江三角洲的龙头，带动整个长江流域这条经济脊梁骨的发展，在长江流域形成一个经济高度发达的区域。这条思路又带着我看到华北和东北，以及横贯全国带动西北的欧亚大陆桥经济走廊，使我在这几年里做一系列发展区域经济的建议。这是我个人提出这课题的来龙去脉。

经济区域是在人们经济生活中形成的，本身有一个发展过程。我们可以设想在人类社会的原始时代，人们都是在自给自足的小群中生活。这种小群散居在广大的土地上，相互依存的地区性的经济联系很微薄。即使社会发展到了小农经济阶段，若干以亲属为基础形成的农户，聚居在一地形成了村落，进行类似的采集、农耕和副业的生产活动，互通有无的交易还是极有限的。社会分工的发展，使各村各户才有交换不同产品的需要，而发生了日出而集、日入而散、"日中为市"的临时市场,就是在我们内地至今还可以看到的赶场或赶集。又经过了一段历程,才发生作为农副产品集散和销售工业制造品中心的市镇,它们各自拥有为其服务对象的若干农村,在我家乡称作乡脚,即市镇的腹地。经济继续发展,有些市镇上升为城市,有些小城市上升为中、大城市,直到特大城市。各级城市都拥有它的腹地,形成城乡相互依存不同层次的经济区域。

我国改革开放以来,进入经济迅速发展的时期。农村的工业化和城市化,走上了城乡一体的道路。小城镇的兴建正进入高潮,中大城市都在发展和扩建。同时,社会主义市场经济的蓬勃成长,已使过去经济关系在不同程度上处于分割和疏隔的各层次行政区域,已日益感到协作和互补的需要而相互开放和联系了起来,而且已出现了超越行政界限的各种形式的协作和结合。我身处这个大势之中,从研究工作的实践里逐渐意识到区域发展研究的重要性。在这篇回顾中我试图具体地把这项课题在我思想中形成的过程,理出一条线索,也想藉此作为今后研究工作的导向。

由于这个研究课题牵涉的范围较广,问题众多,我自己明白对这课题的认识还不够全面,概念也不够明确,对这篇回顾中已经冒头的许多问题还没有深入系统地追索。例如:经济区域和行政区域怎样既相联系,又有区别?经济区域内部的结构,如中心、腹地、口岸、道路怎样组合,又怎样安排?各层次的经济区域怎样形成和发展,它们又怎样受到自然和人文,即地理和历史因素的促进和约束?这些都是还需要研究的问题,像这样的问题还有许多。

今后进一步研究这些新的课题,我还是将继续采取我过去的实事求是研究方法。一切要从已发生的事实为基础,观察和描述"已然"。用可以观察到的事实为资料,进行比较和分析,探索在事物发展中可能发生的情况,做出设想,然后通过思考,引发出"或然"。最后以实践去检验其正确与否,经过历史的对证,得出"果然"或"不然"的结论。

我在经济区域研究这个课题上,还在观察和描述"已然"的阶段,但也在思考"或然"的发展。我已注意到20世纪后期世界经济发展中不断出现跨国家的经济共同体的理论和现象。欧洲共同体把欧洲一些独立的国家在经济领域里进行密切协作和共同规划,初步踏进了全面统一的门槛。接着北美、中美各国也已分别在部分经济领域中实行了联合和协作。近年来有关亚太经济区域的结合也已提到日程上。这许多国际间的大趋势都指向这个世界由于科技的发展,经济上全人类已密切地相互依存，正在走向联合，但还没有形成一个平等、和平、合作、团结的全球性共同体。洲级经济区域概念的提出，也许是走向这个共同体的一个起步。

我在这个世界规模的大趋势的影响下，不能不联系我们自己的国情，思考社会主义市场经济的发展前景，因而注意到已经出现的形成我国国家规模的经济共同体的积极因素。在这种背景下，我提出这个区域发展的研究课题。这个研究课题，需要微观和宏观相结合，需要理论和实际相结合，需要人文和地理相结合，看来和小城镇研究相比是个更大的问题。我从农村的微观研究，进入小城镇的比较研究，经过60年的时间，提出了这个更大的课题。这个课题不仅要把全国的经济发展看成一盘棋，而且应联系着全球性经济发展的大趋势来思考，确是一篇不像是我这一生可以亲自写到底的大文章。这篇文章我算是破了题，但怎样做下去还需要认真探索，更需有志同道合的学人共同努力。我相信总有一天能看到我们国家作为一个具有实力的统一体，矫健地踏进全球一体的大社会。我也愿意为这篇大文章的写作付出我最后的一段生命。

回顾毕，情未已，墨有余，作短歌。歌曰：

老妻久病，终得永息。
老夫忆旧，幽明难接。
往事如烟，忧患重积。
颠簸万里，悲喜交集。
少怀初衷，今犹如昔。
残枫经秋，星火不熄。

1995年1月1日

小城镇研究十年反思

今天早上,我一下火车,就和接车的同志说,我是来南京听评审的,听取各位同志对我10年前首先在南京发表的《小城镇大问题》这篇文章的评审意见。说来很令人兴奋,过了这么长的时间,大家还记得这篇文章,我也还活着,听大家的评论,应当说是难得的幸运,10年前怎敢做此梦想?

一种意见是否正确,必须经过实践考验才能做出结论。如果确有几分经得住考验的内容,更应当对这项意见怎样得来,怎样发展,进行认真的反省。更重要的也许是应当回头看看,有什么缺点,为什么发生这些缺点。这番思考我想对今后的研究工作会有好处。

现在轮到我发言,在各位老朋友面前,讲讲自己对这篇文章内心的想法,说些肺腑之言。不对的和不足之处,亦请纳入评审的范围。

孔子五十而知天命。我到了七十还不大理解为什么老天还要给我一段岁月供我使用。在座有些朋友也许还记得我当时用"袋里还有10块钱"做比喻,表示在意外得来的余生中做一点自己觉得有意义的事情。我在80岁生日那天,朋友们为我祝寿,有人提出这个我觉得有意义的事是什么的问题。我没有思索,脱口而出"志在富民"四字。后来想想,这固然是我心愿,但并不具体,今天我想用"研究小城镇的兴起"来代替那四字就比较切实一些了。其实这两句话是说一回事。前者是我主观的动机,后者是我具体的工作。主观动机无法对证,客观的工作则有籍可稽,那就是我去年出版的《行行重行行》。我为了小城镇这个大问题,在各地奔跑已有15年,基本上"跑一趟,写一篇",汇篇成册近50万字。

从小,老师就说我这个孩子不肯按格子写字,不懂得循规蹈矩,总是出格。大概这是我的本性。前几年一次人类学的国际讨论会上,很多朋友都同意我自称为"学术领域里的一匹野马",因为学科的传统界线从来限制不了我的研究领域。各种名位和头衔也成不了我的辔头。写文章越老越不受题目拘束,任意发挥,兴尽而止。这也许是想用天性来开脱我在"小城镇"课题下脱缰而行,在乡镇企业和农村工业化的大道上放马四闯,直到最近才有点回枥之意,看到了小城镇本身的建设,提出了"乡镇城市化"这个范围。形象地说,我这10多年只吃了小城镇这颗核桃的肉,而丢了核桃的壳。软件固然味道好,硬件也应该注意,不然这小城镇就会熙熙攘攘,乱成一团,好好的江南水乡本色弄得乱糟糟,不成格局,更严重的是污染青山绿水,连鱼虾都遭了殃。城乡一体化说说容易,不留意就会出大毛病。回想我那些连篇累牍的文章里,提到小城镇建设的竟找不到多少笔墨?这不能说是我的疏忽,应承认是我的过失。

这15年说我心猿意马也并不为过,但在我感到的却是眼花缭乱。一走进80年代,这世界变得也实在太快了点。即使限于我接触到的范围里说,真有一点小时候喜欢说的"眼睛一眨,老母鸡变鸭"。在过去几千年的历史里恐怕难找到像这15年那样变得这样快的。不说别的,就以我故乡松陵镇来说,前几年我还带我外孙女去看我的出生地富家桥,我幼年住过近10年的磨坊弄,今年回乡,旧桥故居已全找不到了。一切变得如此之快,新人新事太多,把我的注意力东拉西扯,以致没有对小城镇的本身多看多写。文章走偏了。这个缺点先得向评审员自我提出。

我为了接受评审曾想为答辩打个腹稿,写一篇《社区研究再回顾》。我从《江村经济》开始的农村调查发展到小城镇研究,可说是上了一个台阶。但是我在小城镇研究里却被当时正在突起的那股异军吸引住了。一直跟着它颠簸万里,走南闯北,几乎遍及全国各省。我在《行行重行行》里写到的基本是描述各地走上乡镇企业这条路的各种"模式"。即使限于这个小小的研究领域,已经把我所说的"10块钱"花光了。直到乡镇企业从草根长成了森然大树,总算起来已超过了我国国民生产总值的半壁江山时,我才停下来,举目四望,看到了全国这盘棋,东强西弱,沿海勃兴,中部萎顿,边区瘦弱——那种梯度倾斜局面,不觉心神难安,又被为求实现共同繁荣的目标,吸引到了区域发展这个课题上,大有身不由己之感。

我没有能在小城镇这个课题上有始有终地坚持岗位,固然应当接受批评,但看来身处这样强劲的东风之中,顺风而进也是势所难免。恨只恨我才疏力薄,破题之后未能深入阵地,更没有余力打扫战场,清理总结,应是我一生的憾事;以致身逢盛世,浅尝辄止,泛泛其论,辜负了一生的好机会。

回头自省,正由于自满于掠影,常在关键时刻未能由表入里,抓住本质。当我被小城镇的兴起所惊觉时,我并没有从本质上看到这新生事物的发生根由,而只从表面着眼,只发现它所发生的功能,看到它增加老百姓的收入,起着人口蓄水池的作用,以及走上现代工业化的道路等等,而没有从根本抓住它的要害,点明这是改革开放引入社会主义市场经济的必然结果。我画了龙而没有点睛,不能不承认功底不到家了。

如果我早一些看到这个深层的意义,就不难理解社会主义市场经济的来龙去脉和它拥有群众性的潜在创造力。在物质上形成的巨大生产力。小城镇,乡镇工业都不过是这种创造力所初露头角的幼苗,还属涓涓细流而已。

我自己认为我这个60年的思路,多少是沿着我国社会发展的大道前进的。这条大道的起点,远的难说,从我入世时算起,正是我根据《江村经济》、《禄村农田》和我个人的早期经历所综合写成的《乡土中国》里所表述的乡土社会。这种社会,在我一生中发生了巨大激变。这个过程用"现代化"来定性我认为还是不妥的,现代稍纵即逝难成阶段。还有认为"现代化"即是"西化"以及"全盘西化"等等看法,也失之片面。东风西风也不见得一定是谁压倒谁那样绝,或是"三十年河东,三十年河西"的那样你来我去。我倒有一个看法,或者可以说这是个"走向全球一体化"的过程,也就是无数各有把式的"乡土社会"逐步发展成"全球社会"的漫长过程。这个过程性质上也许有类于我们的中华民族的"多元一体"融合过程,虽则在规模上和程度上不能相比。

我大胆地表述我心目中的历史观,目的还是在为今天要评审的这篇文章在历史的时序上定个位。我认为它正反映了我国走上"全球一体"这大道时刻所发生的大转变的序幕。10年中新生事物层出不穷,确实是"一介书生,生逢盛世"。我没有能紧紧抓住主流,把这段生动的历史切切实实地写下来,留给后世观摩,那是不能不承认才力有限,辜负了时代给我的机遇。我几年前写下"皓首低徊有所思,纸短才疏诗半篇",实在是我由衷的自疚。

亡羊补牢,犹非过晚。今天经过各位朋友给我的评审,我得益匪浅。如果老天还能再给我几年可以继续工作的话,我想小城镇研究似乎应当从"农村工业化"这一方面延伸到"农村城市化"那一方面去了,也就是我上面所说的,不能只吃核桃的肉，不管核桃的壳了。

我这种想法并不是说"农村工业化"的研究已经可以告一段落。事实上这方面的问题还是层出不穷，需要我们追踪研究。我先略谈一下，我正在考虑的那些问题。还是从我们苏南说起。苏南在乡镇企业上是有成绩的，现在乡办村办的企业已经在江苏工业总产值里三分天下有其二了。过去也包括在乡镇企业里的县办企业，市办企业如果加进去一起算，比例也就更高了。换一句话说，在江苏计划经济范围里的企业和市场经济范围里的企业相比，产值上差额已越来越大了。大家已明白原来的国营企业虽则现在改称了国有企业，它的经营办法还在限制企业的发展，甚至威胁到它的生存，所以不改革不成了。回头看乡镇企业，原来规模小，年龄也小，因而显得灵活，容易适应市场的要求。可是现在它的优势已经快过时了。在经营上有人说已经有点"国营化"了。这是值得我们警惕的。

我曾说"苏南模式"的乡镇企业原来就是有点可以说是"小国营"，因为产权属于各级政府，这同国有企业性质是相同的。产权既然属于政权机关，政企不分，连带着就在人事、资金、管理上不免也发生国营企业的弊病。过去乡镇企业能胜过国有企业在于它不在计划经济的范围之内，原料要自己在市场上找，产品要自己在市场上销。这一点使乡镇企业先进入了市场经济，摆脱了计划经济的制约，显得灵活有生气。但是在计划经济还掌握着一部分重要的原料和分配权力的改革时期，乡镇企业实际上和计划经济还是千丝万缕联系着的。如果不在市场经济方向开拓，也就会免不了依附于计划经济，依附的方式可以多种多样。我在乡镇企业目前是否有点"国营化"倾向的问题上，没有做深入的调查。但是意识到在政企不分的现有产权所属上，乡镇企业在经营上走上"国营化"是有可能的。现在听说正在采取改革，引进股份制。可见，乡镇企业也面临一个体制改革的问题。实际情况，我还不清楚，所以只能作为一个问题提出，希望进一步研究。

在乡土社会踏上工业化的初期，我并不主张乡镇企业和地方行政部门完全脱钩。要研究的也许正是两者怎样能结合得好。最近几年我在中部地区观察，有一种想法，地方政权机关有责任指导和帮助农民怎样进入市场经济积累资金兴办工厂。几千年来在小农经济里养成了乡土社会的生活习惯和思想意识的广大农民，怎样接受改革开放政策是一个实际问题。过分强调以行政手段来发动农民的积极性，在公社时期我们已取得严重的教训。但是在那些比较不发达地区也不能不利用行政手段来因地制宜地做出当地经济发展的规划，运用政府干部去引导农民取得必要的生产技术知识，和开辟运销渠道。换一句话说，在一些农民自己还缺乏资金和人才来发展乡镇企业的地区，当地政府应积极帮助农民引进新技术发展农副加工业去形成成片的专业基地，并在产前、产中和产后提供走上市场经济的必要服务。这就是现在中部地区有些地方已经采取的所谓"公司＋基地＋农户"的路子。在我看来，这就是个体农户的农副业多种经营加上政府在科技和贸易上的服务。这不就是现在国家所提倡的农村经济的双层结构？服务这一层可以由行政机构直接抓，或指导集体性质的公司来经营。这种个体和集体的双重结构可能是社会主义市场经济下的一种可行的农村经济结构。

这一种模式，实际上就是我在《行行重行行》里提到的民权模式在中部农业发达地区的发展和普及。我在这里重又提到它，是因为我想借此强调指出我们国家还有大部分地区乡镇企业没有很好的发展起来，也就是说我们还要多讲讲农村工业化的重要性，设法为这些地区发展乡镇企业创造条件。

在乡镇企业已经和苏南一样相当发达的地方，农民收入已经达到或超过小康水平的地方，在农村工业化上确已跨出了一步。但这一步还是起步，还需要大大迈进。怎样调整产业结构，改进经营方式，提高产品质量，更重要的也许是在培养现代企业所需要高质量的人才等都是亟待研究的问题。要记得我们四个现代化尚未完成，现在这样一点乡镇企业只是现代化的初步基础。真正能经得起国际经济竞争的现代工业还有待长成。因之，我们做研究工作的人还大有用武之地。

现在让我回到农村城市化的问题说几句话。农村城市化这个提法可能还不很妥当。实际上可以说是过去以小农经济为基础的农村，由于工业化的日益深入，本质上和形式上都会发生根本性的变化。变化的结果是旧农村的消灭，也是过去城乡对立甚至城乡区别的消灭，出现城乡一体化。这需要一个相当长的过程，我们还处于初步阶段。

我们大家还记得10年前，我在那篇文章里还有"离土不离乡"的说法。这个提法看来快要或已经过时了。那时我是强调农民把工业引进农村里来发展工业，而不是农民离开农村到城市去发展工业。事实上，当时确是如此，甚至有村村冒烟的说法。村村冒烟是言过其实。农民在村里办的工厂也许还比不上在镇上办厂的多,但是当时有很多不再以耕种土地为主业的农民确是进了工厂而没有离开在农村里的家。那是说他们大多还是住在农村的老家里,白天进厂,下工回村,这样才能照顾家里所包的农田。以前所谓农民工,确是不完全离土的。这种情形现在苏南各县已有了变化。寄宿在工厂里或是把家搬进镇的人正在日益增多,于是我也听到反对"离土不离乡"的议论了。

其实"离土不离乡"不妨看到是小农经济消亡过程中的一种过渡状态。一方面乡镇企业初期农民的资金少,办不起规模大的厂房,另一方面农民所承包的责任田,又不能丢掉不管。在这种情形下,白天在厂里当工人,傍晚和假日回到农村的家里,工农兼顾是一种比较最实际的办法。但是随着工业的发展,工厂里对这种工农兼顾的农民工就不太欢迎了。结果就出现了常住在工厂里的工人,和常住在农村里的农民,起初还常常是一家分两堆,妇女老小留在村里管农业,后来全家都住到工厂附近的镇上去了。这样有些地方就发生了农田抛荒的情形,也有些地方村子里发生了种田的专业大户。就是说一方面是"离土又离乡",一方面是"不离土也不离乡"了。城乡区别又成了工农区别。但这不能说是回潮,而是农村经济进一步的质变,因为如果农业还停留在过去体力耕种的水平,或是停留在过去只种"粮棉油"的范围里,是出现不了"农业大户"的。规模农业的成为可能必然是农业技术革命的产生,就是利用机械动力和提高科技耕种,以及扩大农业范围,包括农林牧副渔等的大农业,而且还要包括农产品的加工在内。总之,农业也进入了市场经济。从事这样农业的人不再是过去的农民了,可以说已经是现代化的农业工人了。他们固然并没有离土也没有离乡,但此土此乡已非小农经济的"土"和"乡"了,本质发生了变化。应当注意的是即使说这些现代化的农业工人是"既不离土也不离乡",他们之所以能如此,是因为有大部分原来的农民离了土,至于这些离了土的人愿意不愿意离乡,那就是另一个问题了。西方大城市的白领阶层争着在乡间搞个住宅,宁愿开了汽车在高速公路上走半个小时去上班的情形,表示了工业发达到一定程度,城市不再是个居住的好地方了。中国下一步怎样发展,不妨等一下再作预测为好。

我10年前主张发展小城镇作为人口蓄水池,其实已经包容着今后农村里会有很多人向小城镇集中的意思。我说这句话时,苏南的小城镇还刚刚摆脱冷冷清清的局面。像吴江的松陵镇算是个大镇，也不过万把人。经过了 10 年也还没有超过 10 万人。按我的想法，一个像松陵镇这样的"县镇"或"中心镇"，应当可以容纳 10 多万人，甚至更多一些。如果我的设想接近实际发展趋势的话，中国今后从农村里转移出来的人口，主要应当可以由小城镇来吸取，以避免出现拥挤不堪的大城市。这是个今后我们应当提出来研究的问题。

当前"民工潮"的现象已在催促我们早日进一步提出城镇建设和人口问题的研究。我在上面不是说我们今后应当着重研究城镇的建设么？一个城镇究竟有多大规模，能承担多少人口为最宜，应当先要心中有数。住在城镇里居民主体是从事于各种产业的生产者，同时还有为这些人服务的人，以及要这些人供养的老人和孩子。这就是城镇的人口结构。一个城或一个镇的规模是城镇建设的前提。因此，也许我们还要回到 10 年前提出的城镇的层次问题。不同层次的城镇就具有不同规模。既有这许多人聚居在一起，他们都有一套生活需要，样样要得到满足。而且还要有一个能共同相处的社会秩序，就是市政管理那一套，有政府的，有民间的，有家庭的，是相当复杂的，但必须安排妥帖，不然这个城镇就乱哄哄地不成其局了。

上面所讲的还只是指城镇的软件，这些软件都要装在硬件里，就是上面所说的核桃壳里。先从地域说起，每个城镇都得有一块地方，能不能像行政界线一般在地图上划清楚？这里有一个问题要先说清楚。那就是城镇一般是作为一个行政单位来说的。它有一定的辖区，一个镇包括若干村子，所以每个镇都有条界线。但是如果把城镇看成是城乡结合部，或商品的集散中心，它在经济上服务于一定区域里的农村居民，它们一定有一个我们乡下称作的"乡脚"，用书本上的话说，有个腹地。乡脚有多大，腹地有多广，如果都要在地图上画出来，颇有困难，因为这不是能用几条单线来表示的。各村农民生产不同的农副产品可以到不同镇上或城里去出卖。他们的生产工具，日常用品也可以到不同镇上或城里去买。没有腹地不能成经济中心，但是不像行政区域那样有条边界的。因之从经济区域来看城镇，进入市场经济后它们所控制的乡脚或腹地就十分复杂了。如何表达还需要我们做专题研究。

即使简单地用行政区划作为城镇的范围来说，还有个在这范围里生活的居民在地面上做出怎样安排的问题。人们生活内容众多，人和人相当密集地聚居在一个城镇里，要通过分工合作才能生活得方便和愉快。只说满足生活需要的硬件怎样在这有限的地面上安排，就要大费脑筋。一个人在哪里住，在哪里吃，在哪里工作，以及孩子们在哪里上学，生了病在哪里治疗等等，都是城镇规划里必须要包括的项目，规划里还要包括人的流动所需的道路和交通设施。这里所说的城镇规划，我们这10年里虽则已经注意到，但远远赶不上城镇发展的需要。

现在已经闹得人头痛的是旧城旧镇的改造问题。过去的老城老镇是很长的年代里逐步建成的，多少还能满足当时居民生活上各方面的需要。可是人口增加了，人们生活需要改变了，正如蚕要脱壳一般，城镇也正在要求改造。旧城旧镇怎样改造成了个大问题。我们研究小城镇的人，不能袖手不管，要管就得大费脑筋。

最后我想提到去年我在苏州举行的国际学术讨论会上已经做过的自我批评。我说我过去有关社会学的研究工作最大的缺点是见社会不见人。我费了不少笔墨来描写社会结构，就是人们需要遵守的由社会约定俗成的行为规范，有如"君君、臣臣、父父、子子"那一类，而没有讲过一个个人怎样在这套规矩里生活。人的生活是有悲欢、有喜乐、有爱恨、有希望又有懊悔等极为丰富的内容，就这方面的生活内容讲，人各有别。我的缺点就在只讲了社会生活的共性而没有讲在社会里生活的人的个性，只画了乐谱，没有听到琴音，只看了剧本，没有看到台上演员的精彩表演。这个自我批评也适用于我过去10年的小城镇研究。

我是在吴江松陵镇上长大的，我还记得一些当时这个县城里人们经常在想些什么，为什么事烦心，对于子孙抱着什么希望，要他们做什么样的人。现在世道变了，这不用多说，但是我所写的文章里只讲些有如我80年前住过的房子，现在改成了老干部俱乐部了等等。我对现在住在这个镇上的人，在想些什么，高兴的是什么，发愁的是什么，悲痛的是什么，却很少提到。这也就说明我对这些问题并没有深入考察，所知极少。这不是我只见房子不见人么？

如果要我批评我自己10年前的那篇文章，最主要的批评也许就是在这一点上。我们生在这千古难逢的时代，我们要多为后代记录下几千年小农经济培养出来的乡土社会，怎样开始在变成开放的、城乡一体的社会主义新社会。在这样的社会里生活的人，具有怎样的精神文明，为今后和平繁荣的新世界能做出什么贡献。

10年过去了，我们大家共同提出了小城镇研究这个研究课题，现在回头看，课题是提得及时的，也做出了不少成绩，主要是我们在我国经济大发展中做了一点知识分子应当做的鼓吹和宣传的工作。但是这仅仅是一个开头，只是这篇大文章的起笔。我在这10年中确实学到许多宝贵的知识，开拓了我的视野和心襟。但总是因根底浅，自修不足，过失多于成就。还望今天到会的朋友，一如既往，多多对我督责和鞭策。

1995年1月6日

本文是作者在南京《小城镇大问题》座谈会上的讲演。1995年1月6日改写。

深入社会　深入生活

今天很高兴来参加这次社区研究奖颁奖大会。我有很多感想，想在这里吐露一下。进场时看见有那么多年轻人来参加，一下子把我的思想拉回到我进这个校园的时候。那是1930年，我正好20岁，年纪和你们差不多，但心情同你们现在不完全相同。因为当时是抗战之前，我第一年来，正好是"九一八"事变发生的时候，我和同学们都进城去游行。

联系今天各位获奖者的讲话，我想起了我们当时的心情。我本来是学医预科的，想做医生，"救人一命，胜造七级浮屠"嘛。后来一看，中国的农民那么苦，我们年轻人也没出路。因此中国的问题不在一个人生病不生病，而在社会好不好。我抱了很大的希望，想到北平来念社会学。那时的年轻人没有你们幸福，我们找不到路，究竟我们的出路在哪里呢？当时马克思主义已经有了，可是我们接触不到。在燕京大学校园内，马克思主义的影响不大。所以我们想自己找一条出路。

我们这一群年轻人经常在一起讨论，我们曾说社会学不应该离开实际。因之当时我们这批学生对老师不满意，老师讲的内容接触不到中国问题，究竟中国人是怎么生活的？中国社会是怎么样的？听不到。却念了很多外国书。我们那时候，虽然已经用中文上课了，但是很多老师上课的时候还带点英文，因为有的概念很难翻译，说不出来就用英文代替了。比如"社区"这个词，就是我们这批小年青想出来的。"community"和"society"，英文里面都是"社会"的意思。没有区别。当时有一个芝加哥来的 Park 教授，他提出 community 的概念和 society 不一样，community is not society。这句话不能翻译成"社会不是社会"。所以大家想出来一个词，叫"社区"，比较具体。"社区"这个词现在用得很广了，进入到中国的文化里边去了。当时就是我们几个同你们一样大的年轻人想出来的。我这样讲是想说明当时我们念外国书,连翻译到中文都是问题,没有这个概念。我们决心要自己搞,就像今天这样,不是老师出题目,而是我们在生活里边自己找问题来研究。这是在1933年我大学四年级的时候,从 Park 教授那儿学来的。他常说,你们要念社会学,其实你自己就在社会里边。的确,我们自己有父母,有兄弟姐妹,都在社会里边生活,没有一天离开社会,没有一件事情离得开别人。他又说你们就可以从生活里边去学习。可是当时我们的生活只局限在未名湖,是完全特殊的、同外边接触不到的生活。即使到城里去,也是坐学校的校车,几个朋友一起去看一场电影,吃一顿饭,玩一天。回来还是这么一批人——各地方来的大学生。所以我们说要跳出未名湖畔的生活圈子,去看看同我们不一样的生活。那是 Park 对我们最大的启发。

他带我们到天桥、到监狱里边去,让我们去看看那里的生活。后来我第一次去给犯人量体质的时候,看到有人身上满是一点一点的黑疤,原来是扎针吸毒留下来的。这个生活我怎么懂呢?书上面讲毒品,可毒品是什么样的我就不知道。通过这件事使我更了解到,不是每个人都像我一样生活的,所以我们学社会学的,要去研究人们的生活方式,研究人同人的关系。可是我们理解的圈子很小,就只有自己家里从小养成的、父母教我们的那一套规矩。到了学校,就是燕京大学的那一套,自己有自己的生活方式。燕京大学这个小社区,它同北京大学、清华大学不同,我们学生见了面就知道你是不是燕京的人。燕京人的特点是三句话离不开几个英文字,举止行动同北大、师大的学生不一样:师大学生最穷,北大学生是住公寓的,生活比较松,可以出去看戏。顾颉刚就是通过看京剧,联系到历史,最后搞出来一个《古史辨》。《古史辨》不会出在燕京大学学生身上,燕京大学学生接触北京的生活太少了。

就这样,我们逐渐理解到各种生活的不同,都有一套道理。刚才我讲为什么北京大学出顾颉刚,燕京大学出不来顾颉刚,因为北京大学学生没有拘束,接触社会的机会多。燕京大学很严,上课要点名,谁缺课了考试要扣分数,北大很松,听不听课没关系,可是它可以发展出来很特殊的人才,它接触面同我们不一样。所以一个大学有一个大学的风气,有它文化上的不同,也是 community 嘛。

刚才有人作了研究"浙江村"的报告。当年吴文藻教授从芝加哥大学请来

Park 教授，使我们接触到芝加哥学派。芝加哥也有很多像"浙江村"一样的社区，因为有很多各国来的移民，有 Russian Town 和 Polish Peasant。Park 的学生和同事就在芝加哥研究 Russian Town 以及从波兰到美国去的农民的生活。我们的世界是多种多样的人住在一起，所以首先要跳出自己已经习惯和熟悉的生活圈子，到另外的一种生活里边去看社会。人类学就更深入一些，到另外一个文化里边去看。他们跳出白种人自己的生活去看一个不同于白种人的生活，从这里边才能看到人类生活的共同性。

我们接受 Park 的建议，直接去看生活，越看越有意思。研究人的生活内容是我们人类学和社会学的任务。相对地说这要容易些，因此我们自己就生活在里边。但是往往会因为太熟悉了，反而熟视无睹，就像吃饭用筷子那样，我们自己用惯了就不觉得希奇了，不会想法去理解它了。我们要从自己熟悉的生活里边跳出来，来理解我们为什么这样生活，那么首先就是看到我们有不同的生活，看到以后就有了启发，想一想它为什么同我不一样呢？这样就出来了人类学和社会学。

刚才我走进来，第一个感想就是你们这一批年轻同志很不错。我同你们差不多隔了两代，你们之间的很多事情，我不容易理解了。比如在家里，我对女儿的想法还能懂得，但对外孙女的想法就不很懂了。她的内心生活究竟是怎么样的，对我来说已经又是一个世界了。这个变化很大，很厉害。我们不但要理解不同世代，而且还要理解不同年龄组的人们的习惯和生活，社会变化就发生在我们身边。在家里如果我想看电视，电视上的什么频道、色彩、亮度等等我弄不清楚；想看香港节目，就要请我的外孙女来帮忙。还有电话，数目字和功能越来越多，我都不会用。所以说就在自己家里边，已经发生不同的文化模式的碰撞。假定我们有意识地去研究几代人的变化，这就是我们社会学的学问了，是 Dynamics，就是动力学、文化动态学。

我家请了一位乡下来的小姑娘做保姆，我看她来了没几年，身上就发生了变化。这是在我身边发生的最好的一个社会学材料。最近我写了一篇文章，讲到她请假回老家去收麦子。在她回家时我恰巧也到她家所在的县里，就去看她家麦收的情况。小姑娘讲了她家用什么机器割麦子，用什么车运……又讲了她父母、兄姊的情况，使我对那个地方农村里的机械化有了一些了解，也知道了她家里人在想什么？小姑娘为什么要出来？这些都是很好的材料，可以帮助我理解现在农村的变化。这个小保姆是一个缩影,代表性很强。现在又有新的问题摆在她面前:她怎么找对象,"我下一步怎么办?"这是大问题啊。大批乡下的农民,年纪很小就到城里来了,来了之后,他们变了,回不去了。这个问题如果处理不好是会影响到社会安定的。这个文化变迁,作为社会学的研究对象来看,是很好的材料。

在这个社会大变动的潮流里,每个人都面临着人事的变化,文化的变化,现在还有很多人不明白我们应该怎么处理它。我们年轻的时候就想要去理解社会,然后想办法驾驭它,所以就想自己去看社会,直接地去接触生活,不把自己关在熟悉的小圈子里。这是学社会学、人类学的起点,这一点不能掌握的话,那就进不去这个门。比如说生物学,要讲解剖,要在实验室里面做试验。我们社会科学一定要到社会里边去观察,可是观察的时候,进去了还要能跳出来。作为一个社会的观察者,一个科学研究的人,怎么能进到一个和自己不同的社会里,而且又能够客观地讲出个道理来,并且可以用这个道理来推动社会的变化。最近我提出"文化自觉",我们自己的文化只有靠自己来认识它,自知之明嘛,自己知道自己。最近我写的几篇文章,是反思我过去写的东西,就是在看自己怎么看当时的社会生活的,为什么会有这种想法,这就深入了一步。我的老师 Malinowski 就是有这个本领,他把一个民族这一套生活的规则讲出一个道理来,叫人类学的功能学派。文化就是生活游戏的规则,而人类学、社会学就是去找出这些规则。

30 年代有 30 年代的规则,现在有现在的规则。60 年过去了,虽然空间还是这个空间,可是人不同了,我同你们已经相隔两代人,现在与 30 年代相比,已不可同日而语。要去研究这些不同,这是不容易的事。

关于这一次的社区奖,我要表示支持,目的是要鼓励大家直接去看生活,主动地去找问题。人生就像一台戏,这台戏怎么才能唱好?我是快要谢幕了,正在考虑这最后一出戏怎么唱,这出戏就是要把这个"棒"传下去,接班嘛,还要有人接下去研究社会啊。这两天,在我们面前正上演着一出精彩的大戏:江泽民同志和克林顿总统会谈。这个历史性的会见是在两种不同的文化碰头的时候,决定下一步怎么走;两种不同的文化怎么相处,怎样合作来创造 21 世纪的世界。将来的世界是一个全球化的世界,我讲过"多元一体",就是总结人类的运动规则得出来的,不同的人慢慢成为一个认同的一体。20 世纪是民族国家的世界,是资本主义精神在政治上的表现。中国刚刚进入 Nation State,可是这个世界又开始一个大变化,出现全球的一体化,扩大成为一个全人类的社区,因此情况更复杂了。全世界 50 亿人怎么在一个小小的地球上和平相处下去?地球上的资源还有没有,够不够?不够用到哪里去拿?是不是能到太空里去拿? 21 世纪是一个大变化的时候,所以我们社会科学要贡献自己的力量,创造出一个大家能接受的世界经济关系的基础,一个经济秩序;进一步建立起一个道德秩序,伦理的秩序。就是人与人怎么相处,不同人相处也是要有规则的。文化社会学、人类学要研究的就是人类共处的规则,一个"moral order",归根到底还是一个"多元一体"。在全球文化里,也一定要有一个相同的综和性的东西。我把江泽民同志和克林顿总统的会谈看做是新时代的"破晓"。可是要把它进一步深化下去,问题还很多、很复杂。要使人们理解它,懂得它的目的,这就是我们社会学和人类学的任务。

个人的生命是有限的,可是人类社会和文化还要延续下去。我们要对将来的社会和文化有多一些的预测性,能看清楚它的发展,然后才能选择。现在轮到你们去看出中国要走什么样的道路,考虑下一个世纪中国的走向。这需要掌握一个全球性的背景,人类发展的总的规律。我们现在还没有真正明白和理解这个规律。我们这些经历过五四运动的人还是相信实证主义,相信科学是能够认识事物的。我们不懂的事情太多了,可是我们相信,人类是可以控制自己的生活,控制文明的发展的,但是我们必须理解文明,理解文化,就是要"文化自觉",要有自知之明,做个明白人。社会学、人类学就是要帮助人们在人同人的关系上建立一个自觉性,自己明白自己。这句话说起来容易,可要做起来很难。

今天我很高兴看到你们这些新的一代,自己找问题,自己去看、去想,敢说敢做,而且做得很有意思。我希望这个奖能激励在这方向上努力的青年人。至于做得好不好,做得对不对,这是另一个问题。

前不久我到马鞍山市,顺便去采石矶看了李白的祠堂。一位解说员提到了一首诗,就是"朝辞白帝彩云间,千里江陵一日还。两岸猿声啼不住,轻舟已过万重山"。这首诗反映了李白的心怀。当时他被充军到夜郎,中途遇大赦,李白就从四川顺江向湖北江陵去,写出了这首诗。"两岸猿声啼不住,轻舟已过万重山",这个气魄很大。现在我们国家不正是"轻舟已过万重山"吗?从长征、抗日战争、解放战争，还有一个"文化大革命"，克服了多少困难，真是"万重山"啊！可是前面还会有"万重山"要你们过。希望你们这艘船轻一点，就是自知之明多一点，多一点社会学，多一点人类学，那么你们就容易过"万重山"了。

1997 年 10 月 30 日

本文系作者在北京大学"学生社区研究奖"颁奖会上的讲话。

第五编

个案研究

花蓝瑶社会组织

序 言

吴文藻

这是一本广西象县东南乡花蓝瑶社会组织研究专刊,可以说是用我们所谓"功能法"来实地考察一个非汉族团的文化的某一方面的一点收获。这种工作,我们曾用一个新名词来表述,称作"社区研究"。我们虽已屡次作文阐述社区研究的意义和功用,①介绍社区研究的近今趋势,②并且还讨论社区研究的实行计划,③但常苦于没有这种专门研究专刊的实例,可以贡献给对于社区研究有兴趣的同志。现在王同惠女士费了她的生命给我们立下了社区研究的基石,给我们留下了一个宝贵的成就,社区研究有了这一实例,将来继续工作自然比较容易了。我自然极愿意在这专刊之前作这一导言,一则代编者追述使他痛心的研究经过,并且借此机会把上述几篇关于社区研究的文字,择要录下,以备读者的参考,再愿略述非汉族团的调查和研究对于我们国家前途的重要性。

一

我得识王同惠女士,是在民国二十三年的秋季,我的"文化人类学"的班里。二十四年春她又上了我的"家族制度"班。从她在班里所写的报告和论文,以及课外和我的谈话里,我发现她是一个肯用思想,而且是对于学问发生

---

① 吴文藻:《现代社区实地研究的意义和功用》,《北平晨报》1935年1月9日,《社会研究》第66期。
② 吴文藻:《社区的意义与社区研究的近今趋势》,《社会学刊》第5卷第1期,第7—20页。
③ 吴文藻:《中国社区研究计划的商榷》,天津《益世报》1936年5月6日,《社会研究》复刊第1期。

了真正兴趣的青年。等到我们接触多了以后，我更发现她不但思想超越，为学勤奋，而且在语言上又有绝对的天才，她在我班里曾译过许让神父（Le P. L. Schram）所著的《甘肃土人的婚姻》一书（译稿在蜜月中整理完成）；那时她的法文还不过有三年程度，这成绩真是可以使人惊异。

民国二十四年八月，她和费孝通由志同道合的同学，进而结为终身同工的伴侣。我们都为他们欢喜，以为这种婚姻，最理想，最美满。他们在蜜月中便应广西省政府的特约出发去研究"特种民族"。行前我们有过多次谈话，大家都是很热烈，很兴奋。我们都认为要充分了解中国，必须研究中国全部，包括许多非汉民族在内，如能从非汉民族的社会生活上，先下手研究，则回到汉族本部时，必可有较客观的观点，同时这种国内不同的社区类型的比较，于了解民族文化上有极大的用处，我们互相珍重勉励着便分手了。行后常常得到他们的《桂行通讯》和报告，字里行间充满了快乐，勇敢，新颖，惊奇的印象，读完了总使我兴奋。社会人类学在中国还是一门正在萌芽的学问，一向没有引起国内学者的注意。我自己数年来在悄悄地埋头研究，常有独学无友，孤陋寡闻之感。这一对"能说能做"的小夫妻，真鼓起了我不少勇气。他们是 9 月 18 日到广西的南宁，当即开始和省政府接洽研究方案，并且就在当地测量特种民族教育师资训练所的苗瑶学生的体质。双十节到了象县，又进行人体测量工作，18 日开始入大藤瑶山。因为社区研究需要较长时期住定的实地观察，而体质测量又不能不到各村去就地工作，所以由王桑，过门头，到六巷之后，同惠就住下专门担任社会组织的研究，而孝通则分访各村从事测量工作。11 月 24 日他们离开花蓝瑶区域到坳瑶区域的古陈。本来，依他们的计划在坳瑶工作一月，可以到金秀的茶山瑶区域，预计到本年 2 月可以把大藤瑶山的长毛瑶研究完毕。此后同惠便回到北平，继续在燕京大学做研究工作。谁料竟在 12 月由古陈赴罗运的道上发生了惨剧。

由古陈至罗运的一段山路，极其曲折险峻，而和他们同行的向导，又先行不候，以致他们走迷了路，误入一带竹林之中。林中阴黑，他们摸索着走近一片竹篱，有一似门的设备。以为是已到了近村，孝通入内探身视察，不料那是一个瑶人设下的虎阱！机关一踏，木石齐下，把孝通压住。在万千惊乱之中，同惠奋不顾身的把石块逐一移开，但孝通足部已受重伤，不能起立。同惠又赶紧出林呼援。临行她还再三的安慰孝通，便匆匆的走了。她从此一去不返，孝通独自在荒林寒夜中痛苦战栗地过了一夜。次日天刚破晓,便忍痛向外爬行,至薄暮时分,才遇见瑶人,负返邻村。孝通一面住下,一面恳请瑶人四出搜寻,到第七天才在急流的山涧中,发现了同惠的遗体。她已为工作牺牲了,距她与孝通结婚之期才108日。

我们正在北平盼望他们工作圆满成功回来的时候,突然接到这不幸的消息,使我精神上受了重大的打击。我不但不知道所以慰孝通,也不知所以自慰。我们这些幼稚的子民,正在努力的从各方面来救护这衰颓的祖国,这一支从社会人类学阵线上出发的生力军,刚刚临阵,便遭天厄,怎能不使人为工作灰心,为祖国绝望?

孝通真镇定,真勇敢,他在给我的信末说:"同惠既为我而死,我不能尽保护之职,理当殉节;但屡次求死不果,当系同惠在天之灵,尚欲留我之生以尽未了之责,兹当勉力视息人间,以身许国,使同惠之名,永垂不朽。"这几句话何等沉痛,何等正大,又何等理智?读信至此,使我忍不住流下了悲哀钦佩的热泪。

同惠是死了,在研究民族社会生活中,女考察员的地位,是极重要的,因为家庭内部生活的种种,是必须由女考察员来做局内的研究。同惠是现在中国做民族考察研究的第一个女子,而且在瑶山的考察中,她充分发挥了语言的天才,她竟为研究而牺牲了,后起尚未有人,这损失是不能计算的。

同惠是死了,然而孝通还在她的永远的灵感中活着,我们这一班研究社会人类学的人,也要在她永远的灵感中继续奋斗,并希望这灵感能鼓舞起无数青年,来加入,来填满这社会人类学的阵线。

现在孝通已经在病床上,在旅行中,把同惠所得关于研究花蓝瑶社会组织的材料,整理成篇,贡献于读者。我愿意读者能珍视这一点收获,因为这是一个青年用性命换来的成绩。

二

在这专刊的本身,编者因为行文的严谨,限于叙述性质,对于社区研究的意义没有阐发,但是为了普通读者的方便起见,我愿意在导言中代为一述。

在没有谈到社区研究以前,先将社区研究的意义稍加解释。"社区"一词是英文community的译名,在这里是和"社会"相对而称的。我们要从社区着眼,来观察社会,了解社会,所以造出这个新名词,用新名词有一个好处,即不致被人附会。简单说,社会是描述集合生活的抽象概念,是一切复杂的社会关系全部体系之总称;而社区乃是一地人民实际生活的具体表词,有实质的基础,自然容易加以观察和叙述。在社会学文献中,这两个名词当然还有许多别种用法,但是在这里,都是专以上述的分别为标准的。

社区既指一地人民的实际生活而言,至少包括下列三个要素:(一)人民;(二)人民所居处的地域;(三)人民生活的方式,或是文化。

社会组织是社区第三要素,即是文化中的一部分。文化是社区研究的核心,文化最简单的定义可说是某一社区内居民所形成的生活方式;所谓生活方式系指居民在其生活各方面活动的结果形成的一定结构,文化也可以说是一个民族应付环境——物质的、概念的、社会的和精神的环境——的总成绩。文化可以分为四方面:一、物质文化,是顺应物质环境的结果;二、象征文化,或称"语言文字",系表示动作或传递思想的媒介;三、社会文化,亦可简称"社会组织",其作用在于调适人与人之间的关系,乃应付社会环境的结果;四、精神文化,有时仅称为"宗教",其实还有美术,科学与哲学,也须包括在内,因为他们同是应付精神环境的产品。

这样的分法,完全是为了解剖文化而拟定的,并不就是文化实体本身。实际上,文化是一个有机的整体,发生作用时不是局部的,乃是全部的,当然不容加以人为的机械的分割。文化实体固然是整个的,但是为了研究的方便起见,我们又不能不从这个复杂整体中之某一局部,例如物质文化,语言文字,社会组织,宗教美术之类,来做一方面的研究,以观察其间的相互关系。譬如本专刊是以社会组织为轨迹的,它一方面要顾到社会组织和物质条件,语文,以及宗教等观念界的纵横错综的关系,一面亦须描述社会组织和人口与土地相互影响的实况。选择一个代表区域,只取社会文化的某一方面,来做整个的,精密的观察,乃是社区研究上较好的入手方法。

社区本是文化在时间上和地域上的一个历史的和地理的范围,大体是就文化的地域性言,文化一面固有其地域性,一面尚有其时间性的认识,较之地域性的认识尤为重要,因为文化原为历史的产物。社区生活如果离开了时代背景就无法了解。我们所说的社区研究特别着重由实地观察入手,因而这社区必须是现代社区,所以说社区研究乃是现代社区的实地研究。

直接观察社区，有两种说法：一是社会调查，一是社会学研究。二者的目的和方法是不同的。社会调查大都以叙述社区实况为主体，对于事实存在的原因，以及社区各部相关的意义，是不加深究的。社会学研究，则不但要描写事实，记录事实，还要说明事实，解释事实。所以我们也可以说社会调查只是社会生活的见闻和搜集，而社会学研究乃是依据事实的考察，来证验社会学的理论，或"试用的假设"的。

社会调查家叙述事实的范围，大都限于一社区内的物质状况，例如实业、工资、居住卫生、生活程度之类。至于该社区所流行的传统、标准、价值、意见，以及信仰等，多置之不问。而社会学家考察一社区时，除了描写经济生活和技术制度之外，还要关心民风；礼俗、典章、制度，以及民族的精神和理想。他们尤重视各部分间的连锁关系，以及部分与整体间所有的有机关系或交感历程。

我们所说的社会学研究法，主要的就是功能方法论。这种方法论的主旨，乃是"以实地研究始，而以实地研究终"；"理论必须根据事实，事实必须符合理论"。在实地研究以试验这方法论时，应注意的纲领如下：

一、在一个特殊社区之内，社会生活的各方面都密切的相互关联而成一个整体。在研究任何一方面时，必须研究其他各方面的关系。因此，研究一个社会中的经济生活，若不同时考虑它和家族或氏族组织、宗教，以及社会制裁等的相互关系，就不能完全明了它的经济方面。这样就是说，每一种社会活动，都有它的功能，而且只在发现它的功能时，才能了解它的意义。在研究任何"风俗"或"信仰"的功能时，必须把社区看做一个统一的体系，然后来定它在这整个社会生活中所占的地位。

二、一个社区的社会生活基础，便是一个特殊的社会结构，亦就是由个人联成为一个集体的一组社会关系，所以社会的绵续，社会生活的绵续，必须依赖社会结构的绵续。

三、社会功能和社会结构二者合并起来，就是社会体系。这概念包含两方面，一方面是外界的适应。社会体系乃是一个结构，其中含有某数量的人口，在一个特殊自然环境中，获得他们的物质需要的供给；另一方面是内部的完整。社会体系靠着个人利益的和谐联合与调适而将各个人连成一体。社会组织就是这个完整的产物，或说它的本身就是这个完整。任何社会活动的功能，就是它对于适应或完整的贡献。

在此不妨附带声明一点。就是：根据实地观察的社会学研究法与根据文献档案的历史研究法，二者是相成的。有重大的科学价值的社会学研究，必须是一个时间上的研究。因为可由观察得到的一切社会现象，总是历史上演变而来的结果。例如我们研究眼前中国某一区内的亲族制度，我们决不能忽略了这制度在过去数千年来发展的大势，也不能漠视这制度在该社区内有关历史地理背景的题材。又如欲实地考察民风礼俗之时，我们必须参考一切有关礼仪习俗的历史文件，以资比较。所以我们认为历史的与功能的两种研究，应该相辅而行。

三

末了，略述非汉族团的实地考察在社区研究上的特殊意义，以及此种实地考察对于中华民族国家前途的重要性。

先说考察非汉族团在社区研究上的意义：我们以为欲彻底明了中国现代社会的真相和全相，除了研究汉族在边陲的移民社区，在内地的农村社区，在沿海的都市社区，和在海外的华侨社区外，必须迅速的同时研究中国境内各种非汉族团的地方社区；因为满、蒙、回、藏以及西南诸土著民族，均为构成中华民族的分子，在过去和现在，均占有极重要的地位，自应列入整个社区研究和国家建设计划范围之内。现在东北已非我有，西北则危在旦夕，我们势不得不从西南民族的实地考察做起。又若纯从实地考察的训练步骤来说，从西南民族做起，也有种种便利。譬如：

一、我们之所谓功能的研究，乃是以比较的观点为工具的。大凡一个人永远只在一种文化环境之下过活，很不容易得到一个比较的观点，如没有比较的观点，就不容易发现问题之所在，更谈不到深刻的分析。比较社会学家对于文化论所以能有独特的贡献，也就是因为这一点。所以我们若要训练一个实地研究员，使他获得比较的观点，莫如让他先去考察一个和他本族具有最悠久亦最深长的历史关系，而同时却仍保有他在体质上，语言上及文化上不同的特性的非汉族团。编者所拣定的广西象县东南乡的花蓝瑶，便是这样一个非汉族团。他们而且单从花蓝瑶的社会组织一方面来考察，这亦是社区研究惟一较好的方法。

二、若就社会文化的复杂性而言，西南非汉族团所过的生活，自较其他非汉族团朴质而简单。在应用比较法以研究非汉族团的时候，必须是先从研究较简单的社区入手。在一个极简单的族团中，人口稀少，土地狭窄，生活技能鄙陋，因而在文化上，亦常呈一种较紧凑的现象。这种文化上高度的"有机的统一性"，非内地较大的村落社区所可比拟的。这种社会各部的相关性和一贯性，都可以由"局内观察"得来。我们看过这本花蓝瑶的社会组织以后，就不能不承认该族社会组织的严密，文化配搭的细致。试一设想，这样的社会一旦陷入危机，不但族团内的各个人不能维持他原有的生活，便是整个社会亦将随之而动摇瓦解。例如本专刊内所述，由于外婚范围和村落组织不相调适，曾经引起婚姻停顿多年的事情。这种人性与社会组织间由相互影响而形成的局势，惟有在简单而紧凑的文化中，才会得到显著的表现。而用功能法来观察这样的社会形态，尤有莫大的便利。

研究非汉族团所得的材料，不但在学术上有极大的价值，就是在中华民族立国的基础上，亦将有它实际的效用。科学研究虽非专以应用为目的；而并非专为应用的研究，往往于无意之中，能有重要的应用价值。并且每一科学，在它草创的时候，如能适应国家及社会实际的急需，常能得到迅速发展的机会，所以实用性的研究是科学所不可忽视的。何况我国眼前所处的特殊环境，更需要吾人特别注重有关国家及社会最迫切的实际问题的研究。编者有鉴于应用人类学的重要，所以在末一章讨论族团间的关系时，曾暗示了边省政府对付"特种民族"应取何种政策的实际问题。兹专就这实际问题的重要性，稍加申释，以唤起国人的注意。

我们汉人都得承认，民国虽已成立25年，而离"民族国家"建设完成之期尚远。在中国境内，许多非汉族团和汉族迄未打成一片，彼此常处于歧视的地位，在名义上虽为"五族共和"（西南诸土著民族是弃之度外的），在事实上，各族间却远没有形成一个大一统的"族团意识"，这是无可掩饰的。在海禁未开以前，汉族在东亚大陆上，本处于领袖族团的地位，它拥有最多的人口，最大的领土，和最高的文化。势力所及，在满清武力统治之下，形成了一个政治上的大帝国。当这"大帝国"的向心动向，尚没有把许多复杂分子在语言，文化和意识形态上形成一个大族团单位的时候，已与欧美及日本等强有力的族团发生了直接的接触。在这接触日益密切的处境下，强邻因有扩张领土或霸占商场的野心,遂不惜利用我们各族间的隔膜,来分裂我们的国家,阻碍我们形成统一族团意识的进程。自外蒙独立,"满洲国"成立以来,四围的非汉族团,都已迅速的开始了离心的倾向,使我们本来希企的各族一统的大事业,遇到了空前的险阻,而国内的民族问题亦一天一天的尖锐化了。

在这局势之下,虽已有了所谓"到边疆去"的运动,但是这运动还只是一个口号,一种希望。"到边疆去",不是一件容易的事。最困难的一点,即是我们根本不明了非汉族团的生活实况。在没有相当了解以前,侈言"到边疆去""同化政策"……乃至"特种民族教育政策",都是不切实际之谈,就以本专刊最后一章内所显示的大藤瑶山中族团关系复杂的情形来说,我们已可以知道边省长官在实行开化或特种教育政策时所会引起怎样的一套纠纷的问题了。

普通说来,当一个低级文化与一个高级文化相遇的时候(这里所谓"高"、"低",系叙述的名词,并不包含价值观念在内),常常会发生几种实际问题,如人口问题、土地问题和宗教问题等。试以花蓝瑶为例:第一,人口降落的现象,是很显明的(约在600年中,减少原有人口35%)。编者曾详述花蓝瑶以及其他长毛瑶,自入山以后如何因土地限制而引起家庭破裂,又如何为预防家庭破裂而限制人口增加。将来如果研究其他正受或将受汉化的瑶族时,或者还会发现另一种现象,即是土人因为不能适应汉族移民所造成的新的社会环境,而逐渐绝灭。这就是澳、非、美洲土著族团与西洋文明接触以后所遭遇的窘境。

第二,土地问题的严重化。譬如上面所说的,因土地与人口不能维持均衡,人口于是降落。惟一补救之法,即是限制汉人入山耕地,多给他们保留耕种的土地。又如长毛瑶与过山瑶因移殖先后的不同,而引起了地主与佃户间的阶级冲突。这种族团间的冲突,直接影响了族团结构本身。此种土地问题正在急遽的演进中,需要地方政府予以妥善解决。

第三,在文化形态上,反映了人地比例不相称时的一个征兆,便是巫术神话的发达。例如板瑶处于佃户的地位,常受地主长毛瑶的压迫,在物质世界既得不到满足,惟有从想像世界去求安慰,因而宗教美术的"精神文化"较为发达。据说,在长毛瑶中,如遇重大的疾病或事故发生时,要去请板瑶来招神问卦。这样可见足衣足食的长毛瑶也有仰求于他们的佃户的地方。这例子告诉我们:一个族团大多数人在社会和经济生活上失调,因而呈现心理紧张状态的时候,就会在精神生活上来设法弥补,以求解脱的。这亦是已受近代文明影响的未开化民族中所常见的现象。

以上不过专就花蓝瑶的范围随举数例而已,如在其他非汉族团中进行实地调查,亦会发现类似的问题的。由此可知政府当局在没有规定对付非汉民族的一般政策以前,在各民族中先须进行大量的社会学调查。同惠这本花蓝瑶的社会组织研究专刊,只是开了端绪罢了。这种实地研究专刊加多以后,可以增进我们对于非汉民族的实际生活的认识。有了充分的认识,再来规定初步的具体方案,然后逐步予以推行,随时加以修正,或者可以发生相当的实效,产生较合意的结果。广西当局励精图治,凡有兴举都开风气之先。这种果敢有为的精神,是值得为其他边省政府效法的。最后,甚愿乘此机会感谢广西省政府在过去一年间给予孝通、同惠在研究上的种种优待和便利!

1936年6月7日

第一章 家庭(上)

花蓝瑶中最基本的社会组织是家庭,土语称作 pia,就是房屋的意思。家庭是由一群长期同住在一起的人所组成。一家的人由生育(或收养)和婚姻而形成一个团体,同住在一所房屋里,维持共同的生活,并繁衍他们的种族。

一家人中的亲属关系,由生育(或收养)而产生的父 pe 母 ne 和子 toŋ 女 pei;由婚姻而产生的是夫 gine 妇 giwo,及翁 goŋ 姑 wa 和媳妇 ni,或岳父 z'o 岳母 de 和女婿 we——这些是家庭中的基本亲属。父母和娶妇的儿子或招婿的女儿并不分居,所以一个家庭中可以包括几代的亲属。事实上,我们曾见一家有五代的亲属同居一屋。父亲上辈的男性尊长称 goŋ,若这种尊长有两代,则较少的称 gonjoŋ,较长的称 goŋyö;女性称 wo,辈分的分别同男性,称 wojoŋ 及 woyö。

没有分居习俗的家庭,依我们想像,人数可以很多的了。但是花蓝瑶中却有一种限制人口数量的习俗,使一家的人数有一个相当的限度。他们限制人口的习俗就是规定每家每代只准留一对夫妇,因之每对夫妇只准留两个孩子:一个留在家里,一个嫁出去。

人口的限制并非自然的而系人工的。一对夫妇已有了两个活着的孩子之后，仍继续他们的性生活，也不用避妊的方法，所以为妻的仍有继续受孕的机会。于是他们的人口限制就不能不求之堕胎和杀婴了。花蓝瑶妇女十之八九都知道堕胎的方法，当发现初次月经停闭时，立刻吃药，所以对于妇女的健康并没有直接影响。不懂堕胎方法的妇女，他们称作"笨老婆"。这种笨老婆要受怀孕和生产的痛苦，等孩子落地后才用绳子绞死，或用凳脚砸死，或不喂奶饿死。我们知道有一个妇人曾杀死七八个婴孩。

但是有时花蓝瑶一家亦可有两个以上的孩子：譬如前两生的都是男，第三个若是女，这个孩子就可以留养。同样的，前两生的都是女，第三生若是男，这孩子亦可免于一死。若是前妻生了两个孩子，续弦可以生一个。但实际上因婴孩死亡率较高，这种有两个以上孩子的家庭是很少的。即使一家有了三个孩子，长大了亦只能留一个在家里。若是有一个孩子是男的，这男孩就留在家里娶媳妇，女的都出嫁。若都是男孩普遍都是把长子留在家里，其余的嫁出去做女婿。但是小的孩子若特别聪明能干亦可嫁大留小。若都是女孩，任意留一个在家招女婿，其余的嫁出去。因之一家即使有三个孩子，对于家庭的人数亦只能暂时增加，并不能借此绵延扩大。

这种限制人口习俗的起源已不可考，我们只得到一个传说，就是在100多年前有一家生了五个孩子，父亲死后，遗嘱把所有田地都传给长子，其余四个儿子一点都分不到手，因之怀恨在心，一天四个兄弟约好了把长兄谋杀了均分田地。长兄这时有一个儿子已经长大，立意要为父亲报仇，有一次设计成功，把他四个叔父都杀死了。这事闹大了。"石牌"开会议决从此规定每家每代只准留一对夫妇。这传说并不一定是历史事实，但是这习俗的起源并不很早，似属可信，因为花蓝瑶至今尚有宗族组织存在。宗族是由出自同一祖先的后裔组织而成，若是这种习俗起源早，宗族组织何从产生呢？还有一点可以注意的，就是这种习俗显然是对于现有瑶山处境的一种适应。瑶山水田面积有限，开田极难，人口数目当不能任其自然增加。传说中偏重土地问题不是没有理由的。就是至今当我们询问他们为什么不多留几个孩子时，他们总是回答说："瑶山田狭，养不起多人。"

这种习俗，不论它起源的迟早和发生的原因，目前已成了一种对于社会组织极有基本影响的习俗了，所以我们在叙述他们的社会组织时不能不优先提出。

家庭组织既以夫妇为基础,夫妇的结合自然是家庭组织的关键。婚姻是结合男女为夫妇的过程,同时亦借此种过程一家收认了一个新的分子。但是问题是在谁和谁能结合为夫妇。关于择偶的范围,花蓝瑶有严格习俗规定:

一、凡属同一宗族的男女不准通婚。

二、凡是有姻亲关系的亲属四代之内不准通婚。

最适宜于结婚的是同一族团而没有亲属关系的男女。但是花蓝瑶人口数目甚小,性分配不易平均,男多于女的现象时常发生,所以娶外族女子做妻的并不禁止。女子嫁给外族的虽亦不禁止,但事实上因言语,文化的乖隔,为数极少,在六巷一村我们知道只有两家把女孩嫁给邻族的古陈坳瑶。坳瑶和花蓝瑶还是同属于瑶山的地主阶级,地理上又近。至于和较远的邻族及隶属佃户阶级的过山瑶间的通婚事实是看不到的。

男女两造的年龄也时常是婚姻的自然限制。在花蓝瑶中夫妇年龄男比女大的并无限制,女比男大的则至多不得相差10岁。女比男大的事实是常见的,这是在性分配不均,及女子不外嫁的社会中所不能免的事实。

择偶主动者时常是男女当事人的父母,因为订婚的年龄平均总在10岁到13岁之间。在这时期男女当事人还谈不上自主的选择。同时我们也常听他们说:"我们的子年纪还轻,没有同他定老婆哩",或是"我们已经替女儿找到了姑爷了"。但是他们却又很坚定的说婚姻是自由的,父母管不得的。这两个似乎矛盾的说法,其实并不冲突,因为订婚和结婚是两件事。在幼年时代父母代定的未婚夫妇,将来不一定是结婚的对象,除非结婚当事人小于自主地同意于父母所选择的配偶。不过这一种可能的"不同意"因为有其他的习俗调适,并不成为常见的事实。这种调适的习俗包括以下我们所要叙述的两性关系。

花蓝瑶亦有指腹为婚的事,因为他们有限制人口的习俗,在生第二和第三个孩子时,为父母的总得考虑到嫁不出去的可能性,所以在落地时先得作一预算,和人家订一预约。但是这只是一种人口婚姻分配的估计,将来是否一定要这一对婴孩成为夫妇,那是另一问题。

订婚的手续是由主动方面请男性媒人一位到对方去说亲。这位媒人一定要"通道理的明白人",会讲话,会背历史,而且要在社会上有名望的。媒人衔了使命到对方的家里,把来意说明了,又加了许多好话来凑成这头婚事。其实,事先两亲家时常是已经得到同意的,所以媒人的职务并不十分重要。说定之后双方就送一些定仪如手镯，戒指，头巾之类。数量的多寡依两家经济情形而定。

订婚手续完成之后，被订的一方，姑娘或姑爷，到能做工的年龄，大约在14岁左右，就得到主订的一方去做工，每月一次或两三次。这是未婚夫妇的义务。做了工之后，这天晚上就可以和未婚对象同床发生性的关系。平时，苟其双方愿意时亦可自由到对方家里过夜。而且发生性关系的机会在瑶山中并不限于"过夜"。所以我们可以说在花蓝瑶中男女间"公开"的性关系从订婚时起就已经开始了。在这种"试婚"的过程中，很容易使男女双方发生很亲密的感情，父母所代定的也成了自己所属意的了。

在婚前和未婚对象以外的人发生性的关系并不视作"奸淫"，所以并不违犯"石牌规矩"，不受任何刑罚，只要这女人不是"笨老婆"就是了。花蓝瑶并没有"处女"的观念，他们并不明白处女和非处女生理上的区别。他们曾笑着向我们说："这怎么能知道呢？"但是花蓝瑶中并没有没有父亲的孩子。在生孩子之前男女一定要结婚的。

儿女若要求父母替他们解约，父母总是听从的。他们说："这有什么法子呢？这是他们自己的事。"解约的手续是由提出方面给对方12元赔偿费并退回饰物。若是对方不同意，就得请"石牌头"来办，结束了要给他一两元酬劳费。

在花蓝瑶中父系和母系的制度是同时并存的。男的可以在家娶媳妇mowa，也可以上门做姑爷louzoŋ。女的可以在家招姑爷，也可以出嫁做媳妇。但是如上节所说，一家若只有一个男孩，他总是留着娶媳妇的。他们没有留女孩在家招姑爷而把男孩嫁出去的例子。因之，这种情形使我们觉得在花蓝瑶中父系比母系为基本，甚至觉得母系制度的通行是因为他们有限制人口的习俗，这可视作一种后起的适应。

有时父系和母系合并，一家兼祧着两系。若是有一家只有一个男孩，另一家只有一个女孩，或是虽有两个女孩而一个已经出嫁了的，这一对男女结了婚之后，两系就暂时合并了。这一对夫妇有时住在男家，有时住在女家。我们说这是暂时合并，因为到下一代若有两个孩子，就把他们分隶两系。这两个孩子若是一男一女：男的"顶"父系，女的"顶"母系。各自成家立业，分为两家。若这一代依旧只有一个孩子，这孩子仍兼祧两系，到再下一代才分系。

男女过了15岁就可以结婚了，但是也有比这年龄更小就结婚的。结婚的时期由婚姻主动的一方面所决定：娶媳妇的由男家决定，上门的由女家决定。决定了要举行婚礼就通知对方征求同意，然后挑一个"好日子"。"好日子"是有一定的，瑶人的长老都默记着哪一月要避哪一天的口诀，按着天干地支排定，也有请汉人择日的。

"好日子"选定之后，到那天媒人便到女家把新娘领到男家，若是上门的就由媒人把姑爷领到女家来。婚姻主动的一方要送给对方10斤到40斤猪肉和相等重量的酒。娶媳妇的还要给新娘一件绣花的衣服，穿着过门。男女两家分别在自己家里请几个亲近的客人一同喝酒。但这并不算"结婚酒"。被婚方面的父母和亲戚也不陪同新娘或新姑爷一同到主婚方面来。

在门头村富有的人家也有在结婚当天就请"结婚酒"的，但是当天不请"结婚酒"是花蓝瑶普通的习俗。女家陪送给新娘的东西，普通也不在结婚那天送来的。他们的理由是说"没有生孩子的夫妇是靠不住的"。

花蓝瑶结婚仪式中并没有拜天地。新娘或新姑爷由媒人接来之后，客人们喝酒庆祝，到晚上夫妇就同床。结婚两天新娘或新姑爷要回娘家，但是并不和他们新结婚的丈夫或妻子一同回去，只送到半路就分手了。在自己家里住了两三天，再回新家。隔两三天新夫妇才一同归宁。从结婚到生孩子的一个时期中，夫妇的生活还是和订婚以后的生活差不多。新娘或新姑爷大部分的时间是住在自己家里的。但是他们在自己家里的地位却改变了。他们被视作客人了。吃东西也不能做主要东要西，只能跟着人家有什么吃什么。他们也不能向自己的父母要布做衣服，做衣服的布是由婆家或岳家供给。

依石牌规矩，已婚的男女不准和夫妇以外的人发生性关系，这种性关系称作"奸淫"。犯奸淫的要受石牌的责罚，给12元充公。但是要成立这种罪名，必须在男女幽会时当场捉住。若是逢着手脚伶俐的情敌，捉不到手，即使眼见他逃跑，亦奈何他不得，除了回头把自己的妻子或丈夫痛打一顿之外，别无办法。对方若是屈服低头求求饶也就算了。

在公开的婚姻制度之外，花蓝瑶还有一种"半公开"的情人制度。所谓"半公开"是指大家不足为奇而又不愿为外人知道的意思。情人制度和婚姻制度在实际生活上有同样的重要，二者有时平行，有时交叉，构成花蓝瑶两性生活的特具形态。所以在此我们不能不插叙这情人制度。

花蓝瑶的男女，不论已否订婚，情窦一开，就可自由地去找他或她的情人，土语作 no，以过他们的爱情及两性生活。在他们的社会生活中男女接触的机会极多。同村的日常可以见面，"社交公开"，没有人把男女私事看成了不得的，父母也不干涉子女的自由行动。异村的每逢村中有事，好像度斋、庙会等，亦时常有交际的机会。在这种盛会中，男女盛装，在空场上列队对唱：先唱些客气的套语，男女相悦的就开始弄情。男的唱："我家有棵树太孤单了，我想和它配个对。你们家里有棵树真好，若是搬到我们这里来，不是天作的一对么？"女子接着就唱："你们的院子太好了，我们的树太不成，哪里配得上呢？"这样一唱一答，情歌不绝，情意绵绵，唱到深处，"两棵树"就交换饰品了：男的给女的多是手镯等一类东西，女的给男的多是头巾腰带等一类东西。这些东西他们时常预备在身上，遇见机会时，不愁无物交换。这时若双方依依不舍，情不自禁，就可以"偷偷地"离开众人，一同到山上去幽会了。

这一对情人若都没有订婚，就可以自订"白头之好"，回家央求父母去请媒人来完成必需的手续。若是各人已各有未婚对象，也可以回家要求解约重订。甚至已经结婚的，也可以回来离婚再娶。但是事实上，情人要成眷属需要解约，离婚等手续时，未免太麻烦。瑶山荒僻，不乏幽会之所，虽非眷属同样的可以继续他们的感情及两性生活。而且爱情有时而止，意断人散，没有任何社会手续要履行，较之婚姻制度更容易适应各人流动的感情生活。我们知道一个男人，据他自述已有过十几个情人，若是每次感情的变迁都需要一番费钱的手续，他早已不能继续生活了。

在这里我们可以提到花蓝瑶的坳瑶的情人制度，因为在坳瑶中情人制度更是发达，而且，依我们的忆度，也许是代表着在花蓝瑶旧有的形态。

花蓝瑶的情人制度是半公开的，尤是婚后情人间的性生活，时常不能获得妻子或丈夫的谅解，而引起在幽会时兜捉的趣剧。在"石牌"上规定着罚款，所以可以说情人制是"不合法"的。

在坳瑶中情人制是比较公开了。他们可以在情人家里幽会、过夜，只要情人的丈夫或妻子不在家里。即使"撞见"了也不会引起严重事件的。事实上，"撞见"的事不很多的，因为大家于人方便就是方便自己。我们在晚上要去找人时，常发生困难，因为他们不在自己家里的时候多。男女在家幽会时就把门关了，丈夫或妻子回来，见这暗号，就很聪明的去找他们自己可以去的地方了。情人若是白天来帮工，这天晚上，他就可以"有权"同宿，正式的夫妇照规矩须借故出让。

从他们的性生活来看，在花蓝瑶中，婚姻只是一种"合法"的结合，"法外"的关系是社会所默认的，只要不太公开，谁都不愿来管闲事。因之，他们"生物上的父亲"和"社会上的父亲"并不一定是相合的了。凡是自己妻子所生的儿子就算是自己的儿子。这并不是说花蓝瑶不明白性交和生育的生理关系。他们曾向我们说，"孩子不一定是丈夫自己的"。但是这"不一定是自己的"事实，并不足以卸弃他为这孩子的"社会上的父亲"的责任，甚至，依我们的观察，并不影响父子间感情的关系。

这种情人制度在花蓝瑶的生物基础上却有重要的意义。在情人制度下社会中"性选择"的作用比在婚姻制度下为大。无论何人都可以得到一个婚姻上的配偶，但是却不一定能得到一个情人。一个人在一夫一妻制度下只能在一时间得到一个婚姻配偶，但是却不一定只有一个情人。因之，凡是在他们眼光中视为优秀强壮的男子，所有传种的机会比较被视为愚劣的男子为多。更因为有人口限制，优秀强壮的男子的后裔生存的机会也更较多。

情人制度还有一个很重要的影响，就是使他们对于家庭的要求偏重于它的经济作用。在一个家庭须同时满足经济及感情双方要求的社会组织中，时常因感情生活的不能满足，而引起家庭的破裂，因而影响到夫妇间经济合作的不能维持。一个人感情生活比较上是容易变迁的，而经济的共同生活却需要比较固定的合作。尤其是像在花蓝瑶一般的社会中，每一个人都须劳动才能维持生活的情形下，家庭组织的不稳固对于各人的经济生活会发生严重的结果。这种使各个人能在家庭组织之外去满足他们感情生活的情人制度，在维持家庭组织的固定性上，确有相当的功效。

但是这并不是说花蓝瑶家庭是极为固定而没有破裂的现象了。家庭破裂的现象表现在婚姻的解散中。婚姻的解散有两种：一是离婚，一是死亡。现先述离婚。

离婚在花蓝瑶中最大的原因是在娶来的媳妇或上门的姑爷不能尽责劳动；次要的原因是在感情的不和，而有另婚的企图；不守贞操并不常成为离婚的原因。离婚的主动者多是一家的家长，家长负责监督一家中各分子经济的分工。如果有不尽责的，全家就都受到影响，自然不能不为全家的生存计，提出适当的处置。在家长提出要儿子和媳妇或女儿与姑爷离婚时，儿女是不能拒绝的，即使他们两人间感情很好。婚姻当事人若不堪虐待，或另有情人想成眷属时，亦可提出离婚。

在没有生孩子时，夫妇若要离异，只要履行和解约一般的手续，提出方面给对方12元赔偿金就完事。若是已生了孩子的，离婚时就比较困难。若是双方都同意离婚，则双方共同担负给石牌60元的罚款。若是一方不愿意的，提出方面须把这件事提给族长。族长认为理由充足时，就代表向对方交涉。对方一面表示不愿离婚，一面谈判如欲离婚必须得若干赔偿费。交涉的结果决定了赔偿金的数目，大概在100元以下。

赔偿金数目的大小，倚于发生离婚的"把柄"的性质。由于劳动不尽责，所谓"懒惰"的原因而引起的离婚，被离的一方并不能要求巨额赔偿金，除非有孩子要带回去。若是提出者因为要另婚而离异的，被离者就可乘此机会"敲一笔竹杠"了。我们知道一个实例。有一个男子，性喜喝酒，时常深更半夜才回家。若是他的妻子不等候他，他就乘着酒兴痛打一顿。他的妻子就和她的情人商量要提出离婚，结果一共出了80元的赔偿金给那个男子，才把婚离了。

花蓝瑶虽有离婚的办法，虽有离婚的事实，但是并不是普遍的事，而且大家觉得是不好的。有一个关于离婚的传说，表示不慎重的离婚会惊动天怒。以前有一对夫妇告到族长那里要求离婚，虽则他们所提出的理由是不能成立的，但是族长贪了他们的酬劳费，所以给他们离了。第二天族长屋前两棵树忽然好好的都枯死了。他明白这是因为误判了离婚才引起的，所以立刻把酬劳费退回，不许这对夫妇离婚。事后，那两棵树果然全都复活了。

在门头、古浦、六巷，三个村的交叉路口，现在还有一块石头，石头上打着11个斧印，据他们对我们说，以前有11个老人在这里会议，议定不准随意离婚，凡是要离婚的须罚和这块石头一样重的银子。这里可见一般人民对离婚的态度了。

离婚之后，男女都可以自由再娶再嫁。社会上对于离过婚的男女并不加以歧视。若是离婚的夫妇已生孩子的，只有一个则留在婚姻主动家，若有两个则夫妇各得其一。被离的一方带这孩子回家，交给自己的兄弟去领养，长大了，不论男女都嫁出去。再嫁的妇女或再上门的姑爷是不带小孩的。

婚姻亦可因夫妇中一造死亡而破裂。未死的一方可自由续弦或再嫁，一如初婚。在花蓝瑶中并没有守节的观念，在他们的家庭组织中，男女都有很重要的事务，所以在一家中不能维持长期的寡妇和鳏夫。我们知道一个例子，有一个男子离婚之后没有再娶，他就不能健全地维持他的家庭。他把田租给人家，自己成了花蓝瑶中的"怪物"。又有一个例子，是妻子死后已有两年没有再娶，虽则因为还有母亲在家可以代替一部分已死者的责任，但是影响于这家的工作已很显著，使他们不能不做再娶的预备了。

有孩子的寡妇或鳏夫再嫁或再上门时不能把孩子带走，所以财产亦不能带走。若是寡妇或鳏夫不愿离家，可以招一个姑爷或娶一个媳妇进来。这样一家中两代亲属可以完全没有血统关系了。

花蓝瑶的婚姻是严格的一夫一妻制。在任何情形之下，一个男子不能同时有两个妻子，一个女子亦不能同时有两个丈夫。

第二章　家庭（中）

结婚的过程在花蓝瑶男女的夫妇生活上并不引起重要的变化，结婚的仪式也是很简单的。严格地说来，他们夫妇生活正式的开始是在产生第一个孩子之后。在结婚到产生第一个孩子的这一个时期中，男女两造还是在"试婚"的状态之中。在这时期中若发生离婚的事，所需履行的手续，和解约相同，因为这时期中的夫妇关系和未婚夫妇的关系并没有重要的改变。如上章所述，婚姻主动方面在结婚当日并不请"结婚酒"，被动方面亦不在那天把陪嫁的妆奁送出。双方都要等夫妇关系确定之后才补行。产生第一个孩子是夫妇关系确定的表示，所以在第一个孩子满月那天才举行盛大的结婚宴，要到这时候婚姻的仪式才完成。

结婚之后娶来的媳妇或上门的姑爷大半时间是在自己家里过的，直到怀了孕将要生产的时候，做媳妇的就得回到男家预备分娩，因为小孩不能生在外家的。在分娩的时候，女子的母亲要来接生，她的婆婆或邻舍的妇人亦可代替接生。在怀孕期间，她们并没有特别的禁忌，但是为了健康的关系，她们可以免除一些吃重的劳动。分娩的时候，她的丈夫要在旁边照料一切，并且服侍她。她的公公没有特殊的任务，除了回避她。若是他平时和儿媳一个户里睡的，在这时候须搬出去，睡在别处。孩子落地之后，他们就在族中请一个道师来祭祖。到第三朝上，孩子的外舅和外祖才来探望，探望时还带着一只鸡。道师在那天要领着产妇，产妇背上小孩，在门外绕地走一圈，再作法替她赶鬼。

生了孩子之后，产妇在前半月中不准吃盐，下半月能吃盐了，但还不准吃其他的菜，只吃白粥。这一个月里，产妇是不做工的，由丈夫服侍她。满了月才恢复常态。

孩子满月那天非但产妇恢复了常态的生理，而且她和丈夫亦自此开始入于一种持久的共同生活。在没有产生第一个孩子时，我们已经说过，在他们心理上认为这一对夫妇的婚姻关系是不固定的，因之他们把庆祝结婚的筵席和陪嫁的妆奁都延迟下来。就是在夫妇的实际生活上，因为断续的同居，亦没有大变未婚时代的状态，所以我们在上文中称这时还是在"试婚"期中。到了第一个孩子满了月，夫妇才脱离"试婚"期而入于常态的夫妇关系。在花蓝瑶中孩子被视作夫妇关系的基础。在叙述离婚时，我们已提到孩子在夫妇关系中的重要性。此外，在孩子满月的那天，他们要把这"新人"介绍给社会。这一天，对于他们既有这许多意义，自然不能不有一种表示而举行一种社会仪式了。

满月那天所举行的仪式，可分为三部分：第一是给孩子提名；第二是补请结婚酒，第三是请满月酒。

在满月前一天晚上，他们就要请亲家的族人到自己家里来，当晚预备了酒肉，挤了一堂，喝完了酒大家也不回家；睡到半夜，听见第一次鸡啼的时候，男家族里的一个道师，当着亲家客人的面，为这孩子提名。孩子的舅父在旁，若是所拟的名字有和亲家族里的人相同的，他就提出异议，重改一个名。

到了朝上，他们就摆上席面，大大的请酒，名义是结婚酒，虽则离结婚已经快有一年，或者隔得更久的了。我们在上文里叙述过，在结婚那天，亲家是不到场的。两亲家的族人正式见面喝酒，这还算第一次。这一次场面铺张极大，普通人家都有七八十个客人。喝酒时结婚的当事人并不上桌，由本族的族人做主陪客。本族的男女分席而坐，客人则男女不分坐。本族的女人不能喝酒，女客则可以畅饮。

宴会快完时，客人们就起来说许多好话，祝福这一对"新婚"夫妇。瑶人都是很会说话的，说话时都引着许多历史事实。一个"明白人"在社会上有名望的都要能默记着种种历史事实。所以在演说时，开头就要说"盘古开天辟地，才有人类……"

最后来说话的是媒人。他也是从盘古开天辟地说起，接着提到一个关于花蓝瑶婚俗的重要传说:"我们是在明朝的时候,搬到这个地方。那时候同姓同村的男女是不准结婚的。可是到别村去娶老婆,寻姑爷,路又远,种种不便,那时有18年没有结婚的事。这样子实在不好,所以有明白人出来破了这规矩,现在同村同姓可以配合了。虽则如此说,这实在出于我们的不得已呀。"

在喝酒的时候,媳妇(或上门的姑爷)的母亲把带来一包陪嫁的东西打开,一件一件的点给客人看,有衣服、被服、背孩子的带、银的手镯和项圈等等。

结婚酒散后,客人并不回家,到下午接着吃满月酒。满月酒和结婚酒的分别只是在说话时偏重在恭维孩子方面罢了。

孩子的舅父是主客,他要起来说话:"今天你夫妇生这孩子,已经有30天30夜了。你们办酒办肉,摆满了桌,请我们外家来喝酒;又请道师给孩子安名。给他取个好名字,把恶除去。以后他上岭不跌,下水不滑。今天请我们来吃饱吃腻。我们没有什么可以报答你们,只能祝这孩子,他日长大了有钱有米,刀满柜,谷满仓,牛满栅,猪满巷,鸡满栏。他日这孩子大过人,富过人,做道师会过人,说道理明白过人……种种都比人强……"

舅父说完了,给姑爷4毫或6毫银子,再敬他一杯酒。另外还要给孩子2元或4元。这钱是由媳妇自己存着。孩子的祖父母也要给孩子的舅父3元谢仪,并且说:"你们把女儿辛辛苦苦养大了,给我们做媳妇。感谢你们,现在她已替我们生了个孩子了。"

舅父之后,客人们接着起来说许多好话,祝福这孩子。客人们尽欢而散。散时,主人要给每家送一块猪肉。舅父所得的肉最多,有20多斤重。其余每家平均四五斤。

以上所述的是生第一个孩子满月时候的仪式,第二个孩子满月时,并没有盛大的宴会,只聚几个亲近的族人吃一顿小酒罢了。

花蓝瑶孩子的哺乳期很长,从三年起一直可以延长到七年。但是孩子稍稍长大后,乳汁不过是食料中的一部分。我们看见一个3岁的孩子一面跟着他母亲要乳,一面吃着大人们所吃的饭和菜。所以极长的哺乳期的意义并不在孩子方面,而是在大人方面想借以减少受孕的机会。他们对于生育的频繁,除了延长哺乳期之外,尚有直接的限制。依他们的风俗,在生孩子之后两年之内不准再生孩子。若是在这时期中受了孕,除了初生的孩子死了,一定要堕胎。他们说:孩子来得太密了,对于大人及小孩双方都没有益处。

孩子生活100天左右，他们要替孩子剪一次发，到半年的时候再剪一次。这两次之后，他们就永远不再剪发了。在15岁之前男的把头发挽成一个髻，比成人的髻要简单得多；女的梳两条辫，从头后交叉绕过额前，再在头后结住。

没有结婚的少男少女，在家庭中并不被视作正式的劳动分子。但是他们并不是闲着，他们跟着大人各处去劳动，就在这种不被视作正式劳动，"耍着玩"的过程，他们学习着谋生的技术。我们看见三四岁的孩子也会早晚拿了谷子去喂鸡，六七岁的女孩也会拿了针线学做活，绣着很可观的花边。再大一些男孩们，捎着枪出去打鸟，田忙时稍长的男女孩子都下田帮工，晚上挑了"禾把"跟着大人回家。

到15岁左右，不论男女都要受一个成人的典礼。这时候男女生理开始成熟，在劳动上他们已可以担负吃重的任务，而且更重要的，是因性机能的发育，使他们生活发生许多孩童时没有的新形态。这种种生理变化影响于个人的社会生活极大，所以在这时候，孩子的父母要为他们举行一个仪式，把一个成了人的儿女，介绍到社会上去，让他可以享受成人的权利。

女子的成人礼比较简单。父母替她挑一个好日子，请一个会梳头的老年妇女来替她改梳成人妇女的髻。成人妇女的髻是把头发用大量的猪油膏成一个"发罩"盖到眼前而梳成的。发罩上再戴上一个白布做成和医院中看护头上所戴的帽相似的罩。这盖刚把头顶上的小发髻盖住。远望时，她的头发好像一顶黑绒白心的帽子，从我们看来，确是很美观的，不过梳头费时极多，而且不易洗濯。第一次所梳的头，在她们看来是一生幸福的预兆。所以她们一定要请手艺最好的妇人来梳拢。她家里更要办一席酒请梳头的妇人和亲近的族人来喝。

若是女子在15岁前就结婚，结婚那天就改梳成人妇女的发型。

男子的成人礼在花蓝瑶中是一个极隆重的仪式，亦是一个男子一生中极严重的关口。这种仪式称作"度斋"docen，普通一个男子是在13岁到15岁之间举行度斋的。若是一个男孩要留在家里娶媳妇的，就在自己的父母家里举行；若是要上门做姑爷的，则到岳父母家里去举行。到岳父母家里去举行势必在结婚之后，所以年龄上比较大些。

田忙过后，约在11月或12月的时候，有要度斋的孩子的父母或岳父母选定了一个好日子为他们的儿子或姑爷举行这种仪式。他们预先在家里搭了一个两层高的床，下层放着鼓和剑，上层铺着新的被褥，留着给度斋的孩子睡。他们又为他做了新衣服。度斋开始时,这孩子睡在高床上,不吃荤,不吃酒,不吃油,只能吃白饭。这样要五天,每天请了已度过斋的人来教他跳舞和其他一切做道师应有的知识。这时他梳上成人的髻,形状有如田螺。他若是还没有满15岁的,仪式过后仍可以梳孩子的头。

第五天晚上,全村的男女和邻村的亲戚都到他家里来。他家里要杀猪备酒。这一次宴会总共需费五六百斤猪肉。度斋的孩子这晚上在客人的面前表演跳舞。跳舞是花蓝瑶社会生活中重要的节目,每一个作为社会上的正式分子的男子都须学会跳舞,他才能参加种种重要的集会。这孩子表演过了,便躺在高床上休息。男客就跟着跳起舞来。妇女是不跳舞的,参观时也不能进屋,只能在门外看,除了两个都生过两个男孩,而且都活着的妇人坐在屋里。

跳舞时不但在门内有热闹的集会,在门外也是热闹非凡。多情的男子乘着女客们在门外观舞,就跟她们说笑起来。于是他们唱起歌来了,男女分了宾主对唱。本村的男子作主人先唱:"你们贵客到来,我们招待不周,地方不好。"别村的女客接着唱:"你们地方好,风俗好,人更好。酒肉多,待人好,我们没有什么报答你们。"他们眉目传情地唱起恋歌来,接着就是换物幽会。度斋成了花蓝瑶男女恋爱的好机会。这种跳舞和唱歌要继续三个晚上。

度斋普通是五天,若是受度的孩子已过15岁,就要度七天。若是一个男子的妻子受了孕而他尚没有度斋,他就永远不准再度了。

度斋的意义据他们说是使这孩子能做"道师"。道师是一家的宗教领袖,他可以赶鬼,招神,和祖先往来。他可以参加及主持各种社会仪式。凡是没有度过斋的男子就丧失了这种种能力,同时就不能成为一个完全的社会分子。他不能参加集会,甚至不能和度过斋的人同桌吃饭。

女人不生育虽可以成为离婚的理由,但是并不一定要离婚,因为在花蓝瑶中除了生育之外尚有别的办法可以得到儿子。本来,我们上章已叙述过;他们对于血统是并不重视的,即使由妻子所生的"儿子",亦不一定是丈夫自己的,而且依我们的观察,父子间的感情,并不因血统的不同而发生隔膜。

不生育的夫妇却不能不想法得到一个儿女。在他们的家庭组织中每代至多是一对夫妇,但至少亦需有一对夫妇,不然这家庭就入于反常的状态而将归于消灭了。在这一种最小的经济单位中,若缺少了一个分子,好像我们上述夫妇中有死亡的情形,这单位就不能健全活动,何况缺少一代呢?所以凡是结婚之后有几年不见生育的时候，他们不是提出离婚，也得去领一个养子了。

养子是向人家多余的孩子中讨一个来作为自己的孩子。养子的选择并没有一定的规律，普通总是在自己族里选择，但是在族外选择亦无不可。养子在家庭中的地位和亲子并无分别。

家庭分子组合的过程是结婚，生育和养子，家庭分子的解散是离婚和死亡。死亡不但是个人生命中的一件大事，亦是社会上的一件大事。人死了，死者在社会组织中的功能消灭了，于是社会需要一种善后的办法。在这一个关口上，我们又可以见到一套社会仪式了。

在花蓝瑶人的眼中，"生孩子"是一种重要的身分。这身分影响到丧礼中，使有孩子的人和没有孩子的人有了重大区别。没有孩子的人死了算作"短命人"，一死就要转生；有孩子的才算"长命人"，死了不是转生而是成仙的。

短命人死后没有什么隆重的仪式，把尸首装在棺材里，抬出去就埋在地里。这一类人最多是婴孩。婴孩死亡率据他们自认是很高的，但是我们没有统计来确定高到什么程度。若是杀婴及堕胎的数目加入由疾病及其他自然原因而死的婴孩数目中，则他们的婴孩死亡率一定极高的了。

长命人死时，仪式就隆重了。

若是死者是由婚姻关系而加入这家庭的分子，媳妇或姑爷，临死时一定要有自己家里的人在场，不然亲家可以来捣乱。在这里可以看见由婚姻关系而加入家庭的，仍带着是"外客"的性质，家庭分子的正宗是由生育或收养而加入的。在人将死的时候，他们就去通知亲家，虽则深更半夜，也不能耽搁。

人断了气，他们在地上铺一条席子，把死尸放在席子上。若是人在晚上死的，则要等到次日朝上鸡啼时才放到席子上去。死者若是由婚姻关系而加入这家庭的，媳妇或姑爷，自己家里要送400斤酒，200斤猪肉，两只鸡和一块黑布。本族的人和亲戚，每家都要送一块白布，长度和人体相若。白布和黑布都裹在死人的身上。亲戚朋友都来吊孝哀哭。主人要替死者的小辈或同辈中年龄较死者为幼的男女，每人做一件白布的丧服，丧服是没有袖子的。男的头上来一块白布；女的把头发披下来，用白纸围着，耳环上也挂着白纸。长辈或同辈中较死者年龄为长者都不穿孝。

死者的家里杀鸡，杀猪；把猪头、鸡、酒等放在一个圆形的筐里，安在死人的头旁，亲戚及小辈都围在两旁哭。一边哭，一边唱着："你死了，我们没有法子过了，没有人管我们了，我们得自己管自己了。"

次日下午，他们便把死尸装在棺材里去了。棺材是用 6 块板做成的一个长方形匣子。他们并不考究棺材的木料，虽则上等的木料是现存的。棺材放在门外，有一块白布从死人的床一直连到棺材里。棺材里有一个坛，米从白布上滚到这坛里去。这米是给死人"吃"的。一切都预备妥当后，死尸由他的儿子、媳妇或女儿、姑爷连席抬到棺材里。撤去白布，把棺材盖闭上。他们请了几个人把棺材抬到附近的山里去。家人和客人都跟着到山里。有名望的人若死了，送殡的人多至二三百人。他们带了刀、帽、伞等日用品放在棺材盖上，给死人"用"。靠着棺材搭一个棚，防风吹雨打。棺材时常就放在靠路的山坡上，所以过路的人都能看见，而且因为棺材的木料简陋，所以尸体腐烂时，沿路都能闻到。

从山里回来，主人要预备酒肉请客。抬棺材的人每人要给一斤猪肉。但是，凡是戴孝的都不能吃酒和肉。到第九天才由道师替他们开斋。开斋的方法是由道师拿一碗酒，一块肉，由长至幼给他们每人喝一口酒，吃一口肉。开了斋他们可以随意吃东西了。

第三天鸡叫的时候，约在半夜 12 点钟，道师要为死者上祭。道师常由族长担任。亲戚邻舍都在前一天晚上把祭物送来，有猪肉，鸡，酒，香，纸钱，芭蕉包等等。自己家里也预备了鸡和酒。上祭的地方就在死者睡的床上。在床上再搭高一层，中间靠壁处，放一树枝，枝上挂着白衣白纸。树枝的两旁边点着蜡烛，枝前摆着祭品。道师上祭时向死者说："你是那一天死的，我们多少人送你上山，你来吃这些东西罢。"这样祭了两个钟点才完。祭品用盐保存着等开斋之后吃。朝上七八点钟时，客人都来吃酒。客散时主人要送他们长方形的芭蕉包，每家 10 个。吃酒时主人不陪客，由族长代表招待。妇女们过了这一次上祭，披下的头发可以梳拢了。

第五天，第九天，第十三天，和第三天一般上祭，所以他们一共要上祭四次。13 天之后，丧事才结束，戴孝的可以把白衣脱去，但是仍不能穿绣红花的衣服。

棺材在山上搁了三年，家人来举火烧尸。这一天又要办酒请客，这次规模比丧事时更大，一共总要四五百斤猪肉。客人们都送香烛和鸡来上祭。女婿去祭岳父时要用 10 多斤重的一只小猪。

若是富有的人家，不必等猪长大就能请客，火葬也可以提前举行。这种提前火葬的风俗也许是受邻族坳瑶的影响。

棺材烧了，烧剩的骨头捡出来，装在坛里，葬到山洞里去。坟是靠山的，挖一个洞，坛子放入洞中，洞口用一块石板挡着，留出一些缝，所以在缝里时常可以看到这坛。穴上用泥堆成一个馒头形的顶，年久了泥就松下来，在他们是认为好兆。穴前辟一方空地，用石块排成一个桌子，和几个可坐的凳子，这是预备上祭用的。一家人不一定葬在一个地方。除了我们所见乡长的家墓在一起有七八个外，其余都是一个或两个零星地分葬在各处。

坟地的选择注重风水，这也许是受了汉人的影响，因为他们时常要请教汉人替他们看风水。看定了一块地方，不管是属于谁家的，都可以安葬。他们说因为要尊重老人家，所以不能干涉他的坟地的；但是有一个条件，就是不能离别家的坟太近，亦不能葬在人家的坟的上峰，因为这样会引起死人间的不和。

火葬之后，穿孝的人可以把素服脱去重穿绣着红花的衣服了。

每家到清明时节要上坟祭扫。一家人分开了去祭各地的坟。祭完了在坟上插一根树枝，树枝上挂着白纸。

有后嗣的人死了是成仙的，成了仙的祖先保护着自己的后嗣。每家成年的男子度过斋之后，都能和祖先相通。每次吃饭，有好菜时，譬如有客人来杀了只鸡，他就要呼祖先的名字，洒一点酒在台上，意思是请祖先来先享。逢着大雾侵屋，祖先就被惊动，家人要不安，于是他们要用三牲祭祖。

在每家对着正门正中的壁上有一个橱，或有一块板，上边供着三支香烛。这地方是祖神所在之处。他们并不设神位，也没有什么字迹。

每逢节期就要祭祖，花蓝瑶的节期是按汉历，正月初一，二月初七，三月清明，六月初六，七月十四，十二月三十。除清明之外都在家祭祖。

成了仙的祖先是由甘王雷王等所管辖。他们是正神，是人民的保护者。除了对于他们不敬，他们不常闹事的。所谓闹事就是家中发生疾病及其他不幸的事情。

正神之外有邪鬼，邪鬼常常和人民作乱。邪鬼中最凶的是山鬼。山鬼的来源不一，但是我们知道一个例子。在民国十三年大藤瑶山曾被汉人的土匪盘踞过，后来瑶人会合了军队，把这股土匪平了。在山里有很多被杀的土匪。他们就成了山鬼。若是有人撞见了就会生病，而且有一定的病状，就是呕吐。

花蓝瑶人生了病，有两种办法：一种是吃药，一种是问卦。但是这两种方法都不是花蓝瑶的特长，虽则每一个道师，其实就是家长，都知道这些技术来对付一家有不幸的事情发生。但是逢着有重要的事，他们要去请板瑶了，板瑶才是熟习巫术和医药的人。

问卦的方法是用两片竹板，称作 gu；和一把剑，约有 20 公分长，铁制的，柄上有五个铁圈，称作 silen。竹板有阴阳两面，摔出去有三种配合。在这三种配合中瑶人就知道是哪种鬼在作祟，和怎样对付了。问卦时要点香，供米，烧纸。若是应验了，要杀鸡谢神。

第三章　家庭（下）

在以上两章中，我们已屡次指出花蓝瑶家庭组织最基本的功能是在它能形成一个经济活动的单位。本章将详述这种经济活动的情形。

花蓝瑶是以农业为他们经济的基础。他们居住的地域是象县的瑶山，山的高度在 200 公尺到 2000 公尺之间。气候和温带相当，但近热带，雨量较多。从气候上论这地域是极适宜于稻作物，但是山冈起伏，土层极薄，灌溉不易，所以大部分面积，并不能种稻。

可以种稻的区域只限于沿河的两岸。河是从东南向西北流。花蓝瑶的五个村就排列在河的西北岸。西北岸的山岭较高，所受雨水亦较多，山水由高处下流，会合在山脚的河道里。花蓝瑶利用这山水用竹管引到田里。这种可以受山水灌溉的田，他们称作"田"，瑶语作 lin。田里可以种水稻。没有山水灌溉的山坡，已除去林木，可以种植的地方，他们称作"地"，瑶语作 la。在地里只能种旱稻，和其他玉米、粟子等旱作物。

水田的构造比较复杂。山坡斜度极大，要储水给养，必须依势筑成一层层的坝。田呈梯形。每层的面积宽度依山势而定，普通都很狭，平均宽度不过 3 公尺。每级的高度在 70 公分左右。在这种梯形的田层中，他们从水源用竹管及水沟导水入内，储水量可自由伸缩。这种田不但限制于水源可及的地方，而且需要很重大的筑坝工程。他们的命运靠人比靠天为多。雨量虽足，若是坝堤失修，水积不住，几天之内，可以使稻完全枯死。

花蓝瑶专种水稻，所有的旱地都"批"给板瑶，山子或汉人，所以我们对于旱地的耕种在此可以从略。

在这种生产的状态之下,显然不能以个人为独立的单位了。我们不是说家庭组织是出于这种工作上的需要而形成的,只是在这种不是个人可以独立谋生的经济状态下,家庭组织满足了多人合作的需要,而成了他们经济活动的单位。

一家耕种工作的开始是在每年4月(公历)的时候。他们第一步把田里的积水放了,用耙翻土。耙是一个1公尺见方的木框,下面有刺约20公分,刺插入土中,用牛拖着,土便跟着翻起来。没有牛的人家,就由人力拉耙。每一块田,要翻两次土。平时他们收集牛粪,把牛粪和了草烧成灰。土翻遍了,把这灰下在田里,作为肥料。然后他们修好了坝,把水放入。5月里,他们按照汉历播谷在秧田里。在秧田里谷发成苗,约需一个月才能分秧。分秧是女人的工作,他们说女人分秧,稻才茂盛。女人把秧在秧田里拔出土,递给男人分插在稻田里。每五六棵插在一起,每隔20公分左右一丛。

稻种在田里之后,第二步工作就是清除杂草。大概离插秧后20余天才开始。方法是用脚把杂草踏入土中。每块田要耘两次,这时已在七八月的时候了。九十月的时候主要的工作是在修坝。他们背上一个袋,袋里装着土,在各处坝旁巡视,发现缺漏的地方,立刻用土塞上。坝上有杂草也要用刀割去,因为草长大了,田鼠可以藏在里面吃稻。他们更要随时视察水道,有损坏的地方,须加修理。这些都是他们的命脉。11月时,稻熟了,他们就开始剪禾。他们的田是一层层地,而且很狭,所以不能像平地上的田一般,把稻割下来堆在田里,打了谷子运回仓库。他们用一种小刀把稻穗割下来,扎成了"禾把"。每把湿时有十几斤,干时重8斤。每天把剪下来的禾,挑回家中或堆在田里。陆续运回。每天每人可以剪100斤禾,小孩也可以剪30斤。若是田离家很远,他们就在田旁搭一间小屋,或造一仓库,夜里不用回家,剪完了禾,把禾堆在晒台上之后才回来。每家都有晒台和仓库。晒台多用竹竿编成,禾把收回,便放在晒台上。等禾把晒干了才收进仓库。仓库有的就造在住宅旁边,也有造在离住宅较远的地方。每个仓库可以藏1万斤禾把,仓内分了许多层,每层可以放100个禾把。禾把收藏之后,农事可说是结束了,为时在11月底或12月初。

每年每家可以收1000斤到6000斤的禾把。禾把上的谷子除了每天做粮食,做酒,喂猪和鸡之外,还要用以交换其他用具及人工,所以这是他们经济的基础。据他们说，他们靠了田里的收获，可以自足了。以六巷为例，37家中有16家，自己家里出产的谷子不够用，而实际上，每年全村缺谷的总数不过四五千斤。100斤禾把可以有70斤左右的谷子，所以一村只缺两家的粮食。

　　田忙的时候，全家除了老人和小孩之外都出门去劳动。一早，天刚发白的时候，女的就起身舂米，预备早饭和晚饭的粮食。他们仓库里收藏着的是禾把，所以每天要临时舂米煮饭。隔夜从仓库里把下一天所需的禾把取出来，放在烤火处所悬的竹筐里。禾把经一夜的熏烤都很干了。明朝起来先用木槌把谷子从稻穗上打下来，然后舂。在正屋的角里，每家都有杵臼的设备。他们利用杠杆作用，靠地安一根横木，中间有一支点，脚踏上一头，那一头的槌就上下舂米。石臼是装在地里。臼边和地面相平。谷子要舂三遍，每遍用筛把糠粃筛去。新近也有人家从汉人处传入了磨和风车，所以舂一遍已够。舂米是女人的工作。若是家里只有一个女人，工作不开时，男人也帮助她舂。

　　每天早上，他们要煮一锅粥和一锅饭。出发劳动之前，大家吃一顿粥。饭是用芭蕉叶包了带到田里去吃。夫妇的饭装在一处，由妻子背在袋里，劳毕归来后，再煮一锅粥当晚饭。煮饭亦是女人的工作。

　　花蓝瑶的食料并不限于饭和粥，所以他们还要经营别的工作来获取其他食料。荤食方面的食料来源有家畜和渔猎。他们的家畜有三种，猪、鸡和牛。畜牛的目的并不在食料而是在耕地。但是若是所畜的牛有了病不能耕地，或竟死了，也宰了当食料的。富家有牛十几头，穷家甚至一头牛也没有。鸡有雌雄之别，雄鸡是养着报时的，所以普通不杀成年的雄鸡，雌鸡则以充食料为主。每家平均总有七八只大鸡。因为数目有限，所以不能随意杀鸡。杀鸡的时节是敬客和敬鬼。有时他们亦养鸭，但是因为在山上没有水流，鸭是不很普遍的。猪是花蓝瑶重要的家畜。每家总养着一两头猪，每个猪都有几百斤重。一家在短时期中决消费不了一头猪，所以一定要有请客的机会才杀猪，他们曾同我们说："猪是养着娶媳妇的。"一家有杀猪的机会而所养的猪不够用时，可以向邻家借用。所以猪实际上是由各家养的，由全村共同消费的。

　　家畜之外的荤食是得自打猎和捕鱼。打猎和捕鱼普通都是男子的事，虽则据说女子也有出去打猎的，但是我们没有见过。瑶山里的动物有虎，山羊，野猫和鸟类。兽类比较少，最多的是鸟类，鸟类中最多的是一种候鸟，名叫雪雀。雪雀在秋末到瑶山，冬季才离山。10月11月是雪雀最多的时候。

打猎分设陷阱和枪打两种方法。普通都是用枪打的。每个男子都有一枝鸟枪，平时除了在田里工作，他们总是带着枪，系着火药和子弹。他们不肯放过一个可以获得食料的机会。

鸟枪是花蓝瑶自己匠人打的，但也有向板瑶买的。鸟枪平均有两公尺长，一根细长的铁管装在木的托柄上，后面有一个开关机。要用时，先把火药从枪口装入铁管，用一铁钉打结，然后从枪口放入散子和火药，再打一遍。铁管的后端有一小洞凸出。开枪时，在凸口上安一个小的铅皮帽，开关机弹簧一松，正打在铅皮帽上，相击发热，传入火药，把散子迫出枪口。他们射击的技术颇精，10月11月正值田忙的时候，但是每人每年可以打二三百只雪雀。有时，男子远出打猎，整夜不归。若打得野兽，肉可以作食料，皮可以出卖。鸟则都作食料，羽毛则烧去。

捕鱼的方法有钩钓和张网两种，但是瑶山多山地树林，溪流极浅，所以捕鱼没有打猎的普遍。鸟和鱼捉回来之后，多由妇女整理，洗干净后，和了米粉和盐，腌在坛里封紧，过两个月之后，便可以吃了。他们并不保存得很久。鸟也有洗净了就烤来吃的。

蔬菜中自己家里种的有青菜、青辣、白薯和倭瓜。青菜除了生煮外，尚有酸了然后吃的。酸菜的方法是把青菜加了米汤，封在坛里，过几天就取出来吃了。野生的蔬菜有竹笋、香菌、木耳等。这些蔬菜不单供养自己家里吃，也收集了卖给汉人。

在食品中花蓝瑶仰给于汉人的，主要是盐和油。他们常自夸："即使和汉人断绝了，不过没有盐吃罢了。"但是现在事实上，自从汉商在瑶山中做买卖之后，单是食品也不只是盐一项从山外贩来的了。黄豆、腐竹一类东西，也成了瑶人日常的食品。

水的供给在山地居民是一个极重要的问题。他们有一种极简便而实用的"自来水"的设备。他们利用水的下流性，从水源一直用竹管引到家里，和灌溉水田的方法相同。家里的用水，有时和邻家合用一道竹管，亦有自用一道。

普通的食料之外，花蓝瑶的男人还有很大的消费，就是烟和酒。他们都有很大的酒量，而且一有机会就痛饮。每家自己酿酒。酿酒的方法是用米粉和了酵母制成酒饼。发酵之后用水泡了，加热，蒸漏得酒。普通人家每月酿30斤谷子的酒。每逢有客，每人一次饮两三斤不足为奇。烟叶本山亦有出产。他们把烟叶烤干了，卷了放在烟筒里抽。但自从丝烟输入后，他们都吸外来的烟了。

茶是花蓝瑶普通的饮料。本山亦有出产。

在用品方面，花蓝瑶已没有像在食品方面那样自足了。他们在用品方面最重要的火，已完全依赖于外来的火柴。我们没有见过其他取火的方法。他们每个人身上都带着铁制的火柴匣，保护着他们的火源。火在他们的重要是很切实的。尤其是在冬天，他们的衣服不足御寒，非有火不能取暖。他们所用的燃料是树木和竹竿。树木和竹竿是本山的产物。每家都有自己的山地长着树木和竹林。但是树木和竹竿要成为燃料，一定要经过相当时间的晒干才能用，一捆捆地运回家中。晚上用的光亦是由燃松木得来。

花蓝瑶在制作的技术上并不发达，除了制造鸟枪及刀的铁匠之外，没有其他专门的匠人。他们自己所能制造的只限于简单的竹器和木器。竹器多削青竹的外层编成，好像篮、筐之类。木器限于粗糙的储水器，用整块的木料挖成。比较复杂的用具，好像桶、柜子等，都请汉人来做。铁锅等须到附近的市集上去购买。

纺织在花蓝瑶中是妇女的工作。本山出产棉花。织成了布之后，用本山所出产的蓝靛染色，所以花蓝瑶所穿的衣服，只有白的和蓝的两种。一家所织的布，据他们说是够一家所需的衣料。若有丧事，他们就不能自给，须向山外去买了。妇女的衣服两袖和下沿绣着各式的花样。绣花用的丝线是向汉人买的。每个女人每年平均要2元4毫的丝线，一共3两重。

缝纫的方法：凡是两块布接缝的地方，他们都用布边。他们的布匹的阔度很小，约20公分。上衣不开领圈，穿上时，前后都呈尖形。靠头因容易损坏加一层托肩。衣服不用扣，也没有纽，对襟重叠，有带拦腰结住。上衣长度下端齐膝。男女衣服制法相同，只是男衣不绣花。下衣制法同汉人。头上，女的戴一白布罩称gijo；男的用一块头巾围在额上，拖到后颈结住称pomeŋ，头巾两端都绣着蓝色的花边。他们脚上，普通都不穿鞋袜的。天冷时用一块布裹脚，穿一双草鞋。他们不知如何结鞋，所以都向汉人买的。晚上洗过脚后，女的时常穿一双木屐，和日本人穿的相同。

从他们的经济生活上看，花蓝瑶的家庭虽则在大体上说是可以自足的。但是仰给于山外汉人的地方还是很多。于是他们不能不有一种交换这些输入品的东西。输出的主要商品是木材。花蓝瑶经营这些实业有两种方法：一是把林木包给汉人。由汉人到山里去采伐，运到河边，编成木排，顺水运出瑶山。每株给树主1毫2分的代价。一种是由瑶人自己伐木编运，每个木排约有25根，运出后可以卖7元左右，事实上，包给汉人的方法较为普遍，因为瑶人不善于伐木。除了木材之外，尚有小宗的输出品，好像兽皮、香菌等等。

花蓝瑶每家自成一户，住一所房屋。一所房屋普通是包括一间正屋，一间贮水的小屋，一两间安杂用品或兼充卧室的厢房，一个晒台，一个仓库，一两间牛栏和猪圈。

正屋有10公尺至20公尺宽，五六公尺高，6至10公尺深。每间正屋可分为左右中三部分。每部分的功用不同，中间部分是扇门，正中靠壁有一个大木橱，或有一块板横在墙上，这是供祖先的地方。上层供着三个香炉，下层靠壁或靠橱贴着名片日历等纸张。橱里放着各种杂物。橱下或横木下有一张方桌，是吃饭的地方。

右边部分是厨房。靠里面的墙有两个灶，没有烟囱。靠右边的墙是舂米的地方，有杵臼的设备。由右边一个小门出去是贮水的小屋，水是从墙外由竹管接入。

左边部分是卧室。床离地有十几公分高，床上有席和被。普通一家有两三张床，沿着墙排列。近门的角里是烤火的地方。地上挖一凹，木材搁在上边烧。火的上边搭一层板，搁杂物，更挂着一个铁丝篮，作烤禾之用。

这是正屋的大概情形。也有各种变异的式样。卧室的一部分有用板壁分作一间小房，与外隔开。厨房一部分也有把贮水的小房扩大，把灶移出正屋。

晒台和厢房的位置变化很大，有一种是衔着正屋，屋檐相接，另起一座两层楼的房屋，但是两层的总高度和正屋相同，所以每层的高度不过正屋的一半。下层是牛栏和猪圈，上层是放杂物的厢房，正中向外是晒台。有一种形式是把厢房移在正屋的左边，有小门和正屋相通。晒台移在仓库前，便于晒谷。

仓库有和正屋连着的，也有和正屋距离很远，甚至在田边或村外的。牛栏有时也在正屋附近的家园外另造小屋。每家都有一些空地种蔬菜等东西。在六巷每家都用竹篱围着。在门头空地较少，竹篱也不多见。

花蓝瑶普通是一家人都睡在一间屋里的。夫妇同床。有孩子的女人领着孩子另睡。孩子到了两三岁，有的跟祖母睡的。若是正屋里有另外小房的，父母和儿媳就分开两房睡。有客人来时，临时搭床同在屋里睡。若是媳妇或女儿生孩子时，公公或父亲就要搬出正屋，在厢房里过夜。

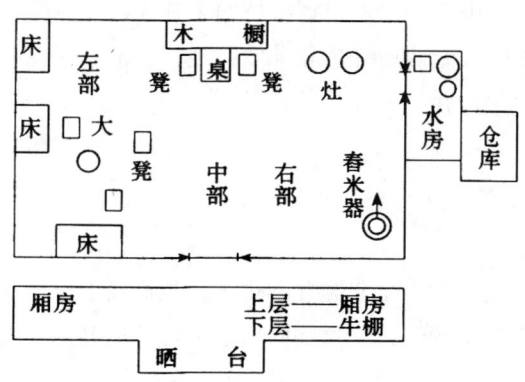

家庭是花蓝瑶经济的分工和合作的单位。一家所收入的，属于这单位的全体，所以家庭中大部分的东西是全家人所公有的。但是家中各分子并不是没有属于个人的东西；例如，任何个人去人家帮工时所得到的报酬，他可以自由使用。媳妇或女婿由娘家得来的东西亦可任意支配。公有的财产由家中负责当家的人管理，普通是由家长当家，男女均可，但年纪太老了不管家务。

一家财产的继承亦以家庭为范围。我们可以说他们财产大多属于"抽象的家庭"，并不属于家庭中实际的各分子。任何分子脱离这"家庭"时，不论是死亡或婚嫁，他就要丧失支配及使用这一家的财产。陪嫁的东西和礼物的意义是相同的。任何一分子加入这家庭就享有这家的财产权。家庭中各分子是暂时的，可以在各种方式之下加入或离出，但是抽象的家庭是比较永久的，财产就跟着得到永久的附着体。田地是生活的重要资源，所以他们在可能范围中，要防止田地权的离出这家庭。田地是不准买卖的，至多把它押出去，暂时地把田地权转移给家庭之外的人。花蓝瑶有人口限制的习俗，所以财产不会因人口增加而分散。

若是一家的人都死了，这家即归于灭亡；但是花蓝瑶还是要设法来持续这家庭的寿命，方法是由族长出来指定一个同族的孩子做承继人。若是只有一个女儿而招来的女婿又是他自己家里的承继人，这两家的财产便暂时合并，到第二或第三代重新分开。但是，事实上家庭的灭亡并不是没有的，因为从他们记忆中，自从他们定居于现在的地域以来，户数已大有减少。他们又说以前各家的田地常不足自给。因之，我们可以推想，在一家灭亡之后，若是所有的财产并不能维持这家庭的持续，这财产就并入近族，不另立嗣了。同样的，若是由婚姻而两家合并后，财产减少不足再维持两个独立的家庭时，他们也不再把后嗣分成两家了。我们在六巷就知道有一家，现在已汇集了三家的财产，将来是否要分为三家，犹未可知。

第四章 亲属

花蓝瑶的人口限制的习俗起源并不很古，我们在上章已经说过，他们现在还记得一家有几个兄弟的时代。这些同出于一祖的后裔，至今仍团结成一较家庭为大的血缘组织。他们称这种组织作 zoη，我们可称作宗族。这种宗族组织现有的性质和普通所谓氏族或 clan 不同。普通的氏族是一种外婚的单位，而花蓝瑶的宗族只是外婚单位的一部分。他们不相通婚的范围除同宗之外尚包括四代之内的姻亲。这种外婚单位可称作亲属。

花蓝瑶中，同宗的亲属都属同姓，但是同姓的不一定同宗。姓和宗族及外婚单位都不相印合的。这也许是后起的现象。依他们的传说，在明朝初入大藤瑶山时，他们曾有同姓不婚的习俗，如我们在上章所说，在结婚酒席上媒人还要解释破坏这种习俗的不得已的苦衷。最初移居时，也许是以"同姓的宗族"为单位，所以至今同村的都属同姓。在大藤瑶山中，各村的距离很远，婚姻不便，所以据他们的传说曾有一时在 18 年之内没有婚嫁的事，后来才规定以亲属为外婚单位。依我们的臆度，就在这时期，姓，宗族，及外婚单位开始分离而成不同的实体了。姓的实体的变迁我们在下章还要讲到。宗族组织虽然现在还保存，但是一方有亲属组织，一方有村落组织，从它的功能上论，已入于衰微的过程中。

亲属包括宗亲和姻亲。宗亲是由生育及收养而产生，姻亲是由婚姻而产生。花蓝瑶的婚姻并不单是男女个人的结合，而亦是男女两家的结合。婚姻对方四代之内的亲属都包括在不能通婚的外婚单位之中。但是甲家的姻亲，并非同宗乙家的姻亲。乙家的分子可以自由和同宗甲家的姻亲通姻。于是花蓝瑶的外婚单位并不是固定的某某几家所形成的，而是以一家及一代为主体而计算的。

宗族是亲属中的固定部分，姻亲是亲属中的流动部分。这一种有流动性的外婚单位解决了花蓝瑶的通婚问题。

在亲属中各人的关系不同，相互的责任和义务有亲疏之别。这种亲疏的关系表现于他们所用的亲属称谓制度中，所以我们必须先述他们的亲属称谓制度。称谓有两种：一种是直接称谓，一种是间接称谓。直接称谓是亲属见面时所用的称谓；间接称谓是向第三者说及时所用的称谓。我们所要叙述的是直接称谓，间接称谓用括弧附在旁边。

1　生于本宗族者

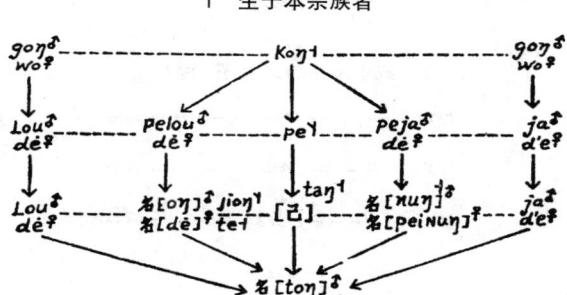

花蓝瑶的称谓制度中，并不因称呼者的性别而分别的。在下列表中"己"是不分性别的。凡在称呼者"己"的左面的系较称呼者年龄长大的亲属；右面的系较幼的。箭号表示生育或收养的关系。×号表示结婚的关系。♂号表示男性。♀号表示女性。……号表示同辈。

我们虽不知道称谓制度的历史，但是从现有的称谓制度中看去，家庭和宗族已很明显有了分别，这是反映着现有的社会组织中家庭里最基本亦最亲密的团体。父亲的嫡亲兄弟，在结婚前是属于同一家庭组织的，不用 lou 或 jo 而加一 pe 在这些称谓的前面。但是在女性方面却没有这种区别，在他们社会组织中，妇女的地位并没有男子的显著。

在本宗族的亲属中，还有一点值得注意的就是在比己长一辈的及和己同辈在称谓上没有辈分的差别，而只有长幼行序的区分。在丧服中我们曾见到穿孝的包括同辈行序较幼及小辈的亲属，因之我们疑心现有的称谓制度之前曾有一种长幼两分法的制度。长幼两分法是把所有亲属分作两类，一类包括长辈及同辈行序较长者，一类包括小辈及同辈行序较少者。用 ja 和 d'e 来称同族的弟妹，我们疑心是借用女儿所用的称谓，是一种后起的变化。

姻亲亲属和宗族亲属的称谓已表现着混合的趋势。在姻亲中特有的称谓只有 z'o 和 n'oŋ 两个。这混合的趋势也许是反映着现有社会组织中姻亲和宗亲

2 嫁于本宗族之男子（上门的姑爷）

3 嫁于本宗族之女子（媳妇）

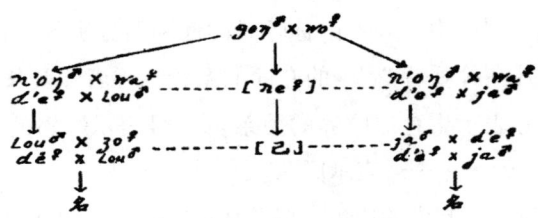

4 属于母亲的宗族者

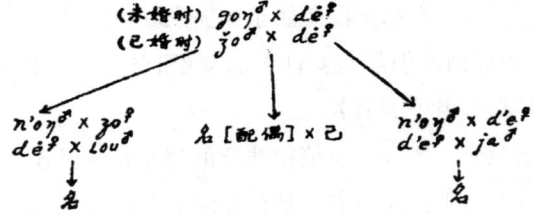

5 属于本人之配偶的家者

6 娶本宗族之女子为媳者同 2
7 娶本宗族之男子为姑爷者同 3

合成外婚单位的现象。

花蓝瑶的宗族组织，因人口限制，已没有扩大的可能，但是却有缩小的机会。若是一家没有后代，田地又不多，同族的人又受经济的压迫，就不领养子来承继，把他们的田地并入他家，于是这一宗族就减少了一家。现在在六巷村上一共有六宗，都姓蓝，最大的有八家，最小只有三家。同宗的人都住在一村。一宗族有一族长。族长是以才能为标准，由同宗所拥戴的，并不选举，并非世袭，亦不一定是年纪最老的。凡是见识明白，能为族中断事，肯负责任的，在族中有事时，大家就找他办事，他就自然地成为一族的代表人了。

族长的职务，我们在叙述家庭时已经附带的说过。同宗的各家如有纠纷，好像离婚等事，族长是第一个受理解决的人。他可以不准同族的人离婚，他又可以作要求离婚者的代表去向对方交涉。族里有丧事时，族长要主持排场，招待客人。他亦是一族中最有能力的道师，在生孩子，满月等仪式中，他是重要的角色。若族中有孤儿寡妇，他要负责供养和代办婚嫁等事，还要代他们管理财产，收领养子。

族长要管理一族的公地。花蓝瑶每族都有公地，但是没有水田，水田都属私田。公地上的树木，同族人都能去砍，成材的出卖后，所得的钱分给各家。也有把公地租给汉人，板瑶或山子去造屋或耕种，每年请全族人吃几次酒，或每杀一只猪给多少肉。

每家虽有私田和地，可以自由管理，但是每逢有抵押的必要时，同宗的人有优先权，他不愿意田地流出宗族之外。抵押的规矩是抵押者须在三年之后，才能用钱赎回，并不取利。

姻亲关系在花蓝瑶是很密切的。他们父系和母系并行，所以亲家的关系更近。依他们的风俗，出嫁的女儿或上门儿子婚后到生第一个孩子时，住在自己家里的时候极多。就是生了孩子，也是常常回家。同村的，回家的时候更多。孩子的舅父母也常到外甥家来。岳父家有事时女婿便去帮忙。孩子取名字时，要得到舅父的同意，而且还要送舅父3块钱的重礼，第三天他要来探望孩子，参加道师祭神。离了婚的妇女，若有孩子带回家，便由舅父教养，因为妇女再嫁时不能带孩子去的。在离婚中所得到的赔偿亦归舅父支配。

亲属虽实际上是有规律的团体，但是因为它的流动性，我们不易发现它组织的外形。它的功能并不限于规律婚姻，亲属的团结力极强，逢着发生社会纠纷时，亲属是一个争斗团体，最显著的是在发生械斗的时候。我们在下章还要详述。

第五章 村落

村落是一群家庭同住在一地方而产生的社会组织。但是在花蓝瑶中，村落组织也有相当的血缘基础。同村的人都属同姓。姓若是血缘关系的符号，他们同村的人民，可说是出于同一祖先的了。事实上却并不是这样简单。我们在上章已经说过，当花蓝瑶定居在现在的地域时，他们也许是以同姓的宗族为移民的单位，后来，因为新的处境和旧有同姓不婚的习俗不能调适，所以他们外婚的范围由姓而变成亲属。这样变更之后，姓就失去了它规律婚姻的作用。但是在同村同姓的事实上它却获得新的意义，姓和有地域性的村落组织发生了关系。依我们的分析，甚至凡是由别处搬入的别姓到了一个村落中居住，常在各种方式之下，改姓所住村落人民的姓。在六巷附近从前有一姓相的小村，在几十年前并入了六巷，但是现在六巷已没有姓相的了。

花蓝瑶一共有三个姓：胡、相、蓝；五个村：王桑、门头、古浦、大橙和六巷。王桑、门头的居民姓胡；古浦、大橙的居民姓相；六巷的居民姓蓝。

花蓝瑶的村落在形态上是集中的。瑶山中房屋的分布有两种形态：一种是分散的，一种是集中的。分散的形态就是同属一村的住宅零星地分布在各处，集中的形态就是一村几十家住宅都比邻集中在一个或两个地方。全村的住宅集中在一个地方的可称为单形，分为两个地方的可称为复形。王桑、门头是单形村；六巷、大橙是复形村；古浦有形成复形村的趋势。

村落的形态是受制于住民的作业。耕种山地的，每隔十几年，土地生产能力消耗到没有赢余时，必须另觅耕地，他们的住宅也得跟着迁移，所以不能有永久的村落。而且山地产量少，每家所需的面积大，加上了住宅的移动性，村落的形态不能成为集中的了。花蓝瑶，如我们上文所述，是专耕水田的。水田依靠着较有永久性的灌溉制度，而且灌溉和肥料维持着水田的生产力，不致在短期中消耗完尽，因之耕水田的人可以有永久的住宅，亦因之可以有永久的村址。住宅既不随时随地而迁移，于是他们可以集中居住以进行种种如自卫等需要较多人口的社会事务了。永久集中形的村落亦缘是形成。

但是，同时在这种集中势力的背面，却还有一种分散的势力在活动。这分散的势力中最重要的是工作场所和住宅的距离。这分合的两种势力的平衡，形成了现有花蓝瑶社区的区位组织。我们手上没有详确的统计，所以不能把这区位组织加以详细的描写。但是这问题是值得加以继续研究的。花蓝瑶的人口在象县政府有一个统计，但是我们并不知道统计是怎样得到的。据我们询问当地各村头目所得到关于各村的家数，却和上述的统计大有出入。

	各村头目自述数	象县政府的家数统计
王桑	14	18
门头	28	67
古浦	11	?
大橙	24	40
六巷	37	63

我们没有机会得到他们的人口确切数，但是他们每家的人数有一定的限制——每代一对夫妇；每户平均以三代计算，一共6人。根据这个数目以估计花蓝瑶的人口，一共114家，当有684人。诸村中以六巷的37家为最多；以古浦11家为最少。

在平均只有130人的村落里，社会分工势必受极大的限制。所以在花蓝瑶的社会中，每家的生活几乎是完全相同的。每家都需要耕地自给。全村的生产总额并没有剩余来供给脱离耕地生活的家庭。实际上就很难发生以耕地以外的职业来谋生的事实。除了六巷之外，其他的村落没有一家商店，也没有一家制作工匠。六巷因为拥有200以上的人口，所以能维持一家由汉人主持的商店，及几家半耕半工的制作工匠。

但是，我们在上章中已叙述过，他们生活的资料并不是完全由一家自给的，所以他们不能不有一种互通有无的制度。货物的缺乏起于两个原因：一是虽有生产，但不够消费；二是根本不生产。在一家需要的消费量超过了他们自己所能生产的时候，他们普通的方法是向邻里亲朋借贷。譬如他们的猪：每家所养的猪在数量上是受制于每家所剩余的食料，普通不能超过两头。但是在需要消费猪肉的时候，如婚、丧、度斋等等，时常自家所养的不足应用，于是就得向亲朋借取。在权利的转移上讲，这是一种借贷的方式。若从整个社会经济机构上来看，是一种私家豢养，公共消费的办法。家庭的单位不能在一时消费一只猪，同时他们又没有以村落为单位的豢养制度，所以发生现在的办法，亦可说是出于人口过少，不能维持一普通的商业制度的适应方式。

不只是货物可以向多余的人家借贷，人工亦可借贷。一家要盖房屋时，自己家里的人工不够用，又没有专门出卖劳力的人，于是在另一种方式之下去得到全村人的帮工了。他们的习俗是由主人请客，把造屋的计划告诉大家，大都在农闲的时节，闲暇的人工就自愿地集中来完成一所房屋。在劳动时，主人预备了饭请做工的人吃，房屋造成了，再杀猪请一次客。

瑶人的借贷是不取利的，实是一种以习俗为保证的保险制度。任何人在需要社会的帮忙时，可以申诉而得到所需。同时，任何人在他人需要帮忙时，凡能力所及的都有出力的义务。这样各个家庭虽然自成一个经济的单位，仍可经营一家能力所及之外的事业，这样形成了花蓝瑶村落的经济结构。

因为他们没有专门化分工组织，各家庭所需及所能，双方都没有悬殊的差别，又因为人口少，所以这种经济和义务的交流中并不需要特殊帮助记忆的媒介物，因之不用货币计算。以造屋为例，每家所需要的房屋在质量双方都是相若，若每20年需要重造一次，则每家在20年中可以收回自己在帮人造屋时所付出的劳动了。

借贷制度之外，他们还有交换制度。这种交换制度多见于他们和汉人的交易中。在上文中我们已说过瑶山中有很多货物根本须依赖山外汉人的供给。汉人在瑶山中贩买货物有两种方法：一种是开设固定的商店，一种是行脚商人。固定的商店是那些汉人在村旁借地造屋，从山外运入货物，囤积在店里，由瑶人去零购。但是要依靠经商来维持一家的生活，因买客的稀少，和销售的迟缓，是不可能的，所以他们一定要经营其他的工作，商业实在只是一种副业。

行脚商人为数较多，他们由山外挑了货物入山，按户兜售。有时，他们以物换物，好像以盐来换取瑶人的兽皮、香菌等。但是买卖双方不一定都有对方愿意接受的物品，譬如木材是瑶山的出门大宗，但是木材商人并不贩盐或其他瑶人所需要的日用品，贩盐及其他日用品的并不愿运木材，于是这种交易中需要一种货币了。这种交易既多是在瑶汉之间，所以他们用汉人的货币——银毫。

汉瑶之间还有一项重要的经济关系，同时又调适着瑶山中的村落组织，就是制作工业。瑶山中既不能有专门的分工制度，在制作技术上没有练习及发达的机会。但是，他们是和制作技术较精的汉人邻居，在日用品上，他们已不能甘心使用粗陋的土产，于是他们除了到山外市集上去购买外，尚有请汉人匠工入山制作的办法。譬如以木桶论，每家需要三个，而每个木桶可用五年计算，全村25家，在五年中只需要75个木桶，这很小的数目自然不能维持一个去做木桶的匠人。他们若到山外去买，运输既不便，木料又比瑶山贵，所以最经济的办法莫若请一个短期的匠人入山制作了。那些汉人的商店时常经营着种种制作工业，好像做鞋子等等。

在花蓝瑶中，惟一的制作工业是做鸟枪的铁匠。但是我们所见只有六巷的一家。门头村民所用的鸟枪是向汉人或板瑶去买来的。六巷那一家铁匠依旧种田；农业是花蓝瑶的主要工作。

花蓝瑶村落虽只有一二百人口，但是要使每一个人都能安全地生活，不发生相互间的冲突，也不能不有一种公守的行为规范，和维持这行为规范的制裁制度。

花蓝瑶的制裁制度是称作"石牌"。石牌的来源是这样：凡逢着社会上有争执时，一地方的老年人便在一个公共场所集会，讨论应当怎样解决这争执。等他们商量出了一个判决之后，这判决就成了以后类似事件的解决法。为了怕大家口说无凭，他们又没有文字可以记录，所以各人用刀在一块石头上打一个印。这是石牌的最早的方式。我们在六巷、古浦、门头三村的交叉路上，还看见这种石牌，在叙述离婚的时候我们已提过。

没有文字的石牌的内容仍只能由记忆来留传，究竟不很方便，所以后来有刻着汉字的石牌了。在六巷至今尚遗留着一块"老石牌"，上面刻着"□光十八年六月廿六日"的字样，依我们的猜想是道光时代所立，当西历1838年。所刻字迹已很模糊，大致是规定不准破坏水沟和不准买卖田地的法律，若是违犯的要罚银若干两。

民国十九年，他们又立了一块新石牌，牌文比较清楚，我们可以抄在下面：

> 立　字据保卫众村人丁岁在庚午六月初三日起议开会议法律费猪肉六千斤安
> 法治吾村坊奸嫖博赌洋烟主偷盗这非事一切解□各宜照料修身为后但敢某人
> 不尊照料再有行为如何好色非事准十二月罚重十六大元洗罪
> 　　一条不奸淫
> 　　二条不偷盗扶秀扶斜　　十二扶斜扶全一条八目□□□丁
> 　　六□头蓝扶芋扶照　　蓝扶所扶义全□政
> 　　三条不可禁□扶全　　瑶目扶太扶全蓝致君手书
> 　　四条不可偷禾扶照
> 中华民国十九年六月初三日立此存照

　　依上抄的石牌看，具名的6个头12个目都是姓蓝，显明这石牌是只限六巷一村，所以我们可以说石牌最小的范围是村落。这6头12目并不包括全村的壮丁，亦不包括每家的家长，所以只是一村中一部分有地位的人所共立。但是事实上参加石牌会议时，却并不限于具名的一部分人，对于所争执的问题有兴趣的人都可参加，都可说话。只是说话最有影响的，肯负责任的只有一部分有地位的"老年人"罢了。他们在没有人反对之下成立了判决，这判决称作石牌规矩。每次开石牌会议时并不都摆酒刻石，普通有任何关于全村的事，瑶头只须呜呜的高呼报告全村人，愿意参加的人就聚在广场上讨论。要逢到有巨宗罚款的时候，才把这罚款买了猪请全村人吃，有余款再刻石。在石牌上所刻的也并不限于这次议决的新法律。他们乘这个机会把他们基本的法律都刻了上去。事实上他们的法律还是存贮在各人的记忆中，石牌不过是一种象征而已。

　　他们的争执并不都由石牌会议来解决的。石牌会议不过解决争端最后方式的一种。普通发生争执的当事人只把争端申诉于"石牌头人"，要等当事人不肯接受石牌头人的判决时才召集石牌会议。石牌会议的判决是否有强制的权力要看争执的性质。一种是有强制权力的，包括一切有危害社会或个人的争端；一种是没有强制权力的，包括一切土地界限上的争端。

　　第一部分中尚可分为轻重两类，要受死刑处决的，和只受罚金处理的。前者包括三种行为：强盗；通汉诱拐；放蛊。

　　强盗是指强抢人家的财产。在他们所谓强盗的罪名中却包括"偷窃"禾把。我们在上文中已叙述过他们的禾把是散放在田间或露放在离家很远的露台上的,若是对于偷窃禾把没有一种严厉的刑罚,他们重要的食料就矢去了保障。

通汉诱拐亦是瑶人所痛恨的。瑶人的势力限于瑶山,瑶山之外住着的是比他们强的汉族。他们一出门实际上受不到汉族法律的保障,武力申诉又不易得胜。山外汉人也利用他们这种弱点,设法诱拐瑶妇,贩卖取利。但是汉人想诱拐瑶妇不能不买通瑶人作内线,这种"瑶奸"若被瑶人发觉了就要受严厉的制裁,不加宽宥。

放蛊是一种巫术,据他们说,"放蛊的人很毒,脸青青的,见了人也不招呼。凡是同他们一同吃东西的,一下喉就变虫。最受害的是牛。曾有一次六巷的牛全都给弄死了"。瑶人发现有放蛊的事实之后,被视为放蛊的人要受死刑。我们没有机会亲见这种放蛊的人和事,也不知道所用之巫术是什么样的,依我们的臆度蛊毒也许是一种传染病,或甚至是一种社会中的心理危机,而且所谓蛊毒也许包括很多不同的疾病。无论如何,这一种"心很毒"的反常者是不能容许在瑶人社会中的。

自从花蓝瑶受编之后,他们不能自由杀人,所有死罪的案件理应交到象县县政府去办理。受编至今为时尚短,花蓝瑶中尚没有发生死罪的案件,所以我们不知道假使发生后,他们是否交到象县政府去,若交去之后,这案件是否依着瑶人的法律办,还是依着广西通行的法律办。这二者并不是相同的,冲突不易避免。

只受罚金处理的罪名,包括:杀人;奸淫;离婚;偷窃。

杀人并不受死刑的处决,被杀的若是男子,则凶手要被罚 360 元,若是女子,罚 240 元。这并不是说花蓝瑶可以随意杀人,刚是相反,因为花蓝瑶普通不随意杀人,所以杀人的刑罚较轻。凡是引起杀人的大概有两种原因,一种争风吃醋为爱情而凶杀,一种是社会所公认为解决纠纷最后办法的械斗。这些自己先有了不是,及死者和凶手大家相等的死的可能的情形中杀人的,在他们看来,没有受死刑的理由。但是为了死者的家属所受的损失,所以规定罚金赔偿。

奸淫只限于通奸时被人捉住的,犯奸淫的要罚 10 多元充公。偷窃,除禾把外,不分轻重,把原物寻回,再罚 60 元。

凡土地界限的争执等事，石牌只处于仲裁地位。当事人双方谈判不能解决时，就去请教瑶头。瑶头听取了双方的理由，提出一个解决办法。若有一方不愿接受，瑶头就把这事提交石牌会议。这会议有时越出村落范围之外，全瑶山的各村人都派人来参加。若是这种大石牌的议决仍是不能为双方所接受，石牌就声明，"我们办不了，你自己去打罢"。于是双方开始械斗。

发生械斗的原因是家庭间的冲突，因为家庭是土地的所有者，但是争斗活动的团体却是亲属。当石牌宣布械斗后，当事人的亲属就合作起来进攻和守卫。若是一家有亲戚在别村时，时常把他们接去避难。械斗的方法有类于"绑票"。甲乙两家都想法向对方去捉人。捉到对方的人，必须是当事人的家属，亲属不在内，可以任意凌辱，甚至于死。被捉的家人在这时不能不委曲求全去讨人，承认一切条件，纠纷也从此解决。但是捉人时有许多规定：第一，不许捉女人、老人和儿童；第二，在捉时不准用武器；第三，被捉方面可以用武器自卫。双方都想捉人，又都怕被捉，亲属们一方要设计进攻，一方要守卫有被捉危险的壮丁，勾心斗角，有时竟延长至两三年不得解决。

在六巷，我们知道一个实例。甲乙两家因为争地，拒绝一切调解，开始械斗。甲方避到门头亲戚家去，到了两年多，乙家聚了10多个亲属到门头来捉人。这天刚巧甲家的壮丁都出门了，只有一女人和一个孩子在家，他们的亲戚有病蒙着被躺在床上。乙家的人一进门，见没有男子，一时性急，想来捉那女人。那女人大声叫喊，惊醒了那卧病的亲戚。他拿起枪就开，一连打死了三个人。乙家的人不能动武，所以只好白受牺牲地退了出来。

石牌的狭义虽是指那刻着法律的石牌，但是在他们的实际应用中却是指整个的法制和行政制度，甚至指着负行政责任的头目，这些头目他们就称"石牌头人"，或简称"石牌"。头目的产生是由于人民拥戴。村里有了纠纷，当事人相持不决，于是要去请第三者出来说句公道话，这第三者一定要是个"明白人"，他要能记着过去的事例，又要能迎合当时一般人的公意，同时又要是一个肯管别人家事情的人。若是村中有这样一个人，凡是有纠纷，大家去找他时，这人就成了这村的头目。若是他办不了事，说话不明白，当事人不能悦服，就去找旁人，到没有人去请教他时，他就失去了头目的地位了。所以一村中并没有终身或世袭的头目，头目是根据人才，自然选择出来的。同时在村中办事并不是只有一个头目。有能力管事，肯管事，有事给他管的，他就是头目。当头目的并没有薪水。在解决了一件争端,在罚金中他可以拿到一部分,但是为数很小。花蓝瑶中最重要的领袖,普通被称为瑶王的,依然要自己耕地,他的经济生活一些也没有超出于一般情形之上。

自从民国十九年广西省政府颁布了各县苗瑶户编制通则之后,花蓝瑶不久就受编了。每村都有一个由政府名义委任的村长。这村长是由政府依实际领袖加委,或由人民"选举",因之上述的那种以拥戴为去就的制度受了牵制。幸亏名义上的村长虽有名义,仍没有什么权力来利用这名义。在"户编制度"之外,仍有头目制度。名义村长之外,仍有实际村长。而一切村务的运行,仍靠着他们原有的头目制度。

村落亦是他们的自卫组织。在集中形式的村落,绕村围着石墙或竹篱,晚上把村门关上了,可以防御野兽及敌人的袭击。他们的房屋都没有窗的,据他们所说的理由是在防备敌人由窗里向内开枪。还有人家造了堡垒,四面关断了,可以在高处抵抗敌人。村里逢到有和敌人发生战争的时候,他们通知全村,年幼的孩子,妇女和老年人搬了贵重的财产到山的深处去躲避,少壮的男子都要出来受瑶头指挥作战。他们武器除了佩刀之外,有鸟枪和新式的快枪。民国十三年曾和广西省政府会剿盘踞在山里的土匪,一共把土匪杀死了100多人。那次大剿之后,瑶中从没有受过匪患。

村落之间,发生争执最多的是地界问题,常以械斗为解决的办法,尤其在不同族团的村落间是如此。

每村都有一座或两座庙。很多的村落活动就以庙为中心。庙里所供的神,名目很多。例如在六巷的庙里供着36个神像,神像有注着名字的,我们抄在下面,没有名字的从阙:

由左至右:判官,陈氏大奶,韦金身,龙氏,三官,韦天成,韦金龙,韦明大,韦大师老爷,李杜大王,王官,土主,韦金凤,□,朴氏,五谷,三界,晚雷土中官。

自右至左:判官,□,□,冯信,冯远,盘古皇,九吴,冯雨,吴大郎,□,进官,□,伏羲,冯古,神农,□,王氏二奶,□。

在这些神名中,我们可以看到没有一个是瑶人自己的姓,显然多数是从汉人那里传入。在诸神中最受瑶民信奉的是甘王(疑由右至左第十八)及雷王。甘王相传是个汉人,后来得了法术,成了神仙,有求必应。雷王是司雨的神,每逢天旱就要求他。

平时,每年全村的人民要上庙四次:二月初九,六月初六,七月十四和十二月三十。七月和十二月两次要杀三只猪来祭庙。每次由三家负责,每家各供一猪。每猪至少要有70斤重。祭完了,庙主把猪肉分给各家,他们自己因为管理庙务,每年多得4斤。若是所供的猪比70斤重,余下的由本主带回。这样每逢重要的节期,全村每家都有肉可吃了。

每隔两年,全村各家都要请一次甘王到家。请甘王是在农闲的时候举行。每家请一夜。譬如六巷有37家,每次全村要闹37夜。请甘王时,就把甘王的神像抬出庙,全村游行一次,然后请到家里。全村的男子都穿了道师的装束,跟在甘王后面,甘王由八个人抬着。前面有一个"带神兵"的领导。带神兵的是这种仪式中的主师。他并不是由人民公推,而是由"甘王自己指派的"。据他们说在请甘王的仪式举行之前,若是有人突然生起病来,发狂一般,老是向高处爬,这人是被甘王选派带神兵了。他领着众人在甘王神前跳舞。请甘王到家的主人要预备酒肉请客,一般闹到半夜才散。带神兵的晚上陪着甘王睡。抬轿的可以得到5斤猪肉,道师们24斤。

每隔四五年或两三年,瑶人要请汉人在庙里吹打,他们献祭跳舞。在一切庙会中,女子是不准进庙的,只能站在空场中看热闹。

第六章 族团及族团间的关系

我们以上所叙述的是以花蓝瑶为范围的,因为花蓝瑶的人民有相同的言语和文化,自认为出于一源,具有团体意识,并且在相当例外之下实行内婚。这种团体相当于史禄国教授 Prof. S. M. Shirokogoroff 所谓 ethnical unit。Ethnical unit 我们可译作族团。族团是以文化、语言、团体意识及内婚范围为基础而形成的团体,但是文化、语言、团体意识及内婚范围是流动的,永远在变迁之中,它们的变迁是以族团间的关系为枢纽。史教授曾以两种动向来解释这种变迁:一是向心动向,一是离心动向。在一族团所受外族压力强烈时,向心动向较胜于离心动向,则内部的文化和语言趋于统一,团体意识增强,内婚范围显明,因为这样才能增进该族团的向外抗力,以维持原有的族团间的关系网。在外在压力减轻时,离心动向渐趋强烈,内部文化、语言、团体意识及内婚范围，因处境殊异，而发生分离状态，至其极，导致旧有族团的分裂，新族团的形成。事实上，因族团间关系不易达到一个平衡的状态，固定的族团单位很少成立，我们所能观察的只是在族团关系网中，族团单位分合的历程而已，这样的历程史教授称作 ethnos（详论见史教授所著 *Psycho-mental Complex of Tungus*，1936，第一章）。

若从族团分合的历程上来观察花蓝瑶的处境，我们又得到了很多可以叙述的事实。但是在叙述族团分合的历程时，我们不能不观察到和花蓝瑶有关的其他族团。

和花蓝瑶因地理上的比邻而相互发生关系的族团，有汉人、坳瑶、茶山瑶、滴水花蓝瑶（这是在滴水地方的花蓝瑶，虽然名目上和我们所叙述的花蓝瑶相同，而且也许在历史上有很密切的关系，但是在文化、言语上已不相同，他们互相不认为同属一个族团，亦不通婚，所以我们加上滴水二字以资分别）、板瑶和山子。

花蓝瑶、坳瑶、茶山瑶、滴水花蓝瑶、板瑶和山子都自称是瑶人。他们的来源并不相同。譬如花蓝瑶自称来自贵州，板瑶却自称来自东方。他们的文化，语言随处有异，但是有一端是相同的，就是和汉人对抗。在和汉人对抗下，他们诸族团间发生了一种向心动向，这动向若推行到底就把他们的文化，语言统一，使他们忘却各个别的族名，而互相通婚，在这情形之下"瑶族"才正式成为一个族团的名字。在上述的六个单位中，山子在名称上还没有显明的加上瑶字，虽则在汉人的口中我们听见过山子瑶的称呼，但是事实上山子瑶的名称还没有完全成立。这是可见这向心动向还是很弱。

这种形成"瑶族"的向心动向是起于汉族的压力。汉族对于这许多非汉族团的压迫已有很长的历史。在这里我们并不想把这很长的历史加以详述。单从他们传统的仇汉心理，已经足以见到他们的祖先所受汉族的压力了。但是自从他们定居于现在大藤瑶山的区域以来，和汉人已获得相当族团间的调适。这调适状态的表示就是花蓝瑶几百年来在文化及土地上所呈现着的平静形势。我们若去分析这调适的条件，最显著的是人口的停滞和降落。板瑶和山子的人口情形我们下面还要解释，其他四个有人口限制习俗的族团，人口停滞和降落是很明白的事实。以我们所调查的花蓝瑶为例，在他们记忆中还保留着人口降落的实数。

	现有家数	入山时的家数	减少数目
王桑	14	23	9
门头	28	42	14
古浦	11	21	10
大橙	24	32	8
六巷	37	60	23
总计	114	178	64

据他们说，入山至今大约有 30 代，每代以 20 年计算，一共只有 600 年。在这 600 年中，他们的人口一共减少了原有总数的 35%。人口降落的机构我们在上文中已讲过，造成这事实的重要原因是在土地的无由扩张，这可以说是一种消极的适应。在这种消极的适应之下，他们可以不必去和强族争抗以扩张土地来维持他们的文化水准了。

瑶汉关系的调适的条件，一方固然在瑶人方面，但是瑶人单方面的让步是不够的，所以我们还得顾到汉人方面的情形。我们虽没有详细调查邻近汉人的人口密度和土地生产力，但是就我们所得的印象言，觉得在汉人居住区域中像瑶区一般地理状态下的土地尚没有加以利用。在这情形下，入山来和瑶人争地似乎不很经济。但是，最近这调适的状态已发生了摇动。在板瑶区域的黄黔村已发生很严重的汉瑶争地的事件，同时汉人入山耕地的不但常见于板瑶地域，而且花蓝瑶及坳瑶区域中亦常见。我们问他们为什么入山耕地，他们回答是"山外地太少了，这里还可以开田"。这种谈话，比统计更直接可以见到汉瑶人口土地比例相对情形了。

在族团间关系比较平衡调适的时节，合作的关系常较冲突的关系为显著。合作关系中最易见到的是经济上的交易。瑶人，如我们所述的花蓝瑶，经济上虽近于自足，但是有许多东西是仰给于山外的。而且汉人生产技术较为发达，生产的费用较省，出品质地较优，常使瑶人仰给汉人的日用品增加，譬如布匹，瑶人文化中本有自织的技术，但是因输入品的便宜，已使很多地方的瑶人，例如六巷，购用汉人所织的布匹。此外，因汉人文化较高，在汉瑶接触中，使瑶人见到许多喜用而自己不会制造的日用品，好像鞋、木桶之类。在与日俱增的通商中，汉瑶已不能维持隔绝的形势，反之，他们实已发生分工交易的关系了。瑶人要用汉货，不能不输出土产，大宗是木材和自然的采集物。

由通商的关系上，瑶人需要很多文化上的新调适，最明显的是要学语言，文字来做交往的媒介。在目前，花蓝瑶的男子几乎都能听及讲日用的邻近区域的汉语。而且还有少数的人能看及写汉字。要维持交易，在瑶山中不能不维持着相当数目的汉商，和传授语言、文字及其他必需知识的"老师"。这种老师是由瑶人自己拿钱来请的，除了供给膳宿之外，还要给相当金钱上的酬报。

族团关系的网络不但联结着邻近的单位，就是地理上不相连接的族团也会发生强烈的影响。我们要了解汉瑶关系的近态和趋势，不能不顾到汉族的处境。汉族在近百年来所受外族的压力日益增大，这压力的增加，不免发生强烈的向心力，不但在汉族的内部在语言、文化、意识逐渐统一，而且使汉族对许多被它包围着的非汉族团采取强烈的同化作用。在瑶山中我们就可以看到这种作用的明显表示。这作用在瑶人口中称作"开化我们"，在汉族方面，以广西省政府所代表的，称作"特种民族的教育问题"。所谓"开化我们"和"特种民族的教育"不过是汉化过程的两方面的看法，其实就是汉族同化瑶人，使瑶人不再成为许多独立的族团而成为汉族的一部分，就是汉族间的向心动向所引起的现象。这汉化过程所采取的步骤有两方面：一方面是行政上的"编户"，一方面是文化上的"教育"。编户就是行政上把瑶区编入和汉区同一的系统中，受省政府的节制，教育是输入汉族的文字和文化。

在这过程之下，瑶人逢着了一个新的局面，汉族已结束了以前"互不侵犯"的态度，开始在文化上予以一种强烈的侵入。这是和两个族团因人口或土地问题所引起的冲突不同，这不能视着普通族团间的冲突，而是一个由外族压力下所产生诸族团并合成一族团的向心动向所引起的语言、文化、意识等各方面统一的现象。但是如我们以上所述，瑶人并不是同属一个族团，"瑶族"至今尚未成立，而且许多非汉族团所处的境地不同，对于汉化的反应自然不会一律，在叙述他们不同的反应之先，我们不能不先把在大藤瑶山中的诸族的关系一述。

在大藤瑶山中的诸族团，入山的时间有先后的不同，先入山的占据了这区域，成了这瑶山的地主，后入山的因为该地已经被人占据，于是成了租地生活的佃户。我们不知道瑶山的详细历史，尤其关于诸族团移殖时的情形，但是依据现在汉人个别入山租田的情形中，使我们猜想这辈现在瑶山中做佃户的诸族团当他们移入时是出于很小的单位,所以他们不能和已有组织的地主族团争瑶山的地权。

地主族团是包括花蓝瑶、坳瑶、茶山瑶和滴水花蓝瑶。他们因为经济地位的相似,不但有平等的地位,而且有一种形成一个族团的动向,他们有一共同的名称作"长毛"。"长毛"依他们解释是因为他们的男子都留着头发的原因,实际上就等于说"地主"。但是这四个地主族团,因言语及文化上的殊异,离心动向甚于向心动向,所以至今长毛还不能成为一个族团。在团体意识及内婚范围上却已呈沟通的形势。

这四个长毛族团,因为利益相同,很早在族团间就有一种联盟的组织。在清朝时,因为有汉人的盗匪盘踞山内,他们曾协助政府把盗匪肃清,名义上受清朝的封号,组织成四个团练,用团总所在地作名称——六巷,罗香,金秀和滴水。六巷是花蓝,罗香是坳瑶,金秀是茶山及滴水是花蓝。这四个团练各有团总一人,四个团总中以最能干的做首领。在行政上这四个长毛族团已取得极密切的联络,而且有重要的事,就举行大石牌。大石牌是包括四团的头目,70多村,一百几十人。在去年,因广西政府推行特种民族教育政策,他们曾召集过这种会议。

在瑶山中当佃户的有板瑶和山子及少数汉人。他们在团练的组织里是没有地位的,但是板瑶和山子因人数较多,而且文化、语言的特异,团体意识的存在,亦自成为族团。这些经济地位相同的族团,和"长毛"相对,亦有专门的名称就是"过山瑶"。过山瑶不能有土地权,而且所耕的都是山地,没有水田,因之不易有集中和永久的村落。他们用容易迁移的竹料造屋,分散在各地,在自卫上处于不利地位。长毛握着土地权,随时可以收回土地,所以过山瑶的经济基础永远不能稳固。他们每年要向长毛纳租和服役,在他们的收获中要分一部分给长毛,加以所耕的是山地,所以生活程度较之长毛自然低落了。在这种殊异的状态下,长毛和过山瑶在心理上也有很大的差别。长毛是积极,负责,而且倔强;过山瑶是听命,服从而且能忍耐。过山瑶的那种心理对于他们的生存有很大的价值。事实上他们是常受长毛欺侮的。我们曾知道两件事,第一件是一个长毛强奸了板瑶的妇女,给丈夫撞见了,反而惹动了长毛的忿怒,加以殴打,要他退租,后来还是那板瑶求了情,才算了事。第二件是板瑶因很平常的事,在言语上触怒了一个长毛,结果赔了一笔款子。他们没有力量来反抗长毛,所以只有养成一种顺服听命的心理。这心理对于他们的文化有很大的影响。板瑶没有限制人口的习俗,他们是听命的。他们宁愿有很高的婴孩死亡率和很低的生活程度,不愿接受人口限制的习俗。但是他们的勤劳和耐苦,及逐渐增加的人口数量却给长毛一种很严重的压力。长毛出租土地的数量逐渐增加,甚至有的把水田都租给他们。这是新近的事实,我们知道六巷有一个例子,有一个男子,离了婚,没有子女,也不再娶,把所有的田地都批给了板瑶,每年坐收 1000 斤谷子的租。长毛族团若露示任何弱点,这辈过山瑶就不放松的侵入了一步。自从广西省政府推行了特种民族教育政策之后,情形更加复杂了。

过山瑶永远没有忘记,他们是没有土地,也永远在希望有一天他们能耕自己所有的土地。他们在族团的关系网络中,明白除非他们能得到汉族的助力,这希望不易达到,所以他们对于汉族的同化运动是欢迎的。就是在清朝,他们的男子已跟着留辫子,到了民国,又跟着剪辫子。在他们男子的服饰上已极端汉化。广西省政府的特种民族教育在板瑶区域也一往无阻的顺利进行,非但儿童入学,成年的也愿学习汉文。而且,现在所输入的汉族思想是民族平等,耕者有其田等等概念。正合他们的需要。从"特种民族教育"中,他们希望着有解决他们土地问题的一天。事实上,目前他们已开始收回土地权及抗租运动,和长毛冲突的时候,已经不远了。

长毛对于汉族文化本来没有反抗的必要,就是在"特种民族教育"政策推行之前,他们已自动地请老师来教汉文和输入汉族文化,但是"特种民族教育"和瑶山土地问题发生关系之后,情形却不同了。长毛在现有状态之下是处于有利地位,他们不愿有任何不利于他们的变迁。他们要维持地主的地位。曾有一个长毛向我们说:"哼,板瑶——板瑶怎样能有田——做他。"板瑶要有田,在长毛瑶看来是不可能的。

在这种情形之下,长毛自然不能不考虑到"开化我们"会引起的结果。究竟"特种民族教育"和土地问题有什么关系呢?各人的处境不同,各人的眼光不同,考虑的结论自然也不同。为了这问题,长毛在去年就召集了一个大石牌。茶山瑶是大藤瑶山中最富有,人口最多,能力最足的族团,自信力也强,他们对于"开化我们"认为是不必要的。"我们不要开化。"于是他们拒绝受编,拒绝开学校,并且进行联络坳瑶和花蓝瑶破坏过山瑶区域中政府所立的学校。

花蓝瑶和坳瑶和汉族往来较多，而且实力较弱，认为拒绝开化所引起汉瑶间的裂痕对于瑶人是不利的。同时，他们认为特种民族教育中，并不包含解决瑶山土地问题的意义，他们不同意茶山瑶的态度，且很快的受编了。

大石牌会议不但没有得到四个长毛族团的一致行动，反而发生了内部的分歧。甚至于同一族团中也起了裂痕。最初是门头村的花蓝瑶用武力解散了附近的板瑶学校，拆毁了校舍，而且声称凡是要读书的板瑶不准耕他们的地。于是引起了汉瑶间的冲突。政府派人来干涉他们的行动，别村的花蓝瑶也不满意门头瑶人的单独行动。在这双重压迫下，门头的花蓝瑶就停止了他们的活动。

茶山瑶却没有受到门头花蓝瑶所受的内外双方的压迫，所以还企图着以武力来贯彻他们的主张。他们要出兵来攻击"附汉"的坳瑶。"附汉"是叛徒，违反了传统的石牌规矩。坳瑶于是申诉于政府，要求实力的保障，所以并不改变他们的态度。这一种冲突正在酝酿中。

在上述的情形中，我们可以见到一个很复杂的族团间的关系网络。在这种网络中族团单位永远是在流动中。但是依现有状态而论，比较明显的族团单位，以言语、文化、团体意识、内婚范围为区别的基础，是花蓝、坳瑶、茶山、滴水花蓝、板瑶、山子等名称所包括的团体。这些族团间因经济地位的相同和相异，又发生了一种向心动向，有形成所谓"长毛瑶族"及"过山瑶族"的可能。若是汉族向他们的压力增加，长毛和过山间又可发生一种向心动向以形成一整个的"瑶族"。但是因汉族受外族的压力，在形成一更大的"中华民族"的向心动向下，对于诸瑶族团采取了很强的同化作用。这作用所引起诸族团的反应，因处境的特异亦不一致，但是有一点是无疑的，就是在这同化作用之下，诸族团原有的文化遗产及其社会组织在最近的将来会发生激烈的变化。这个变化正是民族学最好的研究题材，而我们希望我们在本书中所叙述的社会组织能作以后研究者的根据。

编后记

我完全没有预想到这一本《花蓝瑶社会组织》的专刊是会在我半麻木的心情中编成的。同惠死后，我曾打定主意把我们两人一同埋葬在瑶山里，但是不知老天存什么心，屡次把我从死中拖出来，一直到现在，正似一个自己打不醒的噩梦！虽则现在离我们分手的日子已经多过了我们那一段短促的结婚生活，但是一闭眼，一切可怕的事，还好像就在目前，我还是没有力量来追述这事的经过。愿我的朋友们原谅我，让这一幕悲剧在人间沉没了罢。

我拖着半残废的身体，拖着我爱妻的尸首，从瑶山里出来，"为什么我们到瑶山去呢？"我要回答这问题。

我们是两个学生，是念社会学的学生。现在中国念社会学的学生免不了有一种苦闷。这种苦闷有两方面：一是苦于在书本上，在课堂里，得不到认识中国社会的机会；一是关于现在一般论中国社会的人缺乏正确观念，不去认识，话愈多而视听愈乱。我和同惠常在这苦闷中讨论，因为我们已受了相当社会学理论的训练，觉得我们应当走到实地里去，希望能为一般受着同样苦闷的人找一条出路，换言之，想为研究社会的人提供一个观点，为要认识中国社会的人贡献一点材料。

我们所要贡献的是什么观点呢？简单说来，就是我们认为文化组织中各部分间具有微妙的搭配，在这搭配中的各部分并没有自身的价值，只有在这搭配里才有它的功能，所以要批评文化的任何部分，不能不先理清这个网络，认识它们所有相对的功能，然后才能抬得要处。这一种似乎很抽象的话，却正是处于目前中国文化激变中的人所最易忽略的。现在所有种种社会运动，老实说，是在拆搭配。旧有的搭配因处境的变迁固然要拆解重搭，但是拆的目的是在重搭，拆了要搭得拢才对。拆时自然该看一看所拆的件头在整个机构中有什么功能，拆了有什么可以配得上。大轮船的确快，在水滩上搁了浅，却比什么都难动。

当然谁也不能否认现在中国人生活太苦，病那末重，谁都有些手忙脚乱。其实这痛苦的由来是在整个文化的处境变迁，并不是任何一个部分都有意作怪。你激动了感情，那一部分应该打倒，那一部分必须拆毁，但是愈是一部分一部分的打倒，一部分一部分的拆毁，这整个的机械却愈来愈是周转不灵，生活也愈是不可终日。在我们看来，上述的一个观点似乎是很需要的了。在这观点下，谩骂要变成体恤，感情要变成理智，盲动要变成计划。我们亦明白要等研究清楚才动手，似乎太慢太迂，但是有病求艾，若是中国文化有再度调适的一天，这一个观念是不能不有的。

这一个观点是我们从书本上获得，从老师们的口中传授，从我们有限的观察中证实，而且由我们的判断中认为至少是一个研究文化，认识中国社会最好的工具。但是我们亦明白要把这观点贡献给人家，给人家采用，抽象的说明是没有用的，只有由我们自身作则，做一个实例。树立一个实例证明了这种观点的用处，自然会使人家共同乐用。谁不想改造中国，又谁不想要明了一些实况？一个观点证明有用时，谁不愿采取。

但是一个生长在某一文化中的人，好像鱼在水中，很不容易得到一个客观的态度。在研究自己的心理状态时，自省法最是难用，所以"结构派"的学者要练习参禅般的受严格训练。

研究本身的文化亦是须要一番训练。训练的方法就是多观察几个和自身不同的文化结构。譬如说：一个生长在100年前中国文化的人，根本就不会对"孝"字发生问题，于是根本就不会懂得"孝"在文化中真正的作用。"由之"的是不会"知之"的。若是这时有机会到澳洲去看见有一种土人到父母年老时就杀了来充饥时，"孝"的意义和方式自然地成了问题，有要求解答的机会了。因之我们觉得要研究和批评中国文化的人，最好多得到一些比较的材料。

还有一种研究中国文化的困难，就是它的复杂性，不但地域上有不同文化形式的存在，就是在一个形式中，内容亦极错综。

又正值激变之中，若不受相当训练，一时极难着手。在这种种困难之下，使我们想到边境上比较简单的社区中去，开始我们的工作。

同时，边境社区的研究材料本身是认识中国文化的一部分极重的材料。现在遗留在边境上的非汉族团，他们的文化结构，并不是和我们汉族本部文化毫不相关的。他们不但保存着我们历史的人民和文化，而且，即在目前，在族团的接触中相互发生极深刻的影响。这里供给着不单是民族学的材料，亦是社会史的一个门径。至于这些材料对于实际边疆问题的重要性，更不待我们申说了。

这时，刚好广西省政府有研究"特种民族"的需要，所以我们就决定结了婚同去。在文化研究中，女子有许多特殊方便的地方。这是人情之常，觉得女子是不可畏，而且容易亲近的。文化研究需要亲切的观察，女子常能得到男子所调查不到的材料。虽则明知女子在生活上会受到比男子更困苦的遭遇，但是我们为这一点雄心所驱，决定不顾一切的走入了瑶山。

我们在瑶山中的工作，真使人兴奋，我们已忘却了一切生活上的困苦，夜卧土屋，日吃淡饭，但是我们有希望，有成绩。一直到我们遇难，一死一伤，三个月中，我们老是在极快乐的工作中过活。在遇难前一日，我的妻还是笑着向我说，"我们出去了会追慕现在的生活的。"

本来，任何事业不能不以勇敢者的生命来作基础的。传说烧一窑瓷器，也得抛一个小孩在里面。我妻的死，在我私人的立场之外来看，并不能作为一件太悲惨的事。人孰无死，尼采所谓，只怕死不以其时。同惠可以无愧此一生，我只是羡慕她。

我在此也得附带声明，瑶山并不都是陷阱，更不是一个可怕的地狱。瑶山是充满着友爱的桃源！我们的不幸，是我们自己的失误，所以希望我们这次不幸并不成为他人"前车之鉴"，使大家裹足不前。我们只希望同情于我们的朋友能不住地在这道路上走，使中国文化能得到一个正确的路径。

我既不死，朋友们一路把我接了出来。我为了同惠的爱，为了朋友的期望，在我伤情略愈，可以起坐的时候，我就开始根据同惠在瑶山所搜集的材料编这一本研究专刊。这一点决不足报答同惠的万一，我相信，她是爱我，不期望着报答的，所以这只是想略慰我心，使我稍轻自己的罪孽罢了。

我相信同惠一定能原谅我，要我在这个哭笑不是的心境里，在这个颠沛流离的旅途中，写成一个满意的报告，是不可能的。只是为我私人的原因，所以把它发刊行世，恕我这一种仓忙紊乱的笔调。

本刊的前三章是在广州柔济医院的病房中写成的，我要感谢我的二妹，她不但替我照顾了医事，还给我写作的鼓励。我伤愈后本应即刻去安葬同惠，幸亏有华节的帮忙，替我负责办理了我这一桩最不敢亲视的怕事。又因他能替我办理葬事，使我可以回沪再治我余伤，及整理这部未完的稿子。在船上，在亲戚的客房中，我又写下了第四第五两章。在上海我遇见了老友薛君文雄，靠了他，我能把印刷这书的事务交出，独自返平。在北平，我得到了师友的安慰和督促，使我有勇气把全稿结束，我应特别感谢我的老师吴文藻先生，他不但自始至终协助及指导我们的工作，并以最真挚的同情来恢复我重入人世的勇气。他更为我写这本书的导言。没有他，我相信，这一本书不会有写成的机会的。

1936年6月，北平

附录 1
桂行通讯 [①]

到南宁

我们到南宁刚是"九一八",在到省府去的公共汽车上,见到一排排制服整齐、列队张旗的民众团体在街上游行,这是我们在北方好久不见的景象了。

在没有到广西之前,朋友们都同我们说,广西是一个谦虚、好学、有为的小弟弟。当然在中国历史上的贡献,广西并不逊于他省。但是因为以前交通不便,地处偏僻,文化建设在各方面比黄河、长江下游诸省,年龄上似乎轻一些。我们来到之后,就体悉到"谦虚""好学"和"有为"的意义了。到此虽不久,但是和行政当局及其他民众已有一些接触,在他们灰色的制服、简单朴实的轮廓上,的确描出了一种刻苦不尚浮华的性格;谈话总带着一种急于求知、自觉不足的态度,这种态度致使我们自愧到不知对答。这并不限于行政领袖,而是一般人员的态度,就是其他如报馆记者,亦有于百忙中找我们谈话的,讨论广西的苗瑶,津津有味,全不像其他专以采访塞责者可比。

南宁的市政还正在建设整理之中,街道宽阔清洁不亚于北平,但是令人感觉不便的是交通工具的过于缺乏。全市只有公共汽车四辆,而且时常损坏,所以想搭一次车,竟有等过半小时者。在街头站立,所见多步行的人,虽有自用

[①] 作者 1935 年 8 月同前妻王同惠赴广西进行实地调查。他们从北平出发,乘坐火车、轮船,经过无锡、上海、香港、广东,后到达广西,从柳州以东象县的大藤瑶山开始,于 10 月 18 日进山。12 月 16 日在完成花蓝瑶地区调查工作转移地点时,发生了意外事件,作者不幸误踏陷阱,王同惠溺水身亡。这是他们在瑶山进行实地考察时,写的几篇报道,连载于《北平晨报》、天津《益世报》。

汽车，但都限于公务人员之用，其他车子极不易见，人多徒步往来。即使搬运货物，亦都由人担负，极不经济。曾见一人挑砖头，一担只挑20余块，人工之费可见一斑。原因是市政设备和它的功能没有调适。南宁本不是一个大都会。自从省府搬入之后，人口骤增，活动日多，原有设备，自不免捉襟见肘了。市政问题，如像住宅、自来水等都很严重，房租之贵超过广州、上海。若是把住房户和房屋数统计出来，数目一定是惊人的。我们到晚上在街上散步，常看到拥挤不堪的情形，有似庙会。我曾向同惠说，香港的灯市，南宁的人市，是我这次南来两个最深的印象。这种情形也是出于住宅问题的失调。——这些都是研究都市社会者很值得观察的材料。

南宁生活费用很贵而生活享受很薄。一切外埠运进的货物，除了很大的入口税外还要加上很大的运费。这种情形使我们想到吴景超先生所谓"发展工业以救农村"，自有实际的道理。以前南宁米价有十五六元一担（合50公斤）的数目，现在小火轮和汽车道修筑后，米价已减轻了一半。在一个农村或内地都市已失去其自足性质时，要减低该地的生活费用，或救济该地贫穷，发展交通和工业是一个重要而切当的办法。

到大麻村去

大麻村是在桂省国民基础教育中心区里，23日教育厅长雷沛鸿先生约去参加他们的讨论会。从我们所住的旅馆去，汽车要走十几分钟，是南宁郊外的一小村。他们是在一个实验小学里开会。地址靠飞机场；旷野一片，独立着白色的小屋，很能表现它奋斗的精神。

我到的时候，他们已经在开会了。很多人一上一下的正在那里踊跃讨论国民基础学校的经费问题。参加讨论的除了国基教育研究院同人和学生外，民政和教育两位雷厅长都出席。广西民众、公务人员、行政长官间亲密的空气，使我极受感动。无怪乎人们都称广西模范省了。

雷厅长约我向在会的同人报告一些来桂的目的和研究计划，但是因为时间太短，所以只能略述一些民族学对社会建设可能有的贡献。大意是说，民族学在中国虽是一个新名词，但是它的内容却是我们中国几千年来学者极注意的学问。好像各地方的志书、各地方的通考，都是以记述文物、典章、制度、民情及风俗为目的的。但是在方法上过去的确不甚讲求，所以我们现在应当利用新方法来扩充及整理旧有的学问。

"广西省人种及特种民族社会组织及其他文化特性研究计划"

以下是我提交省府审议的研究计划书：

广西省，依其民族所操之语言，似可分为三大区，即官话区、白话区（即粤语）及土话区（即壮话和平话），各话之来源流别及分布情形尚无专门研究，但根据普通常识，官话区处东北，白话区处东南，土话区处西部。此次研究工作，因限于时间，拟就此三区中，择一为范围，以后如再有机缘，次第研究其他区域。选择之标准则以研究便利为主，因为三区中在研究之价值及兴趣上言，固无可分高下也。研究工作的便利，首在语言上相通，尤其研究苗、瑶等特种民族时，若与当地之汉人言语难通，翻译上即感困难。余此次尚属初次南来，粤语犹未能通晓，故拟择官话区为范围。

人种研究之目的，除以正确数量规定人种体型类别外，尚可借以明了中国民族扩张、迁移之大势，及各族分布交融同化之概况。其方法则赖人体测量术，遍量人体各部之长宽、周围、色彩、形状，然后用统计方法加以分析，以获结论。所用材料则无分汉、苗，均应搜集；汉人测量时拟用民团为材料，因民团为当地人民，既加编制，又受调练，且有纪律，工作易于着手（今年春季曾应驻北平第32军之约，调查该军体格，故有此经验）。且此项材料非但于研究人种上有用，在军队编制及训练上，也有功用。苟与去春材料比较分析，更可借以明了吾国南北军人体格上之差别，亦军事上一重要问题也。民团之外如学生及其他工人等团体，能有机会，亦愿加以测量。因社会中各团体、各职业，即以体格论，亦有差别，此即所谓社会选择也。

至于特种民族社会组织及其他文化特性之研究，则拟首重行政组织，即省县政府治苗实况，与土司对苗之统治情形。因此次研究期限急促，不能不择其与省行政上有密切关系之问题为主，并拟以客观态度贡献对待特种民族之意见，以备采纳。方法除与相关政府询问调查考核外，并拟介绍诸可靠之瑶酋土司，俾得直接住其地，更以局内观察记录其人民、家庭、市集之组织，与风俗、习惯、美术、宗教及其他种种文化特性。

在特种教育师资训练所

广西省府称苗、瑶、侗、壮等人民作"特种民族"。特种民族的人口全省约有70万，所以在行政上、教育上，很需要特别注意。教育厅有一个特种教育委员会，专门担负设计特种民族的教育事宜。该委员会办有一个特种教育师资训练所，由各县遣派当地特种人民来省训练，使其成为彼等人民的中心力量。该所现为刘锡蕃先生所主持，刘先生即《岭表纪蛮》（商务印书馆出版）一书的作者，对于该问题有极丰富的经验和极深刻的了解，闻不久有详细著作出版，实是中国民族学界的好消息。

该所现在有学生两班，共100多人。初级班尚未开学，所以在校的只有40余人，学生中瑶、苗、侗、彝都有，而以瑶属为最多。

我因为在南宁尚有几天耽搁，所以到该所去酌量学生的体格，一共费了两天，测量了40人，瑶30人，苗5人，猓猓（彝）4人，侗1人，瑶体高平均157.56厘米，头形指数平均81.53，其他因为数目太少未算，他们在体高和头形指数的系联表上所处的地位颇近于高丽华东人民，似多B类，现在材料尚少，不敢作何结论，但此已引起我们极有意义的推想了。

9月25日于南宁

过柳州

10月8日晨，在微雨中我们搭长途汽车离南宁，向柳州进发。广西公路上的交通营业是由省公路所统制，一切商营的汽车，亦由公路局卖票，所以票价是有一定的。以前在没有统制的时候，票面价额虽有定，实价颇有出入，统制之后，商人的竞争取消了，价额才划一。车分大小两种：大的是可容20人的公共汽车，小的是普通篷车。由南宁到柳州，有700华里。价目是：大的每客13元，小的每客16元，因小车较舒适而迅速。小车8小时可达，大车有时要10小时，平均小车每小时走25公里，因为路不平坦，车又多旧货，所以这已是最快的速率了。

广西的公路建筑是近来建设事业中和民团并称的成绩。从柳州到南宁，水路须走3天,现在缩成8小时。对于区位组织上自然是一件极大的变迁,它的影响尚难逆料。但是,广西和他省一般,在公路上活动的,多是乘客而少货物。货物运输的时间问题,在中国内地的经济组织中,还不十分严重,而公路运费太高,不能和内河运输相竞争,自是一件可以预料的事,所以公路建筑在经济上的意义似乎没有在军事上的意义为重要。

从南宁出发时是早晨8时,12时到芦墟站,地属宾阳县界。一路所见的只是起伏的荒山。同车有在农村中服务者,相谈广西的农业。他认为废地和人口分布不均是广西贫穷的最大原因。在这几百里荒废的山地上若能开垦,一定能吸收集中在东部的人口,一般的生活程度亦可提高。这其实是中国普遍情形的一个缩影罢了。但因广西治安有了办法,移民问题自较他省为易。人口政策的急切需要,在公路上汽车里,我才切身目击。

宾阳之北的山,和宾阳之南的山,在构造上、形态上,完全不同。梧州、南宁一带旅行的人是不会了解"山水甲天下"的意义的。车过宾阳,远山遥望真好像是一个屏风,车近时,但见平地罗列着形状千变盆景式的峰峦,为数不啻千万。我曾想,要是这一带位置在黄河边,大水淹没了平地,顿时会变成一片船舶难行的群岛。车就在万山丛中忽上忽下地前进,有峰回路转,车临深壑,令人咋舌难下。最险处名昆仑关,相传狄青平桂,就在此大战。

到柳州是下午四时半,住在新设的乐群社。乐群社是政府设立招待旅客之所,设备俱周,在南宁、柳州和龙州等大埠都将成立,给公务人员很大的方便。柳州的乐群社就在立鱼峰下,风景绝佳,尤因时值月望,明月半空,山影重叠,惯住在平原的我们,至此才觉得造物的幽美了。

我们本来预定由柳州北上经融县到三江。但是到柳州才知道融县一带匪徒又联结土人在上月末起事作乱,虽立即平息,但是深入内地的旅行,或有不测,所以我们改变路线,由象县到大藤瑶山,12日晨离柳。

广西北部和湖南、贵州毗连的地方,正是特种民族杂居的区域。在民国二十一年(1932)的时候,曾有过一次规模很大的变乱,蔓延所及的地方很多。从2月19日到3月25日,一共延长至36天。经驻军全力扑平,死亡土人达1000多。广西民政厅秘书处曾出版一本谢祖萃编的小册子《绥靖舆全灌龙瑶变始末》,记述这次事变。

我们借这个机会抄几节关于这次事变的起因在下面:

（民国）二十一年春，全县桐木江有妖巫凤顺国者，居恒为瑶民质疑治病，时或手足颤动，闭口喃喃作语，自谓神附其身，群瑶睹状，则惶恐拜伏而听命焉。常自诩有神术，两手能接枪弹百余颗。又谓有宝物藏于刀锋山，葫芦六个，神剑自内飞出可以杀人于百里之外；草鞋一双，放之立变为虎；铁遮一柄，展动则天地化为清水。苟虔诚致祭者，宝可立出。如是言说，群瑶益狂喜相告，谓天助瑶人，赐以多宝矣。

桐木江之大雾浸瑶民凤某之宅地，形似蜈蚣，巫谓当出帝皇。对山山石隆起，如雄鸡之冠，巫谓之鸡公山，前此凤之未王，殆以蜈蚣之颈微损，且受克制于鸡也。如果集瑶数百，负土碚石，积用数月之力而颈损者培，冠隆者平矣。凤乃大喜过望，俨然以王者自居，而巫亦传集远近瑶族赴桐朝贺。

灌属盐田源旧分五源，即少源、茶源、南江、盐塘、北江是也。五源旧隶瑶团，为清瑶秀才梁化龙所辖。民元间，团董姜鸿炳并少源、南江于汉团，五源乃去其二。去岁鸿炳子超民又请削其茶源，而瑶团遂以撤废。酒捐一项，盐塘、茶源、北江三源，前仅月征 50 毫，今只盐塘一源，加至 75 毫。盐塘屠捐，前仅月征 1060 文，今乃增至 70 毫，瑶民桐果市价每桶 3400 文，汉民凭势专利，抑价只付 2000 文，且恒不付。汉民袁春和遽以变告，而团瑶冲突以起。

这几节虽则极简单的记载中，却给我们看到许多有趣的问题。第一，我们可见他们自成团体的民族心理，和这种心理所表现的宗教形式。在我们虽可说是"妖巫谣言惑众"，但是在他们的信仰系统中却是凿凿有据的事实。现在我们对于他们的宗教信仰，虽尚不明了，但在别方面推测"妖巫"所编的预言，是有以民族历史的根据，所以使它能"惑众"举事。尤其值得我们注意的则是"妖巫"在人民中的势力。在这简单的叙述中，使我又联想到通古斯的"萨满"。我们惟有明白这些原因才能免除这时起时伏的变端。若是多用武力镇压，在剿匪名义下大规模的减少他们的人口，既和政府所采取的优待同化政策相背，而且反而增强他们与汉人相对立的民族心理。

第二，我们应当注意的是经济关系。在这里使我记起 Pitt Rivers 在他 *Clash of Cultures* 一书中所述英国对于热带属地的土人的保护政策的经济原因，在热带上白种人是住不惯的，但是热带的出产却是英国工业重要的材料，所以政策极力保护土人，希望他们人口增加，使他们能负开发热带的工作，使英国的经济得到合作的利益。在广西我们也遇到相同的情形。特种民族住的是高山，不是汉族所住得惯的地方，加以广西人口稀少，山地大量荒废，正可和他们密切合作，来加以开发。在经济上是一个易办之事，至少是应该尽量协助他们生产山区所能供给的材料。若能制定一个妥当的交易办法和传授他们新知识，得使他们从事生产工作，广西十几万特种人民，都能在广西的经济组织中成为生产者。比起用兵来镇压，当作匪徒来屠杀，一得一失，相差何远！

10月12日于赴象县之新广船中

在象县

从柳州到象县有柳江可通，坐小火轮12小时能达。我们12日上午11时离柳，当天下午12时到达，路过运江时曾停留一小时。

柳州的市内交通比南宁更不便，除了私家汽车，和酒精厂特设的轻便有轨推车外，完全是步行和肩挑，行李运输之不方便，更甚于南宁。由柳州到象县的水道极老，曲折甚烈，近弯处，山壁峭立，竟疑无路。水流颇急，且河床不平，水花打旋，小船不易航行。

到象县正是半夜，月色千里，鸡犬声中抵埠。轮停江心，有渡船来接，但是为时已晚，仰望山顶城楼，已深睡紧闭，所以只能借宿在码头上的大帆船中，"不知今夜宿何处"的内地旅行，从此开始矣。

大藤瑶山在柳江之东，分隶于桂平南、蒙山、修仁、象县、武宣。十几年前，还是旅行隔绝，不受统治的区域。现在已经沟通，住在山中的瑶民，亦已受编制，加入全省行政系统，由旧有瑶头充作乡长村长，但实际上还是一个自足自治的区域。

我们预定由象县入山。隶属于象县的瑶区有两乡：东南乡和东北乡。东南乡有6村，东北乡有8村，共14村。今年春季县政府曾命令乡长报告所属户口及人口。这种报告的可靠程度如何虽不可知，但亦值得抄下，以示其村的大小。

东南乡

村名	户口	人口
古陈	53	248
大橙	40	198
六巷	63	279
门头	67	266
王桑	18	91
黄黔	31	155

东北乡

村名	户口	人口
龙华	36	203
江南	58	264
冲口	76	341
水绿	56	275
滴水	104	416
平道	85	429
桑柏	31	155
长洞	61	283
总计	779	3603

象县的总人口，据县长口述，最近报告是 12 万。据此瑶民为最少，只占 3%，瑶民人口的稀少，是一个极堪注意的现象。据说十几年前，为数比现在尚多，人口数量降落是很显著的。在两个力量不平均的民族接触时，弱小民族人口数量的降低是一个常见的事实。在热带的英属土人，如澳洲南端的达西门岛的土人在几代中完全绝迹。这种事实，曾有人用疾病及其他原因来解释，但是 Pitt Rivers 则认为最重要的是文化压力，和史禄国教授之民族理论相符合。就是以现在我国所处的地位来论，人口压力日重，过剩的声浪日高，节育的传布日广，亦可视作和西方强大民族接触后的一种自然现象。

我们在进入大藤瑶区之前，在象县测量当地人民的体格。广西的人民，除了原有的土人外，大多数是中原和沿海诸省的移民，在体质上复杂的情形是可以预料到的。所以我认为，要研究广西人类学，一定须以县或更小的区域作单位。这一次的研究计划就包括和瑶区附近的各县人体测量的工作。一方面可以借以知道这些区域中，移民来源的真相，一方面可以断定和瑶民混杂的程度。

在象县我们就开始工作。以前我们测量的多是限于一定的社会团体，不容易代表一般的情形。这次我们靠县政府和镇公所的帮助，得以沿街抽丁测验，一共测量132人。

除太老及20岁以下的16人外，共得116人。在离开象县前曾把这116人的体高和头形指数平均数及变量指数加以计算：

	平均数	变量指数
体高	162.88	5.00
头形指数	79.54	3.67

低体长头和高体长头极众，所以头形指数颇低。这两个平均数已经足以见到广西人体质和华北、华东甚至广东的相差甚大了。

入瑶山之后，通讯极感困难，住所和邮局相距有200余里，除了有便人带出外，无法可以投递，但是我们依旧愿意尽力设法，希望不使这通讯中断。

10月17日在象县东成利客栈

百丈村 [①]

我们在象县县城结束了人体测量后，10月18日便动身赴大藤瑶山。瑶山距象县县城约有两天路程，合计百余里。山路崎岖，既没有水路，又没有公路，只能挑担坐轿步行。我们一早起身收拾齐备，等待出发，直到9点，挑夫才来，原来当天有一家出殡，全城只有他们这几个挑夫，所以必须等出完殡才来挑我们的东西。轿子两个人抬着，每顶轿子每天2元8角，每个挑行李的脚夫每天1元2角，他们每人可挑60斤，走70里路。辛苦是真辛苦，不过比起汽车运输，却不经济得多。汽车运输在广西本来已经算贵了，我们从南宁到柳州700里路，400斤行李，费洋37元8角，合每百斤行百里，1元3角5分；

---

① 本文系作者前妻王同惠执笔。

这次一共有68里，行李300斤，费洋7元2角，合每百斤行百里3元5角，贵上一倍多。至于水路，坐上小火轮，旅客可随意带行李，不另加价，所以比起来，水路最便宜，人力运输最贵。

我们上道坐了轿，在全巷注目中出了县城，向西进发，天阴，微雨。孝通笑向我说："结婚时没叫你坐轿，今天补上罢。天还代你挂灯。"

广西人口极稀，行路上很少经过村落，走了约莫有20里光景，在10点55分到高巅，有100米高，山顶上有一所土房，一个老妇人在里面当炉，是一个专供行路客人憩息的地方。我们就休息了一会儿。再往前，尽是难走的山路，我的一顶轿，走得快，当先赶过了后面的轿子和挑夫很远，天雨旷野，绝无人迹。四顾只是荒山，真使人提心吊胆，想不到还有回到人群里的一天了。

第二天停留在横桥的一个竹林旁，也有一座卖水卖粥的土房。这时已经12点20分了，有一个挑夫落在后面，因为他所挑的比人家多十几斤重，所以落伍了，可见人力运输的限制是多么显著。后来换了一个挑夫，才再动身，已经1点50分了。2点20分到寺村镇。寺村镇一带水田青青，颇有江南风味。我们觉得广西的问题是在地多人少。人口略繁的寺村镇，就能开辟成一片很大的农场了。若是能输入大批人口，把广西的荒土都加开辟，广西一定能成一个很富的省。我们在寺村镇的乡公所里休息了一会儿。寺村离县城有50里，离我们的目的地百丈约18里，不过要翻过一个山，叫猪肉坑。

我坐的轿子，还是在先，5点10分便到了百丈。当轿子初到时，便被一群孩子包围住了。他们一边跟着轿子跑，一边口里嚷着，嚷着些什么，我可不懂。轿子停在乡公所门前，我那时已被大大小小的人密密重重的围住了，小孩子们甚至伸头到轿子里面来看我，我急得没有地方可躲，离了人群固难受，进了人群更难受。

等了20分钟，我们的队伍才到齐。一同进了乡公所。广西的乡公所是"三位一体"的组织，是学校、民团和乡公所的集合体，校长就兼乡长和队长。我们一进屋，60余个小学生，就跟着进了屋。天既阴，又近晚，黑压压的只见满院满屋的人头。这时候我们因坐了一天的轿，又累又倦，进了一间办公室，是特为我们预备下的房间。打开行李，刚想在木板床上躺一下，猛抬头，看见窗棂外，梁头上，都是乌黑黑、好奇而静默的眼睛，弄得我们哭笑不得。内地旅行生活，毕竟是不舒服的，我们到处住不上三四天，又得赶路，行李也没得安息，天天翻腾，刚打开，不久就又得装束了。

在象县县城我们住的客栈是一座二层楼房，楼下是猪人同住的暗室，楼上是两间通房，里面摆了五六张木板床，神座、破桌、木柴、干菜、稻秸、什物，布满了灰尘，陈设在房里，男女客人无可分间。到了百丈，乡长招待殷勤，给了我们一间房，既没有猪，没有柴木，又没有男女杂客，所以我们很觉得愉快。几天来，换新地方，不能安睡。木板床，躺着不舒服的娇病，至今算是完全断根了。

第二天还是下雨，天气冷得好像北方的初冬气候，都穿了棉衣。孝通打算在这里再量一批人，所以打发轿夫回去了。这里的人不及县城里的人开通，怕是派来验身体征兵的，但是为好奇心所驱，愿意瞧瞧热闹，所以大家挤着在门外指手画脚的探听，等招待他们进来量时，却又畏缩不前，都悄悄溜走了。所以那天只量了17个人。

第二天是墟期，这里是三天一墟，就像北方的集一般。我们便到街上去看热闹。百丈村住户只有百余，但是一到墟期各地来的人有1000多。街上的住宅和有门面的店铺不很多，很多是临时造下来的棚屋，四边没有门墙，和普通城市里小菜场一般。百丈市场的组织很有系统，按照货物种类可以在地域上划分区域，布匹洋货、蔬菜、肉类、鸡鸭猫狗、药材、日用、柴火等都有一定的区域，各不相混，也是一幅小规模的区位分布图。

百丈离瑶区只有几十里，所以每逢墟期，就有瑶人来做买卖。我们在当地认识了一个开店的老年人，和瑶人颇有来往。他们有一个茶楼，瑶人常来坐息。我们就在这茶楼看见了五六个瑶人，有两个女人，背上还有一个小孩。他们是山子瑶，在瑶人中比较穷苦的一种。他们见了我们很和蔼，也懂官话。我们在南宁特种师资养成所第一次看见瑶人，但是他们着广西通行灰布中山装，说着官话，看不到瑶人的特质。这次才看见穿瑶装说瑶话的瑶人。

这一天我们又量了16个人，连昨天一共有33个人，除去4个未满20岁的，共有29人，平均体高163.50，平均头形指数是81.19，比县城中身体略长，头形略圆。相差只68里，体质上已经如是分别，广西人种之复杂可见了。

10月20日于百丈村乡公所

入瑶山

从百丈东南行25里，过枫木界顶，就到瑶区了。我们从9月18日到南宁以来，天天盼着入山，直到10月21日才到目的地。一个月来焦急的心绪可以想见了，也正因为姗姗来迟，才分外的觉得意味深厚了。

百丈虽然离瑶山不很远，可是普通人对于瑶山还是很隔膜的，到过瑶山的人也不多。所以在临行时，大家都来同我们说瑶山的路是怎样怎样的难走，怎样没有东西吃，从他们说话里听来，去瑶山简直是难似登青天，而瑶人简直是"野人"。

临行的前夜，我们烙了四张饼，煮了一锅鸡蛋，又唤了两顶轿，虽然人家向我们说轿是坐不得的，坐了太危险，但是我们还是觉得有一顶轿可以省些力。

那一天我们便打好了行李准备上道，但是挑夫和轿夫9点才来。所谓轿子比从象县来时所坐的更简单，只用两根竹竿绑住一个座椅，人坐在轿上，确有一种摇摇欲坠的恐怖。出百丈村东门行不到半里，就遇到一条约有20来丈宽的河，因为这河是从界岭流下，所以称为界岭河，河身极浅，普通只半公尺，水流极急，河底都是石块。我们就从桥上过去，桥是用石块堆成高出水面半公尺见方的十几个石柱，而两柱间又架上木排造成的。过桥之后，便沿着河走，起初还有路，后来只有田岸，再往前走，则只好在田中横越，那时正值秋收，所以尚不觉难走，近河，就在河边石子堆上慢慢地走，水顺着山势下流，每逢一曲，对水流的一边，就成了悬崖绝壁，无路可通。我们就得涉水到背水来的一边，这些地方连简单的桥都没有了，幸亏我们坐了轿不致打湿。涉了两次水后，到达凤凰岭，岭上细草如茵，一丛丛冬青树点缀得竟像一个人造的公园。山顶有一个卖粥供人休息的小棚，我们就停了一回。

过凤凰岭再曲折向东南沿山脚行，涉水四次，才到界顶山底，仰望看不到山顶，山势斜度极大，于是不得不舍轿步行了。山坡上时有稻田，真使人感觉到人力的伟大了。我们低着头，只知道一步一级地爬，好像是走着一个没有尽头的路程。直到500米的高处，突然看见挑夫们都坐着抽烟闲谈，才知道我们已到山顶了。休息片刻，风很大，怕着凉，就下山来，"上山容易下山难"，上山只要努力上前，下山既要前进，又要步步能收脚，顺境何其难处也！我们愿意永远在上山的路上。

屡次颠扑滑跌，才得到山脚。山水细流，潺潺不息。我们就席石而坐，涉足清流，凉爽可喜，可是同惠的脚已在山道上擦破了。就轿再行，所经俱系峻恶难行之路，忽而缘峭壁，忽而过独木，下轿不止十余次，一路只觉得造物的着意真是无美不备，无奇不有了。我们都市的儿女们，对此惟有慨叹惊愕了。

王桑三日

从象县入瑶区，王桑是第一站。过界顶东南行 20 里就到。我们坐轿尚觉辛苦万分，路程之险在瑶区中算是有名的。其实全因为这险恶的山岭，我们在今日尚能在这地方见到瑶人的村落。几千年来在汉人的压力之下辗转南迁，直到这些深山崇岭之中，瑶人才能维持他们的独立，没有这天险，哪里还有瑶区呢？

一路，我们但见山谷中一片片、一层层依着山势重重叠叠砌成一级级的稻田，见了使我想起幼时父亲从菲律宾带回的相片。苗、瑶是最能耕种的人民，所以 P. Wieger 认为苗名就出于"草田"耕种的原因。[①] 在山上种田，最大的困难就是灌溉。不能解决这问题，就谈不上种稻。他们却从祖宗传下了一个极巧的办法，用竹管半片，接上泉源，一直连到田里。很多人以为汉人在文化上一切都比苗、瑶为高，处处用着"开化"二字，叫他们什么都学汉人，连服装发髻都觉得不如汉人，谁知道在瑶山中可以使汉人学的地方还多着呢！若是这种简单轻便又经济的灌溉方法学得了，一定能使很多广西的荒山，成为有出产的熟地。

在一片鸡鸣声中，我们到了王桑，已近黄昏时节。村落是向西靠山而成。有竹篱和矮墙围着。土屋比邻，间以方形的谷仓，一层层的靠山房屋，远地里就可以窥见村落的全貌了。

王桑是花蓝瑶的村落，姓胡。在发式上可见他们的特点：男子从小就留着头发，在头顶向后挽成一个田螺形的头髻，再用一块白巾，沿额向后，在颈

[①] 见 Savina, Histoire des Miao, 第 175 页引。

后打一结。女的,未成年的(15岁之前),梳两条辫,交叉盘在前额;成年的,则把头发,用猪油泡了,梳成一个"灯罩"式的头,一直罩到眼睛,发端挽到头顶,打一髻,再用一块白布罩下,一如护士所戴的帽。

花蓝瑶分布于王桑、门头、古浦、六巷、大橙。所说的言语各处相同,略有差别。有三大姓,蓝、胡、相。门头的花蓝瑶是姓胡。

我们到后就被引到村长的住宅,房子都用黄泥混着石子打成墙,用瓦或树皮作顶,再用竹子编成晒台,全村的房屋建筑的形式大致相同。进门南向,正屋西向,正屋前有一晒台。房屋多没有窗,屋东南角是煮东西的灶头,没有烟囱,所以满屋都熏得黑洞洞的。东北角放着锅子,打米的臼,和其他杂物。正中向门有木壁,中门放着香炉,祭供祖先的地方,但没有神位,下面就放着一长几,接着一方桌,我们就坐在方桌旁边。他们自己人起坐的地方是在西南角,堆着一堆火,大家就围着取暖、吸烟、谈笑。角里就铺着床,有1公尺高,用席作褥。西北角有的家里用板壁隔成一小屋亦作卧室。

我们到时,村长还在外工作未归,他们的媳妇在那里煮饭给我们先到的挑夫们吃。挑夫毫不客气的大碗盛着,据说是不用花钱,因为瑶人到汉人家里亦可自由吃饭,这是民族的礼仪。

不久,在外工作的男女们都回来了。村里人都知道客到,带着米来问讯,客人所用的米是全村大家供给的。那时天已经黑了,他们没有灯,就用松木条燃着火取光。松木条就放在铁片或铁丝结的网上。松木燃着时,放出一种令人想到年景的香气。融融一室,主客欢笑,多年没有回过乡的我,在这种香气中,更觉得人情的深厚了。

我们自己煮了带来的香肠腊肉,他们温了酒,团坐一桌,主客倾杯,真是一见如故。依他们的风俗,要表示好感,就得两人在对方的手中,互相干杯。要做民族学研究工作的人,不会喝酒是不成的,史禄国先生已屡次劝过我学习。在一生人面前,不能畅怀豪饮,无形中就会主客之中造下一道心理上的隔膜和怀疑。这时我才感觉到喝酒的重要了。而且在半醉之中,交涉事情也容易获得同意。通古斯人因为断了酒,两年中没有讲成一件婚事。瑶人也是善饮的豪客,我是三杯见色,比他们差得远,幸有同行的张科员,量还好,尚可对付。他们喝的是自制的白酒,没有海甸的莲花白凶。

换过了杯,我们就开始猜拳。猜拳的一种玩艺流布真广。瑶人中普通男子都能猜三拳，他们的规矩是四次算一段落，四四十六次才结束。

王桑的瑶人男子都能说一些广西官话，所以我们在言语上，尚能粗粗达意。我们又学了几句瑶话，说得不很像，引得他们呵呵大笑。这晚上，我喝得有些醉意了。在醉意中，他们也明白我们的来意，并不是难为他们，并且允许我们测量他们的人体。

饭后，我们被领到一所新造的房屋里，比较考究，正屋的对面，隔一间道，有一个三门房的楼，楼下是猪、牛、鸡的卧室，上面南间就是我们的客房，因为这屋是新造的，所以有一个小窗，而且屋内没有生过火，不像正屋那样熏得像在烟囱里一般。中间出去就是晒台。每间大约有3米阔5米长。刚够我们两张床，瑶人很忌客人夫妇同居，是一种"他不"（taboo，即禁忌）。他们本来打算叫我和同惠分住两室，后来找不到地方，又经张科员向他们说明我们不破他们的规矩，才迁就过去。

那时已很晚，又是醉意倦人，我们不愿再架开带来的行军床，就在他们的木板上睡了。可是蚊虫臭虫，整整地闹了一夜。临睡时，瑶人男女挤了一屋，一定要看我们睡。什么东西，他们都觉得好，最受人赞许的是我们的两只长筒靴。他们是不穿鞋的，从小就赤着脚在山上乱跑。虽是走惯了，但是受伤溃烂的很多。

第二天一早，就在梦中听见有节拍的砰砰声，同惠比我先醒，急忙去看，回来就叫醒我说一同去看他们舂米。原来瑶人的田太狭，收谷时不能像汉人一般在田里把谷子打下。他们是用特制的小刀把稻穗连谷秆一同割下来，扎成把，每把8斤，在晒台上晒干了，一起放在仓库内。每天早上煮饭时，临时打谷舂米。每家早上煮一锅饭一锅粥，粥是当早点，饭是用芭蕉叶包了带到田里去吃。他们不分男女，除了小孩和老人家，都是整天在山里工作：种田，砍树，打鸟，捕鱼，不回家来。所以他们不能不准备好一天的粮食，晚上回来，再煮一锅粥。在我们洗脸的时候，有一个由平南来的汉人，肩着袋，提着箱进门来。原来是做买卖的，他带了汉人的货物在瑶山中兜售。也就靠了这种商人沟通着瑶汉的交易。在百丈我们已看见三天一聚的墟，瑶人也有出山来赶墟的，但是路程遥远，往来就需两天工夫。工作紧张的瑶人，不能专靠"墟"的制度来采购汉人的货物，所以这种行脚商人在瑶山商业制度中是很重要的。他们是农夫，王桑全村就没有一个商店，也没一个瑶人是靠买卖生活的。农商的分工成了民族的分工。这个商人带着两种货物：一篮做酒用的酵母，一箱刺绣用的花线。后来我们又看见有商人带着火柴，吃的腐竹，有布匹和旧棉衣。我们还看见卖盐的，盐是瑶人仰给于汉人的一种重要日用品。瑶人没有自己的货币就用汉人的银毫，钞票不通用。我们在象县就换了银毫进山，所以没有受到困难。

这天早上，因为村长已通知全村，叫他们聚会，所以很多人等着没有出去做工，我们就向他们说要检查身体，借以知道瑶汉的差别和瑶人普通的疾病，下次好带药来。瑶山中没有新式的医生，虽则靠着天然的空气和日光，使他们不致发生许多都市中常有的疾病，但是疟疾、沙眼和疥疮却很普遍，对他们的工作影响很大。他们知道我们有药，都来讨取，所以对于人体测量并不十分拒绝。但是没有成年的，他们不愿受检，因为他们说被我们测量了就不能再长了。这一天我们量了 11 个人，全村壮丁不多，所以我们也算满意了。

自从我们入山以来，老是阴沉沉的天终日在云雾中，晴天在瑶山是例外。这也是他们能种稻的重要原因。但是天阴雾大，照相机失去效用。出发前，史先生就教我学画，水彩、铅笔和画图簿都带着，所以我就在王桑写生，画了一张房屋的外形。在民族学的研究中照片很有限制，远不如笔画便利，照相不能立刻把结果拿出来给人家看，鬼鬼祟祟的，在黑匣子里不知装什么鬼，更不知你摄的什么魂，自然容易引起人家的误会来。画图是大家懂得的，而且也可以当时在众人面前公开的画，问他们像不像。爱美是人的天性，他们一样的能欣赏你的画。要研究民族学，在实地观察中最重要的精神是坦白和诚实，坦白和诚实能赢得同情，也可以避免危险。

当时，他们看我画得很有趣，我就借此机会替一个小孩速写了一张，大人们非但不拒绝，而且叫小孩不要动，让我画，于是我又进一步替一个老年人画了一张侧影，以补充我人体测量的不足，并且可以表示他们的头饰。他看了很喜欢，还请我到他家里去，想请我吃饭。

抽烟也是一个获得友谊的方法。他们抽的是土烟，我带的足卷烟，味道自然比他们的强，每人敬他们一支，大家就笑逐颜开了。

这一天晚上，我们把行军床张起。从到广西以来总是在木板上过夜，虽然睡惯了，但是一睡到帆布上，简直像是登天，同惠嚷着，舒服死了，舒服死了。

第三天是 10 月 23 日，就离开王桑到门头去了。

10 月 30 日于六巷

门头瑶村 ①

我们在王桑住了一整天，第三天早晨9点钟便动身到门头去。据说门头距王桑有30里，但是各人估计不同，山路中距离确是不易计算的。

因为总是下着毛毛细雨，所以路上逢到粘土、青石处便滑得难受。村长送我们到村外，又替我们拔了一根竹竿做拐杖后，才分手回去。从王桑到门头的山势虽不及进王桑时来得险，但也够难走了，加上前次脚上的伤口还没有长上，所以异常辛苦。前面的瑶人挑着我们的行李轻松的一步紧跟一步的往前走去，不肯稍停。我们又不认识路，生怕走迷了，死在山里，也没人知道，只好紧紧地跟着，心里却千后悔，万后悔，不该到这种地方来。不多时候，前面忽然没有了去路。这时我们已被丢下，连前面挑夫的影子都看不见了，山是陡得站不住人，下面是十几丈的山谷。山水从山顶上泻下来挡着去路。四下里听不到半点人声，只有永远响不住的水声。这时我简直累晕了，想来想去，身到此境，前进既不易，后退也不行，抱怨别人更无济于事，只好坐在山石上停一会儿再说，约莫有10分钟光景，才气呼呼地把两只手抓住了块怪石，像狗一般的爬了过去。经过这一次打击，此后气更不壮了，每隔10分钟就得休息一下。这时已有12点钟，挑夫们早已到达门头了。在腰酸脚痛中奔着我们从未走过又不知目的地何在的路。幸亏山上只有这一条"大路"，所以不致走失。半路上遇见门头来的一队瑶人，都是背着猎枪去打鸟的。他们早就知道我们要上他们村去，所以很熟悉的向我们用官话打招呼。我们问他们路，他们就派了一个十五六岁的少年带领我们，还替我们背着水瓶和旅行袋，所以我们轻松得很多了。但是我那时早就累昏了，什么话也不想说，孝通还有余力同他问长问短，又在休息的时间，要他开一枪看看，并且把猎具都画上了。带我们的人，异常和气而且有礼貌。瑶人都是很有礼貌的，不只是对我们如此，他们自己彼此也都很和气。在王桑时，村长执着酒杯很骄傲地向我们说："不用怕丢东西，瑶人是晚上开着门睡觉的。也从没打架相骂的事。"这并不是说瑶人是没有财产观念的。我们亲眼见到一家的猪很凶地帮着主人驱逐邻家的猪来吃槽里的冷饭。

---

① 本文系作者前妻王同惠执笔。

当我们于乱山缝里瞥见村落时，已经两点钟了。村落的形式和房屋的造法与王桑相同。门头瑶和王桑瑶是同系，他们都是花蓝瑶。不过门头的村落大些，人口较多。房屋靠山面向西南，村前就有一层层的稻田，时已深秋，稻熟满田作金黄色。乱石中流着泉水，雄鸡像对话般一答一应地叫着，我们坐在一块平面的石头上，一边喘气，一边欣赏这一幅自然的图画。两人头上都冒着热气，刚才的痛苦，不知消失在哪处云雾里了。

进村后，张科员和挑夫们都在山下，在一间村公所中等我们。村公所是兼着学校的差。教书的先生姓陈，是个汉人，他已几代住在瑶山中。在王桑据他们说亦有一家姓金的汉人。在瑶区中的汉人是受瑶人的统治，都是很苦，租着瑶人的地过活的。

姓陈的那位先生是个基督徒，所以满壁贴着基督教的挂图。他躺在床上，前天被毒蛇咬了脚，肿得可怕，还有点发烧。孝通就替他敷上药，用纱布包好了。谈了几句之后，村长就领我们去寻晚上过宿的地方。

后来我们挑定了他的家，在山顶，从晒台上望出去，风景绝佳。正屋外面好像是一个走廊，堆着杂物，有一堵短墙和晒台隔着，孝通的床就架在这里。进门处堆着柴，猪鸡满地，旁边和晒台横接着有一间小屋，黑洞洞的，刚容得下一只床。床头留着2尺余地，地上堆着一大堆灰，不知是做什么用的。

没有进瑶山之前，人家都向我说瑶人的房屋是如何如何的坏，而且臭得厉害。但是我们却没有这种印象，比了汉人的农村，即使不好一些，也不致较坏。每家都有一间正屋，一个谷仓，一间猪牛住的栏房，一两间小屋，一个晒台。比较好的就有两座正屋，很高大。猪和鸡虽则在进门处弄得很脏，但是有竹制的屏挡着正屋，不许它们乱入的。加以他们有很好的"自来水"的设备，水的供给便利，洗东西也容易。

在田里我们已看见过他们用竹管导水的灌溉系统，同样的方法，他们从水源把水引到村里来，竹管一个接一个，围绕着全村，每家都可用竹管去接水到自己家里。这种方法和"自来水"的性质是相同的。

村长是一个年约50多岁的老人，家里还有老父、妻子和一个孙女一个孙子。他的女儿已出嫁。他的媳妇两年前已死了。我们到他家里时只有他和一个小孙儿在家，其余的都出去工作了。瑶人中男女一样在田里工作，男女的分工依我们观察只限于针线纺织一项，男子是不做的。打猎偏重于男子，但是女子也有出去打猎的。做生意例如编木排则限于男子，领孩子除了母亲，祖父比任何人责任都大，自己的父亲倒没有祖父的亲密。原因是他们结婚生子的时候，正是担任着一家工作的主要角色，祖父年纪较大，正可在家领孩子了。

我们到门头时，该乡乡长之子蓝济君从六巷来接我们。他父亲是以前花蓝瑶的大团总。现在改称乡长，有一个传教士到瑶山，他就信奉了基督教，到桂林去受洗礼。也到过南宁，进特种师资养成所里念过书，所以汉化很深。能说通顺的官话，头发也剪了，穿了广西公务人员的灰布制服，简直看不出他是瑶人了。

这天晚上，村长请了蓝济君和我们几个人喝酒。他们的女人是不上席的。也和汉人一般每夹一回菜，必放下筷子向大家劝酒。也会猜拳，所以很热闹，我们在席上就问他们瑶人的婚姻，他们告诉我们说，瑶人订婚多在15岁以前，是"恋爱成功"的。但是也有小时候父母代为订下，蓝乡长自己就是父亲代他订的。指腹为婚的也有。但是最后的主权是在男子本人。若是由父母代订，本人不满意就可随意解约，父母不能强制。

他们通婚的限制是同族和亲戚不能结婚。一族是包括他们认为同祖的后裔。同族之内不相通婚。有姻亲关系的三代之内不许通婚。妻子的选择是先就同团，花蓝瑶娶花蓝瑶，女子不够时，可以娶别的板瑶和山子。因为板瑶和山子没有田地，所以花蓝瑶不嫁女子给他们的。他们的姓和族并不相合，所以同姓不避婚姻。姻亲不能结婚，所以没有中表婚姻。兄死弟娶嫂，姊死姐丈娶内姨的婚姻在花蓝瑶中都没有的。

瑶人住在山地，一年的粮食多不够吃，不得不向山外去买。买东西，拿东西去卖，而他们的生产很少。树木虽多，但是没有水路的地方就不能往外运。野味只够自己吃，卖不了好多钱，所以他们不能不限制人口了。方法是每对夫妇只许生两个孩子，若是一男一女，便男娶女嫁，两女便一嫁，一招赘，两男便一娶一出赘。生了两个孩子若再生子便请别人用绳勒死，或不给奶把小孩饿死，听说他们也有一种药可以吃了不再受孕。总之，他们总是使一家只有一对夫妇传下去，田地不致分散。瑶人中没有买卖田地之事，没有田的人，永远没有田地。譬如板瑶和山子，祖宗没有田地，他们便永远做花蓝瑶的佃户，没有做地主的时候。

次日（10月24日），我们就开始量人，但是门头村的组织较次，所以村长的号召力就小，来的人很不踊跃，只量了5个人。

我们和张科员住所相离较远，所以我们自己做东西吃。就在孝通的床头支了三块砖烧起火来煮东西。烧火是一件看若容易而其实很困难的事，住惯都市的人当然不会体悉到引火的困难。我们用着树枝作柴，一忽就灭。真活活的把我们焦急死。孝通说史先生曾说过在通古斯有一个人，不会引火，就活不下去，因为风大雪重，一定要起火取暖，而火之难着百倍于我们。但是经了一番麻烦，煮出来的东西却格外好吃。两人相对微笑，这才是甘苦！

这天天气很好，自从入瑶山以来，从未遇见过这样好的天气，总是阴沉沉的，周围高山都浸在云雾里，望去只是白茫茫的一片。有时候偶然在淡云中露出一些树木的模棱的外形来，但一忽儿就又收入云中了。孝通说，"不识庐山真面目"就是这种景象。

瑶人女子的上衣，在袖口和下沿都绣着花边。下午孝通坐在晒台上依了那小女孩的衣服来画他们的花样。不一会儿来了一个长得很美，行动又很风骚的瑶女，她看见画花样，就在怀里掏出一块还没绣完的衣袖来，真好功夫，满块都绣上了，和织的一般。孝通要借她来画时，她却笑嘻嘻的收起来了。一扭头就在笑声中跑了。她穿着一双木屐，完全像日本人穿的一般。此后她每见我们，必做鬼脸逗我们。

晚饭后，我们又坐在晒台上喝茶，远山里的火把忽出忽没，一起一伏，好像鬼灯一般神秘。这是瑶人由山野里回来时打的火把，有时他们回来得稍晚一些，家人不放心，便站在晒台上遥望，呜呜地打哨，山里回来的人听见了也呜声相应。终天飘荡在山野里的游子，心还是系住在家里的。

次日，一早再继续量人，量了14个人，一共连昨天有19个人，得到这一点材料是不容易了。天又下雨，一连两天，所以到28日才离开门头，向六巷进行。

1935年10月31日于六巷

六巷（一）[①]

我们到六巷的第三天早晨，便到山下庙里去量人，由蓝济君召集。前一天晚上，张科员和孝通先到下面去对村人讲话，说明他们量人的用意。孝通说

[①] 本文系作者前妻王同惠执笔。

话，他们是不懂的，所以完全由张科员负责。张科员仍旧像在王桑、门头一样，说："我们量你们，是看你们有病没有，下次来好带药给你们。"孝通对这种类似欺骗的事，表示不赞成，他主张诚实坦白地说明用意，不过张既这样说了，就由他去吧。

那天晚上，他们回来得很晚，我自己先睡了。不一会儿，门响了一声，走进四个瑶妇来，一个是济君之妻，一个是媳，另一个是邻人，还有一个是板瑶，大概是做客来的。她们叽叽咕咕地向着我笑，我也报她们以微笑。她们看见我们的什么东西都觉得惊讶，到处翻腾，不过我并不害怕，因为知道瑶人是不拿人东西的。最后她们四个人唠叨了一会儿，大约怀疑我睡觉脱衣服不脱，所以她们来掀我的被窝。我怕冷，按着不许掀，她们便去拉我脚下的被窝，终于我的一只胳膊被拉出来了，她们知道我是穿着衣服睡，才住了手，把我弄得啼笑皆非，闭上眼睛不理她们，她们觉得没趣，这才走了。

第二天早晨，我们下去量人，济君跑了多少路，"呜呜"地叫了多少声，才来了5个人，其中还有1个板瑶。但同时庙前却聚集了许多女人小孩，带了剪稻器具，背了饭筐，在那里瞧热闹。过了一会儿，倾盆大雨下来了，这些人都躲到村门底下去避雨，凡量过的男子，都到庙里来避雨，未曾量过的不敢来。据说，他们不敢来的原因有两个，第一，孩子老婆怕男人量了会死的，第二，怕量了看他们身体好，把他们带走了。

欺人的事毕竟做不得的，他们每个人量过后，都要问孝通他有病没有，他的眼或牙若痛，便叫孝通替他医，也有的说他老婆或娘老（母亲）病了，请孝通到他家里去诊治。这一来，孝通为难不轻。并且他们又带着怀疑的意思，对济君说："为什么家里有病人，他们不量，偏要量不病的人。"张科员说的是每家来一个男人，那些在庙前看热闹的妇人孩子，我想大约是男人派来代表自己的。

我们量人所在的庙，现在改为国民基础学校了，经费每年200元，但是里面的神像，却还没有拆去，向门贴墙搭了一条长木板，离地约4尺高，板上横排起来，挤了36个泥塑的神像，挤得很紧，排起来正与屋宽相等。神像背上写着神名，据说是不准用手动的，我们总想去抄来，但总不敢去。那天量人时，因为等得太久，无聊得很，我便想去抄神名，因为庙里人太多，孝通谨慎，惟恐被他们看见了，所以打着英文对我说："Don't do anything"，但偷偷摸摸的，毕竟被我抄了七八个。又过了几天，孝通与张科员往大橙量人去了，我因为身体不好，所以没有去。次日我冒着险独自去抄神名，每抄两个时，便到门口去望望，看准近处没人时，再进去抄两个，如是五六次，36个神名都被我抄完了。抄时浑身打战，好像在偷东西一样，惟恐有人走来。抄完了，将小本塞在袋里，头也不敢回，赶紧跑了回去。上山时，两腿还有点发软。这些神像的来源和意义，我还没有弄清楚，先把神名抄在这里吧。

由左至右：判官，陈氏大奶，韦金身，龙氏，三官，韦天成，韦金龙，韦明大，韦大师老爷，李杜大王，王官，土主，韦金凤，□，朴氏，五谷，三界，晚雷土中官。

由右至左：判官，□，□，冯信，冯远，盘古皇，九吴，冯雨，吴大郎，□，进宫，□，伏羲，冯古，神农，□，王氏二奶，□。

（注：有框的，都是背上没有写名的）。

孝通到大橙去了两夜，第三天回来，连衣服带被褥都湿得一塌糊涂。这条路连瑶人都说难走，回来第二天便病了。这天晚上，济君来看望他，想替他赶鬼，先叫孝通说他的病状，看看是否有鬼。孝通一说到恶心想吐时，济君便出去了。我连忙跟了出去看他做什么。他到正屋里端了一碗饭，拿着三支香，他的夫人后面跟了他，拿着几张火纸。他先到孝通床前，把饭放在地上，把香点着，告诉我，等他一出去，立刻要把门关上。他又把饭端起，拿了香便出去了。我照他说的急急把门关上，跟了他出去。他到外面把火纸点着，口里念叨着把饭泼在地上，将三根香插在纸灰后面，站起来很肯定地对我说："不要怕，明早就好了。"

第二天早晨，孝通果然见轻了。济君又来访问，他看见孝通精神好些了，快活得很，自觉做了一件慈善事业，救了一个人。他告诉我们那条路上死过80个人，都是民国十三年打强盗死的，那些鬼都变成山鬼，因为孝通是生人，所以跟了他来捣乱。他把饭放在孝通床前，是要引那鬼下来，他一出去，我立刻要关门，是防止那鬼回来。他口里念叨的是："你把饭吃了去吧！不要再在这里作乱了！"把饭倒在地上是给那鬼吃的。他说人病了要吐时，就是有鬼，不吐没鬼。瑶人每家都有个道师，道师是男性，是世传的，他们可以赶鬼请鬼，所请的鬼是祖先，就是喊祖先来吃饭。所赶的鬼，是捣乱的鬼，家里若没有道师，便去请别家一个来，只要给他吃一餐酒，便算酬报了。

瑶山这几天也冷了,我们房里也生了火,方法还是支三块石头,拿些树枝点着。屋里没有窗,门开着嫌冷,猪鸡也都进来,关上门又嫌黑,结果是在门后生火,开一扇门,我们躲在关着的这扇门后向中,这样可以得暖兼得光。生火不是件容易的事,柴又太潮,所以不得不住地吹,一口气吹不着,便把烟喷到喉咙里了,一边眼里流着泪,一边按着胸口咳嗽,有时弄得心火上去多高,但是所生的火还是不肯着。一等火生着了,可就不舍得叫它灭了,一锅一锅的热水煮,一件一件的好东西洗,盆里罐里到处装的都是宝贝的开水。

瑶人的好奇心也很强,我们想研究他们,同时他们也想研究我们。那天我在正屋喊"孝通",孝通在外面答应,于是惹动了这粒蓝夫人的好奇心,她问济君我叫丈夫什么,济君讲给她听了。第二次我又进正屋时,她自己还在那里低着头,一边绣花,一边小声学我喊"号筒号筒"。

蓝夫人是一个很和蔼,很好说话的人,只可惜她不会讲官话,我又不会讲瑶话,所以她见了我,总是拉拉我,拍拍我,笑嘻嘻的不说话。昨天孝通又到别处去了,这次要去10天,因为济君会讲官话,同时和我又像很熟的朋友一般坦白肯讲,这种机会难得,所以留我在这里,10天内,把花蓝瑶的社会组织弄清楚。蓝夫人每次在孝通离去的第一个晚上,临睡时都要来看看我,她虽然不讲话(有时也和我讲瑶话,我和她讲官话,谁也不懂谁),但是站在我面前,向我笑笑,摸摸我,过一会儿便走了,去时还要把门给我关好。我明白她是来看看我平安不平安,闷不闷。

瑶人的贞操观念我还没有弄清楚,不过据我现在看,他们是没有贞操观念。我曾问过济君,他们娶来新妇要不要注意她是否处女,他答我说:"她和别人发生过性关系,我怎么能认出?"这一点可以证明他们不注意女人贞操的。过了一会儿,济君又对我说:"我在南宁时,看见有百十来个男学生,与50来个女学生在一个学校读书,到夜里男生大概都找女生去的。"我告诉他不然,他说:"那么你同费先生怎么结的婚?不许男的夜里去找女的,若是两情相好,怎样表示呢?"由这一点,可以证明瑶人男女如果是自由结婚,大约是男女两相悦后,立刻发生性关系,然后告知父母,再订婚。订婚后,便可以光明正大地发生性关系了。瑶人若是偷偷的发生性关系,都是在山里,不是在家里,看见人来了便跑开,别人看见后,也不觉得大惊小怪,连女子的本夫看见妻与别人通奸时,打她一顿,她若悔罪改过,仍然安居无事。

瑶人订婚的年龄,多在10岁至13岁,这都是由父母代定的。等女子至14岁能工作时,便每月有一日或两日三日到男家工作去,夜里间与未婚夫同床,未婚夫也可到女家去找未婚妻睡眠,因为他们年龄太小,很少有受孕的,等到十五六岁能受孕时便结婚了。瑶人结婚是很简单的,我想是因为婚前与婚后没有分别的缘故。但生第一子时,仪式却非常隆重,原因是婚后未生子时,夫妻关系与婚前一样的不稳固,一方要离婚时,只要给对方少许钱就行,并不受舆论制裁。等生子后,离婚就不容易了,虽然她所生的子,并不一定是丈夫的。

瑶人舅权很大,在亲属中地位最高。在生子满月后请酒时,舅父要演说,抱小孩出来给客人看的是舅母,替小孩起名的也是舅父。临去时,主人送舅父的肉最多,其他客人,平均每家4斤,舅父独得20斤。媳妇生子后死了,别家都送白布,只有她的弟兄送黑布。据说桂北三江县、古北县舅父的地位更高,舅父之子要娶姑母之女时,姑母不得拒绝,因为这是特定的婚姻。处女出嫁时,所得的聘金,不归父亲而归舅父,大藤瑶山却没有这种风俗。

11月13日于六巷

大橙之行

11月1日,由六巷赴大橙。大橙在六巷之东南,相去不过20里,但是一在山之阳,一在山之阴,往来须翻过一个高岭,这岭的高处超过2000米,绕道盘旋,至少有40多里崎岖的山路。这条路在瑶山中,是有名难行的,瑶人也不轻易往来,汉人到这地方的更少。同惠身体又不很舒服,所以单由我和张科员两人前往,由六巷瑶人阿勇挑行李向导。

阿勇是个很有趣的人。那天早上,他帮六巷的汉商杀猪,汉商请他喝酒,已喝得有七分醉意,一摇一摆的前进,使我想到鲁智深醉上山门时的情景。蒙古人醉了尚能骑马,瑶人醉了还是能在山路上飞一般的跑。

瑶人的男子没有不能喝三杯的,而阿勇又是爱酒似命。喝酒喝得老婆都跟了人,他现在是个单身汉。他的父亲自从他母亲死了,就到古浦去做"姑爷",入赘是不能带田地去的,所以他就成了一家之主。他的老婆不喜欢他这一副豪气。另找了情人。男女找情人在瑶山本来是件普通的事。据阿勇自述,到现在不到30岁，已经有50个情人了。可是他自以为有个老婆不觉得有什么用处，因为他田都租给板瑶种了，每年可以拿1000斤谷子，不用费力；他又有很多的树木，每年出卖给汉人1000株，可以坐收120块钱，所以他很想在老婆身上敲一记竹杠。按瑶人的"石牌"法律，是不许通奸的，谁犯了要罚钱。可是有一个条件，就是须在通奸的时候，当场捉住，才能有效。因之阿勇就等他老婆和情人幽会的时候，请了朋友，四面上山去，把他老婆和情人捉住。这样他得到了120块钱，可畅畅快快地喝一年酒了。

我们一面走，一面和阿勇讲他恋爱的故事，不觉已爬过了几重山。到一个地方，后面正背着岭端两面有高山翼蔽，正对着对面的高山，而且有一条河蜿蜒而下。阿勇把担停下来，问我们这地方风水好不好，张科员就青龙白虎的说了一大堆，说是若把他父亲葬在这里，不发财就找他去。阿勇真的动了心，可是他说下面有人葬怎么办。我问他："这地是谁家的，你怎么能胡乱葬人呢？"他说谁都葬得。原来瑶人为了尊重死人，什么地方都可以葬，但是不能和人家的坟太近，也不能葬在人家的葬的上峰。

再往前走，山势愈来愈险，上山时还可勉力支持，下山时真是有如上天之难了。下山路是在山阴，古木参天，细竹遍地，这路终年不见太阳，阴湿湿的石块上都长着有1寸多长的青苔，不要说脚留不住，就是竹杖支下去，也是滑得树不牢。一百个小心，不见什么功，一个不小心，立刻见效，再加上已经走了三个钟头的路，两腿早已不能运用自如。于是前跌后滑，张科员在后面同我数，数到50次也数累了。我心里想，上妙峰山还愿，一步一拜也不过这个滋味，但是还愿是先收后付，我此来不知能得到多少材料，却又要先付后收，真是一件投机太大的生意了。

跌到后来，头部跌昏了，嘴里不住说："幸亏王先生没有同来，到这样真是回去又不是，向前又不肯，只有死在山凹里了。"好容易过了这高岭，路也渐平坦了。两山夹着一道河，沿着路滚滚不绝地流着，路两旁茂林修竹，真是个世外桃源，加以石山峥嵘，群峰耸立，景色之美，平生初见。

在河边我们看见许多将下水的木排。瑶山向外输出的主要商品，就是木材。大都是包给汉人去采伐，每株值1毛2分。亦有瑶人自己砍下运到河边由汉人下水运出的，所得到的钱是瑶汉平分。但是一个木排有二三十根木头，瑶人所得不过四五块钱罢了。

我们到大橙村已经三点半了,从九点半出发,路上刚费了6个钟头。入村时,全村静静的不见一人,只听得雄鸡不住的啼声,村景亦萧条得很。路边有一座已塌的废屋,张科员同我说,前30年这里还有几十家人,现在只剩20多家了。瑶人人口的衰落,可见一斑了。

村人因为都出去"剪禾"未归,我们只能在一家汉人的房屋里休息。这家汉人是由中平搬来,还只有两年。他们一面做些汉瑶的买卖,一面租瑶人的地开荒。家里有一个女人没有出门,就招待我们。这时我走得满身是汗,一停被风吹了,不住的打战,后来向主人讨了火,烤了一回,才舒服了一些。火真是初民的命根,所以每一个瑶人身上都带着一匣洋火,每家都有一个生火的地方,若是人可以离了火生活,也许就可以没有家庭了。

我们自己煮了饭,买了斤半酒,三人大喝起来,虽是吃着一些淡淡的肉,已是视作珍品了。天黑了,我靠在被袋上,席地躺着向火,那家的主人回来了就和我们闲谈。他说起瑶山租地的制度,汉人进山来都是来垦荒地。三年之内不用出租,过了三年每年要给地主1/5的收获。大橙已有两家汉人,汉人入山的数目逐渐增加,王桑、门头、六巷都有,都是做买卖和做佃户的。瑶人节制人口,所以人口愈来愈少,而汉人人口增加,几十年后,瑶山将另有一种局面了。现在汉人人数尚少,瑶人相待亦甚公平,有事全村开会时,汉人亦参加,至今就没有冲突的事发生。

到7点钟左右,村长从田里回来了,我们才上他家里去。房子的建筑,和六巷所见的相似,没有正屋前的走廊和露台。大门就开在正屋,大门外就是空地。灶头安在右边的一间小户里,所以正屋里比较干净得多,左边有一间小户,我们就睡在正屋里。

在瑶山里,秋尽冬初的时节,是田忙的当儿。全家连可以工作的孩子们,都整天在田里收谷。早上还有些黑就出门,晚上也要等夕阳下山了才挑了谷子回家。他们有工作,我们就不能工作。在六巷我已试过晚上量人,用电筒照着,没有什么困难,所以在大橙我们也只好晚上工作了。

大橙的村长,年纪不过30多岁,为人很和善,他是"上门"的。他的妻长得也很体面,而且很能干,在瑶山中是有名的。村长的哥哥是"石牌头",所以在村里号召力很大。到了晚上,村长把全村人都召来了,男女小孩聚了一堂,男人们就围着火抽烟谈笑,我们向他们说,有药给他们,同时还要量他们的身体，下次会多带药来。成年的男子，一个个都很情愿的被量了，但是总数不过 15 个人。数目虽小，但是在瑶山中工作以来，这天的收获要算最大的了。代价也最大，平均每个人是栽跌四五次交换来的，还不算太贵罢！

第三天早上，我们就出发回六巷了。村长的妻，还有一个老祖母在家，她已经有 70 多岁，龙钟匍匐，初看真不顺眼，但是为人却极好，总是张着没有牙齿的嘴，向着我笑，说着瑶话要和我攀谈。那天早上看见我们装束行李，就走过来拉着我的手说"住一天去，住一天去"。我也紧紧地握着她的手，同她说，"明年再来，明年再来"。短短的几句话，竟使我发生了依依不舍的离情来。自来瑶人，我们总以为是"无可奈何的讨厌人"。听说我们要去了，总是很高兴。真心要留我们的，还是以这位老太太为初次。

村长的妻，和一个十七八岁的女儿，都穿了绣红花边的漂亮衣服，戴了银项圈，打扮得的确很美。村长挑了我们的行李，大家送出村门。人情依依，令人难舍。

11 月 21 日于古陈

古浦的一夜

11 月 8 日晨，由六巷出发，预算有一星期的行程，从古浦到对山的板瑶的冷冲和中苗，希望这一次的旅行回来，可以结束花蓝瑶和板瑶的测量了，并且还希望顺便到盆架去量山子。同惠还是留在六巷，因为她和济君感情很好，言语又通，乘这一星期可以结束花蓝瑶社会组织的调查。

出发之前，同惠替我把行李都收拾好了，到 12 时就和张科员及阿勇二人一同起身。从六巷到古浦是我们从门头来六巷的熟路，路亦平坦，虽是小病之后，并不觉得十分累。沿路我们去拜访蓝乡长的家墓。一排有七八个，正中一个是乡长的祖父。坟中放着一个储骨坛，用一块石板挡着，正面露着一些缝，这是瑶人的规矩，不准完全挡没的。所以我们在外面可以看见里面的坛。坟上堆土成馒头形，后面是靠山，馒头顶上树着一个已枯的树枝，树枝上还飘着白纸，这还是清明上坟时留下的遗迹。瑶人一家人并不一定要葬在一起的。乡长的墓是例外，普通都是分散的。每到清明节，子孙就分到各祖墓上去上祭，用鸡用酒，也要烧香烧纸。从前留下的古墓，一族人就得每家派一个代表去公祭。

一路我们谈谈话,同惠虽没有来,倒也不感寂寞。张科员同我说病中驱鬼的手续还没有完。他说依瑶人的规矩,病好了便得应约备三牲谢鬼,若是病好了不谢,鬼要和"中人"道师算账。这样说来瑶人的鬼比满洲人的鬼凶多了,满洲人病急了就乱许愿,病好了就不提,史禄国先生曾问他们怎么忘了回愿,他们说骗骗他就得了。

在六巷、门头、古浦三路的交叉处,有一个空场,大树阴下有一圈石头,是行人憩息之地,亦是开"石牌"会议之所。我们坐在那里休息,阿勇抽着烟和我们胡诌,他忽站着指着一块石头说:"来,我指给你看。"他数着石头边上的齿形说:"1,2——11,这是11个老人家,他们说定,谁要离婚,就得罚和这石头一般重的银子。"几天来,我们在六巷已明白了瑶人的"石牌"组织,但是总没有机会一见石牌的真相。据他们说,瑶人中有事就得开石牌头会议,议定了事,就叫汉人把这议决案刻上石牌,谁犯了石牌就由石牌头处罚。以前他们没有刻字的,就由到会的老人家在石上每人打一齿印,看见了这石头就记起了这法律。阿勇指给我看的,就是一块议决关于离婚事件的石牌。

到古浦时,有3点钟,村长出门剪禾未归,我们就在他家里烤火。天气很冷,使我疑心病又上身。

天黑了,村长才回来,领我们上他女婿家去住宿。女婿是甲长,房子新造,很大,但是墙上没有熏黑,而且家具很少,杂物上没有积着厚厚的尘土,令人感到还没有"成家"一般。

到他家的时候,围着火已有七八个人在那里,中间有两个汉人。一个是自称为"瑶山中没人不知道文理最通的人",很骄傲的烤着火问我"先生高姓,大名"。我很客气的一一回答他。第三句他问我"你有什么成绩?"我不很懂他的意思,一时无法回答,张科员在旁却看不过他的神气,代表我说:"他是博士。"他表示很老练的问:"是全国博士呢?是广西博士?"张科员更气了,就教训了他一顿。后来我们说是省政府派来的,他就说:"你们看见过省长么?"这一种汉人,是现在实际上担负着沟通汉瑶文化的人,瑶人都信任他们,他们却就在这里寄生,他们不欢迎新式的学校,因为他们用瑶人的钱来做"老师"的。张科员又说起许多汉人捣乱瑶汉关系的事,这种人才真是阻挡着政府开化政策的势力。

晚上我们是住在甲长家的堡楼里，堡楼的建筑有三层楼房高，有枪洞，是瑶人防匪的建筑。瑶山山势险恶，以前常有大帮土匪来作巢穴，顺便抢掠瑶人。曾有一次，瑶人联合起来和土匪作战。就在大橙的山里，打死了几十个土匪，自此瑶山很平安了。这种堡楼的设备亦不多见。

古浦是个新村，不过三四十年，人口很少，而且他们的田都离村很远，他们工作出发得极早，我们虽是赶天亮就起来，但是人都已散了，所以只量得3个人。这天上午，就离古浦向冷冲出发。

11月9日于古浦

板瑶（一）

古浦是我们调查花蓝瑶体质的最后一站。经王桑、门头、六巷、大橙，一共量53人。除一个年纪太老的人外，可用以分析的52人。我曾把这52人的体高及头形计算了一下，平均数：体高是159.29，头形指数是80.53。变异量：体高是44.73，头形指数是3.781。

11月9日晨我们就离开古浦，过一道河到对古浦和六巷的山顶，就是板瑶区域的冷冲，地属桂平县界。

板瑶在瑶山中是被称为"弱小民族"的，因为他们入山的时期较长毛为迟，所有的地已经都被长毛占据了，所以他们只能以佃户资格租长毛的地来耕，长毛是瑶山的地主，包括花蓝、坳瑶和茶山三种。凡是有水道可以灌溉的地方，长毛都开了水田，由自己耕种，余下租给板瑶的是旱的山地，种着稻和其他杂粮。旱地的土薄，所以种了五六年就不能再种了。有的地方就种树，有的地方就荒着，每年放火烧一次，要等10多年才能恢复地力，因之板瑶不能在一地方作永长之计，五六年就搬一次家。而且旱地收成少，一家所占的地要大，不能聚居成较大的村落。板瑶的房屋都两三家四五家分散在山谷里，这一种村落的组织在自卫上很少力量，受人家进攻时，是很难抵抗的。

房子的建筑因为要便于搬场，所以不能和花蓝瑶一样用泥土打墙，用瓦盖顶，他们整个屋子都是用竹竿构成，屋顶是用粗竹破成两片凹凸相错，苦成一片。墙亦用竹编成，光线比土房亮得多。新造的很玲珑可爱，一如黄岗竹楼所记的景象。

我们所到的冷冲，一共只有三家。我们住在甲长家里。初入竹屋，颇感异趣。房屋内部都编竹作壁，卧室和起居工作的地方分开，对门有一个橱，是供奉祖先的地方。板瑶是穷得厉害，连青菜都没有，酒是不用说了。我们到时，家长又不在，只能饿着等。后来来了一个汉人，寄宿在甲长的邻屋，卖了一只鸡给我们，才能饱餐一顿。

这位汉人因为黄黔瑶汉争地的纠纷，寄居到这里来，见了我们就不住的申诉这一件事。起初他还以为我们是省政府派来解决这一件事的。我因为关心着瑶人的土地制度，和各族间的关系，所以就请他把这件事始末讲给我听。

黄黔是离冷冲大约有20多里的一个村子。在60代前是由坳瑶所居。但是水田极少，土地又不肥美，所以找到了古陈的地方之后，他们就合村都搬走了。余下的田地，都租给板瑶和汉人耕种。每年每个壮丁，从15岁起到60岁，要给古陈的坳瑶8毫钱，是一个人头税。此外还要给谷子作租金。在黄黔地方坳瑶曾造了几个庙，人虽搬走了，庙却留下要板瑶和汉人给他们供奉，因之划出1/3的田不用出租。这一种土地制度一直维持到现在。在平南县有一个张姓的汉人慢慢地从板瑶和汉人手中把这1/3的地买来了。借口说黄黔的地都是他的，逼着旧有的板瑶和汉人离开黄黔。古陈的坳瑶觉得事出离奇，因为瑶人有传下的石牌法律不准卖田，更不准让土地权流出到汉人的手中的，平南的汉人怎么能说黄黔的地是他的呢？同时引起了花蓝瑶和茶山瑶的同情，在金秀开了个石牌会议，甚至要用武力来争回黄黔的地方。当时省政府也派人来解决这纠纷，至今还没有个结果。可是黄黔一村却因之解散了。板瑶和汉人不能不到别处去流亡。我们所见的汉人就是流亡出来的一个。他眷恋着旧有的土地，还是梦想着能重在黄黔造一个村落。

在瑶山里当长毛佃户的板瑶，对于生活是没有保障的，因为长毛随时可以收回土地，不给他们种。六巷的韦校长曾同我们讲两件板瑶受压迫的事情。有一个长毛瑶到板瑶家里去收租，板瑶不在家，那天刚是该他倒霉，在外面丢了40多块钱。一到家，长毛瑶就冲着他说："你好。"板瑶刚想找一个人申诉一下他丢钱的事，就回答说："有什么好？"话还没有完，长毛瑶就伸手把他打了一个嘴巴。"贱东西，问你好还不是么？"板瑶立刻赔罪，罚了两只鸡才算完事。还有一家是长毛瑶乘板瑶不在家，去强奸板瑶的女子。板瑶回来了要想和他论理，他反说板瑶欠租，要收回田地。于是又得罚鸡认输。

租金也很高，1000斤谷子的收入要给6块到4块钱的租，1000斤谷值30元左右，所以租金抵收入的1/5。给钱给谷子之外，板瑶可以以人工来代租，每天一工算两毫钱，1000斤谷子就得二三十工。

在社会地位上板瑶亦是被长毛瑶所看不起的。阿勇就满口"贱板瑶，贱板瑶"的，背地里称"他们是过山瑶，没有地的"。所以长毛瑶可以娶板瑶的女人，却绝不许长毛的女人嫁给板瑶的，"因为他们没有地"。"因为他们没有地"是长毛用以解释许多他们和板瑶不同的习俗。板瑶生多少儿女就养多少儿女，不行人口节制的。长毛瑶向我们说："这是因为他们没有地。"

我曾发生了一个疑问，板瑶和长毛为什么不争土地权呢？他们给我的回答是板瑶的村落太少，不能抵抗有组织的长毛。长毛是土屋，板瑶的竹室怎么能交战呢？长毛瑶的口吻是："板瑶？不怕的。"在武力及社会经济上，无一处长毛不比板瑶强。但是板瑶并不是永久甘于雌伏的，他们的希望，就是有一天汉人能替他们抱不平。这种心理之下，他们极力汉化，在满清时，他们都留辫子，到了民国，剪发的人也比留发的人多了。

在冷冲的一天，我们没有工作，第二天就上中庙了。中庙是桂平瑶区归化乡的主村，人口较多，大约有十几家。所属四村合起来，也有五六十户。从冷冲到中庙要经过黄黔，我很想看看一个荒废了的村子的情景。到那里，简直看不出曾有人烟的地方，除了一家没有拆去的房屋，和一些倾斜的柱子外，都是荒草。剩下的一家是汉人，虽没有搬，可是萧条的景象，走进门，真觉得鬼气森森——只有半年，竟成这一片荒地！

就在黄黔的汉人家里，我们遇见中庙四民基础学校的蒙校长。他在前引路，我们一同来到中庙。

11月24日于古陈

板瑶（二）

板瑶和长毛瑶在瑶山中所处社会和经济地位不同，对于汉化的态度因之亦异。长毛所希望的是现状的维持，设法能保持他在瑶山中的特殊地位。他们除了盐之外，本来是可以自足。对于汉人总是取着"敬而远之"的态度。板瑶则希望他们有一天能自己有田，能在瑶山中和长毛平等，但是他们自知在既有的状态中是无法去和长毛争雄的，于是他们倾向于汉化。

因为这种态度的不同，政府在瑶山中所设的学校，在板瑶中较为发达得多。以中庙的学校为例，儿童班和成人班一共有六七十人，而且应板瑶的要求在上庙立了一个分校，明年在冷冲又要设分校。板瑶要孩子们念书，念明白了可以和长毛争地。这一点在民族学的理论上看来是很重要的。板瑶在社会经济上受同族的压迫，所以容易接受异族的文化。在文化上胜过了长毛时，社会经济的地位，自然会发生改变。长毛对于板瑶的汉化热很存戒心，他们明白自己不是汉人的对手，和汉人发生冲突是不利的。以前长毛瑶还自夸山路峻恶，只要几块大石头就可阻住汉人入山了。现在每天有飞机飞过瑶山，峻恶的山路也是不中用了。张科员有时吓他们："哼，飞机来下一个蛋，你们一村就完了。"

在这种形势之下，最后的结果自然是长毛也极力汉化，但是目前，还很少长毛瑶看到这一点。他们用威吓手段，不许板瑶上学校。蒙校长就为我讲门头用武力解散瓦厂学校的事。在金秀开石牌会议时，他们就说板瑶上了学，我们就要没有地了，所以不准板瑶上学。长毛愈是这样压迫，板瑶愈觉得上学的希望可靠。

现在时期没有到，但是不久总有一天板瑶和长毛为了土地制度要发生一个正面的冲突。黄黔争地一案是件小事，到板瑶和长毛争地时，世外桃源的瑶山，恐怕不能安全了。

蒙校长在中庙四村已成了一个重要的领袖。他是一个具有热心的青年，同情于板瑶的处境，已屡次上文要政府规定一个瑶山中公平的土地制度。板瑶对他也极敬服，凡是蒙校长说的都得照办，这是"开化政策"最能实现的地方。可是在六巷就不然，学校有名无实，只有几个学生，还是整天不上课。这也不能十分怪校长的不负责任。在长毛中间，办学校本来是不受当地人民的欢迎的。在六巷我们几次传讯给村长，要他来会一面，他总是置之不答。后来在夜里我们去找他，他装着话不懂，和我们支吾，我们一点办法都没有。幸亏乡长的儿子，和我们去召集了一些人，测量了一下，总数不过十几个人。

在中庙所遇到的情形却不同了，我们到的第二天，蒙校长就叫人去传话给板瑶，凡是成年的男女都要来。一团团的围着我们已有20多人，我很起劲的把他们都量了，第三天早上，又来了十几个，一共量了36个，真是超过了我希望之外。

蒙校长搜集了许多关于板瑶历史的传说。据他说，板瑶是从青州到河南，经过五代，到宋朝才到广西，这是根据他们的"过山榜"的记载而说明的。过山榜上说是"皇照景定元年十二月二十一"给的。内中叙述板瑶的祖先是一只狗，名叫盘护。这时蛮人造反，有人说是在高辛氏时代，皇帝没有办法，下了一个命令，谁能得到蛮头的头的，就把公主嫁给他。盘护就设法把蛮头的头咬了下来，就给皇帝。皇帝一看是只狗，但是命令已出，不能翻悔，就把一个宫女给它。盘护在殿上咬住了宫女不放，这样就成婚了。一共生了六男六女。后来由皇帝赐姓封号，过山榜就是他们南迁的护照。上面说是由会稽山来的，会稽山不知是不是现在在浙江的那个。板瑶的社会组织，因为时间太短，所以没有详细调查。但是我抽空把他们的亲属称谓记了下来，发现了一个极有趣的事实。比祖父、父亲、自身年龄小的，不论辈分，男性亲属都称 Ju，女性亲属都称 Mo，这里遗留着一种很清楚的纵分法。

12日我们离开中庙，蒙校长和我们一同到冷冲附近的新村，补充板瑶测量材料。板瑶是不行人口节制的，这一村全是村长的自家人。他有三个儿子都已成家，两个女儿招了女婿也成家了。入赘在板瑶中是极普通的。据他们说是出于经济的原因。板瑶要娶一个媳妇要费1000斤猪肉，还要给女家24块钱，所以家里不是富有的就娶不起媳妇，儿子得嫁出去做姑爷了。入赘的手续简单，不用多费钱。当然，我们可以说这种经济情形还是起于以前是母方社会组织的原因。因为普通都是由男的上门，所以凡是要学汉人娶媳妇就得多费钱了。

在新村，我们又量了十几个人，加上在六巷和门头所量得的板瑶一共有48人。关于他们的头形和体高的结果是：

	平均数	变异量
体高	156.78	52.16
头形	78.62	3.106

板瑶和花蓝瑶有很重要的差别，平均体高差2.51，头形差1.91。在板瑶多体低长头分子，这是很值得注意的。若是板瑶是早期的海滨移民，则在古代东亚就有这种低体（约153）长头（77）的人种了。

11月25日于古陈

山子村盆架

板瑶在瑶山中已经算苦的了，但是和山子比，板瑶还要算不差的哩。我们没有到盆架之前，阿勇就说"我们得带些盐，山子是吃不起盐的"。这话未免太苛刻一些，但是在普通时候，山子常常淡食是真的。

板瑶虽不是地主，但是人口多，占地广，而且自成一个区域，所以才可以成一个独立的民族团体。山子人口少杂处在花蓝瑶的地界里，而且很多是连地都没有，做花蓝瑶的散工。贫苦无助的情景，自然更甚于板瑶了。

盆架是在象县及桂平瑶区中最大的山子村，处于古浦和门头之间，属于门头的瑶头管辖。我们预先给门头的瑶头通讯，叫他替我们预备一个住宿的地方，但是瑶中传信是极困难的，我们到盆架时，信已不知传到哪里去了。幸亏在路上遇到盆架的村长，才不致受闭门羹。

从六巷出发以来，已经有六天，除了在中庙住了一天之外，天天在路上，而且都是一到就量人，次日早上再工作一会儿才动身，所以身体觉得异常疲乏。还是幸亏老天保佑，没有下雨，否则非病倒不成。进盆架时，天乌黑黑，大有雨意，瑶山中有六天连着晴爽是极不易遇见的。所以我们说，好了，下雨罢，雨尽大，明天我们总可以到六巷了。六巷好像是我们的家。

山子在盆架住的房屋，亦是土屋，设备和花蓝瑶相同。除了言语和服装上，山子已经被花蓝瑶同化了。在他们的工具及工作上，辨不出有山子的特性。这是一个正在消灭程度上的种族。

村长正在发冷，我们就给他药吃，冷居然住了。因之，他很感激我们。当晚来了四五个人，我就把他们测量了。我因为太累了，吃了饭就想睡，可是总是睡不着。蚊虫臭虫，闹得我真发急了。于是又起来烤火。山子并不行人口节制，可是人口依然稀少。可惜我们没有统计的材料，否则可以得到一个极有意思的民族学事实。这次从板瑶到山子，虽则短短的只有一星期工夫，但是已使我感觉到瑶山真是一个民族学研究最适宜的地方。可惜我们时间太短，不能在板瑶和山子中多住些日子。加上我们不会粤语，在这区域中不便工作，我们只能割爱了。

第二天早晨，一早我就起来，张科员因为身体不舒服，不能起身，只有我和阿勇两个人到一个冲要的露台上，等人走过就拉他们来量。这样我凑足了 10 个人。真是宝贵的材料，如此难得。量到第十个人，天下雨了。不能不停止工作。回到村长家里，张科员已勉强起床，于是吃了早饭，在微雨中还六巷了。

11 月 25 日于古陈

六巷（二）①

孝通临行时，曾让我十来天内，把花蓝瑶社会组织没有明白的地方，都调查清楚了，等他回来后，我们便要结束花蓝瑶，到板瑶区域的古陈去了，所以我急着要找济君谈话。但是济君白天总是去剪禾或放羊，常不在家，我只能等到约莫有 5 点多钟，他回来后，才能和他一同烤火谈话。我一边织着毛衣，一边谈话，一连两个晚上，得到的材料真不少，很使我满意。第三天他回来得很晚，我怕他疲乏，不愿意谈话，所以没有去找他。我总是怕讨他的厌，使他把和我的谈话视作畏途，每次在谈话时，我常是很仔细地看他的脸色，看到有不愿回答或答不出的地方，我便扯到别的事上去，看见他打一个哈欠时，我立刻告辞出来。和他谈话，有时很困难，他的答语，时常是自相冲突的，所以我得远远兜他，一件事总得反复三四遍才觉得可靠。他不高兴或不懂我的问题，便"是呀，是呀"的胡乱回答我。他说以前有几个人到六巷去调查当面拿着笔记本记录，一问一答的办法，我觉得很危险的。谁愿意考书一般的被人查问呢？

这一天我没有去同他谈话，心里不很痛快，好像一天空过了一般。我决定次日无论他回来多晚，我总得去找他谈话，所以老早我就煮了一碗菜，想等他回来时送他，乘便可以造一个谈话的机会。我自己吃了晚饭，便在正堂门口等他。心里盼望得很急，但是一直到天黑，还不见他的影子。后来打听他的儿子，才知道他们两夫妇到盆架收禾去了。因为路远，所以晚上就住在田里搭的茅屋里过夜，不回家了。我很失望的回房睡了。

第五天，一直到漆黑时候，他们俩才带了雇来的一个板瑶一同回家了。一

---

① 本文系作者前妻王同惠执笔。

进门,见了我就很亲热的说:"王先生闷了吧?我们昨天实在不能回来了。"我接着说:"我闷得很呀!你辛苦了吧?"就这样说着话,他便坐下来洗脚。瑶人每天一从田里回来,便要洗脚,每家都有两三个木盆,是由汉人做了卖给他们的。每人晚上回来都要洗脚,方法是在家里煮饭的那个人,要烧一锅水等着,他们回来了自己拿木盆打了一盆水,泡在水里一块白布手巾,先洗脸,再洗脚洗腿。洗完了,他们时常穿鞋子。布鞋、草鞋和日本式的小木屐都有。可是他们自己不会做鞋,都是向汉人买的。当济君洗脚时,我拿了一块洗衣服的肥皂给他用,接着又把昨天留下的那碗菜给他放在桌子上,他高兴极了。人性是相同的,谁都喜欢亲热的。他一边吃着饭,我一边和他闲谈。我是先预备了要问他的题目,可是一定先要用一刻多钟没目的的胡聊,讲得起劲了,就慢慢地引到题目上去:"我总不明白,你们——"他就和我解释了,讲完了,我便接着"哦,原来如此,我们却和你们不同了,我们是——"人大都是有好奇心的,大家愿意知道一些和自己不同的风俗。这样大家觉得谈话一点也不呆板,一点也不讨厌,津津有味的一问一答,时光不觉得很快就过去了。我怕他累,所以就想告辞出来,可是他还没有尽兴,不让我走。

这一晚谈的是瑶人跳舞的事。花蓝瑶有三个时节要跳舞,第一个是"度斋"。度斋是瑶人的成丁礼,一个男子要成一个社会分子必须行这个礼节,大都是在15岁时候举行,度了斋才娶媳妇。入赘的男子,在岳父家行这个礼,所以是在婚后。度斋的作用,据他们说是在传道师,道师是一家的宗教领袖,可以赶鬼请鬼,可以和祖先往来。其实就是有当家长的资格了。凡是没有度过斋的男子,就要被社会所轻视,凡是重要的社会活动,如跳舞、祭祖、上庙等等,他都不能参加,甚至不能和度过斋的人同桌吃饭,他不是一个完全的社会分子。

度斋的手续是由家长出面替儿子或上门的姑爷筹备这礼节。他们要做一套道师的衣服,做一套新的被褥,搭一个两层高的床,有6尺多高。被度的人,就梳上成人的髻,忌食酒肉和盐。他只吃白饭,每天请人来家里教他跳舞,自己父亲是不教的。不跳舞时就躺在高床。再教他种种赶鬼请神的手续。凡是在16岁以下的度6天,满16岁的就得度9天。16岁以前认为较纯洁,16岁以后便不纯洁,因为他们懂得近女人了。妻已怀了孕之后,便不准再度了。

度到最后一天，这家就要请全村男女老少和别村的亲戚来吃酒，度斋的要表演跳舞。到夜里，他就躺在床上休息，凡是度过斋的男子们都可以进来跳舞，再要两个生有两个男孩的女人直直的坐在地上，其余女人都不得进屋，只能在门外瞧。到半夜里这家要预备酒肉饷客，度一个斋，总得到五六百斤猪肉才够。

　　两村间青年男女发生恋爱的机会就在这时。一辈多情的青年，并不到房里去跳舞，到门外去陪女人们说笑。他们起初是眉目传情，继而男与男排起来，女与女排起来，分成两行，男的先唱："你们贵客到我们这里来，我们没有什么东西给你们吃，招待你们真不周到——"女的接着唱："你们这里好，地方好，风俗好，男女都好，又给我们预备酒肉，我们没有什么东西送给你们——"这样一说一答的唱，唱到半夜时，他们就提到婚姻的事了。男的唱："我家院里有一棵树，我想替它找一个对，我看你们的那棵树很好，给我们配一对，多好！"女的便唱："你们的院子太好了，我们那棵树不好，哪里配得上。"唱到情深处，他们就交换礼物，男的多半送给女的一只手镯，女的送给男的一条腰带或头巾。假设两情好得分不开时，就可避开众人，爬到山上去发生性的关系。济君指着房后的那个高峰，说"那上面都有人爬过"。

　　这种恋爱的机会，并不只是给未婚的男女，已婚男女也可享受。未婚的换过东西后，男家请一个媒人到女家去提亲，已婚的男女则可以常常到山里去幽会。在正妻之外男女去找个情人，是瑶山默认的社会制度，只要能和公开的家庭制度没有冲突时，可以并行不悖。有冲突的时候，这默认的制度就被视为非法的。

　　第二个跳舞的机会是游行。每三年他们要从庙里把甘王抬出来游行，每家抬一天。早晨把甘王抬到第一家，晚上要跳夜舞，情形和度斋相同。次日又抬到第二家，又跳一夜舞。譬如六巷有37家，就得跳37夜舞。抬甘王出来时，要游行全村，男的都穿道师的衣服，甘王由8个人抬，前面有一个带神兵的领着，后面妇女儿童跟着瞧热闹。这个带神兵的不是由大家公选的，乃是由甘王自己指定。每当甘王要出来游行时，村里总有一个人害着精神反常的病，往高山顶上乱爬，在家里就爬到桌上，还要胡乱打人。他们一见有这种人，就要请一个汉人的大师来看，若是就是甘王指定他带神兵，他在游行的时候便作带领，别的道师们听他指导，夜里疲乏时都回家去睡，只有他要陪着甘王不回家的。

关于甘王有一个传说：甘王幼时很懒惰，不肯在田里工作，家里人气死了，要打他。他出去看牛，牛看跑了，家里人又骂他。他可是有法术，一天他请朋友们大吃牛肉，吃完了把牛头牛尾插在泥里，自己去睡觉了。明天家里人问他要牛，他说都在门外。家里人出去一看，牛都在泥里，眼睛张着，尾巴动着，呜呜的叫，但是谁都拔不起来……后来他做官了，在皇帝那儿办事，可是他的老婆有孕了，婆婆就疑心她不贞洁，问她哪里来的孕。她说她丈夫每天晚上回来的，婆婆不信，她说可以把他穿来的鞋子作证。这天晚上她就把她丈夫的鞋藏过了一只。一早他丈夫要回去，找不着鞋，没有办法，只能叫天等一等亮，好让他用一只鞋走路。皇帝在京看看天要亮了忽而又黑，想来一定有妖人在作法，就上朝点名，这位甘王却还没有赶到，于是他就被皇帝杀了。

这一个故事，据孝通说在江苏也很流行。在南宁时，李方桂先生也替我们讲过类似的故事，说是瑶人的传说，在江苏不称甘王，而称"孟将老爷"。每三年也有一个大会，有什么灾荒就得请他出来游行。和瑶人的游行不知有什么关系。

第三个跳舞机会是每隔四五年或两三年他们要请汉人到庙里来吹打，他们要献祭跳舞。女子们不得进庙，只能在庙外看。瑶人永远不许女人进庙的，除了清明节上坟外，女子也不得祭祖。

瑶人庙里的神像一部分是由汉人处传来的，还有一部分是自己的，我曾问济君，哪一种人死了可以成神。他说凡是能变形的人，譬如他正在和你说着话，忽然变成一只老虎，忽然又变成一个女人等。请汉人的大师来看，他若说这人要成神了，那么他死后就塑一个像放在庙里。这些都是很古的事，他从来没有看过。

有一次，我和济君坐着一边烤火，一边喝茶。他看见我的壶是金色的，就问我这壶是不是金的。我说不是，金的太贵了，买不起。他说茶山瑶从前有一个女瑶头，她有一个金茶壶，放在桌子上，晚上一亮一亮的好像萤火虫，他父亲还见过。原来在宣统年间以前，瑶人和政府完全不发生关系的。在瑶山中，每村有两个瑶头，也称作石牌头，是大家公举的。宣统年间，政府派人到瑶山来把瑶人编成四团，指定四个大团总，所谓指定其实也就是把原有的瑶头加委罢了。民国二十三年又改作乡长制。名目虽然屡经改变，实际却仍然是石牌组织，所谓换汤不换药。石牌组织是有事由每村的石牌头开会，凡是石牌议决的，谁也要服从。石牌头是一村中"最明白"的人，既不世袭，又不投票选举，是自然领袖。所谓"有德者归之"就是这自然领袖产生的手续。他是一村的代表，由这些代表们议定的规则就是瑶山的法律。石牌头并不是社会中的特殊阶级，同普通人一般工作，又没有薪水，又没有税收，若是他解决了一件纠纷，两方服了就大家给他一些报酬。他的经济上并不一定比较人家为富的。蓝扶霄虽是六巷的大团总，但是他一年自己还种1000斤谷子的田，家里没有仆役，一天要走百余里的山路，和板瑶佃户们同桌吃酒，很起劲的谈话，一点没有"瑶王"的架子，有打仗时当头的须走在前面。济君曾向我说："什么事都得当先，这才使人心服。"人家不服了，或是办事"不明白"时，无形中他就失去头目的地位，因为人家都不去找他，去找比他"明白人"来办事了。孟子所谓"天与之，人与之"的政治态度，实在并不是一种纯粹的理想，事实上，我们在瑶山中就看到了。

大团总在瑶山是最高权力，他依法可以杀人，罚款。要受死刑的有：盗禾，拐卖人口，强盗和放蛊。放蛊是一种巫术，放蛊的人瘦瘦的脸色青青的，见了人也不招呼，心很毒，即使和他没有仇的，他也会毒害的。方法是凡和他一同吃饭，或吃了他的东西的，便面黄肌瘦，吃下去的东西都变虫。六巷曾有一次小牛肚里全长虫子死了，都是因为有人放蛊。凡是有放蛊的人危害社会时，道师有方法制他。道师请神请祖，放蛊的人便躺在床上，约莫有一点钟工夫，闭着眼不动也不能说话，然后起来，把受病的人都诊出来，应当请什么神，献什么祭，他的法就解了。现在据说六巷又有一个妇人快要杀了。这种放蛊的事情，在西南很多，我们在南宁就看见报上登载两件放蛊的事。究竟放蛊是件什么东西，我们不很明白，我们相信医学家是应当加以研究，不应以迷信两字了之。

盗禾是瑶山中的大事。谷子是瑶人生命所寄的粮食，但是田地离家都很远，不能把禾剪下来就保藏在家里。所以他们一定需要一种法律的保障，有了这保障大家觉得方便了。在瑶山中，当收禾的时候，随处田间、路旁都可以看见没有人管的禾把。不是自己的，就没人去动。普通若是有东西不想带在身上，就可以搁在路旁，旁边插一个树枝，就可保险没有人动了。我们也试过，没有遗失过。"路不拾遗，夜不闭户"，并不是不可能的理想！

济君的屋是已经汉化了,正屋分成三间,用墙隔开,其他花蓝瑶都是一间大屋不分间的。一进门,右边角上烧饭,左边角上烤火,靠墙就搭着两架床。我们总怀疑怎么能容得下一家人睡。问济君,他也不愿意同我直说,总是假装不懂。后来韦校长告诉了我实话。原来是公婆睡一架,子媳睡一架。若地方宽敞有余屋的,公婆就到外面小房去睡。媳妇生孩子时,公公不能在正屋里睡,丈夫则不避。客人来了,就在向门的方桌前面搭一架床。韦校长说,他做客时真难过,他们夫妇的行动和声音一点不加避讳。床又没有帐子遮盖,真没有办法,只好装着自己已经睡着。

11 月 24 日于古陈

六巷(三)[①]

瑶人中冲突的事也是常有的。在瑶头时代,当两家有冲突时,就请本村的瑶头来解决。他若解决不了时,再请大瑶头(以前是金秀的女瑶头最大,她最能干,据说 80 个男人解决不了的事,她能解决);若再解决不了,便去请众石牌来,有的甚至要请 50 个人来。要给他们预备酒肉,每个人还要给两毫钱。这 50 个人中有一个最能干的当头,要给他 3 块钱。吃完了酒,这家就要把自己的理由陈述给他们听。每述一件事,石牌在桌上放一截禾,听完了,他们就跑到对方家里去听讲,拿着这些禾截,帮助记忆。这样来回的跑了几次,如果没法解决的话,他们便回来对这家说,你们自己去打吧,我们办不了。于是两家都要请族人亲戚来保护。夜间不敢睡觉,惟恐对方来抓人。他们把门关上了,白天也不敢出去。但是另一方面自己又想去抓人。石牌的规矩是这样,所谓自己打,并不是真的交战,即使放枪也是空放,示示威罢了。不许真的向人打的。所谓打就是两方抓人,只要有一方把对方一个人抓住了,就算赢了,所争的事就胜利了。因为若是对方不认输,可以把他们的人治死,这种办法和绑票的性质很近。但是抓人也不是胡乱抓的,有一定的规定。去抓的一方不许动武器,只能用手拉;被抓的一方却可以用刀枪自卫。还有一个规定就是不许抓女人和 15 以下 60 以上的男子,只能抓壮丁。不过有时抓急了,把女人抓去也

---

① 本文系作者前妻王同惠执笔。

是有的。

　　在公布打架之后，若一方别村有亲戚，常在半夜搬去避难。一方可以防止被抓，一方又可设法抓人，勾心斗角，有时竟延长到两三年。我知道一个案子，六巷有两家打架，一家搬到门头去住，过了两年多，有一天早晨男人到田里去了，女人背着小孩在家里，房东因为不很舒服，没有出去，蒙着被在床上睡觉。六巷的仇家带了20多人，一直上门来，一见男人们都不在，就想抓女人，女人大叫一声，床上躺的房东醒来一看有人，拿起枪就开，打死了两个人，才把他们吓跑了。他们虽则也带着枪，但是不能还手，因为这是石牌的规矩。现在却不是这样了。两家冲突时，先要找村长，不能解决时去找乡长，乡长再解决不了，就去找县长，规定不许自己打架。但是最近我们又听见罗香和人家械斗，古陈也预备因黄黔的事用武。

　　花蓝瑶的田产分为三种，第一种是家产，凡是自己耕的都是靠河的水田。旱地都给板瑶、山子和汉人去种了。第二种是族产，为一族所公有。第三种是村产，村和族是没有水田的，都是旱地，有的租给板瑶，所得的租，分给全村或全族。济君族的公地，现在由一个汉人居住，这个汉人是在瑶山做生意的，汉人和板瑶没有地的，他们所烧的柴，都是由离村很远的地方砍来的。瑶山的地虽都有主，但是地主不到远地去砍柴，允许一辈没地的穷人，去砍柴。近村的就不能随意砍了。

　　花蓝瑶虽然没有买卖田地的事，却有当地的风俗。当一个人偷了东西或通奸，石牌要罚款时，他若没有钱，便要当地。但是当地必须先尽族人，族人没有人要时，才当给村人。当地不用地契，大家记住就是了。三年之后，地主可以赎回，他若赎不起，十年八年当出的也有。

　　他们夫妇离婚，若没有生子，或生子死了，提议的一方，要被罚24元。瑶头要抽1元到10元不等，其余分给众石牌。若是有孩子的，就要罚60元。被动的一方无论有无子女，都可敲对方的竹杠，二三十元至100元不等。若只生有一子，则归男方；两子则双方各分一个。女的再嫁时，把孩子留在母家，代为教养，无论他是男是女，大了都要替他或她找主嫁出。

　　新妇到门后，公婆及亲戚长辈是不给钱的。但是生了第一个孩子后，满月请酒，那天公婆要给媳妇的兄弟3块钱，因为他们养女受累了，现在她又生了孩子，该给女家一些报酬了。同样的，若是女家是招姑爷的，生了孩子，女家要给男家3块钱,小孩叫父亲的兄弟作舅父。凡是当舅舅的,在外甥满月时,要给两三元或四五元。这钱是媳妇的私房,其他亲戚所给孩子的钱,都归公婆收管。

他们的妇女十之七八都懂得堕胎的办法。她们堕胎并不很痛苦的。也有些蠢妇不懂得这个,济君的邻居就生了七八个孩子,都用凳子腿砸死的。

一个人自己若没有孩子,有的要别人一个男孩,替他娶媳妇,也有的要一个女孩,替她招姑爷。自己的儿子若死了,媳妇若没有生子,便替她招一个姑爷,年老无子,就替她要一个养子。同样的,若是招赘的,女儿死了,替姑爷再娶一个媳妇。所以瑶人的家庭,可说是一个经济的、社会的集团,并不一定是血统的集团。

瑶人对于贞操观念非常薄弱,所以生物的选择力很强。阿勇就已经有过50个情人,因为跳舞集合的机会,一个美貌健康的男子不知道可以生多少孩子。同时一个瘦弱的面貌不扬的男子,连自己的儿子都可以不是他自己生的,这是很合于优生的习俗。

花蓝瑶做菜的方法,我大略都学习了。肉食方面是猪肉和打来的鸟和鱼。猪肉把它腊起来,鸟和鱼是把它腌起来,方法是先把米炒焦,然后舂成粉,和上盐,把鸟和鱼生生地埋在里面,密封在坛子里,两个月后便可开坛吃了。每家每年能打二三百只鸟,新打来的也可以剥了毛烤熟了蘸盐水吃。青菜的做法是酸起来,先把菜剁碎,装在坛里,不加盐,用米汤或酒泡起来。密封坛口,七八天之后就可以吃了。瑶人因为很少有交易,所以他们的菜食都是大宗做好慢慢地吃的。至于炒肉炒菜普通人家是做不起的。济君的媳妇炒青菜时,我见她先用水煮,快熟时才加花生油和盐。我临走时还吃过他们一餐"八八"。第一天先把糯米弄潮,次日早晨舂成粉,用水和好,团成一个一个小球,在糖水里煮,其实和我们的元宵相同。还有一种做法,不团成球,而是团成圆饼在锅里煎,或是包在芭蕉叶里,用水煮。

11月21日我们动身到古陈去,一共住在六巷有25天。

11月25日于古陈

附录2
关于追悼同惠的通讯

耀华、叔昭、景珊和其他的朋友们：

感谢你们给我的信，在枯鱼身上洒一两滴清水总比整天在烈日下曝晒好得多。我本应当早就写信给你们，因为我也明白看着人家受苦的人的心理，有时会比当事人更难受，但是我几次没有写成。脚骨开裂后终天躺着，虽然不很痛，可是也怕惊动它，静躺着已有一星期了，再隔一星期可以去线，隔一两个月希望能够行动，若是筋生不好，再动手术则刑期又得加倍。

你们说同惠是没有死，我也是这样想。因为她的"死"来得太突然，使我永远不能相信是一件真的事实——至少她现在已脱离了痛苦了，假如有上帝的话，她是一定被收容的。没有上帝的话，她亦与自然同化。做人本来不能太奢求的，若是爱是人生中最宝贵的，那么同惠没有白活，因为我们临别时，她对我说："我们是生死夫妻——上帝保佑着你！"若是事业是人生中最宝贵的，那么同惠已留下了一本在中国民族学上开创的著作，若是我们所认定"从认识中国来改造中国"是救民族的正确的大道，那么同惠所贡献给民族的并不能说小了。同惠有灵当在微笑，那是我相信的。

同惠是离开我们了。剩下的我怎么安置，真是令我踌躇。同惠早就见此，所以临别时她还说："倒是你使我不放心罢了。"我愿意体悉她的意思来做人，使她，也许真有重聚的一天，能使她用着微笑来迎接我。可是这话说来是很好听，很容易的，做时，我还怕有一天我不能做使她满意的事，她对我的希望太高了。有她在旁我们的希望是不难达到的，没有了她，我真踌躇。在去广西之前，就有一位朋友说，孝通这次去能有结果的么？另一位朋友却说，不怕，有同惠，她能说，也能做——真的我们到了山里，我说的话就没有人懂，可是同惠不久就学会了山里的普通话，没有她，这研究显然是要毫无结果。这不过是一端罢了。我在她面前常自己怀疑自己的能力，但是我不怯弱，因为我以为她会永远帮助我的，谁知道天会把我们拆散！

我们本已说好瑶山出来，我们要开始华北社会组织的研究，因为她在本乡所有材料都是现存的。我不知为什么常觉得这计划不易实现——结果真的，叫我如何着手呢？她在临死前一天晚上，我们两人相对向着火，还说："孝通，什么时候我们那部《中国社会组织的各种形式》能够出版呢，那时，我们相对抽一会儿烟是多么有意思。"我说："再等20年总有一些把握了。"耀华！同惠的野心是你们也知道的，但是她的能力是出了燕京才使我发觉的。我不但为我自己悲痛失了我的同工，也为我们队伍里发愁，要再得到像同惠一样的战士，是件没有把握的事！

在六巷有一日耽搁，我因为要到附近村落去测量人体，所以常放她一人在那里，每次我回来她总微笑对我说："了不得，我都弄清楚了。"于是我总有一两天听她讲她所搜得的材料——这些材料我们在古陈时已经整理了一下，所以我都有底子，等我一能起身就可以写成出版，因为这些都是她辛勤的收获，我不能不珍视它。但愿同惠的灵能帮我把它写成一部值得流传的作品——《花蓝瑶社会组织》，也是我们所说《中国社会组织的各种形式》中的第一部。

同惠是不能再为中国，为学术服务了，因为她爱我，所以使我觉得只有我来担负这兼职了。我愿意用我一人的体力来做二人的工作，我要在20年把同惠所梦想，所计划的《中国社会组织的各种形式》实现在这世界上。更希望凡是爱她的朋友能一同努力。

最近才听到燕京有向民族学方面发展的计划——若是同惠迟死一月，她要多么快活呢！但是一样的，我相信她是知道的，而且她会用灵感来促成这种工作。我在广州读到布朗氏的演说，这不就是同惠在一月前向着火和我说的一样话吗？她更同我说：我们不要去做政治活动，除非我们明了中国的社会。

呀！耀华你是知道我是一个意志太活动的人，虽则我还相信自己不是个太没用的人，但是我这个船已经把罗盘针掉在海里了。我的确是这样相信，同惠的死在我自己，在我们的队伍里是一个重大的损失，天意何在，这是永远不能使我明白的。

我殓同惠在江口，我抛下她，一个人到梧州，又到广州，离她日远。在一两个月内我的脚还不能自由行动，所以不能就安葬她。我这浮泊的生涯，本已泊住了港，狂风又把我吹入深海。不知又要飘到何处。所以我决定要把同惠葬在一个公共的场所，我明知道飘泊的生涯不会允许我的骨头将来也附她葬，在她寂寞的孤坟上，只能让后世的同情者来凭吊了。省政府已下令让同惠葬在广西大学并立碑记事以垂永久。若是朋友中有过梧州的，总望大家能去看看她，我总觉得她是没有死，不过睡着罢了，寂寞冷落地睡着罢了。

1936年1月21日于广州柔济医院